成都市新都区志

CHENGDUSHI XINDUQU ZHI

1986—2005

成都市新都区地方志编纂委员会 编

方志出版社
Publishing House of Local Records

图书在版编目（CIP）数据

成都市新都区志. 1986—2005 / 成都市新都区地方志编纂委员会编. -- 北京 : 方志出版社, 2017.12
ISBN 978-7-5144-2833-9

Ⅰ. ①成… Ⅱ. ①成… Ⅲ. ①新都区－地方志－1986-2005 Ⅳ. ①K297.14

中国版本图书馆CIP数据核字(2017)第321335号

成都市新都区志（1986—2005）

编　　者：成都市新都区地方志编纂委员会
责任编辑：丛　珺
出 版 人：冀祥德
出 版 者：方志出版社
地址　北京市朝阳区潘家园东里9号（国家方志馆4层）
邮编　100021
网址　http://www.fzph.org
发　　行：方志出版社图书经销中心
电话（010）67110500
经　　销：各地新华书店
印　　刷：成都市新都华兴印务有限公司
开　　本：889×1194　1/16
印　　张：56
字　　数：1414千字
版　　次：2018年7月第1版　2018年7月第1次印刷
印　　数：0001～3500册
ISBN 978-7-5144-2833-9　**定价：**580.00元

成都市新都区行政区划图

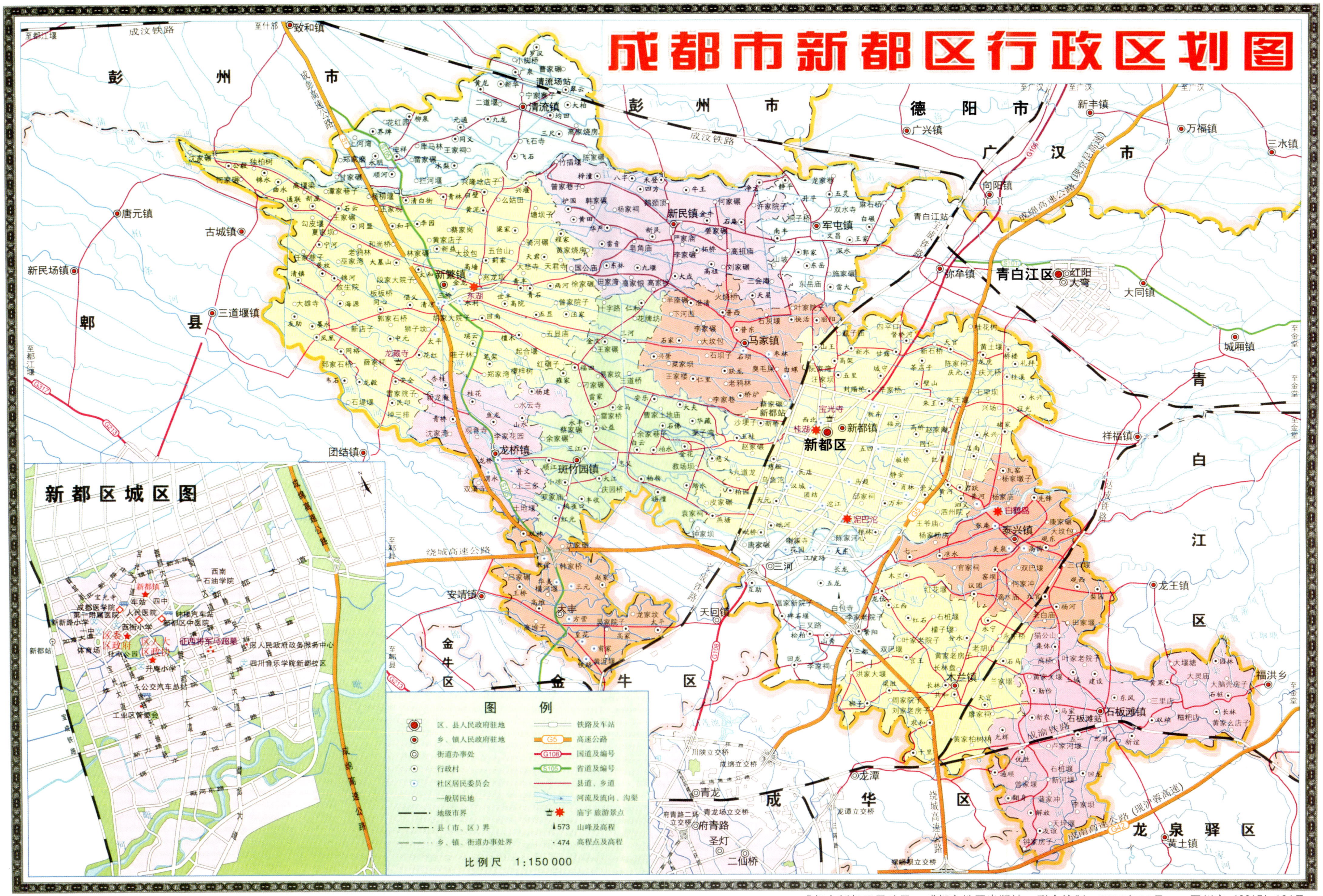

成都市新都区民政局　成都市地图出版社　联合编制　2005年10月　图川审（2017）104号

政　治

·友好访问·

■ 1987年2月5日，柬埔寨诺罗敦·西哈努克亲王（中）及夫人莫尼克公主参观宝光寺，县委常委、代县长陈维清（左一）等陪同

■ 1987年3月9日，坦桑尼亚总统阿里·哈桑·姆维尼（左二）参观马家乡养鸡场

■ 1990年6月19日，朝鲜最高人民委员会大议员、广播电视委员会委员长郑和哲(左八)率团到新都参观，县委副书记、县长李泽先(右八)等陪同

■ 2004年4月20日，捷克共和国总统瓦茨拉夫·克劳斯(前排左二)参观宝光寺，区委书记李仲彬(前排左三)等陪同

2004 年 11 月 25 日，立陶宛共和国帕那维奇市市长代表团访问新都

2005 年 10 月 13 日，美国财政部部长约翰·斯诺（前排右三）率美国驻华大使及随行人员到木兰镇考察

·政治文明建设·

2004 年 10 月 1 日，在市政广场举行国旗升旗仪式

2002 年 1 月 1 日，新都举行撤县设立成都市新都区新闻通报会

2003 年 12 月 7 日，木兰镇全体党员直选党委书记大会

2004年6月1日，成都市新都区人民政府政务服务中心正式启用

2004年6月28日，评选“新都十佳公安卫士”揭晓仪式

■ 2004年7月23日，新都区区级党政领导自我剖析电视直播大会

■ 2005年7月3日，新都区区级党政领导班子和领导干部民意调查大会

■ 2005 年 7 月 10—11 日，同心同德共建和谐社会成都论坛——规范化服务型政府建设·基层民主政治建设与和谐社会专题会在新都区召开

■ 2005 年 8 月 25 日，四川省推进党内基层民主深化先进性教育长效机制建设座谈会在新都区召开

经济

·工业·

■ 1999 年 9 月 18—20 日，'99 中国新都家具艺术节在成都市体育中心举行

■ 2004 年 4 月 15 日，一汽解放青岛汽车厂成都分厂首批 SKD 装车下线

■ 四川科伦药业股份有限公司

■ 成都可口可乐饮料有限公司生产线

■ 华润蓝剑(成都)啤酒有限责任公司

■ 成都达利食品有限公司

成都量具刃具厂新都分厂车间

成都旭光电子股份有限公司

■ 华西铝业有限责任公司生产车间

■ 四川省冶金机械厂

■ 成都好风景实业有限公司

■ 新繁泡菜腌制车间

新繁棕编

·农业·

1986 年 9 月，县委书记唐光全（中）和副县长刘孟春（右二）在第一原种场视察工作

■ 2004 年 7 月 30 日，联合国粮农组织专家到新都考察

■ 斑竹园镇石佛村蘑菇种植

■ 泰兴镇美泉村香菜生产基地

■ 养鸡场

养鹅场

养鸭场

石板滩镇红瓦寺乳牛场

泰兴镇梅花鹿特种养殖场

■ 新都区联合收割机跨区作业

■ 水稻机械化收割

■ 小麦机械化收割

■ 油菜机械化收割

■ 新都国家气象观测站

■ 毗河节制泄洪闸

·服务业·

■ 钟楼·新都汽车中心站

■ 1994 年 4 月竣工的新都镇新加坡商业街

■ 邮电大厦

■ 四星级农家乐——海龙山庄

文 化

·教育卫生·

■ 2004 年 11 月 27 日，全国教育科学重点课题“数学教学效率论”成果研讨会在新都一中召开

■ 2004 年 12 月 11 日，新都谕亭小学百年庆典

■ 2005 年 7 月 4 日，加拿大师生到新都一中交流学习

■ 2005 年 9 月，新都区对“九年制义务教育”阶段学生减免学费、课本费

■ 西南石油大学

■ 四川音乐学院新都校区

■ 新都第一中学

■ 新都二中

■ 成都市新都职业技术学校

■ 新都一中实验学校

■ 2003 年 4 月，参加“传染性非典型性肺炎”防治工作的医务人员宣誓

■ 2004 年 2 月 16 日，新都区召开“卫生系统开展降低药价优质服务活动”新闻发布会

■ 新都区人民医院

■ 成都医学院第一附属医院

·文化活动·

■ 1987年10月7日,巴金(前排左二)、艾芜(前排右一)、沙汀(前排右二)、张秀熟(前排左一)游桂湖

■ 1988年,美籍华人、著名物理学家、诺贝尔物理学奖获得者丁肇中(左五)参观宝光寺

1992 年，川剧《芙蓉花仙》剧照

1996 年 4 月，龙桥镇古窑村农民管乐队参加新都县第五届民歌山歌演唱会

■ 1999 年 9 月,县文化馆组织川剧座唱

■ 1999 年 12 月 28 日,新都县举办“桂湖之声”广场音乐会

■ 2000 年 2 月 5 日，新都县开展“千禧金龙闹新春，万众一心奔龙年”迎春巡游活动

■ 2003 年 3 月 17 日，新都抗日将领王铭章塑像落成仪式

■ 2003年12月29日，四川省第六届“乡村青年文化节”成都启动仪式在新繁东湖森林广场举行

■ 2004年1月1日至2月5日，新都区举办首届新都宝光灯会

■ 2004 年 4 月 1 日，四川省海峡两岸同胞清明祭祖大典在宝光塔陵举行

■ 2004 年 4 月 8 日，中央电视台“同一首歌——走进新都”大型演唱会现场

2004 年 7 月 4 日，新都区纪念艾芜诞辰 100 周年"重走南行路"出发仪式在桂湖公园举行

2005 年 3 月 20 日，著名导演谢晋(右一)参观宝光寺

■ 2005 年 4 月 16 日，瑞典达拉那交响乐团在黄桷树广场演出

·体育活动·

■ 1999 年 11 月 6 日，新都县第二届运动会开幕式

■ 2004 年 7 月 10 日，“天龙·纵横”杯全国第九届大学生网球锦标赛在西南石油大学开赛

■ 2004 年 9 月 25 日，“景丽升庵中学杯”四川省中学生排球邀请赛在升庵中学开幕

■ 2005年12月31日，新都区庆元旦万人越野赛及全民健身跑活动

·民俗活动·

■ 2003年4月23日，木兰“二月二”暨种子交易会开幕

■ 2004 年,"三月三"马家文化物资交流会

■ 2004 年,清流镇第六届木厂会

■ 2004 年 9 月 21 日，军屯镇举办第三届“八月八”中秋食品文化节

■ 2005 年 10 月 15 日，首届新都柚子节开幕

2004 年 7 月 18 日，新都首届荷花艺术节开幕

·名胜古迹·

全国重点文物保护单位宝光寺

全国重点文物保护单位杨升庵祠及桂湖

四川省文物保护单位新繁东湖

■ 成都市文物保护单位龙藏寺

■ 宝光寺罗汉堂

■ 释迦牟尼佛祖真身舍利塔

■ 东汉说唱俑

■ 东汉画像砖 舂米

■ 东汉画像砖 市集

■ 现代徐悲鸿立马图轴

■ 现代张大千水月观音图轴

■ 现代陈子庄红荷图卷

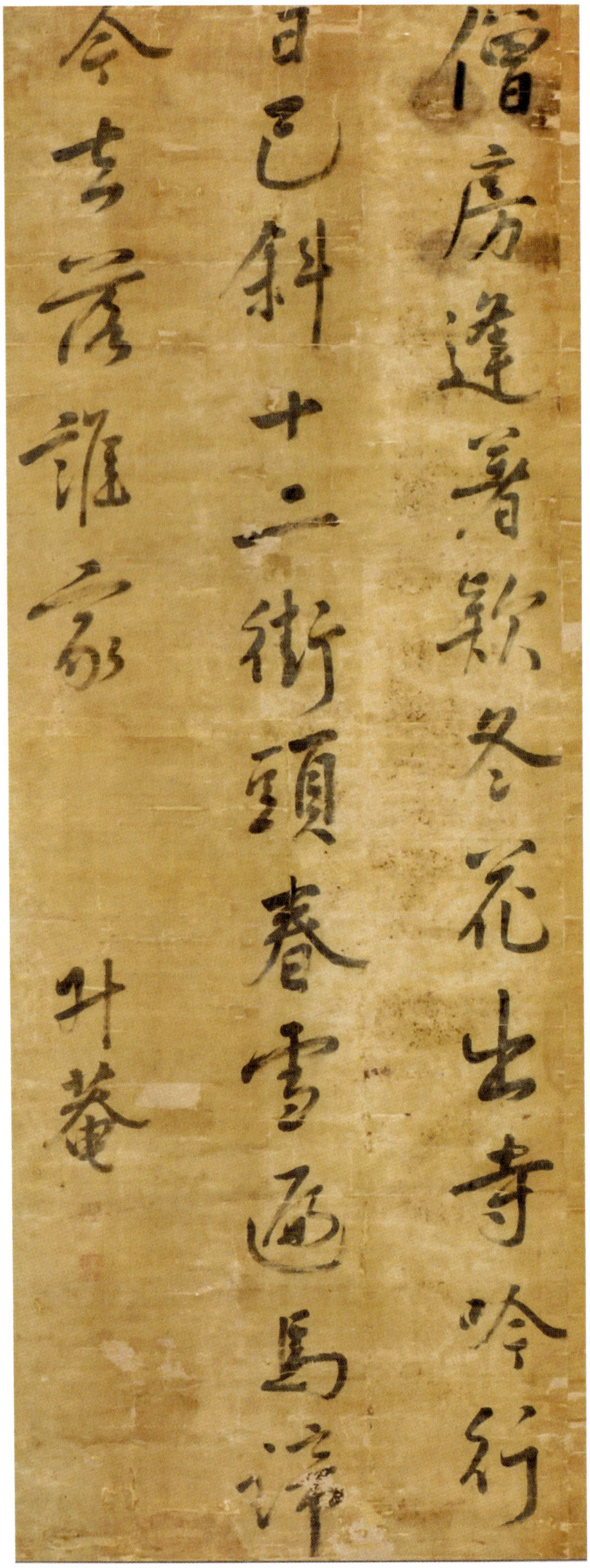

■ 明杨慎行书逢贾岛诗文轴

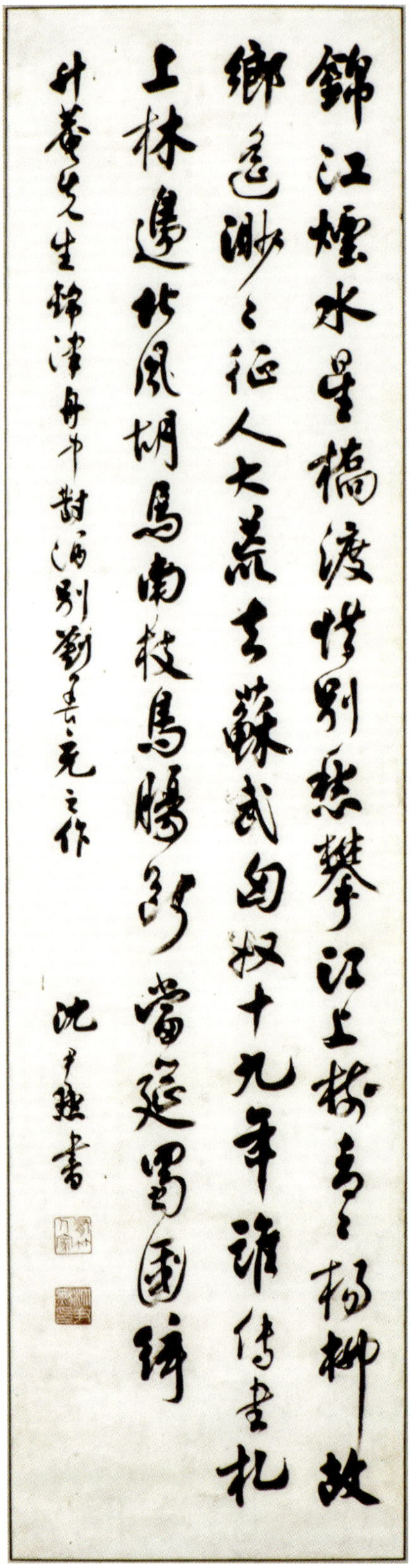

■ 现代沈尹默行书锦津舟中对酒别刘善充诗文轴

社 会

·城市建设·

■ 20 世纪 90 年代的新都镇桂湖东路

■ 1994 年 1 月建成的新都镇湖滨路百龙门坊

● 城市建设 ●

■ 新都桂湖片区

■ 1994 年 12 月 4 日,新加坡忠邦城向新都赠送象征姊妹城友谊的汉白玉雕塑鱼尾狮

■ 新都大道

■ 蜀龙大道

■ 芙蓉名城

■ 宝光广场

■ 黄桷树广场

市政广场

东湖森林广场

■ 2002 年 1 月 1 日，新都区红星农民新居举行开工典礼

■ 2004 年，新都区失地农民首期免费技能培训班开学典礼

■ 2004 年 9 月 23 日，新都区举行农村部分计划生育家庭奖励扶助金首发仪式

■ 2005 年 10 月 11 日，大丰街道举行“重阳节”暨敬老院乔迁庆祝活动

2005年4月21日,坐落在新繁镇的四川省革命伤残军人休养院组织伤残军人郊游

新都镇汉城村村民住房

正因小区新居

新都金海污水处理厂

荣 誉

荣誉

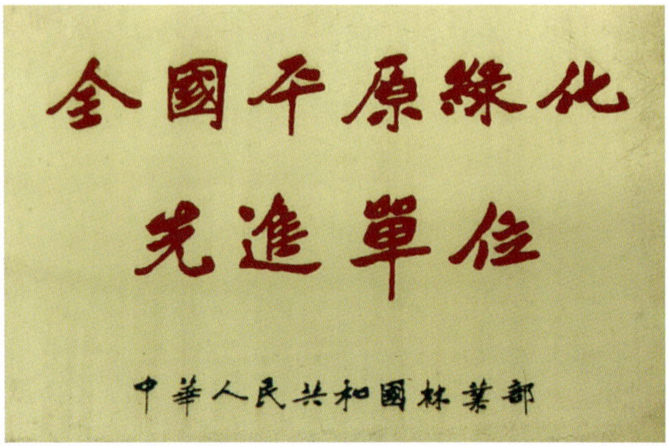
全國平原綠化
先進單位
中華人民共和國林業部

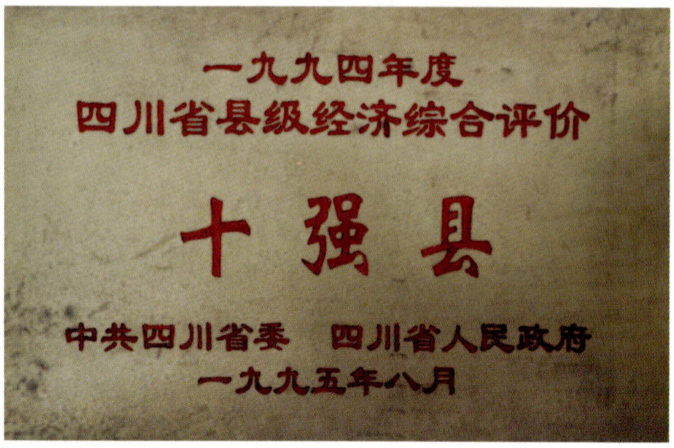
一九九四年度
四川省县级经济综合评价
十强县
中共四川省委 四川省人民政府
一九九五年八月

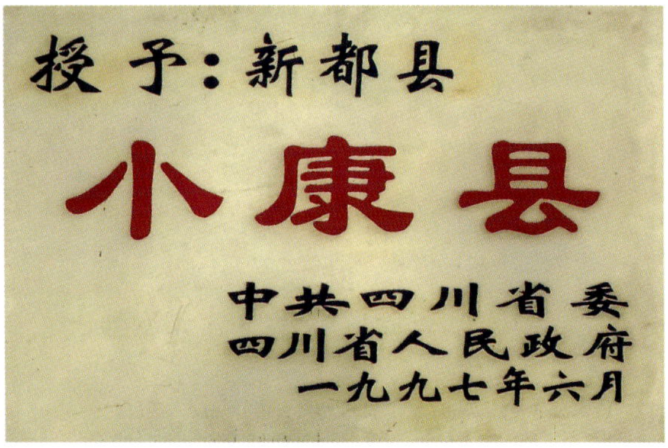
授予：新都县
小康县
中共四川省委
四川省人民政府
一九九七年六月

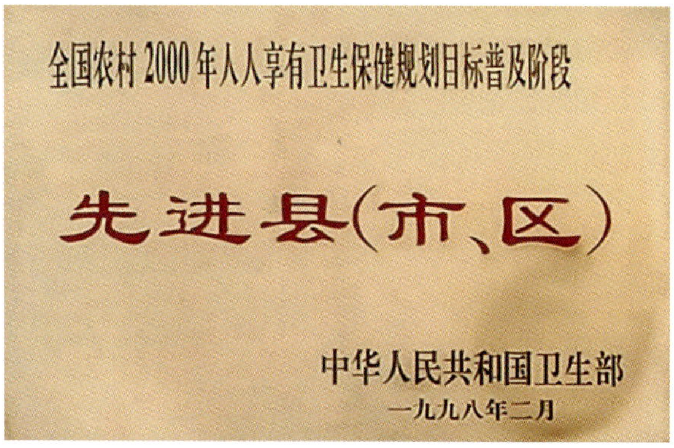
全国农村2000年人人享有卫生保健规划目标普及阶段
先进县(市、区)
中华人民共和国卫生部
一九九八年二月

四川省科技工作
先进县(市、区)
四川省人民政府
一九九八年五月

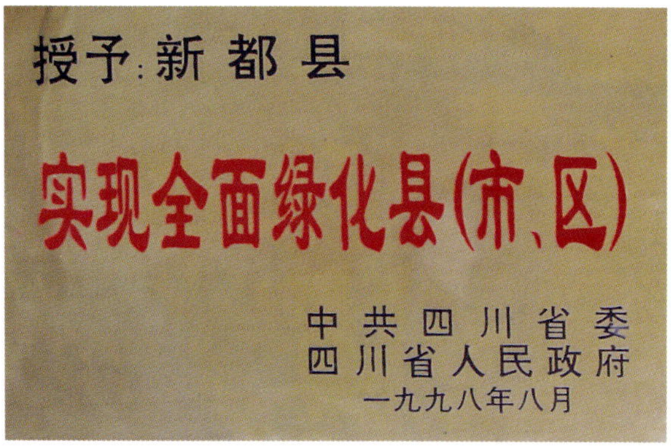
授予：新都县
实现全面绿化县(市、区)
中共四川省委
四川省人民政府
一九九八年八月

荣誉

国家
卫生县城
全国爱国卫生运动委员会
一九九九年

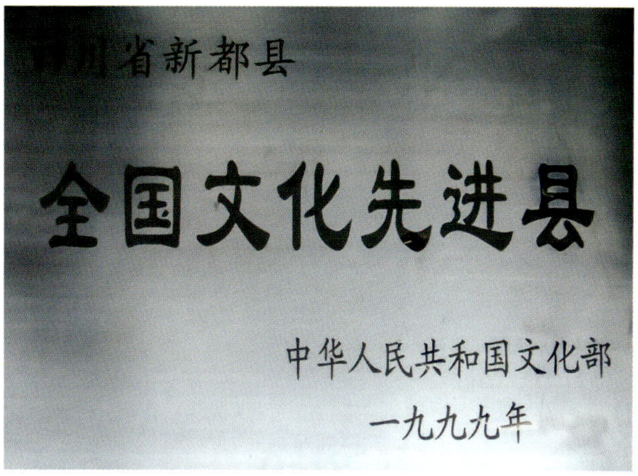
川省新都县
全国文化先进县
中华人民共和国文化部
一九九九年

全国农村中医工作
先进县(市、区)
国家中医药管理局

四川省天然气初级气化示范县
四川省人民政府
二000年二月

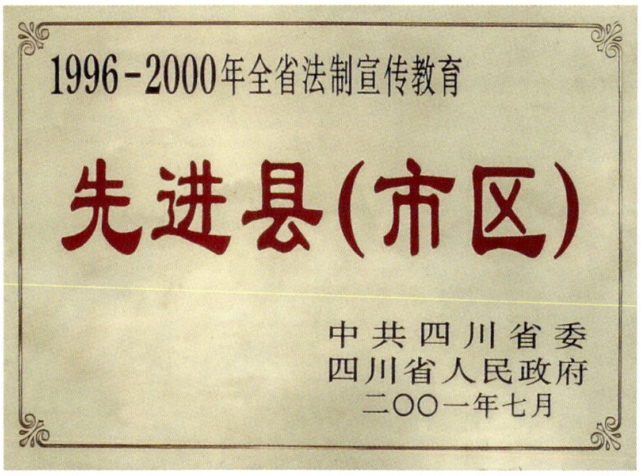
1996-2000年全省法制宣传教育
先进县(市区)
中共四川省委
四川省人民政府
二00一年七月

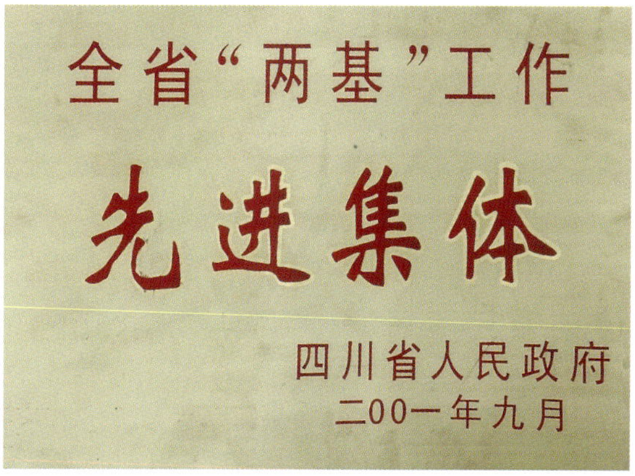
全省"两基"工作
先进集体
四川省人民政府
二00一年九月

荣誉

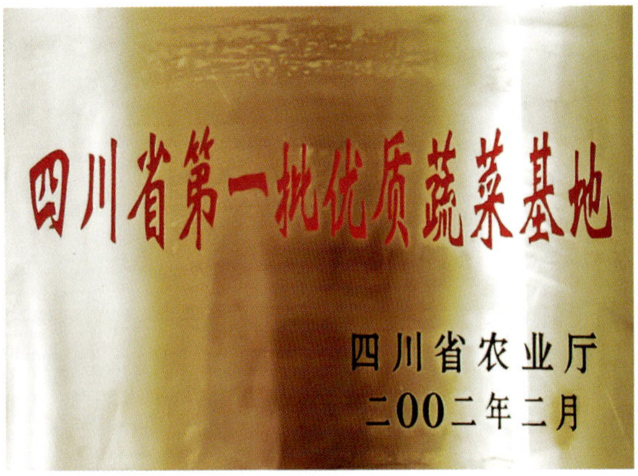
四川省第一批优质蔬菜基地
四川省农业厅
二00二年二月

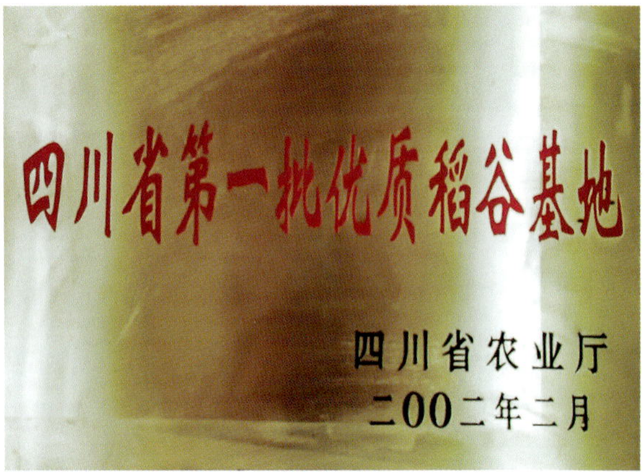
四川省第一批优质稻谷基地
四川省农业厅
二00二年二月

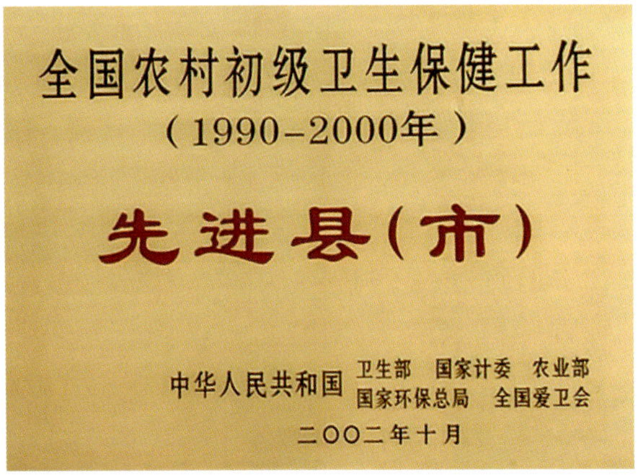
全国农村初级卫生保健工作
（1990-2000年）
先进县（市）
中华人民共和国 卫生部 国家计委 农业部 国家环保总局 全国爱卫会
二OO二年十月

全国人口和计划生育科技工作
先进集体
中华人民共和国
国家人口和计划生育委员会
二OO三年九月

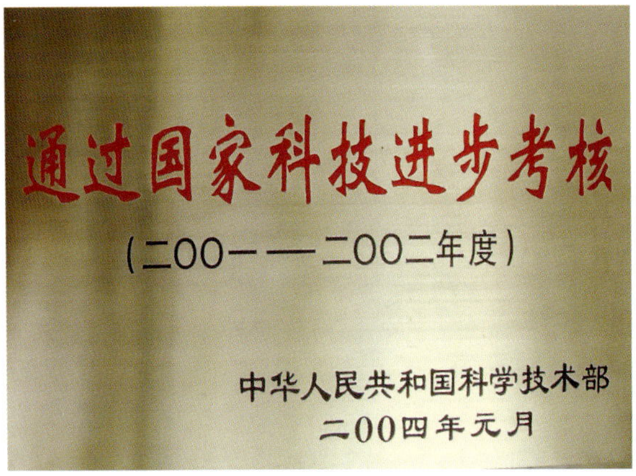
通过国家科技进步考核
（二OO一——二OO二年度）
中华人民共和国科学技术部
二00四年元月

四川省计划生育优质服务
先进县（市、区）
四川省人民政府
二OO四年四月

荣誉

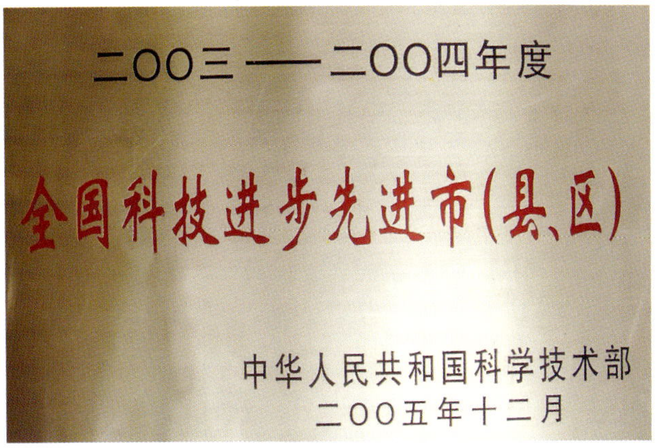

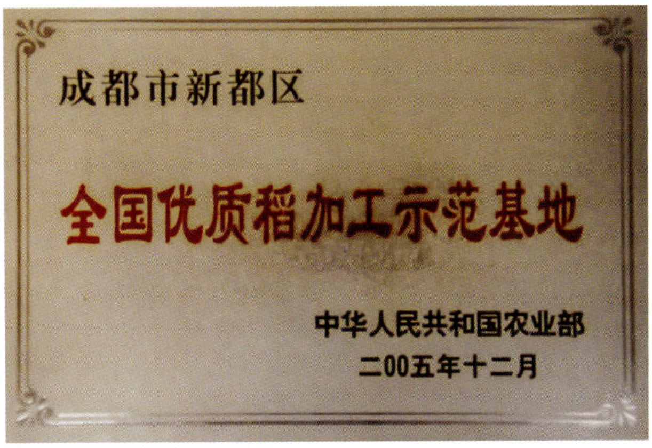

■ 1994年至2005年，新都连年被评为四川省县级经济综合评价十强县

■ 新都区『基层民主政治建设』荣获第三届『中国地方政府创新奖』入围奖

统 计 图

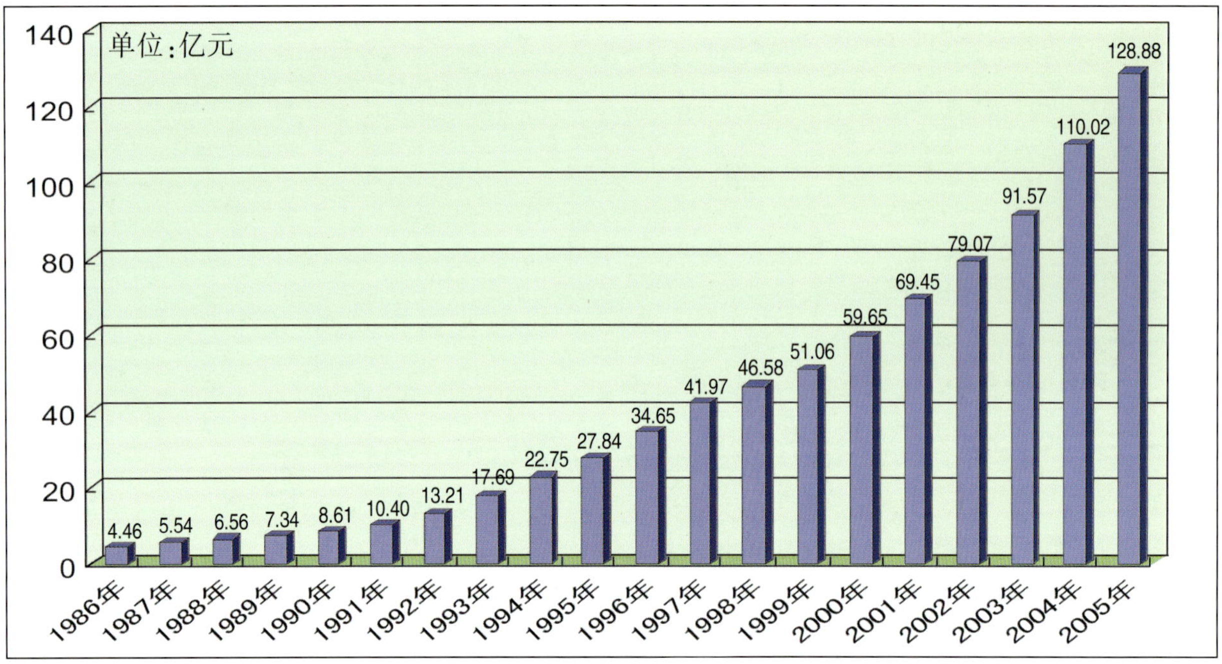

图 1 1986—2005 年新都地区生产总值（当年价）统计图

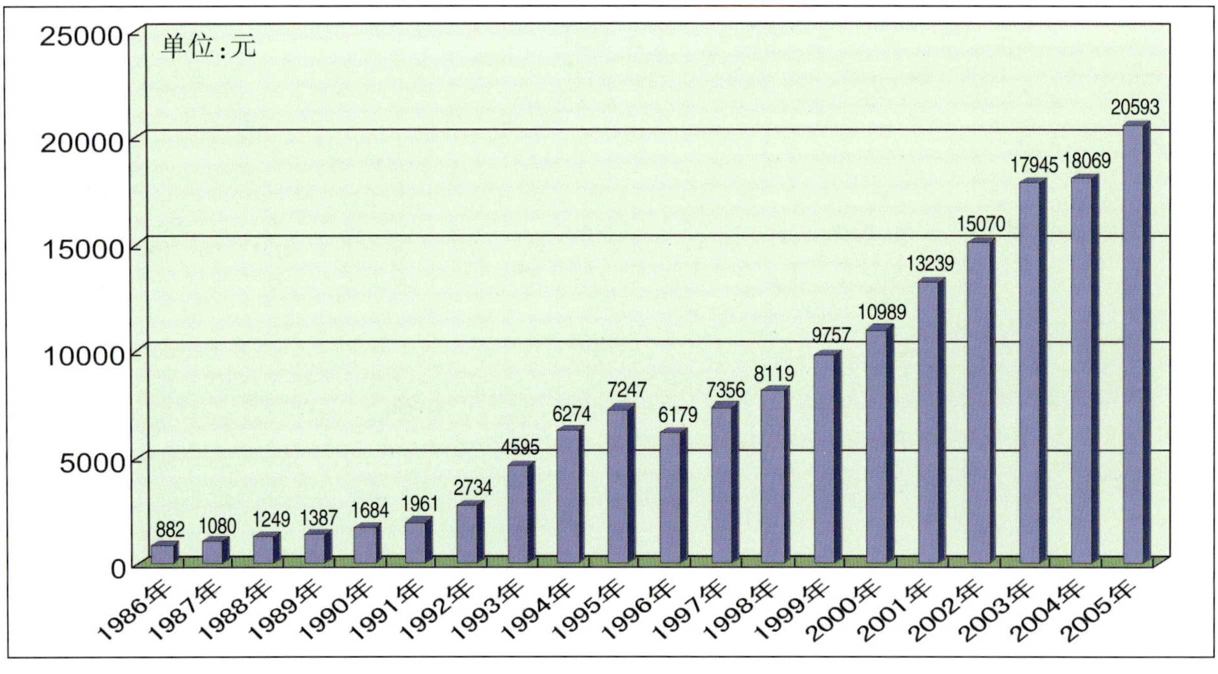

图 2 1986—2005 年新都人均地区生产总值（当年价）统计图

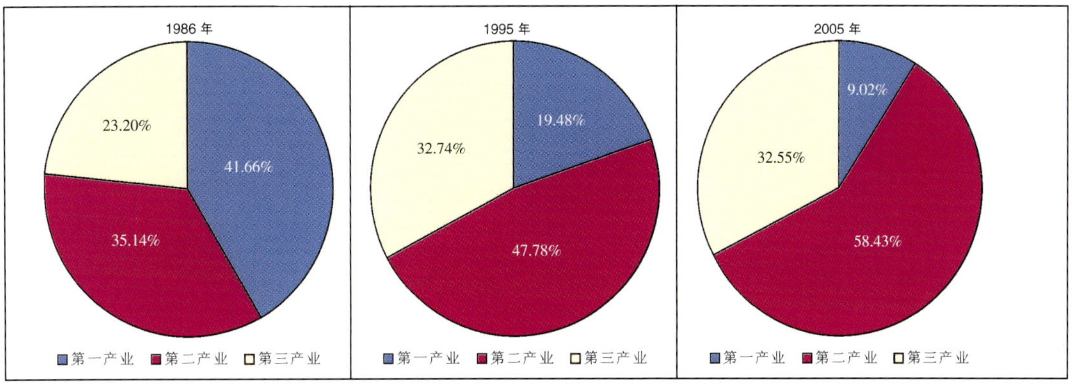

图 3 新都三次产业比例对比图

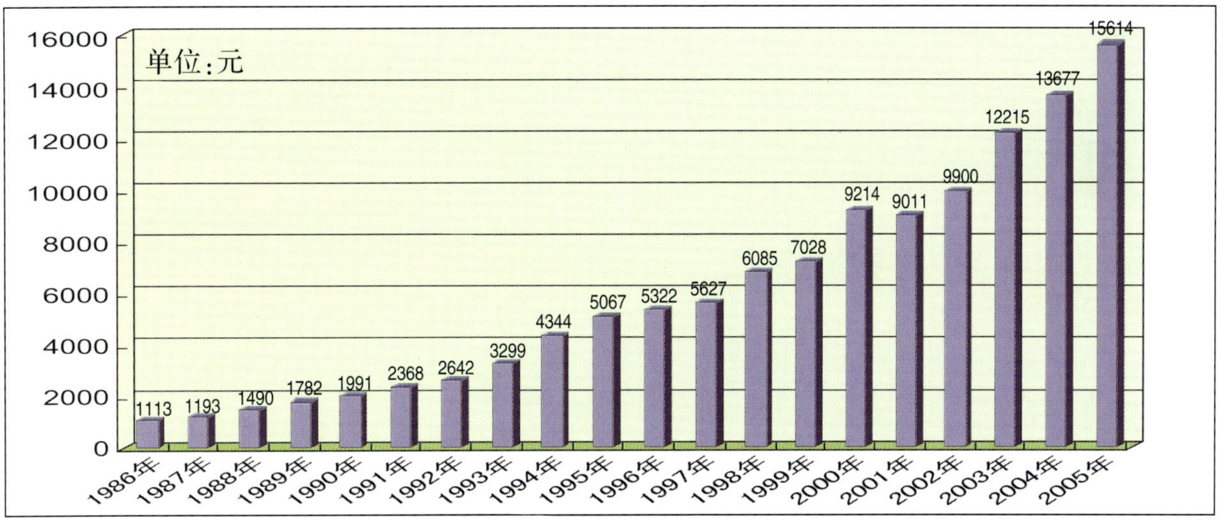

图 4 1986—2005 年新都在岗职工年人均工资统计图

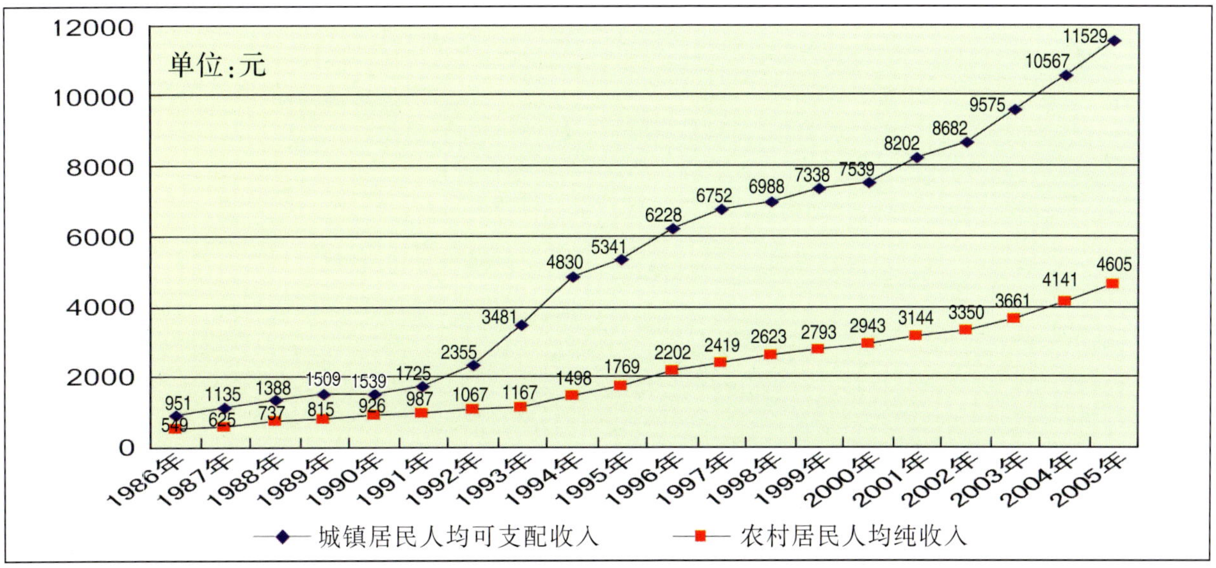

图 5 1986—2005 年新都城镇农村居民人均年收入统计图

■ 2008 年 8 月 28 日,《成都市新都区志(1986-2005)》总纂篇目审查验收会

■ 2014 年 11 月 5 日,《成都市新都区志(1986-2005)》终审验收会合影

成都市新都区地方志编纂委员会

（2017年4月）

顾　问：	刘任远	区委书记
	戴　军	区人大常委会主任
	方正行	区政协主席
主　任：	李　云	区委副书记、区长
副主任：	刘怒海	区委常委、组织部部长
	张吉广	区委常委、常务副区长
	郑自强	区委常委、宣传部部长
	涂金全	区人大常委会副主任
	孙　辉	副区长、区公安分局局长
	张文豪	副区长
	陈　志	副区长
	刘　清	副区长
	黄泽旭	区政协副主席

成员单位：

区委办公室	区人大常委会办公室	区政府办公室
区政协办公室	区保密局	区地志办
区委组织部	区委宣传部	区委政研室
区目督办	区档案局	区发改局
区统计局	区教育局	区经信投促局
区民政局	区财政局	区人社局
区国土局	区环保局	区城乡建设局
区规划局	区交通运输局	区水务局
区农发局	区商务旅游局	区文体广新局
区市场质量监管局	人行新都支行	新都街道
大丰街道	三河街道	新繁镇
石板滩镇	龙桥镇	斑竹园镇
新民镇	马家镇	军屯镇
泰兴镇	木兰镇	清流镇

《成都市新都区志（1986—2005）》编辑部

（以任职时间为序）

主　　编：屈建宏　王翼刚　方正行　刘怒海　张吉广
刘　清

常务副主编：陈进谊　余　翔　徐寿阶　余　勇　汪　健
杨明根

副　主　编：张　玲　张仲辉　曾顺达

编　　辑：董　莉　邱晋南　王维忠

参与人员：况校军　龚汝斌　黄春茂　吴　晓　李　玲
毛　静　石　继

《成都市新都区志（1986—2005）》复审验收委员会

主　　任：罗时武

副　主　任：王世崇　陈怀江　何亚民

委　　员：李治敏　黄柏林　李长衡　陈恒宽　陈玉芳
薛庆江　张治万　郭聘儒　秦长顺

《成都市新都区志（1986—2005）》终审验收委员会

主任委员：苏碧群

委　　员：邹翰铭　鲜开值　曾祥麟　高志刚　王家球
杨文华　黄小华

序

新都是四川省历史文化名城，自公元前7世纪丛帝鳖灵在新都营建古蜀国开明王朝都邑至今，约有2800年历史。在漫漫的历史长河中，新都人民以其聪明才智，辛勤耕耘，有成功的喜悦，也有奋斗中的阵痛。新都的发展和变迁，正是千百年历史的延续和传承。

纂志存史是总结历史的重要形式，是为更好地以史为鉴，继往开来。新都现存旧志主要有：清乾隆八年(1743)，郑方城纂修的《新繁县志》；清乾隆十七年(1752)，杨绵祚纂修的《新都县志》；清嘉庆十九年(1814)，顾德昌、张粹德等纂修的《新繁县志》；清嘉庆二十一年(1816)，孙真儒、李觉楹等纂修的《新都县志》。此后，在清道光、同治、光绪年间及民国时期先后续修有《新都县志》《新都县乡土志》《新繁县志》和《新繁县乡土志》，为新都留下一批宝贵的文献史料。

中华人民共和国成立后，从1981年开始，历时13年，于1994年10月编纂出版《新都县志》，记述1911年至1985年新都的自然、政治、经济、文化和社会的历史和现状，是一部了解近现代新都革命、建设和改革发展历程中不可缺失的珍贵地方文献。

按照中共成都市委、成都市人民政府办公厅《关于我市第二届地方志编纂工作的通知》，区委、区政府于2005年1月正式启动《成都市新都区志(1986—2005)》编纂工作。该部区志是新中国成立后新都的第二部志书，记述和反映1986年至2005年，区委、区政府贯彻落实中央、省、市的各项决策部署，带领新都人民坚持以经济建设为中心，坚持改革开放不动摇，抢抓机遇，攻坚克难，与时俱进的奋斗历程，展现新都经济快速发展，人民安居乐业，社会和谐稳定的面貌。

本轮《新都区志》的编纂出版，是新都文化事业和史志工作的一项重大成果，是全区人民值得庆贺的大喜事。对于总结历史经验，传承发展历史，建设新都未来，具有十分重大的历史和现实意义。

本轮志书编纂，始终坚持以马克思列宁主义、毛泽东思想、邓小平理论、“三个代表”重要思想、科学发展观、习近平新时代中国特色社会主义思想为指导，坚持实事求是、秉笔直书的原则追溯新都的历史文脉，客观记述新都20年的改革发展和社会变化。志书史料翔实，图文并茂，详略得当，集思想性、科学性、资料性、时代性、地域性、可读性于一体，是一部鲜活的区情教材和史料性很强的地情书。

“以史为鉴可以知兴替，以志为鉴可以明事理”。希望全区人民和社会各界读志、用志，以志为鉴，开拓进取，承上启下，继往开来，为建设繁荣富强美好的新都，谱写出更加辉煌灿烂的历史新篇章！

编者

2017年12月

凡　例

一、以马克思列宁主义、毛泽东思想、邓小平理论、“三个代表”重要思想、科学发展观、习近平新时代中国特色社会主义思想为指导，编纂《成都市新都区志(1986—2005)》。力求实事求是、客观公正、系统完整地记述断限期内新都的自然、政治、经济、文化、社会等各方面的历史与现状，体现时代特征、地方特色和行业特点，做到思想性、科学性和资料性相统一。

二、本志上限1986年1月1日，下限至2005年12月31日，部分事项根据需要适当上溯或下延。

三、本志采用现代汉语记述文体，述、记、志、传、图、表、录等诸体并用，以志为主。遵循纵不断主线、横不缺要项，横分门类、事以类从，参照国民经济行业分类和自然、社会科学分类标准，采用条目体。主卷设部类→类目→分类目→条目四级，条目为基本记述单元。

本志设首卷、主卷和末卷。首卷设行政区划图、新都历史照片、总述、大事记等；主卷设建置区划与自然环境、中国共产党地方组织、地方人民代表大会、地方人民政府、人民政协地方组织、民主党派与社会团体、政法　军事、经济综述、农业、工业、商贸服务业、金融业、城乡建设与环境保护、教育　科技、文化　广电、卫生　体育、社会生活、人物；末卷设附录、编后记、索引。

四、本志采用现代语体文记述，详略得当，重点突出。文字、纪年、称谓、标点、数字、计量单位等均执行国家标准。考虑到习惯，土地面积单位采用“亩”。表述主体时均以第三人称表述(引文除外)。行文涉及组织机构、会议、文件、职务、地名等，按当时称谓记述，一般采用全称，如用简称均在第一次使用全称时予以注明。

本志所称省委、省政府、市委、市政府、区委、区政府，分别为中国共产党四川省委员会、四川省人民政府、中国共产党成都市委员会、成都市人民政府、中国共产党成都市新都区委员会、成都市新都区人民政府的简称。中国共产党简称“党”或“中共”。2002年1月1日，新都撤县设区。“新都”为新都县、新都区的统称；整体记述本志时限内事项时称的“区委、区人大、区政府、区政协”包含“县委、县人大、县政府、县政协”。

五、坚持“生不立传，以事系人”的原则。在新都生活、工作期间，或新都籍人士在外地工作，对社会做出重要贡献或有广泛社会影响，且2005年年底已逝者记入人物传或人物录、人物表；在世者“以事系人”，在相关条目中记述。

六、本志资料主要由各承修单位提供。统计数据采用统计部门公布的法定统计数据，统计部门没有统计的数据则采用国家机关文档，经有关公务机关核实后使用。文内资料一般不注明出处。

本志记述的内容不包括经反复查证但仍史实不清、资料不全、数据逻辑矛盾，或只有口碑而无关键材料证实的事件。

目 录

中国共产党地方组织

地方人民代表大会

地方人民政府

人民政协地方组织

民主党派与社会团体地方组织

政法　军事

经济综述

农　业

工　业

商贸服务业

金融业

城乡建设与环境保护

教育　科技

文化　广电

卫生　体育

社会生活

人　物

附　录

总 述

1986年至2005年的改革开放20年中,新都实现政治、经济、社会快速发展。自1991年始,新都进入四川省综合经济实力十强县(市、区)、全国文化先进县、全国科技实力百强县、全国乡镇企业百强县行列。1994年起,新都连年被评为四川省县级经济综合评价“十强县”。1997年,新都成为全省第二个基本达到小康标准的县,实现了“本世纪内提前3年基本建成小康县”目标。2005年,地区生产总值128.88亿元,比1986年增长28倍,年均增长13.8%;全口径财政收入12.41亿元,比1986年增长29倍;城镇居民人均可支配收入11529元,比1986年增长11倍;农村居民人均纯收入4605元,比1986年增长7倍。全区经济繁荣,社会稳定,人民群众安居乐业。

古蜀名都

新都是古蜀国“三都”之一,被誉为“蜀中宝玉”“天府明珠”,是成都市城区向北发展的重点区域和规划建设中的北部新城。2005年,全区面积497平方公里,辖11个镇,2个街道,户籍总人口63.87万人。

新都文物古迹众多。有相传始建于东汉的长江流域禅宗“四大丛林”之一的宝光寺,以及隋代的桂湖;始建于唐代的新繁东湖和唐贞观三年的龙藏寺。

新都素有“文献名都”“香城宝地”之誉。汉代以来,名人辈出。自隋唐开科取士至清末,有名可查者,状元1人、进士78人、举人374人。明代有状元杨升庵为主的“杨门七进士”,清代有以思想家费密为代表的“费氏六乡贤”和诗僧雪堂,“五四”时期有著名思想家吴虞。大革命时期有为革命壮烈牺牲的钟炳骥、李永梧,抗日战争时期有以身殉国的著名将领王铭章,解放战争时期有革命烈士黄琪和在重庆“白公馆”英勇就义的周从化。当代有外交家曾涌泉、军旅作家哈华、军医博士何光篪、“流浪文豪”艾芜、神话学者袁珂、乒坛名将陈龙灿等。

经济建设

新都坚持以经济建设为中心,深化改革,扩大开放,制定和实施“科技兴区”发展规划,发展高新技术产业和培育支柱产业,为促进区域经济持续快速发展注入活力。1995年,新都被评为全国科技实力百强县、全国科技工作先进县。1986年至2005年,新都农业、工业、社会科技事业科研项目立项1533项,其中申报列入国家、省、市科技项目85项。2005年,全区有高新技术企业22家,民营科技企业37家,科研开发投入2.03亿元。三次产业在地区生产总值中的比重:1986年为41.66∶35.14∶23.20,2005年为9.02∶58.43∶32.55。

高效农业 在完成家庭联产承包责任制后,全面推进以经营体制改革为主的第二轮改革,不断调整农业产业结构,大力发展高效农业。完善农村专业化、社会化、企业化服务体系,加快农业产业化、规模化、商品化进程,促进全区以种养业为基础的农副产品加工业快速发展和传统农业向现代农业的转变。至2005年,全区有农业专业化组织361个,产业化生产经营基地21个,产业化龙头企业4家,带动农户11.2万户。全区农林牧渔业总产值17.77亿元(当年价),比1986年增长6.25倍。农业在地区生产总值中的比重,从1986年的41.66%,降至2005年的9.02%。

现代工业　新都是四川省乡镇企业起步较早、发展最快的县(区)之一,1990 年乡镇企业总产值名列四川省乡镇企业“五朵金花”第二位。借鉴农村改革试点的成功经验,新都率先在企业中推行“经营承包制、企业股东制、厂长(经理)聘任制、职工合同制、报酬浮动制”,实现了现代工业提速增效。工业产业结构由 20 世纪 80 年代的“五小”工业和以粮油产品初加工生产为主,发展成为多品种、多门类、多行业的格局。通过“外联内引”,发展支柱产业和其他工业产业,兴建成都市新都卫星城工业区和乡镇工业集中发展区。至 2005 年,全区形成机械、家具、医药、电子、电器等五大优势行业。工业在地区生产总值中的比重,从 1986 年的 35.14%,升至 2005 年的 58.43%。

1986 年至 2005 年,全区获国家部委优质工业产品 16 项、省优质工业产品 20 项、市优质工业产品 71 项,拥有省名牌工业产品 21 项。至 2005 年,全区工业行业大类 32 个、品种 3700 多个。年销售收入过 500 万元的规模企业 235 家,高新技术和科技型企业 59 家。上市企业 16 家,成都市工业 50 强 6 家、民营企业 50 强 2 家。

第三产业　调整产业布局和结构,加快构建城乡经济社会发展一体化,实现第三产业稳步增长。围绕北部新城建设,重点发展房地产业;以新都物流为主导,大力发展物流业、交通运输业和商贸业;依托全国重点文物保护单位宝光寺和杨升庵祠及桂湖等历史文化资源,发展旅游、商贸、餐饮和文化娱乐业。先后开发建设桂湖公园、泥巴沱、白鹤岛、五龙山、木兰山等旅游景区(点),增强景区配套功能,对景区周边环境进行风貌改造,对流经景区饮马河段进行综合整治,并通过举办桂花会、荷花艺术节、柚子节、食品节等活动吸引游客。

1986 年至 2005 年,第三产业年均增长 11.7%。2005 年第三产业增加值 41.95 亿元,在地区生产总值中的比重,由 1986 年的 23.20%升至 32.55%。

惠民工程

1986 年至 2005 年,新都从关注民生、改善和提高人民生活质量入手,加快城乡基础设施配套建设。全区公共事业服务体系逐步完善,人民群众得到实惠。

基础设施　1986 年起,新都按照城乡统筹的要求,实施城区总体布局规划,加快城乡基础设施配套工程建设,修建道路,兴建自来水厂、垃圾焚烧场、污水处理厂等,促进全区经济社会事业快速、协调发展。

以过境高速公路为依托,以国道 G108、省道 S105、县道为骨架,形成了以城区为中心,连接全区各镇、村,沟通相邻区(市、县)和成都市中心城区的公路交通网络。

至 2005 年年末,新都旧城区改造街道 21 条、拓宽街口 9 个、新建街巷 103 条,城区新建休闲广场 4 个。新城区建成主干道路 14 条,建成面积 6 平方公里。

至 2005 年年末,区内有集贸市场 56 个,大中小超市 66 家;有自来水厂 21 座,日供水能力 30 万立方米;全区形成省内独有的“四双”(电站双主变、双线路、双电源、每村双变压器)供电网络;境内有配气站 25 座,日供气能力 120 万立方米。新都率先在全省实现村村通电话,首创“村村建广播室”,率先在全市建县级电视台和具备现场直播能力。实现了有线与无线、模拟与数字、语音与数据相结合,覆盖本地,连通世界的现代化通讯网络。

城乡教育　加强学校标准化、信息化基础设施建设,推行城乡教育助学工程,不断提升整体办学水平。1994 年,在全市率先实现普及九年制义务教育。20 年共新建、改(扩)建中学 26 所,城镇小学、农村中心校 25 所,村完小和村小 53 所。学校建筑面积由 1985 年的 15.4 万平方米增至 2005 年的 70.2 万平方米。2005 年,教育经费投入 2.62 亿元,是 1988 年的 22.9 倍。全区有各级各类学校 191 所,其中幼儿园 132 所、普通中小学 55 所、职业中学 1 所、普通高等学校 3 所。形成以政府办学为主,社会各界广泛参与,公办学校与民办学校共同发展的格局。

医疗卫生 改革完善公共卫生机构人力资源配置,建立了城乡一体化的公共卫生、疾病救治和预防控制体系以及“新型农村合作医疗”综合信息网络管理系统,不断满足群众对医疗卫生的需求。1986年至2005年,公共卫生事业累计投入2.01亿元,年均递增16.91%,形成区、镇、村三级医疗卫生格局。新都先后被评为国家级卫生县城、“2000年人人享有卫生保健规划普及阶段”先进县、全国农村中医工作先进县。2005年,全区有国家二级甲等医院3家,医疗卫生机构46个。区属卫生系统人员2465人,各类卫生机构床位1613张。

文化体育 新都先后新(扩)建图书馆、艾芜陈列馆、杨升庵博物馆,相继成立新都县文学艺术联合会、杨升庵研究会等各类文艺社团16个。1996年起,新都先后获全国、省、市文艺演出奖40多项、创作奖200多项。芙蓉花川剧团的《芙蓉花仙》创全国舞台戏曲同一剧目演出场次最高记录。1991年,新都县被命名为“四川省历史文化名城”。1999年,新都被文化部授予“全国文化先进县”称号。社区文化活动队伍由1992年的92支增加到2005年的346支。

新都被誉为“四川省乒乓球之乡”,1992年被评为“全国体育先进县”。2001年起,将每年6月1日至10日定为“全民健身活动周”。1988年至2005年,新都体育中心连续18年被评为市以上最佳赛区。2005年,黄桷树广场被国家体育总局评为“全国优秀全民健身活动站(点)”。

社会保障 相继建立机关事业单位职工养老保险、城镇职工基本养老保险、城镇私营企业职工和个体工商户及其帮工基本养老保险、城乡居民最低生活保障制度;实行以区级管理为主体,各镇(街道)管理为依托,村级管理为基础的农村社会养老保险制度;开展失业保险、医疗保险、工伤保险、征地农转非人员社会保险、女职工生育保险等工作。实施帮困助学、帮困助医、移民安置、再就业、送温暖等惠民工程,建立帮扶基地和健全城乡困难群体救助体系,让人民群众在社会保障事业中得到实惠。2002年起,对义务教育阶段就读的贫困家庭学生实行“两免一补”政策。2003年起,全区实行农业税及附加费由区财政代缴。2004年秋季起,全面实行义务教育阶段学生“一费制”收费办法。2005年起,全区免收农村初中、小学新都籍学生课本费。

民主政治

区委按照中共十六大提出的发展社会主义民主政治,建设社会主义政治文明的要求,建立以“公推直选、民主评议、三会开放”为主要内容的基层民主政治建设制度,积极探索基层干部人事制度改革和民主政治建设新途径。

民主评议 2001年,邀请企业负责人考评各职能部门领导后,每年进行基层领导干部的述职和群众评议活动;对全区窗口部门的工作效率、工作作风、服务质量等进行无记名测评;召开区级党政领导班子成员为测评对象的民主测评会,开展对区级部门“一把手”和镇(街道)领导干部进行民主测评,并形成长效机制。相继制定《重要工程专家咨询制度》《重大事项公告制度》等配套措施,把区委、区政府的重大工作、重大决策置于民主监督和社会监督之中,把基层领导干部的任期制、试用制、聘用制建立在群众监督之下。

执政公开 在探索基层民主政治建设,创新权力监督机制过程中,从扩大党内民主、保障党员民主权利出发,在搞好民主评议基础上探索开放“三会”(区委常委会、区人大常委会、区政府常务会)为主要内容的基层民主政治建设制度,调动社会各界人士参政议政的积极性,打造“公开、公正、公平、勤政、廉洁、为民”的“阳光政府”。从2003年起,在区级部门实行领导干部推荐和任用“三差额”(推荐、考察、区委全委会)票决干部制度。

公推直选 2003年,区委在大丰中学和新都职业技术学校尝试直选校长后,继而公推直选乡镇卫生院院长、医疗机构负责人。12月7日,木兰镇以公推直选形式选出镇党委书记刘刚毅。省、市先后在新都召开了基层民主政治建设现场会。

2005年5月,新都区推进基层民主政治建设获首届"建设成都杰出贡献奖",并入围第三届"全国地方政府创新奖"。12月,区委制发《关于镇党委书记的公推直选及管理意见》并配套9个实施办法,进一步完善公推直选、深化基层民主政治建设机制。

城乡统筹

新都坚持以城市和农村统筹发展为指导,深化配套改革,合理调整城乡产业结构,优化城乡生产要素配置,统筹规划城乡建设,推动城乡各项社会事业全面发展,加快了城乡一体共同繁荣的步伐。

20世纪80年代,新都列入全省三个综合经济体制改革试点县之一,利用地处城郊的优势,开展发展城乡经济发展综合配套改革,初步形成了城乡结合、工农结合、互为依托、互为基地、互为市场、双向辐射、城乡一体、共同发展的经济格局,全县经济迅速发展。至1990年,全县社会总产值20.9亿元,农民人均年纯收入926元,经济发展速度和人均主要经济指标在全省区县中一直名列前茅。1991年9月,省委、省政府在新都召开深化农村综合配套改革现场办公会,中央有关部门和省市主要领导给予充分肯定,认为新都县形成的城乡一体化经济发展格局符合改革方向,对处于经济较发达的大城市郊县具有代表性、典型性和普遍意义。

新都坚持以城乡一体化作为城市发展战略,推进新型工业化、新型城镇化和农业现代化。坚持推进工业向园区集中,工业实力进一步壮大;坚持土地向规模经营集中,农业产业化经营进一步发展;坚持农民向城镇集中,农民市民化进程进一步加速。2005年,工业区内企业入库税收3.73亿元,占全区工业税收的61%。新繁镇、石板滩镇两个重点镇建设和区域中心镇建设进展顺利,"新居工程"规划的13个农民集中安置小区已建成5个。新增土地流转面积10878亩。

坚持把推进城乡统筹作为破解"三农"难题的根本性措施,调整国民收入分配结构和财政支出结构,加大惠农投入。2005年,区财政投入7374万元,用于农村道路、通信、电力、农田水利、信息网络等基础设施建设和农村教育、科技、文化和卫生事业建设,进一步改善农业和农村发展环境。继续免除农业税及其附加,为种粮农户兑现综合直补。

建立健全城乡统筹管理机制,实施农业、规划、村组等管理体制改革和继续推进国库管理制度改革。特别是2002年撤县设区后,积极探索统筹推进城乡融合发展的新路子,制定城乡统筹配套措施,完善镇级、村组代理会计核算制度,落实社保、就业、教育、财政、卫生、户籍管理等城乡统筹配套政策,城乡统筹管理体制和工作机制逐步形成。2005年11月,市委、市政府在新都召开推进城乡一体化工作现场会,对新都推进城乡统筹的做法给予高度评价。

·大事记·

DASHIJI

CHENGDUSHI XINDUQU ZHI

1986 年

1月2日　县委制发《关于工商企业深入改革的意见》。

1月27日　县委召开工作会议,学习贯彻中央1号文件。会议要求按照“巩固、消化、补充、完善,存利去弊”的方针,搞好一个基础(农业),一个重点(服务体系),四个完善(服务体系、流通体制、乡财政、党政分工),探索四条新路子(稳定农民种田积极性、发展纵横联系、发展合作经济、发展专业户和联合体)。

2月7日　中央顾问委员会主任、中央军委主席邓小平到新都宝光寺视察。

2月18日　新都县召开专业户座谈会,重申对专业户“政治上鼓励,经济上支持,法律上保护”的政策。

3月20—21日　县委召开常委扩大会议,动员进一步开展横向联合,在全县开展“十个一”和“我为横向联合做一件事”活动。

4月7日　县委制发《关于推进农村第二步改革的意见》,要求在“巩固、消化、补充、完善”的同时,探索改革新路子。突出抓好一个基础(农业),四根支柱(乡镇企业、多种经营、第三产业、畜牧业)。

4月8日　《成都晚报》以题为“新都编修成一大型乡镇全志”,报道了新都县志办经三年多时间,编修成建县2000多年来的乡镇全志,该部乡镇全志共计30册,约400万字。

4月15日　市政府在新都县召开现场办公会,讨论新都发展乡镇企业问题。要求新都乡镇企业总产值1988年过10亿元,实现三年翻一番。

4月24日　县委制发《关于进一步发展横向经济联合的若干规定(试行)》。

4月28日　中宣部部长邓力群视察新都县。

6月5日　制发《新都县经济发展战略要点》:推进产业结构调整,促进二、三产业发展,在本世纪末实现工业化和现代化;“七五”期间打基础,1991年至2000年实现经济全面发展,1989年工农业总产值过10亿元。

6月12日　省委书记杨汝岱到新都县调研,赞扬新都县计划体制改革工作和以工补农的做法。

8月20—21日　县委召开工作会议,讨论三年发展计划,并签订目标责任制合同。会议要求“两个模式”一起上,“五个轮子”一起转,“四个渠道”一齐通,“三个层次”一起抓,力争实现三年翻番。

10月6日　县委召开第六届五次全委会议,安排农村整党、深入改革等工作。

10月8日　最高人民法院院长郑天翔到新都,视察县法院的审判工作、司法改革和队伍建设情况,并题词:“严肃执法、为发展社会主义民主、加强社会主义法制而努力。”

11月2日　省委书记杨汝岱、市委书记吴希海到新都检查工作。

11月24日　国务委员、国家科委主任宋健到新都县环境工程专业设备厂、新都县羽绒机械厂视察,并分别题词:“发展环保工业,保护生态平衡”“支持乡镇企业,发展地方经济”。

12月30日　新都县开展民主评议县委、县政府领导干部活动。

1987 年

2月3—4日　县委召开工作会议,讨论1987年的工作任务和改革方案。

2月5日　柬埔寨诺罗敦·西哈努克亲王及夫人莫尼克公主参观新都宝光寺。

3月1—3日　中共新都县第七次代表大会在新都镇召开。

3月5—9日　中国人民政治协商会议新都县第四届委员会第一次会议在新都镇召开。

3月6—9日　新都县第十一届人民代表第一次会议在新都镇召开。

3月9日　坦桑尼亚总统阿里·哈桑·姆维尼参观新都县马家乡养鸡场。

3月12—14日　新都县召开先进代表大会,总结经验,表彰先进,按整风精神找差距,制定措施,进一步落实“三位一体责任制”(岗位目标、经济承包、精神文明建设)。

3月16日　新都县资金市场开业。70个单位、211人参加交易,挂牌资金1亿多元,成交金额2280万元。

7月3日　新都县召开财税工作会议。要求在全县范围内进行“三清理”(清理让利到期企业、清理名集体实私有企业、清理让利部分挪作它用的情况),实行“三挂钩”(财税任务完成情况同税务人员、乡镇干部、企业的奖金挂钩)、“两结合”(税务部门同乡镇政府结合)、“一分成”(县对乡镇财政实行超收分成)的办法。

8月1日　省政府授予新都县“拥军优属先进单位”称号。

8月19日　县委制发《关于对县内外出包部分企业的若干规定(试行)》。

8月12—22日　新都举办读“两本书”(《坚持四项基本原则,反对资产阶级自由化》和《建设有中国特色社会主义》)学习班。

9月8—10日　省委书记杨汝岱两次到新都县调研,要求加强对农业基础的认识,控制占地,党政要有统有分。8日,接见在新都县开会的12省市区党报记者。

10月25—27日　四川省体改县座谈会在新都召开,重点讨论建立农业合作基金、农业发展基金和改革如何深入等问题。

11月30日　县委批转《完善农村合作制试点工作组〈关于完善农村合作经济组织试点工作的安排意见〉》,各乡镇派人到桂林乡开展双层经营试点(改生产队为合作社)。一个月后全县推开。

12月30日　县委召开第七届三次全委(扩大)会议。评议县领导,讨论1988年改革方案。

1988年

2月　从县级机关中抽调25名年轻干部到乡镇任职,加强基层工作。

3月7—8日　新都县召开先进代表大会。对在国际博览会上获得银牌奖、在第三届全国发明展览会获得金奖及获得四川省科技进步二等奖的的主研人给予奖励,会议命名新都县优秀企业家21人,对先进单位和404名先进工作者进行表彰。

3月9日　新都县刀剪厂生产的铁拳牌民族吊刀,获部优产品称号。

3月23日　在县农机厂召开全县工业企业现场会,推广“满负荷”工作法。

4月6日　县委制订各部门“满负荷”工作目标及奖励办法。

4月10—17日　全国农村经济发展模式比较研究会在新都县召开,新都县就城郊型农村经济发展模式在会上作交流。

4月26日　国家教委确定新都一中(田径)为全国首批培养高水平学生运动员试点校。

4月28日　县委研究建立经济技术开发试验区。为此,6月7日省体改委主任宋宝瑞、6月24日省财经领导小组刘光炳、7月1日副市长方家祥到新都县研究方案。

4月　省政府授予新都县“建设食品县成绩优异”称号。

7—8月　新都县开展选拔有贡献的中青年拔尖人才活动。

8月1日　民政部、解放军总政治部授予新都县“全国拥军优属先进单位”称号。

10月19—21日　川西10个体改县在新都县开会，讨论深化第二步改革和1999年改革重点等问题。

10月26日　省委书记杨汝岱到新都县调研，对新都县在宏观控制下采取“三转一调二提高”(企业由向上要政策转为向内加强管理挖掘潜力，从重外延扩大再生产转为重内涵扩大再生产，注重发展速度转为注重效益；努力调整产品结构和产业结构；提高经济效益和企业素质)的工作方针给予高度评价。

10月30日　全国政协副主席王恩茂考察新都县天元乡团结村村办企业，并参观宝光寺。

11月29日　新都县召开“在宏观控制下搞活经济”的经验交流会。

12月31日　省委、省政府授予新都县“农村综合体制改革先进单位”称号，颁发“坚持改革，勇于开拓”锦旗。

12月　新都县乡镇企业完成总产值过10亿元的目标。全县工农业总产值9.74亿元，比1978年增长4倍。

1989年

1月3日　县委、县政府制发《关于在治理整顿中深化企业改革的安排意见》。

1月　市委、市政府对“乡镇企业产值过10亿元”的新都县给予奖励。

同月　在首次全国水泥产品质量评比中，新都县水泥厂被评为“立窑质量优胜企业”(四川省仅4个县办水泥厂获此荣誉)。

2月13日　县委召开常委扩大会议，研究讨论近期主要工作，要求树立紧迫感，夺取开门红；建立改革项目，落实责任制；对重点工作制定实施方案；发挥优势，实现“四新”“创一升位”。

3月12日　全国人大常委会委员长万里视察新都县。

3月15日　县委、县政府召开教育工作会议。

3月17日　县委、县政府制发《关于加快发展我县基础教育工作的意见》。

4月28日　县委召开乡镇党委书记、县级机关负责人会议，传达省委办公厅、省政府办公厅和市委会议精神，学习4月26日《人民日报》社论《必须旗帜鲜明地反对动乱》，并作出具体安排。

5月4日　国家科委副主任蒋民宽到新都国营新繁泡菜厂考察，对新繁泡菜厂开展蔬菜深加工，延伸种植产业链增值的做法给予充分肯定。是年，“新繁泡菜系列产品技术开发”列入国家“星火计划”项目正式实施。

5月23日　县委召开会议，贯彻落实市委、市政府5月22日会议精神，提出“旗帜鲜明地制止动乱，理直气壮地维护安定大局”的号召和具体措施。

6月5日　县委制发《1989—1993年依法治县的规划》。

7月8日　县委制发《关于坚决拥护认真贯彻党的十三届四中全会各项决定的决定》。

8月25—27日　县委、县政府召开全县农村工作会议，县委书记唐光全作《振奋精神，加强领导，开创农村两个文明建设新局面》的报告。

9月　县政协在桂湖湖心楼主办由广东省东莞市、重庆市市中区、成都市西城区、都江堰市、新都县、乐山市洪雅县、广元市剑阁县、内江市资中县等8市(区)县政协参加的书画作品联展。

10月24日　县委召开利润过百万元的企业厂长(经理)座谈会。

12月7—8日　县委召开第七届十次全委(扩大)会议，研究贯彻中央五中全会精神。

12月13日　县委制发《贯彻中央〈关于进一步治理整顿和深化改革的决定〉的意见》。

1990年

1月10—12日　中共新都县第八次代表大会在桂湖镇召开。

2月18—21日　中国人民政治协商会议新都县第五届委员会第一次会议在桂湖镇召开。

2月20—24日　新都县第十二届人民代表大会第一次会议在桂湖镇召开。

2月25日　中共中央政治局常委宋平到新都县视察，并参观宝光寺。

4月9日　省政府向新都县政府颁发“基本消除中小学危房”证书。

4月25日　应国家教委邀请到中国访问的美国旧金山中国问题研究所所长、美国道学基金会创始人兼主席张绪通博士参观新都县保健用品厂，题词“大道之行也，天下为公”。

4月28日　爱尔兰、丹麦、比利时、葡萄牙、卢森堡5国驻华大使及夫人游览宝光寺。

5月25日　以菲律宾中国了解协会董事长周清源为团长，由阿基诺总统的妯娌以及菲各界知名人士组成的菲中了解协会代表团一行8人，游览宝光寺。

6月13日　全国第四次人口普查工作开始，11月12日结束。全县24个乡(镇)户籍总人口531167人(截至7月1日零时)，其中男性占50.27%。共有民族25个。

6月19日　朝鲜最高人民委员会大议员、朝鲜广播电视委员会委员长郑和哲率团到新都县参观。

6月25日　以丘巴特·格奥尔吉·德米扬里耶维奇台长为团长的苏联白俄罗斯电视中心友好访问团一行5人到新都县参观。

7月21日　由县委宣传部、政法委，县妇联、县精神文明办公室和县民政局联合举办的新都县农村“遵纪守法光荣户”“五好家庭户”“双文明户”评选活动开始。

7月26日　加拿大前总理特鲁多游览桂湖、宝光寺。

8月6日　泰国警察厅总监助理蓬阿玛中将为团长的泰国警察厅移民局代表团一行12人，游览宝光寺。

同日　扎伊尔考察团参观新都县城关沼气净化池、泰兴乡农村小型高效沼气池，希望新都县将这一技术传到扎伊尔。

8月25日　全国政协副主席钱伟长到新都县视察。

8月26日　第十一届亚运会“亚运之光”火炬传递到新都宝光寺，受到上万群众和近百名僧侣欢迎。

8月31日　苏联农机制造部副部长和高级顾问到新都县，考察农村小型高效沼气池。

9月21日　新都县与云南省昆明市西山区结为友好县区签字仪式在新都县政府会议室举行。

9月22日　在副省长刘昌杰、副市长刘家忠等陪同下，苏联乌克兰共和国部长会议副主席等一行到新都县羽绒厂参观考察。

10月18日　原省委书记谭启龙、中顾委委员天宝到新都县视察。

10月　新都县向国家输送大、中专新生499人，是1977年恢复高考以来输送新生最多的一年。

11月3日　法国巴黎市市长希拉克的高级顾问、国际问题专家皮埃尔·勒鲁什先生到新都县农村参观访问。

11月6日　历时21天的四川省佛教协会第四次传戒法会在宝光寺结束。国内外125个寺庙求戒沙弥、沙弥尼共361人，为历次传戒法会人数最多、规模最大的一次。

12月5日　省、市绿化委员会对新都县进行为期4天的基本绿化达标检查验收，成为“全省国土基本绿化达标”平原县。

1991 年

1 月 24 日　中共中央政治局委员、四川省委书记杨汝岱到新都县考察乡镇企业时强调,决不能放松粮食生产,积极发展农村多种经营,大力发展乡镇企业。

2 月 26 日　新都县人民群众见义勇为奖励基金会成立。

3 月 16 日　新都县桂湖镇被成都市纳入综合型卫星城建设试点。

3 月　新都县被评为四川省发展乡镇企业先进单位。

4 月 4 日　县委、县政府制发《关于发展横向经济联合的优惠办法》。

同日　连接青白江区合兴乡、龙泉驿区永和乡和新都县石板滩镇的石板滩桥建成通车,桥长 44.3 米、宽 9.6 米。

4 月 30 日　建设部村镇试点办公室领导到新都县,考察马家集镇建设。

4 月　省委、省政府授予新都县“1990 年粮食总产量再创历史纪录”称号。

5 月 7 日　应巴西国际厌氧消化技术交流协会邀请,新都县沼气办公室有关人员赴巴西圣保罗参加第六届国际厌氧消化技术交流会。

5 月　天元乡五桂村 10 社社员范力松,购买一台 18 型配套联合收割机,成为新都县第一个拥有联合收割机的农民。

5 月 19 日　参加联合国教科文组织儿童科幻学术交流会部分外宾,到新都县斑竹园乡文化中心参观访问。

6 月 5 日　云南省畹町市一行 12 人到新都县参观考察,经双方协商,结成友好县市。

6 月 11 日　联合国国际粮农专家拉堡克女士到新都县,视察农村粮食抽样调查工作。

6 月 15 日　泰国大理院(最高法院)院长拉他纳空一行 15 人,参观访问县法院。

6 月 27 日　国家计划生育委员会主任彭珮云到新都县,考察计划生育工作。

8 月 19 日　新都县羽绒厂生产的奥美牌羽绒服装、新都刀剪厂生产的铁拳牌民族龙凤刀,分别获第二届北京国际博览会金奖。

8 月 31 日　四川省粮食厅投资 170 万元的西南地区第一粮仓月波桥仓库建成。两座囤粮仓库跨度 24 米,建筑面积 1370 平方米,容量 1 万吨。

9 月 21—29 日　中国成都第九期国际沼气厌氧培训班在新都县举办。亚洲、非洲、欧洲、美洲等 18 个国家的 21 名学员,进行为期 10 天的现场实践操作。

9 月 27 日　省委、省政府在新都召开深化农村综合体制改革现场办公会。

10 月 1 日　开始对城镇居民实行“凭证、凭票、限量、限期”供应粮油的办法。

10 月 2 日　应最高人民法院邀请,泰国上诉法院副院长乃乍住彝亚夫妇到新都县,参观访问县法院。

10 月 21 日　全国妇联书记处原书记、《中国妇女》杂志总编辑董边,带领中国鲁迅研究学会理事兼副秘书长、《湖畔社》副社长史莽等 3 人到新都县考察。

10 月 27 日　全国计划生育服务站规范化管理试点现场会在新都县召开。全国各省、市、自治区的 160 多名代表,参观新都县计划生育宣传技术指导站。

10 月 30 日　中国社会科学院国情调查组一行 16 人到河屯乡,进行国情调查。

11 月　新都县钢圈厂出口的重型车轮,被中国汽车工业总公司列入“八五”规划项目中全国第一批规划技改项目。

12 月 26—27 日　受西北利亚强冷空气影响，境内降雪量 0.7 毫米，积雪深度 1 厘米，是新都县近 20 年来降雪量最大、降雪时间最长的一次。

12 月　林业部授予新都县“全国平原绿化先进单位”称号。

1992 年

1 月 4 日　县委制发《关于加速城乡一体化，提前建成小康县的决议》。

1 月 5 日　在北京召开的全国乡镇企业工作会上，四川新兴公司总经理尹大荣获“全国乡镇企业优秀企业家”和“全国劳动模范”称号。

1 月 10 日　省长张皓若到新都县，参观粮食批发市场。

1 月 14 日　新都县粮食批发市场正式开业，省、市、县有关领导为市场开业剪彩。粮食批发市场占地 2 万平方米，是全国目前三大粮食市场之一。

1 月　市委、市政府授予新都县“乡镇企业总产值过十八亿元”区(市)县。

同月　市委、市政府、成都军分区授予新都“双拥先进县”。

2 月 14 日　市政府批准建立成都市新都卫星城工业区。

2 月 25 日　新都县钢圈厂 700T-20 汽车车轮和新都县机具厂 JH-YR-C 印染废水净化设备，被评为 1990 年度国家级新产品。

4 月 8 日　县委、县政府制发《关于进一步扩大对外开放的若干政策》《关于鼓励外商投资的规定》。

5 月 1 日　14 时 10 分至 31 分，石板滩、木兰、泰兴等镇遭冰雹袭击，雹径最大 12 毫米，伴有阵性大风雨，风力 7—8 级。45 个村、18393 户、66003 人受灾，造成经济损失 1000 万元。

6 月 5 日　县委、县政府制发《关于进一步扩大对外开放若干政策的实施细则》。

7 月 18 日　省委省政府、市委市政府召开“‘一条线’新都现场办公会”。

7 月　在新都电缆厂一期扩建工地，发现一处商周聚落遗址。

9 月 8 日　省政府办公厅公布新繁镇为四川省历史文化名镇。

12 月 13 日　新都县被国家体委命名为第四批全国体育先进县。

12 月 23 日　新都县十二届人大常委会第 22 次会议通过决议，决定香樟为县树，桂花为县花。

12 月　新都县乡镇企业总产值 34.33 亿元，居四川省第二位、全国乡镇企业百强县第 85 位。

1993 年

1 月 1 日　全国第一家依托企业、服务社会的安全专业报《警钟长鸣报》，获得全国公开发行权，该报原系新都县氮肥厂安全生产简报。

1 月 1—3 日　中共新都县第九次代表大会在新都镇召开，县委书记唐光全作《坚持党的十四大路线，夺取新都改革开放和现代化建设的更大胜利》工作报告。

1 月 4—7 日　中国人民政治协商会议新都县第六届委员会第一次会议在新都镇召开。

1 月 6—9 日　新都县第十三届人民代表大会第一次会议在新都镇召开。

1 月 10 日　西游历险乐园在新都镇电子路建成，15 日向游客正式开放。

3 月 7 日　中国足球队主教练施拉普纳、领队马克坚及全体队员游览新都宝光寺。

3月14日　成都市体改委正式批准以定向募集方式,将旭光电子管厂改组为“成都旭光电子股份有限公司”,成为新都第一家进行股份制改组的国有大型企业。

4月13日　泰国中华总商会主席郑明如先生到新都县考察投资环境。

4月18日　县委、县政府机关报《新都报》创刊。

4月30日　19时30分至20时45分,新都县遭受1992年5月1日后的又一次较为严重风雹灾害。全县17个乡镇255个村、5万多户、近19万人不同程度受灾,直接经济损失1500万元。

5月10日　张闻天夫人刘英、廖志高夫妇游览宝光寺、桂湖。

5月12日　美国前总统顾问、明道大学校长张绪通博士,向利济镇柳泉村保健用品厂马留文颁发荣誉博士学位证书。

5月14日　新都工业区开发总公司、新都保安服务公司分别与新加坡立胜投资企业有限公司、新加坡公民杨永光、游瑞绅先生签订合资兴办“立胜置业发展(四川)有限公司”“天威国际娱乐(四川)有限公司”,建设新加坡商业一条街娱乐城的协议。

5月20日　香港伟确投资集团董事长梁仕荣先生与县委书记唐光全商议合资开发蜀龙经济区事宜,并向新都县捐赠人民币50万元。

5月30日　中华全民爱国会主席、省政府海外经济顾问、川台开发公司董事长钟树楠到新都县,考察四川新兴集团公司。

同日　新都县授予美国明道大学校长张绪通先生“成都市新都卫星城荣誉市民”证书。

6月1日　新都县天象馆(位于国营268厂内)正式向游人开放。

6月3—4日　由西南西北省市15家党报总编、编辑、记者组成的“93年中国西部记者采访团”一行40多人,到新都县采访。

6月26日　新都县私营企业协会成立。全县个体工商户19440户,私营企业73家。

6月28日　四川省第一家由政府批准的县级股份制合作经济组织——新都县合作基金调剂市场开业。从6月8日试营至28日,进场单位18家,吸收个人会员1000名,法人会员500名,总成交额535.8万元。

7月　新都县天元信用社中心储蓄所,被中国农业银行总行授予全国“十佳储蓄所”称号。

同月　成都市人民政府批准新都镇为成都市社会发展综合实验区。

同月　中共成都市委、市政府授予新都县“卫星城镇”称号。

8月　四川印刷制版中心经国家权威评价机构评定,荣登1992年度全国印刷行业最佳经济效益企业50强金榜之列。四川省印刷制版中心排名第40名,成为全省印刷业唯一进入全国50强的企业。

8月3日　在新华社澳门分社和省台办等人员陪同下,台湾“新一代企业家经贸考察团”一行13人,到新都县进行投资考察。

8月19日　在省市领导陪同下,全国人大常务委员会副委员长秦基伟视察新都工业区并作重要指示。

9月13日　新都镇、斑竹园镇、龙虎镇、大丰镇、三河镇、新繁镇、新民镇、利济镇、龙桥乡、竹友乡和泰兴镇11个乡镇入选四川省乡镇200强。

9月18日　当代著名艺术家、美术教育家徐悲鸿先生遗孀廖静文女士到新都参观。

9月25日　日本甲府市市民代表团访问新都一中。

10月6日　新都县氮肥厂经经济贸易部、国家计划委员会、国家统计局、财政部、国家劳动局和人事部正式批准为国家大型企业。

10月14日　联合国人口基金驻华办事处官员玛居里女士到新都县考察。

11月11日　建设部授予马家镇旧街改造试点工程建设奖。

11月15—30日　在农业部和成都市人民政府联合主办的“’93全国菜篮子工程成果展示交易会”

上,新都县的香城牌新都柚、新繁牌新繁泡菜、五星牌10°普通啤酒、五星牌11°特制啤酒、五星牌10°干啤酒等5个产品获金奖,蜀繁牌泡海椒、蜀繁牌泡大蒜、新宝牌矿泉豆奶等3个产品获银奖,蜀繁牌泡大蒜获优秀奖。县政府和县农办分别获"综合工作第一名"和"组织工作奖"。

12月4日　艾芜之墓暨铜像落成揭幕仪式在桂湖公园举行。省文联主席李致、省作协主席马识途、市委副书记王少雄等参加揭幕仪式。

12月24日　新都县海外联谊会成立。

1994年

1月19日　拥有21项国家专利的科技型发明企业家、新都龙虎门窗集团公司总经理詹庆富,被中国发明协会吸收为全国委员会委员。

1月23日　省委书记谢世杰、市委书记黄寅逵到新都县检查工作,研究新都县关于小集镇建设、工业区政策等问题。

2月24日　新都县与日本实业家中村幸雄先生,签订合股修建成彭路新都段合同。

2月26日　国家体改委副主任安志文到新都县检查工作,参观粮食批发市场。

3月1日　应中国台湾传大艺术事业有限公司之邀,芙蓉花川剧团赴台湾巡回演出20天。

3月22日　县委、县政府制发《关于鼓励外商投资的若干政策规定》。

3月　省委、省政府授予新都县"发展村社集体经济先进单位"称号。

4月12—23日　以县委书记唐光全为团长的招商团一行4人赴新加坡考察,与新加坡客商达成协议项目14个、总投资4.02亿元。4月16日,唐光全代表新都卫生城、新加坡忠邦城公民咨询委员会主席雷因旭代表忠邦城,双方签字缔结为秭妹城。

5月9日　国家经济体制改革委员会委员、农村经济体制司司长李修义一行到新都县,就申请将新都县列入全国县级综合改革试点县问题进行考察。

5月10日　国务院总理李鹏在北京接见全国优秀厂长、经理、发明家,四川龙虎门窗集团公司总经理詹庆富受到接见。

5月11日　全国优秀发明企业家(全国10名)詹庆富从北京参加表彰会后回到新都,受到县领导及有关部门领导欢迎。詹庆富发明的"25B型空腹密闭钢门窗系列产品及型材"在第二十二届日内瓦国际发明博览会上获得金奖。

6月1日　芙蓉花川剧团一行15人,赴芬兰、丹麦、瑞典三国参加"库匹欧音乐舞蹈艺术节"和"斯堪的那维亚艺术节"演出。

6月28日　县委、县政府制发《关于促进大开放大发展的若干政策规定》。

7月17日　凌晨5时,石板滩镇、泰兴镇和木兰乡的17个村遭受冰雹袭击,5600农户、2.2万亩农作物受灾。

10月3日　新都县举行中日合资成彭公路(新都段)改扩建工程竣工暨康瀛机动车驾驶学校落成典礼。

10月25—29日　中央基层组织建设工作会在北京召开,新都作为四川省代表参加会议,县委书记唐光全26日在会上交流经验。

11月1日　由国务院生产办公室立项、国家经贸委部分贷款的成都市最大的支农工程——新都县氮肥厂年产6万吨尿素生产线建成投产。

11月2日　四川龙虎门窗集团公司总经理詹庆富获中国建筑金属结构协会评选的"门窗行业优秀

发明家”称号,成为全国建筑行业唯一获此殊荣的企业家,其产品“川—87 型钢制推拉门窗系列”被建设部列为“八五”期间推广应用的节能产品。

11 月 16 日　获得“中国乡镇企业功勋”奖章的四川新兴集团公司总经理尹大荣从北京回到成都,省、市、县领导到机场迎接。

同日　“新都柚”获全国第三次柚类科研生产协会金杯奖,这是由农业部在全国参评的 41 种柚子品种中评定出的 13 个(四川 5 个)金杯奖之一。

11 月 20 日　省委书记谢世杰,省委副书记、副省长蒲海清,省委常委、市委书记黄寅逵,市委副书记陶武先,副市长刘家忠等领导到四川新兴集团公司视察,看望“中国乡镇企业功勋”尹大荣。

12 月 16 日　在首届全国县(市)科技实力擂台赛中,新都县为全国 110 个科技实力强县之一。

1995 年

1 月 1 日　首条集经商、办公、旅游、娱乐和居家为一体的新加坡商业街在新都镇建成,成为新都对外开放、以外引外的重要窗口。

1 月 17 日　县委、县政府制发《关于大力发展个体私营经济的决定》。

2 月 21 日　县委、县政府制发《关于建立社会治安综合治理奖励基金的决定》。

2 月　省政府授予新都县“普及九年制义务教育县”称号。

同月　新都县新兴高科技工业园区被农业部命名为“全国乡镇企业示范区”(全国 50 个,四川 2 个)。

3 月 7—8 日　省市领导宋宝瑞、陶武先、颜家瑾、刘家忠率省市有关部门负责人到新都县,召开“一条线”调研工作会。

3 月　首批百家中国特产之乡命名宣传活动组委会,授予新都“中国泡菜之乡”称号。

同月　竹友乡福田村被全国绿委评为首批“造林绿化四佳村”。

4 月 22 日　全国人大常委会委员、原农业部部长何康视察四川新兴集团公司、成都神农集团公司。

8 月 10 日　20 时至 11 日 14 时,新都普降特大暴雨,清白江、毗河、锦水河洪水泛滥,17 个乡镇 301 个村 2545 个社遭受继 1981 年后又一次严重洪灾。

8 月 11 日　火烧堰决口导致利济、新繁等 6 个乡镇发生重大水灾,失踪 3 人,淹没粮田 4 万亩。

8 月 18 日　省委、省政府召开全省县级综合经济实力评价表彰会,新都县名列全省十强县(区)第二名。

8 月 19 日　应新加坡忠邦公民咨询委员会邀请,芙蓉花川剧团 32 人赴新加坡访问演出 12 天后回到新都。

8 月 31 日　县委、县政府制发《关于进一步调动科技人员积极性的决定》。

8 月　新都“白螺泉”(又名新宝矿泉)经四川省地质矿产局审定,被授予“四川名泉”称号。

9 月　新都县被国家计委、农业部、水利部联合定为“八五”第四批商品粮基地县。

11 月 1 日　县委、县政府制发《关于进一步加快农村奔小康步伐的实施意见》。

11 月　“新都柚”在“第二届中国农业博览会”上获银奖。

12 月 20 日　全国政协副主席杨汝岱到新都,调研乡镇企业发展情况,视察新都县马家肠衣厂、川虎电缆股份有限公司、四川新都龙虎(集团)股份有限公司和四川新兴集团公司。

12 月 28 日　县政府制发《新都县住房公积金实施办法》《新都县深化城镇公有住房租金改革实施办法》《新都县职工购买公有住房实施办法》和《新都县职工集资合作建住房实施办法》,4 个办法于

1996年1月1日起实施。

12月　新都县马家镇食用菌生产专业大户杨国才，被中国科协授予“全国农村科技普及先进工作者”称号。

1996年

1月1日　《新都县人民政府令　新都镇城区禁止燃放烟花爆竹的规定》正式实施。

1月8日　省委、省政府命名新都县为“双拥模范县”。

2月10日　在追捕持枪抢劫嫌疑犯中光荣牺牲的新都县公安局刑警大队探长、一级警司吕新民，被省政府批准为革命烈士。14日，吕新民烈士遗体告别仪式在新都县体育馆举行，省市县领导及干部群众参加。

3月26日　新民镇被省委、省政府列为第三批省级试点小城镇。

4月13日　市委书记黄寅逵陪同香港《商报》副社长吴帆、副总编辑符国柱，香港九鼎国际有限公司董事长章涛等到新都县考察，县政府特聘吴帆为新都县经济顾问。

5月14—26日　1996年全国象棋锦标赛在新都县香园宾馆举行。42支男队和22支女队共332人参赛，中国象棋特级大师胡荣华、吕钦、柳大华、赵国荣等参加比赛。

5月15日　省地方志编纂委员会和省人事厅授予新都县“省地方志工作先进集体”称号。

5月18日　仪陇县举行双胜中学迁建奠基仪式，新都县捐资60万元。

6月10—11日　省委、省政府在四川新兴集团公司召开全省乡镇企业工作会。会上，新都县被授予“八五期间发展乡镇企业先进单位”和“发展村级集体经济先进单位”称号。

6月18日　新加坡国会议员尚穆根先生率新加坡忠邦城投资考察团一行70人，到新都县进行投资考察，并参加新加坡忠邦城商业中心落成典礼。

6月　省委书记谢世杰、副省长张中伟、市委书记黄寅逵、市长王荣轩等考察新繁东湖。王荣轩为新繁东湖公园题词“保护文物园林，建设生态城镇”。

7月24日　国家科委授予新都县“全国科技工作先进县”称号。

8月8日　县委、县政府召开“严打”庆功表彰暨“三五”普法工作动员大会。大会宣布公安部关于追授吕新民为全国公安系统二级英雄模范称号的命令。

9月7日　以“陈诚文教基金会”董事长身份首访大陆的陈履安(台湾前“监察院”院长)先生到新都县，参观宝光寺和成都锦兴针织厂。

9月16日　省政府公布新繁东湖为四川省文物保护单位。

9月17日　中共中央政治局常委、书记处书记胡锦涛视察四川新兴集团公司、成都神农集团公司。在利济镇柳泉村胡锦涛与新都县部分乡镇党委书记、支部书记就加强农村基层组织建设进行座谈，县委就有关问题作汇报。

9月26日　新都县垃圾焚烧场点火试运行。

10月4日　四川龙虎(集团)股份有限公司新上冷轧优钢生产线试生产一次成功，产品质量达到预期效果并填补西南空白。

10月14日　上午，驻新都县的268厂部分职工在国道108线与县城交汇处拦车阻道，使108国道中断交通10余小时。事件发生后，县领导组织有关方面指挥疏理交通，维护治安秩序，并做好其他企业的稳定工作。

10月25日　新都县泰兴、木兰、三河3个乡镇暴发流行性急性肠道传染病，新都县立即成立扑疫指挥部,组织相应机构和人员开展防治工作。

10月　省政府授予新都县"'八五'期间计划生育工作先进集体"称号。

11月9日　新都县发生3起因家庭纠纷而引发的伤害致死案。

11月11—14日　在全国柚类科研协作会上,新都县"新都柚"蝉联全国金杯奖,"新都2号柚"获优质柚类奖。

11月20日　国务院公布"杨升庵祠及桂湖"为全国重点文物保护单位。

12月15日　从即日零时起,新都县电话号码升为7位,长途区号从"08232"改为"028",进入成都市大网。原号码"37××××""38××××"改为"397××××""398××××"。

12月18—19日　由四川省县城卫生检查团团长、省政府省长助理李进率领的创建检查团对新都县创建工作进行检查考核,新都县城达到省级卫生县城标准。

12月24日　新都县获1995年全省县级经济综合评价"十强县"称号。

12月27日　新都县图书馆被评为"四川省一级图书馆"。

1997年

1月6日　县委制发《关于进一步加强领导班子建设和党的基层组织建设的意见》。

1月8日　县委制发《关于贯彻落实六中全会精神大力加强精神文明建设的意见》和《关于成立新都县精神文明建设委员会及其办事机构的意见》。

2月21日　县委召开常委会议,学习《告全党全军全国各族人民书》,传达贯彻中央和省、市关于悼念邓小平的指示精神,并对新都悼念活动作出安排。

2月25日　全县各界干部群众在单位、家中收看邓小平追悼大会实况,各单位召开座谈会。

3月12—13日　省农委常务副主任、小康办主任王书斌率考核验收组,对新都县小康达标工作进行考核验收。考核检查组认为,新都县基本达小康标准。

4月1日　县委、县政府命名:詹庆富等24人为新都县第二批有突出贡献的拔尖人才。

4月8日　县委制发《新都县社会主义精神文明建设规划(1996—2000年)的通知》。

4月27日　县委、县政府制发《关于深化企业产权制度改革的若干政策规定》。

5月24日　县委制发《关于学习贯彻中国共产党党员领导干部廉洁从政若干准则(试行)和中国共产党纪律处分条例(试行)等党内条规的通知》。

7月1日　新都县数万群众汇聚桂湖公园广场,举行庆祝香港回归祖国文艺活动和广场艺术周开幕式。14支文艺表演方队和13辆彩车进行街头文艺表演和游行。

7月12日　新都县通过省级绿化阶段目标考核验收组的考核验收,实现了省委、省政府规定的第三阶段绿化目标。

8月21日　新都县启动创建省级灭蟑螂先进县城活动。

10月11日　日本德田虎雄一行到新都县参观访问,县长赵德喜代表县政府授予德田虎雄"新都县荣誉市民"证书。

11月3日　文化部社会文化司司长范崇燕到新都县,考察群众文化活动。

12月17日　省委副书记、常务副省长张中伟,省委常委、政法委书记王景荣到268厂慰问困难职工,并听取该厂领导的有关情况汇报。

12月22日　国务院副秘书长刘济民、民政部常务副部长范宝俊到新都,考察乡镇企业发展情况。

12月28—30日　中共新都县委第十次代表大会在新都镇召开。

12月30日　中共新都县委第十届一次全委会召开。会议差额选举出11名县委常务委员和书记、副书记,通过新一届中共新都县纪律检查委员会书记、副书记和常务委员会委员的人选。

1998年

1月10—13日　中国人民政治协商会议新都县第七届委员会第一次会议在新都镇召开。

1月11—15日　新都县第十四届人民代表大会第一次会议在新都镇召开。

1月29日　在副省长敬正书、新华社四川分社社长邓全施以及市、县领导的陪同下,中共中央委员、新华通讯社社长郭超人视察新都县。

3月5日　县委、县政府制发《关于加强农民负担监督管理工作的通知》《加强农村合作基金会规范化管理的决定》。

3月9日　县委成立"新都县对外开放领导小组"。县委、县政府制发《关于进一步搞好我县对外开放和招商引资的通知》。

同日　县委、县政府制发《关于1998年争创国家卫生镇工作的安排意见》,并授予龙桥镇、竹友乡"县级卫生场镇"称号。

3月10日　县委制发《关于全面深化持久扎实推进农村基层组织建设的意见》。

3月12日　经省、市小康考核验收小组复查,认定新都镇等17个乡镇为基本达小康乡镇标准。经县小康考评验收小组复查,认定西北村等276个村为基本达小康村标准。

3月16日　新都县各界人士在新都一中集会,纪念王铭章将军以身殉国60周年。

4月1日　在省委副书记秦玉琴、市长王荣轩陪同下,中共中央政治局常委、书记处书记、中纪委书记、全国总工会主席尉建行到新都宝光寺参观。

4月23日　县委宣传部、组织部等8个单位联合主办的"孔繁森同志事迹展"开馆,5月23日闭馆,先后接待观众1万人次,发放资料1200册。

4月26日　县委、县政府制发《关于加快县域经济发展的若干规定》。

5月12—13日　新都县总工会第八次代表大会召开。

5月29日　教育部副部长周远清考察新都教育及新都一中争创国家级示范高中的情况。

6月4日　中日合资新都至新繁公路工程建设协议签字仪式在成都锦江宾馆举行。新新公路全长21.2公里,宽18米,超二级混凝土路面,工程投资20174.43万元。

同日　团省委书记黄新初、团市委书记王文斌一行到新都县检查工作。

6月4—5日　新都县妇女联合会第十次代表大会召开。

6月7日　省长宋宝瑞、副省长王恒丰、省政府副秘书长司沛文、省政府政策研究室主任崔广义一行到新都县,考察粮食流通体制改革工作。

6月9—10日　新都县科学技术协会第四次代表大会召开。

6月25日　新都县村村通电话工程通过市级验收。通信光缆通达全县各乡镇,全县300个村平均拥有有线电话5门,电话普及率4.48%。

7月1日　新都县召开"纪念中国共产党成立77周年暨'创先争优'"大会,表彰新都镇新东村党总支部等96个基层党组织、204名优秀共产党员、20名优秀党务工作者。

7月27日　县委制发《关于进一步开展依法治县的决定》。

7月30日　县委、县政府首次召开银行与企业座谈会。

8月12日　县委、县政府制发《关于深入解放思想,加快经济发展的决定》。

8 月 14 日　县委办、政府办发出倡议书,号召全县党员、干部、群众向长江流域遭受特大洪水灾害的灾区人民捐款、捐物。截至 9 月 9 日,县民政局救灾办共接收捐款、物(折价)215.51 万元,另有直接汇往灾区的捐款 28.91 万元,物品(折价)1.4 万元。是中华人民共和国成立以来新都捐款物数额最多的一次。

10 月 20 日　县委办、政府办制发《新都县重大突发事件处置实施细则》。

11 月 24 日　成都市庭院经济开发工作会在新都县召开。市委副书记王少雄、副市长李登菊一行,参观竹友乡回南村社员的新都柚果园及新都高齐尔珍稀动物养殖中心。

12 月 4 日　新新、新崇、新军 3 条重点公路开工典礼在马家镇举行。

1999 年

1 月 13 日　“香城新都”国际互联网信息站在县科委建成开通。

2 月 3 日—3 月 2 日　新都县举办以“迈向新世纪,火红迎新春”为主题的“焰火晚会”“万人化妆大游行”等 22 项活动。观众 111 万人次,其中外地游客 60 万人次。

3 月 16 日　县委、县政府发出《关于认真贯彻〈四川省清理整顿农村合作基金会实施方案〉的通知》。成立新都县清理整顿农村合作基金会领导小组,并派出 17 个工作团驻各乡镇开展清理整顿农村合作基金会工作。

3 月 23 日　县委、县政府制发《关于清收党员、干部在农村合作基金会借款、担保借款的决定》。

同日　全国爱卫会办公室副主任施妈麟为组长的国家卫生县城检查组,对新都县创建国家卫生县城工作进行复核检查后宣布:新都县达到国家卫生县城标准。新都成为全省第一个国家卫生县城。

3 月 28 日　中共中央组织部赴川检查组在宁夏回族自治区组织部常务副部长王和新率领下,到新都县检查农村基层组织建设工作。

4 月 21 日　中共中央总书记、国家主席、中央军委主席江泽民,中共中央政治局委员、国务院副总理吴邦国,中共中央政治局候补委员、书记处书记、组织部部长曾庆红,中共中央办公厅主任王刚,视察新都宝光寺。

5 月 18 日　原新华社驻香港分社社长周南到新都参观考察。

5 月 19 日　县委、县政府召开经济工作表彰大会。县领导为纳税先进企业、发展乡镇企业先进乡镇、外贸出口先进企业、工业经济 40 强企业、十佳私营企业、招商引资先进单位颁发奖牌和奖金。

5 月 26 日　县委、县政府制发《关于加快旅游产业发展的决定》。

6 月 29 日　县委制发《关于在全县深入开展“讲学习、讲政治、讲正气”为主要内容的党性党风教育的意见》。

7 月 1 日　省政协副主席唐运张率省体委等有关部门负责人到新都县调研青少年体育状况。

7 月 16 日　召开新都县第三次归侨侨眷代表大会。

7 月 28 日　下午,新都县遭大风、暴雨、冰雹袭击,制种水稻受灾 1 万余亩,其中重灾 800 余亩,损失约 350 万元,房屋损毁 970 间。龙虎镇庆元村 1 村民因灾死亡。

8 月 25 日　县委、县政府制发《关于加强城市综合管理的决定》。

9 月 8 日　全国人大常委会副委员长田纪云参观新都宝光寺。

9 月 18—20 日　县委、县政府主办的“’99 中国新都家具艺术节”在成都市体育中心举办,共接待 12.6 万人次,现场签订销售合同金额 8600 万元。省委常委、市委书记陶武先,市委副书记、市长王荣轩为艺术节题词。

10月1—5日　新都县“颂祖国、迎回归、跨世纪”广场歌咏周在桂湖公园广场举行。设机关、卫生、农村、企业、校园5个专场，参演单位68个，观众13万人次。

10月11—12日　中共中央政策研究室局长艾云航，《中国特产报》社长、总编辑刘真，农业部农业司原副司长高麟溢一行到新都县，调研特色经济工作。

10月25日　卫生部副部长曹荣桂率调研组，到新都县考察农村卫生工作。

10月28日　蜀龙路(后更名蜀龙大道)开工典礼在新石路北侧建设工地举行。

10月28—29日　共青团新都县第十二次代表大会在新都镇召开。

11月1—3日　受国家中医药管理局委托，四川省中医药管理局和重庆市中医药管理局组织专家，对新都县创建全国农村中医工作先进县进行验收。评审组一致认为，新都县农村中医工作达到全国先进县标准。

11月6—11日　新都县第二届运动会在新都体育中心举行。全县1500余名选手分别参加田径、游泳、乒乓球、网球、篮球、棋类、羽毛球、拔河比赛，共产生金牌71枚、银牌71枚和铜牌75枚。田径比赛有9人次破9项县运动会纪录。

11月10日　在省检察院检察长韩忠信，市委常委、政法委书记王体乾，市检察院检察长赵惠民的陪同下，最高人民检察院副检察长胡克惠及全国检察长会议代表到新都县视察。

11月26日　县委、县政府制发《关于加快全县商贸流通企业改革的意见》。

11月27日　中共中央委员、国务院发展研究中心主任王梦奎到新都县，考察工业经济、农村经济和城市化建设。

11月28日　由日本国京丹运输振备株式会社与新都县合资修建的新都至新繁公路通车，并在新繁镇举行“扩建新新公路之碑”揭碑仪式。

12月14日　卫生部副部长兼国家中医药管理局局长朱庆生，到新都县考察农村卫生工作。

12月27日　新都县召开“纪念新都解放50周年暨庆祝澳门回归祖国座谈会”。

2000年

1月12日　新都一职高通过省重点职高检查验收小组验收。

2月21日　省政府授予新都县“四川省天然气初级气化示范县”称号(全省第一家)。

3月1日—5月7日　根据中央和省市委的安排，新都县在县级及县有关部门领导班子和领导干部中，开展以“讲学习、讲政治、讲正气”为主要内容的党性党风教育。

3月28日　县委、县政府制发《关于进一步清理党政机关与所办经济实体脱钩的通知》。

4月4日　新都县污水处理工程通过国家级验收。工程总投资3480万元，设计日处理污水5万吨。其中一期工程总投资760万元，日处理污水1万吨。

5月8—12日　新都县党政领导和企业代表组成20多人的代表团，赴北京参加第三届中国北京高新技术产业国际周活动，落实项目5个，协议资金1.34亿元。

5月14日　香港青年工业家协会成都考察团一行，到新都卫星城工业区考察。

5月16日　县委、县政府制发《关于加强技术创新，发展高科技，实现产业化的意见》；县委办、县政府办制发《关于调整新都县科学技术顾问团成员的通知》和《关于组建新都博士创业园区管理委员会的通知》。

5月29日　新疆乌鲁木齐创天物业发展有限公司与新都家具协会筹建石河子市“新都家具广场”协议正式签订。6月12日，首批装有近3000件精品家具的18辆大卡车从新都出发开往新疆。7月8

日,“新都家具广场” 在石河子市国贸商场开业。

6 月 6 日　县委、县政府制发《关于鼓励投资农业开发的决定》。

6 月 28 日　中共新都县十届六次全委会召开。会议审议通过了《中共新都县委新都县人民政府关于抓住西部大开发机遇，实现跨越式发展的意见》《新都县 2000—2010 年经济社会跨越式发展规划纲要》和《中共新都县十届六次全委会议决议》。

6 月 30 日　县委制发《关于深化我县干部制度改革的实施意见》。

7 月 26 日　县委制发《关于公开选拔部分县级机关副局级领导干部的实施意见》。

9 月 7—14 日　县领导沈有春、张云祥、曾万明分别带队,前往北京、上海、长春、珠海、山西等地,邀请国家体改委及中国一汽集团有限公司、上海紫江集团股份有限公司、珠海中富工业集团公司、山西运城制版集团公司负责人参加西部论坛。

9 月 10 日　国家环保总局局长解振华一行,视察新都县污水处理工程。

9 月 15 日　国家体改委副主任邵秉仁到新都县考察并指导城市建设工作。

10 月 11 日　以瑞克·维林加先生为代表的南非 FOS—KOR 公司一行 4 人到新都县访问，县委书记、县长沈有春介绍了全县政治、经济、文化等方面的情况。

10 月 20 日　以台湾资讯工业策进会副执行长李伟为团长的台湾商务代表团一行 6 人到新都县考察。

10 月 22 日　香港恒生银行副董事长兼行政总裁郑海泉一行到新都县考察。

10 月 30 日　县委、县政府制发《关于促进我县小城镇健康发展的意见》。

11 月 9 日　新都县公开选拔的 8 名县级机关副局级领导干部任职前,在《新都报》公示。8 月初在全省范围(甘孜州、阿坝州、凉山州除外)公开选拔,有 142 人报名,104 人参加考试。

11 月 28 日　建设部在新都召开“一体化氧化沟城市污水处理新技术及成套设备现场会”。此项技术由新都县环保设备厂与重庆建筑大学联合开发。

11 月 30 日　县政府向市政府呈报《新都县人民政府关于撤销新都县设立成都市新都区的请示》。

12 月 19 日　投资 5 亿元,占地 350 亩,生产汽车发动机活塞、缸套,开发电子材料等科研项目的成都银河动力股份有限公司在龙桥镇新建技术开发中心,正式签订合同。

12 月 24 日　县委、县政府在新都一中举办“万人放歌新世纪”大型广场演唱会。其中歌曲《走进新时代》由各单位、各界人士组成的 5000 人大合唱方队演唱。

12 月 25 日　县委制发《关于开展“三个代表”重要思想学习教育活动的意见》。

2001 年

1 月 1 日　《新都县基本医疗保险(暂行办法)》正式实施。

3 月 2 日　新都大道路基建设工程开标,成都市公用建筑工程有限责任公司等 5 家建筑单位中标。新都大道 3 月 25 日动工,全长 3.44 公里。

3 月 30 日　在省人大常委会主任谢世杰,县领导沈有春、戴志勇陪同下,邓小平的大女儿邓琳到新都军屯乡考察“农家乐”。

4 月 30 日　县委、县政府制发《关于新都县乡镇机构改革的实施意见》。

4 月 30 日至 5 月 20 日　由新都县政府和绵阳市涪城区政府共同主办的 “中国绵阳新都家具博览会”在绵阳举行。博览会期间,签订意向性协议金额近 1000 万元。

5 月 10 日　县委、县政府制发《关于贯彻执行〈关于 2001 年农村税费改革试点工作有关问题的通知〉的通知》。

5月29日　全国模范军队转业干部表彰大会在北京人民大会堂召开。新都县委副书记、县长李仲彬获“全国模范军队转业干部”称号。

同日　县委、县政府制发《关于进一步加快乡镇企业发展的意见》。

6月7日　澳大利亚阿德雷市市长黄国鑫一行到新都县，了解经济社会发展情况并参观豪特容积热水器公司。

6月7—10日　新都县组织和顺置业、建业公司、富城房产等14家开发商，参加成都市首届周边城市建设暨房地产展示交易会，共签订购房合同253宗。

6月8日　新都县乡镇机构改革工作正式启动，设一类乡镇12个、二类乡镇5个。机关行政编制比1998年精简25.3%，事业编制精简比例不低于20%。

6月12日　福特基金会首席代表、澳大利亚经济学家华安德先生到大丰镇考察农村金融。福特基金会是国际私立基金会，总部设在纽约，1988年在北京设中国办事处。

6月25日　国务院公布宝光寺为全国重点文物保护单位。

8月23日　县委办、县政府办批转县招商引资重点项目管理协调领导小组《关于引进成都市外迁企业的若干规定》，明确了引进成都市区外迁企业的原则和操作规则。规划设立新都镇、三河镇、大丰镇、石板滩镇4个工业园区，安置东郊外迁企业。

8月13日　新都县第一所民办公助股份制学校——新都县谕亭小学正德实验学校诞生。2002年9月开学。

9月6日　新都县召开城市环境综合整治动员大会，决定从9月1日至10月31日集中整治县城环境，重点整治新都镇桂湖东路等17条街道，大件路城区段5条出入新都县城的道路。

9月11日　85岁高龄的全国著名文物鉴定专家乔德光向县文管所捐赠北宋开宝八年(975)雷峰塔陀罗尼经卷，捐赠徐无闻、余兴公、周孟东、周伦元、赵墨僧等著名书画家的作品6件和个人创作的书法作品1件。

9月16日　西南石油学院新都校区建设在新城区正式启动。新都校区一期工程占地814亩，建筑面积35万平方米，总投资5亿元。

10月25日　县委、县政府制发《关于实施〈新都县机构改革方案〉及有关问题的通知》。

11月7日　新都县召开公推公选部分副镇长候选人预备人选动员会，将对新都镇等7个镇空缺的8个副镇长职位进行公推公选。

11月14日　新都县召开县级机构改革工作动员会。全县党政群行政机构设置44个，比原来减少17个。

11月28日　宝光广场建设工程公开招标，北京金都园林绿化有限责任公司中标。广场面积39.5亩，总投资5000万元。

12月11日　四川音乐学院新都校区落户新都新城区签字仪式在县政府会议室举行。该项目总投资2亿元，占地800亩。

12月26日　市委制发《关于切实做好新都县撤县设区工作的通知》。2001年11月15日，国务院制发《关于同意四川省撤销新都县设立成都市新都区的批复》。同年12月4日，省政府制发《关于撤新都县设立成都市新都区的批复》。

2002年

1月1日　新都举行撤县设区授牌仪式、撤县设区新闻通报会。

同日　新都区举办"'庆元旦、迎奥运'万人越野赛"。

1月21日　新都区三河镇廖家坡东汉崖墓群三号墓出土东汉《石门关》。其形制为迄今全国首次发现,具有重要的文物和艺术价值。

3月7日　成都银河创新科技股份有限公司技术改造工程在龙桥镇动工。该公司是1993年成都市首家上市公司,龙桥生产基地占地376亩。

3月19日　新都区固定电话号码升8位。

4月6日　中国书法家协会副主席、四川省书法家协会主席何应辉陪同中国书法家协会主席沈鹏参观桂湖。沈鹏为《石门关》撰书对联:"与汉中石门颂相伯仲,识成都川文化得承传",并为桂湖新建的平远楼题写匾名。

4月16日　四川瑞玉米业有限公司、成都市新繁食品责任有限公司,被省政府命名为"农业产业化重点龙头企业"。

4月20日　华润蓝剑(成都)啤酒有限公司、成都旭光电子股份有限公司、四川科伦大药厂、四川新兴集团公司4家企业,被列为成都市2002年度重点优势企业。成都三利亚股份有限公司被列为成都市成长型企业。

4月23日　区政府与四川金海岸环保工程有限公司签订协议,建设城市污水处理工程。由四川金海岸环保工程有限公司以BOT方式提供建设资金,建成后经营20年移交区政府,区政府采取征收污水处理费的方式按月偿还投资。

5月11日　新都承办2002年中国乒乓球俱乐部超级联赛成都主场赛事。

5月17—19日　新都承办四川省首届体育舞蹈公开赛。

5月22日　中共中央组织部副局级调研员、中组部党员电化教育中心主任李森到新都,调研党员电化教育工作。

6月4日　268厂部分"双解"职工不满6月3日厂领导的回避行为,聚集200余人将该厂生产区厂大门堵塞。市、区联合协调工作组协助化解矛盾。

6月5日　新都电信固定电话用户突破10万户。

6月12日　卫生部"九亿农民健康教育行动考察团"到新都视察工作。

6月　区烈士陵园搬迁工程完成。新地址位于泰兴镇普河村3社,占地11.2亩,投资290万元。

7月8日　经省政府批准,新石公路正式转为经营性收费。收费期限从1997年4月1日至2016年12月31日止,正式收费从2002年5月1日起。

7月17日　司法部副部长胡泽君到新都区,调研基层普法和依法治理工作。

7月　国土资源部卫星遥感执法检查组,对新都区利用2001年卫星监测图斑开展土地利用执法检查工作进行检查验收,对查出的10宗违法用地全部依法处理。

8月10日　市政广场开工。市政广场占地5674平方米,总投资200万元,10月15日竣工。

8月16日　中国电力联合会副秘书长王永平到新都区调研,对新都率先在全省建成电气化示范县,形成"四双"供电格局给予肯定。

10月14日　在"2002年四川·中国西部农业博览会"上,新都柚、新繁泡菜系列产品、瑞玉牌系列大米被评为名优农产品。

10月22日　美国华盛顿州百明顿郡郡长J·E·安基尔女士一行11人到新都区考察。

10月23日　东郊企业成发集团搬迁新都签字仪式在区政府会议室举行。成发集团搬迁至三河镇，项目占地1095亩，总投资12亿元，搬迁工程于12月31正式启动。

10月　原新都三中与新都五中合并，组建新都区升庵中学。

11月8日　成都旭光电子股份有限公司在上海证券交易所正式挂牌交易，是新都区第一家上市公司。

11月22日　石板滩中学退休教师濮瑊之姐、美国明尼苏达州大学博士濮橘，向石板滩镇中学捐赠70947.42美元作助学助教奖励基金。

11月26日　新都区首个自动化微喷灌节水工程在木兰镇试水成功。工程总投资45万元，可节水灌溉面积138亩。

12月9日　区委召开十届第102次常委会议，决定将“四路两区”(蜀龙路、老川陕路新都段、绕城路、石木公路及卫星城工业区、新城区)建设作为区委、区政府一号工程。

12月16日　由亚洲动物基金会兴建的国内首个黑熊救护中心，在新都区龙桥镇落成。

12月20日　在副省长陈文光、副市长吴平国陪同下，中共中央委员、农业部部长杜青林到新都区视察。

12月23日　一汽解放青岛汽车厂成都分厂与区政府签订迁入合同。项目投产后，将形成年产3万辆中型卡车的生产能力。

12月24日　新繁东湖森林广场竣工。广场南北长310米、东西宽120米。

12月27日　在副省长马开明、省民政厅厅长姜保山和区领导李仲彬等陪同下，省长张中伟到新繁镇慰问城镇低保户。

12月30日　经成都市交通局农村水泥(沥青)路村村通工程考核委员会考核小组考核认定，全区17个乡镇、300个村均已实现通水泥(沥青)路。

2003年

1月5日　区委、区政府举行表彰会，对获“中国乒乓球运动杰出贡献奖”的新都籍世界冠军陈龙灿和陈龙灿的启蒙教练、获“中国乒乓球运动贡献奖”的黄德儒进行表彰。

1月11—13日　中共成都市新都区第十一次代表大会在新都镇召开。

1月14—18日　中国人民政治协商会议成都市新都区第八届委员会第一次会议在新都镇召开。

1月15日　国家计生委宣教司司长石海龙视察新都区计划生育工作。

1月18—22日　区第十五届人民代表大会第一次会议在新都镇召开。

1月19日　蜀龙大道二期工程正式开工。

2月17日　中央电视台、新华社、人民日报社、光明日报社、中国青年报社、国际商报社、京华时报社、中国旅游卫视、中国旅游报社及北京电视台、四川卫视新闻中心、成都电视台等20多家媒体组成的采风团莅临新都区，对新都区旅游环境进行报道。

2月25—26日　新一届区委、区人大、区政府、区政协、区法院、区检察院领导及有关部门负责人到双流县、崇州市、温江区、龙泉驿区、都江堰市、高新区等区(市)县，就工业发展、城市经营进行专题考察。

3月16日　中国佛教协会咨议委员会委员，四川省、成都市佛教协会会长，成都市人大常委会委员，新都宝光寺、龙泉石经寺方丈贞意大和尚圆寂。3月23日，新都宝光寺为贞意大和尚举行追思法会，全国政协常委、中国佛教协会会长一诚法师等近万名海内外高僧及佛教信众到会追思。

3 月 17 日　抗日名将王铭章铜像揭幕仪式在桂湖公园举行。

3 月 24 日　新都召开纳税大户表彰大会,为 66 家纳税大户及纳税先进单位颁发奖金 350 万元。

3 月 29 日至 4 月 9 日　区委书记李仲彬率新都区党政代表团随四川省党政暨经贸合作代表团赴浙江、上海、江苏、福建、广东 5 省(市)考察学习。在杭州市召开成都市新都区招商引资说明会,与上海紫江集团、浙江佳雪食品有限公司、福建达利食品有限公司、成亚铁钢厂签订了 1.5 亿元的增加投资协议。

4 月 23 日　区委、区政府成立防治非典型肺炎工作领导小组。

4 月 27 日　新都区优质稻开发及产业化经营项目通过省市专家组联合鉴定。

5 月 12 日　区委、区政府决定,在全区范围施行网上交换公文。

5 月 16 日　成都通安达实业有限公司落户新都,项目总投资 1 亿元。

5 月 26 日—6 月 1 日　新都区招商考察团到上海、青岛、杭州、宁波、上虞等东南沿海城市学习考察,招商引资。

5 月 26 日　新繁食品有限公司的新繁风味泡菜加工项目和四川华泰投资有限公司的沙棘系列产品生产开发加工项目获国家立项,两项目总投资 6397 万元。

5 月 28 日　成都发动机(集团)有限责任公司新厂区(占地 1000 多亩)在新都区三河镇动工。

6 月 4 日　全省首家生殖卫生学院临床教学基地,在新都区计划生育指导站挂牌。

6 月 15 日　一汽解放青岛汽车厂成都分厂举行建成投产庆典仪式。中共中央候补委员、一汽集团公司总经理竺延风和省、市、区有关领导出席庆典仪式。

6 月 19—20 日　区总工会第九次代表大会召开。

6 月 27 日　新都区召开民营经济工作会,表彰“十佳民营企业”“十佳个体工商户”。

6 月 28 日　农业部种植业司副司长朴永凡到新都区,检查“十五”国家第一批商品粮基地建设项目实施情况。

6 月　新都区第四次残疾人代表大会召开。

7 月 9 日　全国人大常委会副委员长、中国科学院院长路甬祥调研新都区公共卫生体系建设。

7 月 10 日　玖源生态农业科技(集团)有限公司股票在香港联交所创业板挂牌上市。

7 月 16 日　由市旅游局和区政府联合举办的第十届成都市新都荷花节(为期 54 天),在桂湖广场开幕。

7 月 20 日　农业部发展计划司副司长邓庆海到新都区,考察调研“十五”国家商品粮基地建设工作。

7 月 22 日　全国农村药品监督管理供应网络建设试点工作现场会在新都区召开。

7 月 23 日　由中央电视台、四川电视台、成都市川剧团联合拍摄的 12 集川剧电视剧《白蛇传》,在区体育中心开机。中国文联副主席、国家广电总局副总编仲呈祥,中央电视台副总编张华山等出席开机仪式。

7 月 28 日　由成都市多元置业有限公司在新城区投资近 30 亿元,占地 2400 亩的“蜀都新城”房地产项目动工。8 月 6 日,该公司举行百万助学捐资仪式。

7 月　中华人民共和国成立后的新都首部地方性综合年刊——《新都年鉴(2002)》出版发行。

8 月 14—15 日　区第十次妇女代表大会召开。

8 月 20 日　区级领导干部和区级各部门、驻区单位及镇主要负责人近 200 人,对区委常委、区政府副区长共 17 名领导干部进行民主测评。

9 月 4—5 日　国家电网公司农电部农电处处长刘福义到新都供电局调研。

9 月 9 日　区委、区政府为中国工程院院士、西南石油学院院长罗平亚举行赠房仪式。

9 月 18 日　新都区 194 名贫困家庭子女,共获得 20.30 万元的助学金。

10月12日　农业部农机化司副司长刘恒新、国家安监局政策法规司副司长陈光考察新都区龙桥机械制造有限公司。

10月13—15日　新都首次对区级部门“一把手”和镇领导班子成员共179人,进行民主测评。

10月29日　教育部在新都一中举行新课程国家级研修示范课现场会。

11月5日　诺贝尔奖获得者、世界著名经济学家、享有“欧元之父”之誉的罗伯特·蒙代尔考察新都区农业工作。

11月12日　中海地产股份有限公司投资新都签字仪式在区政府举行。项目用地1250亩,总投资9亿元。

同日　中国芬兰交流中心波蒂·福士川先生一行到新都区考察。

11月15—21日　区委书记李仲彬率团赴香港,参加川港合作发展周。合作周期间,代表团共签订项目6个,投资总额4.12亿元人民币。

11月29日　德国工商总会常务副代表Bernd Reimeier、德国巴鲁夫公司执行副总裁Michael Unger、瑞士POTPARTNER公司董事长Peter Schoechlin到新都区考察。

12月6日　广东宏竹实业股份有限公司董事长、东莞市台商投资企业协会常务副会长蔡俊宏考察新都市政建设和招商引资环境及其政策。

12月7日　木兰镇召开全体党员直选党委书记大会。11名候选人参加竞职演讲, 刘刚毅得480票,当选为新一任木兰镇党委书记。

同日　俄罗斯传统佛教僧伽会会长索德诺姆多尔日耶夫喇嘛率俄罗斯佛教代表团访问宝光寺。

12月11日　国家食品药品监督管理局副局长张敬礼调研新都区农村药品监督供应网络建设工作。

12月19日　四川省首例采用BOT方式利用国债资金建设的区污水处理厂投入试运行。

12月29日　“四川省暨成都市第六届乡村青年文化节”启动仪式在新繁镇举行。

12月31日　新都区举行第一宗国有土地使用权拍卖会。该宗土地地处新中路中段(原新都川剧团用地),面积3.5亩,成交价735万元。

2003年　新都区财政为全区45万农民代缴农业税及附加,人均减免45元。

同年　新都区接收安置紫坪铺库区的阿坝州漩口镇移民328户、1091人,涉及藏、羌、回、汉4个民族。

2004年

1月11日　新都区筹资1500万元,解决拖欠民工的工资。

1月18日　新都区通过科技部全国科技先进县(区)复查。

1月19日　首届中国风采女性大赛在成都举行颁奖典礼,新都区养猪姑娘王旭成为唯一获得“中国风采女性”荣誉的成都女性。

2月17日　新繁镇列入国家重点镇。

2月　经人事部批准, 四川科伦实业集团有限公司设立博士后科研站。该站是成都市民营企业中唯一的博士后科研站。

2月28日—3月1日　新都区17个镇33个村开展差额直选村党组织书记试点工作,试点村占全区299个村的11%。

3月5日　新都区召开农村工作会议,表彰2003年度农业产业化重点龙头企业、农村专业合作经济组织和种植大户、养殖大户、营销大户。

4月1日　省人大常委会副主任徐世群,省海峡两岸交流促进会名誉会长、原副省长李达昌及各界人士齐聚新都区西川祭祖堂,举行四川海峡两岸同胞清明祭祖大典。

同日　四川省作家协会、成都市文联和新都区联合举办“纪念艾芜诞辰100周年清明扫墓仪式”。

4月13日　新都区召开新型农村合作医疗工作动员会。6月20日,新都区制发《成都市新都区新型农村合作医疗实施意见》和《成都市新都区新型农村合作医疗重大疾病补助方案》。

同日　原中国作协党组副书记、著名作家玛拉沁夫与夫人娜仁戈娃到桂湖公园,凭吊已故老友艾芜。

4月19日　在维护交通秩序时牺牲的区公安分局交巡警大队三级警司曾庆被省政府批准为革命烈士,市公安局为曾庆追记个人二等功一次。4月21日,曾庆遗体告别仪式在新都区举行。

4月20日　捷克共和国总统瓦茨拉夫·克劳斯参观新都宝光寺。

4月24日　喀麦隆驻华大使H·科米多儿·吉莫吕博士一行到新都区考察。

4月26日　新都区劳动模范座谈会在川视宾馆举行。对全区1999—2003年的市劳动模范、模范单位、模范班组、市优秀企业家和农村优秀实用人才颁发奖状、奖金,对12名老劳模发放荣誉津贴。

4月　新都区全面完成首次对种粮农民直接补贴工作。全区实际享受补贴的农户135644户,受补土地面积334678亩,补贴资金347万元。

5月22日　波兰特伏电缆集团中国大工作组何瑞德先生到新都区考察。

5月26日　由四川省佛教协会和成都市佛教协会主办,新都宝光寺承办的意寂大和尚荣膺宝光寺第二十五代方丈升座法会和庆典活动在宝光寺举行。

6月1日　新都区人民政府政务服务中心试运行。办公地点在新城区建设大厦,首批进入政务服务中心的行政管理职能部门32个,设置政务项目窗口249个。

6月17日　在卫生部预防控制司司长戴志澄、四川省卫生协会会长张德效、四川大学公共卫生学院党委书记王国庆的陪同下,美国友人奥斯汀夫人及女儿、日本帝京大学泽基雅洛教授一行23人,到新都区柏水卫生院考察。

6月24日　文化部社图司司长周小璞到新都区调研基层文化建设。

6月28日　新都区创建“省级敬老模范区”通过省、市考评组的检查验收。

7月2日　省军区副参谋长王福海、成都警备区司令员王考庭检查新都民兵训练基地工作。

7月2—4日　“新都房产·走进新疆”参展团赴乌鲁木齐新疆国际博览中心,参加由成都市政府、乌鲁木齐市政府联合主办的“住在成都——成都房地产全国巡展·走进新疆”展示会。

7月4日　“纪念艾芜诞辰100周年‘重走南行路’活动”在新都区正式启动。

7月6—8日　新都区组团赴克拉玛依市,举办“2004新都房产走进克拉玛依”展示会。

7月13日　新都、新繁、三河、大丰4个镇设置街道办事处。区领导为4个街道办事处授印、授牌。新都、新繁同时保留镇的建置。

7月16日—9月18日　成都市旅游局、区政府联合主办“2004状元府邸·首届天府荷花节”。

7月20日　区委组织全区党代表、人大代表、政协委员和村(社区)党组织书记、村(居)委会主任1000余人,对17名区委、区政府领导及49个职能部门进行民主测评。

7月22日　召开新都区级党政领导自我剖析大会。大会过程由新都电视台向全区现场直播,测评结果及剖析情况在《新都资讯》刊登。

7月26日　区委书记李仲彬会见美国“戴顿基金管理人”约翰先生和上海亚浦耳集团总裁戴坚先生一行。

同日　国务院安办副主任、国家安全生产监督管理局副局长孙华山检查新都区安全监督管理工作。

7月30—31日　联合国粮农组织专家彼得·沃伊先生率考察组到新都区，对农业生物多样性保护与利用情况进行考察。

8月28日—10月17日　新都区举办“新都区第十一届桂花节”。

9月1日　艾芜铜像落成暨揭幕仪式在新都二中举行。

9月15日　以中组部调研员蔺宝和为组长的检查组到新都区，检查贯彻落实中共中央《公开选拔党政领导干部工作暂行规定》等6个文件精神情况。

9月16日　意大利卡利亚公司总裁卡利亚先生一行4人，到三叶家具公司考察。

10月7日　中国摄影家协会主席、中国女摄影家协会主席邵华参观新都区城市建设及旅游景点。

10月15日　奥地利多卡集团董事会特别顾问克力娅女士一行到新都区，就投资与发展等合作事项与区政府交换意见。

10月16日　新犀公路公铁立交桥开工建设，全长450.65米，宽25米。

10月20日　越南国家邮电部官员及其下属企业有关技术人员到新都区，参观考察丹琪电信科技有限公司。

11月1日　陕西省汉中市11个区(县)分管副书记、组织部部长一行15人，考察新都区公推直选镇党委书记情况。

11月3日　区政府召开“新都区民营经济表彰大会”，四川科伦药业股份有限公司等60户民营经济先进企业受到表彰。

11月4日　“亚洲动物基金与德国拜耳医药保健联合关爱行动”在龙桥黑熊救护中心举行药品捐赠仪式。德国驻成都总领事葛思茂先生、拜耳动物保健部首席执行官李孟谷博士、区委书记李仲彬出席捐赠仪式。

11月5日　根据省政府《关于同意新都区调整乡镇行政区划的批复》和市政府《关于新都区调整乡镇行政区划有关事宜的批复》，全区镇(街道)行政区划调整完毕。调整后新都区辖11个镇和2个街道。

11月25日　立陶宛帕维奇市长维塔斯·马图扎斯先生，率建筑、家具、玻璃、奶制品、计算机、服装、装饰等12家企业负责人到新都区参观访问，寻求经贸合作。

11月26日　“成都市公推直选现场会”在新都区召开，交流总结全市在乡镇、村和社区党组织公推直选取得的经验。

11月28日　新都区举行台商投资环境说明会。广东、福建、重庆等地台资企业协会的台商近300人，参观考察新都投资环境。

12月3日　美国商务考察团到新都区参观考察。

同日　成都医学院与新都区签订迁建协议。成都医学院迁建于新都区，占地1000亩，投资4.4亿元。

12月10日　新都区278个村、42个社区同时举行村(居)委会换届选举。此次换届选举是在年初差额直选村支书和20个村委会换届选举试点工作的基础上进行的。

12月16日　在省公安厅监管总队队长王川增的陪同下，公安部十三局副局长郭振久到新都区看守所视察“创一级看守所”工作。

2005年

1月1日　新都区正式免征农业税。

1月7日　日本福田学院理事长福田益和先生到新都区考察访问。

1月12日　新都区被省委、省政府评为全省县级经济综合评价“十强县”(从1994年起,连年被评为“十强县”)。

1月19日　区委十一届第26次全委会会议决定:由区财政出资反哺农业,统一解决农村合作医疗个人缴纳的资金。

2月25日　新都工业东区基础设施建设正式启动。工业东区位于成绵高速路以东,新石路以北,规划总面积7.68平方公里。

3月7日　中央电视台《大风车》少儿节目4+4栏目组走进新都,拍摄“魅力新都”。

3月9—11日　泰兴镇、石板滩镇、新民镇召开全体党员大会,差额直选镇党委书记。

3月15日　区委第十一届第32次全委会会议决定:从2005年秋季起,全区农村初中、小学学生的书本由区政府统一采购,免费发放。

3月20日　著名导演谢晋参观宝光寺。

4月15日　瑞典达拉那省省长英格丽德·达尔伯格女士率团到新都区参观访问。

4月16日　瑞典达拉那交响乐团在黄桷树广场演出。

5月28日　由韩国60多家企业负责人组成的韩国经贸代表团到新都区参观考察。

6月8日　贵州省遵义市考察团到新都区考察基层民主政治建设情况。

6月17日　新都区举行四川省知名民营企业新都投资考察恳谈会。全省50余家知名民营企业负责人应邀参加,并实地参观考察。

7月1日　成都市区(市)县规范化服务型政府建设暨基层民主政府建设工作现场会在新都区召开。

7月13日　新都区面向全国公招60名优秀教师招聘考试在新都一中举行,共有262名教师参考。

7月14日　区委十一届第41次全委会会议决定:对女年满55岁、男年满60岁,任职3—9年的离任村(社区)党组织书记、主任补助600元/人·年;任职10—19年的补助1200元/人·年;任职20年以上的补助1600元/人·年。经费由区财政划拨。

7月20—21日　朝鲜农业代表团一行8人到新都区,参观考察IPM蔬菜示范基地和无公害生态示范区。

7月29日　新都区首家德国独资企业、世界知名电子传感器生产企业——德国巴鲁夫公司落户工业东区。

8月1日　以日本神奈川县教育理事会理事长、全日本教育理事会理事野口忠男先生为团长的日本教育界友好访问团一行16人访问新都区。

8月14日　浙江省义乌市经贸考察团到新都区考察投资环境。

8月15日　著名人文学者、厦门大学教授易中天到新都区,调研基层民主政治建设。

8月25日　四川省推进党内基层民主深化先进性教育长效机制建设座谈会在新都区召开。

8月26日　四川音乐学院学生李宇春(原新都一中学生)获2005年超级女声全国总决赛冠军。

8月27日　江苏省委书记、省人大常委会主任李源潮率党政代表团,到新都区参观考察基层民主政治建设。

8月28日　中国佛教协会会长一诚大和尚到宝光寺参观指导。

9月1日　全区5.63万名农村义务教育阶段学生免交课本费,981名外地务工子女免交借读费,2344名贫困学生享受“两免一补”政策,380名贫困学生免费就读中等职业技术学校。

9月4日　新都区举行“纪念抗日战争胜利60周年座谈会”。会后,抗日将领王铭章烈士的夫人王叶亚华女士及其亲属与新都区领导向王铭章烈士塑像敬献鲜花。

9月8日　农业部“农机安全示范村”项目检查组到新民镇新民村、雷音村,检查“农机安全示范村”建设情况。

9月9日　著名作家艾芜手稿、藏书文物捐赠仪式在北京中国现代文学馆举行。由艾芜之子汤继湘、日本帝冢山学院共同捐赠艾芜藏书4000余册，手稿、书信700余件，照片900余张；由汤继湘和区政府共同捐赠艾芜书房实物15件。

9月18日　中央调研室孟曙初一行到新都区，调研基层民主政治建设和党风廉政建设工作。

9月29日　由在蓉的全国人大代表钮小明、段维义、董若青、石碧、张汝全组成的调研组到新都区，专题调研新型农村合作医疗开展情况。

10月13日　在中国人民银行总行副行长项俊波等陪同下，美国财政部部长约翰·斯诺一行，到新都泰兴信用社木兰分社考察农贸市场及农村信用社运行情况。

10月27日　香港汇日国际集团有限公司总裁刘志明、董事长陈炜民率团到新都区，考察投资环境。

10月28日—11月4日　区委副书记、代区长屈建宏率新都党政考察团赴上海、昆山、宁波、义乌、杭州等地学习考察。

10月29日—11月1日　中国地方政府改革与创新项目调研组到新都区，考察基层民主政治建设情况。

11月5—13日　新都党政考察团到上海、江苏、深圳等地考察工业园区建设及管理经验，开展招商引资活动。

11月5日　蜀龙大道三期工程正式建成通车。

11月6日　由中国现代文学馆、新都区委主办的“中国作家艾芜故乡行，名家名城文化论坛”在升庵桂湖举行。王蒙、陈建功、舒婷、叶兆言、魏明伦等著名作家出席。

11月7日　全国政协副主席王忠禹、秘书长郑万通一行到新都区视察文物保护工作，参观宝光寺及桂湖。

同日　成都最大的页岩砖厂——成都江山页岩砖厂在新都区建成投产。占地50亩，年产砖7000万匹。

11月18日　全省公安武警部队联合反恐训练成果汇报演出，在新都区某基地举行。

11月23日　韩国驻成都总领事馆总领事朴铜先一行到新都区，就“韩国工业园”的选址工作进行考察。

11月25日　军屯镇各级党代表向所在的党支部全体党员和村民代表述职，率先在全省开展党代表述职，拉开了新都区党代表述职的序幕。

12月26日　国家安监总局副局长梁嘉琨到大丰街道华美社区考察安全生产管理工作。

12月　国家体育总局授予新都黄桷树广场“全国优秀全民健身活动站(点)”称号。

·建置区划与自然环境·

JIANZHI QUHUA YU ZIRAN HUANJING

新都为古蜀国都邑，位于成都市北郊。

1986 年，新都县辖 3 镇 22 乡。2005 年，新都区辖 11 镇 2 街道。

1986 年，新都县户籍人口 50.50 万人。2005 年，新都区户籍人口 63.87 万人，比 1986 年增长 26.48%；全区人口密度每平方公里 1285 人，比 1986 年上升 22.73%；农业人口比 1986 年减少 5.68%，非农业人口比 1986 年增长 266.69%；人口自然增长率由 1986 年的 11.15‰减少到 2.08‰，人口出生率降至 7.3‰。

全区地貌主体为平坝。境内地下矿藏主要有天然气、页岩、砂砾石。清白江、毗河、西江河和锦水河流经境内。境内水稻土类占总耕地的绝大部分。

建 置

建置沿革

【政区】 公元前 7 世纪左右，蜀王开明氏营建新的都邑，为有别于杜宇氏的旧都郫邑，新建都邑遂名“新都”。新都与广都、成都同为蜀中名城，距今约有 2800 年历史。

公元前 316 年，秦灭蜀后，于成都置蜀郡，新都归蜀郡管辖。

西汉高祖六年（前 201），分蜀郡为广汉郡，新都县划归广汉郡。

西晋武帝泰始二年（266），分益州之地置梁州于汉中，分广汉郡置新都郡。新都郡属梁州，统领雒县（今广汉市）、什邡、绵竹、新都 4 县，郡治在雒。

咸宁三年（277），晋武帝封皇子司马该为新都王，改新都郡为新都国。司马该死后无子继承，太康六年（285），废除新都国，复为新都郡。同年废郡，新都以县仍属广汉郡。

西晋惠帝太安至怀帝永嘉时期（302—313），统治集团内部连年混战（始称八王之乱），关陇、秦雍士族不断南迁入蜀就食，晋王朝为安置流入民众，在蜀地设置有建制无领地的侨郡、侨县。

东晋安帝时期（397—418），设始康郡寄治成都，领始康、新城、谈、晋丰 4 侨县。502 年，梁继南齐，废除无领地的侨县、侨郡，始康郡治由成都迁入新都，废其原领侨县，改新都为始康郡，治始康县。始康郡隶属益州，郡城在今新都城南。

西魏废帝二年（553），废始康郡，将新都改属益州的蜀郡。

隋文帝开皇十八年（598），改新都县为兴乐县，将县治所迁至今新都镇。

隋炀帝大业三年（607），改州为郡，实行郡、县二级制，撤销兴乐县并入成都县，隶属蜀郡。

唐武德二年（619），恢复兴乐县，随即复名新都县，隶属益州。

唐末、五代、宋、元、明、清，新都隶属多有更迭，新都名称未变，相沿至民国。

民国 24 年（1935），国民政府统一川政，设四川省政府，将四川省划分为 18 个行政督察区，新都县属第一行政督察区直至民国 38 年。

1949 年 10 月 1 日，中华人民共和国成立。1950 年，四川省划为川东、川西、川南、川北 4 个行政公署，新都县隶属川西行署温江专员公署。

1960 年 2 月，撤销新都县并入新繁县。1962 年 10 月，恢复新都县。1965 年 7 月，撤销新繁县并入新都县。

1983 年 3 月，温江行署并入成都市，实行市管县体制，新都归成都市管辖。

2001 年 11 月 15 日，经国务院批准，撤销新都县，设立成都市新都区，区人民政府驻新都镇。2002 年 1 月 1 日，新都举行撤县设区仪式。

【区　位】 新都区位于川西平原腹心。地处北纬 30°40′40″~30°57′58″，东经 103°54′02″~104°16′54″。平均海拔 510 米。东、南与成都市青白江区、龙泉驿区、成华区、金牛区接壤，西连郫县，北邻彭州市、广汉市，距成都市中心 16 公里。

1986—2004 年，新都辖区面积 482 平方公里。2005 年 5 月，经四川省人民政府批准，将青白江区和龙泉驿区部分村(社区)所属区域划归新都区石板滩镇管辖，全区面积 497 平方公里。

区划调整

【撤乡并镇】 1986 年，新都县辖 3 镇(新都镇、新繁镇、石板滩镇)和 22 乡(桂湖乡、桂林乡、天元乡、三河乡、大丰乡、龙桥乡、斑竹园乡、竹友乡、龙安乡、高宁乡、利济乡、清流乡、清白乡、新农乡、新民乡、河屯乡、军屯乡、马家乡、柏水乡、龙虎乡、泰兴乡、木兰乡)。

1988 年，新都镇与桂湖乡合并，更名为桂湖镇。1990 年，桂湖镇复名新都镇，仍为县人民政府驻地。同年，撤销大丰乡，设大丰镇。新都县辖 4 镇、20 乡。

1992 年，撤销天元乡、桂林乡并入新都镇；撤销清白乡、新农乡并入新繁镇；撤销柏水乡并入斑竹园乡，设斑竹园镇；撤销河屯乡并入新民乡，设新民镇；撤销高宁乡并入利济乡，设利济镇；撤销清流乡、龙虎乡、泰兴乡、马家乡、三河乡，分别设镇；保留大丰镇、石板滩镇和龙桥乡、龙安乡、木兰乡、竹友乡、军屯乡。新都县辖 12 镇、5 乡。

1994 年，撤销龙桥乡，设龙桥镇。2001 年，撤销木兰乡、军屯乡、竹友乡、龙安乡，分别设镇。

2003 年，新都镇、新繁镇、大丰镇、三河镇分别设街道办事处，与镇政府实行“两块牌子、一套人员”的管理模式，所辖区域与镇相同。

2004 年 11 月，撤销龙虎镇并入新都镇；撤销利济镇，将其所辖的同义、同福、水梨、迎祥、双利、界牌、永明、柳泉、顺河、元通等 10 村所属区域划归清流镇；撤销龙安镇，将龙安镇及利济镇所辖的公毅、锦水、曲水、通联、石云、广济、新庞、宁河等 8 村所属区域划归新繁镇；撤销竹友镇并入斑竹园镇。将大丰镇、三河镇所属行政区域实行街道办事处管理体制。新都街道办事处、新繁街道办事处分别与新组建的新都镇、新繁镇政府实行“两块牌子、一套人员”的管理模式，所辖行政区域分别与新组建的镇相同。

2005 年年末，新都区辖 11 镇、2 街道：新都镇(新都街道)、新繁镇(新繁街道)、大丰街道、三河街道、龙桥镇、斑竹园镇、新民镇、马家镇、军屯镇、泰兴镇、木兰镇、石板滩镇、清流镇。

【划入区域】 2005 年 5 月，青白江区龙王镇的新谊、双柏、黄果、园林、石桩、长林 6 村和龙泉驿区黄土镇的金三角社区、回龙村(后并入金三角社区)所属区域划归新都区石板滩镇管辖，划入区域所辖人口 16612 人、面积 15.6 平方公里。

【撤县设区】 2000 年 11 月 30 日，县政府向市政府呈报《关于撤销新都县设立成都市新都区的请示》，经省政府报请国务院审批。2001年11月15日,中华人民共和国国务院印发《国务院关于同意四川省撤销新都县设立成都市新都区的批复》,同意撤销新都县,设立成都市新都区,以原新都县的行政区域为新都区的行政区域。区政府驻新都镇。

根据市委、市政府2001年12月26日《关于切实做好新都县撤县设区工作的通知》,新都撤县设区后实施"城乡一体"的管理体制。新都区在服从全市总体规划的前提下,仍享有县级管理权限,同时享受区级有关优惠政策。按照有关法律规定,新都撤县设区后,原中共新都县委、新都县人民代表大会常务委员会、新都县人民政府、政协新都县委员会、中共新都县纪律检查委员会、新都县人民法院、新都县人民检察院等机构整体改为中共成都市新都区委、成都市新都区人民代表大会常务委员会、成都市新都区人民政府、政协成都市新都区委员会、中共成都市新都区纪律检查委员会、成都市新都区人民法院、成都市新都区人民检察院。原新都县领导班子成员整体转任为新都区相应领导班子的领导职务。

2002年1月1日,县委、县政府在县委会议厅举行"新都撤县设立成都市新都区仪式"。四川省民政厅厅长姜保山宣读四川省人民政府《关于撤销新都县设立成都市新都区的批复》;中共四川省委常委、成都市委书记王荣轩,成都市人大常委会主任段维义,中共成都市委副书记、市长,成都市政协主席骆隆森,中共成都市委副书记、市纪委书记黄忠莹分别为中共成都市新都区委、成都市新都区人大常委会、成都市新都区人民政府、成都市新都区政协、中共成都市新都区纪律检查委员会授印、授牌。

镇(街道)概况

【新都镇(新都街道)】 新都镇是新都区人民政府驻地。东与成都市青白江区祥福镇为界,南与泰兴镇相连,西与三河街道为邻,北与马家镇相接,面积80平方公里。2005年年末,全镇户籍总人口180671人,每平方公里2258人;耕地45666亩,按户籍总人口计算(下同)人均0.25亩;粮食总产量2.77万吨;工农业总产值370907万元,其中农业总产值21955万元。农民人均纯收入4766元。全镇辖42村、29社区。

1991年,新都镇被命名为四川省历史文化名城。城区有全国重点文物保护单位杨升庵祠及桂湖、宝光寺。

新都镇在1935年称中城镇。中华人民共和国成立后曾一度沿用中城镇名,后改为城关区、城关镇。1981年1月更名新都镇,镇政府驻城西庄家祠。1988年4月,撤销新都镇与桂湖乡合置桂湖镇,镇政府驻城区紫瑞街。1990年,桂湖镇复名新都镇。1992年10月,撤销天元乡、桂林乡,并入新都镇,镇人民政府驻地仍驻紫瑞街。2004年11月,撤销龙虎镇并入新都镇,同时设置新都街道办事处,实行"两块牌子、一套人员"的管理模式。

宝成铁路、蓉都大道(成德大件路新都段)穿越全境;新都大道、蜀龙大道、新石路、新新路、新崇路、新军路等公路与成绵高速路、成都绕城高速路,成彭高速路紧密连接;龙虎大道、育英路、兴乐路、清源路、马超路、电子路、学院路、工业大道等纵横交织。毗河、饮马河自西向东流经全境,自流灌溉。城区自来水普及率100%。垃圾焚烧场、金海污水处理厂为民生重点工程,曾获四川省重大科技成果奖,列入1999年国家科技成果重点项目。

城市建成区面积由1981年的1.6平方公里扩至2005年的32平方公里,城区居住人口由不足1万人增至20万人。境内工业园区拥有机械、食品、电子电器、医药、家具等为支撑的产业优势,初步实现了由单一农业向农业、制造业、现代服务业协调发展的转变;由依靠外资带动向多种所有制经济共同发展的转变;由分散布局向集中布局推进集约发展、可持续发展的转变;由粗放型增长向经济、政治、文化、社会、生态"五位一体"协调发展的转变。

【新繁镇(新繁街道)】 距新都城区19公里。1965年前,新繁镇曾名繁江镇、城关镇,为新繁县人民政府驻地。1965年7月,撤销新繁县并入新都县,更名为新繁镇。东与新民镇、斑竹园镇接壤,南与龙桥镇为邻,西与郫县为界,北隔清白江与清流镇、彭州市相望。面积83平方公里。2005年年末,全镇户籍总人口92389人,每平方公里1134人;耕地65785亩,人均0.71亩;粮食总产量36702吨;工农业总产值241894万元,其中农业总产值33562万元。农民人均纯收入4752元。全镇辖44村、12社区。

1992年,新繁镇被命名为四川省历史文化名镇,先后确定为全国、四川省、成都市三级重点镇,成都市生态工贸卫星城。1992年10月,撤销清白乡、新农乡,并入新繁镇。2004年10月,龙安镇和利济镇的8个村并入新繁镇,同时设置新繁街道办事处,实行"两块牌子、一套人员"的管理模式。

新繁镇有古蜀国文化的水观音遗址、汉晋墓葬群、汉代陶俑、宋代窑址、宋明陶瓷。东湖公园被列为四川省重点文物保护单位,龙藏寺被列为成都市文物保护单位。

新繁泡菜代代相传,是四川省著名地方传统食品,曾获首届中国食品银奖。其系列产品在国内28个省、市以及香港、澳门都设有销售网点,同时远销五大洲17个国家。

新繁棕编,系民间手工工艺名优产品,自清代嘉庆年间相传至今已有200多年的历史。主要产品有凉帽、凉鞋、凉扇、提包等,曾获国际金奖,是部优、省优名牌产品。

新繁镇的主要工业企业有:四川新兴公司、四川金龙公司、四川成龙公司、四川贵泰公司、三叶家具有限公司、成都西南电工有限公司、成都森科药业有限公司、香港好风景实业有限公司、江山铁路机械制造有限公司、华龙家具有限公司、立新金属制造有限公司、四川正德实业有限公司、新繁食品有限公司等。截至2005年,全镇已形成医药、食品、家具、建材、机械、电子等门类多样、布局合理、综合发展的工业格局。

截至2005年,新建了繁清路、繁崇路、滨江路、新义路,城市建成区面积由1985年的1.4平方公里扩至4.27平方公里。

【大丰街道】 距新都城区16公里。东与成都市金牛区天回镇街道相连,南与成都市金牛区沙河源街道毗邻,西与郫县团结乡、安靖镇交界,北与龙桥镇、斑竹园镇接壤。面积18平方公里。2005年年末,辖区户籍总人口30179人,每平方公里1677人;耕地7758亩,人均0.26亩;粮食总产量2963吨;工农业总产值199088万元,其中农业总产值7512万元。农民人均纯收入5244元。全街道辖6村、11社区。

大丰乡原名崇义乡,因境内崇义桥得名。1959年年初,毛泽东的秘书田家英(时任中共中央办公厅副主任)到崇义人民公社蹲点、调研,当年农业获得大丰收,遂将"崇义"更名为"大丰",取大丰收之意。

中华人民共和国成立前,崇义乡属成都县管辖。1953年撤销成都县后划归新繁县。1965年随新繁县划归新都县。1990年撤乡建镇。2004年撤镇设街道。

成彭高速公路、成都绕城高速公路穿境而过;成都市内公交22路、24路、512路及城乡3路公交车直达。

2005年,大丰街道有各类企业1556家,其中规模企业193家,拥有固定资产15.2亿元。境内年产值5000万元至1亿元的企业60家,村属企业133家,涵盖建工、建材、医药、物流、食品、家具、机械、房地产开发等产业。企业总产值288765万元,其中工业总产值191576万元。

城镇建成区面积由1.3平方公里扩大到2005年的3.4平方公里。相继建成皇花街、三元大道、红旗商业街、大丰商业街等10多条街道;新建10万门装机容量的电信支局大楼,日供水1.5万立方米的自来水厂，日供气5万立方米的天然气供气站。新建大丰客运中心站和三元、皇花、南丰3个农贸市场。新建大丰公立医院、大丰中心校、大丰完全中学。

【三河街道】 距新都城区5公里，扼成都北门出川要道，素有“北门金锁”之称。东与泰兴镇、木兰镇接壤，南与成华区青龙街道交界，西与金牛区天回镇街道相连，北隔毗河与新都镇为邻。面积29平方公里。2005年年末，辖区户籍总人口33343人，平均每平方公里1150人；耕地12733亩，人均0.38亩；粮食总产量7237吨；工农业总产值163474万元，其中农业总产值9665万元。农民人均纯收入4724元。全街道辖8村、6社区。

三河场名始见于清嘉庆十八年(1813)，因场北口外马鞍河、马家碾河、唐家堰河三水汇一，故名“三河”。民国时期三河乡为成都县管辖。1952年，撤销成都县，三河乡划归新都县。1993年4月撤乡建镇，2004年撤镇设街道。

三河场古石拱桥——承顺桥巧夺天工，传承人文。境内尤其著名的是天回山和马家山的东汉崖墓群，出土文物众多，其中多件被定为国家一、二级文物，其精品“说唱俑”，以其生动活泼的造型，曾作为中国“文化使者”，巡回美国、日本、德国、法国展览，被成都市选定为成都市名城标志物。

毗河、府河、东风干渠流经全境，境内平坝、浅丘各半。成德大件路、成绵高速、成都绕城高速、蜀龙大道、宝城铁路穿境而过。

三河镇通过不断调整产业结构，逐步形成农、工、贸一体的城郊型市场经济发展新格局。1995年获成都市综合经济实力30强乡镇、四川省200强乡镇，被列为四川省10个综合改革试点乡镇之一。2000年，三河镇被国务院体改办列为全国小城镇综合改革试点镇。推进工业优化升级，发展技术引领型产业，青岛一汽、诚实集团、成发集团、成量集团、明天高科、美河电缆等一批大型企业入驻三河，形成了机械、汽车制造、航空工业、日用化工、量具刃具、电线电缆等主导产业。2005年，三河街道拥有国营、集体、股份、外资、私营各类企业1398家，总产值15.38亿元，其中工业产值14.17亿元。

城镇建成区面积由1985年的0.56平方公里增加到2005年的2.53平方公里，新建了三河大道、江陵路、互江路、市场路，中学、小学、幼儿园、医院等公共设施。

【龙桥镇】 距新都城区13公里。东与斑竹园镇毗邻，南与大丰街道相连，西与郫县团结镇接壤，北与新繁镇相邻。面积23平方公里。2005年年末，全镇户籍总人口23906人，平均每平方公里1088人；耕地18043亩，人均0.75亩；粮食总产量8712吨；工农业总产值111142万元，其中农业总产值7233万元。农民人均纯收入4600元。全镇辖8村、3社区。

据民国《新繁县志》记载：“先汉有女，为母市药，水涨不得归，有龙为女过乘，后架其桥，故名龙桥。”龙桥场因此而得名。1994年，撤销龙桥乡建龙桥镇。

龙桥镇位于毗河南岸，成彭公路、成彭高速公路纵贯全境。一产业生产总值由1985年的978.53万元增至2005年的7233万元，增长6.39倍；二产业生产总值由1025.81万元增至168516万元，增长163.27倍；三产业生产总产值由320.67万元增至13033万元，增长40.64倍。农民年人均纯收入由540元增至4600元。

镇内有日供水能力1万立方米的自来水水厂、110千伏变电站、日供气能力8000立方米的天然气配气站。1985年后，相继改扩建了小学、中学、医院，新建“九街、四路、二巷、一市场”。2005年，城镇建成区面积达到1.5平方公里。

【斑竹园镇】 距新都城区 8 公里。东与金牛区天回镇街道为邻,南与大丰街道相连,西与龙桥镇接壤,北与马家镇、新民镇毗邻。面积 47 平方公里。2005 年,户籍总人口 48271 人,平均每平方公里 1027 人;耕地 45961 亩,人均 0.95 亩;粮食总产量 19142 吨;工农业总产值 169579 万元,其中农业总产值 23111 万元。农民人均纯收入 4635 元。全镇辖 27 村、4 社区。

斑竹园镇地处毗河两岸。斑竹园水码头曾是沿河水运物资集散地,从毗河码头南岸通往毗河大桥的道路两旁有一大片斑竹林,来往纤夫、船工、商家及行人多在此歇足,有人在此设店铺,渐成集市。人们习惯以斑竹林称此集市为“斑竹园”。

1992 年,撤销柏水乡并入斑竹园乡,设斑竹园镇。1995 年 3 月,斑竹园镇被市政府列为小城镇建设试点镇。2000 年 4 月,经省委、省政府批准为省级试点小城镇。同年 11 月,撤销竹友镇并入斑竹园镇。

在斑竹园忠义社区发掘出宝墩时期聚落遗址,出土人体头颅和骨架、磨制石锛、山石软玉石矛和数千枚陶片,其时为新石器时代晚期。在镇东杨柳村毗河岸边出土战国时期的铜器,上面刻有“巴蜀图语”。在金花村发现“七星盼月”汉墓群,出土的汉代通砖上有农事、采桑、放筏、捕鱼等图案,反映古蜀及秦汉时期毗河流域先民们的农桑和渔猎生活。

斑竹园镇以建设都市农业示范区为带动,逐步加快农业发展方式,推动“三高”农业及土地规模经营,以农业龙头企业带动发展种养殖生产基地,设立科技种植园、田园化工程示范和良种、良法推广试验示范基地,走“公司(企业)+协会+农户”的发展模式,逐步实现土地向业主集中,形成农业经济支柱。坚持“扶优、扶强、扶支柱”的原则,引进“高产出、高附加,高科技”投资项目,形成集食品、医药、建筑、建材、轻纺服装、机械加工、家具制造、旅游休闲、生态房产等为一体的八大产业。2005 年,全镇有大、中型企业257 家。

至 2005 年,斑竹园镇先后建设斑竹园毗河大桥及延伸道,新建绿色生态公园、竹韵文化休闲广场,建成“六街、两道、七路、两市场”,面积 1.26 平方公里。柏水场建成“一路、两街、一市场”,竹友场建成东西南北四街、一市场。自来水厂 2 座,日供水能力 1500 立方米;天然气配气站 1 个,日供气能力 3.5 万立方米;新建变电站 1 座。小学校、中学校各 3 所,中专校 1 所,幼儿园 18 所,公立医院 3 所;敬老院 1 所。省级文化站 1 个。

【新民镇】 距新都城区 10 公里。东与军屯镇毗邻,南与马家镇、斑竹园镇接壤,西与新繁镇紧连,北与彭州市濛阳镇一江之隔。面积 36 平方公里。2005 年,户籍总人口 37457 人,平均每平方公里 1040 人;耕地 32061 亩,人均 0.86 亩;粮食总产量 13673 吨;工农业总产值 48518 万元,其中农业总产值 9717 万元。农民人均纯收入 4580 元。全镇辖 19 村、1 社区。

新民镇原属新繁县管辖的新民乡,1965 年随新繁县划归新都县。1992 年 10 月,撤销河屯乡并入新民乡,设新民镇。

镇境内金牛村曾出土战国时期(公元前 475—221 年)的铜印、铜鍪、铜剑、铜矛等兵器和铜制、陶制生活用具。1987 年 7 月 18 日,在梓潼村发掘汉代北斗七星墓群,民间称“七星墩”。

1952 年 3 月,新民乡罗世发率先成立互助组,同年 11 月扩建为初级农业生产合作社。1956 年元旦,改建为新民高级农业生产合作社,是川西坝上的一面旗帜,罗世发被评为全国劳动模范。彭德怀、李井泉、邓颖超、贺龙、罗瑞卿等先后到新民社视察。在庆祝中华人民共和国成立 10 周年之际,各国驻华武官 60 余人到新民社参观访问。时任《人民日报》总编邓拓在访问新民时题诗作赋。

2005 年,新民镇农业总产值比 1985 年增长约 10 倍;全镇有工业企业 1215 家,形成了以成都市中亚特钢公司、成都市成德重型锻造有限公司、鑫南方高压电缆有限公司、宏升建筑工程公司等为龙头的建工、建材、机械、电缆、家具等支柱产业,其中有年产值超过 1 亿元的企业 3 家,超过 1000 万元的企业

10家。工业总产值比1985年增长89倍。

1990年始,新民陆续对场镇街道、农村道路、中学校、小学校、卫生院,场镇水、电、气等公用设施进行更新改造。

【马家镇】 距新都城区2公里。东与新都镇、成都市青白江区连界,南与新都镇、斑竹园镇接壤,西邻斑竹园镇,北与新民镇、军屯镇相连。面积25平方公里。2005年,户籍总人口24812人,平均每平方公里992人;耕地21455亩,人均0.86亩;粮食总产量1.11万吨;工农业总产值65104万元,其中农业总产值10922万元。农民人均纯收入4606元。全镇辖10村、3社区。

1992年10月,撤销马家乡,设马家镇。

境内曾出土新石器时代的石矛,距今已有5000多年。丽阳村的大石文化遗迹、丽元山双石镜距今有3000多年。1978年出土汉代画像砖、1980年发掘战国墓及出土的铜兵器、生活礼器等文物。马家是明代唯一川籍状元杨慎的故里。每年农历"三月三"举办传统的普利寺庙会,吸引数万人赶会。

马家镇农田灌溉以锦水河分干渠为主流,水资源充沛。

20世纪80年代中期后,马家镇政府大力招商引资培植新兴产业,促进镇域经济发展。2005年,企业由20世纪80年代初的12家发展到318家,其中具有一定规模和科技含量的企业83家。企业总产值82559万元。农民人均年纯收入比1985年增长10倍。

1986年始,陆续新建福利院、卫生院、初中校、幼儿园,扩建中心小学。1990年始,投资1845万元,新建马家公园、农贸市场,改造旧街道,新建农民街、文化街、升庵东路,开通程控电话,新建有线电视差转台,修建自来水厂、天然气配气站等公用事业和配套设施,形成古香古色的场镇。1990年12月,马家乡被建设部列为全国12个集镇建设之一。

【军屯镇】 距新都城区5公里。东与青白江区弥牟镇毗邻,南与马家镇接壤,西与新民镇相连,北与彭州市濛阳镇和广汉市广兴镇隔河相望。面积18平方公里。2005年,户籍总人口19091人,每平方公里1061人。耕地14224亩,人均0.75亩;粮食总产量7092吨;工农业总产值51913万元,其中农业总产值5766万元。农民人均纯收入4656元。全镇辖8村、3社区。

据考,公元前7世纪古蜀国开明王朝在军屯营建都邑。因三国时期蜀国丞相诸葛亮曾屯兵于此,故名"军屯"。2001年,撤销军屯乡建军屯镇。

军屯镇是新都水稻制种的主要基地。中共十一届三中全会后,军屯镇逐步走上农工商综合发展的道路,形成了以粮食生产为基础,以工业企业为主导,以高效农业和第三产业为两翼的城市近郊经济发展格局。由单一的传统农业向现代高效农业转化,由依靠外资带动向各种所有制经济共同发展转化,由分散布局向集中布局转化。2005年,全镇有企业107家,形成了以冠生园为龙头的食品加工和化工、机械、电器器材、光学元件、水泥制品、饲料、纺织、印染等优势产业。

至2005年,先后改扩建中小学、幼儿园、卫生院。新建天然气配气站、自来水厂、敬老院和屯军街、文昌街、正兴街、银杏街、深水街等11条街道及希望大道、食品大道、川鑫大道、轻纺大道等4条大道。农村道路全面拓宽硬化。新建生态广场1个、综合市场3个和顺财、东鑫等超市16个。城镇建成区面积由不足0.5平方公里扩至2平方公里。

【泰兴镇】 距新都城区8公里。东与成都市青白江区祥福镇、龙王镇接壤,南同石板滩镇、木兰镇交界,西与三河街道为邻,北和新都镇相连。面积29平方公里,平坝、浅丘各半。2005年,户籍总人口30654

人，每平方公里 1057 人；耕地 26352 亩，人均 0.86 亩；粮食总产量 9077 吨；工农业总产值 48321 万元，其中农业总产值 7333 万元。农民人均纯收入 4828 元。全镇辖 11 村、5 社区。

泰兴镇，明代叫“金安镇”。地处成都至金堂的水陆交通要冲，商贾云集，经济繁荣，成为东山重要场镇之一。1992 年，撤销泰兴乡建泰兴镇。2000 年，泰兴镇被省政府确定为四川省重点小城镇之一。

达成铁路、新石公路、成洛路、成金路穿越境区，村村通水泥路。毗河、小西江河贯穿全境，东风渠、北干渠、龙门支渠等干支斗农毛渠水利工程完善；全镇建有 15 座提灌站，大型水库 2 座，大小堰塘 159 口，排涝、防洪、抗旱治旱得到保障。

泰兴镇种植的二荆条海椒、脚趾生姜、甘蔗，是本地的名优特产。2005 年，全镇有果园 1773 亩，总产量 1950 吨；养蜂户 13 户，养蜂3000 多群，年产值 100 余万元。全镇有骨干企业 37 家，总产值 40988 万元，比 1985 年增长约 27 倍。

1986 年后，陆续改扩建泰兴邮电支局营业楼、电信营业所大楼、泰兴中学、泰兴医院综合楼、农机服务站等。新建将军西街、将军东街、泰北街构成场镇新区。成北编组站和新都工业东区建设征地拆迁安置，加速了泰兴场镇周边小区建设。至 2005 年，美泉、九官、观西、张庵、观东等小区共占地 300 余亩，建成集中居住住房 21.3 万平方米。

【木兰镇】 距新都城区 10 公里。东邻石板滩镇，南接成都市成华区龙潭街道、青龙街道，西连三河街道，北靠泰兴镇。面积 34 平方公里。2005 年，全镇总人口 35742 人，平均每平方公里 1051 人；耕地 20597 亩，人均 0.58 亩；粮食总产量 13208 吨；工农业总产值 57412 万元，其中农业总产值 11222 万元，是 1985 年的 9.21 倍。农民人均纯收入 4194 元。全镇辖 14 村、1 社区。

木兰镇，原名同兴乡，属华阳县管辖。1954 年 7 月，同兴乡划归新都县。1956 年年底，撤销木兰乡，其所属的木兰村及议团村的 6、7、8 生产队(今分水村 5、6、7 组)划归同兴乡，因木兰村境内有“木兰寺”，同兴乡更名为木兰乡。2001 年 11 月，撤销木兰乡建木兰镇。

境内木兰寺，始建于明神宗万历年间，是为纪念元末民族女英雄“蜀中花木兰”韩娥而建，距今已有 400 余年历史。

木兰寺庙会始于清嘉庆二十四年(1819)，最初叫文昌会，主要是纪念文昌帝君的诞辰和韩娥，后来逐步演变为农业种籽交流会至今。每年农历二月初一至初三赶会。据传，在庙会期间“寄窝”的种籽栽种后病虫害少，产量高。

成绵高速、成都绕城高速、泰龙路、三木路、石木路等公路贯通全境；成渝线、达成线、北环线(宝成复线)等铁路穿越其境。成北编组站 2003 年落户木兰，占地 1700 余亩。

木兰镇利用黏土、页岩发展 13 个机砖企业，逐步引进科龙化工、金帝家具等有一定规模的工业企业。2005 年，全镇共有工商企业 1367 家，职工 8827 人。工业总产值 46190 万元，是 1986 年的 22 倍。

2003 年，木兰镇作为新都区实行公推直选镇党委书记的试点镇，在全国新闻媒体和政界产生反响，得到了中央组织部和省、市的肯定和推广。

2000 年，木兰镇被成都市列为小集镇建设试点镇。陆续新建联通发射台、通讯机站、电信大楼、移动通信差转站等。截至 2005 年，新建了自来水厂和天然气供气站，有 110 千伏和 35 千伏变电站双相供电，全镇水、电、气供应充足。学校、医院陆续新建和扩建，木兰中学由 3.4 亩扩大到 31.1 亩，中心小学由 7.6 亩扩大到 16.4 亩，公立卫生院由 3 亩扩大到 8.7 亩。城镇由原来的 1 条独街，建成 20 条主次街道、4 条小巷、2 个集贸市场和 1 个广场，城镇建成区面积由 0.4 平方公里扩至 2.52 平方公里。

木兰镇客家人约占 98%。2004 年，启动客家新村建设，一期工程于 2005 年 10 月竣工。

【石板滩镇】 距新都城区16公里。地处龙泉山系丘陵地带,东与成都市青白江区龙王镇毗邻,南与成都市龙泉驿区黄土镇接壤,西与成都市成华区龙潭街道相倚,北与泰兴镇傍连。面积43平方公里。2005年,户籍总人口48828人,平均每平方公里1136人;耕地28747亩,人均0.59亩;粮食总产量14330吨;工农业总产值56727万元,其中农业总产值14582万元。农民人均纯收入4460元。全镇辖21村、6社区。

石板滩原名"仁和里",后改为"仁和场"。据传"石板滩"是因为街面全用石板铺成、附近三邑桥下有砂石河滩而得名。

石板滩镇居民以客家人为主,传承客家语言、风俗、礼仪。信奉多元,崇拜祖先。婚嫁礼俗沿袭旧制礼仪,丧葬习俗恪守中古遗风,提倡"厚祭薄葬"。

石板滩镇特色农产品有:二荆条辣椒、东山脚趾姜、脚板苕、刀板豆、狗爪豆、地瓜、茼蒿、大头菜、鸡腿菇。1993年始,建立优质农产品基地,发展"订单农业",组建"奕兴蔬菜收购站"等营销大户10家,收购蔬菜远销西北、华北、东北等地,平均每年外运蔬菜600余吨。2005年,"订单农业"种植1868亩,联系农户13378户。外销蔬菜3020万元,利税127.5万元。

1984年,石板滩镇被列为省市县综合体制改革试点镇;1995年,列为成都市小城镇建设试点镇。2005年5月,青白江区龙王镇新谊村、双柏村、黄果村、园林村、石桩村、长林村和龙泉驿区黄土镇回龙村、金三角社区划归石板滩镇管辖。

至2005年,石板滩镇先后建有自来水厂1座,日供水能力1680吨;35千伏变电站1座,日供电量9.66万千瓦时;天然气配气站1座,日供气能力100万立方米。成渝铁路穿境而过,新石公路纵贯南北。通信程控数字交换机装机容量2万门。中小学校建成农村标准化学校,镇医院建成一级乙等卫生院。场镇建成区面积2.3平方公里。镇域企业110家,总产值42145万元。

1998年夏,省委副书记、代省长张中伟为石板滩镇题写"小城镇之星"。

【清流镇】 距新都城区26公里。东与彭州市濛阳镇相邻,南以清白江与新繁镇、新民镇为界,西至彭州市致和镇,北与彭州市九尺镇、濛阳镇为邻。面积33平方公里。2005年,户籍总人口32633人,每平方公里1018人;耕地28698亩,人均0.88亩;粮食总产量15722吨;工农业总产值52830万元,其中农业总产值15133万元。农民人均纯收入4093元。全镇辖18村、2社区。

1992年,撤销清流乡设立清流镇。2004年,撤销利济镇,将其所辖的同义、同福、水梨、迎祥、双利、界牌、永明、柳泉、顺河、元通10村所属区域划归清流镇。

清流镇是著名文学家艾芜和革命烈士何炳彝的故乡。境内有古代大石文化遗址,俗名"飞来石"。

成汶铁路在清流镇境内设有火车站,成彭高速公路、成彭公路、利清公路、清九公路贯穿境内。全镇初步建成无公害粮食、蔬菜、养殖等农牧产品基地。

2005年,全镇有工业企业480家,形成建材、家具、茶叶、化工、路面材料等支柱产业。工业总产值3.71亿元,销售收入3.69亿元。

镇内有卫生院2所,村级卫生站22个,初级中学2所,小学2所,幼儿园5所。程控电话装机容量4000门。有日供水1500立方米和400立方米自来水厂各1座,天然气配气站2座,10千伏双回路电力线路307千米,电力变压器总装机容量12505千伏安。

2005年年末新都区镇(街道)、社区、村名录

表1-1

镇(街道)名称	社区		村	
	个数	名称	个数	名称
新都镇(新都街道)	29	北街、东街、南街、西街、东环路、紫瑞街、宝光街、新中路、桂东路、湖滨路、桂西路、施营、正因、状元街、新军街、金都街、西北、沱江、瓦店、团结、汉城、五四、马超、肖林、板桥、新东、龙虎、正兴、锦水苑	42	五里、山王、高架、督桥、新桥、甘露、茶店、城守、封赐、福元、天元、毗桥、毗河、慈义、慈板、燕塘、柏园、五桂、新水、同仁、红星、高桥、黄河、泗义、崇义、万和、桂林、静安、君跃、永兴、桂溪、寂光、桥楼、龙虎、天官、壁山、庆元、朱王、白店、礼拜、褚家、店南
新繁镇(新繁街道)	12	北街、东街、南街、西街、龙安、金龙、水利、三桥、清凉、高墙、世丰、太平	44	清白街、青林、李园、新益、倡义、大墓山、太和、同盟、梁家、兴堰、白壁、黄泥、蓟家、高院、五显、汪家、两河、程家、天君、青石、青丰、和平、友助、蓍水、凤凰、同裕、韦石、龙毅、民印、安全、花红、中元、同心、海源、普放、锦河、清镇、公毅、锦水、曲水、通联、石云、新庞、宁河
大丰街道	11	东街、北街、南街、南丰、教堂、华美、皇花、铁路、甫家、方营、三元	6	赵家、双林、王桥、高堆、太平、高家
三河街道	6	三河、江陵路、互助、花园、大东、长龙	8	龙伏、繁阳、三都、回龙、松柏、山秀、碑石堰、五龙
龙桥镇	3	龙桥、渭水、普文	8	青桥、杏桂、桂花、瑞云、笔架、杨建、鱼龙、山水
斑竹园镇	4	竹园、竹友、雅雀口、忠义	27	踏水、旃檀、杨柳、白云、安乐、大夫、华藏、石佛、金花、柏水、红光、小凉、丰收、顺江、大江、公益、三江、永丰、雷家、雍家、檀木、金文、三河、仁和、福田、金马、回南
新民镇	1	新民	19	新民、八字、护国、华严、黄田、东林、雷音、九堰、禾登、梓潼、四方、大成、牛王、金牛、石庵、高祖、柘桥、净方、天星
马家镇	3	白螺、枣林、石坝	10	丽阳、普东、普西、澄清、石家、跃龙、桥炉、仁里、兴崇、快活
军屯镇	3	文昌、升平、深水	8	南丰、东岳、雷大、王家、静平、五灵、白碾、郭家
泰兴镇	5	泰兴、普河、高筒、张庵、美泉	11	瓦窑、先锋、凉水、七一、观东、观西、梨园、杨河、窑坝、议团、九官
木兰镇	1	木兰场	14	永宁、分水、木兰、江西、红石、宫王、狮子、梁胜、农和、十里、天宫、石马、共和、长林
石板滩镇	6	正兴街、和平街、东风街、光明、金三角、合兴	21	东风、建设、马家、土城、集体、勤俭、新农、光辉、五一、优胜、通顺、解放、友谊、翻身、黄果、园林、石桩、长林、双柏、新谊、回龙
清流镇	2	清流、利济	18	黄龙、新华、广泉、罗汉、三尺、大柏、飞石、均田、九龙、翠云、同义、水梨、迎祥、界牌、永明、柳泉、顺河、元通

自然环境

地质地貌

【地层分布】 境内出露的地层,因地区不同而异,由老到新从下而上地层为:白垩系上统地层,第四系中、下更新统地层,第四系上更新统地层,第四系全新统地层。

白垩系上统地层由老到新分为五层。第一层,含薄层团块状石膏粉砂质泥岩,浅土红色或杂白色。本层厚约 24 米,埋藏在 422 米高程以下。第二层,泥质粉砂岩夹石膏层,岩呈浅土红色。本层厚度约 18 米(高盐层),埋藏在 440 米高程以下。第三层,粉砂质泥岩夹薄层砂岩,浅土红色、棕红色。本厚层约 25 米,埋藏在 466 米高程以下。第四层,砂岩,浅棕红色。本层厚约 3 米,埋藏在 468 米高程以下。第五层,粉砂质泥岩与泥质粉砂岩互层,粉砂质岩呈土红色,碎屑物成份为石英,次为长石、水云母;泥质粉砂岩呈浅紫红色。本层厚约 8 米。

第四系中、下更新统地层的冰碛—冰水堆积二级台地,风化极深的冰碛层,零星分布于回龙山、白沙包、繁阳山、木兰山的顶部。冰碛—冰水堆积一级台地,分布在石板滩一带。

第四系上更新统地层,成都粘土层,为第四系棕黄色粘土冰期堆积物。分布于木兰、石板滩、泰兴、三河缓丘台地内。广汉层,为具明显沉积韵律的冰水堆积层。分布于境内平坝边缘的清流镇靠彭州市界一线的微波起伏的阶地。

第四系全新统地层,包括西江河沿岸冲积层,清流冲洪积层,平坝一级阶地河流冲积层,近代河流冲积层。

【地质构造】 成都平原自古是一个较为稳定的拗陷地带,从古生代以来,就以下降沉积为主。发生于震旦纪前的晋宁运动,使成都平原的前震旦系地层强烈褶皱。成都断陷继续向下沉降,沉积了第四系地层。成都断陷的基底构造线方向为北北东至北东向,西陡东缓,基底起伏,东西两侧发育有隐伏断层,新都区境地跨东侧隐伏断层。

应用四川大地构造特征,以龙门山褶断带为界,新都区属于四川东部地台区的一级构造区(四川中台拗)、二级构造区(川西台陷)、三级构造区(成都新生代断陷)。

新都境内近代河流冲积层,主要为卵砾石夹砂,组成清白江、毗河的河漫滩及砂洲,河床产建筑砂石。毗河自张家庵到瓦窑滩段产砂金。

【地貌特征】 全区地貌主体为平坝,部分为台地。平坝即成都平原中央凹陷地带部分,台地即成都平原东部边缘构造地带部分。境域地形狭长,地势西北高、东南低,地面平均坡降 2‰~3‰。新繁镇公毅村海拔 572 米,新繁镇外西街海拔 536 米,新都镇如意大道海拔 494 米,石板滩西江河边海拔 476 米。全区最高点在三河回龙寺,海拔 592 米;最低点在泰兴镇先锋村东部,海拔 472 米,高低差 120 米。丘陵中部略凸起,相对比高 20~50 米,呈马鞍状,坡缓长,谷宽坦。

全区平坝总面积 384.26 平方公里,占全区面积的 77.32%。其间清白江、毗河由西北横贯东南,形成河漫滩、河流堆积一级阶地、冰水堆积扇状平坝 3 种地貌。

全区台地面积 112.74 平方公里,占面积的 22.68%。在冲积平坝后缘,处白垩系砖红紫泥基岩上,堆积大面积的较深厚的黄色黏土,局部高台地上沉积砾石黏土。由于堆积的厚薄和地表剥蚀的深浅,形成起伏的缓丘台地,内含冰碛—冰水堆积一级台地、冰碛—冰水堆积二级台地 2 个地貌。

毗河南岸延展的丘陵包括:木兰山、黄牛山、繁阳山、马家山、白沙包。

西江河上游西岸延展的丘陵包括:斩龙山、猫公山、鸡公山、土地山、插旗山、土地梁、狮子包、鹅公包、回龙山、石子岭、凤凰山北坡山王庙山麓。

【矿　藏】 境内地下矿藏主要有天然气、页岩、砂砾石。浅层天然气储量 20 亿立方米,深层天然气储量 110 亿立方米,分布在石板滩镇、三河街道、木兰镇、泰兴镇;页岩储量 550 万亿吨,分布于毗河以南的泰兴镇、三河街道马家山、木兰镇黄牛山、木兰山;砂砾石岩储量 337 万立方米,主要分布于清白江、毗河、锦水河流域。

气　候

【气候特征】 新都属于中亚热带湿润季风气候区。气候温和,雨量充足,温湿同季,水热同步,四季分明。春季气温回暖早,但不稳定;夏季炎热暴雨多;秋季降温快,多绵雨;冬季干燥多云雾。据 1970—2000 年观测(每 10 年总结 1 次),四季划分基本稳定。

新都四季的划分

表 1-2

季　节	春	夏	秋	冬
气温标准	10℃~22℃	大于 22℃	10℃~22℃	小于 10℃
起止日期(月/日)	3.01~5.20	5.21~9.10	9.11~11.25	11.26~2.28
天　数	81	113	76	95

【气　温】 境内气温从西北向东南逐渐升高。据 1970—2000 年观测,累年平均气温 16.1℃,石板滩镇 16.4℃。年平均气温最高 16.7℃,最低 15.4℃,高低差 1.3℃。境内气温高低差 0.5℃。年极端最高气温为 37.1℃(2006 年 8 月 21 日),最低为-5.4℃(1975 年 12 月 15 日),极值相差 42.5℃。大多数年份最高气温在 33℃~35℃,最低-3℃。

月际气温变化　7 月平均气温最高为 26.3℃;1 月平均气温最低为 3.1℃,高低差 23.2℃。春季气温上升快,秋季气温下降快,夏季气温变化较小。

积　温　大春作物生长季(3 月 1 日至 10 月 31 日)高于 10℃的有效积温为 2551.9℃,小春作物生长季(10 月 1 日至次年 5 月 31 日)高于 3℃的有效积温为 2279.3℃。

地　温　年平均地温,地层 0 厘米 18.4℃。地表极端最高温度 62.7℃,比气温最高值 37.1℃高出 25.6℃,时间偏晚一些。极值地面最低-7.8℃,比同时出现的最低气温-5.4℃低 2.4℃。

霜　期　累年平均无霜期 279 天。最长 320 天(1998 年),最短 261 天(1980 年)。初霜期最早出现在 11 月 3 日(1975 年),终霜期最晚出现在 4 月 1 日(1990 年)。每年 1 月份霜日最多。

【降　水】 境内累年(1970—2000年)平均降水量828.3毫米,年最大降水量1111.8毫米(1974年),最少520毫米(2006年)。降水分布与气温相反,随地势升高而增多。自东南到西北增加150毫米左右。

降水量变化 降水量夏季多冬季少。夏半年占全年降水量的88%,冬半年占12%,秋季降水量略多于春季。易形成冬春偏旱,夏季偏涝。7月降水量最多,累年平均为216.0毫米,最多年为480.4毫米。8月份累年平均为192.5毫米,最多年428.6毫米。冬季12月和1月最少,仅为12.9毫米。

1970—2000年新都月平均降水量

表1-3 单位:毫米

月　份	1	2	3	4	5	6	7	8	9	10	11	12	全年
降水量	7.8	12.6	19.9	42.1	69.9	101.3	216.0	192.5	110.5	33.4	17.3	5.1	828.3

降水日数和降水强度 日降水量大于0.1毫米的降水日数,平均每年144天,以5—7月、9—10月为多。夏收夏种5月中下旬,平均为5天,最多年份为9天;秋收8月下旬,平均为5天,最多为10天;9月上旬平均为5天,最多为8天,中旬平均为5天,最多10天。日降水量50毫米及以上的暴雨日数,每年平均3天,1日最大降水量299.6毫米,出现在1981年7月13日。5—9月均可能出现日降水量100毫米及以上的大暴雨。日降水量0.1毫米及以上的最长连续降水日数为29天。降水量小于0.1毫米的最长连续无降水日数为39天。

降雪和积雪 历年降雪较少,累年平均降雪日数为1.8天,积雪日数少于降雪日数。最大积雪深度0.9厘米(出现在1991年1月18日)。最长降雪日数为3天(出现在1994年1月19日)。

降冰雹 1970—2000年,新都城区共出现冰雹5次,主要出现在4月、5月和8月。

【日　照】 累年平均日照时数1214.9小时,最多年份1513.6小时(1973年),最少年份769.9小时(1999年),最多年与最少年相差746.7小时。全年8月日照最多,平均170.0小时;12月最少,平均59.1小时,最多月与最少月相差110.9小时。全年太阳总辐射值94.9千卡/平方厘米,盛夏7月、8月最多,分别为12.3千卡/平方厘米和11.8千卡/平方厘米。冬季较少,12月为4.2千卡/平方厘米。

1970—2000年新都月平均日照时数

表1-4 单位:小时

时间	1月	2月	3月	4月	5月	6月	7月	8月	9月	10月	11月	12月	全年
日照	64.8	60.9	94.1	125.1	135.9	130.4	151.9	170.0	89.5	68.7	64.5	59.1	1214.9

【风　速】 累年各月以北风最多,平均频率8%;其次是东北风,频率7%;静风占48%。累年平均风速1米/秒;5月最大,为1.3米/秒;12月最小,为0.6米/秒。

【气　压】 累年平均气压957.4百帕。12月平均气压最高,为969.2百帕;7月最低,为945.7百帕;最高月与最低月相差23.5百帕。气压年际变化不很显著。

1970—2000 年新都月平均气压

表 1-5　　单位:百帕

时间	1月	2月	3月	4月	5月	6月	7月	8月	9月	10月	11月	12月	全年
气压	964.6	962.2	959.0	955.5	952.9	949.3	947.1	949.6	956.1	961.6	964.5	966.1	957.4

1985—2005 年新都气象要素值简表

表 1-6　　单位:毫米、小时

年　度	气温(℃)	降水	气压(hpa)	日照	蒸发量
1985	15.8	893.0	956.3	1253.6	1018.5
1986	15.7	679.8	957.2	1449.2	1059.1
1987	16.5	900.5	956.8	1423.3	1085.0
1988	15.8	958.2	956.8	1107.2	930.4
1989	15.7	858.3	956.8	1047.5	886.7
1990	16.4	1108.2	956.5	1410.2	1015.6
1991	16.2	716.2	956.8	1012.5	970.0
1992	15.8	871.8	957.0	1058.8	1016.7
1993	16.1	743.1	957.2	1078.1	1015.7
1994	16.6	812.5	956.6	1225.1	1156.3
1995	16.3	955.4	957.4	1034.7	1155.1
1996	15.8	731.4	957.2	1048.5	1107.9
1997	16.5	575.3	957.1	1139.0	1208.3
1998	17.2	774.1	956.4	1043.7	1111.1
1999	16.7	736.8	956.6	769.9	1071.3
2000	16.5	764.0	956.6	1034.8	999.3
2001	17.0	954.0	956.8	1083.7	1066.5
2002	17.1	619.7	956.8	1068.8	1027.7
2003	16.9	555.4	956.6	784.3	943.0
2004	16.6	870.8	957.2	1021.5	1040.9
2005	17.4	805.6	957.1	715.2	922.7

自然河流

【清白江】 从都江堰蒲柏闸分流,上段称蒲阳河,至人民渠分流口,下段称清白江(汉代称湔水)。清白江从任家沟进水口流入新都,经新繁镇、清流镇、新民镇、军屯镇,至邓家河坝进入成都市青白江区,过广汉南流至金堂县东南部与毗河、北河相汇成沱江。新都境内全长 33.4 公里,河宽 90~140 米,河道比降 3‰左右。自 1952 年起,陆续对部分河堰撤并、取代,至 2005 年,境内清白江右岸有任家沟、锦水河分干渠、杨柳堰、北四支渠 4 个进水口;左岸有冬瓜堰、同心堰 2 个进水口。

【毗　河】 源于都江堰,战国时代称沱。上游从都江堰蒲柏闸分水,称柏条河,至石堤堰汇入徐堰河后,正流叫毗河，分支称府河。

毗河上游的柏条河，自凤凰嘴入新都，经新繁镇、龙桥镇、斑竹园镇、新都镇、三河街道、泰兴镇，东流至赵镇汇入清白江，其下即称沱江。新都境内长37.8公里，河宽50~100米，河道比降2‰。至2005年，毗河在境内右岸有牟珠堰、龙桥堰、莫笼堰、龙门堰，左岸仅存天黄堰。

毗河历史上为川西重要水道，上起郫县唐昌镇，下至金堂县赵镇，全程通航，境内泥巴沱为一重要码头。20世纪50年代后期，毗河功能转入防洪排涝。随着都江堰灌区扩大，毗河流量减少，仅在汛期有原木从岷江上游漂至龙桥贮木场。1995年，因实施“长防工程”，漂木终止。

1985—2005年毗河水流情况表

表1-7 单位：立方米/秒

年　度	平均流量	最大流量	断水天数
1985	38.9	92.6	35
1994	23	152	25
2004	24.6	229	30
2005	24	278	30

【西江河】 唐代称湔江，源于龙泉山顶张飞营，汇于毗河石龙堰，为新都东南隅的一条行洪河道。全长51公里，流经石板滩镇，境内长12.5公里。小西江河源于三河街道二台子的山溪水，流经木兰镇、石板滩镇、泰兴镇，注入西江河。修建东风渠后，西江河水仅为机电提灌的水源。

【锦水河】 原锦水河为新都境内排灌兼用的主要河道，取水于郫县唐元镇石坝子，“原河口宽七丈”。锦水河与清白江分水比为3:7。从新繁镇公毅村入新都，经王家船、义和桥、来熏桥、雷家桥、崩河坎、马家渡、踏水桥、天缘桥入注毗河白洋沱，全长39.7公里，河宽25~40米。

水资源

【地表水】 新都境内地面水资源包括本地径流和外引水量两部分的地表径流。新都没有闭合流域，且河渠交错，水量常有重复。据四川省水文手册，新都多年平均径流深550毫米。平坝区径流量为2.11亿立方米，丘陵区径流量为0.49亿立方米。至2005年，境内多年平均径流量为2.6亿立方米。

人民渠、东风渠建成后，都江堰引水成为新都工农业生产的重要水源。据引水资料频率分析及境内灌溉面积比例分摊水量，至2005年，新都多年平均外引水量为10.56亿立方米。地面水资源总量为13.16亿立方米。

随着工业发展，人口密度增加，农业生产化肥农药的普及，各种废渣、废料、废水增多，致使水源受到不同程度的污染。从总体看，流经新都的地表水质均可达到三级，尚属可用范畴。丰水期污染轻，枯水期污染重。

【地下水】 平坝地表下2~4米，以卵石为主，充填以中粗砂层，厚5~25米，为地下水主体含水层，分布于清白江、毗河两侧。清白江以北的清流的全新统地层，亦为境内主要含水层。地下水位一般4—5月开始上升,6—8月出现峰值,最低值出现在12月至次年3月。平坝地下水天然储量22658万立方米。

台地地下水较贫乏,但由于其特有地形,向南延伸,局部翘起,切割破碎,南北向宽谷发展,有利于地下水储存,加之地表水体(塘堰水田)补给条件好,形成地下水富集的较好地段,含水层厚30~40米。丘陵台地地下水主要受降水、农灌及渠道放水影响,地下水位年变幅2.38~5.32米,高水位一般出现在6—9月,低水位一般出现在1—3月。地下水天然储量1639万立方米。

新都地下水由于交换条件较好,有一定的自净能力,为生活、工业、农业较优良的地下水源。部分地区浅层地下水铁锰含量超标,系地层生物所致。受人类生产、生活的影响,不同地区浅层地下水受到不同程度的污染。

土　壤

【土壤种类】 1982—1984年,新都县开展第二次土壤普查。查明境内耕地土壤共有水稻土、潮土、黄壤土、紫色土4个土类和6个亚类、47个土种、53个变种。

水稻土类　占总耕地的绝大部分。水稻土分为冲积性水稻土、黄壤性水稻土和中性紫色水稻土3个亚类。冲积性水稻土亚类分布在清白江、毗河及西江河沿岸河漫滩与一级阶地,由第四系全新统冲积母质——灰色潮土、灰棕潮土、紫潮土分别发育而成。分为灰色冲积性水稻土、灰棕色冲积性水稻土和紫色冲积性水稻土3个土属。黄壤性水稻土亚类分布于平原二级阶地和缓丘一、二级台地,为第四上更新统上段的广汉黏土和下段成都黏土经水耕熟化发育而成。中性紫色水稻土亚类主要分布于缓丘一、二级台地,由母质为白垩系灌口组厚泥夹粉砂岩风化物,经水耕熟化发育而成。

潮土类　主要分布于平坝河漫滩及一级阶地。有1个冲积潮土亚类,再分为灰色潮土、灰棕色潮土和紫色潮土3个土属。灰色潮土土属分为沙土、沙泥土、泥土、菜园土4个土种。灰棕色潮土土属分为沙土、沙泥土和泥土3个土种。紫色潮土土属只有红沙土1个土种。

黄壤土类　分为再积黄泥土、姜石黄泥土和老冲积黄泥土3个土属。再积黄泥土属分为黄沙泥和黄沙泥土2个土种。姜石黄泥土属分为白沙土、姜石黄泥和死黄泥土3个土种。老冲积黄泥土属只有卵石黄泥土种1个。

紫色土类　占总耕地面积的1.0%。紫色土系岩成土壤,由白垩系上统灌口组砖红紫色岩风化物,经人为垦植旱作熟化发育而成。主要分布在缓丘一、二级台地,呈零星状。根据石灰含量,pH值的大小和母岩地层的差异,紫色土只有石灰性紫色土1个亚类和砖红紫泥土1个土属。

【土壤区划】 全区土壤区划为平原潮土区和台地黄壤土区2个土区和6个亚区。

平原潮土区　位于境内中部和北部,及偏东南的三河街道、泰兴镇的坝区部分。地势平坦,由西北向东南倾斜,比降0.2%~0.3%,海拔475~470米。河漫滩和一级阶地为灰色、灰棕色新冲积母质,靠缓丘台地边缘有少量成都黏土和灌口组风化坡积物,二级阶地为广汉黏土母质。平原潮土区分为灰棕潮土亚区、再积黄壤亚区、灰色潮土偏泥亚区和灰色潮土偏沙亚区。

台地黄壤土区　位于境内台地区域,分为紫色土亚区和姜石黄壤亚区。紫色土亚区位于三河街道丘陵各村及木兰镇的江西、新华等村。姜石黄壤亚区位于石板滩镇全部,木兰镇大部,泰兴镇一半。

生 物

【植　被】 平坝植被由亚热带常绿阔叶林、亚热带落叶阔叶林、草木、暖性针叶林、暖性竹叶林组成。平坝主要是“四旁”零星树、果树、竹类组成林网和林盘。亚热带常绿阔叶林主要由樟科的香樟、楠木,木犀科的桂树、女贞,桃金娘科的桉树,芸香科的柑、橘、橙、柚等常绿阔叶树种组成。亚热带落叶阔叶林主要由桦木科的桤木,蓝果树科的喜树(水东瓜),胡桃科的枫杨(麻柳),悬铃木科的法国梧桐,蔷薇科的梅、桃、李、苹果、梨等落叶树种组成。草本是树林内的附生植物和藤本植物。暖性针叶林主要由杉木、柏木和杉柏科的针叶树种组成。暖性竹林主要由慈竹、白夹竹、斑竹、硬头黄、芦竹、麻竹组成。

台地植被主要由灌丛、荆棘植物、草丛、羊齿植物组成。灌丛主要由黄荆、马桑、刺梨、野枸杞和其他荆棘植物组成。草丛主要由巴茅、丝茅草、山草、刺金瓜和羊齿植物组成。

【野生植物】 主要有枫杨、喜树、香樟、楠木、水杉、桤木、构树、杉木、榕树、银杏、榆树、女贞树、苦楝、梧桐、洋槐、臭椿、国槐、白杨、雪松、皂角、林树、香椿、意杨、刺楸、棕树、槐树、核桃、黄葛树、柳树、红枫、罗汉松、檬刺树、垂柳、泡桐、杨树、樱桃树、檀木、龙爪槐、八角枫、盐夫木(五倍子);塔柏、扁柏、龙柏、花柏、冬青、孔雀柏、油金柏、万年青、紫荆、茶花、小叶女贞、毛叶丁香、金弹子;广玉兰、紫薇、白玉兰、芙蓉、黄杨、棕竹、凤尾竹、观音竹、怪柳、郁李、五针松、六月雪、圣诞树、江背桂、橡皮树;栀子、米兰、月季、金橘、麻叶海棠、西府海棠、贴梗海棠、黄角兰、月橘、春鹃、夏鹃、七姐妹、五色梅、茉莉花、七里香、象牙红;春兰、夏兰、剑兰、葱兰、蝉兰、君子兰、菊花、美人蕉、鱼子兰、剑麻、蟹瓜兰、龙舌兰、地阳菊、金林菊、蒲麻、万寿菊、竹节蓼;慈竹、白夹竹、斑竹、硬头黄、筋竹、芦竹、麻竹、紫竹、吊丝球竹等。

【药用植物】 主要有五倍子、马钱子、野枸杞、菟丝子、金银花、鸡屎藤、紫苏、桑寄生、车前草、散血草(泥鳅草)、菖蒲、龙胆草、蒲公英、猪鼻孔、夏枯草、薄荷、益母草、马齿苋、金钱草、风寒草、青蒿、肺心草、香附子、何首乌、灯心草、白茅、马蹄草、白头翁、水黄连、舒藤草、见肿消、野半夏、荨麻(藿麻)等。木兰山和黄牛山特产竹叶紫胡,伞形科,多年生草本,以块茎入药,性微寒,味苦。

【珍稀植物】 新都历史上曾有丰富的原始森林植被,品种多样,经历代垦植,绝大部分已荡然无存。现仍生长的珍稀植物有银杏、楠木、红豆树、水杉和罗汉松等。

银杏,又名白果,是国家一级保护的珍稀树种。境内共有胸径 40 厘米以上的银杏 348 株(其中树高 12 米以上,胸径 100 厘米以上的 5 株),主要分布于新都宝光寺、桂湖、马超东路和新繁镇等地。

楠木,是国家二级保护珍稀树种。境内共有胸径 35 厘米以上楠木树 181 株(其中树高 10 米以上,胸径 90 厘米的 1 株,植于宝光寺内),主要分布于宝光寺、桂湖、龙藏寺、大丰街道和原竹友乡等地。

新都名木古树(1996 年调查)

表 1-8 单位:株

树 名	新都	新繁	利济	清流	龙安	大丰	龙桥	斑竹园	竹友	新民	马家	三河	石板滩	泰兴	木兰	龙虎	合计
银杏	22	5	0	0	0	0	2	0	0	2	1	0	0	0	0	0	32
柴藤	3	0	0	0	0	0	0	0	0	0	0	0	0	0	0	0	3
女贞	1	3	0	0	0	0	0	0	0	0	0	0	0	0	0	0	4
皂角	0	3	0	0	0	0	0	0	0	0	0	0	0	0	0	0	3
桂花	0	2	0	0	0	0	0	0	0	0	0	0	0	0	0	0	2
菩提树	0	1	0	0	0	0	0	0	0	0	0	0	0	0	0	0	1
小叶香樟	5	23	0	0	32	0	0	0	0	4	4	1	0	0	0	0	69
榕树	0	0	0	0	0	0	1	1	0	0	0	0	3	1	2	0	8
槐树	0	1	0	0	0	0	0	0	0	0	0	0	0	0	0	0	1
红豆木	1	0	0	0	0	3	0	0	1	0	0	0	0	0	0	1	6
紫薇	1	0	0	0	0	0	0	0	0	0	0	0	0	0	0	0	1
朴树	2	1	0	0	0	0	0	0	0	0	0	0	0	0	0	0	3
水杉	4	0	0	0	0	0	0	0	0	0	0	0	0	0	0	0	4
大叶香樟	44	0	0	0	28	0	0	0	0	0	0	0	0	0	0	0	72
患子树	1	0	0	0	0	0	0	0	0	0	0	0	0	0	0	0	1
中国梧桐	1	0	0	0	0	0	0	0	0	0	0	0	0	0	0	0	1
黄葛树	2	0	0	0	0	0	0	0	0	0	0	0	0	0	0	0	2
苏铁	2	0	0	0	0	0	0	0	0	0	0	0	0	0	0	0	2
玉兰	3	0	0	0	0	0	0	0	0	0	0	0	0	0	0	0	3
楠木	28	8	18	4	73	25	15	0	10	0	0	0	0	0	0	0	181
柏树	16	0	0	0	27	0	0	0	0	0	0	0	0	0	0	0	43
黑壳楠	2	0	0	0	0	0	0	0	0	0	0	0	0	0	0	0	2
洋槐	2	0	0	0	0	0	0	0	0	0	0	0	0	0	0	0	2
罗汉松	2	4	0	0	0	0	0	0	2	0	0	2	0	0	0	0	10
其他	0	0	0	0	5	0	0	0	0	0	0	0	0	0	0	0	5
合计	142	51	18	4	165	28	18	1	13	6	5	3	3	1	2	1	461

【野生动物】 主要有喜鹊、麻雀、杜鹃、雁、啄木鸟、斑鸠、秧鸡、董鸡、猫头鹰、竹鸡、鹭鹚、阳雀、点水雀、水斑鸠、青头姑、燕子、乌鸦、山鹧子、小杜鹃、八哥、黄莺、布谷鸟、大画眉、金画眉、小画眉、白头翁;菜花蛇、青竹标、乌梢蛇、眼镜蛇、水蛇、蜥蜴(四脚蛇)、乌龟、鳖(团鱼)、螃蟹;青蛙、雨蛙、牛蛙、蟾蜍(癞蛤蟆);果狸子、黑熊、蓝狐、蝙蝠、野兔、花鼻梁、黄鼠狼、拱狼子、鼠、田鼠、地老鼠、水獭(鱼猫子)、猫;虾、田螺、蜗牛、蚌;蜜蜂、蚂蚁、白蚂蚁、蜘蛛、蜈蚣、草鞋虫、猪儿虫、毛虫子、蝴蝶、蚯蚓、天牛、蟑螂、瓢虫;鲤鱼、鲫鱼、鲢鱼、白甲鱼、黄辣丁、墨线子、黄鲢鱼、清波鱼、桃花鱼、细鳞、石巴子、船丁子、牛尾鱼、油葫芦、刀片子、乌棒鱼、泥鳅、黄鳝、青鳝等。

受人类活动和生态变迁的影响,境内森林大型动物早已绝迹。20 世纪 50 年代初期出没于草丛、灌丛的野兔、野猫、野狗、黄鼠狼等已少见;夏秋季节鸣叫于稻田的秧鸡、董鸡、黄鸡婆等已稀有罕见;由于水域污染等多种原因，江河渠堰中的野生鱼类十分稀少。20世纪90年代后，随局部环境改变，一些野生动物逐渐回归。

气象灾害

【洪　涝】 境内暴雨年均出现2.3次，最多年份5次。洪涝年均出现0.3次，两年内可能出现1次。1987~2005年出现洪涝灾害17次。

1987—2005年新都境内部分年份遭受洪涝情况表

表1-9

时　间	灾　情	损　失
1987年6月24—27日	连续大雨，上游雨量大，清白江、毗河河水猛涨。涉及15个乡镇受灾	冲毁工程48处，河堤4817.3米，决堤6处153米；淹没农作物6100余亩；翻船死亡1人
1989年6月12日	突降暴雨，雨量167.4毫米，上游雨量100毫米以上。涉及23个乡镇受灾	30万亩水稻被淹，其中7万亩受到不同程度冲毁；4万亩稻田养鱼和精养鱼塘之鱼全被冲走；河堤塌方154处3400余米，房屋倒塌300余间，76家工厂仓库、学校严重进水
1990年8月12—13日	大暴雨，雨量218.1毫米。涉及17个乡镇，木兰镇、泰兴镇、石板滩镇受重灾。16204户受损，其中成灾7512户，重灾1138户，特重灾201户	水稻严重淹没25836亩，成灾16578亩，损失粮食4144吨；倒塌民房468户846间，压伤10人，重伤2人；死伤毛猪56头；冲毁鱼塘2689亩及稻田养鱼3654.7亩，损失成鱼456.85吨；损毁水利工程185处；企业停产8家。经济损失共935万元
1991年8月7日、9日	8月9日受灾有5个乡镇、73个村、593个组、2.39户、8.08万人，其中重灾949户、3292人	冲毁农田87亩，损失粮食2311.8吨，损失现粮110吨，直接经济损失200万元
1995年8月10日20时至12日8时	境内普降大暴雨，雨量206.3毫米。全县17个乡镇301个村201190人受灾	淹没农田14.5万亩，损失粮食22050吨，损失现粮8.5吨；倒塌房屋15966间，损坏圈舍3897间；雷击死亡3人，伤38人，死亡牲畜312头；公路中断12条，冲毁公路1千米，毁坏路基7千米；270根通讯电线中断，损坏水电站2处，供电中断9条次36小时；企业停产1710家，高宁油厂冲走10吨食油，损失砖坯1200万匹，天府水泥厂和清流化肥仓库被淹。直接经济损失共8387万元
1997年4月21日17时至22日14时	暴风雨，雨量75.4毫米，风速15米/秒，风口归槽地区21米/秒。17个乡镇299村101777户受灾，其中重灾6004户，特重灾5703户	小春作物受灾9.75万亩，其中成灾2.6万亩，减产粮食9720吨；损坏房屋102间，其中倒塌26间，全倒13间；损失砖坯1750万匹。直接经济损失共2525万元，其中农业损失2381万元
1998年4月29日	受灾17个乡镇、240个村、1321个组、14.25万人，成灾8.68万人	农作物受灾23.1万亩，其中成灾6.3万亩、绝收1.28万亩，粮食减产2256吨。房屋倒塌181间。直接经济损失933万元
1999年7月28日	大风、暴雨、冰雹袭击，冰雹最大直径1厘米	制种水稻受灾1万余亩，其中重灾800余亩，损失约350万元，农房损毁970间。龙虎镇庆元村1村民因灾死亡
2000年6月28日	泰兴、三河地区暴雨，泰兴雨量达125.7毫米	淹没农田5000余亩，倒塌房屋30间，冲毁工程4个。经济损失180万元
2001年7月27日、8月19日、9月20日	三次暴雨，“8·19”雨量165.7毫米。受灾17个乡镇、300个村、2100个组、46万人次，成灾21.5万人次	农作物受灾37万亩、成灾12万亩，粮食减产3600吨。倒塌房屋760间、冲毁房屋185间、损坏房屋2714间。直接经济损失3863万元

续表 1-9

时间	灾情	损失
2002 年 7 月 30 日	暴雨,雨量 64.2 毫米。15 镇受灾	倒塌房屋 41 间,21 家企业被淹;农作物被淹 2 万余亩,成灾 1508 亩;渠堤跨塌 330 米,1 处提灌站被淹。直接经济损失 77.67 万元
2003 年 8 月 21 日	大到暴雨	淹没农作物 3212.1 亩,冲毁河堤 307 米,倒塌房屋 30 间
2004 年 6 月 30 日	大暴雨,雨量 150.9 毫米。17 镇 12.2 万人受灾。新民 82.6 毫米,泰兴 144.1 毫米,石板滩 128.0 毫米	6.6 万亩农田受灾,成灾 9900 亩,农作物绝收 3300 亩,经济损失 4263 万元
2005 年 7 月 2—3 日	大暴雨,雨量 397.1 毫米。10 镇 21 万人受灾	倒塌房房 29 间,农作物受灾 15990 亩,成灾 14505 亩,企业停产 2 家,公路中断 1 条,损坏河堤 4 处。经济损失 1007 万元

【干　旱】 1970—2000 年,新都春旱较多,30 年共出现 20 次,机率为 80%;夏旱出现 21 次,机率为 70%;伏旱 6 次,机率为 30%。1986—1996 年,共发生较严重的夏旱 5 次。

1986 年 8 月,发生伏旱,受灾 23 个乡镇、170 个村、1090 个组、5.05 万户,农作物受灾 1.06 万亩,造成粮食减产 1680 吨。

1994 年,丘陵区分别遭受夏旱和伏旱,田地干裂、禾苗枯萎,粮食减产。

2000 年 5 月 1 日至 6 月 11 日,出现严重夏旱,致使水稻移栽推迟 5~7 天,秧苗干死近 1 万亩。

2002 年 6 月 21 日至 7 月 28 日,出现严重伏旱,木兰镇、泰兴镇、石板滩镇水稻受灾 27030 亩,旱地作物受灾 2500 余亩。同年 8 月 16 日至 9 月 10 日,降雨量仅为 13.4 毫米。

2003 年,全年降水量 555.4 毫米,为 59 年来的最低值。1—2 月 59 天降雨量仅 2.9 毫米,出现严重冬干;3 月 1 日至 4 月 5 日,出现春旱;5 月 29 日至 6 月 23 日出现夏旱。

2004 年 7 月 1 日至 20 日出现伏旱,无明显灾害。

【寒　潮】 1970—2000 年,境内共出现寒潮 26 次,强寒潮 3 次。寒潮低温天气过程危害较大,春季低温,造成水稻烂秧或影响油菜受粉,春寒潮使秧苗等农作物遭受冻害;秋季低温,危害水稻抽穗扬花,形成秕粒,造成减产,甚至颗粒无收。冬寒潮对一些越冬竹木、热带引进的花木和牲畜越冬造成很大的影响和损失。

1987 年 4 月 10—14 日,降温 8.7℃;同年 11 月 27—29 日,强寒潮,降温 12.5℃。

1988 年 2 月 7—10 日,降温 7.0℃。

1989 年 4 月 21 日,降温 8.0℃;同年 10 月 16—17 日,降温 8.6℃。

1991 年 12 月 26—28 日,降温 6.9℃。

1992 年 10 月 3—5 日,强寒潮,降温 10.5℃。

1993 年 3 月 15—17 日,降温 8.6℃。

1994 年 4 月 23—26 日,强寒潮,降温 10.5℃。

1996 年 2 月 16—19 日,降温 8.9℃;同年 3 月 8—10 日,强寒潮,72 小时内平均气温连续下降 10.0℃;4 月 1—13 日,出现低温。

1998 年 3 月 19—20 日,强寒潮,降温 10.0℃。

1999 年 4 月 23—26 日,强寒潮,降温 10.5℃;同年 10 月 2—4 日,降温 8.6℃。

2000 年 11 月 11—13 日,降温 6.8℃。

2001 年 2 月 24—26 日，降温 6.6℃；4 月 9—10 日，强寒潮，降温 10.2℃。

2002 年 4 月 8—10 日、16—18 日、12 月 6—8 日，分别降温 8.3℃、9.5℃、6.7℃。

2003 年 3 月 4—5 日、11 月 7—9 日，分别降温 9.4℃、9.0℃。

2004 年 3 月 18—20 日、4 月 23—25 日，降温 8.8℃。

2005 年 4 月 8—10 日、12 月 4—5 日，分别降温 9.9℃、6.4℃。

【雾害冰雹】 境内四季均有大雾出现，冬季最多。1970—2000 年，每年平均出现 49.4 次大雾天气，最多 101 次（1987 年），最少 18 次（1999 年）。大雾天气主要影响交通。

境内有 3 条冰雹路径：西路（彭州、新繁、龙桥、大丰），中路（濛阳、马家、新民、斑竹园），东路（青白江、泰兴、木兰、石板滩）。冰雹最大直径 3 厘米。1986—2005 年，西路、中路由于彭州、郫县、新都新民设置人工防雹设施，冰雹少有出现，且雹粒较小，基本未造成损失。东路于 20 世纪 80 年代末至 90 年代初，连续 5 年于 4 月下旬至 7 月初出现冰雹大风天气过程，造成较大损失。1993 年，新都县政府在泰兴镇设人工防雹增雨高射炮站，配合青白江、龙泉驿区实施防雹联防，至 2005 年，未出现造成经济损失的冰雹天气过程。

1984 年 5 月 5 日 15 时 40 分至 16 时 10 分，冰雹袭击斑竹园镇，冰雹最大直径 17 毫米，8 村 47 个生产队受灾面积 3933.93 亩。同年 8 月 13 日，木兰、三河、泰兴 3 乡 15 村降冰雹，木兰为主灾区。冰雹伴阵性大风，持续 5 分钟，冰雹最大直径 10 毫米，最小 6 毫米，致使水稻损失 4600 余亩、产量 75~100 吨，雷击死亡 2 人，个别农户电表被雷电击毁，引起房屋着火。

1986 年 5 月 10 日，境内出现冰雹，最大直径 3 厘米。

1990 年境内出现冰雹，直径 3 毫米。

1992 年 5 月 1 日 14 时 10 分至 31 分，石板滩、木兰、泰兴 3 乡镇遭冰雹袭击，伴阵性大风雨，最大雹径 12 毫米，风力 7~8 级。45 村 18393 户 66003 人受灾，小春作物受灾 51327 亩，损失小麦 5370 吨，倒塌住房 592 间，受伤 24 人，家禽死亡 161 只，造成经济损失 1000 万元。这次冰雹持续时间长，范围大，损失严重，是境内历史罕见的一次灾害。

1993 年 4 月 30 日 19 时 30 分至 5 月 1 日 20 时 45 分，境内遭遇较重雹灾，伴 6~7 级阵性大风，风口归槽 8 级以上，雨量 19.8 毫米，冰雹持续 5 分钟，最大直径 30 毫米。造成 17 乡镇 255 村 55718 户 189441 人不同程度受灾，其中泰兴、龙虎、新都、石板滩、三河、木兰 6 乡镇尤为严重，重灾 8695 户 29563 人，特重灾 7048 户 28192 人，小春受灾 64875 亩，损失小麦 8970 吨，倒塌民房 729 间，断树 7348 株，受伤 6 人死亡 2 人，死亡家禽 250 只，直接经济损失 1500 万元，其中农民直接经济损失 1091 万元。

1994 年 7 月 17 日 5 时左右，泰兴、石板滩等 3 乡镇 38 村出现冰雹，农作物受灾 23050 亩，倒塌房屋 1388 间，死亡 1 人，伤 2 人，经济损失 1600 万元。

1999 年 7 月 28 日，境内出现最大直径为 10 毫米的冰雹。

【风　灾】 1970—2000 年，境内出现 12 次大风，最大风力 9 级（1999 年 7 月 28 日）。

1986 年 5 月 10 日 18 时左右，高宁乡、龙安乡出现飑线，长 2~2.5 公里，冰雹直径一般为 15 毫米，最大为 30 毫米，最小 10 毫米，降雹几分钟，高宁乡 10 户村民瓦房被大风吹倒，20%的小麦被吹倒，折断水泥电杆数十根。

1989 年 4 月 21 日 22—24 时，大风造成全县 14 万亩油菜全部倒伏；17.7 万亩小麦倒伏，倒伏 45 度以上的占 57%，全伏地的 2 万余亩，全倒伏的基本无收。

1994 年 7 月 27 日,大风风力 8~9 级,农作物受灾 3481 亩,倒塌房屋 1492 间,伤 6 人,经济损失 272 万元。

1999 年 7 月 28 日下午,大风雷雨冰雹袭击泰兴镇、新都镇、三河镇、斑竹园镇、马家镇,大风造成 970 余间房屋损毁,树木折断若干,龙虎镇 1 人因房屋倒塌被压死。

2001 年 7 月 27 日、8 月 1 日,境内分别出现局部大风,造成水稻倒伏。

2003 年 4 月 13 日,境内大风,17 镇小麦倒伏 23843 亩,油菜倒伏 15560 亩,6130 亩经济作物受灾,76 万匹砖坯损坏,直接经济损失 504 万元。同年 8 月 1—2 日,大风伴随雷电,广电系统电器受损,损失 17 万元。

2005 年 8 月 15 日,新繁镇、清流镇出现大风,大春作物受灾 9825 亩,倒塌房屋 75 间、受损 3095 间,受伤 4 人,经济损失 1300 万元。

【雷　击】 1970—2000 年,一年内最早出现雷暴时间为 2 月 24 日(1979 年),最晚为 11 月 19 日(1980 年);年均雷暴日 27.6 天,最多 42 天(1971 年),最少 14 天(1993 年)。

1984 年 8 月 13 日,木兰乡雷击死亡 2 人。1985 年 9 月 12—13 日,雷击死伤各 1 人。1995 年 8 月 10 日,雷击死亡 3 人。2003 年 8 月 1—2 日,雷击广电设备损失 17 万元。

1984—2005 年新都异常天气现象

表 1-10

年度	异常天气
1984	冰雹:5 月 5 日,最大直径 1.7 厘米; 8 月 13 日,最大直径 1 厘米 雷击:8 月 13 日雷击死亡 2 人
1985	大风:7 月 26 日,瞬时风速 17 米/秒 雷击:9 月 12—13 日,死伤各 1 人
1986	冰雹:5 月 10 日,最大直径 3 厘米 大风:5 月 10 日,高宁乡、龙安乡出现飑线,长 2~2.5 公里
1987	暴雨:7 月 9 日、17 日,雨量分别为 99.3 毫米和 58.7 毫米;7 月 10 日,雨量 138.4 毫米 寒潮:4 月 10—14 日,降温 8.7℃;11 月 27—29 日,降温 12.5℃
1988	暴雨:7 月 23 日和 8 月 11 日。寒潮:2 月 7—10 日,降温 7.0℃
1989	暴雨:6 月 12 日,雨量 167.4 毫米 寒潮:4 月 21 日,降温 8.0℃;10 月 16—17 日,降温 8.6℃ 大风:4 月 21 日
1990	暴雨:8 月 12—13 日,雨量 218.1 毫米 寒潮:2 月 21—23 日、3 月 24—26 日、11 月 8—10 日,分别出现寒潮 冰雹:3 月 3 日,直径 3 毫米
1991	气温:5 月极端最低气温 5.7℃,创历史最低值 暴雨:8 月 7 日和 9 日,雨量分别为 62.8 毫米和 58.3 毫米 寒潮:12 月 26—28 日,降温 6.9℃

续表 1-10

年度	异常天气
1992	暴雨:6 月 18 日和 8 月 17 日,分别出现暴雨 寒潮:10 月 3—5 日,降温 10.5℃ 冰雹:5 月 1 日,最大直径 1.2 厘米 大风:4 月 7 日和 5 月 1 日,风力 7~8 级
1993	暴雨:6 月 27 日和 8 月 9 日,分别出现暴雨 寒潮:3 月 15—17 日,降温 8.6℃ 冰雹:4 月 30 日,最大直径 3 厘米 大风:4 月 30 日,风力 7~8 级
1994	暴雨:8 月 20 日和 11 月 14 日暴雨,11 月 14 日为新都历史上最晚出现暴雨的日期 寒潮:4 月 23—26 日,降温 10.5℃ 冰雹:7 月 17 日,死亡 1 人,伤 2 人 大风:7 月 27 日,风力 8~9 级
1995	暴雨:8 月 10—12 日,雨量 206.3 毫米。8 月 23—24 日,再次出现暴雨 雷击:8 月 10 日,雷击死亡 3 人
1996	暴雨:7 月 7 日和 8 月 7 日,分别出现暴雨 寒潮:2 月 16—19 日、3 月 8—10 日,降温分别为 8.9℃和 10.0℃
1997	暴雨:4 月 21—22 日,雨量 75.4 毫米
1998	暴雨:4 月 29 日、7 月 6 日和 8 月 20 日,分别出现暴雨 寒潮:3 月 19—20 日,降温 10.0℃
1999	暴雨:6 月 12 日和 8 月 18 日,雨量分别为 53.3 毫米和 73.7 毫米 寒潮:4 月 23—26 日,降温 10.5℃;10 月 2—4 日,降温 8.6℃ 冰雹:7 月 28 日,最大直径 1 厘米 大风:7 月 28 日,房屋倒塌死亡 1 人
2000	暴雨:6 月 28 日,雨量 125.7 毫米 寒潮:11 月 11—13 日,降温 6.8℃ 干旱:5 月 1 日至 6 月 11 日,严重夏旱
2001	暴雨:7 月 27 日和 8 月 10 日,分别出现暴雨;8 月 19 日,雨量 165.7 毫米 寒潮:2 月 24—26 日,降温 6.6℃;4 月 9—10 日,降温 10.2℃ 大风:7 月 27 日和 8 月 1 日,分别出现大风
2002	暴雨:7 月 30 日,雨量 64.2 毫米 干旱:6 月 21 日至 7 月 28 日,严重伏旱 寒潮:4 月 8—10 日、16—18 日、12 月 6—8 日,降温分别为 8.3℃、9.5℃、6.7℃
2003	暴雨:8 月 21 日 干旱:1—2 月,严重冬干;3 月 1 日至 4 月 5 日,春旱;5 月 29 日至 6 月 23 日,夏旱 寒潮:3 月 4—5 日和 11 月 7—9 日,分别降温 9.4℃和 9.0℃ 大风:4 月 13 日 雷击:8 月 1—2 日
2004	干旱:7 月 1—20 日,出现一般性伏旱 暴雨:6 月 30 日,雨量 150.9 毫米 寒潮:3 月 18—20 日、4 月 23—25 日,降温 8.8℃
2005	暴雨: 7 月 2—3 日,雨量 397.1 毫米 寒潮:4 月 8—10 日和 12 月 4—5 日,分别降温 9.9℃和 6.4℃ 大风:8 月 15 日,新繁、清流出现大风

人　口

人口总量与分布

【总量及密度】 1949年,新都县(含新繁县)人口292045人(户籍人口,下同)。1986年,新都县人口504976人,比1949年增长72.91%。2005年,新都区人口638674人,比1986年增长26.48%。

新都人口密度1986年每平方公里1047人,2005年每平方公里1285人,人口密度上升22.73%。1996—2005年,新都人口密度增长趋缓,每年每平方公里增长10人左右。2005年,新都镇人口密度最高,每平方公里2258人;马家镇最低,每平方公里983人。

1986—2005年新都人口统计表

表1-11　单位:万人

年度	户数	总人口	其中		性别比(女为100)
			男	女	
1986	135462	50.50	25.33	25.17	100.64
1987	142528	51.25	25.73	25.52	100.80
1988	151580	52.48	26.40	26.08	101.21
1989	156544	52.90	26.64	26.26	101.45
1990	160783	53.23	26.78	26.45	101.25
1991	164473	53.88	27.10	26.78	101.20
1992	170361	54.60	27.50	27.10	101.50
1993	171425	55.41	27.93	27.48	101.50
1994	179523	56.42	28.42	28.00	105.50
1995	182874	57.16	28.82	28.34	101.70
1996	187031	57.82	29.20	28.63	102.00
1997	188438	58.29	29.41	28.88	101.81
1998	191071	58.74	29.58	29.16	101.43
1999	191114	58.93	29.63	29.30	101.15
2000	193220	59.59	29.82	29.76	100.21
2001	197731	59.76	29.89	29.87	100.06
2002	200000	59.89	29.94	29.95	100.00
2003	206066	60.48	30.24	30.24	100.00
2004	221125	61.30	30.63	30.67	99.84
2005	240238	63.87	31.91	31.96	99.84

1986—2005 年新都人口总量及密度统计表

表 1-12 单位：万人、人/平方公里

年 度	总 量	密 度	年 度	总 量	密 度	年 度	总 量	密 度
1986	50.50	1047	1993	55.41	1149	2000	59.59	1239
1987	51.25	1063	1994	56.42	1171	2001	57.76	1242
1988	52.48	1088	1995	57.16	1186	2002	59.89	1245
1989	52.90	1098	1996	57.82	1199	2003	60.48	1257
1990	53.23	1104	1997	58.29	1209	2004	61.30	1274
1991	53.88	1118	1998	58.74	1219	2005	63.87	1285
1992	54.60	1133	1999	58.93	1225	—	—	—

2005 年新都区各镇(街道)人口总量及密度统计表

表 1-13 单位：平方公里、万人、人/平方公里

镇(街道)	面 积	人 口	密 度	镇(街道)	面 积	人 口	密 度
新都镇	80	18.07	2258	新民镇	36	3.75	1040
新繁镇	83	9.24	1113	马家镇	25	2.46	983
大丰街道	18	3.02	1677	军屯镇	18	1.91	1061
三河街道	29	3.33	1150	清流镇	33	3.35	1016
石板滩镇	43	4.88	1136	泰兴镇	29	3.07	1057
斑竹园镇	47	4.83	1027	木兰镇	34	3.57	1051
龙桥镇	22	2.39	1088	合计	497	63.87	1285

【农业人口与非农业人口】 1986 年，全县农业人口 445366 人，非农业人口 59610 人，两者之比为 88.20：11.80。1995 年，全县农业人口 455426 人，非农业人口 116169 人，两者之比为 79.68：20.32。2005 年，全区农业人口 420088 人，非农业人口 218586 人，两者之比为 65.78：34.22；农业人口比 1986 年减少25278 人，减少 5.68%；非农业人口比 1986 年增加 158976 人，增长 266.69%。

非农业人口增长主要在三个方面：一是按国家规定，把农村户口转入城镇户口，如招生(考入大中专学校的学生)、招工、随军家属、科技干部家属、职工、居民家属、落实政策人员等方面的人员；二是征用土地，失地农民转为非农业户口；三是不属于以上政策范围的“农转非”，1995—2000 年，按有关规定，收取城市增容费转为非农业人口(民间称“买户口”)，每转 1 人收取城市增容费 2000—6000 元。

1986—2005 年新都农业人口与非农业人口统计表

表 1-14 单位：人

年 度	总人口	农业人口		非农业人口	
		数 量	占总人口%	数 量	占总人口%
1986	504976	445366	88.20	59610	11.80
1987	512538	450586	87.91	61952	12.09
1988	524769	453252	86.37	71517	13.63
1989	529005	454858	85.98	74147	14.02

续表 1-14

年　度	总人口	农业人口		非农业人口	
		数 量	占总人口%	数 量	占总人口%
1990	532297	454920	85.46	77377	14.52
1991	538843	456324	84.69	82519	15.31
1992	546014	456388	83.59	89626	16.41
1993	554072	455392	82.19	98680	17.81
1994	564194	456063	80.83	108131	19.17
1995	571595	455426	79.68	116169	20.32
1996	578166	453817	78.49	124349	21.51
1997	582912	453338	77.77	129547	22.23
1998	587383	454592	77.39	132791	22.61
1999	589282	453475	76.95	135807	23.05
2000	595885	449561	75.44	146324	24.56
2001	597557	444942	75.69	152615	24.31
2002	598935	452983	75.65	145952	24.35
2003	604794	452518	74.82	152276	25.18
2004	612950	450581	73.51	162369	26.49
2005	638674	420088	65.78	218586	34.22

【人口分布】 1990 年,第四次人口普查(截至 1990 年 7 月 1 日零时),全县 528535 人。总户数 155831 户,其中家庭户 155230 户、集体户601 户。新都镇 63533 人,人口最多,占全县总数的 12.02%;人口在 3 万~4 万人的有木兰乡、石板滩镇,分别占全县总数的 6.26%、5.77%;人口在 2 万~3 万人的乡镇有 10 个;低于 2 万人的乡镇有 11 个,其中高宁乡人口最少,只有 10415 人,占全县总数的 1.97%。

2000 年,第五次人口普查(截至 2000 年 11 月 1 日零时),全县 611986 人。全县人口比 1990 年第四次人口普查时增加 83451 人,10 年间人口增长 15.79%。全县总户数 187656 户,其中家庭户 180392 户、集体户 7264 户。新都镇 169834 人,人口最多,占全县总数的 27.75%;新繁镇人口居第二、58187 人,占全县总数的 9.51%;人口在 2 万~4 万人的乡镇有大丰镇、石板滩镇、新民镇、三河镇、泰兴镇、利济镇、斑竹园镇、龙虎镇、马家镇、龙桥镇、龙安乡、木兰乡 12 个乡镇;人口在 2 万人以下的有清流镇、竹友乡、军屯乡 3 个乡镇,竹友乡人口最少,只有 16195 人,占全县总人数的 2.65%。

第四次(1990 年)人口普查区域分布统计表

表 1-15　　单位:户、人

乡　镇	户　数			人　数		
	合 计	家庭户	集体户	合 计	男	女
总　计	155831	155230	601	528535	266393	262142
新都镇	19675	19443	232	63533	32555	30978
新繁镇	3953	3884	69	11768	6253	5515
石板滩镇	8441	8415	26	30512	15846	14666
大丰乡	5718	5695	23	19590	9529	10061
新民乡	6155	6133	22	20487	10192	10295
三河乡	7822	7789	33	28111	14309	13802

续表 1-14

乡 镇	户 数			人 数		
	合 计	家庭户	集体户	合 计	男	女
泰兴乡	8089	8075	14	28704	14706	13998
利济乡	4191	4180	11	13862	6926	6936
斑竹园乡	3755	3753	2	12689	6302	6387
清流乡	5709	5698	11	17789	8990	8799
龙虎乡	5765	5756	9	19964	10014	9950
马家乡	6718	6706	12	23019	11575	11444
龙桥乡	6443	6428	15	21991	10990	11001
龙安乡	6658	6649	9	21928	10814	11114
木兰乡	8957	8946	11	33072	17144	15928
竹友乡	4817	4809	8	16166	8041	8125
军屯乡	5327	5313	14	17882	8964	8918
天元乡	7005	6981	24	23221	11489	11732
桂林乡	6029	6020	9	20633	10099	10534
河屯乡	4537	4527	10	15720	7909	7811
新农乡	6029	6023	6	20360	10189	10171
清白乡	6369	6356	13	21290	10500	10790
高宁乡	3149	3140	9	10415	5169	5246
柏水乡	4520	4511	9	15829	7888	7941

第五次(2000 年)人口普查区域分布统计表

表 1-16　　单位:户、人

乡 镇	户 数			人 数		
	合 计	家庭户	集体户	合 计	男	女
总 计	187656	180392	7264	611986	308717	303269
新都镇	54157	49082	5075	169834	84799	85035
新繁镇	19056	18620	436	58187	28978	29209
石板滩镇	9291	9258	33	30786	15950	14836
大丰镇	8643	7844	799	31053	15944	15109
新民镇	10594	10538	56	35861	18027	17834
三河镇	9087	8846	241	29577	14964	14613
泰兴镇	8527	8421	106	28763	14662	14101
利济镇	7634	7613	21	23843	12005	11838
斑竹园镇	8789	8692	97	29756	14979	14777
清流镇	5716	5702	14	16957	8456	8501
龙虎镇	5790	5763	27	20139	10154	9985
马家镇	7072	7003	69	23869	12124	11745
龙桥镇	6648	6490	158	23364	12009	11355
龙安乡	6638	6595	43	21512	10796	10716
木兰乡	9764	9736	28	34019	17485	16534
竹友乡	4897	4872	25	16195	8167	8028
军屯乡	5353	5317	36	18271	9218	9053

人口构成

【性别构成】 1990 年,第四次人口普查(截至 1990 年 7 月 1 日零时),全县总人口 528535 人,其中,男性 266393 人,占 50.40%;女性 262142 人,占 49.60%。

2000 年,第五次人口普查(截至 2000 年 11 月 1 日零时),全县总人口 611986 人,其中,男性 308717 人,占 50.45%;女性 303269 人,占 49.55%。

【年龄构成】 1990 年人口普查,0~14 岁 103247 人,占登记人口的 19.53%;15~64 岁 392477 人,占登记人口的 74.26%;65 岁及以上 32811 人,占登记人口的 6.21%。非劳动年龄人口(0~14 岁与 65 岁及以上的人口)占劳动年龄人口的 34.67%,即每 100 名劳动年龄人口负担 34.67 名非劳动年龄人口。

2000 年人口普查,0~14 岁 104930 人,占登记人口的 17.15%;15~64 岁 458343 人,占登记人口的 74.89%;65 岁及以上 48713 人,占登记人口的 7.96%,按国际惯例,老年人口达 7%即为老年型人口结构。非劳动年龄人口占劳动年龄人口的 33.52%,即每 100 名劳动年龄人口负担 33.52 名非劳动年龄人口。

第四次、五次人口普查年龄构成统计表

表 1-17　　单位:人

年龄构成	第四次	第五次	增长(±%)	年龄构成	第四次	第五次	增长(±%)
总 计	528535	611986	15.79	50~54 岁	22709	39240	72.79
其中:0~4 岁	39170	28334	-27.64	55~59 岁	20942	30580	46.02
5~9 岁	30959	35119	13.44	60~64 岁	17581	23862	35.73
10~14 岁	33118	41477	25.24	65~69 岁	13666	18364	34.38
15~19 岁	60809	37785	-37.86	70~74 岁	9394	13979	48.81
20~24 岁	64566	35473	-45.06	75~79 岁	5505	9042	16.25
25~29 岁	51060	69870	36.84	80~84 岁	2833	4678	65.13
30~34 岁	37465	73521	96.24	85~89 岁	1154	1955	69.41
35~39 岁	51676	58779	13.75	90~94 岁	219	543	147.95
40~44 岁	36804	36239	-1.54	95~99 岁	37	144	289.19
45~49 岁	28865	52994	83.59	100 岁及以上	3	8	166.67

【民族构成】 汉族为主体。第四次人口普查,全县有 26 个族别,少数民族人口占登记人口的 0.188%,回族人数在少数民族中最多,占少数民族人口的 68.28%。第五次人口普查,全县有 35 个族别,少数民族人口占登记人口的 0.317%,回族人数在少数民族中仍最多,占少数民族人口的 38.05%。与 1990 年人口普查相比,汉族人口比重减少 0.13 个百分点,少数民族人口比重增加 0.13 个百分点。

第四次、五次人口普查民族构成统计表

表 1-18 单位：人

民族构成	第四次人口普查		第五次人口普查	
	人数	占总人数%	人数	占总人数%
总　计	528535	—	611986	—
汉　族	527542	99.812	610044	99.683
蒙古族	29	0.005	223	0.036
回　族	678	0.128	739	0.121
藏　族	50	0.009	175	0.029
彝　族	7	0.001	75	0.012
满　族	51	0.010	146	0.024
土家族	60	0.011	137	0.022
羌　族	41	0.008	99	0.016
其他族	77	0.015	348	0.057

【行业构成】 第四次人口普查，全县在业人口 346957 人，占全县的 65.64%，其中农、林、牧、渔业人口占在业人口的 70.27%。非在业人口 78331 人，占全县的 14.82%。其中，在校学生 17056 人，占非在业人口的(下同)21.77%；料理家务的 35313 人，占 45.08%；待升学 708 人，占 0.90%；市镇待业 2215 人，占 2.83%；离退休 9154 人，占 11.69%；丧失劳动能力 12091 人，占 15.43%；其他 1794 人，占 2.29%。

第五次人口普查，全县在业人口 370440 人，占全县的 60.53%，其中农、林、牧、渔业人口占在业人口的 59.00%。非在业人口 111270 人，占全县的 18.18%。其中，在校学生 18940 人，占 17.02%；料理家务 36050 人，占 32.40%；离退休 21660 人，占 19.47%；丧失工作 20810 人，占 18.70%；从未工作正在找工作 3470 人，占 3.12%；失去工作正在找工作 4420 人，占 3.97%；其他 5920 人，占 5.32%。

第四次、五次人口普查在业人口行业构成统计表

表 1-19 单位：人

行业构成	第四次人口普查		第五次人口普查	
	人数	占从业人口(%)	人数	占从业人口(%)
合　计	346957	—	370440	—
一、农、林、牧、渔业	243809	70.27	218570	59.00
二、采掘业	0	0.00	190	0.05
三、制造业	45538	13.12	64580	17.43
四、电力、燃气及水的生产和供应业	0	0.00	1140	0.31
五、建筑业	13237	3.82	16810	4.54
六、地质勘查业、水利管理业	293	0.08	400	0.11
七、交通运输、仓储及邮电通信业	7279	2.10	8790	2.37
八、批发和零售贸易、餐饮业	19352	5.58	30170	8.14
九、金融、保险业	864	0.25	1600	0.43
十、房地产业	3535	1.02	360	0.10
十一、社会服务业	0	0.00	9620	2.60

续表 1-19

行业构成	第四次人口普查		第五次人口普查	
	人 数	占从业人口(%)	人 数	占从业人口(%)
十二、卫生、体育和社会福利业	2342	0.68	3630	0.98
十三、教育、文化艺术及广播电影电视业	5814	1.68	7000	1.89
十四、科学研究和综合技术服务业	451	0.13	920	0.25
十五、国家机关、党政机关和社会团体	4248	1.22	6240	1.68
十六、其他行业	195	0.06	420	0.11

【职业构成】 1990 年第四次人口普查,从事农、林、牧、渔、水利业人员 42273 人,占从业人口的(下同)69.83%;生产、运输设备操作人员 57388 人,占 16.54%;商业服务人员 14738 人,占 4.25%;专业技术人员 14367 人,占 4.14%。

2000 年第五次人口普查,从事农、林、牧、渔、水利业人员 218430 人,占 58.97%,比 1990 年减少 11 个百分点;生产、运输设备操作人员 76250 人,占 20.58%,比 1990 年增加 4 个百分点;商业服务人员 42230 人,占 11.40%,比 1990 年增加 7 个百分点;专业技术人员 17400 人,占从业人员 4.69%,比 1990 年增加 0.5 个百分点。

第四次、五次人口普查职业构成统计表

表 1-20　　　　单位:人

职业构成	第四次人口普查		第五次人口普查	
	人 数	占从业人口(%)	人 数	占从业人口(%)
合 计	346957	—	370440	—
一、国家机关党群组织、企业事业单位负责人	3223	0.93	5230	1.41
二、专业技术人员	14367	4.14	17400	4.69
三、办事人员和有关人员	4559	1.31	10430	2.81
四、商业服务人员	14738	4.25	42230	11.40
五、服务性工作人员	10117	2.91	0	0.00
六、农、林、牧、渔、水利业生产人员	242273	69.83	218430	58.97
七、生产、运输设备操作人员及有关人员	57388	16.54	76250	20.58
八、不便分类的其他从业人员	292	0.84	470	0.13

【文化构成】 1990 年第四次人口普查,全县 6 岁以上 483919 人。小学文化 236703 人,占 6 岁以上人口的(下同)48.91%;初中文化 145908 人,占 30.15%;高中(含中专)文化 35206 人,占 7.28%;大学专科及以上文化 4376 人,占 0.90%;不识字或识字很少 61726 人,占 12.76%,比 1982 年下降 2.91 个百分点。

2000 年第五次人口普查,全县 6 岁以上 576520 人。小学文化 246931 人,占 42.83%,比 1990 年下降 6 个百分点;初中文化 217180 人,占 37.67%,比 1990 年上升 7.5 个百分点;高中(含中专)文化64888 人,占 11.26%,比 1990 年上升近 4 个百分点;大学专科及以上文化 16742 人,占 2.90%,比 1990 年上升 2 个百分点;不识字或识字很少 30779 人,占 5.34%,比 1990 年下降 7.42 个百分点。

第四次、五次人口普查文化构成统计表

表 1-21 单位:人

文化构成	第四次人口普查		第五次人口普查	
	人 数	占从业人口(%)	人 数	占从业人口(%)
合 计	483919	—	576520	—
研究生	0	0.000	54	0.009
大学本科	1633	0.337	4388	0.761
大学专科	2743	0.567	12300	2.133
中专	7095	1.466	18880	3.275
高中	28111	5.809	46008	7.980
初中	145908	30.151	217180	37.671
小学	236703	48.914	246931	42.831
不识字或识字很少	61726	12.755	30779	5.339

人口变动

【自然变动】 1986 年,全县出生人口 8636 人,出生率 17.10‰;自然增长 5628 人,增长率 11.15‰。1987 年,全县出生人口 9559 人,出生率 18.65‰;自然增长 6534 人,增长率 12.75‰。这两年是全县人口出生的高峰,高出生、低死亡,高自然增长率。1988—2005 年,人口出生率稳中有降。1997 年,人口出生率下降到 9.72‰,自然增长率下降到 3.48‰。2004 年,自然增长人数由 1987 年的 6534 人下降到 613 人,自然增长率为 1.00‰,下降 11.75 个千分点。2005 年,自然增长 1327 人,自然增长率 2.08‰。人口自然增长得到有效控制。

1986—2005 年新都人口自然增长状况统计表

表 1-22 单位:人

年 度	出 生		死 亡		自然增长		年度总人数
	人 数	出生率‰	人 数	死亡率‰	人 数	增长率‰	
1986	8636	17.10	3008	5.96	5628	11.15	504976
1987	9559	18.65	3025	5.90	6534	12.75	512538
1988	6795	12.95	3334	6.35	3461	6.60	524769
1989	6467	12.22	3426	6.48	3041	5.75	529005
1990	6437	12.09	3371	6.33	3066	5.76	532297
1991	6549	12.15	3405	6.32	3144	5.83	538843
1992	6586	12.06	3497	6.40	3089	5.66	546014
1993	7028	12.68	3471	6.26	3557	6.42	554072
1994	6862	12.16	3471	6.06	3445	6.10	564194

续表 1-22

年 度	出 生		死 亡		自然增长		年度总人数
	人 数	出生率‰	人 数	死亡率‰	人 数	增长率‰	
1995	6615	11.57	3699	6.47	2916	5.10	571595
1996	6063	10.49	3684	6.37	2379	4.11	578166
1997	5666	9.72	3594	6.17	2027	3.48	582912
1998	5464	9.30	3825	6.51	1639	2.79	587400
1999	4866	8.26	3544	6.01	1322	2.24	589282
2000	6883	11.55	3979	6.68	2904	4.87	595885
2001	4695	7.86	3709	6.21	788	1.32	597557
2002	4416	7.36	4507	7.51	653	1.09	599742
2003	4436	7.33	3806	6.29	576	0.95	604794
2004	4297	7.01	3684	6.01	613	1.00	612950
2005	5184	8.12	3857	6.04	1327	2.08	638674

【机械变动】 1986—2005 年,新都迁入人口一直大于迁出人口,人口机械增长呈上升趋势。1988 年,迁入 16195 人,迁出 7563 人,净增 8632 人,机械增长率 16.45‰。1994 年、2004 年,机械增长率均超过 10‰。2005 年,迁入 25515 人,迁出 1118 人,净增 24397 人,机械增长率 38.20‰。

1986—2005 年新都人口机械变动情况表

表 1-23 单位:人

年 度	迁 入	迁 出	净增数	机械增长率‰	总人口
1986	9203	8747	456	0.90	504976
1987	8509	7577	932	1.82	512538
1988	16195	7563	8632	16.45	524769
1989	9211	8140	1071	2.02	529005
1990	9162	9031	131	0.25	532297
1991	10884	7512	3372	6.26	538843
1992	15491	11415	4076	7.47	546014
1993	18022	13542	4480	8.09	554072
1994	16799	10126	6670	11.82	564194
1995	11900	7408	4492	7.86	571595
1996	9162	9031	131	0.23	578166
1997	9803	7137	2672	4.58	582912
1998	8728	5891	2837	4.83	587400
1999	6193	5649	544	0.92	589282
2000	7247	4086	3188	5.35	595885
2001	6716	6017	699	1.17	597557
2002	5702	4239	1462	2.44	599742
2003	8965	3694	5271	8.72	604794
2004	12351	4808	7543	12.31	612950
2005	25515	1118	24397	38.20	638674

人口控制

【计划生育宣传】 计划生育宣传采取集中宣传和经常性宣传相结合。20世纪80年代,成立新都县婚姻家庭教育学校,乡镇成立分校,举办青春期、婚前期、孕产期、育儿期、中老年期等“五期”培训,开设人口理论、国情、避孕节育、优生优育等课程,由县司法局、县妇联、县医院、县计生办人员授课。1992年县委县政府制发《新都县人口与计划生育基础知识教育规范化方案》,进一步对办学管理、教学内容、目标任务作了明确规定,全县每年有2万多名未婚青年和已婚夫妇接受系统教育。县广播电视台开设《人口教育之窗》专题讲座,《新都报》开辟《人口与计划生育》栏目,对人口理论、计生政策法规、生殖生理知识、性知识、新婚卫生知识、避孕节育和优生优育知识等进行长期的系统化宣传教育。

1994年起,开展创“计划生育合格村”活动,把计划生育的主要指标列为“合格村”条件,在全县303个村开展创建竞赛,年终由县计生委组织检查验收,当年全县有266个村达到“合格村”标准。通过持续开展创建活动,农村非婚生育、计划外二胎生育和躲避偷生的情况极少出现。大丰等乡镇取得了无非婚生育、无计划外二胎生育、无大月份引产的显著成效。“合格村”活动被四川省、成都市计生委推广。

进入21世纪,持续开展婚育新风进万家,建设生育文化大院、生育文化社区和“四化县”(宣传教育社会化、科技服务优质化、工作管理法制化、信息传输现代化)、“三优乡镇”(优质宣传、优质服务、优良管理)、“两无村”(无大月份引产、无政策外生育)、“一个计划生育中心户”。通过规范化建设,广大群众遵守计划生育政策、法规的自觉性提高,避孕节育、优生优育普及率95%以上。

【计划生育措施】 1986—1995年,坚持贯彻计划生育“宣传教育为主、避孕节育为主、经常工作为主”方针。人口出生率由1986年的17.2‰下降到1995年的11.69‰;计划生育率95%,一孩出生率96.7%,计划生育由依靠行政命令和经济手段管理生育行为逐步被依法管理所取代。1995年始,在全县构建“依法管理、政策推动、优质服务”的格局。

以人为本,文明执法。在全面贯彻《中华人民共和国人口与计划生育法》《流动人口计划生育管理办法》《计划生育技术服务管理条例》《社会抚养费征收管理办法》和《四川省计划生育条例》中规范了申请生育审批、办理独生子女证审批、计划生育人口计划统计、独生子女病残儿童鉴定、签订计划生育合同、计划生育行政复议、行政诉讼应诉等程序。对计划外生育的人员按照《四川省计划生育条例》的规定,征收计划外怀孕费、计划外生育费。公职人员计划外生育由所在单位或上级主管部门视其情节给予相应的行政处分;对流动人口计划外怀孕、计划外生育的,除征收计划外怀孕费、计划外生育费外,由劳动、工商、公安等部门分别收缴有关证照。对计划外生育费实行“乡收县管、财政审计监督”的管理体制。2003—2005年,行政执法278件,无一申请复议或上诉。

开展计划生育“三结合”帮扶服务。把计划生育工作与发展经济相结合,与帮助农民致富奔小康相结合,与建设文明幸福家庭相结合。每镇(街道)建立一个帮扶基地,采取区与镇(街道)、区级部门签订帮扶目标责任书,纳入年终目标考核。通过发展项目、信息技术服务、政策优惠、提供资金等帮助计划生育贫困户致富。至2005年年末,全区累计帮扶计划生育户9782户,被帮扶户年人均增收逾15%。每年有区级部门30~50个参与定点帮扶,共投入资金150余万元。

开展计划生育村民自治。由村民代表讨论修改《计划生育村民自治章程》《计划生育村民协议》,经村民代表大会表决通过。2003年全区开展村民自治的村100%,签订协议的村民99%,形成群众自我教育、自我服务、自我管理、自我监督的计划生育模式。

全面信息化管理。进一步完善计划生育信息网络建设,区计生局与各镇(街道)、区技术指导站与各镇(街道)服务站、区与市计划生育网络体系全天运转,实现区镇已婚育龄妇女信息网上查询,成为成都市首批“双网络互补”先进区之一。

2005年,新都人口出生率降至7.3‰,计划生育率95.11%,一孩率稳定在90%左右,综合节育率逾90%。1986—2005年,新都先后获得全国计划生育科技先进单位,全国计划生育药具管理工作先进单位,四川省、成都市“十五”计划生育先进集体,全国、四川省、成都市计划生育优质服务先进区等荣誉,连年获成都市人口与计划生育目标管理工作一等奖。

【独生子女政策】 按照计划生育有关政策,对独生子女户实行奖励政策。国家机关、企事业单位工作人员和城镇独生子女户由单位每月发给独生子女保健费5元,发至14周岁止。农村独生子女户参照执行。经济条件好的乡镇除发给独生子女户保健费外,在独生子女入托、入学、就医等给予减免优惠;在招工上优先安排进乡镇企业工作,优先划分责任田、宅基地。对符合二胎生育条件而自愿放弃的给予一次性奖励。国家机关、事业单位工作人员只生一胎子女的,退休时享受提高5%退休费的优惠政策。

1990年,开始在全县推行独生子女保险金制度,到1995年年底,投保人数6万多人,占14周岁内独生子女的80%以上。不少乡、村为独生子女户、双女户办理社会养老保险。2004年始,根据四川省人民政府规定,对农村独生子女的父母年满60周岁的,发给每人每年600元的奖励扶助金。

【技术服务】 1986—1988年,为全面落实节育措施,以县计划生育指导站为主,从县、镇医院和驻军医疗单位抽调专业技术人员组成手术队深入乡村开展技术服务。3年间施行男结扎手术5671例、女结扎手术411例,安节育环28666例,已婚育龄夫妇综合节育率达到96.56%。

1989年起,实行已婚育龄夫妇计划生育指标制度。实行一个孩子的妇女原则上落实安环,二个孩子及以上的夫妇一方必须结扎,不适合安环结扎的夫妇经医院证明可使用避孕药具。每年有8.5万名妇女接受2~3次B超查环、查孕、查病等技术服务。在17个乡镇、303个村和新都、新繁城区部分地方设立避孕药具免费发放点,或送避孕药具上门服务。

1995年后,在全县开展计划生育优质服务。一是避孕方法知情选择服务。通过提供科学有效的生育和避孕方法的信息,让群众在充分了解避孕方法和有关知识的基础上,在技术人员的指导下,选择安全、有效、适宜的避孕措施,县、乡、村技术服务人员根据育龄夫妇的自主选择提供技术服务。全县避孕方法知情选择率逾90%,避孕节育措施落实率99%,有效率95%。二是生殖保健服务。1996年,开展以查病、治病为主的妇检工作,对患生殖道感染的1247人进行治疗。2001年,邀请川大华西医学院、省生殖卫生学院、省皮研所指导新都生殖道感染防治工作。在马家镇、泰兴镇试点后,对全县40岁以下妇女全面开展生殖道感染疾病的普查诊治。截至2005年,共治疗各类生殖疾病8420人次,治愈率80%以上。三是出生缺陷干预服务。为提高出生人口质量,区政府把预防神经管畸形等婴儿缺陷作为为民办实事的目标,区镇两级计生技术服务机构分级负责,对出生缺陷发病情况进行调查、登记,掌握发生的类型和发病率,引导和指导待孕妇女免费服用叶酸片等制剂;为病残儿童再生育家庭建立监护档案,开展孕前指导、孕期跟踪、定期诊断检测、上门指导,把生育缺陷发生率控制在5‰以内。

【流动人口生育管理】 1998年,新都县成立流动人口计划生育管理办公室,配备工作人员4~7人,对流动人口的计划生育实施系统管理。

规范流动人口管理制度。凡户籍不在新都的外来人口(男 18~55 周岁,女 18~49 周岁)居住 30 日以上的,需在户籍所在地乡镇人民政府、城市街道办事处的计划生育机构办理流动人口婚育证明,接受新都计划生育部门的管理与服务。新都外出务工、经商的人员,外出前需到所在乡镇计生办办理流动人口婚育证明,已婚育龄妇女外出后每季度寄回当地计生机构出具的生殖健康普查证明。

建立流动人口计划生育档案。做到居不漏户、户不漏人、人不漏项。

实施综合管理。建立由政府领导主抓,计生、工商、公安、城建、房管等多部门组合的管理协调组织,构建“属地管理、单位负责、村民自治、社区服务”的管理体制。做到流动人口与常住户籍人口同宣传、同管理、同服务、同考核。2003 年集中清查,全区共有成年流出人口 9594 人,流入人口 14779 人,发证率、验证率均95%以上。

提供服务。区指导站和各镇服务站积极为外来人口提供查环、查孕、查病服务。2004 年,为外来人口提供生育技术服务 3761 人次。

·中国共产党地方组织·

ZHONGGUO GONGCHANDANG DIFANG ZUZHI

CHENGDUSHI XINDUQU ZHI

中共成都市新都区委员会(简称区委)是中国共产党新都地方领导机关。1984—2005年,新都相继召开第六次至第十一次党代会。区委认真贯彻中共十二大至十六大的路线、方针、政策,坚持邓小平理论,以"三个代表"重要思想和科学发展观为指导,以经济建设为中心,坚持党的基本路线不动摇,制定经济社会发展战略和重要决策,团结和带领全区人民开拓进取,实现新都政治、经济、社会持续发展。

1986—2005年,区委把握全区的政治方向,坚持党的领导,发挥人大、政府、政协以及法院、检察院、民主党派、工商联和群团组织作用,共同构建新都团结和谐、开拓奋进局面。坚持和完善人民代表大会制度,支持人大依法行使职权;坚持和完善中国共产党领导的多党合作和政治协商制度,充分发挥各民主党派、工商联、无党派人士参政议政、民主监督的作用,推进党的统一战线工作;关注民生民情,为民办好实事,增进党和群众的联系;加强法制建设,维护社会稳定,创建和谐新都;推进党的基层组织建设,党的核心领导能力不断加强;坚持党风廉政建设和反腐败工作,党组织战斗力和党员的先锋模范作用发挥更加突出。

党组织及代表大会

党的基层组织

【党的基层委员会】 新都的基层党委设置,主要有乡镇党委(街道党工委)、部门党委、机关党委,派出机构有党组、党工委(机关工委)。

1986年,全县有乡镇党委25个,此后几次撤乡并镇,乡镇党委数随着变更。1988年24个,1992年17个。2002年,卫生系统成立党委后,乡镇卫生院的党员从乡镇党委管理划归卫生系统党委管理。2003年前,农村中小学的党员归属当地乡镇党委管理,2003年,区教育系统成立党委,全区中小学的党员划归区教育系统党委管理。凡系统成立了党委的,党员都划归系统党委管理。2005年,全区有镇党委11个、街道党工委2个。

1986年,全县有基层党委31个,其中党政机关和社会团体26个,卫生、体育和社会福利业1个,工业2个,商业、公共饮食业、物资供销和仓储业2个。

根据党章规定,在区人大、区政府、区政协、区法院、区检察院、区政府各部门、区级各人民团体建立党组。1986年全县设党组7个,1987年20个,1990年19个,1993年26个,1998年41个,2003年42个,2005年44个。

【党总支　党支部】 1986年,全县有党的总支部委员会23个,其中企业14个、事业5个、机关4个。2005年,全区有党总支47个,其中企业13个,事业11个,机关16个,其他7个。

1986年全县有党支部委员会791个,2005年全区有党支部952个。

1986—2005 年新都部分年份基层党组织和党员情况表

表 2-1　　单位:个、人

年度	基层党组织				党小组	党员人数		
	合计	党委	党总支	党支部		合计	城市	农村
1986	845	31	23	791	2852	18238	6370	11868
1987	879	31	29	819	2839	18581	6842	11739
1988	900	30	34	836	2838	18733	7086	11647
1989	911	32	33	846	2849	19000	7704	11296
1990	911	32	33	846	2536	19154	7966	11188
1993	969	35	35	899	2475	20488	8446	12042
1994	988	35	36	917	2711	20904	8811	12093
1995	1012	36	41	935	2769	21557	9153	12404
1996	1012	36	41	935	2775	21958	9622	12336
1998	1013	37	41	935	1920	21958	9622	12336
1999	1003	36	42	925	1772	23212	5485	17727
2000	1018	36	45	937	1752	23856	11833	12023
2001	1049	36	47	966	1482	24183	12191	11992
2002	1055	37	43	975	1370	24487	13447	11040
2005	1030	31	47	952	-	26653	10599	16054

1986—1998 年新都县部分年份党的基层组织行业分布情况表

表 2-2　　单位:个

年度	基层组织	总数(个)	农林牧渔、水利业	工业	地质普查和勘探业	建筑业	交通运输、邮电通讯业	商业、公共饮食业、物资供销和仓储业	房地产管理、公用事业、居民服务和咨询服务业	卫生、体育和社会福利业	教育、文化艺术和广播电视业	科学研究和综合技术服务事业	金融保险业	党政机关和社会团体	其他
一九八六	党委	31	—	2	—	—	—	2	—	1	—	—	—	26	—
	总支部	23	1	13	—	1	—	1	—	1	2	—	—	4	—
	支部	791	323	142	—	17	7	90	2	35	69	—	19	73	14
	党小组	2852	207	160		13	19	134	1	55	96	—	18	132	17
一九八七	党委	31	—	—	—	—	—	—	—	1	—	—	—	30	—
	总支部	29	4	14	—	1	1	1	—	1	2	—	—	5	—
	支部	819	323	147	—	18	7	91	2	37	70	1	22	85	16
	党小组	2839	2210	148	—	15	20	117	1	45	99	—	17	147	20
一九九〇	党委	32	—	—	—	—	—	—	—	1	—	—	—	31	—
	总支部	33	2	17	—	2	—	—	—	1	—	—	—	11	—
	支部	846	315	157	1	21	9	88	5	59	70	2	23	100	16
	党小组	2848	2157	183	3	22	201	101	5	58	95	3	25	166	9

续表 2-2

年度	基层组织	总数（个）	农林牧渔、水利业	工业	地质普查和勘探业	建筑业	交通运输、邮电通讯业	商业、公共饮食业、物资供销和仓储业	房地产管理、公用事业、居民服务和咨询服务业	卫生、体育和社会福利业	教育、文化艺术和广播电视业	科学研究和综合技术服务事业	金融保险业	党政机关和社会团体	其他
一九九三	党委	35	—	2	—	—	—	—	—	1	—	—	1	30	1
	总支部	35	7	14	—	3	1	1	—	2	—	—	—	7	—
	支部	899	316	148	1	29	14	80	7	45	72	2	22	117	49
	党小组	2475	1863	120	3	10	22	90	2	52	70	—	18	194	31
一九九八	党委	37	19	14	4										
	总支部	41	8	16	—	2	1	2	—	2	2	—	—	8	—
	支部	935	291	175	3	25	12	181	14	46	73	2	25	129	49
	党小组	2775	2076	119	—	18	26	104	19	63	92	—	22	201	35

2003 年、2005 年新都区党的基层组织行业分布情况表

表 2-3　　单位：个

年度	项目	基层党组织	企业	事业	机关	其他
2003	总计	1061	260	189	224	388
	党委	36	4	3	29	—
	总支部	48	17	11	12	8
	支部	977	239	175	183	380
2005	总计	1030	155	190	232	453
	党委	31	4	—	26	1
	总支部	47	13	11	16	7
	支部	952	138	179	190	445

党的代表大会

【党代表产生】 新都地方党代表由基层党委按照选举办法组织选举产生，代表名额由区（县）委组织部（党代会筹备组）按规定分配给各基层党组织。名额分配充分体现代表性，工业、农业、财贸、科技、文化、教育、卫生、政法以及新的社会阶层各占一定比例，妇女代表在历届党代表中占 20%左右，一线干部占 40%左右。党员中的先进模范人物和少数民族均有代表。第七次县党代会，党代表名额占全县党员总数的 2%，8—11 次为 1.5%。第七次县党代会共选出代表 379 名，第八次党代会代表 346 名，第九次党代会代表 327 名，第十次党代会代表 325 名，第十一次党代会代表 325 名。

【第六次党代会】 1984 年 1 月 10—13 日，中国共产党新都县第六次代表大会在城关镇会议室召开。出席大会的正式代表 447 名，列席代表 40 名。

大会听取和审议了唐光全代表第五届县委作的《加强党的建设，深入进行改革，为实现新都农村工业化和现代化而奋斗》的工作报告。

会议指出：发展经济既是党的工作重点，又是各项工作的落脚点。到1986年，全县的工农业总产值要达到4.14亿元（按国家统计口径，不包括劳务收入7000万元），比1983年上升37%，年均递增11%。其中工业总产值要达到1.82亿元，比1983年增涨54%，年均递增15%；农业总产值要达到2.32亿元，比1983年增涨26%，年均递增8%；粮食总产值要达到5.54亿元，比1983年增涨5.1%；油菜总产值要达到2200万公斤，比1983年增涨15%。

大会以无记名方式选举产生第六届县委委员21人、候补委员4人，县纪委委员13人。

【第七次党代会】 1987年3月1—3日，中国共产党新都县第七次代表大会在县影剧院召开。出席会议的正式代表397名，列席代表18名。

大会听取和审议了唐光全代表第六届县委作的《坚持领导，深入改革，夺取两个文明建设的新胜利》的工作报告。县纪委向大会提交了书面工作报告。

会议讨论了如何更新观念，搞好整党，加强领导，深入改革及发展经济的经验教训，进一步动员各级党组织和全体党员，充分发挥战斗堡垒作用和先锋模范作用，加速新都县社会主义物质文明和精神文明建设步伐。

会议确定新都县经济发展的目标是努力争取提前超额完成“七五”计划：到1990年，全县工农业总产值达到11亿元，比1985年增长99%。其中工业总产值达到8.07亿元，增长146%；农业总产值2.03亿元，增长14.8%，粮食总产量稳定在25万吨。乡镇企业总产值超过10亿元，财政收入过6000万元，农民人均生产性纯收入达到700元。

大会以无记名方式选举产生第七届县委委员23人、候补委员4人，县纪委委员13人。

【第八次党代会】 1990年1月10—12日，中国共产党新都县第八次代表大会在县委会议厅召开。出席大会的正式代表346名。

大会听取和审议了唐光全代表第七届县委作的《加强党的建设，进一步搞好治理整顿和深化改革，夺取“两个文明”建设的新胜利》的工作报告。县纪委向大会提交了书面工作报告。

会议指出，应该从五个方面统一思想认识：一是坚持持续、稳定、协调发展经济的方针；二是壮大粮食和乡镇企业两根支柱；三是防止经济建设、改革开放、治理整顿急于求成；四是抓住压缩需求、调整结构、整顿秩序、提高效益四个环节；五是实现政策、农业、经济、政治和社会五个稳定。

会议制定今后三年的奋斗目标：抑制通货膨胀，使新都县物价上涨幅度逐年回落，逐步下降10%以内。在努力提高经济效益、经济素质和科技水平的基础上，保持适度的经济发展速度，为完成“八五”计划打好基础；固定资产投资规模严格控制在国家核定的指标内，把有限的资金集中用于基础产业和基础设施，保重点项目和企业，着重抓一批重点骨干企业的技术改造；把“双增双节”深入持久地开展下去；扩大新都名、优、新、特产品的批量生产，努力增加出口创汇，使外贸收购总值每年有较大的增长；拓宽就业渠道，尽可能多安置一些城镇待业人员；逐步普及九年制义务教育。

大会以无记名方式选举产生第八届县委委员25人、候补委员4人，县纪委委员13人。

【第九次党代会】 1993年1月1—3日，中国共产党新都县第九次代表大会在县委会议厅召开。会议应到代表327名，实到320名。

大会听取和审议了唐光全代表第八届县委作的《坚持党的十四大路线，夺取新都改革开放和现代化建设的更大胜利》的工作报告。县纪委向大会提交了书面工作报告。

会议指出，今后五年新都县党的工作指导思想和总体要求是：坚持以建设有中国特色社会主义的理论为指导，坚定不移地贯彻执行党的基本路线，围绕建立社会主义市场经济体制，进一步深化综合配套改革，依靠科技进步，调整和优化产业结构，推动社会经济全面发展；进一步加强党的建设、廉政建设和精神文明建设，为加速实现城乡一体化，提前把新都建成小康县而努力奋斗。

会议提出新都县深化改革的措施和社会、经济发展目标：加快县、乡工业区建设，推进农村工业化；加快农业转向市场经济的步伐，推进农业高效化；加快卫星集镇群的建设，推进城镇现代化；加快企业改革，转换和完善经营机制；发展各类市场，培育和完善市场体系；加快第三产业的发展，不断改善经济结构；牢固树立科技是第一生产力的观念；坚持两手抓，把精神文明建设提高到一个新的水平；加强民主与法制建设，强化社会治安综合治理；大力推进城乡一体化，提前建成小康县。到1997年，地区生产总值达到38.2亿元，工农业总产值达到115.7亿元，乡镇企业总产值达到150亿元，企业实现利润达到7.2亿元，财政预算内收入达到1.47亿元，社会商品零售总额达到16.5亿元，粮食总产量达到27.7万吨，农民人均纯收入达到1900元。

大会以无记名方式选举产生第九届县委委员25人、候补委员4人，县纪委委员13人。

【第十次党代会】 1997年12月28—30日，中国共产党新都县第十次代表大会在县委会议厅召开。大会应到正式代表325名，实到313名，列席代表30名。

大会听取和审议了赵德喜代表第九届县委作的《解放思想，加快发展，为实现达高标准小康奔富裕型生活的目标而奋斗》的工作报告。县纪委向大会提交了书面工作报告。

会议指出：从1998年起到21世纪初，特别是20世纪的最后三年，是新都县贯彻落实党的十五大精神，达高标准小康，奔富裕型生活，建城郊型强县，实现“九五”计划和2010年远景目标的关键时期，要坚定不移地实施“科教兴县、农业产业化、农村工业化、城镇现代化、开放促改革及可持续发展”战略。

会议提出今后五年的主要奋斗目标：国内生产总值年均递增11%，粮食总产量稳定在28万吨左右，县级财政预算内收入年均递增10%，科技进步对经济增长的贡献率达到50%以上，全县总人口控制在63万人以内，城镇居民人均收入年均递增8%以上，农民人均纯收入年均增长6%以上。

大会以无记名方式选举产生第十届县委委员25人、候补委员4人，县纪委委员15人。

【第十一次党代会】 2003年1月11—13日，中国共产党成都市新都区第十一次代表大会在区委会议厅召开。出席大会的代表325人，其中一线干部约占40%，妇女代表约占20%。

大会听取和审议了李仲彬代表第十届区委作的《开拓创新，加快发展，为率先全面实现小康目标而努力奋斗》的工作报告。区纪委向大会提交了书面工作报告。

会议提出新都区今后五年的奋斗目标和工作任务：以全面建设小康为目标，把“四路两区”（绕城路、老川陕路、蜀龙路、石木路和新城区、工业区）建设作为区委区政府“一号工程”，调动一切积极因素，谋求先发效应，加速经济社会发展，为率先全面建成小康社会、基本实现现代化而努力奋斗。到2007年，实现地区生产总值206.6亿元，一、二、三产业比重调整到5.7:59.7:34.6，全口径财政收入20.79亿元，城镇居民人均可支配收入12183元，农民人均年纯收入4390元，城市化率45%。

大会以无记名方式选举产生第十一届区委委员27人、候补委员4人，区纪委委员15人。

中国共产党成都市新都第六届至十一届委员会委员、候补委员名录

表 2-4

届次	时 间	委 员(按姓氏笔画为序)	候补委员 (按得票多少为序)
六	1984.01— 1987.03	龙义华 庄裕光 孙吉娥(女) 阳青泉 邬正芳(女) 刘茂林 李泽先 李忠福 李家全 张守福 张承云 陈维清 郑华喜 尚群惠(女) 骆国清 袁万玉(女) 高俊峰 唐光全 梁廼生 蔡自立 廖治安	兰明章(回族) 肖德平(女) 郑 恩 林家永
七	1987.03— 1990.01	蒲永贵 文国富 龙义华 史宣治 孙吉娥(女) 庄裕光 邬正芳(女) 李玉芬(女) 李华章 李泽先 李忠福 李家全 张守福 张承云 陈维清 罗时武 郑华喜 骆洪甫 唐光全 高俊峰 袁万玉(女) 黄军成 蔡自立	郑 恩 兰明章(回族) 肖德平(女) 彭宗义
八	1990.01— 1993.01	蒲永贵 文国富 龙义华 兰明章(回族) 史宣治 孙吉娥(女) 邬正芳 刘贵才 庄裕光 李玉芬(女) 李长衡 李华章 李泽先 李忠福 李家全 张守福 张承云 陈维清 郑 恩 罗时武 袁万玉(女) 唐光全 高俊峰 黄军成 蔡自立	王世崇 郑华喜 骆洪甫 张云祥
九	1993.01— 1997.12	马留文 文国富 王世崇 兰明章(回族) 龙义华 史宣治 刘贵才 刘道明 孙吉娥(女) 李玉芬(女) 李华章 李泽先 李治敏 李忠福 张云祥 张德修 郑华喜 郑定荣 罗时武 赵德喜 高文富 唐光全 倪宗新 黄传清 潘明先	张修建 何江林 蔡光明 王月琪(女)
十	1997.12— 2003.01	马德强 王世崇 史宣治 向 敏(女) 刘贵才 李忠福 吴 强 何江林 汪兴华 沈有春 张云祥 张修建 陈玉芳(女) 陈映忠 欧阳诚 罗时武 赵德喜 倪宗新 郭建刚 唐光全 黄传清 曾万明 曾维林 蔡光明 廖仁松	杨小广 黄绍华(女) 林先明 薛 雪
十一	2003.01— 2006.12	王 莉(女) 向 敏(女) 刘 楠 刘贵才 孙建成 李 嵘(女) 李仲彬 李华生 杨小广 吴 强 吴立宣 吴影梦 何 敏(女) 何向宗 林先明 欧阳诚 罗时武 屈建宏 袁道宽 郭建刚 涂金全 曹 晋 麻渝生 蒋 莉(女) 雷鸣惊 蔡建国 廖仁松	杜 伟 杨盛勇 刁 义 马宁利(女)

成都市新都区委员会

区委全体委员(扩大)会议

【全体委员会议制度】 1987 年 3 月 4 日,县委第七届委员会制定《关于加强自身建设的决定》,对县委全委会会议制度作了明确规定。全委会会议或全委扩大会议由常委会召集,每年至少召开两次。会议决定事项,实行少数服从多数的原则。1990 年 1 月,县委第八届委员会对《关于加强自身建设的决定》增加了民主集中制、廉政建设、学习和调查研究、参加劳动等四项制度。1998 年 3 月,县委第十届委员会制定《中共新都县委贯彻中国共产党地方委员会工作条例(试行)的实施细则》,对县委全委会相关制度作了进一步修改完善。2004 年 11 月 5 日,区委规定:列席区委全委会的人员为不是区委委员、候补委员的区人大常委会副主任、区政府副区长、区政协副主席,区委办公室副主任,区政府办公室主任,区广播电视局局长,3 名区党代表和 2 名普通党员。

新一届委员会第一次委员会全体会议,选举新一届委员会书记、副书记、常委。届中,根据需要增补或任命本届委员会副书记、常委。

【第六届委员会全体会议】 召开全委(扩大)会议 5 次,议决的主要事项有:讨论通过全委会工作要点,开展农村整党。传达贯彻中共十二届六中全会精神,开展反对资产阶级自由化斗争。

【第七届委员会全体会议】 召开全委(扩大)会议 11 次,议决的主要事项有:讨论通过《关于加强自身建议决定》和全委会工作要点,举办领导干部学习《建设有中国特色的社会主义》和《坚持四项基本原则,反对资产阶级自由化》两本书的读书班,《关于党政机关必须保持廉洁的决议》《关于坚决拥护贯彻党的十三届四中全会各项决定的决议》。讨论深化改革方案,贯彻落实治理经济环境,整顿经济秩序,全面深化改革的指示和决定。掀起"抓项目、筹资金、促发展、上台阶"的热潮,开展形势教育,评议县委领导班子成员。

【第八届委员会全体会议】 召开全委(扩大)会议 11 次,议决的主要事项有:讨论通过《关于加强自身建议决议》和全委会工作要点、《三年翻番,"八五"末把新都建成小康县的决定》。学习贯彻党的十四大精神,在全县党员、干部中开展解放思想大讨论和正确决策、有效执行的问题;讨论密切联系群众,加强领导班子的思想建设和作风建设。讨论并提出深化改革,加速经济发展的 15 条政策性措施,安排部署"发展县域经济,先抓一条线"的措施,通过《提前三年把新都建成小康县和城乡一体化的决议》。

【第九届委员会全体会议】 召开全委(扩大)会议 11 次,决议的主要事项有:讨论通过《关于进一步加强自身建设的决议》和全委会工作要点、《关于学习贯彻十五大精神,进一步抓好新都县改革发展的决议(草案)》。讨论通过"达高标准小康,奔富裕型生活"的经济社会奋斗目标,讨论通过提交给第十次党代会的工作报告。

【第十届委员会全体会议】 召开全委(扩大)会议 11 次,议决的主要事项有:讨论通过《新都县委工作要点》《贯彻中国共产党地方委员会工作条例(试行)的实施细则》。审议《新都县重点建设项目规划》《中共新都县委关于加强和改善思想政治工作的意见》。学习江泽民关于"三个代表"的重要讲话,学习贯彻省委七届七次全委会和市委九届五次全委会精神。审议通过《中共新都县委、新都县人民政府关于抓住西部大开发机遇, 实现跨越式发展的意见》《新都县 2000—2010 年经济社会跨越式发展规划纲要》《中共新都县委关于深入学习贯彻江泽民同志"七一"重要讲话,努力推进新都跨越式发展的决议》。传达中共成都市九届七次全委会精神,讨论决定召开中共新都区十一次代表大会有关事项。

【第十一届委员会全体会议】 召开全委(扩大)会议 70 次,议决的主要事项有:讨论通过《区委工作要点》《鼓励实名举报违纪违法问题的暂行办法》。投票表决区级领导班子换届调整后继任的 20 个区级部门正职领导干部。学习贯彻中央、省、市有关会议精神,贯彻中央关于构建和谐社会的战略部署。学习贯彻市委《关于弘扬求真务实精神提高执行力的八项规定》,通报有关干部违纪情况,研究落实中共中央和省委、市委关于坚决制止收受钱物,跑官要官和滥用职权等歪风的工作意见。建立健全"教育、制度、监督"并重的惩治和预防腐败体系实施纲要,全面推进规范化服务性政府建设实施意见。研究、议定对口支援阿坝州黑水县。加强和规范城乡居民最低生活保障工作,征地农转非人员参加社会保险有关问题。新都卫星城工业东区控制性详细规划及管理办法。区财政代农民缴纳农村合作医疗基金,农村初中、小学学生实行免缴书本费。新都区新型农村医疗制度实施意见(试行),兑现农村独生子女父母奖励金,市级以上离退休劳动模范荣誉津贴和劳动模范一次性住房补助,离任村(社区)党组织书记和村主任补助。审定依法行政五年规划、国民经济和社会发展第十一个五年计划纲要(草案)、关于促进经济发展的若干规定(送审稿)。讨论决定召开第十二次党代表大会有关事项。

区委常务委员会会议

【第八届常委会会议】 共召开48次常务委员会会议,主要研究事项:加强党建工作,学习邓小平重要讲话,开展解放思想大讨论,整顿县级机关和乡镇机关工作作风,在农村开展社会主义思想教育。发展新都县级经济,先抓"一条线"。关于"八五"计划的分解、各部门深化用工、分配制度改革的试点方案,制定鼓励重点企业发展的政策。加强农村工作,村干部实行养老保险,深化综合体制改革,推进城乡一体化,"八五"末奔小康。推进农村工业化,争取尽快建立新都工业区。加快县城建设和房地产开发,制定小集镇建设的目标和实施方案,加速发展第三产业。并乡建镇、拆乡建镇。

【第九届常委会会议】 共召开130次常务委员会会议,主要研究事项:学习、贯彻江泽民在中央纪委第二次全体会议上的讲话,学习邓小平建设有中国特色社会主义纲要,学习江泽民在中共十五届一中全会上的讲话和胡锦涛在党的十五次代表大会主席团会议上的讲话,学习贯彻江泽民"领导干部一定要讲政治"的讲话。加强领导班子思想政治建设,把反腐败同整顿机关作风工作相结合,加强党的建设和精神文明建设,加强自身建设、党风廉政建设、思想政治工作和干部工作整改。开展解放思想、更新观念大讨论。贯彻落实中共中央关于《党员领导干部廉洁从政若干准则》。贯彻市人大常委会监督条例,深化新都县体制改革,实施党政群工作部门机构改革。民主评议"一府两院(政府、检察院、法院)"及其组成人员,民主测评和民主推荐县级领导班子。开展县级部门联系乡镇(村)活动、公开选拔部分副局级干部、深化干部人事制度改革、农村基层组织"三级联创(区、镇、村)"工作。

深化改革、扩大开放、招商引资、加快经济发展,加强税收征管,制定改革发展目标责任制和"三位一体(领导任期目标责任制、离任审计制、精神文明建设责任制)"工作责任制的实施办法。开展股份制试点工作,发展个体私营企业,制定鼓励外商投资政策,重点骨干企业实行税收目标管理。深化农村改革,进一步加强小集镇试点工作、小康示范村工作,减轻农民负担。整顿农村合作基金会,兑付乡镇企业发展基金。抓住西部大开发机遇,制定新都县2000—2010年跨越式发展规划纲要。

贯彻实施《中国教育改革与发展纲要》,巩固"普九"成果,深化教育体制改革,全面推进素质教育,加强中小学德育工作,推进新都职中规划和建设。创建省级卫生县城,加强计划生育工作。学习《中共中央、国务院关于加速科技进步的决定》和全国科技大会精神,实施科技兴县,成立新都县科技顾问团,鼓励技术创新发展高科技。县城内严禁燃放烟花爆竹,县城内开行公共汽车。

【第十届常委会会议】 共召开105次常务委员会会议,主要研究事项:及时传达、学习中央、省、市有关会议精神,制定县委贯彻地方委员会工作条例(试行)的实施细则,加强县委常委会自身建设,加强和改进县委中心学习组制度建设。全面深入持久扎实推进农村基层组织建设,加强当前政治思想工作。贯彻落实领导干部廉洁从政若干准则(试行),实施领导干部报告个人重大事项制度。开展"讲学习、讲政治、讲正气"党性党风教育,实施党风廉政建设责任制。开展"三个代表"(代表中国先进社会生产力的发展要求、代表中国先进文化的前进方向、代表中国最广大人民的根本利益)重要思想学教活动。在私营企业业主中发展中共党员。搞好撤县设区挂牌仪式。

制定加快新都区域经济发展的若干规定,农村基本达小康标准后巩固、发展与提高,加强农民负担监督管理、农村税费改革工作,加强农村合作基金会规范化管理。进一步解放思想,抓住机遇,加快发展,全面完成新都县目标任务。加速调整农村经济结构,化解镇村不良债务,努力增加农民收入,加强现代农业示范工作。加强财政调控,多方筹集资金,解决困难企业职工生活保障和养老金、资助贫困学生、"安身工程"、低保扶贫。加强农业和农村工作若干重大问题、重大突发事件的处理,实施村务公开和民主监督。制定国民经济和社会发展第十个五年计划纲要(草案),实施城区水泥生产企业搬迁、"四路两区"(绕城路、老川陕路、蜀龙路、石木路、新城区、工业区)建设,工程建设项目报建实行"一站式"服务。

【第十一届常委会会议】 共召开113次常务委员会会议,主要研究事项:加强党风廉政建设,建立领导干部廉政档案制度,集中整顿党政机关工作作风、政法队伍,在广大党员干部中深入开展遵纪守法教育。推进基层民主政治建设,公推直选镇党委书记、差额直选村党支部书记,公选15所中小学校长,民主测评区委区政府领导、局级和镇(街道)领导干部,建立领导和成员单位联系社区工作制度。健全"教育、制度、监督"并重的惩治和预防腐败体系,派出纪检监察机构。学习《中华人民共和国宪法》,依法治区,加强规范化服务型政府建设。加强城乡一体化社会救助体系信息网络建设,加强"一村(社区)一名大学生"管理。

编制"十一五"规划纲要,推进新都城市化进程。引进成都东郊外迁企业,加大招商引资力度,加快重点建设项目建设、成铁枢纽北编组站建设。制定加快经济发展的若干规定,重视投资软环境建设,全面推进城乡经济社会协调发展,推进社会主义新农村建设,加强社会治安综合治理,鼓励和支持机关事业单位工作人员参加新农村建设自愿服务活动。农村工作重点是"都市农业、观光农业、规模农业",财政代交农业税及附加,实施新型农村合作医疗制度,加强农民增收培训。开展就业实名制工作,做好下岗失业人员再就业工作。启动创建劳动关系和谐企业活动三年行动计划。实施尊老敬老工程,增收节支,做好农村村组集体资产清产核资。创建全国文明城市、最佳旅游城市,宝光桂湖文化旅游区创建国家AAAA级旅游景区。

新都区(县)委第六至十一届领导成员一览表

表2-5

届次	时间	职务	姓名	任职时间	备注
六	1984.01.13—1987.0.3.0 3	书记	唐光全	1984.01.13—1987.03.03	
		副书记	张守福	1984.01.13—1987.03.03	
		副书记	廖治安	1984.01.13—1986.09.08	
		常委	阳青泉	1984.01.13—1986.06.04	
		常委	李泽先	1984.01.13—1987.03.03	
		常委	李忠福	1984.01.13—1987.03.03	
		常委	陈维清	1984.01.13—1987.03.03	
		常委	高俊峰	1984.01.13—1987.03.03	
		常委	李华章	1986.06.04—1987.03.03	增补

续表 2-5

届 次	时 间	职 务	姓 名	任 职 时 间	备注
七	1987.03.03—1990.01.13	书 记	唐光全	1987.03.03—1990.01.13	
		副书记	李泽先	1987.03.03—1990.01.13	
		副书记	陈维清	1987.03.03—1990.01.13	
		副书记	孙吉娥(女)	1987.03.03—1990.01.13	
		常 委	李忠福	1987.03.03—1990.01.13	
		常 委	罗时武	1987.03.03—1990.01.13	
		常 委	李玉芬(女)	1987.03.03—1990.01.13	
		常 委	文国富	1987.03.03—1990.01.13	
		常 委	李华章	1987.03.03—1990.01.13	
八	1990.01.13—1993.01.03	书 记	唐光全	1990.01.13—1993.01.03	
		副书记	赵德喜	1992.10.07—1993.01.03	任命
		副书记	李泽先	1990.01.13—1993.01.03	
		副书记	陈维清	1990.01.13—1993.01.03	
		副书记	孙吉娥(女)	1990.01.13—1993.01.03	
		常 委	李忠福	1990.01.13—1993.01.03	
		常 委	罗时武	1990.01.13—1993.01.03	
		常 委	李玉芬(女)	1990.01.13—1993.01.03	
		常 委	文国富	1990.01.13—1993.01.03	
		常 委	李华章	1990.01.13—1993.01.03	
九	1993.01.03—1997.12.30	书 记	唐光全	1993.01.03—1997.09.30	
		书 记	赵德喜	1997.09.30—1997.12.30	
		副书记	赵德喜	1993.01.03—1997.09.30	
		副书记	李忠福	1993.01.03—1997.12.30	
		副书记	李玉芬(女)	1993.01.03—1997.12.30	
		副书记	罗时武	1993.01.03—1997.12.30	
		常 委	文国富	1993.01.03—1996.11.20	
		常 委	刘贵才	1993.01.03—1997.12.30	
		常 委	刘道明	1993.01.03—1997.12.30	
		常 委	李华章	1993.01.03—1997.12.30	
		常 委	李治敏	1993.01.03—1997.12.30	
		常 委	倪宗新	1994.03.10—1997.12.30	增补
		常 委	欧阳诚	1996.02.09—1997.12.30	增补
		常 委	汪兴华	1996.06.20—1997.12.30	增补
		常 委	张云祥	1996.11.20—1997.12.30	增补

续表 2–5

届 次	时 间	职 务	姓 名	任 职 时 间	备注
十	1997.12.30—2003.01.14	书 记	赵德喜	1997.12.30—2000.05.12	
		书 记	沈有春	2000.05.12—2002.12.04	
		书 记	李仲彬	2002.12.04—2003.01.14	
		副书记	沈有春	1997.12.30—2000.05.12	
		副书记	李仲彬	1998.10.06—2002.12.03	任命
		副书记	孙建成	2002.12.04—2003.01.14	任命
		副书记	罗时武	1997.12.30—2003.01.14	
		副书记	欧阳诚	1997.12.30—2003.01.14	
		副书记	张云祥	1997.12.30—2002.12.04	
		副书记	屈建宏	2002.12.04—2003.01.14	任命
		副书记	史宣治	2001.08.07—2003.01.14	增补
		副书记	何向宗	2002.12.04—2003.01.14	任命
		副书记	额尔敦仓	2002.05.27—2002.11.27	任命
		常 委	刘贵才	1997.12.30—2003.01.14	
		常 委	倪宗新	1997.12.30—2003.01.14	
		常 委	马德强	1997.12.30—2003.01.14	
		常 委	廖仁松	1997.12.30—2003.01.14	
		常 委	汪兴华	1997.12.30—1999.07.08	
		常 委	刘康明	1999.07.08—2000.11.15	增补
		常 委	麻渝生	2002.12.40—2003.01.14	任命
		常 委	蔡建国	2000.11.15—2003.01.14	增补
		常 委	曾万明	2001.03.16—2001.07.18	增补
十一	2003.01.14—2006.12.16	书 记	李仲彬	2003.01.14—2005.09.01	
		书 记	牛 敏	2005.09.01—2006.12.16	任命
		副书记	孙建成	2003.01.14—2005.09.01	
		副书记	屈建宏	2003.01.14—2006.12.16	
		副书记	廖仁松	2003.01.14—2006.12.16	
		副书记	何向宗	2003.01.14—2006.11.16	
		副书记	雷鸣惊	2003.01.14—2006.11.16	
		常 委	刘贵才	2003.01.14—2006.12.16	
		常 委	麻渝生	2003.01.14—2006.12.16	
		常 委	袁道宽	2003.01.14—2006.12.16	
		常 委	蔡建国	2003.01.14—2004.08.03	
		常 委	向 敏(女)	2003.01.14—2006.12.16	
		常 委	曹 晋	2003.01.14—2006.12.16	
		常 委	李 嵘(女)	2003.06.23—2006.12.16	增补
		常 委	邱金华	2004.03.04—2004.08.02	任命
		常 委	张西武	2004.08.03—2006.08.11	任命
		常 委	杜光荣	2006.08.11—12.16	任命
		常 委	蔡祯文	2006.11.04—12.16	任命
		常 委	王翼刚	2006.11.04—12.16	任命

工作机构

【办公室】 1986 年,县委办公室无内设机构。1995 年 10 月,办公室内设秘书科、机关事务管理科、接待科。其后内设机构几经调整,2001 年 11 月,县委决定由县委办归口管理县委政策研究室、县委目标管理督查办公室(县政府目标管理督查办公室)、县委信访办公室(县政府信访办公室)、县农村工作领导小组办公室、县委保密委员会办公室(县国家保密局)、县委党史研究室、县委机要局和县档案局(馆)。县委办内设秘书科、信息科、综合科、行管科和财务科。2002 年 1 月,县委办公室更为现名。2005 年年底,区委办内设秘书科、信息科、综合科、查办科,行政编制 17 人、后勤服务事业编制 12 人。

【组织部】 1986 年,县委组织部内设干部组、知识分子办公室、组织科、老干科和办公室,工作人员 25 人。1989 年增设党员电教室,同年 12 月老干科分离成立县委老干部局,1998 年增设研究室。2002 年 1 月,县委组织部更为现名。内设办公室、研究室、干部(干审)科(挂知识分子领导小组办公室、干部教育培训领导办公室牌子)、组织科、电教科。行政编制 19 人、后勤服务事业编制 3 人。2004 年 10 月 26 日,设立干部监督科(挂人才科牌子),将原干部(干审)科有关干部监督和知识分子工作职能并入干部监督科。成都市新都区知识分子工作领导小组更名为成都市新都区人才工作领导小组,领导小组办公室设在区委组织部。撤销原组织科、电教科,整合为组织一科(挂电教科牌子)和组织二科。原组织科有关党员发展、党员教育、党员管理的职能和电教科的职能并入组织一科,原组织科的其余职能由组织二科负责。撤销研究室,原研究室的有关职能并入办公室。

【宣传部】 1986 年,县委宣传部定编 13 人,无内设科室。县委通讯报道组挂靠宣传部,合署办公。1990 年宣传部人员增至 15 人,内设办公室、理论科、宣传科。2002 年 1 月,县委宣传部更为现名。2003 年增设新闻科,撤销县委通讯报道组,设中共成都市新都区委、成都市新都区人民政府对外宣传办公室,挂靠宣传部。

1993 年设置新都报社,属局级事业单位,编制 4 人,社址设在宣传部。2003 年 3 月,新都报社从宣传部分设。

【统一战线工作部】 1986 年,无内设机构。1998 年,县委统战部内设联络科、侨务科、办公室。2002 年 1 月,县委统战部更为现名。1990 年起,统战部归口管理县民族宗教科、县工商联(商会)、县台办和县人民政府侨务办公室。2003 年 8 月成立新都区宗教工作联系小组,统战部部长任组长。

1987 年成立中共新都县委对台工作办公室,1990 年设新都县人民政府台湾事务办公室,与县委对台工作办公室实行“一个机构,两个牌子”,2004 年更名为成都市新都区人民政府台侨事务办公室(中共成都市新都区委对台工作办公室、成都市新都区人民政府台湾事务办公室)。

【政法委员会】 1981 年 12 月,成立中共新都县委政法委员会,内设办公室,工作人员 2 人。1988 年 9 月,撤销县委政法委员会,成立县委政法领导小组,政法领导小组工作人员列入公安编制。1990 年 3 月,恢复县委政法委员会。政法委员会书记由县委副书记或常委兼任,人民法院、人民检察院、公安局、司法局和人武部各1名主要领导为政法委员会委员。1991年8月,成立新都县社会治安综合治理委员会,其办公室与县政法委合署办公。1998年成立新都县维护社会稳定领导小组,其办公室与县政法委合署办公。2002年1月,县委政法委员会更为现名。2005年,内设办公室、政工科、执法督查督办室,工作人员12人。

【区直属机关工作委员会】 1979年建立新都县机关党委,1989年8月更名为中共新都县机关工作委员会,2002年1月更为现名。2005年,机关工委内设办公室,行政编制4人、事业编制1人。

【老干部局】 1989年12月,老干部科从县委组织部分离,成立县委老干部局,归口县委组织部。2002年1月,县委老干部局更为现名。2005年,局内设办公室,下辖老干部活动馆,工作人员9人。

【区委目标管理督查办公室(区政府目标管理督查办公室)】 1990年4月建立新都县委县政府目标督查办公室,人员编制5~7人。1997年更名为中共新都县委目标管理督查办公室、新都县人民政府目标管理督查办公室。2002年1月更为现名,并入区委办公室并保留牌子。机关编制5名,内设目标科和督查科。

【区委信访办公室(区政府信访办公室)】 1979年成立中共新都县委、新都县人民政府信访办公室(简称信访办),工作人员5人。2000年信访办归口县委办公室,保留“中共新都县委、县人民政府信访办公室”牌子。2002年1月,信访办更为现名。

【机要局】 1985年10月,成立中共新都县委办公室机要科。1989年7月,县委办公室机要科更名为中共新都县委机要科(局级),归口县委办公室。1991年6月,县委机要科更名为县委机要局。2002年1月,县委机要局更为现名。2005年,区委机要局内设办公室、党政网络管理科,工作人员8人。

【保密委员会办公室(区国家保密局)】 1989年12月11日,成立新都县国家保密局。1998年2月成立中共新都县委保密委员会,下设办公室,与县国家保密局实行“两块牌子,一套班子”的管理模式。2002年1月,保密办(局)更为现名。2005年有工作人员4人。

【政策研究室】 1981年11月23日成立县委政策研究室,作为县委领导改革开放工作的办事机构。1984年成立新都农村经济研究所,挂靠省社科院,业务受省社科院指导,与政策研究室“两块牌子、一套人员”。1995年区委政策研究室内设办公室、体改科、经济科,人员编制13人。2002年1月,政策研究室更为现名,并入区委办公室,保留牌子。2005年,机关内设办公室,人员编制5名,后勤服务事业人员1名。

【区档案局(区档案馆)】 1980年4月,成立新都县档案局,与县档案馆实行“两个牌子,一套班子”管理模式,档案局列入政府序列,档案馆列入县委序列。2002年1月,档案局(馆)更为现名,并入区委办公室,仍保留两个牌子。2005年,档案局(馆)机关编制2名,事业编制10名,内设办公室和业务监督指导科。

【区精神文明建设委员会办公室】 1985 年,在新都县"五讲四美三热爱"办公室基础上成立新都县精神文明办公室,1993 年更名为新都县精神文明建设指导委员会办公室,1998 年更名为新都县精神文明建设委员会办公室,2002 年 1 月更为现名(简称文明办),无内设机构。工作人员 1~3 人。

【党史研究室】 1984 年 4 月 2 日,改建为中共新都县委党史工作委员会,下设办公室;1987 年 7 月 24 日,更名为中共新都县委党史研究室,编制 3 人。2002 年 1 月,党史研究室更为现名,机关编制 1 人。

【区委党校(区行政学校)】 1987 年,中共四川省委组织部确定县委党校为中专体制,工作人员由 7 人增至 25 人(教师 16 人,后勤行政人员 9 人)。1993 年 10 月,成立新都县委党校函授辅导站,在省委党校函授学院领导下开展工作。2002 年 1 月,县委党校更为现名。2005 年党校(行政学校)内设办公室、教务科和教研科,工作人员 17 名。

1999 年 5 月 12 日,县委常委会研究决定成立新都县行政学校,承担全县公务员培训任务,行政学校与县委党校实行"一套人员,两块牌子"的体制。2000 年 5 月 15 日举行行政学校挂牌仪式。

重大决策与实施

改革开放

【基层民主政治建设】 2000 年,县委在部分乡镇试行领导干部公开选举和公推直选,探索基层民主政治建设新路。

2001 年,在全县邀请企业董事长或总经理当"组织部长"考评各职能部门领导后,每年举行两次"企业评职能部门作风会",对全区窗口部门的工作效率、工作作风、服务质量等进行测评。2003 年 8 月 20 日,组织区级各部门、各镇(街道)负责人 200 余人,从工作能力、政策水平、清正廉洁等 13 个方面对区领导进行民主考评。9 月 1 日,在全区领导干部大会上公开考评结果,被考评的领导针对自身存在的问题自我剖析,提出改进意见,并在媒体报道。对区级部门 58 名"一把手"和 17 个乡镇的 121 名领导干部进行民主测评。区委、区政府制发文件,形成民主测评的长效机制,创新权力监督机制。

2003 年,区委在教育系统公开推荐教育局局长,在大丰中学和新都职业技术学校进行直选校长尝试后,决定在木兰镇进行公推直选党委书记试点。12 月 7 日,木兰镇 639 名共产党员以公推直选形式,选出镇党委书记刘刚毅。率先在全国试行公推直选镇党委书记,在全社会、新闻媒体和政界产生了强烈反响,省、市先后在新都区召开基层民主政治建设现场会。同年,30 余个区级部门、单位的 237 名中层干部通过公开竞争、双向选择的方式产生。

新都区从扩大党内民主、保障党员民主权利出发,探索建立以公推直选、民主评议、三会(区委常委会、区人大常委会、区政府常务会)开放为主要内容的基层民主政治建设制度,调动社会各届人士参政议政的积极性。在区级部门实行领导干部推荐和任用"三差额"(推荐、考察、区委全委会)票决干部制度。相继制发《重要工程专家咨询制度》《重大事项公告制度》等配套措施,把区委、区政府的重大工作、重大决策置于民主监督和社会监督之中。至 2004 年,对 56 所中小学校校长、19 个直属医疗卫生单位和建制镇卫生院院长、299个村党组织书记实施公推直选。至2005年3月,全区11个镇全部完成党委书记公推直选。2005年5月,新都区推进基层民主政治建设获首届“建设成都杰出贡献奖”,并入围第三届“全国地方政府创新奖”。

2005年12月,区委制发《关于镇党委书记的公推直选及管理意见》并配套9个具体实施办法。2006年5月,制发《关于巩固完善和深化基层民主政治建设的意见》《成都市新都区公推直选镇党委书记监督试行办法》和《成都市新都区公推直选党委书记奖惩试行办法》等13个文件,进一步完善公推直选、深化基层民主政治建设机制。

【对外开放】 1984—1986年,县委、县政府组织各乡镇、县级各部门和企业参加成都市召开的两次生产力扩散交易会,引进项目100多个。此后,全县对外开放的领域不断扩大,形式更加灵活多样。1991年,县委、县政府下发《关于进一步扩大对外开放的决定》;同年4月制定《关于发展横向经济联合的优惠办法》,提出优惠政策19条;6月印发《关于参与云南边境贸易,促进经济发展的意见》。1992年,县委、县政府制定《关于进一步扩大对外开放的若干政策》《鼓励外商投资的规定》;向成都市人民政府驻沿海城市办事处派驻联络人员;向各乡镇、县级各部门下达招商引资目标任务,并与奖金和工作效绩挂钩。1993年4月,县委、县政府批转县工商局《关于进一步放宽和调整企业登记,促进我县经济发展的报告》,明确了除国家明令禁止生产、经营的产品外,境内外企业和个人均可到新都投资生产或经营各种产业和商品,不受领域、行业限制。1994年6月,县委、县政府制定《关于促进大开放大发展的若干政策》,对1992年的对外开放政策作新的补充,提出“有钱自己干,钱少联合干,无钱请人干”的经济发展路子。1995年成立新都县招商公司。1997年12月,第十次县党代会提出采取灵活多样的形式,提高对外开放水平。1998年,制定新都县《关于加快县域经济发展的若干规定》,该规定包括企业改革政策、税收优惠政策、财政奖励政策、国有土地政策、重点企业扶持政策、激励政策共100条。同年,成立新都县招商局。2000年6月制定《关于鼓励投资农业开发的决定》。2001年起,对外来投资者开展“一站式”服务。2001—2005年,区委、区政府制定了一系列扩大开放的制度、政策和规章,对此前的政策、措施进一步充实完善。至2005年,全区包括工业、农业、交通、城建、房地产、文化、教育、卫生等领域形成全方位开放的格局。1998—2005年,全区共引进项目1836个,协议投资358.61亿元,到位资金142.29亿元;新批外资项目57个,合同利用外资10082万美元,实际利用外资8428万美元。

【工商企业产权改革】 1993年3月,成立新都县经济体制改革委员会,正式启动工商企业的产权改革。同年12月,县委办公室、县政府办公室印发《关于加强对我县股份制试点工作领导的通知》。1994年4月,县委、县政府下发《关于转换企业经营机制,建立现代企业制度的决定》。此后,县委、县政府陆续制定下发了30多个配套文件。通过组建股份公司、兼并、摘牌、出售、破产等形式,至2005年,区属国有商业企业、区属集体工业企业全部完成改制工作,区属国有工业企业除自来水公司外全部改制。

【发展非公有制经济】 1991年1月,县委、县政府决定,放宽企业经营范围,鼓励县内外国有、集体、个体经济投资市场建设。1992年4月1日,县委、县政府制定《关于鼓励农民到集镇落户、建房,从事二、三产业的意见》。1995年,制定《关于大力发展个体私营经济的若干政策》,对积极引导发展、加强管理、保障个体私营经济权益、为发展个体私营经济创造良好外部环境作了具体规定和要求,明确发展个体私营经济是培育新的经济增长点；同年，县委、县政府授予胡朝云等 39 名个体工商户“先进个体工商户”称号，授予成都美野皮件公司等 15 家企业“优秀私营企业”称号。

1997 年 4 月，县委、县政府制定《关于加快发展私营、个体经济的意见》，强调发展私营、个体经济要放宽环境、放开政策、放手发展，不限发展比例、不限经营方式、不限发展行业、不限经营规模，政府部门要大力扶持，突出重点，推动私营、个体经济向高科技、产业化、规模化和集群化发展。2003 年 7 月，区委十一届 19 次常委会审议关于民营企业发展情况的报告，会议决定：鼓励和支持民营经济参与国有和集体企业改革，鼓励民营资本参股和投资基础设施、专业市场和公益事业，对民营经济放宽市场准入，积极指导和服务。

至 2005 年年末，全区登记在册的个体工商户 27875 户，从业人员 45613 人；私营企业 2638 家(1991 年 28 家)，注册资本金 20.88 亿元。

经济社会发展

【制订经济发展战略】 1983 年，县委、县政府制订全县经济发展的战略目标：远期实施农村工业化、现代化，近期实现工农业总产值四年翻番。1986 年 6 月，县委、县政府制定《新都县经济发展战略要点》，提出“七五”期间打基础，1989 年全县工农业总产值过 10 亿元，1991—2000 年实现经济全面起飞，20 世纪末基本实现工业化和现代化。此后，县计划部门将年度计划与中长期规划相衔接，作为指导国民经济发展的依据。随着各项目标的实施和实现，1995 年，对照提前三年建成小康县的规划和要求，县委、县政府制订《新都县经济社会发展“九五”计划和 2010 年远景目标》，主要经济指标有：国内生产总值“九五”期间年均增长 13%；科技进步对经济增长的贡献率 2000 年达到 45%，2010 年达到 55%以上；2000 年全县总人口控制在 62 万人以内，2010 年控制在 67 万人以内；“九五” 期间城镇居民人均生活费收入年均增长 15%，后 10 年年均增长 11%；农民人均纯收入“九五”期间年均增长 14%，后 10 年年均增长 12%；城镇和农村人均居住面积 2010 年分别达到 15 平方米和 25 平方米。

【发展乡镇企业】 新都乡镇企业实行“乡村两级抓骨干，五个轮子(乡办、村办、社办、联户办及私营个体企业)一起转的管理模式”，乡村两级重点抓有一定规模的企业。

1984 年，县委制定对工业减税让利的扶持政策，新办企业从投产之日起免征工商税、所得税 2 年，老企业实行税收递增包干，极大地调动了各级的积极性，全县乡镇企业迅速发展。但是，由于乡镇企业基础薄弱，资金、技术、人才和管理经验严重不足，制约了乡镇企业的发展。为保持乡镇企业快速增长的势头，县委、县政府把发展、巩固和提高相结合，在企业发展的每一个关键阶段及时推出新举措，引导乡镇企业的发展。

1985 年，针对相当部分企业管理混乱和无序的状况，县委、县政府下发《关于加强企业财务、成本、质量管理的通知》。1988 年 11 月，针对不少运转困难、资金紧张、产品严重积压的现象，县委、县政府召开“在宏观控制下搞活经济经验交流会”，组织、指导企业深入开展“三查三定”活动(清仓查库、定积压产品和物资的处理办法；查产供销中的“跑冒滴漏”，定堵“漏”办法；查应收款，定回收时间)，营造在宏观控制下搞活企业的小区气候。1989 年 12 月，县委七届十一次全委会议强调，各级要引导企业搞好“四个结合”：微观与宏观结合，从重速度转向重效益，从以外延发展为主转向以内涵发展为主，从两眼向上要政策转向内部挖潜力；计划与市场结合，调整产品、产业结构和企业组织结构；开源同节流结合，深入开展双增双节、升级达标、效益竞赛活动；困难同机遇结合，努力提高职工素质、管理素质和技术素质。同年12月12日，成立新都县解决关停亏损企业领导小组，对关停亏损的乡办工业企业72户、村办工业企业99户分别不同情况进行转让、拍卖、社会招标承包，摇活沉淀资金7859万元。1990年2月，县委、县政府决定，把经济发展后劲纳入计划管理，建立县乡两级发展基金，对乡镇企业实行全面目标管理。1991年3月，县委、县政府制定《关于扶持重点工商企业的试行办法》，对重点乡镇企业在用地、融资、税费减免等方面实行特殊扶持。同年8月，在工商企业中推行“四个放开”(经济放开，鼓励企业以一业为主多种经营；价格放开，产品由企业自主定价；分配放开，企业自主决定本企业的工资形式和分配方式；用工放开，企业自主确定用工形式)。1992年至1995年，县委、县政府陆续制定一系列鼓励和扶持乡镇企业发展的政策措施，引领乡镇企业不断跃上新的台阶。至1996年，全县乡镇企业发展到25867家，务工人员171701人，总产值190.83亿元，比1986年增长35.6倍。

1990年，省委、省政府授予新都“发展乡镇企业先进县”称号。1995年，新都县被农业部列为全国乡镇企业百强县之一。

【推进城乡一体化】 1991年8月，县委制发《关于进一步开展城乡一体化改革试点的意见》，正式启动城乡一体化配套改革。主要措施有：大力发展城乡工业，加快乡镇工业小区建设；大力发展高效益农业，推进农业现代化进程；提高小集镇发展建设水平，促进城乡企业集团的形成和发展；鼓励农民到集镇落户、建房，从事二、三产业。城乡一体化以农村工业化牵头，带动农业高效化和城市现代化。同年9月，省委、省政府召开深化改革新都现场办公会，新都城乡一体化改革思路、目标和措施得到肯定。

1992年1月，县委八届八次全体会议通过《关于加速城乡一体化，提前建成小康县的决议》；2000年6月，围绕城乡一体化目标，制订《新都县2000—2010年城市跨越式发展纲要》；2002年9月制订《新都区城市社区建设发展规划》；2003年1月，第十一次区党代会提出构建城乡一体化的新型城镇网络；同年11月28日，区委召开推进城乡一体化工作专题研究会，制订《推进城乡一体化实施意见(草案)》；次日召开区农村工作领导小组会议，对推进城乡一体化工作进行安排部署。

2004年，区委、区政府分别召开常委会、全委会、政府常务会和全区推进城乡一体化工作会议，专题研究推进城乡一体化重大战略部署，制订《成都市新都区统筹城乡经济社会发展，推进城乡一体化方案》《关于统筹城乡经济社会发展，推进城乡一体化的实施意见》。实施意见确定以“加强产业集聚，支撑城乡一体化；完善城镇体系，承载城乡一体化；建立健全机制，保障城乡一体化”为工作总体思路和工作重点。按照城乡一体化的目标和要求，同年8月制订《成都市新都区乡镇行政区划调整方案》，11月制订《新都区土地利用总体规划修编大纲(2004—2020年)》。

【建立新都卫星城工业区】 1985年，工业逐步成为新都经济的支柱。为引领工业跃上新的台阶，1986年，县委、县政府着手创办木兰山工业开发区，发展高新技术产业。1991年11月，县委、县政府下发《关于加快新都工业开发区建设的决定》。1992年2月，成都市人民政府批准建立新都卫星城工业区，新都县当月成立工业区管理委员会，委派县委常委、副县长刘道明主持工业区管委会工作(此后历届工业区管委会主任均由区委常委担任)。1993年6月，县委、县政府印发《关于加强新都工业区统一管理的决定》，确定新都县工业区实行“一个窗口对外”和“一站式”管理。1997年12月，第十次党代会提出，以新都卫星城工业区为重点，把工业开发区建设成为“政策环境优，投资环境好，运行机制新，建设速度快，办事效益佳”的对外开放的龙头、招商引资的窗口和新的经济增长点。2000年6月，制订《成都市新都卫星城工业区2000—2010年跨越式发展规划纲要》。2002年12月9日,第十届区委102次常委会将工业区建设列为区的"一号工程",进一步加大了建设力度。

1992年,新都卫星城工业区规划面积12平方公里,1993年调整为18平方公里。至2005年,新都卫星城工业区已完成开发建设12.79平方公里(工业西区完成开发建设8.09平方公里,工业东区完成开发建设4.7平方公里),引进工业项目133个,其中建成投产的107个,在建的22个,签约的4个。2005年工业总产值67.66亿元,占全区工业总产值的33.26%;工业增加值22.47亿元,占全区的34.72%;工业企业纳税3.73亿元,占全区工业税收59.49%。

【调整农业产业结构】 新都县是省委开展农村综合体制改革试点的三县(新都、邛崃、广汉)之一。经过1979年至1985年6年的改革,农业连年丰收,农民温饱基本解决。1986年,县委、县政府在总结一些乡、村发展商品农业经验的基础上,提出大力发展高效益农业,改善种植业结构。1988年,县委提出"创新农业企业,组织农村市场,发展高效益商品";1989年,县委、县政府先后制定《关于深化改革振兴农业的意见》《关于建立县级农业发展基金的决定》;1991年,制定《农业集团承包的意见》。上述文件均强调以发展商品农业为切入点,大力发展农村合作经济组织,健全和完善以村级服务站为基础的农村专业化、社会化服务体系,走产加销、"公司+农户"的发展路子。1997年12月,第十次县党代会提出,农业增长方式要实现由数量型向质量型转变,由传统农业向现代农业转变的飞跃。2003年1月第十一次区党代会后,区委、区政府制订现代都市农业布局规划,成立现代都市农业园区管理委员会,进一步加快了农业产业化步伐。至2005年,农业产业化组织361个,建成产业化经营品种基地21个,联结带动农户11.2万户,年加工、营销收入22.88亿元。

民生工程

【建设小康县】 1986年,新都县在总结过去经验的基础上,围绕奔小康目标,提出"打好一个基础,抓好两个建设,实现三个突破,走好四条路子"的基本发展建设思路。即:打好农业基础,在稳粮增收上做文章;抓好基础设施建设、中心村和小城镇建设,解决水、电、路、通信等问题,形成发展中心;实现农村劳动力结构、产业结构、农户收入结构三个突破;走好发展高效益农业、乡镇企业、私营个体经济、综合发展四条路子。成立县委小康建设办公室,分别制订小康乡镇、小康村及农户达小康的标准,逐乡(镇)逐村逐户制订达小康规划。

1992年1月4日,县委八届八次全体会议通过《关于加速城乡一体化,提前建成小康县的决议》,确定了在20世纪末提前三年(1997年)建成小康县的目标,县级机关全面开展助村帮社奔小康的活动。

1993年1月,第九次县党代会强调提前建成小康县。1993—1996年,县委、县政府陆续制发《关于进一步加快农村奔小康步伐的实施意见》《新都县农村小康评审验收实施办法》等文件;成立奔小康示范村工作领导小组,集中力量抓100个小康示范村;制订分期实现小康的规划:全县17个乡镇、300个村分三批实现小康,第一批1995年,第二批1996年,第三批1997年;对40个经济发展缓慢村,从县级机关抽调力量重点帮扶。

1997年3月,全县小康建设通过省、市检查验收。1998年3月,省、市小康考核验收小组复查后认定新都镇等17个乡镇基本达小康乡镇,认定西北村等276个村为基本达小康村,实现了县委、县政府"本世纪末提前三年基本建成小康县"的目标。

1998年9月,县委、县政府制发《关于农村“达高标准小康,奔富裕型生活”的实施意见》,计划用20—25年时间,基本实现农业现代化、农村工业化、农村城市化、农民生活现代化,至2021年把新都农村建设成为富裕文明的社会主义新农村。

2003年7月,区委、区政府制发《新都区农村全面小康建设纲要》,强调把建设全面小康新都的着力点放到农村全面小康建设,把全区广大农民的积极性凝聚到提前基本实现农村全面小康建设目标上。确定基本实现农村全面小康的目标:农村经济综合实力明显增强,农民生活质量显著提高,农村经济结构优化,科教对农村经济发展作用增强,基础设施建设比较完备,农村工业整体素质提高,实现持续健康发展,农村人口增长、资源保护与经济协调发展。确定了农村全面小康建设的三步战略。

【城市向东发展】 1990年1月,县第八次党代会提出,把改造旧城同建设新城区相结合,抓好卫星城建设。1993年1月,第九次县党代会提出,新都城市建设要按照建设“三城”(卫星城、卫生城、历史文化名城)的要求,着力加速现代化进程,形成带动17个卫星集镇的发展格局。1999年,县委、县政府审定新都城市总体规划,确定新都城区向东发展,在成德大件路以东建设以行政管理和公共服务设施为主的新城区,与老城区形成“一城双中心,东西两片区”的城市格局。2001年7月16日,县委召开新城区重点建设目标会议,确定新城区建设按照“科学规划,适度超前”的原则,界定新城区规划控制面积30平方公里。建设目标是:规划科学,布局合理,设计靓丽,设施完善,功能配套,适度超前,城乡畅通,新旧城相得益彰的新型现代化城市。建设中做到旧城做“旧”,改善生态人居环境,体现历史文化名城风貌;新城出“新”,配套完善功能,营造现代城市商机。2003年1月,第十一次区党代会提出,以中等城市发展规模为目标,把新都城区建成面积达25平方公里的成都市经济、文化副中心。

至2005年年末,新城区建成主干道路14条,总长度29.82公里;在建道路8条,总长度5.54公里。建成区域面积6平方公里。

【四路两区建设】 根据1997年12月县第十次党代会提出的奋斗目标,1998年6月,县委、县政府制发《关于加快基础设施建设保持国民经济快速增长的意见》。该意见规划并决定启动24个基础设施重点项目,成立新都县加快基础设施建设领导小组,以保证基础设施建设顺利进行。2002年12月9日,第十届区委102次常委会决定,将绕城路、老川陕路、蜀龙路、石木路的建设(改造)和新城区、工业区建设列为区委、区政府“一号工程”,成立新都区“四路两区”建设领导小组。2003年2月8日,第十一届区委第3次常委会强调“一号工程”实行“倒计时”。至2005年,“四路两区”建设基本完成预定的建设目标,进一步改善了全区工业框架和城市框架,交通环境、投资环境、旅游环境。

【为民办实事】 1990年起,县委、县政府要求各乡镇每年为群众办好事、实事不低于6件,并纳入目标管理。1997年,县委提出在全县实施“群众满意工程”,郑重承诺每年为群众办10件实实在在、看得见、摸得着的好事、实事。

1986—2005年,区(县)委、区(县)政府为群众办好事、实事较大的项目有:修建电视台、改造建设农村广播电视网、建桂湖公园、体育场、图书馆,建宝光广场、市政广场、黄桷树广场及公园透绿(拆除围墙、免费开放),建立城镇职工医疗保险和新型农村合作医疗,建立政务中心及规范服务型政府建设等。

纪检监察

纪检监察机构

【纪检监察合署办公】 1984 年 1 月，中共新都县委纪律检查委员会升格为中共新都县纪律检查委员会,在新都县委和成都市纪律检查委员会的双重领导下开展工作。

1988 年 3 月,成立新都县监察局,受县政府和成都市监察局的双重领导。1993 年 3 月,县监察局与县纪委合署办公。保留"县纪委"和"县监察局"牌子,实行一套工作机构,履行党的纪律检查和行政监督两项职能的体制。

1988 年,县纪委内设纪律检查室、案件审理室、控告申诉室和办公室;县监察局内设监察股、信访股、案件审理股和办公室。1993 年,县纪委(监察局)内设办公室、信访室、纪检监察室、案件审理室、党风廉政建设室、监察综合室。2002 年 1 月,县纪委(县监察局)更为现名。2005 年,机关仍设 6 个职能室,行政编制 19 人,机关后勤服务人员事业编制 2 人。

【纪委委员】 1987—2006 年,新都召开七至十一次党代会,每次党代会选举产生纪委委员。5 次党代会共选出纪委委员 69 人。

新都第七至十一届纪律检查委员会委员名录

表 2-6

届次	任　期	姓　　名
七	1987.03—1990.01	王友禄　王叔清　刘金寿　陆宗洪　张存杰　张承卓　罗时武　林廷富　范运光　郑定荣　黄学德　曾令福　董延河
八	1990.01—1993.01	王友禄　王叔清　王修模　庄瑞荣　张存杰　陆宗洪　林廷富　林忠文　罗时武　范运光　钟先德　胡宗琼(女)　董延河
九	1993.01—1997.12	刘贵才　李有元　陆宗洪　袁万玉(女)　林忠文　王友禄　向敏(女)　庄瑞荣　张承杰　罗遵祥　钟先德　董延河　卿方解
十	1997.12—2003.01	刁昌贵　史宣治　王友禄　古利加　白其孝　朱西林　冷开元　杨开华　杨绍平　张士贵　张明春　罗守全　龚陶义　卿方解　尹显萍
十一	2003.01—2006.12	刁昌贵　马宁利(女)　尹显萍　叶开江　杨绍平　何向宗　冷开元　陈昌德　罗守全　周延超　周建川　钟炳昌　郭建强　黄绍华(女)　蔡新林

【纪委(监察局)领导成员】 每次党代会选举同届纪委委员,第一次纪委全体委员会会议选举纪律检查委员会常委、副书记、书记,并由区委通过,报市委批准,其任期和区委相同。由区人大常委会任命区监察局局长,区政府任命监察局副局长。

新都第七至十一届纪委(监察局)领导成员名录

表 2-7

届次	任 期	书 记	副书记	常 委	局 长	副局长
七	1987.03—1990.01	罗时武	王叔清 陆宗洪	罗时武 王叔清 陆宗洪 董延河 林廷富	—	贺隆富 白其孝(1988.03 任)
八	1990.01—1993.01	罗时武	王叔清 陆宗洪	罗时武 王叔清 陆宗洪 林忠文 胡宗琼(女)	董延河(1990.03 任)	贺隆富(1990.03 离任) 白其孝(1990.03 任)
九	1993.01—1997.12	刘贵才	陆宗洪 袁万玉(女)	刘贵才 陆宗洪 李有元 林忠文 袁万玉(女)	董延河(1993.01 任)	白其孝(1993.01 任) 朱西林(1996.05 任)
十	1997.12—2003.01	史宣治	白其孝 朱西林	史宣治 白其孝 朱西林 罗守全 张士贵 张明春	白其孝(1998.02 任)	罗守全 张明春(1998.03 任) 周延超(2000.09—2002.04)
十一	2003.01—2006.12	何向宗	马宁利(女) 蔡新林	何向宗 马宁利(女) 蔡新林 罗守全 杨绍平 钟炳昌 郭建强	马宁利(2003.01 任)	郭建强 钟炳昌(2003.01 任)

1993 年 3 月,增补董延河为纪委副书记、纪委常委,增补白其孝、王之明为纪委常委、纪委委员。1993 年 5 月,林忠文因工作调动免去纪委常委职务。1996 年 4 月,王之明因工作调动,免去纪委常委、纪委委员职务。1996 年 5 月,增补朱西林为纪委常委、纪委委员。

2000 年 1 月,增补杨绍平为纪委常委,增补钟炳昌、冯龙秀(女)为纪委常委、纪委委员。2000 年 9 月,增补周延超为纪委常委、纪委委员。2002 年 4 月,因工作调动,免去朱西林纪委副书记、常委、纪委委员职务,免去周延超、张士贵纪委常委、纪委委员职务。2002 年 8 月,增补蔡新林为纪委副书记、纪委常委、纪委委员。

2003 年 6 月,增补罗守全为纪委副书记。

【纪检监察基层组织】 1987 年年底,经县委批准,县纪委先后在全县各镇(乡)和县级机关部分局、银行党组共建立纪检组 34 个,配备专职纪检员 19 人、兼职纪检员 29 人。

从 1993 年起,在纪检组的基础上逐步建立健全 17 个镇(乡)和 13 个县级部门纪委。配备纪委书记、副书记和班子成员,并制定岗位责任制和任期工作目标。只保留纪检组建制 4 个。

在推进党风廉政建设和反腐败工作中,纪委(监察局)派驻机构的设置和管理进一步规范。从 1998 年起,认真落实中央关于各级纪委书记由同级党委副书记担任的决定。除已建立纪委的单位外,至 2005 年年底,向区级机关部门派驻的纪检组由保留的 4 个增至 16 个,派驻纪检组组长均为党组成员;全区 216 个村和 86 个社区各选配纪检员 1 人。

【纪检监察干部队伍建设】 根据不同时期的工作要求,及时选调符合"四化"条件的优秀青年干部、部队转业干部充实纪检监察队伍。制定内部岗位责任制和任期目标。加强干部交流,把各方面条件成熟的纪检干部派到重要部门和经济第一线工作。组织全体纪检监察干部学习中共十一届三中全会以来的路线、方针、政策,牢固树立全心全意为人民服务的思想,增强党性。强化内部工作纪律约束,自觉规范纪检监察人员行为。纪委(监察局)每年选送一批干部到中纪委、省、市纪委举办的培训班学习,1986—2005年,累计550人次参培。利用会议、参与查办案件等形式进行实地培训。鼓励干部在职就读函授、党校大专以上课程。1988—2005年,纪委监察党支部连续18年被评为先进党支部,1989年、1998年被成都市纪委授予"抓党风、促改革"先进集体。先后被评为省、市优秀纪检干部12人。获省、市纪委和区委、区政府表彰22项。

党风廉政建设

【领导干部廉洁自律】 1986—2005年,新都先后成立反腐倡廉工作领导小组、党风廉政建设责任制领导小组、党政领导干部任期经济责任审计工作领导小组、预防职务犯罪领导小组,各次党代会或全委(扩大)会议都强调党风廉政建设,强调领导干部廉洁自律。县委七届第六次全委扩大会议通过《关于党政机关必须保持廉洁的决定》,依靠法律和制度常抓廉政工作。第八次党代会指出健全廉政制度,先后下发《关于加强领导班子思想建设的决定》《关于党政机关要廉洁的通知》《关于惩治腐败、廉洁奉公、艰苦奋斗的决定》以及《关于严禁用公款请客送礼的决定》等文件。第九次党代会指出坚持反腐败斗争,加强廉政建设的"十条规定"。1995年年底,中纪委在成都等市进行《党政机关领导干部廉洁从政若干准则(试行)》的试点工作。1997年年初,中央发布《中国共产党党员领导干部廉洁从政若干准则》《中共中央国务院关于党政机关厉行节约制止奢侈浪费行为的若干规定》等文件。全县以上述文件法规为基本内容,组织干部学习讨论,召开专题民主生活会对照检查。对重点问题进行单项清理,解决存在问题。搞好干部收入申报、任期经济责任审计、礼品登记、重大问题报告、建立廉政档案等配套工作。全县党政机关副局级以上领导干部参加专题民主生活会人数占98.5%。第十次党代会指出加大查处力度,有效惩治腐败。1998年起,实施廉政谈话制度。2003年起,区委实施《中国共产党党内监督条例(试行)》《中国共产党纪律处分条例》《中华人民共和国行政监察法实施条例》等法规,建立健全述职述廉等制度。至2005年年底,对新提拔干部中的161名副局级以上干部进行廉政谈话,并签订廉政承诺书。组织300余名副局级以上领导干部配偶签订助廉承诺书,为1200名领导干部建立廉政档案,对15名领导干部进行诫勉谈话。登记上交礼金(品)60余万元。

【清理党政干部车辆及住房】 1993年始,清理违规使用车辆。截至2005年,清理超标汽车18辆,取消违反规定使用军警车号牌9个,清理纠正公车私户9辆,领导干部"离岗带车"23辆,纠正实职领导干部改任非领导干部职务后仍固定使用公车15辆。

1990年,由县纪委、县监察局、县国土局共同负责,对1987年1月1日以后占地建私房的党政干部进行清查,共清查出47人,其中有违法违纪行为的5人,均按有关规定进行了处理。1995—1998年,全县共清理出党政干部超标准住房、多占、多购住房515套,超面积11919平方米,按政策补交超面积购房款50.3万元。

【规范党政干部通信工具管理】 1993年始，出现用公款为领导干部安装住宅电话、购置传呼机和移动电话的情况。1995年，对党政机关领导干部用公款配备通讯工具情况进行调查。1996年开始，实行由使用人交纳转让费，变通讯工具为使用人所有。通话费实行"限额报销、超支自负"的办法，按照领导干部职务不同档次给予补助。至1999年年底，全县党政干部用公款购置的通信工具全部按规定一次性转让给个人。共清理出住宅电话607部、移动电话358部、传呼机556部，收回折价款16.2万元。从2002年起，对全区领导干部公务通信费实行货币化管理。

【清理其他违规行为】 2001—2003年，清理纠正部分党政机关和事业单位违规用公款为职工购买商业保险，清退和收缴资金100余万元。清理和纠正领导干部在企业兼职的4人、违规经商2人和机关干部在经济实体参资入股16人。清退行政事业单位人员借用公款和借给亲友公款373万余元。

根据1993年中共中央、国务院关于党政机关不准经商办企业以及与所办企业脱钩的指示精神，由县纪委(监察局)牵头，逐个研究脱钩办法。至2002年年底，全区党政机关所办的168个经济实体和9个中介机构全部脱钩。对全区政法机关所属的6户企业进行了清理和分类处理。

【案件查处】 1986—2005年，县(区)纪委、监察局共受理群众举报、信访2876件人，信访办结率、按期办结率、结案率均达到省、市纪委要求。共立案查处违法违纪案件579件，处分党员574人(其中开除党籍191人、开除公职28人)，挽回经济损失(收缴)1666.2万元。2004年，区纪委(监察局)与区检察院联合办案，查实×××在担任原龙虎镇党委书记和粮食局局长期间，贪污公款34.7万元，另有202万元的财产来源不明，被依法判处有期徒刑13年，剥夺政治权利3年。在案件查处中，为327名党员干部澄清是非，保护了党员干部的合法权益。1996—2005年，县(区)纪委(监察局)连续10年被成都市纪委评为案件查处先进单位。

【党风廉政宣传教育】 县(区)纪委、监察局以党规党纪为教材，组织党员干部学习，引导党员干部树立正确的世界观、人生观、价值观，规范廉洁从政行为。运用反面典型案例，开展警示教育。启动廉政文化进机关、进学校、进医院、进家庭、进社区、进农村的"六进"活动。举办"大道·清廉"反腐倡廉文艺演出和廉政书画展。在新都电视台设置廉政窗口专栏和廉政公益广告，营造崇尚廉洁的良好氛围。1986—2005年，新都县(区)纪委、监察局共编发案例通报54期，组织播放教育录像片51部，受教育的党员干部55万人次。

纠正不正之风

【治理公路"三乱"和中小学乱收费监管】 1990年始，治理公路乱摊派、乱设卡、乱收费，至2000年先后取缔境内违反规定设置的收费站(卡)13个，基本杜绝公路"三乱"。对负有直接责任的党员干部进行立案查处。

1993年始，每年春、秋季学校开学前，县纪委(监察局)会同教育部门，向所有中小学校提出禁止乱收费要求，向学生及家长公布收费项目及标准，开学后全面检查。至2005年，先后清退43所中小学不合理收费71.95万元，处理校领导干部5人。

【减轻农民负担监管】 县纪检监察机关配合有关职能部门和各乡镇,贯彻中共中央、国务院《关于减轻农民负担工作决定》,加强监管,不向农民打白条。依法审批定项限额预算方案,做到不超标,无增设项目收费。及时公布上年决算和本年负担预算,清理、规范乡镇、村、社财务。加强监督检查,对顶风违纪的人和事坚决查处。1986—1999 年,全县农民负担一直控制在国务院规定的农民上年人均纯收入的 5% 标准以内。2000 年始,部分乡镇用"以工补农"的形式减免农民负担。

【减轻企业负担监管】 抓好企业负担登记卡、收费项目明白卡、企业负担监督卡三项制度的落实。对全县行政事业性收费在 1995 年、1997 年进行全面清理检查,对中共中央、国务院和省、市明令取消的涉及企业的收费项目全部取消。先后清查出自立收费项目 69 项、超标准收费 41 项,均及时纠正。1993—1997 年,先后清退党政机关无偿占用企业资金 21 万元、通讯工具 4 部、汽车 2 辆。到2005 年年底,减免部分保留项目的收费。

【行风评议和窗口服务承诺制】 1994 年起,县纪委(监察局)先后选择卫生、邮电、工商系统及公安、建设、电力、税务、质监等 25 个部门和行业,先后聘请行风评议员 400 余人,在认真调查分析的基础上,对上述行业和部门开展民主评议行风,认真解决存在的突出问题,处分一批违纪者,促进了职工职业道德建设和行业风气的逐步好转。在行风评议的基础上,县纪委(监察局)牵头实施窗口服务行业的社会服务承诺制。

预防和治理腐败

【行政审批及事业费监管】 2004 年,开始清理行政审批事项。到 2005 年年底,全区共清理行政审批事项 452 项,其中取消 111 项,调整 114 项,改为备案 19 项。

2000 年,建立县行政事业性收费大厅,规范行政事业性收费。全县 105 个执收、执罚部门实行票款分离,罚缴分离。落实收支两条线制度,推行国库集中收付制度,实行会计委派制度,扩大工资直发范围。至 2005 年年底,全区实行直发的单位 17 个、6373 人。

【招投标监管】 2000—2005 年,全区 10 宗经营性土地使用权出让全部实行招标、拍卖、挂牌竞卖等方式,出让收益 2.6 亿元。政府投资项目 60 个,全部实行招标,比预算资金节约 4588.77 万元。国有资产通过公开拍卖等方式出让 9 宗,收回变现资金 69 万元。大宗物资采购实行政府采购,共采购 9511.41 万元,比预算资金节约 1413.39 万元。

【权力监督机制】 重点抓好党内监督条例、党员权利保障条例的贯彻落实。区委、区政府实行普通市民、普通党员和党代表、人大代表、政协委员列席区委常委会和区政府常务会的"阳光制度"。设立区长网上信箱和公开电话,建立区委、区政府领导信访接待值班日制度。

2003 年新都区在全国率先实行乡镇党委书记公推直选,并逐年扩大。在各镇(街道)和区级部门推行中层干部竞争上岗制度。对拟提拔任用的干部征求区纪委意见,由区委全委会实行票决。

【廉政监察】 为保证中央和省、市、区委重大决策的顺利实施,结合整治投资软环境,服务"第一要务",

县纪委(监察局)制定《十四个不准》和《七个责任追究实施意见》,建立企业测评职能部门的制度。对影响投资软环境、损害新都形象的行为7起14人,进行责任追究,受到纪律处分的副局级干部5人。对国债专项资金、农村合作基金会的清理、社会保障资金等开展专项执法监察。1993—2005年,对财政投入的新新路、新斑路、斑大路、新石路等项目的建设,县纪委(监察局)会同有关部门,从工程招投标开始,派专人全程介入,采纳投标者建议,实行无标底投标。

组织工作

党 员

【党员发展】 各级党组织严格按照党章和《中国共产党发展党员工作细则(试行)》的规定,坚持"保证质量、改善结构、坚持标准、慎重发展"的方针,有计划地培养吸收优秀知识分子、生产第一线的优秀青年、物质文明和精神文明建设岗位的工作骨干和在发展农村商品经济中带领群众致富的优秀农民入党,壮大党的队伍,改善党员队伍的文化、年龄结构和整体素质,使党组织和党员队伍更加富有活力和朝气。1986—2005年,新都发展新党员5170人。其中,知识分子、专业技术人员1118人,生产一线劳动者2973人,非公有制企业及其他社会阶层668人,农村优秀青年1762人,机关、事业单位1254人。在发展的新党员中,35岁以下的党员3333人,占总数的64.5%;女党员1734人,占总数的33.5%;大专以上文化程度1221人,占总数的23.6%。

在发展党员中,把发展的着力点放到抓好入党积极分子的培养教育上。县、乡镇两级每年举办入党积极分子培训班,对入党积极分子实行定人、定期培训,定期考核。对拟发展对象由各党支部培养,上级党委考核审批。做到培养对象、培养措施、培养联系人、培训内容、培训时间、考核内容、考核责任人"七落实",成熟一个发展一个,然后由上级党委逐一审批。凡没有经过入党前培训或培训不合格的不审批,没有经过政审或政审不过关的不审批,入党材料不完善、手续不齐备的不审批,党内外群众意见大、尚未查清的不审批。截至2005年,新都共举办入党积极分子培训班34期次,培训入党积极分子15587人,其中吸收入党5170人,占33.2%。严格把好入党转正关。

2001年始,注重在新的社会阶层中(民营科技人员、受聘于外资企业管理技术人员、个体劳动者、私营企业主、中介组织从业人员和自由职业人员等)发展新党员。先确定在13家非公有制企业中发展党员试点,培养了21名积极分子入党。进一步加大发展青年党员、农村党员的力度。县委组织部、团县委联合下发《关于加强在农村(社区)推荐优秀青年作党的发展对象的通知》,拓宽在生产一线、专业技术人才、农村及其他社会阶层发展党员的渠道。当年发展党员591人,其中农村党员434人,占73.4%;35岁以下的468人,占79.2%;高中以上文化的487人,占82.4%。

2003年后,对发展新党员工作进行了一些创新。变领导个别谈话为集体谈话,变举手表决为无记名投票表决,变个别通知为公开公示。对拟发展的新党员,在召开支部大会表决之前,由支部以会议通报、文件通报、张榜通报或公开栏通报等方式进行公示,加强对发展新党员工作的监督,增强透明度,确保新党员质量。

1986—2005 年新都部分年份发展党员情况表

表 2-8 单位:人

年 度	发展党员	女党员	35 岁以下	知识分子、专业技术人员	生产一线劳动者	非公有制企业及其他社会阶层	农村优秀青年	机关事业单位	大专以上文化程度	高中以上文化程度	培训入党积极分子
1986	275	90	165	95	110	14	50	38	41	140	—
1987	238	61	146	52	116	27	60	42	22	96	—
1988	146	33	81	58	61	15	24	27	16	71	—
1989	87	24	48	20	37	11	21	19	14	35	1038
1990	88	52	52	21	26	16	19	35	10	46	1741
1993	363	104	218	69	239	58	113	85	66	180	938
1994	394	114	250	52	252	51	124	80	62	182	1256
1995	441	145	306	64	264	56	155	106	65	114	1686
1996	424	153	309	83	269	47	138	102	87	190	2026
1998	424	156	291	66	188	50	140	77	112	199	1170
1999	450	160	300	120	384	41	160	115	131	187	1321
2000	444	160	285	73	181	129	156	114	140	225	1476
2001	397	133	251	75	117	14	127	168	145	146	1321
2002	406	147	259	91	189	56	146	95	135	163	1614
2005	593	202	372	179	540	83	329	151	175	248	—
合计	5170	1734	3333	1118	2073	668	1762	1254	1221	1541	15587

【党员构成】 1986 年全县党员 18238 人,1995 年 21557 人,2005 年 26653 人。2005 年党员中,预备党员 903 人,占党员总数 3.39%;女党员 6002 人,占 22.52%。年龄构成:35 岁以下的 4799 人,占 18.01%;36~45 岁的 4674 人,占 17.54%;46~55 岁的 4955 人,占 18.59%;56~60 岁的 3205 人,占 12.02%;60 岁以上的 9020 人,占 33.84%。文化构成:大学专科及以上学历的 5037 人,占 18.90%;高中(含中专)学历的 5739 人,占 21.53%;初中及以下学历的 15877 人,占 59.57%。

1986—2005 年新都部分年份党员年龄和文化构成情况表

表 2-9 单位:人

<table>
<tr><th colspan="2">类 别</th><th>1986 年</th><th>1987 年</th><th>1990 年</th><th>1993 年</th><th>2003 年</th><th>2005 年</th></tr>
<tr><td rowspan="8">年龄</td><td>25 岁以下</td><td>454</td><td>554</td><td>444</td><td>665</td><td rowspan="3">4728</td><td rowspan="3">4797</td></tr>
<tr><td>26~30</td><td>1193</td><td>1050</td><td rowspan="2">2831</td><td rowspan="2">2386</td></tr>
<tr><td>31~35</td><td>2714</td><td>2638</td></tr>
<tr><td>36~45</td><td>5428</td><td>5486</td><td>5782</td><td>5667</td><td>4068</td><td>4674</td></tr>
<tr><td>46~50</td><td>2683</td><td>2611</td><td rowspan="2">5244</td><td rowspan="2">5625</td><td rowspan="2">5265</td><td rowspan="2">4955</td></tr>
<tr><td>51~55</td><td>2666</td><td>2703</td></tr>
<tr><td>56~60</td><td>1785</td><td>1994</td><td>2679</td><td>2789</td><td>2945</td><td>3205</td></tr>
<tr><td>60 岁以上</td><td>1315</td><td>1545</td><td>2020</td><td>3356</td><td>8177</td><td>9020</td></tr>
<tr><td rowspan="8">文化程度</td><td>研究生</td><td rowspan="3">371</td><td rowspan="3">483</td><td rowspan="3">685</td><td rowspan="3">1117</td><td>41</td><td>56</td></tr>
<tr><td>大学本科</td><td>1223</td><td>1766</td></tr>
<tr><td>大学专科</td><td>2581</td><td>3215</td></tr>
<tr><td>中专</td><td>650</td><td>803</td><td>1001</td><td>1366</td><td>2312</td><td>2543</td></tr>
<tr><td>高中</td><td>1077</td><td>1161</td><td>1253</td><td>1837</td><td>2869</td><td>3196</td></tr>
<tr><td>初中</td><td>4418</td><td>4483</td><td>4741</td><td>5451</td><td rowspan="3">15467</td><td rowspan="3">15877</td></tr>
<tr><td>小学</td><td>11066</td><td>11023</td><td>10713</td><td>10014</td></tr>
<tr><td>文盲</td><td>656</td><td>628</td><td>607</td><td>709</td></tr>
</table>

1986—1998 年新都县部分年份党员行业分布一览表

表 2-10 单位：人

类　　别	1986 年	1987 年	1990 年	1993 年	1998 年
总　数	18238	18581	19000	20488	21958
预备党员	437	367	179	495	—
女　性	3243	3298	3361	3628	—
少数民族	35	34	40	47	—
农林牧渔、水利业	12409	12178	11967	12042	12336
工业	1388	1545	1876	1938	2171
地质普查和勘探业	—	—	18	20	19
建筑业	125	174	221	277	343
交通运输、邮电通讯业	153	162	181	226	214
商业、公共饮食业、物资供销和仓储业	1032	1077	1097	1112	1224
房地产管理、公用事业、居民服务和咨询服务业	18	25	61	113	188
卫生、体育和社会福利业	467	482	485	596	706
教育、文化艺术和广播电视业	883	867	825	943	1100
科学研究和综合技术服务事业	—	4	31	15	21
金融保险业	192	195	220	276	347
国家(政党)机关和社会团体	1282	1547	1782	2226	2359
其他	289	325	236	704	930

2003 年、2005 年新都区党员职业分布一览表

表 2-11 单位：人

类　　别	2003 年	2005 年	类　　别	2003 年	2005 年
总　　数	24673	26653	非公有经济单位	1765	1756
预 备 党 员	787	903	农 牧 渔 业	12656	12193
女 党 员	5039	5743	离退休(职)人员	3148	3993
少 数 民 族	89	84	其　　他	1838	3210
台 湾 省 籍	4	3	新的社会阶层	357	670
公有经济单位	5266	5501	—	—	—

党员教育管理

【整党教育】 根据中共中央整党决定，1984 年 11 月下旬至 1987 年 4 月，在全县各级党组织和党员中开展整党工作。整党工作分四批进行，第一批是县委、县政府、县人大、县政协的 23 个党组织、261 名党员；第二批是局级机关的 72 个党组织、1001 名党员；第三批是乡镇党委、城乡企事业单位的 431 个党组织、4242 名党员；第四批是村和社区的 313 个党支部、12246 名党员。整党中，自始至终坚持以正面教

育、自我教育为主,依靠广大党员的自觉性,坚持边整边改,严格执行党的政策。各党组织在整党工作中认真进行"一学、二照、三查、四整改",从提高广大党员和党员干部的思想认识入手,把握整党工作的关键环节。为保证整党质量,县委常委、副县长以及人大、政协的党员领导干部实行分线、分片包干负责,切实加强对整党工作的领导。同时,从县级机关抽调187名党性强、作风好、经验丰富的党员干部担任联络员,协助机关和各乡镇搞好整党工作。在村级整党中,全县313个村党支部都由各乡镇党委派联络员。整党后期,进一步健全和完善党的组织生活制度以及"创先争优"活动规划,农村党员制定带头致富、带领群众致富的规划。为巩固和发展整党工作的成果,县委、县政府根据整党过程的经验和教训,建立各种规划和各项制度,定期检查总结。

【党员培训】　每年通过县、乡镇党校分期分批对全县农村党员进行培训,同时各级党组织以举办讲座、培训等形式开展党的知识培训。1991年始,先后参加各种实用技术培训的党员占总数的61%,其中获农民技术职称的党员3626人,占50岁以下党员总数的48%,村党支部书记获农民技术员职称的89%。党员基层干部被授予成都市"科技致富示范户"称号的6人。1993—1997年,各级党组织坚持以"双学"(学理论、学党章)活动为载体,在全县党员干部中开展"讲学习、讲政治、讲正气"为主要内容的党性党风教育。各级共举办理论培训1500期次,受训党员干部10万人次。农村开展实用技术培训,50岁以下党员受训面95%,其中掌握1~2门实用技术达82%,获农民初级技术职称的占37.8%。

1995—2000年,开展农村党员"三带一帮"(推广科学技术党员带头学,发展特色项目党员带头试,调整产业结构党员带头闯;每个党员至少要帮扶1户贫困户)活动、企业"党员责任区"活动、机关事业单位"奉献在岗位""争做优秀公仆"活动。每年参加"三带一帮"的农村党员4200多人,被帮贫困户2900余户,通过党员帮带使许多被帮户收入有较大幅度增长。全县共举办"双学"培训班667期次,参加培训的党员每年95%以上,培训期间购买、制发各类学习资料12万份(册),购买、摄制录像带172部(集)。县、乡镇通过举办各类培训班,使广大农村党员市场经济、法纪观念增强,85%的农村党员掌握至少两门实用技术。4200多名党员获得初、中级农民技术员职称,累计投入培训资金145万元。

2000年始,以农校、农广校为依托,对村干部进行实用技术培训、学历培训和"农民技术员、农村技师"资格培训。全县共印发各类培训、辅导资料8900册,培训村干部6800人次,村干部参加大专以上学历培训的16人,参加中专学历培训89人。通过培训,村两委干部获农民技术员、农民技师以上水平的1008人,占村干部总数的56%。聘请市级以上优秀专家为科技人员讲课9次;举办各类技术培训471期,参训人员9.48万人次;组织科技人员到国外培训94人、在国内考察210人次。专业技术人员晋升为中级职称342人,晋升为高级职称53人。

【民主评议党员】　1987年,按照"从严治党"的要求,在龙桥乡进行从严治党、妥善处理不合格党员的试点。1989—1990年,在全县农村党组织中开展民主评议党员工作,并初步形成制度。民主评议党员工作分为调查摸底、学习教育、民主评议、妥善处置、建立制度五个阶段。全县农村民主评议出不合格党员391人:纪律处分7人(开除党籍3人、留党察看3人、警告处分1人),限期改正259人,自行脱党31人,劝其退党31人,自愿退党34人,取消预备党员资格5人,其他24人(留党察看未满11人、不予登记4人、待处理9人)。

1991年,根据上级文件精神,历时5个月分两批在全县所有党员中开展民主评议工作。第一批于1991年4—6月,在县级机关和县企事业单位党组织中结合"创优争先"活动进行;第二批于1991年10月在全县各乡镇及所属事业单位的党组织中结合"作风整顿"进行。全县共有党员19283人,参加学习的党员18671人,占党员总数的96.83%;应参加评议的党员18906人,评议合格的党员18837人,占应参评总数的99.64%;被评为不合格党员101人,占参评党员数的0.54%。对不合格党员坚持由党委、支部负责人谈话,按照坚持党员标准,立足教育,区别对待的原则,对不合格党员分别给予处置:限改一年59人,党内严重警告1人,留党察看1人,取消预备党员资格4人,开除党籍2人,劝其退党1人,自愿退党1人,自行脱党5人,限改未改除名18人。1991年全县参加民主评议的农村党员16610人,占应参评的99.4%,处置评议不合格的党员14人。

1993—1997年,坚持在全县开展一年一度的民主评议党员、评议党支部的活动,党员参评面97.9%,党员合格率、党支部合格率分别为99.2%、98.9%。受省、市、县、乡镇表彰的优秀党员31893人、先进基层党组织1403个。1996年将“双学”活动与党员民主评议结合,参评率98%,合格率为98.6%,组织处置不合格党员31人。

2000年,全县参加民主评议的农村党员17060人,占应参评的99.7%,处置评议不合格党员11人。结合党员“争先创优”活动,“七一”全县表彰优秀共产党员1758人、先进基层党组织170个。

2005年,以保持共产党员先进性教育活动为契机,深入实施“党员先锋工程”,开展党内“创先争优”活动和共产党员实践“三个代表”重要思想示范行动以及“双向培养”活动。建立考核制度,对党代表在党代会闭会期间发挥作用的情况进行考核,在军屯镇率先进行区、镇党代表述职评议试点工作。2000—2005年,经民主评议党员,共处置不合格党员88人。其中限改未改除名1人,退党除名2人。

【电化教育】 新都党员电化教育工作于1988年起步,1989年增设党员电教室,在全县播放党课教育录像片《认清暴乱真相,站稳党的立场》、电教片《赤诚的风险》等。1991年,县委组织部正式建立党员电化教育办公室,电化教育逐步形成县、乡镇、村三级电教播放网络。同年拍摄的电教片《星光灿烂》参加成都市电教观摩评比,获三等奖。各乡镇依托乡镇党校,建立党员电化教育播放站。1992年,在新都电视台开办党员电教专栏节目《风范录》,摄制播出32部电教片、86条新闻,在市以上电视台播出1部2条,基层播出118部(条)。1993年,县委成立党员电化教育领导小组,全县17个乡(镇)和较大的部门均成立党员电化教育管理机构。县党员电化教育办公室自制电教片33部,播放电教片5274场次,党员收看率98%以上,受教育人数34.58万人次。拍摄的专题片《在奋斗中腾飞》获市电教观摩片一等奖。至1993年,全县有党性教育片105部集,政治形势教育片839部集,经济管理知识片37部集,科技知识片24部集;全县有基层播放点409个,有设备的点303个。1994年获全省党员电化教育先进集体称号。1996年,新都县被确定为成都市播放示范点、四川省电教联系点。

2000年,在新都电视台开辟《党建之窗》专栏,坚持每周播放党员教育专题节目。县委组织部被市委组织部评为“2000年度全市党员电化教育先进单位”,石板滩镇被省委11个部门授牌为全省电教科技示范乡镇,《“村官”李元德》在成都市第六届党员教育电视片观摩评比中获二等奖。到2002年,区、镇(街道)、村三级播放制度健全,播放点普及率100%,建成成都市A级示范播放点3个,区级示范播放点34个,新都镇西北村播放点被中组部电教中心主任李森誉为“电教处”。新都在全市率先完成村级播放点从录像机向VCD转型工作。至2005年,完善《党员电教播放收看工作手册》调阅制、抽查制,实行电教信息报送制、制片素材提供制、党员电教主题制、电教科技致富工程联系制等,被中组部电教中心誉为“具有创新意义”的管理。利用电教培训基层干部、群众6万人次,组织外出参观学习3000人次。石板滩镇被评为省级电教科技致富示范镇;龙桥镇瑞云村的“党员电教科技致富工程”基地被评为市、区、镇三级示范基地。制作的《公推公选顺民意,选好致富带头人》专题片被中组部向全国推荐发行。在2002年省、市首届党员电化教育交叉检查中,新都区党员电教工作名列前茅。1998—2002年被市委组织部连届和连年表彰为“党员电化教育先进单位”。

【流动党员管理】 1995年,县委组织部印发《关于切实加强和改进党员教育管理工作的意见》,加强流动党员的管理。1996年,县委组织部印发《关于进一步加强流动党员管理工作的通知》,在各乡镇建立流动党员服务站,进一步完善“流动党员活动证”制度,颁证率94.1%。1999年,全县共有流出党员277名,其中:跨省流动的32名;持证外出的192名,转出组织关系的8名,开具党员证明信的77名;工人1名,农民256名,机关干部5名,国有、集体企事业单位专业技术人员2名,离退休人员7名。2000年,全县对流出的373名党员、流进的53名党员均颁发流动党员活动证,验证率100%。至2005年,坚持对流动党员的管理和服务。

【保持共产党员先进性教育活动】 2004年11月7日,中共中央发出《关于在全党开展以实践“三个代表”重要思想为主要内容的保持共产党员先进性教育活动的意见》,新都区开展保持共产党员先进性教育活动是省委常委、市委书记的联系点。

全区先进性教育活动分三批次进行。第一批次是区级党政机关及直属事业单位,从2005年1月开始到2005年6月结束。第二批次是城市基层和镇(街道)机关,从2005年7月开始到2005年12月结束。第三批次是农村,从2006年1月开始到2006年6月结束。各单位集中学习教育,按学习动员、分析评议和整改提高三个阶段进行。

【党费管理】 20世纪50年代起,党费交纳标准:月固定收入100元以下,月交0.5%;101~200元,月交1%;201~300元,月交1.5%;301~500元,月交2%;500元以上,月交3%。农民党员,每季0.05元。学生党员、家庭妇女党员,依靠抚恤、救济为生的党员,月交0.05元。1994年2月18日,中共中央组织部对党员交纳党费比例调整为:月工资在400元(含400元)以下者,交纳月工资的0.5%;400~600元(含600元)者,交纳1%;600~800元(含800元)者,交纳1.5%;税后800~1500元(含1500元)者,交纳2%;1500元以上(税后)者,交纳3%。农民党员、依靠抚恤、救济为生的党员、下岗待业的党员每月交0.2元。党员向组织关系所在的党支部交纳党费。持“中国共产党流动党员活动证”的党员,外出期间可以持证向流入地党组织缴纳党费。预备党员从支部大会通过其为预备党员之日起交纳党费。交纳党费确有困难的党员,经党支部研究,报上一级党委批准后,可以少交或免交党费。对不按照规定交纳党费的党员,其所在党组织应及时对其进行批评教育,限期改正。对无正当理由,连续6个月不交纳党费的党员,按自行脱党处理。党费用于党组织的活动,主要作为党员教育经费的补充,其具体使用范围:培训党员,订阅或购买用于开展党员教育的报刊、资料、音像制品和设备,表彰先进基层党组织、优秀共产党员和优秀党务工作者,补助生活困难的党员,补助遭受严重自然灾害的党员和修缮因灾受损的基层党员教育设施。每年按照党员实交党费总数的16%上缴市委。党费由区委组织部代区委统一管理,具体管理工作由区委组织部组织科承办。以区委组织部的名义在工商银行单独设立账户。

基层党组织建设

【农村党组织建设】 1986—1988年,紧紧围绕“坚持四项基本原则,继续深化农村改革,促进农村经济持续增长和农民收入的增加”为中心,探索新形势下农村党建工作的新路子、新方法。先后开展“两个讨论”“争优创先”等活动，推进农村基层党组织建设工作。

1989—1991年，在全县农村开展党员“三带一帮”活动，并和“创先争优”相结合，农村4930名党员帮带困难户5077户，为群众办实事、做好事4899件，参加活动的党员35129人次。1991年、1992年分别对农村软弱涣散的后进党支部班子进行整顿，调整支部书记35人，增加支委107人。全县被评为省级先进村组织4个，被评为市级先进村组织10个，被市委、市政府授予“红旗村级组织”称号1个。

1993—1997年，以“达五好、促小康”为主题，进一步加强基层组织建设。村级组织整顿95%以上，先后调整村支书131人，调整充实支委369人，调整村委会主任137人。1994年，被省委组织部授予“先进乡镇党委”称号4个。1995年、1996年，新都县委被省委、省政府评为“四川省农村基层组织建设先进县”。1996年，全县从县、乡镇机关共抽派450名机关干部驻村帮社，县委直接抓40个后进村的整建，效果显著，受到基层和群众的欢迎。

1998—2002年，以增强基层组织的创造力、凝聚力和战斗力为目标，结合村级开展学习“三个代表”重要思想活动，以“三级联创”为载体，强化责任，落实措施。1998年，全县17个乡(镇)全面实行政务公开，由群众推荐的112名政务公开监督员督促检查政务公开工作。全县300个村全面实行村务公开，86%以上的社实行社务公开，并建立了标准、规范的村务公开栏。村“两委”换届，推行公推直选，全县共选举产生支部委员1005人，村委会干部1426人，换届后村级班子的平均年龄42.3岁，比换届前下降4.2岁；高中以上文化程度由28%上升到46%，村级班子综合素质明显提高。组织专人对全县10个富裕文明示范村进行走访座谈，推广其先进经验；对未达“五个好”的村分类指导和督促。同年4月，龙桥镇被市委授予“红旗乡镇”荣誉称号，金龙村、皇花村等被市委授予“五个好村党支部”荣誉称号，新繁镇党委书记黄传清被授予“优秀乡镇党委书记”荣誉称号，李明述、张万元等被授予“优秀村党支部书记”荣誉称号，刘刚毅被授予“农村基层组织建设先进工作者”荣誉称号。1999年，全县调整村党支部书记12人，村主任15人，其他村干部28人。到2000年，全县300个村党支部调整面100%。2002年，实施“四大工程”(帮扶工程、千户工程、安身工程、党员先锋工程)，创新和丰富了农村基层组织建设的内容。共组织镇(街道)干部1155人到村开展村级“三个代表”重要思想集中教育。《求是》杂志、《先锋》杂志、《成都日报》、成都电视台、省市“三代”办对新都区村级学教活动情况进行了宣传报道。新都区被省、市评为农村“三个代表”重要思想学教活动先进集体，2个农村基层党组织、4名党员分别被省委、市委评为先进集体和先进个人。全面实施《新都区2001年至2005年干部教育培训规划》，严格执行《党政领导干部选拔任用工作条例》，通过领导班子和个人述职、群众测评，以利于领导班子改进工作。参与群众代表1.8万名，村级班子评议满意率98%。

【非公有制企业党建工作】 1993年，全县乡镇企业建立党组织122个，其中党委1个，总支1个，乡镇“企办”总支8个。1994年3月，省、市委组织部对新都县乡镇企业党建工作进行调查，先后在新都镇、龙虎镇、龙桥镇召开企业党建工作座谈会议，讨论企业党组织设置、党建活动、发展党员等。1994—1995年共发展乡镇企业新党员125名。为增强非公有制企业中党的力量，先后从县乡机关、大中专毕业生、复退军人及农村挑选1200名党员到乡镇企业工作；从农村能工巧匠、党员个体户、乡镇企业党员中选拔近100名懂经济、会管理的党员进“两委会”，使村级班子经济型干部比例上升到90%。1995年，全县非公有制企业党组织发展到180个，党员2720名。同年，县委制定《关于加强乡镇企业党的建设的意见》，明确党组织参与企业生产经营管理的途径和方式。2003年，区委制发《在新的社会阶层中发展党员扩大试点工作实施意见》和《新都区非公有制企业党组织工作规则(试行)》，在全区范围内确定31家非公有制企业为试点企业。

截至2005年,全区非公有制企业建党组织418个(其中党委8个,党总支部7个,企业单建党组织197个),覆盖全区503家非公有制企业,非公有制企业建党组织覆盖率23.4%。

干部工作

【干部管理】 1986年4月,在复查历史老案的同时,着重对1985年重新处理的内部留用并被定为"反革命、坏分子"的政治经历与处分问题进行全面复查。全县共查出1958年处理后内部留用的63人。经过复查,恢复公职10人,退休7人,退职3人,1962年前后已经办理退职手续、补发退职费20人,已病故给与抚恤22人,撤销二次处理结论、恢复政治名誉的1人。

1987年始,制定和完善任期目标,建立分工合作、民主生活、工作会议、汇报检查、岗位责任等制度。2002年,纪检监察、组织部门定期分析各级领导干部作风建设状况,动员社会、新闻媒体参与对领导干部的监督。完善了干部谈话、诫勉谈话、任前公示和任期经济责任审计制度,加强对领导干部和干部工作的监督。对全区各镇(街道)、各部门领导班子进行定期分析和跟踪考察、与班子成员个别谈心、谈话70余人次,接待处理干部来信、来访190件次。

2003年8月至2004年8月,按照省市组织、人事部门要求,开展"三项清理"工作,对超职数配备领导干部、违反《党政领导干部选拔任用工作条例》(简称《干部任用条例》的人和事以及不适合从事组织人事工作的人员进行清理整顿,对未按"凡进必考"原则进入公务员队伍人员进行清理整顿。全区共涉及超职数配备领导干部的部门、镇共23个,超配职数26人,根据工作需要,除保留区委办、区政府办、卫生局3个部门各多配1名副职外,对其余20个部门23名超职数人员进行了清理(免职8人,改任11人,交流4人)。1998年8月至2003年8月期间未按"凡进必考"原则进入区(镇)党政机关和区委、区政府保留设置机构及政府直属事业管理机构人员168人,经考试,128人合格,其余40人不合格,予以清退。全区共清理出不符合《干部任用条例》的副处级以上领导干部21人,全部作出免职、降职处理。经面向社会公开征求意见、测评,组织部所有干部得到的优秀票均在80%以上,清理中没有发现不适合从事组织人事工作的干部。在开展"三项清理"工作的同时,结合"公道正派"学习教育,在全区组织系统集中开展作风整顿活动,提高机关全体党员干部的个人素质、业务能力和工作水平,树立热心、真心、诚心的"三心"服务意识。2005年,按照市委组织部《关于对区(市)县中层领导干部和中层非领导职务干部配备及管理情况进行调研的通知》要求,对新都区中层领导干部和非领导干部的配备情况进行分类清理。

【干部培训】 1986年,根据中央、省委有关干部培训的方针、政策,制订全县干部培训规划,鼓励干部在职自学,举办不定期短训班。1988年3月12日,新都县第一所乡镇党校——中共清流乡党校成立,清白乡、桂湖镇、木兰乡等11所党校相继成立。1989年,抽调各乡镇领导参加市委党校干部培训。全县报考县委党校一年制中央党校专修班51人,报考省委党校新都函大专班35人,输送领导干部到省市党校岗位培训14人。1990—1991年,开办领导干部"三基"教育培训班,共培训干部273人。1992年,选派83名乡镇干部到村企业任职。1993—1997年,在全县党员干部中开展"讲学习、讲政治、讲正气"为主要内容的党性党风教育,各级共举办理论培训1500期次,受训党员干部10万人次。1998—2002年,分级分期分批组织干部进行系统培训。采取党校培训与学历培训、理论培训与业务培训、离职培训与在职培训、直接培训与远程培训相结合的办法,增加"三个代表"重要思想、西部大开发、WTO(世界贸易组织)知识、计算机中级技能培训等内容。举办局级干部、青年干部和中层干部培训班51期;依托党校和行政学院,会同有关部门举办专题培训37期次,培训干部3800人次。选派28名干部赴国外学习,6名干部到沿海挂职锻炼,3名年轻干部到市级机关挂职锻炼,145名干部参加市级以上培训。按省、市委组织部要求,调训副局级以上领导干部200多名,参加市级以上培训100多名。2003年,按照“大规模培训干部”的要求,全面实施《新都区2001年至2005年干部教育培训规划》。围绕树立科学发展观、推进城乡一体化、建设规范化服务型政府的内容和要求,制订《2005年成都市新都区干部培训方案》。邀请专家学者和相关部门领导就城乡一体化、基层民主政治建设、村级集体经济发展、妇女教育卫生等14个专题16门课程,以专题讲座形式,分4次集中培训基层干部600人次。

【创建“四好”班子活动】 在各级领导班子中开展“四好”(学习好、团结好、勤政好、廉洁好)活动,把开展“四好”活动的情况作为考核班子的一项重要内容。1993年3月10日,省委、市委组织部考察新都县乡镇“四好”班子活动情况,给予充分肯定。同年4月23日,县委在全省县(市、区)委“四好”活动表彰大会上被省委授予“四好”活动先进班子称号,并以《认真开展“四好”活动,提高县委领导经济工作能力》作经验交流。1996年,县委对“四好”活动先进集体新都镇等7个乡镇和宣传部进行表彰。1998—2002年,坚持对领导班子创“四好”活动一年一次检查考核,两年一次总结表彰。

【民主评议领导干部】 1987年,县委在农林系统和国营工业企业实行领导干部定量和定性相结合的民主评议试点工作,将领导干部的政治素质、业务能力、工作实绩等分解为20个要素和14个要素分别列入《干部德才定性定量考评表》《企业领导干部民主评议表》。取得经验后,1988年采取“一评、二评、三议、四综合、五反馈”的方法,在全县按县级、部委局、乡镇三个层次对领导干部实行民主评议。对23个乡镇党政领导班子及其成员和县各部、委、局、办的正副职领导干部,进行年度政绩考核,被评议考核的领导干部共343人,其中乡镇领导干部160人(含下派挂职锻炼干部23人),部、委、局、办领导干部173人。参评人数2472人,其中基层干部、群众代表各占50%;县乡党代表637人,人民代表673人。被评议考核的领导干部,优秀50人,占14.6%;称职和基本称职288人,占84%;不称职6人,占1.74%。同时民主推荐了德才兼备、实绩突出的中青年干部81人。1989—2005年,把民主评议领导干部作为一项制度,坚持年度评议,评议内容适时调整。通过民主考评,对群众意见大、不胜任现职的领导干部作调整、调动。2000年,一年一度的村民代表民主评议村级班子、村干部活动中,参评群众代表1.8万人,村级班子评议的满意率98%,被评议村干部1697人,其中合格1690人,不合格7人,收集各种建议、意见810条。

【后备干部队伍建设】 1991年,县委组织部制发《关于加强后备干部队伍建设的意见》,将后备干部的培养作为各级党组织的重要工作内容,纳入目标管理。培养的方法主要是各级党校培训和实践中培养。1993年,县委组织部印发《关于进一步加强后备干部队伍建设的意见》。1994年,先后从县级机关选派40名年轻干部到乡镇企业任职、挂职,7名到沿海、沿边学习锻炼,从乡镇机关选派83名年轻干部到村及乡镇企业任职。及时提拔具备领导干部素质的后备干部进领导班子,提拔进县级机关领导班子86人,进乡镇领导班子78人。为进一步改进后备干部的产生方式,广开视野,拓宽知人渠道,1999年起,采取领导与群众、上级与下级、组织人事部门与业务部门、平时考察与民主评议、年度考核相结合等多种形式,推荐和选拔后备干部。2000年选派6名乡镇年轻干部到福建省漳州南靖县进行为期5个月挂职锻炼。2000—2002年,先后选拔92名优秀年轻干部担任领导职务。县级后备干部保持在60名,县级部门、乡镇后备干部保持在300名。至2005年,选拔4名在镇工作的选调生充实到区级机关;选派13名应届大学毕业生充实到镇机关;38 名 35 岁以下干部通过竞争上岗走上中层干部职位;8 名优秀年轻干部走上局级领导岗位。按照新都区《2001—2005 年后备干部培养规划》,建立后备干部和优秀人才库,对后备干部实行多项培养、多岗锻炼和动态管理。选拔一批 35 岁以下、大学本科文化程度以上的优秀年轻干部充实到后备干部队伍中。

【知识分子工作】 1986 年年底到 1987 年年初,对落实知识分子政策工作逐级检查,调动知识分子在"两个文明"建设中的积极性。1988 年 7 月制发《中共新都县委新都县人民政府关于选拔和管理有突出贡献的中青年拔尖人才的意见》,决定从 1988 年起 4 年内在全县选拔一批有突出贡献的中青年拔尖人才,当年选拔 20 名进行重点管理。县知识分子领导小组把县林业局、县工商局、新都一中、清白乡 4 个单位作为知识分子工作联系点,定期听取汇报,帮助解决知识分子的相关问题。1990 年,调整县知识分子领导小组,在人事、科委、宣传、财政、统战、农业、文卫等部门设立办公室,配备专(兼)职工作人员,使知识分子管理和服务工作落到实处。1991 年,表彰县级拔尖人才 18 人。1992 年 11 月 11 日,县委组织部制发《关于开展 1992 年知识分子工作情况检查的通知》,培养、考察、任用优秀知识分子骨干。1997 年始,实施《成都市人才兴市百千万工程》,进一步完善领导干部联系知识分子制度。县委、县政府表彰詹庆富等 24 人为新都县有突出贡献的拔尖人才,表彰卫生局等 6 个知识分子工作先进单位、新都四中校长刘锦等 41 名优秀科技(管理)工作者。提拔 5 名德才兼备的知识分子到领导岗位,7 名优秀科技(管理)工作者由副职提升到正职,78 名青年优秀知识分子走上中层干部岗位。858 名知识分子确定为初级技术职称,224 名晋升为中级职称,17 名晋升为高级职称。加强知识分子网络建设,全县确定知识分子联系点 100 个,各级领导干部联系知识分子 100 名。科技副镇长 17 名,县、镇科技协会 57 个,会员 6106 人。吸收 142 名优秀知识分子为中共预备党员。组织 94 名科技人员到国外培训、210 人次在国内考察。至 2005 年,坚持全面落实党的知识分子政策,解决知识分子工作、生活中的实际问题,进一步营造"尊重知识、尊重人才"的良好氛围。

宣传工作

理论学习

【领导干部理论学习】 20 世纪 80 年代末,县委成立中心学习组,成员由县委常委、人大常务委员会正副主任、政府正副县长、政协正副主席组成。县委书记任组长,县委宣传部部长任秘书,历届班子相沿。中心组学习采取自学与集中学习相结合、听专家讲课与相互交流相结合、个人调研与组织考察相结合的方式进行。中心组每年集中学习至少 12 次,一般每季度组织考察 1 次。每个成员结合自己分管的工作,确定重点课题,开展专题调查研究,每年至少完成有一定理论水平、对实际工作有指导意义的调研报告或论文 1 篇。中心组接受市委宣传部、组织部、讲师团和市委目标督查办的监督和检查。县委宣传部负责制定中心组学习计划及有关工作。

各乡镇、县级机关成立本级中心学习组。各乡镇中心组成员由党委委员、人大主席、党员副镇长组成,党委书记任组长,每年集中学习至少 12 次。县委宣传部每年制发《中心组理论学习安排意见》,组织召开中心组学习经验交流会或理论研讨。1996年起，县委把中心组学习纳入各乡镇、区级机关年度工作综合目标考核。中心组自建立起，做到有领导负责、有学习计划、有学习制度、有学习记录、有学习笔记，学习内容落实、学习经费落实、撰写心得体会或论文任务落实。截至2005年，全区共建中心学习组76个。

县委宣传部于1996年、1999年分别获市委宣传部“党委中心组理论学习组织工作二等奖”和“党委中心学习组理论学习先进单位”。1999年5月，县委中心学习组、宣传部与四川省社会科学院农业经济研究所、四川省中青年农村经济研究会联合主办，在新都县召开“农耕文化与思想解放”理论研讨会，县委宣传部将重点理论文章34篇汇编成《农耕文化与思想解放》一书。

1986—2005年，中心组成员结合各自分管工作，理论联系实际，每年均完成理论文章1~2篇。

【干部群众理论学习】 宣传部坚持每年制定印发理论教育工作意见，安排、组织、指导广大党员、干部和群众认真学习党的基本理论、基本路线和党的方针政策。采取集中培训骨干，举办广播电视讲座、知识竞赛，组织收看电视录像，请专家学者作报告，编(购)发学习辅导材料，召开学习心得交流会、理论研讨会、进行理论考试等。

根据各时期理论学习重点，先后举办学习中共十三大至十六大精神，学习邓小平理论、学习“三个代表”重要思想等骨干培训班；开展“迈向新世纪”“党在我心中”“农村党员干部学习邓小平理论”等知识竞赛和“思想再解放，促进新跨越”“我为和谐新都做什么”等大讨论；邀请省市专家、教授到新都作《认清国际形势、坚定社会主义信念》《九十年代世界经济形势和国内经济形势的展望》《中国加入WTO的形势、机遇与挑战》《推进基层政治文明》《保持共产党员先进性》等专题报告。在新都电台、《新都报》常年开设《理论与研究》专题栏目。20年间，宣传部购发各种理论学习书籍、辅导资料5000本(册)，编发简报79期；举办理论骨干培训班85次，培训人员近万人次；召开理论学习研讨会11次，收到论文647篇；举办理论知识竞赛4次，参赛人员3462人；全区参加《政治经济学》《哲学》《社会主义市场经济知识》考试1.83万人次，成绩优秀者占参考人数的70%以上。

1987—1989年，在四川省干部马克思列宁主义理论教育正规化活动中，组织干部认真学习规定课程《哲学》《政治经济学》《社会主义初级阶段理论和党的基本路线》，获得单科合格证书301人，达到“三科”合格9人，获得省委宣传部、组织部、讲师团颁发的“干部马克思列宁主义理论正规化教育”结业证书。

【党员思想教育】 1986—2005年，县(区)委宣传部和组织部共同承担全区党员教育的工作任务，每年制定全区党员教育的安排意见，并在各乡镇、村建立党团活动室配备电教设备，开展党员教育活动。

区委宣传部先后组织党员重点学习党章、《中国共产党廉洁自律准则》和毛泽东、邓小平、江泽民、胡锦涛有关党的组织、党的建设、党的作风的论述。坚持开展“三基”(马克思主义基本理论、党的基本路线、党的基本知识)教育活动，对党员进行全面系统教育，全区党员受教育面97.3%。先后开展向孔繁森、郑培民等优秀党员学习系列活动。开展“怎样履行好书记的主要职责，当一个称职领导”和“党组织怎样发挥作用，党员如何做一名合格党员”等大讨论。在农村党员中开展“万名党员学技术，带领群众致富奔小康”和“四比四赛”(比生产上的示范作用，赛带头勤劳致富；比完成任务的带头作用，赛遵章守纪；比精神文明的模范作用，赛破旧习树新风；比联系户工作做得如何，赛为人民服务的精神)以及“三带”(带头发展商品经济，带领群众共同致富，带头建设精神文明)等竞赛活动。在区级机关、企事业党员中广泛开展“党员进万家”“党员联系帮扶困难户，送温暖”“回顾历史，展望未来，做合格党员”等系列教育活动。

【研究成果】 1986—2005年,县(区)委宣传部圆满完成了市委宣传部布置的各类理论文章、调查报告的撰写任务。《农村"三户"评选活动坚持经常化、制度化、规范化》等多篇文章被市委宣传部内部刊物《宣传工作动态》《成都宣传》和省委宣传部《宣传资料》采用。1993—2005年,两级中心组成员所撰写的理论文章,分别获得中央、省、市、区优秀论文奖79篇。其中,《学习实践"三个代表"重要思想,切实搞好司法行政"四个服务"》获中央党校党建教研部优秀论文奖,《大力加强精神文明建设的意见》获省社科院优秀科研成果二等奖,《加强党的建设,坚持从严治党》和《围绕经济建设,抓好党的建设》获省委党校党建学会科研成果一等奖,《深化爱国主义教育的探索》获省爱国主义教育指导委员会科研成果二等奖。

1998年,县委中心组秘书、县委常委、宣传部部长倪宗新的理论专著《农村改革发展二十年回眸》由四川人民出版社出版,先后获省新闻出版局"优秀图书奖"和成都市第五次哲学社会科学优秀成果二等奖。撰写的《深化农村改革的战略思考》,入选由中共中央农村政策研究室、国家体改委等9个单位联合举办的"纪念农村改革10周年征文活动"论文,获农村改革10周年理论研讨会优秀论文、省社科院优秀科研成果一等奖。1996年6月,倪宗新主编的理论文集《农耕文化与思想解放》由四川人民出版社出版,先后获省社科院优秀科研成果二等奖和成都市科学社会主义优秀科研成果一等奖。

社会宣传

【舆论引导】 按照"围绕中心,正确导向,加强管理,提高质量"的总体思路,坚持"团结、稳定、鼓励"和"正面宣传为主"的方针,以服从"三个文明"建设,培养"四有"公民为目标,积极实施正确的舆论导向。

1986—2005年,宣传部坚持每年制定下发全区思想政治宣传工作意见,每季度编发宣传报道要点,每月召开宣传工作通气会,适时召开舆情分析会和培训宣传工作人员的制度;建立完善重要时期、重大宣传活动前召开编前会议,确定基调、统一宣传口径的制度;健全对外宣传联系制度和对外宣传品统一编撰制度,严格新闻出版审批制度和新闻发言人制度;落实新闻事故责任追究制度和目标考核制度,全区舆论导向管理工作逐步制度化、规范化。

坚持把宣传党在社会主义初级阶段的基本路线和区委、区政府贯彻执行中央路线、方针、政策,结合地方实际所制定的重大决策及重大举措作为宣传教育工作的核心内容,突出各时期宣传重点。进行现代化科学技术知识宣传教育,普及法律法规知识,营造有法必依、违法必究、依法行政、依法管事的舆论氛围。按照"突出思想教育,发动群众参与,推动经济发展"的原则,以重大节庆活动为契机,坚持"党政搭台,企业唱戏,文化造势,宣传开路"的做法,发挥文化艺术服务经济建设的功能。

【对外宣传】 1986—2005年,县(区)委宣传部结合新都"三个文明"建设各时期的特点、特色,制定对外宣传计划,开展对外宣传,不断扩大新都知名度。先后邀请新华社、人民日报社、中央电视台、四川日报社、成都日报社、成都晚报社、成都商报社等新闻媒体,多次到新都重点采访,多角度、多层次、全方位宣传新都。新都电视台上送中央、省、市广播电视台被采用的稿件量年均50件以上;《新都报》(后更名《新都资讯》)上送中央、省、市各类报刊杂志被采用的稿件量年均150件以上;区委报道组上送中央、省、市各类报刊杂志被采用的稿件量年均500件以上。

2003—2005年,外宣办上送的稿件,被市以上报刊杂志、广播电台、电视台采用3458篇。其中被新华社、中央电视台、《人民日报》《中国青年报》《光明日报》《经济日报》《新华每日电讯》《半月谈》等中央级媒体采用136件。2004年,中央、省、市三级报刊、广播电台、电视台记者到新都采访、报道新都区推行基层民主政治建设的具体做法和成功经验，全国各地党委、政府派团到新都参观、考察，学习取经，被主流媒体称为“新都现象”。

【宣传队伍与阵地建设】 1986年起，县委宣传部以培育“五支队伍”（宣传员队伍、通讯报道队伍、文艺创作队伍、文艺演出队伍、信息员队伍）为切入点，依托文化宣传阵地，通过培训、引进、发现民间人才等多种形式，不断推进宣传文化队伍建设。截至2005年，共举办宣传报道培训班248期，培训人员1.2万人次。区内人数较多、规模较大的单位建立了理论辅导和宣传报道队伍，各镇（街道）建立了业余文化演出（创作）、电影录像放映和农业科技知识推广队伍，区美术书法协会、音乐舞蹈协会、摄影协会等拥有一批骨干成员。

全区宣传文化阵地由区、镇（街道）、村（社区）三级构成。区级主要有广播电台、电视台、新都报社（新都资讯社）、总工会、香城新都网、文化馆、图书馆、新华书店、电影公司、芙蓉花川剧团、文管所、博物馆、体育场、青少年活动中心、老干部活动馆及5个爱国主义教育基地和10个青少年德育基地。

镇（街道）宣传文化阵地有广播站、文化中心（站）、党校、农校、法律服务所等。1997年，17个文化站（中心）中，达省级标准一级文化站6个，二级文化站7个，三级文化站3个。

村（社区）宣传文化阵地有广播室、农村综合服务站、党团活动室和宣传专栏。农村有线广播网络覆盖全区。1990年6月19日，朝鲜广播电视委员会委员长、最高人民委员会议员郑和哲率团到新都参观团结村有线广播时说：“新都农村广播事业太伟大了。”

【党报党刊征订发行】 1986—2005年，县（区）委宣传部担负着全区党报党刊征订发行工作，每年均完成市委下达的任务。其中1995—1997年，连续3年被市委宣传部评为党报党刊发行先进单位。

1986—1990年，省、市宣传部每年下达“四报三刊”（《人民日报》《四川日报》《成都晚报》《四川农村日报》和《红旗杂志》《半月谈》《党的建设》）征订任务，宣传部将分配的征订任务下达给各乡镇、部门和企事业单位，一度作为目标考核，要求各单位优先保证征订党报党刊所需经费。1991年起，增加由中央宣传部主管的《党建》、中宣部宣传局主办的《时事报告》、四川省委宣传部主办的《台港报刊参阅文摘》等内部刊物的征订和发送工作。2000年起，报刊杂志日渐市场化，以行政措施征订的种类和数量逐年减少，内部刊物征订发行工作逐年淡出。1993年4月，《新都报》创办后，宣传部负责征订发行。2004年更名为《新都资讯》后，免费赠阅。

【新都资讯】 《新都资讯》前身为《新都报》，是区委、区政府机关报。新都报社为正局级事业单位。《新都报》1993年4月18日创刊，每月2期（8开4版套红）；1994年1月，经四川省新闻出版局批准，改为旬刊（每月出刊3期）；1997年1月改为周刊（每月出刊4期）；2003年3月，《新都报》全面改版为对开4版彩色报，仍为周刊，同年5月改为每周出刊2期。

2003年10月，按照中央和省、市关于报刊治理整顿工作的要求，《新都报》更名为《新都资讯》。新都资讯社归口区委宣传部管理，内设综合新闻部、栏目专刊部、照排发送部和综合管理办公室。

2004年1月，《新都资讯》正式出刊。2005年1月，新都资讯社与新都广播电视台合并。至2005年12月，《新都资讯》共出刊95期。

干部选拔培养

【文教卫生系统干部管理】 1986—2003年,县(区)委宣传部负责对新都高完中、师范校、教师进修校的中层干部,新都各初中、职高的正副校长和正副主任,文化、教育、卫生系统的中层干部进行考察、考核、选拔、任命和管理。

宣传部坚持干部德才兼备的原则和干部革命化、年轻化、知识化、专业化的标准,坚持群众推荐、组织考察考核、充分征求意见、集体研究决定的办事程序,调整充实和任命管理文教卫生系统的基层领导干部。举办培训班,召开经验交流会,开展领导班子创"四好"(学习好、团结好、勤政好、廉洁好)活动,加强领导班子思想政治建设和作风建设,确保各单位各项工作任务圆满完成。

2003年,区委推行公推直选领导干部后,宣传部对区委授权所管理范围内的干部不再直接考核任命。考察、考核、选拔、任命、管理干部的职能转变为协助区委组织部管理文教卫生系统干部。

【干部函授学习】 1985年年初,为提高在职干部文化水平,成立四川省干部函授学院成都分院新都辅导站(简称辅导站),为四川省干部函授学院三级管理体制的基层单位。辅导站行政上接受县委、县政府领导和县委宣传部、组织部直接管理,业务上接受成都分院领导和管理,由宣传部部长兼任辅导站站长。

辅导站主要负责新都地区(包括未建辅导站的青白江区和彭州市)招生报名、组织辅导等管理工作。辅导站办学经费由县财政拨款、学员所在单位缴纳和学员本人适当交费解决。1985—1991年招生6届,共招收全科生202名、单科生30名。辅导站先后开办汉语言文学、财务会计、经济管理等8个专业班。173名学员获得大学专科毕业证书,14名学员获得四川省干部函授学院优秀毕业生称号。1995年,辅导站工作职能归并新都电大。

精神文明建设

【精神文明创建活动】 1980年12月20日召开的中央工作会议,把精神文明建设列为重要议题。1981年2月25日,全国总工会、共青团中央、全国妇联等9个单位联合发出《关于开展文明礼貌活动的倡议》,开展以"讲文明、讲礼貌、讲卫生、讲秩序、讲道德和心灵美、语言美、行为美、环境美"为内容的"五讲四美"文明礼貌活动。1983年2月,增加"热爱祖国、热爱社会主义、热爱中国共产党"内容。时称"五讲四美三热爱"。1986年9月26日,中共十二届六中全会通过了《中共中央关于社会主义精神文明建设指导方针的决议》。

1986—2005年,新都坚持以开展活动为载体,加强社会公德、职业道德、家庭美德教育,把群众性精神文明建设活动引向深入。先后开展农村评选"三户"(遵纪守法户、五好家庭户、双文明户),城镇评选"三家"(卫生之家、五好之家、文明之家),机关企事业单位开展"三优一学"(优质服务、优良秩序、优美环境、学英模树新风),学校开展"三百"(播映100部优秀影片、普及100首优秀歌曲、推荐100本优秀图书),全辖区开展"三创一做"(创文明单位、创文明城镇、创一升位、做文明公民)活动。组织开展以"文明在新都,满意在新都,优美在新都"为主要内容的创建文明行业、文明小区、文明村镇、文明家庭和科教、文体、法律、卫生“四进小区”活动；评选文明新风十佳、十佳文明市民、十佳执法模范、十佳服务明星、十佳文明单位、十佳公务员、十佳文明户、十佳孝星、十佳青年志愿者服务队、百户美好家庭、中小学“百名校星”活动；以“诚信、文明、发展”为主题，以创建文明城市、争做文明新都人为目标的“三讲一树”教育活动。结合校园工作，开展“绿色网吧”专项整治，创建安全文明学校，评选青年文明号等系列活动。组建全区家庭教育中心和心理健康咨询中心，成立少年城管队和文明劝导队。编印《文明知识集锦》10万册。

1990年，全县开展“军地万名党团干向雷锋学习，为民做实事”活动，《四川日报》《四川青年报》、省电视台、《成都晚报》、成都电台、电视台作了大量宣传报道。2001年，宣传部、文明办和政策研究室联合编辑出版《精神文明实录》(82万字)。至2005年，新都结合精神文明建设，在“七一”“八一”“十一”，抗日战争胜利、香港和澳门回归等重大纪念日和元旦、春节等重要节假日，开展形式多样的群众文化艺术活动180余次；利用元旦、春节和地方民间集会日开展文化、科技、卫生“三下乡”服务活动100多次，活动项目112个。

【创建全国文明城市】 新都创建全国文明城市始于2003年。区委、区政府紧紧围绕创建“廉洁高效的政务环境，公平公正的法制环境，规范守信的市场环境，健康向上的人文环境，安居乐业的生活环境，可持续发展的生态环境”六个方面的内容要求，将创建任务落实到全区63个职能责任部门，纳入专项目标进行考核。通过全民动员，精心组织，责任到人，督促检查，齐抓共管，至2005年，全区通过文明城区、文明小区建设，形成城带乡联动，和谐发展的良好氛围。

“窗口”行业、执法部门创文明行业活动覆盖面100%；创文明单位、文明家庭的参与支持率80%以上；政务行为进一步规范，民主决策机制进一步提高；公民权益得到正当维护，勤政廉洁满意度90%以上；社会安全有序，群众安全感大于85%；市场监管力度加大，社会诚信体系，公民思想道德建设显著提升；公共设施与公共交通秩序良好；社会保障体系，城乡社会救助体系逐步完善；医疗与公共卫生深化改革，条件改善的速度大大加快；环境保护与环境质量、城市生态达到或基本达到国家标准指数。

【爱国主义教育】 新都把抓好爱国主义教育列入社会主义精神文明建设的重要内容，引导人们特别是广大青少年树立正确的理想、信念、人生观、价值观。1994年8月23日，中宣部颁布《爱国主义教育实施纲要》。新都于1995年5月，成立新都县爱国主义教育领导小组，领导小组办公室设在宣传部。制发《新都县爱国主义教育实施规划(1995—1998年)》，坚持在群众文化活动中渗透爱国主义教育。1997年，组织全县干部、工人、群众、学生、解放军官兵4.1万人参观《红岩魂——白公馆渣滓洞革命烈士斗争史实展》。组织中、小学校“清明节”到烈士陵园、王铭章墓园扫墓，进行爱国主义教育；各机关、团体组织群众到四川省革命伤残军人休养院参观荣誉馆，接受革命前辈的传统教育。至2005年，区内有四川省革命伤残军人休养院暨荣誉馆、新都区烈士陵园(2001年更名为德育园)等5个爱国主义教育基地和王铭章墓园、桂湖等10个青少年德育基地。

【精神文化产品】 1986—2005年，宣传部认真组织、指导、协调精神文化产品的生产，以满足人民群众日益增长的精神文化生活的需要，推出了一大批社会认可、催人奋进、群众喜闻乐见的精神文化产品，取得了良好的社会效益和经济效益。宣传部组织和直接参与创作的出版物23部，获全国广播电视奖的作品3部。

1992年开始，响应中宣部的倡导，坚持实施“五个一工程”(一本好书、一篇好文章、一部好电影、一台好文艺节目、一项好精神文明活动),坚持弘扬时代主旋律的创作原则,以歌颂党、歌颂祖国,反映新都现状、历史文化、古今名人、政治经济改革、社会进步、经济建设为题材,创作出一批弘扬时代主旋律,贴近生活、贴近实际、贴近群众的作品。至2005年,获文化部、省市优秀作品奖和精神文明建设“五个一工程”奖的文化作品9件。

1988—2005年宣传部组织或直接参与撰写的文章及主要出版物情况表

表2-12

时间	书名	主编(作者)	出版单位	备注
1988.02	致富新花——开发新都高效农业广播征文选	刘贵才 陈玉崇 徐加德 胡志行 许沪 邱晋南 陈嗣益	县委宣传部 县广电局	内部资料新都字000035号
1989.10	香城浪——新都县庆祝建国四十周年文学征文选	张渝新 庄增述	国庆文学征文领导小组	内部资料新都字000039号
1990.01	奋进中的新都——国庆四十周年专题系列片剧本汇编	刘贵才 徐加德 李加模 陈玉崇 许沪 邱晋南 陈嗣益	县委宣传部 县广电局	内部资料新都字000016号
1990.05	薛实甫传	包世根 黄家全 邓永贞	县委党史研究室	
1991.08	党在我心中——新都县庆祝建党七十周年诗歌选	陈维清 刘贵才 张存杰 毛安乐 徐加德 包世根	县委宣传部 县委组织部 县机关工委	新内资许可证000065号
1991.06	在党旗下	唐光全 陈维清 李玉芬 倪宗新 刘贵才 张存杰 李治敏	县委宣传部 县委组织部 县委政研室	
1992.12	兴旺之路——新都县“新兴杯”科教兴县奔小康广播征文选	刘贵才 李加模 徐加德 陈玉崇	科教兴县奔小康广播征文活动组委会	内部资料新都字087号
1996.05	中国国情丛书——百县市经济社会调查(新都卷)	倪宗新	中国大百科全书出版社	获省农经学会、市委政研室“优秀科研成果一等奖”
1996.05	迈向新世纪——四川新都书画文化掠影	倪宗新	县委宣传部 县文明办	
1997.09	新都调研文集(第一卷)	倪宗新	县委宣传部 县委政研室	获市委政研室“优秀调研成果一等奖”
1998.10	农村改革发展二十年回眸	倪宗新	四川人民出版社出版	获省新闻出版局“优秀图书奖”、市政府哲学社会科学优秀科研成果二等奖
1999.08	沃土根深——新都广播电视台获奖作品集	包世根 陈玉崇 邱晋南 宋昌文 陈嗣益	县广电局 新都广播电视台	(川)成内字0497号
1999.06	农耕文化与思想解放	倪宗新 郭晓鸣	四川人民出版社出版	获省社科院、市委政研室“优秀调研成果一等奖”
1999.09	新都家具	倪宗新	99中国新都家具艺术节组委会	
2000.01	改革心声	倪宗新	县委宣传部 县广电局 新都报社	川成新出版内字(2000)第0464号

续表 2-12

时 间	书 名	主编(作者)	出版单位	备 注
2000.06	新都卫生五十年	倪宗新　薛　雪	县委宣传部 县卫生局	
2001.06	新都调研文集(第二卷)	倪宗新	县委宣传部 县委政研室	川成出内字 920010 第 0396 号
2001.10	精神文明实录	倪宗新	县委宣传部 县委政研室 县文明办	川成出内字 920010 第 0550 号
2001.12	新都历史文化丛书（12 卷 14 本）	倪宗新	四川人民出版社	获市政府第六次哲学社会科学优秀成果一等奖
2002	关于增加农民收入的调查与思考	倪宗新　罗文明　曾勇达　张汉勇		获成都市第四届精神文明建设“五个一工程”奖
2004	论文化强市发展战略	倪宗新		获成都市第五届精神文明建设“五个一工程”奖、成都市政府第七次哲学社会科学优秀成果三等奖
2004.06	党委书记直选	罗时武		川成新出内字 920040 第 392 号
2005.09	新都故事	袁道宽	贵州人民出版社	

统一战线工作

民主党派工作

【民主党派组织建设】 1986 年，新都县有民主党派成员 18 人。其中民盟 4 人，民建 3 人，民进 11 人。1987 年 9 月，中国民主同盟新都县临时小组成立，有盟员 13 人；同年 10 月，中国民主建国会新都县支部成立，有会员 16 人；同年 5 月，中国民主促进会新都县支部成立，有会员 26 人；农工党有成员 1 人。1988 年 3 月，民盟成立支部。1990 年 10 月，民进成立总支，辖一中、文艺、桂湖、新繁 4 个支部。1993 年 7 月，民建成立总支，辖桂湖、新繁 2 个支部。2005 年 9 月，农工党四川直属新都支部成立；同年 11 月，民盟成立总支，辖科技、教育、卫生 3 个支部。致公党成都市委在新都区发展成员 3 人。至 2005 年年末，全区有民主党派成员 235 人。其中，民革 2 人，民盟 65 人，民建 74 人，民进 72 人，农工党 6 人，致公党 3 人，九三学社 13 人。

【发挥民主党派作用】 新都各民主党派基层组织坚持中国共产党领导的多党合作和政治协商这一基本政治制度，加强自身建设，在民主监督、参政议政中发挥积极作用。区委、区政府邀请各民主党派负责人或成员参加区委扩大会、区政府办公会、区委中心组学习会，区上重大人事安排、区级领导班子换届、确定重大社会事务工作等均事前召开各界人士民主协商会，征求意见。聘请民主党派成员参与民主监督，2005 年，民主党派成员中有党风廉政监督员 1 人、警风监督员 3 人、检风监督员 3 人、特约人民监督员 2 人、特约人民陪审员 4 人、特约人民监察员 3 人、特约人民审计员 1 人、整顿机关作风巡视员 1 人。邀请新都民盟、民建、民进 3 个基层组织负责人及部分成员多次参加区领导述职测评，列席区政府常务会议。

2005 年,新都区民主党派成员和无党派人士中有省政协委员 2 名、市人大代表 2 名、市政协委员 2 名、区人大常委会副主任 1 名、区政府副区长 1 名、区政协副主席 3 名、区人大代表 2 名、区政协委员 43 名。

党外代表人士工作

【非公有制经济代表人士】 中华人民共和国成立后,新都县曾经参加"公私合营"和"私改"的工商业者共有 2873 户,到 1986 年有原工商企业人员 1208 人。1986 年 12 月,中共新都县委批准恢复新都县工商联,并于 1987 年 6 月,召开第四次会员代表大会,选举产生新一届领导班子。指导帮助县工商联在"四有"(经济上有基础、社会上有地位、政治上有影响、业务上有专长)、"一自愿"的基础上积极稳妥地把有代表性的非公有制经济人士吸纳到县工商联,壮大队伍。指导帮助县工商联召开各次会员代表大会。1993 年 7 月,在县工商联(商会)建立党组,由县委任命统战部一名副部长任党组书记;开始在非公有制经济代表人士中发展中共党员,在有条件的非公有制经济企业中建立中共基层组织。

1996 年起,县委统战部协助县工商联在乡镇建立分会和同业公会。当年 5 月,在新民镇建立第一个新都县工商联分会。1999 年 4 月,县工商联在大丰镇建立新时期第一个同业公会——新都县大丰镇服装业同业公会。截至 2005 年,全区有工商联(商会)镇(街道)分会 13 个,同业公会 1 个。

1986—2005 年,统战部对非公有制经济代表人士作政治安排 320 人次。其中:市人大代表 4 人次,市政协委员 7 人次,区(县)人大代表 32 人次、政协常委 16 人次、政协委员 86 人次,市工商联执委 9 人次,区(县)工商联(商会)会长 12 人次、常委 36 人次、执委 118 人次。

【党外干部党外知识分子】 1991 年,新都县有党外干部 5040 人,占全县干部总数的 64.3%,主要分布在教育、卫生、科技领域及企事业单位。为合理安排使用党外知识分子,县委组织部制定了对党外知识分子选拔、使用、安排原则及后备队伍建设等制度。1999 年,建立党外知识分子个人档案 51 个。2002 年,建立党外知识分子代表人士"人才库"200 多人。2003 年,按"一职二备"的要求储备科级以上党外知识分子干部 129 人。1986—2005 年,为新都第 11—15 届人大和政府考察、举荐党外知识分子代表人士 256 人次。其中,人大常委会副主任 5 人次,副县(区)长 5 人次,人大常委会委员 25 人次,人大代表 165 人次,局(科)级干部 56 人次。为新都政协第 4—8 届委员会考察、协商安排和举荐党外知识分子代表人士 618 人次。其中,政协副主席 18 人次,政协常委会委员 116 人次,政协委员 484 人次。

【落实政策】 1978 年中共十一届三中全会后,根据中共中央关于平反冤假错案的文件,对历次政治运动中涉及的统战对象进行重新审查甄别,1987 年年底,落实政策工作基本结束。对在"文化大革命"等政治运动中受冲击、处理的原国民党投诚起义的军政人员 1263 人进行复查,对 203 名受处理者撤销原判 196 人、免减改性 3 人、维持原判 4 人;给予社会救济 103 人,重新安排工作 37 人,办理退职、退休 28 人,作政治安排 12 人。对有所谓"海外关系"被开除公职、党籍的 3 人恢复公职、党籍。错划的"右派分子"全部纠正。将 366 名"三小"人员(小商、小贩、小手工业者)从原工商业者区别出来,确认其劳动者身份;对原工商企业中的 37 名业务骨干明确了干部身份。对 20 世纪 60 年代被错误精简回农村的 17 人重新安排工作,其代表人士钟泽周、吴柏楷、周建辉等 6 人作政治安排。归还了宝光寺、清真寺、天主教堂被占用的房产 13684.8 平方米。

港澳台和海外统战工作

【统战组织】 至1991年年末,新都籍在台湾人员246人、家庭312户,亲属987人;县境内台属592户,亲属2318人。县内归侨、眷属88户,365人。2005年年底,全区去台湾人员316户、317人;台属317户、3000余人;居住区境内的台胞有50余人。区内归侨、眷属150余户,600余人。

1985年12月,召开新都县侨眷、侨属及归侨代表会议,成立新都县归国华侨联合会(简称侨联)。1987年,中共新都县委成立对台工作领导小组,下设办公室,办公室设在桂湖公园内,由统战部1名副部长任对台工作办公室主任。1990年,新都县人民政府设立"新都县台湾事务办公室",与中共新都县委对台工作办公室实行"一个机构两块牌子、一套人员",合署办公;同年,各乡镇成立台胞接待办公室(或小组);同年9月,成立黄埔军校同学会新都联络组。1992年3月,召开新都县台胞台属代表会议,成立新都县台联。1993年12月,成立新都海外联谊会。统战部及其台办对台湾事务、侨务工作进行组织、指导、协调、管理。

【联谊交往】 1986年,接待台湾、港澳同胞和美籍华人20多批,100余人。1993年,接待"三胞"及外商57批、347人。先后举办抗日战争胜利50周年、60周年纪念活动,邀请台湾梅县同乡会人士到新都拜竭抗日将领王铭章烈士墓、塑像。利用与港澳台及海外有广泛地缘、亲缘、业缘的优势,发挥台侨办、侨联、黄埔同学会及出国留学人员家属联谊的作用,加强与新都籍在外人士的联系,通过乡谊亲情与海外保持长期联系的友人120人。1996年,推动县域内"三胞"亲属开展"四个一活动",即给海外亲属"写一封信、提供一条信息、牵一条线、引进一个项目(或一笔资金)"。1986—2005年,新都芙蓉花川剧团先后到中国台湾、香港地区和新加坡、马来西亚、日本、朝鲜、蒙古、芬兰、瑞典、丹麦、法国、西班牙、德国、比利时、意大利、韩国等国家演出50多场次,广泛接触华人华侨,联络友谊。每年春节、中秋节举行台属、侨眷、侨属、黄埔同学会代表座谈会,增进乡情、亲谊,促进海峡两岸经济、技术、文化等交流。

【引进台资侨资企业】 20世纪90年代起,新都陆续引进台资、侨资企业,至2005年年末,全区有台资企业15家、侨资侨属企业24家。

县委、县政府严格按照《中华人民共和国台湾同胞投资保护法》及其实施细则和《中华人民共和国归侨侨眷权益保护法》及其实施办法,热情支持和帮助台、侨企业到新都投资。定期走访台胞、侨胞、台侨企业,为台商、侨商及时提供信息咨询服务,引导台资、侨资企业健康发展;及时受理台商、侨商投诉,加强督查督办,为台商、侨商排忧解难,保护其合法权益;协调有关部门及时解决台商、侨商遇到的各种问题,为其办理子女升学、转学、婚姻、生育证明等,以及为归侨、侨眷出国出境、定居等办理手续提供服务。

【对台交流交往】 新都对台机构始终坚持中共中央对台交流原则,贯彻落实《四川省台胞接待和居民因私赴台工作规范》。1990—2005年,接待回乡探亲旅游台胞8120余人次,接待台湾中上层人士2658人次。1998年,台北董扬宗率考察团到新都,捐赠人民币20万元维修杨升庵墓园。台湾政治大学教授刘雅灵,客家文化研究专家、台湾太真太阳能设备有限公司总经理张文政先生,美国IBM高级公司高级管理人员郑时宁女士,台湾政治大学东亚所张弘远博士等先后到新都考察。2002年9月,接待原国民党空军幼校六期联谊会的150余名同学,其中有原国民党空军中将、国民党空军副司令孙正,国民党空军中将、国民党民航局局长袁竹远，国民党空军中将、国民党空军后勤司令刘鸿廉和国民党少将史流方、史继誉、陈重廉等。2004年11月，抗日将领王铭章夫人王叶亚华，儿子王道刚、王道义及其家属应邀专程从台湾、武汉等地到新都参加抗日战争胜利60周年纪念活动。每年春节，邀请未回台岛而留于成都地区的台胞、台商到宝光寺祈福。

综合党务

政策研究

【专题调研】 1986—2005年，政策研究室围绕区委中心工作，推进改革开放试点工作，开展专题调研159次，形成调研文稿252篇，包括经济建设、改革开放、党建理论、行政管理、社会发展等5个方面，为区委决策提供依据和参考意见。

1986—1989年，围绕综合配套推进农村改革、加大对外开放、搞活县域经济等方面开展调查研究。形成《农村土地：问题与现实选择》《农村改革与发展综合对策》等系列文稿，提出在农村内部加快乡镇企业发展，减少农村非农就业风险；逐步革除城乡对立的城市户籍制度、就业制度和福利性食品供给制度，推进土地连片集中发展等建议。围绕传统合作组织的重构和新型合作经济的发展开展调查研究，形成《城郊农村合作经济的特点及面临的选择》文稿。围绕基层队伍建设开展调查研究，形成《改进乡镇干部奖励制度的有益探索》《关于改进村干部补贴制度的探讨》等文稿。研究分析全县财税工作，提出在全县范围内开展"三清理"(清理让利期限到期的企业，清理名集体实私有的企业，清理让利部分挪作它用的情况)、实行"三挂钩"(财税任务完成情况同税务人员、乡干部、企业的奖金挂钩)、"一个结合"(税务部门同乡政府结合)、"一个分成"(县对乡财政实行超收分成)的建议。对宏观控制下保持经济快速增长情况进行研究，总结推广"三转、一调、两提高"的经验，即"企业由向上要政策转为向内加强管理挖掘潜力，从重外延扩大再生产转为重内涵扩大再生产，从注重发展速度转为注重效益；努力招商引资，调整产品结构和产业结构；提高企业的技术档次，提高经济效益和企业素质"，这些经验受到时任省委书记杨汝岱的高度赞赏。围绕乡镇企业在新形势下结构性变化开展调查研究，提出加速要素市场的成长发育，矫正扭曲的市场竞争方式；有选择地发展农村工业小区，因势利导加速乡镇企业的相对集中等建议。

1990—2000年，重点围绕深化综合配套改革、扩大对外开放、发展乡镇企业等方面开展调查研究。形成调研报告19篇，就农业发展、农民出路等方面提出意见和建议。其中《深化农村改革的战略思考》一文提出的"加快农村产品经济体制向商品经济体制转换"的总体思路以及"优化配置资源，推进农村的分工专业化；发展服务业，推进农村服务社会化；搞活经营主体，推进农村经营企业化"三条建议，对发展农村经济、解决"三农"问题起到了一定的推动作用。围绕农村改革的总体框架，分项调查研究，形成《现代农业发展的现实选择——新都县高效益农业开发探索》《关于推进农业产业化的调查报告》《推进生猪产业化进程，加快农村奔小康步伐》《烟稻"双千田"，一种成功的高效生产模式》《发挥"龙头"企业作用，把生产和市场连结起来》等意见性和经验性报告。围绕乡镇企业改革和对外开放开展调查研究，形成《对乡镇企业发展中几个问题的思考》《乡镇企业股份制的分析与思考》《引进三线企业，繁荣新都经济》《关于我县乡镇企业的调查和建议》《加快新兴高科技工业园区建设的几点建议》等报告，成为县委部分文件的主要思路。

2001—2005年,重点围绕推进城乡一体化开展调查研究,形成《关于统筹城乡经济发展,加快城乡一体化的实施意见》《发挥资源优势,突出经济特色,切实加快新都旅游业发展》等调研报告12篇。围绕"解放思想、真抓实干"开展系列研讨,编发具有代表性的解放思想理论文章和各级各部门在解放思想、真抓实干方面的新思路、新举措调研报告6篇;围绕基层民主政治建设和规范化服务型政府的调查研究,形成《工作深度决定执行力度》《流程再造:实现服务"零"距离》《创新思维,夯实亲民利民便民基础》等文稿。

【重大课题调研】 1986—2005年,政策研究室完成重大调研课题54个,其中为区(县)委、政府确定的重大研究课题36个,为省、市委部门确定的重大研究课题6个,应省、市刊物委托完成的重大调研课题12个。涉及城乡一体化、改革开放、基层民主政治建设、体制机制改革以及提高城市化水平,与成都市中心城区对接,建设成都市的北部新城等内容。形成的文稿主要有:《农业改革与发展的综合对策》《城市近郊供销社发展战略初探》《深化县级综合体制改革的成功探索》《关于进一步扩大我县对外开放的调查与思考》《发展外向型经济的调查及策略思考》《论乡镇企业发展要素的配置》《以完善政策为支撑,大力推进城乡一体化——对新都区统筹城乡发展的调查与思考》《四大亮点显魅力——新都区推进民主政治建设的成功实践》《开放"三会"提高执政能力——新都区加强执政能力建设的调查》《新都唱响政治文明主旋律》等54篇。

【调研成果】 1986—2005年,政策研究室撰写或参与撰写的论文和研究报告在各级刊物上发表107篇,获区(县)、市、省、国家级表彰奖励67篇。其中,《深化农村改革的战略思考》(1989年),入选由中共中央农村政策研究室、农业部、国家经济体制改革委员会等9个单位联合举办的纪念农村改革10周年征文活动优秀论文集(成都市仅入选2篇),《关于增加农民收入的调查与思考》获成都市第四届精神文明建设"五个一工程"奖。受到各级重视和采纳22篇。

政策研究室主持撰写、编印和出版专著15本:《新潮浪花——新都县综合改革探索》(1986年)、《农村经济·专辑》(1988年)、《新都十年》(1989年)、《改革十年, 新都巨变》(1989年)、《现行农村政策若干具体问题问答》(1990年)、《在党旗下》(1991年)、《中国乡镇企业:现实与前景》(1991年)、《中国国情丛书——百县(市)经济社会调查(新都卷)(1996年)》、《中国乡镇企业:现实与前景初步研究》(1992年)、《新都调研文集I》(1997年)、《农村改革二十年回眸》(1998年)、《农耕文化与思想解放》(1999年)、《新都调研文集II》(2001年)、《精神文明实录》(2001年)、《承诺与期望》(2005年)。

老干部工作

【老干部管理】 老干部局服务对象主要是离休干部和副区(县)级退休干部。1996年,全县有离休干部204人,副县级以上退休干部22人。2005年,全区离退休干部共167人。其中,离休干部130人,退休干部37人。

离退休干部由所在单位负责管理,原单位撤销或合并的,由上级主管部门或合并后的单位负责管理;老干部离退休后一般在新都安置,确需易地安置的,经批准后,由老干部局办理易地安置手续。离休干部(含易地安置在新都的离休干部),身边无子女的,由劳动、人事部门负责调一名已工作的子女(包括子女配偶)到安置所在地工作,以照顾老干部的晚年生活。

老干部离退休后,基本政治待遇不变,由原单位组织其阅读同级在职干部阅读的重要文件、听取重要报告,参加一些重要的政治活动。党员干部离休后,编入原单位党组织。易地安置的党员离休干部,新都、新繁片各成立党的支部委员会1个,分别隶属于机关党委、新繁镇党委。每月分新都、新繁片组织老干部学习各1次,及时学习各级重要文件、会议精神及领导重要讲话,听取老干部意见。

老干部的住房,由原单位按同级在职干部的住房标准优先安排;易地安置需要由组织解决住房的,由原单位与接受安置的地区或单位协商解决。离休干部因公出差,因病急诊、住院,所在单位派车或按规定每月发给交通补助费;离休干部享受特约医疗,医药费实报实销。每年对离退休干部进行体检1次。2005年,离退休老干部的电话费由原来每月30元提高到每月100元。

离休干部住院,由原单位和老干部局的领导看望和慰问;离休干部逝世后,由原单位负责从简办丧事,一般不开追悼会。春节、重阳节,区(县)委、区(县)政府拨专款,由区(县)领导带队,对离退休干部分片集中慰问。离退休干部反映的问题,做到件件有交待、事事有着落,重大问题由区按政策处理。离休干部的特需费,每年列入预算,统一使用。

【老干部活动馆】 1986年年初,县委决定在新都镇状元村划拨6.9亩土地修建老干部活动馆。工程于1986年11月动工,1988年5月完工,1988年6月2日正式开馆。活动馆建筑面积1700平方米,设有会议室、茶厅、棋牌厅、书画室、阅览室、乒乓球室、摄影室及门球场。1988年9月,老龄委将老年学校(后更名为老年大学)校址设在活动馆。1997年,县老年人体育协会迁入活动馆。在老干部活动馆活动的人数日均100人,最多时达300人。活动馆的活动经费从最初每年财政拨款1.5万元逐年递增到3.5万元。

2001年10月8日,因城市改造,老干部活动馆闭馆。2005年7月,由区政府出资50余万元将原区委办公楼一层半装修改造并购置设备后,作为老干部活动场所。新活动馆面积约800平方米,设有棋牌室、书画室、电脑室、阅览室、休闲室、健身房、台球室、乒乓球室、会议室等,每天接待老干部50余人。

【老干部文体活动】 根据老干部的兴趣、爱好,成立象棋、围棋、京剧、钓鱼、门球、台球、乒乓球、麻将、书画、摄影、歌咏等活动小组,每月由活动馆组织1~2次单项比赛。不定期开设专题讲座,讲授太极拳、气功、迪斯科、书画装裱、书法、围棋、门球裁判等知识。组织老干部积极参加成都市文体活动,多次获奖。

在国庆、港澳回归、抗战胜利、红军长征等重要纪念日举办书画、摄影展览。在春节、"六一"儿童节、重阳节等节日与中小学、幼儿园、老体协等举行联欢活动。

1996年起,连续与青白江区、川化总厂、金堂县的老干部联合举办书画展6年。

1994—2005年,老干部书画组每年春节到一个乡镇为群众义务书写春联、送春联,走遍新都所有乡镇。书画组用书法配合地税局宣传税法;摄影组用2个月的时间对全县的工业、农业、文化教育、卫生、交通、体育、城建进行采访,在1996年国庆举办《新都在前进》专题摄影展。江枫、李世新、马永庆、邵子一、谭定章等老干部多次到学校作革命传统报告,宣传爱国主义精神。活动馆与新都一职高、新新路小学、西街小学等结成协作单位,开展"讲传统、手拉手"活动。

【老干部历史功绩展】 1991年10月12日,县委组织部、宣传部、老干部局,县人事局、文教局、老龄委、广电局、关工委联合举办新都县老干部历史功绩展览,在老干部活动馆开幕,同年11月23日结束。11月26—30日在新繁镇展出5天。共展出历史功勋章、纪念章360枚,证书240件,图片150幅。从各个方面展示新都老干部在红军时期、抗日战争时期、解放战争时期、抗美援朝、社会主义建设时期艰苦卓绝的战斗历程和历史功绩。展览期间,共接待机关、企事业单位、中小学校、驻军、驻县单位125个,接待上级单位20批次,参观人数3.1万人,包括中组部处长尹业玉和省委老干部局局长林浩在内的360名参观者在留言簿上留下感言。

综合协调

【公文办理】 区委办公室负责区委公文的制作、分发、流转、归档等工作。除区委、区委办公室文件外,区委办公室还主持或参与区党代会、区委全委会、区委常委会、区委工作会、办公会等文件的草拟和制作。

2003年6月,成立新都区电子政务应用推进领导小组和新都区党政网管理中心,正式启动全区范围内的公文网上交换。区委、区人大、区政府、区政协及全区各镇(街道)和60%的区级部门与网管中心联接,实现以公文交换、处理归档和查阅为主要内容的网上公文运转,完成了新都区党政网的基本情况数据库、地方法律法规数据库、文件数据库的电子政务建设。

【接待工作】 区委办公室主要负责接待上级党组织负责人到新都视察、调研或检查指导工作,国内外组织或个人到新都参观考察,基层党组织到区委机关请示汇报,群众来访。1986—2005年,区委先后接待党和国家领导人邓小平、江泽民、胡锦涛、李鹏、李瑞环、田纪云、秦基伟、杨汝岱、杨白冰、吕正操。接待高峰有3次,1985—1986年,省内外团组到新都参观学习农村综合改革试点经验;1992—1995年,招商引资高潮;2003—2005年,省内外团组到新都考察基层党组织负责人公推直选试点经验。

【区委机关工作协调】 区委办公室加强与区委各部门的联系配合,互通情况,协调工作部署,促进区委机关整体功能的发挥。支持政研室、目标办、信访办、机要局、档案局、保密局、党史研究室等归口部门积极开展工作。配合区委机关党总支、工会、团支部、妇委会、老体协等组织开展各项活动。

1993年起,建立县委办、县人大办、县政府办、县政协办"四办"主任联席会制度,县委办为召集单位,联席会每季度召开1次,互通情况,交换信息,协调相关工作事宜。

【信访工作】 1989年,在各乡镇、机关单位和大中型企业分别成立信访领导小组,配备专兼职工作人员,全县各级信访领导小组成员共231人,有专兼职信访干部64人,信访信息人员58人;各村由村长兼管信访工作。由县委副书记与县政府常务副县长分管信访工作,县委办公室副主任、县政府办公室主任主管信访工作。1990年7月30日起,将每月3日定为"县长信访接待日"。1993年7月,不再安排接待日,建立县委、县政府领导值班日制度。2000年12月13日起,设立县长公开电话。2002年起,实行区领导"周三接待日"接待群众来信来访。2003年7月起,成立区信访接待工作领导小组,各镇(街道)、各部门调整信访机构,形成"'一把手'总负责,分管负责人具体抓,一级抓一级,层层抓落实"的信访制度,变群众上访为干部下访,干部深入基层分析群众反映的问题,尽力把矛盾化解在基层。建立健全目标管理责任制、信访定期汇报制度和预测分析制度、信访案件督查督办跟踪制度、信访联席会议制度和信访听证制度。

1986—2005年,信访办共受理接待群众来信、来访43259件次,其中来信20079件,来访23180人次。1993—2000年,政府办公室接待上访群众6000余人次,办理人民来信2000余件。2001年,接待上访群众3200余人次,处理人民来信990余件。2002—2005年,区领导接待群众上访669批、2682人次;批阅群众来信1978件,办理重要信访件53件。

1987—1991年,群众来信来访主要是要求解决职称、工资、调动、计划生育、宅基地、生活困难及历史遗留问题等。1992—2000年,群众来信来访数量有所下降,主要反映农民负担、公粮"三金"、合作基金、供销社股金、城镇贫困企业下岗职工生活困难、工业企业产权制度改革中职工安置、环境污染、征地占地、土地承包等问题。2001年起,群众来信来访呈现上升势头,集体上访多、联名上访多。主要反映房产、企业转制出让、土地权属纠纷、林地权属纠纷、征地安置、房屋拆迁、征占地补偿分配等。2001—2005年,全区共受理群众来信来访38690件次。其中,2004年10859件次,2005年11311件次。

信访案件实行"分级负责,归口管理,谁主管,谁负责"的原则,区信访办重点负责集体上访案件、疑难案件和重复上访案件。1986—2005年,群众集体上访1184批次、14235人次。对集体上访案件,认真听取群众的反映,协调和帮助相关单位解决群众提出的合理要求。先后解决了新都镇五桂村、新繁镇水利村、斑竹园镇顺江村占地、征地、土地承包中的问题;新繁镇蓟家村板式家具厂、制药八厂转制出让问题;新繁拉丝厂土地权属纠纷;石板滩镇光明村1、2社,新民镇金牛村1、2、3、4、8社,龙虎镇永兴村6社,大丰镇黄花村5社,斑竹园镇白云村3社等地群众反映的征占地及补偿款分配问题,避免矛盾激化。

按照中央"因地制宜,量力而行,积极主动解决问题"的要求,处理疑难案件做到不推、不拖、不积、不压。1986—2005年,共办理检举揭发、环境污染、企业转制、专业户受损、公粮"三金"、房屋拆迁、非法集资、拖欠职工工资等疑难案件62件。

对重复上访的案件,进行专项治理。定期分析信访老户、"缠访户"的情况,采取走出去请进来的办法做息诉工作;对确有经济困难者给予适当补助;对历史遗留问题,召开协调会,促使有关单位配合处理。1991—1997年专项处理重复上访案件17件,其中2件长达10余年的房产纠纷案、1件1958年遗留的私房权属纠纷案得到妥善解决。

1988—2005年,信访办深入基层、深入群众调查研究,共编写信访信息调研文章24篇,编撰《信访简报》70期,《信访信息》210条,被报刊采用4条,被市、区领导采纳21条。

目标管理

【目标分级】 1991年始,在全县实施目标管理,管理网络逐步完善。至2005年,全区经济社会目标按层次分为四级。一级目标是全区的总体目标;二级目标是区委、区政府各部门和镇(街道)的目标,是对一级目标的分解;三级目标是各部门、镇(街道)内部科室的目标,是对二级目标的再分解;四级目标是责任到人的目标,是三级目标的细化。区委区政府目标管理督查办公室管理一、二级目标,三、四级目标由部门、镇(街道)管理。

【目标编制】 区级目标体系由经济建设目标、政治建设目标、文化建设目标、社会建设目标和为民办实事目标(惠民目标)五大板块构成,具体板块的内容每年有所侧重。目标编制坚持三个原则:围绕中心,服务大局,突出重点,兼顾一般,注重实效的原则;先进、科学、合理、可行的原则;定质、定量、定进度的原则。目标编制由目标管理部门牵头,自下而上,自上而下,多次协商,征求意见,区委、区政府召开会议讨论通过。目标编制后,各镇(街道)、区级部门按照"横向到边,纵向到底"的原则,将目标层层分解,任务到岗、责任到人。

【目标运行】 目标管理坚持动态管理原则，要求各级建立岗位责任制和规章制度，以规范各级目标责任人的行为。各级责任人定期对部门和下属单位及个人的目标执行情况进行检查，发现问题，及时解决，保证目标正常运行。建立健全目标运行记录，做好目标运行监控的基础工作，为年度考核提供充分依据。开展目标管理后，市委、市政府考核新都年度目标和一级工作目标的监控率均100%，目标完成率95%以上。

【目标考评】 目标考评实行季度自查、半年抽查、年底检查。年底检查前，目督办结合市下达的目标和考核办法，制定考评细则，包括考评的指导思想，组织形式、考核内容、考核程序、评分标准及考核结果的认定和奖惩办法。半年目标抽查由目督办组织实施，年底检查由目督办牵头，会同有关部门组成考评小组进行考核。考核评分结果，经区委、区政府有关会议审定，根据考核分数计算发放年终目标奖金额。

【督查工作】 督查内容主要包括：区委、区政府会议议决的事项、布置的工作任务；区委、区政府及上级文件要求和主要领导批转交办的事项；群众反映强烈的热点、难点问题，政策落实中出现的倾向性苗头问题、重点工程建设等。督查事项确定后，及时下达督查任务，提出督查要求，有关单位及时组织力量进行办理。目督办督促检查，形成督查报告。1991—2005年，督查率、办结率均100%。

保密工作

【保密教育】 1990年始，以宣传贯彻《中华人民共和国保守国家秘密法》为重点，每年组织各级领导干部、涉密工作人员参加各种培训，并将保密教育纳入干部的考核内容。1990年，在全县乡镇以上干部职工中进行保密法规知识考试。1991年上半年，新都县被定为成都市定密工作试点单位，并在新都县召开全市定密工作会议；同年3月，县保密局协助峨影厂在新都拍摄内部保密教育片《天网》片段。先后组织观看保密工作展览、保密技术教育片《筑起网上长城》、保密教育片《信息安全——紧迫的危机》、警示教育片《刘兵、龙向京窃密》。以纪念保密法颁布10周年、15周年为契机，召开座谈会，设立宣传站，发表《做好新时期保密工作，为新都跨越式发展提供保障和服务》专题文章，在党政网开通《保密法宣传月》栏目，加强保密法制宣传教育。2004年3月，区保密局保密业务专网正式开通，通过网上宣传保密法律、法规知识；同年9月8—9日，举办全区涉密人员123人参加持证上岗培训班，经市人事局、市保密局统一考试，取得持证上岗证资格114人。

1990—2005年，共培训各级领导干部、涉密人员1229人。其中：领导干部506人，党政机关涉密人员491人，军工企业、金融系统等涉密管理人员232人。

【保密检查】 保密局每年牵头与公安、文化、教育、工商等相关单位对境内印刷、复印行业、文化市场进行保密监督与检查，对重点涉密单位在涉密通讯、办公自动化和计算机信息系统的分布、管理及保密技术防范情况进行检查。2002年，对全区112家网吧进行为期3个月的清理整顿6次。2003年7月，对17个镇、53个区级部门和驻区金融、税务、军工单位及区级领导涉密计算机上国际互联网进行全面检查。区保密局会同区目督办、区信息办、区委机要局、区档案局及成都市大东网络安全漏洞检测中心，对区委、区政府领导办公室计算机及全区党政机关涉密人员教育管理、要害部门保密管理、涉密载体保密管理、涉密信息传输管理、重点涉密会议和涉密活动保密管理5个方面进行重点检查。

1995年起,县保密局对高考、中考进行全程监督检查,无泄密事件发生。

党史资料征编

【党史资料征集】 1981—2005年,通过查阅档案、发函、个别走访、召开知情人员座谈会等多种形式,共征集200余份、约100万字的党史资料。其中,1984年在桂湖公园湖心楼发现了1927—1929年中共中央、中共四川省委和中共川西特委的文件、刊物汇集共18本(册),部分文件填补了中共中央和四川省委文件汇集的空白,受到中共党史文献部门的肯定。对已征集、收集到的党史资料去伪存真,编写印发了《一支活跃在新都崇义桥的抗日反内战宣传队》《中国共产主义青年团新都县委建立的前前后后》《中共新都特支1939年在新都城乡宣传抗日救亡活动概况》等资料。

【文集编纂】 1988—1994年,编辑出版《新都党史资料》5期、《新都党史文摘》3期、《新都党史》4期及《薛实甫传》,收集汇编《中国共产党新都县历次代表大会文件汇编》文集,党史研究室会同县委组织部、县档案局共同编写出版《中国共产党四川省新都县组织史资料(1927·秋—1987·12)》。1993—2005年,编撰新都党史大事记50万字。1998年,协助市委党史研究室征集编写《光辉岁月》中新都县的稿件图片30余篇(幅)。2002年,编辑新都撤县设区资料专辑——《新的里程碑》。2005年,结合抗日战争暨世界反法西斯战争胜利60周年纪念,协助市委党史研究室搜集新中国成立前中共地下党组织在新都、新繁的活动资料,开展新都区红色历史文化资源的调查和统计工作,完成了抗日战争期间新都人员伤亡和财产损失情况的调查和统计工作。党史工作人员先后在《中共成都地方历史选编》和党史刊物上发表研究文章4篇。

党校(行政学校)工作

【干部培训】 党政干部培训以学习党的路线、方针和政策为主,围绕党的中心工作进行。1991—2005年,先后举办学习马克思主义基础理论、党的基本路线、党的基本知识的“三基”培训班数期。2003年12月,举办为期7天的公推直选新任支部书记培训班,参训60人。1996—2005年,举办局级干部培训班、青年干部培训班各8期,每期培训时间1~2个月,参训974人。主要学习邓小平理论、“三个代表”重要思想、公仆意识、WTO知识、西部大开发及领导艺术、依法行政、公文写作、文学艺术等方面知识。每期培训都要求参训者撰写调研文章,经过考试合格,发给结业证书。局干班、青年班共出调研文集4集。

1995—2005年,举办干部微机培训班10余期,参训900人;举办党建积极分子培训班和党员培训班数十期,参训1万余人。党校与其他单位、部门联合举办公务文书写作培训班、企事业单位行政岗位工晋级考试培训班等数十期,受训1万余人。

2000年5—12月,新都行政学校举办现代科技知识培训班4期,每期10天,参训对象为各机关公务员,参训292人。2002年举办科级干部培训班2期,培训时间分别为15天和1个月,参训113人。主要学习邓小平理论、“三个代表”重要思想、依法行政、领导艺术、公文写作等方面的知识。

【学历教育】 按照《中共中央关于实现党校正规化教育的决定》,县委党校实行短期轮训与学历教育并举。1985年秋季,招收中央党校函授学院大专班学员32人,经过3年学习,1988年7月毕业24人。1993年,根据四川省委党校函授分院要求,成立新都县委党校函授辅导站。至2005年,共招四川省委党校函授大专班学员2068人,毕业1859人,在校209人。函授大专班开设经管、行管、财会和法律专业,学员学完专业所设的18门学科,各科考试及格,撰写4000字以上的论文1篇,答辩通过后毕业。1994—2005年,招收四川省委党校函授本科班学员946人,毕业861人,在校85人。本科班开设经管、行管和法律专业,学员学完专业所设的14门学科,各科考试及格,撰写5000字以上的论文1篇,答辩通过后毕业。1985—1994年,共招收中专班学员620人,毕业616人。中专班开设经管和政工专业,学员学完专业所设学科,各科考试及格并撰写2500字以上的论文1篇,准予毕业。

2002年,新都党校与西南科技大学联合招收大专、本科班学员共80人,毕业45人。2005年,新都党校率先启动"一村一名大学生"招生计划,招收农村经济管理和乡镇企业管理大专班学员85人,毕业64人。

1992—2000年,新都党校连续9年被市委党校、省委党校评为招生先进单位。

【教职工队伍】 为建设一支"思想好、能力强、业务精"的教职工队伍,先后派40人次分别到省、市委党校学习哲学、政治经济学、科学社会主义、邓小平理论和后勤管理等知识。结合区(县)委中心工作,先后有7人到基层工作锻炼。2005年年末,全校教职员中取得研究生学位4人,本科生6人、大专生2人,高级讲师10人、讲师6人。

党校(行政学校)坚持以教学带科研、以科研促教学,每年制定科研计划,目标明确,任务到人。截至2005年,编写各类教育大纲139份,约150万字。撰写各类文章近200篇,被国家级刊物采用20余篇,在省、市、县级报刊上发表150余篇,其中获奖60篇。

·地方人民代表大会及其常务委员会·

DIFANG RENMIN DAIBIAO DAHUI JIQI CHANGWU WEIYUANHUI

1984—2006 年，新都相继召开第十届至第十六届共 27 次人民代表大会会议。区人大常委会依法对区政府、区法院、区检察院（简称“一府两院”）进行工作监督和法律监督，每次人民代表大会会议审议区“一府两院”工作报告，审议区国民经济和社会发展计划及执行情况报告、区财政预决算报告，形成大会决议。审查批准区国民经济和社会发展“七五”至“十五”计划和规划。分别作出“一五”至“四五”法制宣传教育规划的决议。

1986—2005 年，共举行常委会会议 184 次，听取审议“一府两院”工作报告 446 项，决定重大事项 160 项，组织人大代表进行视察和执法检查 93 次。按照“强化人大对国家机关工作人员的监督职能”要求，依法任免国家机关工作人员 1008 人，听取区政府副区长、区政府职能部门局长（主任）的述职报告并作出评议意见。

1986—2005 年，人大常委会组织代表小组活动 146 次。组织代表视察调研，参与代表 1800 人次。邀请人大代表列席人大常委会 108 人次，走访人大代表 2080 人次。讨论和决定区内的政治、经济、教育、科学、文化、卫生、环境资源保护、民政、民族等重大事项，作出决议和决定 64 项。共收到人民群众来信来访 4670 件·人次，办理 4626 件·人次。区人大常委会在乡镇中设立人大主席团并指导乡镇人大主席团开展工作。

人大代表及代表大会

人大代表选举

【区人大代表选举】 按照《中华人民共和国全国人民代表大会和地方各级人民代表大会选举法》《中华人民共和国地方各级人民代表大会和地方各级人民政府组织法》和《四川省〈中华人民共和国全国人民代表大会和地方各级人民代表大会选举法〉实施细则》的规定，按期依法选举人大代表。区人民代表大会代表由选民直接选举产生，每次换届均按法定程序组织选举。成立选举委员会，培训骨干；宣传有关选举工作的法律、法规，发动群众；划分选区，进行选民登记；审查选民资格，张榜公布选民名单，发放选民证；提名推荐、协商、酝酿确定代表候选人；组织选民按程序依法进行选举。

1983—2003 年新都换届选举人大代表统计表

表 3-1 单位：人

届　别	选举时间	选民人数	参选人数	参选率%	当选代表
第十届	1983.12—1984.02	315049	311859	98.98	240
第十一届	1986.11—1987.01	346869	339052	97.75	257
第十二届	1989.10—1990.01	386815	374303	96.77	205
第十三届	1992.10—1992.12	413489	409052	98.93	206
第十四届	1996.12—1997.02	502912	493876	98.7	235
第十五届	2002.12—2003.01	518935	508673	96.96	235

【区人大代表构成】 县第十一届人大代表（1986.11—1987.1 选举)257 人中，女 50 人，占总数的 19.46%；中共党员 167 人，占 64.98%，民主党派和无党派人士 90 人，占 35.02%；工人 23 人，占 8.95%，农民 123 人，占 47.86%，干部 47 人，占 18.29%，教科文卫 55 人，占 21.40%，其他 9 人，占 3.50%；大专以上 32 人，占 12.45%，高中中专 82 人，占 31.91%，初中小学 143 人，占 55.64%。

区第十五届人大代表(2002.12—2003.1 选举)235 人中，女 58 人，占 24.68%；中共党员 158 人，占 67.24%，民主党派和无党派人士 77 人，占 32.76%；工人 57 人，占 24.26%，农民 61 人，占 25.96%，干部 90 人，占 38.30%，教科文卫 21 人，占 8.93%，其他 6 人，占 2.55%；大专以上 122 人，占 51.92%，高中中专 48 人，占 20.43%，初中小学 65 人，占 27.65%。

人大代表中大专以上文化程度，2005 年比 1986 年高 39.47 个百分点；工人 2005 年比 1986 年高 15.31 个百分点；干部 2005 年比 1986 年高 20.01 个百分点；农民 2005 年比 1986 年低 21.90 个百分点。

1983—2005 年新都历届人大代表构成统计表

表 3-2　　　　单位：人

届别	代表总数	性别		民族		政治派别			代表行业							文化程度		
		男	女	汉族	少数民族	中共党员	民主党派	无党派人士	工人	农民	干部	教科文卫	个体私营	解放军	其他	大专以上	高中中专	初中小学
第十届	240	184	56	238	2	142	98		12	102	66	45	0	3	12	17	52	171
第十一届	257	207	50	255	2	167	90		23	123	47	55	0	2	6	32	82	143
第十二届	205	161	44	203	2	129	76		23	110	25	31	0	3	13	50	60	95
第十三届	206	154	52	204	2	135	2	69	20	134	18	24	0	3	5	44	53	109
第十四届	235	173	62	234	1	154	2	79	30	79	98	22	3	3	0	81	60	94
第十五届	235	177	58	234	1	158	2	75	57	61	90	21	3	3	0	122	48	65

【市人大代表选举】 1986—2005 年，由出席人民代表大会的代表选举出席成都市第十一届至第十四届人民代表大会的代表共 96 名。

出席成都市第十一届人民代表大会的代表 23 名：陈国贵、赵泳禾、全中太、杨光长、孙毅方、王勇、张守福、李泽先、郑恩、姚裴、黄美涛、张德修、冯朝蓉、张友芳、杨宗超、陈映忠、李兴成、王群光、魏国诠、李义让、李学信、肖祖玉、刘耀均。

出席成都市第十二届人民代表大会的代表 23 名：朱永明、李元本、李果、唐光全、孙吉娥、刘光正、刘志全、刘耀钧、李义让、李兴成、李学信、张瑞兰、宋建忠、邱蜀新、余昌文、林长尤、赵秀云、赵德喜、姜振全、倪世龙、黄泽全、黄贻钦、管维恂。

选举出席成都市第十三届人民代表大会代表 25 名：刘志全、阮百中、李玉芬、李廷轩、李果、汪良吉、沈有春、沈蓉庆、宋建忠、张瑞兰、欧文生、罗其鑫、赵德喜、钟秉章、钱光第、倪世龙、徐立新、唐光全、黄传清、黄载贵、程超、舒銮逸、管维恂、熊静美、樊勇。

出席成都市第十四届人民代表大会代表 25 名(其中 8 名为成都市下派参选)：苏海红、何丽琳、兰成璋、彭安治、马嘉谋、沈蓉庆、陈晓林、秦泽均、牛敏、欧阳诚、蒋莉、戴泓、刘建玲、黄载贵、钟秉章、张瑞兰、童槐、意寂、廖品宽、陈吉元、李兴才、姚玉发、冯文彬、骆大菊、戴晓明。

人民代表大会会议

【第十届人民代表大会】 共召开3次全体代表会议，第一次、第二次会议分别于1984年、1985年召开。

第十届三次会议于1986年3月31日至4月3日在新都镇举行。出席会议代表232名。县委、县政府、县政协领导，县人大常委会各委办、县政府各部门和驻县机关单位负责人列席会议。

会议围绕党的第十二次全国代表大会提出的总任务、总目标，以中共中央、国务院《关于进一步活跃农村经济的十项政策》为重点，听取和审议县人大常委会工作报告、县政府工作报告、县法院工作报告、县检察院工作报告，并表决通过了相应决议。会议要求，要坚持“两个文明”一起抓，大力加强精神文明建设，发展科学技术、教育卫生和文化事业。坚持对内搞活，对外开放的经济改革方针，积极稳妥的调整农业内部结构。提前一年完成县工农业总产值在1983年的基础上四年翻番的奋斗目标。

会议审查批准了新都县1985年财政决算和1986年财政预算报告。

【第十一届人民代表大会】 共召开4次全体代表会议。县委、县政府、县政协领导，县人大常委会各委办、县政府各部门和驻县机关单位负责人列席每次会议。

第一次会议于1987年3月6—9日在桂湖镇举行，出席会议代表246名。会议听取和审议县人大常委会、县政府、县法院、县检察院的工作报告，并表决通过相应决议。会议审查批准新都县1986年财政决算和1987年财政预算报告。大会选举县第十一届人大常委会主任、副主任、委员；选举县政府县长、副县长；选举县法院院长和县检察院检察长。会议要求，要坚持实事求是，进一步深化改革，强化农业基础，大力发展有计划的商品经济。要继续走内涵和外延相结合扩大再生产的路子，努力开展增产节约、增收节支运动。狠抓经济效益的提高，保证全县经济持续、协调发展。要大力加强社会主义精神文明建设，坚持四项基本原则，坚决反对资产阶级自由化，发展文化教育科技卫生事业，加强思想政治工作和社会主义民主与法制建设，为社会主义现代化建设创造良好的社会环境。

第二次会议于1988年3月11—14日在桂湖镇举行，出席会议代表231名。会议在中共十三大精神指引下，围绕党在社会主义初级阶段的基本路线，坚持“一个中心、两个基本点”，进一步解放思想，增强改革意识。会议听取和审议县人大常委会、县政府、县法院、县检察院的工作报告，并表决通过相应决议。会议审查批准新都县国民经济和社会发展第七个五年计划的报告、新都县1988年国民经济和社会发展计划的报告、新都县1987年财政决算和1988年财政预算的报告。

第三次会议于1988年8月29—31日在桂湖镇举行，出席会议代表219名。会议选举出席成都市第十一届人民代表大会的代表。会议采取差额选举，改进候选人提名方式，完善介绍候选人方法。做到充分尊重选举人的意愿，保证选举人有选择候选人的余地。选举出席成都市第十一届人民代表大会的代表23名。

第四次会议于1989年3月25—28日在桂湖镇举行，出席会议的代表242名。会议围绕贯彻中共十三大制定的路线、方针、政策，坚持改革开放，加强民主与法制建设，听取和审议县人大常委会、县政府、县法院、县检察院的工作报告，并表决通过相应决议。会议审查批准新都县1988年国民经济和社会发展计划执行情况及1989年计划的报告、新都县1988年财政决算和1989年财政预算的报告。会议要求，要把改革和建设的重点突出放到治理经济环境、整顿经济秩序上来。要压缩社会总需求，控制固定资产投资规模,抑制消费膨胀,整顿经济生活特别是流通领域中的各种混乱现象,确保当年物价上涨幅度明显低于上年。

【第十二届人民代表大会】 共召开3次全体代表会议。县委、县政府、县政协领导,县人大常委会各委办、县政府各部门和驻县机关单位负责人列席每次会议。每次会议听取和审议了县人大常委会、县政府、县法院、县检察院的工作报告,并表决通过相应的决议。

第一次会议于1990年2月20—24日在桂湖镇举行,出席会议的代表199名。会议围绕学习中共十三届四中全会和五中全会文件,贯彻执行中共十一届三中全会以来的路线、方针、政策,坚持“一个中心,两个基本点”,审查批准新都县1989年国民经济和社会发展计划的执行情况和1990年国民经济和社会发展计划的报告、新都县1989年财政决算和1990年财政预算的报告。大会选举县第十二届人大常委会主任、副主任和委员,县政府县长、副县长,县法院院长和县检察院检察长。会议要求,必须坚持长期持续、稳定、协调发展经济的方针,进一步稳定农村政策,坚持多层次、多渠道增加对农业的投入。要从实际出发,千方百计稳定发展乡镇企业。要切实加强宏观调控,严格控制固定资产投资规模,抑制消费基金过快增长,整顿流通秩序。要进一步振兴科技、教育事业,发展各项社会事业,严格控制人口增长。继续搞好卫星城建设。

第二次会议于1991年2月4—7日在新都镇举行,出席会议的代表187名。会议审议和批准新都县1990年国民经济和社会发展计划执行情况及1991年国民经济和社会发展计划报告、新都县1990年财政决算和1991年财政预算报告。会议要求,必须认真按照中共十三届七中全会和县委八届四次全委扩大会的精神,落实各项工作措施。要勇于开拓,不断进取,进一步改革经营机制、市场体制、外经体制、管理体制、住房制度,深化农村改革,积极探索城郊型经济发展新路子。

第三次会议于1992年3月9—12日在新都镇举行,出席会议的代表196名。会议围绕中共十三届七中全会和八中全会精神,保持社会稳定,促进改革开放,加强民主和法制建设。会议审查和批准新都县1991年国民经济和社会发展计划执行情况及1992年国民经济和社会发展计划报告、新都县国民经济和社会发展第八个五年计划的报告、新都县1991年财政决算和1992年财政预算报告。会议要求,必须坚持社会主义物质文明建设和社会主义精神文明建设一起抓。要深化改革,继续搞好调整,优化经济结构,转换企业机制,增强发展后劲,加强经营管理,提高经济效益,大力发展城乡工业,继续调整农业结构,努力发展各项社会事业,维护社会稳定,治理“三乱”,惩治腐败,为提前实现小康目标创造良好的社会环境。

【第十三届人民代表大会】 共召开6次全体代表会议。县委、县政府、县政协领导,县人大常委会各委办、县政府各部门和驻县机关单位负责人列席每次会议,从第五次会议开始各乡镇党委、人大、政府主要负责人也列席每次会议。

第一次会议于1993年1月5—9日在新都镇举行,出席会议的代表203名。会议结合新都县深化改革、加快发展的实际,坚持党的基本路线,贯彻中共十四大精神,落实县委第九次代表大会确定的任务,加强民主和法制建设。会议听取和审议县人大常委会、县政府、县法院、县检察院的工作报告,并表决通过相应的决议。会议审查批准新都县1992年国民经济和社会发展计划执行情况及1993年国民经济和社会发展计划报告、新都县“八五”计划修改方案、新都县1992年财政决算和1993年财政预算报告。会议选举县第十三届人大常委会主任、副主任和委员,县政府县长、副县长,县法院院长和检察院检察长。会议要求,进一步解放思想,深化改革,扩大开放,要大力发展高产优质高效农业和第三产业,加快县、乡工业区建设和卫星集镇群建设,推进农村工业化、农业高效化和城镇现代化。

第二次会议于1993年8月24—25日在新都镇举行,出席会议的代表192名。会议差额选举出席成都市第十二届人民代表大会的代表23名。补选亢正凤为县第十三届人大常委会委员。确认县第十三届人大常委会接受薛雪辞去县人大常委会委员职务的请求,并作出相应决定。

第三次会议于1994年3月17—19日在新都镇举行,出席会议的代表197名。会议围绕坚定不移地贯彻执行党的基本路线、抓住机遇、深化改革、扩大开放、保持稳定、加速发展,夺取新都县改革开放和现代化建设的胜利,听取和审议了县人大常委会、县政府、县法院、县检察院的工作报,并表决通过相应的决议。听取并审议批准新都县1993年国民经济和社会发展计划执行情况及1994年国民经济和社会发展计划报告、新都县1993年财政决算和1994年财政预算报告。会议听取县政府关于调整本届政府任期经济目标的说明和关于办理1993年人民代表建议、批评、意见的情况报告。

第四次会议于1995年1月14—16日在新都镇举行,出席会议代表198名。会议以邓小平建设有中国特色的社会主义理论为指导,围绕全面落实县委九届三次全委(扩大)会议提出的各项任务,坚持党的基本路线,按照建立社会主义市场经济体制的要求,以经济建设为中心,深化改革,加强社会主义精神文明和民主法制建设,保持社会稳定,全面完成"八五"计划目标任务,促进全县经济持续、快速、健康发展和社会全面进步,为实现"八五"计划和提前三年建成小康县努力奋斗。会议听取并审议县人大常委会、县政府、县法院、县检察院的工作报告,并表决通过相应的决议。会议审查批准新都县1994年国民经济和社会发展计划执行情况及1995年国民经济和社会发展计划报告、新都县1994年财政决算和1995年财政预算报告。会议接受孙吉娥辞去县人大常委会副主任职务的请求,并做出相应决定。

第五次会议于1996年2月5—8日在新都镇召开,出席会议代表231名,列席会议130名。会议听取和审议县人大常委会、县政府、县法院、县检察院的工作报告,并表决通过相应的决议。会议审查批准新都县1995年国民经济和社会发展计划执行情况及1996年国民经济和社会发展计划报告、新都县1995年财政决算及1996年财政预算报告。会议表决通过《新都县国民经济和社会发展第九个五年计划和2010年远景目标规划》的决议。会议要求,1996年及"九五"期间,要坚持党的基本理论,基本路线和基本方针,围绕经济体制和经济增长方式的根本性转变,解放思想,加大改革力度,增强开放实效,坚持科教兴县、依法治县、富民强县,大力推进农村工业化、农业高效化、城镇现代化,保持经济持续、快速和健康发展,努力实现物质文明和精神文明共同进步,为全面实施"九五"计划和2010年远景目标奠定良好的基础。

第六次会议于1997年1月20—23日在新都镇召开,出席会议代表232名,列席会议132名。会议听取和审议县人大常委会、县政府、县法院、县检察院的工作报告,并表决通过相应的决议。会议审查批准新都县1996年财政预算执行情况和1997年财政预算报告、新都县1996年国民经济和社会发展计划执行情况及1997年国民经济和社会发展计划的报告。会议要求,要坚持以邓小平建设有中国特色社会主义理论为指导,全面贯彻党的基本路线和基本方针,落实中共十四届五中、六中全会精神,抓关键、保稳定、促发展,把握大局,稳中求进,切实推进"两个转变",加强农业基础地位,加快改革步伐,加大结构调整力度,提高对外开放水平,努力培育新的经济增长点,坚持科教兴县、依法治县、富民强县,促进国民经济持续、快速、健康发展和社会事业全面进步。

【第十四届人民代表大会】 共召开6次全体代表会议。县委、县政府、县政协领导,县人大常委会各委办、县政府各部门和驻县机关单位负责人、各乡镇党委、人大、政府主要负责人列席每次会议。

第一次会议于1998年1月11—15日在新都镇举行,出席会议代表234名,列席会议129名。会议听取和审议县人大常委会、县政府的工作报告、新都县1997年国民经济和社会发展计划执行情况和1998年国民经济与社会发展计划报告、新都县1997年财政预算执行情况和1998年财政预算报告、县法院工作报告和县检察院工作报告,并表决通过相应的决议。选举县第十四届人民代表大会常务委员会主任、副主任、委员,县政府县长、副县长,县法院院长和县检察院检察长。会议要求,1998—2003年全县要高举邓小平理论的伟大旗帜,坚定不移地贯彻执行党在初级阶段的基本路线,解放思想,求真务实,艰苦奋斗,开拓进取,积极推进经济体制和经济增长方式的根本性转变,努力探索公有制的多种实现形式,大力推进农村工业化、农业高效化、城镇现代化,稳中求进,保持经济持续、健康发展,确保物质文明和精神文明共同进步,实现达高标准小康,奔富裕型生活,建城郊型强县的宏伟目标。

第二次会议于1998年5月5—7日在新都镇举行,出席会议代表235名,各乡镇党委、人大、政府主要负责人没有列席会议。会议听取和审议县政府关于当前农业和农村工作的情况报告,差额选举出席成都市第十三届人民代表大会代表25名。

第三次会议于1999年3月9—12日在新都镇举行,出席会议代表233名,列席会议117名。会议听取和审议县人大常委会、县政府的工作报告、新都县1998年国民经济和社会发展计划执行情况和1999年国民经济和社会发展计划、新都县1998年财政预算执行情况和1999年财政预算报告、县法院工作报告和县检察院工作报告,表决通过相应的决议。会议要求,1999年全县要保持适度的经济增长速度和提高经济发展质量并重,确保农民增收、农村稳定持续发展,狠抓重点企业带动发展,加大基础设施建设和房地产开发拉动发展,大力支持个体私营经济推进发展,突出招商引资、维护社会稳定加速发展,推动全县经济发展和社会进步。

第四次会议于2000年1月7—10日在新都镇举行,出席会议代表234名,列席会议129名。会议听取和审议县人大常委会、县政府的工作报告、新都县1999年国民经济和社会发展计划执行情况与2000年国民经济和社会发展计划报告、新都县1999年财政预算执行情况和2000年财政预算报告、县法院工作报告和县检察院工作报告,并表决通过相应的决议。会议要求,必须高举邓小平理论伟大旗帜,坚持以党的基本路线为指导,全面贯彻落实中央和省市经济工作会议精神,紧紧抓住西部大开发的历史机遇,继续解放思想,加快发展。要突出发展工业经济,促进企业品牌扩张、品牌引进和品牌升级,推进企业技术进步,提高产品质量和企业经济效益;要强调提高农业经济,抓好种养业内部结构及农村劳动力结构的调整,加快农业产业化发展进程;要加快城市化进程,严格城市规划,抓好基础设施建设和房地产业的发展,加强城市管理,提高城市化水平;要继续深化国有和集体工业企业、商贸流通企业和社会事业的改革;要以新都卫星城工业区为龙头,加大招商引资力度;要加快文教、卫生、旅游等第三产业的发展,加强基本国策的实施;要加强财政金融工作,进一步完善社会保障体系;要加强民主法制建设,全力维护稳定;要加强廉政建设,坚决惩治腐败。

第五次会议于2001年1月11—13日在新都镇举行,出席会议代表234名,列席会议134名。会议听取和审议县人大常委会工作报告、县政府工作报告、新都县2001年国民经济和社会发展第十个五年计划纲要的说明、新都县2000年国民经济和社会发展计划执行情况与2001年国民经济和社会发展计划报告、新都县2000年财政预算执行情况和2001年财政预算报告、县法院工作报告和县检察院工作报告,并表决通过相应的决议。选举县长和补选县人大常委会委员。会议要求,必须高举邓小平理论伟大旗帜,坚持以党的基本路线为指导,全面贯彻落实中央和省市经济工作会议精神,继续解放思想,加快发展。要加大改革开放步伐,培植新的经济增长点;始终以抓项目为重点,加大项目建设力度;提高企业质量和效益,加速工业经济发展;加快农村经济发展,千方百计确保农民增收;加快基础设施建设,推进城市化进程深入实施科教兴县战略,促进社会事业全面进步;抓好财税金融工作,确保财政增收和金融稳定;加强民主法制建设,维护社会安定团结;坚持为人民服务宗旨,切实改进政府工作。

第六次会议于2002年3月5—8日在新都镇举行,出席会议代表232名,列席会议142名。会议听取和审查区人大常委会、区政府、区法院、区检察院的工作报告,并表决通过相应的决议;审查批准新都区2001年国民经济和社会发展计划执行情况及2002年国民经济和社会发展计划安排、新都区2001年财政决算和2002年财政预算。听取区政府《关于办理区十四届人大五次会议代表建议、批评、意见》的报告。会议选举区检察院检察长。会议要求,要坚持以邓小平理论和中共十五大精神为指导,进一步贯彻落实江泽民同志"七一"重要讲话、中共十五届五中、六中全会和中央、省市经济工作会议精神,按照"三个代表"重要思想要求,紧紧抓住我国加入WTO、西部大开发和新都撤县设区的历史机遇,坚持实施扩大内需的方针,继续深化改革,加快结构调整;坚持求实创新,突出发展工业经济,狠抓招商引资;加强基础设施建设和环境综合整治,加速城市化进程;加强民主法制建设,维护社会稳定;进一步转变政府工作职能,改善服务环境。

【第十五届人民代表大会】 共召开6次全体代表会议。区委、区政府、区政协领导,区级机关部门和驻区单位负责人,各镇(街道)党(工)委、人大、政府(街道办)主要负责人列席每次会议。

第一次会议于2003年1月18—22日在新都镇举行,出席会议代表234名,列席会议117名。会议听取和审查区人大常委会、区政府、区法院、区检察院的工作报告,并表决通过相应的决议。审查并批准新都区2002年国民经济和社会发展计划执行情况的报告及2003年国民经济和社会发展计划安排、新都区2002年财政预算执行情况的报告及2003年财政预算。选举区第十五届人民代表大会常务委员会主任、副主任、委员,区长、副区长,区法院院长和区检察院检察长。会议要求,在2003—2007年的工作中,必须高举邓小平理论伟大旗帜,认真实践"三个代表"重要思想,全面贯彻中共十六大和中央经济工作会议精神,以经济工作为中心,以群众利益为根本,以民主法纪为保障,以全面小康为目标,把"四路两区"作为区政府"一号工程",调动一切积极因素,抢抓机遇,开拓创新,发挥后发优势,谋求先发效应,加速经济社会发展。

第二次会议于2003年8月11—12日在新都镇举行,出席会议代表231名,列席会议136名。会议差额选举新都区出席成都市第十四届人民代表大会代表25名。

第三次会议于2004年3月10—12日在新都镇举行,出席会议代表223名,列席会议109名。会议听取和审查区人大常委会、区政府、区法院、区检察院的工作报告,并表决通过相应的决议;审查批准新都区2003年国民经济和社会发展计划执行情况的报告及2004年国民经济和社会发展计划安排、新都区2003年财政预算执行情况的报告及2004年财政预算;补选区法院院长。会议要求,要继续高举邓小平理论伟大旗帜,在区委的领导下,以"阳光"理念、"五气"精神、"四事"作风,躬身实践"三个代表"重要思想,树立科学的发展观,统筹城乡发展,大力推进城乡一体化;坚持工业强区,推进工业新跨越;发展现代都市农业,开拓农业发展新局面;加快城市化进程,增创服务业新优势,努力实现全区经济社会全面、快速、持续、协调、健康发展,为加快"三个转变",推进"三新""三最"做出新贡献。

第四次会议于2005年1月17—19日在新都镇举行,出席会议代表217名,列席会议95名。会议听取和审查区人大常委会、区政府、区法院、区检察院的工作报告,并投票表决通过相应的决议;书面审查批准了新都区2004年国民经济和社会发展计划执行情况的报告及2005年国民经济和社会发展计划安排、新都区2004年财政预算执行情况的报告及2005年财政预算。会议要求,必须坚持以邓小平理论和"三个代表"重要思想为指导,以科学的发展观统领城乡经济社会发展全局,坚持"阳光政府"理念、"五气"精神、"四事"作风,全面深入推进城乡一体化,全方位深化改革开放,努力推进工业强区战略,做大做强支柱产业,实现“三年财政翻番”,着力加强城乡基础设施建设,大力加强精神文明建设、民主法制建设和政府自身建设,努力创造和谐稳定的社会环境,在区委的领导下,组织全区人民创造新业绩、开创新局面,促进人与自然、经济与社会的协调发展,为实现区委确定的奋斗目标而努力工作。

第五次会议于2006年1月12—16日在新都镇举行,出席会议代表220名,列席会议117名。会议听取和审查区人大常委会、区政府、区法院、区检察院的工作报告,新都区国民经济和社会发展第十一个五年规划纲要的说明,并投票表决通过相应的决议;书面审查批准新都区2005年国民经济和社会发展计划执行情况的报告及2006年国民经济和社会发展计划安排、新都区2005年财政预算执行情况的报告及2006年财政预算。会议要求,在2006年的工作中,必须坚持以邓小平理论和“三个代表”重要思想为指导,坚持科学发展观和“三个有利于”标准,按照“工业强区、项目带动,城乡统筹、三产互动”的思路,加速实施“三个集中”,继续深入抓好“三大工程”,纵深推进“三大战略”,全面加强政府自身建设,加快“融入成都、联结德绵,壮大支柱、错位发展”步伐,促进城乡经济社会协调发展,富民强区,实现跨越。

1986—2006年新都历次人代会建议、批评和意见情况统计表

表3-3　　单位:件

届别	会议	时间	建议、批评、意见	规定时间内办理完毕
第十届	第三次人代会	1986.03	94	94
第十一届	第一次人代会	1987.03	86	86
	第二次人代会	1988.03	137	132
	第三次人代会	1988.08	8	8
	第四次人代会	1989.03	81	81
第十二届	第一次人代会	1990.02	107	107
	第二次人代会	1991.02	169	169
	第三次人代会	1992.03	96	96
第十三届	第一次人代会	1993.01	82	82
	第二次人代会	1993.08	16	16
	第三次人代会	1994.03	38	38
	第四次人代会	1995.01	62	62
	第五次人代会	1996.02	45	45
	第六次人代会	1997.01	43	36
第十四届	第一次人代会	1998.01	87	82
	第二次人代会	1998.05	11	11
	第三次人代会	1999.03	90	87
	第四次人代会	2000.01	96	90
	第五次人代会	2001.01	93	90
	第六次人代会	2002.03	85	83
第十五届	第一次人代会	2003.01	91	91
	第二次人代会	2003.08	8	8
	第三次人代会	2004.03	75	75
	第四次人代会	2005.01	118	113
	第五次人代会	2006.01	86	86

说明:每次会议收到代表提出的建议、批评、意见,会后交有关部门办理,并听取政府办公室关于办理上次会议代表建议、批评和意见的情况报告

人民代表大会常务委员会

人大常委会工作机构

【人大常委会组成】 新都人民代表大会常务委员会由每届第一次人民代表大会选举产生。1986—2005年,经历6届人大常委会,每届设主任1名、副主任4~7名、委员8~13名。

1986—2006年新都历届人大常委会主任、副主任名录

表3-4

届别	任期时间	姓名	性别	职务	党派
第十届	1984.03—1987.03	梁酒生	男	主　任	中共党员
		刘茂林	男	副主任	中共党员
		李银亮	男	副主任	中共党员
		薛荣第	男	副主任	中共党员
		周学良	男	副主任	无党派
第十一届	1987.03—1990.02	张守福	男	主　任	中共党员
		高俊峰	男	副主任	中共党员
		刘茂林	男	副主任	中共党员
		罗远述	男	副主任	中共党员
		刘耀均	男	副主任	无党派
		刘书全	男	副主任	中共党员
第十二届	1990.02—1993.01	张守福	男	主　任	中共党员
		高俊峰	男	副主任	中共党员
		黄柏林	男	副主任	中共党员
		刘书全	男	副主任	中共党员
		刘耀均	男	副主任	无党派
第十三届	1993.01—1998.01	唐光全	男	主　任	中共党员
		孙吉娥	女	副主任	中共党员
		先心中	男	副主任	中共党员
		张存杰	男	副主任	中共党员
		刘耀均	男	副主任	无党派
第十四届	1998.01—2003.01	唐光全	男	主　任	中共党员
		李玉芬	女	副主任	中共党员
		先心中	男	副主任	中共党员
		李长衡	男	副主任	中共党员
		潘明先	男	副主任	中共党员
		阮百中	男	副主任	无党派
第十五届	2003.01—2006.01	欧阳诚	男	主　任	中共党员
		史宣治	男	副主任	中共党员
		王世崇	男	副主任	中共党员
		潘明先	男	副主任	中共党员
		谢美坤	男	副主任	中共党员
		张瑞兰	女	副主任	民盟会员
		古利加	男	副主任	中共党员
		陈怀江	男	副主任	中共党员

说明:孙吉娥于1996年2月退休

第十届常务委员8人:李世全、刘叔祥、张治国、陈宗富、陈国富、彭仪范、胡开俊、刘耀均。

第十一届常务委员10人:陈宗富、余仲尤、彭仪范、陈国富、李尚礼、马世金、刘菊贞(女)、马留文、薛雪、陈定友。

第十二届常务委员11人:先心中、马留文、李尚礼、陈定友、陈德彰、罗行然、贾舜英(女)、彭仪范、喻明秀(女)、廖仁松、薛雪。

第十三届常务委员13人:向启明、尚群惠(女)、赵秀云(女)、尹大荣、刘正清(1996年5月辞职)、刘青富、李尚礼、陈定友、曹仕银、喻明秀(女)、廖仁松(1996年5月辞职)、薛雪(1993年8月辞职)、亢正凤(女,1996年5月辞职)。

第十四届常务委员13人:叶开智、向启明、刘青富、刘康明、汤华、杨德才、张幼珉(女)、赵秀云(女)、聂怀本、喻明秀(女)、曾维林、曾维根。

第十五届常务委员13人:周传志、沈跃新、雷定凤(女)、张西武(2004年7月辞职)、彭轼先、张谨、付利菲(女)、李尚礼、张幼珉(女)、陈敬康、郝跃、意寂、汪健。

【人大常委会办事机构】 1985年,县人大常委会设置办公室、经济建设组、政法组、教科文卫组和代表联络组。

1986年5月,经县第十届人大常委会第十七次会议决定,设置办事机构:办公室、财政经济建设科、法制科、教科文卫科和代表联络科。

1989年1月,经县第十一届人大常委会第十三次会议决定,设置办事机构:办公室、法制工作委员会、财经工作委员会、农村工作委员会、教科文卫工作委员会和代表联络工作委员会。

2002年7月,根据《中共新都县委新都县人民政府关于实施〈新都县机构改革方案〉及有关问题的通知》,参照《成都市人大机关机构改革方案》精神,区人大常委会设置办事机构:办公室、法制工作委员会、财经工作委员会和教科文卫工作委员会。

2005年11月,经新都区机构编制委员会批准,增设人事代表联络工作委员会。

【人大常委会办公室】 设主任1人,副主任2人,下设秘书科、信访科、财务科。主要职责是:牵头并协调人代会、常委会、主任会议及其他重要会议的有关准备和会务工作;草拟常委会及办公室的有关文件;负责对区政府贯彻实施有关工作方面的法律、法规的情况进行监督检查;检查督促人民代表大会及其常委会通过的有关决议、决定及审议意见的执行落实情况;围绕常委会会议有关审议议题进行调查研究,向常委会会议提供必需的调查意见、审议意见等有关材料;制定常委会组成人员、人大代表参加视察和执法检查活动方案,报经人大常委会主任会议批准后组织实施;负责群众来信来访;负责机关公文的制发和管理;负责机关后勤事务的管理和服务;参加"一府两院"及联系部门召开的有关会议或重要活动;负责对外联系、接待;办理常委会或主任会议交办的事项。

【法制工作委员会】 设主任1人,副主任2人。主要职责是:负责对司法机关及所联系的政府部门有关法律法规贯彻实施情况进行监督检查;检查督促人民代表大会及其常委会通过的有关司法工作方面的决议、决定及审议意见的执行落实情况;围绕常委会会议有关审议议题进行调查研究,向常委会会议提供必需的调查意见、审议意见等有关材料,草拟有关工作经验总结及有关领导讲话材料;制定常委会组成人员、人大代表参加有关司法工作方面的视察和执法检查活动方案,报经人大常委会主任会议批准后组织实施。督促办理公民、法人和其他组织不服审判机关、检察机关、公安机关、司法行政机关和其他行政机关做出的判决、裁定、裁决等方面提出的申诉、控告、举报,并对重大案件进行调查,实施个案监督;负责政府及其工作部门报送备案的规范性文件审查工作。督促和协助开展法制宣传工作;参加“一府两院”及联系部门召开的有关会议或重要活动;负责与法院、检察院、公安分局、司法局、法制办、综治办的工作联系;办理常委会或主任会议交办的事项。

【财政经济工作委员会】 设主任1人,副主任2人。主要职责是:负责对政府贯彻实施有关财政经济和城建环保等工作方面的法律、法规的情况进行监督检查;检查督促人民代表大会及其常委会通过的有关财政经济和城建环保等工作方面的决议、决定及审议意见的执行落实情况;围绕常委会会议有关审议议题进行调查研究,向常委会会议提供必需的调查意见、审议意见等有关材料;配合做好上级人大常委会交办的有关法律、法规草案征求意见工作,参与讨论,提出修改意见;制定常委会组成人员、人大代表参加有关财政经济和城建环保工作方面的视察和执法检查活动方案,报经区人大常委会主任会议批准后组织实施;参加“一府两院”及联系部门召开的有关会议或重要活动;办理常委会或主任会议交办的事项。

【教科文卫工作委员会】 设主任1人,副主任2人。主要职责是:负责对政府贯彻实施有关教科文卫、民宗侨工作方面的法律、法规的情况进行监督检查;检查督促人民代表大会及其常委会通过的有关教科文卫、民宗侨工作方面的决议、决定及审议意见的执行落实情况;围绕常委会会议有关审议议题进行调查研究,向常委会会议提供必需的调查意见、审议意见等有关材料;制定常委会组成人员、人大代表参加有关教科文卫、民宗侨工作方面的视察和执法检查活动方案,报经人大常委会主任会议批准后组织实施;配合做好上级人大常委会交办的涉及教科文卫、民宗侨方面的法律、法规草案的征求意见工作,参与讨论,提出修改意见;参加“一府两院”及联系部门召开的有关会议或重要活动;办理常委会或主任会议交办的事项。

【代表联络工作委员会】 设主任1人,副主任2人。主要职责是:负责乡镇人大主席团、街道人大工委和人大代表的沟通、联系、服务工作,指导乡镇人大主席团、街道人大工委和人大代表小组依法开展活动;负责人大代表和镇人大主席、联络员学习培训的组织、服务工作;负责人大代表提出的议案和建议、批评意见的督办工作;负责办理提请人大常委会审议的人事任免等具体事项;负责人大代表资格审查、补选、辞职、罢免、代表资格终止等具体事项。负责新都的省、市人大代表的视察、检查等活动的具体事宜;围绕常委会会议有关审议议题进行调查研究,向常委会会议提供必需的调查意见、审议意见等有关材料;制定常委会组成人员、人大代表参加有关工作方面的视察和执法检查活动方案,报经区人大常委会主任会议批准后组织实施;参加“一府两院”及联系部门召开的有关会议或重要活动;办理常委会或主任会议交办的事项。

人大常委会工作

【法律监督】 新都历届人大常委会坚持依法管理、依法办事的原则,不断加强法律监督,把全民普法教育列入常委会重要工作。“一五普法”期间,听取和审议县政府有关普法工作的汇报,在第十一届人大常委会第十一次会议上,作出关于认真学习贯彻全国人大常委会《关于加强法制教育,维护安定团结的决定》的决议。深入基层大力宣传“九法一例”(宪法、刑法、刑事诉讼法、经济合同法、民事诉讼法、食品卫生法、环境保护法、婚姻法、继承法和计划生育条例),保证“两个文明”建设顺利发展。“二五普法”期间,对农村贯彻实施“两法一例”(农业法、农业技术推广法、农民承担费用及劳务管理条例)的情况进行督促检查,及时纠正存在问题。“三五普法”期间,人大常委会作出《关于在全县公民中开展法制宣传教育第三个五年规划的决议》,选派常委会领导参加法制教育宣讲团,集中进行税法、兵役法、安全生产法等法律宣传,督促检查“创建村民自治示范村”“安全文明小区”活动情况,促进基层法制建设。“四五普法”期间,人大常委会作出《关于进一步开展法制教育的决议》,针对国有企业改制,农村税费改革等一系列热点、难点问题开展法律指导,对中心工作顺利开展起到积极推动作用。针对社会治安存在的问题,人大常委会作出《关于加强我县社会治安工作的决议》,组织常委会委员和人大代表多次深入基层,对贯彻《中华人民共和国治安管理处罚条例》的情况进行视察,督促政法部门、公安机关加大惩治违法犯罪分子的力度,为新都的经济和社会发展创造良好地社会治安环境。人大常委会先后听取法院、检察院《行政诉讼法》《中华人民共和国民事诉讼法》等法律法规的贯彻执行情况;听取和审议了政府贯彻实施《中华人民共和国人口与计划生育法》《中华人民共和国审计法》《中华人民共和国土地管理法》等法律法规的情况报告,针对审议前在调查中发现的问题提出建议和要求。为推进“科教兴区”和大力发展高新技术产业,人大常委会及其有关工作委员会会同科协、科技局、人防办、卫生局、教育局、保密局等检查贯彻实施《中华人民共和国科学技术进步法》《中华人民共和国科学技术普及法》《中华人民共和国传染病防治法》《中华人民共和国民办教育促进法》《中华人民共和国防空法》《中华人民共和国保守国家秘密法》和《突发公共卫生事件应急条例》的情况,并就进一步贯彻好以上法律法规、条例提出指导意见和建议40多条。听取和审议政府贯彻实施《中华人民共和国劳动法》《中华人民共和国食品卫生法》《中华人民共和国药品管理法》等10多部法律法规的贯彻实施情况,针对存在问题提出整改意见和建议30多条。

【工作监督】 人大常委会紧紧围绕经济社会发展、精神文明建设与创建和谐社会等中心工作,加强对“一府两院”的工作监督。

第十届人大常委会先后听取和审议县政府在国民经济和社会发展第八个五年计划的报告、工农业建设方面的汇报55项,作出相应事项决定14项。视察和执法检查34次,督促政府认真执行党的方针政策和国家有关法律法规,深化城镇经济体制改革,增强企业活力,保证全县改革和经济建设事业的顺利进行。

第十一届人大常委会听取和审议县政府在引进项目、资金、技术、人才,横向经济联合,拆迁管理,占用土地等方面的报告70项,作出重大决定15项,组织委员和代表视察、执法检查12次。

第十二届人大常委会听取和审议县政府调整桂湖镇城市规划控制区、初级卫生保健、确定“香樟”为县树、“桂花”为县花等方面的报告71项,重大事项16项,视察、执法检查17次。

第十三届人大常委会针对事关全县的重大事项和人民群众普遍关心的热点问题,听取和审议“一府两院”在围绕深化改革,社会稳定,招商引资,审计工作,劳动和社会保障工作,城市及重点集镇管理,学校教育,医疗卫生等方面的报告79项,作出重大决定26项,开展视察和执法检查18次。

第十四届人大常委会采取走访群众、实地考察和召开座谈会等形式,调查市容管理、计划生育、文化市场、新型农业合作医疗、社区建设、财政收支等99项,对法院执行工作,检察院查处侵权、渎职犯罪,公安分局开展全员大练兵等活动进行检查,作出相应审议意见57项。

第十五届人大常委会围绕全区改革开放、经济发展和社会稳定等重大问题,听取和审议“一府两院”工作报告72项,检查法律法规32项,就全区重大事项作出决议决定32项,组织代表专题视察16次。

1986—2005 年新都历届人大常务委员会会议统计表

表 3-5 单位:次、项

届　别	举行常委会会议	听取审议“一府两院”工作报告	决定重大事项	视察和执法检查
第十届	23	55	14	4
第十一届	22	70	15	12
第十二届	22	71	16	19
第十三届	27	79	26	18
第十四届	52	99	57	20
第十五届	38	72	32	20
合　计	184	446	160	93

【人事任免】 1986—2005 年,人大常委会届期内依法任免国家机关工作人员 1008 人次,其中任命 753 人次,免职 252 人次,撤职 3 人。决定任命的国家机关工作人员中,人民政府代理县长 1 人、副县长 11 人;局长、主任 260 人;人民法院副院长 10 人,正、副庭长 93 人,审判委员会委员 18 人,审判员 122 人;人民检察院副检察长 12 人、检察委员会委员 24 人,检察员 98 人;人大常委会办事机构主任、副主任 104 人。

决定免职的国家机关工作人员中,人民政府副县长 8 人,局长、主任 106 人;人民法院副院长 4 人,庭长、副庭长 47 人,审判委员会委员 4 人,审判员 32 人;人民检察院副检察长 1 人,检察委员会委员 6 人,检察员 23 人;人大常委会办事机构主任、副主任 21 人。决定免职中,撤职局长 2 人、审判员 1 人。

【述职与评议】 从第十二届(1990 年)人大常委会开始,对拟任命的干部进行任前法律知识培训教育和为人民服务的“公仆意识”教育。1991 年后,人大常委会坚持对任命干部既任又管,要求所任命的干部向人大常委会写出任期目标责任书,年终再根据目标任务的完成情况写出述职报告交人大常委会考评。常委会把开展述职评议作为加强对国家机关工作人员监督的重要手段,按照“公正、公开、合法”的原则,通过调查、述职、评议和跟踪监督等方式,促进国家机关工作人员自查自省、及时改进工作,更好地履职尽责,当好人民公仆。

2004 年 12 月,区第十五届人大常委会召开述职评议会。在听取区发展计划局局长张政杰、人事局局长庄举、民政局局长胡宗倏、环保局局长刘建玲、建设局局长涂金全、交通局局长吴强、司法局局长辛洪、科技局局长魏建军、计生局局长曾艳、文体局局长刁瑞成等所作述职报告后,就其任职期间的履职尽责、勤政廉政等方面的工作情况进行评议,并针对存在问题,提出意见和建议。常委会组成人员按“满意、基本满意、不满意”三个档次,采用无记名方式分别对 10 名局长进行书面测评,并当场公布测评结果。常委会委托法工委对由人大常委会任命的区法院、区检察院的庭长、审判员、检察员进行述职评议。

2005 年,区人大常委会对区劳动和社会保障局局长杜伟、水务局局长冯华松、粮食局局长曾维林、教育局局长刘锦等进行述职评议,并采取书面无记名方式对 4 名局长进行民主测评。对区法院 8 名审判员、区检察院 8 名检察员进行述职评议。

【代表联系工作】 人民代表大会闭会期间,常委会组织人大代表开展各项活动,为代表履职尽责创造良好的工作条件。

构建活动组织机制。常委会确定一名委员负责联系代表工作,组建代表小组 14 个,适时组织代表开展学习、视察、调研、座谈等活动。

建立代表联系制度。常委会根据《中华人民共和国全国人民代表大会和地方各级人民代表大会代表法》的要求,制定《关于进一步加强区、镇两级人大代表工作意见》。坚持常委会组成人员联系代表制度,并及时向代表通报常委会工作情况;邀请代表列席常委会会议、参加"一府两院"有关工作会议;组织代表参加常委会调查、视察、专题调研活动和评议"一府两院"工作。

督查督办。对代表提出的建议、批评和意见,常委会加强督促、检查,责成承办单位征求代表意见并将办理结果回复代表本人。

经费保障。对代表活动经费进行年度安排,专款专用,为代表正常开展活动提供后勤保障。

1986—2005 年,人大常委会组织代表小组活动 146 次。组织代表视察调研 1800 人次,参加各种座谈会 600 人次。邀请人大代表列席人大常委会 108 人次。走访人大代表 2080 人次。收到代表建议、批评和意见共 1903 件,涉及"三农"问题、劳动就业、医疗卫生、文化教育、环境保护、安全生产、政治民主、道路收费等,督促、检查有关部门办理、回复。

【指导乡镇人大主席团工作】 1987 年,新都在 24 个乡镇中设立人大主席团并开展工作。2004 年,全区 11 个镇、2 个街道,镇保留人大主席团、街道设立人大工委。镇人大主席、街道人大工委主任分别由镇党委书记、街道工委书记兼任,配备专职副主席(副主任)1 名。镇人大主席团、街道人大工委下设办公室,配备专(兼)职联络员 1 名。

镇(街道)人大主席团(人大工委)在人代会闭会期间组织本级人大代表学习党的路线、方针政策和法律法规,开展视察、调研和评议政府工作,召开例会,听取本级人民政府工作汇报并督促办理人大代表的建议、批评、意见和人民群众来信来访等。

区人大常委会帮助和指导乡镇人大主席团依法开展工作。建立健全联系镇人大主席、街道人大工委主任制度,邀请镇人大主席、街道人大工委主任列席区人大常委会会议,参加区人大常委会活动;培训镇(街道)人大主席(主任)和联络员;适时召开镇、街道人大工作联系会议、交流工作情况和经验;指导安排镇、街道人大代表小组活动。

【审议决定重大事项】 1986—2005 年,新都人大常委会根据各个时期的中心工作和人民群众普遍关心的问题,及时听取和审议"一府两院"的工作报告,讨论和决定本行政区域内的政治、经济、科学、文化、卫生、环境资源保护、民政、民族等工作的重大事项,保证宪法、法律和法规的正确贯彻和各项工作健康发展。

1986—2005 年新都历届人大常委会对重大事项作出的决议决定

表 3-6

时　间	人大常委会会议(文件)	重大事项决议、决定名称
1986.01.21	第十届第 14 次会议	关于县政府贯彻实施《中共中央关于教育体制改革的决定》的意见的决议
1987.03.29	第十一届第 1 次会议	关于认真学习贯彻全国人大常委会《关于加强法制教育维护安定团结的决定》的决议
1987.07.25	第十一届第 3 次会议	关于新都县城镇基本建设拆迁管理实施细则(试行)的决议
1987.11.20	第十一届第 5 次会议	关于深入开展"增产节约、增收节支"活动的决议
1988.01.22	第十一届第 6 次会议	关于《征用、占用土地若干问题的规定》的决定
		同意修改实施九年义务教育规划方案的意见的决定

续表 3-6

时 间	人大常委会会议(文件)	重大事项决议、决定名称
1988.09.29	第十一届第 11 次会议	关于加强我县社会治安管理工作的决议
1988.11.26	第十一届第 12 次会议	关于贯彻全国人大常委会《关于加强民主法制维护安定团结、保障改革和建设顺利进行的决定》的决议
1989.01.14	第十一届第 13 次会议	关于撤科建委,加强人大常委会办事机构的决定
1989.11.16	第十一届第 19 次会议	关于依法治县的决议
1990.05.16	第十一届第 3 次会议	关于对城建局、文教局等八个部门预算内、外奖金 1989 年决算情况和 1990 年预算安排的审查决议
1991.07.25	第十二届第 10 次会议	关于在全县公民中继续开展法制宣传教育的决议
1991.09.21	第十二届第 11 次会议	关于调整桂湖镇城市规划控制区的决议
1992.05.20	第十二届第 17 次会议	关于初级卫生保健工作的决议
1992.12.23	第十二届第 22 次会议	关于确定“香樟、桂花为我县县树、县花”的决议
		关于批准《新都县城乡绿化“八五”计划和十年发展规划》的决议
		关于召开县十三届人民代表大会第一次会议时间的决定
1994.03.30	第十三届第 9 次会议	关于加强初级卫生保健工作力度,认真扎实做好各项迎检工作的决议
1996.09.26	第十三届第 20 次会议	关于在全县公民中开展法制宣传教育第三个五年规划的决议
1997.10.23	第十三届第 33 次会议	关于设立新都县选举委员会的决定
		关于新都县县人民代表大会代表选举时间的决定
1997.12.31	第十三届第 35 次会议	关于召开新都县第十四届人民代表大会第一次会议的决定
1998.01	新都人发〔1998〕10 号	关于设立县第十四届人大常委会代表资格审查委员会的决定
	新都人发〔1998〕14 号	关于切实加强城市初级卫生保健工作的决定
	新都人发〔1998〕23 号	关于批准新都县 1997 年财政决算的决议
1998.11.10	新都人发〔1998〕28 号	关于同意《新都县县城总体规划(修编)方案报告》的决议
		关于全县乡镇人大换届选举工作有关问题的决定
1999.01.11		关于召开县第十四届人民代表大会第三次会议的决定
1999.07.29	第十四届第 12 次会议	关于批准新都县 1998 年县级财政决算的决议
2001.01.13	第十四届五次会议	关于县“十五”计划决议
2001.09.28	第十四届第 34 次会议	关于批准新都县 2000 年财政决算的决议
		关于进一步开展法制宣传教育的决议
2001.10.23	第十四届第 35 次会议	关于全县乡镇人大换届选举工作有关问题的决议
2001.11.30	第十四届第 36 次会议	关于机构改革后县政府部分组成人员任职的决定
2001.12.31	第十四届第 38 次会议	关于撤销新都县第十四届人民代表大会常务委员会设立成都市新都区第十四届人民代表大会常务委员会的决定
	第十四届第 39 次会议	关于撤销新都县人民政府设立成都市新都区人民政府的决定、关于撤销新都县人民法院设立成都市新都区人民法院的决定、关于撤销新都县人民检察院设立成都市新都区人民检察院的决定、关于撤销和设立镇人大主席团的决定
2002.01.30	第十四届第 40 次会议	关于召开新都区第十四届人民代表大会第六次会议的决定
2002.09.27	第十四届第 47 次会议	关于蒋莉任职的决定
2002.10.29	第十四届第 48 次会议	关于批准新都区 2001 年区级财政决算的决议
2002.12.31	第十四届第 51 次会议	关于召开新都区第十五届人民代表大会第一次会议的决定
2003.03.27	第十五届第 2 次会议	关于设立新都区第十五届人大常委会代表资格审查委员会的决定
2003.05.09	第十五届第 3 次会议	关于召开区第十五届人民代表大会第二次会议的决定
2003.05.22	第十五届第 4 次会议	关于推迟召开成都市新都区第十五届人民代表大会第二次会议的决定
2003.07.08	主任会议	关于同意自诉人赵德清诉李朝建故意伤害一案开庭审判的决定
2003.09.26	第十五届第 5 次会议	关于批准新都区 2002 年区级财政决算的决议
2004.03.05	第十五届第 9 次会议	关于召开成都市新都区第十五届人民代表大会第三次会议的决定、关于江海澜代理院长的决定、关于同意刘楠辞职的决定

续表 3-6

时间	人大常委会会议(文件)	重大事项决议、决定名称
2004.05.27	第十五届第 12 次会议	关于进一步加强区人民法院执行工作的决定
2004.07.15	第十五届第 13 次会议	关于同意成都市新都区城市分区规划(方案)报告的决议
2004.08.26	第十五届第 15 次会议	关于同意区人民政府调整我区乡镇行政区域的报告的决定
2004.09.22	第十五届第 16 次会议	关于批准新都区 2003 年区级财政决算的决议
2004.11.24	第十五届第 17 次会议	关于同意张西武辞职的决定
2004.12.10	第十五届第 18 次会议	关于撤销蔡光明职务的决定
2005.03.04	第十五届第 21 次会议	关于同意蜀龙路三期工程和工业东区基础设施建设贷款及还款来源的决定
2005.03.25	第十五届第 22 次会议	关于确认行政区划调整后的新都镇等四镇镇人大代表资格的决定
2005.05.25	第十五届第 23 次会议	关于同意将区财政对成都市新都香城建设投资有限公司财政补贴纳入区财政年度预算的决定
2005.07.27	第十五届第 24 次会议	关于确认行政区划调整后的石板滩镇人大代表资格的决定
2005.09.21	第十五届第 25 次会议	关于同意孙建成辞去区人民政府区长职务的决定 关于批准 2004 年区级财政决算的决议
2005.12.07	第十五届第 26 次会议	关于召开区第十五届人大第五次会议的决定

说明:每次代表大会对人大常委会工作报告、政府工作报告、国民经济和社会发展计划及执行情况报告、财政预算和决算的报告、法院工作报告和检察院工作报告都要审议并形成决议,本表不再列入

【来信来访】 人大常委会将信访工作作为广泛联系人民群众的重要渠道,建立健全信访工作制度,配备专职工作人员,帮助信访群众解决一些实际问题,引导信访群众正确行使申诉、控告、检举的民主权利。1986—2005 年,人民群众来信来访 4670(件·人次),办理 4626(件·人次)。

1986—2005 年新都历届人大常委会接待处理来信来访统计表

表 3-7 单位:件·人次

届别	年度	来信来访	办理	办理率(%)
第十届	1986	51	51	100
第十一届	1987—1990	488	488	100
第十二届	1990—1993	523	523	100
第十三届	1993—1998	894	892	99.78
第十四届	1998	228	223	97.8
	1999	239	236	98.7
	2000	264	260	98.4
	2001	335	330	98.5
	2002	255	252	98.8
第十五届	2003	228	225	98.6
	2004	559	550	98.3
	2005	606	596	98.3

·地方人民政府·

DIFANG RENMIN ZHENGFU

2001年11月15日,国务院批准新都撤县设区。成都市新都区人民政府(简称区政府)是新都地方国家行政机关。1986—2005年,新都经历第十届至第十五届共6届人民政府。

区政府自觉接受区委的领导,接受区人大及其常委会的工作监督和法律监督,接受区政协的民主监督。以党的基本路线为指针,遵循"公开、公平、公正、勤政、廉政、为民"的"阳光政府"理念,解放思想,深化改革,创新工作方法,依法行使政府各项职权,履行对社会的管理、服务职能。在体制改革中,区政府逐步转变计划经济体制下的政府职能为市场经济体制下的职能,政府工作机构相继进行多次改革。1986年县政府设工作机构60个,2005年为48个,乡镇政府机构由23个调整为13个。1997年实施国家公务员制度,优化干部队伍结构。2004年建立区人民政府政务服务中心,推动规范化服务型政府建设。

1986—2005年,区政府围绕农村工业化和城乡一体化目标,制定并组织实施新都国民经济和社会发展的第七至第十个"五年计划",全面加强工业、农业、交通、能源、城建、文化、教育、科技、卫生、司法等各个领域的建设。地区生产总值年均增长13.8%,全口径财政收入年均递增22.77%。农村居民人均纯收入由1986年的549元增长为2005年的4605元,城镇居民家庭人均实际收入由1985年的764元增长到2005年的12321元。城区面积由2.2平方公里扩展到32平方公里。

1994年起,新都连年被评为四川省县级经济综合评价"十强县"。

区政府组成

区政府领导组成及会议制度

【政府领导组成】 根据《中华人民共和国宪法》《中华人民共和国地方各级人民代表大会和地方各级人民政府组织法》,区人民政府正、副区长由区人民代表大会选举产生。每届人民政府设区长1人,副区长4~6人。

区人民政府由正副区长及区政府局、委、办主要负责人组成,实行区长负责制,对区人民代表大会负责,对上级国家行政机关负责。1986—2005年,区政府向区人民代表大会报告区政府工作20次。区人民代表大会闭会期间,区政府不定期向区人大常委会报告工作。

新都第十届至第十五届政府领导班子组成人员名录

表4-1

届　别	职　务	姓　名	性　别	民族	籍　贯	任职起止时间	备　注
第十届	县　长	廖治安	男	汉族	四川新都	1984.03—1986.10	
	代县长	陈维清	男	汉族	四川成都	1986.10—1987.03	
	副县长	李泽先	男	汉族	四川丹棱	1984.03—1987.03	负责常务工作
		罗远述	男	汉族	四川金堂	1984.03—1987.03	
		孙吉娥	女	汉族	山东牟平	1984.03—1987.03	
		刘孟春	男	汉族	四川丹棱	1984.03—1987.03	

续表 4-1

届 别	职 务	姓 名	性 别	民族	籍 贯	任职起止时间	备 注
第十一届	县 长	李泽先	男	汉族	四川丹棱	1987.03—1990.01	
	副县长	孙吉娥	女	汉族	山东牟平	1987.03—1990.01	负责常务工作
		刘孟春	男	汉族	四川丹棱	1987.03—1990.01	
		李忠福	男	汉族	四川新都	1987.03—1990.01	
		刘道明	男	汉族	四川新都	1987.03—1990.01	
		何蜀朗	男	汉族	四川都江堰	1988.07—1990.01	挂职锻炼
第十二届	县 长	李泽先	男	汉族	四川丹棱	1990.01—1993.01	
	副县长	孙吉娥	女	汉族	山东牟平	1990.01—1993.01	负责常务工作
		刘孟春	男	汉族	四川丹棱	1990.01—1993.01	
		李忠福	男	汉族	四川新都	1990.01—1993.01	
		刘道明	男	汉族	四川新都	1990.01—1993.01	
		周孟富	男	汉族	–	1990.09—1993.01	挂职锻炼
		王 斌	男	藏族	四川阿坝	1990.08—1991.07	挂职锻炼
		许春秀	女	藏族	四川甘孜	1991.12—1992.07	挂职锻炼
		赵德喜	男	汉族	四川盐亭	1992.10—1993.01	
第十三届	县 长	赵德喜	男	汉族	四川盐亭	1993.01—1997.10	
		沈有春	男	汉族	四川金堂	1997.10—1998.01	
	副县长	李忠福	男	汉族	四川新都	1993.01—1998.01	负责常务工作
		刘道明	男	汉族	四川新都	1993.01—1997.03	
		王世崇	男	汉族	四川新都	1993.01—1998.01	
		史宣治	男	汉族	四川新都	1993.01—1998.01	
		何亚民	男	汉族	四川南充	1993.01—1998.01	
		曾万明	男	汉族	四川新都	1997.01—1998.01	
		刘 滔	男	汉族	四川成都	1994.11—1997.03	挂职锻炼
		李 建	男	汉族	山东寿光	1993.09—1996.12	挂职锻炼
第十四届	县 长	沈有春	男	汉族	四川金堂	1998.01—2000.11	
	代县长	李仲彬	男	汉族	四川眉山	2000.11—2001.03	
	县 长	李仲彬	男	汉族	四川眉山	2001.03—2002.01	
	副县长	罗时武	男	汉族	四川新都	1998.01—2002.01	负责常务工作
		刘贵才	男	汉族	四川新都	1998.01—2002.01	
		王世崇	男	汉族	四川新都	1998.01—2002.01	
		何亚民	男	汉族	四川南充	1998.01—2002.01	
		曾万明	男	汉族	四川新都	1998.01—2001.08	
		向 敏	女	汉族	四川广汉	1998.01—2002.01	
		黄宗植	男	朝鲜族	吉林	2000.06—2000.11	挂职锻炼
		戴志勇	男	汉族	四川资中	1999.01—2002.01	
		王 林	男	汉族	四川成都	1999.05—1999.12	挂职锻炼
		雷鸣惊	男	汉族	四川渠县	1999.09—2002.01	挂职锻炼
		曹 晋	男	汉族	四川荣县	2001.08—2002.01	挂职锻炼
		袁道宽	男	汉族	四川金堂	2001.12—2002.01	调进
		何 敏	女	汉族	四川盐亭	2000.06—2002.01	挂职锻炼

续表 4-1

届　别	职　务	姓　名	性　别	民族	籍　贯	任职起止时间	备　注
第十四届	区　长	李仲彬	男	汉族	四川眉山	2002.01—2002.12	
	代区长	孙建成	男	汉族	四川南部县	2002.12—2003.01	调进
	副区长	屈建宏	男	汉族	四川双流	2002.12—2003.01	调进
		罗时武	男	汉族	四川新都	2002.01—2003.01	负责常务工作
		刘贵才	男	汉族	四川新都	2002.01—2003.01	
		王世崇	男	汉族	四川新都	2002.01—2003.01	
		何亚民	男	汉族	四川南充	2002.01—2003.01	
		向　敏	女	汉族	四川广汉	2002.01—2003.01	
		戴志勇	男	汉族	四川资中	2002.01—2002.12	
		雷鸣惊	男	汉族	四川渠县	2002.01—2003.01	
		何　敏	女	汉族	四川盐亭	2002.01—2003.01	
		曹　晋	男	汉族	四川荣县	2002.01—2003.01	
		袁道宽	男	汉族	四川金堂	2002.01—2003.01	
第十五届	区　长	孙建成	男	汉族	四川南部县	2003.01—2005.09	
	副区长	屈建宏	男	汉族	四川双流	2003.01—2005.09	负责常务工作
	代区长	屈建宏	男	汉族	四川双流	2005.09—2006.01	
	区　长	屈建宏	男	汉族	四川双流	2006.01—2006.12	
	副区长	王翼刚	男	汉族	四川彭州	2006.11—2006.12	调进
		廖仁松	男	汉族	四川都江堰	2005.09—2006.09	负责常务工作
		刘贵才	男	汉族	四川新都	2003.01—2006.12	
		杨小广	男	汉族	四川新都	2003.01—2006.03	
		何　敏	女	汉族	四川盐亭	2003.01—2006.12	
		郭建刚	男	汉族	山西闻喜	2003.01—2006.12	
		崔益民	男	汉族	四川新都	2003.01—2006.12	
		何兴万	男	汉族	四川渠县	2005.05—2006.12	挂职锻炼
		岳　李	女	汉族	四川广汉	2005.02—2006.09	挂职锻炼
		牛　凯	男	汉族	辽宁锦州	2006.01—2006.12	挂职锻炼

【政府领导分工】 1986—2005 年,新都经历 11—15 届政府。为便于工作,每届政府领导分工负责一些政府部门工作。其中,第十三届和第十五届届中调整领导,相应调整领导分工。

第十一届县政府领导分工 1987 年 3 月至 1990 年 1 月,县长李泽先主持县政府全面工作,主管劳动、人事、民政、公安、司法、民兵、经济研究工作。

副县长孙吉娥负责县政府常务工作并分管工业、二轻、镇办工业、能源、机关、计划、城建、环保、土地管理、计量、邮电、外事、侨务、宗教、物资、物价、统计、县志、档案、信访、精神文明建设工作。

副县长李忠福分管财政、税务、工商管理、金融、商业、供销、粮食、烟草、食品工业、审计、文教卫生、招生工作。

副县长刘孟春分管农业、农机、林业、畜牧、水利电力、科学技术、绿化、区划、气象、沼气工作。

副县长刘道明分管乡镇企业、经济协作、统建、计划生育、体育、人防、广播电视工作。

顾问樊勖侧重分管城乡建设管理工作。

调研员梁廼生侧重分管能源、乡镇企业工作。

调研员马念兹侧重分管交通、安全工作。

第十二届县政府领导分工 1990年1月至1993年1月,县长李泽先主持县政府全面工作,主管县政府办公室、劳动、人事、民政、外事、侨台、宗教、经济研究、体制改革、监察、老龄问题、兵役工作。

副县长孙吉娥负责县政府常务工作并分管工业、轻纺、镇办企业、交通、计划、城乡建设管理、环境保护、国土、标准计量、邮电、物资、统计、县志、档案、信访、司法行政、法制建设、公安、消防、保密、综合治理、爱国卫生、安全生产、精神文明建设工作。

副县长李忠福分管财政、税务、工商行政管理、金融保险、商业、供销、粮食、烟草、外贸、审计、物价、文化、教育、卫生、广播电视、招生、体育工作。

副县长刘孟春分管农业、林业、畜牧、水利电力、农机、科学技术、气象、农技中心、绿化、地方病防治和狂犬病防治工作。

副县长刘道明分管乡镇企业、计划生育、经济技术协作、三线建设、能源、食品工业、人防工作。

顾问樊勖侧重分管城乡建设管理、环境保护工作。

调研员梁迺生侧重分管乡镇企业工作。

调研员马念兹侧重分管民族宗教、侨台、老龄工作。

第十三届县政府领导分工 1993年1月至1997年3月20日,县长赵德喜主持县政府全面工作。

副县长李忠福负责县政府常务工作并分管财政、税务、审计、人事、监察、公安、司法、兵役、城乡建设、城镇管理、环境保护、规划、国土、信访、档案、保密、县志、年鉴、精神文明建设和县政府办公室工作,并负责与团县委联系。

副县长刘道明分管计划、劳动、经济研究、体制改革、乡镇企业、国营企业、城镇集体企业、镇办工业、食品工业、交通、能源、邮电、外经贸、经济技术协作、三线建设、技术监督、人防、安全生产等工作,并负责与县工会联系。

副县长王世崇分管农业、林业、畜牧、水利电力、农机、农技推广服务、气象、绿化、民政、老龄、地名等工作,并负责与县妇联联系。

副县长史宣治分管科技、教育、文化、卫生、医药、体育、计划生育、广播电视、外事、旅游、侨台、民族宗教、招生、爱国卫生、地方病防治和狂犬病防治等工作,并负责与县科协联系。

副县长何亚民分管金融、保险、物价、工商行政管理、统计、商业、供销、物资、粮食和烟草专卖等工作。

1997年3月21日至1998年1月,县长赵德喜主持县政府全面工作。

副县长李忠福负责县政府常务工作并分管县政府办公室、财政、地税、审计、人事、监察、公安、司法、城建、房管、环保、国土、档案、保密、人防、房委办、地志办、国税、兵役、精神文明建设、信访等工作,并负责与团县委联系。

副县长王世崇分管农办、行政企业、农业(含农技推广服务)、林业、畜牧、水利电力、农机、民政、老龄、残联和气象等部门工作,并负责与妇联联系。

副县长史宣治分管科技、计生、文教、卫生、体育、广播电视、外事、台办、民族宗教事、招生、爱卫和医药管理等部门工作,并负责与科协联系。

副县长何亚民分管财办、工商、外经委、物价、技术监督、统计、经协办、粮食、商业、物资、供销、邮电、烟草专卖、金融、财保、人保、盐政等部门工作,并负责与工商联联系。

副县长曾万明分管工交、计委、体改委、劳动(含安办、就业)、工业、轻纺、交通、能源和供电等部门工作,并负责与工会联系。

第十四届县政府领导分工 1998年1月至2003年1月,县长沈有春主持县政府全面工作,主管审计局工作。

副县长罗时武负责县政府常务工作并分管县政府办公室、财政局、地税局、人事局、老龄委、监察局、公安局、国税局、司法局、档案局、保密局、人防办、房委办、地志办和兵役、精神文明建设、信访等部门工作，并负责与团县委联系。

副县长刘贵才分管城建委、房管局、环保局、国土局、物资局、民政局、残联等部门工作和城市管理工作。

副县长王世崇分管农办、乡镇企业局、农业局(含农技中心)、林业局、畜牧局、水利电力局、农机局和气象局等部门工作，并负责与妇联联系。

副县长何亚民分管财办、工商局、外经委、物价局、技术监督局、统计局、经协办、粮食局、商业局和供销社、邮电局、烟草专卖局及金融部门、财保公司、人保公司、盐政等部门工作，并负责与工商联联系。

副县长曾万明分管工交办、计委、工业区管委会、体改委、劳动局(含安委办、就业局)、交通局、能源办和供电局等部门工作，并负责与县工会联系。

副县长向敏分管科委、计生委、文教局、卫生局、体委、广播电视局、外事办、台办、民族宗教事务科、招生办、爱卫办、创建办、医药管理局和旅游局等部门工作，并负责与科协联系。

第十五届区政府领导分工　2003年1月至2005年10月9日，区长孙建成主持区政府全面工作。

副区长屈建宏负责区政府常务工作并分管区政府办公室、机关事务管理局、财政局、人事局、国税局、审计局、监察局、体改委、公安分局、司法局、档案局、保密局、信访办、房委办、编委办、目标办、法制办、人防办、地志办、兵役等部门工作，并负责与团区委的联系。

副区长刘贵才分管农办、农业局、水务局、林业局、畜牧局、农机局、气象局和交通局等部门工作，并负责与妇联联系。

副区长何敏分管发展计划局、经济局、劳动和社会保障局、安全生产、消防、乡镇企业局、供电局、工业区管委会、计划生育局等部门工作，并负责与工会联系。

副区长杨小广分管卫生局(含爱卫办)、工商分局、质监分局、招商局、统计局、物价局、粮食局、贸易局、供销联社、邮政局、电信、移动通信、烟草专卖局和金融、保险、盐政等部门工作，并负责与工商联的联系。

副区长郭建刚分管建设局、民政局、市容环境管理局、国土资源局、环保局、房管局、物资局、老龄委、综合管理办公室等部门工作，并负责与残联联系。

副区长崔益民分管区教育局、文体局、科技局、广播电视局、旅游局、民族宗教事务局、招生办、外事办、台办等部门工作，并负责与科协联系。

2005年10月10日至2006年12月，区长屈建宏主持区政府全面工作，主管审计局、外事办、重点项目建设等工作。

副区长廖仁松负责区政府常务工作并分管区政府办公室、机关事务管理局、政务服务中心、财政局、人事局、国税局、地税局、监察局、公安分局、司法局、档案局、保密局、信访办、房委办、编委办、目标办、体改办、法制办、人民防空办公室、地方志办公室、兵役等部门工作，并负责与团区委联系。

副区长刘贵才分管农业办公室、农业局、水务局、林业局、畜牧局、农机局、气象局和交通局等部门工作，并负责与妇联联系。

副区长何敏分管区发展计划局、劳动和社会保障局(含就业局)、供电局、计划生育局等部门工作，负责物流工作，并负责与总工会联系。

副区长杨小广分管卫生局(含爱卫办)、民政局、工商分局、质监分局、药监分局、物价局、粮食局、贸易局、供销联社、老龄委及邮政、电信、移动通信、烟草专卖局、金融、保险、盐政等部门工作，并负责与工商联的联系。

副区长郭建刚分管建设局、规划局、统计局、市容环境管理局、国土资源局、环保局、房管局、物资局、综合管理办公室等部门工作,并负责与残联的联系。

副区长崔益民分管文体局、科技局、广电局、旅游局、民族宗教事务局、台办等部门工作,并负责与科协的联系。

副区长岳李分管教育局、招商局、招生办等部门工作。

副区长何兴万分管工业经济、安全生产、消防工作及经济局、安监办、中小企业局等部门工作。

【政府会议制度】 区政府逐步完善区政府全体会议、区政府常务会议、区长办公会议和乡镇长(街道办主任)会议制度。

区政府全体会议由区长、副区长、区政府办公室主任和区政府工作部门的各委办(科)主任、各局局长出席会议,顾问、调研员、助理、政府办公室副主任和有关部门的负责人列席会议,通常每半年召开1次,由区长召集和主持,议题由区长确定。区政府全体会议传达上级和区委的重要指示、决议、决定和重要会议精神,部署全区重大改革措施和重要工作,讨论通过全区的国民经济和社会发展计划草案及财政预算、决算草案。

区政府常务会议由区长、副区长出席会议,顾问、调研员、助理、区政府办公室主任、副主任及有关部门的负责人列席会议。1998年起开放常务会议,2001年开始,邀请人大代表、政协委员、市民代表各3名列席会议。通常每半月召开1次,由区长主持或区长委托常务副区长主持。常务会议讨论决定贯彻上级和区委重要指示的具体措施及办法,讨论决定带全局性的向上级国家行政机关的重要请示、报告。讨论提交区人大常委会审议的议案,检查全区国民经济计划、社会发展计划和财政预算执行情况。讨论决定区政府的重大决策、重要工作安排,由区政府发布的决定、命令和规范性文件,各工作部门、各镇(街道)的重要请示事项。审议决定由区政府审定的城市规划、机构调整设置和管理体制等。

区长办公会议,由区长、副区长、区政府办公室主任参加,由区长或区长委托常务副区长主持,通常每周召开1次,研究处理区政府工作的重要问题,交流思想、交换意见。

1986—2005年区政府重要办公会议次数统计表

表4-2 单位:次

年度	全体会议	常务会议	区长办公会议	年度	全体会议	常务会议	区长办公会议
1986	2	4	14	1996	2	9	3
1987	1	7	1	1997	2	8	9
1988	3	12	2	1998	2	12	2
1989	2	16	3	1999	2	6	5
1990	1	7	8	2000	3	9	3
1991	2	19	8	2001	2	9	1
1992	2	13	3	2002	3	13	5
1993	3	16	10	2003	2	16	35
1994	2	8	7	2004	3	11	14
1995	3	7	2	2005	3	16	15

说明:表中统计数据是处理重要问题、专题研究、制定全区性重大工作措施等记载较详的会议次数

区政府工作部门

【政府办公室】 1979年,由县革命委员会办公室更名为县人民政府办公室,2002年1月更为现名。

1992年,县政府办公室内设秘书科、行政管理科、法规科、档案室、文印室、总务室、小车班、炊事班、无线电管理小组办公室。1993年,行政管理科更名为政治工作科,2003年改为综合管理科。1996年,法规科更名为法制科,1998年,更名为县政府法制办公室。1996年,档案室、文印室合并为机要科。总务室、小车班、炊事班合并为机关事务管理科,2003年撤销,与区委、区人大、区政协的后勤系统合并,设立新都区机关事务管理局。1993年,无线电管理小组办公室改为无线电管理委员会办公室,2003年并入区政府法制办。1994年,增设目标管理办公室,1996年改为查办科,2001年改为督查管理科。1994年增设信息管理科。2005年,区政府办公室内设秘书科、综合管理科、督查管理科、信息管理科。

1992年,县政府办公室有正式职工29人。2005年,机关行政编制18人、后勤服务人员编制11人。区政府法制办公室挂靠区政府办公室,行政编制2人。区政府办公室正式职工共计31人。

县政府办公室先后代管(分管)县住房制度改革委员会办公室、县住房资金管理中心、县爱国卫生运动委员会办公室、县宗教事务科、县经济体制改革委员会(2001年10月改为新都县经济体制改革办公室,其职能并入县政府办公室)。

【发展计划局】 1986—2001年,县计划委员会(简称县计委)沿袭1985年时的名称。1988年,成立新都县经济信息中心,由县计委代管。1990年,成立新都县矿产资源管理办公室、新都县资源节约和综合利用办公室,均挂牌于县计委。1992年,设置新都县对外经济贸易委员会(简称外经委),与县计委"一套班子、两块牌子";同年,新都县散装水泥办公室和新成立的新都县铁路建设办公室归设在县计委。1993年3月,外经委脱离县计委分设。1994年7月,成立新都县商品粮大县建设项目协调办公室,1995年8月,成立新都县商品粮基地县建设办公室,均设在县计委。1998年3月,撤销新都县能源办公室(1983年12月成立)和新都县经济技术协作办公室(1987年6月成立),其人员和职能合并到县计委。2001年12月,新都县计划委员会更名为新都县发展计划局;2002年1月更为现名。2005年局机关设办公室、政策法规科、发展规划综合科、投资科、项目管理科(挂区铁路建设办公室牌子)、社会发展科、经济技术协作科、能源管理科、信息发展科,在职人员21人。

【经济体制改革办公室】 1993年3月18日,成立新都县经济体制改革委员会,将县政府经济研究中心更名为新都县经济体制改革委员会办公室。2001年10月,县经济体制改革委员会职能并入县政府办公室,在县政府办公室挂新都县经济体制改革办公室牌子。2002年1月更为现名。

【财政局(国有资产管理局)】 1978年,撤销新都县财税局,成立新都县财政局和新都县税务局。1991年8月,成立新都县国有资产管理局,与县财政局"一套人员、两块牌子"。2002年1月,县财政局和县国有资产管理局分别更为现名。2005年,局机关设办公室、综合和非税收入科、预算科(财税法规科)、国库科、行政和教科文科、农业科(挂农业综合开发办牌子)、社会保障科、会计管理科、监督检查科、国有资产管理科(挂企业科牌子)和经济建设科,下设国有资产投资经营管理中心和国库集中支付中心两个直属事业单位。全局共有员工68人,其中局机关40人。

【人事局】 1981年2月24日，成立新都县人事局，2002年1月更为现名。1986—1992年，县人事局内设干部调配股、工资福利股、办公室、人才交流站。1993年，改设干部综合科、专技科、工资计划编制科、老龄退管科、办公室、社保办、人才交流中心。1997年实施《国家公务员暂行条例》，干部科更名为公务员管理科，工资计划编制科分设为工资科与编制科。1993—2005年，职改办、事业单位登记管理局、留学回国人员管理站新都分站、军转办、人事仲裁办先后设在人事局，与相关科室合署办公。

【劳动和社会保障局】 1978年10月，撤销县民政劳动局，分设县民政局和县劳动局，县劳动局有工作人员8人，无内设机构，直管县劳动服务公司。2001年10月，在县劳动局基础上组建县劳动和社会保障局。2002年1月，更为现名。2005年，局机关设办公室、综合科、信访科、规划财务科、基金监督科、劳动争议仲裁科(区劳动争议仲裁委员会办公室)。直属事业机构有区就业服务管理局、区社会保险事业管理局和区劳动保障监察大队。共有在编工作人员81人。

1982年3月，建立县劳动服务公司。1986年，成立县社会劳动力管理处，与劳动服务公司合署办公。1990年，在“一司一处”基础上成立县就业服务管理局。2002年1月更名为新都区就业服务管理局。2005年，局机关设办公室、财务科、就业培训科、失业保险科、职业介绍科、劳动保障科，编制20人。

区社会保险事业管理局，其前身为1987年1月成立的县社会保险事业管理处，2002年1月，更名为新都区社会保险事业管理处，2003年4月更为现名。2005年，局机关设办公室、财务科、养老办公室、医疗保险办公室、工伤生育保险办公室、农村保险科，编制22人。

区劳动和社会保障局劳动监察大队，其前身是1994年2月成立的县劳动监察中队，2002年9月，更为现名。2005年有专职监察员6人。

区劳动争议仲裁委员会，其前身是1987年7月成立的县劳动争议仲裁委员会，时由劳动局、人事局、总工会、政法、公安、妇联、共青团的代表7人组成，县劳动局局长任主任。1995年，县劳动局内设劳动争议仲裁委员会办公室。1997年4月，县劳动局内设劳动争议仲裁科，与劳动争议仲裁委员会办公室合署办公。2003年7月，区劳动争议仲裁委员会由区劳动和社会保障局、区总工会、区经济局3单位7人组成，区劳动和社会保障局局长任主任。

【农村发展局】 1986年5月20日，撤销农牧林业局，分设县农业林业局和县畜牧局。同年，县政府设农业办公室，归口管理县农业林业局、县畜牧局和县水利电力局。1989年3月，撤销农业林业局，分设农业局、林业局和农机局。1998年2月，撤销县农业办公室，成立中共新都县委、新都县人民政府农村工作领导小组办公室(简称县农工办)。2002年1月，县农业局更为成都市新都区农业局。局内设科室8个，有工作人员27人。2005年12月，区委农工办、区农业局、区畜牧局、区农机局合并设置成都市新都区农村发展局，内设行政办公室、推进城乡一体化办公室、人事劳资科、计财科、科技教育科、农业生产科、农村经济管理与市场信息科、扶贫与移民科、农机产业化发展推进办公室和畜牧产业化发展推进办公室，在职人员40人。局直属单位有农技服务中心、农经服务中心、农村信息化服务中心、种子管理站、第一原种场和第二原种场。

【建设局】 1982年6月，县城镇建设局更名为新都县城乡建设环境保护局（简称城建局)。1988年6月，成立新都市政公司。1991年2月，设立新都县城市管理办公室。1995年12月，成立新都县房地产管理局。1996年3月成立新都县环境保护局，均归属新都县城建局。1993年2月，城建局更名为新都县城乡建设管理委员会(简称城建委)。1997年，房管局从城建委分离独立，1998年3月，县环境保护局从城建委分离独立。2001年10月，城建委更名为新都县建设局。2002年1月，更为现名。同年，区建设局负责的城管监察、园林绿化养护、市政设施维护、环境卫生管理和桂湖公园管理职能移交成都市新都区市容环境管理局。2005年6月,区建设局负责的村镇规划、城市户外广告总体规划及技术标准编制和原规划科履行的工作职能划入区规划管理局。区建设局机关内设办公室、政工人事科、规划管理科、建筑业管理科、计划财务科、法规科、城建管理科、村镇建设管理科,下辖成都市新都区招投标监督管理办公室、建设项目报建办公室和建设监察大队。全局职工326人,其中局机关48人。

【教育局】 1983年9月,复名新都县文化教育局。1998年2月,撤销新都县文化教育局,分设新都县教育局和新都县文化体育局。2002年1月,新都县教育局更为现名。2005年,局机关设办公室、党委办公室、德育科、人事科、计划财务科、教育科、招生委员会办公室、勤工俭学科、成人教育科以及成都市新都区人民政府教育督导室,区语言文字工作委员会办公室设在人事科,在职职工69人。

【科学技术局】 1986年,成立新都县专业技术人员职称改革领导小组,其办公室设在县科委。1994年2月成立新都县科技工作领导小组,1996年9月,成立新都县科学技术顾问团,其办公室均设在县科委。2002年1月,县科委更为现名。2005年6月9日,成立新都区重大行政决策咨询论证委员会,其办公室设在区科技局。2005年12月20日,成立新都区知识产权局,与区科技局"一套班子、两块牌子"。2005年,区科技局设办公室、高新技术发展及产业化科、农村与社会发展科和综合科技管理科,在职职工10人。区科技工作领导小组和区科学技术顾问团办公室仍设在区科技局。

【卫生局】 2002年1月,县卫生局更为现名。2005年,局机关设办公室、政工科(党委办公室)、计划财务科、医政科、中医科、预防保健科,在职职工26人。下辖医疗卫生单位31个,全系统在职职工2132人。

【爱国卫生运动委员会办公室】 1980年9月,县爱国卫生运动委员会办公室(简称县爱卫办)作为县政府直属办事机构。1989年,县爱卫办改设在县政府。2002年1月,县爱卫办更为现名。2002年5月,区爱卫办并入卫生局(保留区爱委会办公室牌子)。

【民政局】 1985—1988年,县民政局内设办公室、复员退伍军人安置办公室、优抚救济股、民政股。管辖烈士陵园、社会福利院、社会福利公司、收容所。1989年,县民政局内设办公室、优抚股、救灾救济股、复退军人军队离退休干部接收安置股、民政股、财务股、拥军优属拥政爱民办公室、区划地名办公室、福利企业办公室、社会团体登记办公室、农村社会养老保险办公室(2001年划归劳动和社会保障局管理)、残疾人联合会(1995年单列)、军干所。2002年1月,县民政局更为现名。2003年,区老龄办和区老年大学由区人事局移交区民政局管理。

2005年,局机关设优抚科、安置科、救灾救济科、低保科、民政科、社团登记科、财务科、局办公室、区划地名办公室、老龄办公室和"双拥"办公室,在职人员68人。下属单位有军队离退休干部休养所、社区服务中心、社会救助站、殡管所。监管烈士陵园、东林殡仪馆、龙凤山公墓、宝光塔陵。

【老龄工作委员会办公室】 1985年4月,成立新都县老龄问题委员会,其办公室设在县人事局,在县政府领导下统一管理全县老龄工作。1990年8月,更名为新都县老龄工作委员会办公室。2002年1月,更为现名,其职能划转到区民政局,民政局内设老龄工作委员会办公室,主任由民政局局长担任。

【计划生育局】 1980年,成立新都县计划生育委员会,2001年10月,更名为新都县计划生育局,2002

年1月,更为现名。2005年,局机关设办公室、宣传技术科、政策法规科(流动人口办公室)和统计科,下辖计划生育宣传技术指导站。局机关职工28人,镇计生干部44人,指导站27人,镇服务站20人(在编6人、招聘14人)。

【审计局】 1983年11月,成立新都县审计局,2002年1月,更为现名。2005年,局机关设办公室、财政审计科、金融审计科、经济责任审计科、行政事业审计科和经贸投资审计科,在职人员23人。

【文化体育局】 1998年2月,将县文教局管理文化工作的职能和人员与县体育运动委员会合并,设置新都县文化体育局,2002年1月更为现名。2005年,局机关设办公室、政工人事科、文化科、文化市场管理科、新闻出版(版权)科、财务科,下辖区文化馆、图书馆、电影公司、川剧团和体育中心,全系统在职员工130人。

2002年11月,成立成都市新都区新闻出版(版权)局,挂牌在区文化体育局,不新增人员编制,不另划拨财政经费,与区文化体育局"一套人员、两个牌子"。

【广播电视局】 1984年4月,新都县广播事业局更名为新都县广播电视局。1987年4月,建立新都人民广播电台、新都电视台,隶属县广播电视局,实行"局台合一"管理体制。1991年,设立新都县广播电视局新繁办事处。至1995年,局机关设办公室、总编室、新闻部、文艺专题部、经济信息部、制作部、播出部、事业管理科、有线服务公司和服务部,辖新繁办事处。1998年2月,电台、电视台、有线电视台(筹)重新登记为新都广播电视台(简称"三台"),有线服务公司改设有线电视工程部。2001年3月增设新闻评论部。2002年1月,新都县广播电视局更为现名。2004年12月27日,广播电视局与广播电视台分设,广播电视台和新都资讯社整合。2005年,局机关设办公室、财务科、宣传管理科、社会管理科、技术管理科,广播电视局人员机关编制24人、事业编制4人,广播电视台人员编制90人(其中财政拨款事业人员25人,自收自支事业人员65人)。

【国土资源局】 1986年1月,成立新都县土地管理办公室,隶属县计委。1988年2月,县农业区划办公室和县土地管理办公室合并,成立新都县国土局,内设国土整治农业区划股、建设股、办公室,行政编制10人;下辖土地监察队,事业编制5人。2002年1月,县国土局更为现名。2005年,局机关设办公室、财务科、土地资源规划科、耕地保护科、法规监察科、地籍管理科、土地利用管理科和矿产管理科,下辖事业单位6个(地籍服务所、执法监察大队、征地事务中心、土地复垦整治中心、土地储备中心、土地交易中心)和国土资源片所7个(新都、新繁、斑竹园、军屯、大丰、石板滩、清流),在职职工115人。

【交通局】 1983年12月,成立新都县工业交通局。1986年5月20日,新都县工交局分设为新都县工业局和新都县交通局。2002年1月,县交通局更为现名。2005年,局机关设办公室、政工人事科(党政办公室)、计财内审科、综合规划建设管理科、运输安全管理科和新都区交通战备办公室,下辖交通运输管理所、养路段、公路路政管理大队和鹏程运业有限公司、联运总公司。共有职工602人,其中局机关37人。

【水务局】 1986年,成立新都县水利电力局。2000年10月,撤销新都县水利电力局,设置新都县水务局,2002年1月,更为现名。2005年,局机关设行政办公室、水政水资源科、水利水保科、供排水管理科、水产科、计划财务科和政工人事科,下辖水务片站7个和供水总站、水务综合监察大队、抗旱服务队及水生动物检疫检验站,共有工作人员 208 人。区政府非常设机构有区节水办公室、区水土保持办公室、区防汛抗旱指挥部办公室均设在区水务局。

设在新繁镇外东的人民渠第一管理处新都管理站,管理新都境内清白江段;设在三河街道的东风渠管理处新都站,管理北干渠、毗河、柏条河。

【环境保护局】 1983 年,县环保办公室归口县城乡建设环境保护局,为城建局内设科室。1996 年 3 月,以环保办公室为基础,组建新都县环境保护局,仍归口县城建局管辖。1998 年 3 月,县环保局从城建委分离独立。2002 年 1 月,更为现名。2005 年,局机关设办公室、污染管理科、建设项目环境管理科和财务科,下辖环境监察大队、环境监测站。在职职工 82 人,其中机关 23 人,环境监察大队 14 人,环境监测站 45 人。

【经济局】 1983 年 12 月,成立新都县工业交通局。1986 年 5 月 20 日,新都县工业交通局分设为新都县工业局和新都县交通局,县工业局主管部分县办国有工业企业。1983 年 12 月,成立新都县人民政府工业交通办公室,主管辖区内工业技术改造,协调工业、交通、轻纺、技监、邮电等方面工作。1989 年 1 月 30 日,新都县二轻工业局更名为新都县轻纺工业局,主管县办城镇集体工业企业。1998 年 4 月 20 日,成立中共新都县委、新都县人民政府工交工作领导小组,并将县工业局、轻纺工业局和县政府工业交通办公室合并,成立县委、县政府工交工作领导小组办公室(简称工交办),负责辖区内工业经济的运行和组织协调监控。1999 年 4 月,工交办挂县经委牌子,行使经委职能。2002 年 1 月,撤销工交办(县经委),设置成都市新都区经济局。2005 年,局机关设办公室、综合科、改革科、行管科、政工人事劳资科、规划发展科和资源综合利用科,在职职工 32 人。

【物资局】 1986 年,新都县物资局内设办公室、业务办公室、政治办公室、财务统计办公室,下辖农业机械化服务公司、生产资料服务公司、机电设备公司、化工建材公司、金属材料公司、物资供应总公司、物资贸易中心、新繁物资供应站、物资局青年服务部等 9 个企业。1988 年,物资局兼并新都县清流水泥厂。1990 年,内设机构调整为:办公室、业务协作办公室、党务办公室、财务办公室、工业生产办公室。先后增加物资配送公司、港新铝合金材料有限公司、物资储运公司、物资调剂公司、工贸公司、经济开发公司、新宇贸易公司、铁合金公司等 8 个下属公司。截至 1995 年年底,县物资局共有下属企业 18 家,职工 289 人。至 2000 年,物资局人员编制减少到 14 人,内设办公室和财务办公室。下属 18 家企业(除物资局水泥厂被整体出售外)分别关停。2002 年 1 月,更为现名。2005 年,在职员工 12 人。

【贸易局】 1998 年 2 月 28 日,新都县人民政府财贸办公室、新都县对外经济贸易委员会、新都县商业局合并,组建新都县贸易局。1999 年 7 月,新都县医药管理局、新都县酒类专卖事业管理局(均为二级局)挂牌在新都县贸易局。2002 年 1 月,新都县贸易局更为现名,并将区贸易局对外经济贸易职能划归区招商局、医药管理职能划归成都市药监局新都分局,划入商品市场、商业网点设施建设的审批、管理职能和各类商品交易会、展销会、博览会的评审管理职能。2005 年,局机关设办公室、人事劳资科、综合科、流通管理科和生猪屠宰执法监察大队(事业编制),在职职工 15 人。

新都县对外经济贸易委员会(简称外经委)1992 年设置时,与县计委“一套人员、两块牌子”。1993 年 3 月,脱离县计委分设。

【招商局】 1995 年,成立新都县招商公司,归属新都卫星城工业区管委会。1998 年 12 月,设置新都县招商局,与新都卫星城工业区管委会"一套人员、两个牌子"。2001 年 3 月,县招商局单列。2002 年 1 月,更为现名,并将区贸易局对外经济贸易职能划归区招商局。2005 年 12 月,新都卫星城工业区管委会的招商引资职能划归区招商局, 区招商局增挂成都市新都卫星城工业区管委会招商局牌子。2005 年,局机关设办公室、督查科和招商科(分局)5 个,下设招商信息中心,在职职工 20 人。

【司法局】 1981 年 2 月,成立新都县司法局。2002 年 1 月,更为现名。2005 年,局机关设办公室、政工科、基层工作管理科、法制宣传教育科、安置帮教科、公证律师管理科、公证处和法律援助中心。在职职工 46 人。下辖律师事务所 4 个、镇(街道)司法所 13 个、基层法律服务所 6 个。

【规划管理局】 2005 年 6 月,区委、区政府决定在区建设局规划科的基础上组建新都区规划管理局,并拟将区建设局负责的村镇规划 、城市户外广告总体规划及技术标准编制等职能划入区规划管理局。2005 年 10 月正式成立成都市新都区规划管理局,加挂新都区测绘管理办公室牌子。内设办公室、规划编制科、规划建设管理科、规划监督科。行政编制 18 人(含驻片区村镇助理员 3 人),机关后勤人员事业编制 2 人。下设区规划执法监督大队(编制 12 人)和区规划信息中心(编制 6 人)。

【市容环境管理局】 2002 年 1 月 20 日,区政府决定成立成都市新都区市容环境管理局,同年 6 月在区建设局下辖的城建监察大队和环境卫生管理所的基础上,成立区市容环境管理局。2005 年,局机关设行政办公室、计划财务科、环境卫生管理科、市政管理科、绿化管理科和政策法规科,下辖环境卫生管理所、路灯管理所、市容管理执法大队、公园管理所和绿化工程队。全系统在职职工 362 人,其中局机关 41 人。

【人民政府政务服务中心】 2004 年 6 月 1 日成立。进入政务服务中心的行政管理职能部门 31 个,行政许可及政务事项 213 项,窗口工作人员 113 人。2005 年,政务中心内设综合科、业务督查科和网络管理科,工作人员 10 人。

【粮食局】 1950 年,成立新都县粮食局。1986 年局机关设政办室、行办室、审计室、工业股、农管股、会计股、储运股、计统股、供应股、保卫股、饲料公司、议购议销公司、建筑安装公司、职工校。2005 年,局机关设政工人事科、财务计划科、购销管理科、供应管理科、局办公室、改革发展办,在职职工 35 人。下属饮马河粮油购销有限责任公司、崇光寺粮油购销有限责任公司和月波桥加工厂,在职职工 130 人。

【物价局】 1980 年 5 月,成立新都县物价委员会。1984 年 5 月,更名为新都县物价局。2002 年 1 月,更为现名。2005 年,局机关设办公室、业务综合科、行政事业性收费管理科。直属事业单位有物价检查所和价格认证中心。局机关人员 25 人。

【统计局】 1986 年,县统计局设立办公室、农调队(为统计局二级局),统计局配置 10 人,农调队配置5 人。2002 年 1 月,更为现名。2005 年,局机关设办公室、综合科、城市经济科、农村经济科、信息科,代管区农村社会经济调查队,在职职工 20 人。

【乡镇企业管理局】 1986—2000 年,辖区内乡镇企业管理机构仍沿袭 1985 年的建制,设新都县乡镇企业管理局。2002 年 1 月,新都区乡镇企业管理局并入区经济局,仍保留区乡镇企业局名称,内设中小企业服务中心。2004 年 4 月,区乡镇企业管理局加挂成都市新都区中小企业局牌子,实行“一套人员、两个牌子”管理体制。2005 年,局机关设办公室、财务统计科、企业发展指导科、对外经济协作科、安全环保科和政工人事科(党委办)。在职工作人员 31 人。

【民族宗教事务局】 1980 年,成立新都县宗教事务科,1990 年,改为新都县民族宗教事务科,1998 年 8 月,改为新都县民族宗教事务局,2000 年 9 月,改为新都县人民政府民族宗教事务局。2001 年 10 月,并入县政府办公室,保留牌子。2002 年 1 月,更为现名。工作人员 3 人。

【政府机关事务管理局】 2003 年 2 月成立,人员主要由区委办、区人大办、区政府办、区政协办的行政科和管理科的工作人员组成。编制 70 人(机关编制 38 人,后勤服务事业编制 32 人),内设办公室、财务科、政府采购管理科、车辆管理科、综合管理科、安全保卫科、物业管理科、接待科。2004 年 3 月,撤销接待科,增设老干部管理科,驾驶人员回原单位。2005 年,局机关在职职工 42 人。

【机构编制委员会办公室】 1984 年,成立新都县机构编制委员会,下设办公室。编制委员会主任由县长担任,副主任由常务副县长、县委组织部部长担任,成员单位有县委组织部、县财政局、县人事局。2002 年 1 月,县机构编制委员会办公室更为现名;同年,成立成都市新都区事业单位登记管理局,为编办下属事业单位。

【安全生产监督管理委员会办公室(安全生产监督管理局)】 1986 年以前,县政府安全生产领导小组办公室设在县劳动局。1986 年,县政府安全生产领导小组更名为新都县安全生产委员会,下设办公室,办公地点仍设在县劳动局,安委会办公室主任由县劳动局副局长兼任。2001 年 12 月,县安全生产委员会更名为县安全生产监督管理委员会,下设办公室,并脱离县劳动局独立。2002 年 1 月,更名为成都市新都区安全生产监督管理委员会办公室。2004 年 10 月,成立新都区安全生产监督管理局,与新都区安全生产监督管理委员会办公室为“一套人员、两块牌子”。2005 年,内设危险化学品管理科、安全生产监督管理科和办公室,下辖安全生产执法监察队,在职职工 13 人。

【人民防空办公室】 1982 年 12 月,县人民防空领导小组更名为新都县人民防空委员会(副县长兼任主任),相应成立新都县人民防空办公室。2002 年 1 月,更为现名。2004 年,新都区人民防空委员会更名为成都市新都区国防动员委员会,其常设办事机构为新都区人民防空办公室。2005 年,区人民防空办公室机关行政编制 5 人,无内设机构。

【新都卫星城工业区管委会】 1992 年 2 月 14 日, 经成都市人民政府批准成立成都市新都卫星城工业区(简称新都工业区)。1994 年 12 月,四川省人民政府批准新都工业区为省级开发区;2004 年 4 月,四川省人民政府批准保留新都工业区。

1992 年 2 月 18 日,新都县成立工业区管理委员会。1998 年 12 月,成立新都县招商局,与工业区管委会“一套班子、两块牌子”。2001 年 3 月,新都县招商局脱离工业区管委会独立设置。2005 年,工业区管委会内设行政部、招商部、财务部、市政处、投资服务中心、项目建设部,下辖总公司、工贸公司,在编员工 15 人。

【房地产管理局】 1986年5月,新都县城乡建设环境保护局撤销房地产股,设立新都县房地产管理办公室。1995年12月,在县房地产管理办公室基础上成立新都县房地产管理局,仍归口县城建局。1997年,县房地产管理局脱离城建局。2002年1月,更为现名。2005年,局机关设办公室、计财科、房政法规科、物建管理科、经营综合管理科、房屋安全鉴定办公室,下辖房地产产权产籍监理所、房地产交易管理所、白蚁防治所、房屋拆迁安置管理办公室、住房建设管理办公室、住房维修资金专项监督管理办公室、公房管理所,在职职工182人,其中局机关32人。

【住房改革委员会办公室】 1992年,成立新都县住房制度改革委员会,下设办公室。1996年3月,正式设编成立新都县住房改革委员会办公室(简称房委办或房改办)。2002年1月,更为现名。2005年,机关设办公室、房改科、财务科、住房保障科,在职职工22人。

【供销合作社联合社】 1992年,成立新都县供销社集团贸易公司,与新都县供销联社"一套人员、两个牌子"。1993年以前,县供销联社理事会和监事会由社员代表大会选举产生,每届任期3年。1993年起,县供销联社主任、副主任改由县委组织部任命,不再设监事会。2002年1月,县供销联社更为现名。2005年,区供销联社机关设办公室、政工纪监科、财务审计科、资产管理经营科,下属公司12个、基层供销社17个,在职职工92人,其中联社机关17人。

【林业局】 1986年1月设立新都县林业工作总站,归属新都县农牧林业局,内设办公室、营林股、林政股,工作人员20人。1989年2月,新都县林业工作总站更名为新都县林业局,工作人员40人。2002年1月,县林业局更为现名。2005年,局机关设办公室、造林绿化科、林政资源科、计划财务科、公安科,工作人员34人。直属事业单位有区林业工作总站、区林政稽查队、区森林植物病虫害防治检疫站和新都、新繁、木兰林业服务片站3个,下属事业单位有区国营苗圃和四川省珍稀野生动物繁衍救护中心,下属企业有区木材公司。

【农业机械局】 1982年3月,新都县农业机械局更名为新都县农业机械管理总站。1990年2月,复称新都县农业机械局。2002年1月,更为现名。2005年,区农机局内设办公室、政工科、财务科、管理科、科教科、安全监理科,直属单位有农业机械化技术学校、农机化技术推广站、农机监理站,全部工作人员47人。

【畜牧局】 1984年,新都县农牧林业局内设县畜牧兽医公司。1986年5月20日,撤销新都县农牧林业局,县畜牧兽医公司改设新都县畜牧局。2002年1月,更为现名。2005年,畜牧局内设生产科教科、政策法规科、政工人事科、基层站指导科、财务科、行政办公室,机关工作人员19人,后勤人员2人。直属事业单位有动物防疫监督管理站、畜禽良种管理工作站、兽药饲料监督管理站、奶业技术管理站,共有职工78人。

【地方志编纂委员会办公室】 1981年7月,新都县县志编辑委员会改为新都县新县志编纂委员会,下设办公室,人员编制5~8人。1996年3月11日,新都县新县志编纂委员会更名为新都县地方志编纂委员会,办公室更名为新都县地方志编纂委员会办公室。2002年1月,更为现名。2005年,办公室无内设机构,在职工作人员4人。

【旅游局(政府外事办公室)】 1997年,成立新都县旅游局,同时挂新都县人民政府外事办公室牌子,实行“两块牌子、一套班子”的管理模式,工作人员4人。2002年1月,更为现名。2005年,局机关设办公室、旅游综合管理科、外事管理科,工作人员11人。

驻区机构

【成都市公安局新都区分局】 1986年,新都县公安局内设办公室、政工科、政保科、内保科、出入境管理科、治安科、预审科、消防科、刑警队、看守所、收容所、行政拘留所、拘役所,下辖新都镇、新繁镇、石板滩镇、三河乡、新民乡、大丰乡、利济乡、桂湖乡、军屯乡、河屯乡、龙安乡、木兰乡、桂湖13个派出所,全局在职民警180人。1987年,增设新都县交通警察队、户籍科。1990年,增设法制科。1992年10月,新都县交通警察队更名为新都县交通警察大队。1996年4月,撤销收容所。1996年5月,组建治安巡逻大队。2000年3月,成立经济犯罪侦查大队,同年5月,交警大队、巡逻大队合署办公。

2002年1月,新都县公安局更为现名,并由成都市直管。局机关内设办公室、政治处、纪检组、装备财务科、信息通信科、法制科、单位内部安全保卫科、治安科、治安防范人口管理科、国内安全保卫大队、治安大队、刑警大队、经济犯罪侦察大队、禁毒大队、交巡警大队、看守所、治安行政拘留所,下辖城东、城西、三河、大丰、新繁、利济、龙桥、斑竹园、马家、新民、军屯、石板滩、泰兴、木兰等派出所14个。2005年年末,全局在职民警461人,事业人员45人。全部民警中,授衔民警395人,其中三级警监3人,一级警督21人、二级警督102人、三级警督91人,一级警司117人、二级警司54人、三级警司5人,一级警员2人。

【成都市新都工商行政管理局】 1999年5月前,新都县工商行政管理仍沿袭1985年时的名称和体制。1999年5月,新都县工商行政管理局归成都市直管,更名为成都市工商行政管理局新都分局。2004年4月1日,成都市工商行政管理局新都分局更为现名。2005年,局机关设办公室、人事教育科、财务科、注册科、市场科、法制科、商广科、消保科、信息中心、消费者协会、个体私营协会、机关后勤中心,辖成都市新都工商公平交易执法分局和工商所7个,在职职工144人。

【成都市质量技术监督局新都分局】 1986年,恢复新都县标准计量管理局。1990年,撤销县计量局,建立新都县技术监督局,并行使工业产品质量管理职能。1999年改由成都市技监局直管,更名为成都市质量技术监督局新都分局。2005年,局机关设办公室、质量标准计量科(加挂代码条码办公室牌子)、特种设备安全监察科和法制监督科,下辖质量技术检测所和稽查大队,在职职工91人。

【成都市药品监督管理局新都分局】 1990年,新都县商业局成立医药管理办公室,编制3人,对外挂医药管理局牌子,为新都县商业局下属的二级局。1998年,撤销新都县商业局,组建新都县贸易局,医药管理办公室归属贸易局,对外仍挂新都县医药管理局牌子。2001年,撤销新都县医药管理局,在原县医药管理局、县卫生局药政科及药检所的基础上组建成都市药品监督管理局新都分局(2001年11月23日挂牌),为成都市药品监督管理局的派出机构。2005年,分局内设办公室、市场监督科(加挂药品稽查队牌子),在职职工10人。

【成都市新都区国家税务局】 1986—1994年,新都县的税征机构为四川省成都市新都县税务局。1994年9月30日,新都县税务局分设为四川省新都县国家税务局和四川省新都县地方税务局。原新都县税务局的236名人员,划归新都县国税局152人(其中退休人员31人),划归新都县地税局83人(其中退休人员15人)。2002年1月17日,新都县国家税务局更为现名。2005年,新都国税局内设办公室、政策法规科、征收管理科、人事教育科、监察室、计划征收科、税源管理一科、税源管理二科、税源管理三科,直属稽查局,两个派出机构:第一税务分局、第二税务分局,下辖信息中心。全部在岗职工120人,其中局机关28人。

【成都市新都区地方税务局】 1994年9月30日, 新都县税务局分设为新都县国家税务局和新都县地方税务局。始由新都县政府管理,1998年9月,收归省地方税务局垂直管辖。2002年4月,新都县地方税务局更为现名。2005年,局机关设办公室、法制科、人教科、监察室、计财科、综合科、农税科,辖税务管理所(新都所、新繁所、大丰所、二所、三所)5个、征收所1个和稽查局1个,在职职工131人。

【成都市新都区气象局】 1987年1月,新都县气象站更名为新都县气象局,2002年1月,更为现名。区气象局属成都市气象局和区人民政府双重领导。2003年,建立新繁、石板滩、新民、泰兴等农村灾害监测自动气象站4个。2005年,局机关设办公室、气象科,归口管理区人工防雹降雨办公室和区防雷中心,共有职工27人,其中聘用15人。

【成都市电业局新都供电局】 1981年12月,成立新都县电力公司。1985年8月,成立新都供电局,系四川省电力公司成都电业局二级管理单位。1990年,新都供电局与新都县电力公司联营后,电力设施由新都供电局负责维护。2005年,局机关设办公室、生技科、安监科、营销科、财务科、农电办公室、物资供应部、调控中心、多种经营办公室,下辖班(组、站)13个,农村供电所15个,在岗职工156人。

【成都市新都区烟草专卖局(营销部)】 1984年,成立新都县烟草专卖局,挂新都县烟草公司牌子,是管理和经营合一的国家专卖专管机构,隶属于成都市烟草专卖局,同时受新都县人民政府领导。2001年12月,成都市烟草专卖局撤销新都县烟草公司,成立四川省烟草公司成都分公司新都卷烟营销管理中心。2002年4月,新都县烟草专卖局更名为成都市烟草专卖局新都分局。2005年6月,新都卷烟营销管理中心更名为新都营销部;同年11月,成都市烟草专卖局新都分局更名为成都市新都区烟草专卖局。新都区烟草专卖局(营销部)下设专卖管理科和新都、新繁两个经营片区,在职职工44人。

【四川省盐业总公司新都支公司(成都市盐政市场稽查处新都区盐政管理所)】 1986年1月,四川省盐业公司新都县支公司更名为四川省盐业运销公司新都支公司,1987年, 复名四川省盐业公司新都县支公司,1999年更名为四川省盐业总公司新都支公司, 为非独立核算国有企业, 隶属于成都市盐业分公司。公司设经理室、办公室、财务科、盐政业务科,下辖新繁批发部,2005年在职职工11人。

1995年2月成立成都市盐政市场稽查处新都盐政管理所,2002年3月,更名为成都市盐政市场稽查处新都区盐政管理所,与新都盐业支公司实行“一套班子、两个牌子”的管理模式。

【中国电信股份有限公司成都新都区分公司】 1998年7月,撤销新都县邮电局,成立新都县电信局、新都县邮政局,同年8月剥离寻呼业务,1999年7月,移动通信分离。2000年,新都县电信局更名为四川省电信有限公司成都市新都分公司,2003年年末,四川电信被中国电信股份有限公司整体收购并在纽约、香港上市后,新都电信分公司更为现名。2005年,分公司内设综合办公室、财务室、市场部、建设维护部、客户服务部,共有员工92人。

【成都市新都区邮政局】 1998年7月,县邮电局邮政、电信分营后成立新都县邮政局,同年10月挂牌。2002年1月,更为现名。2005年,局机关设监督检查部、市场部、综合办公室,下辖邮政支局8个、邮政所3个、邮政营业厅1个、邮政代办所9个、班组(速递、封发、投递)3个,有员工155人。

【四川移动通信有限责任公司新都分公司】 1999年7月,新都移动通信从新都县电信局分离,成立四川省移动通信公司新都县分公司。2002年,四川省移动通信公司在纽约和香港上市,为中国移动(香港)有限公司的全资子公司,更名为四川移动通信有限责任公司,新都县移动分公司同时更为现名。2005年,分公司内设市场部、建设维护部、账务部、综合部,共有员工50人。

【成都市住房公积金管理中心新都管理部】 1992年,成立新都县住房改革委员会。1993年,成立新都县住房资金管理中心,住房资金管理中心实行理事会管理办法。理事长由常务副县长担任,副理事长由住房委员会办公室主任担任。住房资金管理中心从事住房公积金的归集、使用和管理,与新都县住房改革委员会办公室合署办公。2004年11月,新都区住房资金管理中心收归成都市住房公积金管理中心直管,改称成都市住房公积金管理中心新都管理部。

综合管理

国土资源管理

【土地使用制度改革】 中华人民共和国成立后,历经土地改革、农村土地公有化、城市土地国有化,形成土地全民所有制和劳动群众集体所有制。

农村土地公有制。农村土地分为国家所有和以村(社)为单位的劳动群众集体所有。国有土地是土改时未分配给农民的土地和以后各个时期国家根据经济建设需要依法对农村集体所有土地征用后转为国有的土地。农村集体土地主要为耕地、林地、宅基地、水域和滩涂等。土地改革时农民分得的土地属私有性质,以后经历互助组、初级农业生产合作社、高级农业生产合作社和人民公社等阶段,土地所有权性质发生了变化。1982年修定的《中华人民共和国宪法》规定:"农村和城市郊区的土地,除法律规定属于国家所有以外,属集体所有;宅基地和自留地、自留山,也属集体所有。"1993年,成都市国土局公布土地资源详查结果,新都县共有国有土地5.61万亩,占全县总面积的7.76%;集体所有土地66.49万亩,占全县总面积的92.24%。

城市土地国有化。1951年,新都县人民政府清理接收民国时期政府机关的一切公共房屋、公学房屋及无主的寺庙、教堂、道观、会馆;1952年,新都县人民政府依法没收战犯、汉奸、反革命分子及官僚资本家的地产457.13亩,均属国有。1974年,全县所有城镇土地由房地产管理部门统一管理。1977年,宣布全县一切城镇土地均属国家所有,单位和个人仅有使用权,一律不得强行私自占有。1985年,新都县人民政府发布《新都县城镇建设征用土地条例》规定：任何机关、企事业单位在城镇规划区进行建设，必须服从城镇建设规划，报城乡建设环境保护局批准，统筹安排，统一征地，综合开发。否则，按乱占乱建给予经济、行政制裁。2004 年 1 月 15 日，国土资源部《关于国有划拨土地使用权抵押登记有关问题的通知》规定："以国有划拨土地使用权为标的物设定抵押，土地行政管理部门依法办理抵押登记手续，即视同已经具有审批权限的土地行政管理部门批准，不必再另行办理土地使用权抵押手续。"

【国土资源】 1980 年 11 月至 1982 年 5 月，开展土地概查。通过分析整理历史资料和野外调查，测得全县面积 482.01 平方公里(折合 72.3 万亩)，其中耕地 455851 亩，占总面积的 63.05%。

1984—1988 年新都县土地利用现状调查结果

表 4-3　　单位：公顷

土地分类		分　布	面　积	占　比
耕地	合计	海拔 465~574 米平坝及缓丘地区	33543.15	占辖区面积的 69.8%
	灌溉水田	海拔 574 米以下平坝及部分缓丘	30777.58	占耕地面积的 91.8%
	望天田	石板滩、木兰、三河、泰兴	182.56	占耕地面积的 0.5%
	旱地	海拔 465~510 米缓丘，略突起平坝	2513.20	占耕地面积的 7.5%
	菜地	县城附近及石板滩、清流等	69.81	占耕地面积的 0.2%
园地	合计	海拔 475~521 米缓丘及部分平坝	92.92	占辖区面积的 0.2%
	果园	海拔 465~550 米缓丘及平坝	82.18	占园地面积的 88.5%
	其他园地	零星分布于缓丘、平坝	10.74	占园地面积的 11.5%
林地	合计	海拔 465~574 米平坝、缓丘	2082.54	占辖区面积的 4.3%
	有林地	村居前后，水渠道路两侧及城镇绿地	2007.85	占林地面积的 96.4%
	灌木林地	零星分布于缓丘	4.00	占林地面积的 0.2%
	疏林地	缓丘	2.99	占林地面积的 0.1%
	苗圃	各乡镇均有，龙桥镇较多	67.70	占林地面积的 3.3%
交通用地	合计	境内公路、铁路及农村道路	797.83	占辖区面积的 1.7%
	公路用地	境内国道、省道	194.67	占交通用地的 24.4%
	铁路用地	过境铁路：宝成、成渝、成达、成灌	48.67	占交通用地的 6.1%
	县村道用地	各乡镇农村道路及县道	554.49	占交通用地的 69.5%
建筑用地	合计	各类建筑用地	5584.91	占辖区面积的 11.6%
	城镇用地	全县城镇	230.12	占建筑用地的 4.1%
	居民点用地	平坝为主，缓丘次之	4837.50	占建筑用地的 86.6%
	工矿用地	工矿企事业单位	443.39	占建筑用地的 8.0%
	特殊用地	国防、名胜、旅游景区、监狱、陵园等	73.90	占建筑用地的 1.3%
水域	合计	水域用地	2890.66	占辖区总面积的 6.0%
	河流用地	境内河流	740.42	占水域面积的 25.6%
	湖泊用地	境内零星天然湖泊	3.87	占水域面积的 0.1%
	水库用地	石板滩、木兰、泰兴、三河等乡镇	12.63	占水域面积的 0.5%
	坑塘	缓丘区	167.98	占水域面积的 5.8%
	滩涂用地	平坝区河流两岸	72.19	占水域面积的 2.5%
	沟渠用地	平坝及缓丘自流灌区	1877.07	占水域面积的 64.9%
	水利用地	零星分布于各乡镇	16.50	占水域面积的 0.6%
未利用土地	合计	各类未利用土地	3073.25	占辖区总面积 6.4%
	荒草地	零星散布	90.26	占未利用地的 2.9%
	裸土地	水流两侧；废弃窑厂取土造成的深坑	7.39	占未利用地的 0.3%
	裸岩、石砾地	缓丘为主，平坝次之	222.24	占未利用地的 7.2%
	田坎	平坝田坎多，缓丘地坎多	2753.36	占未利用地的 89.6%

1996年与2003年新都土地利用现状对比表

表4–4　单位:公顷

土地地分类 一级类	二级类	三级类	1996年	2003年	增减
农用地	农用地合计		35415.75	35773.36	357.61
	耕地	耕地合计	30296.18	28878.29	-1417.89
		灌溉水田	28129.37	26934.09	-1192.29
		望天田	199.05	194.03	-5.02
		旱地	1853.55	1647.31	-206.24
		菜地	114.20	99.85	-14.35
	园地	园地合计	132.16	549.61	417.45
		果园	132.16	441.14	308.98
		其他园地	—	108.47	108.47
	林地	林地合计	231.32	348.44	117.12
		有林地	162.55	154.70	-7.85
		灌木林地	66.65	66.45	-0.20
		苗圃	2.11	127.29	125.17
	其他农用地	其他农用地合计	4756.09	5997.02	1240.93
		畜禽饲养地	—	10.75	10.75
		农村道路	324.61	361.23	36.63
		坑塘水面	208.74	219.59	10.85
		农田水利用地	1481.58	1474.09	-7.49
		田坎	2741.17	3931.35	1190.19
建设用地	建设用地合计		9243.12	10304.41	1061.29
	居民点工矿	居民点工矿合计	8821.33	9428.97	607.63
		建制镇用地	1518.31	1796.77	278.47
		农村居民点	6336.10	6330.41	-5.69
		独立工矿	929.59	1259.93	330.34
		特殊用地	37.34	41.86	4.52
	交通用地	交通用地合计	406.38	860.97	454.59
		铁路用地	90.29	156.43	66.14
		公路用地	316.09	704.55	388.45
	水利用地	水库水面	15.41	14.47	-0.94
未利用地	未利用地合计		3406.29	1987.39	-1418.90
	荒草地		67.07	74.12	7.05
	裸岩、石砾地		17.71	8.02	-9.69
	河流水面		449.96	457.78	7.85
	滩涂		358.17	330.30	-27.87
	其他未利用地		2513.41	1117.17	-1396.23
总面积			48065.17	48065.17	0.00

2004年与2005年新都区土地利用现状对比表

表4-5

项 目	单 位	2004年	2005年	比上年±%
年末耕地面积	亩	344567.00	350199.00	1.63
其中:水田	亩	320276.00	321979.00	0.53
旱地	亩	24291.00	28220.00	16.17
年内减少耕地面积	亩	6185.00	8967.00	44.98
其中:国家基建占地	亩	4347.00	7661.00	76.24
乡村集体占地	亩	1109.00	1221.00	10.10
农民个人建房占地	亩	35.00	21.00	-40.00
农民人均实有耕地	亩	0.76	0.75	-1.32
交通用地	公里	557.51	557.51	0.00
其中:国道	公里	12.83	12.83	0.00
县道	公里	175.88	175.88	0.00
乡道	公里	368.80	368.80	0.00
建成区面积	平方公里	29.42	31.92	8.50
城区建设用地	平方公里	13.33	15.83	18.75
其中:生活居住用地	平方公里	3.80	5.25	38.16
公共设施用地	平方公里	2.28	2.43	6.58
工业用地	平方公里	3.31	4.10	23.87
仓储用地	平方公里	0.99	1.02	3.03
对外交通用地	平方公里	0.72	0.72	0.00
园林绿化	亩	12525.00	12930.00	3.23

1984年5月至1988年12月,开展土地详查。采用高精度航测仪器及外业调绘,确认新都县面积480.341平方公里,其中耕地面积503142.3亩,占总面积的69.8%。建筑用地占11.6%,未利用土地占6.4%,水域占6.0%,林地占4.3%,交通用地占1.7%,园地占0.2%。耕地中属都江堰自流灌溉的水田461663.8亩,占总耕地面积的91.76%;无水源保证的"望天田"2738.4亩,占总耕地面积的0.54%;旱地37692.9亩,占总耕地面积的7.49%;蔬菜地1047.2亩,占总耕地面积的0.22%。

1988—2005年,耕地面积呈减少趋势。1988年,耕地占辖区总面积的69.8%,1996年占63.04%,2003年占60.09%,2005年占46.98%。国家基本建设、乡村集体建设和农民建房用地逐年增加。

【土地利用总体规划】 根据四川省国土资源厅2005年11月评审通过的《新都区土地利用总体规划大纲(2004—2020年)》,全区基本农田保护区37.56万亩,占全区土地面积的52.10%;一般农用地区19.87万亩,占全区土地面积的27.56%;城镇建设用地区10.35万亩,占全区土地面积的14.35%;村镇建设用地区4.32万亩,占全区土地面积的5.99%。

【农业分区规划】 根据土地详查,境内农业资源分为"平坝粮、经、养殖区"和"丘陵粮、经、果、渔、养殖区"。

平坝粮、经、养殖区,位于县境中、北部,含13个乡镇和偏南的泰兴、三河的一部分。耕地35.05万亩,其中水田占99.6%。人均占有耕地0.98亩,农业劳动力人均耕地2.24亩。是新都粮食、经济作物、养殖业的主要基地，又是柳叶烟、韭黄、大蒜、川芎、玉米的主要产区。该区域生产条件好，地势平坦、土地肥沃、气候温和、水源丰富、交通发达，粮油产量高，复种指数211。

丘陵粮、经、果、渔、养殖区，位于县境南、东一带，包括石板滩、木兰全部和泰兴、三河的一部分。耕地7.15万亩，其中旱地占32.4%。人均耕地0.9亩，农业劳动力人均耕地2.08亩。是粮食、养殖业主要基地，经、果、渔业略大于平坝区。该区域生产条件略差于平坝区，土质黏重，耕作较难，但水田保肥力强；坡地斜度大，土层较薄，水土易流失；以自流灌溉为主，堰塘蓄水灌为辅。

【地籍管理】 地籍管理的核心是土地权属管理，经过土地利用调查，颁发地籍登记证，建立地籍管理档案。新都历史上曾多次进行土地利用调查。1984年5月—1988年12月，全县抽调684名科技人员和农村干部，开展土地资源调查。1991年4—12月开展《新都县农业区域开发总体规划》调查、编写工作。1997年，遵照《中共中央国务院关于进一步加强土地管理，切实保护耕地的通知》精神，对1987年1月1日至1990年12月31日的非农业建设用地进行清查，共查出国家、集体、农房建设用地13935宗、37939.6亩(其中耕地30846.4亩)。1998年1—5月，组织县乡两级129人参加《新都县土地利用总体规划》编制修订工作，完成全县规划文本及5个专题研究、4个部门规划、17个乡(镇)规划、142幅图件。1996年夏，在驻县测绘部队官兵支持下，开展土地利用现状变更调查。此后，坚持每年进行土地利用现状调查。

地籍登记、发证。1953年土地改革结束后，新都县、新繁县农民分得土地，两县政府向每户农民颁发土地、房屋产权证书。1988年11月，新都县根据国家土地管理局及省市有关精神，开展国有土地申报登记发证工作。至1991年年底，全县城镇国有土地共4400宗，完成申报登记4329宗，占总数的98%；完成新繁镇、桂湖镇、石板滩镇、大丰镇、三河乡、军屯乡的地籍测量工作。1992年，发放国有土地使用权证书800余宗，完成应发数的80%，建立正式地籍档案1500宗(不含各乡镇)；在军屯乡郭家村进行集体土地所有权申报登记试点工作。1993年，县国土局与县城建委联合进行全县集体土地使用证和房屋产权证的登记发放工作，14个乡镇完成“两证”发放任务，共发放集体土地使用证书10万份。

根据《国家土地管理局关于土地使用权抵押登记有关问题的通知》等法律法规和政策，凡以土地使用权抵押融资的必须依法到县国土局办理抵押登记手续。自1994年7月16日县国土局受理第一宗土地使用权抵押登记，至1999年12月31日，共办理抵押登记1244宗，抵押面积570万平方米，抵押贷款金额4.7亿元人民币。此后，坚持依法办理抵押登记。

县国土局土地资源档案室始建于1998年，2000年11月，通过省市档案行政管理部门考核验收，达到省标二级。地籍档案主要包括：地籍管理综合性文件、土地调查、土地登记、权属变更、土地统计、土地分等定级估价、土地的初态监测等文件材料共5639卷。

【耕地保护和土地开发整理】 新都人均耕地面积1949年为1.63亩，1996年为0.736亩，2003年0.67亩，低于国际粮农组织划定的0.7995亩的警界线。通过合理开发利用土地，2005年人均耕地0.6894亩。

根据土地详查资料，境内荒山、荒水、荒滩、荒地共7812.6亩可供利用，院落宅基地开发潜力16620亩，田坎土埂可开垦16500亩，低产田地、低产园、低产林、低产水面“四低”资源88929亩。

1988—1992年，共开发河滩荒地、劣质坡地1052亩；利用山坡、河滩、宅基地种果树，节约耕地120亩。2003年，利用旧院落、田埂、荒滩、沙地等进行开发、整理，新增耕地3730.41亩；国家级示范项目8007亩，新增耕地960亩；在蒲江县、彭州市、金堂县购地共825亩，进行易地开发，用作城市建设自求平衡项目。2004年，木兰镇开发整理土地7732.05亩，净增耕地1191亩；军屯镇开发整理土地6907.05

亩,龙桥镇开发整理土地5064.9亩,共净增耕地1788.15亩;木兰镇、石板滩镇砖厂复垦,共新增土地477.07亩。2005年,完成成都市投资的木兰镇、清流镇、新民镇土地整理项目立项工作,计划整理19868.1亩,预计新增耕地3007.8亩。

【国有土地有偿使用】 1994年以前,新都县主要以行政划拨方式提供建设用地。1994年,新都县遵照《中华人民共和国土地管理法》和省市有关规定,逐步实施国有土地使用权有偿出让。1999年,新都卫星城工业区引进项目85个,用地556.40亩,其中行政划拨76宗、419.71亩,有偿出让供地9宗、136.39亩,收取出让金3441769.30元,平均每平方米37.77元。全年累计有偿出让国有土地使用权面积401.61亩,应收出让金1044.70万元,除去用于改制企业职工安置和为部分企业减免外,实收519.80万元,平均每平方米19.42元。2003—2005年,全区出让有偿使用建设用地累计11686.20亩,其中耕地10283.86亩。工业用地992.40亩,平均每平方米160元;住宅用地1089.44亩,平均每平方米596.63元;商业用地87.30亩,平均每平方米342.26元。

有偿出让国有土地使用权,初期以协议出让为主,后对经营性土地使用权采取招标、拍卖、挂牌方式出让。1999年,利用金桂房地产交易周,首次拍卖新都镇马超村一组的12亩统征地,由6家开发商经10个回合竞争,最终由四川省富远房地产开发有限公司以每亩7.6万元价格获得该宗土地使用权,新都房地产市场交易制度化。2003—2005年,全区土地招标、拍卖、挂牌方式出让30宗、3231.47亩,成交金额83082.86万元。

【国土资源执法监察】 1986年1月起,新都县依据《中华人民共和国土地管理法》《四川省土地管理实施办法》和中共中央办公厅《关于加强土地管理,制止乱占耕地的通知》等法律法规和政策文件,先后采取自查、互查和抽查等办法,对1983—1986年占地情况进行清理,全县查出非农业占地5235.4亩,并依法处理。根据成都市政府1997年6月28日《关于将非农业建设用地清查工作纳入市政府目标管理的通知》,对1987年1月1日至1997年4月14日期间非农业建设用地进行清理,查出全县非农业建设用地13935宗、37939.6亩,分别给予补办手续、拆除建筑物、罚款、没收等处理。

20世纪末,新都县国土局对国土资源的监察从过去定期检查逐渐转为动态监察。2002年,组织巡查200余次,查出土地违法案件31起,均依法处理。2005年,结合动态巡查,宣传《中华人民共和国土地管理法》《中华人民共和国矿产资源法》等法律法规,发布区政府《禁止非法开采砂石公告》,全年巡查173次,立案查处16件。

1992年,根据国家、省、市国土主管部门安排,新都县在龙桥、大丰、斑竹园、柏水、新农、河屯、石板滩7乡镇开展创建“三无”(无非法批地、无非法管地、无非法用地)乡镇活动试点。1993年,在全县普遍开展。各乡镇均建立创建领导小组和乡、村、组三级监察网络,通过创建活动,违法用地案件发生率迅速下降。1993—2005年,新都“三无”乡镇创建活动达标率逐年上升,2005年达标率54.54%。

计划(规划)

【计(规)划编制改革】 1986—1992年,全县经济计划继续实行“集中型”统一管理模式。1993年,对管理体制进行改革,从主要管全民所有制经济转向管全社会经济活动,拓宽计划覆盖面;从主要分投资、定项目、定指标转向注重研究经济和社会发展战略及重大方针政策;从主要抓生产投资计划管理转向生产投资计划与流通、分配、消费计划并重,实物计划管理与价值形态管理并重;从指令性计划管理转向指令性、指导性管理相结合,扩大市场调节范围;从计划控制转向计划调控。

【中长期计(规)划编制】 中长期计(规)划以五年计划为主。按照国家和省、市的统一部署,在总结上一个五年计划执行情况的基础上提出下一个五年计划,内容包括指导思想、发展思路、目标任务、产业发展方向、重点科学技术和社会发展预计目标及拟采取的政策措施。先后于1985年、1991年、1994年、2000年,编制新都县“七五”“八五”“九五”“十五”国民经济和社会发展计划。为保持社会经济发展目标的整体性和连续性,还制订了跨度更大的宏观指导性规划和产业发展规划。1995年编制的《“九五”计划及2010年远景目标纲要》包括能源建设规划、水资源利用规划、工业区建设发展规划、第三产业发展规划、沱江流域新都境内污染清理整治规划、商品粮大县建设总体规划;《“十五”计划及2010年远景目标纲要》包括国民经济和社会发展规划主要指标、高新技术产业发展长期规划、重点经济建设项目长期发展规划;2000年7月,编制了《新都县2000—2010年经济社会跨越式发展纲要》及相关的工业、农业、高新技术产业、城市化、卫星城工业区等发展规划;2000年10月,编制了《新都县农村“五网”(2000—2015)发展规划》及相关的公路网、天然气网、给排水网、信息网、林网、中心村、加油站等发展规划;2002年3月,编制了《新都——中国西部家具产业带(2001—2010年)发展规划纲要》。中长期发展规划分段融入五年计划和年度计划中,确保总体目标得到贯彻实施。

【年度计划编制】 年度计划(草案)先由相关单位及政府部门于上年提出并报县计委综合平衡,分条块报成都市审查,经审批下达后,各部门在12月前将次年计划逐级下达基层单位。县计委按照地区国民经济发展战略编制和修改年度计划(草案),内容包括国民经济主要指标、农业经济计划、工业经济计划、交通运输计划、商品贸易计划、固定资产投资计划、物资计划、财政收支计划、人口计划、建设用地和土地开发计划、普通教育事业计划、科学技术研究项目及环境保护计划等。在上级下达的计划指标外,根据县情增加一些对全县有较大影响的指标,1993年,在工业经济计划中增加销售收入、利润、税金、生产性固定资产投入、扭亏目标等指标。2000年开始,编制计划前先算好五笔账:正常发展、挖潜革新、投入产出、市场变化、财政需求;注重六个结合:上级要求、可持续发展需要、现实与可能、周边区(县)经验、发展潜力、城乡一体化进程,使规划设置的指标更科学合理,同时注重将年度计划与中长期发展目标、五年计划相衔接,不使中长期规划与年度计划脱节。

【年度计划实施】 年度计划管理实行责任制度,属区管理的由区计划管理部门编制下达。每年年初由区政府将上年国民经济和社会发展计划执行情况及本年计划草案提交人代会和人大常委会审议,区人民代表大会通过后由区计(规)划部门会同相关部门将指标分解下达各部门和乡镇(街道),由各主管部门和乡镇(街道)组织实施,目标督查部门督查管理,统计部门统计监督。1986—2005年,“七五”“八五”“九五”“十五”计划及每个年度社会经济发展的主要目标(指标)均提前和超额完成。

【固定资产投资管理】 “七五”“八五”期间,按照国家产业政策及省市规定的固定资产投资项目审批权限及审批程序,基本建设和技术改造投资在3000万元以下的生产性或非生产性建设项目,符合国家产业政策和环境保护政策,不需要市及市以上创造配套条件,其立项报告由市计(经)委委托县计(经)委审批,报市计(经)委备案;投资3000万元以上的建设项目(含“三资”企业)报市计(经)委按照国家规定的程序和审批权限进行审批。商品住宅由县计委编制计划,报市计委审批,商品房销售由投资方自求平衡。危房改造和中小学建设项目,市计委委托县计委审批。国有单位投资在50万元以上的建设项目报市计委纳入全市计划,由市计委向区(县)委下达计划执行。集体和个体的固定资产投资,由市计委将全市的总规模切块下达给区(县)计委具体安排建设项目,按照计划执行并报市计委备案。凡纳入固定资产投资的中型以上建设项目,建设单位必须报送可行性研究报告,内容包括工艺技术水平、技术力量、环境影响、产品档次、市场前景、经济效益和建设条件等内容,同时附送咨询单位专家、学者、工程技术人员及管理人员的论证、评价等相关资料和文件。无论新建、扩建、改建和迁建项目,其自筹资金需经过主管部门、财政部门(集体单位由地税局)、审计部门对资金来源及落实情况进行审查,并在开工前将大部分或全部自筹资金存入建设银行投资专户。凡是建设资金50万元以上的项目,都要办理投资许可证,500万元以上的生产性项目、300万元以上的非生产性项目投资许可证由市计委发放;500万元以下的生产性项目、300万元以下的非生产性项目,由市计委委托区(县)计委发放。2001年招投标法开始实施,根据该法律,上了一定规模的政府投资项目都必须按规定程序进行招投标。2004年,根据《国务院关于投资体制改革的决定》,对企业不使用政府投资的项目一律不再实行审批制,区别不同情况实行核准制和备案制,其中政府仅对重大项目和限制类项目从维护社会公共利益角度进行核准,其他项目无论规模大小均改为备案制。

【固定资产投资调控】 固定资产投资调控主要是通过贯彻执行国家和省市关于固定资产投资的法律法规和政策来实现。新都在具体实施过程中,坚持保证农业、水利、交通、能源、基础设施及基础产业和高科技重点项目建设,从严限制有严重污染、高能耗、低效益和无市场前景或竞争力低的建设项目。“七五”期间,根据《国务院关于建筑税征收暂行办法》和省市有关规定,除能源、交通、学校、医院、中外合资项目以及利用国际金融组织、外国政府贷款等建设项目外,对其他建设项目均按投资总额10%的税率计征建筑税。“八五”期间,根据《中华人民共和国固定资产投资方向调节税暂行条例》及有关规定,对属于农业、水利、交通、邮电通讯和高科技类重点项目实行0税率,其他行业计税率为5%;对属于国家规定生产规模限额以下和限制发展的加工性项目,计税率为15%~30%。“九五”期间,为进一步优化投资结构,提高投资效益,对技术改造、基础产业和基础设施建设按地方实际调节征收。“十五”期间,政府对企业提交的项目申请报告,主要从维护经济安全、保护生态环境、优化重大布局、保障公共利益等方面进行核准调控。

【重点项目建设管理】 1998年,成立县重点建设项目领导小组及办公室,由县长任领导小组组长,制定了《新都县重点项目建设管理办法》。对基础设施类投资额在1000万元以上的项目,生产性类填补国家空白或取得国家专利(市以上部门认定)、投资额在1500万元以上的高新技术项目,投资额在3000万元以上的一般性工业生产项目均列入县重点建设项目。对重点建设项目的管理实行“五定”责任制:定项目负责人、定工程质量、定工程工期、定投资总额、定奖惩制度。1998—2005年,全区审定确列重点项目共364个,其中42个项目列入国家、省、市规划的项目。364个项目总投资313.18亿元,至2005年,累计完成投资132.43亿元。区委、区政府召开重点项目协调会230余次,协调解决各类问题650多个。

【能源供应管理】 1983年,成立县政府能源办公室,负责全县电力、天然气建设与供应的规划和协调。1985年制订《新都电网建设发展规划》,对新都能源建设作了中长期安排。1990年,县电力公司并入成都电业局新都供电局,消除了县内供电体制多头管理的局面。1998年,撤销县能源办,其职能并入县计委,在县计委内组建能源科,履行原县政府能源办的职能。1985年,全县实际用电量10550万千瓦时,

1990年用电量23068万千瓦时,1995年用电量45050万千瓦时,2000年用电量67086万千瓦时,2005年用电量114291万千瓦时(其中工业用电81500万千瓦时,城乡居民生活用电20769万千瓦时)。至2005年,全区共建有9座变电站,总容量71.3万千伏安。全区电力设施的建设、安装、维护和电力供应由成都电业局新都供电局统一管理。

新都天然气工程始于1987年。至2005年,全区有天然气公司4家和煤气公司3家:四川省明圣天然气有限责任公司、成都市银鹏天然气有限公司、成都市华川天然气有限责任公司、四川金坤天然气有限责任公司,成都市三河煤气有限责任公司、成都市新繁煤气有限责任公司、成都市大丰煤气有限责任公司。日供气能力120万立方米,气源由中石化(占70%)和中石油(占30%)提供。2003年,全区用气量1.3亿立方米,2005年1.67亿立方米,日均用气约50万立方米,占区内供气能力的41.6%,占整个成都市日均用气(767万立方米)的6.5%。

【矿产资源管理】 境内已探明可供开采利用的矿产资源有矿泉水、天然气、页岩、黏土和砂石。1990年,全县有黏土砖厂29个,页岩砖厂1个,年生产能力2800万块标砖。沿清白江、毗河两岸及支斗农渠居住的少数农民利用农闲时间零星打捞砂石对外出售或修房自用。1990年,设立新都县矿产资源管理办公室,挂牌在县计委,乡镇设置专(兼)职矿管人员。1991年,依据《中华人民共和国矿产资源法》和《四川省乡镇集体矿山企业和个体采矿管理条例》,对境内开采使用矿产资源的企业进行全面清理,分别颁发采矿许可证,对全县矿产资源依法进行管理,对乱采乱挖的单位和个人进行教育、整改或处罚。1995年,境内有黏土砖厂46个,页岩砖厂2个,年生产能力5500万块标砖;砂石采掘企业(包括机械挖掘船开采)15个;矿泉饮料厂1个,年生产矿泉豆奶5000吨;浅层天然气井1口,年生产天然气100万立方米。1998年再次对矿产企业进行清理,换发采矿许可证,境内有砖厂51个(其中页岩砖厂3个),砂石采掘企业11个,天然气井3口。1999年,对51个砖厂进行储量勘测,2000年停止新批黏土砖生产项目,对原有的黏土砖生产企业限制生产,黏土砖生产日渐萎缩。至2005年,全区黏土砖厂基本关停。

2001年8月,矿产资源管理职能划归县国土资源局。

财　政

【财政包干制改革】 1986年,省财政厅对新都县原执行的“划分收支,分级包干,定额上缴,增收分成”的财政体制改为“财政上缴递增包干”,上解基数为1587.9万元。从1986年起,每年递增上解10%,一定3年不变,县财政总收入完成体制上解和上级方案规定的专项上解后,其余部分全留县上,自主支配。实行“财政上缴递增包干”体制与原方案比,县财政可多得超收部分的45%,1986多得收入40万元。

1988年,按照省对市财政体制改革的要求,成都市对县(区)财政体制进行局部调整。新都县继续实行“财政上缴递增包干”体制,递增比例由原来的10%调整为7.5%,这一体制延续到2000年。

2000年,省对县级财政体制进行调整,取消原来的递增包干上缴财政体制,在1994年中央对省实行分税制的基础上,省对县通过划分税种,明确收入范围,调整税收返还收入,实行新老体制并轨的办法。并轨后,新都县每年递增7.5%的体制上解和定额上解都不再上解,继续执行两税增量返还财力的政策,即增值税和消费税比上年增长或减少按系数1∶0.3奖励或扣减县级财力的政策不变。2002年中央对所得税政策进行调整,按中央、地方6∶4分成。

实行“划分收支,分级包干”或“递增包干上解”的财政管理体制,均属于成都市财政的组成部分,预决算都通过成都市财政局统一编制、分配、考核。

1986—2005 年,新都财政上解中央“两税”和省体制收入以及各项专款共计 30.00 亿元。

【分税制改革】 1994 年 1 月 1 日起,实施分税制改革。把原来地方财政包干制改为按新税种划分中央固定收入、地方固定收入、中央与地方共享收入。中央与地方共享收入包括增值税、资源税和证券交易税。增值税中央分享 75%,地方 25%;资源税按不同品种划分,大部分资源费作为地方收入,海洋石油资源税作为中央收入;证券交易税中央、地方各 50%。2000—2004 年,国务院、省、市先后对分享比例进行调整。

新都按照分税制的管理体制,执行上级部门规定。2005 年,新都区全口径财政收入 124142 万元,其中,中央分税收入 46896 万元,省分税收入 12520 万元,地方财政收入 64726 万元,省专项补助 8014 万元,结算补助 7970 万元。专项上解 1654 万元,财政支出 89212 万元。财政供养人口共 16101 人。

1986—2005 年新都财政收支决算统计表

表 4-6 单位:万元

年 度	合 计(全口径)	中央分税收入	上划省收入	区级财政收入			支 出
				小计	一般预算收入	基金预算收入	
1986	4138.10	—	—	—	—	—	2982.70
1987	4531.81	—	—	—	—	—	2665.54
1988	5308.21	—	—	—	—	—	3160.65
1989	6560.60	—	—	—	—	—	3777.90
1990	7155.00	—	—	—	—	—	4779.20
1991	8156.00	—	—	—	—	—	5657.20
1992	9266.80	—	—	—	—	—	7158.40
1993	14936.70	—	—	—	—	—	12744.60
1994	19723.90	9037.80	923.20	9762.90	—	—	14167.00
1995	20790.50	9267.90	693.90	10828.70	—	—	15305.00
1996	24412.50	10736.30	664.70	13011.50	—	—	17811.50
1997	26821.00	11169.00	583.00	15069.00	13381.00	1688.00	18983.00
1998	29833.00	12686.00	428.00	16719.00	15285.00	1434.00	19957.00
1999	33508.00	14000.00	582.00	18926.00	17569.00	1357.00	24756.00
2000	39328.00	16755.00	4162.00	18411.00	16422.00	1989.00	27630.00
2001	48546.00	19828.00	4397.00	24321.00	21695.00	2626.00	33793.00
2002	58858.00	26955.00	4610.00	27293.00	22004.00	5289.00	42291.00
2003	80947.00	35494.00	6211.00	39242.00	31180.00	8062.00	52614.00
2004	102976.00	42473.00	8834.00	51669.00	36332.00	15337.00	66915.00
2005	124142.00	46896.00	12520.00	64726.00	44460.00	20266.00	89212.00

【预算编制】 区级财政预算由区属部门和乡镇预算汇总产生,包括部门预算和功能预算。部门预算是按部门编制的预算,是功能预算的基础;功能预算是按政府预算收支科目编制的预算,在部门预算的基础上产生。

部门预算编制实行“两上两下”程序。“一上”:部门按照区财政部门的统一布置和要求,根据上年预算执行情况和年度工作任务及事业计划,分析各项收支增减因素,提出年度预算建议数;“一下”:区财政部门根据各部门提出的预算建议数,结合财力情况,统一审核汇总平衡后,下达部门预算控制数。“二上”:各部门根据财政部门下达的预算控制数,分轻重缓急,核实各项收支项目,向财政部门及时反映预算安排意见并编报部门预算草案;“二下”:财政部门根据区人大批准的财政预算,在规定的期限内批复下达部门预算,并督促部门及时批复到所属单位。

编制部门预算,部门及其下属单位所有收支均全面、完整地纳入部门预算,不得在预算之外留有收支项目,做到预算内外资金统一编制,统一管理,统筹安排,综合平衡。

收入预算根据预算年度各项收入政策测算,逐项核定,不受“基数”制约。支出预算按照预算年度各类因素和支出事项的轻重缓急,并根据财力可能和有关政策、标准安排。

新都财政部门每年6月开始编制下年度预算,12月底前编制完毕并按法定程序报批。各部门预算从基层预算单位编起,逐级汇总,各项收入细化到征收项目,各类支出细化到具体使用单位和具体内容。

预算支出安排顺序:优先确保国家规定的工资和津贴,统筹安排省出台的津补贴、政策性必须支出、工资相关性支出,对于定额公用支出、专项公用支出、项目支出根据财力可能合理安排。

【预算外资金管理】 预算外资金即政府非税收入,包括:行政事业性收费、政府性基金、国有资源有偿使用收入、国有资产有偿使用收入、国有资本经营收益,彩票公益金、罚没收入、以政府名义接受的捐赠收入、政府财政资金产生的利息收入等。预算外资金大多数分散在政府各部门,长期体外循环,脱离人大和财政监督,不仅弱化了政府宏观调控能力和财政分配职能,而且助长了腐败现象的滋生和蔓延,群众反映强烈。1986年3月,县政府制发《关于进一步加强预算外资金管理的通知》,规定预算外资金上缴财政专户,实行结余统筹。1996年,根据国务院《关于加强预算外资金管理的决定》等一系列文件精神,县委、县政府在全县范围内开展减轻企业、农民负担,清理登记基金,检查预算外资金的集中行动,至1998年,共取消和暂停行政事业性收费项目58项,将公安、工商等21个部门的71项收费纳入财政预算管理。1999年,将墙体材料专项基金、农机管理费等基金和收费项目纳入预算管理,并成立新都县行政事业收费大厅,对境内部分行政事业性收费按照收缴分离的原则实行“单位开票,银行代收,财政统管”。2001年,财政局成立综合和非税收入管理科,集中管理全县税收外的所有财政资金。2002年,新都区按照成都市反腐败工作目标,逐户清理区内行政事业性收费项目,取消非税收入结余上缴财政专户的办法,统一规定部门收入全额上交区财政专户(金库)。

2004年,成都市实施《中华人民共和国行政许可法》,向社会公布行政性收费项目清理情况:保留收费项目238个,新增项目5个,取消(暂停)项目46个,转经营服务性项目35个,向社会征收的政府性基金项目19个。新都区照此执行。

2004年7月,财政部下发《关于加强政府非税收入管理的通知》,正式以非税收入取代预算外资金,明确非税收入是政府财政收入的组成部分。

1986—1995年新都预算外资金收支统计表

表4-7 单位:万元

年度	收入	支出	年度	收入	支出
1986	3008.38	3008.38	1991	6992	6992
1987	3550.06	3550.06	1992	8518	8518
1988	4892.74	4892.74	1993	6258	6258
1989	6884.45	6884.45	1994	8276	8276
1990	6826.69	6826.69	1995	9191	9191

说明:1995年以后,预算外资金收入、支出纳入财政预决

【乡镇财政管理】 1988年,新都县对23个乡镇(不含原新繁镇和原新都镇)建立乡镇预算,试行"定收定支,收支挂钩,收入递增包干,超收分成,支出节余留用"的管理体制。1996年调整为"基数包干,比例递增,超收分成"。2002年,完善超收分成办法,由原来的以全口径超收额为基数按比例计算超收分成调整为以区级所得超收额为基数按比例计算超收分成。2003年,对全区镇级财政体制调整为"基数包干,比例递增,超收分成,一定两年不变"。镇财政收入范围按属地管辖原则,将增值税、营业税、企业所得税、个人所得税、资源税、城建税、房产税、印花税、城镇土地使用税、车船使用和牌照税划入镇财政包干范围。超收分成比例根据各镇(街道)的实际情况制定不同比例,适当向困难镇财政倾斜,镇得超收部分的75%~100%。有8个镇超收分成比例为100%,分成额在100万元以上的有新都镇、大丰镇、三河镇、龙桥镇。

截至2003年年末,全区镇级财政负债16219万元,其中负债过1000万元的镇5个:石板滩、泰兴、三河、新民、木兰,负债最多的石板滩镇3185万元;负债1000万元以下500万元以上的镇5个:利济、斑竹园、新都、大丰、军屯。负债的主要原因有:农村合作基金会亏损或企业破产,承担公路、铁路等国家和省市重点项目建设赔付举债,农村普及九年制义务教育以及卫生院建设。

2005年,全区镇(街道)财政收入35259万元,其中预算内收入26703万元,预算外收入8556万元。预算内收入中一般预算收入23610万元,比1986年增长135倍,年均递增29.47%。财政收入500万元~1000万元的镇4个,过1000万元的镇2个。财政支出32304万元,其中预算内支出23858万元,预算外支出8446万元。

1986—2005年新都乡镇财政收入、支出统计表(决算数)

表4-8 单位:万元

年度	收入			支出		
	合计	预算内	预算外	合计	预算内	预算外
1986	174.61	174.61	0.00	174.61	174.61	0.00
1987	1264.33	138.28	1126.05	1643.75	138.28	1505.47
1988	1171.58	204.09	967.49	1248.04	204.09	1043.95
1989	3964.61	2626.94	1337.67	2261.57	878.92	1382.76
1990	4871.13	2893.17	1977.96	2969.46	1232.38	1737.08
1991	4944.57	3211.70	1732.87	2837.59	1186.32	1651.27
1992	8142.10	3915.93	4226.17	4882.22	1574.25	3307.97
1993	12281.90	7057.00	5224.90	7880.80	2140.80	5740.00
1994	8429.70	3881.20	4548.50	33302.70	28743.00	4559.70
1995	9717.30	5496.40	4220.90	8331.10	3463.30	4867.80
1996	11796.70	6668.00	5128.70	8328.60	3492.60	4836.00
1997	12942.90	6675.30	6267.60	9601.20	3215.90	6385.30
1998	14159.17	7389.52	6769.65	10141.24	3570.03	6571.21
1999	13479.00	7412.00	6067.00	10433.00	4325.00	6108.00
2000	12947.00	6536.00	6411.00	11791.00	5203.00	6588.00
2001	15071.00	7845.00	7226.00	12767.00	3135.00	9632.00
2002	14326.00	6521.00	7805.00	12317.00	4719.00	7598.00
2003	21290.00	14694.00	6596.00	19819.00	13368.00	6451.00
2004	26592.00	19978.00	6614.00	24230.00	17726.00	6504.00
2005	35259.00	26703.00	8556.00	32304.00	23858.00	8446.00

【国有资产管理】 1991年,成立新都县国有资产管理局(挂牌在县财政局,国资局局长由财政局副局长兼任),负责全县行政事业单位和工商企业国有资产及资产营运收益的监督管理。同年,国资局开展全民所有制产权登记和撤并公司资产划转工作,保留的41户全民所有制公司资产总额21483万元,注册资金4219万元,其中国有资金3502万元。

1992—1993年,对县内全民企事业单位进行国有资产自查和产权登记,对国有资产发生的产权变动、资产抵押、租赁等进行评估,登记汇总全县国有资产29564万元,国有资本金29420万元。

1994—1995年,全面清产核资结果:全县国有资产总额101563万元(不含土地),负债79774万元,所有者权益21789万元,冲减资本金1589万元;政府划拨使用的土地103万平方米,评估前价值2469万元,评估后价值16237万元,净增值13768万元。

2001年3—4月,根据省财政厅和市国资局的统一安排,对全县行政事业单位的国有资产产权进行换证和年检,对原来未登记和漏登的进行逐一核对、审查和登记,共换证和年检135户。截至2000年12月30日,全县行政事业单位资产总额115178万元,负债总额34002万元,国有净资产81176万元。

2001年,国资局所属的新都国有资产投资经营管理中心接管政府债权13335万元,其中新都工艺美术锦缎厂借款3290万元,县供销合作社联合社社员股金兑付借款1375万元,县农村合作基金会借款8670万元(含县企业局借款470万元),经追收、抵偿后,至2005年年末,债权余额13035万元。

【财政监督检查】 1985—1997年,每年集中财政、审计、税务、物价、工商、人行新都县支行和公检法等部门,对境内企业、事业、行政单位、社会团体及个体工商户执行财税物价等政策法规情况进行综合性监督检查,累计查处违纪单位6500户(次),查出违纪资金1.1亿元(其中偷漏工商税1029万元),上缴财政2200万元。1998年,根据国务院决定,不再进行一年一次突击式的财务税收物价大检查,财政监督转为常态化。县财政局于1998年成立监督检查科,主要监督全县财税法规政策的执行情况,依法查处重点违反财经纪律的案件,监督全县各单位财务收支管理情况,监督局内各科(室)、中心执行财政法规政策、制度和预算情况等。

1995年5—8月,全县开展“小金库”专项检查,487家单位进行自查,重点检查55家单位,查出“小金库”资金58万元,上交财政10万元。

1995—2000年,开展“收支两条线”专项检查,重点抽查公安、检察院、法院、工商、民政、交通、国土、劳动、教育等30个单位,清理单位银行账户132个,撤销归并22个账户,查出违纪金额480万元,入库金额26万元,缴财政专户210万元。

2001—2005年,每5年进行会计信息质量检查,检查12户,查出违纪金额1693万元,调账金额1080万元。

2001年,对区政府重点工程新都大道和宝光广场资金使用情况进行专项检查。2005年,对“教育附加费”专项基金检查;对区社保局农村社会养老保险基金进行专项检查,追缴调剂金97.88万元,全额转入责任金。

【企业财务管理】 1993年以前,国营企业、集体企业、乡镇企业、外商投资企业、股份制企业的财务实行不同的管理办法。1992年11月,国家发布《企业财务通则》和《企业会计准则》,1993年7月起,全县所有工交企业统一执行根据《企业财务通则》制订的《工业财务制度》。

在国有企业改制中,对破产企业资产授权清算后招标出售,国资局予以监督;对存量国有资产进行折股出售,其收入由国资局组织收取,解缴国库;对保留国有股权的企业实行委派代表或授权经营。

1991—2005 年,国有企业改制涉及国有资产所有权变动的企业 16 户,其中国有股权整体出售的 1 户,改组后出售给企业内部职工 3 户,组建股份合作制 4 户,国有资产授权经营 1 户,委派国有股权代表 2 户,国有股权利润分配 1 户,改制后国有资产留在企业作国有股权的 4 户。

1987—1990 年,为鼓励国营商贸企业拓展业务,扩大销售,对县医药公司、新繁百货公司、县煤建公司、县五金交电公司制定增提业务活动费标准并与企业利润挂钩。1993 年对县外贸公司实行“划小核算单位、分部经营、集中管理、统一考核、工效挂钩”的经济责任制;同年,对 8 个粮站、23 个仓库、一个县级粮食批发市场、98 个粮油经营部、11 家米厂、2 家面粉厂、13 家油厂的财务及经营情况进行检查。2003 年对 12 家国有商贸企业改制涉及的土地使用权和房屋产权进行招标出让。

1986—2005 年,新都有 53 家工业企业申报区市无息贷款、技术改造项目专项贷款、技术创新技术改造贴息资金、省级财政乡镇企业贷款贴息资金、工业科技项目补助费、农村信用社保值储蓄补贴资金、治理环保专项资金,总投资 83246 万元,财政对银行贷款补助补贴资金 47758 万元。

国家税务

【税制改革】 1986 年至 1994 年 9 月,县内税收由县税务局统一征管,时有税种 32 个,新都实征税种 8 个:工商统一税、产品税、企业所得税、个人所得税、城市维护建设税、营业税、屠宰税和教育费附加。1994 年 1 月 1 日起,国家对税收体制再次进行改革,改革的内容有:全面改革流转税,建立以规范化的增值税为核心,消费税、营业税相互配套,内外统一的新流转税体制;改革企业所得税,将过去对国营、集体企业分别征收的所得税合并为统一的企业所得税;改革个人所得税,将过去对外国人征收的个人所得税和对中国人征收的个人收入调节税以及个体工商户所得税合并为统一的个人所得税; 对资源税、特别目的税、财产所得税扩大征收范围;开征消费税、土地增值税、证券交易税;取消盐税、奖金税、牲畜交易税、集市交易税和工商调节税,将屠宰税、筵席税下放管理。配合分税制对财政体制予以改革,按照财权服从事权的原则划分税种,其中中央与地方共享的有:增值税中央 75%,地方 25%;证券交易税中央、地方各 50%;资源税中的海洋石油资源划归中央,其余划归地方。同时,凡有利于调动地方积极性的税种都划归地方作为地方税收。

【税　种】 1994 年税制改革后,国家税务局负责征收的税种 18 个,新都国税局实征的税种 8 个。

增值税 1984 年第二步利改税中,从原工商统一税中分离出来的税种,当时只在工业环节部分产品中开征,税率档次多,计算不规范。1994 年改革后的增值税扩大征收范围,在货物的生产、批发、零售和进口环节以及加工、修理均征收增值税,税率由原来的 11 档减为 3 档,并将价内税改为价外税。新增值税不构成商品价格,按不含税金的销售额计算项目税金,由购货方支付。增值税在征管中分为一般纳税人和小规模纳税人,一般纳税人缴纳增值税使用全国统一的专用发票,企业按发票上注明的税款进行抵扣。增值税基本税率为 17%、13%两种。经营规模不大、会计核算制度不健全的小规模纳税人,按6%的税率缴纳增值税,小规模纳税人不能领购增值税专用发票抵扣进项税款。

消费税 征收范围限于烟、酒、化妆品、护肤护发品、贵重首饰及珠宝石、鞭炮及烟火、汽油、柴油、汽车轮胎、摩托车、小汽车等 11 类产品。消费税采用从价定率或从量定额征收,税率为 3%~45%。

企业所得税 征收对象是设在中国境内实行独立核算的企业或组织,税率分别为 33%、27%、18%。国家税务局负责征收和管理的企业所得税包括铁道部门、各银行总行、保险公司集中缴纳的所得税;中央与地方(含地方所属企事业单位)组成的联营企业、股份制企业缴纳的所得税和海洋、石油企业缴纳的所得税;2002 年后新成立的内资企业缴纳的所得税。

个人储蓄存款利息所得税 对个人在中国境内存储人民币、外币取得的利息所得而征收的个人所得税,税率为 20%。由储蓄机构向储户结付利息时代扣,起征时间为 1999 年 1 月 1 日后产生的利息。

外商投资企业和外国企业所得税 对设在中国境内的外商投资企业和外国企业在中国境内的生产经营所得开设的税种,基本税率为 30%。生产经营机构不在中国的外国企业,其取得的来源中国境内的股息、利息、租金、特许权使用费和其他所得按 20%的税率征收所得税。

金融保险企业营业税 1994 年税率 5%,1997 年提高到 8%。2001 年以后逐年下调,2005 年下降到 5%。

证券交易印花税 1997 年 5 月 10 日起,对买卖、继承、赠与所成立的股权转让书据,均依照书立时证券交易市场当日实际成交价格计算的金额,对立据双方当事人分别按 4‰税率征收印花税。证券交易印花税由国家税务局委托证券交易所、证券公司征收。

车辆购置税 对在中国境内购买、进口、自产、受赠、获奖以及其他方式取得并自用的汽车、摩托车、电车、挂车、农用运输车,按 10%的税率征收车辆购置税。车辆购置税实行一次性征收制度。购置已征过车辆购置税的车辆,不再征收车辆购置税。

【国税征管】 新都国税局坚持严格税务登记管理。利用 1988 年、1996 年两次更换税务登记证的机会,广泛进行税法宣传,不断增强应税人的纳税意识。1996 年换发税务登记证 7334 户,其中办理税务注册登记证 412 户,清查出漏征漏管户 30 户。1998 年验证 6263 户,占应验证 6565 户的 96%,通过换证、验证,摸清家底,澄清税源。

2000 年起,新都国税局建立对重点税源企业联系制度,每季度召开一次重点税源企业座谈会,并定期走访企业,随时掌握重点税源企业的生产经营情况,听取企业的建议和要求,及时改进服务。华润蓝剑集团、科伦大药厂、可口可乐、成都正恒动力配件公司、四川永星电子公司、玖源化工公司等 15 家企业全年缴纳税款占新都国税收入 40%以上。

1996 年 5 月起,在纳税人自愿的基础上开展税务代理业务,纳税人可以通过银行或税务师事务所代办纳税。2004 年 6 月,新都国税局与应税企业签订《依法纳税、优质服务协议书》,税征工作更上一个台阶。

1986—2005 年新都国税税收统计表

表 4-9 单位:万元

年度	入库税款(万元)			年度	入库税款(万元)		
	合计	其中:"两税"	其他税		合计	其中:"两税"	其他税
1986	3067	—	—	1996	14555	14243	312
1987	3378	—	—	1997	15037	14458	579
1988	4151	—	—	1998	17672	16815	857
1989	5033	—	—	1999	19754	18712	1042
1990	5720	—	—	2000	23994	22219	1775
1991	6500	—	—	2001	29439	26725	2714
1992	7538	—	—	2002	35313	32218	3095
1993	13461	—	—	2003	45971	41681	4290
1994	13690	—	—	2004	52854	46378	6476
1995	13168	12165	1003	2005	56033	50867	5166

说明:"两税"为增值税和所得税

【执法稽查】 实行计算机处理业务后,税收监控体系进一步完善,但偷税和漏征漏管的现象仍有发生。在税收执法中,新都国税局依据税法和省市国税局有关精神,要求执法人员要合法、合理,原则与灵活、规范与处罚相统一,坚决杜绝随意行为。1996年,检查校办企业102户,对不符合条件的12户企业取消校办企业资格,不再享受增值税先征后退的优惠政策。1998年,清出漏征漏管户329户,查补增值税4万元,罚款600元。2000年,清收欠税1490万元入库,对逾期申报纳税额的344户(次)处以罚金42620元;对逾期缴纳税款的,按应税额加收2‰的滞纳金。同年8月,根据举报查处了三河镇一纳税户的偷税行为,罚款28678.73元。

【信息化建设】 新都国税局信息化建设于1993年年初起步。至1995年,建立税收计算机管理网络,进入域网的有原新都城关所、城郊所和集市贸易所等。1996年以前,税收方式都是由税务人员每月上门催收,不仅费力耗时,也影响征缴双方的关系。1996年,成立税款征收计算机管理机构,对全区纳税人实行统一的计算机网络管理,逐步实现办证、购票、销售、计税、纳税等各个环节的信息化、规范化、自动化。2002年6月,市国税局将新都国税局计算机处理的数据集中到市国税局计算机管理服务器,新都国税纳入国家税务网络。

1994年国家税制改革后,为解决新税制与旧的管理方式的矛盾,国家税务总局引进现代化技术以加强对增值税的监控管理,并将这一工程定名为"金税工程"。"金税工程"一期,新都国税局配置1台服务器,设5个工作站,实行手工传递增值税发票信息。"金税工程"二期始于1998年,经过5年运行,计算机操作和"金税"软件系统的应用在全国国税系统趋于正常。

地方税务

【税制税种】 地税收入实行省和区(县)分成的办法。1994—1999年,个人所得税、城市建设维护建设税、房产税、屠宰税、车船使用税、印花税、企业所得税、农业税(含农业特产税)、契税、保险业营业税、一般营业税全部归区(县);金融业营业税省70%,区(县)30%;土地增值税省和区(县)各50%;土地使用税省60%,区(县)40%;耕地占用税省30%,区(县)70%。2000—2005年,省和区(县)分成比例有所调整,土地增值税、耕地占用税、城市维护建设税、车船使用税全部归区(县);企业所得税中央60%,区(县)40%;个人所得税中央60%,省14%,区(县)26%;金融业、保险业营业税省100%;一般营业税省35%,区(县)65%;资源税、印花税、房产税、土地使用税、契税省35%,区(县)65%。

营业税 共有9个税目,税率3%~20%。交通运输业、建筑业、邮电通信业、文化体育业3%,金融保险业5%,娱乐业5%~20%,旅店、餐饮、旅游、仓储、租赁、广告等服务业及转让无形资产、销售不动产税率为5%。

企业所得税 应税额在10万元以上,税率33%;应税额在3万元以上10万元以下,税率27%;3万元以下(含3万元),税率18%。从2001年1月1日起,私营企业所得税改征个人所得税(中央企业和中央与地方联办企业所得税由国税局负责征收)。

个人所得税 共11个税目,税率5%~45%。其中工资、薪金所得,适用超额累计税率,税率5%~45%;个体工商户生产经营所得和对企事业单位的承包、承租经营所得,适用5%~35%的超额累进税率;稿酬所得,适用比例税率,税率20%,按应纳税额减征30%;其余适用20%的比例税率,对劳务报酬一次收入畸高的,实行加成征收。

城镇土地使用税 在县城、建制镇、工矿区范围内使用土地的单位和个人,按其实际占用土地面积计税。

房产税 房屋自用的,按房产原值一次减去30%后的余值为计税依据,税率1.2%;出租房产的,按租金收入计税,税率12%。

固定资产投资方向调节税 税率有0%、5%、10%、15%、30%五个档次。开征固定资产投资方向调节税的目的是为了调节和引导投资方向,抑制经济过热。随着国家经济形势的发展变化,该税种1999年下半年起减半征收,2001年1月1日起暂停征收。

城市建设维护税 征收的对象为缴纳增值税、消费税、营业税的单位和个人(不包括外商投资企业、外国企业和进口货物者),计税依据为纳税人实际缴纳的增值税、消费税、营业税的税额。

车船使用税 载人汽车15座以下每辆100元,16~35座每辆150元,36座以上每辆200元;载货汽车按净吨位每吨30元,二轮摩托车每辆30元,三轮摩托车每辆50元。

印花税 征收的对象为在中华人民共和国境内书立、领受、使用属于征税范围内所列凭证的单位和个人。根据不同征税项目,分别实行从价计征和从量计征。从价计征税率分为1‰、0.5‰、0.3‰、0.05‰四档,适用于各类经济合同、产权转移书据、记载资金的营业账簿;从量计征的采取按件规定固定税额,每件5元,适用于权利许可证照和营业账簿中除记载资金账簿外的其他账簿。

屠宰税 征收对象为宰杀猪、牛、羊牲畜出售者。2002年4月起停止征收。

土地增值税 土地增值税采用四级超率累进税率:增值额未超过扣除项目金额50%的部分,税率为30%;增值额超过扣除项目金额50%,未超过100%的部分,税率为40%;增值额超过扣除项目金额100%,未超过200%的部分,税率为60%;对纳税人建造普通标准住宅出售,增值额未超过扣除项目金额200%的,免征土地增值税。

农业税 实征的农业税税目有农业税、农业特产税、耕地占用税和契税。

2001年以前新都县农业税执行12.6%的税率,按照常年产量核定(由市政府核定),新都县常年产量为499公斤/亩;2001年实行农村税费改革,调整常年产量为420公斤/亩,税率为7%;2004年税率为3.5%;2005年起停征农业税。

农业特产税征收范围包括烟叶收入、园艺收入、水产收入、林木收入、牲畜收入、食用菌收入等。2003年4月1日起,停止征收农业特产税。

耕地占用税征收对象是占用耕地建房或从事其他非农业建设的单位和个人,按照实际占用耕地面积依照规定税率一次性征收。

契税 包括土地契税和房屋契税。土地契税1997年10月1日开征,税率为3%。房屋契税1997年10月1日前税率为6%,1997年10月1日至1999年6月30日为4%,1999年7月1日以后为3%,1999年8月1日起,对普通住房实行减半征收。

【地税征管】 新都地税局建立地方税收计算机管理网络系统,形成一个以纳税户主动申报为条件,以计算机网络为支撑,由管事制取代管户制,征收、管理、稽查相互依托和制约的税收征管格局。根据纳税人纳税行为记录,将纳税人分为A、B、C三个信誉等级,分别实施重点管理、常规管理、严格管理。对全部纳税人的纳税申报,由原填写纸质报表简化为持IC卡直接申报纳税,并对2500多户小规模个体纳税户实行简并征期申报纳税。对农业税的征管,由原来的委托代征改为地税部门直征。

1995年,开设办税服务厅,服务厅集征收税款、受理申报、宣传税收、提供咨询、办理税务登记、发售发票为一体,并增设一些有效服务项目。1999年,将8个征收所集中到新繁、新都两个征收点,实现同城纳税，使数据处理更加统一、规范，税款征收更加高效快捷。在税收环节上，新都地税局先后制定工作制度9个，配套制定便民服务措施15项，取消审批事项32项，下放审批权限13项，减少办事环节53个，向广大纳税户承诺办结时限，总计办事时间由原来的183天降为57天。

【地税稽查】 1995年4月，成立新都县地方税务局稽查队，1995年12月，稽查队更名为新都县地方税务局稽查分局。1999年3月，更名为新都县地方税务局稽查局。2002年，更名为四川省成都市新都区地方税务局稽查局。主要职责是查处偷税、逃税、骗税、抗税案件和上级机关交办的税收案件。

新都地税稽查局严格执行稽查程序。实施检查时，先向被查对象送达《税务稽查通知书》并出示税务检查证(举报案件的通知书在实施稽查时同时送达)，每次稽查人员不少于2人。一般案件稽查时间在60日内完成。对没有补税、处罚的，出具《税务稽查结论》；对有补税或行政处罚的，分别出具《税务处理决定书》和《税务行政处罚决定书》；并告知相关的复议、诉讼权利。

1995—1997年，新都地税稽查局每年查补税款入库40万元~50万元，1999年318万元，2005年1267万元。

【信息化建设】 新都地税局1996年建立信息化管理网络系统，实现以计算机网络管理为支撑的征管格局。2000年实现局域联网，开发税收征管软件并在县外其他地税系统推广。2001年，建成征管信息广域网，各单位可采用ISDM(英特尔系统调试监督程序)或普通用语进行远程访问。

【法制建设】 2001年，国家税务总局在全国税务系统推行税收执法责任制。2002年，新都区地税局设立法制科，先后制定《行政执法责任制实施办法》《基层税务机关执法岗位责任制》《稽查局岗位职责》《稽查局工作规程》《税收执法责任制考核评议办法》《执法过错责任追究》等系列规则规章，并对税收保全措施、税收强制措施、税务行政复议、税务行政诉讼、税务行政赔偿等重要执法环节进行规范；把全面执法检查、专项执法检查、日常执法检查和专案执行检查有机结合，不断完善税务执法配套。邀请纳税人和社会各界对税收执法情况定期进行评议，提高税务执法的质量。

1995—2005年新都地税收入及税收分级统计表

表4-10 单位：万元

年 度	税收收入	其 中				总收入比上年(±%)
		中央	省级	市级	区(县)	
1995	7002	—	780	—	6222	39.79
1996	8700	—	976	—	7724	24.25
1997	9129	—	805	—	8324	4.93
1998	9419	—	258	—	9161	3.18
1999	10029	—	495	—	9534	6.48
2000	12308	—	2492	939	8877	22.72
2001	13119	—	2769	979	9371	6.59
2002	13847	2130	2388	188	9141	5.55
2003	18204	2958	3674	—	11572	31.47
2004	26837	3988	5755	—	17094	47.42
2005	41294	6438	9207	—	25649	53.87
合计	169888	15514	29599	2106	122669	—

1995—2005年新都地税分税种收入统计表

表4-11　　单位:万元

项 目	1995年	1996年	1997年	1998年	1999年	2000年	2001年	2002年	2003年	2004年	2005年
总收入合计	7250	9150	9554	9957	10668	12976	14028	15116	19583	28689	43389
一、税收合计	7002	8700	9129	9419	10029	12308	13119	13847	18204	26837	41294
(一)七税合计	2967	3741	4350	4724	5968	6699	6950	6459	10066	16664	26330
1.营业税	2327	2897	2853	3047	3424	3780	3574	3337	5421	9647	14222
金融保险	958	1164	920	908	782	487	517	566	862	748	995
交通	129	133	348	391	488	353	398	382	273	269	386
建筑安装	671	463	819	1245	1250	1341	1287	1424	2626	4414	4659
服务	459	982	714	392	650	801	620	597	1019	1362	1998
其他	110	155	52	111	254	798	752	368	641	2854	6184
2.资源税	—	13	26	27	90	200	305	75	28	37	65
3.土地使用税	67	69	157	132	168	299	301	304	569	875	1051
4.个人所得税	70	289	633	925	1109	1114	1312	1369	1953	2681	3123
5.印花税	60	34	46	25	70	125	188	229	371	587	893
6.房产税	319	347	492	29	597	581	653	538	854	931	1307
7.契税	124	92	143	539	510	600	617	607	870	1906	5669
(二)其他各税	4035	4959	4779	4695	4061	5609	6169	7388	8138	10173	14964
1.城建税	893	854	796	910	763	1041	1223	2110	2545	3200	3741
2.土地增值税	—	51	40	25	13	60	182	240	224	722	1274
3.车船税	18	27	97	68	139	135	149	206	236	93	163
4.屠宰税	33	51	52	49	36	30	37	2	—	—	—
5.所得税	1367	1370	1158	1115	1227	2506	2858	2890	2977	3965	7609
国有企业	225	237	233	—	—	233	294	256	273	169	273
集体企业	1120	1133	827	1085	1227	548	563	1033	453	297	1375
股份企业	—	—	98	30	—	1725	1961	1589	1933	3266	5677
私营企业	—	—	—	—	—	—	3	—	153	23	8
其他企业	22	—	—	—	—	—	37	12	165	210	276
6.农业税	1483	2466	2438	2436	1762	1706	1365	1683	1655	992	—
7.农特税	20	22	22	13	30	30	106	20	—	—	—
8.耕地税	221	118	176	79	91	101	249	237	501	1201	2177
二、基金附加	248	450	425	538	639	668	909	1269	1379	1852	2095
1.地方教费	—	—	—	—	—	—	—	—	—	216	513
2.教育费	98	250	275	318	389	416	607	967	1028	1416	1555
3.交通费(农附)	150	200	150	220	250	252	302	292	331	198	—
4.文化事业费	—	—	—	—	—	—	10	10	20	22	27

1995—2005 年新都地税收入在财政收入中所占比重统计表

表 4-12 单位:万元

年 度	财政收入	地税提供	地税占财政(%)	年 度	财政收入	地税提供	地税占财政(%)
1995	10828	6222	57.46	2001	24321	9371	38.53
1996	13011	7724	59.37	2002	27293	9141	33.49
1997	15069	8324	55.24	2003	39242	11572	29.49
1998	16719	9161	54.79	2004	51669	17094	33.08
1999	18926	9534	50.38	2005	64726	25649	39.63
2000	18411	8877	48.22	—	—	—	—

统 计

【国民经济综合统计】 1986 年,区统计局按照国家统计制度的要求,每年年初向市统计局报送上年度的综合统计年报表。报送的主要指标:按当年现行价格计算的社会总产值,国民收入的初次分配情况。同时收集整理新都县的财政收支分类情况、货币流通情况、交通运输情况、文化事业发展情况、教育事业发展情况、卫生事业发展情况等。发布统计公报,编印统计年鉴。

1987—1992 年,综合统计上报指标增设用当年价格和 80/90 年不变价格计算的国民生产总值。国民生产总值计算范围包括第一产业(种植业、林业、牧业、渔业和农村副业)、第二产业(工业和建筑业)、第三产业(一、二产业之外的其他各业)。收集整理的资料新增公用事业、社会治安、火葬、旅游、保险、环境保护等情况。

1993 年 8 月,国务院批准全国实施新的国民经济核算体系,对统计报表制度实行重大改革,报表的格式按通用化、板块式结构设计 7 个统计指标群,覆盖所有企业事业行政单位。综合统计指标按当年价格和不变价格分别计算国内(地区)生产总值。按国际标准和国际惯例,不再计算社会总产值和国民收入(净产值),代之以社会总产出和国内(地区)生产总值(GDP)。综合统计收集整理资料新增年末国际互联网用户数。

【综合统计项目】 至 2005 年,统计项目共 14 大项,每项再设若干小项。

自然资源 行政区域土地面积、实有耕地面积。

人口和劳动力 总户数、总人口、农业人口、非农业人口、当年出生人口、当年死亡人口、常住人口、社会从业人员。

地区生产总值 地区生产总值现价与可比价。

全年用电量 生活用电、工业用电。

农 业 粮食总产量、油料总产量,猪、牛、羊肉产量,禽蛋产量、水果产量、水产品产量、生猪存栏头数、化肥施用量、农村用电量。

乡镇企业 乡镇企业总产值、乡镇企业主营业务收入、乡镇企业利润总额。

工 业 辖区内工业企业个数、从业人数、工业总产值、工业增加值、工业销售收入、工业利润。规模企业主要指标:工业总产值、工业增加值、亏损企业个数、利税总额、工业产品销售率、工业经济效益综合指标、规模企业占全辖区比重。

交通运输、邮电通信 公路客运周转量、货运周转量;境内公路总里程、境内铁路总里程、固定电话用户、移动电话用户数、互联网上网用户。

固定资产投资 全社会固定资产投资完成额、基本建设、房产开发、新增固定资产。

国内贸易、对外经济和旅游 社会商品零售总额、合同对外资金额、实际使用外资额、旅游人数、旅游收入总额。

人民生活、劳动工资和社会保险 城镇在岗职工年平均货币工资、社会福利院数、社会福利院床位数、参加基本养老保险的职工数、参加基本医疗保险的职工数、城镇居民人均可支配收入、居民消费品价格指数,农民人均纯收入。

财政、金融、保险 全口径财政收入、全口径财政收入占 GDP 比重、地方财政收入、地方财政支出、全社会存款余额、全社会贷款余额、城乡居民储蓄存款余额。

教育卫生 幼儿园数、学校数、在校学生数、专任教师数、入学率、升学率;医院、卫生院数,医院、卫生院床位数;医院、卫生院技术人员数。

社会治安 交通事故件数、交通事故伤亡人数、火灾次数、火灾伤亡人数、火灾经济损失。

【社会经济普查】 1990—2000 年,按照国家统一部署,新都县进行了 6 次社会经济普查:1990 年第四次全国人口普查,1993 年 6 月至 1994 年 10 月第三产业普查,1995 年第三次全国工业普查,1995 年至 1998 年 6 月第一次全国农业普查,1996 年 12 月至 1997 年 3 月第一次全国基本单位普查,2000 年第五次全国人口普查。2000 年以后,国家对社会经济普查进行改革,将基本单位普查、三产业普查、工业普查合并为全国经济普查。根据国务院《全国经济普查条例》和上级安排,新都区第一次全国经济普查于 2004 年上半年开始,2005 年年底结束,普查资料数据截至 2004 年 12 月 31 日。

截至 2004 年 12 月 31 日,全区共有二、三产业法人单位 2509 个,各类产业活动单位 3107 个,个体经营户 34101 户。法人单位中,企业法人单位 1825 个,事业法人单位 192 个,机关法人单位(国家机关和政党机关)83 个,社会团体法人单位 39 个,其他法人单位 363 个。产业活动单位中,从事制造业 1365 个,占 43.9%;批发零售业 308 个,占 9.9%;教育 85 个,占 2.7%;公共管理和社会组织 636 个,占 20.5%;其他行业 713 个,占 22.9%。个体经营户中,从事零售业的 12695 户,占 37.2%;交通运输业 7916 户,占 23.2%;工业个体经营户 4719 户,占 13.8%;餐饮业 3492 户,占 10.2%;居民服务业 1880 户,占 5.5%;建筑、装修业 234 户,占 0.69%;其他行业 3165 户,占 9.3%。全区第二产业、第三产业的全部法人单位和产业活动单位从业人员 166618 人,个体经营户从业人员 97454 人。

【城乡居民经济调查】 对城镇和农村家庭居民的收入、消费、就业、耐用品拥有量等生活情况分别抽取一定数量的家庭逐年进行统计分析。1985—2005 年抽样调查城镇家庭每年 30 户左右,其中 1995 年和 2005 年抽样调查 50 户。抽样调查农村家庭数量,1986—1989 年 80 户,1990—1995 年 100 户,1996—2005 年 140 户。

1986—2005 年,新都城镇每户家庭平均人口基本保持在 2.8 人左右,每户平均就业人口 1.6 人,每一就业者负担人口 1.77 人,平均每户就业面 57.02%。人均可支配收入由 1986 年的 951 元增长到 2005 年 11529 元。农村家庭人均年纯收入由 1986 年的 549 元增长到 2005 年 4605 元。2005 年,农村平均每户人口 3.59 人,平均每一劳动力供养人口 0.73 人,农村劳动者以初中文化程度最多,占总抽样人口的 52.38%,小学文化占 22.75%,高中文化占 16.93%,中专及大专文化程度有所增加。人均住户面积 51 平方米。

工商行政

【法规建设】 1986—2005年,新都工商行政管理机关先后制订规程规章31个,主要有:《成都市新都工商行政管理局行政执法责任制实施方案》《成都市新都工商行政管理局行政处罚审核办法（试行）》《成都市新都工商行政管理局关于行政处罚案件听证程序的实施意见》《错案责任追究制度》《成都市新都工商行政管理机关行政处罚程序》《成都市新都工商行政管理机关适用行政措施规定》《成都市新都工商行政管理机关适用简易程序有关规定》《成都市新都工商行政管理机关行政执法情况报告制度》《成都市新都工商行政管理机关执法监督举报电话制度》《成都市新都工商行政管理机关贯彻执行〈行政处罚法〉的暂行规定》《案件质量评查计分标准(试行)》《关于查办经济案件中涉嫌犯罪或违纪行为移送的若干规定》《成都市新都工商行政管理机关行政执法监督办法》等。

【内资企业登记与监管】 依据《中华人民共和国企业法人登记管理条例》及《中华人民共和国企业法人登记管理条例实施细则》,1986年年末累计登记内资企业3405家,2005年年末累计登记5233家。

非公司企业法人登记 1988年国家工商行政管理局规定,1990年1月1日起停止使用工商行政管理部门此前核发的旧式证照,对已登记的、具备企业法人条件的企业换发"企业法人营业执照";不具备企业法人的经营单位,发给"营业执照";1990年1月1日以后新核准登记的企业和单位,一律核发新式证照。新都及时完成了境内企业的换照工作。1992年,新都县贯彻国家工商局《关于改进企业登记管理工作,促进改革开放和经济发展的若干意见》,扩大登记范围,大力支持全民所有制企业发展各类集体经济,允许企业根据自身条件从事综合性经营和跨行业经营;对城镇街道和农村兴办集体企业及发展第三产业,科技人员离职自办或联办集体科技服务企业,民间自愿组合的各类集体所有制企业均给予登记。

股份合作制企业登记 1996年,根据《成都市股份合作制企业条例》,对新都境内注册登记的股份合作制企业和国有中小型企业、城乡集体企业改制为股份合作制的企业,符合股份合作制条件的,设立或改制变更登记为股份合作制企业,名称中不再含"有限责任公司""有限公司"或"股份有限公司"字样,核发企业法人营业执照。2004年7月1日《中华人民共和国行政许可法》颁布实施,《成都市股份合作制企业条例》停止执行,工商机关不再登记新注册的股份合作制企业及改制组建的股份合作制企业。截至2005年年末,全区共登记注册股份合作制企业372家。

民办科技股份合作制企业登记 民办科技股份合作制企业是公民自愿组合,以资金、实物、技术等生产要素作为股份入股,以从事科研、技术、服务为主要业务,具有法人资格的组织。这类经济组织分为企业和公司,必须有3人以上的股东,5人以上的专职从业人员,企业注册资金3万元以上,公司注册资金须10万元以上。

国有企业改制登记 国有企业在依法清产核资、界定产权、清理债权债务、评估资产、建立规范的内部管理机构后,改组为有限责任公司或股份制企业。至2005年12月31日,全区共登记国有改制企业19家。

集体企业改制登记 集体企业改制为有限责任公司的,按照《中华人民共和国公司法》规定登记注册;改制为股份合作制企业的,比照《成都市国有小企业改制为股份制企业实施意见》登记注册。截至2005年12月31日,全区185户集体企业改制登记。

清理整顿公司　1986年前后,各种公司一度发展过滥,主要是流通性公司。为规范市场秩序,根据国务院有关指示精神,1988年,新都县对境内1986年前后成立的各种公司进行全面清理整顿,整顿的重点是综合性、金融性和流通领域的公司。至1990年,共清理整顿公司186个,撤并公司31个,党政机关兴办的公司全部与开办单位脱钩。截至2005年12月31日,全区登记在册的有限责任公司1754家。

1986—2005年新都内资企业注册登记情况表

表4-13　单位:家

年　度	登记数	年　度	登记数	年　度	登记数	年　度	登记数
1986	3405	1991	4853	1996	6428	2001	6148
1987	3837	1992	5092	1997	6636	2002	5928
1988	4189	1993	6099	1998	6829	2003	5289
1989	4521	1994	6156	1999	6636	2004	5262
1990	4749	1995	6386	2000	6156	2005	5233

【个体私营企业登记与监管】　1987年以前,对个体工商户的登记管理主要依据《国务院关于农村个体工商业若干规定》及《中国个体劳动者协会章程》等规程规章。1987年8月5日,国务院发布《城乡个体工商户管理暂行条例》,直至2004年6月,该条例及其实施细则一直是工商机关登记注册和管理城乡个体工商户的法规依据。2004年7月1日,国家工商总局公布并施行《个体工商户登记程序规定》,明确规定个体工商户的受理、审查和核准程序及各类登记应当提交的申请材料。2005年,成都市工商局根据国家工商总局关于个体工商户登记、监管实行分层分类的要求,对符合登记条件的工商所委托其以区(市)县局名义进行个体工商户登记,新都区有7个工商所取得对个体工商户的登记资权。截至2005年年末,全区登记在册的个体工商户共27876户,从业人员45613人。

1986—2005年新都个体工商户注册登记统计表

表4-14　单位:家

年　度	登记数	年　度	登记数	年　度	登记数	年　度	登记数
1986	8276	1991	15567	1996	19182	2001	22576
1987	9854	1992	15982	1997	19835	2002	23164
1988	10533	1993	16440	1998	20573	2003	25248
1989	12826	1994	17866	1999	21346	2004	26548
1990	13090	1995	18684	2000	21956	2005	27876

私营企业是指资产属于私人所有,雇工8人以上的营利性经济组织。私营企业分合伙企业和个人独资企业。合伙企业按1987年8月1日国家公布的《中华人民共和国合伙企业法》登记和管理,个人独资企业按2000年1月1日国家颁布的《中华人民共和国个人独资企业法》登记和管理。1991年,全县有私营企业28户,投资者35人,雇工320人,注册资金320万元;2005年,全区私营企业2638家,其中公司1754家、个人独资企业723家、合伙企业161家,私营企业注册资金208780万元,从业人员36352人。

1986—2005 年新都私营企业注册登记统计表

表 4-15 单位:家

年　度	企业数	年　度	企业数	年　度	企业数	年　度	企业数
1986	0	1991	28	1996	239	2001	1114
1987	0	1992	35	1997	356	2002	1315
1988	0	1993	43	1998	487	2003	1707
1989	1	1994	53	1999	822	2004	2241
1990	17	1995	66	2000	947	2005	2638

在个体私营工商登记中,对社会特殊人群,如失地农民、残疾人、城镇退役士兵、军队复员干部、高校毕业生、下岗职工以及刑满释放人员、解除劳教人员实行政策扶助或给予优惠照顾,三年内免交工商户注册登记费、个体工商户管理费、集贸市场管理费、经济合同示范文本工本费。

对个体私营经济的管理,主要着眼于为个体私营经济的发展创造宽松环境。1985 年起,陆续新建和改扩建一批专业市场、综合市场,为个体私营从业者提供经营场地;在注册登记中简化手续、放宽政策;表彰优秀私营业主和个体工商户,1986—2005 年, 共表彰优秀私营业主和个体工商户 3000 多人(次);不断加强对私营个体从业者的职业道德教育, 制订《个体工商户守则》《城乡个体工商户管理暂行条例》,统一印制发放“摊位证”,要求从业者在经营中做到明码标价,亮证经营。

【市场建设与管理】 20 世纪 80 年代初期,全县集贸市场普遍处于原始、自发状态:露天交易,交易商品主要为农副产品、手工艺品和家禽家畜。随着社会经济快速发展,农村专业户、贩运户、个体工商户大量涌现,日益活跃的商品经济为市场的建设和发展创造了条件。新都工商部门因势利导,按照“全面规划,因地制宜,量力而行,讲求实效”的原则,组织政府部门、乡(镇)和社会力量共同修建、改建和扩建各类市场。至 2005 年,全区有各类市场 56 个,占地面积 58.63 万平方米,建筑物面积 7.1 万平方米。其中,由新都工商局建设的市场 26 个,累计投资 8000 万元。全区 56 个市场中,农贸市场 45 个,综合农产品批发市场 4 个,生资市场 2 个,蔬菜市场 3 个,专业市场 2 个。

2001 年以前,市场由工商局管理。1998 年,成立新都县市场开发服务中心,统一管理境内集贸市场,2001 年 12 月 13 日, 新都工商局建设和管理的 26 个市场移交给新都县市场开发服务中心管理。2005 年,新都市场开发服务中心改制,组建成都市新都区市场开发有限责任公司,其职能是对全区市场规划、修建和市场物业管理,并负责市场的交易秩序、卫生秩序、安全秩序及市场设施的建设和维护,公司配备有市场专业管理人员 184 人。2005 年,有省级文明市场、市级文明市场各 2 个。

建立健全商品交易市场制度建设,重点建立五项制度:商品准入制度、商品质量检测制度、商品退出制度、市场管理者和经营者责任制度、诚信公示制度。监督和教育经营者恪守“五不”原则:不销售假冒伪劣商品、不销售走私和国家违禁商品、不销售危害消费者身心健康的商品、不欺行霸市、不偷税漏税。1998 年,根据国务院进一步深化粮食流通体制改革的决定,全市工商部门按照“管住收购、规范批发、搞活零售、查处违法”的要求,整治粮食市场。在原粮(稻谷、小麦、玉米)市场监管中检查经营户 286 户,查处违法违规案件 121 件,查扣粮食 56 吨,没收粮食 40 吨。1999 年开展打击私商粮贩、查无证收购、查无证贩运专项整治。2000 年开展打击违法收购、规范交易行为、规范交易秩序为重点的粮食收购市场清理整治。查处非法购销案件 8 件,涉粮 130 吨,罚款 12 万元。2001—2002 年重点抓成品粮(大米、白面及制品等)市场监管和整治。严厉打击无照经营和违法违规经营,未经批准擅自到农村收购粮食、用粮企业以自购为名倒卖原粮、压级压价收购农民余粮,扰乱粮食收购秩序为重点的整治。2003—2005 年重点抓陈化粮市场监管和整治。

1993 年, 城乡集贸市场销售注水猪肉现象比较突出。新都工商局检查生猪屠宰点和猪肉经营户 512 户次,查处注水猪肉 200 吨,罚款 30 万元。1994 年,新都工商局共挖掉注水猪肉窝点 12 个,现场挡获注水猪 30 头,查处注水、病害猪肉 3 吨,罚款 15 万元,取缔非法屠宰点 6 个。此后,坚持严厉打击贩卖猪肉。2005 年 7—8 月,为有效防治猪链球菌病疫情,共检查市场 49 个次、超市 260 家次、经营户 580 户次、屠宰场 29 个次。

【广告管理】 1995 年,新都工商局成立商标广告监督管理科,根据《中华人民共和国广告法》并结合本地实际,制定《新都县户外广告管理暂行规定》。1998 年,对新都城区 1200 余店堂广告进行登记备案。1999 年,对全县印刷品广告、张贴广告、招牌广告进行 4 次集中清理整治。2001 年,进行专项整治 3 次。2003 年始,开展对媒体广告的监管。2004 年新都区共有广告经营户 26 户。2005 年根据新实施的《广告经营许可证管理办法》,新都电视台是区内唯一有广告经营资格的媒体。1990—2005 年,新都工商机关共查处虚假违法广告案件 254 件,罚款 16.60 万元。

【商标管理】 1982 年,全县注册商标 2 件,1985 年 22 件。随着商品经济的发展,企业的品牌意识不断增强,商标注册申请数量逐年增加,使用注册商标的商品由日用生活消费资料发展到工农业生产资料、农副土特产品等。截至 2005 年年末,全区累计注册商标 2864 件,其中四川省著名商标 13 件,成都市著名商标 9 件。2005 年,"新都柚"注册商标成功。

1989—2005 年,新都工商部门共查处商标案件 197 件,罚没金额 100.04 万元,没收假冒、侵权商标标识和物品 113.15 万件(套、张)。

2005 年新都区四川省著名商标名录

表 4-16

序号	企业名称	商标名	序号	企业名称	商标名
1	成都市新都化学工业有限公司	桂湖	8	四川金雕离合器有限公司	金雕
2	成都新繁食品有限公司	新繁	9	成都新炬化工有限公司	新炬
3	成都兴艺床垫有限公司	兴艺	10	成都好风景实业有限公司	好风景
4	成都旭光股份有限公司	旭光	11	成都新湖装饰材料有限公司	新湖
5	四川成龙实业有限公司	成龙	12	四川瑞玉米业有限责任公司	瑞玉
6	四川列维士家具有限公司	美琦	13	四川科伦药业股份有限公司	科伦
7	四川米老头食品工业有限公司	米老头+图	—	—	—

2005 年新都区成都市著名商标名录

表 4-17

序号	企业名称	商标名	序号	企业名称	商标名
1	成都旭光电子股份有限公司	旭光	6	成都兴艺床垫有限责任公司	兴艺
2	四川列维士家具有限公司	美琦	7	成都市大丰花都陶瓷实业有限公司	花都
3	四川成龙实业有限公司	成龙	8	成都骏马密封制品有限公司	骏秀
4	成都曼时服药装有限责任公司	曼时	9	华润蓝剑(成都)啤酒有限责任公司	绿叶
5	成都市新都化学工业有限公司	桂湖	—	—	—

【经济案件查处】 1986—2005年，新都工商行政机关共查处各类经济案件8942件。查处的案件中，非法牟利1000元至1万元的994件，1万元以上的407件。罚没金额共1398.40万元，移交司法机关刑事处罚2件、2人。

查处套购计划物资倒卖案件142件，主要物资有钢材1196吨，化肥1401.6吨，铝锭、锡锭130吨，木材70立方米。另外，粮票(面额)20740公斤，油票(面额)1500公斤，国库券(面额)750元。

查处各类走私贩私案件46件，主要走私物资有卷烟28940条，手表503只，进口旧衣服153件，面包车1辆以及黄金等。

打击坑农害农违法行为，共查处劣质磷肥2114吨，劣质化肥77092吨，假化肥742.8吨，假磷酸二氢钾4.4吨，假农药383.23吨，掺假饲料80吨。

打击制造销售假冒伪劣商品违法行为，共端掉制假窝点66处，查获冒牌名酒54184瓶，假海椒面24吨，冒牌手表266只，冒牌衬衫488件，冒牌自行车49辆，冒牌商标标识28.07套，假包装箱2150套，注水猪肉86吨，假药8600件(包)，冒牌饮料52750瓶。查处一起非法收购和14家医疗机构违规销售废弃一次性注射器案件，罚没款28万元。没收销毁变质食品、变质猪肉、毒奶粉、黑心棉及其假冒伪劣商品58吨。

查处涉黄案件232起，收缴黄色书刊52650册，磁带2800盒，盗版光碟46盘，取缔校园周边非法电子游戏厅、录像厅、网吧11处。

根据国家《无照经营取缔办法》，共立案查处无照经营商家779户，罚没款158.52万元。

【消费者权益保护】 1989年3月2日，成立新都县消费者协会。2001年12月10日，成立消费者权益保护科。1993年10月31日，颁布实施《中华人民共和国消费者权益保护法》。每年3月15日——国际消费者权益日，坚持开展消费者权益保护日宣传活动。1997年开始，每年确定宣传主题(讲诚信反欺诈、为了农村消费者、安全健康消费、明明白白消费、绿色消费、科学消费、健康·维权等)，坚持开展“12315”维权宣传。至2005年，共组织大型宣传活动12次，出动宣传人员4000人次，散发各类宣传资料30万份，接受群众咨询服务7万人次；在新都电视台开设《消费指南》《消费警示》栏目，播放190期。组织“12315”维权宣传进社区、下农村，在全区范围内建立新都、新繁、大丰等15个消协分会，设立消费者投诉站，在新都镇南街社区、正因村社区、万家和花园小区、房地产交易中心等建立“12315”社区联络点。在经营活动中宣传《中华人民共和国消费者权益保护法》，支持企业加强自律，争创名牌，参与市场竞争。至2005年，全区有79家工业企业的24种产品被评为“消费者喜爱商品”，其中评为省级7家、市级30家、区级42家；有43家商业企业被评为“重信誉不经营假冒商品商店”，其中省级5家、市级15家、区级23家；有23户个体工商户、私营企业被评为区“讲信誉无假货示范店”。

自新都消协及消保科成立至2005年，共受理申诉举报5611件，处理5537件，处理率达98.68%，为消费者挽回经济损失191.74万元。会同质检、卫生、农资等部门查处侵害消费者权益案件197件，案件总值345.6万元，罚没款112.7万元，没收假化肥1000吨，没收假劣物资价值100万元。

价格监管

【价格改革】 计划经济时期，各种商品由国家统一管理和定价。改革开放后，国家对价格体系和价格管理体制进行改革，逐步实行并完善宏观调控下主要由市场形成价格的机制。

1985—1988 年,实行混合价格体制,市场取向明显加强。新都县放开猪肉、县名特产品的价格,对猪肉和县产曲酒实行限价管理。由于宏观经济失衡,价格结构调整力度加大,价格形成机制转换加快,多年积累的价格矛盾集中释放,通货膨胀有所加剧,导致价格总水平上涨。4 年间,零售物价指数分别上涨 11.3%、4.7%、9.4%和 25.7%,累计上涨幅度 51.1%,高出全国 4.5 个百分点。1988 年抢购商品风在全国一些地方时有发生,新都也受到冲击,1988 年 8 月 22—28 日,市场紧俏商品被抢购一空。

1989—1991 年,继续实行混合价格体制,控中求改,相机调放。前期以遏制通货膨胀为主,放慢价格改革的步伐。中后期在通货膨胀受到明显抑制,市场趋于平稳的情况下,加快价格改革步伐。国家有计划分步骤地调整多个系列的产品价格,新都制定加强工业消费品、农业产品价格管理规定,对市场价格实行目标控制管理。3 年间,零售物价指数分别上涨 16.1%、2.9%、4.7%。

1992—2005 年,以建立社会主义市场价格体制为主要目标,放开一大批商品和劳务价格,分期分批调整权限内商品价格和服务性收费,建立市场价格监测网络和预警预报体系。1993—1995 年,零售物价指数累计上涨 56.4%;1998—2002 年,累计负增长 2.5%;2003 年起市场价格恢复正常。

通过价格改革,市场机制在价格形成中起到主导作用,形成市场调节价、政府指导价或者政府定价的多层次、较灵活的价格机制。

【制度建设】 逐步建立健全各项价格规章制度,即明码标价制度、公示制度、收费许可证制度、企业定价资格认可制度、听证制度、价格成本监审制度。1998 年,准备调整新都城关自来水价格。同年 7 月 14 日,县物价局率先在全市、乃至全省召开第一个价格调整听证会。此后在许多公共服务价格调整时都召开听证会。2003—2005 年,对医院自制药品、上网电价、学生公寓、天然气、自来水户表工程等 90 余项价格制定或调整进行成本监审。

【化肥价格监管】 1994 年 4 月,对化肥出厂价实行政府定价、流通环节差率控制,其后统一改为国家规定出厂中准价和浮动幅度。1999 年 7 月 1 日起,除尿素外其余化肥出厂价放开。2003 年 4 月,化肥价格上涨幅度偏大,国家、省、市对化肥价格紧急干预,零售价格实行最高限价和经营差率双控制。2004 年起,继续实行政府指导价。

1984—2005 年新都尿素、碳铵价格

表 4-18　　单位:元/吨

年度	尿素			碳铵		
	出厂价	粮棉奖售价	零售限价	出厂价	粮挂肥价	零售限价
1984	400	—	530	172	—	200
1987	530	—	750	175	—	200
1989	—	548	660	215	250	300
1996	—	1500	2250	532	—	640
2005	1500	—	1819	—	—	620

【农膜价格监管】 1984—1991 年,农膜销售实行全县统一价,零售价上浮不超过 5%。1987 年 11 月 16 日,农用薄膜零售价每吨 5200 元,1988 年 1 月 12 日,零售价每吨 10170 元,1989 年,零售价每吨 8320 元。1992—1997 年,实行计划内外价,计划外实行最高限价。1992 年 3 月,计划外农用薄膜零售价每吨

8050元;1995年8月10日,计划外零售价每吨14420元;1997年1月6日,降为每吨12400元。1998年1月,计划内外价并轨,继续实行最高限价管理。1998年1月25日,零售价每吨9900元,2000年1月1日,调为每吨10200元。2002年后,出厂价、销售价均实行市场调节价。2003—2005年,市场零售价格每吨分别为9000元、11000元、14000元。

【农药价格监管】 1985年1月,省管5种常用农药价格,其他农药由企业按规定自行定价。县产农药由县物价局审定。1987年4月,省管农药每吨加20元运费外,再按县、基层社两级经营差率10.7%(县4.9%、基层社5.8%)由县农资公司定价。1988年,常用农药增至11种,其他农药两级经营差率为11.3%。1989年省物价局规定两级经营差率,省管农药为11%~12%,省管以外的为16%。2002年始,农药价格全部实行市场调节价。

1986—2005年,农药价格运行为低、高、低。以乐果为例,1985年每吨5800元,1990年每吨15546元,增幅168%;2005年市场价每吨8000元左右,比1985年增长37.9%,比1990年降低48.5%。

【种子价格监管】 1986—1997年,国家和省物价局规定,粮棉油作物杂交良种、常规良种,收购价格以当地合同定购价的同品种一级价格为基础,加核定的良种加价率制定收购价。按不同的组合种粮比,杂交水稻为1∶5~1∶8.5,杂交玉米1∶1~1∶3.5,小麦等常规良种为1∶1.2~1∶1.5。其他小宗种子按“购得进、销得出”的原则制定,其销售价格在收购价基础上加经营管理费和加工精选费制定。经营管理费率,水稻和油菜杂交种子按13%~15%、杂交玉米和油料常规良种按16%~21%、粮食作物常规良种按16%~20%加价,县外调入种子,按进价加3%~5%手续费,再加直接费制定综合销售价。种子公司门市部和基层供应点,可在销售价基础上加3%~5%的服务费。

1997年8月起,杂交种子和常规良种实行国家定价,蔬菜种子实行差率管理,其他种子实行市场调节价。2002年8月起,除杂交种子外,其他农作物种子全部实行市场调节价。2005年,对杂交水稻和杂交玉米种子监管,收购价按种粮比执行,水稻1∶4~1∶7,玉米1∶2~1∶4;进批差率不超过20%;批零差率不超过25%,专利品种不超过45%。

1994~2005年新都杂交水稻种子购销价格

表4-19 单位:元/公斤

年度	收购价	零售价	年度	收购价	零售价
1994	8.00	10.32	2000	3.40~4.80	5.60~6.60
1999	5.20~6.00	8.90~9.30	2005	6.00~9.00	14.00~17.00

【饲料价格监管】 1987年6月,省、市物价局规定,饲料价格由当地物价和业务主管部门审定,利润水平控制在:育肥猪饲料4%~6%,蛋鸡饲料6%~8%,浓缩饲料8%~10%;批零差率不超过8%。1989年,平价饲料由县物价局审批,议价饲料企业自定,报县物价和主管部门备案,流通环节差率最高8%。1990年11月起,饲料销售按市场调节价。

1988年,县物价局调整猪、鸡配合饲料价格:猪饲料每公斤0.27~0.42元,鸡饲料每公斤0.50~0.70元。1990年6月5日,县物价局调整平价配合饲料价格,猪饲料每公斤0.32~0.66元,鸡饲料每公斤0.66~0.94元。

【农业用水价格监管】 新都农业用水价格由省物价局审定调整。1998年以前,农业用水以立方米为计算单位,采用"实物计征、货币结算"。从1999年起,改为"以水利产业政策为依据,以供水成本为基础,以实物标准按亩计价,货币缴纳和结算"。1988~2005年,农业水价进行6次调整。每年收一次。

1986~2005年新都农业用水价格

表4-20

时 段	平 坝	丘 陵	时 段	平 坝	丘 陵
1987年前	0.01元/立方米	0.01元/立方米	2000年	21.20元/亩	23.20元/亩
1988—1991年	0.015元/立方米	0.015元/立方米	2001—2002年	23.50元/亩	25.50元/亩
1992—1998年	0.022元/立方米	0.022元/立方米	2003—2005年	28.00元/亩	31.00元/亩
1999年	20.00元/亩	22.00元/亩	—	—	—

【粮油价格监管】 2002年6月前,粮油由国家指令收购或定购,价格由国家制定。1986年,在国家对粮油定价的基础上,对合同定购粮油采用预付款、供应平价尿素、上浮加价的办法。1987年合同定购粮食,采用化肥、柴油、预付定金"三挂钩"办法。1989年3月,省物价局公布农产品管理目录,国家指导价品种有所增加。1991—1992年,国家提高粮食定购和统销价格。1993年放开粮食收购价,同年10月粮食价格大幅度上涨,县政府采用"凭证限量统价"的办法供应城镇居民粮油。1994年,国务院调整粮食购销价格,改革粮食购销体制,逐步建立适应市场体制要求的"放而有管、管而不死、购销方便、调度灵活"的现代化粮食市场。1996年起,中央、省、市要求坚持"国家、集体、个人三兼顾、保本微利、市场稳定"的原则,规定粮油出厂价、销售价的作价方法。1998年,国务院规定,粮食价格主要由市场供求决定,政府主要依靠储备粮吞吐等手段调节市场供求,省政府制定主要粮食品种收购保护价和销售限价。2002年6月,全面放开粮食购销市场,保留主要粮食收购最低保护价政策。

每50公斤中等品质稻谷收购价,1987年19元,1992年28元,1993年31元,1994年50元,1996年72元,1999年57元,2002年52元,2003—2005年72元。

【生猪及猪肉价格监管】 1985年10月,县物价局、商业局制定生猪(肉)购销指导价;1986年,制定生猪收购最低保护价;1987年8月,收购生猪(肉)实行"一奖二补"办法和提高销售指导价;1994年,生猪(肉)经营价格全面放开。

1986年生猪收购指导价最高每公斤不超过1.60元,最低保护价不低于1.31元。1990年生猪最低收购保护价每公斤2.60元。2003年12月,市场生猪收购价每公斤6.60元;2004年7月,每公斤7.50元;2005年12月,每公斤6.60元。

无骨一级猪肉每公斤销售价,1987年3.60元,1989年6.60元,2004年15元,2005年11元左右。

【工业生产资料价格监管】 1986—1991年,工业生产资料价格采用国家定价、国家指导价和市场调节价并存的计划内外双轨制。计划内重要生产资料由国家定价,计划外的、超产的重要生产资料实行国家指导价,其余的生产资料实行市场调节价,部分产品价格计划内外并轨。1992年,流通领域生产资料价格按"合理计费、合理盈利"的原则收取流通费用、税金和利润。同年省物价局规定,"一条线"上的10县(市)包括新都县,除中央管理、省管12种商品价格外,其余价格全部实行市场调节价。1993—1995年,国家先后放开钢材、煤炭价格，计划内外并轨，同时提高主要生产资料价格。2002 年 9 月，国家只管少部分重要工业生产资料价格，其余全部实行市场调节价。

物价部门监管的工业生产资料价格主要有：金属材料、木材、水泥、能源（电、石油、天然气、煤炭等）、纯碱、汽车及公路汽车货运价格。

1984—1996 年新都部分钢材品种国家定价格

表 4-21 单位：元/吨

品名	1984 年国家定出厂价	1987 年市定挂牌价	1989 年计划外最高限价	1994 年国家指导中准出厂价	1996 年市定销售限价
元钢	475~550	1250	1230	3150	3370
螺纹钢	600~610	1420	1250~1290	3250	3485
线材	—	1400	1185	3150	3370
热轧薄板	930~960	1650	2140	3300	3595~3935
冷轧薄板	1150~1230	2450	2925~3130	4300	4830
镀锌板	1020~1150	3200	3740~3970	4500	6630
镀锌管	1000	1450	2290	—	—
镀锡板	—	—	—	4800	6965

1998—2005 年成都地区汽柴油中准零售价格

表 4-22 单位：元/吨

调整日期	汽油 90#	柴油 0#	调整日期	汽油 90#	柴油 0#
1998.06.05	2810	2585	2003.12.6	3925	3495
2000.02.20	3140	2795	2005.7.23	5115	4545
2002.01.01	2905	2605	—	—	—

1991 年新都县公路汽车短途普通货物运价

表 4-23 单位：元/吨次

线路等级	1 公里	5 公里	10 公里	15 公里	20 公里	25 公里	30 公里
一等线路	2.00	4.60	6.97	7.69	8.16	8.42	8.64
二等线路	2.20	5.38	8.00	8.50	9.00	9.31	9.56
三等线路	2.50	6.47	9.44	9.94	10.44	10.80	11.10

木材价格监管 1986 年 3 月，全省集体林木材实行指导价，开放木材市场。1987—1993 年，多次调整计划内原木、锯材、运杂费价格。1993 年后，木材价格再未审批。2001 年 7 月起，国家统配木材实行市场调节价。

水泥价格监管 1986 年 1 月，全国调整统配水泥出厂价，调幅 60%以上，取消各种差价。新都县统配水泥出厂价加运杂费为进货价，按进销差率最高 8%制定供应价，零售价按进货价不超过 12%的差率制定。县水泥厂生产的 425R 早强水泥每吨出厂价 105 元，供应价 117 元，零售价 121~125 元。1989 年，水泥价格实行计划内外“双轨制”；1991 年 4 月，按上级精神取消“双轨制”，出厂价可上浮 10%；1992 年

7月可上浮25%;1993年,统配水泥出厂价平均每吨调高48元,调幅36.1%,同时放开7种水泥出厂价,此后水泥价格再未审批。2002年后,水泥全部实行市场调节价。

【日用工业消费品价格监管】 日用工业消费品按产品类别分为:纺织品、针棉织品、百货、文化用品、五金、交电、化工、食品、药品和其他商品;按管理形式分为三类,一类为国家规定价格,二类在国家定价基础上实行浮动价,三类1984年5月起实行市场调节价。一类工业消费品为紧俏商品和人民生活密切相关的商品,如食盐、酒、名牌自行车、彩色电视机等。随着经济发展,国家管理的商品种类越来越少,并采用征收消费税和国产化发展基金,或统一调整提价的方法逐步过渡到市场调节。2002年8月,省管价格的日用工业消费品只有:主要药品、食盐、教材和民爆器材等4种。二类日用工业消费品为人民生活必要品,分别按国家定价、最高限价、中准价进行管理,同时规定了消费品产地至成都的综合差率5.5%,成都至新都的地区差率1.4%和进销差率11.6%、批零差率13%的作价方法。后逐步放开,1992年全部实行市场调节价。

1988年零售物价指数涨幅25.7%,1989年加强对日用工业消费品市场价格清理整顿,国家、省管品种计划内外价格并轨。彩色电视机实行专营管理,新都设特价专供点3个。1990年2月,整顿第二批棉纺织品价格共897个品种。

【土地价格监管】 1994年6月,县政府制发《关于公布实施新都镇和工业开发区土地基准地价的通知》,规定新都镇城区土地分为三级,基准地价每平方米134.71~575.30元。1995年,省政府规定,国有土地出让价格实行国家定价和国家指导价,全省城镇区域性基准地价分为10类价区,新都县属四类价区,每平方米250~1000元。新都土地价格调整分为三个阶段:1994年以前,按前三年平均产量价值,加上拆迁安置补偿和青苗、附着物补偿费用、管理和登记费用构成;1995—2001年,以基准地价或标定地价为基础,协商出让价格;2002—2005年,建立以市场形成土地出让价格机制,多以竞拍方式出让。

1994年新都城区及工业开发区基准地价

表4-24　　单位:万元/亩

土地级别	综合用地	商业用地	住宅用地	工业用地
一级区域	22.89~34.33	25.57~38.35	20.21~30.31	12.21~18.31
二级区域	15.26~22.89	16.21~24.30	14.32~21.47	10.36~15.53
三级区域	9.74~13.71	9.19~13.78	9.10~13.64	8.98~13.15
工业开发区	10.33~13.78	—	—	—

【商品房价格监管】 1989年12月,成都市规定,新建商品房价格实行申报制度,由市物价局审定,旧房实行指导价。1996年1月,市物价局规定,以政府划拨方式取得国有土地使用权,依照规定享受有关税费政策优惠,国家安排了建设资金的新建微利商品住宅价格实行国家定价,由同级物价主管部门会同有关部门审批,价格由成本、税金、利润构成。1999年5月,省物价局规定,列入政府计划、享受政府政策优惠、面向中低收入家庭出售的微利商品住宅(即经济适用房),实行政府指导价,县级报市级审批,报省备案。其他商品住房价格实行市场调节价,必要时实行最高限价。

商品住房价格,1984年每平方米100~120元,1988年每平方米230~240元,1995年每平方米650~

750元,2003年每平方米1000元。2004年4月,区物价局批准新都花园经济适用房每平方米1180元,错层式每平方米1280元。2005年每平方米1950元。

【公用事业价格监管】 1987年3月,市物价局规定,公用事业收费(或称非商品收费、经营服务性收费)项目除个别重要的外,其余授权县(区)。1989年7月起,实行分级管理。除国家、省、市管理项目外,县管项目27项,其中主管部门管理19项(调价时须报县物价局备案)。1995年11月,实行"经营性收费许可证"制度。2002年8月,省物价局将省管服务项目中授权县级管理14项。

监管公用事业收费项目主要有:自来水、天然气、照明用电及污水处理的收费,有线电视收视维护费,供水、供气工程安装费,公共汽车、出租车、人力客运三轮车及机动车停车场收费,殡葬服务收费及旅游参观点门票等。物价部门适时对监管项目的收费进行合理调整。

【教育收费监管】 公办中小学收费项目和标准由省、市制定,各级物价、财政和教育部门监管。1989年和1991年两次调整,增加住宿费、班费、体检费、自行车停放费项目。1994—2004年,中小学收费多次调整提高,实行收费登记册制度。2004年秋季起,义务教育阶段学生实行"一费制"收费办法。2005年起,免收农村初中、小学新都籍学生课本费,由区财政支付。

1984—1988年新都县公办中小学收费标准

表4-25 单位:元/生·期

项目	县城				农村			
	高中	初中	高小	初小	高中	初中	高小	初小
学杂费	4.00	3.60	3.20	3.00	3.80	3.40	3.00	2.80
水电、讲议费	3.00	2.60	0.40	0.40	1.60	0.90	0.30	0.30
补习费	45.00	35.00	20.00	20.00	45.00	35.00	20.00	20.00

2004年新都区义务教育阶段收费项目及标准

表4-26 单位:元/生·期

项目	初中			小学			
	县城	镇(街道)	示范校	县城	镇(街道)	村小	示范校
一费制	365	340	439	240	210	200	294
综合服务费	115	100	—	95	70	70	—
住宿费	80	80	—	80	80	—	—

说明: "一费制"中信息技术费小学30元,一、二年级不收;"综合服务费"中,村小托管费32元于2005年春季取消

民办中小学收费 1995年7月,市物价局、市教委规定,收费项目包括学费、杂费、生活费及其他费,每生每年暂定2.1万元。2002年省、市规定,民办学历教育收费实行政府指导价形式的最高限价,分级管理,即小学由区(县)审批,中学由市审批。

新都谕亭小学正德实验学校,2002年秋,学费8000元/生·期、住宿费1100元/生·期;2004年春,学费12000元/生·期、住宿费1600元/生·期。

三原外国语学校,2002年秋,小学、高中学费15000元/生·期、初中学费12000元/生·期,住宿费1200元/生·期。

新都一中实验校,2004年秋,学费10000元/生·期、住宿费1200元/生·期。

幼儿园收费 1984年按当地小学标准执行。同年年底,县物价局、县文教局制定幼儿园代管班、学前班收费标准。1986年8月,市物价局、市托幼办制定城镇民办托儿所、幼儿园保育费等收费标准。1992年秋季,县物价局、文教局制定《新都县幼儿园、学前班收费标准》。1998年春作调整,2003年2月再次调整。2005年放开民办幼儿园收费标准。

1993—2002年新都幼儿园学前班收费标准

表4-27　　单位:元/生·月

类别		保育费		管理费		杂费		医药保健费		水电费		合计	
年度		1993	1998	1993	1998	1993	1998	1993	1998	1993	1998	1993	1998
幼儿园	示范	13	30	20	20	3	12	2	3	—	5	38	70
	县城	12	25	18	18	3	12	2	3	—	4	35	62
	中心	—	20	—	16	—	10	—	2	—	3	—	51
	一般	8	12	13	13	2	8	2	2	—	3	25	38
	农村	6	10	9	10	1	6	1	1	—	2	17	29
学前班	县城	6	12	10	13	2	8	1	2	—	3	19	38
	中心校	6	12	9	13	1	8	1	2	—	3	17	38
	村校	5	12	8	12	1	7	1	2	—	3	15	36

说明:1993年,对幼儿园3岁以下幼儿收费:保育费15元/生·月、管理费25元/生·月、杂费3元/生·月、医药保健费2元/生·月,共45元/生·月

2003年新都区幼儿园等级收费标准

表4-28　　单位:元/生·月

级别	托管形式	保育费	管理费	杂费	合计
一级一等	全托	138	80	28	246
	白托	100	55	24	179
一级二等	全托	118	70	28	216
	白托	82	45	22	149
二级	白托	64	34	22	120
三级	白托	48	22	20	90
新都、新繁、镇中心幼儿园	白托	40	18	12	70
镇、农村幼儿园	白托	25	15	10	50

借读和调剂生收费 1989—1996年,县物价局制定借读生收费标准:每生每期小学150元,初中200元,高中300元。

1996—2005 年新都借读生和调剂生收费标准

表 4-29 单位:元/生·期

年 度	小学借读费			初中借读费				高中调剂生费		
	窗口或示范校	改制或较好校	一般校	省重点示范校	改制校	市重点或示范校	一般校	省重点示范校	市重点示范校	一般校
1996 年秋	800	—	300	2000	—	—	800	2500	1500	800
1998 年秋	900	700	500	1800	—	1400	1000	2500	2000	1000
2001 年秋	750	550	350	1750	1950	1350	950	2450	1950	1450
2003 年秋	775	575	375	1775	1975	1375	975	2475	1975	975

学生公寓收费 2000 年秋前,全市没有统一规定。2000 年 11 月,市物价局、教委、财政局联合制发《关于普通中、小学住宿费有关问题的通知》,规范收费。1997—2005 年,县物价局先后审批了 36 所学校学生公寓的收费标准,其标准按公寓条件有所区别,每生每期 150~1000 元。

2005 年新都区学生公寓收费标准

表 4-30 单位:元/生·期

学校名称	收费标准	学校名称	收费标准
新都一中	450、650、1000	新都一中实验校	600
新都二中	300、400、450、500	桂湖中学	300
新都四中	150、200、300	清流学校	450
升庵中学	240、500	新民中学	400
金都中学	300、450	三河中学	500
泰兴中学	260、350	马家中学	350
大丰中学	800	清白中学	580
木兰中学	400、500	龙桥中学	400、450
竹友中学	400	新都职业技校	500
军屯初中	450	西街小学	700、900
龙虎中学	450	师范附小	750
柏水中学	450、500	大丰小学	850
利济中学	450	龙安小学	450
石板滩中学	500、600	三河小学	850
河屯中学	350、380	三原外国语小学	600
天元中学	450、550	谕亭小学正德实验学校	800
斑竹园中学	450	成都电子机械职业技校	450

【医药价格监管】 医疗服务项目和价格由省市物价、财政、卫生等部门制定、调整,分级管理。1982 年后 3 次调整。1998—2003 年,国家、省、市相继制定医疗服务价格管理办法,非营利性医疗机构实行政府指导价,营利性医疗机构实行市场调节价。2003 年,按《成都市医疗服务价格(试行)》执行或略有下浮执行,并实行收费许可和年审检验制度。

1986 年 7 月,国家医药管理局规定,化学药品实行国家定价、国家指导价和市场调节价三种形式。1996—2003 年,国家、省相继出台药品价格管理意见和定价药品目录,规定药品价格实行政府定价和市场调节价。2003 年 10 月,市物价局批准区人民医院、区中医医院自制 47 个品种的中药饮片和制剂的销售价格。同年 12 月,区物价局制定《农村药品配送价格管理办法》,规定配送企业只能在 5%的流通率内制定配送价格,镇(街道)医院、村卫生站在配送药品价格基础上顺加 30%制定最终零售价,且低于国家公布的最高零售价和市场调节价。

【服务业价格监管】 中介服务收费,1999 年前按经营服务性收费或行政事业性收费管理。1999 年、2003 年国家、省分别颁发中介服务收费《管理办法》和《实施细则》,规定中介服务自愿委托和委托人付费原则,对评估、代理、认证、招标等服务收费实行政府指导价,对检验、鉴定、公证、仲裁等收费实行政府定价,其余实行市场调节价。2002 年 4—10 月,区物价局会同区级相关部门对全区 28 个中介机构收费进行清理整顿。2004 年 4 月,区物价局再次清理全区中介服务收费项目共 107 项。对中介服务实行收费许可制度、年审制度和公示制度。区物价局纳入中介服务价格管理的有:审计事务所、会计师事务所、律师事务所和基层法律服务、税务代理、职介和婚介、房地产评估机构等服务收费。

餐饮娱乐服务价格,1985—1987 年,县商业局、物价局多次调整食品价格。1990 年 4 月,县物价局制定《新都县饮食业价格管理办法》,将饮食店划分为一、二、三级和等外级,一、二级收费标准由县物价局会同主管部门审批,三级、等外级由主管部门审批,涉外饮食店价格仍由省物价局、省旅游局管理。同年9 月,审批饮食一级店 4 个、二级店 4 个、三级店 16 个。1992 年 11 月,取消分等级管理办法,价格由企业自主确定。1994 年 6 月,县物价局制定《关于对餐饮娱乐业价格和收费实行监审的规定》,对食品毛利率监审控制,一律控制在 50%以内。1995 年,市物价局将餐饮娱乐业划分为特级和一、二、三级四个等级,并颁发等级证书。价格审批权限,特级由市物价局审批,特级以下由县(区)审批。1996 年,新都县餐饮娱乐业特级店 3 个,一级店 12 个,二级店 7 个,三级店 1 个。1999 年 4 月,县物价局对茶楼行业价格实行等级管理,分为特级、一级、二级和普通级。其后,按市场运行调节价格,物价部门监管。

1997 年新都县餐饮娱乐业服务费标准

表 4-31

项　目	特级店	一级店	二级店	三级店	四级店
餐饮娱乐业饮食制品综合毛利率(%)	60	55	50	45	40
餐饮业自制水酒毛利率(%)	60	55	50	45	40
娱乐业自制水酒毛利率(%)	80	75	70	65	60
餐饮业销售听装水、饮料、啤酒等按进价加(%)	200	150	100	80	60
娱乐业销售听装水、饮料、啤酒等按进价加(%)	300	200	150	100	60
餐饮业销售各类白、果、洋酒等按进价加(%)	70	60	50	45	40
娱乐业销售各类白、果、洋酒等按进价加(%)	80	70	60	50	40
糕点、腌卤制品、小食品等按进价加(%)	100	100	80	80	60
餐饮业卡拉 OK 雅厅(间)包间费(元/小时)	60	40	30	20	—
服务费(按就餐金额、不含水酒)(%)	15	10	10	—	—
自带水酒服务费(按本店出售价)(%)	15	10	10	—	—
娱乐业超时(0 点后)服务费加(%)	20	20	20	20	20

宾馆客房价格,1986 年 6 月前,县内旅馆价格执行 1979 年省定标准,每日每铺 0.60~2.00 元。其后,县物价局制定《旅馆、招待所等级收费实施办法》,遵循按质论价、乡镇低于县城的原则,分级管理。省物价局制定收费最高限价,市物价局制定等级和收费标准,审批一级及以上的旅馆客房价格,县物价局审批一级以下的旅馆客房价格。县内旅馆、招待所客房收费标准每日每铺 1~15 元。1991 年 6 月,县物价局调整全县旅馆、招待所客房收费标准,实行淡、旺季浮动价,每日每铺收费 1.50~25.00 元。1997 年 12 月,市物价局制定《成都市旅店业价格(收费)等级管理实施细则》,将旅店划分为特级、一、二、三级、普通级,特级由市物价局审批,其余由县物价局审批。收费实行中准价管理,可浮动 20%。中准价每日每铺,三级普通四人间 10 元,特级单人间 1000 元。此后价格未再审批。

【行政事业性收费监管】 1986—1988 年,一度出现行政事业性收费不规范,各级政府加大监管力度。1989 年 7 月,《四川省行政事业性收费管理办法》规定,行政性收费项目由中央和省两级审批,事业性收费项目主要由省、市两级审批。1991 年 5 月,国家物价局、财政部《关于审定行政事业性收费的若干问题的通知》,进一步明确行政事业性收费的政策界限。2004 年,国家发改委、财政部先后发布《收费标准管理规定(试行)》和《行政事业性收费项目审批管理暂行办法》,对证照类、审批类、资源类、鉴定类收费及管理费、涉外收费、公办学历教育收费和考试、培训费标准制定具体审核办法。

收费许可制度 1988 年始,实行收费许可证制度。根据国务院和省政府规定,收费许可证由省物价局统一印制,物价部门分级核发,实行一点一证、亮证收费和年审制度。以具有法人资格、财务独立核算、直接实施收费的单位为基本领证单位,有效期为 3 年,期满审核、换发。

收费年审制度 1991 年起,新都物价局会同财政局对行政事业性收费和收费许可证进行年审。年审内容包括收费项目、范围、标准及项目收费额和收费总额,是否使用专用收据,收入、开支是否符合规定,有无乱收费行为等。

收费公示制度 20 世纪 90 年代,在全县推行中小学“收费登记册”、外商投资企业“交费登记卡”“明白卡”、困难企业“交费登记卡”等。2002 年,区物价局制发《关于在全区开展涉农价格和收费工作的安排意见》,规定收费公示项目、内容、时间要求,规定公示牌制作规格,将公示工作纳入目标管理。同年 11 月组织检查验收,全区 17 个镇 299 个村均按规定公示。2003 年 6 月,区物价局会同相关部门编发《涉及企业行政事业性收费公示目录》,后修订印制 7000 余册,免费送发企业。2004 年起,在各场镇设立“涉民价格收费公示牌”。

【价格监督检查】 新都物价部门根据不同时期的特点,综合采取执法监督、社会监督、内部监督等形式,严格履行价格执法职权,对价格形成和运行实行全方位监督。

执法监督 1985—2005 年,采取普遍检查、重点检查、专项检查、联合检查、交叉检查等方式,开展执法监督检查。监督检查范围和重点有乡镇政府业务主管部门价格控制目标执行情况,越权定价行为,人民生活必需品价格,垄断行业价格和各种收费,特别是农业生产资料价格。共查处价格违法案件 2460 件,查处金额 1147.49 万元,其中没收非法收入 550.87 万元,退还消费者 596.62 万元。

社会监督 1986 年 8 月,县物价局在新都、新繁两镇聘用义务物价监督员各 2 名。同年 10 月,成立新都县职工物价监督站,聘监督员 36 名,后增至 51 名,分 5 个小组开展工作。2005 年 8 月,区物价局在镇(街道)建立 13 个价格服务站。

成立县物价检查所时就设置价格投诉举报电话。2001 年 5 月,新都县开通全国统一的价格举报电话“12358”。1985—2005 年,新都物价局受理信访 7541 件,查处金额 118.21 万元,其中退还消费者

103.41 万元,没收 14.8 万元。罚款 0.7 万元。

内部监督 1985 年 10 月,县物价局、计量局联合在县内工商企业中开展“物价、计量信得过”活动。同年 12 月 30 日,新都城关粮站西街门市部被授予“物价、计量信得过单位”信誉牌。“双信”活动每两年一届,至 2004 年共开展 9 届,4 个单位获成都市“双信”称号,21 个单位获县级“双信”称号。2005 年 10 月,区物价局、区委宣传部在全区开展创“明码实价示范店”活动,2006 年 3 月,第一批 5 个单位被授予“明码实价示范店”称号。

清理整顿乱收费 1987 年 5 月,开展清理整顿收费工作,以自查、自整、自改为主,全县 186 个收费单位自查面 100%。经审查核定,共取消 29 个自立项目,降低收费标准 20 项。县物价局被评为“四川省清理整顿收费工作先进单位”。1990 年 9 月,全县开展治理乱收费、乱摊派、乱罚款的“三乱”工作,取消收费项目 43 项、降低收费标准 38 项、缓收 3 项,对自立项目(5 项)、超标收费(55 项)的单位依法处理。县物价局编发《新都县行政事业性收费项目和标准》,规范收费管理。

新都物价局针对不同时期乱收费特点,会同相关部门进行多次专项清理整顿。1993—1995 年,取消公路擅自设立收费站点 13 个。1997 年 10 月整顿经营性收费,1999 年 4 月整顿机动车停车场点收费,2001 年整顿涉农及住房建设价格和收费,2002 年 4 月整顿中介机构、行业协会(学会)收费,2003 年 3 月治理农业生产性收费,2004 年 12 月整顿非机动车停放点收费。1993—2005 年,凡中央、省、市明令取消、降低、暂缓的收费项目,新都物价局监督相关单位按要求执行。

【价格服务】 1989 年 10 月,成立新都县价格信息站。1992 年 12 月,更名为县价格事务所。2000 年 6 月,更名为县价格认证中心。主要负责价格鉴证、价格成本监审、价格信息服务。

价格鉴证包括价格鉴定、价格认证、价格评估。1993—2005 年,完成涉案物品价格鉴定 2341 件,鉴定评估标的总金额 14756 万元;2001—2005 年,完成各类价格认证 155 件,认证评估标的总金额 22846 万元。严格执行价格鉴证收费标准,对有困难的单位或个人实行减免优惠政策。新都价格认证中心 5 次被评为四川省物价系统先进单位,4 次受到市物价局表彰,2004 年、2005 年分别被评为市、省规范化建设价格认证中心。

新都价格监测始于 1980 年,主要监测居民生活品、农副产品、重要工业商品、日用工业品、农资、教育、医疗、批发市场粮食、零售物价指数等,为政府决策部门和社会提供价格信息。零售价格指数,1985 年 111.3%,1990 年 102.9%,1995 年 115.9%,2000 年 99.8%,2005 年 102.3%。

2003 年,新都区被四川省物价局确定为商品和服务价格定点监测区,区物价局选择 23 个监测点实施价格监测,通过新都电视台、香城新都网发布价格监测信息。

质量技术监督

【标准化工作】 根据国家《中华人民共和国标准化法》中“国家鼓励积极采用国际标准和国外先进标准”的要求, 1986 年、1990 年先后制定《新都县“七五”期间采用国际标准计划》《新都县“八五”期间采用国际标准实施项目规划》。1990—1996 年,全县有 20 家企业的 27 种产品“采标”验收确认。1995 年按照采用国际标准认可办法的新规定, 编制《新都县工业产品采用国际标准 “九五” 规划统计表》。1997—2005 年,新都有“采标”认可产品 43 项,其中等同采用 4 项,等效采用 9 项,非等效采用 30 项。获得“采标”认可标志企业 17 家。

1989—2005 年，新都质监分局发布标准备案公告 37 期，有企业产品标准备案 2051 项，企业标准分别获省市区科技进步奖 22 项；对企业标准进行复审 741 项，为企业办理“四川省企业产品执行标准证书”1214 家。

1993 年始，开展组织机构代码和商品条码工作。截至 2005 年年末，全区办理组织机构代码 6266 家，办理商品条型码的企业 280 家。

【企业标准化】 对大中型企业，重点建立健全标准化体系，鼓励采用国际标准，至 2005 年，全区按等同、等效采用国际标准和国外先进标准组织生产的产品 143 种。对小型企业、私营个体企业，着重提高标准化意识，实行标准备案、登记制度，消灭无标准生产。1990 年，新都技监局督促 17 家泡菜生产企业制定生产标准；1998 年，督促 11 家大米生产企业、2 家芝麻油生产企业制定企业标准并备案。1986—2005 年，新都质监分局帮助制定企业标准 1832 项，提供标准资料近 5000 份。2001 年，四川省质量技术监督局授予新都县“消灭无标准生产县”称号。2002 年、2003 年，对全区 231 家企业执行标准检查，新都生产企业产品标准覆盖率 98.3%。

【农业标准化】 1997 年，制定新都县《关于加强农业标准化工作，促进高产优质高效农业发展的意见》和新都县农业标准化“九五”计划。1999 年，新都质监分局与县水电局共同制定《DB510125/T1—1999 预制混凝土 U 型渠槽装配式渠道技术及验收标准》。2000 年，成立新都农业标准工作领导小组。2001 年，新都质监分局与县农业局共同制定《DB510114/T002—2001 新都柚生产技术规程》(2004 年废止)。2004 年，发布《DB510114/T003—2004 绿色食品 A 级新都柚生产技术规范》。2005 年，上级批准斑竹园镇韩国白菜标准化示范区(省级)和新都柚标准化示范区(国家级)；同年，新都质监分局与区畜牧局共同制定《DB510114/T004—2005 肉鸡生产技术规范》。

【标准实施与监督】 标准化工作实行统一管理、分工负责体制，以主管部门管理为主。1987 年后，先后三次对 4685 家企业、5308 个产品进行调查、监督、管理，新都标准覆盖率从 1985 年国有企业 86.7%、城镇集体企业 93%、乡镇企业 70%提高到 2001 年的国有企业 100%、城镇集体企业 97.3%、产值 100 万元以上的乡镇企业 97.4%、民营企业 93.9%、“三资”企业 100%。

1988 年，成立新都县食品标签普查工作组，对 45 个食品生产单位、1592 件食品标签进行检查，合格率 64%。从当年起，对境内食品行业开始宣传贯彻 GB7718 强制性标准。1993 年，对食品生产企业实施食品标签认可备案制度，把贯彻《食品标签标准》与《查处食品标签违法行为规定》相结合，对 300 多户厂、商上万件食品标签进行抽查，合格率上升到 92%。2005 年，对 94 家食品企业的 353 项企业标准进行清理，清理后保留备案的 331 项，修订后重新备案的 3 项，取消备案的 37 项；对境内 94 户家具生产企业的生产标准及产品标识实施检查，督促企业补办产品标准证书 17 家，年检、换证 22 家。

【计量监管】 1985 年国家颁布《中华人民共和国计量法》，1986—1988 年，县政府三次发文进行具体安排，推动计量法在境内贯彻实施。到 1996 年，形成以县计量检定测试所为主体的计量检定测试网络，授权对外开展计量检定 4 家 6 种，授权对内执行强制检定 4 家 8 种，批准 16 家 27 种最高计量标准进行本单位量值传递。至 2005 年，成都市新都质量技术检测所建立社会公用计量标准 24 项，商品计量检测项目 3 项，对 38 项计量器具依法检定，执行 16 项 31 种计量器具的强制检定；为社会提供的计量检定由 1985 年的 15 项增加到 35 项，共检定计量器具 19.86 万台次，修理计量器具 5.32 万台次。

【计量认证】 1990—2005年,通过对计量检定、测试能力和可靠性考核认定,成都市新都质量技术检测所、新都环境监督检测站、种子监测站、疾病预防控制中心和建筑质量监督检查站依法认证取得计量认证合格证书,所出具的检测数据具有法律效力。至2005年,成都市新都质量技术检测所认证项目有11大类(加工食品、饮料、饲料、化肥、眼镜、建筑材料、皮鞋、皮草、服装、缝纫制品、家具)、31小类、162种产品、319项参数。为司法部门提供检测数据45次。

【推行法定计量单位】 根据《国务院关于在我国统一实行法定计量单位的命令》,1985—1991年,改制计量器具2000多台。新都县推行法定计量单位办公室1990年对167个单位实施法定计量单位验收,检查各种文件、宣传稿、技术资料、产品说明书、商标、标价签、医疗检验单、教材等资料上万份,使用法定计量单位正确率98.5%,同年通过市级验收。

【企业计量】 1985—1996年,持续开展以健全企业计量保证体系为主要内容的企业计量定(升)级工作,全县共有达标企业142家,其中二级计量单位15家,三级计量单位50家,计量验收单位77家,8家县属医院、24家乡(镇)医院取得"医疗卫生计量合格证书",42家石油经营单位取得"石油成品油经营计量验收合格证"。1998—2005年,对境内成品油加油站实施计量工作规范化管理:计量二级确认1家,计量三级确认36家。1986—2005年,对商贸企业计量规范管理,获成都市物价计量信得过单位5家,获区物价计量信得过单位18家,验收合格16家。

【计量监督】 20世纪80年代,每年大小春收购前和收购过程中,由新都技监局组织对粮油收购站和农村收售网点的计量器具进行全面检查和跟踪抽查,每年对境内集贸市场的计量器具进行4~6次全面检测。1986—2005年共检查商店3782家,在用计量器具31718台(件),销毁严重失准和非法定计量单位计量器具1984台(件);抽查定量包装商品12884批次;加油站(点)、CNG充气站的计量器具受检率100%,并对81台燃油加油机安装税控装置;检查公用电话计费器495台(件);对68家医疗单位在用计量器具599台(件)进行检查,受检率100%;对全区眼镜配制场所验光计量器具进行17次检查。

【质量监管】 20世纪80年代,质量监管的重心是指导帮助企业建立质量管理制度,完善管理手段,提高管理水平,争创优质产品。1986—1991年(其后停止评优),全县有54家企业经检查验收全面质量管理达标,获优质产品奖126个。其中,国优2个(1990年四川省新兴建筑工程公司的黑白显像管玻壳生产线改造工程获国家优质工程奖,四川新都环境工程专业设备厂生产的白莲牌JH—YR—B纺织印染废水净化设备获国家优质银奖)、部优21个、省优22个、市优81个。

1992—1995年,根据国务院《关于进一步加强质量工作的决定》,新都县引导企业着力完善质量管理体系,把质量管理同推进技术进步、拓展市场空间、提高社会经济效益相结合,树企业自己的品牌。全县获省市优秀质量管理小组称号34个,获成都市技监局等4部门颁发的质量信得过企业称号15家,获成都市经营质量信得过单位称号2家,获四川省群众喜爱产品称号15个。

1996年,国务院颁发《质量振兴纲要》,新都结合本地实际,先后制定《新都县人民政府关于贯彻实施〈质量振兴纲要〉的通知》《成都市新都区质量兴区实施方案(2005—2008)》,明确质量兴区工作的指导思想、工作目标、保障措施和相关部门的质量责任及考核奖惩机制。1996—2005年,全区创四川省名牌产品23个,用户满意产品14个。福建达利食品有限公司成都分公司生产的达利牌饼干及系列食品被评为2004年中国名牌产品。取得质量管理体系认证证书的企业65家,其中获市质量管理先进单位4

家，获省质量管理先进单位1家。

新都实行产品质量国家监督抽查制度始于1985年，基本形成了从计划制定、现场抽样、样品检验、数据汇总、判断分析到公布结果、督促整改和进行复查的监督检验闭环系统。1986—2005年，共抽查8248家11463批(次)产品。参加全国性统检9次，共通报批评175家企业，发出质量问题处理通知单209份，对监督抽查不合格企业进行处理162家，帮助不合格企业进行整改157家。1988年，对48家企业磷肥抽样94组，代表化肥54.6吨，合格率仅39.4%。由于监督及时，阻止了过磷酸钙等三种劣质化肥投入农田，避免了对农民造成重大损失。2003年，按照国家质检总局《关于“开展质量状况普查建立企业质量档案”的通知》，对境内681家产值在100万元以上的生产企业的质量状况进行普查并建档。2005年，对强制性认证产品企业、工业产品生产许可证生产企业、食品生产加工企业、计量器具制造及修理企业、医药生产企业建档286家，建档率100%。

【食品质量安全生产管理】 1988年，新都县产品质量监督检验所组建化验室开展白酒检验。至2005年，建有粮食加工品、食用植物油及制品、肉及肉制品、蛋制品、糖果糕点、乳制品、罐头类、调味品、大豆制品、酱腌菜共10类加工食品和酒类、非酒精饮料、冷冻饮料、饮用水4类饮料的检测项目。每年根据不同季节的消费重点，对生产经营企业进行日常检查和专项检查，从源头监控食品质量。2003年，查封食品生产黑窝点3个，依法取缔不具备保障产品质量必备条件的饮料厂2家，查办1万元以上食品制假案件6件，移送司法机关处理2件，查获假冒伪劣食品价值200多万元。

2005年，对大米、小麦粉、酱油、食醋、食用植物油实行市场准入监督管理，同时推进食品生产认证认可。全区取得“食品生产许可证”的企业62家，对213家食品生产企业建立了食品监管档案，对辖区内食品生产企业定人、定责、定区域、定企业包干巡查，对含有苏丹红食品、添加剂、酱腌菜、畜产品、水产品、泡菜食品进行10多次全区性综合整治。

【特种设备安全检查】 2001年以前，境内特种设备安全监察由县安全生产监督管理委员会办公室(安办)负责，2001年改由新都质监分局管理。2001—2003年，共监察锅炉1242台次，压力容器2687台次，电梯164台次，气瓶充装站8个。检验锅炉557台次，电梯133台次，压力容器434台次，对28家企业的压力管道进行普查。查出特种设备无证使用372台(其中锅炉62台，压力容器310台)，“土锅炉”83台，“土压力容器”29台，超期未验压力容器440台次。对境内在用锅炉、压力容器、电梯进行普查并分别代表市、省接受省局、国家局考核验收。

2004—2005年，按照《气瓶安全技术监察规程》对区内建档的7个气瓶充装站31982只各类气瓶进行全过程监察。全区注册的压力容器1044台、锅炉475台、电梯108台和53.46千米压力管道的信息全部录入微机，做到新增1台注册1台，到期1台检查1台，报废1台注销1台。2001—2005年，共查出事故隐患483条，发出《监察意见整改通知书》231份，发出《特种设备安全监察指令书》148份，培训和复审特种设备作业人员2815人次。特种作业人员均持证上岗。

【质量技术监督行政执法】 1989年，成立技术监督行政案件审理委员会。1995年，建立新都县技术监督稽查中队。2001年，县技术监督稽查中队更名为成都市质量技术监督局新都分局稽查大队。1994—2005年，共办理行政案件3941件，其中立案537件，无行政复议案、行政诉讼案。

每年开展市场大检查4~6次，重点检查商品标识不符、以次充好、掺杂使假、短称少量、特种设备安全、“3C”认证(强制性产品认证)、生产许可证等。1986—2005年，共检查厂商13254家45713个批次产

(商)品,2891家企业在用计量器具29151台(件),食品标签2640种,没收劣质商品75889件。

1992年起,先后对食品、皮鞋、建材、眼镜、泡菜、液化气、加油机、农用资料、棉花、地条钢、猪肉等质量问题突出的产品进行专项治理206次。1992年,全区皮鞋产品合格率仅39%,质监部门对64家生产厂按《成都市鞋类生产企业审查细则》逐个进行资格审查,54家企业通过验收取得鞋类清理整顿合格证。从1993年起,皮鞋纳入每年度日常监督产品。1996年开展对农资产品专项治理,抽检农资产品1050批次,处罚经销门市部22个。1997年对电线电缆、燃气热水器等实施生产许可证的产品进行监督检查,经复查审核,对28家已取得生产许可证的企业和8家临时生产许可证企业实行登记管理制度。1999年对摩托车、家用电器市场进行清理整顿,成立新都县摩托车、家用电器商品质量监督管理办公室,制定《新都县摩托车、家用电器贸易市场质量监督管理办法》。2002—2005年,组织274家生产、经销、使用单位学习新的强制性产品认证制度和中国强制性认证标志,依法开展专项检查15次。2003—2005年,全区有15家企业取得23份3C认证证书。

1986—2005年,共受理群众投诉208起,仲裁12起,调解纠纷46起,为企业挽回经济损失60余万元。

【打击生产经销假冒伪劣商品】 1992年成立新都县打击生产、经销假冒伪劣商品违法行为领导小组,负责组织、协调全县“打假”工作。2001年制定《新都县打假联合行动实施意见》,印发《新都县人民政府打假工作责任制》,建立打假大案要案通报制度和举报、投诉网络。

1994—1995年,以与人民群众生活密切相关的生活必需品和重要生产资料为重点,打击生产和流通领域的制假售假行为,共检查工商企业2455家,农贸市场26个,现场抽查产(商)品14532个批次,捣毁制假窝点42个,取缔违法摊商103个,没收假冒伪劣商品6833件(台),没收劣质盐126吨,制止了个别泡菜厂用工业盐的违法行为。

根据国务院《关于严厉打击假冒伪劣商品违法犯罪活动联合行动的通知》, 2001—2005年,境内开展打假联合行动27次,出动执法人员2337人次,检查生产、经营企业3335家,抽查产(商)品13397批次,查获假冒伪劣商品价值35.7万元。

2001—2003年,相关部门加强专业执法检查:新都质监分局共出动执法人员3520人次,办理打假案件732件,查获假冒伪劣商品价值160余万元,查获“土锅炉”“土压力容器”65台;烟草专卖局出动检查人员3396人次,查获各种假冒名烟3900余条、走私香烟570余条。2003年配合市公安局、市烟草专卖局捣毁一个设在大丰镇与金牛区交界的莫龙村的地下假烟生产窝点,查缴制假设备5台,假烟3100余件及大量原材料,现场挡获制假人员67人;盐政所检查各类食盐批、零售商店18850家次和生产用盐单位280家,查获各类违章盐115吨,查办盐业违法案件95件;区畜牧局查获假冒兽药202个品种,其中散剂59包,针剂105盒,片剂10.04万片,假冒伪劣兽药材2860公斤,假冒伪劣饲料、添加剂2280公斤,病变猪、牛肉2060公斤;2002年新都工商局查办涉假案件122件,捣毁制假窝点21个,查获假冒名酒40件,假冒乳胶漆712公斤,假冒食用油6吨,假冒品牌商品纸箱9000个,注水猪肉1吨;2003年区卫生局出动执法人员1060人次检查医疗单位350家,取缔非法行医52家,没收非法行医物品价值2.4万元;新都药监分局开展打假行动11次,出动执法人员61人次,销毁失效和未标注有效期的劣质药价值11.8万元;2001年,新都公安局配合职能部门,捣毁一个位于大丰镇的“黑心棉”加工窝点。2002年,查获价值30余万元的假冒“五淋化石丸”“保婴丹”等药品。2003年,捣毁一制售复方奎宁注射剂假药窝点,收缴假药针剂50余件8万余支并抓获主犯。

至2005年新都境内工业产品采用国际和国外先进标准验收确认(认可)名录

表4-32

序号	企业名称	产品名称	验收确认年份	备 注
01	新都县溶解乙炔化工厂	溶解乙炔(一级品)	1990	验收确认
02	东方绝缘材料厂新都分厂	1032聚氰胺醇浸渍漆	1990	验收确认
03	新都氮肥厂家电分厂	交流台式电风扇	1991	验收确认
04	新都龙桥石棉制品厂	石棉水泥中波瓦	1991	验收确认
05	新都县水泥厂	425#以上水泥	1991	验收确认
06	新都泰兴二砖厂	烧结普通砖	1991	验收确认
07	四川电缆厂软线分厂	铜芯聚氯乙烯绝缘电线	1991	验收确认
		铝芯聚氯乙烯绝缘电线	1991	验收确认
08	新都电缆厂	阻燃专用电缆、铜芯铝绞线	1991	验收确认
		BV铜芯聚乙烯绝缘电线		
		BL铝芯聚乙烯绝缘电线		
09	金佳宁无氧铜有限公司	电工圆铜线、电工无氧圆铜线	1992	验收确认
		聚脂漆包圆铜线	1993	
		电解铜	1995	
10	新都桂湖水泥厂	425#普通硅酸盐水泥	1992	验收确认
11	新繁金属线材厂	一般用途电镀低碳钢丝	1992	验收确认
12	新都县标准件厂	I型六角螺母A和B级	1992	验收确认
13	新都新型建材厂	膨胀珍珠岩绝热制品	1993	验收确认
14	新都河屯水泥厂	425#普通硅酸盐水泥	1994	验收确认
15	新都县物资局水泥厂	425#普通硅酸盐水泥	1994	验收确认
16	新都县天府水泥厂	425#普通硅酸盐水泥	1994	验收确认
17	新都县大丰水泥厂	425#普通硅酸盐水泥	1995	验收确认
17	新都县东山水泥厂	425#普通硅酸盐水泥	1995	验收确认
18	新都县啤酒厂	10°、12°啤酒	1996	验收确认
19	四川省预应力钢丝厂	一般用途低碳镀锌钢丝	1996	验收确认
		预应力混凝土用钢丝	1997	等效采用
20	新都县氮肥厂	工业碳酸纳	1997	等效采用
21	四川省川虎电缆股份有限公司	铜芯实心聚氯烃烯绝缘聚乙烯烃护套市内通讯电缆(HYA)	1997	等效采用
22	成都大中漆厂	合成树脂乳液内墙涂料	1998	非等效采用
		合成树脂乳液外墙涂料		
23	新都溶解乙炔化工厂	溶解乙炔	1998	等效采用
24	四川新都如意实业有限责任公司	42.5R普通硅酸盐水泥	1999	非等效采用
		32.5R级普通硅酸盐水泥	2002	
25	成都玖源化工有限公司	尿素	2000	非等效采用
26	成都市英华铝业有限责任公司	铝合金建筑型材	2000	非等效采用
27	四川省新都县物资局水泥厂	32.5R级普通硅酸盐水泥	2001	非等效采用
		42.5R级普通硅酸盐水泥		
28	新都县五环预制厂	预应力混凝土空心板	2000	非等效采用
29	成都市新都区桂湖水泥厂	32.5级普通硅酸盐水泥	2002	非等效采用
		32.5R级普通硅酸盐水泥		

续表 4-32

序号	企业名称	产品名称	验收确认年份	备 注
30	新都川虎电缆有限公司	227IEC01(BV)额定电压 1KV 到 35KV 挤包绝缘电力电缆及附件，第 1 部分：额定电压 1KV 和 3KV 电缆	2002	非等效采用
		一般用途单芯硬导体无护套电缆	2003	等同采用
31	成都安乐建材有限公司	32.5 级普通硅酸盐水泥	2002	非等效采用
32	四川双马新都水泥制造有限公司	42.5R 级普通硅酸盐水泥	2003	非等效采用
		32.5R 级普通硅酸盐水泥		
33	成都市大丰花都陶瓷实业有限公司	完全玻化石抛光砖	2003	非等效采用
		内墙砖		
34	四川正德实业有限公司	预应力混凝土空心板	2003	非等效采用
35	成都市新都区清林预制厂	预应力混凝土空心板	2003	非等效采用
36	新都锦华实业有限公司	预应力混凝土空心板	2003	非等效采用
37	新都永发预制构件有限公司	预应力混凝土空心板	2003	非等效采用
38	成都市品贵实业有限公司	预应力混凝土空心板	2003	非等效采用
39	四川省新都美河线缆厂	一般用途单芯硬导体无护套电缆	2003	等同采用
40	成都利康线缆有限公司	一般用途单芯硬导体无护套电缆	2003	等同采用
41	成都市蓉新电磁线厂	电工圆铜线	2004	等同采用
		130 线聚酯漆包铜圆线	2004	等效采用
42	新都龙虎型材有限责任公司	直缝电焊钢管	2004	非等效采用
43	四川鑫南方电缆有限公	钢芯铝绞线	2004	等效采用
		聚氯乙烯绝缘电力电缆		
		交联聚乙烯绝缘聚氯乙烯护套电力电缆		
		交联聚氯乙烯绝缘钢带铠装聚氯乙烯护套电缆		
		聚氯乙烯绝缘和护套控制电力电缆	2004	非等效采用
44	成都云新科技有限责任公司	焊锡条、焊锡丝	2005	非等效采用
45	川化集团成都望江化工厂	塑料纺织袋	2005	非等效采用
46	成都新象建材有限公司	实木复合地板	2005	非等效采用
47	成都市新都团结化工有限责任公司	氧化铁红	2005	非等效采用
		氧化铁黄		

审 计

【国家审计】 1984 年 2 月，新都县审计局与县纪委、工商局、税务局、农业银行组成联合审计组，对木兰机面加工组进行审计，此属首个审计项目。1986 年 7 月起，先后在县广播局、农业局、计生委、沼气办公室等行政事业单位中进行定期审计试点。1987 年，定期审计试点的单位增至 18 个。1989 年，全县 32 个行政事业一级预算单位全部纳入定期审计范围。1990 年开始，在巩固一级预算单位定期审计基础上逐步向其下属二、三级单位延伸审计。

1986 年 7 月，县审计局开始对自筹基本建设项目资金来源进行专项试审。1988 年，对县自筹基建计划内 60 万元以上项目资金进行审计，1991 年对基建资金使用情况审计。1993 年起，对基本建设工程竣工决算进行审计(1999 年前，此项工作主要由新都审计事务所审计)。

1987—1995 年，对世界银行贷款“淡水养鱼项目”逐年审计公证。

1987 年 5 月起，先后对县内金融机构和保险企业的财务收支、信贷资金、粮油收购贷款、专项资金、资产、负债和损益情况进行审计。

1987 年 4 月，对企业厂长(经理)实行离任经济责任审计制度。1989 年 8 月，对承包经营企业实行国家审计、内部审计、社会审计分级分层次审计办法。其中国家审计主要是对县属全民企业、集体所有制重点企业和乡(镇)集体所有制重点企业承包经营责任的抽审、复审。

1988 年 12 月，市审计局授权县审计局对本级财政决算试行审计签证制度。1995 年 1 月开始，每年对本级财政预算执行情况和其他财政收支进行审计。

1989 年起，对乡(镇)财政决算每年按 30%进行轮回审计。

2000—2003 年，对亚洲银行贷款成都至南充高速公路新都段项目资金的管理、使用、执行情况进行审计。

2001 年起，对县级各部门和各乡镇的党政领导任期经济责任进行审计。

新都审计局根据审计署、省审计厅、市审计局及区委、区政府统一安排的审计项目和自定项目制定年度审计计划，每年按照审计计划实施审计。在审计中开展审计调查，为各级党政领导提供决策依据。

1986—2005 年，共审计项目 949 个，开展审计调查 41 项。审计查处违纪违规金额 39812.71 万元，处理处罚上缴财政 12705.52 万元，基本建设投资竣工决算审计审减额 3440 万元。对区级部门和乡镇(街道)领导干部任期经济责任审计或离任审计 69 人次。

2002 年，根据省委、省政府《关于切实化解乡村不良债务的意见》，新都区化解乡村不良债务领导小组从审计、财政、农业部门抽调专业人员组成审计小组 6 个，按照“逐项清查，逐笔登记，逐一核实”和“挤干水分，锁定债务”的精神，从 5 月至 8 月，对 17 个镇、300 个村 2001 年前的债权债务进行逐项逐笔审计核实。截至 2001 年 12 月 31 日，镇级债权自查上报数 14368.85 万元，审计核实数 11748.69 万元，审计品迭核减 2620.16 万元；镇级债务自查上报数 21318.86 万元，审计核实数 14313.11 万元，审计品迭核减 7005.75 万元。村级债权自查上报数 3375.67 万元，审计核实数 3032.36 万元，审计品迭核减 343.31 万元；村级债务自查上报数 5165.75 万元，审计核实数 3159.07 万元，审计品迭核减 2006.68 万元。同年 8—10 月，对区粮食购销企业亏损挂账进行审计，查出 8 个粮站违纪违规金额，减少亏损 528.97 万元。

2003 年，在对 11 个区级部门领导干部任期经济责任审计中，共查出领导干部所在部门及个人违规资金 8382.12 万元，处理处罚上缴财政 1591.03 万元，要求纠正 6818.89 万元，有 3 名领导干部移交纪委、监察部门处理。

1996 年，新都审计局被四川省审计厅评为四川省 1995 年邮电行业审计先进单位，1998 年被四川省审计厅、人事厅评为四川省审计系统先进单位，2003 年被四川省人民政府评为乡村债权债务审计核实工作先进单位，1990 年被市委、市政府评为执法先进单位。1986—2005 年，获市级部门奖励 48 项。

1986—2005 年新都审计情况统计表

表 4-33　　单位：项、万元、人

年 度	审计项目数	查处金额	上缴财政	经济责任审计	年 度	审计项目数	查处金额	上缴财政	经济责任审计
1986	10	69	22.8	—	1989	60	96	59	—
1987	22	42.41	29.42	—	1990	87	126	82	—
1988	40	3.9	1.7	—	1991	110	141	2	—

续表 4-33

年 度	审计项目数	查处金额	上缴财政	经济责任审计	年 度	审计项目数	查处金额	上缴财政	经济责任审计
1992	105	234	11	—	1999	24	568.4	226.9	—
1993	73	328	89.2	—	2000	24	1520	22.5	—
1994	26	274	58	—	2001	64	1148	6	38
1995	30	2493	86	—	2002	28	406	59	3
1996	22	2128	30	—	2003	39	12089	4327	11
1997	23	223	74	—	2004	57	10240	6720	11
1998	23	438	82	—	2005	82	7245	717	6

【内部审计】 1985 年，新都县根据四川省政府批转省审计局《关于开展审计工作几个问题的意见》通知，结合新都实际，先后在县工交局、二轻局、乡镇企业管理局、粮食局、供销联社、商业局、农业局、物资局等 10 个部门配备专(兼)职审计人员 15 人。至 1990 年，全县建立内部审计机构 19 个，其中专职 14 个，合署办公 5 个，专兼职审计人员 161 人。1986—2002 年，内审机构对 1370 个项目进行审计和审计签证，查出违纪违规金额 2300.2 万元，损失浪费金额 270.56 万元，落实债权金额 28.27 万元，促进增收节支 1156.4 万元，纠正账务差错金额 191.88 万元，查出小金库 1 个(4 万元)，移送司法机关处理 12 人。新都县审计局被四川省审计局、省内审学会评为 1994 年度全省内部审计先进集体，1993—1996 年、1998 年、1999 年每年被评为成都市内部审计工作先进单位。

【社会审计】 遵照上级审计机关"有步骤积极稳妥发展社会审计组织"的精神，经县政府同意、成都市审计局批准，1988 年 9 月，成立新都审计事务所。1997 年 10 月，更名为新都新审会计师事务所。1998 年 6 月，再次更名为四川新审会计师事务所。1998 年 7 月，成都市国有资产管理局批准新都审计事务所在原所"资产评估业务部"基础上，组建四川新审资产评估事务所，性质为全民所有制事业单位，实行企业化管理，经费自收自支，依法纳税。开展的主要业务有：工商企业注册资金验证、司法(审计)鉴定、承包经营责任审计、基本建设投资竣工决算审计、资产评估、财会审计人员培训及其他委托业务。1990 年，审计事务所有工作人员 7 人，1999 年增至 34 人。

1988 年 9 月至 1999 年 6 月，新都审计事务所接受委托共完成注册资本金验证 4350 户，核减不实资金 7168 万元；财务收支审计 26 户，资产评估 602 户，资产负债专项审计 93 项，经济效益审计 36 项，厂长(经理)离任审计 3 项；基本建设项目竣工决算审计 96 个，报审金额 19182 万元，审计核减 3173.7 万元；开展税收检查 2012 户，查补各项税款 2410 万元。

1999 年 7 月，四川新审资产评估事务所随同四川新审会计师事务所改制为民营法人单位，与新都县审计局脱钩，由全民所有制事业单位改制为以注册会计师为投资主体、独立承担法律责任的社会中介机构，由注册会计师协会管理和指导。

1994 年，新都审计事务所被四川省审计局、省注册会计师协会评为先进集体，1996 年被四川省审计厅评为四川省明星审计事务所。

【四川蜀华会计师事务所】 四川蜀华会计师事务所原为新都会计师事务所，系县财政局下属事业单位，1999 年 7 月改制后与县财政局脱钩，更名为四川蜀华会计师事务所，性质为有限责任公司，注册资本金 100 万元人民币。公司员工 40 人，其中有高级技术职称的 3 人，中级职称的 25 人。取得中国注册会计师资格18人。主要业务有:财会人员培训、工商企业注册资本金验证、资产评估、财务审计、基本建设项目决算审计等。

2000年,四川蜀华会计师事务所审计118户,资产总额2.5亿元;验资127户,验资总额6.3亿元;基建审计25户,总金额1.07亿元;资产评估510户,总值32亿元,其中接受公检法司及纪检单位委托进行资产评估33户,总值1.6亿元。

2005年,四川蜀华会计师事务所审计155户,资产总额2.4亿元;验资229户,验证总额6.12亿元;基建审计58户,总金额1.04亿元,其中接受公检法司及纪检部门委托审计3户,总金额1200万元;资产评估152户,总值1.1亿元,其中接受公检法司及纪检单位委托评估5户,总值973.5万元。

民政事务

社会救助

【救　灾】 新都境内凡发生自然灾害,坚持依靠群众,依靠集体,组织生产自救,互助互济,民政部门给予必要救助。1986—2005年,新都境内发生较严重的自然灾害,民政部门发放救灾款(含捐物折价)151.02万元、化肥350吨、粮食2236.5吨、建房款85.8万元、柴油150吨。

1986年8月,遭遇伏旱,全县170村、1090组、50458户受灾,受灾面积1.06万亩,造成粮食减产1680吨。县民政局发放救灾款1.03万元。

1989年,遭受“4·20”和“6·11”暴风雨,全县298村、1941组、10453户、30412人受灾。县民政局拨给救灾款8万元、化肥300吨、粮食1546.5吨,2.35万人次受救助。帮助受灾村民建房40余间,补助建房款0.8万元。

1991年,发生洪灾2次。县民政局下拨救灾粮220吨、救灾款2.5万元,4356人次受救助。夏旱持续30余天,丘陵地区受灾严重,经济损失210万元。县民政局拨夏荒救灾粮220吨、救灾款2.25万元,救助受灾村民868人。

1993年,遭受旱灾、风雹、洪涝,全县301村、2210组、70719户、246443人受灾。县民政局拨救灾款15.5万元、化肥50吨、柴油150吨。

1994年,丘陵地区遭受夏旱、伏旱,田地干裂,禾苗枯萎。县民政局拨救灾款3.1万元、救灾粮250吨,救助受灾村民387户、1315人。7月17日,风雹袭击泰兴、新都、龙虎、木兰、石板滩、清流等乡镇。全县共捐款、捐物(折价)19.24万元,市民政局下拨救灾款10万元,共29.24万元,分拨6乡镇。

1996年,遭受风灾和低温冷冻灾害,全县301村、2628组受灾,122人无家可归,死亡2人、重伤1人,直接经济损失2973万元。县民政局拨救灾款9.5万元。

1998年,全县240村、1321组、14.25万人遭受洪灾,直接经济损失933万元。县民政局拨食物、医疗费及修复住房款共计46.4万元。

1999年7月28日,风暴、冰雹、雷雨三灾齐发,全县235村、42030人受灾,1人死亡、1人重伤、3人轻伤,粮食减产768.5吨,损失230万元;农作物受灾面积1.36万亩,经济损失110万元。县民政局拨救灾款 6.5 万元,并为倒房户修建“安身房”。

2001 年,先后遭遇暴风雨、洪涝。其中“7·27”“8·19”“9·20”三次洪灾最为严重。17 乡镇、300 村、2100 组、46 万人次受灾。县民政局拨救灾款 14 万元、建房款 85 万元。同年 1—7 月,遭受春、夏、伏旱,小麦、油菜枯死,部分经济作物绝收;粮食减产 1520 吨,经济损失 650 万元。全县 12 万人次参加抗灾,新修微型水沟 3000 余米,修筑蓄水池 14 个。帮助 146 户倒房户修建住房。

2004 年 7—8 月,遭暴风雨,7 镇、13 万人受灾。区民政局发放救灾款 13 万余元,并为 238 户修建“安身房”。

【救　济】 1986—2005 年,采取定期定量救济、临时救济等,发放各类救济款和困难减免款累计 1200 余万元。

1988 年,下拨春夏荒救济款 5.4 万元。救济 6057 户、21054 人,并对 148 户特困户建房补助 4.04 万元,寒冬期间发放寒衣 2400 件、被盖 400 床。

1989 年,下拨春荒款 5 万元,返销粮 3000 吨,救助 4788 户、17228 人。定期定量救济城镇孤老 72 人、3.47 万元;救济城镇特困人员 4 人、0.35 万元;救济起义投诚及宽释人员 35 人、0.96 万元;发放享受工资待遇 40%的精简老职工 157 人、5.45 万元;享受定量救济的 303 人、6.39 万元。

1991 年,下拨救济款 10.4 万元,救济 2.35 万人次。

1994 年, 下拨救济款 32.75 万元、 救济粮 250 吨, 受救济 914 户、2902 人。下拨春荒临时救济款 14.29 万元;寒衣、物品救济折款 23.43 万元;拨建房补助资金 8.66 万元,为贫困户 1113 户建房 5741 间。根据市政府“适当提高救济对象的生活标准”的要求,从 1994 年 2 月起,提高定期定量救济标准,年增加调标经费 13.44 万元。

1998 年,为“五保”(保吃、保穿、保医、保住、保葬)户、贫困户拨付救济款 27 万元,以解决其吃、穿、住等问题。并将农村特困户全部纳入最低生活保障范围,住房特别困难的纳入“安居工程”。

2001 年,下拨救济款 35 万元,解决无粮户 582 户、1675 人;各类减免 45.1 万元;下拨建房款 65 万元,建房 65 户,维修房屋 122 户。根据市民政局、财政局等部门通知精神,从 2001 年 1 月 1 日起,对 20 世纪 60 年代初期精简退职老职工定期定量救济标准调高 30%,适当调高 19 名起义投诚人员救济标准。

2004 年,为贫困群众拨付救济款 44.72 万元、春荒救济款 11 万元、临时救济 2.78 万元、各类定救人员救济金 269 人、30.94 万元。根据市委统战部文件精神,再次提高国民党起义投诚人员定期定量救济标准,从 2003 年 7 月 1 日起执行。

2005 年,发放寒衣实物(折款)7.4 万元,救济 1200 户;对参加农村合作医疗的“五保”户、低保户等需要求助的 177 人次,发放医疗救助资金 17.66 万元。

【“五保”供养】 1986—2005 年,新都的“五保”供养由村、组集体负担,逐步过渡到乡镇统筹。2003 年农村税费改革后,“五保”供养按实有人数全部由区财政负担。“五保”供养标准参照全区一般生活水平制定,随着生活水平提高而不断调整供养标准。享受“五保”供养的基本条件是“无依无靠、无劳动能力、无生活来源、无法定赡养人”的鳏、寡、孤、独、残的农村居民(城镇的纳入城镇居民救济)。为加强“五保”供养管理和丰富老人生活,“五保”分为分散居住供养和集中居住供养,并倡导发展院办经济,以提高和丰富“五保”人员的物质生活。

1986—2005 年新都“五保”供养情况表

表 4-34 单位:元/人·年

年度	五保总人数	分散居住		在敬老院居住		敬老院建设及其他服务
		人数	供养标准	人数	供养标准	
1986	1728	1476	—	261	391.6	全县 20 所敬老院,入院率 15.1%
1988	1652	1241	424	411	514	分散者每年供应大米 180 公斤、食油 3 公斤,另发衣、被。在院者同,入院率 25.66%。新迁建敬老院 3 所
1989	1634	1149	—	485	—	敬老院 24 所、工作人员 57 人,入院率 29.7%。院办经济年人均收入 300 元以上的 1 个乡,200 元以上的 4 个乡镇, 18 所敬老院改善了住房条件。4 所敬老院被评为文明敬老院
1990	1634	—	500	—	550	开始实行“三统一”(统一提留、管理、发放),当年实现“五保金”提留 80.57 万元。扩建木兰、新民敬老院,新修住房 45 间 700 平方米,投资 19.2 万元
1991	1542	—	522	—	625	乡镇提留“五保金”86.15 万元,达到当地人均生活水平
1992	—	—	527	—	668	提留“五保金”88 万元。投资 33.08 万元,扩建大丰、三河、天元敬老院共 950 平方米。县民政局资助敬老院福利金 6 万元
1993	1539	611	—	928	—	提留“五保金”89.12 万元;投资 4890 元,为分散“五保”对象维修住房 437 间。春节慰问五保户 867 户,物品折价 78373 元。入院率 50%以上者 12 个乡镇。院办经济纯收入 8.33 万元,种养业纯收入 3.84 万元。投资 18.57 万元、县民政局资助 2 万元,扩建利济、新都、天元敬老院 720 平方米
1994	1474	854	—	620	—	敬老院 27 所。提留“五保金”87.27 万元,实际供给 112.25 万元。院办经济利润 17.12 万元,上缴敬老院 8.65 万元,用于改善老人生活 5.15 万元,增添院内设施 3.50 万元
1995	—	—	650	—	700	每人供给粮 219 公斤,食油 6 公斤。提留“五保金”99.91 万元。院办经济总值利润 34.20 万元
1996	—	—	700	—	800	每人供给粮 219 公斤,食油 6 公斤。提留“五保金” 112 万元
1997	1430	830	700	600	803	每人供粮 219 公斤、食油 6 公斤。提留“五保金”114.84 万元。院办经济利润 29.93 万元,上缴敬老院 22.35 万元
1998	1425	829	726	596	816	每人供给粮 219 公斤,食油 6 公斤。敬老院 23 所,入院率 41.81%。每位五保对象每年 1 套单衣、3 年一套棉衣、棉被。院办经济利润 25.8 万元
1999	1394	792	—	602	—	每人供给粮 219 公斤,食油 6 公斤。实际供给 104.36 万元。院办经济利润 17.28 万元,上缴敬老院 5.39 万元
2000	1312	727	720	585	1200	每人供给粮 219 公斤,食油 6 公斤。敬老院 21 所,社会托老院 1 所,托老 3 人。县民政局资助 6 万元,改扩建新都镇、竹友乡敬老院
2001	1387	776	720	611	1200	院办经济实体 20 个,年利润 20.52 万元,用于改善院民生活 9.51 万元。完成石板滩镇敬老院迁建工程,投资 47 万元,县民政局资助 10 万元。投资 5.5 万元,为斑竹园镇敬老院维修住房和安装天然气设备
2002	1353	771	975	582	1450	院办经济实体 17 个,年利润 13.38 元。迁建清流敬老院,改扩建桂湖、马家敬老院,共投资 55.2 万元
2003	1370	815	2100	555	2380	区财政统一负担“五保”供给,年人均标准 1800 元,不足部分乡镇补贴。改扩建 16 所敬老院,总投资 396.7 万元,区财政投入 80.5 万元,社会捐款 32.8 万元
2004	1357	818	—	539	—	人均供给 2300 元。新民敬老院被评为成都市“十佳”敬老院
2005	1575	999	—	576	1920	敬老院 17 所,入院率 36.57%。大丰、新都敬老院新建工程纳入市委市政府目标:大丰敬老院迁建工程占地 13.4 亩,投资 150 万元,建筑面积 1600 平方米,绿化面积 61%;完成新都敬老院迁建主体工程。扩建斑竹园敬老院,占地 2.5 亩

【最低生活保障】 1998年,新都县开始实施城乡居民最低生活保障制度。“低保”对象采用“两榜、三公开、一监督”的民主方式确定。保障经费由地方财政承担主要部分,中央财政适当补贴。农村居民“低保金”由区(县)财政、乡镇各承担50%。

1998年起,农村低保标准每人每年672元,城镇居民低保标准每人每月120元。2002年,农村居民每人每年720元,城镇居民每人每月156元。2003年,农村居民每人每年840元,城镇居民每人每月160元。2004年10月,农村居民每人每年1000元,城镇居民每人每月160元。2002—2005年,做到城乡居民最低生活保障应保尽保、有保必保、不漏保。1998—2005年,新都共发放低保金1572.74万元。

1998—2005年新都低保金发放统计表

表4-35 单位:户、人、万元

年度	低保对象		低保金发放						
			城镇			农村			合计金额
	户数	人数	户数	人数	金额	户数	人数	金额	
1998	986	2244	236	316	26.46	750	1928	19.23	45.69
1999	1198	2528	341	478	39.40	857	2050	30.80	70.20
2000	1410	2814	446	641	52.33	964	2173	42.34	94.67
2001	2139	4916	1164	2677	73.78	975	2239	40.89	114.67
2002	2527	5759	1552	3552	167.18	975	2207	41.48	208.66
2003	1570	5574	1461	2956	162.66	1109	2618	49.33	211.99
2004	4483	9959	1565	3076	203.12	2918	2883	78.05	281.17
2005	4780	10487	1607	2964	218.45	3173	7523	150.88	369.33

【帮困助学】 2003—2005年,全区机关、团体、企事业单位每年开展一次“慈善一日捐”活动,捐助资金用于特困户子女读大中专,不足部分由区财政资助。3年共接收善款62万元,其中2003年12万元、2004年25万元、2005年25万元。

2001—2005年新都帮困助学统计表

表4-36 单位:人、万元

年度	救助人数	其中		救助资金
		大专生	本科生	
2001	32	14	18	5.09
2002	88	56	32	10.35
2003	166	69	97	17.76
2004	86	31	55	22.25
2005	92	40	52	24.50
合计	464	210	254	79.95

【农村扶贫】 从单纯的生活困难救济逐步转为帮助贫困户发展生产,搞活家庭经济。并通过以干部包户、资金帮扶、科技种养殖、减免各项集体提留、吸收入乡镇企业务工等多种途径,帮助贫困户脱贫致富。1986—2005年,民政部门拨扶贫款76.18万元,镇街、单位帮扶505.78万元,寒衣救助49.64万元,累计帮扶贫困户4.33万户,脱贫1.62万户。

1986—2005 年新都农村扶贫情况表

表 4-37 单位:户、万元、人

年 度	扶贫户	脱贫户	扶贫款	减免款	务工人数	其他帮扶
1986	2140	701	3.98	23.41	384	救济粮 9435 公斤,半价粮 209 公斤,信用社贷款 2333 元
1987	2000	680	3.50	11.20	418	干群帮工 4260 个
1988	2819	886	4.00	13.60	0	贫困户建房 4.04 万元
1989	2296	690	4.23	13.02	6	帮工 6720 个,寒衣救助 2.3 万元,科技培训 1579 人
1990	2301	807	4.23	16.62	0	帮工 6220 个,寒衣救助 5 万元。科技培训 1958 人。为贫困户家财保险保额 55.78 万元,保费 1.67 万元
1991	2310	1157	4.00	28.44	0	帮工 7270 个,科技培训 3596 人,家财投保 722.9 万元,保费 2.17 万元,送配猪仔 52 只,建房补助 4.04 万元
1992	2300	980	3.95	14.00	0	科技培训班 59 期,寒衣救助 4 万元,家财投保 686 万元,保费 2.1 万元
1993	2221	967	3.95	26.05	2621	帮工 6436 个,寒衣救助 7.37 万元,建房补助 4.45 万元,乡镇提留扶贫款 5.58 万元
1994	1842	756	3.95	49.84	146	帮工 9739 个,寒衣救助 30.97 万元,乡、镇提留扶贫款 6.8 万元
1995	1636	612	3.95	25.00	0	科技培训 400 人,乡镇提留扶贫款 8.18 万元,各级单位包户 986 户,投入 9.15 万元
1996	1837	713	3.95	28.10	0	乡镇提留扶贫款 7.74 万元,干部、单位帮扶投入 25.79 万元
1997	1787	754	3.95	32.63	0	乡、镇提留扶贫款 9.89 万元,32 个县级机关帮扶投资 160 万元,乡镇干部包户 2055 户
1998	1656	894	7.00	30.00	460	帮工 8257 个,科技培训 3643 人,乡镇提留扶贫款 13.24 万元。春节慰问 2514 户,慰问物资和现金共 27 万元。干群帮扶 2599 人、2069 户
1999	1430	717	3.00	0	636	科技培训 1380 人,各乡镇帮肥 7 吨、种子 830 公斤,干群包户 1862 户
2000	1430	700	0	0	0	乡镇提留扶贫款 46 万元, 全县参与帮扶单位 43 个, 帮扶 2100 户、40 万元,干群帮扶 2100 人,助收助播 6300 亩
2001	2475	683	0	45.1	0	参与帮扶单位 74 个,帮扶 1074 户
2002	2502	620	18.54	0	0	参与帮扶单位 73 个,投入帮扶款 53.69 万元,乡镇投入扶贫金 35.15 万元
2003	2584	894	0	9.9	820	帮工 6252 个,科技培训 4754 人,春荒救济 7 万元。区领导 28 人帮扶 30 户、3 万元。73 个机关单位帮扶 146 户、14 万元。镇村社干部帮扶 2190 户。解决化肥 99.6 吨、种子 640 公斤。劳务输出 520 人。从 2003 年开始,农村费改税后,社会提留和农业税全免
2004	2817	995	0	0	0	帮工 2300 个,科技培训 1700 人,各镇街帮扶 71 万元,解决化肥 77.2 吨、种籽 926 公斤
2005	2923	982	0	0	0	帮工 1867 个,科技培训 8400 人,各镇街帮扶 67 万元,帮助解决化肥 94 吨、种籽 1545 公斤

【安身工程】 1997 年, 县政府制发《关于对我县农村特困户实施扶贫建房改造工程意见的通知》,从 1998 年开始实施农村“安身工程”。至 2005 年年底,通过财政拨款、社会捐资,镇(街道)、村、个人出资等筹集资金,全区共投入 1299.01 万元,为无房、危房、倒房户建房 1450 户。

1998—2005年新都安身工程建设统计表

表 4-38　　　　单位:户、平方米、万元

年度	新建户	维修户	面积	投入	年度	新建户	维修户	面积	投入
1998	76	56	—	149.36	2002	235	61	—	226.04
1999	49	38	—	95.80	2003	172	33	8117	174.25
2000	34	—	—	34.30	2004	253	—	14197	212.03
2001	71	53	7850	117.54	2005	319	—	19752	289.69

社会福利事业

【社会福利企业】 新都社会福利企业兴办于1985年。1986—1991年，由县民政局救灾救济股主管，1991年设福利企业办公室,配备干部3人。社会福利企业拥有缝纫、工艺刺绣、家具、装饰、建筑、冶炼、印刷、食品加工、汽车修理、铁筋拉丝、电线电缆等。2005年年产值8580万元。

1986—2005年新都福利企业发展情况表

表 4-39　　　　单位:家、万元、人

年度	企业数	年产值	年税利	就业数	说明
1986	10	35	2.9	16	“就业数”指社会福利企业解决残疾人、优抚对象及贫困户入厂务工人数
1987	13	101.56	1.75	34	
1988	20	227.7	11	—	企业推行经济承包责任制,开展清理整顿工作,验收合格11家、不合格3家,新办不满一年的6家
1989	10	—	—	—	重新检查验收福利企事业,给10家扶贫福利企业颁发合格证
1990	13	420	13	450	残疾人180人、贫困户270人就业
1991	24	1370	45	202	蜀绣厂、双扶汽修厂、经贸部为县民政局直办
1992	26	1721	112	707	产值比上年增长25.6%;利税增长148%
1993	41	3531	205	701	产值比上年增长105.17%,利税增长83.04%
1994	45	2576	193	766	新办福利企业7家。再次清理检查扶贫福利企业,查出假冒扶贫福利企业3家,不符合条件的4家
1995	49	6290	296.5	261	新办福利企业4家。税收实行先征税、后退库政策,全年完成进库税88万元,退库56万元
1996	54	6300	290	272	新增残疾务工人员11人
1997	60	5700	240	310	新增企业6家
1998	35	7450	312	330	新增企业4家;新增就业人员20人
1999	44	6600	340	349	新安置残疾人入厂务工19人
2000	43	7400	180	373	新办企业5家,取消不合格企业6家。新引进成都海湾食品厂,投资200万元
2001	45	10000	税金412 利润154	392	撤销企业2家。新安置残疾人80人
2002	43	12000	税金370 利润190	382	新办企业3家,新安置残疾职工46名。年检合格福利企业40家,取消福利企业资格5家
2003	38	7154	285	327	新办企业2家,新安置残疾职工21人
2004	30	7800	税金270 利润150	338	为残疾职工投保,支付残情补助、捐助敬老院等社会福利共计20万元
2005	23	8580	346	297	30家企业参加年检,取消资格8家,新办企业1家

【社会捐助】 1986—2005年,每当有大的自然灾害,群众有疾难,机关、团体、人民群众都要伸出援助之手,奉献爱心。1991年夏,安徽、江苏等省遭受特大洪灾,40天时间里,全县有234个单位、11万人向灾区人民捐款捐物,县政府印制了“91”赈灾捐赠纪念册。1998年,长江中下游、东北地区松花江等地遭遇百年罕见的特大洪灾,全县人民60天时间共捐现金168.6万元,捐新衣物(折价)46.91万元,旧衣物2万余件。捐赠者直接汇往灾区捐款28.9万元,捐物(折价)1.4万元。捐赠款物位于成都市区县前列。2002年,区民政局设立社会捐助接收工作站,负责社会捐助工作管理。2005年,全区开展“慈善一日捐”活动,共收到捐赠款25.13万元。

1991—2005年新都社会捐助情况表

表4-40 单位:万元

年度	赈灾捐赠	安身工程	帮困扶贫	建敬老院	情况说明
1991	40	—	—	—	安徽、江苏等省遭受特大洪灾,全县11万人、234个单位捐款、捐粮票面额13.5吨、捐衣物527件
1994	19.2	—	—	—	105个单位捐赠,赈济境内水灾
1998	245.8	32.5	—	—	全国性暴雨洪灾,捐旧衣2万件
1999	—	50	—	—	
2002	—	12.8	—	—	
2003	92.16	2.4	34.13	32.8	抗击“非典”,全区捐款169.29万元。另捐衣物1655件
2005	25.13	—	24.5	—	慈善一日捐

【福利彩票】 遵照中央、省、市《关于开展社会福利有奖募捐工作的通知》精神,县民政局从1988年7月,起开展社会福利有奖募捐工作。至2000年,共销售福利彩票1812万元。所获福利金主要用于迁建、改建、新建各乡镇敬老院,维修改造特等、一等伤残军人住房,农村特困户养老保险基金,修建社区服务中心等。2000年起,社会福利彩票转省市定点电脑数字组合直销,区县停销。

1988—2000年新都社会福利募捐情况表

表4-41 单位:万元

年度	销售发行量	获福利金额	用途及说明
1988—1990	160	28.1	改扩建14个乡镇敬老院及县社会福利院
1991	107	22.47	投入19万元,资助扩建7所乡镇敬老院。发行销售量,名列成都市区县榜首
1992	222	46	资助维修、改建3所乡镇敬老院
1993	63	12.93	投入150万元修建社区服务中心综合大楼,并争取到市民政局部分福利金以资助不足部分
1994	10	—	当年对福利奖券采取定点销售
1995	200	42	
1996	1000	200	
2000	50	10.5	组织大奖组400万元,实际售50万元

优待抚恤

【优　待】 1985年,新都县农村优待金由乡镇统筹统发,发放标准为年户均280元。1998年,实行县统筹,社会发放。2005年,农村优待金发放标准为年户均1800元,城镇年户均600元。

2005年,全区有在乡老复员军人1596人,大多数是抗美援朝战争后回到农村的。按照民政部规定,由地方财政给予补助。1986年每人每月补助20元,其后逐步增加,至2005年每人每月补助113.50元。

1992年始,实行军队干部、志愿兵家属在分配住房时享受双职工待遇,军队离退休干部、革命伤残军人、现役军人乘坐市内公共汽车、游览名胜古迹免收车票和门票。

【抚　恤】 抗美援朝战争结束后,西南局在当时的新繁县(今新都区新繁镇)龙藏寺设立西南荣军休养院(1991年更名为四川省革命伤残军人休养院)。20世纪60年代,国家经济困难时期,动员一批革命伤残军人就地分散休养。新繁地区接收安置了特等、一等革命伤残军人70名,由地方财政解决抚恤金。为改善革命伤残军人的居住条件,1996年,新都县采取国家、集体和个人"三结合"的方式,筹资310余万元,为革命伤残军人修建住房60余套。

根据《中华人民共和国宪法》"抚恤烈士家属"的规定和《中华人民共和国兵役法》中"对无劳动能力或者无固定收入不能维持生活的牺牲、病故军人家属发给定期抚恤金"的规定,从1995年1月1日起,将"定期定量补助"改为"定期抚恤金"。革命烈士家属、牺牲病故军人家属居住在农村的每人每月发给抚恤金40~45元,城镇的每人每月45~55元。2005年,全区有烈属35人,因公牺牲军人家属29人,病故军人家属71人。农村烈属每人每月发给抚恤金279元,因公牺牲军人家属、病故军人家属每人每月发给抚恤金269元;城镇烈属每人每月发给抚恤金440元,牺牲、病故军人家属每人每月发给抚恤金415元。

【烈士陵园管理】 1966年,烈士陵园从新繁镇外迁址新都城南。因新都旧城改造,城南烈士陵园面积狭小,且处于居民住宅包围之中。2001年12月,将新都城南烈士陵园迁址于泰兴镇普河村3组毗河岸边,更名为德育园。德育园占地7464平方米,人民功臣纪念碑高13米,占地597平方米。

德育园安葬有红军干部、1950年在木兰牺牲的解放军官兵和在新繁牺牲的征粮工作队队员、公安二级英模吕新民和交警烈士曾庆等。抗日爱国将领王铭章忠骸1938年安葬于新都城西门外陵园,占地5000平方米。2003年3月,王铭章墓迁入德育园,并在桂湖公园内塑将军跨战马冲锋陷阵铜像,同时修建王铭章纪念墓。

安置工作

【退役士兵安置】 20世纪80年代以工作安置为主,90年代实行工作安置与自谋职业相结合,同时开发军地两用人才,逐步缓解安置困难。2004年,新都实行货币化安置,安置费按上年度职工平均工资计发,城镇退役士兵自谋职业补助1.36万元。符合安置条件的城镇(非农)士兵,以退役士兵标准为基数,一级士官递增110%,二级士官递增120%,三级士官递增200%。

1986—2003年新都安置退役义务兵、志愿兵(士官)统计表

表4-42 单位:人

年度	安置总数	义务兵							志愿兵
		合计	城镇	农村	其中				
					二、三等功臣	二、三等伤残	其他	两用人才	
1986	586	542	130	412	1	10	6	412	44
1987	275	242	77	165	0	9	6	165	33
1988	356	319	77	242	0	3	3	242	37
1989	340	311	64	247	5	1	0	247	29
1990	239	233	105	128	1	3	1	128	6
1991	287	276	128	148	0	4	4	148	11
1992	305	284	92	192	0	2	6	192	21
1993	400	377	108	269	0	3	4	269	23
1994	374	342	113	229	0	7	2	229	32
1995	304	266	85	181	1	2	1	181	38
1996	376	337	121	216	0	2	0	187	39
1997	407	351	126	225	0	2	0	198	56
1998	313	300	114	186	0	2	0	186	13
1999	417	299	99	200	0	1	0	234	118
2000	405	325	115	210	0	2	0	225	80
2001	483	393	172	221	0	2	0	211	90
2002	387	288	117	171	0	3	0	200	99
2003	409	304	120	184	0	2	0	225	105

【军队离退休干部安置】 20世纪80年代后,军队离退休干部逐步移交地方政府管理。1984年,由国家拨款在新都镇棉花街修建住房24套(建筑面积1520平方米),第二年年底,接收安置军队离退休干部24人。1987年9月,新都县军队离退休干部休养所成立,为区民政局下属的事业单位,配备管理人员和工作人员7人,小轿车、救护车各1辆。同年10月,由国家拨款70万元,在新都镇东环路修建住房30套(建筑面积3500平方米),接收安置军队离退休干部19人。另有51名军队离退休干部、60余名军队无军籍职工分散安置在新都城区休养,安置费拨给其本人购置建房。

双拥工作

【工作机构】 1950—1989年,新都县的双拥工作含于优抚序列之中。1990年,成立新都县双拥工作领导小组,领导小组组长、副组长由时任县委、县人大常委会、县政府、县政协主要领导兼任,成员有相关部、委、局负责人。领导小组下设双拥工作办公室,工作人员由地方政府和驻军部队委派,实行军地合署办公,负责日常事务,属政府非编制单位,挂靠在县民政局。主要职能是拥军优属、拥政爱民、军民共建、协调军政军民关系。

1999年,新都县被全国双拥工作领导小组、民政部评为"全国爱心献功臣行动"先进县,被市委、市政府、成都军分区评为双拥先进县,1997年、2000年和2005年先后被省委、省政府、四川省军区评为四川省双拥模范县(区),1995年、1997年、2003年和2005年先后被市委、市政府、成都军分区评为拥军优属先进单位、双拥模范先进县(区)。退伍军人夏绍勇1994年被共青团中央、农业部评为全国优秀企业家,1995年被国务院、中央军委、民政部评为全国优秀退伍军人。转业军人黄绍军2000年被国家粮食局、解放军总后勤部评为全国军粮供应管理先进个人,2002年被国家改革杂志社组委会评为第二届新世纪改革人物,2003年被全国双拥办、人事部、民政部、解放军总政治部评为爱国拥军模范。

【支援地方建设】 新都驻军部队把支援地方经济建设视为支持改革开放、支援西部大开发、为第二故乡作贡献的实际行动。1986—2005年,驻军部队先后完成成都市市政"一号工程"光缆施工任务,成都至龙泉通讯光缆管道施工任务。参加新都城区通讯管道工程施工建设;参加驻地周边乡镇文卫基础设施、重点工程、大型基础设施、生态环境建设;为驻地修建道路、疏通沟渠。赴都江堰市至马尔康一线,翻山越岭,挖壕沟12.54公里,立线杆4714根,架吊线490.89公里,铺光缆521.99公里,安装拉线2078条,完成了山区光缆施工任务。

【军民共建】 各驻军部队党、团组织与地方单位部门结成共建对子,深入街道、村社、机关、学校,开展一系列学雷锋活动、纪念日活动、升国旗活动以及军民联谊活动。为贫困户、"五保"老人、军烈属送温暖,为"希望工程""安身工程"等公益事业捐款、捐物,开展多种形式的军民共建社会主义精神文明活动。

2002年,武警新都区中队与区农行、区法院等结为共建单位,派出官兵为地方共建单位上国防教育课37课时,为大丰中学等进行军训。驻区某部,采取"请进来,走出去"方式,与驻地学校、企业、车站、街道、敬老院等16个共建单位共同开展活动70余场次;配合地方政府开展"崇尚科学,传播文明,破除迷信"为主题的宣传教育、法律咨询、科技推广等活动。驻区某部与地方单位"手拉手共建团支部",开展军民共建新加坡商业一条街活动;部队官兵坚持扶贫,为地方单位提供人才技术支援,派出高级讲师到新都职中进行辅导,为"希望工程"贫困生捐资助学,为农村特困户捐资建房,为三河小学捐赠价值2000余元的文体器材。

2003年,各驻军部队与地方政府同心协力抗击"非典"(传染性非典型肺炎)。部队官兵自发捐款,卫生队为社会义务体检。某部106名官兵义务献血2.12万毫升。解放军47医院为新都各界群众提供医疗、预防、保健服务,开展"非典知识宣传"活动5次,免费发放一次性口罩及防治"非典"宣传资料;对革命伤残军人、复员退伍军人、60岁以上老人、中小学师生等实行挂号免费、治疗优惠政策;长期坚持派医疗队赴通、南、巴等革命老区,甘、阿、凉少数民族地区和三峡库区进行技术帮带,送医、送药到村寨,防病治病到农家。年内新增彭州第二人民医院等10家医疗协作单位。

2004—2005年,军民共建单位按照"优势互补,互为促进"精神,部队派出官兵为地方上国防教育课,进行军训。地方院校积极开展"知识拥军,智力拥军"活动,西南石油大学派出专家教授到部队讲解计算机知识,举办各类培训班培训部队学员400余人次。

【维护稳定】 为确保一方平安,维护社会稳定,新都人武部在各乡镇(街道)组建10~20人的民兵应急巡逻分队,坚持经常性巡逻,配合公安机关,打击各种犯罪;协助有关部门处理交通事故、禁烧秸秆及征地拆迁工作。

新都武警中队出动兵力担负各类临时勤务,每年完成"二月二"木兰会、马家"三月三"文化物资交流会等地方性节庆的治安巡逻任务及区域内重大庆祝活动的安全保卫工作。配合公安机关开展"严打”、追辑逃犯等专项斗争。

【抢险救灾】 新都境内历次发生洪灾中，人武部协调召开驻军防洪抢险工作会议并成立驻军防洪抢险指挥部，积极参加抢险救助，是抗洪救灾的骨干力量。1996年，木兰、泰兴发生急性肠道传染病及2003年抗击“非典”期间，解放军47医院等驻军医疗单位组织专门力量配合地方开展治疗和预防。

【拥军优属】 1986—1996年，解决军地之间历史遗留问题7件，为驻军干部子女入学、入托21人，“农转非”12人，帮助协调解决家属住房37人。根据驻军部队的需要，区政府帮助解决战备、训练、执勤、后勤保障等方面的问题。对革命伤残军人、军队离退休干部、军烈属、复员退伍转业军人等优抚对象坚持走访慰问，帮助解决好优抚对象的生产、生活方面的困难。每逢“八一”、春节等节庆日，拥军优属活动是各级党政机关的主要工作之一。

2003年，区政府投入20.3万元为23户优抚对象新建住房1380平方米，为5户维修住房。为1246名义务兵发放优待金122.60万元，投入69.6万元落实优抚政策。投入11万元帮助优抚对象解决“三难”问题，为1757名复退军人解决定额医疗补贴17.57万元。接收退役士兵和转业复员士官395人，安置城镇士官58人、士兵128人，安置率99.5%。农村开发使用“两用人才”200人，开发率96%。

从2004年10月1日起，对421名伤残军人提高伤残抚恤金77.93万元/年，对142名军烈属、干属提高定期抚恤金6.07万元/年，对1549名复员军人提高补助金83.65万元/年。

2005年，为25户优抚对象改造住房，为336户优抚对象支付12.58万元解决生活、治病困难，为1185户优抚对象发放优待金121.7万元。

社会事务管理

【婚姻登记】 1998年以前，申请婚姻登记的男女双方凭相关证件共同到一方户籍所在的乡镇或民政部门婚姻登记机关办理登记手续，并交结婚证或离婚证工本费9元。1998年9月，新都县在部分乡镇试点，婚姻登记集中由民政局办理。2001年7月，成立县婚姻登记服务中心。2002年1月起，将全区婚姻登记由区民政局婚姻登记中心办理。2004年7月1日起取消单位证明。

1986—2005年，新都登记结婚的111909对、离婚的5425对、复婚的373对。

1986—2005年新都婚姻登记情况统计表

表4-43 单位：对

年度	结婚	离婚	复婚	年度	结婚	离婚	复婚	年度	结婚	离婚	复婚
1986	6283	98	8	1993	6100	170	—	2000	4892	—	—
1987	6167	96	—	1994	6516	277	—	2001	4200	388	—
1988	5808	96	—	1995	6166	—	—	2002	4230	465	44
1989	5818	161	—	1996	4170	—	—	2003	4549	665	85
1990	6280	198	—	1997	6001	—	—	2004	4881	1069	99
1991	6089	122	—	1998	6199	—	—	2005	4953	1400	137
1992	6907	172	—	1999	6060	—	—	—	—	—	—

【收养登记】 1986—2005年，新都民政局共办理收养登记417人。其中,1986年8人、1987年6人、1988年7人、1989年11人、1990年12人、1991年8人、1992年1人、1993年8人、1994年5人、1995年7人、1996年5人、1997年9人、1998年10人、1999年25人、2000年43人、2001年30人、2002年29人、2003年66人、2004年60人、2005年67人。

【殡葬管理】 1986年8月,新都筹建殡葬改革管理所,隶属于县民政局,事业编制4人。2002年1月,更名为成都市新都区殡葬改革管理所,编制7人。负责全区丧葬事务管理,指导、监督全区殡葬服务单位和乡镇(街道)的殡葬改革工作。

1991年8月,经四川省民政厅批准,县民政局在泰兴镇窑坝村建龙凤山公墓。1993年对外售墓,1994年改制转卖给私人经营。规划墓位4.5万穴,到2005年已安葬6642穴。

1992年,经四川省民政厅批准,县民政局投资200万元在泰兴镇普河村修建火葬场、殡仪馆,1993年1月投入营运。后因驻地村民反对及其他原因关闭。

2000年3月,县民政局引进民间资本,在新民镇东林村征地63亩,投资4000万元,按照国家《殡仪馆建筑设计规范》一级馆的标准和要求兴建新都东林殡仪馆。2002年8月竣工,建筑面积9368平方米,绿化面积1.38万平方米,年火化能力1.2万具。同年9月1日开始对外服务。新都东林殡仪馆由投资者自负盈亏。截至2005年,是面南地区规模最大、档次最高、设备最先进、服务最完善、功能最齐全的大型殡仪馆。

1986—2005年新都死亡、火化统计表

表4-44

年 度	死亡(人)	火化(具)	火化率(%)	年 度	死亡(人)	火化(具)	火化率(%)
1986	2978	668	22.40	1996	3684	3544	96.17
1987	2975	666	22.38	1997	3594	3514	97.77
1988	3321	756	22.76	1998	3421	3322	97.10
1989	3426	1351	39.43	1999	3387	3289	97.10
1990	3371	2843	84.34	2000	4005	3888	97.08
1991	3405	3145	92.36	2001	4168	4133	99.16
1992	3497	3360	96.08	2002	4136	4112	99.42
1993	3471	3354	96.62	2003	3956	3926	99.24
1994	3417	3287	96.30	2004	4217	4193	99.43
1995	3699	3587	96.97	2005	4281	4281	100.00

【流浪乞讨人员救助】 1998年3月9日,成立新都县收容遣送所,设事业编制3人,负责全县流浪乞讨人员的收容、教育和遣送。2002年收容遣送678人次。2003年8月1日,区收容遣送所更名为区社会救助管理站,编制7人,依据"自愿受助、无偿救助"原则,对全区范围内的流浪乞讨人员实施救助,当年救助40人次。

【社会团体管理】 中华人民共和国成立初期,各种社会团体的接收、登记管理由中国人民解放军军事管制委员会负责。1951年7月起,社会团体管理交由民政部门负责。20世纪50年代末,社会团体管理中断。1989年民政部门恢复对社会团体的管理。1990年,新都县成立社会团体清理领导小组,县民政局设立社会团体管理股。1991年开始对县级社会团体清理整顿,被清理的社会团体66个(县总工会、团县委、县妇联、县文联、县侨联和3个基金会按规定不登记),经清理后,49个社团注册登记,2个社团暂登记,注销社团4个,合并社团2个,自行解散1个。以后每年进行年检、审批。2005年注册登记的社会团体50个。

2001年,民办非企业单位登记工作由县人事局交由县民政局管理,共清理复查登记申请55份,经审核批准登记50份(教育类46份、民政类1份、体育类1份、劳动类2份),暂缓登记3份。以后每年进行年检、审批。2005年注册登记的民办非企业单位87个。

勘界地名

【勘界边界管理】 1986年,继续对边界权属界线管理及界线走向进行全面调查。1996—2000年,完成新都县与广汉市、彭州市、郫县、金牛区、成华区、龙泉驿区、青白江区7条县(市)区共227公里的界线勘定工作和全县17个乡(镇)33条乡镇界线共225公里的勘定工作。共整理资料33套、396卷。设置双面界桩24根、三县交汇点界桩4根、副桩2根、三面界桩7根、乡镇界桩32根。

根据国务院《行政区域界线管理条例》和四川省民政厅《关于做好2005年度行政区域界线联检工作有关问题的通知》,新都区区划地名办于2005年6月至12月,对全区县级界线、界桩进行联合检查和维护。确认界线明确,界桩管理良好,未发生边界争议。

2005年10月,区民政局与成都市地图出版社联合编制成都市新都区行政区划图。

【地名管理】 1979年,成立新都县地名管理领导小组及其办公室。从有关部门抽调人员,用10个月时间在全县范围内开展地名普查工作。对1421条地名逐一核实,纠正错音、错字、错位181条,删去消失地名156条,新增村名和重要地名331条。1981年地名普查时,公社改称乡。1982年6月,颁布乡、村标准名称。采集地名资料,撰写、修改、审定《四川省新都县地名录》,1987年出版。《四川省新都县地名录》收录地名概况36篇,绘制《新都县行政区划图》,辑录村以上行政单位及驻地、自然地理实体、人工建筑物、企事业单位所在地的地名1263条,对每条地名加注汉语拼音,对现用地名来源、含义作简要说明。

1986年,对新产生地名进行审核、命名、更名。1995—1997年,地名办对全县新产生的地名进行普查审核,并以文件形式下发各乡(镇)。1997—2005年,审核地名560余条,命名380余条,注销地名50余条,更名20余条,有偿冠名3条,数据库收录地名2500余条,设置地名标志牌80余块。

老龄工作

【工作机构】 1985年4月,成立新都县老龄问题委员会,县委组织部、县委宣传部、县人事局、县教育局等20个单位为成员单位。1990年8月,更名为新都县老龄工作委员会,是统一管理全县老龄工作的综合机构,设办公室负责日常工作。2002年1月,更名为成都市新都区老龄工作委员会,此前设置在人事局的老龄工作委员会办公室改设在民政局。老龄工作委员会主任由副区长兼任,副主任由区委组织部副部长、区委老干局局长、区民政局局长兼任。老龄工作委员会服务对象是60岁以上的老年人,其主要职责是:宣传贯彻《中华人民共和国老年人权益保障法》,不断深化“助老工程”,为老年人办理省、市优待证,实施农村“敬老双签”工作,兴办新都老年大学,协调老年组织发展、开展活动,创建“省级敬老模范区”工作,开展老龄工作调研。

新都老龄工作先后获得省“十五规划工作先进区县”“省级敬老模范区”等称号。

【老年人活动】 老龄委成立后,先后开展老年法规宣传,发放保护老年人合法权益资料6万余册,举办独具地方特色的“龙门阵”比赛、咏月诗歌散文比赛、消夏歌会、庆元宵舞会和一年一度的老年体育运动会。每年的重阳节,老年活动丰富多彩,有上千人的街头表演,有老年大学、退教协会、老体协等文艺队等老年人的演出,有夹弹子、掷圈、投篮等趣味性活动。各乡镇(街道)开展“敬老双签”工作,医疗卫生、商业服务行业实施“助老工程”。中央电视台《夕阳红》栏目于2001年12月,两次进行专题报道。

【新都区老年大学】 1988年8月,成立新都县老年大学,隶属于人事局,校址设在老干部活动馆。2001年10月,老干部活动馆闭馆后,迁址到县民政局管理的新都社区服务中心(新都镇圣谕亭巷)。2002年,更为现名。2003年,老年大学移交区民政局管理,指派一名副局长担任校长。老年大学办学方针是:老有所教,老有所学,老有所乐,老有所为。首届学员110人,以后逐年发展,开设民族舞蹈、交谊舞、歌咏、书法、诗词、拳剑、保健按摩等专业。至2005年,有教学班16个。先后开设政治经济形势、法律、老年心理学、中老年健康知识、摄影、家电使用与维修、中老年膳食与营养和现代科普知识等课程。学校有专业教师9名、讲座教师3名,注册学习专业课程的老人800余人。学校逐渐成为社会各界离退休干部职工、社会老人增长知识、康乐有为的老年人教育活动场所。

【新都区老年人体育协会】 1985年12月25日,成立新都县老年人体育协会(简称老体协)。2002年1月,更为现名。至2005年,经历4届委员会,每届委员会的主席、副主席由离退休的区领导、局领导担任,在职区领导任名誉主席。活动经费开始由县财政拨付,第一届老年人运动会拨给4000元,以后每年拨给数千元。从第四届委员会开始,每年的活动经费都纳入区财政预算,逐年增加,保证日常工作(活动)、基础设施设备所需。办公地点开始设在县体委,后迁至西街原地税局二楼办公室。会员增多后迁至上南街总工会,购置办公设备,配备专职人员。1997年,迁入老干部活动馆。2001年10月,老干部活动馆闭馆后,迁址到区体育中心办公楼。2005年,原区委办公楼经过修缮后,区老体协搬至二楼办公。

老体协活动开始以田径、乒乓球、网球、骑游、象棋等竞技体育项目为主,后根据老年人喜好,成立花鸟组、田径组、球类组、书画组、钓鱼组、拳剑组、戏剧组、文艺组8个组。至2005年,老体协内设办公室、组织宣传组、体育组、经济开发组,成立门球、棋类、钓鱼、中长跑、花鸟、书画、戏剧、武术剑术、骑游、信鸽等10多个活动站(队),会员遍及全区,镇(街道)建立老体协,大部分村社(社区)有老体协分会。

人事和机构编制

人事制度改革

【实施国家公务员制度】 1993年8月14日,《国家公务员暂行条例》公布后,省、市先后出台实施细则及配套意见。1997年,根据成都市统一布置,对全县76个县级党政群机关和17个乡镇实施公务员界定"入轨"工作,界定过渡单位和人员范围,设置职位,确定非领导职数,共有1317人(不含乡镇、党群)参加过渡培训和考试,合符免试者331人。经考试、考核,1317人合格,准予过渡。根据成都市下达的编制计划,共设置职位1317人,编制职位说明书1317份。开展"做人民满意的公务员"活动,实施《国家公务员职业道德规范》,在党政群机关工作人员中统一实行佩证上岗,挂牌服务。

1994年2月起,按照"德、能、勤、绩"的标准对公务员实行年度考核,并将考核结果与工资待遇、职务升降等结合。1997—2005年,公务员职务晋升或确定一般职务520人。推行公务员岗位交流、回避、辞职、辞退、离岗休息、退养、退休等一系列制度。为促进公务员更新知识,先后举办科技知识、创新能力、普通话等各种培训和考试16期,参考2785人次。

【国家干部管理】 按照招干计划指标,坚持"面向社会,公平竞争"原则,采取考试和考核的办法,招录国家工作人员。1986—2005年,共吸收、录用、聘用干部256名,主要补充公安、工商、税务和乡镇机关。吸收录用计划内非在职的"五大生"(电大、自考、函大、职大、夜大毕业生)、全民所有制单位的优秀职工、乡镇企业和集体企业优秀厂长(经理)、村干部和农村复员退伍军人、优秀党员、乡镇"八大员"(农技员、水利技术员、林业技术员、计划生育管理员、动物防疫员、文化站管理员等)共1186人。其中,补充农经、农技、农税、林业、水电、畜牧、农机、计生、广播、文化、司法、乡企办等664人;补充县级机关事业单位的干部岗位522人。对于待招干部,经过实际工作锻炼和考察,转优汰劣,共办理聘录、转录干部326人。对长期担任民办教师,表现好且成绩突出的转为公办教师658名;接待"三州"(甘孜州、阿坝州、凉山州)内调及森工转产干部安置111人;落实有关政策,安置干部38人。共办理干部调动手续2444人,其中调入新都398人,调出新都267人,境内调整1779人。

1987年起,开展一般行政职务的晋升与评定工作,列入晋升范围的有政府行政部门、党群机关、乡镇机关、局级事业单位等。截至2005年,共办理晋升或评定一般行政职务手续4519人。依照法规程序办理副局级以上干部任免手续568人。

【机构编制与事业单位管理】 1987年,县编委对全县137个直属事业单位进行调查,对119个事业单位的核编做准备工作,对56个党政群机关建立机关编制档案。

1988年起,对县级党政群机关和事业单位实行编制、工资基金统一管理。

1992年,将农业、林业、水利等县级部门延伸到乡镇机构的15类700余人全部划归乡(镇)管理。

1994年,对县级81个非常设机构进行调查,精简超编人员39人。

1998年,对75个县级行政部门和局级事业单位实行"三定"(定主要职能、定内设机构、定人员编制),正式批复 73 个,审定内设中层机构 296 个。

2000 年,清退乡镇机关和事业单位临时人员 219 人。

2001 年,实施乡镇机构改革。乡镇内设机构由改革前的 106 个减至 83 个,由 687 人减至 516 人,分流 36 人。

2004 年,进一步完善乡镇机构改革工作。由原来的 17 个乡(镇)减至 13 个镇(街道),内设机构减至 66 个,人员编制减至 466 人,乡镇涉农基层站由 132 个减为 52 个;事业编制人员由 522 人减至 303 人。乡镇机关事业共分流 275 人,其中机关分流 9 人,事业分流 266 人;清退自聘临时人员 68 人。

1996 年起,对全县 273 个事业单位进行验资清编、名称变更和"事业单位法人证书"的换证和年检。2004 年起,进行事业单位人事制度改革工作。区政府制发《事业单位人事制度改革人员分流安置意见》《事业单位补充工作人员暂行办法》,进行事业单位人事改革工作。2005 年年底,全区事业单位聘用合同鉴证完毕,共 2 万余份(每人 3 份)。

【干部年报与统计】 干部统计对象是:国家机关、人民团体中的副科级及以上行政领导人员,办事员、科员、正副主任科员;全民所有制事业、企业单位中副科长及以上领导人员和从事管理职能的人员;机关、企事业中专职从事技术工作和担任技术领导职务的人员。

1986—2005 年新都干部基本情况统计表

表 4-45　　单位:人

年度	总计	类别			性别		政治面貌		文化程度				职称		
		机关	事业	企业	男	女	党	团	研究生	大专以上	中专	高中	高级	中级	初级
1986	6376	1565	3551	1260	4177	2199	1833	1094	0	1045	2521	681	0	105	1110
1987	6890	1588	3997	1305	4604	2286	2309	1086	0	1027	2541	819	0	158	1476
1988	7251	1770	4154	1327	4703	2548	2609	1372	0	1106	2874	944	93	1050	1064
1989	7388	1726	4327	1335	4592	2796	2595	1671	0	1129	3029	887	118	1174	1389
1990	7833	1947	4660	1226	4955	2878	2793	1830	0	2098	3132	897	148	1654	2561
1991	8682	1991	4971	1720	5268	3414	2872	1973	0	2471	3307	1055	135	1175	3885
1992	8918	1827	5264	1827	5403	3515	2991	1975	0	2680	3637	1061	142	1394	4547
1993	9385	1856	5495	2034	5831	3554	3028	2057	0	2922	3728	1022	167	1420	4435
1994	10067	1770	5876	2421	5916	4151	2516	2260	0	2888	3461	1032	190	1568	4826
1995	10600	1828	6357	2415	6154	4446	2931	2207	1	3494	4292	1263	222	1885	4603
1996	10555	1733	6368	2454	5505	5050	3042	3129	4	3942	5014	1371	236	1972	4967
1997	12737	2298	8222	2217	7063	5674	3669	3385	1	4583	5423	1391	242	2141	4911
1998	11805	1799	8648	1358	6375	5430	3215	3325	5	4553	5156	1150	225	2072	4832
1999	12801	1610	9947	1244	7370	5431	2656	3012	3	4554	5096	1003	223	1989	4439
2000	11696	1621	9139	936	6927	4769	2559	0	1	4075	5757	1501	215	1924	4150
2001	10249	2138	7734	377	5468	4781	3390	0	4	4997	3741	916	257	2316	4084
2002	8939	1635	7035	269	4450	4489	2919	0	9	4902	3085	520	278	2260	3610
2003	9229	1662	7426	141	4578	4651	3051	0	32	5754	2583	860	304	2352	3696
2004	12856	1323	11533	0	6755	6101	3673	0	55	8639	3858	764	395	2604	3800
2005	13159	1373	11786	0	6181	6978	3481	0	63	8581	4249	660	497	3092	3134

【工资与福利】 1986年,为乡镇专职从事农、林、水、沼气、电工、广播等人员提高生活补贴标准,按本人工资级差浮动一级,补贴一级。1988年,为文教职工4320人,月增资总额3万元。1989年,为498名科技人员办理职务挂钩工资,月增资总额6300元。1992年,调整工龄津贴8802人,月增资总额83619元;调整奖励工资,月增资总额229991元;为护理人员218人,月增资总额1553元;为各学校班主任1647人月增资总额6402元。1995年,首次实施事业单位3%的人员提前或越级晋升工资档次501人,月增资总额1.75万元。

1993年10月,《国家公务员暂行条例》和《四川省实施国家公务员制度的意见》颁布施行,按规定对机关事业单位的干部职工每年进行年终考核,凡连续两年考核合格(或称职)及以上者,可按技术或职务晋升一个职务工资档次,即1995年、1997年、1999年、2001年、2003年、2005年正常晋升职务工资档次;凡连续三年考核为优秀者,可提前晋升一个级别工资档次;凡连续五年考核合格(或称职)及以上者可正常晋升一个级别工资档次,即1997年、2002年正常晋升级别工资档次。

除正常晋升外,1991年,为机关事业单位人员调整地区工资差。1997年,为农业、林业、水利一线人员浮动工资56人。1998年,为机关事业单位人员调整工资标准,全县共12649人次,月增资总额283115元。

1994年,对机关事业单位工作人员工资制度进行改革。机关工作人员(不含工勤人员)实行职级工资制度(总工资由基础工资、工龄工资、级别工资、职务工资、津补贴116元构成);机关普通工人实行普通工人岗位工资制,技术工人实行技术岗位等级工资制;事业单位实行职务等级工资制(总工资由固定工资、活工资、津补贴116元构成)。全县机关事业共6911人参加工改,月增资总额589504元,离退休人员按有关政策相应增加离退休金。

1986—2005年新都工资福利情况表

表4-46 单位:万元

年 度	工资调整、调标、正常增资	福 利
1986	乡镇专职从事农、林、水、沼气、电、广播、农电等人增加生活补贴	2050
1987	968人增加工资,占总人数的14.98%	3757
1988	1024人增加工资,月增资11748元,占总人数的18.8%;文教4320人增资,月增资3万元	2646
1989	3386人增资,月增资24600元;498名科技人员职务挂钩,月增资6300元;218名护士增资,月增资1553元	3300
1990	进一步做好1989年机关事业工作人员调整工资的落实兑现工作	5573
1991	机关事业人员调整地区差,由5类变为6类;乡镇中小学教师1107人增加工资	3523
1992	8802人调整工龄津贴,月增资83619元;8802人调整奖励工资,月增资229991元;护理人员218人,月增资1553元;学校班主任1647人,月增资6402元	3518
1993	机关事业单位职工增加补贴和进一步完善奖励工资;专业技术人员进档增资;退休人员按新的办法计算退休金	3884
1994	机关事业单位参加工改6911人,月增资589504元。机关改原来的行政级别为基础、工龄、级别、职务加津补贴116元之和;事业改为固定工资、活工资加116元之和	4821
	首次实施事业单位3%提前或越级晋升工资档次501人,月增资17500元	3757
	机关事业工作人员晋升职务工资10638人,月增资17048元,晋升级别工资181人,月增资4217元	5000

续表 4-46

年度	工资调整、调标、正常增资	福利
1997	机关事业 729 人,月增资 21762 元;晋升级别工资 340 人,月增资 8311 元;农林水一线人员浮动工资 56 人	5500
1998	机关事业调标 12649 人,月增资 283115 元。其中机关 2718 人,月增资 53885 元,事业 7710 人,月增资 224956 元;事业单位 3%提前或越级晋升工资档次 550 人	4950
1999	公务员晋升职务工资 799 人,月增资 4952 元,活工资 1440 元;调整工资标准、级别工资 242 人,月增资 333447 元。其中基础 170365 元,级别 163082 元	6000
2000	晋升职务工资 10195 人,月增资 208088 元;晋升级别 225 人,其中连续三年优秀提前晋升 67 人,连续五年称职晋升 158 人,月增资 8460 元;事业单位 3%提前晋升 515 人、越级晋升 45 人,共增资 1290 万元	4800
2001	晋升职务工资 1472 人,月增资 20359 元,活工资 10819 元;晋升级别工资 350 人,月增资 11700 元,其中三年优秀晋升级别工资 72 人,月增资 2885 元;机关事业调标 12523 人,月增资 25251 元	4500
2002	晋升职务工资 9827 人,月增资 281084 元,活工资 10542 元;专技人员职务工资 5452 人,月增资 160102 元,活工资 76252 元;工人晋升职务工资 1829 人,月增资 37992 元,活工资 25992 元;晋升级别工资 445 人,月增资 25254 元,其中三年优秀晋升 32 人,月增资 1741 元	5000
2003	晋升职务工资 2085 人,月增资 70968 元,活工资 293 元;专技人员晋升职务工资 1286 人,月增资 31571 元,活工资 15675 元;工人晋升职务工资 463 人,月增资 8973 元;机关事业晋升级别工资 770 人,月增资 39954 元,其中三年优秀晋升级别工资 53 人,月增资 3784 元	5000
2004	晋升职务工资 8840 人,月增资 354819 元。其中机关 1558 人,月增资 56332 元;事业 7182 人,月增资 298487 元。机关事业晋升级别工资 1110 人,月增资 5113 元。其中三年优秀晋升级别 36 人,五年称职晋升级别 74 人,提前或越级晋升工资档次 600 人,月增资 30233 元	5000
2005	晋升职务工资 2408 人,月增资 85202 元;晋升级别工资 203 人,月增资 11121 元;连续三年优秀晋升级别工资 37 人,月增资 2148 元;五年称职晋升级别工资 166 人,月增资 8973 元	5300

人才管理

【专业技术人才管理】 1987 年 1—5 月,开展专门人才普查,全县有专门人才 4246 人。其中,大专及以上学历者 1091 人,中专生 2741 人,其他(指高中及其以下,但具有技术员及以上职称者)414 人。获得各级各类技术职称人员 1167 人。1990 年第四次人口普查,全县有专门人才 39582 人。其中,大专以上学历者4376 人,中专生 7095 人,高中生 28111 人。获得各级各类技术职称人员 14368 人。

1994 年起,在专业技术人员中开展“百千万”人才工程和推荐享受政府特殊津贴工作。截至 2005 年,全区有 10 名享受各级政府特殊津贴人员,其中刘耀均、刘书全、李又新、詹庆富 4 人享受国务院特殊津贴,尹大荣、夏绍勇、马留文、叶映霞、张道华、梁隆 6 人享受市政府特殊津贴。1986 年起,先后将 678 名科技人员的家属、子女共 911 人转为非农业人口。

1989 年,专业技术职称的评定工作由县科委转到县人事局,并成立新都县职称改革领导小组,下设办公室(设在县人事局),负责全县各类专业技术工作者各级职称的评定工作,并负责向省、市推荐高、中级职称的评审工作。对以前建立的 13 个专业初级职称评审委员会进行调整合并,至 2005 年,只保留工程系列、中小学教师、图书、文博、档案、经济、会计、农艺、农民技术员、助理技师等专业。1989—2005 年,各评委会共评定或确认初级职称 11464 人,向省、市推荐高、中级职称 6473 人。除去自然减员和人才流动等因素,截至 2005 年,全区共评聘专业技术人员 7158 人。其中高级职务 497 人,中级职务 3092

人,初级职称 3134 人,未聘 435 人。

根据中共中央《关于科技体制改革的决定》精神,1990 年起,对专业技术人员进行年度考核,对获得职称者实行专业技术职务聘任制度,并实行以职务工资为主要内容的结构工资制度。同年,新增外语达标考试。1992 年,成立新都县专业技术人员继续教育领导小组,每年向各单位下达继续教育任务。1995 年起,对受聘专业技术人员颁发专业技术资格证书。2000 年起,新增电子计算机知识达标考试。人事局会同有关部门先后举办各类培训班 226 期,参加各种达标或资格考试 25843 人次。

【人才交流与服务】 1984 年,成立新都县人才交流服务站。为尽快补充各类人才,新都采取"五不要"(不要户籍、粮食关系、组织关系、行政工资关系及档案)等特殊手段从外地引进人才。1986 年,县政府下发《关于采取各种形式欢迎外地科技人员为新都经济建设服务的通知》,规定引进程序、优惠政策、跟踪服务,对"五不要"的遗留问题采取弥补措施。1992 年,县政府制发《关于科技管理人员流向乡镇企业工作的管理意见》,对科技人员的隶属关系、政治生活待遇以及养老保险等作明确的规定,使科技人员放心地为新都经济建设服务。1998 年,成立新都县人才交流服务中心和新都县人才市场,实行"两块牌子,一套人员"管理模式,并与成都市人才市场联网。1986—2005 年,共接待各类科技人员 8503 人,登记 2793 人,用人单位同意或达成意向性协议 1232 人,实际引进 768 人。参加全国、省、市及本地组织的各种招聘会、双选会、人才交流会 71 次,参选人数 25086 人次。共保留人事档案 4532 份。

1986—2005 年新都人才交流统计表

表 4-47 单位:人、份

年 度	接待科技人员数	登记人数	同意或意向性人数	实际引进人数	组织或参加双选		保留档案份数
					次 数	人 次	
总 计	8503	2793	1232	768	71	25086	4532
1986	360	180	65	43	1	186	56
1987	410	215	131	37	2	158	79
1988	380	121	79	50	1	120	107
1989	470	136	51	40	1	80	213
1990	360	117	26	15	1	70	301
1991	300	166	51	43	1	65	410
1992	415	172	49	31	2	77	520
1993	690	256	155	69	4	420	695
1994	490	156	50	30	2	800	810
1995	450	75	37	18	2	980	991
1996	470	80	52	40	2	1200	1054
1997	480	60	39	29	2	1480	1117
1998	520	150	21	11	3	1260	1284
1999	486	165	19	13	13	3670	1451
2000	375	121	18	12	13	5200	1725
2001	467	88	46	37	12	5300	2144
2002	348	157	106	84	5	1000	2482
2003	418	179	103	80	1	900	2936
2004	620	189	134	86	1	800	3363
2005	410	310	215	70	2	1200	4532

【退休干部管理】 1987年,县政府制发《关于加强退管工作领导,在县级机关建立退管组织的意见》,各部门、各乡镇相继建立退管组织,配备专兼职管理人员。1989年,提出"办手续,抓管理,搞活动"的思路,推出"七个日"活动(例会日、活动日、聚会日、研讨日、巡视日、团聚日和探望日)制度,且长期坚持。"七个日"制度,全年27次,除2月份未安排外,其余每月2~3次,受到离退休干部职工的普遍欢迎和国家、省、市人事部门以及新闻媒体的高度评价。

1986—2005年,共办理退休、退职干部职工3715人的手续,其中退休3698人,退职17人。1993年起,人事部门为每位退休(职)干部职工建立退休待遇手册,并定期巡查抽查,发现问题及时纠正。

1996年7月,启动党政群机关及事业单位的全员养老保险,至年底,全县参保单位319个,参保人员12572人。应支付养老金的离退休人员2806人,保险覆盖面100%。1999年11月,此项职能移交到县劳动局。移交时投保单位269个,在职投保人员12884人;全年征收养老基金1704.33万元;支付离退休人员2801人的离退休金1621.32万元,基金余额800万元。

【军队转业干部安置】 1986—2005年,新都共接收安置军队转业干部659人,其中团职58人、营职186人、连排职213人、技术干部202人。随调随军家属62人、自谋职业92人。主管领导听取组织、人事部门专题汇报,向各部门下达安置计划强化军转安置工作的权威性和指令性,使军转安置工作一步到位。对58名副团以上的军转干部一般安排副局级以上的实职。围绕"科技兴国"的战略目标,对军转干部的科技人才,优先安排到乡镇担任副书记或科技副乡镇长等职务。每年年初开始摸底预测,做到心中有数,市布置后及时拟定方案做好汇报,召开军转干部座谈会及接收安置工作会,使每个军转干部的安置落实到实处。2001年起,实行军队转业干部计划分配安置和自主择业安置相结合的办法。20年间,安排到党政群机关和充实到政法系统、事业单位502人,占总数的76.18%。对于个别军队转业干部暂时无住房或子女入学、就业有困难的,人事部门及时与有关部门协商解决。

2002年起,根据安置人事部《关于认真解决部分在企业工作的军队转业干部生活困难问题的通知》精神,对全区868名企业军队转业干部的生活困难,视不同情况给予妥善解决。

1986—2005年新都军队转业干部及家属接收安置统计表

表4-48　　单位:人

年度	接收					安置							随调	自谋
	总计	团	营	排连	技干	党群	政法	文教卫	农口	财贸	企业	其他	家属	职业
1986	78	1	24	31	22	12	8	13	5	19	19	2	0	0
1987	63	2	13	39	9	7	11	4	2	21	15	3	11	0
1988	32	2	8	10	12	16	6	2	1	2	3	2	0	0
1989	9	0	3	3	3	4	0	1	0	0	0	4	0	0
1990	9	0	3	2	4	4	0	1	0	3	1	0	0	0
1991	13	2	5	5	1	8	1	1	0	2	1	0	0	0
1992	19	2	8	6	3	6	0	3	0	6	2	2	0	0
1993	23	3	3	12	5	8	4	4	0	4	2	1	3	0
1994	26	6	9	6	5	12	5	1	0	4	2	2	6	0
1995	34	7	9	8	10	15	14	3	1	0	1	0	7	0
1996	40	5	12	11	12	14	16	5	0	4	0	1	4	0
1997	36	3	17	8	8	10	9	4	2	4	4	3	4	0

续表 4-48

年度	接收					安置							随调	自谋
	总计	团	营	排连	技干	党群	政法	文教卫	农口	财贸	企业	其他	家属	职业
1998	39	5	8	10	16	12	8	7	2	0	3	7	4	0
1999	64	6	15	14	29	30	20	12	1	0	1	0	5	0
2000	56	4	13	11	28	25	15	8	4	0	2	2	8	0
2001	22	0	9	9	4	2	11	2	2	0	0	5	2	7
2002	7	2	2	2	1	4	0	1	0	0	0	2	1	11
2003	7	0	6	0	1	1	0	1	0	0	0	5	2	18
2004	39	7	7	8	17	23	4	8	2	0	0	2	5	44
2005	43	1	12	18	12	32	0	5	2	1	2	1	0	12
合计	659	58	186	213	202	245	132	86	24	70	58	44	62	92

【大中专毕业生就业】 1986—1992 年，全县共接收统包统分大中专毕业生 1936 人，其中大专及以上毕业生 639 人，中专生 1297 人。大部分安排在文教、卫生、农业、林业、水电、畜牧、农机、商业、粮食、供销、物资及部分国营企业。

1993 年起，大中专毕业生实行“双向选择”与计划分配相结合的就业办法，逐步把大中专毕业生就业推向市场。1993—1999 年，全县共接收派遣大中专毕业生 4775 人，其中大专及以上毕业生 1283 人，中专生 3492 人。除继续安排在文教、卫生、农业、林业和水利一线和选拔优秀大学生充实乡镇干部外，其余派往国营、集体、私营企业，将人事档案保留在人才服务中心 521 人，待就业 299 人。为把众多毕业生引向市场，人事部门摸清单位需求和毕业生来源情况，举办毕业生供需洽谈会，为用人单位寻找急需人才。开好毕业生就业工作会，要求各部门千方百计为毕业生就业多找门路。召开“三资”、民营企业座谈会，拓宽毕业生就业渠道，为企业提供选人机会。举办“双向选择会”，政府搭台，供需见面，各得其所。

2000 年起，根据进入事业单位“凡进必考”的原则，除经考试、考核受聘到教育、卫生等专业对口单位的大中专毕业生外，其余全部推向市场实行“双向选择”。2000—2005 年，共接收大中专毕业生 4745 人，其中大专及以上毕业生 2382 人，中专生 2363 人。

1986—2005 年，新都共接收大中专毕业生 11480 人，其中大专及以上毕业生 4500 人，占 39%；中专生 6980 人，占 61%。安排在机关的 385 人，占 3.5%；进入文教、卫生、农业、林业、水利等事业单位的 4883 人，占 42.05%；将户口办回原籍或到外地自谋职业的 759 人，占 6.6%；待分配或调出、参军等 809 人，占 7%。

劳动和社会保障

就业与再就业

【劳动用工制度改革】 1985 年前，新都县劳动用工实行以固定工为主体，临时工为补充的用工制度。企业用工由政府劳动管理部门统招统配。

1986年7月起，新都县参照国家、省市有关规定，在企业中逐步改固定工制为劳动合同制。在新招用工人中全面推行劳动合同制，至1988年年底，全县招收劳动合同制工1302人，占国营企业职工总数的18.65%。实行全员劳动合同制管理，通过优化劳动组合搞活固定工制度。至1991年年底，全县实行搞活固定工制度的企业44家、职工6412人。在全县所有企事业单位中推行全员劳动合同制，彻底打破“铁饭碗”“铁交椅”，劳动用工放开放活，能进能出，能上能下，企业自主用工，劳动者自主择业。到1996年年底，实行全员劳动合同制的企业18680家(含个体工商户18218户)、职工58006人，签订劳动合同的职工57297人。至此，新都劳动用工企业全面实现劳动合同制。

【劳动力资源】 1986年年末，全县总人口504976人。其中劳动力269584人，占总人口的53.39%。在劳动力总数中，城镇21866人，农村247718人，农村劳动力占总劳动力的91.9%。耕地面积446041亩，农村每个劳动力占有耕地1.8亩。城镇待业人员375人。

1990年年末，全县总人口532297人。其中劳动力309003人，占总人口的58.05%。在劳动力总数中，城镇40489人，农村劳动力268514人，农村劳动力占总劳动力的86.90%。耕地面积442235亩，农村每个劳动力占有耕地1.65亩。城镇待业人员512人。

2005年年末，全区总人口638674人。其中劳动力405794人，占总人口的63.5%。在劳动力总数中，城镇劳动力89207人，农村劳动力316587人，农村劳动力占劳动力总数的78.02%。耕地面积350199亩，农村每个劳动力占有耕地1.1亩。城镇待业人员6667人，其中16~25岁的810人，26岁以上的5857人；有中专和高中文化的1466人，初中以下5201人。劳务开发转移农村劳动力14.2万人。

【城镇劳动者就业与再就业】 1986—1996年，按照中央提出的劳动部门介绍就业、自愿组织起来就业和自谋职业相结合的“三结合”劳动就业方针，1986年安置城镇待业人员796人，其中全民所有制企业单位536人、集体所有制企业186人、自谋职业74人。1987年起，根据城市经济体制改革情况，拓展就业渠道，增加就业岗位；整治和清退企业临时用工和计划外用工，腾出就业岗位安置城镇待业人员就业。1995年，培育和发展劳动力市场体系，逐步形成主体双向选择、市场调节供求、社会提供服务的就业新格局。截至1996年，全县共安置城镇待业人员8575人，其中全民所有制企事业单位4569人、集体所有制单位2728人、其他各类企业及个体工商户1278人。

1997—1999年，随着经济体制改革不断深入，就业矛盾凸显，大量下岗工人、优化劳动组合后的企业富余人员需要再就业。1997年，县政府制发《关于进一步实施再就业工程的意见》。做好国企下岗失业人员和企业富余人员的转岗培训，扩大失业保险覆盖面，举办再就业专场交流会，为下岗特困职工发放生活补助金等。在全县建立再就业服务中心7个，在下岗职工较多的企业建立再就业工作站。需要再就业职工纳入“中心”托管，定期3年，按月发给基本生活费。下岗职工在再就业服务中心3年期满后仍未再就业的，一般应与企业解除劳动关系，按规定享受事业救济或社会救济。

2000—2005年，坚持多渠道安置与自谋职业相结合，劳务输出与就地安置相结合，每年组织几次下岗、失业职工专场招聘会，举办各类免费技能培训，促进再就业。把“4050”(女40、男50岁下岗职工)再就业难的职工作为重点援助对象，核发再就业优惠证，鼓励下岗失业人员自主创业、自谋职业和小额贷款办私营企业。2005年，把促进失地农民集中居住区就业与创建“充分就业区”工作相结合，在新都镇失地农民集中居住区建立直属劳动保障工作站2个，建立《就业登记台账》《失业人员求职台账》《用工信息台账》等台账6本，实行就业配套规划，失业登记管理；坚持“市场引导培训，培训促进就业”的原则。至2005年年末，全区安置城镇待业人员就业19947人，安置失业人员再就业11372人。

【劳动力市场】 1997年前,劳动力市场为流动性的,逢境内大型商品交易会、展销会或节庆活动,由劳动、人事部门牵头组织。1987年9月20—21日,县劳动局首次试办人才劳务市场,共接待省内外技术干部和技术工人248人,多是愿以智力流动形式到新都支援乡镇企业经济发展,采取招聘、承包、借用、智力支乡和"礼拜日工程师、技术工人"等方法。1988年,正式开办劳务市场,发布劳务信息,进行劳务登记,开展劳务输出,介绍就业岗位等。至1992年,向省内外输出8782人,介绍就业1487人。1993年6月,县劳动局在新都镇新加坡商业街205号新建劳动力市场,同时成立新都县职业介绍所。劳动力市场设有占地300平方米的交易大厅、业务室2个、微机室1个、大型电子显示屏1个及求职登记处、用工单位服务处、微机系统服务处和综合服务窗口4个,配备工作人员9人。1993年每周开场1天,1994年每周开场2天,1995年每周开场3天,1996年起每天开场,节假日不休息。1986—2005年,新都劳务市场总共开场3216天,进场单位4793个,提供岗位36604个,求职人数42091人,成功人数25441人,成功率60.44%。

1986—2005年新都劳动力市场运作情况统计表

表4-49 单位:天、个、人

年 度	开场天数	进场单位	提供岗位	求职人数	成功人数	成功率%
1986	6	10	60	160	75	46.80
1987	16	37	192	350	166	47.40
1988	20	45	336	380	173	45.50
1989	27	60	434	599	276	46.10
1990	30	62	449	620	286	46.10
1991	42	87	631	703	378	53.70
1992	50	103	769	870	401	46.10
1993	80	205	936	1100	500	45.40
1994	113	270	1403	2640	1580	59.80
1995	164	432	1368	2400	1581	65.80
1996	159	488	1429	2604	1597	61.30
1997	162	471	1656	2172	1334	61.40
1998	160	536	1865	2812	1712	60.90
1999	229	263	756	1025	630	61.50
2000	246	216	915	1500	909	60.60
2001	272	342	1120	3570	2163	60.60
2002	360	425	3025	2446	1824	74.50
2003	360	269	4563	3124	1881	60.20
2004	360	348	6597	3977	2466	62.00
2005	360	124	8100	9039	5509	61.00
合计	3216	4793	36604	42091	25441	60.44

【职业介绍机构】 1986年以后,国家实行劳动部门介绍就业和自谋职业相结合的就业政策。县劳动局设立劳动服务公司,专司职业介绍、人才交流、劳动力余缺调剂、劳务承包和劳务输出等工作。1988年,市政府出台《成都市劳务市场暂行办法》。1990年,劳动部颁发《职业介绍暂行规定》,为劳务市场和职

介机构的建立与发展提供政策法律支持。1993 年,县劳动局成立新都县职业介绍所。1996 年,经县就业服务管理局批准,先后成立县妇联、县总工会及新繁、大丰、石板滩、利济镇等 13 个劳动服务站,在县职介所指导下从事职业介绍活动。1998 年 10 月,新都县职业介绍所更名为新都县职业介绍服务中心。2005 年,除各镇(街道)的劳动服务站外,全区职业介绍所共有 19 家,其中非营利性 2 家,营利性 17 家。

2005 年新都区职业介绍机构一览表

表 4–50

序 号	职业介绍机构名称	类 别	地 址
01	新都区职业介绍服务中心	非营利性	新都镇新加坡街 205 号
02	新都区总工会双盛职业介绍所	非营利性	新都镇上南街 85 号
03	新都区乐业职业介绍所	营利性	新都镇东街 301 号
04	新都区如意职业介绍所	营利性	新都镇东街 281 号
05	新都区诚南职业介绍所	营利性	新都镇新加坡街 240 号
06	新都区诚信职业介绍所	营利性	新都镇公园路 39 号
07	新都区双迪职业介绍所	营利性	新都镇状元街 105 号
08	新都区星星职业介绍所	营利性	新都镇新新路 51 号
09	新都区幸达职业介绍所	营利性	新都镇上南街 58 号
10	新都区金都就业技能开发中心	营利性	新都镇新加坡街 236 号
11	新都区新联劳务有限公司	营利性	新都镇新加坡街 232 号
12	新都阳洋劳务有限公司	营利性	新都镇新加坡街 208 号
13	成都兴顺公司职业介绍所	营利性	新繁镇繁崇路 80 号
14	新都区宏业职业介绍所	营利性	新都镇新兴路 60 号
15	新都区成功路劳务咨询服务部	营利性	新都镇新加坡街 242 号
16	新都区助友职业介绍所	营利性	新都镇新加坡街 256 号
17	新都区东方职业介绍所	营利性	新都镇新加坡街 238 号
18	新都区宏胜发职业介绍所	营利性	新都镇西环路 78 号
19	新都区域外劳务咨询服务部	营利性	新都镇新加坡街 198 号

【农村劳动力转移与劳务输出】 1986—2001 年, 随着农村经济体制改革逐步深入和产业结构调整,大批农村劳动力从传统的种植业中分离出来。为妥善安置农村富余劳动力,新都县根据省、市人民政府关于做好农村劳动力转移工作的精神,设立县社会劳动力管理处,为农村劳动力转移和劳务输出提供信息、疏理渠道、协调关系,开展职业技能培训等。制定各种政策措施,推动农村富余劳动力向乡镇企业、运输业、建筑业、服务业、个体工商业等转移。至 2001 年,共转移 5 万人,向北京及沿海地区输出 12475 人,向日本、新加坡、马来西亚、乌干达、美国等输出 1383 人。

2002 年,全区劳务输出 6.75 万人,实现劳务收入 2898 万元。2003 年,农村劳动力转移 6.81 万人,向海外输出 639 人,实现劳务收入 29362 万元。2004 年实施"千万农民工培训工程",农村劳动力转移 9.02 万人,实现劳务收入 38414 万元。2005 年,在农民集中居住区设立劳动保障工作站,完善劳务信息网络,及时收集和发布劳务供求信息,共转移农村劳动力 14.20 万人,其中区内转移 8.56 万人,市内转移 3.21 万人,省内转移 1.77 万人,省外转移 0.59 万人,海外输出 678 人。实现劳务收入 5.4 亿元。

【职业技能培训和鉴定】 1986年起,按照先培训后就业的原则,采取用人单位培训、定向培训、联合培训和委托培训相结合的办法,至1992年共培训598人。

1993年7月,建立新都县劳动就业训练中心,配备专职教师和管理人员56人。统一教学大纲、教材,再就业培训向正规化、标准化、多功能化发展。当年举办10个专业培训班,共19期,培训金属焊接、电工、起重工、司炉工等803人。

1994年,县就业训练中心坚持以市场为导向,按照市场需求,采取多种形式开展培训工作,在岗培训和就业前培训1850人。1997年起,对下岗职工实行免费再就业培训。2004年起,将失地无业农民造册登记,纳入失业人员统一管理,进行职业技能培训。对参加培训的农村劳动力实行"免费、补贴、优惠、扶持"政策,截至2005年,共培训118045人。其中在岗培训19459人、职业技能培训28107人、下岗工人失业培训4531人、农村劳动力就业前引导性培训55261人,免费培训失地无业农民8921人、失地农民创业培训1766人。

1996年,县就业训练中心被四川省劳动厅列入"四川省重点就业训练中心"和"成都市综合培训基地"。1997年,被劳动部认定为"国家重点就业训练中心"(全省唯一的县级全国重点就业训练中心)。

1995年,经劳动部批准,国家职业技能鉴定所在新都县就业训练中心成立。开展对中式烹调师、餐饮服务员的职业技能鉴定考评工作,当年考评合格42人,鉴定厨师、招待师32人。1996—1999年,鉴定中式烹调师、餐饮服务员452人。2004年鉴定测试招待师、美容美发师、汽车驾驶员、汽车维修等1256人。截至2005年,共进行职业技能鉴定7426人。

企业工资分配

【企业工资制度改革】 1985年前,县内国营企业实行八级工资制。按照国务院《关于国营企业工资改革问题的通知》等文件精神,1985年起,推行工资总额同企业经济效益挂钩,职工工资同职工贡献挂钩等工资形式。

实行工资总额同经济效益挂钩。1985年在县水泥厂试行,挂钩浮动比例为1∶0.65,年新增效益工资5.45万元,人均增资202元。1988年,全县有32家国营企业实行工效挂钩,涉及职工3381人。核定工资总额基数465.78万元、税利基数1595.51万元,年终提取工资总额608.11万元,增长23.41%;税利完成2424.30万元,增长34.17%。浮动比例1∶0.5~1∶0.7,平均升级面31.5%。1065人升一小级工资,年人均增资75.40元。32家国营企业中实行工资总额同实现税利挂钩的企业7家(职工1877人),核定工资总额基数269.74万元、税利基数1020.16万元。年终提取工资总额358.13万元、实现税利1720.56万元,工资和实现税利分别增长24.68%、40.70%;实行工资总额同上缴税利挂钩的企业25家(职工1504人),核定工资总额基数196.04万元、上缴税利基数575.35万元,年终提取工资总额249.98万元、上缴税利703.74万元,工资和上缴税利分别增长21.58%、18.24%。1993年,全县实行工效挂钩的企业增至44家,职工7340人,占国营企业总数的85.49%、占职工总人数的86.27%,新增效益工资1819.21万元。1994年1月起,新都县对未实行工资总额同经济效益挂钩的国营企业,实行工资总额包干办法。至1999年年底,实行工资总额包干的国有企业41家,占国有企业43家的95.52%;职工4446人,占职工4713人的93.74%。

实行岗位技能工资制。1993年4月起,在新都县氮肥厂、县水泥厂等企业中逐步推行以"劳动技能、劳动责任、劳动强度、劳动条件和劳动成果"确定职工工资的岗位技能工资制。企业根据自身生产经营特点和经济效益自主确定基本工资,自主确定和调整内部工资标准,自主确定各类员工工资关系及工资水平。至1997年年底,实行岗位技能工资制的企业10家、职工4432人,占企业总户数的20.40%;占职工总人数的62.97%。

【最低工资保障制度】 1994年8月,劳动部下发《关于实施最低工资保障制度的通知》。1995年6月,省政府发布的《四川省最低工资保障规定》适用于四川省各类企业、个体经济组织与之形成劳动关系的劳动者。最低工资不包括加班加点、中班、夜班以及在高温、低温、井下、有毒有害等特殊工作条件或特殊环境下的津贴和用人单位支付给劳动者的非工资性劳动保险福利、非货币性补贴。1995年7月1日起,新都按市政府的规定实施最低工资保障制度。劳动部门对企业工资的管理逐渐从宏观调控管理过渡到指导企业搞活内部分配,每年只核定最低工资标准和企业工资指导线,加强对最低工资保障制度的监督检查。

1995—2005年新都最低月工资核准表

表4-51 单位:元

年 度	月工资	日工资	年 度	月工资	日工资
1995.07—1996.06	160	7.44	2000—2001	200	11.47
1996.07—1999.06	170	7.91	2002—2003	310	14.82
1999.07—2000.06	200	9.30	2004—2005	400	19.12

【企业工资分配形式】 20世纪90年代,通过改革工资、奖金分配制度,新都各企业在认真进行岗位劳动测评的基础上,逐步实行以岗位技能工资为主要形式的企业内部基本工资制度。主要形式有:联销联税利计酬基础工资、浮动工资、承包工资、计件工资、奖金、津贴等。采取何种工资形式由企业根据生产经营特点和经济效益依法自主确定。

联销联税利计酬工资,是县百货公司等16家销售经营企业实行的工资分配形式。对各销售门市营销合同中含有销售、利润等多项经济指标,年终按经营承包合同和结合各商店价格,毛利润率、纯利润率、资金周转率、资金占用等项内容审核兑现。

承包工资包括产量、产值、消耗、合格产品、利润、安全生产等指标,以利润指标为主对承包人核以合格产品工作量和能源、材料的消耗。新都县有80余家企业(含城镇集体所有制企业)实行集体承包、个人承包、综合指标承包、单项指标承包等多种形式。

计件工资是按劳动者成果的实物数量计发工资。有限额计件工资、分段计件工资、包工计件工资、提成计件工资等形式。全县实行计件工资制的国有、城镇集体企业184家,占企业总数的44.23%;职工8172人,占职工总人数的37.03%。

浮动工资制多为实行"工效挂钩"的企业。企业在完成当年由县劳动局、县财政局核定下达的各项指标,提取有新增效益工资的,次年可对职工工资浮动升级,包括厂长(经理)的晋级。未实行"工效挂钩"的企业采用奖金对职工工资浮动升级。

奖金分为综合奖、单项奖、质量奖等;津贴有工资性津贴、劳保性津贴、奖励性津贴、物价补贴等。

【企业工资管理】 根据国务院《关于进一步加强工资基金管理的通知》要求,新都县从1989年10月1

日起对全民所有制企业102家(职工7869人)实行工资基金管理,建立《工资基金管理手册》,下达工资总额计划1392.71万元。企业凭《工资基金管理手册》到开户银行提取工资。1994年4月1日,所有企业实行工资基金管理,全部使用《工资总额使用手册》在银行支取工资。全县下达给城镇集体所有制企业工资总额4012.65万元。至1995年1月底,全县国有企业101家,城镇集体企业310家,其他经济类型的企业26家,均办理了《工资总额使用手册》。

1995年,加强对企业工资总额宏观调整力度,坚持企业职工工资增长必须符合"两低于"原则,即企业工资总额增长幅度低于企业效益增长幅度、生产率增长幅度。县劳动局会同县财政局、县审计局对49家国有企业工资收入情况进行检查,年度工资总额提取和发放情况良好。1996—1998年,县劳动局对国有企业、股份制企业等工资情况进行专项监督检查,并委托县审计局进行专项审计,累计审计国有企业82家,对存在问题的6家企业进行相关处理。

劳动关系协调

【劳动争议仲裁】 1986—1993年,企业和职工之间发生的劳动纠纷由企业主管部门或企业调解。1994年,县劳动争议仲裁委员会开始受理劳动争议案件。在办案中,坚持劳动争议由劳动、工会、经济主管部门"三方办案"原则,坚持重源头、重基层、重调解、重执行的"四重"方针,实行仲裁员、仲裁庭制度,当事人选择仲裁员制度和错案纠正制度。2003年,成都海星通信有限公司104名职工要求企业支付拖欠工资、补办社会保险,经劳动争议仲裁委员会查明事实后,依法裁决由公司支付拖欠工资218858.58元,按规定补办社会保险,并通过法院强制执行。截至2005年,共受理立案劳动争议案件490件,其中涉及劳动报酬119件、保险福利155件、劳动保护92件、劳动合同63件、就业与其他61件;调解结案240件,仲裁裁决140件,其他方式解决110件。

1994—2005年新都劳动仲裁委员会受理劳动争议案件统计表

表4-52 单位:件

年度	总件数	劳动报酬	保险福利	劳动保护	劳动合同	其他
1994	2	2	—	—	—	—
1995	5	2	3	—	—	—
1996	36	15	10	2	4	5
1997	24	7	9	2	2	4
1998	24	9	7	2	4	2
1999	26	12	6	1	4	3
2000	30	4	4	18	4	—
2001	38	8	6	13	5	6
2002	51	11	6	29	5	—
2003	69	13	11	25	10	10
2004	81	17	36	—	14	14
2005	104	19	57	—	11	17
合计	490	119	155	92	63	61

【劳动信访】 1986—1989年,劳动信访工作由县劳动局办公室负责。1990年,成立劳动信访办公室,与劳动争议仲裁办公室合署办公。当年受理群众来信来访183件次,全部结案。1991年始,县劳动局实行"领导接待日"制度。1996年后,群众来信来访呈上升趋势,集体上访、联名上访增多。1999—2005年,集体上访378批次、7827人次。主要涉及被辞退职工的生活、工资福利、就业与再就业等问题。截至2005年,共受理、接待群众来信来访6813件次,对群众反映的养老、医疗、失业、工伤、工龄、劳动合同、劳动报酬等诸多劳动纠纷问题,都给予妥善解决或答复,结案率100%。

1990—2005年劳动信仿办公室信访案件情况统计表

表4-53 单位:件、次

年度	来信来访总数	其中		集体来访	
		来信(件)	来访(次)	批次	人次
1990	183	141	42	—	—
1991	162	45	117	—	—
1992	113	95	18	—	—
1993	247	207	40	—	—
1994	304	18	286	—	—
1995	347	59	288	—	—
1996	439	36	403	—	—
1997	378	21	357	—	—
1998	417	34	383	—	—
1999	548	4	544	45	1100
2000	552	546	6	51	1358
2001	562	11	551	45	887
2002	582	6	576	49	900
2003	641	21	620	93	1250
2004	632	21	611	48	1582
2005	706	33	673	45	750
合计	6813	1298	5515	378	7827

【劳动执法监察】 1994年2月,成立新都县劳动监察中队(2002年9月,更名为新都区劳动和社会保障监察大队),负责对境内用人单位遵守劳动保障法律法规情况进行监督检查,依法查处和纠正违反劳动保障法律法规的行为,维护用人单位及劳动者的合法权益。劳动执法监察采取日常检查、举报专查、专项检查与年度检查等方式进行。1994—2005年,累计检查用人单位3753个次,其中国有企业319家次、城镇集体企业68家次、港澳台投资企业202家次、股份制企业130家次、私营企业及个体工商户1548家次、乡镇企业(含建筑业)1486家次。监督补签劳动合同10205份,补办劳动用工许可证4730份,监督补办职业资格证书5857本,督促养老保险扩面6250人。清查处理农民工投诉举报案件477件,其中及时处理用工管理、劳动合同等一般案件370件,查处拖欠、克扣农民工工资的重大案件97件(涉及3624人),为劳动者追回被拖欠、克扣的工资686.36万元,查处非法使用童工9起,取缔非法职业介绍所1家。

社会保险

【社会保险基金】 1998—2005年,社会保险基金(包括基本养老、基本医疗、失业、工伤和生育保险)收入从1998年的6229.73万元增加到2005年的24850.14万元,年均增长42.70%;支出从5005.85万元增加到14462.8万元,年均增长26.99%。其中基本养老保险基金收入从3502.61万元增加到16625.82万元,年均增长53.52%;支出从3745.59万元增加到9610.79万元,年均增长22.37%;失业保险基金收入从270.72万元增加到794.01万元,年均增长27.61%;支出从206.73万元增加到792.75万元,年均增长40.49%;基本医疗保险基金收入从2171.19万元增加到6757.11万元,年均增长30.17%;支出从794.49万元增加到3564.94万元,年均增长49.81%。社会保险基金财政补贴收入(主要是养老保险基金)逐年增加,2000年到2005年,社会保险基金财政补贴收入4496万元(主要为中央财政补贴收入)。

【城镇职工基本养老保险】 1987年1月起,对劳动合同制工人和国营企业固定职工退休养老保险基金实行统一征集管理。企业按劳动合同制工人工资总额的15%缴纳,个人按不超过本人标准工资的3%缴纳。当年征收劳动合同制工人养老基金19.86万元。1988年1月,合同制工人缴纳养老保险基金改为单位每月按人平11元缴纳;个人按月标准工资分档缴纳,50元以内的缴1元,50~70元的缴1.5元,70元以上的缴2元。全县有135家国营企业、9572名职工参加统筹,共征集退休养老保险基金220.56万元。

1992年5月,根据国务院《关于企业职工养老保险制度改革的决定》,养老金统筹范围扩大到国营企业临时工和外商投资企业的中方职工,养老保险费用由政府、单位和个人共同负担,个人按本人工资的2%缴纳,全年对13792名职工征集个人养老保险费22.20万元。投保后达到养老年龄的保险待遇,缴费满15年的按本人最后5年平均缴费基数的60%按月发给养老金;缴费超过15年的,每超过1年加发1%,直至本人死亡;缴费满10年不满15年的,按本人最后5年平均缴费基数的40%按月发给养老金,如果低于当时城镇居民生活费最低标准的,按最低标准发给,直至本人死亡;缴费不满10年的,每满1年计2个月,按本人最后一年月平均缴费基数计算,一次性发给生活补助,同时终止其养老保险关系。到1992年年底,全县参加统筹的国营企业、事业单位共167家(个),在职职工1.68万人,离退休人员0.31万人。城镇集体所有制企业职工、外商投资企业职工和城镇临时工均先后实行社会养老保险。

1993年8月,按市政府35号令《成都市企业职工基本养老金计发办法(试行)》,改进职工基本养老金的计发办法,把职工的基本养老金与社会平均工资挂钩。职工退休后的基本养老保险金分两部分计发,一是社会养老金,按上一年全省职工月平均工资的25%计发;二是缴费养老金,按职工缴费年限长短,缴费每满1年发给本人指数化月平均缴费工资的1.4%。

1994年,国务院发布《关于调整企业离退休人员离退休金的通知》。离退休人员按照离退休时间的不同分别增加20元至100元,退职人员根据退职时间的不同分别增加12元至36元。全县当年9月补发离退休人员离退休金137万元。同年,按市政府35号令,离退休人员从离退休的下一年起,每年7月1日调整一次养老金,建立基本养老金的正常调整机制。

1995年12月,把此前由县人民保险公司征集管理的城镇集体企业养老保险基金全部转由县劳动局职工社会保险事业管理处统一管理,共转养老保险基金余额278.64万元。市政府发布47号令《成都市企业职工基本养老保险社会统筹与个人账户相结合实施办法》,国家为参加养老保险的职工建立终身不变的基本养老保险个人账户。职工个人账户由本人缴费工资的12%组成,不足12%的部分从用人单位缴费中划入。用人单位缴费除划入个人账户外,其余部分用于建立统筹基金,全市统一调剂。进一步完善基本养老金的计发办法:本办法实施后参加工作的,累计缴费年限满10年的,基本养老金由社会养老金和个人账户养老金组成;本办法实施前参加工作的,缴费满10年的,基本养老金由社会养老金、个人账户养老金、缴费养老金和调剂性养老金组成。1996年,为参保职工2.85万人建立个人账户,个人账户总额1419万元,按照新的退休金计发办法为880名职工办理了退休手续;全年,参加基本养老保险28542人,离退休8417人,征集养老保险基金3297万元,支付退休金2963万元。

1998年1月1日起,成都市企业职工养老保险制度与全国城镇职工养老保险制度并轨。缴费比例和计发退休养老金的办法:用人单位缴费比例为本单位职工工资总额的20%,职工个人缴费从本人工资的4%提高到8%;个人账户按本人缴费工资的11%计入基本养老保险账户,其余部分从用人单位缴费中划入。职工退休后基本养老金由基础养老金和个人账户养老金两部分组成,基础养老金按上一年本市职工月平均工资的20%计发,个人账户养老金按账户储存余额除以120计发。统一制度前参加工作且在统一制度后退休的职工,另外计发过渡性养老金和调剂性养老金。

截至2005年年末,全区参加城镇职工基本养老保险52916人,其中离退休13820人。基本养老保险基金年收入1.7亿元,支出1亿元,收支平衡略有节余。2005年滚动节余1.4亿元。离退休人员的基本养老金全部实现社会化发放。

【城镇私营企业职工基本养老保险】 根据1997年4月《成都市城镇私营企业职工、个体工商户及其帮工基本养老保险暂行办法》规定:用人单位按缴费基数的15.6%为职工按月缴纳基本养老保险费,个人按缴费基数的8%按月缴纳基本养老保险费,所缴费用由用人单位在发工资时代扣;社会保险机构为职工建立终身不变的基本养老保险个人账户,并按缴费基数的11%记入基本养老保险费。2001年,对城镇私营企业及职工的缴费率调整为:企业按缴费基数的20.6%缴纳,个人按缴费基数的5%缴纳;城镇个体工商户及雇工和自由职业人员按缴费基数的20.6%缴纳。至2005年,全区有个体参保人员1.9万人,占参保职工总数的50%,年缴纳基本养老保险费4655万元。

【机关事业单位养老保险】 1996年7月至1999年10月,全县机关事业单位养老保险的由县人事局负责征集和管理。其收费标准为:单位按月工资总额的22%缴纳,个人按月工资总额的2%缴纳。1999年11月,机关事业单位养老保险管理职能由县人事局划给县劳动和社会保障局。移交在职参保人员的档案资料12884份、离退休人员的个人资料2901份,机关事业单位养老保险基金滚存800万元。

2000—2005年新都机关事业单位养老保险统计表

表4-54　　单位:个、人、万元

年度	机关事业单位数	在职参保人数	其中财政供养人数	征集基金	离退休人数	支付养老金
2000	263	13219	1315	2384	3337	2157
2001	276	13043	1304	2446	3530	2479
2002	270	13627	1363	3332	3602	3401
2003	268	13473	1348	3220	3792	3548
2004	215	10893	1090	2261	2622	2208
2005	210	10593	1060	3187	2911	3162

2000年,参保单位263个,其中机关事业单位49个;在职参保13219人,其中财政供养1315人,征

集基金 2384 万元;离退休 3337 人,支付养老金 2157 万元。2004 年 1 月,个人缴费比例调为 4%。同年 7 月,事业单位职工,党政机关、人民团体、在编劳动合同制工人均纳入参保范围。2005 年,参保单位 210 个,其中机关事业单位 31 个;在职参保 10593 人,其中财政供养 1060 人,征集基金 3187 万元;离退休 2911 人,支付养老金 3162 万元,累计滚存基金 991 万元。

【农村社会养老保险】 1994 年,新都启动农村社会养老保险工作,由县民政局负责全县农民养老保险金的筹集、管理、兑付和档案管理。农村养老保险坚持个人交纳为主,集体补助为辅,国家予以政策扶持;坚持社会养老保险与家庭养老保险相结合;坚持农村务农、务工、经商等各类人员社会养老保险制度一体化,由点到面,逐步发展。实行以县级管理为主体,各乡镇管理为依托,村级管理为基础的农村社会养老保险制度。交纳标准为每人每月 2~20 元 10 个档次,多投不限,可以一次性缴纳,也可以按年度缴纳。投保人以 18 岁至 55 岁为限,60 周岁(不分性别)起为领取养老金年龄。养老金发放周期为 10 周年。满10 周年后身亡者,不再发放养老金;超过 10 周年长寿者,领取养老金至身亡为止。如在投保期间户口迁出、农转非或身亡者,其投保费可以一次性支取给法定继承人或指定受益人。养老金的保值增值按银行存款一年期利率计息。1994 年 7 月,在新都镇和龙虎镇的 25 个村、211 个村民小组开展农村社会养老保险试点工作。投保人数 13031 人,投保率 89.14%;征集保险费 40.75 万元,其中个人缴纳 33.50 万元,集体补助 7.26 万元。1996 年 3 月,全县开展此项工作。2001 年 9 月,农村社会养老保险工作由县民政局划转到县劳动和社会保障局。全县农民参保 11.8 万人,占当年全县农业人口总数的 26%,养老金滚存结余 2118 万元。当年底有 966 人领取养老金 2.43 万元;政策性退保 498 人,支付基金 5.63 万元。截至2005 年年底,领取养老金 4312 人,累计支付养老金 26.08 万元,政策性退保 52.37 万元;积累养老保险基金 2350 万元。

【失业保险】 1987 年,新都县根据《四川省贯彻执行国务院〈国营企业职工待业保险暂行规定〉的实施意见》建立待业保险制度。待业职工登记范围是:破产企业职工,濒临破产企业法定整顿期间被精简的职工,终止、解除劳动合同的工人,企业辞退的违纪职工。待业保险基金实行市级统筹,收缴标准为:国营企业按全部职工标准工资总额的 1%缴纳。待业职工救济金发放标准为:参加工作不满 5 年的最多发给待业救济金 12 个月,参加工作在 5 年以上的最多发待业救济金 24 个月。当年全县有 87 家企业参保,缴纳待业保险金 7.3 万元。

1993 年 1 月起,待业保险范围扩大到城镇集体所有制企业职工,企业按照全部职工工资总额的 0.6%~1%缴纳。待业救济金的最后发放标准为每人每月 50 元,医疗补助费为每人每月 5 元。到 1994 年年底,全县征收待业保险金 152 户,征收金额 134 万元,发放救济金 11.6 万元、1356 人,发放率 100%。

1996 年 1 月,将待业保险改称为失业保险。全年参保单位 185 个,在职职工 29078 人,其中国有企业 64 家、职工 21790 人;集体企业 121 家、职工 7288 人。1997 年,参保单位 254 个,征收保险基金 112 万元,征集率 95%。1998 年失业保险缴纳费比例由工资总额 1%提高到 3%(其中个人缴纳 1%,企业缴纳 2%),增加的 2%为社会统筹基金,全部用于国营企业下岗职工基本生活保障。当年,全县参保单位 257 个,覆盖面 83%。其中国有企业 170 家,参保面 100%;非国有企业 87 家,新增参保职工 1697 人,增长率 21%。全年征集保险基金 208 万元,征集率 92%。为 141 名失业职工发放失业救济金 21.3 万元,发放率 100%。

1999 年 1 月,执行国务院《失业保险条例》,扩大覆盖范围,确定由国家、用人单位和从业人员个人三方共同负担,调整基金支出结构。失业人员门诊医疗补助标准调整为领取失业保险金的 10%。当年,全县参保单位289个、职工2.85万人。其中国有企业保险覆盖面100%;非国有企业实征失业保险基金117万元,征收率88%。为233名失业职工发放失业救济金56万元,发放率100%。2000年,失业保险新增4100人,参保3.26万人,征集保险基金391万元(其中清理企业历年拖欠58.7万元),失业保险基金征缴率91%。共发放失业保险金97万元,发放率100%。失业职工再就业率51.4%。

2003年,新增失业保险1070人,全年征集保险费652万元,征集率93.68%。清理拖欠失业保险费33.80万元。全年共为18452人发放失业保险金403万元、医疗补助金40万元,发放率100%。

2005年,新增失业保险1005人,参保单位341个,参保2.156万人。全年征集失业保险费702.56万元,征集率96%。清理欠费30万元。全年共为18888人发放失业保险金474万元、医疗补助金47万元,发放率100%。

【征地农转非人员社会保险】 2004年10月,新都区遵照《成都市征地农转非人员社会保险办法》和《成都市已征地农转非人员社会保险办法》的政策规定,实施新征地、已征地农转非人员的社会保险制度。

新征地农转非人员的社会保险费分三类由征地部门缴纳。到2005年年末,全区有355名新征地农转非人员参加社会保险,征收社会保险基金1044.7万元。按城镇职工保险制度的规定享受基本养老保险和基本医疗保险待遇。

对1991年1月至2003年12月已征地农转非人员参加社会保险共分三个类别,每个类别分三个档次缴费,费用由本人缴纳,不足部分政府财政补贴(1991年1月以前的征地农转非人员,按当时的政策已安排就业,随用工企业参加社会保险)。

已征地农转非人员参加社会保险缴费情况表

表4-55 单位:元/人

类别		征地时间		
		1991年1月至1993年12月	1994年1月至1998年12月	1999年1月至2003年12月
一类	男满60岁 女满50岁	4900	7000	9100
二类	男50~59岁 女40~49岁	3697	5282	6866
三类	男40~49岁 女30~39岁	1848	2641	3433

参保人员累计缴费满15年的,男满60岁和女满50岁者,按城镇职工保险制度规定享受基本养老保险和基本医疗保险待遇。

2004—2005年,共办理已征地农转非人员20429人,征集社保基金11602.6万元,政府财政补贴4051.3万元。截至2005年12月,共发放养老金3158.06万元,住院914人、报销185.01万元。

【非城镇从业人员综合保险】 2003年1月,根据《成都市非城镇从业人员综合社会保险管理暂行办法》,综合保险费按缴纳基数的20%缴纳。其中有用人单位的由单位承担14.5%,个人承担5.5%;参加综合保险的非城镇户籍从业人员履行缴费义务期间享受工伤补偿、住院医疗补偿和老年补贴。截至2005年年底,全区参加综合社会保险7000人,为1000人兑现了综合保险待遇。

【医疗保险】 新都的医疗保险始于1991年。1998年12月14日,《国务院关于建立城镇职工基本医疗保险制度的决定》颁布实施后,新都的医疗保险逐步完善。至2005年,形成以基本医疗保险为主,包括特殊疾病门诊、补充医疗保险、公务员医疗补助、企业离退休干部医疗费用统筹管理、二等乙级及以上伤残军人医疗费用管理、城镇困难人员医疗补助等多层次医疗保险体系。

大病医疗统筹。1991年,在县百货公司、县饮食服务公司等4家公司进行大病医疗统筹试点。1992年5月起,在全县实行县级大病医疗统筹。按照"以支定筹,略有结余"的原则向企业征集,在职职工每人每月4元,退休职工每人每月6元。当年参加大病统筹的单位116个,其中全民107个,集体9个;统筹人数11836人,其中在职9937人,离退休1899人。发生大病180人次(在职101人,退休79人),拨付企业57家(全民50家,集体7家)。1993年2月,大病医疗统筹纳入成都市统筹。缴费标准调整为:在职职工每人每月按全市上年度职工月平均工资的3%缴纳。新都大病统筹的企业175家、15883人,其中全民112家、11765人,集体63家、4118人;在职12775人,退休3108人。全年征集大病统筹基金84.72万元,拨付大病统筹费612人次、85.01万元。截至2000年年底,大病统筹人数19414人,实征统筹资金438.56万元,有1902人享受医疗待遇,支付医疗费362.01万元,拨付率100%。

机关事业单位职工的公费医疗。1999年11月,全县机关事业单位享受公费医疗12691人,其中在职10289人、退休2199人、离休干部86人、在乡伤残军人117人。实支医疗费126.63万元,其中财政负担90.05万元,单位负担25.05万元,个人负担11.53万元。2000年,享受公费医疗的在职职工10593人,实支医疗费902.51万元;退休职工2347人,实支医疗费753.70万元;离休干部83人,实支医疗费80.29万元;在乡伤残军人114人,实支医疗费57.63万元。其中财政负担医疗费1289.6万元,单位负担324.63万元,个人负担179.9万元。

城镇职工基本医疗保险。2001年1月起,全面实施城镇职工基本医疗保险,将大病统筹、公费医疗制度并轨。将国家机关及其工作人员和企事业单位、社会团体、民办非企业单位及其职工,以及个体工商户和城镇自由职业人员全部纳入参保范围。基本医疗保险费由用人单位和职工共同缴纳。用人单位按职工工资总额的7.5%缴纳,职工个人按上一年本人工资总额的2%缴纳;退休人员由用人单位按本单位养老金基数的5%缴纳,连续缴纳5年。参保人员享受个人账户和住院按比例报销。个人账户分不满50周岁、满50周岁和退休人员3类,将个人和单位缴纳的医疗保险费分别按不同的比例划入个人账户;到定点医院(指定50个)住院报销医疗费,起报基金(俗称"门槛费")为:一级医院404.20元,二级医院646.72元,三级医院970元,其余部分按比例报销,最高不超过44020元。截至2005年年末,全区有77157人参加城镇职工基本医疗保险。

2001—2005年新都城镇职工基本医疗保险情况统计表

表4-56 单位:人、万元

年　度	参保人数	基金收入	拨付个人账户	住院支付
2001	45939	2111	1038	1153
2002	49995	3159	1407	1360
2003	55374	3904	1752	1770
2004	56471	4377	1794	1295
2005	77157	6757	1934	1631

【工伤保险】 1996年4月,新都县根据《成都市企业职工工伤保险暂行办法》,启动工伤保险。参保范围:各类城镇企业及企业化管理的事业单位职工和与之形成劳动关系的劳动者(外商投资企业中的外

方职工不属参保范围)。工伤保险的缴费标准根据行业、危险程度及职业危害程度分类实行差别费率,按成都市上一年职工月平均工资与企业职工人数为基数,分别按2%、1.3%、1%、0.9%、0.6%等5类标准征收。当年,全县参保企业86家,职工1.1万人,其中化工行业2100人。2004年1月1日,国务院颁布《工伤保险条例》,参保范围扩大,将有雇工的个体工商户、事业单位和民间非盈利组织也纳入工伤保险范围。缴费比例由5类调整为3类:化工等高危险性的行业按2%征收,机械加工等行业按1.2%征收,服务行业等按0.6%征收。当年,全区的高风险企业参保率98%,参保4100人。截至2005年,全区参加工伤保险33089人,参保单位570个,年征集基金301.5万元。累计征收基金1754.79万元,累计拨付医疗、伤残、工亡补助1048.47万元,滚存结余706.32万元。

工伤认定。1996年至2001年8月,由县安全监督管理局负责。2001年9月,改由县劳动和社会保障局负责。2004年6月,成立区工伤认定小组,负责工伤认定。

伤残鉴定。1996—2003年,伤残鉴定由县劳动能力鉴定委员会办公室负责。2004年1月1日起,伤残鉴定由成都市劳动能力鉴定中心负责。

1996—2005年新都工伤保险情况统计表

表4-57

年度	基金征收			待遇支付				
	参保企业(家)	参保职工(人)	征收基金(万元)	享受待遇人数	拨付待遇金额(万元)	其中		
						医疗费	一次性伤残金	工亡补助金
1996	151	19698	73.66	2	7.44	4.20	3.24	—
1997	239	25590	135.72	27	96.64	62.90	27.54	6.50
1998	252	25833	156.42	22	116.54	79.48	26.30	10.56
1999	286	25354	175.14	26	102.39	61.98	28.96	11.45
2000	312	25112	149.19	46	117.22	51.89	46.68	18.65
2001	229	17958	149.20	67	115.37	56.17	48.95	10.25
2002	260	18958	143.35	42	48.46	23.14	25.32	—
2003	296	19280	189.00	73	98.00	30.77	56.23	11.00
2004	417	26773	281.61	132	123.48	60.46	46.52	16.50
2005	570	33089	301.50	368	222.63	114.37	94.60	13.66

【女职工生育保险】 1997年7月1日,根据《成都市企业职工生育保险暂行办法》,新都县启动由成都市统筹的企业职工生育保险制度。将女职工怀孕、分娩检查费、生育住院医疗费、计划生育手术费等费用纳入社会统筹,均衡企业负担,切实保障女职工的合法权益。生育保险费用由用人单位按本单位全部职工工资总额的0.6%缴纳。截至2005年,参保单位615个、39243人,共征集生育保险基金185.34万元,基金征集率98%。

【社会保险基金管理与监督】 1987年1月,根据省、市关于"两项基金"(国营企业固定职工退休基金和劳动合同制工人养老基金)财务制度的规定,建立两项基金总账、明细账和二级账、三级账。1993年起,对社保基金进行定期不定期的专项检查、审核、审计。1996年起,将财务管理中的保险基金和业务费的使用严格分开,建立收入户、支出户、财政专户对基金进行核算,实行社保基金收支两条线管理。2000年

3 月，成立社保基金监督领导小组，开展对社保基金现场监督、非现场监督。制定基金审批、对账、会计报表、定期检查监督等制度。2003 年，劳动和社会保障局设立社保基金监督科，配备专职监管人员，聘请企业劳资干部为监督员，设置咨询台、举报箱、举报电话，采取常规检查监督和不定期检查监督，并定期在业务大厅向社会公布保险费的征集情况，对不按时缴费，拖欠基金的单位公开曝光。2004 年，开展对社保基金的筹集、管理和使用进行全过程监督。同年 6 月，成都市劳动和社会保障局基金监督处对新都区企业养老保险基金进行现场监督，运行良好。2005 年，进一步建立健全社保基金经办机构对基金管理的内控制度，确保基金安全。

1996 年，县财政局建立社会保障基金专户，实行“收支两条线”管理。2002 年社会保障基金财政专户移交财政国库部门管理。1996—2002 年，全县社保财务由县财政局行财科管理。2002 年 6 月，区财政局成立社会保障科，专司社保资金调度使用的监管职能。

安全生产监管

管理体制及目标考核

【管理体制】 计划经济时期安全生产、劳动保护的管理主要是按照“管生产必须管安全、谁主管谁负责”的原则，安全生产的计划、布置、检查、总结、评比工作同时进行，简称“五同时”。20 世纪 80 年代后期，安全生产管理实行“行政管理、群众监督、国家监察(指劳动行政部门代表国家执法)”的“三结合”管理体制。1989 年始，根据国务院和省政府有关规定，安全管理在体制上实行第一领导责任制，在管理上实行全员安全生产责任制。在县、乡两级政府和经济主管部门实行领导责任制。行政“一把手”是安全管理的第一责任人，对本地区(单位)的安全生产全面负责；分管安全生产的行政副职具体负责本地区(单位)的安全生产管理。确定企业法人代表是本企业安全生产的第一责任人。按照“责、权、利”统一的原则对本企业的安全生产全面负责。建立全员安全生产岗位责任制，层层落实安全责任，严格履行岗位安全职责。1993 年始，根据《国务院关于加强安全生产工作的通知》要求，在全县实行“企业负责、行业管理、国家监察、群众监督、劳动者遵章守纪”的安全生产管理体制。形成“企业、国家(政府)、行业(主管部门)、群众(工会组织)、劳动者”五个环节互相联系、互相协调、共同发挥作用、齐抓共管的整体，促进全县安全生产良性循环。2004 年，根据《国务院关于加强安全生产的决定》要求，在全区构建“政府统一领导、部门依法监管、企业全面负责、群众参与监督、全社会广泛支持”的安全生产管理格局。

【目标考核】 1989 年始，新都县推行安全生产目标考核制度。1995 年 9 月，根据省、市政府要求，制发《新都县安全生产目标管理考核办法》，把安全生产纳入一级目标管理。进一步明确相关单位及责任人的职责，考核实行记分制，基本分为 100 分，其中工作目标和控制事故目标各 50 分，并分别制定便于考核的若干事项。每年年初由县政府向各乡(镇)、主管局下达安全生产目标，层层分解任务，责任人分别与县政府签订《新都区安全生产综合目标管理责任书》，年终考评考核、进行奖惩。

宣传教育

【企业劳动安全教育】 企业劳动安全教育的内容主要包括:党和国家安全生产方针、政策、法律法规教育,安全生产科学技术知识(技能)教育,安全文化教育,劳动纪律和规章制度教育,典型事故案例教育,新进工人的"三级"安全教育等。"三级"安全教育是企业长期坚持的最基本的安全教育制度。厂(公司)、车间(工段)和班组必须根据自身的生产情况和岗位对劳动者进行安全教育,经考试合格后,持证上岗。企业建立"三级教育卡片",每人1份,存档备查。企业安全教育制度、教育内容、组织实施情况等,由劳动安全监察部门进行监督检查。

【安全培训教育】 安监部门按照国家、省、市统一教学大纲、教材、教学时间实施短期培训教育。培训对象主要是企业法定代表人(厂长、经理)、安全行政管理人员、劳动安全监察人员、专兼职安技人员和特种作业人员(电工作业、锅炉司炉工、压力容器操作、起重机械操作、金属焊接作业、建筑登高架设作业、企业内机动车辆驾驶、危险化学品操作等)。1986—2005年,新都共培训安全管理人员4947人,其中乡镇(街道)、主管局分管领导189人,企业厂长经理2242人,安技人员2516人。共培训特种作业人员18688人,其中电工6256人,焊工7450人,起重工(含塔吊)2083人,高架作业工575人,企业内车辆驾驶204人,司炉工(含水处理)1397人,危险化学品从业人员723人。

【公众安全教育】 通过各种形式进行广泛深入的宣传教育,如印发安全宣传资料、组织开展安全生产宣传周(月)、交通安全宣传月、消防安全宣传日等活动;举办安全科普知识讲座、安全知识竞赛、安全图片展览;张贴安全宣传标语、口号、宣传画;电视、电影、录像放映等,向群众传授安全文化知识、事故预防知识,树立起崇尚安全,追求平安、幸福的文明境界,懂得安全第一,自觉珍惜生命,享受安全人生的安全观。特别是加强中小学安全教育,使中小学生树立安全意识,掌握自防自救的基本能力。1991—2005年,每年参加"安全活动月"活动的单位80%,直接参加人数累计10万人次,发放宣传资料10万份,发放事故案例、安全知识读物等书籍3万本。1999—2005年,坚持每年组织境内重点企业的职工1万人参加全国"安康杯"安全知识竞赛。2002年,参加四川省组织的"大科星杯"安全知识竞赛。

【警钟长鸣报】 原系四川省新都县氮肥厂安全办公室的一份宣传安全生产的油印简报。1983年5月1日,定名为《警钟长鸣》,改油印为铅印(每月一期),供厂内职工学习。1984年10月,化学工业部副部长贾庆礼到厂参观,对《警钟长鸣》给予高度赞扬并题词留念。

1985年6月1日,四川省化学工业厅与新都县氮肥厂联合主办《警钟长鸣》,并正式定为四川省化学工业厅安全生产机关报。同年8月,市政府安全生产办公室与省化工厅和新都县氮肥厂商定,由3家联合主办并成立《警钟长鸣》编辑委员会。1987年8月,《警钟长鸣》简报更名为《警钟长鸣报》,并请四川省书法家协会主席李半黎题写报名。改月报为半月报。

1987年12月,经省新闻出版局批准,《警钟长鸣报》以川新出字第075号内部报刊准印证出版发行。1989年报纸发行量4.8万份。1990年1月,半月报改为旬报。1992年9月经国家新闻出版署批准,于1993年元月向全国公开发行(国内统一刊号为CN51—0116),发行量突破7万份。

1989年10月,创办《通联简报》,为季报。旨在联系团结通讯员,以提高稿件质量。1992年,更名为

《通讯员之友》,每逢单月出版,全年出6期。1994年开始征订,版面为八开八版,最高印数4000份。

1994年9月,经国家新闻出版署批准,《警钟长鸣报》向国外发行(代号为CN510116W),成为中国安全专业报纸向国外发行首户。

1995年1月,经四川新闻出版局批准,每月增出1期《安康之声》专刊。

1996年,《警钟长鸣报》在全省126家公开发行的报纸中被评为一级报纸。

1997年年底,报社内设9个职能部门,先后开(联)办各类培训班7期,全国各省、市、自治区在册通讯员2037人。

1999年,报社在全国各地建通联站21个,报纸发行量86214份。

2000年12月,因全国报刊整顿,《警钟长鸣报》停刊。

专项安全监管

【建筑施工安全监管】 20世纪80年代,全县先后有60余个建筑安装企业从事土木建筑和装饰装修,境内常年有施工工地500余处,作业人员约5万人。由于建筑施工系野外作业、立体交叉作业、攀登高处作业,而农民建工队伍的安全意识、安全技能、管理水平不高,防护设施短缺等原因,新都建筑业伤亡事故占全县企业伤亡事故的60%~70%,特别是多发性、重复性的"四大伤害"(高处坠落、物体打击、触电、起重伤害)事故突出。针对建筑施工中安全基础薄弱、管理差、伤亡事故突出问题,县安监部门建立健全安全管理机构、充实人员;实施安全施工责任制度、安全施工教育制度、安全措施计划制度、安全施工监督检查制度等,加强建筑施工现场的安全管理。

1993年9月至1994年4月,按照劳动部《关于对建筑企业实行安全资格认证的通知》要求,由县安办牵头,会同县城建委对全县建筑安装企业进行全面安全资格审查认证。企业必备七个条件:企业经济状况、法人资格;技术管理人员、安全管理人员资格;安全保障体系和各项规章制度、安全操作规程;特种作业人员的管理、培训考核;施工机具、设备、安全防护设施、用品等的安全状况和技术性能;安全施工的技术措施方案资料;农民工、临时工的安全教育与管理等。对施工现场安全管理、平面布局、脚手架工程、施工防护、施工临时用电、简易起重设备、塔式起重机械、施工机具等标准化程度进行全面审查验收和评定。通过检查、整改、验收,一次验收合格的建筑企业41个,占69.5%;通过整改后二次验收合格的企业16个,占27.1%;不合格的企业2个,占3.4%。验收合格企业经申报省劳动厅和省建委审批后,颁发安全资格证书。通过安全资格认证工作,全县建筑业较认证前的"四大伤害"事故下降40%~50%。

1995年后,在全县建筑业中逐步推行标准化管理、标准化施工,坚持按照《建筑工程安全管理条例》和JEJ59—95标准(1999年修改后为JES59—99)进行施工现场的安全监督管理。县安办会同城建委每年对在建项目现场安全状况进行1~2次检查评比,进行法律约束、制度约束、监督约束,促进建筑施工沿着规范化、标准化的方向发展,保障安全文明施工。

【锅炉压力容器安全监察】 1985年,新都县有蒸汽锅炉63台、压力容器297台。2005年年末,全区有蒸汽锅炉597台、压力容器1050台。

安装前,安装单位必须将锅炉平面布置图及标明与有关建筑物安全距离的图纸送新都锅炉压力容器安全监察机构审查,审查批准后才能按许可证批准范围内安装。凡使用锅炉的单位,必须办理锅炉设备登记手续。通过安装验收、试运行审查、登记造册后方准投入正式使用。建立健全使用管理制度,主要有:安全生产领导责任制、岗位责任制、巡回视听检查制、锅炉运行管理制度、维护保养和定期检修制度等。严格运行记录,包括:开始使用,每次开运和停运时间;操作压力,操作温度的数值;压力或温度的波动范围及次数;工作介质的成分和特性等。司炉工必须经过技能培训,持证上岗。坚持统一进行水质化验分析。

按照国务院《锅炉压力容器安全监察条例》规定,严格对在用锅炉进行日常安全监察、运行定期安全监察和一年一度的年检,确保锅炉压力容器安全运行。1986年始,对全县所有蒸汽锅炉的安全监察100%,年检受检率98%。压力容器安全监察100%,检验率96%。实现设备事故和人身伤害事故为零的目标。1990—2004年,6次受到国家、四川省、成都市锅炉压力容器管理机构表彰奖励。

【烟花爆竹安全监管】 新都农民按照传统的手工工艺制作销售烟花爆竹的历史由来已久。中共十一届三中全会以后,一些农民把生产、销售烟花爆竹作为致富的门路。大多数乡镇均有生产、销售烟花爆竹的村办集体企业和私营小作坊,尤以木兰、石板滩、泰兴为多。

鉴于境内一些农民生产烟花爆竹而导致事故高发,城镇节日普遍燃放烟花爆竹引发火灾(如1995年春节期间,新都镇、新繁镇一天之内发生火灾8次,火警21次)的情况,1995年12月,县政府决定:严令禁止非法生产烟花爆竹,一经发现,坚决打击和取缔;由公安、工商、税务等职能部门,对不符合安全生产条件的企业吊扣烟花爆竹生产有关证件,进行停业整顿;从1996年1月1日零时起,禁止在新都城区销售、燃放烟花爆竹,并经县人大常委会批准施行。

1997年8月22日,木兰乡石马村五社农民黄某某在自己家中非法生产爆竹,发生黑火药燃爆,造成5人死亡、2人重伤的重大事故。8月23日上午,县委、县政府在木兰乡召开事故现场会,决定:县政府与有关乡镇主要领导签订限期彻底清理、取缔非法生产烟花爆竹的责任状,乡镇政府与村民委员会主任签订责任状,村民委员会与有关村民签订责任状,责任到人;由公安局、各乡镇、派出所组织力量,在一周内进行专项清查,发现一处查禁一处,并将清查结果书面报告县政府和有关职能部门;对石板滩新石花炮厂,泰兴窑坝火炮厂、金星火炮厂,新民雷音火炮厂,利济广济火炮厂,天元慈板火炮厂等6家尚未关闭的火工企业,吊销执照,取缔资格,禁止再生产;在全县范围内彻底禁止生产烟花爆竹。

1999年11月,县政府组织公安局、县安办等部门出动警力和人力200余人,对木兰石马村5个社33户农民家中非法生产烟花爆竹突击清查,共查出成品半成品10余吨、火药200余公斤进行集中销毁。2000年12月11日,再次集中警力和人力250余人分别对木兰、石板滩、泰兴等地农民非法生产烟花爆竹的黑窝点进行清查和整治,共收缴成品半成品8.5吨、火药100余公斤进行集中销毁。

截至2005年,在全区范围内累计查处非法生产、销售烟花爆竹26次,取缔非法生产作坊9处,储存、批发窝点4处;取缔非法销售门市、摊点8个、连锁销售资格6户;查处销售伪劣产品28处;集中销毁烟花爆竹57.5吨。挡获非法运输烟花爆竹人员3人次,逮捕判刑2人,治安处罚8人,教育处理23人。

【危险化学品安全监管】 2005年,区内从事危险化学品生产、储存、经营、运输的企业和单位共442个,从业人员4536人。其中,生产企业45家,从业人员1610人;使用企业40家,从业人员1312人;经营单位347个,从业人员1490人;储存运输企业10家,从业人员124人。涉及危险化学品八大类:爆炸品,压缩气体和液化气体,有毒气体,易燃固体,自燃物品和遇湿后易燃物品,氧化剂和有机过氧化物,毒害品和感染性物品,腐蚀品。

根据国家安全生产监督管理局《危险化学品生产企业安全生产许可证实施办法》及有关法律、法规,按照国务院、省、市有关危险化学品专项整治工作会议精神,2002年12月23日,召开全区危险化学品管理专项整治工作会议,成立专项整治工作领导小组,开展对全区危险化学品的生产、储存、销售、运输、使用和废弃处置等环节的整治工作。

加强重点单位的监控整治。督促成都玖源化工有限公司(原新都氮肥厂)、成都新炬化工有限公司(原龙虎乙炔厂)、成都旭光电子股份有限公司、华西铝业及3个CNG加气站进一步加固危险化学品储存设施,对易发事故设施强化整改,对易燃设施进行防火分隔以提高耐火等级。监督全区50个加油站按新标准,全部采取地埋措施,消除潜在隐患。

对危险化学品经营进行规范整治。2003年年初,由区安监办牵头,与工商、质监、公安、工会等职能部门组成检查组,对分散在全区各镇的危险化学品经营门市进行集中整治,对无证、无照、超范围经营者进行严肃查处。共查纠整改隐患897处,规范整治362家液化气经营门市;查禁非法经营点5处,依法暂扣钢瓶45只;查处无证运输危险化学品车辆1台;查处假冒军用车牌照运输危险化学品车辆2台;临时吊销营业执照1家;依法对成都科龙化工试剂厂擅自修建的违法行为进行经济处罚。

对生产、储存危险化学品企业进行安全评价。2003—2005年,区安监办多次组织力量对全区危险化学品生产、储存企业,压缩气体经销单位,加油站、加气站等危险性较大的单位,按照《危险化学品安全管理条例》的要求和国家有关标准,在进行限期整改、跟踪督查的基础上,逐一进行安全评价和注册登记。截至2005年年底,对符合《危险化学品安全管理条例》规定的33家生产企业、347个经营单位和10个储存单位办理了危险化学品生产经营许可证和储存批准书。

劳动安全卫生监察

【监察制度实施】 1985年,县劳动局(安办)建立劳动安全卫生监察制度(时称"劳动保护监察制度"),由省劳动厅、市劳动局分期分批培训劳动保护监察员,合格者由省劳动厅统一颁发"劳动安全监察员证"。全县第一批25人,其中专职监察员9人、兼职16人。以后逐年增加,至1990年,全县共有专(兼)职劳动安全监察员96人。安全卫生监察活动主要是对企业在组织管理、规章制度建设、职工教育培训、安全生产责任制的实施,遵守国家劳动安全法律法规、规章标准,劳动保护设施的配置和使用等情况进行监督检查,纠正违章行为,督促企业落实和改进安全防护措施,预防伤亡事故和职业危害。通过监察,对存在安全隐患的企业下达整改指令书,限期整改、或禁止作业、或经济处罚。

【职业卫生监察】 新都境内能引起职业危害的生产性有毒有害因素主要有水泥尘、矽尘、石棉尘、羽尘、棉尘、纤维尘、煤尘、炭黑尘、金属粉尘、有机性粉尘、苯(含甲苯、二甲苯)、汞、锰、铅、镉、砷、氨、一氧化碳、二氧化碳、硫化氢、磷化氢、二氯乙烷、四氯化碳、氯化烯、三氯化烯、氯丙烯、氯丁二烯、氯气、甲醇、酚、五氯酚、甲荃、铬酸、碳化物和高温、噪声、振动、热辐射、紫外线放射性等。1986年、1994年、1999年,先后对境内企业进行尘毒危害普查登记,对尘毒危害严重的作业场所进行限期治理。1986—2005年,累计下达治理尘毒项目276项,投入资金约8000万元,控制、减少尘毒危害。

【工程"三同时"监管】 《中华人民共和国劳动法》《中华人民共和国安全生产法》等明确规定,新建、改建、扩建工程的劳动安全卫生设施必须与主体工程同时设计、同时施工、同时投入生产和使用(简称"三同时"),安全设施投资应当纳入建设项目概算。县安全监督管理部门对生产经营单位新建、改建、扩建工程项目的安全设施进行审查、验收。截至2005年,累计参与“三同时”项目审查、验收共289个,基本把住了安全设施与主体工程同时设计、同时施工、同时投入生产和使用的关口,促使企业从源头上落实改善劳动条件、预防职业危害的各种措施。

【女职工劳动保护】 建立健全女职工劳动保护设施(女浴室、孕妇休息室、哺乳室和卫生冲洗室),按规定执行经期、孕期、产期和哺乳期“四期”保护,严格遵守妇女禁忌劳动范围的规定。严格执行休产假规定,生育女职工普遍执行90~120天的产假,孕妇在7个月以上不安排一线工作。坚持女职工的妇科检查和定期检查,一般二年一次,有的一年一次,并建立健康档案。

危险源整治及伤亡事故查处

【重大危险源整治】 1986—2005年,整治公共场所不安全隐患4876项。搬迁、拆除大小油库4个,关闭危险性较大的火灾爆炸重大隐患15处,改造石油、天然气压力管道被占压17处,改造加固公路大桥3座、人行索桥2座,整治改造危险化学品仓库4处,加强国家重点文物保护单位消防安全防护3处。

1986—2005年新都整治、消除威胁公众安全重大危险隐患情况表

表4-58　　单位:万元

序号	责任单位	项目	隐患地点	主要问题	整治措施	时间	投入资金
01	核工业部西南地勘局物资仓库	油库安全距离	三河场老街背后	与周围居民安全距离不合格	搬迁	1986年	10
02	驻军部队	—	新繁镇北街	—	拆除	1988年	0
03	陆军47医院	—	新都镇宝光街旁	—	拆除	1988年	0
04	新都氮肥厂	液氨储罐防护	氮肥厂内	燃烧爆炸危险	隔离,喷水	1994年	40
05	旭光电子股份有限公司	危险化学品库	旭光动力分厂内	与公共设施和居民安全距离不合格	封闭、隔离	1994年	20
06	新都石油支公司通站路油库	油库安全距离	通站路油库	—	拆迁	1995年	180
07	城建委	西游宫	电子路	严重火险隐患	关闭后拆除	1997年	0
08	城建委	封神宫	桂湖公园	—	—	—	—
09	商业局蔬菜公司	木兰炸药厂	木兰乡石马村12社	不符合安全条件	关闭	1997年	0
10	宝光寺	国家重点文物保护	宝光寺	消防供水不足、电器线路老化	改进消防供水更新线路	1998年	100
11	文体局	—	桂湖	消防通道设施电器线路老化	改进更新	1998年	40
12	工贸公司	白鹤岛人行索桥	白鹤岛	基础下沉、两端接线地锚开裂	加固	1998年	8

续表 4-58

序号	责任单位	项　目	隐患地点	主要问题	整治措施	时 间	投入资金
13	天然气公司	新天地宾馆	新中路	防火设施极差存在立体燃烧危险	增添消防设施改造电器线路	1998 年	10
14	天星燃料厂	石油液化气储存、充装	桂林板桥村新石路旁	非法生产,存在爆炸危险	关闭	2000 年	0
15	斑竹园镇	五一公路大桥	斑竹园镇	存在垮塌危险	加固	2000 年	80
16	个体企业	非法改装蒸汽锅炉	新都镇宝光村大件路旁	不具备资质和技术条件	关闭	2001 年	0
17	个体户	非法经营液化气充装	新都镇封赐村	存在爆炸危险	关闭	1999 年	0
18	交通局	桂湖加油站储油罐区	新都镇督桥村	存油量大,安全距离不够	全部地埋	2003 年	40
19	三河街道	川西采输处采气五队天然气管道	三河街道境内	露于地面,穿越多处农户	按规定地埋	2004 年	26
20	624 研究所	天然气输气管道	大件路配气站至 624 所	输气管道多处被高层建筑占压	改管道线路	2003 年	80
21	粮食局	大丰仓库安全距离	大丰街道境内	内存大量油漆存在易燃易爆危险	搬迁	2004 年	1
22	文体局	文物仓库危房	文管所	年久失修	整治加固	2004 年	5
23	交通局	成彭公路旧大桥	龙桥镇	—	加固修复	2004 年	80
24	交通局	成彭路清白江大桥	利济镇	—	加固修复	2004 年	50
25	新繁镇	新繁第一加油站	新繁镇	消防安全不合格	整治达标	2005 年	30

【伤亡事故查处】 1986—2005 年,新都共发生各类伤亡事故 4415 件,死亡 1270 人,重伤 1996 人,直接经济损失 2879.56 万元。其中:企业工伤事故 501 件,死亡 178 人,重伤 153 人,直接经济损失 746.56 万元;道路交通事故 3181 件,死亡 997 人,重伤 1803 人,直接经济损失 1310 万元;火灾事故 661 件,死亡 28 人,重伤 23 人,直接经济损失 676 万元;农机事故 35 件,死亡 27 人,重伤 6 人,直接经济损失 45.2 万元;农电事故 5 件,死亡 9 人,直接经济损失 18.8 万元;其他事故 32 件,死亡 31 人,重伤 11 人,直接经济损失 83 万元。

伤亡事故调查处理,按事故管理的职能分工,企业工伤事故及社会其他事故由安办(安监局)调查处理;道路交通事故,由公安交警大队调查处理;火灾事故,由公安消防大队调查处理。

事故调查认定后,按照“四不放过”原则(事故原因未查清不放过、有关人员未受到教育不放过、整改措施未落实不放过、责任人未处理不放过)和国家有关法律法规,严肃处理事故发生的单位(企业法人)和事故责任人。1986—2005 年,因发生企业伤亡事故及社会其他伤亡事故,造成重大损失的责任人,给予行政处分的 17 人,给予刑事处罚的 4 人;给予经济处罚的责任单位 316 个次,累计罚款 180 万元;给予经济处罚的责任人 407 人次,累计罚款 3.5 万元。

【重大伤亡事故案例】 境内重大伤亡事故主要是爆炸、中毒、火灾、触电和交通事故等,选记案例 18 件。

每次事故发生后,相关部门都进行妥善处理、整治。

石板滩镇新石花炮厂爆炸事故　1986年12月9日13时40分,石板滩镇高桥村新石花炮厂发生爆炸事故,死亡1人,深度烧伤5人,重度烧伤13人,直接经济损失约50万元。

事故经过:保管火药的女工陈某某(厂长陈某某的女儿)中午在家应酬客人,下午上班迟到,慌忙中就近抓一搪瓷碗取药后,随手将碗摔下,撞击摩擦药剂引起燃烧爆炸。由于药房和5间简易作业房连成一片,作业人员正在搓引线,爆炸将5间作业房全部摧毁,所有在场作业人员全部烧伤,肇事者陈某某当场炸死。

石板滩镇土城村10社一家3人沼气中毒死亡事故　1989年5月24日上午10时30分,石板滩镇土城村10社叶某某一家3人在自家沼气池内取肥料时,先后中毒窒息死亡。

事故经过:父亲叶某某从沼气池中取肥料灌田中葡萄,在入池弯腰取粪水时,因沼气中毒窒息,倒在池内。其儿子叶某某、侄儿叶某某慌忙中下池相救,导致3人均中毒身亡。

木兰乡石马村何某某家爆炸事故　1993年3月30日12时55分,木兰乡石马村12社何某某在自己家中非法生产烟花爆竹,发生爆炸事故,当场炸死3人,炸伤1人。其中,何某某12岁的儿子也被炸死。

事故经过:何某某雇请8名外来工在自己家中生产火炮,大量黑火药和带药引线全部集中放在堂屋内与成品、半成品混存,8间两层楼房也用来制作和堆放成品和半成品。由于室内堆满了火炮遮挡了窗户,光线很暗,无透气通风空间,导致室内温度增高。开灯时开关电火花引燃药物产生爆炸,同时将所有库存成品引爆,将何某某和其弟的共13间混砖结构楼房炸为平地。外来打工妹赵某某、王某某(西充县人)被当场炸死。

特大交通事故　1993年5月20日,农行新都县支行职工租用天元乡一个体户面包车到海螺沟旅游,途经雅安地区荥经县境内一弯道处,与对面一大货车会车时,被大车顶翻坠于50余米深的陡崖下,造成车内11人全部遇难。其中,农行新都县支行在职职工8人,车主及家属小孩3人。

新都噻乙醇厂爆炸事故　1994年1月24日21时20分,新都桂林噻乙醇厂发生高压合成反应罐爆炸事故,死亡1人,重伤2人,直接经济损失30余万元。

经调查和对该设备高压合成反应罐的技术鉴定,此事故的主要原因是产品质量不合格,安全装置(防爆片)失灵所致。

新都氮肥厂合成氨车间火灾事故　1994年9月2日4时40分,新都氮肥厂合成氨压缩段车间内的纯氢管道破裂,氢气泄漏形成爆炸性混合气体,遇非防爆型电气设备爆燃成灾。伤1人,烧毁车间内设备,直接经济损失约50万元。

石板滩友谊村烟花爆竹爆炸事故　1994年11月24日14时30分,石板滩友谊村一社谢某某非法生产烟花爆竹发生爆炸事故,死亡2人,伤5人。

谢某某之前生产烟花爆竹,不按照国家有关危险品生产、储存的规定和要求办事,逃避有关职能部门的监督检查,规避国家法律,曾多次发生事故。受到过县公安局的严肃处理,并于1993年吊销生产许可证,禁止生产。然而,谢某某仍于1994年11月20日,利用已停产1年多的旧场地,雇请人员,擅自偷偷生产火炮,仅三天时间,就发生了这起爆炸事故。此次事故中,谢某某的儿子、女儿被炸死,女婿被炸残,其妻也因此离婚远嫁。

新都氮肥厂新建脱硫工段富液槽中毒事故　1994年1月21日11时,氮肥厂新建脱硫工段富液槽内发生4人一氧化碳、二氧化碳中毒事故,其中2人因深度窒息中毒,经抢救无效死亡。

新建脱硫工段富液槽(长6米、宽3.5米、高3米)的防腐工程由新都利济澳亨防腐保温工程公司承包。新建变换系统工程的管道及富液槽安装好后,需先进行试漏试压。21日上午,氮肥厂与五冶机电公司(该工段设备建设单位)一起用石灰窑气体吹扫塔内和管道内的杂物并从富液槽入口处放空,吹扫和试漏试压后尚未进行气体置换处理时,利济澳亨防腐工程作业人员盲目进入富液槽进行防腐作业,接触有毒有害气体而中毒窒息。

主要原因:氮肥厂负责该工段的负责人廖某某事前未向防腐施工人员说明,管道和富液槽内残存的有毒有害气体在未进行置换处理之前,禁止施工人员进入作业,导致事故发生。

龙桥镇渔龙村严某某一家3人触电死亡事故 1995年7月6日18时20分,龙桥镇渔龙村农民严某某(男64岁)与妻胡某某(61岁)和外孙胡某(男7岁)到院子前约100米的稻田里赶鸭子过程中,3人先后触电身亡。

主要原因:该村输电导线被风吹断落在稻田里(断线带电端约45米),其落点周围形成带电区,稻田秧苗(约50厘米高)遮避了带电导线。当胡某某下秧田赶鸭子时触电死亡,严不见胡回家,去找胡时也触电,并压在胡的身上。外孙胡某跟着外公去找外婆,在田埂上被带电导线绊倒触电死亡。

兴华建筑工程公司新都海星工地火灾事故 1995年1月16日21时30分,油漆工唐某等5人在新都海星工地临时工棚内用废木块烧水洗脚并取暖的过程中,将放在同一工棚内未用完的10多公斤松香水和20多公斤油漆引爆燃烧发生火灾。5人全部烧成重伤,经送47医院、陆军总医院抢救无效,先后死亡。事故发生后,新都公安、检察机关对该工地负责人依法追究了法律责任。

木兰乡石马村黄某某家爆炸事故 1997年8月22日10时10分,木兰乡石马村5社黄某某在自己家中非法生产鞭炮,发生火药燃烧爆炸,死亡5人,重伤2人。

事故经过:8月22日上午,黄某某与妻何某某在家中非法生产鞭炮,邻居林某某、罗某某、喻某某、余某某4人到黄某某家帮工,黄某某的儿子(1.5岁)、罗某某的女儿吴某某(5岁)在大人身边玩耍,作业现场共8人。10时10分左右,黄某某在院坝角装药并与妻何某某说话。由于黄某某精力分散,用力过猛,加之火药被太阳晒后温度高,撞擦、振动引起燃烧爆炸,黄某某被当场炸死。黄某某装药处约3公斤火药燃爆喷射的大火,瞬间引起屋内成品、半成品鞭炮和未用的带药引线燃烧爆炸。除余某某躲进内室未伤外,其余6人均被深度烧伤。经陆军47医院和成都市第二人民医院抢救,喻某某、林某某、罗某某、吴某某4人于8月25日前先后死亡。

三河镇繁阳村触电事故 1998年10月22日14时50分,三河镇繁阳村二社曾某某在家中提取室内深井潜水泵准备检修过程中,发生触电事故,死亡3人。

事故经过:曾某某和亲戚钟某某等人在自己家中打麻将,中午时其爱人去抽水洗菜准备做午饭,发现水泵坏了,抽不上来水,要曾检查一下水泵,于是麻友散伙。曾某某和钟某某从深井中将潜水泵提出井口,由于连接在潜水泵上的水管有15米长,戳开屋顶一块石棉瓦,将水管顺着2.6米的室内矮墙通向空中。二人在检查潜水泵时,过长的水管难于控制,其上方顶端(连接1米长横用水管,并带有水龙头,成一弯钩状)搭钩在室外1万伏高压线上,强大的电流瞬间将曾某某、钟某某烧死。邻居范某某现场盲目冒险救人,也触电身亡。

县医院桶式开水加热器爆炸事故 1999年11月21日7时30分,县医院住院部妇产科(六楼)开水房桶式加热器发生爆炸,蒸汽和开水同时喷出,烫伤正在打开水的病员陪伴家属共6人。其中1人因恐惧逃避开水汽浪,从六楼窗口坠落身亡,其余5人严重烫伤。

事故主要原因:县医院住院部1~7楼的开水房统一使用桶式开水加热器。县医院在安装开水加热器时从一楼至七楼使用1根总排气管通上房顶室外,再将各个加热器顶端的排气管连接在总管上,由于水管长时间未得到清洗,造成水垢积聚在管壁,逐步将加热器排气管堵死,致使桶体内压力增高爆炸。

大丰南丰工业城燃烧爆炸事故 2000年7月3日18时，大丰镇南丰工业城内安徽省天长市天盛包装材料有限公司新都分公司（外资企业)A型101幢厂房底楼塑料包装材料车间发生丁烷燃烧引起丁烷钢瓶爆炸事故,当场死亡1人,重度烧伤4人。厂房内设备全部烧毁,整个厂房墙体炸裂,部分墙体炸垮,门窗烧坏,大量塑料原材料被烧毁。大火蹿上二、三楼将邻厂正恒配件动力公司库房内库存的家用电器及设备、食品烧毁,直接经济损失约1千万元。

事故主要原因:该包装材料公司生产的产品需用丁烷作原料,其生产工艺采用顶出法,即用氮气出口导管与丁烷钢瓶进气口连接,再将丁烷钢瓶出口用管道与加压泵连接,丁烷经加压后送至发泡机作原料。该车间存放6大钢瓶丁烷液化气体。生产中途停电,工人下班休息,车间内无人,从管道接头处泄漏出的丁烷气体未及时堵漏。当泄漏出的丁烷气体逐渐增多,其浓度与空气形成临界状态的爆炸性混合气体,充斥在整个车间厂房内,恢复送电后,工人上班先启动电源闸刀开关,突遇电火花引爆燃烧成灾。

客运汽车火灾事故 2000年11月13日3时5分,国道108线新都境内2212公里加600米处,成都市运输总公司车牌号为川A25783的卧铺大巴客运汽车在行进中突然起火,当场烧死3人,烧伤15人,其中重伤4人,直接经济损失约200万元。

事故经过:该客运卧铺客车夜间行驶,乘客大多数处于熟睡中,车厢窗户全部关闭。车厢后排的几大包棉被、衣物等易燃物品被明火引燃成灾。乘客慌乱逃生,被挤压在后面的乘客逃避不及,酿成群死群伤的重大事故。

成彭公路交通事故 2002年5月20日5时20分,成彭公路17公里加250米处(新繁镇南桥加油站门口)发生交通事故,死亡4人,重伤1人。

事故经过:5月20日5时20分许,新都区竹友镇檀木村大货车驾驶员廖某某,驾驶川丰15型农用拖拉机行至新繁镇南桥加油站门口的弯道路段慢车道上时,从新繁方向驶来的一辆捷达牌出租车越过公路中心双实线与慢车道上行驶的拖拉机左驱动轮发生碰撞,在撞断拖拉机左驱动轴后又与拖拉机左前角碰撞,当场致出租车内乘坐人员4死(2男2女)1伤。

大丰高堆村七社尹显茂家3人中毒死亡事故 2005年3月1日11时，大丰街道高堆村7社尹某某(暂住户口,本籍系资阳市雁江区南江镇新添村5组人,在大丰购买农民住房加工服装)家中发生生活用发电机尾气中毒致3人死亡。

事故经过:2005年2月28日,尹某某老家资阳3名女工李某某(女18岁)、吕某(女16岁)、朱某某(女16岁)到大丰尹某某家打工,被安排住在尹家底楼中间房屋的简易阁楼内,当晚22时睡觉。当时全村停电,尹某某侄儿李某使用发电机发电(发电机安放在三女暂住的阁楼睡觉的平台下面)发电1个多小时以后,由尹的儿子尹某某停机关闭。第二天(3月1日)11时,尹的妻子发现3名女工已死。

经区安监局调查分析认定,3名女孩因一氧化碳中毒窒息死亡。3名女工休息所在的房间,室内空间小(约10立方米)且无通风口,发电机工作时排出一氧化碳浓度升高,致使3人中毒死亡。

蜀龙大道新城花园路口交通事故 2005年8月6日2时32分，新都蜀龙大道新城花园路口发生两车相撞的交通事故,致5人死亡,两车严重损坏。

事故经过:内江市家家红运输有限公司驾驶员王某某驾驶一辆中型货车搭其子王某从青白江出发经新都蜀龙大道(该路禁止大货车通行)往成都方向行驶。凌晨2时32分,行至新都蜀龙大道新城花园路口,遇行驶方向右侧由唐某某驾驶的捷达出租汽车从马超西路驶出,两车避让不及在路口相撞。相撞后中型货车向右侧侧翻,车头及货厢前侧压在出租车上,造成出租车驾驶员唐某某,乘车人扬某某、张某某、陈某当场死亡,另一名乘车人唐某某送医院抢救无效于当日死亡。

综合政务

政务综合协调

【公文办理】 1986年起,县政府办公室先后下发《关于规范公文管理报送的通知》《关于进一步规范行文的通知》,对公文的目的、种类、格式、行文规则,公文起草、撰拟、校核、签发,收文办理、发文办理、公文管理、立卷、归档、保密及公文流转和纸张大小等做出明确规定。2003年制定《成都市新都区人民政府文件审批制度》《成都市新都区行政机关规范性文件审查暂行规定》,对公文办理实施规范化管理。

1986—2005年,共制发新都区(县)政府文件2925件、政府办公室文件1407件,办理各乡镇(街道)、区(县)级各部门报送的请示、报告1.21万份,编辑印发《区(县)人民政府工作纪事》30期、《会议纪要》560期、《区(县)人民政府常务会议纪要》56期、《政务通讯》159期、《情况通报》83期,《区(县)人民政府办公会议纪要》350期、其他单项材料4680件、《会议通知》1300份、领导讲话稿和单行材料4500篇、文件立卷归档1526卷。在文件的草拟、印制、校对等环节上严格把关,确保文件不出原则性错误,文字错、漏率控制在3‰以内。

【政务信息】 历届政府要求各乡镇(街道)、各部门要准确、及时、规范地上报政务信息,不得迟报、瞒报、漏报和报送虚假信息。对于重大突发事件、重要社会动态、疫情以及其他重要紧急情况要按照有关规定及时报送,并续报事态原因、进展情况、处置措施、后果等详细情况。1996年,下发《关于政务信息上报及目标考核评比有关问题的通知》,对政务信息上报制定评定量化标准。1999年12月,建立新都县乡镇信息系统,覆盖全县17个乡镇,包括乡镇基本情况、农业生产、乡镇企业、财政金融、农村市场等160多项指标。乡镇信息系统对监测和预报乡镇社会动态、热难点、重点问题,对分析研究乡镇社会经济发展动向,开展乡镇考核评价起到重要作用,为各级党委政府决策和管理提供依据。

1986—2005年,新都共向市政府办公厅报送政务信息5600条,被市政府办公厅《政务信息》采用296条,被市政府办公厅《政事快讯》采用800条、发布570条,市政府办公资源网发布327条。整理各乡镇(街道)、各部门信息近5万条。

【政务协调】 政府办公室对政府议决事项坚持催办、协调和检查,并做好与党委办公室、人大常委会办公室和政协办公室的联系、协调工作。受政府委托,办公室召集各部门、乡镇(街道)负责人研究、协调、处理问题,责成部门或乡镇(街道)实施。协调落实的主要内容有:政府全体会议、常务会议、办公会议等重要会议议定的事项,领导批示、交办事项,上级机关和领导对新都所作的重要批示,人大代表的意见、批评和建议及政协的提案办理,人民群众普遍关注的热难点和重大问题及要求。查办做到事事有交待,一般事项在15天内办完,涉及面广、难于及时办结的,半月之内有回音,月办结率60%以上,年终办结率100%。各乡镇(街道)、各部门报送的请示报告,一般在12天内做出答复,月办结率75%以上,年办结率100%。

【办理建议及提案】 人民代表和政协委员在代表大会、政协会议期间或闭会后提出的书面建议、提案，上级人大代表的书面建议、政协委员的书面提案，由政府办公室分转给相关部门承办。政府办公室除直接承办部分建议、提案外，督促检查、协调各承办部门办理。对属于应该解决而又有条件解决的问题，认真研究解决；对属于因财力、物力等条件限制，确属要解决而又一时解决不了的问题，列入以后工作计划或规划，逐步解决；对涉及国家政策规定或超出政府职权范围解决不了的问题，向人大代表、政协委员解释。

建立健全各承办部门负责人把关，办公室主任负责，工作人员具体承办的工作责任制度，要求严格按照登记、交办、承办、催办、联系、审查、时间、答复、追踪、查办、立卷归档程序进行办理。将承办部门办理人大代表建议、政协委员提案纳入年度目标考核。1986—2005 年，累计办理人大代表建议、政协提案 3363 件。

第十届至第十五届人民政府办理人大代表建议、政协委员提案统计表

表 4-59

届　次	办理人大代表建议和政协委员提案件数	办结率
第十届	233 件	98%
第十一届	364 件	97.5%
第十二届	327 件	97%
第十三届	318 件	98%
第十四届	1327 件(省政协 1 件、市政协 4 件)	100%
第十五届	794 件(市代表 4 件、市政协 5 件)	100%

【政务接待】 1986—2005 年，中央和国家机关一些部门及省市领导多次到新都检查指导工作或调研，国内外一些地区组团到新都参观、考察，政府办公室做到热情接待和服务。

1993—2000 年，政府办公室承办各类会议 5400 余次，接待上级和外地客人 8000 余人。2001 年，承办各类会议 700 余次，接待上级和外地客人 6500 余人。2002—2005 年，接待考察团队 223 个、6.5 万人。其中，国外有美国、日本、德国、瑞典、韩国、朝鲜、澳大利亚、西班牙、英国、新加坡、挪威、荷兰、加拿大、瑞士、捷克、立陶宛、越南 17 个国家的考察团，国内有浙江、湖南、湖北、上海、重庆等 16 个省(直辖市)及台湾和香港地区的考察团。省党政部门 49 个团次、市党政部门 66 个团次及省内部分县(市)区、市内各区(市)县组团到新都调研、考察、检查。

【政务目标督查】 区(县)政府实行政务目标“三位一体”(任期责任、离任审计、精神文明建设)责任制，政府办公室承担政务督查工作，负责上级机关和本机关政务事项的中转、交办、催办、检查及反馈。政府办公室配合各乡镇(街道)、各部门及时对中央、省、市重要文件、重要会议精神的贯彻落实，做到逐件跟踪及时办理；对领导交办事项贯彻落实情况进行督促检查，查办率、办结率为 100％；对政府重大工作部署和各类会议议决事项督查率 100％。1986—2005 年，完成督查工作 5000 项，处理市政府办公厅交办的省、市领导批示件 200 件，办理各乡镇(街道)、各部门向政府报送的请示、报告 1.2 万份。

【政务服务中心管理】 2004 年 6 月 1 日，位于新城区马超东路的区政务服务中心正式对外办公。首期有 31 个区级部门的 213 个行政许可项目进入中心。为规范服务，先后制定《成都市新都区人民政府政务服务中心管理暂行办法》《行政审批项目办件规则》《行政审批事项办理服务规范》《窗口工作人员服务规范》《计算机管理制度》《中心固定资产管理办法》《中心考勤办法》《一次性告知制度》《首问责任制》《服务承诺制》《窗口工作人员绩效考核暂行办法》等规章，全面公开法定依据、办理程序、申报材料、承诺时限、收费标准。政务服务中心形成了运行有制度、工作有标准、行为有约束、实绩有考核、优异有奖励、违规有处罚的监督管理和考核奖励机制。

新都区政务服务中心以"程序化、透明化、人性化、便捷化、满意化"为标准，全力推进规范化服务型政府建设，在"办事流程、办事质量、办事时效和办事态度上"下功夫，并把推进规范化服务型政府建设工作向党群机关系统、镇(街道)和村社延伸。2005 年 7 月 1 日，市委、市政府在新都召开"规范化服务型政府建设"现场会，市委要求全市郊(区)县要以新都为榜样，全力推进规范化服务型政府建设。

【政府门户网站建设】 1999 年 12 月，建立新都县乡(镇)信息系统，为县、乡(镇)两级党委、政府决策和管理提供信息支持、跟踪监测及分析研究。信息系统覆盖全县 17 个乡(镇)。2002 年，区政府下发《关于下达 2002 年综合配套改革网络目标的通知》，将各项目标任务逐项分解落实到全区 34 个部门。区政府发布的规范性文件、涉及群众的信息，坚持在香城新都网等媒体上公布，并设立公众查询点，保障和落实群众的知情权。2005 年，政务服务中心开通政务外网，实现与市政务服务中心联网，并在香城新都网开设政务服务中心网页，把办理行政审批的重要信息通过互联网及时向社会公布，实现网上咨询、投诉和预审批等工作。通过服务流程再造，建成新办企业七类工商注册登记的网上并联审批平台。开发工商黄页系统，进行网页全新改版，增设保持共产党员先进性教育专题栏目和"走进新都"图片库，充实招商引资、便民服务栏目内容，使网站信息量加大，新闻报道更具时效性，贴近群众生活实际。结合网站已开通的"书记信箱在线系统""区长信箱在线系统"、邮件服务系统与多用户网上调查系统、新闻发布系统、人才数据库、专利数据库、智能网络办公自动化系统等，推进办公自动化，在民众与政府之间搭建沟通交流的桥梁。网站每年访问量 150 万人次，收发业务邮件 10 万件。通过网上招商引资，国内外众多企业与区内多家企业建立了投资和科技合作关系，"香城新都网"已成为新都对外合作交流的重要窗口。

政府信息公开

【公开内容】 2000 年起，新都逐步扩大政府信息公开的内容和范围，规范行政部门办事公开。公开内容包括：政府规范化文件、经济发展战略、发展计划以及重大决策，制定的重要规划、年度工作目标及执行情况和出台的相关政策；与公民、法人和其他组织切身利益密切相关的重要事项；城市总体规划、控制性详细规划和土地利用总体规划，土地征用、房屋拆迁的批准文件、补偿标准和安置方案，行政审批项目、行政事业性收费项目；政府重要专项经费的分配、使用和管理情况，政府集中采购项目目录和采购结果，政府投资项目的招标、建设和使用情况，为抵御自然灾害而接受捐赠物的使用和管理情况，优待抚恤情况，税费征(代)缴(减、免、缓)情况；区政府各部门的机构设置和公务员选拔任用情况，机构设置及职能、领导成员的工作分工和调整变化情况，公务员录用程序和录用结果；各镇(街道)及各部门工作目标完成情况、落实行政执法过错责任追究制度的情况、重大行政复议的受理和做出行政复议决定的情况、重大行政处罚决定，政府承诺办理的事项及其完成情况；各部门将本部门办事依据、办事程序、办事时限、办事人员的责任、办事过程的监督、领导干部的姓名和职务职责分工等相对固定的内容、以及社会承诺、人大代表建议和政协委员提案办理情况等向社会公开。将领导干部的廉洁自律情况、本单位重大财务收支情况以及干部职工关心的其他重要事项在单位内部公开。

【公开责任制】 各镇(街道)和各部门"一把手"为本单位政府信息公开的第一责任人,分管负责人具体负责。建立预约公开制度,凡办理与群众利益密切相关的重要事项,事先公布方案(草案),充分听取意见后再公布执行。建立备案制度,对公开内容整理归档,杜绝假公开、片面公开或滞后公开。建立反馈制度,凡涉及群众切身利益的事项公开后,坚持征求干部群众意见,对群众提出的疑问及时做出解释,采纳群众的合理建议,解决群众反映的实际问题。

区政府办公室负责全区政务公开的牵头组织工作。各镇(街道)、各部门明确分工及职责,做到互相协调、配合。监察局负责全区政务公开的监督检查及责任追究工作。科技局负责政务公开相关电子政务与公共信息网建设和网上政务公开工作。

各镇(街道)、各部门除在政务公开栏、公示广告栏、信息查询等公开政府信息外,还通过《新都资讯》、新都电视台、香城新都网等媒体,及时公开政府信息。政务服务中心是政府信息公开的主要平台。

政府文件除法律法规另有规定和涉密外,都在发布之日起一个月内,通过香城新都网或《新都资讯》公开。

【专项公开】 政府投资的新都大道、宝光广场、绕城大道等重大基础设施项目建设,政府为群众办实事情况,与群众利益密切相关的水、电、气、有线电视收费、公交车月票调价等事项的实施,都在区级新闻媒体上公开,向社会征求意见。

教育投入、科技创新、社会保障等开支,全区性的重大财政性资金安排和使用过程,及时编简报、信息,向相关部门单位通报。2003年年初,组建区机关事务管理局,对全区机关的办公经费和业务经费进行统一管理。设立行政事业收费大厅,并由财政、物价、监察等部门在《新都资讯》上联合刊登《新都区涉及企业事业性收费公示》,使办事单位清楚行政事业性收费项目及标准。财政局每月1日定期向区委、区人大、区政府、区政协和相关部门印报上月财政收支表,区统计局每月16日前向社会公布上月财政收支情况。

证照审批项目、行政事业性收费项目、收费标准以及审批、收费的法律依据、审批主体、申报条件、申报程序、审批时限、投诉方式等,全部在新都电视台、《新都资讯》、香城新都网等媒体上公布。对项目报建实行"一站式"服务。

人事制度公开。通过新都公共信息网,公布全区党政群机关各部门的设置情况。各部门、各单位的"三定"(职能、机构、人员编制)方案确定后,以区政府办公室文件在全区公布,实现管理职能、内设机构、人员编制公开。

行政法制

【法制工作】 1996年,县政府办公室法规科与行政复议小组(1990年9月成立)合并,设立县政府办公室法制科,1998年5月更名为县政府法制办公室。

1990年,围绕普法工作和《中华人民共和国行政诉讼法》的实施,在全县进行法制宣传和培训,开展行政执法监督检查。1995年5月,对全县行政执法单位实行的法律、法规和规章以及"行政执法证"进行清理。1996年4月,下发《新都县人民政府行政执法责任制》,建立新都县行政执法责任制领导小组,在全县17个乡镇32个行政执法部门全面推行行政执法责任制。新都县推行行政执法责任制工作经验在全市各区县推广。1998年,以贯彻实施《中华人民共和国行政处罚法》为主线,县政府下发《新都县人民政府关于实行行政执法责任制的通知》《规范性文件备案试行办法》《行政机关规范性文件审查暂行规定》,建立健全保证法律、法规、规章和规范性文件正确贯彻执行机制及行政执法监督约束机制。

1996—2005年,坚持每年举办行政执法人员培训班,共200余期,参加人员100%,合格率99.95%。培训的内容主要有《中华人民共和国行政处罚法》《中华人民共和国行政复议条例》《中华人民共和国行政诉讼法》《中华人民共和国国家赔偿法》《四川省行政执法规定》《中华人民共和国行政许可法》《全面推进依法行政实施纲要》等。2002—2005年,参与解决征用土地纠纷、合同纠纷、产权纠纷、企改安置纠纷、征地安置补偿纠纷、劳动争议等热点、难点问题440余件,完成省、市、区(县)领导交办件近200余件,审查区政府规范性文件158件,起草和修改政府部门合同155份,接待来访群众咨询1200余人次,受理行政复议案件20余件。进一步完善落实审查备案制度、重大行政处罚决定备案制度、错案追究制度、行政复议及应诉制度、行政持证执法制度、学习培训制度。

【清理规范性文件】 1998年,县政府法制办公室对1988年10月31日至1996年12月31日由县政府制定的1000余份规范性文件进行清理,共清理出带有普遍约束力的规范性文件51份。经审定,继续执行的20份,需修订的6份,应废止的25份。凡废止的文件,从公布之日起停止执行;凡需修订的文件,由实施机关(或牵头实施机关)修改后报县政府批准实施。

2001年,市政府公布第一批取消(调整)的行政审批事项343项,第二批取消(调整)的行政审批事项158项。县政府据此对全县452项行政审批事项依法审定,保留347项,取消(调整)105项。2004年,对执行中的行政审批事项进行清理,共取消行政审批事项31项,取消收费项目18项。

【区长公开电话信箱】 1996年11月4日,设立县政府值班室,并向全县公布值班电话。2000年12月13日,设立县长公开电话和县长信箱。县长公开电话和县长信箱开通以后,群众反映的问题有:机关工作作风,企业改制安置、劳动争议,城市形象、清洁卫生、垃圾清运、占道摆摊、违章搭建,产权纠纷、土地纠纷、住房拆迁、土地补偿引起的账务问题、土地使用权的改变,镇、村账务不公开,道路建设、交通堵塞问题,社会治安,生活咨询,供水、供电、供气,娱乐场所、公共场所,群众纠纷、职工倡议、建议,人事劳资、集资还款,资助贫困学生、退休职工的待遇问题、中小学收费等问题。县政府对所反映的问题,及时进行调查了解并责成相关部门限期解决,解决处理的结果在5日内报县政府办公室备案。至2005年年末,共受理区长公开电话3100余起,区长信箱电子信函196件;受理市上交办件77件,受理市长信箱131件,受理市长公开电话70起。

【行政审批制度改革】 2003年,区政府成立行政审批制度改革工作领导小组。各镇(街道)、各部门成立相应领导班子,由主要负责人牵头,组织专人开展对本镇(街道)、本部门依法保留的行政审批事项进行清理。清理行政审批事项,结合本区实际,做到"应减必减"。清理工作坚持"合法原则":行政审批以法律、法规、规章为依据,凡国家、省、市已明令取消的,不得再进行审批;凡继续执行已明令废止、失效的行政审批事项,要追究有关负责人的责任。坚持"合理原则":凡不符合政府职能转变,不符合政企分开、政事分开,妨碍市场开发和公平竞争的行政审批事项坚决取消;凡可通过市场机制或通过依法成立的中介组织,行业自律运行的有关事项,通过市场机构或中介组织,行业自律决定。对取消项目坚持实行后续监管,防止"一取了之"。凡有行政审批职能的部门,本着方便群众,提高效率,实行"一站式"办公,

“一条龙”服务,并联式审批,规范化管理。

行政审批制度改革具体任务一览表

表 4-60

部 门	工 作 任 务 及 要 求
法制办	1.做好行政审批制度改革的实施方案制定及牵头实施工作;2.提出新都区行政审批制度改革意见;3.会同各审批部门对照国务院、省、市政府取消项目,负责对新都区拟取消、调整项目进行审定;4.会同各审批部门对保留的行政审批项目进行审定;5.对已取消项目的执行情况的监督检查;6.对新增行政审批项目的备案;7.对规范行政审批行为进行指导;8.对审批人员的素质教育和业务培训进行指导;9.对行政审批制度改革的调查研究,提出行政审批制度改革的有关建议;10.会同有关部门对各镇、区政府各部门开展行政审批制度改革工作进行检查考核,提出建议
监察局	1.做好行政审批制度改革的有关协办工作;2.对拟取消、调整的行政审批项目提出审查意见;3.对保留的行政审批项目提出审查意见;4.对已取消项目的执行情况进行监督检查;5.对违反行政审批规定的部门和公务人员进行查处
财政局	1.做好行政审批制度改革的有关协办工作;2.对拟取消、调整的行政审批项目提出审查意见;3.对保留的行政审批项目提出审查意见,对收费情况进行监督并提出审查意见
物价局	1.做好行政审批制度改革的有关协办工作;2.对拟取消、调整的行政审批项目提出审查意见;3.对保留的行政审批项目提出审查意见,对收费项目及标准进行监督并提出审查意见
体改办	1.做好行政审批制度改革的有关协办工作;2.对拟取消、调整的行政审批项目提出审查意见;3.对保留的行政审批项目提出审查意见
机构编制委员会办公室	1.做好行政审批制度改革的有关协办工作;2.对拟取消、调整的行政审批项目提出审查意见;3.对保留的行政审批项目提出审查意见
各具体行政部门	1.制定实行政务公开方案并组织实施;2.做好取消的行政审批项目的后续监督;3.做好对保留行政审批项目的清理和上报工作;4.建立规范的管理制度;5.建立行政审批项目备案制度;6.建立科学、民主的审批程序;7.建立行政审批窗口,减少行政审批的运转环节;8.建立行政审批公示制度;9.组织对行政审批人员进行培训;10.落实行政执法责任制,加强行政执法监督,严格纪律,确保政令畅通;11.完成行政审批制度改革工作的情况总结

民族宗教事务管理

【学习宣传民族政策】 针对新时期各类宗教活动广泛开展,宗教信仰人员不断增多,适时通过会议、培训、座谈和文件资料等形式宣传国务院《宗教活动管理条例》和四川省《宗教教职人员管理规定》等政策和法规,贯彻执行宗教信仰自由政策,规范宗教行业活动。每年召开民族宗教工作会议,宣传贯彻民族宗教政策,依法管理宗教事务。1987 年,中共中央、国务院批转《关于民族工作几个重要问题的报告》下发后,县委、县政府组织县级机关、各乡镇领导干部认真学习,切实贯彻执行。1991 年 6 月,县委、县政府制发《关于我县民族工作的意见》,结合贯彻全国、省、市民族团结进步表彰会精神,召开民族工作会、少数民族代表座谈会,举办民族节日活动,组织学习贯彻中央、省、市领导关于民族工作的重要讲话。1994 年 9 月,在全县范围内开展形成多样的“民族宗教政策宣传月”活动,县领导发表电视专题讲话,出动宣传车到乡镇进行民族宗教政策宣传,开展政策咨询,向各乡镇、机关单位赠送《民族宗教政策宣传资料》60 本、《民族知识选编》150 册,向群众发送《民族宗教法规》600 本,在《新都报》上开辟民族知识问答专栏2期。同年11月，召开县级机关负责人会议，学习贯彻《城市民族工作条例》。2002年，举办宗教法规学习班，参培宗教界人士80余人。至2005年，坚持每年根据当前形势，开展有针对性的民族政策学习宣传活动。

【执行民族政策】 新都历届人代会和政协会分别选举一定数量的少数民族人大代表和安排一定数量的政协委员。2005年，全区机关、人民团体、企事业单位中有少数民族干部65人，其中科、局级干部7人，企事业专业技术干部37人。

1988年起，按照《成都市清真食品管理办法》，有关执法部门依法审查境内经营的"清真"食品店铺，对不符合要求的责令其整改。1990年起，由所在单位发给清真伙食补助费每人每月5元，增供菜油150克，农村每人每年增供周转菜油3公斤。2004年6月起，清真伙食补贴增至15元。

1985年10月，宗教事务科拨款5000元，资助在龙虎村新建的回民公墓围墙。1986年7月起，根据四川省民族事务委员会等6单位制发的《关于进一步解决回民生活习俗方面几个问题的通知》精神，对机关和企事业单位的回族职工在"开斋节"放假1天。每年在清真寺举行的"开斋节""古尔邦节""圣纪节"活动中，区领导及有关人员都前往祝贺，与回族同胞共庆佳节。

1987年起，新都对少数民族子女在升学、就业方面给予优惠政策。截至2005年，在升学得到加分的少数民族子女426人，优先就业的12人。

重视化解民族矛盾，如2003年4月，新都镇牛市场一户洗车场抽水马达漏电，击死回民1人，及其饮水的牛，引发回民100余人到工商局要求赔偿。区民宗局邀请清真寺管委会主任兰国平及时赶赴现场，安抚群众情绪。经协商，此次事件得到妥善化解。

【发展民族经济】 1986—2005年，民宗局利用市民委贷款的瘦牛育肥基金、扶贫周转金，重点帮助15户少数民族困难家庭发展种植业、养殖业，逐步脱贫致富。帮助清真寺兴办具有民族特色的牛羊肉经营部、清真茶园、回香饭店等经济实体，以提高其自养能力。1993年，从业务经费中挤出1000元购买新都柚苗500株，支持回民在回民公墓空地种植。

【宗教团体建设】 1986年，建立宝光寺红十字会及医疗站，每年支付近1万元，购置医疗器具和药品，聘请地方医生，免费为香客游人治病。1989年1月，撤销宝光寺佛教协会，建立以方丈为首的宝光寺寺庙管理委员会。释意寂2004年升任宝光寺第25代方丈。

1987年，成立新都清真寺管理委员会，并建立健全教务、学习、财务、安全、卫生、保管等规章制度。马启兵1996年正式任阿訇。

1989年，成立新都县天主教爱国委员会，民主选举左立生为第一任主席。1993年换届选举，王素芳（女）为第二任主席。

2005年7月1日，成立成都市新都区基督教城区临时聚会点，临时聚会点负责人容素珍。

2005年，新都有佛教、伊斯兰教、天主教、基督教4个宗教团体，宗教教职人员101名，信教群众8万余人。另有极少数人信道教，在新繁镇大墓山有历史形成的道教活动点1个。

民宗局每年召开2~3次宗教团体负责人会议，学习党和国家的方针政策、法律法规，进行"爱国爱教、遵纪守法、独立自办、抵制渗透"等教育，帮助各宗教团体建立有利于宗教活动的各种规章制度，使宗教活动有章可循。1998年开始，坚持每年对各宗教活动场所和教职人员进行年审，依法登记发证。

【宗教活动场所管理】 2005年,新都区有开放的宗教活动场所5个:宝光寺、弥陀寺、观音阁、清真寺、天主教堂;允许进行公开活动的基督教临时聚会点1个;未开放的宗教活动场所5个:白水寺、木兰寺、观音寺、太辅寺、观音堂。

上述宗教活动场所,在"文化大革命"破"四旧"时,除宝光寺保存完整外,其余均遭到不同程度的损坏。

改革开放后,宝光寺自办素餐厅、茶园、停车场、香烛销售和法物流通等服务项目,全部自给自足,并自筹经费将寺庙、佛像等修缮一新。1986—2005年,共支援灾区110万元,支援地方公益事业设施建设150万元,捐助"希望工程"60万元。

新都清真寺,原无人管理,大殿垮塌、杂草丛生。1987年3月,建立清真寺筹备小组。发动县内穆斯林群众自愿捐款3万余元,县民宗局拨专款2.2万元,四川省宗教局拨款1.5万元,重建清真寺。从盐亭县聘请1位驻寺阿訇,同年11月,清真寺正式开放。

相继对新都镇弥陀寺、泥巴沱天主教堂,新繁镇观音阁、太辅寺,斑竹园镇白水寺,龙桥镇观音寺进行整修。

各寺庙均制定相应的管理条例和制度,实行民主管理,分工合作,各负其责,共同管理各宗教活动场所和日常事务。

20世纪90年代,民宗局根据中央、省、市文件精神,配合公安部门和乡镇政府,在认真宣传党的宗教政策、耐心做好群众思想工作前提下,对非法宗教活动场所依法关闭。截至1997年年底,制止乱开小庙25所,取缔基督教"自由"传道聚点18个。2002年7月17日,会同木兰镇政府、木兰派出所和公安分局,依法拆除木兰镇狮子村的"骑龙寺"和红石村的"地母庙"。

【宗教财产管理】 1981年始,新都县宗教事务科根据上级关于宗教房产政策,对全县被占用、拆除、改建的宗教房产进行调查、清理。截至1987年6月,全县清出宗教团体房产13684.8平方米,归还各宗教团体。各宗教团体共收回拆建、改建补偿款和房租费69069元。新都清真寺、天主教爱国会、宝光寺自行管理使用所得补偿款和房租费;道教、基督教因无宗教团体法人,其房产收入由县宗教事务科代管。

2002年,天主教圣诞节期间,区政府为解决天主教堂泥巴沱荆竹园产权归属纷争,补偿天主教堂15万元。

涉外事务管理

【外事接待】 1986—2005年,新都先后接待35个国家和地区的政要、名人、社团、记者以及海外考察经贸洽谈团共540批次、4779人。主要有:1987年2月5日,民主柬埔寨主席诺罗敦·西哈努克亲王和夫人莫尼克公主一行14人参观宝光寺,并赠给宝光寺1尊木雕大象。1987年3月9日,坦桑尼亚总统姆维尼和夫人一行34人,参观考察马家镇石坝村养鸡专业户。1987年8月9日,泰国内务部副次长差伦吉·纳宋卡为团长的府尹代表团一行10人参观宝光寺。1987年8月30日,卢森堡大公国首相柯莱特·弗来施女士率联邦德国知名人士16人参观访问新都镇团结村两户农户和宝光寺。1990年2月27日,意大利共和国皮埃蒙特区副主席维特里诺·比扬卡先生一行7人,参观新都镇新桥村农户和新都锦缎厂与金星服装厂。1990年5月12日,泰国王姐干拉雅尼·瓦塔娜公主一行13人参观宝光寺。1990 年 7 月26 日，加拿大前总理皮埃尔·特鲁多携二子参观宝光寺和桂湖。1996 年 6 月 27 日，泰国国会主席、东盟议会组织主席文鄂·巴色素文为团长的东盟各国议会联盟代表及随员 44 人，参观宝光寺并拈香拜佛。

【友好交往】 1994 年 4 月 16 日，县委书记唐光全与县政府副县长刘道明率 4 人团赴新加坡招商引资。唐光全代表成都市新都卫星城，新加坡忠邦城公民咨询委员会主席雷因旭代表忠邦城签字，双方缔结为姊妹城市。

1994 年 12 月 4 日，新加坡国会议员尚穆根率新加坡忠邦城商界人士 50 人到新都进行友好访问及投资考察。代表团参观宝光寺，参加忠邦城购物中心动土奠基仪式，为象征姊妹城友谊的汉白玉雕塑鱼尾狮开光，并为新加坡商业街题名揭幕。

1995 年 5 月 28 日，应新加坡国会议员尚穆根先生邀请，县长赵德喜率领 10 人团赴新加坡进行友好访问，在新加坡忠邦城街心花园为象征姊妹城友谊的熊猫雕塑揭幕。代表团参加新加坡忠邦城忠邦日庆祝活动，受到新加坡总理吴作栋接见，并合影留念。

1995 年 8 月 8—18 日，应新加坡忠邦城公民咨询委员会主席郭南利先生邀请，县委副书记李玉芬和副县长史宣治率芙蓉花川剧团 32 人，为新加坡全国肾脏基金会筹款义演 7 场，筹集资金 10 万元新加坡币，获得该基金会授予的一枚合金钢纪念盘。该团参加新加坡国庆 30 周年庆典观礼，受到新加坡财政部部长胡锡道、劳工部部长李玉胜、内政部次长何炳基接见。新加坡《联合早报》和《联合晚报》、国家电视台为此项活动作专题报道。

1996 年 6 月 18 日，新加坡国会议员尚穆根先生率投资考察团 78 人到新都，副县长刘道明等领导接见，并参加新加坡忠邦城商业中心落成典礼，参观宝光寺、旭光电子管厂和新都第一中学校，晚上观看芙蓉花川剧团表演的《芙蓉花仙》。6 月 19 日，尚穆根先生一行 6 人，受到副省长欧泽高和市委书记黄寅逵、副书记苏碧群会见及宴请。

【出境管理】 从 1992 年起，根据对外开放形势需要，按照因公出境有关规定办理相关手续。截至 2005 年，共办理出境经贸团 205 批次、641 人。所赴国家有泰国、俄罗斯、日本、德国、乌克兰、老挝、新加坡、美国、韩国、马来西亚、印度尼西亚、挪威、丹麦、荷兰、蒙古、法国、意大利、哈萨克斯坦、吉尔吉斯斯坦、越南、澳大利亚等，所赴地区有中国香港、澳门等。出境前，对出境人员进行思想、组织、纪律教育和境外风俗礼仪、涉外礼仪等知识教育。出境人员中无违规违纪行为和滞留不归情况发生。

机关事务管理

【公务车辆管理】 根据市政府办公厅 1992 年《关于恢复征收购置小汽车、大轿车专控商品附加费的通知》精神，防止和解决集团单位“公车私户问题”，县政府办公室从 1993 年 6 月 1 日起，对私人购置小汽车、大轿车实行行政征收专控商品附加费。征收的附加费纳入财政专户储存，作为县级财政预算外收入。各部门购车，需经县政府办公室审批，再经市政府机关事务管理局批准后，购车部门才能按照规定标准购买。2003 年 2 月，成立新都区机关事务管理局，区政府办公室机关事务管理的工作职能划归机关事务管理局。机关事务管理局对全区行政事业单位公务车辆进行清理和编制核定，全区共有公务车辆 564 辆。为 31 辆新购车辆申请编制，为清理出的 122 辆“公车私户、企业户”车辆办理过户手续。实行车辆定点保险、定点加油、定点维修,全年节约开支41.6万元。查处部分单位超标车14辆、8名领导干部调离工作岗位时带车到新单位的违规行为。2004年,制定《车辆管理规定》,通过定点维修、保险、加油,实行团体消费,集中结算制度,共节约开支80万元。为38个部门和镇(街道)办理新购61辆车的用车编制手续,8辆公务用车过户手续和6辆车的报废手续。2005年,为41个区级部门和镇(街道)办理新购54辆公务车的编制手续,为25辆公务用车办理过户手续和报废手续。

【政府采购】 1988年12月26日,县政府下发《关于从严控制社会集团购买力的补充通知》,要求各乡镇、各部门和企事业单位核实两年来社会集团购买实际支出数,并上报审核,未达到压缩要求的,1989年内相应压减指标。小汽车、大轿车、彩电、电子打字机、电传机5种商品经审查后上报市控制社会集团购买办公室审批,其余23种商品由县控制社会集团购买办公室审批。1990年,县政府对1986—1989年社会集团购买情况进行清理,查处89起违反控购规定的案件,罚没金额21.9万元。2000年4月6日,县政府下发《新都县人民政府采购管理暂行办法》(简称《办法》)。根据《办法》规定,将控制社会集团购买办公室改设为新都县政府采购中心领导小组办公室,代表县政府具体实施政府采购制度,并组织制定有关实施细则。《办法》规定现代办公用品单价在4000元以上的设备,或单价不足4000元而批量购置金额在2万元以上的项目;各种价值在5万元以上的专项设备,或非生产性修缮工程,车辆保险和车辆维修等项目,都属于政府采购范围。政府机关根据实际需要和财力,编制详细采购计划,每季度报县政府采购中心领导小组办公室,经核准后,通过公开招标等方式进行采购。《办法》从2000年5月1日试行。2003年实施《中华人民共和国政府采购法》,政府采购工作由区机关事务管理局政府采购管理科负责。2005年5月24日,区政府制发《新都区政府采购流程示意图》和《政府采购办事指南》,形成由区纪委(监察局)、区财政局、区审计局及供应商组成的"监督链",将采购信息、招标公告、招标结果等公布在省政府指定的《中国财经报》、省政府采购网等专业媒体上。

2003年,完成政府采购预算813.94万元,实现采购合同金额735.19万元,节约资金78.75万元,节资率9.68%。2004年,完成政府采购预算1443.94万元,实现采购合同金额1334.97万元,节约资金108.97万元,节资率7.55%。2005年,完成政府采购预算1587.35万元,实现采购合同金额1385.62万元,节约资金201.73万元,节资率12.71%。

档案管理

【馆藏档案整理】 1985年以前,分党群、人大、政府、政协、事业、企业、乡镇等七大全宗群和旧政权档案进行排列,基本做到有目可查、有章可循。1986年始,对馆藏档案进行全宗定位,分库存放,以立档单位进馆档案为依据,系统地相对集中编全宗号(不设二级全宗)、案卷号。至2005年年底,馆藏档案164个全宗,计60844卷,排架长912.69米。其中,中华人民共和国成立前的历史档案6个全宗,计5818卷,排架长87.27米。

【档案资源】 档案馆收集整理有清代嘉庆至宣统(1805—1911)年间的地契、官契,年代较为连续,内容丰富翔实,是研究清代政治、经济历史的重要资料。还有清代总督部堂、省劝业道、省糖务总局、精糖公司关于改革糖业的筹办和收股章程以及新都县商务分会的文书档案。

民国时期的档案有7类:一是党团类,包括民革新繁支部、国民党新都县、新繁县党部、民社党县党部、三青团新都县、新繁县分团;二是政府类,包括新都县、新繁县参议会、县政府、水利会、田粮管理处、税捐处、县仓储委员会、繁江镇镇公所、踏水乡乡公所;三是司法警察类,包括新都县、新繁县警察局、新都县地方法院、新繁县司法处;四是文教卫生类,包括新繁县教育会,县立初级中学,县幼稚园,繁江镇一小、二小,南城女小,铭章中学,新都县立初级中学(职中),简易师范,高级农业职业学校,新都县、新繁县民众教育馆,新繁县公园事务所,新都县、新繁县卫生院;五是工商企业类,包括新都县、新繁县商会,新都县联合供销社;六是金融类,包括新繁县信用合作社、四川省银行新都办事处、新都县银行、新都金库;七是其他类,包括新繁县农业推广所,新都县特委会,庙宇等部门形成的文书档案、地契档案、诉讼档案等。这些案卷形成时间从民国元年至38年(1912—1949)。

中华人民共和国成立后的档案主要有新都党政机关、社会团体、企事业单位形成的档案。

馆藏档案有三类:文书档案(1914—2002年),全面反映了新都地区的社会、经济、文化、卫生、科技、政治的历史。司法档案(1943—1949年),是民国时期新都县、新繁县地方法院和司法处所形成的各种刑事、民事案件材料。专门档案(1950—2002年),由会计档案、林业档案、人口普查档案、中小学校校舍档案、地契档案、土地证存根档案、婚姻档案、音像档案、科技档案所组成。

【档案编研】 新都县档案馆的编研工作始于1980年。1986年,利用馆藏民国地契史料,编纂《民国地契史料》。以上两书内部出版,发行到全国29省、市的750县(市)、100余所高校和科研单位2600册。《清代地契史料》获1988年四川省首次档案科研成果一等奖。1986年10月至1991年12月,县档案馆与县委组织部、党史研究室合编《中国共产党四川省新都县组织史资料(1927年·秋—1987·12)》。1989年,为庆祝中华人民共和国成立40周年和建馆30周年,编纂出版《档案运用成果选编》(内部);撰写新都县《档案事业十年改革十大变化》刊载于《四川档案》。2005年,完成新都档案馆《大事记》《组织机构沿革》、建馆以来档案《基础数字汇编》及部分专门档案的专题介绍。

【档案综合利用】 按照档案向社会开放的有关规定和《中华人民共和国档案法》第十九条规定,"国家档案馆保管的档案,一般应当自形成之日起满30年向社会开放",新都档案馆制订了《开放档案实施细则》。经整理鉴定,编制开放目录,从1988年6月起,经县政府批准,正式向社会开放。

至2005年,区档案馆拥有目录式(含计算机机读目录)、卡片式和图表式三种类型的检索工具,极大地提高了检索效率。为方便档案利用,档案馆建有《卷内文件目录》《案卷目录》《全引目录》《专门档案目录》《历史档案目录》《专题目录》《目录索引》《专题概要》《档案馆指南》《档案统计台账》《人物卡片》等检索工具,并建立婚姻档案、开放档案的计算机检索系统。

档案馆设置开放档案查阅室、未开放档案查阅室、接待室、检索室、微机室,配备检索工具柜、查阅桌、复印机、微机、照像机等设备,主要提供原件、复印件、制发证明、印发资料、展览等方式和摘抄、复制、函调、电话查阅等服务。

【村(社区)建档】 1995年9月,县政府制发《关于开展行政村建档工作的意见》,在全县选择40个村作为第一批建档村。先在龙桥镇普文村和斑竹园镇旃檀村试点,逐步推广到40个村,继而抓好100个小康示范村的建档工作。1997年,村级建档工作基本结束,9月进行全面检查。全县303个村中有287个村开展建档工作,占应建档村的95%,共建成文书、财会档案21812卷;91个村建立农户档案45773袋(一户一袋)。1998年,新都镇团结村率先在全省范围内实现档案规范化管理三级标准。

社区居委会建档始于2003年,10月中旬举办新都镇17个社区居委会选派的兼职档案管理员参加的社区档案管理培训班。同年11月中旬，在宝光社区居委会开展建档试点工作，共建成文书档案34盒、基建档案5盒、设备档案3盒、照片档案4册。此后逐步在各社区建档。

【档案馆达标】 新都档案馆建馆之初座落在县委大院内,有库房4间、办公室1间,面积115平方米。1979年,省档案局投资7.2万元,新都县自筹2万元,新建两楼一底的档案专用库房。1980年10月正式投入使用,建筑面积954平方米,使用面积723平方米。1991年3月,新都县档案馆达四川省三级标准。1994年,修建配套用房一幢,建筑面积500平方米,主要用于办公、干部培训、档案陈列、爱国主义教育基地资料展览以及资料检索与查阅等。

2004年,为配合成都市创建全国文明城市,按照国家档案馆"文明城市所属各区档案馆必须达到省二级馆标准"的要求,区政府决定在创建省二级档案馆的同时,在区档案馆内建立新都区现行公开文件资料利用中心。将区发展计划局、财政局、人事局、教育局、民政局等33个局与老百姓切身利益相关的2003年1月1日起的文件资料免费开放,市民只要凭公民身份证等有效证件,均可到档案馆查阅。同年11月9日,接受省、市档案局组成的考评组考评,以105.5分达到省二级馆标准。

【新都区档案学会】 1989年3月10日,召开新都县档案学会成立大会暨第一次学术交流会。首届会员57人。至2005年,区档案学会在册会员79人,共召开学会年会8次;撰写学术论文56篇,其中参加市档案学会学术交流8篇,在《四川档案》发表4篇,获新都县科技论文三等奖2篇。

【新都谱牒研究所】 1999年10月19日,召开新都谱牒研究所成立大会,共有专兼职研究人员11人。属民办科研所,挂靠区档案局。

1980—1999年,县档案馆先后征集17个姓氏计22部家谱族谱。研究所成立后,对馆藏家谱族谱进行研究。创办刊物《新都谱牒研究》,发行两期共刊登学术论文和评论性文章8篇。

地方志编纂

【《新都县志》编纂出版】 1981年启动社会主义新方志《新都县志》的编纂工作,历时14年,于1994年印刷出版。《新都县志》设31篇,130万字,印数3000册,由四川人民出版社出版。记述新都县1911—1985年新都75年历史。2001年,根据成都市人民政府关于统一再版新编志书的通知精神,对《新都县志》进行修订校勘,经过三审三校,勘误1000余处。1996年12月,《新都县志》获省政府颁发的四川省第七次哲学社会科学优秀科研成果三等奖,获市政府颁发的成都市第三次哲学社会科学优秀科研成果一等奖。

【部门志编纂】 1986—2005年,编纂部门志6部:1990年12月印刷的《新都县水利志》,2000年6月内部出版的《新都卫生五十年》,1999年印刷的《四川省新都师范学校校史(1909—1999)》,2003年5月印刷的《新都区教育志(续编)》,2004年12月公开出版的《新都区烟草志》,2005年印刷的《成都旭光电子股份有限公司志》。

【《新都区志》编纂】 2004 年 7 月,成都市启动全市第二轮修志工作。2004 年 12 月,区政府常务会议同意区地方志办《关于全面启动第二届地方志编纂工作的请示》。2005 年 1 月,区委办公室、区政府办公室联合下发《关于开展第二届地方志编纂工作的通知》,区政府下发《关于调整区地方志编纂委员会组成人员的通知》,同时成立《新都区志》审查验收委员会和《新都区志》编辑部,区地方志办制订《成都市新都区第二届地方志编纂工作方案》;同年 6 月,举办第二届修志工作业务培训交流会;年底汇总完善篇目。

【《新都年鉴》编纂】 2003 年启动年鉴编纂工作。编辑出版记述 2002—2004 年的《新都年鉴》3 卷,均为内部印刷,共计收录文字 140 万字、图片 465 幅。《新都年鉴(2002)》被省地方志编纂委员会、省地方志协会评为四川省第十一次地方志优秀成果二等奖。

·人民政协地方组织·

RENMIN ZHENGXIE DIFANG ZUZHI

CHENGDUSHI XINDUQU ZHI

1986—2005 年，中国人民政治协商会议成都市新都区委员会(简称区政协)经历第四届至第八届委员会。区政协围绕推进改革开放、现代化建设和祖国统一大业，发挥“政治协商、民主监督、参政议政”职能；围绕区委、区政府中心工作和群众关心、社会关注和涉及全区发展重大问题议政建言，开展调查研究和协商对话，发挥民主党派和无党派爱国人士在政治生活中的作用。区政协不断加强自身建设，提高委员参政议政能力，团结政协委员、各界人士同心同德，议大事、办实事，积极投入社会经济服务，为新都经济持续、稳定、协调发展贡献力量，在全区物质文明、精神文明、政治文明建设中发挥重要作用。

1986—2005 年，区政协共收到委员提案 2405 件，提交专题调查报告和情况反映 100 多件，编印委员视察《情况简报》153 期、《社情民意反映》191 期，委员引进项目 246 个。

政协委员会

政协委员

【委员产生】 根据《中国人民政治协商会议章程》的有关规定，政协第一届新都县委员会的参加单位、委员名额和人选由县委统战部根据县内人口和统战对象的数量提出参加单位和名额，分到各系统、各行业，由各行各业协商提出本届界别委员人选，汇总并经县委同意后，提交“政协新都县第一届委员会筹备委员会”协商决定。此后，每届委员会参加单位、委员名额均由区委统战部与上届政协党组研究，并经区委同意后，将名额分配到各单位、系统协商提出人选，汇总后交区委审定提出建议名单，由上届政协常委会协商决定。

【委员构成】 政协新都县第四届委员会经协商推荐，由县委、团县委、县总工会、县妇联、少数民族、工商、医药卫生、二轻工业联社、教育、农林牧电、科学技术、文化艺术、县联社、科学技术协会、个体协会、宗教、体育、侨联、华侨、台属等 20 个界别及特邀人员组成，安排委员 140 人，特邀委员 40 人。第八届政协委员会由 19 个界别组成，安排委员 177 人，特邀委员 51 人。安排民主党派成员，分配到各有关界别，1986 年安排 5 人，2005 年安排 41 人。县政协委员任期，从第六届起由 3 年改为 5 年。

新都政协四至八届政协委员构成情况统计表

表 5-1 单位：人

界别	四届		五届		六届		七届		八届	
	人数	占委员比例(%)	人数	占委员比例(%)	人数	占委员比例(%)	人数	占委员比例(%)	人数	占委员比例(%)
区委	16	11.4	16	11.1	16	10.1	17	9.7	17	9.6
无党派民主人士	0	0	3	2.1	3	1.9	4	2.3	4	2.3
团委	5	3.6	5	3.5	5	3.1	6	3.4	6	3.4
总工会	7	5.0	7	4.9	7	4.4	8	4.6	7	4.0
妇联	7	5.0	7	4.9	7	4.4	8	4.6	7	4.0

续表 5-1

界别	四届		五届		六届		七届		八届	
	人数	占委员比例(%)	人数	占委员比例(%)	人数	占委员比例(%)	人数	占委员比例(%)	人数	占委员比例(%)
少数民族	4	2.9	5	3.5	5	3.1	5	2.9	5	2.8
工商业联合会	10	7.1	15	10.4	15	9.4	17	9.7	21	11.9
医药卫生	9	6.4	10	6.9	10	6.3	11	6.3	14	7.9
教育界	23	16.4	23	16.0	23	14.5	26	14.9	23	13.0
农林牧电	10	7.1	16	11.1	16	10.1	18	10.3	14	7.9
科学技术	10	7.1	27	18.8	27	17.0	28	16.0	28	15.8
文化艺术	5	3.6	6	4.2	6	3.8	7	4.0	7	4.0
县联社	5	3.6	0	0	0	0	0	0	0	0
科学技术协会	7	5.0	0	0	7	4.4	8	4.6	8	4.5
个体协会	2	1.4	0	0	0	0	0	0	0	0
宗教界	2	1.4	2	1.4	2	1.3	2	1.1	2	1.1
体育界	2	1.4	2	1.4	2	1.3	2	1.1	2	1.1
侨联	2	1.4	0	0	0	0	0	0	0	0
华侨、台属	10	7.1	0	0	0	0	0	0	0	0
二轻工业联社	4	2.9	0	0	0	0	0	0	0	0
归国华侨联合会	0	0	0	0	8	5.0	8	4.6	8	4.5
政法界	0	0	0	0	0	0	0	0	4	2.3
委员合计	140	—	144	—	159	—	175	—	177	—
特邀委员	40	28.58	56	38.89	41	25.79	44	25.14	51	28.81

说明:表中"人数"是每届第一次全体委员会议安排的人数

政协第四届新都县委员会

【第四届一次全体委员会议】 1987年3月5—9日在新都镇召开。会议听取并审议蔡自立受大会主席团委托所作的政协第三届常务委员会工作报告;听取和审议县政协第三届委员会提案工作委员会、学习委员会和文史资料委员会的工作报告。会议选举出县政协第四届委员会主席、副主席、秘书长和常务委员,组成第四届委员会常务委员会。与会委员应邀列席县第十一届人民代表大会第一次会议。听取和讨论副县长李泽先所作的政府工作报告以及会议的其他报告。委员们对政府工作和政协工作进行讨论、协商,提出意见、建议。会议赞同政府工作报告和县人民代表大会的其他报告。会议认为,《政府工作报告》实事求是地总结了三年来的主要成绩和经验,也客观地指出了工作中存在的主要问题;报告提出的今后工作任务和奋斗目标以及为实现这些任务采取的主要措施,具有改革、开拓、奋进精神,积极可行。建议有关部门在执行中,加强检查,落实措施,促其实现。会议同意蔡自立在报告中对县政协第三届委员会的工作所作的评价。会议认为,县政协第三届委员会在中共新都县委领导下,在发挥人民政协"政治协商、民主监督"的职能方面;在运用政协人才荟萃、联系面广的优势,促进新都县社会主义物质文明和精神文明建设方面;在巩固和扩大爱国统一战线方面,进行了卓有成效的工作,为今后进一步开创人民政协工作新局面奠定了基础、提供了借鉴。会议同意蔡自立在报告中提出的县政协今后的工作任务和1987年的工作重点。

政协第四届新都县委员会主席、副主席、秘书长、常务委员名单

(1987.03—1990.02)

主　　席:蔡自立

副 主 席:王克俊、王信道、王熙百、刘冠群、陈恒宽、陈先德、李毓芬、唐光国

秘 书 长:朱奎元

常务委员:万自律、广　度、王德全、刘显成、沈定水、余达昭、李义让、李世忠、李学信、李荣森、吴君湘、周建辉、虎宝华、苟锡元、钟华之、杨国选、杨德平、贾大帜、袁万玉、袁礼金、张列平、郭洪谦、曾祥斌、练富谦、詹庆富

【第四届二次全体委员会议】 1988年3月10—13日在新都镇召开。会议听取并讨论了政协主席蔡自立代表本届常务委员会所作的工作报告和副主席陈恒宽关于四届一次会议以来提案工作情况的报告。会议同意常务委员会在工作报告中对过去一年工作的估价和对今后工作的意见。与会委员列席县第十一届人民代表大会第二次会议,听取并讨论县长李泽先所作的《政府工作报告》及其他报告。会议认为,中共十三大对统一战线和人民政协工作提出新的要求,人民政协面临着新的形势,肩负着新的任务。要深入学习贯彻十三大精神,坚持社会主义初级阶段的理论和基本路线,高举建设有中国特色的社会主义和统一祖国、振兴中华的爱国主义两面旗帜,充分发挥人民政协在政治生活和社会生活中的重要作用。在政治体制改革和社会主义民主建设中,县政协要不断加强自身建设,提高委员参政议政能力。要建立健全必要的制度,逐步使全县的重要事务和人民生活的重大问题的政治协商、民主监督经常化,以利于及时反映群众的要求、意见、建议和批评,协助党委政府正确处理和协调各种社会利益和矛盾,共同把新都县的事情办好。政协工作要围绕"以经济建设为中心,用改革统揽全局,努力实现国民经济增长"的要求,有计划、有重点地进行专题调研和科学论证,向党委政府提供有情况、有分析、有见解的意见和建议,发挥人民政协"综合人才库"的整体功能作用。与有关部门配合,进一步作好台湾同胞、港澳同胞、海外侨胞回县探亲访友的接待工作,密切与"三胞"亲属的联系,做好海外联谊工作,为"一国两制"方针的实施,完成祖国统一大业做出贡献。

【第四届三次全体委员会议】 1989年3月24—27日在桂湖镇召开。会议听取并审议副主席王熙百代表常务委员会所作的工作报告和副主席陈恒宽代表本会提案委员会所作的提案工作情况报告。会议同意这两个报告。与会委员列席新都县第十一届人民代表大会第四次会议,听取并讨论县长李泽先所作的《政府工作报告》以及其他报告。会议认为,《政府工作报告》对过去一年政府工作的总结是实事求是的,提出的今后一年奋斗目标和施政措施是可行的。会议希望县政府充分重视委员们就农业、教育、物价管理、社会风气等方面存在的问题所提出的意见、建议,有计划、有步骤地解决。会议要求,政协各组织机构要在常务委员会的领导下,根据政协章程和全国政协关于政治协商、民主监督的暂行规定,充分发挥自己的特点和优势,组织委员参加经常性活动,做好专题座谈、专题调查、委员提案和委员举报工作,并同县的党政有关部门密切联系,相互支持,相互配合,团结一切可以团结的力量,调动一切积极因素,维护与发展安定团结的政治局面,为治理整顿,深化改革建言献计。

政协第五届新都县委员会

【第五届一次全体委员会议】 1990年2月18—21日在桂湖镇举行。会议通过协商选出第五届委员会主席、副主席、秘书长和常务委员。会议听取并审议第四届常务委员会工作报告和提案委员会关于提案工作的报告,会议同意这两个报告。会议认为,第四届委员会始终坚持正确的政治方向,为稳定全县政治局势做了大量工作,经受住了1989年春夏之交政治风波的严峻考验;围绕治理整顿、深化改革开展调查研究,提出意见、建议,为民主、科学决策提供依据;积极履行"政治协商、民主监督"职能,推进政协制度化建设。会议认为,四届常务委员会总结三年工作的几点体会是深刻的,提出今后工作的建议意见是切实可行的,符合形势发展要求,本届委员会应当认真组织实施,并采纳委员们在讨论中提出的合理建议。与会委员列席县第十二届人民代表大会第一次会议,听取并讨论了政府工作报告及其他报告。会议认为,报告对过去三年政府工作的总结是实事求是的;提出的今后工作的建议意见是中肯可行的,委员们表示赞同,并将协助其贯彻落实。会议希望县政府认真研究委员们的批评和建议,妥善处理存在的问题。要求政协各组织机构要把维护安定团结的大局放在今后工作的首位,广泛宣传和深入贯彻《中共中央关于坚持和完善中国共产党领导的多党合作和政治协商制度的意见》,要把贯彻全国政协《关于政治协商、民主监督暂行规定》的工作落到实处,充分发挥人民政协的基本职能;围绕县委提出的"认真贯彻长期持续、稳定、协调发展经济的方针,坚定不移地搞好治理整顿和深化改革"的总任务,为治理整顿、深化改革中需要解决的重大紧迫问题献计出力;更进一步发挥人民政协"人才库"的优势,组织委员参加经常性的活动,做好专题座谈、专题调查、咨询服务,以及委员提案和委员举报工作。协助党委政府搞好各项工作。

政协第五届新都县委员会主席、副主席、秘书长、常务委员名单

(1990.02—1993.01)

主　　席:蔡自立

副 主 席:王克俊、王熙百、李长衡、李毓芬、陈先德、唐光国

秘 书 长:朱奎元

常务委员:万自律、王德全、付进红、达文泽、刘显成、何亚民、李世忠、李希绪、汪玉琼、严崇德、张存杰、张列平、练富谦、杨昌顺、杨国选、杨德平、杨德贵、周建辉、邹成龙、钟华之、郭洪谦、袁万玉、袁礼金、曹树成、遍　能、曾祥斌、魏国焓

【第五届二次全体委员会议】 1991年1月26—29日在新都镇举行。出席会议的委员180人,占应到委员总数的91%。县委书记唐光全通报了1991年新都县主要工作要点。会议听取并审议政协主席蔡自立代表常务委员会所作的工作报告和政协副主席王熙百代表提案委员会所作的提案工作报告。与会委员充分肯定五届一次全会以来,政协各项工作所取得的新进展、新成绩。会议认为,报告提出的1991年工作意见符合实际和形势要求,应当努力组织实施,并充分考虑委员意见,予以充实。会议听取县长李泽先关于政府工作报告征求意见稿的说明,认真讨论了县政府将提请县人民代表大会审议的政府工作报告的文稿和新都国民经济和社会发展"八五"计划的文稿。委员们认为,政府工作报告文稿对政府工作成绩的估价和提出的今后意见符合实际;"八五"计划是在改革中不断深入完善,经济实力增强、人民生

活改善、社会向前发展、安定团结的政治局面进一步巩固的基础上制定的，有坚实的政治、经济、社会基础。对上述两个文稿，委员们提出一些进一步修改、充实的建议，希望县政府认真研究，择善而从，使之更加完善。会议认为，本次会议先于县人民代表大会召开，进一步体现了协商于决策之前的精神。会议确认，邀请县领导和有关部门领导与委员一起就共同关心的重要问题进行专题讨论，是人民政协进行政治协商、民主监督的好形式之一，应当在县政协今后的活动中，继续坚持。会议号召，县政协的各成员单位、全体委员，要继续深入学习贯彻中共十三届七中全会精神，各组成单位要切实履行自己的职责，按照县委四次全会部署，积极协助党委政府搞好工作。政协委员要认真做好本职工作，热心参政议政，积极参加“提一项建议，交一个朋友，帮助一户困难户(统战对象)，引进一个项目(一笔资金或一项技术)，搞一项技术革新”的“五个一”活动，为发展新都县经济做贡献。

【第五届三次全体委员会议】 1992年3月3—5日在新都镇举行。出席会议的委员172名。会议听取和讨论了县委书记唐光全的讲话。会议听取并审议了政协主席蔡自立代表常务委员会所作的工作报告和副主席王熙百代表提案委员会所作的提案工作报告。与会委员一致认为，1991年，县政协团结全体委员和各界人士，围绕经济建设这个中心，履行“政治协商，民主监督”职能，认真调查研究，积极参政议政，在为新都县深化改革和经济建设服务，为社会主义精神文明建设服务，为社会、政治稳定服务等方面做了大量工作，取得明显成绩，委员们表示满意。会议听取县长李泽先所作的关于政府工作报告草案说明和讨论协商政府工作报告(草案)。委员们对报告草案表示赞同，认为过去一年的政府工作是富有成效的。今后的工作建议符合实际，是可行的。同时也提出一些建设性意见，希望政府在实施过程中进一步完善。会议指出，1992年是实施新都县国民经济十年规划和“八五”计划的重要一年，也是实施县委提出的本世纪末提前三年，力争“八五”末实现小康县的重要一年。全体委员要继续坚持本职任务，带头遵纪守法，作群众表率，密切联系群众，及时反映社情民意，宣传党的方针政策，做好团结、协调和维护、发展安定团结工作，认真调查研究，为深化改革，扩大开放和提前实现小康县献计出力。

政协第六届新都县委员会

【第六届一次全体委员会议】 1993年1月4—7日在新都镇召开。会议通过协商选出第六届委员会主席、副主席、秘书长和常务委员。会议听取并审议政协主席蔡自立代表五届常务委员会所作的工作报告和副主席王熙百代表五届提案委员会所作的提案工作报告。会议认为，政协第五届委员会坚持党的基本路线，紧紧围绕经济建设这个中心，积极履行“政治协商、民主监督”的基本职能做了大量工作，取得明显成绩。委员们表示满意。会议强调，六届一次全会是在全国人民深入学习贯彻中共十四大精神，加快改革开放和现代化建设步伐以及县委第九次代表大会确定的各项战斗任务的新形势下召开的，建设有中国特色社会主义理论、路线、大政方针和具体目标已经明确，关键是要在县委领导下，真抓实干。与会委员列席县第十三届人民代表大会第一次会议，听取并讨论了政府工作报告和其他报告。会议建议，政府今后在着力加强改革开放和经济建设步伐的同时，要切实加强农业基础地位，保护农民利益，调动农民的积极性，进一步解决好农业生产和发展中的问题，重视农业和农村工作，全面发展和振兴农村经济。会议要求，政协各组成单位、全体政协委员和政协各工作机构、办事机构，认真学习中共十四大精神，把思想认识统一到邓小平关于建设有中国特色社会主义的理论上来，牢固树立政协为经济建设服务的指导思想，坚持和完善共产党领导的多党合作和政治协商制度，巩固和发展新时期统一战线，维护和发展安定团结的局面,解放思想,振奋精神,同心同德,群策群力,为实现中共新都县第九次代表大会提出的宏伟目标,为加速城乡一体化,提前把新都建成小康县努力奋斗。

政协第六届新都县委员会主席、副主席、秘书长、常务委员名单

(1993.01—1998.01)

主　　席:李泽先

副 主 席:李长衡、郑　恩、李毓芬、陈先德、席　正

秘 书 长:高云久

常务委员:杨道田、陈怀江、龚才钧、钟华之、曾维林、陈开俊、刘显成、严崇德、张列平、邹成龙、付进红、苟锡元、江正德、李希绪、周建辉、魏国烇、杨志勇、兰永芳、胡先明、张瑞兰、曾维根、郭洪谦、遍　能、王德全、张之明、杨国选、张训麟

【第六届二次全体委员会议】 1994年3月10—12日在新都镇举行。出席会议的委员189名,列席人员15名。会议听取并审议政协主席李泽先所作的常务委员会工作报告和副主席席正所作的提案工作报告。会议认为,自六届一次会议以来,县政协围绕党委政府的中心工作,认真履行政治协商、民主监督职能,围绕经济建设中心参政议政,巩固和发展爱国统一战线,团结一切可以团结的力量,为社会稳定和统一祖国出力,加强政协自身建设等方面做了许多工作,取得明显成绩。与会委员表示满意。会议听取了县长赵德喜所作的《政府工作报告(草案)》的说明和《关于财政预决算报告(草案)》的说明。协商讨论了两个《报告(草案)》和《调整本届政府任期经济目标的说明》。会议认为,《政府工作报告(草案)》客观地反映了县政府一年来工作中所取得的成绩和经验,提出的工作计划和新的任期目标是积极的,符合新都县实际情况,是切实可行的。会议认为,1994年新都深化改革,扩大开放,加速发展的总体改革思路,给政协工作提出了新的要求,在新的一年中,县政协要继续认真学习《邓小平文选》第三卷和中共十四届五中全会通过的《关于建立社会主义市场经济体制若干问题的决定》,深入领会其基本观点和理论精髓,要按照县委的改革总体思路,积极推动各方面工作的发展。要认真贯彻落实县委政协工作会议精神和县委《关于进一步加强人民政协工作的决定》,把充分履行政治协商、民主监督职能,提高参政议政水平,放到政协工作的重要位置。要组织好决策前的协商讨论,加强实施中民主监督,进一步推进政治协商和民主监督的规范化和制度化。会议要求,1994年要以各专门委员会为基础,充分发挥人民政协人才荟萃的优势,围绕新都县经济建设和社会发展的重点,深化改革、扩大开放中的难点,人民群众反映的热点,以及社会发展中新问题,加强调查研究的力度。

【第六届三次全体委员会议】 1995年1月13—15日在新都镇举行。会议听取并审议政协主席李泽先代表常务委员会所作的工作报告和副主席席正代表提案委员会所作的提案工作报告。会议认为,1994年,县政协认真贯彻省、市、县委政协工作会议精神,落实政协六届二次全会决议,以经济建设为中心,切实履行政治协商、民主监督和参政议政职能,拓展工作领域,创造新的经验,取得显著成绩,为促进新都的经济建设和民主政治建设,维护安定团结的政治局面发挥了积极的作用。深入开展"五个一""五带头"活动,为促进"两个文明"建设献计出力;坚持民主和团结的主题,维护全县社会稳定,巩固"两个联盟"基础上的团结,扩大爱国统一战线;进一步加强政协自身建设,努力抓好学习,提高委员素质,加强人民政协性质、地位及作用的宣传,培养和建设一支思想、业务、作风过硬的机关工作队伍。会议要求常委会认真组织实施大会所确定的各项任务,努力探索新形势下政协履行职能、发挥作用的新方法、新路

子，动员和组织全体委员，开创政协工作的新局面。会议听取县长赵德喜所作的《政府工作报告（草案）》的说明，听取了《国民经济及社会发展1994年计划执行情况和1995年计划（草案）》的说明和《财政预决算情况报告（草案）》的说明。会议认为，《政府工作报告》提出的1995年工作的指导思想、目标任务和措施是切合实际的、积极可行的。与会委员对当前存在的农业、物价、环境保护、城镇管理等一些矛盾突出的问题提出了改进的意见和建议，希望县政府采取切实有效的措施认真加以解决。

【第六届四次全体委员会议】 1996年2月5—7日在新都镇召开。会议听取和审议政协主席李泽先代表常务委员会所作的工作报告和副主席席正代表提案委员会所作的提案工作报告。会议听取县长赵德喜关于《政府工作报告》的说明，协商讨论了《政府工作报告（征求意见稿）》和计委、财政、法院、检察院等报告以及《新都县国民经济和社会发展"九五"计划和2010年远景目标纲要（草案）》（简称《纲要》）。会议认为，在过去一年里，县政府坚持党的基本路线和方针，全县改革开放和经济建设取得新的成绩。法院和检察院的工作令人满意。《政府工作报告》和其他几个报告提出的1996年工作基本思路和各项任务是可行的，应该组织全县人民认真贯彻实施。会议认为，新都县"九五"计划和2010年远景规划贯穿了抓住机遇、加速发展的主题，总结了"八五"期间的成功经验，深刻地分析了全县加快发展的优势和制约因素，描绘了今后15年的宏伟蓝图，各项指标是积极可行的。《纲要》是指引和鼓舞全县人民团结奋斗的行动纲领，希望县政府在县人大审议通过后，认真组织实施。会议就农业问题，城市规划、建设和管理问题，社会治安问题进行专题协商讨论。会议认为，新都县的农业基础地位还需要进一步加强，农业的投入和农业与市场相结合的问题需要进一步采取措施加以解决；城市规划、建设和管理，社会治安方面还存在一些问题，希望县政府进一步加大管理力度。会议要求，全体政协委员要围绕"九五"计划和2010年远景目标，继续提高工作质量，加强规范化、制度化建设，发挥政治协商、民主监督、参政议政的职能作用。

【第六届五次全体委员会议】 1997年1月17—19日在新都镇举行。会议听取并审议政协主席李泽先代表常务委员会所作的工作报告和提案委员会副主席席正所作的提案工作报告。会议认为，过去一年里，县政协围绕全县经济建设、精神文明建设社会发展的重要方面，加强调查研究，认真履行政治协商、民主监督、参政议政基本职能，注重提高工作质量，圆满完成了政协六届四次全会确定的各项任务，各方面工作都取得令人满意的成绩，为搞好新都"两个文明"建设，维护社会稳定做出了积极贡献。会议协商讨论了县政府即将提交县人大十三届六次代表大会审议的《政府工作报告（草案）》《1996年国民经济和社会发展计划执行情况及1997年计划（草案）》和《1996年财政预算执行情况和1997年财政预算（草案）》，讨论县法院、县检察院《工作报告》。讨论中，委员们对《政府工作报告》提出积极的意见和建议。会议就精神文明建设、工业、乡镇企业、商业四个方面的专题，与县委、县政府和相关部门进行协商讨论。县委书记唐光全在全会上作题为《抓关键、保稳定、促发展》的讲话。会议认为，唐光全代表县委提出的新都县1997年工作思路、奋斗目标和措施方法，既符合中央和省、市委的要求，又符合新都县的实际情况，是切实可行的，县政协1997年的工作必须根据政协的职能，围绕改革、稳定和发展的大局来展开。

政协第七届新都县委员会

【第七届一次全体委员会议】 1998年1月10—13日在新都镇召开。出席会议的委员196名，列席人员26名。会议通过协商选出第七届委员会主席、副主席、秘书长和常务委员。会议听取和讨论了政协主席李泽先代表六届常务委员会所作的工作报告和副主席席正所作的六届委员会提案工作情况的报告。政协第六届委员会切实履行政治协商、民主监督和参政议政职能,充分发挥人才荟萃和联系广泛的优势,坚持围绕全县中心工作,深入进行调查研究,认真反映社情民意,在推进民主决策、科学决策方面发挥重要作用,在履行职能的规范化、制度化建设方面取得重要进展,在促进新都县经济建设和民主政治建设,巩固和发展爱国统一战线等方面做出显著成绩。会议协商讨论了《政府工作报告(草案)》《1997年国民经济和社会发展执行情况及1998年计划安排 (草案)》《1997年财政预算执行情况和1998年财政预算报告(草案)》和法院、检察院的报告。会议认为,县政府在过去五年的工作中,认真贯彻中共十四大、十五大精神,坚持党的基本理论、基本路线和基本方针,以经济建设为中心,切实推进"两个转变",正确处理改革、发展和稳定的关系,国民经济持续、健康发展,精神文明建设成效显著,城乡人民生活继续改善,各方面工作取得了可喜的成绩。会议对法院、检察院的工作表示满意。会议认为,县委第十次代表大会按照中共十五大精神,提出到2002年初步建立起社会主义市场经济体制,全县社会生产力、综合经济实力、人民生活水平和社会文明程度再上一个新台阶,逐步实现"达高标准小康,奔富裕型生活"的宏伟目标,并制定了为实现上述目标所采取的一系列重大措施。政协第七届委员会是处在世纪之交、承前启后、继往开来的一届政协委员会,全体委员要保持清醒的头脑,正确地分析认识形势,明确自己肩负的责任,保持良好的精神状态,埋头苦干、艰苦奋斗、开拓进取和求实创新。

政协第七届新都县委员会主席、副主席、秘书长、常务委员名单

(1998.01—2003.01)

主　　席:李忠福

副 主 席:文国富、郑　恩、高文富、席　正、龙义华、张瑞兰

秘 书 长:高云久

常务委员:陈怀江、张之明、赵　频、尹大荣、廖正刚、魏廷华、骆光玉、梁光懿、王　莉、张列平、马启兵、邹成龙、李方全、刘际林、李特立、李　洵、王昆岱、释隆应、王际怀、周　平、付顺刚、兰　昕、杨　静、吴全锐、刘世业、何明俊、宁交阳、许　超、谭其槐、何　刚、杨真友、刘正谊、张元秀

【第七届二次全体委员会议】 1999年3月8—10日在新都镇举行。出席会议的委员199名,列席人员54名。会议听取并审议政协主席李忠福代表常务委员会所作的工作报告和副主席文国富代表提案委员会所作的提案工作报告。会议认为,一年来,常务委员会高举邓小平理论伟大旗帜,认真贯彻落实中共十五大和十五届三中全会精神,团结政协委员和社会各界人士,围绕中心,服务大局,积极履行政治协商、民主监督、参政议政职能,圆满完成了七届一次全体会议确定的各项工作任务。会议协商讨论了县长沈有春所作的《政府工作报告(征求意见稿)》,讨论了《新都县1998年国民经济和社会发展计划执行情况及1999年计划(草案)的报告》《新都县1998年财政预算执行情况和1999年财政预算(草案)的报告》《新都县人民法院工作报告(草案)》《新都县人民检察院工作报告(草案)》。会议认为,一年来,县政府为促进新都经济和社会发展做了大量卓有成效的工作,取得显著成绩,《政府工作报告》对1998年政府工作的总结是实事求是的,提出1999年的目标任务和工作安排是切实可行的。与会委员就工业企业深化改革、加快发展问题和发展农村经济、促进农民增收等问题进行专题讨论,提出意见和建议,希望县政府采取措施逐步解决。

【第七届三次全体委员会议】 2000年1月4—6日在新都镇举行。出席会议的委员199名,列席人员

52 名。会议听取并审议政协主席李忠福代表常务委员会所作的工作报告和副主席文国富代表提案委员会所作的提案工作报告。会议认为，1999 年，常务委员会高举邓小平理论伟大旗帜，坚持党的基本路线，认真贯彻中共十五大、十五届三中、四中全会和县委第十次党代会精神，团结县政协全体委员和各民主党派、社会各界人士，围绕中心、服务大局，突出民主和团结主题，积极履行政治协商、民主监督、参政议政职能，圆满完成了七届二次全体会议确定的各项工作任务。会议协商讨论了县长沈有春所作的《政府工作报告(征求意见稿)》，讨论了《新都县 1999 年国民经济和社会发展计划执行情况及 2000 年计划(草案)的报告》《新都县 1999 年财政预算执行情况和 2000 年财政预算(草案)的报告》《新都县人民法院工作报告(草案)》《新都县人民检察院工作报告(草案)》。会议期间，全体委员视察了部分工业企业和教育、环保、城市建设等有关方面工作。与会委员对当前农民增收难度加大、企业经济效益不高、社会治安形势严峻、部分企业职工生活比较困难等经济和社会生活中存在的矛盾和问题提出建议，希望县政府及有关部门采取措施逐步加以解决。

【第七届四次全体委员会议】 2001 年 1 月 7—9 日在新都镇举行。出席会议的委员 188 名，列席人员 53 名。会议听取并审议政协主席李忠福代表常务委员会所作的工作报告和副主席文国富代表提案委员会所作的提案工作报告。会议认为，一年来，常务委员会高举邓小平理论伟大旗帜，以“三个代表”重要思想为指导，坚持党的基本路线、基本方针，认真贯彻中共十五大和十五届五中全会精神，突出“民主、团结”主题，围绕中心、服务大局，积极履行政治协商、民主监督、参政议政职能，圆满完成了七届三次全体会议确定的各项工作任务。会议协商讨论了代理县长李仲彬所作的《政府工作报告(征求意见稿)》副县长曾万明所作的《新都县国民经济和社会发展第十个五年计划纲要(草案)》，讨论了《新都县 2000 年国民经济和社会发展计划执行情况及 2001 年计划(草案)的报告》《新都县 2000 年财政预算执行情况和 2001 年财政预算(草案)的报告》《新都县人民法院工作报告》《新都县人民检察院工作报告》。会议认为，县政府一年来克服困难，锐意进取，为促进全县经济发展和维护社会稳定做了大量卓有成效的工作，取得了显著成绩。报告对 2000 年政府工作的总结是实事求是的，提出的 2001 年目标任务和工作安排是切实可行的。会议对县政府工作和县法院工作、县检察院工作表示满意。与会委员对农民增收难度加大、经济增长后劲不足、企业下岗职工增加、城市低收入家庭生活困难、市政建设管理和环境保护等问题提出建议。会议就新都县经济建设外部环境情况和社会治安情况进行了专题讨论，对其中存在的突出问题提出一系列建设性的意见和建议，希望县政府有关部门采取强有力措施切实解决。

【第七届五次全体委员会议】 2002 年 3 月 1—4 日在新都镇举行。会议听取并审议政协副主席高文富代表区政协常务委员会所作的工作报告和副主席文国富代表区政协提案委员会所作的提案工作报告。会议认为，2001 年，常务委员会以邓小平理论为指导，坚持党的基本路线、基本方针，深入贯彻中共十五大和十五届六中全会精神，遵照“三个代表”重要思想，突出“民主、团结”主题，围绕县委、县政府工作中心，服务大局，发挥优势，在社会各个领域积极履行政治协商、民主监督、参政议政职能，收到良好实效，圆满完成了七届四次全体委员会议确定的各项工作任务。会议协商讨论了区长李仲彬所作的《政府工作报告(征求意见稿)》，讨论了《新都 2001 年国民经济和社会发展计划执行情况与2002 年计划(草案)的报告》《新都区 2001 年财政预算执行情况和 2002 年财政预算(草案)的报告》《新都区人民法院工作报告》《新都区人民检察院工作报告》。会议对 2001 年县政府工作和县法院工作、县检察院工作表示满意。委员们对加入世贸组织(WTO)后农民增收、扩大就业、干部作风、廉政建设、社会治安、医疗改革、市政建设与管理、环境保护等方面存在的问题提出建议。

政协第八届新都区委员会

【第八届一次全体委员会议】 2003年1月14—18日在新都镇举行。会议听取并审议政协主席李忠福代表区政协第七届常务委员会所作的工作报告和副主席文国富代表区政协第七届提案委员会所作的提案工作报告。会议选举产生政协成都市新都区第八届委员会主席、副主席、秘书长和常务委员。会议协商讨论《政府工作报告(征求意见稿)》,讨论《关于成都市新都区2002年国民经济和社会发展计划执行情况与2003年计划的报告(征求意见稿)》《成都市新都区2002年财政预算执行情况和2003年财政预算的报告 (征求意见稿)》《成都市新都区人民法院工作报告》《成都市新都区人民检察院工作报告》。会议认为,《政府工作报告》对过去五年区政府工作的总结是实事求是的,提出今后五年的目标任务和工作安排是切实可行的。会议对2002年区政府工作和区法院工作、区检察院工作表示满意。会议指出,2003年是深入学习贯彻中共十六大精神,全面建设小康社会的第一年,人民政协工作面临新的更高的要求。会议认为,实现区委工作目标需要调动各方面积极因素,区政协应发挥人才荟萃优势,为新都"四路两区"等重点经济建设项目和率先建成小康社会服务。会议要求,全体政协委员和政协各参加单位,要在区委领导下,围绕中心工作,突出"团结、民主"主题,切实履行政治协商、民主监督、参政议政基本职能。

政协第八届新都区委员会主席、副主席、秘书长、常务委员名单

(2003.01—2006.12)

主　　席: 罗时武

副 主 席: 倪宗新、何亚民、高文富、张修建、刘建玲、刘际林、李奇志

秘 书 长: 罗文明

常务委员: 陈进谊、杨金华、崔　伟、范华银、吴传锋、张列平、樊　勇、邓学能、赵　频、马启兵、程　超、刘旭东、杨丰华、唐顺发、张天健、胡辟江、卢长庆、黄先政、李晓英、陈友才、何明俊、普　宏、包德志、文　萍、谭其槐、周　平、张渝新、吴大荣、韩俊国、黄贵云、何毅芳、杨风华、冯亚林、唐建平

【第八届二次全体委员会议】 2004年3月8—9日在新都镇召开。会议听取并审议政协主席罗时武代表区政协常务委员会所作的工作报告和副主席倪宗新代表区政协常务委员会所作的提案工作报告,听取并讨论《政府工作报告(征求意见稿)》,讨论《成都市新都区2003年国民经济和社会发展计划执行情况及2004年计划(草案)的报告》《成都市新都区2003年财政预算执行情况和2004年财政预算(草案)的报告》《成都市新都区人民法院工作报告》《成都市新都区人民检察院工作报告》。会议认为,2003年,常务委员会高举邓小平理论伟大旗帜,躬身实践"三个代表"重要思想,牢牢把握"团结、民主"两大主题,坚持"五气"精神、弘扬"四事"作风,发挥政协人才荟萃、智力密集优势,紧紧围绕区委、区政府工作中心,服务于全区改革、发展、稳定大局,认真履行政治协商、民主监督和参政议政职能,圆满完成了八届一次会议确定的各项工作任务。与会委员对失地农民、扩大就业、社会保障、干部作风、廉政建设、社会治安、环境保护、城市建设与管理和学校基础教育以及电力供需等方面存在的问题提出建议。会议指出,区政协要把深入学习、认真贯彻中共十六大和十六届三中全会精神,作为当前

和今后一个时期首要的政治任务，把促进发展作为政协履行职能的第一要务，进一步营造“团结、民主、和谐”的社会氛围，调动一切积极因素，团结一切可以团结的力量，不断巩固和扩大爱国统一战线，多做促进经济社会协调发展的实事，多做增进团结、化解矛盾、凝聚人心的实事，进一步提高履行职能的质量和水平。

【第八届三次全体委员会议】 2005 年 1 月 12—13 日在新都镇召开。会议听取并审议区政协主席罗时武代表区政协常务委员会所作的工作报告和副主席倪宗新代表区政协常务委员会所作的提案工作报告，听取并讨论《政府工作报告(征求意见稿)》，讨论《成都市新都区 2004 年国民经济和社会发展计划执行情况及 2005 年计划(草案)的报告》《成都市新都区 2004 年财政预算执行情况和 2005 年财政预算(草案) 的报告》《成都市新都区人民法院工作报告》《成都市新都区人民检察院工作报告》。会议认为，2004 年，区政协常务委员会高举邓小平理论和“三个代表”重要思想伟大旗帜，认真学习贯彻中共十六大和十六届三中、四中全会精神，把握“团结、民主”两大主题，紧紧围绕中心、服务大局，充分发挥优势，切实履行职能，努力做到了协商具有新题目、议政具有新见解、监督具有新目标、提案具有新水平、调研具有新成果，圆满完成了八届二次会议确定的各项工作任务。会议对常务委员会一年来的工作给予了充分肯定，赞同常务委员会关于 2005 年区政协工作的总体安排并要求常务委员会认真组织实施。会议认为，在区委领导下，区政府大力推行“阳光政府”理念，认真落实科学发展观，着力推进改革开放，克服困难，锐意进取，真抓实干，为推进全区经济发展和社会稳定做了大量的、卓有成效的工作，全区城乡一体化进程明显加快，群众生活显著改善。《政府工作报告》实事求是地总结了区政府 2004 年的工作，安排部署的 2005 年工作目标任务思路清晰、重点突出、切实可行。会议对区政府和区法院、区检察院工作表示满意。会议号召，全体政协委员和政协各组成单位，在各自的工作平台上当好“操作手”，为促进新都区物质文明、政治文明和精神文明建设的协调发展做贡献。

【第八届四次全体委员会议】 2006 年 1 月 8—10 日在新都镇召开。会议听取并审议区政协主席罗时武代表区政协常务委员会所作的工作报告和副主席倪宗新代表区政协常务委员会所作的提案工作报告，听取并讨论《政府工作报告(征求意见稿)》和《新都区国民经济和社会发展第十一个五年规划纲要(草案)》，讨论《成都市新都区 2005 年国民经济和社会发展计划执行情况及 2006 年计划(草案)的报告》《成都市新都区 2005 年财政预算执行情况和2006 年财政预算(草案)的报告》《成都市新都区人民法院工作报告》《成都市新都区人民检察院工作报告》。会议认为，一年来，区政府在区委领导下，坚持科学发展观，统筹城乡协调发展，大力推进规范化服务型政府建设，克服困难，锐意进取，真抓实干，为推进新都经济发展和社会稳定做了大量卓有成效的工作。《政府工作报告》实事求是地总结了区政府 2005 年的工作，安排部署的 2006 年工作目标任务思路清晰、重点突出、切实可行。《新都区国民经济和社会发展第十一个五年规划纲要》紧密结合新都实际，描绘了新都未来五年发展的宏伟蓝图。会议对区法院和区检察院的工作表示满意。会议指出，2006 年是实施“十一五”规划的开局之年，区政协要以科学发展观统领政协工作全局，更加主动地融入区委区政府的中心工作，突出“团结、民主”两大主题，选准着力点，找好结合点，充分运用调研、提案和社情民意手段，切实履行政治协商、民主监督、参政议政职能。

政协工作

工作机构

【政协专门委员会】 1987年3月,县政协第四届委员会设3个委(提案工作委员会、学习委员会、文史资料委员会)、6个组(农村组、工商组、文体组、科技组、医卫组、祖国统一和民族宗教组)和1个书画室。1988年11月22日,县政协党组根据全国政协章程和全国政协专门委员会组织通则及市委政协工作会议精神等要求,对政协工作机构进行调整,经常务委员会第十次会议研究决定设6个专门委员会:学习委员会、提案委员会、文史资料委员会、经济建设委员会(下设咨询服务部)、文教医卫体育委员会(下设书画室)、社会联谊委员会。第六届至第八届委员会设置提案委员会、经济建设委员会、社会事业委员会、文史资料委员会和学习联谊委员会5个专委会。

专门委员会根据《中国人民政治协商会议章程》《中国人民政治协商会议全国委员会专门委员会通则》的要求,以及全体会议和常务委员会会议提出的各项任务,从实际出发开展工作。组织委员学习、宣传国家的方针政策和法律;就国家、新都的大政方针以及政治、经济、文化和社会生活中的重要问题,人民群众普遍关心的问题,选择其中具有综合性、全局性、前瞻性的课题,深入开展调查研究,提出意见、建议和提案;团结和联系委员及各族各界人士,反映社情民意,维护社会稳定和民族团结,促进祖国和平统一,加强同"三胞三属"的联系,开展联谊活动;组织各种活动,积极为委员知情出力、履行职责创造条件。

【政协办事机构】 县政协第四届委员会设置驻会秘书长1名、副秘书长2名。设置机关办公室、调查研究科和委组工作科。办公室设主任1名,由秘书长兼任,副主任2名,由副秘书长兼任。调查研究科设科长1名,委组工作科设副科长1名。1989年3月,委组工作科更名为联络科,人员设置不变。县政协第六届委员会设置县政协办公室、委员联络办公室和调查研究办公室。办公室设主任1名,由秘书长兼任,副主任1名由1名副秘书长兼任,联络办公室设副主任1名。调查研究办公室未配备主任、副主任。政协第七届委员会保留办公室,撤销委员联络办公室、调查研究办公室,设专门委员会第一办公室、专门委员会第二办公室,并配备主任、副主任。第一办公室负责联系提案委员会、经济建设委员会和社会事业委员会,并做好三个专门委员会的服务工作;第二办公室负责联系学习联谊委员会和文史资料委员会,并做好两个专门委员会的服务工作。

政协主要工作

【政治协商】 政协全体委员会议、常务委员会会议、主席会议、常务委员专题座谈会、各专门委员会会议等形式是履行政治协商、民主监督、参政议政职能的主要会议形式。每年召开全体委员会议,在听取《政府工作报告》和其他报告的基础上,通过小组讨论,与政府主要领导和职能部门负责人进行专题座谈协商等形式行使协商职能。常委会会议通过协商、决议政协自身的重大事务;在听取政府领导、有关部门负责人通报工作情况或调查研究的基础上,进行协商讨论,提出意见、建议,通过简报、纪要、情况反映、意见综述、建议案等对重大事项进行协商。主席会议主要是协商决定统一战线内部事务,讨论决定政协有关重大问题；邀请政府领导或有关部门负责人通报工作情况，进行协商讨论。政协主席列席区委常委会议；副主席分别列席人大常委会议、政府常务会议；部分政协常委或政协委员参加区委召开的专题座谈协商会议、意见听取会议，是政协履行政治协商职能的重要形式。

1988年开始，县政府提交县人民代表大会的工作报告草稿，均事先交县政协常委会或主席会议进行协商征求意见。第四届委员会期间，以常委会的形式协商县政府《关于征用、占用土地若干问题的通知(草稿)》。有关桂湖公园选址、征地、筹资到建筑设施布局、扩建问题的协商活动10余次。

县政协第五届委员会协商讨论县委提交的《新都县十年发展规划(草案)》、县政府提交的《新都县国民经济和社会发展第八个五年计划(草案)》《新都县“八五”经济发展目标及对策研究(征求意见稿)》。

县政协第六届委员会按照中央、省、市有关文件精神，制定《政协新都县委员会关于政治协商、民主监督、参政议政的实施细则》，把邀请县委、人大、政府的领导列席政协常委会会议作为制度确定下来。1994年始，把财政预、决算，法院、检察院工作报告列入全会的协商议题。在常委会议、主席会议和其他专题协商会议上，先后协商了小集镇建设、社会治安综合治理、乡镇企业实现大规模经营向集约化经营转变、国营二轻企业扭亏增盈、发展农业服务体系、广播电视事业发展等问题，以及县委《关于促进大开放、大发展的若干政策规定》《关于深化农村改革、稳粮增收奔小康的方案》《关于制定“九五”计划和2010年远景目标纲要的建议》和县政府颁发的《关于在新都镇城区禁止燃放烟花爆竹的规定》《关于进一步加强城镇市容市貌管理的规定》等。

县政协第七届委员会将调查研究与协商监督相结合，就调查研究中所涉及的问题，分别以常委会会议或主席会议的形式同县政府协商，部分调研报告作为常委会或主席会议建议案送交县政府。先后同县政府协商《新都县人民政府关于征用土地补偿安置拆建办法(征求意见稿)》《2000年全县主要经济目标》等，以及个体、私营经济发展情况、下岗职工及再就业情况、生产能力发挥太差企业关停与纳税大户企业情况、节水型灌溉标准化渠系建设、投资100万元以上工业技术改造项目的情况、科技兴农问题、国有商贸企业改革、干部职工社会保险的情况、工业企业应对入世的机遇与挑战的问题、居委会建设、农民收入、环境保护问题、龙虎镇白店村发展等问题；协商县委、县政府提交的《关于抓住西部大开发机遇、实现跨越式发展的意见(征求意见稿)》等文件，与县政府协商新都镇垃圾管理的情况、桂湖公园管理、城镇职工基本医疗保险制度改革等问题。

区政协第八届委员会进一步强化政协全体会议整体协商、常委会议专题协商、主席会议重要协商和各专门委员会对口协商等协商议政格局。区委、区政府在决定事关全局的大政方针、经济社会发展中的重大决策、社会政治生活方面的重大事项时，坚持政治协商的“三在前、三在先”原则。即协商在党委决策之前、人大通过之前、政府实施之前，真正做到先协商后决策、先协商后通过、先协商后实施，为政协履行职能提供了政策保证。坚持和完善重大事项通报制度，定期和不定期地向政协常委会通报重要工作；坚持政协各专门委员会、民主党派和工商联与党政有关部门的对口联系制度，建立健全情况通报制度，使委员及时知情明政，有的放矢地建言献策。建立列席制度，除主席、副主席列席区委书记会议、区委常委会会议、政府常务会议、区人大常委会会议外，每次区委全委会会议、区政府常务会议都有2~3名政协委员按规定列席。对政协建议案，区委、区政府主要领导亲自处理；政协的重要调查报告、提案和社情民意专报，区委、政府分管领导亲自阅批。八届委员会期间，完成区委交办的《关于融入成都的研究》等重点调研课题。区政协向区委提出《关于调整区政协内设机构》的建议案，向区政府提出《关于我区失地农民培训应引起重视》《关于尽快全面推行农村新型合作医疗》《关于我区城乡一体化工作应稳步推进》《关于我区实施普及高中阶段教育的建议案》。区委、区政府凡涉及人事、项目建设等重大事项都要邀请政协主席或专委会、部分政协委员进行讨论。如，新都旧城改造，桂湖公园和宝光寺维修整治，北延线建设、新城区规划都广泛听取和采纳区政协和政协委员的意见。

【民主监督】 县政协第五届委员会组织委员参加县委、县政府组织的廉政大检查和税收财务、物价大检查,对廉政工作和健全廉政监督制度提出意见和建议。

县政协第六届委员会与县纪委、县纠风办牵头,以政协委员为主体组成行风评议组与市政协、市纠风办上下联动对县邮电系统的行风建设情况进行评议。

县政协第七届委员会先后开展3次民主评议活动。与区纪委、纠风办联合,对区建筑工程质量监测站进行行风评议;按照市政协、市纠风办的安排部署,区政协与区纠风办一道分别对区建筑工程质量监测站、供电局和交通局开展了上下联动的行风评议。

区政协第八届委员会积极探索民主评议和委员活动相结合的新形式。2004年,按照省市政协的安排,开展对区民营经济环境的民主评议,20多名政协委员对30多家民营企业进行调研、视察,并将评议结果报告区委、区政府;对区旅游系统开展民主评议;部分委员列席区政府常务会议和旁听了区法院的案件审理;参加区级党政领导班子和领导干部民主测评大会、区民宗局和规划局局长初步人选参评会;在开展保持共产党员先进性教育活动中,区政协组织各委员小组参与"万人评风"活动。

【提案工作】 委员提案不限时间、不限内容、不限人数,提案经提案审查委员会审查,内容确属有关境内政治、经济、文化和社会生活的大事要事便可立案,交有关部门研究办理,书面回复提案委员。不符合立案的提案作为意见、建议送有关单位参考。

1986—2005年,新都政协(第四届至第八届委员会)共收到委员提案2405件,立案2297件,立案率95.5%。在立案的提案中,经济、城乡建设方面1182件,占立案总数的51.46%;文教、卫生、科技、体育方面627件,占立案总数的27.3%;政务、政法方面414件,占立案总数的18.02%;民族、宗教方面74件,占立案总数的3.22%。办结2089件,占立案总数的90.94%。提案所提意见和建议,绝大多数被采纳或部分采纳。一些提案内容围绕工作重点和社会热点问题,建议中肯,针对性强,受到党政有关部门的重视。如《关于饮马河、南门河的综合整治》《关于蜀龙路三期工程的建设》《改进出租车计费器的建议》《制止中小学生流失》《请求产权界属, 尽快化解企业历史包袱》《关于尽快全面推行农村新型合作医疗的建议》《关于尽快建立更加完善的行政公示制度》《请多关照高龄寒士的晚年生活》《关于开办我区农民就业技能培训学校的建议》《抓住机遇,加快建设西部家具产业园的步伐》等提案受到区委、区政府领导的高度重视,承办单位认真办理,问题得到解决。有些提案具有宏观性和前瞻性,被吸取在工作规划中逐步加以落实。如:《打通交通瓶颈,尽快修建对新都发展最有利的N1线》《关于推进我区公交与成都公交一体化的几点建议》《关于毗河沿岸污水整治的建议》《推进新都区无公害畜产品标准化生产进程》等提案列入政府工作规划之中,创造条件逐步实现。

关于三河场收费站问题,是委员们和老百姓特别关注的热点问题。区政协常委张天健、唐顺发通过深入调查研究,以省、市政协委员的名义向省、市政协提交《关于拆除三河场收费站的建议》的提案,引起省、市领导的关注,国内报纸、电视、网络等媒体纷纷予以报道,发表评论,在社会上引起极大反响。

【调查研究】 新都政协坚持对政治、经济、文化和社会生活中的重要问题以及人民群众普遍关心的问题开展调查研究,并将调研结果以报告、提案、建议案或其他形式向政府提出意见和建议。

县政协第四届委员会着重对农业、市政建设、科技、文化教育、卫生、防疫、乡镇企业、旅游事业、法制建设以及"三胞"亲属的生产、生活等方面的问题组织了24项专题调查,提出8件专题调查报告和16件情况反映。其中,建议修建县图书馆得到党政领导同意,解决了长期悬而未决的问题;1989年根据群众普遍反映的市场物价和农药、化肥及其他农资的供应问题等,组织有关委员与工商、物价等单位深入开展专题调查,并向有关部门提出解决问题的建议;针对农业、工业和市政建设中比较突出的问题,组织专题调查和专题研讨, 提出《对进一步完善农业服务体系的几点意见》《加强食品卫生工作的建议》

《加强劳动卫生保护的建议》,被县委、县政府及有关部门采纳。

县政协第五届委员会期间,主席会议或常委会每年选3~4个项目组织调查;各专门委员会每年各选1~4个项目进行调查;委员小组或委员每年自选1个项目进行调查。县政协组织有关方面的政协委员与主管部门配合,对全县4家重点企业和清白乡的乡村企业就依靠科技进步、振兴企业问题进行调查后,提出了建立健全企业科技管理和技术开发制度、落实科技开发经费、规范科技进步奖励办法等建议,大部分被县委、县政府采纳;提出在主要粮食作物水稻生产中推广配方施肥的建议,经政府采纳、推广,增产效果显著,县委列为"三三工程",成为推动农业生产再上新台阶的重要技术措施之一;由社会联谊委员会与县总工会配合,经济建设委员会与县经济研究中心配合,对新都32家企业实行共保合同的情况进行调查,部分建议被有关部门采纳。

县政协第六届委员会期间,先后撰写《我县投资软环境情况的调查》《抓住机遇,加快我县非公有制经济发展的调查》《我县农业服务体系有关情况的调查》《青少年犯罪现状的调查》《关于进一步发挥我县科技人员积极性问题的调查》《木兰、新农中学生流失情况的调查》《提高企业经济效益的系列调查》《关于我县文物保护和管理情况的调查》《完善基层组织管理功能,加强社会治安综合治理的调查》《关于我县乡镇企业实现从粗放型经营向集约化经营转变的调查》《我县广播电视事业发展情况的调查》等30余篇调查报告,反映了经济建设和精神文明建设中的难点热点。其中,《关于进一步调动科技人员积极性的调查报告》中的部分意见,在县委关于科教兴县的一些重要决策中被采纳。县委、县政府《关于认真贯彻〈中共中央国务院关于党政机关厉行节约制止奢侈浪费行为的若干规定〉的通知》中采纳了县政协《关于我县广播电视事业发展情况的调查报告》中的意见,明确规定了"要减少对会议的新闻报道";《关于我县文物保护和管理情况的调查报告》提出后,县政府领导和文化部门督促限期整改。

县政协第七届委员会在个体私营经济、再就业工程、企业改革与发展、农业节水灌溉、工业技术改造、居委会建设、科技兴农、卫生事业、职业教育、社会保险、企业应对"入世"、农民增收、环境保护、城镇垃圾处理、基本医疗制度改革等方面,精心选择、重点确定调研课题,先后撰写调查报告16篇。其中,《关于我县个体、私营经济发展情况的调查报告》《新都县干部职工社会保险情况的调查报告》《新都县环境保护情况调查报告》《新都县卫生系统改革与发展情况的调查报告》《新都县石板滩、清流两镇农村中等职业教育调查报告》等,以及加强对新都镇团结村污染企业排污达标的治理和在新繁镇建垃圾焚烧场等意见和建议被采纳。

区政协第八届委员会围绕区委、区政府的中心工作,分别由政协主席、副主席带领区政协委员,同区级有关部门的人员深入基层,联合开展调查研究,先后形成《关于我区就业情况的调查报告》《关于我区失地农民培训的情况调查》《关于我区实施普及高中阶段教育有关情况的调查》《关于我区环境保护工作的几点建议》《关于我区农村税费改革的调查与思考》《关于我区职业教育改革与发展的情况调查》等调研报告20多篇。区政协充分发挥各民主党派、工商联和人民团体参政议政的作用,民盟新都总支调研并撰写《关于新都区失地农民医疗保障的调查》《关于新都物流中心建设的建议》等调研报告;民建新都总支调研并撰写《关于失地农民集中居住情况的调查与思考》《关于新都区城市建设与管理的几点建议》等调研报告;民进新都总支调研并撰写《关于失地农民子女受教育情况的调查》《关于新都区特殊教育情况的调查》等调研报告,均受到区委、区政府高度重视。

【委员视察】 政协组织委员视察,根据不同时期的工作重点和群众关心的热点问题,由政协确定视察内容。常委由政协统一组织视察,委员由专门委员会或委员小组组织视察。基本做到每个委员每年至少参加一次视察,视察时间一般安排在全委会议召开前,视察中采取"一看、二听、三座谈"的方式,了解情况,写出情况简报。对重要情况,进一步深入调查,写出调查报告,向政府和有关部门提出意见和建议。

县政协第四届委员会组织委员针对农业、工业和市政建设中比较突出的问题,进行专题调查、视察和专题研讨,提出《对进一步完善农业服务体系的几点意见》《加强食品卫生工作的建议》《加强劳动卫生保护的建议》等。编印《情况简报》11期。

县政协第五届委员会组织委员对工业、农业、商业、文教、科技、医卫、邮电、旅游、宗教、工会、共青团和妇联等方面工作开展视察。编印情况简报6期。1992年,县政协会同在县居住的成都市政协委员对新都邮电局的工作进行视察,了解到电信事业的发展受到现行体制制约,以及其他主客观方面所存在的主要问题。经反映后,一些问题得以加快解决。

县政协第六届委员会组织委员对农业、工商业、城镇建设、乡镇企业、文化、教育、卫生等方面工作进行视察。编印《情况简报》30期。1993年,政协委员视察乡镇卫生院危房改造,切实推动乡镇卫生机构对硬件建设的投入;1995年,视察急性肠道传染病防治工作,使有关应急准备工作切实得到加强;1997年底,视察创建和巩固卫生城镇情况,对巩固卫生城成果起到了促进作用。

县政协第七届委员会组织视察工业、农业、交通、城建、消防、国土、教育、文化、卫生、电力、水利、环保、广电、计生、科技、治安、旅游等方面的工作情况。编印《情况简报》61期。

区政协第八届委员会共组织视察45次,主要内容涉及社会治安、司法改革、计划生育、招商引资、企业改制、"非典"防治、环境管理、社区建设、学校基础设施建设和常规管理、水利基础设施建设、科技工作、城乡一体化、城镇规划、法庭建设、农机工作、城乡充分就业、新农村建设、安全生产、公立医院改革、以及工业、畜牧、林业等方面工作。编印《情况简报》45期。

【社情民意】 县政协第四届委员会期间,县政协分别在新繁、马家、大丰、桂湖组织委员参加意见建议征集座谈会。以社情民意反映后,新荣公路扩建工程款项得到落实。1987年,委员对市场物价和农药、化肥及其他农资供应等问题开展调查,并反映到有关部门,对稳定新都县市场物价和保障农资供应起到促进作用。

县政协第五届委员会围绕群众关心的问题进行调查研究,编印《情况反映》19期。其中,涉及桂湖镇数万居民生活的县自来水公司的水质问题向有关领导反映后得到尽快解决。

县政协第六届委员会收集整理《情况反映》《社情民意反映》共计55期。1996年始,根据形势发展的需要和上级政协的要求,把了解和反映社情民意作为一项重要和经常性的工作开展,号召每位政协委员密切联系群众,深入社会各个方面,认真了解社情民意,并向政协作专题反映,每年每人至少1条。政协办公室将收集到的意见直接送达县委县政府的主要领导,引起党政领导的重视,促使一些久提未决的问题得到较好的解决。

县政协第七届委员会建立健全信息搜集、审查、处理和报送工作机制。政协办公室编印《社情民意反映》共76期,向党政领导和有关部门反映,促使各界群众普遍关心的一些问题快捷有效地得到解决。关于桂湖公园管理、电子游戏治理、新石路规划建设、投资软环境、新繁片区社会治安、质监收费、木兰村提灌站维修等问题,引起区委、区政府领导重视,相关部门认真办理。《要千方百计扭转企业严重亏损局面》得到市政协领导的积极评价。

区政协第八届委员会坚持以关注民生为主题,积极反映人民群众的问题和困难。先后整理编印《社情民意反映》41期。《关于整合教育资源促进教育发展的建议》《关于进一步加强网吧管理的几点建议》《关注弱势群体,构建和谐社会》等情况反映得到区政府和相关部门的重视。

【联谊活动】 县政协第四届委员会把贯彻"一国两制"方针,促进祖国和平统一,建立广泛的爱国统一战线,作为政协在新的历史时期的一项重要任务。在团结联系各界人士、"三胞"亲属、归国侨胞以及回县探亲的港、澳、台同胞等方面做了大量的工作。县政协在开展政协委员活动中,邀请民主党派人士参加,在人事安排上,也作适当考虑,使统一战线更具广泛性。县政协加强对"三胞"亲属的联系工作,协同统战、对台工作部门,对新都镇、马家乡、大丰乡落实有关"三胞"亲属的政策,以及对"三胞"亲属的生产生活作调查，帮助解决工作、生活中的实际困难，帮助个别自愿创办企业的“三胞”亲属创办小型企业。县政协在每年中秋、春节会同县委统战部，邀请“三胞”亲属和由海外归国、台湾返回大陆探亲的同胞参加茶话会，畅叙衷情。1988年抗日名将王铭章殉国50周年之际，配合有关单位与王将军的亲属开展扫墓活动。社会联谊委员会与县民族宗教事务科配合，对宝光寺进行调查，协助寺庙制定安全措施。帮助回民恢复清真寺和回民墓地等。继续保持与有关市(区、县)政协之间的横向联系。县政协第四届委员会共接待全国及部分省、市、自治区的政协参观团(组)60余批，与全国49个市、区、县政协建立了文史资料交流联系。

1998年3月16日，县政协与县委统战部联合举行隆重纪念抗日名将王铭章殉国60周年大会。省、市、县领导，省市民革、省黄埔同学会，县级机关，县各民主党派、工商联、社会各界代表，王铭章亲属共200余人参加。

每年中秋和春节，与区委统战部联合召开有民主党派、工商联、人民团体和社会各界人士及“三胞”亲属参加的春节茶话会和中秋茶话会。加强同各民主党派、工商联的联系，在政协组织的调查、视察、座谈等活动中邀请民主党派、工商联成员参加，为其履行职能创造条件。民进新都总支编辑出版《同心集》。区政协坚持每年到各民主党派、工商联、人民团体和政协委员中进行走访座谈，了解生产和生活情况，征求对政协和全区工作的意见和建议，及时妥善处理政协委员和社会各界人士反映的问题和群众来信来访。2005年，在纪念抗日战争胜利60周年之际，区政协召开专题座谈会，新都抗日远征军和黄埔同学会新都联络组的老人及政协文史委员参加。

【文史工作】 政协文史资料具有突出的统一战线特色，按照“亲历、亲见、亲闻”的要求，达到“存史、资政、团结、育人”的目的。

1986—2005年，新都政协文史资料委员会共编辑出版《新都文史》15辑，约200万字。与省内外63个市(区、县)政协的文史资料委员会建立了联系。县政协书画室与新都书画研究会承担了桂湖公园楹联的征集、选定、设计和名家撰书工作，并长期与都江堰市、广东东莞市，以及洪雅县、资中县、成都市西城区(青羊区)、重庆市中区、剑阁县等市(区、县)政协举办书画联展，在宝光寺举办书画邀请展，接待大量省外游客和国际友人、海外侨胞、港澳同胞，扩大了新都对外影响。

1991年，由县政协发起，县委宣传部配合，联合新都境内部、省、市属9家企业和县属8个单位，自筹资金，编辑出版《新都书画摄影集》。同年，与山西省举办两省五县政协书画联展，由单一的书画技艺切磋，发展为政协工作、经济信息、改革发展等较为全面的交流。同年国庆期间，与县妇联、县总工会、县文化馆联合举办新都县首届妇女书画展。1992年国庆期间，会同县委统战部、县文教局联合举办万自律先生诗词书法作品展；组织政协委员、诗书画研究会成员深入厂矿企业、机关单位进行书画艺术交流和教学辅导。坚持书画艺术研讨，开展书画交流，出版诗书画册。1993年3月，抗日名将王铭章殉国55周年之际，出版《新都文史》王铭章专辑。1995年8月，世界反法西斯战争胜利50周年和中国人民抗日战争胜利50周年之际，县政协举办纪念会和诗书画展等系列活动。1997年7月，县政协组织大型的专题报告会和诗书画展等，并编辑出版《新都诗征》。2003年起，先后编撰出版《党委书记直选》《新都客家研究》《铭心集》等书籍，搜集整理《万自律诗词楹联遗存选》、刘冠群《脊梁骨》等文稿，加强对费密《弘道书》等古籍的整理，组织政协委员和书画爱好者参加市上举办的书画展览和各种纪念活动。

【“五个一”活动】 新都政协在组织、推动政协委员和各界人士参加经济建设的同时，紧紧围绕经济建设中心，深入开展“五个一”(提一项建议、增交一个朋友、帮助一户困难户、引进一个项目、搞一项技术革新)活动，促进新都经济发展。

县政协第四届委员会成立工商咨询服务部，为县内企业提供经济信息。与财办、民建支部、工商联联合举办经济合同法讲座。县政协经济建设委员会与县科委、县科协配合，利用新都县桂湖罐头厂和桂湖饮料厂的废料橘皮，为桂湖饮料厂研发新产品——橘露酒、柑橘汽酒。1988年始，机关办公室与老干局、老龄委和县人事局、民政局、红十字会等8个单位联合举办老年学校,传授经济常识、卫生保健、书画知识,以及栽花养鸟技术等。

县政协第五届委员会开始开展“五个一”活动,号召政协委员提一项建议,交一个朋友,帮助一户统战对象中的困难户,引一个项目或一笔资金、一项技术,搞一项技术革新。据1992年9月走访116位委员的统计,8个多月共开展活动206项,其中有关经济建设的122项。通过活动引进的项目35个,投资总额1.16亿元。引进资金3173万元,引进技术并产生效益19项。

县政协第六届委员会继续倡导“五个一”活动,将其内容修订为“提出一件有明确针对性的可操作的提案,反映一条社情民意或重要信息,办一件有利于精神文明建设的实事,办一件有助于发展我县经济建设的实事,办一件扶贫解困的实事”。1996年,成立县政协科技咨询观摩服务中心,组织和协调科技人员帮助企业解决管理、技术方面的问题。政协委员提合理化建议和提案共543条,采纳359条;技术革新技术进步95项,产生经济效益656万元。引进资金18237万元(其中以委员为主引进的9381万元),引进项目59个,投资55635万元;委员个人或委员所负责的单位为扶贫济困捐资共29万元。

县政协第七届委员会积极参与招商引资工作,开展“千户工程”活动。驻会主席、副主席在定点联系贫困村、贫困户、专业户活动中,会同当地党委、政府研究帮扶问题,解决联系户的生活与生产困难,所联系的贫困户和专业户的健康条件、住房条件和生产条件都有了明显的改善。许多委员向希望工程、再就业工程、受灾地区、贫困户、贫困学生及新都县特殊教育学校贫困学生捐钱捐物、送医送药。政协委员先后引进中外合资企业达利食品有限公司、成都精密电机厂等项目,为三河镇引进协议投资4亿元资金的项目。政协委员共引进资金10927.1万元;引进新技术44项,新增产值7902万元,利税678.5万元;引进项目90个,总投资75398万元;引进人才120名;提合理化建议742条;提供信息504条;捐赠现金30.4万元,物品429件。

区政协第八届委员会坚持组织各委员小组紧紧围绕推进城乡一体化的工作思路,积极开展招商引资活动。据不完全统计,先后引进项目62个,协议引资15.8亿元,实际到位资金7.5亿元。区政协继续开展帮困扶贫活动,先后慰问清流镇和新都镇的8名困难党员和36户贫困农户;牵头组织区审计局、区机关事务管理局等部门,先后为清流镇水梨村、新都镇桂溪村兴修道路和维修办公用房等筹资10万余元;组织部分政协委员筹资5万余元购买学习用品,在每年的“六一”分别到木兰、泰兴等中、小学校开展帮扶贫困学生的活动。

【委员学习】 从1989年起,县政协按委员所在单位和地区编为24个委员学习小组,确定小组召集人,并定于每季度第一个月的15日为小组学习活动日。坚持以新都镇、新繁镇为中心,组织部分委员和各界人士定期学习。后增加大丰、马家两个学习点,参加学习的人数由初期的30多人,增加到130余人。学习中采取以报告会、专题讲座、座谈会和编印资料等形式进行。坚持学习与工作、与参政议政、与知情出力、与组织调研相结合。第五届委员会举办“十年经济改革情况”专题讲座,委员们在政党制度及其他一些问题上增强了共识。第六届委员会举办“市场经济与‘复关’展望”“建立社会主义市场体系”“我县科教兴县战略的贯彻落实情况”“香港回归的伟大历史意义及发展展望”等专题报告会。第七届委员会举办“国际国内经济形势、我国加入‘世贸’与现代化建设”“加入WTO的有关法律法规”“关于我国经济发展形势和经济全球化形势”“关于台湾问题与形势”等专题报告会,使委员们增强了“三个意识”,即:全心全意为人民服务的宗旨意识;“围绕中心,服务大局”的政治意识;政治协商、民主监督,参政议政的职能意识。第八届委员会先后学习中共十六届三中、四中、五中、六中全会精神和胡锦涛在庆祝人民政协成立55周年大会上的重要讲话精神以及科学发展观的重要论述。激励全体政协委员当好“五种人”,即:努力学习,当好政协工作的明白人;加强团结,当好人民群众的贴心人;深入基层,当好群众疾苦的知情人;履职尽责,当好群众利益的代言人;开拓创新,当好民主政治的监督人。

·民主党派与社会团体地方组织·

MINZHUDANGPAI YU SHEHUITUANTI DIFANGZUZHI

CHENGDUSHI XINDUQU ZHI

1986年,新都县有民主党派成员18人。2005年年末,全区有民主党派基层组织4个,成员217人。区工商联(商会)辖镇(街道)分会13个、同业商会1个,有会员1316人。

新都各民主党派、区工商联(商会)和社会团体地方组织(区总工会、团区委、区妇联、区科协、区残联、区红十字会),在区委领导下加强自身建设,积极建言献策,履行职能,反映社情民意,发挥人才优势。实施职工民主管理,积极开展争创劳模和社会服务活动,组织青年、少先队、妇女儿童及家庭开展各类主题活动,推广科技知识和实施互助工程。在民主监督、参政议政中发挥积极作用,在新都经济建设和社会发展中做出积极贡献。

民主党派与工商联(商会)

民盟总支

【组织机构】 1987年5月15日,由3名1949年前加入民盟的苏剑威、梁全海、王德全发起,8名新都县盟员在当时县志办会议室召开民盟新都筹备小组会议。1987年11月20日,民盟新都县临时活动小组成立。1988年3月22日,成立中国民主同盟成都市新都县支部委员会,魏国烇任主任委员,有盟员14人。1997年换届,张瑞兰任主任委员。2002年更名为民盟成都市新都区支部委员会。2005年成立民盟成都市新都区总支部委员会,张瑞兰任主任委员,有盟员68人,下设科技、教育、卫生3个支部。

【职能履行】 至2005年,盟员中先后有7人次担任省、市人大代表和政协委员,51人次担任区人民代表和政协委员。盟员中的人大代表和政协委员向各级人大和政协共提交议案19件、提案124件。提案《落实农村合作医疗经费,建立农民健康保障体系》得到民盟中央领导重视。

2002年,民盟新都支部与民盟市委联合开展成都市农村卫生工作情况调查,向中共成都市委、市政府提出《关于加强我市农村卫生工作的建议》。

2003年,与民盟市委合作开展"成都市中医药产业化发展""成都市农村合作医疗情况"调查。提案《龙藏寺保护开发的建议》引起省政府有关部门重视。

2004年,《新都区农村职业教育和职业培训的调查报告》作为民盟市委向民盟中央、省委提供的材料;向中共新都区委提交《新都区农村养殖污染防治的调查报告》;举办首届参政议政论坛,提交涉及政党建设、环境治理、教育卫生、城市规划与建设、文物保护等方面论文10篇。

2005年,组织调研,撰写调研报告3篇,为中共新都区委、区政府提供决策参考,其中,《农村土地整理后地力下降应引起重视》获当年省政协优秀提案一等奖。

【社会服务】 新都民盟提出"做实事,做好事,多为民盟添光彩"的行动口号,发挥在医疗卫生、文化教育、科学技术等方面的优势,开展社会服务活动。

医卫服务 1990年9月,与民盟华西医大支部举办庆国庆大型义诊活动;1991年9月,与民盟华西医大支部和成都中医药大学支部开展预防疾病保健康义诊咨询活动;1992年9月, 与民盟华西医大支部举行教师节义诊活动。2000 年至 2002 年，与民盟市委联合举办国庆义诊活动。2003 年，组建防治“非典型肺炎”卫生知识宣讲团，走遍全区各乡镇，宣讲 47 场次，发放资料 8300 份，制作预防“非典”知识问卷 2 套，进行社会调查。在农村抗击“非典”第一线排查疫区返乡人员，组建标准化发热门诊，此模式在全区乡镇卫生院推广。2004 年组织盟员参加“三下乡”活动；2005 年重阳节，组织盟员到敬老院开展“送健康、送快乐”活动，为 68 位老人体检，建立健康档案，放电影并赠送慰问品。

文教服务 1996 年始，先后邀请民盟市委文艺支部的演员到中小学校举行文艺演出；邀请书画家义务书写春联。邀请教育专家、历史学家、经济学家、法律专家到新都作专题报告。2003 年教师节期间，民盟新都支部与区教育局联合在新都四中举办“2003 年高考试题分析义务讲座”，有 5 所学校 1000 余名师生参加。并组织盟员多次为红十字会募捐义卖等活动。

科技服务 1995 年 4 月，组织科技、卫生等方面专门人才，自带方便面，到泰兴镇瓦窑村开展科技卫生扶贫活动。2004 年 5 月，与新都一中联合举办新都社区电脑操作培训班，有 54 名市民参加为期 12 天的培训。

引资捐资 2001 年，盟员为社会捐款 4.9 万元。盟员个人为新繁镇光彩工程一次性捐款 4 万元，受到新繁镇政府表彰。盟员个人为 5 个中心小学建立班级图书室，因岗位贡献突出，被民盟中央授予“跨世纪做贡献”先进个人称号。2003 年，盟员个人引资 1000 万元，兴办食品工业园和生物科技项目及修建食品加工厂。盟员个人捐资 2.5 万元为龙桥镇河顺村 3 组新修 6 米宽标准村道 1 条。盟员个人为 19 所农村中小学资助 1.3 万元修建图书室。在捐资助学、扶贫解困、抗击“非典”等公益活动中，盟员共捐款 1500 元。2005 年，盟员个人组织申报成都市城乡协调发展科技专项，为新都区首次争取到科技项目专项资金 100 万元。盟员个人参加民盟成都市委组织的“防盲助困捐助”活动。盟员个人向黑水县小学捐赠课桌椅 144 套、人民币 1.4 万元。盟员个人向清流镇养殖户赠送全年《四川农村日报》10 份。盟员个人在“五个一”工程活动中捐款 5000 元。

民建总支

【组织机构】 1983 年，民建市委直接发展王熙百、周建辉为民建会员。1987 年 5 月，会员发展到 8 名，经民建市委批准，由王熙百、周建辉、唐光国组成民建新都支部筹备小组。1987 年 12 月 7 日，成立中国民主建国会成都市委新都县支部委员会，王熙百任支部主任委员，有会员 16 人，主要为经济界和科技、医卫界人士。1993 年，民建新都支部扩建为新都总支部委员会，王熙百任总支主任委员，有会员 26 人。1996 年 5 月总支第三届换届，有会员 51 人。1999 年总支第四届换届后，发展了一批学历较高、年轻的非公有制企业代表人士入会。2002 年 6 月总支第五届换届，张天健任主任委员，总支下设桂湖、新繁 2 个支部，共有会员 62 人。2005 年年底，有会员 71 人。

【职能履行】 1987—2005 年，民建新都总支先后有市、区、镇人大代表分别为 3 人、5 人、1 人；市、区政协委员分别为 3 人、37 人次，共提交提案、建议 284 件。1992 年，提案《为适应经济发展，应尽快解决新都县通话难》受到中共成都市委、市政协和中共新都县委、县政府重视，省、市邮电局计划安排，新都县财政筹资 140 万元，于 12 月 28 日开通 5000 门程控电话。《廉政建设要常抓不懈》《尽快制定新都名牌产品战略实施方案》《坚决制止乱收费》《国营商贸企业改革力度必须加大，步伐必须加快》《提高电视传播质量,增加节目频道》《承诺不算数,"臭气"仍在放》《建议取消成都市所有区、县固定电话区间费》《改善投资环境,加快新都发展》《整合道路资源,尽快打通、疏通、畅通成都市北大门通道的建议》《关于成都绕城高速收过路费的建设》等提案、建议都受到市委市政府、县委县政府重视。

至2005年,会员中的人大代表、政协委员有300余人次参加视察、专题调研、评议政府职能部门活动;参与新都重大决策和重大问题的协商讨论;针对新都经济建设、改革开放、党风廉政、环境保护等方面的问题进行座谈研讨,提出意见建议;反映社情民意15件。

2002年,民建新都总支有区特约检察员、特约陪审员、特约监察员、特约审计员各1名,行风评议员、廉政监督员共4名;2005年,有区人民检察员、人民陪审员、监察员各1名,区行风监督员4名。

【社会服务】 民建新都总支发挥自身优势,始终围绕"为经济建设中心去工作,为两个文明建设服务"。

兴办企业 1985年,会员个人创办新都工商经济公司。1986年,会员个人开办四川新繁泡菜厂。1988年,会员个人创办成都建新燃气具机电制造有限责任公司。1992年,会员个人开办床垫厂(后发展为四川成龙实业有限公司)。会员个人创办的绣品厂被誉为"大丰盛开的蜀绣花"。至2005年,新都民建会员创办的企业累计上缴各种税费8000万元;在开展扶贫、救灾赈灾、光彩工程、捐资助学等公益事业活动中捐款、捐物,折合人民币100万元;累计安排待业、下岗职工及失地农民工4000人。2003年,3名会员与人合作,投资280万元建成新繁镇开放式体育休闲公园"锦溪缘"。

兴文办学 王熙百在任县政协驻会副主席、民建新都总支(支部)主任委员期间,组织统战对象及各界人士参加学习,举办文化交流,纪念文化名人,开展诗书画讲座,辅导青少年学生,同县内诗书画界人士组建"新都诗书画研究会"。会员个人斥资40万元,创办"民建新繁音乐幼儿园",1994年招生,到2002年有600名幼儿入园。会员个人在成都先后开办"百花""皇家""金世纪双语"3所幼稚园,年招生400余名。

招商引资 2001年和2002年,在中共新都区统战部与新都镇、新繁镇分别举办招商引资恳谈会期间,民建新都总支两次均邀请成都市民建企业家俱乐部会员和工商企业界人士50余人参加。

民进总支

【组织机构】 1983年,四川师范学院副教授、民进会员李阳庚(新都人)到新都发展会员,到1987年5月,发展会员14人。1987年5月15日,成立中国民主促进会成都市新都县支部委员会,刘冠群任主任委员。1990年11月28日,民进新都支部扩建为总支部委员会,李希绪任主任委员,下设新都一中、桂湖、新繁3个支部,共有会员43人。1997年3月20日换届,李方全任主任委员,增设文艺支部,共4个支部。2003年11月22日换届,唐顺发任主任委员,仍下设4个支部。2005年年底,新都民进有会员76人(其中在职会员34人)。

【职能履行】 1987—2005年,民进新都总支先后有省政协委员1人、市人大代表2人、市政协委员1人、区人大代表5人、区政协委员63人次、镇(街道)人大代表5人。在区政协评选"五个一、五带头"先进委员活动中,1994年至2005年,民进会员有24人次被评为先进委员。

政协提案和人大建议 至2005年,民进会员中的政协委员、人大代表向区政协提交提案388件,向区人大提交建议15件;向省市政协提交提案48件,向市人大提交建议2件。区政协第八届委员会开展评选优秀提案活动，民进会员共有7件提案被评为优秀提案。提案《建立新都乡贤馆》《加强文物管理和文物保护》《让老百姓吃上放心肉》《关于全面启动饮马河、南门河综合整治工程的建议》等受到县委、县政府重视。2003—2005年，会员个人在省政协会议上提交提案18件，其中《要加强对农村土地征用政策落实情况的民主监督》被评为优秀提案。2004年，会员个人的提案《对农村生活垃圾处理一事的建议》、2005年提案《城乡一体化建设，政府应重视解决好的几个问题》均受到中共成都市委、市政府重视。

调研考察反映社情民意 1993—2005年，民进新都总支组织调研12次。内容涉及文化旅游、人文古迹、"村务公开，民主管理"、职业教育、特殊教育、青少年性科学及预防性传播疾病教育、失地农民子女教育、污染治理、三河场收费站问题等。1987—2005年，参与政协调研14次，内容涉及新都旅游、初中生流失情况、建设用地、城建规划、环境保护、社会保险、农民就业技能培训、基层医疗机构现状、少数民族教育、新都教育融入成都等。2000—2005年，向省市政协、民进省市委、区委区政府、区政协报送信息35条。

民主监督 1987—2005年，民进会员中有：市新闻行业社会监督员、区法院特约人民陪审员、区检察院人民监督员和检务监督员、公安分局警风廉政监督员、区监察局特约监察员、区法院党风廉政监督员、区广播电视局行风监督员、区房管局行风监督员、区民营经济发展环境民主评议员、区司法局行风监督员、新都镇派出所警风监督员、区人民医院行风督查员。

【社会服务】 民进新都总支发挥党派的智力优势，开展社会办学、教育服务和助学济困活动。

社会办学 1990年，开办民进市委育才学校新都分校，招收高考落选生56名，补习1年后，8人升学。1993年，开办成都市广播电视大学民进新都总支教学班，先后招收学员206名。1995年，办小学与初中衔接班，为新升入初中的学生提前进行适应性教育。1997年暑期，举办两期数学、物理兴趣班。

教育服务 1998年，参与扶助下岗职工子女的"同心"工程，新繁支部会员资助新都二中2名父母下岗的学生完成学业，并免费辅导；新都一中会员利用节假日免费辅导下岗职工子女。2002年，会内部分优秀教师到新农中学开展教学研讨活动，并赠送世界名著20册。2004年，民进新都总支将泰兴中学作为教育服务工作点，在泰兴中学召开座谈会，赠送文学名著20册，部分会员与该校教师结对子。请川师大教授为泰兴、木兰、石板滩等中学老师作专题讲座，讲述中学实施新课标中的问题。为泰兴中学开设"高考作文指导"讲座，个别辅导高三学生，邀请泰兴中学语文教师参加新都一中语文教学比赛课活动。2005年1月，依托泰兴中学教育服务工作点，邀请成都民进书画院画师与总支会员在泰兴街头开展"迎新春，送春联"活动；同年3月，与四川省美术家协会在泰兴中学联合举办"四川省第五届漫画巡回展"。

助学济困 1998年，会员个人带病自费前往距甘孜州色达县年龙乡政府10公里、距县政府150公里的雪山环绕的一所小学实地考察，募得捐款1.5万元资助该校。2000年，会员个人捐款资助1名考上大学的贫困学子。同年9月19日，总支向新都县特殊教育学校捐赠200册图书。2001年春，会员个人捐款资助3名贫困生。2002—2003年，总支会员共捐款710元、捐衣物280件，到蒲江县扶贫支教。在泰兴中学开展教育服务活动中，向9名高三优秀生发放奖学金1350元，向7名贫困生发放助学金1600元。民进新都总支会员捐款2210元，赈济1998年长江流域遭洪灾群众。

农工党支部

2005年5月8日，中国农工民主党四川省委员会(简称农工党省委)批准刘建玲加入农工党，并开始筹备成立农工党新都区支部。2005年9月12日，农工党省委批准成立农工党省委直属新都区支部。2005年9月16日，根据中共新都区委统战部建议，农工党省委同意支部委员会由刘建玲任主委。2005年9月29日，成立农工党省委直属新都区支部委员会，选举刘建玲任主委。支部有党员6名。

工商业联合会(商会)

【组织机构】 1966年5月"文化大革命"开始后，新都县工商业联合会停止活动。1986年12月，经中共新都县委批准，恢复新都县工商业联合会，并成立筹备组。1987年6月召开第四届会员代表大会，有会员1208名(户)。

1987年11月13日，组建新都县工商联党支部，首任支部书记彭家盛(秘书长)。1993年7月，建立工商联党组，首任党组书记沈志明(中共新都县委统战部副部长)。

1997年，根据上级有关规定，新都县工商业联合会同时挂新都县商会牌子，工商联(商会)执行委员会主要领导"主任委员""副主任委员"改称"会长""副会长"。县工商联(商会)会长原则上由非中共人士担任，并首次设立常务副会长职位。

1987年6月，新都县工商业联合会恢复后，配备机关工作人员3人。1998年，机关行政编制7人，内设办公室，至2005年未变。

2005年，区工商联(商会)辖镇(街道)分会13个、同业商会1个，有会员1316人，其中企业会员552人、团体会员4人、个体会员760人；原老工商业者93人。

【会员代表大会】 工商联(商会)最高权力机关是会员代表大会。每3年或5年召开一次，会员代表人数由会员总数按比例予以确定和分配，通过基层分会推荐选举和特邀等形式产生。主要任务是听取和审议上届执行委员会工作报告，选举产生新一届执行委员会，审议通过相应的决议和决定。

工商联(商会)最高领导机关是执行委员会。会员代表大会选举产生新一届执行委员会，由执行委员会会议选举产生会长、副会长、秘书长和常务委员。执行委员会会议原则上每年召开1次，确定会内重大事项，进行工作安排。执行委员也可届中调整。执行委员会会议闭会期间，由常务委员会行使执行委员会职权。

1954—1965年，县工商联召开第一、二、三次会员代表大会。1987—2005年，召开第四至第八次会员代表大会。第四次代表大会推举前三届健在的6名正副主任委员为顾问，第五次代表大会推举出6名顾问、10名咨询和7名特约顾问。

新都工商业联合会(商会)第四至第八次会员代表大会一览表

表 6–1 单位:人

届 次	召开时间	应到代表	实到代表	执行委员	常务委员	主任委员(会长)	副主任委员(副会长)	秘书长
第四次	1987.06.11	148	121	31	14	李世忠	王思路、李学信	
第五次	1990.12.25—26	149	107	41	16	李世忠	江正德、王思路、何亚民、阁心怡	骆国清
第六次	1993.04.28	150	122	36	17	江正德	蒋明胜、杨道田、罗祖明、黄泽全	蒋明胜
第七次	1997.06.10—11	168	120	43	17	何亚民(副县长)、魏廷华(常务副会长)	王代全、杨道田、罗祖明、黄泽全、何明俊、况尚权(1998 年 8 月任)	王代全 徐明秋(1998 年 11 月任)
第八次	2001.12.27	213	181	45	22	刘际林(县政协副主席)	王光莲、王代全、徐明秋、何明俊、黄贵云、程　超、魏兴全、黄先政	徐明秋

【职能履行】 1986—2005 年,新都工商联(商会)会员中新都政协委员 86 人次,其中政协常委 16 人次、区政协副主席 1 人;市政协委员 7 人次,新都人大代表 32 人次,市人大代表 4 人次。

会员中的人民代表和政协委员深入调查研究,听取群众意见和建议,在农业结构调整、国有企业改制、非公有制经济发展、社会治安综合治理、“三农”问题、社会主义新农村建设等方面,累计提交议案和提案 624 件,撰写社情民意 75 篇。形成《关于新繁镇公毅村的调研报告》《关于毗河生态情况调研报告》《关于我区物流园区调研报告》等。会员先后有 56 人被聘为行风、警风、检风和行政执法等部门监督员,有 16 人在“五个一”活动中被评为区政协先进委员。

新都工商联(商会)向新都政协提交《关于尽快落实新都县工商联会产》《关于工商联若干问题》《关于将工商联工作纳入目标考核》等提案、社情民意和调研报告。

各乡镇(街道)分会及会员中的乡镇(街道)人民代表积极向当地党委、政府建言献策、提合理化建议和意见。

【经济服务】 1987 年,新都县工商联按照全国工商联《关于工商联办企业的暂行规定》试办企业,先后创办县政协工商组工商咨询服务部、县经济开发公司、县工商经济开发公司等会办企业,对当时新都县的非公有制经济发展起到一定推动作用,缓解了会务工作活动经费不足的压力,后因种种原因而歇业或与工商联脱钩。

举办座谈培训会 1986—2005 年,新都工商联(商会)组织会员、执行委员、常务委员不同层次的学习座谈会、培训会,学习党的历次代表大会精神、邓小平理论、“三个代表”重要思想、科学发展观。举办建党 80 周年座谈会、经济形势报告会、新农村建设座谈会、沟通与技巧培训会、营销策略培训会、党外人士培训会、质量管理培训会等 160 场,培训人员 8000 人次。

为企业排忧解难 1986—2005 年,新都工商联(商会)深入会员企业调研,撰写《加强基层商会建设发挥基层商会作用》《物流园区调研报告》等 8 篇,撰写反映民营经济和民营企业的社情民意 27 篇,为区委、政府解决企业实际问题和困难提供参考。

开展经贸活动 1987年始,新都工商联(商会)先后组织会员企业赴越南、朝鲜等国开展经贸活动。参加中国南宁东盟贸易洽谈会、2004年全国大中城市民营企业(成都)合作交流会暨中国东西部民营企业论坛、中国(四川)西部博览会等大型经贸活动,签订订单20余份,实现销售收入2500万元人民币、240万美元。

招商引企 通过内引外联、以企引企,牵线搭桥,1986—2005年,进行项目洽谈155个,落户企业82个,投资总额5.4亿元。

维护会员合法权益 坚持走访会员,收集情况,维护会员合法权益,保障会员企业健康发展。1986—2005年,先后开展企业维权活动171次,为会员企业挽回经济损失1020万元。

发挥分会作用 各乡镇(街道)分会积极参与当地经济建设,促进区域经济繁荣发展。新繁镇分会自1998年起连续3年举办商品交易会,原竹友镇分会协助党委、政府办好"柚子节"。马家镇分会协助党委、政府举办每年的马家"三月三"文化物资交易会,军屯镇分会坚持协助党委、政府举办每年的"八月八中秋食品文化节"。

【非公有制经济及代表人士】 1986年,全县有非公有制经济代表人士1208人,主要分布在县百货公司、五金公司、饮食公司、供销社、粮食系统、商业系统等。新都工商联按照党和国家的政策,团结帮助教育引导原工商业人员发挥各自的优势,为社会主义建设做出新贡献。注重引导、支持农村中的各种专业户带领群众走致富之路。新都镇布壳专业户杨德贵(女)带领20户农户和城镇居民打布壳并统一营销,为部分家庭找到了创收和致富的路子。杨德贵被评为新都县先进个体户,出席1985年全国工商个体户先进表彰会,受到党和国家领导人接见,并在1987年6月新都工商联召开的第四次会员代表大会上当选为常务委员,成为第一个进入县工商联(商会)领导班子的个体户。

1991年7月,《中共中央批转中央统战部〈关于工商联若干问题的请示的通知〉》明确了工商联是参与共产党领导的多党合作的政治协商单位之一,在新时期主要是做非公有制经济代表人士的思想政治工作,成为党和政府联系非公有制经济的桥梁和纽带,管理非公有制经济的助手。此后,新都非公有制经济及其代表人士的工作由工商联(商会)归口管理。

2003年,全区有个体户20063户。截至2005年年底,有私营企业2638家,注册资金20.88亿元。2004年新都区民营经济增加值68.18亿元,比上年增长25.4%,占地区生产总值的53.8%;2005年民营经济增加值71.26亿元,比上年增长21.8%,占地区生产总值的55.3%。

1986—2005年,新都非公有制经济人士队伍随经济发展而不断壮大,政治待遇不断提高。非公有制经济代表人士在新都工商联(商会)担任执行委员118人次,担任常务委员36人次,担任副会长12人次;担任市工商联(商会)执行委员9人次。被推选为市、区(县)政协委员和人民代表129人次,先后有56人被聘为部门监督员。

至2005年,全区非公有制经济代表人士骨干150人。非公有制经济人士致富思源,富而思进;扶危济困,回馈社会。积极参加"光彩事业"活动,在赈灾、扶贫、济困、助学、敬老与社会公益事业等方面,捐款2000万元。

社会团体

总工会

【组织机构】 新都总工会是境内各级工会的专职领导管理机关,各级工会组织(含工会、工委)均受上级工会组织和地方单位、企业党组织双重领导。总工会领导班子成员由工会会员代表大会选举产生,每届任期5年。2005年机关内设办公室、财务室,下设职工俱乐部,机关行政编制8人。

1985年,县内基层工会202个、会员1.66万人。2002年,区内基层工会825个、会员7.06万人。2005年,区内基层工会768个,工会工作委员会(区总工会派出工作机构)25个,行业工会1个(教育工会),会员8.71万人。

新都总工会依据《中华人民共和国工会法》和《中华人民共和国劳动法》赋予的权利和义务,履行工会"维护、建设、参与、教育"四项基本职能,维护职工合法权益,教育、引导和组织广大职工投入"两个文明"建设,维护社会稳定。1998年10月,县总工会被中华全国总工会授予模范县工会称号。

【工会代表大会】 1986—2005年,新都总工会召开第六次至第九次工会会员代表大会。

第六次代表大会 1987年8月25—26日在县影剧院召开,应到代表199人,实到184人。大会号召各级工会和广大职工坚持"四项基本原则",坚持改革开放,发挥工人阶级优良传统作风,努力建设"四有"职工队伍,深入开展"双增双节"活动,全面落实职代会职权,推进民主管理,为提前实现县委提出的"七五"计划做出贡献。大会选举产生县总工会第六届委员会委员27人、经费审查委员会委员5人。第六届委员会及经费审查委员会第一次会议选出常委5人、县总工会主席、副主席、经费审查委员会主任。

第七次代表大会 1993年4月19—21日在县委会议厅召开,应到代表192人,实到170人。大会号召全县各级工会和广大职工要在中共十四大精神和新时期工会工作方针的指引下,进一步解放思想,抓住机遇,真抓实干,发挥工会组织和工人阶级在推进改革开放和社会主义现代化建设中的主力军作用,为提前把新都县建成小康县而努力奋斗。大会选举产生县总工会第七届委员会委员25人、经费审查委员会委员5人。第七届委员会及经费审查委员会第一次会议选出常委7人、县总工会主席、副主席、经费审查委员会主任。

第八次代表大会 1998年5月12—13日在县委会议厅召开,应到代表200人,实到178人。大会要求各级工会和广大职工要以中共十五大精神为指导,高举邓小平理论旗帜,以经济建设为中心,充分发挥工会作用,调动广大职工的积极性和创造性,为"奔富裕型生活、建设城郊型强县"的目标而奋斗。大会选举产生县总工会第八届委员会委员27人、经费审查委员会委员7人。第八届委员会及经费审查委员会第一次会议选出常委7人、县总工会主席、副主席、经费审查委员会主任。

第九次代表大会 2003年6月19—20日在新都川视宾馆会议厅召开,应到代表240人,实到195人。大会号召各级工会和广大职工要用邓小平理论和"三个代表"重要思想统揽工会工作,切实履行工会的“四大职能”,强化创新意识、责任意识,健全机制、突出重点、办好实事,促进全区经济快速发展和社会稳定,为新都全面建成小康社会和实现区第十一次党代会提出的“三年追赶双流”的目标而努力奋斗。大会选举产生区总工会第九届委员会委员23人、经费审查委员会委员7人。第九届委员会及经费审查委员会第一次会议选举常委7人、区总工会主席、常务副主席、副主席和经费审查委员会主任。

【职工民主管理】 20世纪80年代,县内国营、集体企业和机关、事业单位普遍建立职工代表大会制度(工会为本单位职代会常设机构),实施民主管理。经历年不断完善,至90年代中期,基本形成了企业重大改革方案由职代会审议决定,重大问题由职代会讨论通过,实施情况向职代会报告的民主管理模式。1990年至1991年,全县提交职代会审议方案2076件,审议同意方案1552件,审议否决方案524件。全县企事业单位职(教)代会提交提案2437件(其中生产经营管理、教育教学改革方面的1292件),实现提案1476件(其中生产经营管理教育教学改革方面861件)。1994年,全县企业已建职代会213个,占应建数的95.4%。各级工会组织职工共提合理化建议11813条,其中被采纳实施创造价值的641条,实现经济效益854.5万元。1999年,全县国有、城镇集体企业和事业单位职代会组建率为98%。80个基层工会建立健全了劳动法律监督机构。

2002年,区总工会在非公有制企业中推行职(员)工代表大会制度,实行民主管理企业试点。至2005年,全区180家非公企业实行民主管理制度。

【劳动安全保护】 新都总工会配合安监等部门,每年对企业进行劳动安全监督检查,并参与安全事故的调查处理。通过监督检查,进一步强化企业的劳动安全意识,改善劳动条件,改善劳动环境。1990—1998年,县总工会参与监督检查的企业673家,查出隐患174处,监督整改169处,参与伤亡事故处理9起;培训安全生产骨干800人。2002年,区总工会成立区劳动保护监督检查分站后,进一步加强检查企业安全生产状况,维护职工的合法权益和切身利益。

【签订集体合同】 1995年,县总工会在中外合资企业美野皮件有限公司和县农资公司开展集体合同签订试点工作。1996年,以贯彻《中华人民共和国劳动法》为重点,在企业全面推行平等协商、签订集体合同制度。县总工会举办一期50余人参加的签订集体合同培训班,并协调、指导12个单位签订集体合同。1997年,签订集体合同的企业增至51家,其中国有集体企业49家,外企2家。至2005年,累计签订集体合同359家。

【推行厂务公开】 1999年,县总工会在全县30家国有企业和城镇集体企业进行厂务公开工作试点。按照市、县“厂务公开工作要规范化、真实性、及时性和实效性”的要求,各试点企业均建立健全了厂务公开制度,设置厂务公开栏,聘请厂务公开监督员133人。全年收到职工意见和建议800份,受到职工普遍欢迎和肯定。至2005年,全区实行厂务公开的企事业单位262家,其中非公有制企业180家。崇光寺粮站、教育局工会、石板滩小学、三河中学受到成都市表彰,新都建筑总公司厂务公开工作受到省表彰。

【劳动争议调解】 为保护职工合法权益,为企业创造良好的发展环境,1995年起,县总工会引导企业建立劳动争议调解组织,由企业工会主席担任调解委员会主任。1996年,全县建职代会193家,共建劳动争议调解组织147个,当年调处劳动争议152件。此后,劳动争议调解组织不断健全完善,调解劳动争议成为沟通劳动关系的重要桥梁。至2005年,区内国有企业和集体企业全部建立了劳动争议调解组织,新经济组织70%。

在充分发挥企业劳动争议调解组织作用的同时,总工会积极参与政府劳动部门、经济部门和司法机关对劳资纠纷的仲裁调解,加大对贫困职工的法律援助力度。2003—2005年,为1700多名民工追讨回工资92万元。

【宣教文体活动】 1985年起,各基层工会陆续设基层职工俱乐部(文化室),至2005年,全区有职工俱乐部73个。职工俱乐部每年拟定职工宣教文体活动方案,组织职工开展文体活动。总工会职工俱乐部组织开展的全区性活动主要有棋类、球类、游泳、歌咏等比赛。

1990年,举办新都县职工田径运动会。1992—2003年,连续举办10届"新炬杯"职工卡拉OK赛。至1994年,先后举办新都县第21届职工乒乓球赛、第8届职工游泳赛、第9届"桂湖杯"乒乓球赛、第2届羽毛球赛和第21届职工棋类邀请赛。1997年,举办"喜迎香港回归"广场文化周企业专场文艺活动。至2002年,举办2届"客家杯"职工棋类邀请赛。

1986—2002年,每年春节,总工会俱乐部举办迎春游园活动,开展项目有投圈、投篮、猜谜语、跳绳、画胡子、夹弹子、骑自行车等趣味活动。

新都总工会俱乐部于1989年、1994年被四川省总工会评为先进俱乐部。1991—1993年,连续3年被成都市总工会评为先进俱乐部。

【女职工工作】 1988年,建立新都县总工会女职工委员会,同时建立基层组织。到2005年年底,所有单位均建立女工组织。基层组织由初期的156个发展到618个,女职工由8361人发展到36315人。各级女工组织积极、主动、创造性地开展工作,团结带领广大女职工为新都的物质文明、精神文明、政治文明建设和社会稳定贡献力量。

宣传教育 各级女职工委员会充分利用"三八"节、母亲节、护士节等节日,召开座谈会、表彰会,通过媒体向广大女职工发出《学先进、比贡献、立新功》倡议书,激励全体女职工为社会经济发展做贡献、立新功。1995年世界妇女大会在北京召开期间,县总工会举办巾帼建功图片展览、女职工书画展览,在全县范围内组织"世妇会"知识、女职工劳动保护法律法规、女职工权益维护等为内容的"世妇会"知识竞赛,参赛女职工3885人,被市总工会评为参赛优秀单位。

劳动竞赛 总工会女职工委员会广泛开展"爱岗敬业比贡献,主动竞争创一流""双文明建功立业竞赛"和"岗位立功、学习成才、创文明家庭、做文明女职工"等竞赛活动。县总工会与县经委联合组织开展劳动竞赛,62家企业16568名女职工参加,参赛率逾90%。交通系统女职工结合本系统实际开展"争创一流强素质,文明服务塑形象,奉献社会创佳绩"为主题的"巾帼文明示范窗"活动,促进窗口行业规范化建设。

截至2005年,全区9046人次女职工参加了业务技术培训;女职工提合理化建议14577条,创可计算价值458万元;2630名女职工受到表彰,其中"三八"红旗手313人,先进生产(工作)者2294人,技术经营能手23人。

权益维护 各级女职工委员会根据《中华人民共和国妇女权益保障法》《中华人民共和国劳动法》《中华人民共和国母婴保健法》《女职工劳动保护规定》等有关法律法规,开展维护女职工合法权益和特殊利益的工作。政府将维护女职工合法权益和特殊利益纳入目标考核。企业签订集体合同时,必须要有女职工代表参加,并在合同中列入保护女职工权益的具体条文。对个别企业在执行中关于产假、哺乳期等方面的偏差,总工会要求及时纠正。强调妇检工作、产前检查及保护、产前休假、产假工资待遇等,必须按规定执行。

【职工互助保险】 2001年,新都总工会按照市总工会要求,开始办理中国职工互助保险,共设3个险种:女职工重大疾病互助保险、安康互助保险、职工医疗互助保险。

2001—2005年,参加女职工重大疾病互助保险的女职工3322人,参保金191865元。赔付5人、金额9万元。

2003—2005年,参加安康互助保险的职工73人,参保金26.9万元。

2004—2005年,参加职工医疗互助保险的职工2862人,参保金16.88万元。赔付65人、金额37931.20元。

【劳动模范评选】 每五年评选一次劳动模范。1986—1993年,新都县有31人被评为成都市劳动模范。1990年5月,新都氮肥厂刘书全被评为全国优秀金融管理者,并获全国"五一"劳动奖章。1995年,县公安局文国富、新兴集团公司尹大荣被评为全国劳动模范,县钢圈总厂张德修被评为省劳动模范。2005年,科伦实业集团刘革新被评为全国劳动模范,华润(蓝剑)啤酒有限责任公司王政纪、四川科伦药业股份有限公司梁隆、木兰镇木兰村李兴才被评为省劳动模范。

共产主义青年团

【组织机构】 共青团成都市新都区委员会(简称新都团委)是新都地区共青团组织的领导机关,对全区共青团组织、少先队组织及镇(街道)青教办、关工委办实行指导和管理,协助区委区政府协调处理与青少年利益相关的事务。2005年,团区委机关工作人员编制4人,内设青少年维权部,下设青少年宫。青教办、关工委、少工委和未成年人保护委员会等办公室设在团区委,并承担其日常事务。1987年,新都县获"全国农村青年实用技术培训工作先进县",受到团中央表彰;2004年,团区委被团中央授予"全国乡村青年文化先进区县"称号;2005年,团区委被团中央列为"团建工作先进创建单位"。

1985年年底,全县有基层团委34个,团总支26个,团支部736个,团员16337名,占青年总数的17.2%。2005年年底,全区有基层团委33个,团总支27个、团支部805个,团员3.71万名,占青年总数的21%。

新都县青少年教育领导工作小组于1980年成立,历任组长均由副县长担任。1991年,更名为中共新都县委青少年教育领导工作小组。2000年,县委副书记任组长。

新都县关心下一代工作委员会于1990年成立(先成立新都县关心下一代协会),历任主任均由县委分管副书记担任主任。

新都县少年先锋队工作委员会于2000年成立,由团县委书记任主任。

成都市新都区未成年人保护工作委员会于2004年成立,由分管副区长任主任。

【共青团代表大会】 1986—2005年,新都举行了第九至十二次共青团代表大会。

第九次代表大会 1988年10月6—8日召开,代表325人。选举产生团县委第九届委员会委员19人。第一次全委会选出常委5人,书记、副书记各1人。

第十次代表大会 1993年5月3—5日召开,代表200人。选举产生团县委第十届委员会委员19

人。第一次全委会选出常委 5 人,书记、副书记各 1 人。

第十一次代表大会 1996 年 6 月 13—14 日召开,代表 144 人。选举产生团县委第十一届委员会委员 19 人。第一次全委会选出常委 5 人,书记 1 人、副书记 2 人。

第十二次代表大会 1999 年 10 月 28—29 日召开,代表 190 人。选举产生团县委第十二届委员会委员 19 人。第一次全委会选出常委 5 人,书记 1 人、副书记 2 人。

【组织建设】 新都各级团组织坚持“全团抓落实,工作到支部”的方针,以适应改革开放新形势的需要为出发点,以增强团的基层活力为目标,认真落实《共青团基层建设纲要》。在 1986 年、1990 年和 1994 年进行了 3 次团的整顿建设。整建工作结合党的基层组织建设进行,以党建带团建。在整建过程中,根据农村基层团组织的特点,先后开展“升档达标”“达标创优”和“双合格”等活动。

1995 年始,以团建创新为动力,大力推进纳入化、项目化、社会化机制建设,努力建设一支先进性强、模范作用突出的团员队伍。加强社区、非公有制经济组织和新型社会组织团建工作,不断扩大团组织的覆盖面,每年新发展团员 3000 人以上。

1986—2005 年,新都累计受到区级以上表彰奖励的团员、团干部 6235 人次;推荐优秀团员作为党的发展对象 18531 人次,其中 2366 人加入中国共产党。

1986—2005 年新都共青团员基本情况表

表 6-2 单位:人

年 度	团 员	发展团员	区以上表彰	入党积极分子	推荐入党
1986	17247	3275	566	643	83
1987	20522	2163	591	513	65
1988	20713	3293	142	647	72
1989	23833	3163	97	731	96
1990	22850	3794	109	865	81
1991	20648	3852	161	187	87
1992	21834	3382	1123	867	97
1993	25902	3065	824	893	200
1994	23649	3254	181	826	196
1995	22839	5189	126	748	121
1996	23746	2163	215	1263	126
1997	22103	2748	176	1506	102
1998	25116	3025	316	1080	152
1999	28131	4100	246	1125	121
2000	37430	4200	125	1000	115
2001	38171	4189	147	1223	181
2002	42260	4010	281	312	76
2003	46208	4108	262	1028	72
2004	43316	3612	261	1806	156
2005	37100	3500	286	1268	167
合计	—	—	6235	18531	2366

【团干部培训】 新都团委按照“把团干部培养成青年创业带头人、把青年创业带头人培养成团干部”的工作目标，每年围绕一个主题，对团干部进行系列培训，不断提高新都团干部的思想政治素质和业务知识水平。1986—2005年，累计举办培训班904期，参训2.72万人次。

1986—2005年新都团干部培训情况表

表6-3 单位：期、人

年 度	培训期数	培训人数	年 度	培训期数	培训人数
1986	35	1235	1997	33	1836
1987	40	745	1998	32	1290
1988	31	613	1999	43	1168
1989	10	681	2000	14	800
1990	12	805	2001	12	276
1991	82	1941	2002	16	312
1992	162	4575	2003	18	816
1993	116	3329	2004	20	916
1994	114	1770	2005	26	1080
1995	54	1080	合 计	904	27158
1996	34	1890			

【农村青年主题活动】 1986年起，开展诚实劳动，建功成才，举办“培养青年星火带头人”“万名青年奔小康”“万名青工增效益、当能手”“科技、实践、成才”等系列主题活动。截至1996年，全县共培养青年星火带头人5000人，其中被授予全国青年星火带头人称号1人，分别受到团省委、团市委表彰35人；命名青年岗位能手(包括“四职”优质服务明星)226人，其中市级28人，获全国优秀青年乡镇企业家和成都市十大杰出青年称号1人，被分别授予四川省青年明星乡镇企业家、成都市优秀青年厂长(经理)和成都市优秀青年称号6人。

新都团委坚持常年举办农村青年实用技术培训班，建立科技示范点，培养青年创业带头人。实施“银团互动”工程，帮助农村青年争取小额信用贷款，支持青年带头致富。2002年，开展农村青年“双争双创”活动，培训农村青年3400人，创建青年科技示范基地10个。2003年，组织具有一定科技知识的农村青年1400人赴日本、新加坡等地务工。2004年，建立区、镇两级青年科技示范基地20个，培训农村青年增收成才带头人40人；举办区、镇两级青年科技培训、实用技术培训和职业资格培训68期，培训10074人。2005年，各级团组织累计开展农村职业技术培训600人次，建成农村劳动力转移基地6个，建立和巩固区级青年科技示范基地10个，转移城乡青年富余劳动力200人。

【青年职工主题活动】 1986年起，新都团委与有关部门合作，多次举办微机、实用技术、新技能培训班，帮助下岗青年再就业。推行“青年项目负责制”，开展“岗位能手竞赛”“五小QC”“青年安全生产示范岗”“四路两区”建设突击队等系列活动；在金融、工商、税务、乡镇企业等系统开展各具特色的青年文明号创建活动。截至1996年，全县青年集体被授予市级青年文明号7个，青年集体(岗位)被授予县级青年文明号58个。

【青年学生主题活动】 1986年起,新都团委先后在青年学生中开展"团徽闪耀理想光芒、做社会主义理想儿女"及"两史一情"系列主题活动;开展"万名中学生一专多能"成才行动,接待安排大中专学生参加暑期社会实践活动;开展"保护母亲河,小事做起来"活动,倡导"珍爱生命,抵制污染,保护环境,节约资源"的新风尚;开展"雏鹰勋章""手拉手互助"和"18岁成人仪式"等活动;各级团组织以"三评一展""三百"活动为载体,在青年学生中认真开展"读好书、看好片、唱好歌"活动。

【青年志愿者活动】 1986年起,坚持每年组织青年志愿者开展义诊、扶贫助困、信息技术咨询、法律咨询等服务活动。各级团组织建立青年志愿者服务队和长期服务点,培养"跨新世纪我能行"一专多能志愿者。组织青年志愿者走访"三失"(失业、失学、失足)青年家庭,开展"团情、亲情"访谈活动。截至1996年,全县已建立青年志愿者服务队(或学雷锋小组)865个,参加青少年3万人,结成"一助一"对子558对,建立长期服务联系点72个。

【少先队工作】 1986—2005年,各校少先队组织根据自身特点,开展多种形式的文化体育活动,教育少年儿童爱祖国、爱人民、爱劳动、爱科学、爱学习,促进少年儿童德、智、体、美全面发展。20世纪90年代至21世纪初,新都认真贯彻实施《少先队教育纲要》,扎实推进"跨世纪少年雏鹰行动",在少年儿童中广泛深入开展"学英模,挂奖章""学赖宁,做党的好孩子""手拉手""五自"教育,"达标颁章"等系列主题活动;以文艺演出、散发资料、办专栏和黑板报等形式,开展学法、知法、守法、用法等宣传活动,教育青少年做遵纪守法的好公民、好儿童。1990年,新都县"学赖宁"活动和青少年"三热爱"教育活动分别受到全国少工委和中宣部、团中央表彰。1999年,县少工委召开庆"六一"暨"双十佳"表彰会,表彰"十佳少先队员""十佳少先队辅导员"。县关工委、青教办、少工委每逢"六一"赴学校慰问少先队员。开展青少年"学科学、爱科学"系列活动,举办"六一"儿童节系列庆祝活动,举办科普知识、创造发明竞赛。2000年,团县委和县法院"少年审判庭"被省高级人民法院和团省委命名为优秀青少年维权示范岗。2001年,谕亭小学李玢辛获团省委四川省优秀少先队员称号。2004年,建成成都市红领巾示范校2个,2名辅导员分别获四川省优秀少先队辅导员和成都市优秀少先队辅导员称号。

【关心下一代工作】 新都关心下一代工作委员会(简称关工委)成员主要是老干部、老战士、老专家、老教师、老劳模。1990—2005年,相继开展老党员、老干部给青少年讲新旧社会文化历史活动,敬老"三优"服务活动,青少年普法教育活动,尊老敬老,反对邪教,崇尚科学等教育活动,引导青少年坚信党的领导,充分认识社会主义优越性,引导学生坚定正确的政治信念,树立正确的理想。

【青少年宫】 新都"少年之家"于1955年、1962年、1980年先后3次重建,1997年6月,迁建于新都镇龙门街23号,更名为新都"青少年宫",占地4.31亩,建筑面积1500平方米,活动场所面积1000平方米。

新都青少年宫初期设文化、艺术、体育等20余个培训项目,经逐年发展,到2005年年底,发展到61个培训项目,培训人数从建宫初期每年600人次发展到2000人次,并设分部1所。1998年11月,团中央宣传部、中央音乐学院将新都青少年宫确定为全国音乐培训站之一,并成立全国书画等级考核新都分站。

青少年宫多次参加国家和省市举办的文艺比赛并获奖。

妇女联合会

【组织机构】 成都市新都区妇女联合会(简称区妇联)是新都境内妇女组织的领导和管理机关,团结和组织妇女积极参加“两个文明”建设,协助区委、区政府协调处理与妇女儿童利益相关的事务,依法保障和维护妇女儿童的合法权益,对基层妇女组织进行指导和管理。2005年,新都妇联机关工作人员6人。

1994年12月,县政府妇女儿童工作委员会(简称县妇儿工委)由24个相关单位组成,办公室设在县妇联,承担日常工作事务。

2005年,全区13个镇(街道)均建立妇女联合会,236个村和86个社区建立妇女代表会,各村(社区)下设妇代小组;47个党政机关、事业单位设立妇女委员会,41个“三资”企业、私营企业设立妇女代表会。全区创建“基层组织建设示范点”26个、红旗镇3个。

【妇女代表大会】 1986—2005年,新都妇联召开第八次至十一次妇女代表大会。

第八次妇女代表大会 1987年3月31日至4月2日召开,代表252人。听取县委对妇女工作的指示,审议县妇联第七届执委会工作报告,选举县妇联第八届执行委员会委员21人、常委7人、主任、副主各1人。

第九次妇女代表大会 1993年4月22—24日召开,代表200人。审议并通过县妇联第八届执委会工作报告;表彰先进妇代会,命名“三八”红旗集体、“三八”红旗手;选举县妇联第九届执行委员会委员23人、常委7人、主任1人,副主任2人。

第十次妇女代表大会 1998年6月4—5日召开,代表275人。审议并通过县妇联第九届执委会工作报告;表彰“十佳奔小康女带头人”“十佳城镇职工女标兵”“十佳五好文明家庭”“优秀妇女干部”“先进妇女组织”;选举县妇联第十届执行委员会委员23人、常委7人、主席1人、副主席2人。

第十一次妇女代表大会 2003年8月14—16日召开,代表200人。审议并通过区妇联第十届执委会工作报告;表彰“三八”红旗手、“三八”红旗集体、十佳“五好文明家庭”;选举区妇联第十一届执行委员会委员25人、常委7人、主席1人、副主席2人。

【主题活动】 新都妇联组织女党员、女干部、女职工、女专业户、女个体劳动者,开展“三学三赛”活动(学法律常识、学商品经济知识、学科学文化知识,赛勤奋、赛贡献、赛新风),开展“女能手、女标兵、女状元赛”活动,开展“双学双比”和“巾帼建功”等主题活动,带动城乡广大妇女积极投身改革和“两个文明”建设。

1989年,全国妇联等十四家单位倡导开展“学文化、学技术、比成绩、比贡献”的竞赛活动,新都县成立“双学双比”活动领导小组,领导全县妇女开展“双学双比”活动。1993年,县妇联将“双学双比”活动与奔小康相结合,在种植、养殖、加工业上发挥妇女优势,促进“三高”农业发展。到1995年年底,“双学双比”参赛妇女58.64万人次,参赛率90.9%,被认定为小康示范户61545户、科技示范户23747户。

1991年,县妇联在全县城镇妇女干部、女知识分子和女职工中开展做“四有”(有理想、有道德、有文化、有纪律)和“四自”(自尊、自信、自立、自强)新女性,为“八五”计划立新功的“巾帼建功”活动,与农村“双学双比”活动相互促进,将传统的“三八红旗手(集体)”竞赛活动推向深入。

1987年起，各级妇联组织开展评选“五好家庭”主题活动。至2005年，评选表彰了一批具有时代特色并继承发扬中华民族传统美德的先进家庭典型。

2003起，各级妇女组织以自主培训、联合培训和委托培训等方式，举办家政、缝纫等各种技能培训班，帮助城乡妇女多渠道实现就业。2003—2005年，通过开展“为失业妇女献岗位、为贫困妇女献爱心”和“‘零就业’家庭成员就业援助周”等活动，举办失业妇女专场招聘会，提供就业岗位1万个，帮助4000名妇女实现了就业。

2005年，全区236个村均建立种植、养殖、加工业等“妇字号”基地，成立妇女专业技术协会17个，形成“妇联+协会”“女能人+协会”的组织网络。年内推荐59名参加过专业技能培训的妇女进京或赴沪，成为“川妹子”品牌家政服务员。

【维护妇女儿童合法权益】 1986年起，新都妇联逐步建立健全主任（主席）接待日制、信访工作首问制、结案制、报告制等妇女儿童维权制度。至2005年，建立了13个镇（街道）法律援助站，及时为妇女儿童排忧解难，切实维护其合法权益。妇联受理的来访、来信，办结率100%。

1992年，《中华人民共和国妇女权益保障法》颁布实施；1994年4月，《四川省〈中华人民共和国妇女权益保障法〉实施办法》颁布。县妇联与司法局、法院等14个相关部门配合，连续4年在5月开展保护妇女儿童合法权益的“七法一规”宣传月活动。1994年12月，《九十年代新都儿童发展纲要》颁布实施。1995年起，县妇联在全县开展为失学儿童献爱心的“春蕾计划”活动，新都被评为四川省妇女儿童工作先进集体。

1996—2005年，新都妇联以“三下乡”“三八”维权周、“6·26”禁毒宣传日、“11·25”消除针对妇女的暴力日、“12·4”法律宣传日等活动为契机，大力进行普法宣传。开展“不让毒品进我家”“拒绝家庭暴力，共创美好家园”“送法到妇女手中”等主题活动，推进维权工作。

【家庭教育】 1984年12月，成立新都县家庭教育研究会。1985年，全县24个乡镇相继成立家庭教育委员会。1987年，建立新都县家庭教育辅导站，各乡镇先后建立家庭教育辅导站。1993年1月，成立县家庭教育指导中心。

1986年，县妇联协助省广播父母学校招生，建立家长学校122所。1986年起，以省广播父母学校教材和县家庭教育研究会自编教材为内容，每年定期与不定期举办家庭教育、优生优育、新婚常识等各类培训班及知识讲座、知识咨询、家庭知识专题讲座、“三优”知识咨询、家庭骨干培训、经验交流会等，全区0~14岁儿童家长受教育面95%。1995年，全县已建家长学校130所，县妇联连续4年被评为省父母广播学校办学先进集体。至2002年，全区家长学校发展到188所，先后开展了“评选好爸爸、好妈妈”“模范家庭表彰”“家庭教育经验介绍”等活动。2003年5月11日母亲节，区妇联在《新都报》上发出《致全区母亲的一封信》，号召全区母亲高度重视家庭教育，科学培育子女。2004年10月，区妇联与教育局联合评选表彰了区 “优秀家长学校”8所、“社区家庭教育示范点”3个、“优秀家长”29名、“三星” 学生156名。

2005年，开展“为国教子，以德育人”为主题的“争做合格父母，培养合格人才”的家庭教育实践活动以及“做新世纪合格家长”“幸福人生亲子教育秘诀”“做幸福家长，育成功孩子”等一系列家庭教育讲座。聘请家庭教育专家通过热线解答家教疑难；邀请成都市家教宣讲团和区家教专家到新都、军屯等镇巡回传授科学教子育才方法；新建市级社区母亲课堂3个、示范家长学校5个，区级母亲课堂5个、示范家长学校8个。

【少儿工作】 1986年起,大力推进小公民道德实践活动。新都妇联联合教育部门先后开展评选“三星”“五星”少年儿童,开展“同在蓝天下”等活动,培养儿童良好的道德规范和爱祖国、爱人民的高尚情操;开展家长与孩子共同参加的亲子会、读书赛和“幼儿教育进社区”大型文艺演出,举办“家庭才艺表演”等活动,让儿童在活动参与中得到情感熏陶和道德升华;协调妇女工委成员单位开展“六一”庆祝慰问活动,表彰优秀少先队员;组织巾帼志愿者与留守儿童、流动儿童、贫困学生结队帮扶,积极探索建立“农村留守儿童之家”工作;开展“春蕾计划”,“捐出10元钱,献出一份爱”,积极帮助贫困辍学儿童完成九年义务教育。2002—2005年,全区共资助儿童394人,资助金额11.7万元。

科学技术协会

【组织机构】 区科协是由区级学会、协会、研究会及镇(街道)科学技术协会组成的科学技术工作者的群众组织,是区委领导下的人民团体,是党和政府联系科学技术工作者的纽带和发展科学技术事业的助手。区科协坚持弘扬科学精神,普及科技知识,开展科技交流,推广科学技术,表彰科技人才,做好科学论证、咨询服务、科普教育和技术培训工作,维护科技工作者的合法权益,为科技团体和科技工作者服务。

1979年11月,成立新都县科学技术协会。1984年6月,县科协与县科委合署办公。1993年,县科协与科委分设。2002年1月,县科协更名为成都市新都区科学技术协会(简称区科协)。2005年,区科协内设办公室,有工作人员5人。

1986年,全县有科技学会、协会25个,乡镇科学技术协会23个,会员共1958人。2005年,全区有区级科技学会、协会26个,会员2900人;镇(街道)科学技术协会13个,会员7900人。

【科协代表大会】 1993年4月26—27日,召开第三次代表大会,到会代表165人。选举县科协第三届委员会委员29人、主席1人、副主席4人、秘书长1人。

1998年6月9—10日,召开第四次代表大会,到会代表154人。选举县科协第四届委员会委员25人,主席1人、副主席3人、秘书长1人。

【科技下乡】 1996年起,县科协组织所属学会、协会的科技工作者每年举办“科技之春”科普宣传活动月,开展医疗义诊、科技培训、知识讲座、科技咨询、科普宣传,向农民赠送实用技术资料等。1997年1月26日,县委宣传部、县科协等10余家单位在桂湖公园举行新都县文化、科技、卫生“三下乡”活动启动仪式,此后每年开展一次“三下乡”活动。

2002年起,按照国务院统一部署,由区委、区政府主办,区委宣传部、区科技局、区科协承办,每年5月第三周举办大型科技活动周,组织各相关单位为农民开展健康咨询、医疗义诊、科技咨询、专题讲座、科普知识宣讲,向群众赠送科技实用技术资料等。

2003年起,区科协与区电视台、省科协、中国科协签订协议,在区电视台开辟《科普大篷车》栏目,由中科协提供科普内容的DVD,每年播放52期,为“三农”服务。

2004年,组织5000户农民参加农村科技“讲、比、建”活动,赠送科普挂图200套,资料2000册,建科普画廊17处。

2005年,在十届“科技之春”科普宣传月活动中,区科协组织所属15个学会、协会的科技人员100余人,先后到新都、石板滩、清流、木兰、马家、军屯和斑竹园7个镇进行“科普赶场”,赠送科普资料130

种，挂图、音像30多套、实物50多种。

【农村实用技术推广】 1986年，县科委、县科协和经济协作办公室联合编印《科技与信息》(月刊)，每刊发行4000份，截至1988年，共办21期。1986—1993年，县科协与县科委合编《新都县主要农作物栽培技术》3万份，免费发给农民。

20世纪90年代，县科协根据农民需要，组织各乡镇科协在农村推广农村实用技术，促进"三高"农业发展。全县形成了大棚蔬菜、食用菌栽培、油菜田养鹅、稻田养鸭、杂交稻制种和新都柚栽培为主的高效农业发展新局面。县科协于1992年5月开办新都县食用菌开发场，开展技术培训和服务工作，使近千户农民掌握食用菌栽培技术，走上致富之路。县科协1994年被评为四川省科协系统先进单位，1995年获市政府"金桥工程"三等奖。

1992—1997年，全县油菜田养鹅套养面积84551亩，套养167.74万只，总收入2093.04万元；稻田养鸭套养面积82348亩，套养104.79万只，纯收入825.06万元；油菜田种菇2288亩，纯收入280.6万元。1997年推广新都柚1.032万亩，纯收入301万元。

1998年起，在推广农村实用技术中，重点抓好科普示范基地。至2002年，清流镇的大棚蔬菜更新换代工程和泰兴镇的新、奇、特品种引进工程获得成功，清流镇引进的大棚蔬菜一年六熟技术和泰兴镇引进的美国无架四季豆等高新品种取得显著成效。

2003年，区科协编印《农村科技致富新信息》，每月15日定期出版发行。在巩固已推广的稻草覆盖技术、食用菌生产技术和新都柚优质高产技术基础上，重点推广花木花卉种植技术和畜禽养殖技术。

2005年，通过区、镇、村三结合举办各类农村实用技术培训班324期，参训人员6万人次。举办科普讲座106场，播放科教电视20部(集)，发放实用技术辅导材料4万份。

【青少年科普活动】 1986—2005年，新都每年在各学校组织青少年科技竞赛的基础上，选送学生参加青少年科技创新大赛和青少年科普知识竞赛。

1985年起，成都市设立青少年科技创新大赛，每年举办一届，包括科技创造小发明、科学论文、科技小制作、科幼画等内容。1993年，县科协、数学学会、地理学会、县青少年智力开发基金会等团体与有关单位配合，开展航模、海模、小论文、小制作等科技活动。1995年，全县有7000名学生参加"争当科技小明星"等5次大型科技活动。1997年，新都青少年学生参加"六个一""四个小"活动，并推选作品参加成都市青少年科技作品展览，有3件作品获奖。

1998年起，成都市设立青少年科普知识竞赛，每年举办一届，内容包括科普知识竞赛、科技制作、科技设计等，新都选派学生积极参加。2004年，新都组织谕亭小学、新都四中、新都职高近800名学生参加第七届成都市青少年科普知识竞赛，获一等奖16人，获二等奖39人，获三等奖62人。

2005年5月，新都区140余名小学生参加成都市第二十一届青少年科技制作比赛新都赛区比赛，获一等奖3人。同年，成都市新都职业学校2002级计算机4班学生周军编制的软件《聊天程序》获四川省第二十二届科技创新大赛一等奖。

【科技论文评选】 为促进新都科学技术学术交流活动的开展，检阅学术活动成果，1986—1999年，县科协共承办4届优秀科技论文评选活动。每届由县委办发文，县委县政府颁奖。

新都县第一至四届科技论文评选情况表

表 6-4　　单位:篇

届　次	评选时间	获奖论文篇数	一等奖	二等奖	三等奖	颁奖时间
第一届	1988.08	80	8	24	48	1989.04
第二届	1991.08	81	8	25	48	1992.01
第三届	1994.08	105	10	43	52	1994.12
第四届	1999.11	51	6	23	22	2000.07

【学(协)会工作】 1986—2005 年,新都科协组织各学会、协会,发挥自身优势,围绕党政中心工作,坚持以经济建设为中心,促进科技与经济紧密结合,开展形式多样的活动。

坚持科普宣传,截至 2005 年,新都连续开展 10 届“科技之春”科普宣传月活动。区科协适时组织各学会、协会开展“科普活动日”“科普活动周”。2002 年举办“反对邪教　弘扬科学”电影专场,2003 年开展“依靠科学战胜‘非典’”主题宣传活动,2004 年举办“科学·生活·发展——科普大巡展”,2005 年开展“以人为本,全面建设小康社会”为主题的科普宣传活动。

1986 年起,各学会、协会采取培训班、科普讲座、科技赶场、现场参观和广播、电视、录像等方式,开展技术培训。到 2005 年,共举办各类技术培训 8 万人次。各学会、协会每年召开各类学术研讨会,组织科技人员参与科技论证工作,有针对性地开展学术活动与科技咨询活动,为党政决策提供科学依据,发挥科技“参谋”“助手”作用。至 2005 年,区科协及所属团体先后召开各类学术研讨会 500 次。

1990 年起,每年在农村开展“讲文明生活、比科技致富、建科普文明村”竞赛活动,全县每年参赛 4000 多户。同年起,每年制定计划,重点抓好 2 个不同类型的科普基地建设,作为示范基地,带动其他科普基地建设。到 2005 年,先后建成清流大棚蔬菜基地、泰兴无土栽培蔬菜新技术基地、军屯种鸭繁殖基地、利济肉鸡养殖基地、斑竹园无公害蔬菜栽培等基地。

1991 年始,全县建农村专业技术协会 48 个。在发展农村专业技术协会过程中,坚持农业产业化实施项目与乡镇经济特点相结合,重点扶持有带动力的协会,形成“办一个农技协、发展一个产业、兴一方经济、富一方农户”的发展格局。把协会建设与家庭经营为主的农户联结起来,以市场为导向,建成各具特色的区域性商品生产基地。2002 年,全区农村专业技术协会发展到 96 个,形成“公司+协会+农户”格局。2005 年,农村专业技术协会增至 141 个,发展为“支部+协会”农民得实惠的新思路,以党员带动群众,达到农民增收的目的。

残疾人联合会

【组织机构】 1990 年 8 月,成立新都县残疾人联合会,归口县民政局管理。1995 年 6 月,县残联脱离县民政局单列。2002 年 1 月,县残联更名为成都市新都区残疾人联合会(简称区残联)。2005 年,区残联内设康复科、教育就业科和办公室,工作人员 5 人。

1990 年,全县 17 个乡(镇)分别成立残疾人联合会,村(社区)成立残疾人协会。2005 年,全区镇(街道)残疾人联合会 13 个,由分管领导任主席、有关办公室负责人任理事长、有关部门负责人为成员,并配备专职干事;村(社区)残疾人协会 320 个,由村(居)委会负责人任主席,并配备联络员。

【职业培训与就业】 2005 年,全区各类残疾人 26946 名,约占全区总人口的 4.22%,略低于全国平均水平。

1990 年起,新都残联协调各级有关部门,按照《成都市按比例安置残疾人就业办法》,逐步建立健全残疾人求职登记、职业培训、职业资格鉴定、职业指导和介绍为一体的残疾人就业服务体系,为残疾人就业和用人单位建立最直接的通道。2002 年起,区级各机关常年对 500 余户残疾人实行定向“帮、带、扶”。2003 年起,依法对安置残疾人未达标的机关、社会团体、企事业单位征收残疾人就业保障金,用于残疾人职业技能培训,资助有劳动能力的残疾人发展生产,改善生活条件。

2002—2005 年,全区安置 400 名残疾人就业,扶持 379 户农村贫困残疾人家庭发展种植业、养殖业,扶持资金 18.95 万元。

2002 年 10 月至 2005 年,全区累计征集残疾人就业保障金 509.5 万元,为残疾人提供就业培训和就业援助支出 232 万元。

【实施扶助工程】 除区级机关常年定向帮扶 500 户外,各镇(街道)确定对贫困残疾人常年帮扶对象,帮扶的方式主要有:资金扶持、减免税金、安排扶贫贴息贷款、赠送种子化肥等生产资料。2003 年,区残联利用残疾人就业保障金启动“五大扶助工程”。对 591 户特困残疾人家庭发放专项补助(每户每月 50 元),建立 10 个社区残疾人就业扶持点,为 28 名残疾人提供了就业机会。建立“新都区残疾人自强助学金”,资助 82 名残疾学生入学。2004—2005 年,共为 300 余户特困残疾人减免税金 3 万余元,为 600 户特困残疾人发放专项补助,为 463 名义务教育阶段的贫困残疾学生和残疾人家庭子女实行“两免一补”,向 42 名残疾学生发放“残疾人百万自强助学金”3.2 万元。帮扶对象中,有 200 余户残疾人脱贫。

1990—2005 年,在全国助残日、国际聋人节、中秋节、春节等重大节日期间,新都党政机关、社会团体、企事业单位都要开展“温暖万家行”活动,走访慰问贫困残疾人,赠送礼品和慰问金。

【文化助残】 1990 年起,残联坚持每年开展文化宣传活动,以“全国助残日”“国际助残日”等节日为契机,宣传《中华人民共和国残疾人保障法》,营造扶残助残的良好社会氛围。2002 年起,区委宣传部、团区委、区妇联、区教育局与各镇(街道)联合开展“文化助残”帮扶结对活动。2003 年实施“盲童入学”和“扶残助学”项目,2005 年启动“中西部盲童入学”项目。2002—2005 年,共资助 85 名残疾青少年入学或重返校园,4 名残疾生考入大学。

【法律援助】 2003 年,成立“新都区法律援助中心残联工作站”,开展残疾人法律服务和法律援助,使国家对残疾人的各项优惠政策落到实处。当年接待上访残疾人 500 人次,办理信访 5 件,结案率 100%。

2005 年,进一步完善法律援助和突发事件应急处理机制,建立无障碍设施等为依托的城乡一体化残疾人权益维护与保障体系。全年接待上访残疾人 700 人次,为 180 名残疾人提供法律咨询。

【康复治疗】 1990—2005 年,全区共有 5000 名肢体、视力、听力语言、智力、精神五类残疾人得到不同程度康复,缓解了家庭负担和社会压力。

1990 年起,每年组织 100 名白内障患者到指定医院实施免费复明手术,聘请专家到基层进行惠民义诊。2003 年起,实施“视觉第一中国行动”,每年实行白内障复明手术人数超过 100 人。至 2005 年,共为 2009 名患者实施白内障复明手术。脱盲率 99%,脱残率 98%。

1991 年起,每年为 7~9 名肢残患者进行康复训练,装配矫形器,安装假肢。截至 2005 年,共安装假肢近 100 人。为 0~5 岁幼儿免费服糖丸,遏制小儿麻痹症发生;实施大面积补碘,使碘缺乏病和畸形儿得到有效控制。

1991年起,每年为聋儿进行语训8例左右,为聋儿配戴助听器5~9例;每年为智障儿童训练4例左右,脑瘫儿练训1~2例;坚持为贫困精神病患者免费发放药物。2005年安排1.2万元救助6名特困精神病患者接受治疗,得以康复。

2002—2004年,建立残疾人社区康服站9个;启动残疾人康复资金9.8万元,500名残疾人患者得到政府资助。2005年,实行以制度保障和社会援助相结合机制,构建残疾人医疗康复救助保障体系,向5名贫困残疾人提供1.3万元的"紧急救助",资助190名贫困家庭残疾儿童参加住院互助金。

截至2005年,共为聋儿语训151例,为肢体残疾人赠送轮椅1000辆,为近百名肢体残疾人安装假肢,发放残疾人用品用具3000件。

红十字会

【组织机构】 新都红十字会按照《中华人民共和国红十字会法》和《中国红十字会章程》,开展人道主义救助工作,参与精神文明建设,开展备灾救灾、救助弱势群体、卫生救护、无偿献血、培训服务等工作。

新都县红十字会始建于1918年。2002年1月,新都县红十字会更名为成都市新都区红十字会,办公地址设在区卫生局。区长任名誉会长,1名副区长任会长,卫生局局长任常务副会长,政府有关部门为理事成员。新都红十字会建立初期有成员单位5个,至2005年增至92个,有团体会员单位95个。

【社区服务】 2003年6月,在新都镇桂西社区成立第一个社区红十字服务站。此后,在新繁镇成立东街社区红十字服务站,积极开展社区服务工作。组织会员认真学习《中华人民共和国红十字会法》,各基层红十字会和团体会员以橱窗、板报等多种形式向社会宣传红会精神,利用每年的"5·8"红十字日,宣传"人道、博爱、奉献"红十字精神。与区教育局配合,在全区中小学开设健康知识课。

2003年9月,社区服务站与区医院联合开展义诊活动,免费为病人检查136人次。10月,桂西社区红十字服务站配合全国老龄协会,开展健康教育知识培训,50名社区群众参加培训。2004年,在庆祝中国红十字会成立100周年时,开展现场无偿献血、大型义诊、现场捐款、现场急救培训等活动。

为体现社区红十字会人文关怀和红会精神,对60岁以上老人每月补助茶水费10元;端午节、中秋节赠送40元礼品;春节赠送慰问金100元。社区红十字服务站常年开展"一助一"活动,与社区贫困户、低保户结成对子,给予帮助。

【救助服务】 1986—2005年,新都红十字会本着"人道、博爱、奉献"红十字会精神,采取多种形式,开展红十字救助服务工作。

元旦、春节等节日前夕,区红十字会组织各基层红十字会成员、团体会员单位,开展"红十字博爱送万家"活动,为贫困户、残疾人、五保户、军烈属、受灾户和下岗职工等弱势群体送粮油、衣物等生活用品及慰问金。

区红十字会按照红十字国际联合会、中国红十字会和四川省红十字会规定,开展救灾救助工作,严格报灾程序,制订救灾预案,以提高救援能力和效率。

在2003年的抗击"非典"工作中,新都区制订《预防和控制传染性非典型肺炎应急处理预案》《预防和控制传染性非典型肺炎应急处理实施方案》《成都市新都区突发公共卫生应急处理预案》,建立疫情处置程序和疫情报告网络，依照《中华人民共和国红十字会法》和《中国红十字会章程》，募集社会资金39万元。

2004年，为援助印度洋地区地震、海啸受灾群众，新都红十字会组织开展募捐活动，共募集善款36.37万元。

1986—2005年，新都红十字会共募集善款近100万元，全部用于救助弱势群体。

【卫生救护培训服务】 为普及救护知识，提高易受害人群自救互救能力，1986—2005年，新都红十字会组织各医疗卫生单位的红会组织，深入社区、村组，采取讲座、示范、演练等形式，普及外伤“四大救护”技术（止血、包扎、固定、搬运），并将卫生救护培训服务列入年度工作目标考核内容。

红十字会坚持与区教育局配合，在全区中小学利用卫生健康课，采取医务人员讲解、示范，学生相互学习、演练和播放录像等方式，传授互救自救基本技能，开展“四大救护”技术培训演练。并在新都电视台、《新都资讯》开设《卫生与健康》栏目，传授讲解“四大救护”技术。

2005年，在新都区人民医院和区二人民医院成立了红会急救站。

·政法　军事·

ZHENGFA JUNSHI

1986—2005年，新都政法机关坚持围绕社会公共安全和社会治安的突出问题，开展专项整治行动，依法惩治严重危害社会治安的刑事犯罪分子和破坏社会主义市场经济秩序的犯罪分子。坚持依法治区，开展普法宣传、人民调解、军事与人防建设等工作，为维护新都政治社会稳定、经济建设发展创造良好的法制环境。

公　安

社会治安综合治理

【维护社会稳定】　20世纪90年代，随着经济体制改革的深入推进，社会矛盾日渐突出，集中反映在企业改制、职工安置、征地拆迁补偿、村社财务政务、股金基金兑付以及干群关系等方面，群体性、突发性事件日益增多。为化解矛盾，县委县政府从新都实际情况出发，制定维护稳定、处置突发事件的应急预案和实施细则，建立健全各项预警机制和矛盾纠纷排查调处机制，对可能出现的问题防患于未然。成功化解和处置重大社会事件和矛盾有：1996年10月，268厂200多名职工聚集堵塞大件路交通事件；1998年6月，新都镇马超村100多村民静坐、堵塞大件路交通事件；1999年7月，大丰镇黄花村村民打砸村办公室、围堵大丰镇政府事件；1997年10月，县供销社县所属土产公司、日杂公司和新民、军屯、泰兴、桂湖等股民股金事件。

在2003年抗击“非典”、2004年防控禽流感、2005年防治猪链球菌等疫情处置工作中，区委、区政府及时制定预案，有效应对，保护人民群众生命财产安全，维护社会安定团结。

【综治防范措施】　建立健全社会治安综合治理领导责任制。2002年1月，区纪委、区委综治委、组织部和区人事局、监察局等部门联合制发《关于实行社会治安综合治理领导责任制的若干规定》和《关于实行可防性案件发案责任追究制的暂行规定》，按照“谁主管谁负责”的原则，实行“条块结合、以块为主、属地管理”。每年6月和12月，区委区政府组织检查考核，并实行一票否决制。

建立健全社会治安综合治理防范体系。各机关、企事业单位、镇(街道)、村(社区)均建立社会治安综合治理机构。并将社会治安工作纳入目标管理，层层签订目标责任书。开展创建综合治理“模范乡镇”“平安单位”“安全文明小区”活动，每年督促、检查、评比，促进治安防范层层落实。

对流动人口较集中、社会治安复杂的城郊结合部、校园周边、出租房屋、汽车站、重点街道及路段、旅店、废旧物品收购站(点)、歌舞厅、录像厅和文化市场、印刷出版制品、影像市场、网吧、集贸市场、重要物资仓库、金库、枪支弹药仓库等要害部位加强管理、巡查，防止和减少治安案件的发生。

【防范控制】　为创造平安和谐的社会环境，有效控制刑事案件、治安案件发案率，新都公安局从企事业单位内部人防、技防等基础防范措施入手，健全落实各项工作机制；组织、调动、发挥治安信息员、治保会、巡逻队、保安队伍的防范控制作用，增强整体联动和快速反应能力。

企事业单位安全防范，以政治稳定、经济稳定、社会稳定为中心，坚持“预防为主，确保重点”，不断强化治安保卫责任制。按照“谁主管，谁负责”的原则，单位法定代表人为本单位治安防范责任人，层层签订治安责任书,全面落实安全检查、治安整改、隐患治理等措施。完善和落实重点要害部门治安防范工作,确保核心安全。加强对保卫科(股)和护厂(校)队伍建设,提高队伍素质。加强对境内厂矿、企业、机关、学校等护厂(院)队的日常检查指导,健全防范网络,预防和打击破坏活动。

以治保会为主体开展群防群治工作。1986年,全县有治保会652个,治保小组1533个,治安员6621人,治保成员8769人;治安联防队7个、37人,治安室19个、96人。2005年,全区有治保会1078个、3735人,治保小组1679个、4012人;治安联防队2个、51人,治安室102个、315人,护厂、护校队144个、745人;守楼护院组1955个、8295人。通过日常治保巡逻、信息导向、重点防控,以及配合专项打击行动等,较有效地预防和控制一些案件发生。

加强对新都镇、新繁镇和公路沿线等重点部位的整治工作,将群众反映强烈、治安秩序较差的集贸市场、城郊结合部、汽车站、重点街道、路段等列为治安热点进行整治。通过整治,入室盗窃、扒窃、抢劫、抢夺、吸贩毒等突出治安问题得到遏制,整治部位的治安秩序和治安面貌有明显好转。

加强校园周边治安整治。针对部分大学、中学、小学周边抢劫、抢夺学生财物,开设歌厅、酒吧、网吧等场所以及出租房屋管理不规范等问题,适时进行专项整治。制定《关于贯彻落实公安机关维护校园及周边治安秩序八条措施的实施意见》,对维护学校及周边良好的治安秩序起到较好的作用。

【综治教育】 坚持加强社会治安综合治理的教育,特别是加强对青少年的教育。20世纪90年代末始,从政法部门抽调业务骨干担任重点中小学校的法制副校长、法制辅导员,负责对青少年进行法制宣传教育。组织中小学生参观成都市法制宣传教育基地巡回展览、观看法制宣传专场文艺演出。确定每年3月为社会治安综合治理宣传月,组织开展综合宣传活动。

90年代初成立的新都县关心下一代工作委员会,坚持组织开展对失足青少年的帮教活动。对劳改、劳教释放人员实行包教、包管、包转化,达到减少违法犯罪、减少刑事案件,标本兼治的目的,减少重新犯罪。

【"严打"整治】 1983年起,每年集中一定时间、集中力量,针对当时社会治安的突出问题开展专项斗争,依法从严、从重、从快严厉打击和震慑犯罪分子。20世纪80年代中后期,针对农村基层治安组织薄弱、盗抢犯罪严重的情况,在全县深入开展"抓基层、抓基础,集中整治农村治安"的专项斗争,从公安、法院、检察院、司法局和人武部抽调20余名业务骨干分赴新繁、大丰、三河、石板滩和新都镇等重点区域指导基层党委、政府开展整治工作。在全县恢复治保会、组建治安巡逻队,在基层(村社)形成群防群治的治安防范网络,使农村治安形势明显改善。1996年始,坚持开展打击车匪路霸和盗窃机动车、打击盗抢金融单位刑事犯罪、打击带黑社会性质的团伙犯罪等专项行动,有效地控制了新都境内大案要案的发生。

【"打拐"斗争】 1987年,由县委政法委牵头,从公安局、检察院、法院、司法局、妇联、民政等部门抽调人员,组成"打拐"办案班子,开展打击拐卖妇女儿童犯罪的专项行动。1988年,破获拐卖妇女儿童案2件,从江苏省丰县、沛县解救回被盗卖儿童2人,被拐卖妇女2人。1990年,县公安局先后派出17个专案组39人次,从陕西、山西、河北、安徽等8省解救回被拐卖妇女儿童18人。至1996年,共解救回被拐卖的妇女儿童23人,逮捕拐卖妇女儿童的犯罪嫌疑人45人。2000年,县公安局再次在全县范围内开展"打击人贩子,解救被拐卖妇女儿童"的专项斗争,摸底排查出拐卖妇女儿童的犯罪嫌疑人35人,被拐卖妇女15人,被拐卖儿童1人和失踪儿童5人;解救回被拐卖妇女15人、儿童2人,抓获拐卖妇女儿童的犯罪分子6人。

【特种行业管理】 1986年4月,县公安局制发《关于贯彻特业管理和执行五个〈治安管理办法〉开展清理整顿特业工作的安排意见》,在全县开展清理整顿特种行业的工作,查出违法犯罪线索53条,破获各类案件20件,查获治安案件13件,抓获各类违法犯罪人员72人,查扣有色金属(铜)153.3公斤,缴获现金2148元、赃物折款2044元。1987年7月,县公安局与县工商局联合制发《关于加强对工商企业和个体工商业户刻制印章的管理和健全审批手续的通知》,对刻制和使用印章进行规范管理,打击私刻、乱用印章的违法犯罪活动。1989年3月,县公安局制发《关于清理整顿旧货业工作的安排意见》,用一个半月时间,对全县旧货业进行全面清理整顿,对验收合格者,换发"治安管理登记证"。

【枪支及爆炸物品管理】 内部枪支管理。1986年7月,县公安局根据成都市公安局《关于认真开展对枪支弹药进行检查的通知》精神,对全县公、检、法机关(包括派出所)和内部保卫单位的枪支弹药佩带和保管情况进行全面检查清理。2005年,区公安分局对下属19个单位保管枪支的人员进行审核,确保枪支使用安全。

民用枪支和危险物品管理。对辖区内企事业单位、机关、学校、文化娱乐场所、体育运动部门和居民中持有的枪支进行清理登记。2000—2005年,共收缴各类枪支643支,其中仿真64式手枪3支、各类火药枪303支,汽枪38支、钢珠枪3支;收缴各类子弹1633发、雷管3700枚、炸药128公斤、导火索23米、炮弹34枚、自制爆炸物5个、管制刀具1960把。

民用爆炸物品的管理。公安与安监部门配合,对境内爆炸物品的生产、储存、运输、销售、使用单位多次进行定期和不定期的检查监控,督促其落实各项规章制度,消除事故隐患,确保安全。至2005年,查处非法火工生产57件,无证销售烟花爆竹23件,违规销售136件,非法购买、运输8件,收缴销毁各类非法烟花爆竹成品、半成品和原材料37吨,治安处罚109人。

【查禁工作】 治安管理部门和派出所加强对旅馆、酒店、文化娱乐场所、桑拿浴、发廊、洗头房等行业、场所监督检查,对存在的隐患督促整改,教育从业人员遵纪守法。利用多种形式宣传卖淫、嫖娼的危害和禁娼的法律法规,对涉及卖淫、嫖娼的人员依法处理。适时开展专项统一行动,对可疑场所、行业开展检查,对掌握的案件线索立案调查,做到发现一件查处一件,重点打击组织、强迫、引诱、容留、介绍妇女卖淫等违法犯罪行为。

1992—2005年,公安局每年集中一段时间和力量,开展以打击卖淫嫖娼为主的除"六害"专项行动,多次开展对从事按摩服务的美容美发店、洗头房、洗脚房等公共服务场所的专项治理,查处聚众赌博、贩毒等违法活动。1998—2005年,查处涉嫌"黄、赌、毒"案件226件,抓获违法犯罪嫌疑人429人,收缴带赌博功能电子游戏机、翻牌机和赌币机共10180台。2002年9月,破获一件特大贩毒案,抓获两名犯罪嫌疑人,缴获海洛因621.3克,收缴毒资5300元。2003年6月,没收赌资1.6万元,罚款2.6万元,收缴淫秽光碟30余盘。

【安保和警卫】 公安机关对全域性的大型活动提前介入,制定预案,周密部署,确保每次活动顺利平安。每年农历除夕和正月初一的宝光寺庙会、"二月二"木兰庙会,公安机关出动警力,全面做好治安、消防、交通及安全保卫工作。圆满完成安全保卫工作的重大活动有:1999年新都"火红迎新春"大型活动、"2000中国西部论坛·21世纪城市建设与环境国际研讨会"、2000年"新都建工——自贡'世纪之光'大型彩灯游园会"、2004年中央电视台"同唱一首歌"走进新都大型演唱会等。多次承担中央首长、外国元首、政要人物到新都的安保警卫任务。

1992年,成立新都县保安服务公司。至2005年,培养训练并取得资格证书的保安人员363人,保安服务公司与200余家企事业单位、娱乐场所签订保安服务合同。保安人员协助查破刑事案件750件,查处治安案件1700件,纠正内部违规行为1.35万次。

【见义勇为保障机制】 1991年2月26日,成立新都县人民群众见义勇为基金会,并制定《新都县人民群众见义勇为基金会章程(试行)》。见义勇为基金初期由财政拨款,后吸收各级、各单位和人民群众捐款。2004年起,区财政按政法部门罚没款3%的比例拨给基金以弥补经费的不足。同年,区委决定以后每年按上年(2004年拨付5万元)基础的20%递增拨付。截至2005年12月,基金会基金总额45.66万元。1994年至2005年,基金会根据章程,对42名见义勇为人员表彰奖励,奖励金额13.44万元。1999年9月,大丰镇黄花村村民郭洪生被评为全国见义勇为先进个人,并出席全国见义勇为表彰大会,受到中央领导接见。

1994—2005年新都见义勇为基金会表彰奖励人员一览表

表7-1　单位:元

序号	主要事迹	姓　名	性别	年龄	奖励时间	奖励金额
01	勇斗歹徒负重伤	黄文清	男	36	1994.03.29	1200
02	协助抓捕歹徒	黄贵华	男	36		100
03		张先太	男	46		80
04		黄文明	男	53		60
04		黄文林	男	40		60
06	勇擒歹徒负伤	江长福	男	41	1994.04.19	400
07	协助抓获歹徒	曾文全	男	40		200
08	勇抓罪犯受伤	丁　琪	男	29	1995.02.16	10000
09	勇擒歹徒负重伤	冯志勇	男	23	1995.12.20	15000
10	智擒逃犯	范祥东	男	—	1996.08.30	800
11	抓获犯罪嫌疑人	刘华德	男	—	1996.08.30	700
12	勇擒歹徒光荣牺牲	吕新民	男	42	1996.09.03	60000
13	勇擒杀人歹徒	曾德数	男	27	1997.01.22	1000
14	救火献身	廖世忠	男	54	1997.01.22	1000
15	勇救落水群众献身	胡昌福	男	28	1997.03.06	12000
16	勇救落水群众	周光明	男	27		1000
17		陈生全	男	28		1000
18		李祥云	男	27		1000
19	抓罪犯负伤	张贵才	男	—	1997.06.12	1000
20	勇救溺水儿童献身	李德福	男	54	1997.09.15	10000
21	勇斗歹徒负伤	郭洪生	男	34	1997.09.28	2000
22	勇救溺水儿童献身	覃　勇	男	9	1997.09.28	1000
23	勇斗歹徒为群众追回被盗摩托车	陈华洪	男	28	1999.06.14	300
24	勇斗歹徒负伤	钟其富	男	50	1999.11.20	200
25	勇斗歹徒负伤	张贤明	男	31	1999.11.20	300
26	制止歹徒伤人被歹徒刺伤致死	冉洪富	男	34	2000.01.11	5000
27	勇斗歹徒负伤	王信义	男	20	2000.04.30	400
28	制止伤害群众负伤	李翠华	女	42	2000.04.30	300
29		陈章德	男	46		300

续表 7-1

序号	主要事迹	姓　名	性别	年龄	奖励时间	奖励金额
30	扑救火灾受重伤	韩焕成	男	36	2000.07.18	1200
31	扑救火灾受重伤	林田发	男	44	2000.07.17	1000
32	勇救被抢群众负伤	钟其富	男	50	2000.10.20	200
33	勇斗歹徒负伤	张明贵	男	34	2000.10.20	300
34	勇救落水儿童负伤	肖明发	男	68	2000.11.23	300
35	为群众夺回被抢物品	邹光志	男	37	2001.03.12	200
36	勇斗歹徒	周　鑫	男	38	2004.07.07	400
37	勇斗歹徒负伤	罗东强	男	43	2004.07.07	800
38	协助抓捕歹徒	陈家德	男	50	2004.07.07	400
39	勇斗歹徒负伤	郭洪军	男	33	2004.07.09	800
40	勇斗歹徒负伤	张志明	男	47	2005.01.10	800
41	勇斗歹徒负伤	张兴友	男	51	2005.02.23	800
42	勇斗歹徒负伤	谢丛先	男	37	2005.08.29	800

侦查预审

【刑事犯罪案件侦破】 新都公安局根据境内社会治安形势，在上级公安部门的统一部署下，每年集中一段时间和警力开展治安专项整治行动。1986—2005 年，除多次“严打”外，重要的专项整治行动有：除“六害”专项斗争 4 次；开展“狂飙 0F”“狂飙 0G”集中行动，严厉打击“两抢两盗”、毒品犯罪和经济犯罪；打击街面犯罪集中行动、打击“两抢一盗”“捕现”“追逃”专项斗争；侦破命案专项斗争、开展“春季破案会战”等。1986 年开展“严打”斗争，破获各类刑事案件近 170 起，打掉犯罪团伙 15 个，端掉违法犯罪窝点 5 个，抓获各类犯罪嫌疑人 520 人，缴获赃物赃款总价值近 4 万元。1992 年开展 4 次除“六害”专项斗争，共破获刑事案件 217 件，查获犯罪团伙 16 个 62 人（盗窃团伙 10 个 38 人，抢劫团伙 5 个 21 人，诈骗团伙 1 个 3 人），缴获赃款赃物总价值 16 万元。2004 年破获刑事案件 330 件。

新都公安局破获的重大案件有：1987 年 2 月，破获流窜盗窃县委、县政府机关办公室现金和国库券案，抓获犯罪嫌疑人 1 人。1988 年 12 月，破获当日发生在川陕路上的特大抢劫案，抓获 5 名犯罪嫌疑人，缴获现金 1.3 万元。1989 年 9 月，破获桂林乡马超村张某某杀母案。1992 年 1 月，破获大丰镇皇花村一起绑架杀害案，抓获犯罪嫌疑人 3 人。1996 年 6 月，破获发生在新民镇的持枪抢劫、爆炸、恐吓、寻衅滋事、敲诈勒索、横行乡里、称霸一方的流氓恶势力犯罪团伙案，抓获犯罪嫌疑人 5 人。1999 年 4 月，摧毁一个盗窃、抢劫、强奸卡拉 OK 服务员的犯罪团伙，破获各类盗窃、抢劫、强奸案 35 件。2001 年 2 月，破获一起持枪抢劫香雪海茶楼的特大案件，抓获犯罪嫌疑人 4 人，缴获作案枪枝（仿五四手枪）2 支，缴获赃物赃款总价值 15 万元。2004 年，破获在“香城之夜”歌城外的陈某被枪杀案，抓获犯罪嫌疑人 1 人。

【经济犯罪案件侦破】 新都公安局侦破的重大案件有：1990 年 3 月，破获天元乡蓉新酒厂被诈骗白酒（价值 15.83 万元）案，追回白酒 1243 件、价值 9.4 万元，追回赃款 5.5 万元。1991 年，破获河南省兰考县信誉隆粮油经销商杨某的50吨花生被诈骗案。2002年7月,破获特大合同诈骗案,抓获犯罪嫌疑人陈某某,为新都华西铝业有限公司挽回经济损失70万元。2003年,破获2起重大经济犯罪案件,抓获犯罪嫌疑人2名,追回赃款30万元。2004年5月,查处新都星光工贸公司非法吸收公众存款2800万元特大案件,逮捕犯罪嫌疑人代某某。2005年6月,侦破一起以做文化用品生意为名,以高额利息为诱饵的非法集资450万元的特大诈骗案。

【网侦工作】 2003年始,区公安分局开展网监工作,为基层案侦工作提供技术保障,协助破获了一系列大案要案。2004年2月,新都出现一个盗窃摩托车、电动自行车的犯罪团伙,通过开展网络侦控,同年4月15日在彭州将4名嫌疑人抓获。同年5月,眉山市发生一件抢劫案,受害人被抢劫后又被强奸。通过网上布控,区公安分局会同成都市公安局和眉山市公安局,于6月将4名犯罪嫌疑人抓获。2005年8月,新繁镇发生一件入室抢劫杀人案,公安分局通过网监技术,迅速在成都市成华区双林路某场所内将2名犯罪嫌疑人抓获。

【预　审】 1998年前,预审工作由县公安局预审科负责。从批准拘留、逮捕人犯开始,直至结束预审进行处理或移送县检察院审查决定为止,实事求是地查明被告人有罪或者无罪,查明犯罪情节的轻重,正确认定犯罪性质和罪名,检验核实侦查所获的罪证材料是否确凿、充分,依法打击罪犯。1998年10月,撤销预审科,由刑警大队案审中队负责预审工作。2000年2月,撤销案审中队,由各办案单位办案人员负责预审,实行侦审合一。

【禁毒工作】 1996年,成立新都县禁毒领导小组,办公室设在县公安局刑警大队,并组建禁毒中队。2002年11月,禁毒中队更名为禁毒大队。

2000年起,在全县范围内开展以实现“四无”(无吸毒、无贩毒、无种毒、无制毒)为目标的创建“无毒社区”工作。至2005年,新都共表彰“无毒社区”先进单位14个。市禁毒委表彰“无毒社区”先进单位4个(龙虎镇、马家镇、清流镇、新民镇),龙虎镇、马家镇和清流镇命名为“无毒社区”。

1998年,县公安局破获特大贩卖毒品团伙案1件,缴获海洛因260克。2002年9月,区公安分局刑警大队会同市公安局禁毒处破获一起特大贩毒案,缴获海洛因621.3克,收缴毒资5300元。同年破获贩卖运输毒品案2件,铲除贩毒团伙1个,缴获海洛因173.49克。

2003年8月至11月,区公安分局开展打击“金三角”毒品入境和跨区域贩毒专项行动。2004年4月起,在全区范围内开展遏制毒源专项行动,集中清理软性毒品。2005年4月至6月,开展扫除零星贩毒市场、打击外流贩毒行动,对歌舞娱乐场所和“五小”门店、毒品问题严重场所、易制毒化学品进行整治打击,对吸毒人员进行普查和收治戒毒。

2005年“6·26”国际禁毒日前夕,6月13日在黄桷树广场举行“禁毒万人行”启动仪式。

【监所管理】 1994年12月7日,县看守所由新都镇南街迁到新都镇新东村一社,占地20亩。1996年11月,治安拘留所由新都镇新泰路迁至看守所。1997年,看守所首次被公安部评为一级看守所。2002年,所内安装监控设施,各监室安装电视机等。2004年,投资100万元,对监所进行改造,将治安拘留所从看守所监舍移出。同年,看守所被省公安厅记集体二等功,被市公安局记集体三等功。2005年,看守所再次被公安部评为一级看守所,并被评为全国公安监管系统深挖犯罪工作先进集体。

户籍管理

【体制改革】 1986年前，新都县人口户籍管理实行户口簿登记制度，1户1本。以户口簿登记全户人口，由居民自行保存，户内若有人口变动和户籍项目变更，凭户口簿及相关证明材料到公安机关办理变更手续。1986年8月，开始实行居民身份证制度，使户口管理和身份证管理相统一，用"常住人口登记表"逐步取代户口登记簿，建立健全户口簿和身份证资料的保管使用和证件查验管理制度。

1998年前，全县农村户口由各乡镇政府管理。1998年，新都城乡户籍全面纳入公安机关统一管理，由公安局牵头，以乡镇为统计单位，公安局集中汇总后上报上级公安机关。年度统计人口截止时间为每年12月31日。2002年，区公安分局成立户口办证中心，集中统一办理人口出生、死亡、迁入、迁出变动登记和有关户籍证件。

2003年1月，根据省公安厅关于城市户籍管理制度改革的精神，户籍管理政策进行了相应调整。一是实行新生婴儿随父随母入户的自愿政策；二是放宽夫妻分居投靠配偶及老年人投靠子女入户的政策；三是调整和改革普通大、中专院校学生户口迁移的政策；四是对招商引资、引进人才给予特殊入户等。截至2005年，区公安分局办证中心共办理出生13917人，死亡11401人，迁入46813人，迁出9620人。

按照市政府办公厅2004年《关于推行一元化户籍管理制度的实施意见》，在全区实行城乡户口一元化登记管理。取消"农业户口"和"非农业户口"的户口性质，统称"居民户口"。按照公安部人口统计年报表的通知规定，凡取消户口二元化管理，实施一元化管理的地区，其城乡性质划分按设街道办事处和建社区居委会的常住地人口统一统计为城市人口。区公安分局自2004年开始有计划、分步骤、按阶段的组织宣传、动员和调整工作进度，2004年5月8日前，将全区15万农业户口以外其他性质户口转为居民家庭户和居民集体户；同年9月底前，将全区自1990年以来因多种原因被征占失地农民而未"农转非"的3.8万农业人口转为居民户口；2005年9月底前，在各镇(街道)调查摸清全区农业性质人口底数的基础上，于11月底将全区未征地的45万农业人口转为居民户口。并根据各镇(街道)造具的花名册，由各公安派出所按规定完成了在全区15万余户、45万余人的户口簿上加盖居民家庭户和农业劳动者专用章的工作。

【常住人口户籍管理】 一是用"常住人口登记表"逐步取代居民户口簿。对过去在户口管理登记中隐瞒人口数据、篡改出生年月日、乱开迁移证件、违反结婚登记规定和违反计划生育政策的，依照《中华人民共和国户口登记条例》的规定逐一予以纠正，并追究其责任。二是按照公安部《关于启用新的常住人口登记表和居民户口簿有关事项的通知》要求，颁发新的户口簿，对人口进行全面核查，确保人口出生、死亡、迁入、迁出四项变动登记的准确性。三是根据2002年3月成都市《关于小城镇户籍制度改革的实施意见》对以前办理的自理口粮户口或双重户口人员进行调查清理，只要在小城镇具备居住条件的，按一个人只能登记一个常住户口的规定，登记为当地非农业户口。

【颁发居民身份证】 根据《中华人民共和国居民身份证条例》和《中华人民共和国身份证条例实施细则》，1986年8月13日开始，进行颁发居民身份证试点工作，县、乡两级成立颁证领导小组，下设办公室负责颁证工作。1987年开始，在全县广泛进行居民身份证管理使用的宣传教育，增强群众带证、用证意识。通过逐户逐人核实常住户口和主要户籍项目后，对16周岁以上的公民颁发居民身份证。至1989年,共颁发居民身份证40余万人,占应发证的98%。集中颁证完成后,对16周岁居民颁证和迁入新都的居民颁证以及补发证件。1999年实施身份证号码编制工作,对已发放的居民身份证进行编码升位,同时将号码回填至常住人口登记表和居民户口簿并输入微机,至2000年年底全部完成。

2004年1月1日,实施《中华人民共和国居民身份证法》。2005年8月,开始集中换发第二代居民身份证。

【流动人口管理】 1985年,按照省公安厅《公安部关于城镇暂住人口管理的暂行规定》,实施暂住人口登记制度。各乡镇及部分村设立暂住人口登记站,对全县暂住人口进行清理、登记,并按要求发放“暂住证”。1995年年底,新都镇、新繁镇的暂住人口12459人,其中男性8036人,占64.5%;女性4423人,占35.5%。暂住人口登记办证率95%。

1996年后,新都常年暂住人口在1.2万人左右,2005年为12383人。按照市公安局《关于实施IC卡暂住证管理工作的通知》精神,2003年推行“IC卡”暂住证取代原手工填写的“书本式”暂住证,进一步提高了对外来暂住人口管理的智能化水平,使外来人口管理工作更加规范化、制度化。2005年,为进一步规范外来人口管理,保障外来人口的合法权益,促进人口信息化建设,提高政府服务水平,按照《成都市居住证管理暂行规定》,对外来人口实施居住证管理。成立流动人口协管员队伍建设领导小组,办公室设在区公安分局防范科,负责全区流动人口管理的督促指导。

通过对流动人口的管理,1986—2005年,累计发现违法犯罪线索442件,破获刑事案件214件,查处治安案件456件,处理违法人员1474人。

【出入境管理】 1986—2005年,到新都旅游以及参观访问、洽谈贸易、科技交流、探亲会友的外国人、华侨和港澳台同胞共计38075人、2990批。其中,外国人27524人、2181批;华侨和港澳台同胞10551人、809批。申报临时户口668人(外国人182人,华侨和港澳台同胞486人)。

2003年7月以前,公民因私出境需提交相应材料,并由所在单位或派出所政审、县公安局审核、市公安局审批。2003年7月始,区公安分局不受理公民因私出境事宜,由市公安局统一受理。1986年受理公民因私出境5人,1999年受理170余人,2002年受理1210人。

2004年8月,成都市正式实施护照申领制。公民申领护照,由市公安局办理。

1999年始,实行“法定不批准出境人员”通报备案制度。2004年开始,实行国家工作人员出境备案制度。法定不准出境人员2000年备案77人,2001年备案152人、撤销31人,2002年备案269人、撤销107人,2003年备案138人、撤销98人,2004年备案129人、撤销1人,2005年备案194人。

消防安全管理

【组织建设】 1986—1995年,新都县设消防科,隶属于县公安局。1995年3月12日,组建公安消防中队,编制25人。1998年扩编为公安消防大队,2005年人员增至37人。公安消防大队履行“二级防火”管理职能,负责新都消防监督管理,并直接指挥和参加防火灭火工作。消防工作实行属地管理,各机关团体、企事业单位、乡镇街道、村社区的负责人对本地区、本单位的消防工作负责。消防安全工作列入政府工作的一级目标考核。根据《四川省群众义务消防条例》的规定,在公安消防部门组织指导下,各单位逐步建立义务消防组织，训练义务消防人员。2005年，全区有义务消防队541个、义务消防员1万人。

消防中队成立后，每年参加火灾扑救50次以上。截至2005年，累计抢险救援和为群众服务1000次，为国家、集体和居民挽回损失1000万元。

【消防设施】 1986年，新都镇设城市公用消防栓10具(其他乡镇无消防栓)。2005年，全区城市公用消防栓420具，其中新都老城区256具，工业东区42具，工业西区11具，其余镇(街道)111具。公安消防大队配置消防车4辆(其中灌式消防车2辆)和其他抢险救援器材。

【宣传教育】 公安消防大队和安全生产监督管理部门密切配合，坚持长周期的消防安全教育。一是利用电视、广播、报刊、录像、图片展览、墙报、板报和讲座等形式进行宣传教育，主要内容有《中华人民共和国消防条例》、国务院《消防改革与发展纲要》和《中华人民共和国消防法》等。通过宣传教育，不断增强广大干部群众的法制观念和积极参加与火灾作斗争的责任感，使"防"有基础、"消"有力量。二是利用每年"119消防日"和"安全生产宣传月"进行消防安全宣传教育，通过印发宣传资料、火灾事故案例图板展示等形式，向广大人民群众普及消防安全知识。三是在企事业单位职工和中小学师生中开设消防安全知识讲座，开展灭火演练。至2005年，累计印发《消防安全知识手册》10万份，向全区中小学师生赠送消防安全知识卡片8万张。四是坚持开展义务消防队员的培训教育，采取就地组织培训和参加成都市消防培训基地培训相结合的办法。每年举办义务消防骨干培训班2~3期，每期80~120人，时间3~5天。截至2005年，累计培训义务消防骨干4500人次。

【消防监督】 1986—2005年，新都公安消防部门依据《中华人民共和国消防法》等法律法规，对新都境内消防安全实施监督检查。

审查各部门及企事业单位有关消防安全的组织措施和技术措施及标准的执行情况；监督检查建设项目在设计和施工中执行有关防火规定、规范、技术标准的情况，并参与竣工验收；监督检查城镇建设中公共消防设施的规划建设，督促城镇建设和管理部门维护、改善公共消防基础设施；组织火灾调查、分析和统计上报；组织指挥火灾的扑救工作；总结年度防火经验教训，表彰奖励消防工作先进单位和个人；监督各单位消防器材、设备的配置和使用。

对违反消防法律法规的行为，对造成火灾重大损失的单位和责任人，依法进行处罚。截至2005年，共警告处罚134人次，对352个单位罚款136万元；责令停产停业整顿的企业63个，行政拘留4人，移送司法机关追究刑事责任1人。

对火灾危险性大、发生火灾后损失大、伤亡大、影响大的单位和场所，实施重点监督管理。新都境内列入重点防火监督管理的单位有：区委、区政府、区人大、区政协机关；宝光寺、升庵桂湖等国家重点文物保护单位；新都档案馆、图书馆以及重要的科研、事业单位；新都邮电、通讯、广播电视枢纽；大中型化工企业以及储存危险化学品、石油、天然气等易燃易爆物品的单位库区；国家粮食仓库及粮、棉、油、轻工、纺织品等物资集中的仓库、市场；高层建筑、易燃建筑、人员密集的商场、宾馆、超市、医院、学校和公共娱乐场所等。

【消防检查】 消防检查采取普遍检查、重点抽查、交叉检查、节日检查和突击检查的方式进行，检查的主要内容是：贯彻国家消防方针、法律法规及其消防技术标准的执行情况；消防安全责任制和各项规章制度的建立健全及落实情况；消防安全宣传教育的普及和深化情况；义务消防队伍建设和消防人员业务素质情况;易燃建筑、电气、危险物品、城市燃气、防爆设备安全性能;重点防火单位、场所、部位的消防安全现状;消防设施、灭火器材的配置、管理、到期更换和正确使用情况;防雷电场所避雷设施的检查、维护、定期测试情况;严禁烟火场所的火源控制,隔离措施的安全距离;消防安全通道、安全出口、疏散指示以及应急救援措施、应急照明措施落实情况等。

对查出的简单易改的隐患,责令立即整改;难度较大、整改过程复杂的隐患,下达整改指令书,限期整改;影响大、投资多、费时长的重大隐患,组织专家论证后,制定科学整改方案,进行重点整改。截至2005年,共检查整改火险隐患4800处(其中重大火险隐患30处),整改率100%。

检　　察

检察机关

【组织机构】 1986年,县检察院内设批捕科、起诉科、法纪检察科、经济检察科、监所检察科、控告申诉检察科和行政办公室。1991年增设政工科,1993年增设民事行政检察科,1996年11月增设技术科。此后,内设机构时有调整。2002年1月,撤县设区,县检察院更名为成都市新都区人民检察院。2005年年末,区检察院设12个职能机构:反贪污贿赂工作局、办公室、政治处、侦查监督科、公诉科、渎职侵权侦察科、监所检察科、民事行政检察科、控告申诉检察科、职务犯罪预防科、检察技术科和法警大队。

1985年,县检察院行政编制38人,实际38人。1992年,行政编制51人,实际50人。1994年,首次面向社会公开招录符合条件的优秀人员5人。2002年,政法专项编制58人,2003年后新增后勤服务人员6人(事业编制),并陆续从高等学校政法专业选录优秀本科生5人。

2000年,县检察院被省检察院评为“五好检察院和人民满意检察院”,2001年被最高人民检察院评为“人民满意检察院”。2002年,最高人民检察院给区检察院记集体一等功。

【检察委员会】 县检察院检察委员会于1979年12月29日成立。1985年,由检察长、副检察长和批捕科、经检科的负责人组成检察委员会。1987年以后,检察委员会由检察长、副检察长和检察院有关内设机构负责人组成,一般5~9人,最多10人。1999年,设立检察委员会办公室,承担检委会办事机构的日常业务。

【反贪污贿赂工作局】 1990年,撤销经济检察科建立贪污贿赂检察科。1996年3月9日,撤销贪污贿赂检察科,组建新都县反贪污贿赂工作局。1998年,按照最高人民检察院的统一要求,县反贪污贿赂工作局更名为新都县人民检察院反贪污贿赂工作局。2002年1月,更名为成都市新都区人民检察院反贪污贿赂工作局。

检察工作

【刑事检察】 1988年,县检察院审查批捕、审查起诉及出庭支持公诉的职能分别由审查批捕和审查起诉部门承担。

审查批捕。1985—2005年,新都检察院审查批准公安机关提请逮捕的各类刑事案件4614件、7627人,不批准逮捕案件361件、766人。1999—2005年,立案监督案件64件、64人,逮捕26件、26人,被法院判刑20件、20人。

坚持"打防并举、标本兼治",妥善处理涉法上访和控告申诉。随着经济改革不断深化和社会发展,一些职务侵占、诈骗、破坏交易安全、侵犯企业合法权益等案件,涉及土地开发、征用、搬迁、村务公开、经济纠纷等涉法上访的案件日益增多。新都检察院及时启动监督程序,认真分析归类,开展定期或不定期的督查,全程督查或专案督查。对属于刑事案件的移送公安局并监督侦查;属于民事、经济纠纷和申诉上访的,通过面对面的沟通、解释、疏导,均得到妥善处理。

审查起诉。1985—2005年,新都检察院审查起诉部门共受理公安局和检察院侦查部门提请的起诉案件5287件、8703人。经审查后,向新都法院提起公诉4417件、7079人,对情节严重的犯罪嫌疑人移送市检察院起诉307件、775人,对情节轻微或显著轻微的免于起诉192件、227人,不予起诉57件、70人。对抢劫、杀人、强奸、拐卖人口、贩毒、重大盗窃、破坏电力和通信设备、重大诈骗等犯罪分子进行法律制裁。

【控告申诉检察】 1985—2005年,围绕"两打"(打击经济领域严重经济犯罪活动、打击严重刑事犯罪分子)开展工作,共受理控告、举报、申诉等来信来访3681件次。新都检察院直接答复处理801件,自办申诉案件328件,转送院相关部门及法院、公安局等有关单位办理1721件。

1991年起,执行《控告申诉工作细则》,按照"认真调解人民内部矛盾、防止矛盾激化"的精神,重点处理易于激化和将要激化的矛盾。同时开展广泛深入的控申宣传活动和创建文明接待室活动。按照《检务十公开》的要求,开展检察长接待日制度和推行预约举报制度等。县检察院将每月15日、30日定为检察长接待日。1997年,县检察院控申接待室被四川省人民检察院评为省级文明接待室,2000年,被最高人民检察院授予"全国文明接待室"先进称号。

200C年以后,继续围绕"强化法律监督,维护公平正义"的主题,严格按照高检院和省检院关于"集中处理涉检信访问题"的要求,对涉检信访案件实行"领导包干,责任到人",认真审查,妥善处理。

【民事行政检察】 1994年4月29日,县检察院成立民事行政检察科(与控告申诉科为一套人员、两块牌子)。对县法院已经发生法律效力的民事、行政判决或裁定进行审查,发现有违反法律法规的,通过民事审判监督程序提出抗诉或检察建议,保证国家法律的统一和正确实施,保护公民、法人和其他组织的合法权益,保障县法院依法正确行使审判权。1994—2005年,新都检察院共立案审查民事行政申诉案件203件,立案后提请抗诉35件,向法院提出检察建议26件,作息诉服判138件,终止审查2件。

【贪污贿赂犯罪检察】 县检察院在打击刑事犯罪的同时,把打击经济犯罪作为重要任务。重点查办了县供销社、银行、乡镇企业、供电、市属企业等行业和一些县级部门的经济犯罪案件。1985年,立案侦查贪污、行贿案件11件、18人,对县物资局生资公司原采购员李××、马家乡信用社原主任刘××、桂湖供销社原职工邓××、孟××和冶金机械厂劳动服务公司杜××等提起公诉,给予判刑处罚,并追回赃款20余万元。1989年,立案侦查14件、21人,追缴赃款32.5万元,为企业挽回经济损失22.37万元。对新都装潢铭牌厂原厂长陈××、石板滩制钉厂原厂长叶××、龙安电磁厂原采购员张××等贪污犯进行法办。1995年,办理县邮电局大丰支局原储蓄员尹××特大贪污案(尹被判死缓)。1996年,办理县公安局交警大队原一级警司黎×挪用公款用于赌博案、新繁镇城建办原主任刘××受贿案、木兰乡十里村原党支部书记兼砖厂厂长林××受贿案。1999年,侦破中国航空总公司原处级干部叶××挪用公款案、新民电管站原站长黄××挪用巨额公款案和马家电管站原站长黄×贪污案。2001—2003年,先后侦破新都卫生系统和粮食系统贪污、受贿案共23件、23人。截至2005年年末,共受理案件线索993件,立案352件、397人,对罪犯均依法给予严肃惩处。

【职务犯罪预防】 1999年,预防职务犯罪工作由县检察院办公室负责。在查办职务犯罪的同时,坚持"打击、预防、促进、保护"一体的工作方针,开展预防职务犯罪、倡廉防腐工作。

按照市检察院《二〇〇〇年预防职务犯罪工作意见》和《二〇〇〇年成都市预防职务犯罪工作目标考核细则》,县检察院实行目标责任制,在全县重点建设工程中推行工程承建、廉政"双合同"制度。有针对性地开展个案预防、行业预防和重点工程预防,并开展预防调查,剖析原因,提出预防对策。2000年,提出书面检察建议17份,上法制课4次,撰写调查报告、宣传稿件各22篇,收到较好的预防效果。

2001年8月,县委、县政府成立"新都县预防职务犯罪领导小组",县委副书记、政法委书记任组长;县委副书记、常务副县长,县委常委、县纪委书记,县委常委、组织部部长,县检察院检察长任副组长;县纪委(县监察局)、县委政法委、县城建委、县财政局、县审计局的主要领导为成员,领导小组办公室设在县检察院。2002年1月,区检察院增设"职务犯罪预防科",配备专职干警2人。

预防职务犯罪领导小组根据法律规定及区委、区政府授权,全面开展预防职务犯罪工作。先后对卫生局、教育局、计生局、粮食局、市容局、供电局、农业局、国土资源局等行业部门,对发案多、正在转制和易发生职务犯罪的重点工程以及石板滩、木兰、三河等乡镇,有计划、有针对性地开展职务犯罪预防工作。2002—2005年,区检察院连年被市检察院评为预防职务犯罪工作第一名。

【监所检察】 1987年4月,县检察院成立派驻新都看守所检察室。

1986—2005年,新都检察院监所检察部门到监所检察4464天,对监管改造场所进行安全检查165次,发现并纠正监管改造场所违法违纪现象200余起,提出检察建议163条,对犯罪嫌疑人和犯罪分子进行集中教育67次,个别谈话教育2426人次,共审查起诉犯罪分子重新犯罪案件36件、81人。

【司法警察】 1978—1997年,县检察机关选配干部作为非专职法警履行法警职责。保护县检察院直接受理的犯罪案件现场,执行传唤,参与搜查;执行拘传和协助执行其他强制措施,追捕逃犯,实行跨区域的警务协作;提押、看管犯罪嫌疑人、被告人和罪犯;送达法律文书;参与执行死刑临场监督活动;负责检察机关的秩序和安全,参与处置突发事件;执行检察长交办的其他任务。

1998年,修改后的《中华人民共和国刑法》《中华人民共和国刑事诉讼法》颁布实施,为适应检察工作改革和发展的需要,根据《人民检察院司法警察暂行条例》和省、市检察机关的要求,1998年3月,筹建县检察院法警队,编制5人。2000年11月17日,正式成立县检察院司法警察大队。2004年新增法警队员5人。2000—2005年,法警大队共出警2909次,圆满完成了看管、押送、送达、监视居住、参与搜查、执行逮捕、安全保卫等任务。

法　院

法院机关

【组织机构】 1986 年,县法院内设办公室、刑事审判庭、民事审判庭、经济审判庭、执行庭,干警 49 人。按乡镇布局设 5 个派出人民法庭(桂湖、新繁、泰兴、新民、大丰)。设审判委员会、合议庭和独任庭三种审判组织。为规范法院审判工作,适应改革的需要,陆续增设告诉申诉审判庭、行政审判庭、法警队、经济纠纷调解中心、研究室、纪检组、法庭科学技术研究所、少年审判庭等,至 1995 年,全院设 17 个庭级单位。此后,内设机构时有调整。2002 年 1 月,撤县设区,县法院更名为成都市新都区人民法院。2005 年,区法院内设机构 16 个:办公室、政治处、研究室、监察室、书记官室、刑事审判庭、民事审判庭(一、二)、行政审判庭、立案庭、审判监督庭、执行局、法警大队及新繁、泰兴、斑竹园人民法庭。干警 110 人,其中三级高级法官 1 人、四级高级法官 4 人、一级法官 18 人、二级法官 19 人、三级法官 6 人、四级法官 1 人。从 2003 年起实行审判长、执行官和独任审判员资格制,到 2005 年末,具有审判长资格的法官 9 人、执行官 7 人、具有独任审判员资格者 11 人。

1997 年 4 月,县法院被省高院评为“四川省法院系统两庭建设先进单位”“全省十佳法院”。1998 年 10 月,被最高人民法院评为“全国优秀法院”,同年被省委评为“省级文明单位”。1999 年 12 月,被最高人民法院评为“全国法院模范集体”。2000 年,被省委评为“最佳省级文明单位”。

【审判委员会】 审判委员会委员由法院院长提请新都人大常委会任免。一般由院长、副院长、主要业务庭庭长和资深法官组成。1994 年始,研究室主任兼任审委会秘书,审委会办公室设在研究室,负责处理日常事务。审委会会议由院长主持,院长因故不能主持时,可委托一名副院长主持。会议主要总结审判经验,讨论重大或疑难案件和其他有关审判工作的问题。

审判改革

【审判委员会工作改革】 审委会一直作为法院对案件的最高裁判者,较多地讨论、研究和决定具体案件。由审委会讨论决定案件造成“审者不判,判者不审,审、判脱节”,容易造成合议庭和独任审判员的依赖和推诿,审判案件不能主动承担责任。1997 年始,弱化审委会讨论个案的职能,强化对审判工作的宏观指导,侧重审判经验总结及法律适用工作。原由审委会讨论决定的案件交由分管院长、合议庭、或独任审判员负责,审委会只讨论分管院长、合议庭提请讨论的重大、疑难案件。且讨论案件只对适用法律的准确性负责,不对案件的事实负责。

【审判方式改革】 1995 年始,探索民商事审判方式改革,1997 年启动刑事审判方式改革。民商事审判方式由“职权式”向“诉辩式”转变。以审判公开为重心,强化庭审功能,强化合议庭职责,强化当事人举证责任。谁主张,谁举证。举证、质证、认证和辩论当庭进行,法官居中裁判。开庭审理规范化,法律文书标准化,审判和接待用语文明化。刑事审判方式由“纠问式”改为“控辩式”。凡指控的犯罪证据必须经过认证、质证,且证据来源要具有合法性、客观性和关联性。保障被告人的人身权利、辩解辩护权利和最后陈述权利,彰显司法文明与公正。

【健全审判制度】 1986年始,审判与执行分开。1993年始,实行统一立案、统一分案、统一收取诉讼费,统一办理诉讼费减、免、缓交事项。强化审限意识,严格审限制度,增强法官驾驭庭审的能力。改革和规范裁判文书,加强裁判理由的论证,引用法律条文的准确,增强叙事说理的逻辑性和说服力。2005年,着装服饰由大盖帽警察式法官服更换为05式法官服及法袍,开庭实行穿法袍、用法槌制度,规范司法礼仪,规范法官在庭审活动中的言行举止,突出法官的文官气质。针对来信、来访、申诉反映的问题,实行领导包案、责任到人、限期办理。对案件质量实行综合评定,力争办案的法律效果、政治效果和社会评价有机统一。

案件审判与执行

【刑事案件审判】 依法惩处严重危害社会治安的犯罪分子、破坏社会主义市场经济秩序的犯罪分子,贪污受贿、侵占挪用、渎职失职的职务犯罪。1986—2005年,新都法院共审结刑事案件4984件。其中:杀人案件41件,抢劫案件750件,强奸案件263件,盗窃案件2211件,拐卖人口案件82件,诈骗案件152件,故意伤害案件407件,破坏电力通信设施案件106件,纵火案件28件,投毒案件14件,职务犯罪案件190件,其他案件740件。

1997年起,新都法院除继续对杀人、抢劫、抢夺、盗窃、诈骗、强奸、贩毒、车匪路霸、交通肇事、拐卖妇女儿童、黑恶势力犯罪以及破坏电力通信设施等犯罪实施打击外,依法惩处损害“三农”的严重犯罪行为,保护农民的合法权益。配合反腐败斗争严惩一批贪污受贿、侵占挪用等职务犯罪。重点打击商业贿赂、侵占挪用资金、贷款诈骗、虚开增值税发票、利用企业破产改制侵吞国有资产等严重经济犯罪。对原县物资局副局长钟××贪污、挪用公款案,原县医药公司经理王××受贿案,原三河镇繁阳村支部书记严××挪用成都绕城公路征地拆迁补偿款案,原成都红光电工公司总经理袁××、原副总经理张×贪污受贿案,原区中医医院院长张××、原二医院院长舒×贪污受贿案,原区粮食局局长郑××、原区水务局局长蔡××等犯罪分子依法惩处,并没收非法所得。

1986—2005年新都法院一审审结刑事案件统计表

表7-2 单位:件

年度	杀人	抢劫	盗窃	强奸	拐卖人口	诈骗	故意伤害	破坏电力通信设施	纵火	投毒	职务犯罪	其他	小计
1986	1	15	65	8	1	2	2	2	1	1	0	0	98
1987	2	17	68	12	1	3	3	4	2	1	3	4	120
1988	1	30	79	12	4	4	3	2	2	2	4	6	149
1989	3	32	97	10	6	4	18	4	4	3	9	1	191
1990	2	29	123	8	11	14	9	2	4	1	7	37	247
1991	3	36	61	16	4	5	18	3	3	0	10	3	162

续表 7-2

年度	杀人	抢劫	盗窃	强奸	拐卖人口	诈骗	故意伤害	破坏电力通信设施	纵火	投毒	职务犯罪	其他	小计
1992	3	39	65	15	8	4	20	6	4	2	12	5	183
1993	2	37	132	15	3	5	43	5	2	1	8	30	283
1994	2	36	130	10	5	8	30	9	1	1	11	23	266
1995	1	35	108	13	4	6	11	0	0	0	8	8	194
1996	2	42	155	15	7	8	21	10	1	1	15	30	307
1997	1	40	150	10	5	9	20	8	1	1	16	41	302
1998	3	41	145	13	0	14	20	8	0	0	17	25	286
1999	2	36	136	10	0	9	25	0	0	0	8	41	267
2000	3	39	138	12	0	9	21	6	0	0	11	45	284
2001	3	41	139	15	5	8	23	8	1	0	17	60	320
2002	2	43	141	16	0	15	25	10	0	0	15	52	319
2003	1	45	105	15	5	13	33	6	0	0	7	80	310
2004	2	57	75	18	6	4	30	5	2	0	8	136	343
2005	2	60	99	20	7	8	32	8	0	0	4	113	353
合计	41	750	2211	263	82	152	407	106	28	14	190	740	4984

1986—2005 年新都法院一审刑事处罚罪犯统计表

表 7-3　　　　单位:人

年度	审结人数	刑期			拘役	管制	缓刑	假释	免刑	宣告无罪	移送退补	撤诉	罚金(万元)
		10 年以上	5 年以上	1 年以上									
1986	168	15	76	59	8	0	6	0	1	2	1	0	0
1987	231	20	91	97	4	0	5	0	1	2	11	0	0
1988	279	32	108	121	5	1	5	0	0	0	7	0	0
1989	365	45	155	138	1	2	12	0	5	0	7	0	0
1990	408	34	151	177	6	0	20	0	1	0	13	6	0
1991	254	22	195	7	0	0	30	0	0	0	0	0	0
1992	280	16	99	122	0	0	36	0	3	4	0	0	0
1993	459	26	154	228	0	0	19	13	0	0	0	19	0
1994	405	22	143	221	1	2	15	0	1	0	0	0	0
1995	284	16	109	139	2	3	10	0	5	0	0	0	0
1996	486	48	196	210	5	5	22	0	0	0	0	0	0
1997	461	45	135	225	14	14	28	0	0	0	0	0	0
1998	436	32	64	280	16	16	14	0	14	0	0	0	0
1999	393	30	69	250	10	12	9	6	7	0	0	0	0
2000	463	29	150	284	0	0	0	0	0	0	0	0	295
2001	510	30	117	310	13	15	20	0	5	0	0	0	305
2002	500	64	149	200	11	10	55	3	8	0	0	0	296
2003	424	22	51	246	14	0	66	10	13	2	0	0	104
2004	553	42	59	354	25	0	60	0	13	0	0	0	210
2005	545	21	63	345	15	10	35	41	15	0	0	0	215
合计	7904	611	2334	4013	150	90	467	73	92	10	39	25	1425

【民事案件审判】 1986年,县法院审结民事案件344件,2005年上升到1177件。案件中,婚姻家庭纠纷居首位,继承、赡养、侵权、民间借贷、加工承揽、人身伤害等纠纷次之,劳动争议、拖欠工资、损害赔偿、消费权益等纠纷呈上升趋势。侵害名誉权和肖像权、子女探视权、创造发明权、商标侵权、期货票据等纠纷也时有所见。民事审判按照"能调则调、当判则判、调判结合、案结事了"的原则,引导当事人依法分清是非曲直,自觉承担义务和责任。加强对基层调解组织的业务指导,推动社会纠纷多元解决机制不断完善。1986—2005年,新都法院共审结各类一审民事案件27219件,调解结案51%。其中,婚姻家庭纠纷17783件,抚养717件,赡养932件,房屋买卖417件,债务2751件,损害赔偿1940件,宅基地35件,继承78件,名誉权38件,人身权12件,劳动争议735件,医疗纠纷55件,其他1726件。

1986—2005年新都法院一审审结民事案件统计表

表7-4 单位:件

年度	婚姻家庭	抚养	赡养	房屋买卖	债务	损害赔偿	宅基地	继承	名誉权	人身权	劳动争议	医疗纠纷	其他	小计
1986	213	23	28	13	17	36	2	1	0	0	0	0	11	344
1987	304	13	53	14	24	37	1	9	0	0	0	0	16	471
1988	418	15	58	14	42	51	1	7	1	0	0	0	17	624
1989	619	35	67	25	57	92	1	8	3	0	0	0	42	949
1990	635	23	60	25	84	68	2	5	1	1	1	1	24	930
1991	674	27	55	20	101	75	8	5	0	3	1	2	21	992
1992	836	38	51	31	98	73	1	5	0	0	2	1	20	1156
1993	930	26	42	15	69	80	0	0	4	0	0	0	3	1169
1994	985	36	52	25	86	80	2	2	5	1	10	8	32	1324
1995	1199	45	34	31	175	108	0	0	0	0	80	0	0	1672
1996	1205	55	38	15	186	95	0	1	3	0	5	3	9	1615
1997	1245	51	47	12	196	116	0	3	2	0	15	4	137	1828
1998	1280	52	49	13	201	135	5	11	6	2	21	5	82	1862
1999	1282	61	59	21	207	143	6	8	2	1	61	8	192	2051
2000	1406	45	50	0	430	155	0	0	0	0	3	5	11	2105
2001	1315	58	61	32	290	120	2	4	4	0	3	4	171	2064
2002	704	26	42	15	142	122	0	0	0	0	13	6	94	1164
2003	1032	33	31	9	132	123	2	6	4	2	17	6	346	1743
2004	735	29	32	65	125	126	2	3	3	2	376	2	479	1979
2005	766	26	23	22	89	105	0	0	0	0	127	0	19	1177
合计	17783	717	932	417	2751	1940	35	78	38	12	735	55	1726	27219

【商事案件审判】 改革开放初期,经济审判工作以促进经济繁荣和为改革开放保驾护航为出发点,同时注意维护社会稳定。通过依法审理购销、借贷、技术合同、公司债务清偿、产品质量、农村承包、企业承包、租赁经营、联营兼并等纠纷,拯救部分濒临倒闭的弱小企业,依法制裁一些乘改革之机混水摸鱼、发不义之财的"皮包公司"。为受"三角债"困扰的企业排忧解难,挽回损失,帮助其走出困境发展生产。

1986—1990 年，共受理商事案件 482 件，为全县 156 家企业追回欠款 3831 万元。对严重损害国家利益、社会公共利益、扰乱经济秩序的违法行为，依法给予制裁。1991—1992 年，法院采取财产保全、先行给付等措施的案件共 187 件，涉及外地的经济纠纷 69 件，为企业收回欠款 1870 万元。

1997 年后，县法院审理供销社社员股金案件和农村合作基金会案件，对“两金”案件实行专项立案、专项审判、专项执行，配合全县清理整顿农村合作基金会工作。结合贯彻《中华人民共和国合同法》《中华人民共和国担保法》等法律法规，审结大批债务纠纷和非法集资案件，为市场的良性运作和交易安全营造良好的法制环境。

1986—2005 年，按照民商法律规定，新都法院共审结商事案件 7400 件。其中，购销合同 3527 件，借贷合同 1169 件，承包合同 190 件，租赁合同 225 件，建设工程 177 件，加工承揽 378 件，联营 80 件，兼并 53 件，货物运输 158 件，技术协作 26 件，破产 36 件，期货证券 24 件，非法集资等其他案件 1357 件。诉讼标的金额 97166.18 万元。

1986—2005 年新都法院一审审结商事案件统计表

表 7-5　　单位：件、万元

年度	购销合同	建设工程	加工承揽	借贷合同	承包合同	租赁合同	联营	兼并	货物运输	技术协作	破产	期货证券	其他	小计	诉讼标的金额
1986	159	7	8	7	2	0	0	0	0	0	0	0	23	206	478.15
1987	116	2	7	2	3	0	0	0	0	0	0	0	26	156	522.24
1988	178	3	8	12	2	3	6	2	5	0	0	0	10	229	806.06
1989	201	6	10	36	12	29	3	2	0	3	0	0	32	334	1639.92
1990	155	6	9	26	1	2	5	1	6	2	0	0	11	224	889.04
1991	135	3	5	10	4	2	2	2	0	2	0	0	1	166	730.61
1992	205	4	18	26	15	5	3	2	0	0	0	0	9	287	1486.80
1993	268	12	10	26	8	1	9	1	0	0	1	0	25	361	3175.16
1994	289	29	69	12	6	1	6	2	0	0	2	0	54	470	3569.38
1995	243	18	21	17	4	3	5	1	0	0	3	0	6	321	4190.48
1996	240	11	16	22	16	5	3	1	4	2	2	1	14	337	5048.97
1997	235	13	18	36	28	27	5	1	18	3	2	1	58	445	6221.25
1998	174	12	15	93	9	21	2	1	9	2	3	2	43	386	6650.53
1999	185	9	16	179	5	15	5	1	11	2	3	3	44	478	13790.28
2000	143	6	18	64	6	16	4	1	13	2	3	2	61	339	9073.80
2001	105	4	21	61	15	11	4	1	12	1	3	2	23	263	9886.81
2002	125	3	25	135	8	15	4	1	18	1	3	2	137	477	4321.41
2003	127	5	27	137	10	19	5	1	21	2	3	3	172	532	9248.00
2004	93	6	28	112	11	21	3	11	16	1	4	3	170	479	6682.41
2005	151	18	29	156	25	29	6	21	25	3	4	5	438	910	8754.88
合计	3527	177	378	1169	190	225	80	53	158	26	36	24	1357	7400	97166.18

【行政案件审判】 县法院 1988 年 7 月设立行政审判庭，开始试受理“民告官”的行政诉讼案件。由于当时《中华人民共和国行政诉讼法》尚未颁布，行政诉讼案件按民事诉讼程序处理。1990 年 10 月 1 日，施

行《中华人民共和国行政诉讼法》。截至2005年,共审结一审行政案件246件,涉及工商管理、环境保护、土地承包、计划生育等方面。审查非诉行政执行案件904件,执结892件。通过行政审判,既依法支持行政机关依法行政,也纠正某些错误的行政行为。

【审判监督】 1985年前后,审判监督工作侧重于复查纠正中华人民共和国成立后历次政治运动造成的冤、假、错案,包括有案可查的原敌伪起义投诚人员、台属侨眷、民主人士和高中级知识分子在内的八类案件。1981—1987年,根据“实事求是,有错必纠的”的政策,共复查旧案3105件。改变性质或作各种纠正的共2135人(撤销原判宣告无罪571人,免于刑事处罚562人,减刑改判1002人),维持原判579人。

1988年7月,县法院刑事审判第二庭与信访接待室合并,组建告诉申诉审判庭。审查并办理立案(包括诉前财产保全);接待处理来信来访;办理适用督促程序的支付令;公示催告程序的案件;审查、受理、审判进入再审程序的案件,负责审判监督。1995年,县法院实行《错案责任追究制》和《岗位目标责任制》,制定《全面提高办案质量的意见》,强化审判人员“质量第一”和审限意识,坚持开展裁判文书的评选活动,对外设立举报信箱和电话,在社会各界聘请廉政监督员。2000年3月,县法院将告申庭一分为二,组建立案庭和审判监督庭。立案庭专司审查立案、分案、排期、送达和诉讼保全,办理诉讼费减、免、缓交事项,接待来信来访等。审判监督庭审理发回重审进入再审程序的案件。彻底实现立案、审案分离,审案、监督分离机制,使审判权力的运作有制约、监督的制度平台,从制度上预防司法腐败。

2001年,县法院加强计算机网络建设,实行案件流程跟踪管理。建立立案、分案、排期、审理、执行以及诉讼费收交等方面的全程监控体系,并将监督扩展到申诉、再审、财产保全等相关环节,促进办案水平整体提高。

2003年始,区法院开展司法为民活动,进一步完善司法便民、利民措施,实行立案、排期、送达的“一站式”服务,对从各种渠道反映出的差错案件,依据县法院管理制度和审判纪律进行严肃处理,追究责任人的责任,使审判监督工作有效提高。

1988—2005年,新都法院审判监督庭共受理申诉案件825件(刑事241件,民商566件,行政18件),再审审结813件。其中,维持原判411件,撤销12件,改判124件,调解92件,撤诉124件,驳回50件。告诉审查立案39135件,办理支付令1472件,公示催告94件,接待来访51153人次,处理来信25084件。

【执行案件】 1986年,受理执行案件100件,执结32件,执结金额52.36万元。1987年,受理执行案件158件,执结116件,执结金额105.38万元。此后执行案件数量逐年递增,暴力抗法事件增多,执行难度越来越大。在不断总结经验的基础上,采取分散执行与集中执行相结合,对重点难点案件实行“全庭出击,全院配合,统一行动,突击执行”等方法,1991年执结案件283件,执结金额247.23万元。1993年,从全院抽调28名干警组成8个办案组,由院领导带队,分赴全国13个省、市、自治区,历时70天,行程2万里,异地执行各类经济纠纷案56件,涉案金额615万元,当即收回276万元。对国土局、计生委、城建委等部门申请执行的行政处罚案116件,开展专项执行,全部执结。

2000年,对农村合作基金会债权案件专项执行。3个月专项执行共执结案件26件,执结金额805.62万元,促进了农村合作基金资金回笼。此后,集中清理金融机构未结执行案件专项执行活动,共执结金融债权案件35件,执结金额2438.06万元。

2002年3月,以执行庭为基础,组建执行工作局,内设执行庭、综合室、执行一科和执行二科。执行庭负责执行中的裁判事项,综合室负责协调、监督和内勤事务,两个科负责具体执法。执行局成立后人员增至 17 人。实行垂直领导、上下联动、统一协调的新体制。在市中院的统一指挥下,采取各区(县、市)法院交叉执行、委托执行、移送执行、指令执行、上级法院提案执行等措施,破除了地方司法藩篱,加大对执行难案件的突破力度,办案效率进一步提高。

1986—2005 年,共受理各类执行案件 12462 件,执结 10794 件,执结率 86.62%;执结金额 64698.11 万元,执结金额占涉案金额的 93.1%。

司法行政

司法行政体制改革

【律师体制改革】 1985 年 5 月,新都县成立法律顾问处,有专职和兼职律师 13 人,按照《中华人民共和国律师暂行条例》的规定开展律师业务。1989 年,经市司法局批准,县法律顾问处更名为新都县律师事务所。1993 年,县律师事务所分离部分律师,成立新都县经济律师事务所,围绕经济建设开展专项法律服务。1995 年,律师体制改革,成立合伙制律师事务所——成都市天益律师事务所。1996 年,县经济律师事务所一分为二,更名为成都市博深律师事务所和成都市远谋律师事务所。县律师事务所更名为成都市兴贵律师事务所不久,更名为成都市信诺达律师事务所。成都市天益律师事务所更名为成都市诚伦律师事务所。2001 年,博深、远谋、信诺达 3 个国资律师事务所改制为合伙制律师事务所。

律师体制改制后,司法行政机关组织律师学习《中华人民共和国律师法》《中华人民共和国律师惩戒规则》《关于反对律师行业不正当竞争行为的若干规定》和《四川省律师履行职务的若干规定》,对律师进行职业道德、执行纪律教育,促进和加强律师队伍建设。截至 2005 年,全区有合伙制律师事务所 4 个,执业律师 25 人。

1986—2005 年,新都律师应聘担任机关、团体、企事业单位的常年法律顾问累计 1772 家,为其草拟、审查、修改章程或合同,参与招商引资、企业转制等,代写法律文书 3941 件。法律咨询服务 1.85 万人次,办理各类法律事务 7713 件,参加刑事诉讼辩护 1377 件,代理民事 2260 件,为企事业单位挽回经济损失 6721 万余元。

【公证工作改革】 1985 年 5 月,成立新都县公证处,公证员 2 人,工作人员 2 人。2005 年,公证员增加 1 人。县公证处代表国家对法律行为和有法律意义的文书和事实进行证明,以求预防纠纷、减少纠纷、减少诉讼。1987 年,根据上级业务部门关于"紧跟中心、开拓领域、向多形式、多层次发展"的要求,以经济合同公证为重点,开展"承包租赁合同"公证试点,不断拓展公证领域。1995 年始,实行主任负责制,进一步调动公证人员积极性。学习贯彻 1995 年年初颁布的《四川省公证条例》,宣传公证工作在社会主义市场经济中的地位和在预防纠纷、减少诉讼、维护社会稳定方面的作用。坚持重大疑难案件"个人承办、集体讨论、负责人审批"制度,坚持"真实、合法"的原则,严格办案程序。2000 年 7 月,国务院批准《司法部关于深化公证工作改革的方案》,启动公证体制改革。2002 年 5 月 10 日,司法部颁布《司法部关于当前公证工作改革和发展若干问题的意见》, 公证改革的重点是尽快把现有行政体制的符合改制条件的公证处改为事业体制,成为执行国家公证职能、自主开展业务、独立承担责任、按市场规律和自律机制运行的公益性、非营利事业法人。2005年8月28日,公布《中华人民共和国公证法》,自2006年3月1日起施行。

公证业务主要包括:收养、遗嘱继承、亲属关系、遗赠抚养、夫妻财产协议、房屋产权证明、各类经济合同、金融信贷项目、法人授权委托书、公司章程、抵押借贷、劳务用工等和涉外公证。截至2005年年末,新都公证处共办理国内各类公证40574件,其中民事类27378件,经济类13196件。

1995年,选送2人参加司法部组织的全国涉外公证员培训,经考试合格取得办理涉外公证资格。1997年,开始办理涉外公证业务。至2005年年末,新都公证处共办理涉外公证4790件,涉及美国、俄罗斯、日本、德国、加拿大、新加坡、新西兰等国。

普法宣传教育

【"一五"普法教育】 1986—1990年,根据1985年第六届全国人大常委会第十三次会议《关于在公民中基本普及法律常识的决议》精神,县委、县政府成立法制建设领导小组,下设办公室,办公室设在县司法局,由司法局局长兼任办公室主任。在县委统一领导下,县人大作出决议并督促检查,县政府具体安排和部署。采取先城市后农村,先干部后群众进行普法教育。内容是"九法一例"(宪法、刑法、刑事诉讼法、经济合同法、民事诉讼法、食品卫生法、环境保护法、婚姻法、继承法和治安管理处罚条例)。首先,在全县22名县级领导干部、213名局级领导干部和3326名县级机关干部中采取举办轮训班、上辅导课、个人自学、统一考试等形式进行普法教育。其次,在全县24个乡(镇)460名乡镇干部和4000余名中小学教职员工中进行普法教育。根据不同对象购置、编发法律常识读本,发至机关、城镇、街道、学校,行政干部人手一册。第三,向农村广大人民群众进行法律宣传教育。五年中累计培训普法骨干1840人;参加考试13.80万人,合格率96%。经成都市检查验收合格,1990年底完成"一五"普法任务。

【"二五"普法教育】 1991—1995年,"二五"普法以保障经济发展和社会稳定为指导思想,对象是工人、农民、知识分子、干部、学生、个体劳动者以及其他有接受教育能力的公民。内容是以宪法为核心,以专业法为重点。

全县共召开各种会议1100次,培训37万人次。1994年,组织全县党政群机关、企事业单位、中小学校和省市驻县单位的干部1.5万人参加《中华人民共和国宪法讲话》和《法制建设讲话》的统一考试,合格率98%。1994年10月,针对农村举办"神农杯'二五'普法知识竞赛"。全县17个乡镇,经成都市验收均获得依法治乡(镇)达标单位,新都镇、新繁镇、大丰镇、木兰乡获依法治乡(镇)达标先进单位。

【"三五"普法教育】 1996—2000年,乡(镇)和村建普法、依法治理机构381个,形成层层有人负责,上下齐抓共管的格局。把普法、依法治理工作纳入县委县政府一级目标管理,17个乡(镇)和58个县级机关与县政府签订普法和治理目标责任书。在新都电视台、《新都报》、乡镇广播站开办《以案说法》《人与法制》《法制之声》等栏目,组织县、乡(镇)两级干部、执法人员、企业法人代表共1500人进行培训,1000名县级机关干部进行法律知识竞赛。法制教育宣讲团先后为乡镇、县级机关、企事业单位、中小学校上法制课88次,执法人员受教育面100%,中小学校在校学生受教育面100%,群众受教育30万人次。开展"送法下乡"活动,集中进行《计划生育条例》《中华人民共和国税收征收管理法》《中华人民共和国兵役法》《中华人民共和国安全生产法》等宣传,并结合"创建村民自治示范村""安全文明小区"活动,开展依法治理工作。对全县1500名村级干部进行《中华人民共和国村民委员会组织法》培训考试。农村基层干部受教育面100%,村民受教育面90%。1999年1月18日,"新都县法制建设领导小组"更名为"新都县依法治县领导小组",成员由11人增至16人。2000年11月,新都县"三五"普法经成都市检查验收合格。

【"四五"普法教育】 2001—2005年,区委、区政府坚持把"四五"普法与全区中心工作一起部署,同步纳入一级目标管理。各级各部门成立普法、依法治理领导小组,实行主要领导挂帅,分管领导主管,办事机构具体负责的工作机制。制定规划,依法治区、治镇、治社、治校、治企的任务明确,重点突出。充实法制讲师团力量,健全普法联络员、信息员、法制宣传员骨干队伍和法制副校长队伍。5年培训骨干50期、2000人。"四五"普法坚持把普法工作与处理热点、难点问题相结合,紧贴征地拆迁、国有企业改制、农村税费改革、村(居)换届选举、市场经济秩序整顿等工作,开展有针对性的法制宣传教育,促进各项中心工作顺利开展。

基层司法行政

【司法所建设】 1993年6月,建立全县第一家司法所——马家司法所。至1999年6月,全县17个乡镇均统一建立司法所,配齐司法助理员37名。2000年,司法所与法律服务所分离,加强司法所规范化建设,新都、新繁、泰兴等7个所申报市规范化建设达标所,达标率41.2%。至2002年,17个司法所均达标。新都镇司法所被司法部授予"全国人民满意司法所"。2004年9月,全区司法所调整为13个。2005年,配备司法助理员31人,大专以上文化者占90%,平均年龄36岁。

【人民调解】 1988年,对人民调解组织进行整顿、充实和健全,全县有调委会383个、成员1209人,生产合作社(组)调解员2744人。1998年,在乡镇、村和厂矿企业调委会中开展标准化建设,全县有调委会495个,其中村级300个,场镇、街道24个,居委会22个,县以上企业62个,乡镇企业74个,城郊结合部2个,暂住人口集居点8个,"三资"企业3个。在866个100人以下企业设立调解员,在全县2629个生产合作社配齐调解员,全县共有调解人员4546人,形成覆盖全县的基层调解网络。2000年以后,在全区范围内开展争创"星级"调委会和争当"等级"调解员活动,有298个调委会先后达到标准化条件,其中村调委会95%,社区调委会70%。1986—2005年,新都各级人民调解组织受理各类民间纠纷累计8.66万件,调解成功8.60万件,调解成功率99.35%。

1986—2005年新都人民调解情况统计表

表7-6　　单位:件、人

年度	民间纠纷发生件数	调解情况		防止引起非正常死亡		防止激化为刑事案件	
		成功件数	成功率%	件数	人数	件数	人数
1986	2901	2794	96.3	10	16	14	34
1987	4129	3938	96.8	1	1	3	6
1988	4155	3998	97.4	6	6	7	13
1987	4939	4796	98.3	3	4	5	7
1990	4698	4577	98.5	5	5	5	10
1991	4119	4056	99.0	4	4	10	14

续表 7-6

年 度	民间纠纷发生件数	调解情况		防止引起非正常死亡		防止激化为刑事案件	
		成功件数	成功率%	件数	人数	件数	人数
1993	5783	5718	99.6	7	9	5	16
1994	6159	6086	99.3	1	1	8	27
1995	5753	5678	99.1	2	2	9	26
1996	6084	6020	99.2	9	16	27	92
1997	6079	6019	99.2	2	2	9	26
1998	5269	5186	99.0	3	7	14	50
1999	3986	3909	98.7	5	10	20	44
2000	3738	3700	99.0	0	0	6	16
2001	3460	3405	98.8	1	1	6	23
2002	3274	3216	98.2	0	0	0	0
2003	2975	3987	98.5	5	4	22	106
2004	2439	2384	97.8	3	3	14	37
2005	2439	2384	97.8	3	4	14	37
合计	86574	86008	99.3	74	99	202	588

【“两劳”安置帮教】 “两劳”(劳动改造和劳动教养)回归人员的安置帮教职能原由公安机关履行,1992年改由司法行政机关和公安机关共同负责。1993年8月,县司法局设立“两劳”工作办公室,与人民调解股合署办公。1998年,成立新都县“两劳”回归人员安置帮教工作领导小组,组长由县委副书记、常务副县长担任,领导小组办公室设在司法局,负责指导和协调“两劳”回归人员的接待帮教和过渡性安置工作。为减少重新犯罪,维护社会稳定,1999年在全县17个乡(镇)建立以司法助理员为站长的帮教安置工作站。2002年1月,区司法局内设安置帮教科(挂区刑释解教人员安置帮教领导小组办公室牌子)。截至2005年年末,全区刑释解教人员帮教安置率95.7%;重新犯罪率控制在4%以内。

1999—2005年,由区委、人大、政府、政协和司法局、工会、团委、妇联等部门领导组成帮教团先后26次赴成都未成年人管教所、新源监狱、崇州监狱、省女子劳教所、省女子监狱以及德阳监狱、金堂监狱、新康监狱等开展帮教活动,协助监狱做好对新都籍罪犯的教育改造工作。

【基层法律服务】 为适应农村经济发展的要求,缓解农村请律师、办公证、打官司的“三难”问题,根据省、市要求,从1987年起历时10年,先后在全县各乡镇建立基层法律服务所。基层法律服务所面向农村,服务“三农”,应聘担任法律顾问、接受委托与非诉讼法律服务、调解民事纠纷、法律咨询、代写法律文书、协助办理公证等,在依法保障农民的合法权益提供法律服务。1987—2005年,基层法律服务参与、协助乡镇、村调解各类纠纷11382件,调解成功率98%。应聘担任乡镇政府、企事业单位常年法律顾问206家,代写法律文书6482件,委托代理民事诉讼1931件,非诉讼法律服务4360件,法律咨询2.40万人次,协办公证3018件,帮助乡镇、村企业挽回经济损失5437.78万元。

【法律援助】 1997年10月,成立新都县司法局法律援助中心,与公证律师管理科合署办公(挂“148”指挥协调中心牌子,设立服务热线电话“83973148”),负责指导、协调、管理全县法律援助工作,办理法律援助案件,为困难民众免费法律服务。1998—2005年,法律援助中心就解决群众关心的难点、热点问题,法律咨询171人次；对涉及婚姻家庭纠纷、损害赔偿、消费者权益保护、交通事故等提供法律援助348件；开展助老、助贫、助残活动，依法维护弱势群体的经济利益和人身合法权益提供法律援助122件；免费受理法律服务354件，为群众挽回经济损失30万元。

军　事

工作部门

【组织建设】 1986年6月，新都县人民武装部移交新都县地方管理，内设办公室、军事科、政工科。1988年7月增设后勤科，1991年7月增设民兵训练基地办公室。1996年4月，县人武部收归军队建制，隶属于成都军分区，称“中国人民解放军四川省成都市新都县人民武装部”。2002年1月，更名为“中国人民解放军四川省成都市新都区人民武装部”（简称区人武部）。1986年始，县委书记兼任人武部党委书记。1992年1月，恢复县委书记兼任县人武部党委第一书记的制度，至2005年年底未变。

乡镇设立人民武装部，是县人武部的基层组织。1994年，中央规定乡镇人武部是同级党委的军事部门，配专职部长1人，一般是同级党委委员，可增配副部长或干事1人。1999年，中央再次明确乡（镇）人武部部长为副乡（镇）长级职务。

【政治教育】 新都人武部结合各个时期的中心工作开展思想政治教育活动，坚持学习政治理论和党的方针政策，学习毛泽东著作，学习改革开放政策、邓小平理论、“三个代表”重要思想，落实科学发展观，并建立考核、评比制度。

先后开展“四项基本原则”“双先”（先进连队、先进个人）、精简整编、普法、理想信念、“特色理论”、维护国家主权及领土完整、“三讲”（讲学习、讲政治、讲正气）、保持共产党员先进性、“四自”（自重、自省、自警、自励）等教育活动。

组织干部坚持学习《内务条令》和《纪律条令》，加强管理教育。建立干部岗位责任制，规范“四个秩序”（工作秩序、训练秩序、战备秩序、生活秩序）。至2005年，先后开展“两讲”（讲理想、讲贡献）、“两爱”（爱武装工作、爱本职岗位）活动、进行“整军容、严军纪、抓安全”教育整顿、开展“五项治理”活动（执行条令条例、作风纪律、安全制度、基层建设、领导机关管理），确保“六个管好”（人员、枪弹、车辆、营院、经费物资、涉密载体）及“三个不发生”（事故、案件、政治问题）。

【军事训练】 新都人武部坚持以毛泽东军事思想和邓小平新时期建军思想为指导，着眼于提高干部军事素质和业务能力，适应未来战争需要，指导民兵军事训练。通常采取短期集训、岗位练兵、单兵训练等，达到会指挥、会训练和会管理的目的。20世纪80年代，人武干部参加军分区教导大队轮训，学习兵种常识、军事地形，实弹射击、防爆训练等，每年基础训练20~30个训练日。90年代，按成都军分区军事训练计划进行，组织民兵通信训练；组织干部参谋业务训练，参加军分区函授作业。组织干部参加计算机培训，取得计算机专业技术证书12人。2000—2005年，组织干部参加省军区、军分区举办的首长机关军事训练,重点学习高科技知识、室内应急动员、防洪抢险演练和参谋新“六会”(会读、会写、会记、会绘、会传、会算);参加“应急兵员动员演习”;参加机关业务训练,学习最新军事理论,学会指挥自动化系统的使用,完成共同科目业务基础训练。

【正规化建设】 新都人武部正规化建设始于1983年,按照成都军区指示不断推进正规化建设。正规化建设要靠制度作保障,1983年制定《保密工作细则》,1992年制定《民兵训练基地使用、管理实施细则》。1996年制定关于武器《保管员职责》《库房管理规则》《库房钥匙使用管理规定》《库房装备物资技术管理规定》4项制度。2000年制定机关管理、武器库管理、财务管理、车辆管理、营院管理5项制度。2002年完善干部值班制度、早操制度、交接班制度、考勤奖惩制度、双向联管制度、请销假制度、门卫制度和挂牌上岗8项制度。

1983年,县财政拨款11.9万元,修建人武部综合楼。1998年8月,县财政拨款80万元修建民兵通信训练中心(含民兵武器仓库)。2002年,对营院老办公楼进行维修。2003年,对民兵训练基地进行装修,并购置民兵应急分队装具。

新都人武部根据上级指示精神,持续实施“管理教育经常化、战备训练制式化、工作制度规范化、一日管理条令化、基础设施配套化”。1988年12月,县人武部实现“精神文明建设内容具体化、工作经常化、检查制度化、设施规范化”的管理目标,被成都军分区评为“正规化建设达标单位”。2000年,经省军区验收为“正规化建设达标单位”,并先后被省政府、省军区评为“先进人民武装部”“武器管理十年无事故先进单位”。

兵役工作

【兵役机构】 1986年起,每年征兵期间仍成立征兵领导小组,组长由县长或副县长担任,副组长由县人武部领导担任,负责当年征兵工作。

2000年前,每年征兵前抽调多部门人员组成征兵办公室,由征兵领导小组领导,属临时机构。2001年起,改为常设机构。1983年起,征兵办公室主任一般由人武部军事科科长担任。

【兵役制度】 1984年5月,第二部《中华人民共和国兵役法》颁布,国家实行以义务兵役制为主体的义务兵与志愿兵相结合,民兵与预备役相结合的兵役制度。1998年12月,修改后的兵役法删去“以义务兵役制为主体的”。规定义务兵服现役年限为2年。超期服役的义务兵,服满现役5年以上的技术骨干,根据部队需要可转为志愿兵。志愿兵至少3年,一般不超过30年,最大年龄不超过55岁。

【征集条件】 兵役征集对象要符合政治、年龄、文化、身体等四方面条件。

征集的新兵必须是政治历史清白,拥护中国共产党,热爱社会主义祖国,热爱劳动,遵纪守法,道德品质好的青年。

新兵一般为18~20周岁的男性青年。高中文化程度者17~21岁,大专者22岁,本科者23岁。女性参照此年龄,或根据需要可征集未满18周岁者。

1984年规定,农业户口青年应具备初中文化程度,非农业户口青年应具备高中文化程度;女青年只限于高中应届毕业生。2001年起,在全日制高等学校在校生中征集新兵。

身体条件执行 1986 年国防部制发的《应征公民体格条件规定》,2000 年 8 月国防部下发的《关于调整征兵体检视力检查标准的通知》。

1954—2005 年新都兵役征集陆勤人员身体条件最低要求情况表

表 7-7　　单位:厘米、公斤

年 度	身 高		体 重		裸眼视力		备 注
	男	女	男	女	右眼	左眼	
1954	150	145	45	40	—	—	
1973	160	150	45	40	—	—	
1986	160	155	47	43	1.0	1.0	视力最好 1.5
1991	162	158	50	45	1.0	1.0	视力最好 1.5
2000	162	158	50	45	4.9	4.8	最好 5.2,高中毕业及以上者右 4.8,左 4.6
2003	162	160	标准体重上下幅度内		4.9	4.9	

【征集程序】 按宣传动员、体格检查、政审、移交、检疫和退兵 5 个阶段征集新兵。

1985 年起,根据上级精神,新都县开展宪法、兵役法、解放军英雄业绩和部队两用人才培训成果 4 个专题宣传教育。1990 年起,征兵宣传动员与国防教育相结合。1996 年起,增加“廉洁征兵”的宣传教育。

体格检查初检由乡镇基层单位组织进行常规检查和病历调查。全面检查由卫生局组织体检组逐人逐项检查。1990 年起,实行“封闭式”体检。

政审初审在体检前,由乡镇审查。体检后,由征兵办公室和接兵干部全面审查。在体检、政审合格后,由乡镇、接兵干部初定,后由征兵办公室、接兵部队、公安、民政、卫生等共同定兵,择优选送。

新兵集中后,由征兵办公室发放服装,役前教育,整理档案,向接兵部队移交,制定军运计划,组织欢送。1987 年起,仍由部队到地方接兵。

新兵到达部队后,由部队进行检疫。发现身体、政审等情况不符合条件者,退回送兵的兵役机关妥善处理。

招收飞行学员,与征兵工作分开进行。1950—1975 年,在高中、初中和中专应届毕业生中选招;1976 年起在应届高中毕业生中选招;1984 年起纳入军事院校招生计划;1996 年起从高等院校招生考试中录取。飞行学员体格检查和政治审查按国家有关规定执行。

【预备役】 预备役分士兵预备役和军官预备役。预备役士兵登记分为一类和二类,即基干民兵和普通民兵。1985 年,全县确定服士兵预备役 7.73 万人,其中服一类士兵预备役 4.66 万人,服二类士兵预备役 3.07 万人。预备役人员中有退伍军人 4325 人,占预备役士兵总数的 5.60%。1999 年,按 1998 年 12 月修改后的兵役法,全县确定服士兵预备役 6.33 万人,其中服一类士兵预备役 5973 人,服二类士兵预备役 5.73 万人。预备役人员中有退伍军人 3537 人,占预备役总数的 5.59%。

新都县预备役军官登记始于 1958 年,1966 年后,因“文化大革命”,预备役军官登记统计工作中断。1991 年,全县转业干部转服预备役 7 人,其中军事军官 1 人、政治军官 2 人、后勤军官 2 人、技术军官 2 人。1992 年登记 9 人,其中军事军官 2 人、政治军官 2 人、后勤军官 2 人、技术军官 3 人。1993 年登记 9

人,其中军事军官5人、政治军官1人、后勤军官3人。1994年登记6人,其中军事军官2人、后勤军官3人、技术军官1人。1995年登记7人,其中军事军官4人、政治军官1人、后勤军官2人。1996年登记23人,其中军事军官8人、政治军官6人、后勤军官6人、技术军官3人。

1996年3月,中央军委下发《关于评定授予预备役军官军衔工作的指示》。全县符合条件者47人,经省军区、成都军分区批准,授予专业技术上校军衔1人、预备役中校军衔9人、预备役少校军衔19人、预备役上尉军衔17人、预备役中尉军衔1人。

民兵工作

【民兵组织】 1961年10月始,陆续组建民兵专业技术分队。至2003年,组建有通讯抢修分队、电力抢修分队、机械修理分队、汽车运输分队、医疗救护分队、人防专业分队和抢险救援分队。1989年6月始,组建民兵应急分队,应付突发事件,抢险救灾,协助公安部门打击刑事犯罪、维护治安等任务。

1986年8月,成都军分区制发《1986年度民兵整组、兵役登记的工作意见》;1990年10月,国务院、中央军委颁布新的《民兵工作条例》。新都依据上级精神进行民兵整组,分为基干民兵和普通民兵,按营、连、排、班建制。

1997年3月,县人武部设民兵情报信息站,乡镇、厂矿设分站,村设情报信息员。1999年,全县设民兵情报信息分站31个。2003年,全区设民兵情报信息站1个,下设情报信息点30个。

【民兵干部】 1984年,上级规定民兵连长,作为村干部之一,兼治保主任,下配民兵排长。民兵连连长由乡镇党委审定,报县人武部备案。基干民兵营、连干部由专武干部和党政干部兼任。1990年起,民兵应急分队连长由县人武部部长兼任。1998年起,由县人武部军事科科长担任,政治指导员由政工科科长担任。

【"四个一"达标活动】 1991年,成都军分区在区(市、县)开展"四个一"达标活动,即:一个好的人武部班子,一个好的民兵训练基地,一个好的民兵武器仓库,一个好以劳养武体系。1992年,县人武部经省市考评验收为"四个一"达标先进单位。1992—1995年,县人武部在乡镇、厂矿人武部和村开展"四个一"达标竞赛活动。1993年经县人武部申报,市武委会、成都军分区考评,全县17个乡镇人武部,达标先进单位9个,达标单位8个。1994年,县武委会、县人武部考评,首次评出29个村为达标先进单位,21个村为达标单位,占总村数的19%(省军区要求10%)。1995年,全县32个基层人武部,经考评达标先进单位23个,达标单位6个。

【军事训练】 1985年10月,省军区指示,民兵训练向基地化、规范化方向发展,训练对象是民兵干部和专业技术兵。1986年,县人武部对民兵训练对象、规模、内容、方法、质量、时间、地点等进行调整。1987年,以民兵干部和技术兵为重点,共训319人。1989年对应急民兵进行应急勤务训练。1990年6月,县民兵应急分队参加成都市快速集结训练,以行军快速、安全、准时,受到各级领导赞扬。1991年8月27日至10月25日,3期共训688人。1992年突出专业技术兵和步兵训练,共训699人。1993—1996年,分期分批训练,共3042人。1998年4期共训440人。1999年4期共训338人。2000年3期共训458人。2001—2005年,按照成都军分区民兵军事训练安排组织训练。

【政治工作】 1984年后，随着农村经济体制改革的深入，民兵政治课由“月课”“季课”改为刊授教育。1985—1986年，开展创建“青年民兵之家”活动，全县12个乡镇、32个村被评为县级“先进文化活动阵地”，利济、清流、龙桥、龙虎等乡镇被省、市评为“精神文明先进单位”和“先进青年民兵之家”。1988—1990年，县人武部在民兵中开展致富竞赛活动，全县表彰率先致富先进民兵连23个、镇人武部2个、民兵100人。1989—1990年，在民兵中开展坚持“四项基本原则”“爱祖国、爱新都、爱本职工作”的教育活动。1994年起，贯彻《四川省民兵政治教育实施办法》，每年结合征兵、整组和重大节日开展教育活动。

【民兵事业费】 按有关规定，军事训练费占65%~70%，政治工作费15%~20%，其他费用10%~15%。1984—2001年，依据《中华人民共和国兵役法》和《民兵工作条例》，民兵事业费由县政府规定标准，按农村人口数统筹，各乡镇上交县财政，每年人均负担1元。1995—2001年，省财政每年拨给新都县民兵事业费17.9万元~19.25万元。2002年起，停止统筹，民兵事业费由省财政在地方税收中下拨，当年拨36.12万元。

1981年起，民兵误工报酬由乡镇现金支付，每人每天5元。90年代，每人每天5~10元。2000年起，每人每天15~20元。2004年起，每人每天35~50元。

国防动员

【国防动员委员会】 1997年2月，成立中共新都县委国防动员委员会（简称“国动委”），成员由县委、县政府、县人武部、县委组织部、县委宣传部及公安、交通、计委、总工会等19个部门的主要领导组成。下设人民武装动员办公室（设在县人武部）、经济动员办公室（设在县计委）、人民防空办公室（设在县人防办）、交通战备办公室（设在县交通局）和国防教育办公室（设在县人武部）。国动委职责是贯彻国防动员工作的方针、政策和指示，组织国防动员、国防教育工作。

【全民国防教育】 1988年，成立新都县国防教育领导小组，按照《四川省国防教育大纲》开展全民国防教育。主要内容有国防理论、国防历史、国防常识、国防精神、国防法制和国防体育等。教育采取“四结合”方式，即国防教育与干部整体教育相结合、与民兵整组、刊授教育相结合、与全民教育相结合、与推广“征兵、共育、安置一条龙”经验相结合。县人武部在电台、电视台开辟《国防之声》等专题节目，利用讲座、橱窗、标语等进行全民国防教育。1989年始，国防教育纳入全民教育总体规划。在中学、技校开设国防知识课。有关单位和部门每年利用“八一”“十一”期间举办国防知识报告会、演唱会、国防知识竞赛等多形式多层次进行全民国防教育。1996年，组织3000民兵参加成都军区举办的“纪念长征胜利60周年国防知识有奖竞赛”，县人武部获组织奖，46人获个人奖。1997年，新都县3000预备役人员参加省军区举办的“国防后备力量建设知识竞赛”，县人武部获组织奖，21人获个人奖。2000年，全县8000民兵、学生和机关干部参加省“迎接新世纪国防知识答卷竞赛”。2001年，国防部确定每年9月第三个星期六为“全国全民国防教育日”，坚持每年的全民国防教育日开展大规模的国防教育宣传活动。

【学生军训】 1985年，依据《中华人民共和国兵役法》和《高级中学和相当于高级中学军事课教学大纲》，在新都一中进行学生军事训练试点。20世纪90年代，在全县5所中学进行学生军事训练。2002年起，全区进行军训的中学20所，训练对象是高中（含职高）和初中一年级学生，每学年开学前两周进行。

2003年全区军训学生2.43万人。军训主要内容包括国防知识、兵器常识、“三大条令”(《队列条令》《内务条令》和《纪律条令》)、射击和投弹等。

【交通战备】 1983年5月,成立新都县交通战备领导小组,任务是“全面规划,突出重点,督促检查,指导落实”。本着“平战结合,立足现实”原则,做好交通战备工作。交通战备领导小组下设交通战备办公室,设在县交通局,1984年改设于县经委,2001年复设于县交通局。

人民防空

【人防专业队】 新都县按照《中华人民共和国防空法》(简称《人防法》)规定,先后组建6个人民防空专业中队。专业队以本行业为依托,平时参加境内抢险救灾等工作,战时执行人民防空指挥部的命令,配合有关部门完成减轻空袭后果、抢险及救护等。

新都人民防空专业队一览表

表7-8 单位:人

名称		组建时间	人数	职责
防化专业中队		1998.05	25	负责“核、化、生”武器探查及处理
医疗救护专业中队		1999.10	25	负责医疗救护工作
通信警报专业中队	通信专业队	2000.08	20	负责信息文件传递
	警报专业队	2001.07	52	负责防空袭警报信号的接收与发放
供气抢修专业中队		2001.07	25	负责燃气抢修
供水抢修专业中队		2001.07	25	负责城市供水抢修
供电抢修专业中队		2001.09	25	负责供电设施抢修

【人防工程】 1971—1984年,由温江地区和新都县共同投资兴建以砖混结构为主的人防工程。其中,达国家人防工程战术要求五级以上,占工程总量的76%;其余为简易工程。同时,修建新都县人防办公楼1140平方米。

1991年,县人防办加固改造4号工事口部。1994年,旧城改造,处理4号工程2号口部1个。1995年4月,投资10万元,建地下防空室一处。2002年,投资45万元,修建区政府广场、区劳动和社会保障局地下停车场,使地下资源得到较好利用。

1991—2003年,按照《人防法》规定,新都有关部门和房地产开发商在开发民用建筑工程同时,新修普通地下停车场、简易地下室24245平方米,总投资2500万元。2004—2005年,以房地产开发商为主体的民用建筑工程中,依法新修人防工程,总投资1.3亿元。

按照国家对人防工程管理维护的规定,人防办建立并完善了维护制度、检查制度、值班制度,保证境内人防工程的完整性和可使用性。按照《人防法》规定,房地产开发商投资修建人防工程,由投资者使用管理，收益归投资者所有。

【防空通信警报】 1994 年，新都县投资近 5 万元建立的无线对讲通信系统，随着无线移动通信工具社会化先后报废。2000 年 8 月，组建县人防通信专业队，以移动、电信、邮政设施为依托，负责有关信息和情报传递。

1996 年以前，全县有防空警报器 3 台，声响覆盖面较窄。1997—2005 年，境内警报由单一报警逐步建成多种形式报警，由单点布警逐步建成多点科学布警，有效减少报警盲区。至 2005 年，警报台站 31 个，拥有二类警报系统：一类是电动警报系统（电动机带动共鸣器，用成都市人防研制的控制模拟器，统一控制），覆盖新都镇、新繁镇 90%以上的地域；二是电子警报系统（利用有线和无线网播放录制好的警报信号），覆盖大丰、三河 2 个街道 3 万余户，覆盖率 85%以上。总覆盖面 120 平方公里。

针对现代高技术条件下战争特点，围绕增强城市整体防护能力，以做好应急准备为主题，在 20 世纪 90 年代预案的基础上，于 2002 年重新修编《新都区防空袭方案》。

【疏散基地建设】 境内高速公路和铁路干线是防空袭的重点，为避免可能构成疏散的障碍，新都区结合区、镇、村三级道路网络的建设，对通行桥梁涵道进行加固，对制约通行的狭窄路段进行加宽，对未能形成网络的断头路进行联通，完善指挥中心与通信、救护中心和专业队的联通道路以保证人口疏散的机动性，做到“进得去、进得快、散得开”。

新都镇是区政府驻地，战时需疏散的单位及人口较多。2005 年，区人防办将防空袭人口疏散地域选择在马家镇，并对镇、村、社的道路及桥涵等进行配套建设。

· 经济综述 ·

JINGJI ZONGSHU

1986—2005 年,新都加快构建城乡经济社会发展一体化新格局,调整产业布局和结构,实现区域内经济稳定快速发展的势头。2005 年,全口径财政收入 12.41 亿元,占地区生产总值的 9.63%,比 1986 年增长 24 倍。地区生产总值 128.88 亿元,比 1986 年增长 28 倍。三次产业的比重,由 1986 年的 41.66 : 35.14 : 23.20 调整到 2005 年的 9.02 : 58.43 : 32.55。

2005 年年末,全区金融机构存款比 1986 年净增 105.36 亿元,增长 44 倍。社会消费品零售总额从 1986 年的 2.00 亿元增长到 2005 年的 31.80 亿元, 增长 14.9 倍。固定资产投资是 1986 年的 54 倍。1998—2005 年,引进项目 1836 个,引进外资项目 57 个,为 10 多万城乡劳动力提供就业机会。工业、农业、商贸、房地产业、基础设施、文化、教育领域的对外合作与交流不断拓展,至 2005 年,新都区已基本形成全方位的横向经济联合格局。

综合经济发展水平

经济总量

【地区生产总值】 1986—2005 年,新都地区生产总值年均增长 13.8%,高于全市平均水平,2005 年在成都市 19 个区(市、县)中名列第 7 位,在全市 5 城区以外的农村区(市、县)中居第 2 位。

2005 年,新都区人均生产总值 20593 元,比 1986 年增长 22.35 倍。1986—2005 年,人均地区生产总值年均递增 17.95%。

1986—2005 年新都地区生产总值(当年价)统计表

表 8-1 单位:万元

年 度	地区生产总值	比上年增长%	年 度	地区生产总值	比上年增长%
1986	44569	11.5	1996	346525	14.1
1987	55393	12.9	1997	419676	14.6
1988	65594	10.8	1998	465747	12.4
1989	73383	2.2	1999	510563	12.7
1990	86132	11.2	2000	596492	13.3
1991	103959	17.7	2001	694477	14.6
1992	132068	18.3	2002	790742	14.6
1993	176919	18.4	2003	915650	14.6
1994	227530	17.3	2004	1100191	15.1
1995	278408	16.5	2005	1288805	14.2

说明:此表为《新都统计年鉴(2012)》数据

1986—2005年新都人均生产总值(当年价)统计表

表 8-2　单位:元

年　度	人均生产总值	年　度	人均生产总值
1986	882	1996	6179
1987	1080	1997	7356
1988	1249	1998	8119
1989	1387	1999	9757
1990	1684	2000	10989
1991	1961	2001	13239
1992	2734	2002	15070
1993	4595	2003	17945
1994	6274	2004	18069
1995	7247	2005	20593

说明:年人均生产总值以当年户籍人口计算

【财政收入】 1986年，新都县全口径财政收入4138万元,1987年4532万元,1988年5308万元,1989年6561万元,1990年7155万元,1991年8156万元,1992年9267万元。1993年14937万元，比1986年增长2.6倍。1994年税制改革,新都县地方财政收入9763万元,2005年新都区地方财政收入64726万元,比1994年增长5.6倍。2005年新都区全口径财政收入124142万元,比1986年增长29倍。

1994—2005年新都地方财政收入决算统计表

表 8-3　单位:万元

年　度	金　额	增长%	年　度	金　额	增长%	年　度	金　额	增长%
1994	9763	-	1998	16719	10.95	2002	27293	12.22
1995	10829	10.91	1999	18926	13.20	2003	39242	43.78
1996	13012	20.16	2000	18411	-0.03	2004	51669	31.67
1997	15069	15.81	2001	24321	32.10	2005	64726	25.27

【存贷款年末余额】 1986—2005年,新都经济快速增长,人民群众收入大幅度增加。2005年年末全区金融机构存款余额比1986年净增105.36亿元,增长44.19倍,其中1997—2005年增长较快,9年净增76.97亿元。1986—1995年，全县金融机构存贷款余额基本持平,1996年后存款余额大幅高于贷款余额,2005年全区金融机构存款余额是贷款余额的2.97倍。

1986—2005年新都金融机构存贷款年末余额统计表

表 8-4　位:万元

年　度	存款余额	贷款余额	年　度	存款余额	贷款余额
1986	23843	33799	1992	116227	115254
1987	32635	48341	1993	131089	130449
1988	39013	56346	1994	170729	162460
1989	46028	59183	1995	222443	201700
1990	64206	68506	1996	266009	208131
1991	83444	81277	1997	307718	221426

续表 8-4

年　度	存款余额	贷款余额	年　度	存款余额	贷款余额
1998	372949	252412	2002	645187	285042
1999	457347	271988	2003	771360	319394
2000	517808	265388	2004	907763	347617
2001	566515	273637	2005	1077418	362165

经济结构

【产业结构】 1986—2005 年，新都从本地实际出发，在经济发展过程中产业结构不断调整，至 2005 年基本形成以第一产业为基础，第二产业为主导，第三产业为优势，三次产业内部结构兼容、相互补充、地方特色浓厚的经济发展格局。

第一产业，种养业是新都的传统产业。1986 年始，农村多种经营不断拓展，蔬菜、川芎、叶烟、大蒜、花卉、食用菌、新都柚等高效益经济作物的种植逐渐形成产业优势，商业化养殖奶牛、猪、家禽、淡水鱼渐成规模。

第二产业，由工业和建筑业构成。在工业增加值中，1986 年轻工业占 44%，重工业占 56%；1990 年轻工业占 39.9%，重工业占 60.1%；1995 年轻工业占 37.7%，重工业占 62.3%；2000 年轻工业占 52.54%，重工业占 47.4%；2005 年轻重工业所占的比例基本相等。

新都工业有 32 个大类，其中机械、食品、电子电器与信息、医药、家具制造是全区的支柱行业，五大产业工业增加值占全区工业增加值一半以上。其他重要行业有：粮油加工业、建材工业、化工工业、纺织服装业、印刷业、金属冶炼及加工业。

建筑业在新都第二产业增加值中，1997 年占 4.06%，2000 年占 9%，2005 年占 11.82%。

第三产业，1986—2005 年，年均递增 11.7%。2005 年，第三产业增加值占地区生产总值(当年价)的 32.55%。

1986—2005 年新都三次产业比例结构统计表

表 8-5　　单位：万元、%

年　度	第一产业总值	占总产值	第二产业总值	占总产值	第三产业总值	占总产值
1986	18566	41.66	15662	35.14	10341	23.20
1987	23350	42.15	18745	33.84	13298	24.01
1988	25227	38.46	25314	38.59	15053	22.95
1989	25308	34.49	29863	40.69	18212	24.82
1990	26142	30.35	36669	42.57	23321	27.08
1991	27652	26.60	45089	43.37	31218	30.03
1992	29059	22.00	61340	46.45	41669	31.55
1993	33366	18.86	84554	47.79	58999	33.35
1994	44781	19.68	109006	47.91	73743	32.41
1995	54221	19.48	133023	47.78	91164	32.74
1996	64511	18.62	161880	46.71	120134	34.67
1997	68810	16.40	210924	50.26	139942	33.34
1998	71604	15.37	235431	50.55	158712	34.08

续表 8-5

年 度	一产业总值	占总产值	二产业总值	占总产值	三产业总值	占总产值
1999	73352	14.37	258861	50.70	178350	34.93
2000	74420	12.48	303061	50.81	219011	36.71
2001	79074	11.39	363892	52.40	251511	36.21
2002	85109	10.76	424122	53.64	281511	35.60
2003	92726	10.13	501697	54.79	321227	35.08
2004	110027	10.00	618098	56.18	372066	33.82
2005	116283	9.02	753044	58.43	419478	32.55

1986—2005 年新都种养业部分年份占农林牧副渔总产值的比重统计表

表 8-6 单位:%

产业名称	1986 年	1990 年	1995 年	2000 年	2005 年
种植业	67.30	61.61	53.59	47.98	39.47
林业	2.32	0.98	0.46	0.24	0.25
牧业	26.36	24.96	31.11	29.62	56.00
渔业	0.56	0.53	1.31	1.1	1.46
副业	3.46	11.93	9.1	21.09	2.81

说明:副业系农林牧渔服务业

2005 年新都区第三产业行业结构统计表

表 8-7 单位:万元

行 业 名 称	2005 年实现增加值	占地区生产总值(%)
地区生产总值(当年价)	1288805	100
第三产业增加值	419478	32.55
其中:交通运输仓储和邮政业	44188	3.43
信息传输、计算机服务和软件业	33999	2.64
批发零售业	65150	5.05
住宿和餐饮业	50721	3.94
金融保险业	47517	3.69
房地产业	30822	2.39
租赁和商务服务业	3909	0.30
科学研究、技术服务和地质勘查业	16521	1.28
水环境和公共设施	3453	0.27
居民服务和其他服务业	32152	2.49
教 育	33350	2.59
卫生、社会保障和社会福利业	23012	1.79
文化、体育和娱乐业	5970	0.46
公共管理和社会组织	28714	2.23

【产业布局】 1986—2005 年,新都产业布局规划,因经济发展的需要及撤县设区等因素曾几度调整。至 2005 年,主要产业布局是:

第一产业。新繁镇、清流镇、斑竹园镇重点发展高效农业和观光农业,建立优质新都柚基地。

第二产业。五大支柱行业中,机械、电子电器与信息、医药主要布点在新都卫星城工业区,食品业在新都工业区及斑竹园镇、军屯镇工业园区,家具制造业集中在以新繁镇成都家具产业园为中心的成彭公路家具产业带。

第三产业。围绕成都北部新城、北部商城的建设,三河街道、大丰街道重点发展房地产业;以新都物流中心为主导,大力发展物流业、交通运输业和商贸业;依托宝光寺和桂湖等历史文化资源发展旅游、商贸、餐饮、文化娱乐业。

【民营经济】 根据国家有关规定,区统计局从2002年开始统计全区民营经济增加值(按当年价格计算)。民营经济增加值占全区地区生产总值的比例逐年增加,2002年至2005年依次为:47.2%、49.7%、53.8%、55.3%。第一产业中,民营经济增加值所占比例依次为:24.9%、29.3%、29.1%、38.1%。第二产业中,民营经济增加值所占比例依次为:57.3%、58.9%、63.7%、62.5%。第三产业中,民营经济增加值所占比例依次为:36.9%、39.2%、42.4%、47.1%。

2005年新都区民营经济增加值占全区经济总量的比例统计表

表8-8　　单位:万元

项 目	全 区	民 营	民营经济占全区总量(%)
地区生产总值	1288805	712642	55.3
第一产业	116283	44348	38.1
第二产业	753044	470607	62.5
第三产业	419478	197687	47.1

消费及投资

【消费品零售总额】 新都社会消费品零售总额从1986年的2.27亿元增长到2005年的31.80亿元,增长14.9倍。"七五"(1986—1990年)期间年均增长13.24%,"八五"(1991—1995年)期间年均增长23.3%,"九五"(1996—2000年)期间年均增长14.8%,"十五"(2001—2005年)期间年均增长13.64%。

1986—2005年新都社会消费品零售总额统计表

表8-9　　单位:万元

年 度	社会消费品零售额	比上年增长(%)	年 度	社会消费品零售额	比上年增长(%)
1986	22729	21.0	1996	136560	20.10
1987	27951	22.98	1997	160412	17.47
1988	36565	30.82	1998	178903	11.53
1989	32813	-10.26	1999	200130	11.887
1990	39911	21.63	2000	226347	13.10
1991	48830	22.35	2001	254476	12.43
1992	59836	22.54	2002	287812	13.10
1993	73670	23.12	2003	327530(304322)	13.80
1994	92108	25.03	2004	278958(346014)	13.70
1995	113705	23.45	2005	318012	14.00

说明:表中2003年原为327530万元,2004年调整为304322万元。2004年原为346014万元,2005年调整为278958万元。计算增长率按调整后的数据计算

【固定资产投资总额】 1986—2005年,新都全社会固定资产投累计完成2573824万元。“七五”(1986—1990年)期间,全县完成固定资产投资总额54559万元,“八五”(1991—1995年)期间完成331813万元,“九五”(1996—2000年)期间完成438973万元,“十五”(2001—2005年)期间完成1748479万元。2005年全区固定资产投资是1986年的54倍。

1986—2005年新都全社会固定资产投资总额完成统计表

表8-10 单位:万元

年度	投资总额	年度	投资总额	年度	投资总额	年度	投资总额
1986	9891	1991	13851	1996	65754	2001	179061
1987	14612	1992	50793	1997	65485	2002	229779
1988	7830	1993	81018	1998	84237	2003	305868
1989	7313	1994	99755	1999	102959	2004	399363
1990	14913	1995	86396	2000	119538	2005	534408

1990—2005年新都全社会固定资产投资总额中三次产业投资统计表

表8-11 单位:万元

年度	投资总额	第一产业	第二产业	第三产业	住宅投资	项目个数
1990	14913	45	4893	1077	8898	7004
1995	86396	510	52731	16444	16711	4561
2000	119538	1321	53445	36547	28225	3598
2005	534408	2370	285514	246524	112296	299

1986—2005年部分年份新都全社会固定资产投资总额中各类经济成分投资统计表

表8-12 单位:万元

年度	投资总额	国有经济	集体经济	个体经济	其他经济
1986	9891	2921	3303	3667	—
1990	14913	6294	980	7639	—
1995	86396	36278	33570	13631	2917
2000	119538	29443	22569	21835	45691
2005	534408	105795	10400	27474	390739

说明:个体经济中,包括农村私人建房

对外开放与招商引资

对外开放

【横向经济联合】 1984年,成都市召开第一次生产力扩散协作交易会,推动省市属企业与区县企业联合,以促进乡镇企业发展。1984年6月,新都县成立经济技术协作办公室(简称经协办),主要职能是在当时纵向经济体制的基础上,负责县内外横向经济技术联合与协作,外引内联,输出劳务。1986 年 6 月,成都市第二次生产力扩散协作交易会在新都召开,全县共洽谈项目 100 多个,签协议 67 项,总投资 9693 万元,引进资金 2793 万元,项目投产后年可新增产值 3.3 亿元、利税 6000 万元。两次生产力扩散交易会后,全县进一步掀起横向经济联合高潮,协作联合对象发展到大专院校、科研单位和省市政府的涉外部门。

1987 年,由县财政担保,新都工艺美术锦缎厂利用北京中信银行贷款引进日本喷水织机 120 台、染印设备 30 台,总投资 3000 万元人民币,为县内第一个引进国外设备上千万元的工业项目。1994 年 2 月 24 日,新都县与日商卢田丰治、中村幸雄签订合资改造成彭公路的合同,为新都第一个外商投资的基础设施项目。成彭公路改造完成后,卢田丰治、中村幸雄继续与新都合作进行新石公路的改造工程。1994 年 12 月 4 日,新都县与新加坡忠邦城结为姊妹城,是新都第一个与境外结盟的外国城市。结为姊妹城后,双方政经界人士多次互访,达成多项合作协议,并联合修建忠邦城商业大楼。

1992 年,县委、县政府制订《关于进一步扩大开放的若干政策》,明确“各经济主管局、乡镇和企业有权根据引进项目和资金的实际情况,制定重奖政策,不受上级政策的限制和文件约束”。同年 4 月 8 日,县委、县政府又制订《关于鼓励外商投资的规定》,主要精神有:外商投资企业从事生产、经营所得和其他所得,按 15%的税率征收企业所得税;出口产品产值达到当年产值 70%以上,按 10%税率征收企业所得税,免征地方所得税;其中经营期在 10 年以上的生产性企业,从获利年度起,第一年至第二年免征所得税,第三年至第五年减半征收所得税;被县政府确认的先进技术企业、高新技术企业第六年至第八年减半征收所得税(超过国家规定部分由地方财政先征后返);生产性的外商投资企业开办初期纳税确有困难的,可向税务部门申请,经批准后,在一定期限内减免工商统一税。为统筹协调招商引资工作,方便外商投资选择,新都县成立联络组、接待组、项目组。与此同时,新都县向市政府驻上海、广州、厦门、海口、深圳的办事处派驻工作人员,收集、传递沿海地区改革开放、发展经济的经验和信息,联络沿海企业和外商,充分发挥招商引资的窗口作用。1993 年 1—6 月,县委、县政府直接接待的港澳台商和外商有 73 批 680 人次,签订合同 13 个、协议 26 个,外方协议投资 11.4 亿元人民币。此后,新都对外开放进一步活跃,工业、农业、商贸、房地产业、基础设施、文化、教育领域的对外合作与交流不断拓展,至 2005 年,新都区已基本形成全方位的横向经济联合格局。

【出口商品创汇】 1986—1994 年,县内出口商品由省市外贸部门委托地方供销社或专业公司收购,出口商品主要有:棕编制品、川芎、海椒、肠衣、兔皮、羽绒及羽绒制品、丝绸等。1995 年以后,随着新都工业不断发展和国家外贸政策调整,新都工业产品陆续进入国际市场,企业直接对外进出口产品。2005 年,新都区出口的工业产品有木地板、印刷器材、量刃具、汽车配件、电子管、大输液瓶、电线电缆、环保设备、电热水器、中药材、盐渍肠衣、魔芋粉等 20 个大类,出口总值 4072 万美元。

1986—2005 年新都外贸产品收购及出口商品创汇统计表

表 8-13

年 度	外贸产品收购总额(人民币/万元)	年 度	出口创汇额(万美元)
1986	1787	1989	2746
1987	1954	1990	1978
1988	1776	1992	1955

续表 8-13

年　度	外贸产品收购总额(人民币/万元)	年　度	出口创汇额(万美元)
1994	3303	2001	610
1995	2691	2002	1071
1997	3027	2003	2024
1998	1483	2004	3145
1998	408	2005	4072
1999	316	—	—
2000	558	—	—

说明：出口创汇额为海关统计数

2005年年末新都区主要出口企业一览表

表 8-14

序号	企业名称	主要出口产品	出口国家和地区	企业所在地
01	四川省新都鸿基木业有限公司	木地板	日本	工业区
02	四川省冶金机械厂	钢锭	美国、澳大利亚	新都镇
03	成都旭光电子股份有限公司	电子管	美国、法国、韩国	工业区
04	成都汽车配件厂	凸轮轴、钢圈	美国、意大利	大丰街道
05	四川华瑞电位器有限公司	电位器	瑞士、法国、意大利	工业区
06	豪特容积热水器(成都)有限公司	电热水器	韩国、越南	工业区
07	四川新加坡印刷器材有限公司	PS 版	巴西	工业区
08	成都光电科技有限公司	钨钼	中国台湾地区、日本	大丰街道
09	成都协力魔芋科学种植园有限公司	海藻胶、魔芋粉(胶)	英国、德国、日本	斑竹园镇
10	四川协丰医药保健品有限公司	中药材	中国香港地区	新都镇
11	成都博阿食品有限公司	盐渍肠衣	欧洲	工业区
12	巴鲁夫传感器(成都)有限公司	传感器	德国	工业区
13	成都炬光印刷器材有限公司	PS 版	俄罗斯、东南亚、非洲	工业区
14	四川科伦大药厂有限公司	大输液瓶	哈萨克斯坦	工业区
15	四川省祥云中药进出口有限公司	中药材	日本、韩国、比利时	大丰街道
16	成都利康线缆有限公司	电线、电缆	东南亚、非洲	新都镇
17	成都通灵中药饮片精选有限公司	中药材	日本、美国、中国香港地区	泰兴镇
18	成都丰盈天然肠衣有限公司	盐渍肠衣	欧洲、美国	斑竹园镇
19	四川华健环保产业有限责任公司	治污设备	印度尼西亚、新加坡	新都镇
20	四川质信天然肠衣有限公司	盐渍肠衣	欧洲	工业区
21	四川成量工具有限公司	量具、刃具	欧洲、美国、日本	工业区
22	成都丹鼎科技实业有限公司	钻井液添加济	泰国	大丰街道

招商引资

【招商引资措施】 新都历届党委、政府都十分重视招商引资工作，将其视为发展经济的“牛鼻子”，制订了一系列鼓励招商引资的政策和措施。加强基础设施建设，不断提高服务水平，对外来投资者实行跟踪服务，努力营造良好的投资环境。投资者在土地占用、税费减免、信贷资金供给等方面除享受国家政策外，新都还根据投资项目的不同情况，给予特殊的优惠和扶持。招商引资的主要措施有：

目标管理 1991年起，县委、县政府对乡镇和县级各部门每年年初下达招商引资任务，年终由县目督办考核检查，将招商引资完成情况与该单位全员年终奖和主要负责人的工作效绩挂钩。

表彰奖励 新都县每年召开一次总结表彰会，对招商引资成效突出的单位和个人给予表彰奖励。1991—1997年，实施按引资比例提成奖励的办法，将项目的投资规模、实际到位资金额及预计产生的税收划分为若干档次，按到位资金0.5%~1%的比例一次性奖励引资单位或主要人员，奖金来源由受益的乡镇或企业支付，公益性项目的奖金由县政府支付。引入纯资金按使用年限、利率高低分为几个档次，主要引资者可提取0.5%~1%的奖励。按招商引资到位资金比例计奖的办法，对调动辖区外的单位和个人帮助招商引资起到了较好的作用。

上门招商 1986年起，县委、县政府先后组织企业和有关部门参加成都市生产力扩散协作交易会、澳门招商会、四川—台湾企业高层论坛、中国—韩国友好合作周、泛珠洽谈会、世界客属恳亲大会、渝洽会、广交会、中国西部商品博览会、青岛韩国周等各类经贸活动，取得较好效果。2001年，新都县确定4个重点沿海地区，县领导分片包干，主动上门与企业协商洽谈，推介新都的投资环境，邀请对方到新都考察。利用互联网发布信息，使一批有实力的企业加深对新都的了解，增强投资新都的信心。

以企引企 立足原有核心企业，引进关联配套的上下游协作厂家；为已落户的企业做好后续服务工作，借落户企业宣传新都。2004年，依托一汽青岛汽车厂，引进青特车桥和海通车桥配套企业2家。三利亚中瓷公司在原项目的基础上，增资1亿元建设等离子电视滤光屏生产线后，又通过该项目引进了电脑连接器生产企业富士康科技集团的子公司——基准精密模具有限公司到新都落户。浙江义乌中国金哥针织集团在军屯工业园区投资3亿元建设针织印染生产线，带动了浙江东阳集团5家制衣企业入驻军屯。龙桥镇引进的服装加工园项目，带动了52家童装加工企业入驻。

借力招商 1986年起，新都与省市外办、台办、侨办、经协办、民主党派和省市驻沿海城市的办事处保持长期、密切的合作关系，新加坡商业街、忠邦城、成彭公路改造、新石公路改造等项目就是省外办帮助引进的。

【招商引资实效】 1986—1997年，因未设县级招商引资部门，全县招商引资数据缺乏详细和完整的资料。1998—2005年，根据招商局统计，引进项目1836个，其中工业项目1450个。协议总投资358.61亿元，实际到位资金142.29亿元；新批外资项目57个，合同利用外资10082万美元，实际利用外资8428万美元。招商引资为新都带来巨大变化，新上一大批工业项目，增加了财政收入，缓解了城乡基础设施建设急需的资金，为10多万城乡劳动力提供了就业机会，增强了新都综合经济实力，有效地推进了城乡一体化进程。

1998—2005年新都招商引资统计表

表 8-15

年度	新引进项目(个)	其中工业项目	协议投资额(亿元)	实际到位资金(亿元)	合同利用外资(万美元)	实际利用外资(万美元)	新批外资项目(个)
1998	166	152	16.52	4.53	130	130	14
1999	219	171	12.20	5.12	417	239	4
2000	225	181	32.65	5.99	226	226	3
2001	310	227	35.85	12.00	2470	1099	6
2002	290	186	56.80	15.90	1009	1035	6
2003	192	159	77.88	24.01	1210	1230	5
2004	202	186	36.25	34.77	2176	1769	12
2005	232	188	90.46	39.97	3184	2700	7
合计	1836	1450	358.61	142.29	10082	8428	57

乡镇企业

乡镇企业发展与改制

【发展概况】 乡镇企业始于20世纪70年代集体经济时期,当时多为公社或大队、生产队开办的副业生产或多种经营,80年代初称为社队企业。农村恢复乡(镇)、村、社建制后,1983年改称乡镇企业,其范围包括粮食种植以外的工业、商业、运输业、建筑业、服务业和规模化、商业化经营的种植业、养殖业、加工业。

乡镇企业按投资主体分为乡(镇)办、村办、社办、联户办和户办(个体),时称"五个轮子"。由于政策和行政的支持,乡村两级办的企业在投资总额、生产规模、项目起点、技术含量、经营效益上占有独特的优势。

新都县是四川省乡镇企业起步较早、发展较快的县(市、区)之一。1990年,全县实现乡镇企业总产值14.45亿元,和双流县、广汉县、巴县、什邡县并称四川省乡镇企业的"五朵金花",新都名列第二位。

1995年,全县乡镇企业加快以产权为核心的改革步伐,原挂乡村社牌子的集体企业改组为股份制企业或私营企业,脱离与原挂靠单位的隶属关系。1996起,市对县(市、区)、县(市、区)对乡(镇)陆续取销对乡镇企业的考核指标,此后乡镇企业改称民营企业。

【发展规模】 1986年,全县乡镇企业1.23万家,总产值5.36亿元(90年不变价,下同)。1996年,全县乡镇企业2.59万家,是1986年的2.11倍;总产值190.83亿元,是1986年的35.60倍。新都县先后被评为"全国乡镇企业科技进步先进单位""四川省乡镇企业综合实力十强县""成都市发展乡镇企业先进单位"。乡镇企业发展在解决农业、农村和农民问题及实现全县经济和社会发展中起到重要的作用。乡镇企业是县、乡(镇)两级财政收入的重要来源,1996年上缴税金9397万元,比1985年增长6.78倍。促进了外向型经济发展,1996年,全县出口创汇乡镇企业5家,出口产品交易额9501万元。培养了一批优秀农民企业家,截至1996年年底,全县有"中国乡镇企业功勋"1名,"全国乡镇企业家"2名,省乡镇企业家16名,市乡镇企业家51名。

1991年,全县有重点乡镇企业7家:四川新兴公司、新都县钢窗厂、新都县保健用品厂、桂湖水泥厂、新都县溶解乙炔厂、新民保温材料厂、新都县马家肠衣厂。1994年,县重点乡镇企业11家:四川新兴集团公司、龙虎门窗集团总公司、天元集团公司、桂湖实业有限公司、四川成龙公司、新都钢铁厂、四川福道公司、神农集团公司、成都宏大集团食品有限公司、川虎电缆股份有限公司、新炬股份有限公司。

1986—1996年新都县乡镇企业家数、务工人数统计表

表8-16　　单位:家、人

年度	总家数				务工人数			
	全县合计	乡镇办	村办	后三轮	全县合计	乡镇办	村办	村以下
1986	12272	396	1492	10384	73371	28072	22164	23135
1988	13988	371	1338	12279	80818	29794	23002	28022
1990	16811	347	1334	15130	88099	34580	20471	33048
1992	21387	392	1454	19541	107132	38144	24638	44350
1994	27197	452	1848	24897	170141	50818	43518	75805
1996	25867	409	1731	23727	171701	47100	43120	81481

说明:“后三轮”是指农村社办、联户办及私营个体企业

1986—1996年新都县乡镇企业总产值统计表

表8-17　　单位:万元

年度	全县合计	乡(镇)办	村办	村以下
1986	53557	24547	13246	15764
1988	101741	47004	22722	32015
1990	140492	54823	38469	49200
1992	343309	130365	79278	133666
1994	1171380	324880	315237	531263
1996	1908270	431501	550641	926128

1996年各乡(镇)工业产值统计表

表8-18　　单位:万元

乡(镇)	合计	乡办	村办	村以下	乡(镇)	合计	乡办	村办	村以下
新都镇	154744	19795	66835	68114	马家镇	57120	8547	22247	26326
新繁镇	106632	29485	24113	53034	泰兴镇	50476	17432	13895	19149
斑竹园镇	95356	20356	36497	38503	竹友乡	48219	10285	19484	18450
大丰镇	85830	21100	19720	45010	石板滩镇	47066	3546	35692	7828
龙虎镇	81098	24114	26084	30900	清流镇	42093	6608	17224	18261
龙安乡	80282	20102	21548	38632	利济镇	38548	4572	19048	14928
龙桥镇	74734	21601	21299	31834	军屯乡	35546	857	18480	16209
新民镇	72371	11328	30858	30185	木兰乡	33188	5597	16582	11009
三河镇	59100	15908	13702	29490	局直属企业	10119	10119	0	0

【农村劳动力转移】 乡镇企业解决了农村劳动力就近务工,增加农民收入,加快农民致富的步伐。1986年全县农村劳动力24.77万人,务工7.34万人,占29.63%。1988年26.09万人,务工8.08万人,占30.97%。1990年26.85万人,务工8.81万人,占32.81%。1992年29.04万人,务工10.71万人,占36.88%。1994年29.26万人,务工17.01万人,占58.13%。1996年29.28万人,务工17.17万人,占58.64%。1996年务工人数是1986年的2.34倍,所站比例增加29个百分点。

【产业结构】 乡镇企业主要由工业、建筑业、交通运输业、商业服务业构成,各产业产值在乡镇企业总产值中所占比例最大的是工业,1986年工业产值占52.53%,1996年占61.44%,比1986年增长8.91个百分点,是1986年的41.68倍。其次是建筑业,1986年占29.25%,1988年占30.52%,其后有升有降,1996年占17.10%。

1986—1996年新都县乡镇企业部分年份各产业产值统计表

表8-19 单位:万元

产业名称及所占(%)	1986年	1988年	1990年	1992年	1994年	1996年
总产值	53557	101741	140492	343309	1171380	1908270
工业产值	28132	53036	89510	212071	716178	1172522
占总产值(%)	52.53	52.13	63.71	61.77	61.14	61.44
建筑业产值	15663	31053	26430	69916	261125	326342
占总产值(%)	29.25	30.52	18.81	19.49	22.30	17.10
交通运输业产值	3971	6688	8988	24048	94950	144700
占总产值(%)	7.41	6.58	6.40	7.00	8.11	7.58
商业服务业产值	4455	9264	12579	28671	64579	88469
占总产值(%)	8.32	9.11	8.95	8.35	5.51	4.64
其他行业产值	1185	1341	2387	7643	31516	44728
占总产值(%)	2.21	1.32	1.70	2.23	2.69	2.34

1986—1996年新都县乡镇企业部分年份各产业家数统计表

表8-20 单位:家

产业名称及所占比例(%)	1986年	1990年	1994年	1996年
全县乡镇企业总家数	12272	16811	27197	25867
工业家数	5761	7019	9824	8826
占总家数(%)	46.94	41.75	36.12	34.12
建筑业家数	227	598	1406	1242
占总家数(%)	1.85	3.56	5.17	4.80
交通运输业家数	2509	3394	5221	5908
占总家数(%)	20.45	20.19	19.20	22.84
商业服务业家数	1959	3320	8546	8011
占总家数(%)	15.96	19.75	31.42	30.97
其他行业家数	1816	2480	2200	2476
占总家数(%)	14.80	14.75	8.09	9.58

1986—1996 年新都县乡镇建筑企业一览表

表 8-21

年　度	企业家数	企业人数	总产值（万元）	施工面积（万平方米）	竣工面积（万平方米）
1986	227	18618	15663	69	48
1987	247	21574	20472	91	77
1988	677	20174	31053	308	75
1989	580	21872	30106	115	95
1990	598	22999	26430	102	92
1991	538	23932	36317	117	91
1992	584	24754	69916	174	122
1993	782	39148	139294	278	195
1994	1406	50024	261125	389	298
1995	1189	50489	306324	593	422
1996	1242	50460	326342	434	348

【内部管理】 新都县乡镇企业内部管理主要推行厂长负责制、经营承包制、工资浮动制、职工合同制、企业股份制五种制度。厂长在人、财、物、产、供、销等方面拥有相对的自主权。把经济指标层层分解落实，解决企业同主管部门、企业同职工关系上的“大锅饭”。职工工资采取浮动制，奖勤罚懒，奖优惩劣，调动职工的劳动积极性。企业职工实行招考和选聘制，进厂后与企业签订合同，规定权利义务，破除“终身制”“铁饭碗”。企业的干部、职工均可入股，年底根据企业盈利状况进行分红。

1988 年开始，推行全员风险抵押承包。企业职工所交股金，在企业盈利时分红；在企业亏损时转为风险金，按比例扣作抵押金。实行“两金合一”，既为企业积聚资金，又使员工利益与企业命运紧密相联，调动企业员工的积极性。

在实行上述“五制”的基础上，为完善企业经营机制，提高企业素质，全县乡镇企业先后实行岗位目标责任制、精神文明建设责任制，普遍开展“归口管理、升档活动”，“三整顿、三完善”（整顿领导班子，完善领导机制；整顿财务，完善约束机制；整顿管理，完善激励机制），“三大管理”（质量、成本、财务管理），“双增双节”“三查三定”（清仓查库，定处理措施；查跑冒滴漏，定堵漏办法；查应收款项，定回收办法），努力提高“三率”（企业资金自有率、资金周转率、资金利润率）。

【体制改革】 乡村集体企业在创办初期多以乡政府、村委会提供土地，经营者提供资金、技术等形式组建；也有部分企业系投资者（法人或自然人）独立兴办，仅挂乡、村的牌子。乡村集体企业以承包经营为主要管理形式。1995 年起，加速推进以产权为核心的综合改革。1996 年，继续以明晰产权关系为突破口，以企业改组、出售为重点，盘活存量、优化结构、提高效益为目的，全面推进产权制度改革。在清产核资、明确投资主体、划清各方权益的基础上，乡（镇）、村分期分批收回对企业的投入，投资者依据法律法规组建新的股份制企业，已实行转机建制的乡镇企业累计 700 多家。至 2000 年，全县乡村集体企业产权改革基本结束。改革的形式、步骤、方法与工业企业改革类同。

重点乡镇企业选介

【四川新兴集团公司】 1966年,尹大荣组建清白乡建筑队。1986年改为新都振华建筑公司,1988年改为新都县第五建筑公司,1990年改为四川新兴集团公司。尹大荣任董事长(经理、总经理)。四川新兴集团公司是国家二级企业、建设部一级建筑企业,下属企业主要有建筑公司、新力电子管厂、钢管厂、印刷厂、家具厂、工具厂(与成都402厂合作)、彩色门窗厂等。建筑业是该公司的主要产业,1986年总产值1199万元,成为全县少数产值过千万元的企业。1990年,公司被省政府评为四川省乡镇企业先进单位,获农业部全国乡镇建筑优秀企业"金杯奖"。1996年,公司总产值4.36亿元,利润1300万元。同年9月,国家副主席胡锦涛到公司视察。

1988年,尹大荣获成都市"最佳农民企业家"和省"优秀乡镇企业家"称号。1992年1月,在北京召开的全国乡镇企业工作会议上,尹大荣获"全国乡镇企业优秀企业家"和"全国劳动模范"称号。1994年11月16日,获得"中国乡镇企业功勋"的尹大荣从北京回成都,省、市、县领导到机场迎接。

【四川新都龙虎(集团)股份有限公司】 1978年,龙虎乡兴办新场木器厂,詹庆富任厂长。1983年在木器厂基础上组建新都县钢窗厂,1992年扩建为四川龙虎门窗集团总公司,詹庆富任总经理。1993年产值过亿元,被列为省市重点乡镇企业。1995年改制为四川新都龙虎(集团)股份有限公司,詹庆富任董事长、总经理。公司是建设部钢门窗实验基地,为全国钢制门窗生产大户。经营收入8695万元,利润169.89万元,实缴税金217.8万元。

至1996年,詹庆富(1949年5月生,龙虎乡人,中共党员,高级工程师)研发的钢门窗及型材系列产品获国家专利40多项。其中,川—87钢制空腹推拉门窗专利产品,获农业部科技进步三等奖、省政府科技进步三等奖、成都市科技进步奖,被国家科委认定为"我国目前最理想的钢门窗系列节能新产品"科技成果,其专利成果转让和联营到全国20多个省市自治区的120多个厂家;25B型空腹密闭钢门窗系列产品于1994年获第22届国际发明博览会金奖,詹庆富获"首届全国优秀发明企业家"(共10名)称号,受到国务院总理李鹏接见,同年起享受国务院津贴。詹庆富先后被评为四川省重大贡献科技工作者、四川省创业之星,享受四川省劳动模范待遇。1995年,国务委员、国家科委主任宋健视察四川时专门接见詹庆富。

【成都桂湖实业有限公司】 新都桂湖水泥厂原是生产磷肥的小厂,1979年转产水泥,逐步发展为国家二级计量企业,省级先进企业,市、县重点乡镇企业。1993年,由新都县桂湖水泥厂发起、联合新都镇企业集团总公司和新都县桂湖水泥厂"职工合股基金"组建成都桂湖实业有限公司,李兴成任公司董事长。主营水泥制造,兼营金属材料、建筑材料、建筑安装、五金交电、水泥包装等。生产的"桂湖"牌普通硅酸盐4.25#水泥属部、省、市三优产品,并连续10年在省、市行业检评中获"质量标兵"企业称号。1996年,公司成为以水泥生产为龙头,下属桂湖水泥厂纸袋分厂、永发建筑公司、永发铝合金门窗厂等7个经济实体的企业集团。

李兴成先后获四川省劳动模范、全国劳动模范、四川省优秀企业家、四川创业之星、全国优秀企业厂长(经理)等称号。

【成都神农集团公司】 1985年,马留文(1939年3月生,大专文化,中共党员)在利济乡柳泉村创办新都县保健用品厂,首开全县民营股份制企业的先河,当年企业盈利77万元。1988年将政府奖励给个人的10万元捐给柳泉村,作为对村经济发展有突出贡献的奖励基金。新都县保健用品厂逐年拓展,后发展为成都神农集团公司,马留文任董事长兼总经理。1993年总产值1578万元,利税670万元,被评为省、市先进企业和省级"文明单位"。至1996年,公司下属成都市保健用品厂、成都市新都保健用品研究所、四川天府医疗器械厂等企业。生产的"神农"牌系列保健用品覆盖全国30多个大、中城市的300多个销售点,出口日本、美国、马来西亚、新加坡、意大利、俄罗斯、法国等20多个国家和地区。其中"神农"牌药枕获中国优质保健产品金奖和北京第二届国际博览会金奖。

马留文多次被评选为省、市、县优秀党员和先进工作者,先后当选为省第七、八、九届人民代表。1996年,中共中央政治局常委、中央书记处书记胡锦涛视察神农集团时,赞扬马留文是"优秀的共产党员"。

·农　业·

NONGYE

1986年起,新都深入开展土地制度改革,加强农业服务体系和农业行政执法体系建设,不断调整农业产业结构,切实减轻农民负担。实施农业综合性开发项目,大力发展种植业、养殖业、林业和开展农田水利工程建设,加快农业现代化、商品化进程,促进全区以种养业为基础的农副产品加工业快速发展。2005年,全区农林牧渔业总产值17.77亿元,比1986年增长6.25倍,占全区地区生产总产值的13.79%。全区农业经济基本形成结构合理,优质高效和产业化、规模化、商品化格局,初步实现由传统农业向现代农业的转变。

农村经济体制改革

土地制度改革

【土地承包】 1981年,按人均土地包产到户是农村联产承包的主要形式。1985年,县乡(镇)村会计服务机构改组后,农村承包合同仍由县乡(镇)村农经机构管理。新都县执行"宜统则统,宜分则分,统分结合,双层经营",按照大稳定,小调整的原则,实行"生等死,进等出,动账不动地"的办法调剂。在坚持耕地所有制和用途不变的前提下,允许土地有偿转让、出租或互换;允许以土地使用权入股组建各类农业企业或集中联合开发经营;对外出务工而撂荒的承包地,要求转包或交集体开发;"农转非"的农民承包地和自留地,由集体收回开发或重新发包。集体土地实行社有乡管,转让、承包的都要经乡、镇农经站登记核实。1988年,县乡(镇)村三级共有农村承包合同管理和仲裁机构247个,有专兼职管理人员1862人。至1995年,全县共签订农业承包合同50余万份。

1998年8月至10月,根据上级关于进一步稳定和完善农村土地承包关系的通知精神,新都县对承包土地进行局部调整(时称第二轮土地承包),全县总耕地416208亩,承包395403亩,机动4862.8亩(占总面积1.17%)。第二轮土地承包工作结束后,全县成立乡(镇)农业承包合同管理委员会17个,成员131人;成立村管理小组300个,成员2105人。

土地承包到户后,乡(镇)村社(组)原有的林地、塘库、工副业、商铺等仍由集体经营,大多采用承包或租赁的形式管理。

1986年,全县有耕地446041亩,人均0.88亩;2005年,全区耕地350199亩,人均0.55亩(四川省人均耕地0.87亩)。

【土地流转】 1998年10月,第二轮土地承包,转包土地的农户1396户、3264.6亩,接包土地的农户1490户、3264.6亩。在保障农民承包权的前提下,通过社内、村内农民转包,或对外招标转包等形式,至2002年,全区17043亩土地流转到种田能手、专业大户。其中引进区外客户171户,租赁土地8730亩,引进资金26869万元。2003—2005年,农村土地流转45268.1亩。

减轻农民负担

【农民负担监管】 1985—1989年,各乡(镇)陆续建立本级财政,集体提留纳入乡(镇)财政资金管理。随着农村各项公益事业发展的需要,社会公益负担逐年增加,1989年人均16.63元。1990年以后,根据《四川省农民负担管理条例》,农村提留改为村提留、乡(镇)统筹。乡(镇)农经站和村社专业会计在县农办、农业局的领导下具体办理农民负担工作。

农民负担由县农业办公室及有关部门共同组成的管理机构负责监管,常设业务人员3~5人,每年年底对农民负担进行清理并向县政府报告。1994年,为加强对农民负担监督管理工作的领导,成立新都县农民负担监督管理领导小组,成员有县农办、农业局、计委、纪委(监察局)、财政局、司法局、物价局的主要负责人。

农民负担实行严格审批程序:由村社提出当年必须的集体提留,乡(镇)农经站提出乡(镇)统筹的集体提留和统筹费;召开座谈会征求农民和各部门的意见,提出当年的预算方案;提留预算方案经乡(镇)人民政府审查、县农办审核并提交乡(镇)人民代表大会讨论通过后落实到户,签订合同。张榜公布计算标准及每户承担的金额,接受群众质询和监督。

农民交纳的提留、统筹费、植保费、生猪防疫费都必须开具四川省农民负担专用收据。提留、统筹费的使用情况定期张榜公布,农经部门、审计部门定期进行专项审计。

1991—2001年新都县农民负担的集体提留统筹费统计表

表9-1 单位:万元、元、%

年度	总额	人均	占上年农民人均纯收入	年度	总额	人均	占上年农民人均纯收入
1991	1019.39	22.4	2.93	1997	1464.57	31.17	1.66
1992	1281.58	28.09	3.32	1998	1528.94	34.75	1.58
1993	1139.55	25.99	2.64	1999	1507.80	33.25	1.34
1994	1198.08	26.43	2.30	2000	1453.97	33.28	1.21
1995	1342.98	30.23	2.23	2001	1439.88	33.24	1.18
1996	1382.03	31.18	1.98	—	—	—	—

1994年新民镇、大丰镇、龙桥镇提留统筹费预算审计统计表

表9-2 单位:元

项目	新民镇			大丰镇			龙桥镇		
	预算金额	人均	占上年人均纯收入%	预算金额	人均	占上年人均纯收入%	预算金额	人均	占上年人均纯收入%
合计	1016692	29.17	2.67	570233	32.04	2.66	691762	32.05	2.78
一、集体提留	536403	15.39	1.41	334101	18.77	1.56	388041	17.98	1.56
1.公积金	322400	9.25	0.85	175124	9.84	0.82	247150	1145	1
2.供养五保户	69708	2.00	0.18	60092	3.38	0.28	43020	1.99	0.17
3.困难户补助	8713	0.25	0.02	3434	0.19	0.01	6453	0.30	0.03

续表 9–2

项 目	新民镇			大丰镇			龙桥镇		
	预算金额	人均	占上年人均纯收入%	预算金额	人均	占上年人均纯收入%	预算金额	人均	占上年人均纯收入%
4.干部报酬	121989	3.50	0.32	94430	5.30	0.44	80447	3.73	0.32
5.办公费	13593	0.39	0.04	1021	0.6	0.01	10971	0.51	0.04
二、乡镇统筹费	480289	13.78	1.26	236132	13.27	1.10	303721	14.07	1.22
1.教育附加费	345752	9.92	0.91	163106	9.16	0.76	215100	9.96	0.87
2.计划生育费	16381	0.47	0.04	10301	0.58	0.05	10540	0.49	0.04
3.优抚费	53327	1.53	0.14	27470	1.54	0.13	36997	1.71	0.15
4.民兵训练费	17427	0.50	0.05	8585	0.49	0.04	10540	0.49	0.04
5.有线广播费	28232	0.81	0.07	17169	0.97	0.08	18283	0.85	0.07
6.农村卫生费	19170	0.55	0.05	9501	0.53	0.04	12261	0.57	0.05

2000 年泰兴镇集体提留统筹费收支统计表

表 9–3 单位：元

项 目	年初余额	本年收取	本年支出	其中：上交县级有关部门	余额
一、集体提留、乡统筹合计	533663	814440	694209	0	653894
其中：集体提留合计	456435	387982	233615	0	610802
1.公积金	239805	201794	57898	0	383701
(1)水利维修	0	—	44904	0	—
(2)民工建勤	239805	—	12994	0	—
2.公益金	59999	65112	52311	0	72800
(1)五保户供养	—	—	—	0	—
(2)困难户补助	—	—	—	0	—
3.管理费	156631	121076	12406	0	154301
(1)干部报酬	96299	—	—	0	—
(2)办公费	60332	—	—	0	—
二、统筹费合计	77228	426458	460594	0	43092
1.教育附加	16864	322870	413160	0	—73426
2.优抚费	11487	—	1887	0	58030
3.计划生育费	0	—	993	0	12460
4.民兵训练费	5545	8073	9298	3000	4320
5.乡村道路维修费	0	—	0	0	0
6.农村卫生费	7343	12107	17712	0	1738
7.乡镇有线广播费	35989	21525	17544	0	39970
8.农村文化费	0	—	0	0	0
三、以资抵劳费	58850	110938	43355	0	126433
四、总合计	592513	925378	737564	0	780327

2001 年 6 个镇集体提留统筹费收支统计表

表 9-4 单位:元

镇 名	项 目	年初余款	本年收取	年度开支	上缴县级有关部门	余 款
斑竹园镇	提留乡镇统筹费合计	9926.73	894280	446755.99	7000	546784.74
	集体提留合计	97957.49	509943	351127.70	0	256772.79
	统筹费合计	1303.24	384337	95628.29	7000	290011.85
	以资抵劳款	-75379	106946	75823	0	-44265
马家镇	提留乡镇统筹费合计	395428.73	721670.60	840294.32	6000	276625.01
	集体提留合计	213915.37	442402.45	439894.99	0	21642.83
	统筹费合计	181333.36	279268.15	400399.33	6000	60202.18
大丰镇	提留乡镇统筹费合计	348278	518689	746252	47671	120715
	集体提留合计	348278	298321	348820	0	297779
	统筹费合计	0	220368	397432	47671	-177064
龙安镇	提留乡镇统筹费合计	-10000	316718	450759	3000	-144041
	集体提留合计	0	180529	310720	0	0
	统筹费合计	0	136189	140039	3000	0
清流镇	提留乡镇统筹费合计	0	418544	569780	40000	-151236
	集体提留合计	0	200824	296416	0	-95592
	统筹费合计	0	217720	273364	40000	-55644
	以资抵劳款	0	179476	0	0	0
龙虎镇	提留乡镇统筹费合计	658812.29	661402.70	635482	8000	684732.99
	集体提留合计	577122.66	339546.75	330425	0	586244.41
	统筹费合计	81689.63	321855.95	305057	8000	98488.58

【农村税费改革】 2002 年,实施税费改革,农村取消公益金、公积金提留,村社兴办公益事业所需资金实行“一事一议”,坚持“群众自愿、多数同意、专款专用、一事一结、严格审计、公示结果”的原则。“一事一议”项目由村社主要负责人提出,交村民会议讨论形成书面材料,报镇农经服务中心审核,经镇政府批准后实施。对“一事一议”筹资、筹劳实行上限控制,一年内村民所负担的“一事一议”资金人平不超过 15 元。

2003 年,全区统一发放农民负担监督卡 14.23 万份,发放面 100%。区委、区政府率先在全省通过以工补农的方式减轻农民负担 2100 万元,人均减负 47.2 元。2004 年,以工补农 1413 万元,人均减负32.8 元。2005 年,免征农业税及附加。

【种粮直补】 国家为鼓励农民种粮,2005 年始,对种粮农民使用柴油、化肥等农业生产资料增加支出,实行综合直补和对种粮农民直接补贴。当年,全区直补种粮面积 325930 亩,享受补贴的农民 43.6 万人,补贴资金 749.17 万元。其中,种粮农民农业生产资料增支的综合直补 319.17 万元,种粮农民直接补贴 430 万元。

【财务公开】 1997 年,县委、县政府决定,县、乡(镇)、村分别组建有领导、专业人员和群众代表参加的财务清理小组，对农村财务进行全面清查。截至 1997 年 6 月底，全县村社两级合作经济组织资产总额 11365.34 万元，负债总额 1386.47 万元，所有者权益 9978.87 万元。资产总额中，债权 2491.26 万元，其中村民欠村社款 266.23 万元。

1998 年 4 月，县农经中心分五片对全县村社财务进行抽查，抽检结果：按新会计制度健全账簿的占 64.7%，集体资金社有乡（镇）管的占 76.5%，开支审批制度健全的占 70.6%，民主理财制度落实的占 64.7%。

同年，县农经中心按照县委、县政府安排，在三河镇互助村 5 社进行财务公开试点，后在县内全面推开。财务公开的主要内容有：财务计划，各项收入，各项支出，各项财产，债权债务，农户承担的集资款、水费、电费等。

财务公开采取“栏、会”结合的形式，各村社建立公布栏，县统一确定每年 1 月、4 月、7 月、10 月的 5 号为村财务公开日（收支较少的村社财务公布一年不得少于 2 次）。村级财务公开召开社员代表大会公布，村民小组（社）召开户主会或社员代表会进行公布。

至 2000 年，全县 300 个村均实行村财务公开，其中建有较标准村务公开栏的 297 个村，占 99%；全县 2601 个社中，实行社务公开的 2595 个，占 99.1%；设立社务公开栏的有 1384 个社，占 51.9%。村财务公开制度一直沿袭。

产业结构调整

【农业产业化经营】 20 世纪 80 年代，由于农业连年丰收，出现部分农产品价格持续偏低。针对农产品销售难的情况，县委、县政府引导农民不断调整种植业结构，努力适应市场变化，一些乡（镇）、村通过探索，逐步走出产供销一体化的路子。石板滩镇蔬菜产供销联合社、利济乡界牌村、龙安乡花红村把蔬菜加工、运销、服务连为一体，外联省内外市场，内联蔬菜生产农户，取得较好经济效益，缓解了农产品卖难的问题；新繁镇太和村建立韭菜交易市场，不仅解决本村产品销路，还带动周边农户。这些成功的经验，对境内农业产业化的形成起到了良好的示范作用。

20 世纪 90 年代中期，随着商品市场逐步发育完善，境内开始出现“公司+农户”的产供销模式。新繁泡菜厂联结全县 14 个盐渍厂，开展鲜菜初加工，为泡菜厂提供半成品。在 8 个乡（镇）建立蔬菜生产基地 18119 亩，涉及蔬菜种植户 6339 户，向产销一体化发展。1993—1997 年，基地农户种植蔬菜增收 1768 万元，户平增收 279 元。14 个盐渍厂加工收入 1372.4 万元，企业实现税利 700 万元。1995 年，全县农业产业化组织 149 个，联结带动农户 4.26 万户，实现产值 1.52 亿元，户平增收 522 元。

至 2005 年，全区农业产业化组织 361 个，建立基地 21 个，联结带动农户 11.2 万户，年加工、营销收入 22.88 亿元，实现税利 1.1 亿元，户平增收 608 元。其中产业化规模较大的品种和行业有两杂种子、优质稻、肉鸡、禽蛋、瘦肉型猪、蔬菜、川芎、软叶大蒜、双低优质油菜、水果、花木、新都柚等。区内产业化龙头企业有：以川新种子公司为主线的杂交种子生产销售一条龙，以新都第二原种场为龙头的禽蛋生产一条龙，以新繁泡菜为龙头的蔬菜生产加工销售一条龙，以新繁瑞玉米业为龙头的优质稻米生产加工销售一条龙和新都柚生产销售一体化。

1986—2005年新都农林牧渔业部分年份产值及各业所占比重统计表

表9-5　　单位:万元、%

年度	农林牧渔总产值	其中							
		农业		林业		牧业		渔业	
		产值	占总产值	产值	占总产值	产值	占总产值	产值	占总产值
1986	24501	16366	66.8	468	1.91	6672	27.23	171	0.7
1988	33810	20177	59.68	340	1.01	11186	33.08	266	0.79
1990	44402	26990	60.79	478	1.08	13025	29.33	313	0.70
1992	49450	28126	56.88	768	1.55	15419	31.18	424	0.86
1994	106627	57280	64.51	580	0.65	29836	33.60	1091	1.23
1996	127930	83501	69.13	549	0.45	35341	29.26	1402	1.16
1997	126704	87327	68.92	797	0.63	37168	29.33	1412	1.11
1998	130176	94526	72.61	278	0.21	34149	29.23	1223	0.94
1999	129166	94553	73.20	321	0.25	33126	25.65	1166	0.90
2000	129117	95121	76.67	400	0.31	32494	25.17	1102	0.85
2001	139588	100155	71.75	734	0.53	37484	26.85	1215	0.85
2002	146900	96179	65.47	418	0.28	49023	33.37	1280	0.87
2003	147201	82245	55.87	480	0.33	59413	40.36	1540	1.05
2004	167626	85245	50.85	531	0.32	70018	41.77	2039	1.22
2005	177703	83680	47.09	656	0.37	85734	48.81	2370	1.33

说明:产值系当年价

【"三农"投入】 "三农"投入即财政对农业、农民、农村的投入。农业投入资金主要用于高效益农业、农业产业化、水利设施建设、农技推广,种植业、养殖业、综合开发及农机化补贴。农村投入资金主要用于农村道路、水电气设施建设,乡村卫生院站、文化站馆、标准化学校及计划生育设施建设。农民投入资金主要用于粮食直补、农资补贴、合作医疗补助,低保、残疾和困难补助、安身房补贴、中小学生"两免一补"费用等。

1986—2005年,国家、省、市及地方财政对新都"三农"投入资金累计4.78亿元(不含镇、村、企业及民间投入)。新建排灌渠系465条,总长223.5公里,配套设施6498处;改造中低产田土14.36万亩,占中低产田总数的80%;推广先进技术30多项,技术培训49.63万人次。

1986—2005年,对28个重点涉农企业和单位投入资金18230.94万元,建立优质粮田、蔬菜、水果、禽蛋、药材、花木等生产基地18个,建立农产品专用基地25万亩。

1986—2005年,农业投入化学肥料257393吨,使用农药9413吨,电力供应24.75亿千瓦时,柴油2.13万吨。

1986—2005 年新都财政对农业投入统计表

表 9-6　单位:万元、%

年　度	投入资金	占财政支出	年　度	投入资金	占财政支出
1986—1990	1845	18.62	1999	1439	5.81
1991—1992	3586	14.26	2000	2773	10.00
1993	1788	14.02	2001	3154	13.25
1994	1474	10.40	2002	3834	9.06
1995	1495	9.77	2003	4872	9.26
1996	1662	6.44	2004	5959	9.00
1997	1646	6.34	2005	7385	8.28
1998	1888	6.42	合计	44800	9.09

1986—2005 年新都农村电力供应统计表

表 9-7　单位:万千瓦时

年　度	电力供应	年　度	电力供应	年　度	电力供应	年　度	电力供应
1986	4197	1991	4845	1996	14490	2001	19202
1987	4871	1992	5397	1997	15380	2002	20159
1988	2780	1993	6008	1998	15732	2003	23184
1989	4800	1994	6220	1999	15869	2004	23289
1990	4882	1995	13018	2000	17138	2005	26019

农业开发管理与服务

农业综合性开发项目

【“三高”农业】 1993 年,县委、县政府根据全县农业生产现状和社会经济实际,提出“三新”(新观念、新品种、新技术)、“三化”(生产布局区域化、产销一体化、利益分配合理化)、“三高”(产量、质量、收入高)的农业发展思路(时称“三高”农业)。通过压缩低产低效作物,将粮经比例由 1980 年的 80.4∶19.6 调整到 1995 年的 71.0∶28.99。粮食生产以扩大高产的杂交稻为发展目标,1986 年全县种植杂交稻 86055 亩,占水稻种植面积 22.16%;1995 年全县种植杂交稻 315236 亩,占水稻种植面积 86.34%,到 2005 年杂交稻比例上升到 92.55%。多种经营则以经济效益好,优质高产的川芎、叶烟、蔬菜、花木、新都柚等地方名品为发展重点,一些产品形成产业优势。2005 年全区农民人均纯收入 4605 元,比 1986 年增长 8.17 倍。

【农业综合开发土地治理】 2000 年 8 月,国家和省、市批准新都农业综合开发土地治理项目。项目从 2002 年开始实施,2005 年完成。项目区主要分布在毗河以南,东风渠以北,三河马家山以东,泰兴镇苟家滩以西的木兰山一线及新繁镇北部沿清白江一带,涉及三河街道、木兰镇、泰兴镇、新繁镇的 34 个村、农业人口 49590 人,土地面积 6.88 万亩,其中耕地 5.55 万亩。项目区域有中低产田 4.27 万亩,引排水渠绝大部分为土质渠道,渠长道狭,输水损失大,灌水利用系数仅 0.58,尾水地用水难以保证,项目区内生产水平和社会经济状况低于全区水平。

2003年,项目区内丘陵旱坡地全部退出粮食种植,改以花卉、果树、蔬菜种植为主,形成以木兰寺为中心的商品农业和观光休闲农业区。

2002—2005年,国家下达给新都区农业综合开发土地治理项目总投资1679.5万元,其中中央财政资金753万元,省财政资金339.8万元,市配套资金44.9万元,区配套资金64.7万元,项目区镇村社和农民自筹477.1万元。

项目分为水利、农业、农机、林业、科技项目5个。

水利项目。改造渠系95.73公里,修建集雨灌水池30口,水塘18口,新建提灌站1处,喷灌配套设施1处。总投资840.32万元。

农业项目。建立高效农业示范区535亩,优质水果基地1285亩,优质粮油基地3.48万亩(其中优质水稻2.18万亩,优质小麦0.5万亩,优质油菜0.8万亩),粮油高产示范片0.88万亩,果蔬间套0.19万亩。总投资416.5万元。

农机项目。修建机耕道40公里,购置国产三联LL—1.8—2.0自走式稻麦联合收割机20台,机动脱粒机7台,秸秆粉碎机2台,修建农产品保鲜库1座。总投资222.98万元。

林业项目。兴建农田防护林1300亩,建立苗圃85亩。总投资88.27万元。

科技项目。由水利、农业、农机、林业等部门组织农民进行技术培训,参训6.54万人次;建立IPM(植物有害生物综合治理)田间学校6个,培训3600人次;印发各种技术资料2.1万份。购置水利、土壤、农产品、种子、农药化肥检验监测仪器设备25台(套),推广新技术11项,推广面积6.1万亩。总投资87.4万元。

项目成效。改善灌区田地3.42万亩,改善防涝0.53万亩,新增蓄水6.79万立方米,节水106万立方米;改造中低产田4.02万亩,占项目区中低产田94.14%。4年中,项目区粮食增产86.9万公斤,油菜籽增产13.5万公斤,新增收入1767.56万元。通过综合治理,改善了项目区水、肥、气、热条件,生态环境显著改观。

【现代都市农业园建设】 2000年,在新都镇、泰兴镇、龙虎镇交汇的普河、君跃、店南3村建立新都花木园区,占地6000亩。2003年,在新都花木园区的基础上规划新都万亩现代都市农业园区。至2005年,园区内已有省林科院、三利亚、绿巨人、科瑞等130多户业主入驻,种植开发土地2500亩。

农业执法

【农业综合执法】 20世纪90年代以前,农业部门配合工商、质检、农资公司等部门组织突击性检查、季节性检查,涉及种子农药、化肥、植检等检查。

90年代,国家的农业基本大法,如农业法、农业技术推广法、土地管理法、种子法陆续颁布施行,中央和地方的一些农业法规、规章和规范性文件也相继实施,县农业局把农业综合执法作为重要职能。1996年,成立行政执法工作领导小组,制发《新都县农业局行政执法责任制实施方案》,将农业行政执法工作纳入目标考核范围。狠抓队伍建设,配备行政执法人员37人,加强培训,提高行政执法人员的水平。坚持“有法可依,有法必依,执法必严,违法必究”的原则,共查处违法行为67起,警告52起,责令停止营业的8次,销毁假劣种子价值约400元。

2000—2005年,着力农业综合执法体系建设,完善行政执法机构。农业局先后组建行政审批领导小组、行政复议领导小组,2002年增设政策法规科,设专职人员2人,2005年4人。2003年,组建区农业行政综合执法大队,配备执法人员9人。结合"四五"普法工作,抓好系统内干部职工学法,组织学习农业法律、法规及相关法律知识43个达55项次。每年以"3·15""12·4"等设点宣传农业法、种子法、农村土地承包法、农药管理条例、种子管理条例等法律法规19个、80项次,在全区农村宣传覆盖面97%以上。新建行政首长负责制、行政执法责任制、依法行政公示制、重大处罚审查备案制度、错案追究制度、行政处罚听证制度等,使依法行政、依法治农规范化、制度化。加大农作物种子、肥料、农药、农业投入品方面的检查、查处力度。加强食用农产品质量专项整治力度,确保市民吃上"放心粮""放心菜""放心果"。

【畜牧执法】 1987年,县政府发布《关于加强家禽防疫检疫的通告》,进一步严格"防疫证""兽医卫生许可证"和"生猪预防注射证"的管理,发放"兽医卫生许可证"1544本。县畜牧局、技监局联合发布《关于加强兽药饲料管理的通知》,畜牧局成立兽药饲料监察管理站,对境内兽药经营户157家、饲料经营户962家和兽药生产企业3家核发或换发经营许可证。1991年,各乡(镇)配备兽药检查员,对兽药经营进行经常性检查。1994年,根据《成都市生猪定点屠宰管理实施办法》,在境内实行生猪"定点屠宰,集中检测,统一纳税,分户经营"管理,全县归并设置生猪屠宰点99个。1999年5月,根据国务院《饲料和饲料添加剂管理条例》,成立新都县饲料工作办公室,专司境内饲料添加剂管理。2001年制定《新都县动物检疫员奖励与处罚规定》,进一步规范动物检疫行为。

1986—2005年,共查处各种违法事件近800起,取缔不法经营商家近100户,处理违规人员近200人。

【渔政管理】 1985年12月,成立新都县渔政管理站,归口县水电局。1989年3月,县水电局内设水产股,1998年,更名为水产科。2005年,成立水生动物检疫检验站。

每年2月1日至4月30日,是鱼类繁殖季节,依法实行禁渔,同时加大巡查力度,打击非法捕捞行为。1998年起,对境内经营水生野生动物餐馆实行许可证制度,当年办证26件。对捕鱼船只进行注册、签证并办证捕捞,2005年区内注册渔船20只。

1996年4月,三河流水养殖场发生死鱼事件,直接经济损失16.8万元,经查实,系三河大东村两社员用五氯酚纳毒鱼所致,二人受到刑事处罚。2004年,"明天高科"公司超标排放污水导致鱼死,判赔5000元。至2005年,共查处水质污染死鱼事故和毒鱼案件18起,查获非法经营娃娃鱼案件1起,收缴电瓶捕鱼器25部。

【林业执法】 境内林业执法由区林业局林政资源科、法制科和森林公安科负责。1998年,成立林政稽查队,对境内木材经营加工企业和木材市场实施监督管理。依据《中华人民共和国森林法》《中华人民共和国野生动物保护法》《四川省林木采伐管理办法》《四川省木材运输管理条例》等11个涉及林业的法律、规章,1986—2005年,共办理木材运输证6.25万份,办理果树苗木生产经营许可证140份,每年审核、办理木材经营加工许可证690家,调解林业纠纷50起,查处各种违法行政案件778件,挽回经济损失100万元。

农村合作基金会

【发展规模】 按照省政府1988年63号文件精神,1988年5月,县农办、农林局在木兰乡进行筹建农村合作基金会试点,1989年上半年,全县建农村合作基金会23个,年末筹集资金216.01万元。其中股金62.71万元,占筹资额的29.03%;代管资金153.30万元,占筹资额的70.97%。累计投放资金249.29万元,支持了农业生产和乡镇工副业发展。1989年年底,全县农村合作基金会总收入8.27万元,其中利息收入8.17万元,其他收入0.10万元。除去费用6.28万元(保息4.04万元),可分配收入1.99万元,其中公积金0.19万元,公益金0.20万元,风险保障金0.40万元,股金分红1.20万元。

农村合作基金会由乡农经服务站站长管理日常业务,由乡农经站会计、出纳人员兼任合作基金会的会计员和出纳员,各村、社专业会计均兼任合作基金会的业务员,办理各村社范围内的融资业务。合作基金会单独建账开户,实行独立核算,自负盈亏。合作基金会不对外吸收存款,不设金库,资金全部存入信用社。融资服务主要用于数额小、周转快、效益高、时间短、能按期收回借款的生产经营活动。合作基金会对股金和代管资金均实行包本分红。

1990年,县委、县政府对农村合作基金会的资金来源和使用管理作出具体规定,将农村合作基金会集资、融资纳入农业集团承包,予以考核奖励。要求完善农业服务体系,配齐业务人员,推动农村合作基金会发展壮大。1992年建立县合作基金联合会,加强农村合作基金会资金内循环。拓宽资金渠道,广集社会闲散资金,农村合作基金会资金逐年增加。1992年,农村合作基金会管委会总收入287.70万元,总支出224.11万元,收益分配64.80万元(公积金20.29万元,公益金9.41万元,专账储备金13.60万元,股金分红11.68万元)。

1998年,县、乡、村三级合作基金会资金总额5.44亿元,其中乡镇合作基金会资金总额5.1亿元,集体股金5321.24万元,会员资金2833.33万元。全县2000万元以上的合作基金会有8个。1998年,合作基金会累计投放资金6.1亿元,其中投放乡镇村企业31279.55万元,投放农村产业化项目和服务组织6814.44万元。因企业效益差,收息困难,合作基金会亏损。乡镇18个合作基金会全年收入3289万元,管理费用1635万元,返还资金所有者息红3579万元。县、乡、村三级农村合作基金会工作人员共有220人,其中农经在职干部84人,招聘人员101人,其他部门人员35人。

【清理整顿】 农村合作基金会在发展过程中,存在不规范行为和经营风险。1999年1月,国务院决定清理整顿农村合作基金会,全国统一停止农村合作基金会营业。清理整顿农村合作基金会遵循"逐级负责、风险自担、确保还本"三个原则,达到"四保"目标:保会员利益、保企业发展、保金融秩序、保社会稳定。按照省、市的部署,1999年3月16日,新都县成立清理整顿农村合作基金会领导小组和清理整顿农村合作基金会工作团,对全县农村合作基金会清盘。1999年全县共有农村合作基金会19个(县级1个,乡镇17个,村级1个)。通过清产核资,并入信用社的农村合作基金会17个,并入总资产41670万元,占全部资产的87.30%;总负债41619万元(其中农户股金31910万元),所有者权益50.3万元,有效净资产40.9万元,并入时,县、乡政府注入资金7803万元。关闭石板滩、泰兴合作基金会,总资产6050万元,所有者权益负250.2万元。股金分3年清偿。农村合作基金会人员分流按政策规定执行,农经在职干部和其他部门的正式职工回原单位工作,招聘人员自行解聘并按政策规定给予补贴。

清理整顿农村合作基金会工作中,县财政筹集资金 9007 万元,其中向市财政局借款 3440 万元,向部门借款 1887 万元,由预算内资金安排 2780 万元,预算外资金筹集 900 万元。为 17 个基金会顺利并入信用社注入资金 4192 万元,分 3 期为石板滩、泰兴农村合作基金会注入兑付资金 3651 万元,为县乡镇企业局基金会注入资金 186 万元。清理整顿期间各乡(镇)合作基金会回收资金 928 万元。2000 年 12 月,新都县清理整顿农村合作基金会工作告一段落,时有 516 万元集体股金尚未兑付,政府负债4630 万元。

农业服务体系建设

【良种繁育】 20 世纪 70 年代以前,农作物种子实行"四自一辅"的管理方法(自选、自繁、自留、自用,辅以必要的调剂)。1974 年成立新都县种子站,1981 年成立种子公司,对良种繁育、推广实行统一管理,全县农作物种子开始"四化一供"(种子生产专业化、种子加工机械化、种子质量标准化、品种布局区域化,由县统一供种)。1981 年,全县 23 个乡(镇)配备专业种子员,负责境内种子繁育供求的指导和管理,当年全县有两杂制种技术人员 150 人。1987 年建立新都县种子质量检验站。1986—2005 年,累计建立两杂种子制繁基地 186143 亩,年平均基地面积 9300 亩;累计生产两杂种子 2877 万公斤,向省内外销售两杂种子 2180 万公斤,形成以县种子公司为中心,乡镇村为基础的良种繁育体系。2000 年,种子公司改制,成立川新种业有限公司。

【种子供应】 2002 年以前,县内粮油种子由县种子公司统一供应。水稻、小麦、玉米种子供应采用以粮换种方式,每年由乡镇、村、社统计品种和数量,报县种子公司,农户结合交售国家征购将换种粮一并交送。国家取消征购任务后,县种子公司委托乡镇农技站代收种子预付款。县种子公司在繁育生产种子的同时,从外地引入和调剂良种,播种前将种子经乡镇农技站供应给农户。2002 年 6 月,国家颁布实施《中华人民共和国种子法》,乡镇农技站、供销社以及一些个体经营户均参与种子经营。2005 年,全区有合法经营种子门市92 家。

1986—2003 年新都种子公司部分年份种子供应统计表

表 9-8 单位:吨

年 度	杂交水稻种	常规水稻种	杂交玉米种	小麦良种
1986	225	5	37.7	85
1989	178.5	45	76.2	200.6
1992	564	—	82	83
1995	702.2	—	54.6	39
1997	503.7	—	69	100.9
1999	544	—	16.5	63
2001	100.8	—	7.8	37
2003	32	—	—	20

【原种场】 新都县第一原种场、第二原种场承担全县农作物生产试验、示范和良种繁殖,至 1995 年,两场累计向全县提供水稻亲本种子 3563 公斤,水稻杂交种子29588 公斤,常规水稻、小麦、油菜良种

95596公斤。第一原种场、第二原种场先后于1992年、1995年结束良种繁殖。

第一原种场,位于县城西北,紧靠火车站。1986年,有土地195.2亩,其中可耕地61.36亩、泥巴沱林地133.84亩。1986年前后,兴建白酒厂、光电厂、塑料厂、魔芋加工厂、综合服务部以及"九二〇"厂、肉联厂、粮食批发市场、农技培训学校相继占用土地,至1993年,除林场外,仅剩1.43亩。1986—1990年,总收入114.68万元,获利8.67万元。由于经营管理不善、资金缺乏,1990年,场办企业全部关闭。1992年,投入120万元,建成1771平方米的粮食仓库,1993年,投入1100万元建成泥巴沱风景区,原种场以旅游、租赁、粮贸为主要经济支柱。2000年,原种场开始改制,泥巴沱风景区出让给四川正德有限公司。2003年,成立股份公司,保留"新都区第一原种场"牌子。

第二原种场,位于新繁镇龙藏寺侧。1986年,有土地204.03亩。先后出让15.33亩,修新犀路占用2.4亩,至2005年,有土地186.3亩,其中耕地57.3亩。1986年,原种场开始调整产业结构,投资30万元建成养鱼塘60亩,引进德国罗曼鸡优良品种,兴办养鸡场,到1990年,累计向农村养鸡户提供鸡苗45.53万只,为市场提供商品蛋50.47万公斤,实现收入412.24万元,获利41.07万元。1991年,按照农业部"将城郊型农场建成食品基地"的精神,农场与科研单位联合,引进先进自动孵化设备,重点转向禽蛋生产,扩大优良蛋种鸡,由过去单纯农业和小规模的副业生产发展成四川省较大规模蛋鸡养殖场。1986—2001年,累计向养鸡户提供鸡苗711万只,向市场提供商品蛋392万公斤,总收入2904万元,实现利润142万元。2002年"传染性非典型性肺炎"和2003年禽流感相继发生,养鸡场关闭。2005年,农场利用自身资源开展招商引资。

【农技服务】 1983年,成立县农业技术服务中心,负责对全县种植业进行指导服务和对基层农技人员培训。1986年,在全县303个村建立农业综合服务站,当年,全县有农技服务人员654人,其中县农技中心64人,乡镇农业技术服务站89人,村级农业综合服务站501人。1990年,创办村级农业生产经营门市部,1995年,全县经批准挂牌经营的农村生产资料经营门市部90个。至2005年,全区建成以区为中心、镇为纽带、村为基础,由农技、多经、示范户组成的试验、示范、推广和培训相结合的农业科技服务体系,大田生产实现良种统供、病虫统防、统一管水用水、统一农机耕作、统一规范育秧、统一配方施肥。围绕农产品生产、加工、销售建立优质稻米、水果、川芎、花卉、大蒜等协会和专业合作经济组织152个、成员6523人,种植面积26.72万亩,养殖各种动物82.01万头(只),联系带动农户14.41万户。

【农经服务】 1985年,县会计服务公司改组为县农业经营管理服务中心(简称农经中心),乡镇会计服务站改组为乡镇农经站,村会计服务组改称农经服务组。农村集体资金实行"村社所有,乡镇代管",在不改变资金所有权的前提下,乡镇对村社资金实行集中管理。1995年,全县农经服务体系有工作人员818人,其中县农经中心40人,乡镇农经站140人,村社专业会计638人。1999年,农经管理进行改革,由单纯的资金管理扩大到对农村经济的全面管理,包括村社财务、农业承包合同、农民负担、农业成本调查、农村记账户、农产品产量抽样调查、农业税核算和结算及农村经济工作的监督和管理。

【农村信息化服务】 2005年,建立"新都农业信息网",开辟城乡一体化、农业、水利、畜牧、农经、林业、气象专栏7个,初步实现区、镇(街道)、村(社区)、农户四级信息网络运行。至2005年年末,建成农村信息化示范村11个,信息示范户安装信息终端接收机273户。区农村信息中心与农业产业化重点企业7个、专业合作组织14个、重点批发市场4个、养殖大户3家建立重点信息采集发布点28个,并与市农村经济信息网互联互通。

种植业

农作物及产量

【主要农作物】 境内种植业除大宗农作物水稻、小麦、油菜外，粮食作物有：玉米、甘薯、胡豆、豌豆、红豆、黄豆、洋芋(马铃薯)等。经济作物有：大蒜、叶烟、川芎、甘蔗、花生、芝麻等。饲料作物有：苕子、苜蓿(紫云英)等。蔬菜有：萝卜、胡萝卜、莴笋、茄子、甘蓝、苤蓝、番茄、辣椒、甜椒、黄瓜、南瓜、冬瓜、丝瓜、苦瓜、西瓜、西葫芦、白菜、芹菜、菠菜、韭菜、红油菜、生菜、大葱、洋葱、豇豆、厚皮菜、香菜、扁豆、冬寒菜、洋姜、四季豆、木耳菜、鱼腥草、芦笋、高笋、姜、藕、芋头、山药、苋菜、空心菜、榨菜、山露、大头菜、魔芋等。牧草有：油麦、芒麦等。

2002年2月，新都区被省农业厅确定为四川省第一批优质蔬菜基地。2005年12月，新都区被农业部确定为全国优质稻加工示范基地。

1986—2005年新都主要农作物部分年份种植面积及产量统计表

表9-9 单位：亩、吨、公斤

农作物名称	种植面积及总产、单产	1986年	1990年	1995年	2000年	2005年
水 稻	种植面积	388315	383672	364712	350974	301381
	总产量	182015	194846	196904	189111	139960
	平均亩产	469	508	540	539	464
小 麦	种植面积	163718	179987	181738	162382	104926
	总产量	56735	64875	66114	52974	33211
	平均亩产	347	360	364	326	317
玉 米	种植面积	6971	6523	8482	10025	9478
	总产量	2207	2183	2567	2793	2918
	平均亩产	317	335	303	279	308
红 苕	种植面积	23814	20837	55597	51868	22439
	总产量	5409	5366	10586	9876	5924
	平均亩产	227	258	190	190	264
洋 芋	种植面积	10751	12532	30584	38525	28946
	总产量	2465	2577	6035	7747	7379
	平均亩产	229	206	197	201	255
大 豆	种植面积	—	—	—	—	—
	总产量	729	936	723	837	384
	平均亩产	—	—	—	—	—
油菜籽	种植面积	159394	139648	120869	102217	98300
	总产量	23019	20159	17953	15023	14963
	平均亩产	144	144	149	147	152

续表 9-9

农作物名称	种植面积及总产、单产	1986 年	1990 年	1995 年	2000 年	2005 年
花 生	种植面积	85	145	698	1248	2760
	总产量	12	30	167	378	643
	平均亩产	141	207	240	303	233
甘 蔗	种植面积	2150	755	591	406	163
	总产量	10748	3703	2914	2162	441
	平均亩产	4999	4905	4931	5325	2706
烟 叶	种植面积	7870	9081	5241	5894	79
	总产量	879	1424	846	912	21
	平均亩产	112	157	161	155	266
海 椒	种植面积	1823	1445	1415	1480	450
	总产量	247	241	267	264	95
	平均亩产	135	167	189	178	211
生 姜	种植面积	308	347	882	1098	4768
	总产量	427	588	1407	1641	4100
	平均亩产	1386	1694	1595	1495	860
大 蒜	种植面积	(未统计)	27517	16434	—	—
	总产量	(未统计)	22802	20918	—	—
	平均亩产	(未统计)	829	1273	—	—
川 芎	种植面积	620	2198	3749	18389	12082
	总产量	114	402	701	3679	2437
	平均亩产	184	183	187	200	202
蔬 菜	种植面积	34918	50682	100341	118038	117910
	总产量	(未统计)	261996	248294	—	—
	平均亩产	(未统计)	2220	2106	—	—
西 瓜	种植面积	—	24	22	1	889
	总产量	—	85	26	2	2337
	平均亩产	—	3542	1200	2000	2629
豌 豆	种植面积	470	549	411	595	(未统计)
	总产量	42	66	91	148	—
	平均亩产	89	120	222	249	—
胡 豆	种植面积	1184	1254	1372	1546	—
	总产量	172	414	535	439	—
	平均亩产	145	330	390	284	—
水 果	种植面积	757	987	2236	8940	13535
	总产量	503	716	848	2691	11301
	平均亩产	664	725	379	301	835
食用菌	种植面积	—	—	—	—	1043
	总产量	—	—	—	—	8878
	平均亩产	—	—	—	—	8512

【种植业改革】 1988—2000 年,全县广泛开展“三田”建设,以此推进种植业改革,提高农作物产量,增加农民收入。“三田”即:“吨粮田”,每亩大小两季粮食产量 1 吨;“双千田”,水稻每亩 1000 斤(500 公斤),同一田块其他经济收入 1000 元;“稻鱼丰产田”,稻田养鱼,稻、鱼双丰收。1998 年,全县建成“吨粮

田"103313 亩;13 个乡(镇)、157 个村"三田"建设达标,其余 8 个乡(镇)、120 个村 1999 年达标。

粮食作物

【水 稻】 1986—2005 年, 水稻平均种植面积占粮食种植面积的 59.51%, 总产量占粮食产量的 71.58%。20 世纪 80 年代初,水稻种植推行"三九一配"栽培技术,即杂交稻占水稻种植面积 90%,保温育秧 90%,宽窄行栽培 90%,以复合肥为主配方施肥。1986—1990 年,杂交稻种植面积占 45.69%,后逐年提高,2005 年达到 92.4%。

1986 年,推广两段育秧,即先苗床温室育秧,后秧母田寄栽两段培育秧苗的技术。1992 年,推行宽窄行栽培,行距一宽一窄,俗称"鸳鸯行"。1995 年,推广旱育秧,即旱地温室培育秧苗。1999 年,推广塑料秧盘育秧,用塑料秧盘培育单窝秧苗。2003 年,推广旱育秧直抛栽种。2004 年,强化栽培技术,选择优质杂交水稻品种,采用地膜旱育秧播种,培育壮秧,适时或提前移栽。

1986—2005 年新都水稻主要品种一览表

表 9-10

年 度	种植和推广的水稻品种	淘汰品种
1986—1990	汕优 63、D 优 63、矮优 S、汕优 64、V 优 64、马坝香糯	油优 2 号、6 号 桂潮 2 号、4 号
1993	协优 63、优Ⅰ63、Ⅱ优 63、D 优 10 号、D 优 49、冈优 12	—
1996	Ⅱ优 838、优Ⅰ047、冈优 22、、Ⅱ优 507、D 优 507、D 优 439、35 糯	—
1998	Ⅱ优 162、Ⅱ优 802、汕优 22、Ⅱ优 681、Ⅱ优 746、D 优 68	—
2001	K 优 5 号、中优 223、D 优 527、K 优 047、金铖 10 号、胜泰国号、香优 2 号	—
2003	Ⅱ优 501、金优 527、冈优 527、宜香优 2389	—
2005	幅优 838、冈优 725、宜香优 2389、宜香优 3003、裕香优 2 号	—

【小 麦】 小麦种植面积仅次于水稻。1986—2005 年,小麦平均种植面积占粮食种植面积的 27.07%,总产量占粮食总产量的 21.67%。1986 年,推广机条点播疏株密植,实施"三六"工程(窝距 3 寸,行距 6 寸,每窝 7~9 粒,亩用种子 8~10 公斤,基本苗 16 万~18 万株),采用人力手拉式双行播种机播种。1987 年起,推行病虫害统防统治和化学除草沃土免耕栽培。1993 年,推广宽窄行点播。1994 年,推广种子包衣药物拌种处理技术。其后,陆续推广配方、平衡、全层施肥配套技术,普施三元复合肥。1998 年,推广化学除草免耕稻草覆盖栽培技术。1995 年,开始使用收割机收获小麦。至 2005 年,小麦机收面积占 65%。

1986—2005 年新都小麦主要品种一览表

表 9-11

年 度	种植的小麦品种名称
1986—1990	绵阳Ⅱ、303、305、82-36、80-2、82-47、绵阳 21、川育 8 号、川麦 21、川麦 22、川育 12、80-8
1991—1995	80-8、川育 8 号、川育 12 号、303、305、309、5275、绵阳 21、87-23
1996—2000	绵阳 24、绵阳 26、80-8、川麦 25、川麦 22、87-23、83-38、绵阳 28、川育 12 号
2001—2005	川麦 107、绵阳 28、川麦 28、川农麦 11、川农麦 16、绵阳 26、绵阳 31、94-334、335、90-309、春麦 5 号

【玉　米】 1983年起,县内广泛推广种植杂交玉米,早玉米多采用温室育苗、地膜覆盖等栽培技术。玉米逐步由杂粮转变为蔬菜和副食鲜果,大多以鲜嫩的青苞谷上市,早玉米、秋玉米经济效益高于伏玉米。2005年,引进"都市丽人"甜玉米,深受消费者喜爱。

20世纪70年代,建立新都杂交玉米种子基地,此后杂交玉米制种及亲本系列常年保持在1000亩左右。1986—2005年,新都为省内外种区提供优良杂交玉米种子26个品种共6243.5万公斤。

1986—2005年新都杂交玉米种子主要品种一览表

表9-12

年　度	生产配制的杂交玉米种子品种名称
1986—1990	成单4号、成单7号、京杂6号、矮三单交、73单交、C73单交、G德三交、中单206、成单三交、综三X42-1、农大65、农大60
1991—1995	成单4号、京杂6号、73单交、农大65、农大60、川单9号、川单10号、川单11号、综三X综三、齐205、SC17、3H-2、48-2
1996—2000	川单9号、5003、48-2、3H-2、9905、200B
2001—2005	川单15号、GY-11、黔N768、繁68

【红　苕】 1990年前, 全县年种植2万亩左右,1990年后, 秋红苕种植面积增加,2000年种植51868亩,后逐年下降,2005年,种植22439亩。1989年,引进良种"南薯88""徐薯18"。红苕原作为杂粮,随人们饮食习俗改变,视作"保健品",经济效益有所提高。

【洋　芋】 洋芋种植分春秋两季,以春洋芋为主。1992年以前,全县年种植洋芋1万余亩,1992年以后,扩大秋洋芋种植面积,年种植洋芋3万余亩。由于洋芋种子易退化,每年需从彭州、汶川、都江堰等地山区大量调入洋芋种子,其中汶川洋芋色艳、块大、产量高,俗称威州洋芋,民间多作为种芋。2000年后,引进良种"选育种芋56""脱毒洋芋",基本解决了种子退化问题。推广稻草覆盖、沙土催芽,缩短生长周期,有效提高单位产量。

【其他杂粮】 豌豆常年种植500亩左右,胡豆常年种植1500亩左右。黄豆多种于田埂或玉米地间种,年产量300~800吨,1989年,黄豆产量1065吨,为境内黄豆最高年产。20世纪80年代末期始,黄豆、豌豆、胡豆作为蔬菜种植,多在青嫩时采摘出售。

大麦、荞子、泥豆由于单位产量低,经济效益不高,1986年后,境内已不见种植。

经济作物

【油菜花生】 1986—1990年, 油菜年种植面积13万~16.8万亩, 年产油菜籽1.7万~2.6万吨;1991—1995年,年种植油菜9万~14万亩,年产油菜籽2万吨左右;1996—2005年,油菜年种植10万亩左右,年产油菜籽1.3万~1.5万吨。1987年起实行病虫害统防统治。1988年,推广油菜间套栽培,选用株型紧凑的中迟熟油菜品种,间套种蔬菜。1991年推广免耕直播稻草覆盖技术。1993年推广宽窄行栽培。1994年推广中苗早栽。1996年推广配方施肥、化控技术。1998年,引进蓉油4号、蓉油11号、蜀杂6号、7号等"两高双低"(产量高、榨油率高,低硫、低芥酸)油菜品种。2005年,"两高双低"油菜品种占油菜种植面积的88.18%。2001年起,推广化学除草免耕育苗栽培。

花生多为零星种植,面积不大。1986年,全县种植85亩,总产量12吨。此后,种植面积逐渐扩大,1995年种植698亩,总产量167吨。2005年,全县种植2760亩,总产量643吨。仅作坚果零食食用。

【蔬 菜】 蔬菜品种有13大类,新繁韭黄、红皮大蒜、东山地瓜、二荆条海椒种植历史已有100多年。计划经济时期,全县年种植蔬菜2万~3万亩。1994年始,年种植蔬菜均在10万亩以上。2005年,种植蔬菜11.8万亩,生产各类蔬菜24.8万吨,总收入43434万元。

1995年以后,陆续引进和推广先进种植技术,发展地膜和棚架种植,扩大增间套种,改原来一年种植1—2季为3—4季,引入“万吨茄”“黑冠长茄”“长白苦瓜”、台湾“碧秀苦瓜”“白玉豇豆”及韩国的萝卜、海椒、莴笋、芹菜等具有抗病、早熟、高产的优良蔬菜品种,使境内蔬菜生产形成四季常鲜、品种丰富的局面。2002年,区农业部门在斑竹园、马家、新繁、清流、石板滩等镇建立无公害蔬菜生产基地8万亩,经成都市质量检测中心检测全部达到无公害质量标准。

蔬菜生产规模不断扩大带动了相关加工业和商业的发展。20世纪90年代始,先后有盈宇、协力、佳诚、佳雪等蔬菜专业加工企业在境内落户,新繁食品有限公司(原国营新繁泡菜厂)由年生产泡菜20~30吨的小厂发展为年加工鲜菜8万吨的出口型企业。2005年,全区有蔬菜交易市场25个,其中新繁、大丰、清流、斑竹园、石板滩蔬菜批发市场每日向省外运销蔬菜250吨。

【食用菌】 县内食用菌生产始于20世纪80年代初期,以平菇种植为主,生产方式为庭院袋装立体栽培。种植较多的有马家、竹友、新民、大丰等乡镇,1989年全县食用菌总产值136万元。1990年后,陆续引进金针菇、香菇、蘑菇等品种,全县种植农户逐渐增多,新都、三河、石板滩、斑竹园等乡镇发展尤为迅速,1995年全县食用菌总产量304.17万公斤,经营收入990.8万元。2000年,引进姬菇、鸡脚菇、黄背木耳等品种,种植方式由棚架袋装栽培扩大到油菜田间种和大棚地面种植。由于成本低,种植技术简单,容易掌握,因此发展较快。2005年,全区食用菌种植面积1043亩,总产量8878吨,总收入2109.3万元。

【水 果】 柚类有新都1号、2号和关西蜜柚;柑橘有红柑、脐橙、温州蜜橘、柑、杂柑、寿柑;桃有水蜜桃、油桃;梨有金花梨、丰水梨、黄金梨、长十朗、爱甘水、原黄;枇杷有大五星、龙泉一号;柿子有本地柿、日本甜柿。还有布朗李、巨丰葡萄、西瓜、草莓、枣、杏、梅、石榴、无花果、猕猴桃、核桃、板栗等。

陆续从外地引进水果良种,建立水果良种苗木基地,为农户提供苗木和技术指导。1988年始,石板滩、木兰、三河、泰兴丘陵区开发低产坡地种植桃、梨、李、葡萄等,平坝区开发竹木林盘种植新都柚。1989年,全县有集体果园214个,种植面积2800亩,各种果树18.13万株,品种以柑橘为主,其次是桃、苹果、葡萄。此外,全县庭院零星种植各种果树约16万株,品种以柚、橘、柿子居多。1990年,全县农户种植10株以上的小果园5837个,总面积987亩,水果产量71.6万公斤,总收入10.61万元。1992年起,县农技部门指导和帮助农户对低产果园进行改造,经过三年的努力,共改造低产果树6.38万株,淘汰了红桔和橙类品种,从山东果树研发所、重庆柑橘所、成都市果树站和龙泉驿区引进丰水梨、黄金梨、油桃、布朗李、大樱桃、枇杷、枣、杏8类27种优质高产果树品种。1995年,全县果园面积2236亩,水果总产量84.8万公斤,总收入325.6万元。2000年,实施国家农业综合开发项目,新都县规划建设以木兰山为中心,包括木兰、泰兴、三河部分丘陵在内的优质水果生产基地。2005年,全区共有果园面积13535亩,其中新都柚4790亩。全年水果产量1130.1万公斤,总收入3795.75万元。

【花　木】 主要有夹竹桃、栀子、兰花、麻叶海棠、垂丝海棠、杜鹃海棠,铁梗海棠、西湖海棠、象牙红(一品红)、荷花、春鹃、夏鹃、吊兰、菊花、万寿菊、竹节蓼、桂花、芙蓉、紫荆、紫薇、珠兰、黄桷兰、玉兰、侧柏、桧柏、千枝柏、垂柳、龙爪柳、罗汉松、梅花、樱花、银杏等。

20 世纪 80 年代初期,新都、泰兴、三河、龙安等乡镇出现花木种植专业户,出现了一批最早建园的专业户承租地种植花木,规模 5~20 亩,种的花木供道路、城市和园林绿化。1986 年,全县有 5~20 亩的花木种植园 30 余个,面积 498 亩,总收入 74.7 万元。90 年代,从广东、云南等省引进云南山茶、法国扶桑、米兰、日本樱花、红叶李、榕树、天竺葵等 13 种木本花木,成立新都县花木协会,指导全县花木生产和种植技术交流。随着城市建设规模和绿化面积不断扩大,花草苗木需求激增,花木种植业迅速发展。2001 年,全县花木种植 2162 亩,总收入 3467 万元,新都、泰兴、三河、龙安 4 个乡镇发展最快,新都镇花木种植面积 1099 亩,总收入 1959 万元,亩平收入 1.78 万元。

2000—2003 年,区政府在新都、泰兴、龙虎三镇交汇处规划建设新都花木园区,占地 6000 亩。2002 年,新民镇开建 1500 亩玫瑰园。2003 年,在新都花木园区的基础上建立万亩现代都市农业园区,园区内入住省林科院、三利亚、绿巨人、利瑞等 130 多家业主。

除种植各种绿化、观赏花木外,新都将桂花、荷花和兰花列为主要发展品种。

2000 年以前,境内常年种植荷花 1000 亩,主要分布在桂湖公园、桂湖和木兰、泰兴、石板滩、三河等丘陵区乡镇。桂湖是全国著名的十大赏荷胜地之一。2002 年始,新都区每年举办荷花桂花节,吸引国内外众多游客前来观赏。2005 年,全区种植荷花超过 3000 亩。

兰花是 20 世纪 90 年代发展起来的新兴产业。境内不产兰花,主要靠引进下山草驯化种植,全区农村、城市均种,品种有雪兰、大红朱砂、夏兰、秋素等。1992 年,成立新都县兰花协会,组织和推进兰花种植与交流。1993 年,兰花价格暴涨,雪兰每株 200~300 元,大红朱砂每株 1000~1200 元,兰花种植户大量购进繁殖,被称为“绿色股票”。1994 年,新都县九建司经理唐忠德在柏水建立兰园,种植兰花 10 亩、约 10 万株,为当时县内最大的兰花种植户。1996 年,全县养兰户超过 1000 户。在经历兰花价格大起大落后,许多养兰户由过去种下山兰和中低档传统兰草为主转为种植中高档品种,引进蝴蝶型和瓣型等精品兰花。

【川　芎】 1985 年种植 2423 亩,总产 37.71 万公斤。1986 年,受市场经济影响,连续两年降至 600 多亩。1988 年,市场收购价每公斤 18 元,每亩川芎平均收入 3256 元。由于经济效益可观,川芎种植面积不断扩大。1989 年,全县种植川芎 5664 亩,总产量 948 吨,以后川芎种植面积随市场价格起落。1993 年,全县种植 10772 亩,2000 年种植 18389 亩,总产量 3679 吨;2001—2002 年,连续两年达到 24665 亩,总产 4608~4720 吨。2005 年,种植川芎 12082 亩,总产量 2437 吨。

1990 年前,全县所产川芎由县中药材公司统一收购,收购量占总产量 89%。1990 年后,出现川芎专业流通户,中药材公司收购量仅占 25%。2001 年,永利市场开发有限公司在新繁镇设川芎、新繁大蒜、新都柚等专业批发市场。

【慈　菇】 春夏间以慈菇球茎育苗移栽或直播,冬季采收。球茎可作蔬菜、水果或制成凉粉,有消食健胃的功能。原利济镇界牌村种植的慈菇块头硕大,色泽红亮,皮薄肉厚,细嫩化渣,鲜甜爽口。1980 年,利济种植 250 亩,总产 15 万公斤。2000 年以后,在广西杂交优良慈菇品种冲击下,界牌慈菇基本不种。

地方土特产

【新繁大蒜】 新繁大蒜历史悠久,是中国三大蒜种之一。蒜有大小之分,大蒜称“白子蒜”或“百合蒜”,分红皮蒜、白皮蒜;红皮蒜又分软叶蒜、硬叶蒜。小蒜称“独蒜”。新繁大蒜盛产在原新繁县境的新民、新农、竹友等镇,故称为新繁大蒜。大多为四瓣、六瓣紫皮软叶子大蒜。新繁大蒜的主要用途是培育蒜种,提供外地种植需要。上海、日本等地也有采用。每亩可产蒜苗2吨左右,全生育期两个半月。种蒜在寒露至霜降播种,蒜苗在7月下旬播种,每亩用种量约125公斤;先剥去蒜皮,用井水浸泡一天后下地,蒜种下地后用稻草帘掩盖,保持低温和水分,减少杂草。惊蛰前后干风袭击,要多浇水降温以防干燥。小满以后地温上升,水分增多,蒜易烂,故大蒜收获期应在小满前进行,每亩可产大蒜1300~1600公斤。

1977年起,新繁大蒜每年均在全国三类农副土特产品交流会上展销。由于新繁大蒜品质好,蒜苗产量高,深受外地用户欢迎。湖北、湖南、广东、广西、江西等省市的一些蔬菜公司、副食品公司均乐意采购,每年约有150万~200万公斤大蒜销售出省。1980年后,新繁大蒜开始销往日本、越南及东南亚国家,均作为蒜种使用。1990年后新都每年大蒜种植面积均在1万亩以上。2000年,全县种植大蒜27517亩;2002年,全区种植39565亩;2005年,全区种植16434亩。新繁大蒜成为新都重要外贸产品之一。

【新都柚】 新都柚,原名漳州柑子,栽培历史120余年。据传清同治年间,新繁县人周成基在福建病故,其弟周范卿运柩回川,随带回柑子苗2株,产果后以口味绝佳深受喜爱。民国初年通过周德纯连襟关系将柑子种苗引至利济向勉之家中栽种。周德纯之兄周绍文常嫁接柑子苗出售,万安乡潘家果园等处购买幼苗定植。潘家果园的漳州柑子皮薄少核,肉质清甜脆嫩,多汁化渣,名气最盛。1981年,漳州柑子参加温江地区柑桔早熟品种评选,以含固形物11.75%和少核的特点评为全专区柚子良种第一名。20世纪80年代初,县农技人员对漳州柑子进行普查、选育、改良和繁殖,经过多年努力,从中选育出适宜县内种植发展的地方柑橘良种,并大力开发庭院种植。县政府于1989年10月30日发文,正式命名为新都柚。1997年10月,四川省农作物品种审定委员会正式通过品种认定,定名为新都柚。同年,新都柚获第二届农业博览会国家银奖。1994—1999年,连续五次获全国柚类金杯奖。1999年获中国国际农业博览会四川名牌产品称号。2005年,通过中国绿色食品发展中心审核,被认定为“绿色食品”A级产品。

新都柚分为一号柚和二号柚,二号柚一般9月底至10月上旬成熟,一号柚一般10月下旬至11月上旬成熟。新都柚生长快,结果早,产量高,一般定植后2~3年开花结果,进入盛果期单株产量可达40~80公斤,高的可达100公斤。外观独特,单果平均重量1300克,柚果生长期为绿色,10月采果时为青黄色,果形扁圆,果肩部微凸,果脐部微凹,有独特芳香味,中果皮白色,果心较空,13~16瓣,梳形。品质稳定,口感好,果肉白绿带肉色,细嫩香脆,化渣果汁多,酸甜适度,风味浓,有微香,余味长,可溶性固形物平均12%,维生素C含量达到55毫克/100毫升果汁,种子小而少或无核。耐储藏,储藏后品质更佳。

1986年,全县种植2.1万株,约300亩,产量20吨。1992年,县政府决定开发建设新都柚商品果生产基地。1995年,全县种植新都柚11470亩、62.9万株,产量426吨,总收入250万元。主要改造残次林,占新都柚种植面积的64%;其次,开发低效旱坡地,改造低产林园,占新都柚种植面积30%。1997年,县农业局成立新都柚开发中心,为全县果农提供服务。2000年,全区新都柚种植1.2万亩,占全区水果种植面积的55.11%;产量3898吨,占水果产量的69.37%;收入850万元,占水果收入55.59%。2001—2005年,全区新都柚种植保持在1.2万~1.21万亩。2005年,新都柚产量8022吨,占水果产量的

59.16%;收入 2249.3 万元,占水果收入的 59.25%。

【柳叶烟】 据民国 35 年(1946)《新繁县志》载,清初,福建进川移民,携入烟草种子,在新都种植。叶烟喜润、畏涝、恶湿、怕低温干冷,栽培土壤粘砂适度,且必须十分肥沃,栽培技术性强。新都叶烟主要是晒烟,可分为毛烟、柳烟、泉烟、大烟四大类。县内产的绝大部分为柳叶烟,分为芭茅柳、枇杷柳、葵柳、抱脚柳。芭茅柳有青毛耳、黄毛耳,叶尖向上立而不下垂。柳叶烟色泽红亮,堂子呈猩红色,具有油、绵、酸、香等特点。烟味醇和,不辣不苦;有回味,不打头,不烧口;燃烧力强,化白灰,烟灰不倒桩,收成雀雀屎样;隔年能保住香味和润泽。所谓督桥河"贡烟",即精选的立耳子芭茅柳叶烟,其叶脉"筋对筋"排列,据传这种烟从清代开始已有栽培。

1986 年,叶烟种植面积 8026 亩,产量 94.5 万公斤,收入 320 万元。1988—1994 年,平均年种烟 11601 亩。1995 年,叶烟种植面积 6800 亩。以后 8 年中每年种植面积 6000~7000 亩。2004 年,全区叶烟种植面积约 4000 亩。2005 年种植叶烟 79 亩,总产量 21 吨。叶烟收入主要受市场价格影响。1986—1990 年,亩平收入 937 元;1991—1995 年,亩平收入 1075 元;1996—2000 年,亩平收入 1700 元;2001—2005 年,亩平收入 1316 元。

【新繁韭菜】 清同治十二年(1873)编印的《新繁县志》中有"韭"的名称,可见新繁种植韭菜当在百年以前。锦水河上游沿岸盛产韭菜,尤以今新繁镇的光荣桥至新开堰一带为著。

新繁韭菜以子韭菜和韭黄驰名。韭菜从惊蛰到春分播种,寒露到霜降雍厢,农历腊月割第一刀,叫春韭。农历三月又可割一次,叫清明韭,经霜不凋。一般两年割五次,俗称一年两刀半。芒种到立秋前,韭菜抽穗开小白花,含苞未放的穗,叫做韭菜花,属时令珍蔬。韭菜亩产 750~1000 公斤。1939 年起,逐渐推广韭黄。把韭菜软化培植,遮蔽阳光,使韭菜变得黄白如玉,更加柔嫩。因培植方式不同,分为棚盖韭黄、土压韭黄、密土牙黄、散黄四种。芽黄又称韭菜芽子,是韭菜中的上品,质地细嫩化渣,营养丰富。用新繁韭黄打汤,黄白浮面,脆滑甘香。《新繁县志》载:"说文韭菜一种易久生,县人所种最为珍异,芼之羹中,脆滑甘芳,黄白交浮,他县倒产不尔。"韭菜茎长叶嫩,凉、炒均宜,可作饺子馅料。韭菜种子味辛甘、性温,主治腰膝酸痛,小便频数、遗尿、带下等症。民间以韭菜补血治虚,产妇多食韭菜。因韭菜之"韭"与"久"谐音,常作为馈赠礼品。

新繁韭菜销往兰州、西宁、银川、西安、太原、沈阳、广州及港、澳等地。1980 年,县蔬菜公司组织外销韭菜 2.6 万公斤,韭黄 3.4 万公斤。1990 年后,韭菜种植有较大发展,年均种植在 2000 亩左右,2002 年超过 3000 亩。

【海　椒】 又称辣椒,亦名番椒。境内海椒多集中在丘陵区石板滩、木兰、泰兴、三河等乡镇,俗称东山海椒。种植东山海椒,清代初期采用直播,把海椒种子浸湿后,用棕衣包好,窖到厨房灶前灰槽里,发芽后,直播下地,天天浇水润地。后因工序太繁,且产量低,改用育秧移栽,但本地育的海椒秧远不及新繁塘秧产量高,因此,普遍采用新繁龙桥塘秧。海椒有:大红袍,果实短而胖;二荆条,肉实子少;七叶子、五叶子成熟期早。海椒色泽鲜红,味辛辣,有开胃除湿的功效,又是川菜调味的佐料,涪陵榨菜、郫县豆瓣都选用东山海椒,特别是二荆条作为辅料或主材料。

1959 年,东山海椒开始出口,销往斯里兰卡、印度、墨西哥等地。1986 年,种植 1823 亩,总产 247 吨。2000 年以后,引种湘研系杂交海椒,产量高,多以卖鲜椒为主。1986—2004 年,海椒年种植面积保持在 1200~1900 亩。2005 年,种植 450 亩。

【生　姜】 公元前200多年,川西平原就开始种植生姜。石板滩、木兰、泰兴、三河等乡镇盛产生姜,为古代"蜀姜"产地之一。北宋诗人苏轼称"先社姜芽胜肉",意即在秋季社日前之嫩姜味美胜肉。秋初挖嫩姜,采食无筋,甜美甘脆,叫子姜。秋末挖窖姜,叫老姜。将生姜切成薄片,晒至七八成干,经琉璜薰后,就成干姜。由于生姜质地优良,色白,无筋,畅销西北、东北各省,每年外调干姜5~10吨。1986年,种姜308亩,产量427吨。1986—1995年,生姜种植面积均在1000亩以下,2000年种植1098亩,2005年种植4768亩,产量4100吨。

农业科技

【品种改良】 1986—2005年,新都先后推广使用水稻新品种43个,淘汰品种10个;推广使用小麦新品种41个,油菜新品种20个,平均每2~3年更新一次品种。

农作物品种改良和更新,水稻、玉米以本地杂交制种为主,小麦、油菜以引进良种为主。1986年,县种子公司在军屯、新民、河屯、马家、新都、新繁、竹友等乡镇建立两杂繁制基地10810亩,1995年扩至17600亩。1986—2005年,新都种子公司共培育杂交水稻品种27个,繁育水稻种子27338吨;杂交玉米品种26个,生产种子4863吨。

1986—2005年新都两杂繁制统计表

表9-13

年　度	杂交水稻		杂交玉米	
	繁制品种个数(个)	生产种子数量(吨)	繁制品种个数(个)	生产种子数量(吨)
1986—1990	15	11265	14	2407
1991—1995	27	8083	13	1380
1996—2000	23	6257	6	465
2001—2005	19	1733	5	611
合　计	(不同名品种)27	27338	26	4863

县种子公司实行司、站合一管理体制,依据国家《种子管理条例》进行种子质量监督管理。对从外地调回的种子一律进行田间鉴定,确保种子质量。2002年,区种子公司改制后,建立具有独立法人资格的新都区种子管理站和种子质量监督检验站,行使境内种子质量、经营证照、市场项目和农作物品种的管理与监督权,发现质量不合格种子立即封存。2004年,建立新品种试验繁育基地17亩,承担各级农作物新品种试验、示范工作。

【植物检疫】 1988年,依据《植物检疫条例》进行南美班潜蝇普查。1991年,调运检疫418批次、2699.5吨。1994年,完成杂交水稻制种9598亩和杂交玉米制种598亩的产地检疫。至2005年,对"两杂"制种产地、小麦繁种及新都柚苗木基地的检疫,合格率100%。

土壤与肥料

【土壤改造】 境内耕地土壤分为水稻土、潮土、黄壤、紫色土,分别占92.23%、2.68%、4.09%、1.00%。土壤酸碱度(pH):微酸性、中性、微碱性和碱性分别占18%、62.4%、10.0%、9.6%,一般粮油果蔬作物均宜种植。

耕地土壤生产力分为四个等级:一级土壤占43%,代表土种为灰色油沙田、二泥田和灰棕油沙田;二级土壤占38.%,代表土种为灰色半泥沙田、大泥田、姜石二黄泥田和大黄泥田;三、四级土壤占18.2%,代表土种为灰色沙田、潮田、姜石黄泥下湿田、灰潮沙土、石骨子土。

1988年始,新都持续开展土壤改良工作,至2005年共改造中低产田14.36万亩,其中下湿漕田8.45万亩,尾水旱田5.91万亩。累计投资988.56万元,其中国家投资643.2万元,镇村社投入345.36万元。修建农田机耕道136条,长118.2公里,灭钉螺135.6万平方米。大力推广秸秆还田,增施有机肥,培肥地力,改良土壤。

1989年10月,新都农技中心对土壤肥力变化监测结果:土壤酸碱(pH)有机质基本稳定,氮素养分富积,磷素含量增加,钾素含量减少。2002年监测结果:氮素储量丰富供应充足;磷素储量中等,供应不足;钾素储量中上等,速效钾含量偏低。

【有机肥料】 新都使用的有机肥分为6大类30个品种,有机肥料资源总量243.88万吨,其中粪尿类占66.36%,堆沤肥类14.02%,秸秆类11.08%,绿肥类6.08%,杂肥类1.89%,饼肥类0.57%。

20世纪80年代,亩施有机肥2700公斤。90年代初、中期,亩施2800公斤;90年代末至21世纪初,亩施2000公斤。粪尿肥、堆沤肥年施用量,20世纪50年代至90年代中期逐年上升,90年代末至21世纪初有所下降。20世纪90年代至21世纪初,秸秆还田逐年上升。

【化学肥料】 20世纪80年代中后期,平均年亩施用量138.2公斤,折纯量27.2公斤,氮磷钾比例为1:0.2995:0.0068;复混肥年亩施用量4.4公斤,折纯量2.1公斤。90年代,化肥年亩施用量119.3公斤,折纯29公斤,氮磷钾比例为1:0.324:0.105;复混肥年亩施用量21.5公斤,折纯8.3公斤。21世纪初,化肥年平均亩施用150公斤,折纯36.5公斤,氮磷钾比例为1:0.61:0.25;复混肥亩平施用44公斤,折纯13.3公斤。微量元素肥料,锌肥、硼肥、钼肥年施用量很少。

1986年,新都县农技部门在柏水乡杨柳村进行复混肥田间试验推广。1987年,在桂林乡静安村等地试验推广。1988年,新都氮肥厂建立复混肥分厂,生产的复混肥在桂林、新民等乡试用。1990年,县、乡联合组建复混肥推广施用协作组,1995年,全县基本普及复混肥施用。1986—1995年,复混肥年施用量从186吨增至1.34万吨,年施用面积由7442亩增至40余万亩。复混肥料研制开发与推广普及,经历了由氮磷两元到氮磷钾三元,再到多元;由粉状到粒状,由无机到有机,由普通型到专一型的发展过程。复混肥厂由1家发展到8家,年产量由几百吨到近百万吨。

植物保护

【疫情预报】 1986年始，水稻螟虫、稻瘟病、纹枯病，小麦蚜虫、赤霉病、油菜菌核病为主要预报内容，2002年后增加果树、蔬菜病虫预报。观测点不断增加，20世纪80年代2个，2004年18个，2005年35个，预报准确率100%。预报方法采用编发《农技推广》《病虫信息》《植保病虫信息》，印发防治资料，电视台开办《病虫电视预报》《农家顾问》等栏目。

【病虫防治】 境内水稻常见病有纹枯病、稻瘟病、稻曲病、杂交制种田的稻粒黑粉病；常见虫害有螟虫、粘虫、稻苞虫，1998年螟虫灾害一度泛滥。小麦常见病有赤霉病、白粉病；常见害虫有麦蚜虫、麦园蜘蛛。油菜常见病有菌核病、霜霉病、白粉病，2001年发现根肿病；常见害虫有蚜虫、菜青虫。蔬菜害虫有小菜蛾、菜青虫。新都柚有蚧壳虫、柚蚜和红黄蜘蛛。2004年，发现蔬菜有根肿病。

1986年始，推广"杀虫双""杀虫单"等中度毒性农药。1987年，桂林、天元乡探索主要农作物病虫害统防统治方法，即统一收费、统一药剂、统一方法、统一时间、统一防治。1989年，县政府拨款21.4万元购置东方红18型机动喷雾器400台，增至755台，各乡镇、村成立机防专业队，对粮油作物主要病虫害进行统防统治，机防面积86.68万亩，统防统治率95.72%，此法沿习至2005年。1993年始，推广"比双灵""毒死蜱""锐劲特"等低毒低残留农药。1996年，竹友、马家、大丰等乡镇开办田间学校，培训防治技术，后全县推广。1997年，引进推广"克螨克"防治新都柚和蔬菜害虫，引进"快杀灵"防治小麦蚜虫。2002年，引进推广高效环保的频振式杀虫类、黄棉线诱杀等物理防治技术杀灭螟蛾、夜蛾。2004年，引进示范"科德""阿米西达""阿克泰"无公害农药防治小麦、番茄、梨树病虫害。2005年，示范推广"频振式杀虫灯""甲维盐""胡瓜钝须螨""毒饵站"控制病虫等IPM植保新技术。

【化学除草】 1986年始，对杂草的防治采用化学除草剂。防治水稻杂草使用"三合剂"（除草醚、敌草隆、林草净）；1988年始，推广"三合剂"加百草敌防除小麦杂草，推广"拿捕""盖草能"防除油菜杂草。1991年始，推广"巨星"小麦除草剂和"新得力"水稻除草剂。1996年始，引进"稻禾葆"防除水稻旱育秧杂草。1998年始，推广"一包药"水稻旱育秧除草治虫，推广"好实多"油菜化学除草。

【田鼠防治】 农田鼠害主要有褔家鼠、黑线姬鼠、小家鼠等危害。对田鼠的防治使用杀鼠灵毒饵。1986年始，统一春秋两季灭鼠，投放"杀鼠"毒饵51.8吨，灭鼠185.4万只，其中农田灭鼠21.4万只，经成都市爱委会验收，一级达标合格。以后一直沿用春秋两季全区统一时间灭鼠。

【农药使用】 "七五"时期（1986—1990年），全县使用农药2387吨，亩均使用1.07公斤；"八五"时期，使用农药3027吨，亩均使用1.39公斤。"九五"时期，国家禁用水胺硫磷、"1605"、呋喃丹等农药，推广剂量小、防治面积大的高效低毒农药和有机农药等，亩均使用0.99公斤。"十五"时期，亩均使用量1.10公斤，略有上升。

1986—2005年新都农药使用统计表

表 9-14 单位:吨、公斤

年 度	使用量	亩平均	年 度	使用量	亩平均	年 度	使用量	亩平均	年 度	使用量	亩平均
1986	523	1.17	1991	233	0.53	1996	391	0.91	2001	437	1.1
1987	570	1.28	1992	720	1.64	1997	405	0.94	2002	419	1.16
1988	576	1.29	1993	816	1.86	1998	412	1	2003	392	1.12
1989	367	0.82	1994	931	2.14	1999	432	1.05	2004	328	1.09
1990	351	0.79	1995	327	0.76	2000	423	1.05	2005	360	1.02

农业机械

【农机服务】 1986年始,新都逐步建立以“县为龙头,乡为重点,村为基础”的农机化管理服务体系。

县农机局负责县内农业机械化的规划、统筹、管理、协调及人员培训和监理执法,下设农业机械化技术学校、农机化技术推广站和农机监理站。

乡(镇)设农机管理服务站,负责境内农机化法制宣传、规章贯彻和农业机械试验、示范、推广应用、技术培训、安全生产、作业服务等。每个农机站都办有规模不等的加油站、修理厂、配件门市、农机服务队等服务实体。2000年全县镇级农机站职工213人,2005年减至139人。

村设农机管理服务队,按道路、渠系和作物布局,合理安排机械化作业顺序和进度,避免影响作物收种;主持农机户和种植户之间农业作业合同的签订并监督合同兑现;监督实施农机作业质量和收费标准;在农用柴油实行配给时期,按动力机械实际作业数量和相应耗油定额落实每台机柴油指标;对农户购置新机具提供各种服务。

1986年,县内303个村建立农机管理服务队。1990年,18个乡(镇)69个村527个社的农机作业费代收代付或统一支付。

20世纪90年代起,农机作业逐步社会化。1994年新都县首批15台联合收割机赴彭山县作业,1997年县内13台联合收割机到陕西省三原县收割小麦,2005年区内80多台联合收割机外出收稻麦8万多亩。

1994年,县农机局和县物价局制发《农机作业收费标准》,规定作业质量和收费价格两项标准。稻麦机收每亩30元。1995年,对联合收割机作业收费最高限价作调整,机收稻麦每亩60元,约为雇请人工收获稻麦收费的50%。至2005年,农机作业收费限价标准未作调整。

【农机装备】 2005年,全区有农机户6587户,农机总动力188824千瓦,比1986年增长99.22%;平均每百亩耕地占有农机动力53.9千瓦,比1986年增长153.74%。全区农业机械有动力机械、种植业机械、排灌机械、农副产品加工机械、畜牧业机械、农田基本建设机械和运输机械7个系列115635台件,半机械化农具102197台件,机耕负担面积32.85万亩,占全区耕地面积93.8%;机械作业面积105.37万亩。作物保护、稻麦收获、农副产品加工、农村运输和平坝区土地耕作、小麦播种基本实现机械化、半机械化作业。

1986—2005年新都农业机械部分年份装备及作业量统计表

表9-15

项 目	单位	1986年	1990年	1995年	2000年	2005年
农业机械总动力	千瓦	94783	118812	162261	182128	188824
大中型拖拉机	台/千瓦	659/21217	595/20984	483/17488	4012/-	3899/-
小型拖拉机	台/千瓦	3010/30452	3477/37670	3970/44669	—	—
机引犁	部	2935	2783	2365	1669	1269
机引耙	部	0	94	320	153	107
旋耕机	部	2991	2904	2480	2325	1772
柴油机	台/千瓦	458/2660	416/3730	—	—	—
其中:排灌用	台/千瓦	283/1494	210/1624	—	—	—
汽油机	台/千瓦	24/56	10/26	—	—	—
电动机	台/千瓦	1659/14359	2068/22842	—	—	—
其中:排灌用	台/千瓦	515/5684	350/5421	—	—	—
排灌动力机械	台/千瓦	—	—	547/7066	613/5828	762/7754
农用水泵	台	586	554	639	575	679
农用汽车	辆/千瓦	308/23549	316/25983	—	—	—
农用载重汽车	辆/千瓦	—	—	721/57732	796/58138	807/—
农用运输汽车	辆/千瓦	—	—	459/14833	496/18473	431/—
水轮机	台	73	21	—	—	—
大中型拖车	辆	724	704	677	—	—
小型拖车	辆	1936	2368	2699	—	—
机动脱粒机	台	174	230	679	1093	1312
机动喷雾(粉)器	部/千瓦	565/671	845/993	789/947	572/—	639/—
人力脱粒机	部	7061	9062	12405	30094	20278
人力喷雾器	部	11785	28973	44338	73131	75809
人畜力播种机	部	—	—	4630	7103	6110
联合收割机	台	—	—	21	315	402
农田建设装载机	台	—	—	—	10	11
节水灌溉类机械	套	—	—	—	23	42
抛秧机	台	—	—	—	66	113
播种机	台	—	—	—	15	14
秸秆还田机械	台	—	—	—	337	405
整耕机	台	—	—	—	356	219
碾米机	部	643	722	724	—	—
磨面机	部	594	573	480	—	—
榨油机	部	89	16	21	—	—
粮食加工机械	台	—	—	—	77	2444
油料加工机械	台	—	—	—	6	94
饲料粉碎机	部	419	485	637	743	739
农副产品加工机械	台/千瓦	—	—	1683/17655	921/17531	2354

续表 9-15

项 目	单位	1986 年	1990 年	1995 年	2000 年	2005 年
机耕面积	亩	346023	350973	351689	—	—
机耕负担面积	亩	—	—	—	340706	328508
机耕作业面积	亩	—	—	—	962400	1053700
机播面积	亩	—	—	—	368	7970
机械抛秧面积	亩	—	—	—	3192	6750
机电灌溉负担面积	亩	—	—	—	81146	81009
机电灌溉作业面积	亩次	—	—	317180	334300	303300
半机脱面积	亩	162530	209593	—	—	—
机脱面积	亩	—	7332	—	—	—
机械收割面积	亩次	—	—	5014	145849	279702
机械植保面积	亩次	—	—	—	871000	970200

【农机技术培训】 1979 年,县农机局内设“农机常设训练班”,后更名为新都县农业机械化技术学校。1990 年被市教委认定为“农机成人中等专业培训学校”。农机人员培训始由“农机常训班”培训,继由农业机械化技术学校负责,主要“以会代训”或“短期培训”。对人力播种机、抛秧机等原理结构、使用技术较简单的机具采用“以会代训”方式培训使用人员。对农机站长、机务、财务等管理人员,农机修理和油料营销人员、拖拉机驾驶员进行集中培训。培训考试合格均颁发结业证书,且持证上岗。拖拉机驾驶员按教学大纲、教学计划培训,合格者由监理部门发给驾驶证。1985—2005 年,农机化技术学校培训农机人员 5 万人次,其中新训和复训拖拉机手 185 期、1.15 万人次。

【农机加油站】 20 世纪 60—70 年代,公社农机站建立后,逐步购置油桶或小油罐,代存代销农机用油。80 年代初期,各农机站陆续添置容积较大的储油罐,建起时称“高罐自流、沉淀过滤、密封计量一条龙”的加油装置,形成农村首批为社会服务的加油站。1987 年,竹友乡农机站配加油机,为新都境内“储油罐地埋、加油机加油”的第一站,随后各乡镇农机站对加油站进行技术改造。1993 年,国家实行“成品油经营许可证”制度,全县取得成品油经营许可证的加油站 34 个,其中乡镇农机站 28 个。2000 年,全县农机加油站储油 1800 立方米,从业人员 230 人,年经营成品油 17960 吨。2002 年,全区有农机加油站 22 个,销售收入 4468 万元。2005 年,全区农机加油站 18 个。

【农机供应网点】 1986 年,新都农业机械供应主要有国营成都市第二农机供应公司和新都县农机供应公司,县公司在新都镇、新繁镇设门市,其他乡镇农机站办有零配件供应门市。1990 年后,农机供应企业逐渐兴起,1992 年,仅川陕路沿线就有经营农业机械及其零配件商家 10 多户。20 世纪 90 年代末期,国有农机经营企业相继退出市场。2005 年,区内农机经营企业 48 家,6 个镇农机站保留零配件门市,农机管理部门负责对其经营行为和商品质量进行管理与监督。

【农机维修网点】 20 世纪 70 年代末,县农机厂设有两个维修车间,全县 23 个公社农机站均建有农机修配站,能进行中修、小修,可造半农机,许多农机修配站成为乡镇企业骨干。1986 年,全县有乡级维修点 15 个,村级维修点 14 个,个体修理户 49 户,从业人员 281 人,有维修设备 323 台,基本实现“大修不出县,中修不出乡”的农机维修格局。2005年,全区农机维修点107个,维修人员253人,当年维修农机具29743台次。

【农机生产企业】 20世纪70年代初至80年代初,国营新都县农机修造厂和县第一、第二农具厂都批量生产或试制各类中小型农业机械,22个公社农机站生产农机产品和配件。80年代中期,县农机厂和两个农具厂相继转产。80年代末民营农机企业逐渐兴起。新农宝光机械厂和马家农机厂试制的7CHB-1.5型油刹液压翻斗挂车和7CB-1.5型油刹平头挂车于1988年取得“中华人民共和国农业机械推广许可证”。至2004年10月,全区取得农业机械推广许可证的企业及产品有:成都市新都龙桥机械制造有限公司的“川龙牌”CL-200型轮式拖拉机、CL系列手扶式拖拉机、J200型轮式拖拉机、60型微型耕作机、IGM埋草旋耕机和7CH-1.5型农用挂车,新都龙桥挂车厂的7CH-1.5型农用挂车,龙桥镇羽丰农机配件厂的93QS-0.3型青饲料切碎机,成都市新都金元机械厂的“金元牌”15(18)型小四轮拖拉机、7CH-1.5型农用挂车和20型轮式拖拉机,新都区新生多功能水泵厂的“誉华牌”QG40型多功能汽油机离心泵,斑竹园镇都富农机加工厂的93QS-0.3型青饲料切碎机,新都大禹水泵厂的“禹王牌”QG50-30型汽油机多功能离心泵,成都市新翔农机有限责任公司的“新翔牌”7CH-1.5型农用挂车,新都马家通用机械厂的“蜀马牌”SM-200型轮式拖拉机和7CH-1.5型农用挂车,新都木兰新华汽配厂的IDG80X400型液压油缸,成都三城农机制造有限责任公司的“三城牌”7CH-1.5型农用挂车。

【农机安全生产】 1986—2005年,农机修造生产企业发生事故4起,均为违章作业,致死2人、重伤2人。拖拉机和联合收割机等移动作业机械发生立案事故422起,死亡180人,重伤125人,直接经济损失195.5万元。

1996年,成立农机安全互助协会。田间作业机械事故发生后实行互济,对事故受伤驾驶人员进行慰问,对因事故带来的困难给予补助。1996—2004年,共补助会员284名、142.2万元。2005年,国家实行机动车强制保险政策后,协会停办。

【农机补贴】 1987年起,县政府对农村集体和农民家庭购买利用率低、季节性强的农业机械给予补贴,补贴资金由县农机局直接落实到购机单位或农户。

1987—2005年,先后补贴购买的机械有:手扶式配带的稻麦割晒机,分机型每台补贴1000~1800元,为购价的50%~100%;稻麦联合收割机,分机型每台补贴10000~144600元,占购价的20%~60%;机动脱粒机(丘陵区)分机型每台补贴250~500元,占购价的25%~28%;风车(丘陵区)每台补贴50元,占购价的28%;耕整机(丘陵区)每台补贴1000元,占购价的60%;抛秧机每台补贴80~150元,占购价的23%~100%。不同时期补贴购买的机械还有饲料粉碎机、机动喷雾器、埋草旋耕机和节水灌溉成套设备等。至2005年,财政补贴购买季节性农业机械资金累计2164万元(其中,省、市补贴942万元)。

【农机科技】 1986年始,农机科技推广集中在提高农机化综合水平、生产企业技术改造及新产品开发,主要项目有:1986—1989年,竹友乡农机化综合试点;1995—1997年,农机化作业适度规模经营试点;1988年,S195型柴油机节能技术改造;1989年,丘陵区耕作机械推广应用;1990—1991年,小麦等作物机械化综合增产技术;1991—1992年,水稻生产机械化技术;1995—1997年,小型喷灌机械应用试验;1999年起,机械化秸秆还田技术开发应用;2001—2003年,基本实现农业机械化先行县工程建设;

2003—2004年,机械化节水灌溉示范工程;2003年起,秸秆气化应用;2003—2005年,水稻全程机械化研究推广;2004年起,油菜收割技术推广应用、水果气调保鲜技术应用、农村饮用水净化技术使用;2005年起,家用畜禽废料机械化处理技术、农机科技入户示范工程和ZQ6400汽车制动鼓研制、TJT100(夏利)汽车制动鼓研制、ZKRSS五十铃汽车轮毂研制、铸制件QC控制技术研究。10余项科技成果先后获农业部、省政府、省农牧厅、省农机局、省企业局、市政府科技进步奖。

农业气象

【地面观测】 地面观测场是获取地面气象资料的主要场所,四周必须空旷平坦,周围环境应符合《中华人民共和国气象法》和国务院颁布的有关气象观测环境保护规定。2004年,区气象局办公楼从新都镇宝光大道中段44号迁到新都镇新园路222号,观测场面积1165.8平方米。

每日观测4次,为北京时间8时、14时、20时、02时。2005年1月1日启用自动站探测,资料每小时自动传输1次到省信息中心,同时人工站采用8时、14时、20时资料观测。

1980—2003年,执行新地面观测规范。2004年1月1日,启用《新地面气象观测规范》,对原有规范进行修改和完善。

随科学技术的发展,气象仪器及安装规范都发生了一些变化,百叶箱、雨量器、气压表、温度表、风向风速仪、空盒气压计、温度计、湿度计、自动雨量计等有所变化。2005年1月1日,启用7要素自动观测项目。

1959年2月1日起,观测空气温度、湿度、降水量、风向、风速,云、能、天;1960年1月,增加蒸发量观测;同年7月1日,增加日照观测;1966年1月1日,增加气压观测;1972年1月1日,温度、湿度、气压、雨量自动记录观测。

每日8时向省气象局发雨量报1次;8时、14时向市气象局发天气加密报2次。如有大风、暴雨、冰雹等灾害性天气发生,需向省、市气象局报发。2005年1月1日起,每小时自动传输1次基本气象资料到省气象局信息中心。

【气象服务】 1977—1995年,简易天气预报。通过对连续多张天气图的分析,根据理论和经验,利用外推法进行综合分析做出天气预报。使用的天气图有川预图7406(单站气象要素时间面图),川预图7405(简易天气形势)和川预图7408(简易天气)。除作12小时和24小时短期预报外,还要作短期内灾害性天气预报和春播、双抢、汛期、三秋、冬防等超长期书面趋势预报。1995年始,利用9210工程,将卫星探测资料、数值预报资料、地面探测资料相结合,开发数值模拟系统,综合分析做出天气预报。除作24小时、48小时、72小时预报外,21世纪初开始短临天气、专业天气、灾害性天气预报以及空气污染指数、人体舒适度等预报。

通过新都广播电视台、《新都报》(2003年更名为《新都资讯》)等为公众提供24小时天气信息,含天气现象、气象要素(温度、风向、风速)、空气污染指数、人体舒适度指数等。为新都地区各级党政领导和决策部门指挥生产、重大活动或庆典、防灾减灾、资源开发、环境保护等科学决策提供气象信息。预测暴雨、雷电、大风、寒潮等灾害性天气,及时发布预警,用短信发布预报,通知用户。

新都农业气象服务工作多次获省、市气象局和地方政府表彰。服务内容包括对水稻、小麦、油菜全生育期的观察记载，进行农业气候资源调查和区划工作，坚持大小春农作物的病虫害论证工作，整理统计农业气象服务资料63项。实行站哨点与面相结合、观测研究与服务结合，进行农业气象预报工作。

【农业气象区划】 按照农业气候特点，合理配置农业生产，采取适当的农业技术措施，充分利用农业气候资源，趋利避害，扬长避短，发展农业生产。区划的方法以热量为一级指标，水温为二级指标，降水为三级指标，参照地貌特征、土壤性质和农业气象灾害。

新都地区分为两个气候区。温和平坝水足区，该区分为北部和中部两片。北部片区含新繁、清流，灌溉条件好，农作物以粮油为主，沿河两岸宜种经济作物。中部片区含龙桥、斑竹园、新民、马家、新都、泰兴和三河的平坝区，农作物以粮油为主。温暖浅丘水欠区含木兰、石板滩、泰兴和三河的丘陵区，位居浅丘台地，种植粮油作物，粮食作物包括玉米、红苕等杂粮。

新都区农业气象区划

表9–16

<table>
<tr><th colspan="2">片 区</th><th>气候特征</th><th>年平均气温(℃)</th><th>积温(℃)</th><th>年平均降水量(毫米)</th><th>主要自然灾害</th></tr>
<tr><td rowspan="2">温和平坝水足区</td><td>北部</td><td>气候温和，水温较低，雨量较多</td><td>小于16.1</td><td>570~5800</td><td>大于950</td><td>低温连阴雨，洪涝、大风、冰雹</td></tr>
<tr><td>中部</td><td>气候温和、水温稍高，雨量居中，日照稍足</td><td>16.1~16.2</td><td>580~5950</td><td>800~980</td><td>多低温、多绵雨、洪涝、大风、冰雹</td></tr>
<tr><td colspan="2">温暖浅丘水欠区</td><td>气温稍低，雨量偏少，风力偏大</td><td>大于16.3</td><td>大于5950</td><td>小于900</td><td>冬干、春旱、冻害、冰雹</td></tr>
</table>

【人工防雹降雨与防雷】 1981年6月，二农场炮站的高炮移置于新民乡农机厂，建立新民防雹降雨炮站。1981—1991年，每年4—9月进行人工消雹增雨作业，作业结束后，高炮及炮弹存于县人武部。1992年，县政府拨款6.2万元，划拨土地2亩，改造扩建新民炮站。1996年，县政府拨款4万元，将新民炮站建成标准化炮站。1993年，在泰兴派出所院内，设置泰兴临时炮点。同年9月，县政府投资18.7万元，征地5亩，建成标准化泰兴防雹降雨炮站。

1981年，在气象站内设置人工防雹降雨办公室。1998年，成立新都人工防雹降雨办公室，归口县气象局管理，属事业机构，承担全县人工防雹降雨工作的组织、管理、技术培训、装备巡查等工作。防雹工作人员由县人武部从复员炮兵中招聘，培训合格持证上岗。2005年，有炮手12名，火箭发射操作员3名。指挥通讯设施，1979—1984年用电话联系，1985年起使用无线电台。

1991年，省政府制发《关于做好人工防雹降雨工作的意见》，1999年10月颁布《中华人民共和国气象法》，2003年3月国务院颁布《人工影响天气管理条例》，2004年8月省政府颁布《四川省人工影响天气管理办法》，为人工防雹降雨工作提供了法律依据和工作规范。

随着社会、科学技术的发展，人工影响天气工作范围逐步拓展，有农业抗旱、防雹减灾、增加水资源、森林灭火、生态建设、重大活动保障等。

1989年，新都县气象局成立避雷装置检测队，年检测80~100家。1998年成立新都县防雷中心，归口县气象局管理。对全县易燃易爆场所、通讯网络、计算机网络系统、学校和企事业建筑物防雷设施进行安全检查,组织雷电灾害的调查、鉴定和统计。2004 年 6 月始,防雷中心依法开展新建项目防雷装置设计图纸前期可行性评估和竣工验收工作。

养殖业

家禽饲养

【养　鸡】 新都农村几乎家家养鸡,少者几只,多者几十只。1987 年,新都县二农场建成喂养 4500 套的父母代种鸡场,先后引进的蛋鸡品种有伊莎、罗斯、罗曼,肉鸡品种有红育、罗曼。1993 年,竹友乡金文村养鸡专业户建成年喂养 8000 套的父母代种鸡场,先后引进迪卡、海兰蛋鸡品种。2002 年 11 月,新都区与成都正大公司合作开展肉鸡代养,实行“公司+农户”“公司+合作社”形式的产业化经营。至 2005 年,共建有鸡舍 28 幢,年出栏艾维因肉鸡 168 万只,其所属的牧星禽业公司建有存栏 5 万套的蛋种鸡场,鸣耀禽业公司建有存栏 10 万套的肉种鸡场。

1986 年,县内存栏 500 只鸡以上的养殖户 6 户,年末全县存栏鸡 73.61 万只,鸡蛋产量 2241 吨。2005 年,区内存栏 500 只以上的蛋鸡养殖户 381 户,存栏蛋鸡 139.83 万只;饲养肉鸡的规模养殖户 236 户,年出栏肉鸡 456 万只。全区出售和宰杀鸡 676.87 万只,鸡肉产量 12201 吨,鸡蛋产量 18816 吨。

【养鹅鸭】 1986—2000 年,饲养的蛋鸭主要是本地麻鸭,肉鸭有北京鸭、天府肉鸭和樱桃谷鸭。2000 年以后,本地麻鸭少见,蛋鸭、肉鸭多为北京鸭、樱桃谷鸭、花边鸭和麻鸭。鹅的品种以本地白鹅为主,有少数杂交鹅。

养殖鹅鸭多集中在原高宁乡(现属新繁镇)和清流镇、军屯镇,鹅多以散养,蛋鸭、肉鸭规模养殖数量较大。1992 年,全县推广在油菜结实期投放幼鹅,解决鹅群的青饲料,每亩油菜可增产 8.5 公斤,种养双双受益。1992 年全县油菜田放养仔鹅 14.17 万只,1993 年放养 26.53 万只。

1986 年,县内存栏 50 只以上的鹅鸭养殖户 11 户,全县出栏商品鸭 19.35 万只,鹅 8.13 万只;生产鸭蛋 612.8 吨、鹅蛋 590.7 吨。2005 年,全区存栏 500 只以上的鹅鸭养殖户 96 户,存栏鹅鸭 29.96 万只,占全区鹅鸭存栏总数 22%。全区出售和宰杀鸭 320 万只、鹅 124.66 万只;产鸭蛋 4459 吨,产鹅蛋 2165 吨;产鸭肉 6402 吨,产鹅肉 2894 吨。

【禽业龙头企业】 2003 年,区内“达利食品”与成都正大公司合作开展肉鸡代养,养殖户负责圈舍建设、资金和劳力投入;公司免费提供鸡苗、饲料、疫苗和技术,负责鸡回收和市场销售。2005 年,蟆水禽业合作社与成都环丰食品有限公司合作,以“公司+基地+合作社+农户”的模式生产经营无公害鸡蛋。成都环丰食品有限公司、成都市鸣耀禽业有限责任公司分别于 2004 年、2005 年获成都市产业化龙头企业认证。2005 年,牧星禽业公司和老菜农公司被列为市级产业化龙头企业的发展和储备企业。

家畜饲养

【养 猪】 新都是四川省的重要生猪基地之一。1986—2005年,每年生猪出栏均在30万头以上,以农户散养为主,鼓励规模养殖。20世纪90年代陆续引进光明配套系、法系、加系、美系、台系的长白、大白、杜洛克种猪进行三元杂交,改良后的生猪生长周期缩短,出栏率、屠宰率、瘦肉率有较大提高。

1986—1989年,新都畜牧管理部门广泛推广"双推""五改"科学养猪综合技术。"双推",一是推广生猪经济杂交,在全县鉴定出969头成华母猪,建成扩繁群,引进丹麦长白公猪、杜洛克公猪45头进行杂交;二是大面积推广科学补饲。"五改"即改本交为人工授精,改吊架子育肥为前敞后限的直线育肥,改单一饲料为配合饲料,改熟食稀喂为生料湿喂或干喂,改喂大肥猪为适时出肥。1990年起,实施猪荣昌I系试验示范、光明配套系杂交猪饲养试验示范。

为加速养猪业的发展,1994年县政府推行"产销一条龙"发展模式,以大型生猪屠宰加工企业为龙头,厂带场,场带户,"三提供"(提供仔猪、饲料、技术),"两保证"(保证回收、保证价格),当年建成万头猪饲养场7个。同时大力推广科学饲养方法,强化产销服务,全县生猪出栏逐年增加,1993年出栏肥猪34.3万头,1994年36.6万头,1995年38.4万头,2000年38.5万头。2005年,全区存栏生猪20头以上的养猪场(户)758家,出栏肥猪52.09万头,猪肉产量36034吨。

1998—2005年,区内有种猪场2个:泰兴镇的成都市西源种猪繁育公司,斑竹园镇的成都市新都蓉都养殖有限公司,共存栏种猪600头,年生产优质二杂母猪2500头。2005年全区存栏母猪1.82万头。

1992年,新民德康肉联厂(后改制为成都市德康食品有限公司)年屠宰生猪6700头,加工猪肉370吨。1994年,在县畜牧技术人员协助下,该厂修建母猪舍1607.5平方米、肉猪舍6650平方米,饲料厂1个、1713.5平方米,饲养母猪100余头,年出栏肉猪1.2万头,生产配合饲料9万吨。生产的分割猪肉主要销往省外。由于多种因素,2004年年底,该企业养殖、加工均停止生产。

2004年,龙波的"农大良种猪场"与区供销社联合建立普兰克猪业合作社,龙波任总经理。龙波系2000年7月毕业的大学生,与同期毕业的女友一起回乡养猪,于2002年11月在龙安镇建立"农大良种猪场",自任场长。2003年9月,注册"普兰克"猪品牌,制定《普兰克饲养标准》。至2005年,接待全国各地的养殖者4000多人次,免费传授养殖技术,支持发展养殖户逾百家。龙波先后被评为成都市优秀创业人才、成都市十佳青年农民、成都十大杰出青年、成都市劳动模范。

1986—2005年新都生猪生产部分年份统计表

表9-17

年 度	存 栏(万头)	出 栏(万头)	猪肉产量(吨)	出肥率(%)
1986	35.11	31.84	20229	90.7
1990	32.22	33.44	22053	103.7
1995	28.11	38.45	27071	136.8
2000	23.43	38.52	27041	164.4
2005	28.96	52.09	36043	179.9

【养 牛】 新都境内耕牛主要是水牛,牛犊多由外地购进。1985年,全县有水牛5352头,其中从事耕役

的5285头。随着农业机械化的发展，耕牛逐渐减少，2005年，全区存栏水牛971头，其中从事耕役的707头。

2000年前，肉牛来源主要是淘汰的耕牛。丘陵区有农户饲养黄牛为肉牛，但数量很少，1985年全县存栏黄牛45头，1990年20头。2000年，新都县和“星澳牛业”达成肉牛代养契约，以“公司+农户”的形式饲养肉牛，参加代养的农户71户，共养肉牛276头，品种为西门答尔牛与黄牛杂交的西杂牛。2005年，全区出栏肉牛740头，产牛肉114吨。

新都饲养奶牛始于20世纪80年代初期。1985年，全县有奶牛85头，年生产鲜奶141.95吨。为鼓励养殖奶牛，1990年起，推广奶牛细管输精等新技术。1994年1月起，县政府对奶牛养殖户实行政策扶持。奶牛养殖户建牛粪处理沼气池，每口补贴1000元；种植牧草每亩年补贴100元。2005年，区内有奶牛养殖户364户，存栏奶牛4331头，产牛奶21496吨。养殖奶牛50头以上的专业户7户，共养奶牛1269头，产鲜奶5023吨，占全区牛奶总产量23.36%。境内有“竹圆奶业合作社”“新燕奶业合作社”等产业化龙头企业。

境内有乃奇乐、华西、新希望、金蒙、沙河5家乳制品企业设置的鲜牛奶收购点，日收购鲜牛奶50吨，占全区鲜牛奶总产量40%。有小型奶加工企业2家，日加工鲜奶2.25吨。

【养羊养兔】 境内饲养的羊主要为肉羊，品种以成都麻羊为主。1985年存栏26只。1995年，引进波尔山羊、南江黄羊、金堂黑山羊，养羊户逐年增加。2005年，全区存栏肉羊4056只，出栏3433只，产羊肉67吨。由于境内缺乏草源，空气潮湿，不适宜肉羊规模养殖，以农户散养为主。

1980年前，农户养殖的兔主要为本地白兔，其后引进日本大白耳、齐卡兔、新西兰白兔、德国巨型兔，本地白兔逐渐淘汰。养殖方式以一般笼养居多，也有多层笼养，养殖规模一般为几十只。2005年，全区存栏兔30.49万只，出栏66.33万只，产兔肉1155吨。

其他动物饲养

【养　蜂】 境内蜜源丰富，常年种植油菜、果树10多万亩。每年2—3月农历惊蛰后立夏前，除本地蜂群外，外省养蜂人大量到新都放蜂采蜜。

境内饲养的蜂群以西蜂(也称意蜂、意大利蜜蜂)为主，有部分中蜂。1986年，全县养蜂1.31万箱，产蜂蜜647吨；1990年，养蜂2.1万箱，产蜂蜜753吨。1995年，养蜂1.02万箱，产蜂蜜428吨。2000年，产蜂蜜351吨。2005年，产蜂蜜480吨。蜂产品除蜂蜜外，还有花粉、蜂腊、蜂胶及蜂王浆等。

每年清明前后，境内养蜂户将蜂群分4路运到省外放牧采蜜，其中3路到汉中，1路到新疆、甘肃、青海，当年11月回本地越冬喂养，来年花期过后再外出放养，周而复始。

【养　鱼】 1986年，新都县被成都市列为世界银行贷款发展淡水养鱼县。至1989年建成燕塘、新桥等鱼场16处，占地面积1206.4亩，有效水面904亩。随着养殖技术不断提高，成鱼亩产从1986年的150公斤增至1990年的500公斤，精养鱼池面积由327亩发展到1340亩，成鱼总产量由1986年的578吨增至2005年的2424吨。1990—2005年，新都引进鱼类新品种18种，主要有建鲤、彭泽鲫、武昌鱼、异育银鲫、草鱼、鳙鱼、尼罗非鱼、日本白鲫、兴国红鲤、元红鲤等。

2005年，全区养殖引进的新品种鲤鱼4000亩，其中90%以上是建鲤。鲫鱼、异育银鲫占70%，彭泽鲫占30%,养殖面积4500亩。武昌鱼受价格波动影响,常年保持在500亩左右。鳜鱼由于养殖条件要求高,常年保持在100亩左右。

境内农民历来有捕捞野生鱼的习惯,只是因污染所致,野生鱼种类和数量日趋减少。至2005年,境内江河野生鱼类有乌棒(鳢科的斑鳢)、鲶巴郎(鲶科的河鲶)、泥鳅(鳅科的花眼鳅)、船丁鱼、鲫鱼、鲤鱼、黄鳝、红鳍鲌、翘嘴红鲌、尖头红鲌、甲鱼等。

【珍稀动物饲养】 20世纪90年代初,一些新都人先后开办珍稀动物养殖场,饲养海狸鼠、梅花鹿、狐狸、黑熊、孔雀、驼鸟、天鹅、七彩山鸡、白凤乌鸡等动物。由于气候、技术、市场等原因,20世纪90年代末基本停止了商品化养殖,至2005年只有个别农户养少数梅花鹿。

动物防疫

【动物疫病防治】 20世纪80年代起,新都建立较完整的动物疫病防治体系,县畜牧局设兽医防疫检疫站,乡镇设畜牧站,村设兽防员。2002年,全区基层畜牧站和村兽防员共260余人,主要从事畜禽免疫和疾病诊治工作。

畜禽防疫工作坚持预防为主的方针,以控制和消灭“五瘟”(猪瘟、鸡新城疫、兔瘟、鸭瘟和小鹅瘟)、“三病”(牲畜口蹄疫、狂犬病和寄生虫病)为重点。1987年,全县预防注射各类疫苗209.41万只(头),生猪驱虫50.85万头,生猪死亡率0.98%,鸡死亡率4.34%,后逐年下降,1991年,“两率”分别为0.77%和0.43%。

1999年4月21日,境内发生牲畜口蹄疫,疫情涉及新都、泰兴、龙虎、龙桥4乡(镇)11个村16个组的26户农户。疫情发生后,县政府成立防治牲畜口蹄疫指挥部,采取“早、快、严、小”的防治措施,及时捕杀病牛及同群牛55头,扑杀病猪及同群猪28头,至5月29日,疫情被扑灭。

2001年,对猪瘟等重大疫病实行强制免疫。全年发放生猪耳标25.5万枚,猪瘟预防38.99万头,鸡新城疫预防113.6万只。

2004年年初,国内发生禽流感,区畜牧局迅速制定禽流感防治工作方案,建立防治技术小组、资料组、后勤保障组和应急处理小组。制定《成都市新都区高致病性禽流感防治规范》,对养禽户、禽产品经营户、禽类屠宰场、加工场(户)的疫情报告、防疫工作、检疫工作、引种管理、饲养管理、法律责任均作出明确规定,派出17名技术人员到各镇(街道)驻点。对全区500只以上的610户养禽户开展普查登记、消毒免疫,保证了新都区洁净无疫,禽流感防治工作得到省、市表扬。

2005年7月,省内发生猪链球菌疫情,区畜牧局按照市、区有关要求,迅速组建防治技术专家组,派出20名技术人员定点联系镇(街道),在重点区域注射疫苗6万头,无害化处理病、死猪1667头,有效地防止了猪链球菌蔓延。

2005年10月至2006年3月,受生猪疑似口蹄疫情的影响。全区捕杀病猪及同群猪3880头,按政策对养殖户共补偿59万元。

1998年,新都县被列为国家“无规定动物疫病区项目建设县”,2004年通过农业部验收。2002年,新都区被农业部列为“农业血防基本建设项目区”,2005年通过省级验收,新都区动物血吸虫病达到基本消灭标准。

【动物疫检】 1987年,县内动物疫检全面实施“三证”(防疫证、兽医卫生许可证、生猪预防注射证),共发放兽医卫生许可证1544本。对全县10个活畜市场、23个肉品市场、20个屠宰场及铁路运输开展检疫工作,全年检疫生猪及胴体269628头,检疫牛及胴体7090头,铁路运输检疫禽11280只、兔2078只。1992年,县内部分养殖户进行活猪取胆汁,由于引流胆汁后的猪肉危害人体健康,一时人心惶惶,危言四起。根据县委、县政府的安排,县畜牧局于4—5月组织人员在全县普查,共查出6个乡(镇)8户农民进行活猪引流胆汗154头,就地捕杀,当众销毁103头,取缔了活猪取胆汁行为,确保了市场猪肉卫生安全。1992年全县共检疫出病畜190头。

1994年7月1日起,全县实施生猪定点屠宰,猪胴体检疫质量逐年提高。全县定点屠宰检疫猪胴体,1996年13.5万头,1998年15万头。2001年,动物检疫工作做到“到点检疫、有宰必检、随宰随检、应检必检”,全县共检疫猪胴体17万头,2002年19.92万头。2005年4月,按照成都市统一安排,生猪定点屠宰场点实行“凭证准入制度”,改变过去一些站点不主动报检、逃避检疫、偷逃税费情况,达到产地检疫报检率、检疫合格证明回收率和生猪屠宰检疫率三个100%,耳标回收率99.7%。

2001年11月,新都县开始实施“放心肉工程”,从加强基础防疫、产地和胴体检疫、强化监督检查等方面入手,对全县32个市场的909户肉品经营户进行严格审查,确定为“放心肉”销售点,“放心肉”销售点对外公布举报电话,承诺赔偿办法。工程实施后半年多时间未出现因购买病害猪肉而索赔事件,受到社会广泛好评。省内有20多个区(市、县)到新都参观学习。

2002年,新都区建立无公害畜牧产品生产基地,发展无公害畜禽产品。2003年,先后有成都市三都家禽养殖场和成都市新都禽业有限公司获成都市农业质量监督管理办公室无公害肉鸡、鸡蛋生产基地认证,以及“三都牌”无公害肉鸡和“鸣跃牌”无公害鸡蛋产品质量认证,并于2004年2月,获省畜牧食品局认证,2004年6月24日,获农业部农产品质量安全中心认证。2004年,成都市环丰食品有限公司在新繁镇组建“蟆水禽业合作社”,2005年8月,获省畜牧食品局产地认证,2006年2月,获农业部“纤味坊牌”无公害鸡蛋质量认证。

林　　业

林木种植

【义务植树】 1986—2005年,新都参加义务植树702万人次,义务植树1973.48万株,适龄公民尽责率95%。其中县级机关干部义务植树90万株。1993—1999年,县、乡(镇)、村三级义务植树示范点172个,面积208.75亩,长390.3公里。1992年起,县、乡(镇)、村建立义务植树登记卡制度,建卡率98%,每年考核。因不能直接履行义务植树的适龄公民,每人每年缴纳义务植树绿化费5元。

【森林覆盖率】 1986年5月,经省、市绿化委员会验收,新都县绿化率为96.4%,确认合格。1990年12月,省绿化委员会对新都县绿化达标进行检查验收,符合《四川绿化标准》和林业部《南方平原绿化标准》的规定,森林覆盖率和绿化覆盖率分为10.84%和10.96%,农田林网防护控制面积比例83%,实现基本绿化“双达标”,林业部授予“全国平原绿化达标先进县”奖牌,省政府给予奖励。1993年和1994年,林业部开展创“百佳县、百佳乡、千佳村”竞赛活动,新都县竹友乡福田村、龙桥乡古窑村先后获“全国造林绿化千佳村”称号。1997年6月,省绿委考核验收组对新都县全面绿化达标检查验收,确认绿化主要指标达到省“实现全面绿化”阶段标准,森林覆盖率14.33%。2003年,森林覆盖率17.22%。2005年,森林覆盖率18.75%。

【林木蓄积量】 境内活立木蓄积量,1987年12.3万立方米。2003年森林资源二类调查,全区活立木蓄积量27.86万立方米,杂竹17.17万吨,经济树木491.52万株。

2002年,全区农村消耗木质燃料约6000立方米,农民自用木材3000立方米,全年森林资源消耗总量9000立方米。全区林木年生长总量19402.8立方米,活立木蓄积量年增1万立方米。新都农村绿化覆盖率,1988年9.9%,1990年10.96%,1996年14.35%,2005年27.1%,活立木蓄积量呈增长趋势。

林业管理

【林地管理】 2005年,全区有林地18099亩,其中林业部门直接管理的林地1066.5亩,非林业部门管理林地14356.5亩,“四旁”(居民住宅前后,铁路、公路、河渠两旁)林地2676亩。“四旁”林地中,柏树3亩,柳杉39亩,樟树361.5亩,楠木45亩,枫杨879亩,喜树865.5亩,桉树135亩,泡桐、刺楸、女贞各1.5亩,其他343.5亩。

2005年,境内各种经济林树491.53万株,其中林业部门直管林地13.94万株,非林业部门管理林地247.35万株,“四旁”经济林树230.24万株。境内竹林地10480.5亩,折合重量17.17万吨,其中竹林2.59万吨,散生竹3.14万吨,“四旁”竹11.44万吨。

境内除三河白包寺山顶有一片桉树林、泥巴沱和龙桥黑熊救护中心的白夹竹林外,无大面积成片林地。

继1984年,新都县为10.25万家农户颁发林权证后,1992年,为龙桥薛家船苗圃、宝光寺等4个单位颁发国有林权证。1992年,对征占用林地的情况进行清理,全县清理出12户,占用林地82亩,除核发3户林权证外,其余分别依法处理。2004年,对全区1998年以来占用林地进行清理整顿,此后根据生态环境建设要求制订五年控制征占林地指标,进一步加强对林地的管理。

【林业工程建设】 2000—2001年,在石板滩土城村、泰兴美泉村、三河五龙村建设公益林500亩。2001—2004年,在龙桥、大丰、斑竹园实施“平原农田园林化示范区建设”工程,面积10486.5亩,总投资767.48万元。2002年退耕还林4000亩,涉及木兰、泰兴等9镇。2002—2003年,在斑竹园、新都、泰兴镇实施“新都区优质种苗基地建设”工程,面积250亩,种植黄金梨、笋用竹和名优花木,投资45万元。2003—2004年,在新都、斑竹园、军屯、泰兴、龙桥镇实施“经济林果新品种示范园建设”工程,面积120亩,种植新都柚、布郎李、笋用竹等,投资20万元。2004—2005年,在木兰山实施“造林绿化树种示范建设”工程,面积500亩,种植杜英、香樟、黄葛树、速生杨树等,投资10万元。2005年起,实施“新繁镇城乡一体化建设绿化示范”工程,面积2327亩,投资42.21万元;在清流镇实施“天演速生杨示范园建设”工程,面积300亩,投资40万元。2001—2005年,新增森林面积5000亩。

【森林病虫害防治】 1990年调查,全县林木病害21种,虫害61种,被危害的林木主要有桤木、麻柳、千丈、意大利杨树、香樟、慈竹等。危害较大的有香樟的白粉病,意大利杨树的杨扇丹蛾和光星天牛,千丈的蓑蛾等。1987—1990年,县林业部门发动全县小学生采摘虫茧3321公斤(约76.1万个);在202公里的县乡公路和街道树上放置毒签和药剂,抑制虫害发生。20世纪90年代末至21世纪初,县森林植物病虫害防治检疫站与乡(镇)林业片站配合,加强森林病虫害预测预报工作,制定森林病虫害防治预案,加强对"四旁"绿化树种的病虫害防治指导和监督工作。依照相关法律法规,对境内家具企业和苗圃定期开展产地检疫,林业有害生物防治率80%,林业有害生物灾害测报准确率87%,家具、种苗检疫率100%。

水　　利

农田水利工程

【岁修工程】 每年汛期结束,水利部门对境内河道水毁工程实地踏勘并安排预算,都江堰断流后即开始实施。1986—1995年,大河、干支渠及斗口岁修工程投入1162.59万元;1996—2005年,岁修工程投入2579.59万元,保证全区水利设施正常运行。

在河渠岁修的同时,对塘库进行维修养护。1993年,投资1.1万元,把石板滩镇集体水库改为闸阀式放水。1994年,投资2.5万元,对泰兴镇团结水库进行改扩建,同时扩建骨干塘36口,新增蓄水能力36万立方米。

【微水治旱工程】 1998年,县水利部门在石板滩镇试点,当年建微型蓄水池9口,使建设村白鹤林生产条件得以改善,种植成片新都柚。1999年,新都县被列为成都市第二批微水治旱县,泰兴镇龙凤山,木兰镇木兰山,三河镇五龙山、白沙包被列为一期工程的重点。在泰兴和三河建蓄水池108口,修集雨沟70公里,木兰和石板滩修建部分水池。当年,全区新增蓄水能力4万立方米。2000年,实施微水治旱二期工程。在木兰山修建1口蓄水能力6000立方米的主池,配以提灌设施。主池与其他蓄水池用管道相连,发挥拦蓄雨水、抽水引蓄、放水灌溉的多项功能,基本解决了木兰山缺水问题。当年,全区新增蓄水能力4万立方米。

修建微型蓄水池,每新增蓄水量1立方米,国家补助5元,县财政补助10元,水务局补助10元,不足部分乡镇村自筹。两期工程共建蓄水池199口,新增蓄水能力8万立方米。改造塘堰26口,修建集雨沟200公里,投入资金360万元。实施微水治旱工程,改善了山坡地生产条件,龙凤山一次性出租土地300亩,为建五龙山桃花景区奠定了基础,木兰山综合开发顺利实施。

2005年,全区有引蓄式小二型水库6座,蓄水能力194.9万立方米;骨干塘61口,蓄水能力96万立方米;常年塘266口,蓄水能力72万立方米;季节塘365口,蓄水能力43.6万立方米。石河堰85道,控灌总面积3.36万亩。

【提灌工程】 1985年,全县有提灌站153座,可控灌面积3.83万亩。2005年,全区有固定提灌站181

座，装机容量 4097.7 千瓦，可控灌面积 5.81 万亩。

2000 年开发木兰山，新建提灌站 1 座，装机容量 37 千瓦，并配建 6000 立方米的蓄水池，解决木兰山的缺水问题。结合农发工程更新了黄牛山、独柏树和五龙山等一批提灌设施。至 2005 年，实施新一轮“农村用水保障工程”，计划改造 65 处提灌工程。

【引水工程】 1970—1983 年，渠系改造后，形成干渠、支渠、斗渠、农渠、毛渠五级灌溉体系。至 2005 年，境内有分干渠 2 条，总长 50.204 公里；支渠 17 条，118.8 公里；斗渠 105 条，454.57 公里；从干渠引水的分水洞 312 条，160.097 公里；农渠 1323 条，695.5 公里；毛渠 2929 条，1757.6 公里。引水源地清白江右岸有任家沟、锦江河分干渠、杨柳堰、北四支渠进水口 4 个，左岸有冬瓜堰、同心堰进水口 2 个。毗河右岸有牟珠堰、龙桥堰、莫龙堰、龙门堰引水口 4 个，左岸仅存天皇堰引水口。府河左岸有友谊堰、九道堰引水工程 2 个。府河两岸为无坝式引水，清白江、毗河的引水口均为堰坝式引水。

【农田排灌渠系建设】 1986—2005 年，建设农田排灌渠系 465 条，长 223.5 公里，修建堰、涵、桥、闸、槽等工程配套设施 6498 处，建提灌站 28 座。

1992 年，配合建设“吨粮示范村”，全县开展标准化渠系村建设。将斗渠、农渠、毛渠按标准进行规划设计，由专业施工队施工，工程利灌、利排，实用美观。工程费用县补助 50%，其余由村、社自筹，1996 年起县补助提高到 70%。1995 年建成标准化渠系村 5 个，2001 年 60 个，2005 年 72 个。

疏淘农渠、毛渠，采用水费补贴方式。每年冬、春时节，组织村民淘修农、毛渠，按标准化渠系村的标准执行，经验收合格后，由县水务部门按每亩补助 1 元。进入 21 世纪，结合岁修，加大斗渠的整治力度。

河渠治理

【毗河治理】 毗河左岸岸线境内长 37.8 公里，建有永久性堤防 5.65 公里；右岸岸线境内长 28.2 公里，建有永久性堤防 2.95 公里。20 世纪 60—70 年代，毗河堤防工程由都江堰管理处维护，地方政府安排民工建勤。1978 年，都江堰管理体制改革，毗河划归东风渠管理处管理。此后都江堰管理处只管堰坝堰口取水工程的养护，堤防治理全部交给地方政府。由于管理体制脱节和经费等原因，地方政府仅做一些除险加固工作。1985—2005 年，累计投入 1900 万元。

【清白江治理】 清白江右岸岸线境内长 33.4 公里，建有永久性堤防 9.7 公里；左岸岸线境内长 15 公里，建有永久性堤防 1.82 公里。清白江河道治理费由省防汛办、地方财政、分成水费和水利建设基金共同投入，以地方财政投入为主。1986—2005 年，清白江河道治理共投入经费 3200 万元，其中 2001 年修复水毁工程投入 2000 万元。

1990 年起，清白江河道打捞沙石量猛增，一度造成滥采滥挖的局面，对河堤安全造成危害。2002 年，经省、市主管部门协商决定，清白江、毗河停止审批打捞沙石，滥采滥挖局面得到控制。

【西江河治理】 20 世纪 90 年代以前，西江河基本处于不管状态。90 年代后期，新都水务部门开始对西江河石板滩段实施行政管理，金三角大桥修建时，县水务局与龙泉驿区水务局联合进行审查审批，确保行洪断面。

20世纪60年代,金堂县在成渝铁路大桥下游1371米处建浆砌条石拦河坝,高4.05米、长38米,抬高水位3米,造成西江河泄洪受阻。1981年7月13日西江河水患,致使石板滩场镇被淹,三分之一房屋倒塌。2005年8月,制定实施《新都区石板滩镇城市防洪工程规划设计》,将拦河坝改建成拦河闸,平时拦蓄水源,保证提水灌溉,改善城市生态景观;洪水时开闸放水,保证行洪安全;对城区弯曲的河道裁弯取直,减少流程,增大比降,加快流速。

【锦水河分干渠治理】 锦水河分干渠是境内大型水利枢纽工程。1971年9月始,将河道上段回填还耕,中段裁弯缩窄,下段保留排洪,至1983年冬,建成锦水河分干渠及相应支渠、斗渠,取水口由石坝子移建于火烧堰。投工355.7万个,投资598.3万元。灌区涵盖原蟆水河、锦水河、常乐堰、杨柳堰以及毗河的拦河堰、天黄堰等支渠6条,灌溉新都及青白江区农田25万亩。

锦水河分干渠,境内长33.4公里,最大引用流量55立方米/秒。1995—1997年,对雷音电站上方约12公里河道进行整治。

杨柳堰干渠保留上段17.05公里,灌面4.54万亩。

南一支渠长5.56公里,流量7.5立方米/秒。灌面3.19万亩。1987年、1989年整治。

南二支渠长6.40公里,流量10立方米/秒,灌面4.49万亩。1986年整治。

南三支渠长6.65公里,流量8.8立方米/秒,灌面5.32万亩。1988年整治。

南四支渠长69.61公里,流量9立方米/秒,灌面4.48万亩。对学门埝至毗河段进行改建和整治。

北一支渠长2公里,流量2立方米/秒,灌面0.73万亩。1990年整治。

北二支渠长2.7公里,上段流量3立方米/秒、下段7立方米/秒,灌面2.32万亩。2004年整治。

北三支渠长5.46公里,流量6立方米/秒,灌面2.73万亩。1992年整治。

北四支渠长5.98公里,流量8立方米/秒,灌面1.87万亩。

同心堰支渠长5.29公里,流量7立方米/秒,灌面0.64万亩。

牟珠堰支渠长5.5公里,流量4立方米/秒,灌面0.78万亩。

龙桥堰支渠长5.1公里,流量8立方米/秒,灌面0.59万亩。1986年整治。

龙门堰支渠长11.7公里,流量4立方米/秒,灌面1.12万亩。1994—1997年整治6公里。

九道堰支渠长15.15公里,流量4立方米/秒,灌面1.20万亩。1994—1997年整治6公里。

【东风渠治理】 东风渠总干渠境内长5.33公里,东风渠北干渠境内长22公里,通过7条斗渠和123个分水洞,灌溉木兰镇、三河街道、泰兴镇、石板滩镇农田3.10万亩。北支一渠境内长10.85公里,灌溉木兰镇、泰兴镇、石板滩镇农田3.11万亩。

从东风渠南北分水洞到木兰狮子包北干渠、北支一渠分水闸,长5.6公里,盘山而建,弯多渠窄,流速慢。1996年,投资300万元,对东风渠南北分水闸到木兰镇狮子包北干渠、北支一渠分水闸长5.6公里的进水口段裁弯取直,使流量增至12立方米/秒。

因建达成铁路和成北编组站,阻断了原来由北干渠引水控灌的泰兴、木兰及清白江区部分乡镇农田灌溉渠道,改由北支一渠引水,致使北支一渠狮子包至石马段水流量增加,原有河道无法承受。2004年,投资400万元,对长6.1公里的北支一渠上段拓宽改造,使流量由5立方米/秒增至9立方米/秒。

【人民渠治理】 人民渠六支渠境内长5.11公里,灌面8529亩;附六支渠境内长3.43公里,灌面7564亩;七支渠境内长3.91公里,灌面4623亩。

1996年5月,投资6万元,将马家管理站的拦河启闭设施改为集中自动控制,确保城区防洪安全。2004—2005年,投资250万元,对人民渠六支渠内段改扩建,提高过水能力与行洪能力。

防洪抗旱

【防汛抗洪】 1997年,《中华人民共和国防洪法》颁布实施,规定防汛抗洪工作实行各级人民政府行政首长负责制。各级防汛组织进一步健全,人、财、物得到充分保障。汛前加强督促检查工作,增强人民的防患意识。为使防汛工作信息传递准确,1985年前,安装防洪值班专用电话。1985年后,增配无线电对讲机。2002年起,配置微机联网设备,使汛情报送准确及时。

1986—2005年,区内发生较大洪水12次。特别是1995年8月11日,县内及上游地区普降特大暴雨,清白江过境洪峰流量1600立方米/秒,毗河出境洪峰流量830立方米/秒,均为历史记载之最。清白江火烧堰决口400米,洪水夺道流入老锦水河已成良田的旧河床。全县7个场镇进水,3个场镇被洪水围困。高宁中心校、卫生院水淹至二楼,斑竹园杨柳村七社农户全部被淹,水深1.5米。新繁镇、清流镇街面水深1米,新兴公司厂区水深1米,厂房设备严重受损。全县直接经济损失1.65亿元。灾情发生后,县委、县政府及时组织机关干部、民兵、驻军部队2.38万人投入抗洪救灾,解救被困群众17637人,转移6024人。灾后立即抢修水毁设施,农作物扶苗洗苗21580亩,补种改种1030亩,卫生防疫部门对水淹区域喷药消毒,工农业生产很快恢复正常。

【抗　旱】 1986—2005年,境内发生较严重的干旱9次。控制灌线以上的台地受影响较大,大春栽插时尾水地带和东风渠灌区往往会推迟插秧,造成农业减产减收。不断加大蓄水设施和提灌设施建设,提高抵御旱灾的能力。1995年,成立新都抗旱服务队,获省市扶持资金30万元,购置15马力柴油机8台、水泵12台及相应配套设施。旱情发生时,县内加强与都江堰管理处协调,争取水源;开动所有提水设施抽取底沟水;密切协调气象部门,实施人工降雨,有效降低旱灾的危害。

水务管理

【管理体系】 1984年,成立新都县工业用水管理站。1985年,按流域管理范围,设清白江和毗河两个水利工程管理综合公司(亦称河系站),毗河公司增设龙桥站。驻乡镇水利干部负责本乡镇水利工作,接受乡镇和水电局双重领导。1989年,各乡镇成立水务管理站(简称水管站),形成河系站与水管站协同管理水利的格局。2000年,水管站更名为水务站,河系站更名为水务所。2004年,撤销乡镇水务站,撤并水务所,全区设新都、新繁、龙桥、斑竹园、新民、泰兴、木兰等7个片站及工业用水管理站,工作人员93人。

【取水许可制度】 1993年8月至1998年年底,新都水务部门共受理取水登记327件,发放取水许可证320本。1999—2005年,共受理取水许可项目528件,审批发放取水许可证520本。因一些单位搬迁、撤销等因素,至2005年年底,境内实际有取水户580户,其中取用地下水578户,地表水2户。年取水量2680万立方米。对取水用户,水务局按照水利部有关规定进行日常管理,由水务部门和卫生防疫部门对其取水水质和退水水质进行监督检测,每年对取水户进行年审。

水资源费征收,1993 年 8 月 27 日以前按有关规定,水电局主要征收农村取水户,城建局水资源办公室征收城市规划区取水户。根据《四川省取水许可和水资源费征收管理暂行办法》,新都县于 1993 年 8 月 27 日,撤销城建局水资源办公室,其职能移交县水电局。

1993 年新都县水资源费征收标准一览表

表 9-18　　单位:元/立方米

取水类型	地表水	地下水	
		供水管网内	管网未达到地区
工业取水	0.085	0.2	0.2
生活取水	0.06	0.3	0.2
水力发电取水	0.0025	0.0025	0.0025
其他取水	0.1	0.3	0.2

1992—2005 年,新都水务主管部门共征收水资源费 800 万元,每年底按当年实收水资源费的 30% 上缴省、市水行政主管部门,70%交县财政专户。收取的水资用于乡镇水厂、开发水源、水质处理等技改补贴(至 2005 年共补贴 110 万元);完善水资源管理基础设施和购置设备;水资源综合考察、规划,水法规宣传,执法人员培训等。

【节约用水】 20 世纪 90 年代,农业用水量占 82%,工业用水量占 13%,人畜用水量占 5%。

农业节水的主要措施有渠系防渗衬砌、建蓄水池、发展喷灌、低压管道输水等。农业用水主要靠各级渠道输送到农田,经多年测算,渠系水有效利用系数平均 50%。将干渠、支渠全部进行防渗衬砌,将斗、农、毛渠采用 U 型槽或混凝土预制板进行防渗衬砌,能提高渠系水有效利用系数 5%~10%。1985—2000 年,完成县管支渠 77 公里和干渠 14 公里的两面或三面光改造。1998 年,县水电局水泥制品厂成功研制 U 型槽生产技术,在四川省率先推广应用。1999 年 12 月,县水电局会同县质量技术监督分局首家公布《预制混凝土 U 型槽技术操作规程》,得到水利部、省水利厅的肯定。

在丘陵区实施微水治旱工程,1998 年始,建微型蓄水池。1999 年始,先在新民镇九堰村进行微喷技术试验,2001 年,在泰兴镇美泉村进行 300 亩的喷灌技术运用推广,2002 年,在木兰镇分水村果园建成 200 亩的自动化喷灌系统。至 2005 年,实施喷灌 1000 亩。1999 年,在泰兴美泉村、窑坝村和议团村进行低压管道输水试验,效果良好。

工业节水主要实施计划用水,超计划用水依法加价收费,促使企业技术改造,提高水的利用率。企业实施技术改造后,生产用水量大幅度降低,玖源化工有限公司年用水量从 1500 万立方米降至 960 万立方米,华润蓝剑啤酒厂生产 1 吨啤酒用水从 15 吨降至 4.8 吨。

生活节水主要加强节约用水宣传,推广节水型龙头、卫生洁具等,降低人均耗水量。

【水政监察】 1996 年 11 月,成立新都县水政监察大队。坚持宣传贯彻水法律、法规,依法对本地区的水事活动进行监督检查,对违反水法规的行为进行行政处罚,配合司法机关查处水事治安、刑事案件,拟定水政监察的规范性文件、规章,依法开展行政复议和应诉工作。不断加大管理和查处力度,规范水务工程管理,严格渠道管护地的使用审批制度,杜绝乱占滥用,遏制侵占国有资产行为。加大对河床、堤防监管,规范砂石开采的正常秩序,先后对 7 起违法开采砂石事件进行主案处理,对拒不执行“停止非法开采”的 5 户业主进行切割采砂船和罚款处理。

·工　业·

GONGYE

1986年起,新都积极推行工业管理体制改革、工业企业产权改革和技术改造,加快工业经济体制改革步伐。通过外联内引,发展工业支柱产业和其他行业,兴建卫星城工业区和乡镇工业集中发展区,促进新都工业经济快速健康发展。

1986—2005年,先后对境内国有工业企业进行产权改革32家,对县属城镇集体工业企业进行产权改革23户。一批通过横向联合引进的工业项目和“三线”调迁企业陆续建成投产,一些传统产品生产企业通过技术引进和创新,大幅度提高了劳动生产率和经济效益。全区完成工业技术改造项目2517个,总投资59.72亿元。获国家部委优质工业产品16项、获省优质工业产品20项、获市优质工业产品71项,拥有省名牌工业产品21项。

至2005年,全区工业有行业大类32个、品种3700多个,有工业企业1558家,总资产152亿元,从业人员12.36万人。区内有高新技术企业和科技型企业59家。工业形成以一汽青岛成都分厂、正恒动力为龙头的机械产业,以旭光电子、永星电子为龙头的电子产业,以科伦药业、成都第一制药有限公司为龙头的医药产业;以鸿基木业为龙头的家具产业,以成啤集团、福建达利为龙头的食品产业五大支柱产业群,全区工业基本实现由劳动密集型向技术密集型和资金密集型的转换。

2005年,全区工业总产值203.4亿元,比1986年增长38倍;利税12.65亿元,比1986年增长40倍;工业增加值64.72亿元,占地区生产总值的50.2%。至2005年,全区引进工业项目188个,其中投资在3000万元以上的项目42个,年销售收入过500万元的工业企业235家。上市企业16家,进入成都市工业“五十强”6家,成都市民营企业“五十强”2家。

1986年,全县建筑施工企业27家。至2004年年末,全区有建筑业法人企业58家,建筑业个体经营户234家。建筑业法人企业单位完成建筑业总产值31.69亿元,资质内建筑企业房屋建筑施工面积487.68万平方米。

工业经济体制改革

管理体制改革

【管理职能改革】 1986—1995年,以计划管理为主。国有企业和城镇集体企业分属县上10多个部门,企业的“人、财、物,产、供、销”均由其主管部门直接管理。农村集体所有制工业则本着“谁开办、谁管理,谁受益、谁承担风险”的原则由出资单位管理,连同农村私营、个体工业,一并归口县乡镇企业管理局。县计委每年初对各部门、乡镇下达当年工业产值、销售、利润计划,年末由县委、县政府组织检查考核。

1995—2000年,逐步实行宏观管理。国有资本逐步退出,股份制经济、“三资”企业、私有经济在全县工业经济总量中所占比重日渐扩大并开始成为主体。1998年起,全县各种所有制工业企业均纳入县经委(工交办)统筹协调管理,初步实现辖区内工业由传统的条条管理转变为辖地管理。2000年,辖区内工业企业3483家,其中国有经济25家,集体经济410家,股份制经济221家,“三资”企业30家,私有经济2797家。工业总产值中,国有经济占4.98%,集体经济占14.21%,股份制经济占29.43%,“三资”企业占9.52%,私有经济占41.82%。根据工业经济变化的形势,原来由县计委每年对各部门、乡镇下达的工业“产、销、利”计划逐步由指令性改变为指导性,取消对企业的检查、考核、评比等行政性制约措施。

2000年始，政府对工业的管理主要通过政策导向、统筹、协调、行业管理、指导服务等方式实施宏观管理。

1986—1995年新都县乡镇及以上工业企业部分年份归属管理统计表

表10-1　单位：个

部　门	1986年	1988年	1990年	1992年	1993年	1994年	1995年
市属以上企业	6	5	9	13	11	17	33
县属企业合计	418	395	403	422	422	498	477
工业局	11	12	13	12	15	16	15
轻纺局	28	25	24	24	25	26	22
商业局	17	21	19	18	23	24	21
供销社	21	23	25	29	26	28	17
粮食局	11	6	6	6	9	12	5
农业系统	9	9	8	8	8	8	7
教育局	26	28	38	43	47	47	60
交通局	—	1	2	2	4	4	8
城建局	—	—	—	4	5	5	6
乡镇企业局	285	266	257	264	250	317	272
民政局	—	—	—	2	2	2	5
其他部门	10	4	11	3	8	9	39
总　计	424	400	412	428	433	515	510

【推行"五制"】 20世纪80年代初期，新都县借鉴农村改革试点的成功经验，率先在工业企业中推行"经营承包制、企业股东制、厂长聘任制、职工合同制、报酬浮动制"。"五制"成为新都工业企业"七五""八五"期间普遍实施的企业组织结构形式和管理模式。

经营承包，由企业领导班子或聘任的厂长（经理）向企业主管单位签订承包合同，最初为一年一订，后因企业发展和管理的连续性改为2~3年或一个约定的周期。1988年，全县有46家国有和城镇集体工业企业实行承包经营。1995年，境内52家国有工业企业、1833家城乡集体工业企业实行承包经营。在承包主体上，国有企业和城镇集体企业多为原领导班子集体承包，乡镇企业多为厂长（经理）个人承包。承包内容在初期多为大包干，即承包者只负责上交约定的利润，以后逐年完善。引入风险机制，实行财产抵押承包，承包内容包括利润、税金、技术改造、资产增值、发展后劲、安全生产、经营管理者和职工报酬与效益挂钩等指标。

企业股东制主要在乡镇企业中实施。企业开办之初，进厂务工的人员都要交一定数额的资本金（有的企业叫保证金），企业盈利时作为股金分红，企业亏损时作为风险金承担部分风险。交纳的数额是：工人200~500元，管理人员1000~2000元。有的企业是集资办厂或者招股筹资。城镇集体企业中，二轻局系统少数企业实行股金制度，每个职工交100~200元。股东制起到把企业利益同职工利益相结合的部分作用，同时缓解企业资金困难的状况。成都神农集团公司（原新都保健用品厂）1985年初创时，每个职工交股金4000元，1996年连同本金、红利，每人（股）返还3.3万元。

【**财务管理改革**】 1985年,针对相当部分企业管理混乱和无序的状况,县委、县政府下发《关于加强企业财务、成本、质量管理的通知》,并在每个阶段赋予新的内容,将企业管理水平逐步提升,使大多数企业获得巩固和发展。

在加强财务管理的过程中,县上根据企业不同起点,进行分类指导。对起步较早、有较好基础的国有企业和二轻企业,着重引进现代化决策和管理手段,使之逐步指标化、程序化、科学化、标准化和制度化。对起步不久的乡镇企业,则以"三化"(财务队伍专业化、账表规范化、财经纪律制度化)为目标,建机构,配人员,抓整顿,每年进行一次财务大检查。县委党校、电大、县职业高中均开设企业管理或财会专业班,培养经济发展急需的管理人员;选派人员到大、中专学校或者省、市有关部门举办的培训班学习、培训,多渠道、多形式、多层次培养人才。1986—1996年,仅新都县乡镇企业职工技术培训学校就培训企业干部职工12964人,其中厂长(经理)672人。1996年,全县乡镇企业有财务专业人员2050人,其中高级会计师1人,会计师29人,助理会计师713人,会计员1307人。

【**成本管理改革**】 1988年11月,针对宏观调控下不少企业运转困难、资金紧缺、产品严重积压的现象,县委、县政府组织指导企业开展"三查三定",即清仓查库,定积压产品和物资处理办法;查产供销中"跑冒滴漏",定堵漏措施;查应收款,定回收时间。通过"三查三定",提高自有资金比率、资金利税率、资金周转率;结合企业自身实际和市场动态,制定初级产品上层次,畅销产品、名优产品上批量,经营管理上等级的实施计划和目标。

1989年12月,针对部分企业活力不强,后劲不足的状况,县委、县政府引导企业在"四个结合"上下功夫,转变增长方式。一是微观与宏观结合,从过去靠外延扩大再生产转向靠内涵扩大再生产,从重速度转向重效益,从两眼向上要政策转向两眼向内挖潜力。二是计划与市场结合,主动调整产品、产业和企业组织结构,甘为大企业当配角,走专业化、社会化的路子,克服工业生产和发展中小而全、大而全格局。三是开源与节流结合,制定落实成本降低目标、存量盘活目标、效益增长目标和质量提高目标。四是困难与机遇结合,努力提高企业的职工素质、管理素质和技术素质,提高经济和社会效益。"四个结合"和"三转一调两提高"使企业改变思维定势,由粗放经营开始步入集约化经营的路子。

增产节约、增收节支是贯穿新都工业全过程的一项基础性管理。除企业自身纳入日常工作外,行政部门和群团机构也适时组织社会性活动不断推向深化。1990年2月起,县委、县政府在全县工业企业中开展的双增双节、升档达标、劳动竞赛活动,23个试点企业的工业产值比上年同期增长38.41%,利润增长2.44倍,税收增长47.13%。1991年9月7日,下发《关于深入开展"五查三定",提高经济效益的通知》,要求企业查库存、查欠款、查质量、查漏洞、查班子,定效益目标、定增效措施、定目标责任,把"双增双节"活动进一步引向深入。同时成立解决关停亏损企业领导小组,对全县182个关闭、停产、亏损的企业实行社会性招标承包或善后资产处理,激活沉淀资金11314万元。各部门和企业在不同阶段结合自身实际开展多种形式的活动,县委办公室、研究室、乡镇企业局根据县上安排,1985年至1986年,在机砖、服装行业开展升档活动;县工交办1986年组织企业"创十佳""六好车间""红旗班组"竞赛活动,1987年开展"双增双节"竞赛活动,1996年开展"学邯钢、抓管理、降成本、增效益"和创建"四好企业"竞赛活动;二轻局系统1987年二季度针对电力紧张开展"大战100天,向深夜进军夺高产"等竞赛活动均取得一定效果。

【**质量管理改革**】 县委、县政府将1986年定为质量管理年,要求企业结合承包经营责任制,坚持建立产品原始记录,严格标准计量。1991年,以贯彻国家"品种、质量、效益年"为契机,在全县工业企业中进一步开展以质量求生存、求发展和争创名优产品的活动。各主管部门和工业企业普遍建立健全质量管理机构,配备专职人员。1987—1992年,乡镇企业局持续在全县乡镇企业中开展“抓质量、上等级、全面提高企业素质”活动,促进企业巩固和发展。

1986—1991年,全县获省、市优秀质量管理小组称号34个,工业产品获优质产品奖112个,其中国优2个、部优20个、省优19个、市优71个。

设备管理、人事管理、安全管理、劳资管理、职工教育、企业文化等都随着企业的改革发展同步推进。1996年以后,随着企业产权改革的推进,境内工业企业所有制结构发生根本变化,现代化、信息化管理逐渐取代传统管理,一些曾在工业发展过程中发挥过重要作用的管理方式逐步淡出。

工业企业改革

【改革概况】 1993年以前,新都工业企业改革主要是围绕贯彻国家《中华人民共和国企业法》和《工业企业基层组织工作条例》《国营工业企业职工代表大会暂行条例》《国营工厂厂长工作暂行条例》,以激活企业内部潜力为目标,以经营承包责任制为载体,落实企业生产经营权、决策权,产品定价销售权、物资采购权、人事管理权、工资决定权、投资决策权、劳动用工权、留用资金支配权、资产处置权、机构设置权,使企业成为自主经营、自负盈亏、自我约束、自我发展的经济实体。1993年始,全县工业企业改革的重点转移到建立现代企业制度。1993年12月,县委办公室、县政府办公室印发《关于加强对我县股份制试点工作领导的通知》,提出“坚决试,不求多,务求好,不能乱”,妥善处理好股份制试点中出现的一些急需解决的问题,保证股份制工作健康发展。1994年4月9日,县委、县政府下发《关于转换企业经营机制、建立现代企业制度的决定》,提出“积极稳妥地组建股份有限公司,重点发展有限责任公司,大力推行股份合作制企业”。此后,先后制定《关于进一步推动企业产权制度改革的意见》《新都县股份合作制企业试行办法》《关于城乡集体企业产权界定若干问题的规定》《关于企业登记管理的若干暂行规定》《新都县股份制企业土地管理暂行规定》《新都县股份制企业审计暂行规定》《新都县股份制企业工会管理的通知》等30个配套文件。全县工业企业的改革进入了以产权为核心的实质性阶段。

【改革形式】 新都县在工业企业改革过程中,因企业和阶段而异,采取的主要形式有承包经营、租赁经营、兼并、摘牌、分块搞活、剥离后勤系统、破产、解体、出售、组建股份公司等10种形式。有的企业改革是多种方式综合采用或以不同方式经过多轮改革。

承包经营　改革初期普遍采用的方式。承包经营实行所有权与经营权相对分离,在内部实行以厂长(经理)为中心的管理体制,在计划经济向市场经济转型的初期,承包经营曾发挥过重要作用,为企业改革的深化奠定了基础。

租赁经营　有的企业因经营困难或因技术、资金、管理经验缺乏,将企业的场地、厂房、设备等生产资料租赁给厂外单位或个人经营管理,出租方按约定的条件收取租金,这种方式多在小型企业(特别是乡村集体企业)中采用。截至2005年,全区工业企业实行租赁经营123家。

兼　并　1995年前,企业兼并多系行政安排,组织同系统或跨系统的企业合并,由优势企业以承担全部债权债务和安置全部职工的方式兼并劣势企业。新都县氮肥厂于1988年11月兼并二轻系统的县家电厂,1990年9月兼并县饮料食品厂,1992年12月兼并乡镇企业新南玻璃厂。新都县标准件厂于1989年8月兼并县电子器材厂,新都钢圈厂于1986年兼并县针棉厂,县拉丝厂于1991年兼并繁江制鞋厂,县新新服装厂于1988年6月兼并县东湖服装厂,县包装材料厂于1991年9月兼并县竹器工艺美术制品厂,县汽配厂于1991年11月兼并新都宝光汽车制造厂。多数企业改制后,产权关系基本理顺,企业间的兼并多以经营拓展需要为前提,双方按市场规律自愿组合或有偿购并。

摘　牌　有的企业在创办初期自筹资本金,挂靠在乡、村或县的某个部门,每年给挂靠单位交一定数额的管理费,挂靠方则为其提供本单位牌子,企业凭此享受地方政府对集体企业减免税费的政策优惠。改革过程中,依据企业的原始投入及企业享受的减免费等情况,按净资产进行权属界定,在明晰企业产权关系的基础上,解除与挂靠单位的隶属关系,挂靠单位不再承担企业的经济和法律责任。摘牌后的企业按财产权属组成股份制公司或股份合作制企业。至2005年年底,全区企业摘牌163家。

分块搞活　改革开放后,有的企业在发展过程中利用富余的生产力(资金、技术、人员、设备、场地等)发展多种经营,兴办与主导产品相关或不相关的经济实体,经过一定时期的发展,这些新办的实体不断壮大,有的自成体系。一些原被兼并的企业经过兼并方的扶持整合后,有的也恢复了新的生机。在企业改组时,依据产品或经营特征,在企业双方自愿的前提下,凡具备独立条件的,鼓励其脱离"母体"独立发展。

在企业早期的改革中,曾进行划小核算单位的尝试,1993年前后,新都县工业系统的氮肥厂、印刷制版中心、标准件厂、水泥厂、铁锅厂、沙发家具总厂、页岩砖厂7个企业曾以车间、分厂为基础划分为独立核算单位27个。但因不是法人主体的变更,仅是一种激活内部潜力的改革,尝试不成功。

剥离后勤系统　根据中央和省市有关精神,对企业兴办的学校、幼儿园、食堂、医院、招待所等后勤保障设施移交地方政府部门或实行社会化管理。1995年始,县属企业新都县氮肥厂的食堂、招待所、医务室,四川印刷制版中心的职工食堂陆续承包或租赁经营,实行独立核算,自负盈亏,并脱离企业编制序列。2000年10月,成都旭光电子管厂等企业联办的职工子弟学校"星光中学"划入县教育行政部门直接管辖,更名为新都县第五中学。同年2月,红光电工公司职工医院的设施、设备由新都县人民医院以租赁的形式接收管理,开办新都县人民医院电子路分院,红光职工医院19名医护人员由县医院留用安排。自此,辖区内工业企业自办的有社会属性的后勤系统全部剥离。

破　产　2000年12月,县经委(工交办)直属的城镇集体企业县旭光钢制品厂经县法院批准立案依法破产,是新都县第一家依法破产的企业。至2005年,境内共有11家工业企业依法破产,其中县属企业7户:县旭光钢制品厂、县拉丝厂、县标准件厂、县铁锅厂、县工艺美术锦缎厂、县羽绒制品厂、毗河油厂。省市属企业4户:红光电工公司、庆光电工厂、建川机械厂、268厂。破产企业,解除职工劳动合同,并以现金补偿的形式予以安置。

解　体　企业严重资不抵债,生产经营活动长期停止且无法恢复,又不具备破产条件的(主要是无资产),由法院裁定予以解体,善后工作由企业原主管部门负责。至2005年,县新新服装厂、县香城鞋厂、成都天府电机厂依法解体。

出　售　关停或破产企业向社会招标出售。或生产经营正常的企业为集中资金发展主导产品,将一些独立性较明显的传统产品或配件生产车间、分厂出售给单位或自然人,如四川印刷制版中心先后出售4个分厂(车间)给职工个人,组建为4个股份合作制企业;新都龙虎(集团)股份有限公司新建的带钢厂以810万元的价格出售给攀钢集团。至2005年,全区出售工业企业89家。

组建股份公司　亦称改组。集体企业改组的基本做法是:分配存量,配售增量,合股经营。具体做法是:界定产权,严格按照谁投资谁所有,有账查账,无账协商的原则界定;量化分配股,将企业评估后的净资产按照工龄长短、贡献大小、职务高低、技能强弱等综合因素量化到职工个人。量化方案及每个人头的数额都必须提交职工代表大会讨论通过,参加会议的职工都必须在相关决议上签字盖章;凡享受分配股的职工必须按确定比例配售现金股。企业以新的财产改组为股份制或股份合作制企业。

国有企业改组在界定产权的前提下,有的是引入外来资本组成有限责任公司或股份合作制企业;小型国有企业则出售给职工,将企业改组为民营企业。大中型企业按《中华人民共和国公司法》改组为全资国有公司。1995年,全县有股份公司或股份合作制企业742家。至2005年,全区国有和集体所有制工业企业中,除已关停和即将关停、破产、解体的外,尚有成都油缸厂等10家国有企业,其余均按规定改组成了新机制企业。

【国有工业企业产权改革】 1986—2005年,境内国有工业企业进行产权改革32家,其中改组为有限责任公司9家、兼并8家、破产7家、关停解体7家、转让1家。32家企业中,县属企业22家,省市属企业10家。

至2005年末,新都境内国有工业企业10家。其中,未改制企业5家:成都市新都区自来水公司、成都油缸厂、化工部晨光二厂成都分厂、晨光化工研究院新都合成材料厂、四川地矿化工厂;国有控股企业5家:四川川化集团成都望江化工厂、四川省冶金机械厂、成都普惠生物工程有限公司、一汽青岛汽车厂成都分厂、成都市新宿墙体材料应用发展公司。

1989—2005年新都国有工业企业产权改革情况表

表10-2

权属	企业名称	改革方式	完成改革时间
县属	新都县电子器材厂	新都县标准件厂兼并	1989年
	新都县饮料食品厂	新都县氮肥厂兼并	1990年
	国营新繁酒厂	关停,人员合并到新繁泡菜厂	1994年
	新都县水泥厂	改组为股份制企业,国资退出	1997年
	四川成都市新都食品厂	新都工贸公司承债兼并	1997年
	新都县氮肥厂	剥离分厂后,引入外资改组为股份公司,2001年国资退出	1999年
	新都县页岩砖厂	新都如意公司购并	1999年
	新都县粮食局城关面粉厂	关停,职工解除劳动合同	2000年
	新都县粮食局新繁面粉厂	关停,职工解除劳动合同	2000年
	新都县商业局新繁糖果酿造厂	关停,职工解除劳动合同	2000年
	新繁泡菜厂	被县外企业承债兼并后改组为有限责任公司	2000年
	四川新都县煤建公司蜂窝煤厂	停办,职工解除劳动合同	2000年
	国营新都酒厂(新都商建司)	成都迪生建筑公司收购	2000年
	成都啤酒集团有限公司	1998年被四川蓝剑集团并购,2001年加入华润蓝剑啤酒总公司	2001年
	新都县标准件厂(农机厂)	依法破产	2001年
	新都县铁锅厂	依法破产	2001年
	四川印刷制版中心(原县印刷厂)	剥离分厂后改组为股份制企业	2001年
	国营成都食品厂(大丰糖果酿造厂)	关停,职工解除劳动合同	2001年
	新都县酿造厂	新都工贸公司承债兼并	2001年
	新都县粮食局饲料厂	关停,职工解除劳动合同	2002年
	新都县粮食局月波桥加工厂	关停,职工解除劳动合同	2002年
	新都县毗河油厂	依法破产	2004年

续表 10-2

权属	企业名称	改革方式	完成改革时间
省市属	国营旭光电子管厂(779 厂)	改组为股份有限责任公司	1993 年
	四川省永星电子有限公司(893 厂)	改组为股份有限责任公司	1998 年
	四川冷霸实业有限公司(原国营建川机械厂)	依法破产	1999 年
	成都铝箔厂	债转股后改组为华西铝业股份有限责任公司	2001 年
	庆光电工厂(原红光八分厂)	依法破产	2003 年
	成都锦江油嘴油泵厂	转让给成都量具刃量总厂	2004 年
	四川金都光电仪器厂(268 厂)	依法破产后由成都光明光电仪器有限责任公司收购重组	2004 年
	成都西南电工有限公司(原西南电工厂)	改组为股份合作制企业	2004 年
	四川冶金机械厂	并入国资大型企业攀成钢集团	2004 年
	成都红光电工公司(879 厂)	依法破产	2005年

【县属城镇集体工业企业产权改革】 1986—2005 年,共 23 家县属城镇集体工业企业进行产权改革,其中改组为股份合作制企业 6 家、破产 4 家、解体 6 家、兼并 6 家、转让 1 家。

1986—2003 年县属城镇集体工业企业部分年份产权改革情况表

表 10-3

企业名称	改革方式	完成改革时间
新都县针棉厂	合并到新都县钢圈总厂	1986 年
新都县东湖服装厂	合并到新新服装厂	1988 年
新都县家电厂	新都县氮肥厂兼并	1988 年
新都县聚氨脂泡沫塑料厂	合并到二轻工业供销公司	1988 年
新都县布鞋二厂(繁江制鞋厂)	合并到新都县拉丝厂	1991 年
新都县竹器工艺美术制品厂	合并到新都县包装材料厂	1991 年
新都县化工厂	停产多年,拟解体	1996 年
新都县沙发家具总厂	改组为股份公司	1996 年
新都县铜线厂	停产多年,职工已解除劳动合同拟解体	1996 年
新都县布鞋一厂(香城制鞋厂)	解体	1997 年
新都县汽车配件厂	改组为股份合作制企业	1997 年
新都县包装材料厂	停产多年,拟解体	1997 年
新都县钢圈总厂	车轮分厂和车架分厂分离后分别组建为股份合作制企业新宝公司和宏盛公司,总厂注销	1999 年
新都县新繁印刷厂	引入区外资金组成股份合作制企业	1999 年
新都县三益翻胎厂	改组为股份合作制企业	1999 年
新都县离合器厂	改组为股份合作制企业	2000 年
新都县旭光钢制品厂	依法破产	2000 年
新都县拉丝厂	依法破产	2001 年
新都县新新服装厂	解体	2001 年
新都县化工试验厂	其合资主体新都县旭光钢制品厂破产后,一并依法解体	2001 年
新都县工艺美术锦缎厂	依法破产	2002 年
新都县羽绒厂	依法破产	2002 年
新都县环保设备厂	区外企业并购	2003 年

工业经济发展

技术改造

【技改项目管理】 1987年6月,县工交办根据市、县有关精神,制发《技术改造管理办法(试行)》,对立项报告、可行性研究报告、扩大初步设计、实施方案等都做出具体规定,对技改项目三个阶段、九个步骤进行全过程跟踪管理,随时掌握项目进展情况,及时了解、指导、协调和服务。1991年,县委、县政府规定对新上项目、技术改造项目都必须实行"五定责任制",即定项目投资、定工程质量、定投产时间、定责任人员、定奖惩办法。为鼓励企业技术改造,从2000年起,县财政每年拨出200万元用于企业技改贴息(当年实际使用财政贴息资金100万元)。

1986—2005年,全区完成工业技术改造项目2517个,总投资59.72亿元。其中2000—2005年6月完成技改项目1607个,总投资25.55亿元。

【技术进步与创新】 20世纪80年代末期,县委、县政府引导和激励企业积极开发新产品,采用新技术、新工艺、新设备、新材料,推进产品升级换代,增强发展后劲。1986年,县氮肥厂投产的4万吨联碱项目,在设计上采用当时国内最先进的新技术10项、新材料2项,项目投产后单机、双机和满负荷生产均超过设计能力,其中盐耗、蒸气耗、氯化铵含水量指标达到或超过国内先进水平,被化工部誉为中国第二代制碱工业水平的代表。四川省印刷制版中心先后从西德、日本、中国台湾地区引进具有80年代和90年代国际生产水平的设备,生产能力达到分色制版4万对开色令/年,胶印45000万印/年,建成西南地区第一家全自动封闭式阳图型PS版生产线,年产PS版150万张。1992年起,新都鸿基木业有限公司先后从法国施乐得公司引进木地板生产线,从意大利引进具有90年代先进水平的设备8台(套),从台湾引进自动油漆生产线,形成以企口木地板和实木装饰件为主的现代化生产企业。

在引进先进生产方式的同时,鼓励企业积极参与国际国内科技交流,走自主创新、科技兴企的路子。2000年,人事部正式批准成立四川科伦实业集团有限公司博士后科研工作站;经国家和省批准,建成旭光电子工程技术中心、科伦大输液工程技术中心等工程技术研究中心5个。多层次、多渠道加大对科技投入,2005年全区投入科技研发资金2.03亿元。至2005年,全区有经国家、省、市科技行政管理部门认定的高新技术企业和科技型企业59家,其中高新技术企业22家;国家授权专利918件,创四川省名牌产品19个,四川省著名商标16个,国家免检产品4个。2005年,全区科技成果转化率88%,科技进步对经济增长的贡献率达到56.14%。

全区拥有自主知识产权的企业逐年增多,四川省印刷制版中心1991年研制并批量生产的印刷特殊胶辊,各项技术指标均超过国家技术标准,其售价仅为进口价的10%左右,替代使用在从日本、法国进口的胶印机上。新都环境工程专业设备厂研制的纺织印染废水净化设备先后获省科技进步奖、中国第三届发明奖、全国星火计划金奖、加拿大蒙特利尔国际发明博览会银奖,国家科委推荐并批准该产品参加中国—南斯拉夫直接长期合作项目,产品出口泰国、马来西亚和印度尼西亚。科伦大药厂生产的阿昔洛韦注射液,旭光公司研制的陶瓷真空开关生产技术达到国际先进水平;轻金属(PECC)表面陶瓷化处理技术,高频电力操作电源、电喷(472Q)四缸汽油机、(495Q)曲轴箱生产技术等一批工业生产技术和产品达到国内先进水平。

2002—2005年新都获省、市政府科技进步三等奖以上的工业技术或产品

表10-4

企业名称	获奖工业产品或技术名称	获奖等级	获奖时间
新都环境工程专业设备厂	中小城市高效经济污水处理技术	省政府二等奖	2002年
四川科伦大药厂	阿奇霉素氯化纳注射液	省政府二等奖	2003年
成都旭光电子股份有限公司	DB8001型真空管	省政府三等奖	2005年
成都旭光电子股份有限公司	DB926金属陶瓷发射管	市政府二等奖	2002年
四川科伦大药厂	年产400万瓶盐酸左氟沙星注射液	市政府二等奖	2002年
成都市新繁食品有限公司	绿色功能菌(群)发酵制剂泡菜关键技术研究与开发	市政府二等奖	2002年
四川炬光印刷器材有限公司	阳图热敏型CTP板	市政府三等奖	2005年
成都旭光电子股份有限公司	DB944型电子管	市政府三等奖	2005年
成都旭光电子股份有限公司	TD-40.5/2000-31.5W真空灭弧室	市政府三等奖	2003年
成都市新都凯兴科技有限公司	CN系列差速捏合机	市政府三等奖	2002年
成都市成保发展有限公司	简易工况法(ASM)汽车排放测试系统	市政府三等奖	2003年
四川科伦大药厂	阿奇霉素氯化纳注射液	市政府三等奖	2003年

2005年新都区高新技术企业名录

表10-5

序号	企业名称	行业	认定时间	法人代表
01	四川科伦药业股份有限责任公司	生物医药	2000.08	刘革新
02	四川永星电子有限公司	电子信息	2003.05	余北海
03	成都工研科技股份有限公司	机械制造	2002	杨冰
04	成都顺达利聚合物有限公司	新材料	2002.02	夏佐贵
05	成都神农高技术有限公司	医药器械	1999	马留文
06	成都欣宇生物有限公司	生物医学	2003.05	薛会春
07	成都正恒动力配件有限公司	汽车配件	2003.07	刘帆
08	成都旭光电子股份有限公司	电子信息	2002	陈大江
09	四川炬光印刷器材有限公司	新材料	2001.12	黄载贵
10	成都三利亚中瓷有限公司	新材料	2001.11	张小林
11	四川明天精细化工有限公司	化工	2000	向天富
12	成都森科制药有限公司	生物医学	2004.05	罗玉成
13	成都紫江包装有限公司	新材料	2003.07	郭峰
14	成都锦尚科技有限公司	新材料	2003.10	黄建基
15	成都精密电机厂	机电一体化	2002	彭名涛
16	成都新力设备制造有限责任公司	矿山机械	2004.03	李朝建
17	成都银河动力科技股份有限公司	汽车配件	2004.03	郑永龙
18	成都乘风阀门有限责任公司	石油机械	2001.12	丁骐
19	四川世创达电子科技有限公司	电子信息	2005.05	金科
20	成都成保发展股份有限公司	机械电子	2005.07	李宏智
21	成都亚浦耳实业有限公司	光电子	2005.11	戴坚
22	成都多林电器有限责任公司	机械电子	2005.11	许多平

外联内引

【工业招商引资】 1986年在县、乡、机关工作人员中开展“我为横向经济联合做件事”的“十个一”活动(引进一个项目、一笔资金、一名人才、介绍一笔业务、推销一批产品、提供一条信息、改革一项工艺、推介一门技术、帮企业解决一个难题、提一条合理化建议)。1990年开始,根据各部门和乡镇实际,每年下达招商引资任务,年末由县目标办统一检查考核。1995年在工业区成立招商公司,1998年成立新都县招商局,2001年重新组建招商局,进一步充实加强招商力量。2000年始,借西部大开发和沿海工业企业西移、外资企业西进的机会,新都实行区级领导分片联系国内外有关地区定向招商。2001年,全县引进工业税源项目186个,总投资26.9亿元,当年到位资金9.45亿元。2005年,全区深入开展“项目年”活动,要求各级干部牢固树立“抓项目就是抓发展,抓发展就是抓落实”的观念;领导带头,全民参与,实行重大项目领导跟踪负责制。同时进一步加强基础设施建设、规范服务型政府建设力度,不断优化投资环境,增强招商引资实效。2005年,全区引进工业项目188个,其中投资在3000万元以上的项目42个,协议投资34.83亿元,当年到位资金9.55亿元。中国西部家具产业园、香港天锡集团汽车配件生产线项目总投资均在5亿元以上,浙江金哥集团、东方希望集团等21个项目投资均在1亿元以上。

【引进十厂一所】 20世纪80年代末至90年代初期,新都县抓住国家“三线”工业布局调整的机遇,先后引进四川永星电子有限公司(893厂)、国营红光电工厂(879厂)、国营庆光电工厂、旭光电子管厂(779厂)、成都油缸厂、成都铝箔厂、国营建川机械厂、四川金都光电仪器厂(268厂)、锦江油嘴油泵厂、晨光化工厂和中国燃气涡轮研究所(院),“十厂一所”迁建时总投资17亿多元,占地2.4平方公里,1990年始陆续建成投产。

【引进成都外迁企业】 2001年,成都市工业布局调整,成都东郊的工业企业全部外迁。当年9月,新都县组成引进东郊外迁企业办公室。在市、区有关单位的配合下,至2003年共引进成都外迁企业36家。总投资39.63亿元,占地3699亩,其中落户卫星城工业区13家,分布在6个镇工业集中区23家。

新都区引进的36家成都外迁企业分别是:成都冶金实验厂、川化集团成都望江化工厂、成都工具研究所、成都光明器材厂、成都三电股份公司线缆厂、东升铁塔厂、锦合纺织有限公司、成都川锋拷胶有限公司、成都制药一厂、中汽成都汽车配件公司、成都银河创新股份公司、成都新材实验厂、宇航精铸厂、成都发动机(集团)公司、成发科技股份公司、成都新星电器股份公司、成量集团、成量股份公司、成都三电股份公司、四川链条总厂、成都仪表厂、成都化工研究设计院、十里店标准件厂、成都树先栅栏标件厂、成都通力自动化控制设备公司、成都砂轮有限公司、交通部成都汽车保修机械厂、成都汽车总厂车轮厂、川西石油机械厂、成都通安达实业有限公司、成都化工厂、成都市除尘净化设备厂、成都科龙化学试剂厂、成都鑫金河环保设备公司、四川水泥制品厂、成都天剑机械设备制造公司。

【兴办“三资”企业】 中外合资、中外合作、外商独资(简称“三资”)企业是新都工业的重要组成部分,其工业总产值1995年占新都辖区内总量的9.52%,2000年占10.73%,2005年在规模企业中占18.9%,利税总额在规模企业中占29.27%。

20世纪80年代末期,一些境外客商纷纷到新都参观考察,并与一些企业进行业务合作,但多为探索性和商务性的单项合作。1991年,台商吴金郎在三河镇花园村开办大富饲料厂(后改为大富石材厂),同年11月,成都协力魔芋科学种植加工园有限公司(香港)在斑竹园镇建立。此后"三资"企业逐年增多,1992年3家、1995年25家、2000年30家、2005年全区注册登记的"三资"工业企业39家,实际生产经营的35家,其中规模企业25家。35家企业涉及12个国家和地区,其中日本3家、美国1家、新加坡1家、加拿大2家、德国1家、英国1家、法国1家、澳大利亚1家、西萨摩亚1家,中国香港地区13家、台湾地区10家。在资本构成方面,外方独资18家,占51.43%;中外合资13家,占37.14%;中外合作4家,占11.43%。行业涉及机械、化工、食品、服装、电器、电子元器件、日用品制造、印刷、包装、医药等10多个类别。2005年,全区生产经营的35家"三资"法人企业资产总额24.46亿元,负债13.55亿元,所有者权益10.91亿元。其中,港台投资法人企业资产9.4亿元,负债4.9亿元,所有者权益4.5亿元;外商投资法人企业资产15.06亿元,负债8.65亿元,所有者权益6.41亿元。

2005年新都区"三资"企业一览表

表10-6

序号	企业名称	企业地址	主要产品
01	成都锦兴针织有限公司	新都镇新军路668号	纯棉针织内衣裤
02	成都市伟翔日用品有限公司	三河街道花园村5组	食用调味香精、玩具
03	成都紫江包装有限公司	新都工业区	PET塑料包装材料
04	成都景丰嘉讯科技有限公司	大丰街道华美村	显卡
05	成都平大机械有限公司	新都工业区	印刷、包装
06	成都市雪利达羽绒厂	泰兴镇普河村	羽绒制品
07	成都美野皮件有限公司	新都镇施营村	皮革制品生产销售
08	成都大富石材厂	三河街道花园村	花岗石材
09	成都协力魔芋科学种植加工园有限公司	斑竹园镇	魔芋精粉
10	成都祥利电子有限公司	新都镇	陶瓷电容器
11	成都汤姆斯食品有限公司	新都工业区	糖果
12	成都玖源化工有限公司	新都镇新新路	尿素、纯碱
13	成都玖源复合肥有限公司	新都镇新新路	高效生态复合肥
14	紫荆花制漆(成都)有限公司	大丰街道华美村	乳胶漆、聚脂漆
15	四川鸿昌塑胶工业有限公司	新都工业区	日用塑料制品
16	成都运城制版有限公司	新都工业区	凹印版辊
17	成都中富胶膜有限公司	新都工业区	PE胶膜、OPP薄膜
18	成都泰克电子有限公司	新都工业区	电子元件
19	四川协丰医药保健有限公司	新都镇新东村	中药材加工
20	成都东洋滤机有限公司	新都桂林路111号	汽车、摩托车空气滤清器
21	成都中富瓶胚有限公司	新都工业区	PET瓶胚
22	豪特容积热水器(成都)有限责任公司	新都工业区	容积式热水器
23	四川新加印刷器材有限公司	新都工业区	阳图型PS版
24	华润蓝剑(成都)啤酒有限公司	新都镇宝光大道南段	啤酒
25	成都博阿食品有限公司	新都工业区	猪肠衣
26	成都市金汇门窗有限公司	新都镇桂红路	塑钢门窗

续表 10-6

序号	企业名称	企业地址	主要产品
27	四川华瑞电位器有限公司	新都镇电子路	电位器
28	成都可口可乐饮料有限公司	新都工业区	饮料
29	成都千方中药饮片有限公司	新都镇五龙路	中药饮片、六神曲
30	成都瑞德塑胶制品有限公司	新都工业区	硅芯管、碳素管
31	成都宝光蓄电池工业有限公司	三河街道花园村	蓄电池
32	成都宏大实业有限责任公司	新都镇城守村	硬质合金
33	巴鲁夫传感器(成都)有限公司	新都镇电子路	传感器
34	成都世兴羽绒有限公司	泰兴镇普河村	水洗羽毛
35	成都统一实业包装有限公司	新都工业区	食品、饮料空罐彩印马口铁

工业发展

【规划与实施】 20 世纪 80 年代初期,工业企业布点在新都镇、新繁镇,主要是以“五小”工业为主的国有企业和城镇集体企业,依托两镇的能源、通讯等基础设施。80 年代中期,农村工业迅猛发展,企业就地办厂,农民就地务工。星罗棋布的农村工业给农村经济注入新的活力,但也给通讯、能源、交通、环保等建设带来巨大的压力。为实施县委提出的城乡一体化目标,优化配置和使用社会资源,1992 年起,新都县开始实施工业向园区集中的计划,建设新都卫星城工业区。各乡镇也以集镇为中心,加强与工业小区配套的基础设施建设。2002 年 1 月新都撤县建区后,区委、区政府坚持把工业集中区建设作为调整工业布局和结构的战略性措施,规划“一区一园一中心”的建设方案,集中人力、物力、财力,在成绵高速公路以东的新都镇黄河村、君跃村、泗义村及泰兴镇普河村建设占地 7.86 平方公里的卫星城工业区东区;在新繁镇建设占地 6 平方公里的成都家具产业园;在新都镇的毗河、天元、毗桥村建设占地 2.4 平方公里的成都市新都物流中心。

全区工业主要集中在新都卫星城工业区、成彭路家具产业带及大丰、龙虎、泰兴、斑竹园、军屯、马家、石板滩等镇的工业小区。

新都区是成都市规划的机械、食品、家具三大产业基地。新都区的五大支柱产业中,机械、医药、电子电器及信息工业主要集中在卫星城工业区;食品集中在卫星城工业区及军屯镇和斑竹园镇;工业东区规划建设电子、食品、机械制造、医药、综合、新兴产业园 6 个。家具工业主要集中在新繁镇至龙桥的成彭路家具产业带。家具产业园总投资 88 亿元。建设目标是:集家具研发、培训、生产、产品展销、林产品交易及物流为一体,产业链完善,各种服务设施配套的集中、集群、集约发展的家具产业集群区,全部投产经营后年实现产值 100 亿元,市场交易额 30 亿元,吸纳劳动力 6 万人。

【政策导向】 1984 年,新都县运用四川省给予试点县财政包干的政策,对新办集体企业从正式投产之日起,免缴工商税 1 年、所得税 1~3 年;对老企业实行税收递增包干。此后,县委、县政府根据经济发展的形势和省市给予试点县的权限,适时制订或调整政策措施,在国家宏观调控、银根紧缩的情况下,努力创造搞活企业的小区气候,给企业不断注入新的活力。

1991 年 3 月,新都县制发《关于扶持重点工商企业的试行办法》,明确:银行新增流动资金规模优先用于重点企业,技改项目优先评估,资金优先安排到位,优先办理承兑汇票;财政周转金及县、局、乡

(镇)的企业发展基金优先扶持重点企业;经人民银行批准,重点企业可以向社会发行短期融资债券;经税务部门审核批准,重点企业可以提高固定资产折旧率;重点企业开发新产品、新技术、扩大优质产品生产规模可申请减免投资方调节税。

1992年,县委、县政府制发《关于进一步扩大对外开放的若干政策》,对新办村以上集体企业从销售之日起免征所得税、产品税、增值税1~6年;企业免税期满后,纳税确有困难,经企业申请,税务部门批准,还可以给予适当减免;外地投资者到新都投资或联办生产性企业,减免税期满后,可实行定期定额比例递增的办法上缴所得税。同年4月,新都县制发《关于鼓励外商投资的规定》,外商在项目选择、税收缴纳、土地使用等均享受更加优惠的条件。

1993年4月,县委、县政府制发《关于进一步放宽和调整企业登记管理,促进经济发展的意见》,提出除国家垄断的行业外,其余产品和行业全部放开,取消部分生产、经营许可证的限制,开办各类公司、企业不再经政府行业主管部门批准,企业可直接向工商行政管理机关申请,核发企业法人营业执照。

1997年,县委、县政府制发《关于加快发展私营个体经济的意见》,提出:私营工业企业投资规模在200万元以上,从实现销售之日起,增值税、营业税、所得税免2年,减半征收3年;私营工业技术改造新增加的销售收入,税收在两年后以年数递增10%为基数,超收部分由财政全部返还;私营工业企业兴办第三产业的全部税收均享受免2年减半征收3年的优惠;私营企业参与城镇基础设施建设,免收招标费、审标费、统建费、墙改基金、商业网点建设基金、中小学危房改造基金、邮电设施配套费、电力集资费、规划管理费,执行固定资产投资方向零税率,免征建筑营业税。

1998—2005年,根据"相对集中,扶优扶强,注重环保"的要求,以结构调整为主线,以技术创新为动力,做大做强一批大企业和集团,做精做专一批中小科技型企业;重点培育壮大机械、食品、电子电器及信息、医药、家具等主导产业,扶持成都豪特容积热水器、鸿基木业有限公司、四川科伦大制药厂等33户重点优势企业和10户重点扩张型企业的发展,使其形成规模效应、品牌效应;加大对传统产业的技术改造力度,加快高新技术项目的产业化实施进程,着力打造一批名牌产品,培育一批年销售收入过10亿元、税收过5000万元的工业"龙头"企业。

将工业发展实绩、招商引资效果列为对乡镇和区级各部门工作考核的主要内容;每年评选表彰一次发展工业的先进单位和优秀厂长(经理)。1991—1997年,新都县对工业企业实行经济效益与政治待遇挂钩的办法:年销售收入5000万元、利润500万元以上的企业现任厂长、书记享受副县级政治待遇,副厂长、副书记享受正局级待遇;年销售收入过2000万元、利润200万元以上的厂长、书记享受正局级政治待遇,副厂长、副书记享受副局级政治待遇;年销售收入过1000万元、利润100万元,厂长和专职书记享受副局级政治待遇。在规划期内,凡年销售收入突破5000万元、利润突破500万元的企业,其厂长记县级一等功一次,授予县劳动模范称号。1986—1998年,对发展工业成绩突出的国有和集体企业的正副厂长(经理),人事部门通过考核评审,将其优秀者录为国家干部。

1991年起,根据企业规模、科技水平和产值、销售、利税等指标,每年确定一批县的重点优势企业,实行政策倾斜、重点扶持。

1991年,新都县重点优势企业11家:新都县氮肥厂、新都县工艺美术锦缎厂、四川印刷制版中心、新都县钢圈厂、四川新兴公司、新都县钢窗厂、新都县保健用品厂、桂湖水泥厂、新都县溶解乙炔厂、新民保温材料厂、新都县马家肠衣厂。

1994年,新都县重点优势企业15家:新都县氮肥厂、四川印刷制版中心、新都县工艺美术锦缎厂、新都县钢圈厂、天元集团公司、桂湖实业有限公司、新兴集团公司、四川成龙公司、新都钢铁厂、四川福道公司、神农集团公司、成都宏大集团食品有限公司、川虎电缆股份有限公司、新炬股份有限公司、龙虎门窗集团公司。

2005年新都区重点优势企业情况表

表10-7 单位:亩、万元

企业名称	产品生产能力	产 量	占 地	产 值	增长%	税 金	增长%	人 数
华润蓝剑(成都)啤酒有限公司●	啤酒20万吨	啤酒11.5万吨	100	21947.7	17.1	5715.9	-25.0	962
四川科伦药业股份有限公司●○	大输液6亿瓶	大输液5.35亿瓶	128	93000.0	23.3	5468.0	31.8	2091
成都旭光电子股份有限公司●○	真空开关管17万只,电子管5000只、真空断路器5000台	真空开关管13万只,电子管2000只、真空断路器1000台	113	27649.3	-3.2	1515.0	-39.1	1778
成都可口可乐饮料有限公司●	可口可乐系列产品13万吨	可口可乐系列产品11万吨	600	35593.9	31.0	1582.3	28.7	1014
成都玖源化工有限公司●	尿素8万吨、纯碱9万吨、氯化铵10万吨	尿素6.6万吨、纯碱7.9万吨、氯化铵9.2万吨、合成氨7.8万吨	255	34372.7	26.5	1774.3	67.0	798
成都正恒动力配件有限公司●	汽车发动机缸体40万台	汽车发动机缸体38万台	35	19102.0	24.0	2490.3	136.8	589
四川省冶金机械厂	设备制造及备件1万吨、电炉钢7000吨	设备制造及备件3万吨	252	30625.2	50.0	2253.4	2.9	1820
四川永星电子有限公司	电阻电位器30亿只	电阻电位器6.4亿只	156	10436.2	43.4	1062.0	9.4	993
一汽解放青岛汽车厂成都分厂	轻、中、重型卡车1万辆	轻、中、重型卡车4301辆	272	75054.0	24.5	676.7	-80.6	324
华西铝业有限责任公司	铝板、铝箔3万吨	铝板、铝箔1.6万吨	200	30766.5	16.1	1370.3	33.0	520
豪特容积热水器(成都)有限责任公司	容积热水器15万台	容积热水器6.4万台	65	14151.1	42.6	630.4	-21.1	261
成都桂湖实业有限公司	水泥60万吨	水泥50万吨	106	13279.3	44.7	1320.6	14.2	1080
成都中富瓶胚有限公司	瓶胚5.5亿支 PET瓶1.1亿只	瓶胚5.2亿支 PET瓶5913.5万只	20	39156.5	66.5	792.5	24.3	138
成都银河动力股份有限公司	气缸套250万只,活塞350万只	气缸套195万只,活塞175万只	456	15905.3	-35.3	659.3	113.1	2000
四川炬光印刷器材有限公司	PS版1200万平方米	PS版1100万平方米	125	32950.0	12.1	1174.7	83.3	294
成都平大机械有限公司	多色印刷品2.9万对开色令、复合铝箔900吨	多色印刷品2.2万对开色令、复合铝箔466吨	100	1849.0	68.8	145.9	-5.3	169
新都如意实业有限责任公司	水泥25万吨	水泥22.8万吨	120	4581.6	2.3	661.1	39.2	568
成都银线电杆有限公司	水泥电杆20万段	水泥电杆3.9万段	50	1763.0	-17.8	392.6	64.6	200
成都工研科技股份有限公司	精密切削刀具150万片	精密切削刀具100万片	80	6086.5	42.0	592.3	32.1	412
四川大西洋焊接材料股份有限公司成都分公司	电焊条2万吨	电焊条2万吨	21	6925.4	-9.9	618.3	-20.3	125

续表 10-7

企业名称	产品生产能力	产　量	占　地	产　值	增长%	税　金	增长%	人　数
四川省新都鸿基木业有限公司	木制企口地板 100 万平方米,集成材 2 万立方米	实木地板 52 万平方米	80	5998.9	-22.7	424.6	11.1	600
福建达利食品有限公司成都分公司	饼干 1 万吨	饼干 1.1 万吨	110	13635.1	30.2	941.9	56.2	880
中汽成都配件有限公司	凸轮轴 100 万支	凸轮轴 70 万支	120	10106.7	-5.7	949.9	-41.3	518
四川新都龙虎(集团)股份有限公司	焊接管 2.5 万吨、钢带 2.5 万吨、PVC 塑料型材 0.5 万吨	焊接管 1.6 万吨、钢带 1.1 万吨、PVC 塑料型材 0.1 万吨	57	14999.0	37.1	471.2	29.9	327
成都三利亚中瓷有限责任公司	背投彩电散热器 100 万只,PDP 保护屏 100 万片	背投彩电散热器 30 万只,PDP 保护屏 10 万片	140	6052.0	-39.5	765.1	-9.4	400
成都市新神风实业有限责任公司	汽车车架 23000 台	汽车车架 15266 台	86	5334.0	-11.4	729.5	516.3	420
成都紫江包装有限公司	PET 瓶 1 亿只	PET 瓶 1.27 亿只	47	6668.3	-19.9	88.2	-6.1	74
成都西南电工有限公司	漆包线 6000 吨	漆包线 3738 吨	67	14068.9	-5.3	305.0	-19.5	431
成都万友滤机有限公司	汽车、摩托车滤清器 230 万套	空气滤清器 145 万套、汽油滤清器 31 万只、滤芯 6900 只	10	3768.2	1.0	272.5	-2.2	154
成都第一制药有限公司	西药、中成药 4400 万元	西药、中成药	100	3865.5	-12.2	219.1	-31.2	186
四川省印刷制版中心有限公司	多色印刷品 25 万对开色令	多色印刷品 23 万对开色令	22	2664.2	-18.8	179.6	-19.3	227
成都诚实大港彩色钢板有限公司	彩色钢板 5 万吨	彩色钢板 3 万吨	75	14523.4	7.5	502.5	49.7	92
四川金雕离合器有限公司	离合器钢片总成 50 万片	离合器钢片总成 43 万片	24	7500.0	25.0	282.8	10.6	198
成都市大丰花都陶瓷实业有限公司	地砖 120 万平方米、瓷片 150 万平方米	地砖、瓷片 300 万平方米	102	4176.7	-17.1	328.0	7.7	340
成都市新都化工股份有限公司	复混肥 120 万吨	复混肥 27.4 万吨	98	30275.2	317.8	421.0	94.0	418

说明:有●符号的企业为 2005 年成都市工业企业“五十强”,有○符号的企业为成都市民营企业“五十强”

2005年新都区产品销售收入、利税总额前二十名工业企业名录

表10-8

产品销售收入前二十名企业名称	利税总额前二十名企业名称
四川科伦药业股份有限公司	四川科伦药业股份有限公司
一汽解放青岛汽车厂成都分厂	华润蓝剑(成都)啤酒有限公司
成都可口可乐饮料有限公司	成都正恒动力配件有限公司
四川省冶金机械厂	成都玖源化工有限公司
成都市新都化工集团有限公司	成都可口可乐饮料有限公司
成都市玖源化工有限公司	四川永星电子有限公司
四川炬光印刷器材有限公司	成都市新都化工集团有限公司
华西铝业有限责任公司	华西铝业有限公司
成都玖源复合肥有限公司	四川新加印刷器材有限公司
成都诚实大港彩色钢板有限公司	成都中富瓶胚有限公司
华润蓝剑(成都)啤酒有限责任公	四川炬光印刷器材有限公司
成都中富瓶胚有限公司	成都乘风阀门有限责任公司
成都旭光电子股份有限公司	成都旭光电子股份有限公司
成都正恒动力配件有限公司	豪特容积热水器(成都)有限责任公司
成都西南电工有限公司	成都三利亚中瓷有限责任公司
四川新加印刷器材有限公司	福建达利食品公司成都分公司
四川新都龙虎集团股份有限公司	成都工研科技股份有限公司
四川新都美河线缆厂	四川省冶金机械厂
成都勇能铜业有限公司	中汽成都配件有限公司
福建达利食品有限公司成都分公司	成都诚实大港彩色钢板有限公司

【产业结构调整】 1986—1990年,区内工业多为劳动密集型企业,主要行业是:农副产品初加工,建筑钢材、碳铵、水泥、服装、鞋帽、机砖生产,铁锅、塑料制品、农具、钢门窗等生产,产品技术含量低,附加值不高。1991—1995年,一批通过横向联合引进的工业项目和三线调迁企业陆续建成投产,一些传统产品生产企业通过技术引进和创新,大幅度提高了劳动生产率和经济效益,全县工业初步形成电子电器、建工建材、机械、食品、化工、轻纺、医药、家具等八大优势行业。1995年后,新都不断加大调整产业结构的力度。通过招商择优筛选,引进一批高新技术企业到新都落户;充分发挥技改贴息和市级技术创新贴息资金的导向作用,引导企业运用新工艺、新技术、新产品改造传统产业;对科技型企业在立项、报建、征地、贷款、社会服务等方面给予重点倾斜;综合采用行政调控措施,根据国家产业政策,结合城市、农村建设规划,关闭了一批能耗高、污染大、生产方式落后的钢铁厂、水泥厂、电镀厂、造纸厂、粘土砖厂及氧化铁红厂等生产企业。至2005年,境内工业形成以一汽青岛成都分厂、正恒动力为龙头的机械产业,以旭光电子、永星电子为龙头的电子产业,以科伦药业、成都第一制药有限公司为龙头的医药产业;以鸿基木业为龙头的家具产业,以成啤集团、福建达利为龙头的食品产业五大支柱产业群,全区工业基本实现由劳动密集型向技术密集型和资金密集型的转换。

【规模及效益】 2005年,全区工业实现总产值203.4亿元,比1985年增长50.3倍;实现利税12.65亿元,比1985年增长26.6倍。曾获国家有关部委优质工业产品16项、获省优质工业产品20项、获市优质工业产品71项,拥有省名牌工业产品21项。

1986—2005年新都境内工业企业部分年份生产情况统计表

表10-9　单位:万元

项　目	1986年	1990年	1995年	2000年	2005年
工业企业家数	424	7186	8627	3483	1558
工业总产值	51915	153401	1187803	1044067	2034003
工业增加值	13369	33069	119919	271727	647200
工业利润	2309.8	2533	-1433	4515	63786
入库税金	775.83	3940	11120	20379	62700

说明:1986年的企业个数、利润、入库税金为县属乡镇以上企业数,其他年份和全部项目指标均为辖区内全部工业企业。以当年价计算

1985—1995年新都境内主要工业部分年份产品产量统计表

表10-10

产品名称	1985年	1990年	1995年	产品名称	1985年	1990年	1995年
成品钢材(吨)	949	4973	69200	铸铁锅(万只)	44.12	93.35	76.63
合成氨(吨)	20128	28900	38600	机砖(万块)	22685	25692	89484
纯碱(吨)	—	35500	27500	棉布(万米)	7.63	—	—
农用化肥(吨)	13800	19600	51000	丝织品(万平方米)	272.77	812.19	266
电石(吨)	1548	3809	9600	服装(万件)	99.05	1055.24	3099.72
氧化铁红(吨)	601	545	—	皮鞋(万双)	5.72	20.23	214.83
氧化铁黄(吨)	247	766	—	食用植物油(吨)	8867	8851	11600
汽车钢圈(万套)	8.49	6.95	—	糖果(吨)	255	44	4300
电线(万千米)	4205	2961	—	机制纸及纸板(吨)	1300	3252	7000
汽车配件(万元)	604	3505	—	家具(万件)	7.69	95.48	431.68
镀锌铁丝(吨)	1810	7894	13000	中小农具(万件)	6.98	12.01	118.49
电风扇(台)	65612	22681	—	电子原件(万只)	—	5400	59299

2000年新都境内规模企业主要工业产品产量统计表

表10-11

产品名称	数量	产品名称	数量	产品名称	数量
合成洗涤剂(万吨)	1.81	电线(万千米)	5.92	各色印刷品(万对开色令)	22.56
塑料制品(万吨)	0.28	通讯电缆(万千米)	1072	食用植物油(万吨)	0.29
水泥(万吨)	92.49	灯具(万只)	6.03	光学仪器(万台)	6.6
成品钢材(万吨)	3.05	阀门(吨)	1442	自来水(万吨)	916
铝材(万吨)	1.15	纯碱(万吨)	6.18	焊条(万吨)	0.99
电子元件(万只)	70869	合成氨(万吨)	6.23	家具(万件)	9.03
燃气用具(台)	9318	服装(万件)	4.56	农用化肥(折纯)(万吨)	5.05
电淋浴器(台)	27734	啤酒(万吨)	8.42	-	-

2005年新都境内规模企业主要工业产品产量统计表

表 10-12

产品名称	数 量	产品名称	数 量	产品名称	数 量
轻、中、重型卡车(辆)	4301	啤酒(万吨)	11.5	实木地板(万平方米)	102
汽车发动机缸体(万台)	38	可口可乐系列产品(万吨)	11	PS版(万平方米)	1100
汽车车架(台)	15266	饼干(万吨)	1.1	多色印刷品(万对开色令)	4.5
汽油滤清器(万只)	31	大米加工(吨)	10331	水泥(万吨)	123.22
空气滤清器(万套)	145	小麦粉(吨)	18000	合成氨(万吨)	8.24
设备制作(万吨)	3	服装(万件)	11.4	纯碱(万吨)	8.16
精密切削刀具(万片)	100	家具(万件)	9.55	合成洗涤剂(万吨)	2.60
漆包线(吨)	3738	容积热水器(万台)	6.4	农用化肥(折纯100%)(万吨)	5.98
电焊条(万吨)	2	气缸套(万只)	195	真空断路器(台)	1000
背投彩电散热器(万只)	30	成品钢材(吨)	29188	电阻电位器(亿只)	6.4
彩色钢板(吨)	30000	大输液(万瓶)	53523	—	—
铝材(吨)	21441	塑料制品(吨)	17592	—	—

1986—1990年新都境内获国家有关部委优质工业产品名录

表 10-13

序 号	产 品 名 称	生 产 企 业	获得时间
01	宝石牌鲤鱼钳	新都县机具厂	1986年
02	FU-113大功率陶瓷发射管	国营旭光电子管厂	1986年
03	白莲牌纺织印染废水净化设备	新都环境工程专业设备厂	1988年
04	桂湖牌普通硅酸盐水泥	新都县桂湖水泥厂	1988年
05	桂湖牌精粉挂面	新都城关粮站面粉厂	1988年
06	新宝牌5.0-16(SDC)车轮	新都县钢圈厂	1988年
07	新繁牌四川新繁泡菜	新都县蜀川食品泡菜厂	1988年
08	天鹅牌撕鸡毛枕芯	新都县羽绒厂	1988年
09	奥美牌羽绒服装	新都县羽绒厂	1988年
10	峨眉牌一般用途热镀锌低碳钢丝	新都县拉丝厂	1988年
11	铁拳牌民族龙凤刀	新都县刀剪厂	1989年
12	金鼎牌捻线丝	新都县工艺美术锦缎厂	1989年
13	湖光牌纯碱	新都县氮肥厂	1989年
14	湖光牌氯化铵	新都县氮肥厂	1989年
15	湖光牌碳酸氢铵	新都县氮肥厂	1989年
16	锦油牌BH0B90YS1喷油泵(银)	四川锦江油泵油嘴厂	1990年

1986—1990 年新都境内获省优质工业产品名录

表 10-14

序号	产品名称	生产企业	获得时间
01	白莲牌纺织印染废水净化设备	新都县环境工程专业设备厂	1986 年
02	宝石牌漆包圆铜线	西南电工厂	1986 年
03	锦油牌 BI43/105I 油泵	国营锦江油泵油嘴厂	1986 年
04	宝石牌聚酯亚铵漆包圆铜线	西南电工厂	1987 年
05	锦油牌 105 喷油器总成	国营锦江油泵油嘴厂	1987 年
06	繁江牌霍香正气水	成都制药八厂	1987 年
07	桂湖牌 425 普通硅酸盐水泥	新都县桂湖水泥厂	1987 年
08	如意牌 425 普通硅酸盐水泥	新都县水泥厂	1987 年
09	神农牌保健药枕	成都市保健用品厂(优秀新产品奖)	1988 年
10	炭化稻壳	新民保温材料厂(优秀新产品奖)	1988 年
11	奥美牌羽绒服	新都县羽绒厂	1989 年
12	湖光牌工业碳酸钠	新都县氮肥厂	1989 年
13	湖光牌氯化铵	新都县氮肥厂	1989 年
14	团结牌青白料 500 毫升普瓶	新都县玻璃制品厂	1989 年
15	金星牌 QJ 男女系列防寒服	新都金星服装厂	1989 年
16	川冶牌低铬钼钒钛球墨铸铁辊	四川冶金机械厂	1989 年
17	锦油牌 ES4SI 喷油偶件	锦江油泵油嘴厂	1989 年
18	神农牌保健用品系列	成都市保健用品厂	1990 年
19	川虎牌铜铝芯聚氯乙烯绝缘电线	新都电缆厂	1990 年
20	锦油牌 F11 单泵(BF1I80ZZP11)	锦江油泵油嘴厂	1990 年

1986—1990 年新都境内获成都市优质工业产品名录

表 10-15

序号	产品名称	生产企业	获得时间
01	宝光牌单边锅系列	新都铁锅厂	1986 年
02	白莲牌纺织印染废水净化设备	新都环境工程专业设备厂	1986 年
03	劲松牌捻线丝	新都县捻线丝厂	1986 年
04	繁江牌霍香正气水	新繁制药厂	1986 年
05	宝石牌自粘直焊漆包圆铜线	西南电工厂	1986 年
06	宝石牌耐热耐氟里昂漆包圆铜线	西南电工厂	1986 年
07	天鹅牌 9YLO 羽绒冷却机	新都县农机厂	1986 年
08	锦油牌 135 柱塞偶件	国营锦江油泵油嘴厂	1986 年
09	锦油牌 PO1 喷油器总成	锦江油泵油嘴厂	1986 年
10	如意牌 425 普通硅酸盐水泥	新都县水泥厂	1986 年
11	桂湖牌 425 普通硅酸盐水泥	新都县桂湖水泥厂	1986 年
12	桂湖牌标准粉挂面	新都粮食局城关粮站面粉厂	1986 年
13	宝石牌聚脂亚铵漆包圆铜线	西南电工厂	1987 年
14	团结牌 500 克青白料酒瓶	新都县玻璃制品厂	1987 年
15	蜀飞牌氧化铁红、铁黄	新都县化工厂	1987 年
16	东湖牌聚脂漆包圆铜线	新都电磁线厂	1987 年

续表 10-15

序号	产品名称	生产企业	获得时间
17	优胜牌烧结普通砖	石板滩优胜砖厂	1987年
18	川蓉牌绝缘橡皮鞋	新都桂湖皮鞋厂	1987年
19	新鹤牌羽绒精分机	新都县农机厂	1987年
20	新宝牌5.0-16车轮	新都县钢圈厂	1987年
21	奥美牌羽绒服装	新都县羽绒厂	1987年
22	新航牌空腹钢窗	新都县钢窗厂	1987年
23	M12、M16新鹤牌六角螺栓	新都县标准件厂	1987年
24	新繁牌四川新繁泡菜(瓶、袋装)	新都县蜀川泡菜食品厂	1987年
25	奥美牌羽绒被系列	新都县羽绒厂	1988年
26	湖光牌农用氯化铵	新都县氮肥厂	1988年
27	天府牌500WB-6微型离心水泵	新都特种冶炼厂	1988年
28	川虎牌LGJ-16/3钢心铝绞线	新都电缆厂	1988年
29	新鹏牌M6六角螺栓	新都县标准件厂	1988年
30	新鹏牌9YCF50型羽绒粗分机	新都县农机厂	1988年
31	通顺牌烧结普通粘土砖	新都县石板滩通顺砖厂	1988年
32	湖光牌沪68型空腹钢窗	新都县湖城钢窗厂	1988年
33	团结牌黄白料异型酒瓶	新都县玻璃制品厂	1988年
34	蓉新牌特曲酒	成都蓉新酒厂	1988年
35	宝光牌精醋	新都县酿造厂	1988年
36	新都牌1类胶竹席层压板	新都包装材料厂	1988年
37	WB-0.55系列微型单相离心泵	新都特种冶炼厂	1988年
38	新驰牌再生牛皮纸	新都县造纸厂	1989年
39	神农牌保健药枕	成都市保健用品厂	1989年
40	金星牌QJ男女系列防寒服	新都金星服装厂	1989年
41	新美牌60"190T涤塔丝	新都工艺美术锦缎厂	1989年
42	新炬牌溶解乙炔气	新都溶解乙炔化工厂	1989年
43	新涛牌碱式氯化铝	新都马家化工厂	1989年
44	繁江牌复方黄莲素片	成都制药八厂	1989年
45	天府牌40WB-12.5W8-8微型离心泵	新都特种冶炼厂	1989年
46	蓉新牌QZ-2/155/1聚脂漆包圆铜线	新都蓉新电磁线厂	1989年
47	川虎牌BLV聚氯乙烯绝缘电线	新都电缆厂	1989年
48	安乐牌普硅425水泥	新都县大丰水泥厂	1989年
49	光明牌烧结普通砖	新都太兴第二机砖厂	1989年
50	繁城牌标粉挂面	新都粮食局新繁面粉厂	1989年
51	毗河牌小磨芝麻香油	新都粮食局毗河油厂	1989年
52	宝光牌铸铁单边锅系列(重评)	新都县铁锅厂	1989年
53	劲松牌捻线丝(重评)	新都捻线丝厂	1989年
54	桂湖牌标粉挂面(重评)	新都城关粮站面粉厂	1989年
55	新都牌桂花糕(重评)	新都食品厂	1989年
56	天鹅牌QYZQ羽绒冷却机(重评)	新都县农机厂	1989年
57	新繁牌E1240汽车变速器壳	新都汽车配件厂	1989年
58	900-200翻新胎	新都县翻胎厂	1990年

续表 10-15

序号	产品名称	生产企业	获得时间
59	新宝牌 700T-20 汽车车轮钢圈总成	新都县钢圈厂	1990 年
60	川龙牌 CD130 汽车制动鼓	新都龙桥铸造厂	1990 年
61	金雕牌汽车离合器从动总成	新都离合器厂	1990 年
62	川龙牌石棉水泥中波瓦	新都县龙桥石棉制品厂	1990 年
63	龙飞牌实腹钢窗	成都市新都龙桥钢窗厂	1990 年
64	新光牌膨胀珍珠岩	新都县新型建筑材料厂	1990 年
65	平版装璜印刷品(峨眉毛峰出口茶叶包装盒、企业信用卡)	四川省印刷制版中心	1990 年
66	川飞牌聚丙烯编织袋	新都县塑料编织厂	1990 年
67	新石牌五香精条牛肉干	石板滩供销社联营食品厂	1990 年
68	川蓉牌绝缘皮鞋	新都劳保皮鞋厂	1990 年
69	新鹏牌 M6、M16 六角螺栓(重评)	新都标准件厂	1990 年
70	新繁牌四川新繁泡菜(复查重评)	国营新繁泡菜厂	1990 年
71	锦油牌 F11 单泵	锦江油泵油嘴厂	1990 年

说明:1990 年以后,国家和省、市停止评优活动

2005 年年末新都境内获四川省名牌产品的工业产品名录

表 10-16

序号	产品名称	生产企业
01	KL 牌输液系列产品	四川科伦药业股份有限公司
02	旭光牌金属陶瓷电真空件	成都旭光电子股份有限公司
03	红石牌汽缸套铝活塞	成都银河动力股份有限公司
04	利康牌 10KV 及以下电线电缆	成都利康线缆有限公司
05	达利牌饼干及系列食品	福建达利食品有限公司成都分公司
06	绿叶牌啤酒	华润蓝剑(成都)啤酒有限公司
07	新繁牌泡菜	成都新繁食品有限公司
08	乘风牌阀门	成都乘风阀门有限责任公司
09	远照牌强化木地板	成都圣洁尔建材有限责任公司
10	新象牌强化木地板	成都新象建材有限公司
11	桂湖牌复合肥	成都市新都化工股份有限公司
12	桂湖牌普通硅酸盐水泥	成都桂湖实业有限公司
13	如意牌普通硅酸盐水泥	四川新都如意实业有限责任公司
14	蓉城、雅蓉牌床垫	成都蓉城床垫有限公司
15	今龙头牌钢质门、防盗门	成都今龙头实业有限公司
16	好风景牌家私	成都好风景实业有限公司
17	繁清家具	成都市繁清木业有限公司
18	兴艺牌床垫	成都兴艺床垫有限责任公司
19	曼时牌西裤	成都曼时服装有限公司
20	蓉丰牌系列床上用品	成都市蓉丰床上用品有限公司
21	琼星牌床上用品	成都琼星寝饰有限公司

说明:2004 年,达利牌饼干及系列食品获中国名牌产品

支柱产业

【机械工业】 机械工业是成都市工业布局规划确定优先鼓励发展的支柱产业之一。2005年,全区机械工业企业220户,产品涉及中重型卡车、小型拖拉机、发动机缸体、量刃具、压力容器、活塞、车架、油缸、石油钻井设备等40多个类别200多种产品。全年生产轻、中、重型卡车4301辆,汽车车架15226台,汽车发动机缸体38万台,凸轮轴70万支,空气滤清器145万套,汽油滤清器31万只,气缸套195万只,活塞175万只。行业内工业总产值34.6亿元,占全区17.3%。规模企业46户,总资产26亿元,工业增加值9.8亿元,销售收入24.4亿元,利税1.9亿元。

骨干企业有:一汽解放青岛汽车厂成都分厂、成都银河动力股份有限公司、中汽成都配件有限公司、成都工研科技股份有限公司、四川成都成量工具有限公司、成都发动机集团、豪特容积热水器(成都)有限责任公司、成都正恒动力配件有限公司、成都市新神风实业有限责任公司、四川金雕离合器有限公司、川西石油机械厂、成都乘风阀门有限责任公司、四川天剑机械设备制造有限公司、四川大西洋焊接材料股份工业有限公司成都分公司、成都油缸厂等。

【电子电器与信息工业】 2005年,全区电子电器及信息工业企业40家,主要产品有金属陶瓷电真空器件、电子整机、高低压成套配电装置、开关电器、片状电阻器、电位器、安全电子技术产品、背投彩电散热器、PDP保护屏、光纤通讯电缆等130多种产品。成都旭光电子股份有限公司是“中国500家最大电子及通讯设备企业”之一,主要产品旭光牌发射管在全国市场占有率80%,金属陶瓷真空开关器件、电子调谐器在全国市场占有率30%,两个产品均获四川省名牌产品称号,远销美国、巴西、德国、意大利、英国及东南亚等国家和地区。四川永星电子有限公司是全国最大的电子元器件生产企业,主要产品金属膜电阻器产量居全国第二,氧化膜电阻器居国内行业之首,2004年被评为中国电子元件百强企业,产品用于“神舟”飞船及国防军工产品的配套。西南电工有限公司生产的漆包线产品用于“神舟”五号载人飞船。世创达公司自主开发的PDP保护屏填补国内空白。

2005年,行业内实现工业总产值20.7亿元,占全区10.2%。规模企业26家,总资产18.1亿元,工业增加值5.7亿元,销售收入16.3亿元,利税1.01亿元。

骨干企业有:成都旭光电子股份有限公司、四川永星电子有限公司、西南电工有限公司、成都三利亚中瓷有限责任公司、成都利康线缆有限公司、成都泰克电子有限公司、四川华瑞电位器有限公司、四川世创达电子科技有限公司、成都光明光电仪器有限公司。

【食品工业】 食品工业是成都市工业布局规划确定优先鼓励发展的支柱产业之一。2005年,全区食品生产企业620家,主要产品有啤酒、饮料、速冻食品、月饼、粮油制品、肠衣、魔芋精粉等。著名品牌有可口可乐、达利系列饼干、新繁泡菜、冠生园月饼、绿叶啤酒。全年生产可口可乐系列饮料11万吨、啤酒11.5万吨、饼干1.1万吨。新繁泡菜厂2000年改制后市场不断扩大,产品销往美国、日本、加拿大、法国、澳大利亚和中国港澳台地区。达利牌系列食品2004年获中国名牌产品称号,新繁泡菜和绿叶啤酒获四川名牌产品称号。2005年,行业内工业总产值21.8亿元,占全区10.7%。规模企业10家,总资产9.2亿元,工业增加值4.1亿元,销售收入10.9亿元,利税1.46亿元。

骨干企业有:华润蓝剑(成都)啤酒公司、成都可口可乐饮料有限公司、福建达利食品有限公司成都分公司、成都佳雪食品有限公司、成都协力魔芋科学种植加工有限公司、成都新繁食品有限公司、新都冠生园食品有限责任公司。

【医药工业】 1986 年,新都县医药生产企业只有新繁制药厂一家,生产黄莲素、生脉片等片剂、冲剂类 30 多个品种的中成药,职工 30—60 人。民间有一些提制黄莲素的作坊,规模都很小。1985 年,马留文在利济乡柳泉村创办新都保健用品厂,生产"神农牌"药枕、药梳、护腰、护膝等保健用品。1996 年,刘革新收购原桂林乡(当时已并入新都镇)开办、尚未完全正式生产的胶囊厂,创办科伦大药厂,最初生产几种常规输液品种,经过几年精心经营和不断进行技术创新,2002 年跻身全国医药企业 100 强。至 2005 年,科伦大药厂发展成包括原料药、制剂药和大输液在内的中西药品以及药用包装材料共计 200 多个品种,企业总资产 6.38 亿元。至 2005 年,全区医药工业企业 17 家,主要产品有大输液、中成药、胶囊、片剂、粉剂、药品包装及保健器械等 200 多个产品,加工药材 1000 余个品种,部分产品达到国内领先水平,医药工业被新都区确定为重点发展的新兴产业。

2005 年,医药行业工业总产值 10.6 亿元,占全区 5.2%。规模企业 4 家,总资产 7.9 亿元,工业增加值 3.34 亿元,销售收入 8.69 亿元,实现利税 1.21 亿元。

骨干企业有四川科伦药业股份有限公司、成都第一制药有限公司、成都森科制药有限公司、四川润康医药包装有限公司。

【家具制造业】 新都家具工业始于 20 世纪 80 年代初期,1985 年全县林产品加工企业 291 家, 当年生产木制家具 13.19 万件,沙发 1.56 万件,床类 1.08 万件,工业产值 1839.3 万元。1990 年以前,家具企业规模都不大,以手工和半机械化生产为主。1990—2005 年,新都家具产量、产值每年增长 30%以上。生产企业主要集中在新繁地域。在成彭公路大丰至新繁 10 多公里路段两侧,至 2005 年,有家具制造厂及相关的生产性企业 400 多家,形成集群发展格局。生产方式由初期手工加工的宝丽板、泰柚板发展为机械化生产的板式、贴面、实木家具及广泛采用弯曲木、指接材的家具;结构由单一整体式家具发展为半折式、全折式家具;品种由家庭用发展到高档酒店、宾馆用系列家具,办公系列家具,艺术收藏家具,仿古家具,产量占成都市场的三分之一,被中国家具协会认定为全国五大家具生产基地之一。

2005 年,全区家具及林产品生产企业 530 家,销售收入 35 亿元,吸纳农村劳动力 3.1 万人,年发工资 2.2 亿元,从业人员人均收入 7000 余元,为全区城乡一体化提供产业支撑。

骨干企业有:四川列维士家具有限公司、成都市先驱家具有限公司、成都博兰特家具有限公司、成都喜洋洋家具有限公司、繁清木业有限公司、成都好风景家具实业有限公司、成都浪度家私有限公司、成都好迪家具有限公司等。

其他产业

【粮油加工业】 20 世纪 80 年代,县粮食局直属生产性企业 5 家:月波桥粮油食品加工厂、毗河油厂、城关面粉厂、新繁面粉厂、粮食局饲料厂。1990—1993 年技改后,月波桥加工厂达到年加工稻谷 1.5 万吨的生产能力。月波桥加工厂、新繁面粉厂和城关面粉厂共有年加工 4 万吨面粉的生产能力。产品主要有"桂月"牌特米、标一米、标二米,"神厨"牌精米;"桂月"牌特一粉、特二粉、标粉、挂面,"桂月"牌黑米锅巴及"神厨"牌黑米锅巴系列产品。县粮食局下属各粮站都办有大米加工厂,每个粮站日生产能力 10~30

吨。加工厂均为粮站的附属业务,其盈亏纳入粮站统一核算,产量由粮站根据当地居民和军供的需求确定。由于受市场影响,月波桥加工厂长期处于“吃不饱”状态,稻谷加工量实际不到设备生产能力的20%。1992年粮改前,粮食系统各加工厂均开展代粮商加工的业务,1992年粮改后,各加工厂业务逐年下降,1999年后全面停产。

1991年,新繁米厂在龙安乡创办,占地面积13530平方米,职工102人。1999年5月,新繁米厂改组为瑞玉米业有限责任公司,设备生产能力年可加工稻谷9万吨,常年加工稻谷2.2万吨,生产成品大米1.4万吨,是新都最大的民营粮食加工企业,其生产的“瑞玉”牌大米为四川省品牌产品,获中国2004年四川农业博览会金奖,2005年,获第二届中国西部农业博览会银奖及优质产品奖。2004年10月,新繁米厂由新都区粮食局重组,改名为瑞玉农业有限责任公司。

毗河油厂1991年前生产能力年可压榨油菜籽1万吨,浸出油枯1万吨,精炼菜油7000吨。1991—1993年,通过多次技改,年压榨能力、浸枯能力均达到1.5万吨。境内乡村办的小型油厂38家,有95型榨油机75台,年生产能力近8万吨。正常年景,全县年产油菜籽2万吨左右。1991年前,国家油菜籽实行合同订购并由粮食部门独家收购,新都县所收购的油菜籽全部委托毗河油厂和乡村油厂加工。1992年,国家取消对油菜籽的合同订购,粮食部门的收购量大幅减少,年均在5000吨左右。由于货源锐减,到1995年,乡村油厂只剩下15个,形成自营生产,代农加工的局面。毗河油厂因业务不足,严重亏损,2004年,依法进入破产程序,2005年破产终结。

1986—2005年新都粮油加工部分年份情况统计表

表10-17　　单位:吨

品　名	1986年	1990年	1995年	2000年	2005年
大　米	—	11800	161000	22700	10331
小麦粉	—	47800	63500	20000	18000
植物油	10339	8900	11600	2900	974

【建材工业】 1986—1995年,新都建材工业主要产品有机砖、水泥、水泥制品、钢门窗等。1990年,全县有机砖厂48家,生产机砖25692万块、瓦2408万片;1995年生产机砖89448万块、瓦5430万片。1995年以后,兴建和引进一批新型建材企业,建材工业及产品逐渐升级换代。2005年,全区生产各类装饰和建筑材料的企业近200家,从业人员1.8万人。规模企业19家,生产普通硅酸盐水泥123.22万吨,瓷砖120万平方米、瓷片150万平方米、木地板102万平方米、PVC塑料型材1000吨。“新象”“远照”牌强化木地板,“桂湖”“如意”牌普通硅酸盐水泥被确认为第七届四川省名牌产品。

骨干企业有:四川新都鸿基木业有限公司、新都如意实业有限责任公司、成都桂湖实业有限公司、成都大丰花都陶瓷实业有限公司、成都圣洁尔建材有限责任公司、成都新象建材有限公司。

【化学工业】 化学工业是新都的传统产业之一。2005年,全区化工企业40余家,从业人员3000余人。主要产品有:合成氨、尿素、复合肥、纯碱、各类调和漆、高分子材料、乙炔气、医药氧气等。规模企业22家,总资产16.35亿元。工业总产值23.98亿元,工业增加值5.38亿元,利税1.36亿元。全年生产合成氨8.24万吨,尿素6.6万吨,纯碱8.17万吨,复合肥27.4万吨。成都玖源化工有限公司所产的“湖光”牌尿素获中国同行业“十大名牌产品”称号,各类产品每月零库存,长期呈现供不应求的局面。成都市新都化工股份有限公司通过连年技改,复混肥生产能力超过100万吨,成为中国规模大、销量多、产品系列化高的中低浓度复合肥生产企业,其生产的“桂湖”牌复合肥获2005年四川省名牌产品、四川省著名商标、国家免检产品和四川省无公害农产品施用肥料等荣誉。

骨干企业有:成都玖源化工有限公司、成都市新都化工股份有限公司、成都新炬化工有限公司、四川地矿化工厂、紫荆花制漆(成都)有限公司。

【纺织服装业】 1986—1995年,纺织和服装是新都的重要产业,1990年前后,全县从事纺织和服装的人员4000人。2000年,全县有一定规模的企业23家,其中纺织企业5家,服装类生产企业13家,寝饰用品生产企业5家。主要产品有:涤、棉、丝、绢纺织品,针织内衣裤、西装、各式休闲装、工作服、羽绒系列制品、棉絮、手套、皮衣、寝饰系列用品、挂毯。1990年,全县生产服装1055.24万件,纺织品812.19万平方米,工业产值13377万元,占全县8.69%。1995年,生产服装3099.72万件,纺织品226万平方米,工业产值30669万元,占全县2.58%。全县数以千计的家庭个体服装生产户,自产自销,或为成都荷花池市场的服装经营者从事来料来样加工。大丰镇方营村等地床上用品家庭生产作坊,每个作坊人数10~30人,生产方式采取分散加工,集中经营,组合随意。经营者提供原材料和产品式样(剪裁件),生产者在自己家中加工,按件计加工费。这种作坊式生产不建厂房,不占场地,不需为劳动者提供工具和生活服务设施,对劳动者也不需要特别的条件和要求,因此一度十分兴旺。20世纪90年代末期,随着市场消费结构的变化,中低档服装和床上用品严重供过于求,纺织服装行业不断萎缩,至2004年全区有一定规模的纺织服装企业仅存11家:成都锦兴针织有限公司、成都锦合纺织实业公司、成都曼时服装有限公司、美野皮件厂、楠木服饰有限公司、成都爱德龙实业有限公司、成都雪利达羽绒厂、成都蜀绣工艺制品有限公司、成都蓉丰床上用品有限公司、成都琼星寝饰有限公司、成都诗洁床上用品厂。2005年,全区纺织服装行业再度兴起,军屯镇引进浙江义乌中国金哥针织集团针织印染生产项目,协议投资1.5亿元,当年9月1日建成投产,带动浙江东阳集团等5家制衣企业落户军屯镇。龙桥镇引进服装加工园项目,占地500亩,总投资1.5亿元,聚集52家童装生产企业。斑竹园镇引进制衣厂2家,新民镇引进制衣厂1家,投资额均在3000万元以上,3家项目当年到位资金1241万元。

【印刷业】 2005年,区内有印刷制品工业企业20多家,从业人员1500余人。四川炬光印刷器材有限公司生产的PS版销售覆盖全国各地,并出口南美、中东、非洲及东南亚地区,产量居全国第二。2005年,该厂生产PS版1000万平方米,销售收入3.29亿元,利润1550.8万元,缴纳税金1174.7万元。全区印刷行业规模企业6家,生产各种印刷品23万对开色令。

骨干企业有:四川炬光印刷器材有限公司、成都运城制版有限公司、四川省印刷制版中心、四川京光特型印刷器材有限公司、四川新沁丰印务有限公司。

【金属冶炼及加工业】 1991—1995年,受国家基本建设的拉动,新都冶金工业得到较快发展,1990年全县有色金属、黑色金属冶炼及压延加工企业8家,1995年发展到23家,主要产品有螺纹钢轧制、金属门窗制作、Φ15~25毫米焊接管(镀锌管)、铝制品,水泵、阀门、农具等坯件铸造及废金属熔炼等。1993年,生产成品钢材3.88万吨,改制钢材3.95万吨,工业产值2.16亿元。1995年,生产成品钢材6.92万吨,改制钢材2.78万吨,工业产值3.64亿元。20世纪末期,随着市场供求的变化和国家产业政策调整,小型钢铁企业陆续关闭。2005年,全区冶金企业20家,生产铝板铝箔1.6万吨、彩色钢板3万吨、焊接管1.6万吨、钢带1.1万吨,工业产值4.59亿元,缴纳税金1872.8万元。

骨干企业有华西铝业有限责任公司、成都诚实大港彩色钢板有限公司、四川省冶金机械厂、四川新都龙虎(集团)股份有限公司。

【其他工业】 饲料、制鞋、包装、铁锅、日用玻璃制造业、塑料制品业、栲胶制造业、茶叶加工业、自来水生产业、造纸及纸制品业、煤制品业、竹藤及棕革制品业都曾在新都工业发展的不同时期发挥过一定作用,这些行业多数关系到城乡居民的日常生活,为广大人民群众提供生产生活必需品。但这些行业生产规模普遍不大,较大的有新都县造纸厂、新都宏大饲料厂、新民保温材料厂、新都县铁锅厂、新都自来水公司、新都县包装材料厂、新南玻璃厂、新都县玻璃制品厂、木兰天宫玻璃厂、新都塑编厂、锦新包装有限公司。2000 年以后,随着市场的变化,有的企业关闭淘汰,有的则通过改制转变为股份合作制企业或私营个体企业。至 2005 年,成都中富瓶胚有限公司、成都紫江包装有限公司成为区重点优势企业,规模企业有成都金狮实业有限公司、成都昊瑞包装有限公司。

重点工业企业选介

【四川科伦实业集团有限公司】 刘革新于 1996 年在新都桂林创办四川科伦大药厂。药厂以生产几种常规输液起家,由于不断技术创新,用现代制药技术改造传统制药技术,培育企业的核心竞争力,企业不断发展壮大,至 2005 年,发展为拥有四川科伦药业股份有限公司、黑龙江科伦制药有限公司、山东科伦药业有限公司、湖南中南科伦药业有限公司等省内外 23 家全资子公司的现代化药业集团。集团总资产 12 亿元,2005 年,实现销售收入 36 亿元,上缴税金 9000 万元。科伦集团跨中药材种植、中药饮片、药品包材、医药原料、中西制剂五大领域,在中西药制剂领域有输液、粉针、小水针、片剂、胶囊等多种剂型。2005 年,科伦集团主导产品大输液的产销量突破 14 亿瓶,成为全球最大的输液专业制造商,进入中国医药企业 50 强行列。2000 年起,科伦集团连年被评为四川省重点优势企业。2005 年,集团旗下的四川科伦药业股份有限公司成为成都市工业企业 50 强、民营企业 50 强之一,进入中国民营企业纳税 50 强行列,是四川省唯一获此荣誉的民营企业。

科伦集团将每年销售收入的 6%投入自主研发。2005 年,科伦自主研发的直立式软袋成功问世。科伦药研所被批准为国家博士后科研工作站,申请数十项专利。集团被评为"国家火炬计划重点高新技术企业"。科伦集团已构建起由 63 家医药物流平台和 1 万多家零售药店组成的超级连锁系统,具有 30 亿元以上的年分销能力。科伦产品已批量出口,在东南亚和哈萨克斯坦等地享有盛誉。

【华润蓝剑(成都)啤酒有限公司】 1986 年 6 月,新都县饮料食品厂与成都市啤酒厂进行经济横向联合,引进"绿叶"啤酒生产技术。1990 年 6 月,与深圳奥林饮料有限公司联合,建立"新都奥林饮料公司",生产橙汁饮料。同年 7 月,新都县氮肥厂以资产转让、承担债务的方式,兼并新都饮料食品厂,更名为新都啤酒厂。1991 年,新都啤酒厂与北京双合盛啤酒厂联营分厂联合,注册成立成都市新都啤酒厂,生产五星啤酒。经过连年技术改造,至 1995 年,成都市新都啤酒厂发展为成都工业百强和四川省轻工业"最大经济规模和最佳经济效益"双百强企业。1996 年 8 月,与县氮肥厂分立。1997 年,兼并成都啤酒厂组建成都啤酒集团有限公司。1999 年,公司被蓝剑集团并购,组建华润蓝剑(成都)啤酒有限公司。2005 年,企业总资产 2.37 亿元,职工 962 人,生产啤酒11.5 万吨,销售收入 2.19 亿元,利润 3437 万元,缴纳税金 5716 万元,为新都区纳税大户。公司是成都市工业企业50 强之一。

【成都旭光电子股份公司】 1987年3月25日，国营旭光电子管厂(779厂)新厂在新都开建。1990年10月，原厂由四川广元迁至新都新厂址，并全面投产。1994年2月改制后，更名为成都旭光电子股份公司。2002年11月20日，"旭光股份"在上海证券交易所正式挂牌上市交易。公司生产产品主要有四大系列：金属陶瓷发射管、陶瓷及玻璃外壳真空开关管、高低压配电成套装置及电器元件、消防安全产品。其中，金属陶瓷发射管和真空开关管为四川名牌产品。部分产品性能参数完全达到国外同类产品水平。1993年，旭光电子管厂被列入"中国500家最大电子及通讯设备企业"(第157位)；1997年，公司被评为全国电子行业1996年度优秀企业；1998年，公司获中华全国总工会"五一劳动奖状"。多次被评为四川省优秀企业、先进纳税户。1999年，被四川省科委认定为"高新技术企业"。至2005年，公司是成都市工业企业50强、民营企业50强之一。生产的广播电视用发射管系列产品国内市场综合占有率约70%，真空开关管系列产品国内市场综合占有率约30%。研制生产的产品有61项填补了国内空白。当年产值2.77亿元，销售收入1.97亿元，缴纳税金1515万元。

【成都可口可乐饮料有限公司】 由香港嘉里饮料有限公司、中国粮油集团和成都华锦(集团)公司共同投资3000万美元兴建。公司于1995年12月19日成立，1996年10月在新都工业区内动工兴建厂房，1999年3月正式投产。主要产品有可口可乐、雪碧、芬达、醒目等。产品包装主要有1.25升塑料瓶、500毫升塑料瓶、355毫升易拉罐、250毫升玻璃瓶及现调糖浆，销售区域主要为四川省及重庆各地。公司是2005年成都市工业企业50强之一。2005年，公司生产可口可乐系列产品11万吨，销售收入4.03亿元，缴纳税金1582.3万元，利润2286.6万元。

【成都玖源化工有限公司】 原为1972年兴建的新都县氮肥厂。经连年技改和发展，新都氮肥厂由一个总资产300万元、年产3000吨合成氨的小化肥厂，至1996年成为拥有复肥厂、塑编厂、啤酒厂、玻瓶厂、包装厂等9个分厂和1个车队的集团型企业，年利税均超过1000万元。新都县氮肥厂先后被化工部评为红旗单位、优秀企业、全国小化肥先进单位。曾获全国中小联碱厂千分赛第二名，是全国化工500强企业，被评为国家大Ⅱ型企业。1996年起，各分厂陆续改制分离。1999年，引入境外资金组成合资企业，更名成都玖源化工有限公司。2001年国资退出，2002年公司在香港上市。2005年公司总资产2.98亿元，职工798人，当年生产合成氨7.8万吨，纯碱7.9万吨，氯化铵9.2万吨，尿素6.6万吨，销售收入3.43亿元，利润5496.5万元，缴纳税金1774.3万元，成为2005年成都市工业企业50强之一。

【四川永星电子有限公司】 1987年年初，国营永星无线电器材厂(893厂)在新都开建新厂。历经7年建设，于1993年12月，原厂由四川广元全部迁至新都新厂址。1998年9月，北海银河科技股份有限公司以承担国营永星无线电器材厂全部债权、债务和安置全体职工的方式对国营永星无线电器材厂实施兼并，更名四川永星电子有限公司。是国家大型二类电子元件生产企业，国防科工委一类军工定点生产厂家，中国电子元件百强企业，全国500家最大电子通讯设备制造企业之一。1992年，国营永星无线电器材厂通过军工质保体系考评，1993年，在国内同行业中首家通过ISO 9001质量体系认证。1998年，率先自费建立贯彻国家军用标准生产线。1999年，被命名为四川省"高新科技产业型"企业。2002年，被评定为"AAA"企业。2003年、2004年，连续两年被评为"中国电子元件百强"企业和四川电子及通信设备制造"最大规模30强""最佳效益30强"企业。产品的主要技术指标达到IEC国际标准和国家军用标准，先后获得国家银质奖1项、部省优质产品奖15项、全国科学大会奖3项、部"七专"产品一等奖3项，部省科技成果奖、进步奖8项、优秀新产品奖11项。2005年，公司销售收入1.22亿元，缴纳税金1062万元。

【四川炬光印刷器材有限公司】 1985 年 6 月，由轻工业部包装联合总公司、四川省轻工业厅包装印刷公司和新都县印刷厂三家协商，决定将新都县印刷厂扩建为四川省印刷制版技术开发联合中心。1987 年 12 月，中心被列为四川省重点建设项目。1989 年 6 月，整个工程通过竣工验收合格，正式投入生产。1990 年，被评为“市级达标企业”。1991 年，在全县率先转换企业机制，将中心的 7 个分厂、2 个公司分别实行股份合资制、承包、租赁、合资等体制。1992 年 10 月，与美国星江国际企业(集团)有限公司合资，成立四川星宝彩色制版有限公司。1993 年，被国家统计局评为“中国行业50 家最佳经济效益工业企业”和“中国 100 家最大印刷业企业”。1997 年，属印制版中心的 PS 版厂从中心分离，成立民营企业四川炬光印刷器材有限公司。公司专业生产印刷用阳图型 PS 版。研发的阳图热敏型 CTP 版获国家火炬计划项目证书，公司被国家科技管理部门认定为高新技术企业。至 2005 年，产品销售覆盖全国，并出口南美、欧洲、中东、非洲及东南亚地区，产销量居全国同行业第二。炬光公司总资产 2.24 亿元，总产值 3.30 亿元，销售收入 3.29 亿元，缴纳税金 1174.7 万元，利润 1550.8 万元。

工业集中发展区

新都卫星城工业区

【工业区概况】 20 世纪 80 年代中后期，“三线”调迁的旭光电子管厂等几家企业按县规划，安排在新都城南施营、团结村兴建，形成占地近 3 平方公里的工业集中区域。1992 年 2 月 14 日，市政府 6 号文批准建立成都市新都卫星城工业区。1992 年 2 月 18 日，新都县成立工业区管理委员会，正式启动卫星城工业区建设。1993 年 7 月 14 日，省计委以 759 号文件，补办成都市新都卫星城工业区管委会审批手续。1994 年 12 月 21 日，省政府办公厅《政府工作通报》第 85 号文正式批准成都市新都卫星城工业区为省级开发区。2004 年 4 月 9 日，按照《国务院关于清理整顿各类开发区加强建设用地管理的通知》精神，省政府办公厅以 48 号文件批准保留成都市新都卫星城工业区。

新都卫星城工业区(以下简称工业区)北起新都镇电子路，南抵成都市绕城高速公路，西至宝成铁路，东迄成绵高速路，规划面积 18 平方公里，至 2003 年，完成开发建设 8.09 平方公里。随着成都市北部新城规划调整，2003 年经市政府批准，调整工业区海都路以南为房地产等综合用地，并在成绵高速公路新都段以东建设新都卫星城工业东区，成绵高速路以西原建成区域称为工业西区。工业东区规划面积 7.68 平方公里，至 2005 年建成 4.7 平方公里的起步区。

【建设规划】 工业西区以蜀龙大道和工业大道为纵横主骨架，布设工业、商贸、旅游、生活功能区 4 个，重点发展电子、医药、食品、机械制造业、现代物流业。工业东区西起成绵高速公路，东至新都区分区规划确定的第四条南北向干道，南起新石路，北至新都区分区规划确定的第五条东西向干道。规划为南北向中心大道，现代化管理服务中心，东西向生态、景观、休闲的绿色纽带以及电子、食品、机械制造、医药、综合、新兴 6 个相对独立的产业园。

【基础设施建设】 1992 年始，着力进行工业园区路、水、电、气、通信等基础设施建设，至 2005 年基本实现配套。

道　路　工业西区共修建主干道7条,区间道路11条。工业东区2005年2月25日开工,修建主干道7条,当年10月底完工。

供　水　1993年,新都县投资3500万元,新建占地112亩、日产5万立方米自来水厂1座。1992—2005年,工业区投入2200万元,建成12千米×60Φ+250米×80Φ供水管道。

排　污　2003年,新都区投资3000万元,占地70亩建污水处理厂1座。1992—2005年,工业区共投入2700万元,铺设18千米排污管道。

供　电　1993年,新都供电局在工业区内新建6.3万千伏安变电站1座,总投资3000万元;1995年,新建8万千伏安变电站1座,总投资4000万元;2003年,新建11万千伏安变电站1座,总投资5000万元,同时配套建设区内电网线路。1992—2005年,工业区共投入电力资金661万元。

供　气　1994年,中石油西南局在新都工业区内新建二级配气站1座,总投资1000万元;1995年,新建三级配气站1座,总投资500万元;区内供气管网总投资1000万元。

通　讯　1994年,新都电信部门在工业区投资3000万元建成通讯中心,投资500万元建立移动基站19座。

有线电视　2000年,新都速达公司在工业区投资500万元,铺设光纤网络。

2005年年末工业西区道路情况表

表10-18　　单位:万元、米

道路名称	起　止	总投资额	建设规模
天缘路	北起电子路,南至锦水河西路	3000	2000×20
学院路	东段西起蓉都大道,东止蜀龙大道;西段西起宝光大道,东止蓉都大道	2800	2600×25
工业大道	东段西起蓉都大道,东止万和变电站;西段西起宝光大道,东止蓉都大道	7000	2800×35
锦水河路	东段西起蓉都大道,东止蜀龙大道;西段西起宝光大道,东止蓉都大道	3000	2100×35
凌波东路	西起蓉都大道(原大件路),东止绕城路	1000	1000×8
蜀龙大道工业区段	北起学院路,南止工业大道	1255	1063×60
毗河东路	西起蓉都大道,东止蜀龙大道	1000	700×25
瓦店路	西起宝光大道,东止天缘路二段	82	460×10
自富路	北起学院路西段,南止工业大道西段	138	460×12
金都路	北起电子路,南止学院路西段	216	600×20
金鹏路	北起电子路,南止学院路东段	144	400×20
新园路	北起电子路,南止学院路东段	204	510×20
香樟路	西起金鹏路,东止蜀龙路	184	460×20
沱江路	北起工业大道,南止凌波路	75.6	350×12
新力路	西起宝光大道,东止天缘路三段	127	590×12
汉城路	北起工业大道,南止新力路	95	440×12
毕生路	西起天缘路二段,东止晨光厂通道	106	590×10
炬光路	西起天缘路三段,东止团结村唐家院子	75.6	420×10

说明:2000年10月,凌波东路扩建为宽16米

2005 年工业东区建设道路情况表

表 10-19　　单位：亩、万元、米

道路名称	起　　止	占地面积	总投资额	建设规模
龙虎大道	南起新石路，北止桂红路	222.6	5500	3700×40
白云路	西起高东路，东止普河路	47.25	1300	1200×30
高东路	南起新石路，北止白云路	30	1100	1000×20
君跃路	南起新石路，北止白云路	15.57	1400	1300×20
黄鹤路	西起新石路，东止普河路	32.28	1600	1600×20
普河路	南起新石路，北止白云路	21.42	1300	1400×20
创业路	西起龙虎大道，东止普河路	11.1	464	370×20

【引进项目】 截至 2005 年，工业区共引进工业项目 131 个，总投资 56.62 亿元，其中建成投产的 105 个，在建的 22 个，签约的 4 个；引进事业性及房地产项目 34 个，总投资 27.07 亿元；引进商业性项目 8 个，总投资 1.56 亿元。

【项目管理】 工业区管理委员会对工业区内投资企业实行“一站式”服务。1997 年 10 月增设投资服务中心，协助企业办理各项手续和协调建设、生产中出现的各种矛盾，负责企业优惠政策的兑现。对到工业区投资的企业，除享受国家和省市区的优惠政策外，对知名品牌项目实行一项目一议的优惠。

【产业结构】 工业区建设初期以电子、机械、食品、医药为主导产业。2005 年，市政府确定新都工业区发展产业为机械制造(航空动力、汽车配件)、电子元器件、食品、医药。至 2005 年，工业区内有高新技术企业 7 家。食品业以成都可口可乐饮料有限公司为代表；医药业以四川科伦药业股份有限公司为代表；机械业以成都工研科技股份有限公司、一汽青岛汽车厂成都分厂、四川省冶金机械厂等为代表；电子业以成都旭光电子股份有限公司、四川永星电子股份有限公司等为代表；包装业以中富瓶胚有限公司、成都紫江包装有限公司、四川炬光印刷器材有限公司、成都运城制版有限公司、成都统一实业包装有限公司、华西铝业有限责任公司等为代表，基本形成了产业链。

【经济效益】 2002 年，工业区内所有企业工业增加值 10.05 亿元，销售收入 29.71 亿元，利润 1.57 亿元，缴纳税金 1.96 亿元。2005 年，工业增加值 22.47 亿元，销售收入 63.57 亿元，利润 2.53 亿元，缴纳税金 3.73 亿元。出口创汇 2277 万美元。

2005 年年末新都卫星城工业区工业企业(项目)名录

表 10-20　　单位：万元、亩

序号	企业名称	入驻年份	投资	占地	产品	备注
01	旭光电子股份有限公司	1992 前	38514	182.00	电真空件	建成
02	红光电子管厂电工分厂	1992 前	5240	206.90	电源开关	建成
03	红光电子管厂电器分厂	1992 前	1030	170.00	电光源	建成
04	永星无线电器材厂	1992 前	7000	210.50	电位器	建成
05	华西铝业有限责任公司	1992 前	74000	345.00	铝箔铝板	建成
06	建川制冷设备厂	1992 前	1500	20.00	电冰箱、冰柜	建成

续表 10-20

序号	企业名称	入驻年份	投资	占地	产品	备注
07	成都晨光化工总厂	1992	7200	256.01	塑料制品	建成
08	新都宏大肠衣厂	1992	2500	25.80	肠衣	建成
09	新都化学品工业公司	1992	4000	40.39	肥料	建成
10	成都托普数控有限公司(长征机床厂)	1992	8000	73.90	数控机床	建成
11	西南电工有限公司	1992	4000	66.00	漆包钢丝	建成
12	大西洋焊条厂	1993	1500	23.63	电焊条	建成
13	成都统一包装有限公司	1993	5000	103.00	马口铁罐	建成
14	成都平大机械有限公司	1995	2000	30.00	印刷制品	建成
15	四川鑫鑫饲料公司	1995	2180	31.00	饲料	建成
16	新都化学品工业公司技改项目	1995	1500	19.00	肥料	建成
17	豪特容积热水器(成都)有限责任公司	1995	7000	60.00	热水器	建成
18	星澳牛业公司	1996	3000	50.00	牛肉制品	建成
19	海都标准厂房	1996	1340	10.00	厂房出租	建成
20	成都可口可乐饮料有限公司	1996	22100	102.00	饮料	建成
21	四川新都鸿基木业有限公司	1996	2000	50.00	木地板集成材	建成
22	成都凯赛尔有限公司	1996	800	8.00	电子原件	建成
23	四川益丰木业有限公司	1997	350	17.00	木制品	建成
24	毕生实业公司	1000	1997	10.00	印刷	建成
25	新都宏鑫印刷器材厂	1998	300	15.71	印刷	建成
26	成都金狮实业有限公司	1998	1000	10.00	饲料	建成
27	成都泰克电子有限公司	1998	500	7.10	电子原件	建成
28	成都运城制版有限公司	1998	6000	48.52	制版	建成
29	新都森发橡塑有限公司	1998	300	6.00	橡塑制品	建成
30	成啤团结玻璃厂(2001年科伦药业收购)	1998	300	3.80	玻璃瓶	建成
31	成都金翔电缆有限公司	1998	2000	20.04	电缆	建成
32	新都旺达木业	1999	500	10.44	木制品	建成
33	成都新力电缆有限公司	1999	1040	8.92	电缆	建成
34	成都中富容器、瓶胚有限公司	1999	13600	17.01	瓶胚、PET瓶	建成
35	四川科伦大药业股份有限公司	1999	4000	119.00	大输液	建成
36	新都化学品工业公司技改项目	2000	2000	20.18	肥料	建成
37	成都前锋暖通设备有限公司	2000	1000	20.00	燃器	建成
38	成都新沁丰印务有限公司	2000	2000	14.01	印刷	建成
39	成都工研科技股份有限公司	2000	10000	119.88	刀具	建成
40	成都市蜀都表面处理有限公司	2000	100	3.13	电镀	建成
41	四川丹琪电信科技有限公司	2000	2000	10.23	电信设备	建成
42	四川现代南光真空设备有限公司	2000	1100	12.10	真空设备	建成
43	成都精密电机厂	2000	500	9.94	电机	建成
44	四川炬光印刷器材有限公司	2000	700	9.81	印刷器材	建成
45	新都如意实业有限公司	2001	1500	24.76	新型建材	建成
46	新都区云香食品有限公司	2001	150	6.42	食品	建成
47	成都市卓新实业有限公司	2001	3100	20.68	石油设备	建成
48	新都区天狮金属线材有限公司	2001	300	8.73	金属线材	建成

续表 10–20

序号	企业名称	入驻年份	投资	占地	产品	备注
49	四川质信天然肠衣有限公司	2001	300	7.04	肠衣	建成
50	四川华一钢结构有限公司	2001	3000	24.73	钢结构	建成
51	成都川野食品有限公司	2001	1500	13.02	菌类加工	建成
52	成都紫江包装有限公司	2001	4250	48.00	PET 瓶	建成
53	成都彩富印务设计公司	2001	800	12.00	印刷设计	建成
54	瑞德(成都)塑胶制品公司	2001	8000	40.00	塑胶制品	建成
55	成都展通家庭用品有限公司	2001	3000	15.03	塑胶制品	建成
56	楠木服饰有限公司	2001	1000	5.00	服装	建成
57	成都仕伦密封有限公司	2002	600	5.08	专用设备	建成
58	成都自强感光材料有限公司	2002	2000	76.65	感光材料	建成
59	成都锦尚科技有限公司	2002	3200	14.84	电器	建成
60	新都湖城车辆配件厂	2002	1000	10.00	汽车配件	建成
61	成都市川西风机厂	2002	830	14.69	风机	建成
62	成都三可实业公司	2002	3000	24.00	电源电器	建成
63	四川现代南光设备公司技改项目	2002	500	3.00	真空设备	建成
64	四川昆仑电力工程有限公司	2002	3000	20.00	电力设备	建成
65	成都宏亚胶辊厂	2002	500	5.40	箱式变电站	建成
66	新都宏亮齿轮有限公司	2002	1000	9.48	齿轮生产线	建成
67	新都华强机械厂	2002	100	3.60	机械设备	建成
68	四川华一钢结构有限公司	2002	2000	20.00	钢结构	建成
69	四川新都鸿基木业有限公司(仓储)	2002	4000	47.68	仓储	建成
70	成都爱德龙实业有限公司	2002	3000	18.40	服装	建成
71	四川新加印刷器材公司	2002	2000	9.89	印刷器材	建成
72	成都前锋电子股份公司	2002	5000	39.00	热水器	建成
73	四川朗勃润滑油有限公司	2002	12000	46.45	润滑油	建成
74	成都佳雪食品有限公司	2003	3000	56.54	速冻食品	建成
75	成都宝龙电器有限公司	2003	4500	19.25	家用电器	建成
76	新都科锐动物药业有限公司	2003	1800	33.52	动物药品	建成
77	新都天元建材公司	2003	800	10.25	新型装饰材料板	建成
78	成都多林电器有限公司	2003	3500	11.20	高科技全固态电子产品	建成
79	新都天狮金属线材有限公司	2003	450	9.40	金属线材	建成
80	成都致力电器配件有限公司	2003	550	10.78	电器配件	建成
81	成都大漠石油机械有限公司	2003	1000	19.00	石油机械	建成
82	四川新福屋木材工业有限公司	2003	4000	48.11	仓储	建成
83	成都利康线缆有限公司	2003	5000	50.00	线缆	建成
84	日化(成都)电材有限公司	2003	3800	20.99	碳酸钡	建成
85	四川富民化工有限公司	2003	1000	13.00	新型电子材料生产线	建成
86	成都博阿食品有限公司	2003	5000	30.20	食品	建成
87	四川东周化学有限公司	2003	800	30.00	家具油漆	建成
88	四川新都科鑫科技发展有限公司	2003	3150	30.00	背投电视光学引擎总成	建成
89	成都星凯科技有限公司	2003	1500	12.92	化工专用设备	建成
90	四川科伦大药业股份有限公司技改项目	2003	400	20.80	药品	建成
91	四川运输公司成都分公司	2003	1250	23.85	链条	建成

续表 10-20

序号	企业名称	入驻年份	投资	占地	产品	备注
92	四川龙海建筑工程机械安装有限公司	2003	1067	19.77	钢构件制作及机电设备安装	建成
93	成都青蓉机械有限公司	2003	2400	28.94	机械加工	建成
94	成都千方中药饮片有限公司	2003	3000	29.98	药品	建成
95	四川川龙汽配有限公司	2003	4000	50.17	汽车配件	建成
96	成都明石科技有限公司	2003	1000	9.86	机械仪表液压电子调速器	建成
97	蜀绣工艺制品有限公司	2003	600	13.03	服装	建成
98	成都凯兴科技有限公司	2003	1500	4.00	化工设备	建成
99	成都好风科技有限公司	2003	3000	39.64	节能灌溉	建成
100	四川爱家铝业有限公司	2004	2000	20.82	铝制品	建成
101	成都飞奥科技开发有限公司	2004	10000	40.00	铝制品	在建
102	成都成电华虹门窗有限公司	2004	100	11.00	门窗建材	在建
103	四川华西大成建筑有限公司	2004	5000	42.73	钢结构	签约
104	珠海市华希发展有限公司	2004	4500	40.00	稀土型催化燃烧器	签约
105	成都宝龙电器有限公司	2004	2500	32.21	家用电器	在建
106	成都昊瑞包装有限公司	2004	2100	12.50	包装	建成
107	四川省成都市饮食公司(赖汤圆食品)	2004	12800	58.50	食品	建成
108	成都意凡家私有限公司	2004	2500	30.34	家具	在建
109	成都德尔家私有限公司	2004	4000	33.88	家具	在建
110	成都金阁尔家私有限公司	2004	4800	45.14	家具	在建
111	成都泰东山家私有限公司	2004	3800	35.17	家具	在建
112	成都喜洋洋家具实业有限公司	2004	3300	30.34	家具	在建
113	四川爱丽美科技有限公司	2004	1000	11.09	饲料	建成
114	成都西北光电仪器有限公司	2004	3200	24.49	光电仪器	建成
115	成都天人压力厂	2004	2400	30.00	压力容器	建成
116	成都货安科技有限公司	2004	3500	40.01	机械电子加工	建成
117	四川急先锋广告设计有限公司	2004	1000	7.64	建厂	建成
118	新都鸿基木业有限公司技改项目	2002	800	8.80	地板集成材	建成
119	成都蜀冶窑业有限公司	2005	3500	19.00	耐火材料	在建
120	蜀中药业集团成都时丰彩印有限公司	2005	5000	30.00	印刷	在建
121	四川世创达电子科技有限公司(一期)	2005	10000	36.00	PDP 屏	建成
122	四川广丰钢制品有限公司(一期)	2005	12000	100.00	钢制品	在建
123	巴鲁夫传感器(成都)有限公司	2005	3000	30.00	电子	在建
124	天锡集团(成都)部件有限公司	2005	17340	100.00	电子	在建
125	成都海通车桥公司	2005	6000	44.00	车桥	在建
126	四川世创达电子科技有限公司(二期)	2005	10000	53.20	AR 膜及 EMI 膜	在建
127	上海中曼石油天燃气有限公司	2005	14700	108.00	石油设备	在建
128	成都青特车桥有限公司	2005	10000	112.00	车桥	在建
129	成都新亨药业有限公司	2005	10000	111.00	制药	在建
130	四川科聚石油装备有限公司	2005	3000	23.00	石油设备	在建
	合　计		566231	5238.56		

乡镇工业集中发展区

【军屯工业集中区】 位于军屯镇文昌村、郭家村,形成于1990年前后,有3个相对独立的产业区。一是食品工业区,占地1000亩,有48家食品工业企业,主要产品有月饼、饼干、糖果、糕点、饮料及休闲食品,2005年产值15213万元。投资规模在500万元以上的企业有冠生园食品有限公司、香贝尔食品有限公司、四川健雄食品有限公司、成都盈宇食品有限公司、西南海椒王等企业11家,其中东方希望集团投资过1亿元。二是轻纺工业区,2005年军屯镇引进浙江义乌中国金哥针织集团,占地210亩,总投资3亿元,当年9月1日第一期工程建成投产,并带动浙江东阳集团等5家制衣企业入驻军屯。三是机电建材区,有川鑫水泥制品有限公司、蜀新电器有限公司、成都凯恒焊割设备有限公司、成都富山动力有限责任公司、万发保温建材有限公司等38家机电建材企业。2005年,军屯镇工业总产值4.48亿元,是1985年的14.8倍;工业入库税收329万元,是1985年的15.67倍。

【三河工业园区】 为承接成都东郊外迁企业和招商引资,1997年经新都县批准,三河镇建立新都卫星城工业区三河工业园区(该园区属新都卫星城工业区规划区域),主要接纳机械、电子电器、包装、医药、食品、建材、家具及高科技和高附加值类工业企业。至2005年,三河工业园已有诚实集团、成发集团、川化集团望江化工厂、一汽青岛汽车厂成都分厂、成都成量工具有限公司、四川美河线缆公司、明天高科技化工有限公司等大中型企业。2005年,三河街道工业总产值14.17亿元,是2000年的142.5倍。

【龙虎工业集中区】 龙虎镇的工业集中在3个区域,共有企业44家,2004年工业总产值8.87亿元。龙虎区:形成于20世纪80年代中期,以建立在龙虎场周边的龙虎钢窗厂、新都溶解乙炔厂、川虎电缆厂、龙虎建筑公司为支柱,逐步发展为以钢材和化工生产为主的工业集中区域,产品有高频焊管、钢带、塑钢型材、建工建材、通讯电缆、溶解乙炔、医用氧气、汽车配件、橡塑包装等。朱王区:位于新龙路朱王村,以冶金铸造为主要产业,骨干企业有新都华龙机械有限公司、成都富荣志实业有限公司、新虎焊接材料厂、龙虎碳素制品有限公司、英建建材有限公司、永旺铜材有限公司、永兴铸钢厂。桂红区:位于桂红路,以机械制造为主,骨干企业有新川西石油机械厂、新都腾龙置业公司、成都天剑机械设备制造公司、成都双环物资有限公司、新都通用机械厂、新都区仙兴金属材料厂、新都新诚华创电子有限公司。

2004年11月,龙虎镇并入新都镇,龙虎工业集中区改由新都镇管理。

【泰兴工业集中区】 1990年,泰兴镇规划杨河九官工业园和普河工业园两个工业集中区。杨河九官工业园因成北铁路编组站在该地兴建而废止。普河工业园建于泰兴镇普河村,占地2.5平方公里。园区道路长3000米,宽28米;供电容量3600千伏安,供电线路长2000米;供气管线长1500米,日供气能力2万立方米;电话1000门。至2003年,园区内有工业企业13家,占地149.68亩,产值1.29亿元,利税830万元。主要产品有冷轧带钢、通讯电缆、光学仪器、机械配件、焊接材料、精密铸件。骨干企业有三利亚中瓷有限公司、霞光焊接厂、洪新机械厂、金发水晶玻璃厂、西南建材设备制造有限公司、新航家具厂。

2004年,泰兴镇普河工业园并入新都卫星城工业东区。

【马家工业集中区】 位于马家镇白螺村,始建于20世纪90年代初期,规划面积3000亩,园区道路、天燃气管网、自来水管网和通信、供电等基础设施完善。至2005年,30多家企业在园区落户,初步形成以长功机械厂为代表的出口产品创业园,以江西永建食品为代表的食品工业园,以永志印务为代表的成长型企业园,以康洁鞋业为代表的边贸产品创业园,以嘉平木业、省水泥预制厂、白螺石材为代表的建材园,以芝芝药业、瑞迪药业为代表的中成药产业园等8个功能小区。2005年,园区工业总产值6.5亿元,利税2000多万元。

【大丰工业园】 位于大丰镇方营、高家、甫家三村地界,始建于2001年8月,占地2.5平方公里。至2005年,基础设施投入1550万元,入驻企业有花都陶瓷、先驱家私、金丰异型钢管制造有限公司、安乐建材公司、兰德科技公司、康达食品有限公司、新宿墙体材料有限公司、晨光二厂成都分厂等50多家。

【南丰工业城】 位于大丰镇铁路村,由四川南辉实业发展总公司和大丰镇联合投资创办,始建于1992年,一期工程占地530亩,水、电、气、路等基础设施投入1.36亿元。2002年,南丰工业城被成都市规划列入大(丰)天(回)工业区范围,大天工业园占地1.96平方公里。至2005年,南丰工业城基础设施建设累计投入2.8亿元,有工业企业35家,工业总产值10.2亿元。主导产业有机械制造、化工、食品、医药、汽车配件、家具、建材。骨干企业有倍特电动自行车公司、固特阀门公司、东方阀门制造公司、乘风阀门有限责任公司、中汽成都配件有限公司、成都正恒动力配件有限公司、成都木工机床厂、成都新象建材有限公司、凯迪家具、丰山木业等。

【其他乡镇工业集中点】 斑竹园镇、石板滩镇、新民镇、木兰镇、清流镇、龙安乡在多年的发展中均建有一定规模的工业集中发展区域。其中,新繁—龙桥家具产业带聚集了以家具制造为主的上百家工业企业。2005年,成都市和新都区在该地域规划建设成都家具产业园。

建筑业

建筑业管理

【管理机构】 1987年以前,新都县城乡建设环境保护局基建股归口管理区域内建筑行业。1987年4月,城建局撤销基建股,成立建工股和质监站,1996年撤销建工股设立建筑施工管理科,1998年改称建筑业管理科,归属新都县建设局,同时加挂新都县建筑业管理办公室牌子。

建筑业管理科负责境内建筑市场的监督管理和建筑业、装修业、房地产业及相关社会中介组织的资质及从业人员资格管理;组织建筑业从业人员上岗培训;核发建筑工程施工许可证;对建筑工程质量、施工安全、施工现场实施监督管理;协调建筑施工企业对外工程承包和劳务输出管理;审查施工图纸、设计文件,指导墙体材料改革,指导监督管理建筑、装修、勘测设计市场准入、准出和技术质量。

【企业资质】 1986年,全县建筑施工企业27家,从业人员5000人,专业技术职称人员230人,其中中级以上技术职称27人。全部固定资产1645万元,年施工产值1亿元。

1995年,全县建筑施工企业67家,其中一级企业2家、二级企业16家、三级及以下的企业49家,从业人员4.9万人。全部固定资产3.9亿元,年施工产值16.6亿元。

2001年,按照建设部《建筑业企业资质管理规定》和《建筑业企业资质等级标准》,建筑施工企业分为施工总承包、专业承包和劳务分包三个序列。当年新都有65家建筑施工企业参加资质评审,经建设部、省建设厅审验批准,新都县总承包企业26家(一级企业3家、二级企业14家、三级企业9家),专业承包企业15家。全年全县建筑业从业人员5万人,其中有专业技术职称的人员6722人,年施工产值20.4亿元,固定资产净值7亿元。

根据第一次全国经济普查资料,截至2004年12月31日,全区共有建筑业法人企业58家,从业人员50990人,其中资质内企业53家,从业人员50301人;建筑业个体经营户234户,从业人员11118人。建筑业法人企业单位中,房屋和土木建筑业企业41家、50304人,建筑安装业企业4家、376人,建筑装饰业企业13家、310人。国有企业3家,集体企业8家,股份合作企业5家,有限责任公司29家,私营企业10家。全区建筑企业总资产109282万元,负债38569万元,所有者权益70713万元,资产负债率35.3%。

2004年,全区建筑业法人企业单位完成建筑业总产值316855万元。其中,资质内企业完成314821万元,资质外企业完成2034万元。建筑业个体经营户经营收入26180万元。全区资质内建筑企业房屋建筑施工面积487.68万平方米,房屋竣工面积319.43万平方米,竣工价值190728万元。

2004年年末,全区参加年检的资质内建筑企业44家,其中房屋建筑总承包企业24家(一级企业3家、二级企业14家、三级企业7家),专业承包企业18家,劳务分包企业2家。全区有房地产开发企业38家,其中二级开发企业1家,三级开发企业23家,四级开发企业14家。全区建筑业有专业技术人员4537人。

1986—2005年,新都建筑企业累计创成都市“芙蓉杯”工程质量奖38项,四川省“天府杯”工程质量奖22项。

【建筑市场管理】 依据《中华人民共和国建筑法》《建设工程质量管理条例》《中华人民共和国招标投标法》等法律法规和《成都市建筑市场主体不良行为记录、扣分、公示与处理暂行办法》对建筑市场进行监督管理,确保“四个100%”,即建设工程招投标率、工程质量安全监督率、应监理工程委托监理率及图标审查100%。2005年,全区发放施工图审查通知书96个,建筑面积98.28万平方米;办理施工许可证121件,建筑面积34.74万平方米;报建面积93.94万平方米,报建率100%;招投标工程97个,招标面积75.31万平方米,工程造价7.85亿元;质量监督建设工程项目241个,面积86.62万平方米,监督覆盖率100%;竣工验收合格工程384个,面积146.32万平方米,工程合格率100%。

1998年6月至2005年12月,发放施工许可证1122件。

1986—2005年新都建筑业产值(当年价)统计表

表10-21 单位:万元

年度	产值	年度	产值	年度	产值	年度	产值
1986	8420	1991	3229	1996	10743	2001	40465
1987	10428	1992	8639	1997	11965	2002	51095
1988	13088	1993	9164	1998	14151	2003	64970
1989	9639	1994	10743	1999	16602	2004	82845
1990	3600	1995	10522	2000	31334	2005	105844

1986—2005 年新都房屋建筑统计表

表 10-22　　单位:万平方米、万元

年 度	施工面积	其中住宅	竣工面积	其中住宅	投 资
1986	67.72	43.42	60.98	44.59	3657
1987	72.17	59.06	62.64	52.99	3820
1988	41.54	33.93	38.65	32.21	2277
1989	65.12	61.15	60.91	58.86	4866
1990	61.21(73.2)	55.36(59.5)	59.76(66.3)	54.96(56.5)	7189(—)
1991	62.20	44.80	54.30	42.20	—
1992	70.30	46.80	47.40	39.10	1553
1993	128.10	60.60	107.30	55.50	1175
1994	123.90	58.60	102.70	57.90	3010
1995	122.40	65.11	104.70	62.90	916
1996	94.17	42.50	81.00	38.75	1290
1997	86.25	46.44	60.06	39.22	4758
1998	85.20	54.98	63.31	45.29	5716
1999	89.34	48.96	66.27	43.00	5234
2000	106.94	78.37	88.17	71.67	7434
2001	191.57	121.72	94.03	85.08	17974
2002	180.94	136.74	108.16	91.88	29827
2003	195.32	155.38	125.58	102.42	49789
2004	243.64	172.49	131.54	97.34	56382
2005	366.44	191.74	112.21	68.44	74850

说明:1986—1990 年为农村私人建房数据,1991—2005 年为全社会房地产投资, 括号内的数据是 1991 年统计口径变化的数据

建筑中介机构

【建筑项目交易中心】 2002 年 12 月,成都市新都区新建建设项目交易咨询有限公司成立。至 2005 年,累计完成政府及国家投资项目交易 181 项,涉及工程造价 8.064 亿元,投资规模 132.7 万平方米。

【成都新城建筑设计有限公司】 1981 年 3 月,成立新都县建筑设计室,几经更名。2001 年完成改制,2005 年 3 月更为现名。公司具有建筑工程乙级、市政公用行业(道路)丙级资质证书,主要承接工业与民用建筑工程设计、市政工程设计、装饰设计和工程技术咨询。公司有高级工程师 8 名、工程师 15 名、助理工程师 8 名、技术员 7 名;全国一级注册建筑师 2 名、一级注册结构工程师 3 名、二级注册建筑师 4 名、二级注册结构工程师 2 名。微机出图率 100%。累计完成中小型乙型项目 1000 项,建筑面积 500 万平方米,钢结构厂房 20 项。代表作品有:新都建设大厦、置信·芙蓉古城、香城丽园、绵竹万洁垃圾焚烧场、金哥集团厂房、一汽青岛物流公司仓库、川龙汽车配件厂厂房、龙虎大厦、金冠华庭、坡景·香樟林、托普信息职业学院办公楼、教学楼、训练管、学生公寓等。2002 年起,先后完成正因村一、二、三期,马超村,红星村,工业区锦水苑等农民搬迁小区设计工作。农村住宅方案曾获成都市一等奖和三等奖。

1998年，被市建委评为先进勘察设计单位，2000年被省建设厅评为勘察设计先进单位。

【成都市新都城建勘察测绘有限公司】 1981年，始建于新都县城建局设计室。1988年独立为新都县城建局勘察室并取得丁级工程勘察证书，1992年更名为新都县工程地质勘察所，并取得丙级工程勘察证书。后几经更名，并取得乙级工程勘察证书。1996年6月，取得建设部颁发的工程勘察设计单位全面质量管理达标合格证书。1999年年底完成改制，更名为成都市新都城建勘察测绘有限公司(股份制)。技术成果获2003年度"省估"三等奖。2004年12月取得甲级工程勘察证书。至2005年，公司注册资金150万元，有工程技术人员16人，其中高级职称6人，中级职称3人，初级职称7人。主要技术装备有SH-30型钻机10台，XY-100型钻机2台，全站仪3台，4台套GPS(全球定位系统)。累计完成工程勘察项目1000余个。较大的工业建筑勘察项目有成发航空公司105、113号厂房、川菜食品生产线、明石实业公司变速器生产线、四川省水泥制品厂新厂区工程、新都科鑫科技公司厂区等，民用建筑勘察项目有状元府邸、维也纳花园二期高层、芙蓉名城、香城丽园、成都万科双水岸项目一期、聚贤雅丽园等。

【建设监理咨询公司】 2005年，境内有建设工程监理公司1家，建设工程咨询公司3家。

成都市新都建设工程监理有限公司成立于1998年12月。至2005年，从业人员70人，累计监理518个项目，监理面积463万平方米。

四川正科建设工程咨询有限公司成立于2004年7月。至2005年，从业人员12人，累计咨询项目40个。

新都建设工程咨询有限责任公司成立于2000年9月。至2005年，从业人员30人，累计受理咨询建筑面积80万平方米。

成都文翰建设工程咨询有限公司成立于1999年12月。至2005年，从业人员36人，累计代理咨询建筑项目总造价37.8亿元。

主要建筑施工企业选介

【四川省煌鑫建设集团有限公司】 具有房屋建筑施工总承包一级资质。历年施工工程合格率100%，连续9年获省、市优质样板工程"芙蓉杯""天府杯"奖。公司拥有各类技术职称人员350名，施工机械1200台(件)。2000年通过ISO 9001质量体系认证，2002年通过ISO 9001 2000版国际质量体系标准认证。代表工程有：四川音乐学院教学楼工程、"君临天下"别墅群、青白江区人民法院综合楼等项目。

【成都市新都桂林建筑工程总公司】 具有房屋建筑施工总承包一级资质，注册资金6000万元，2000年9月通过ISO 9001质量体系认证，2003年通过ISO 9001 2000版国际质量体系标准认证。公司有高中级工程技术人员108名，拥有大中型各类建筑工程机械设备328台(件)，年施工能力3亿元。先后获"芙蓉杯"工程质量奖9项，省"天府杯"奖7项，建设部、科技部"工程质量优秀奖"，国家建筑工程"鲁班奖"。其代表工程有：成都军区长城花园工程，电梯公寓，框架结构，25层(地下1层)，建筑面积3.6万平方米；成都市电信局新南路电梯公寓，框架结构，24层，建筑面积3.8万平方米；"长城锦苑"工程，32层(地下2层)，建筑面积6.8万平方米。

【四川新兴建筑工程总公司】 创建于1966年，具有房屋建筑施工总承包一级资质，注册资金7200万元，净资产8300万元，拥有各类大中型机械设备516台(套)，年施工能力30万平方米。2000年通过

ISO 9001 质量体系认证，先后获建设部“全国先进施工企业”称号，省委、省政府，市委、市政府“文明单位”称号。代表工程有：成都市全国首批试点住宅小区——棕北小区 J1、J14、J15 获得全国最高质量奖“鲁班奖”；省高级人民法院干警楼工程，全现浇框架结构，地上 12 层，地下 1 层，建筑面积 1.2 万平方米；江光实业股份有限责任公司的群体住宅楼工程，建筑面积 10 万平方米；“西藏建银大厦”工程，全现浇框架结构，建筑面积 6.7 万平方米，地上 31 层、地下 2 层，合同造价 1.2 亿元。

2005 年新都境内房屋建筑工程施工总承包资质企业等级一览表

表 10–23

序号	企业名称	等级	序号	企业名称	等级
01	四川省煌鑫建设集团有限公司	一级	14	成都市新都公用建筑工程有限公司	二级
02	成都市新都桂林建筑工程总公司	一级	15	成都迪生建工集团有限责任公司	二级
03	四川新兴建筑工程总公司	一级	16	成都薪发建筑工程有限公司	二级
04	成都宏升建筑工程有限公司	一级	17	四川大丰建筑工程有限公司	二级
05	成都市新都区第十二建筑工程有限公司	一级	18	新都桂森建筑有限公司	二级
06	四川永发建筑工程集团有限公司	一级	19	成都市新都弘立建筑有限公司	二级
07	四川新都建筑总公司	二级	20	成都市新都汇伦建筑工程有限公司	二级
08	成都市新都龙虎建筑工程有限公司	二级	21	成都市新都天府建筑工程有限公司	三级
09	成都市新都第九建筑工程有限公司	二级	22	四川新都开发建筑工程公司	三级
10	成都市晓初建筑有限责任公司	二级	23	成都兴华建筑工程公司	三级
11	成都市新宏建筑工程有限公司	二级	24	成都市盛峰建筑有限公司	三级
12	成都市三河建筑工程有限公司	二级	25	四川奥享建设工程有限公司	三级
13	新都集协建筑工程公司	二级	26	成都峻峰建筑工程有限公司	三级

·商贸服务业·

SHANGMAO-FUWUYE

1986—2005年,新都在商贸业产权制度、经营机制、供销联社体制和粮油购销等方面制定改革措施,加快改革步伐。推进商贸市场建设,通过对粮油储运、专营商品、供销合作商业等管理和服务,作好商品和物资供应,保障全区商品供销。不断优化升级服务业内部结构,建设、拓宽和发展餐饮业、旅游业、居民生活服务业。

2005年,全区社会消费品零售总额31.8亿元。区内有集贸市场56个,比1986年增加31个,成交额增加25.02亿元,其中粮食市场被国家和省工商局评为"文明市场"。全区有大中小超市66家,覆盖全区13个镇(街道),有日用消费品连锁店53家,农资连锁店150家,医药零售连锁店196家。

2005年,全区有大中小旅馆120家,餐饮业经营单位4436家,旅游总收入3.02亿元。以美容美发、茶楼歌厅、摄影服务、保健按摩、维修租赁为代表的居民生活服务业遍布城乡。

通过实施住房货币化改革、住房公积金管理,实施集资建房及经济适用房建设,推动住房制度改革。依法做好房屋拆迁和开展房地产开发、咨询服务,促进房产交易市场健康发育。2005年,全区城镇私有住房4.5万套,占城镇住房总面积的76.7%。区内13个镇(街道)有房屋中介机构160余家,具有资质的物业管理服务企业42家。1986—2005年,新都共拆迁各类房屋98万平方米,拆迁住户7268户,安置无房户705户。

商业体制改革

产权制度改革

【国有商业企业产权制度改革】 按照"产权明晰、债权明确、政企分开、管理科学"的企业产权制度改革方向和切实做好职工安置,确保国有、集体企业资产不流失,不随意逃债、废债的商业企业改革总体原则;按照"先易后难,突出重点,因企施策"的商业企业改革思路,1997年9月开始,新都国有商业企业产权制度实施改革,实施产权制度改革的国有商业企业(含部分独立核算单位)32家,职工3558人(在职2541人,离退休983人,其他34人)。按照因企施策原则,承债兼并5家、内转改制2家、解体23家、整体转让1家、破产1家,共安置职工3078人(在职2291人,离退休779人,其他8人)。至2005年年底,因经费不足,仍有480名国有企业职工未安置(在职250人,离退休204人,其他26人)。

县五交化公司新繁分公司因经营困难,严重资不抵债,于1993年年底实施破产清算解体,被安排到其他国有或集体商业企业的职工50人。

1997—2004年新都国有商业企业改制情况表

表11-1

序号	单位名称	改制方式	改制时间	关停或一次性领取安置费时间	新组建企业或资产受让人
01	新都县食品厂	承债兼并	1997.09	1999.12	新都县星光工贸有限责任公司
02	新都县新繁泡菜厂	承债兼并	1999.06	2000.03	成都新繁食品有限公司
03	新繁糖果酿造厂	承债兼并	1999.10	1999.12	成都爱莲春食品有限公司
04	新都商业建筑公司	产权转让	2000.01	2000.06	成都市迪生建筑工程有限公司

续表 11-1

序号	单位名称	改制方式	改制时间	关停或一次性领取安置费时间	新组建企业或资产受让人
05	新都县医药公司	承债兼并	2000.05	2000.06	四川地森医药有限公司
06	新都县酿造厂	整体转让、企业解体	2000.04	2000.06	成都和顺置业发展有限公司
07	新都县进出口有限公司		2000.06	2000.10	四川新高置业有限公司
08	新繁饮食公司服务部		2000.11	2000.12	成都新发工程有限公司
09	新繁煤建分公司	整体转让、企业解体	2000.09	2000.12	新都县新繁房地产开发公司
10	新都县蔬菜公司	资产转让、企业解体	2001.03	2001.06	四川富城房地产开发有限公司、部分资产判归成都金通信托公司
11	新都县百货公司		2001.04	2003.01	新都县第一建筑有限公司等、仓库被区法院判决给债权人
12	新都县五金交电化工公司		2001.02	2003.05	四川富城房地产开发有限公司、成都民生置业有限公司
13	新都中药材公司		2002.06	2003.10	新都县第十二建筑公司、新都县第一建筑公司
14	新都县煤建公司		2001.03	2002.12	招标拍卖
15	新都县食品公司		2001.12	2005.06	新都龙虎集团等
16	新都联贸公司	企业解体	2001.03	2002.08	公司资产由县政府回购
17	新繁肉联厂	破产清算	2004.06	2004.06	成都永发置业有限公司
18	新都县饮食服务公司	资产转让、协商还债、企业解体	2001.06	2005.12	新都腾龙置业有限公司
19	新都县商业信托贸易公司	协商还债、企业解体	2001.03	2005.12	抵押资产由法院判给中国银行等债权人
20	新都裕昌装饰公司	资产转让、协商还债、企业解体	2001.06	2005.12	抵押资产由法院判给工商银行等债权人
21	新繁糖酒公司	资产转让、企业解体	2001.02	2001.04	资产抵押银行
22	新都外贸棕编厂		1999.12	2003.12	成都市华龙家具装饰有限公司
23	新繁医药公司	承债兼并	2001.03	2001.11	新繁三九药业有限公司
24	崇义桥食品厂	资产转让、企业解体	2001.03	2001.12	新都华丰实业有限公司
25	新繁百货公司		2000.12	2001.03	四川恒立房地产开发有限公司
26	新都县糖酒公司	资产转让、企业部分内转	2001.03	2001.12	新都县新糖酒业有限公司
27	新都县蜂窝煤厂	资产转让、企业解体	2001.09	2001.12	新都县第一建筑公司
28	新都县肉联厂		1999.12	1999.12	新都华丰实业有限公司
29	新繁中药材公司		2001.01	2002.03	成都森科制药有限公司
30	新都县商业幼儿园(事业单位)	分流安置教职工、单位解体	2001.04	2001.04	资产未处置
31	新都县物资供销公司	分流安置职工,企业解体	2001.05	2001.05	无资产
32	新都区市场开发中心(事业单位)	企业内转	2004.12	2005.03	公司 195 名职工出资购买组建新都区市场开发有限责任公司

【集体商业产权制度改革】 新都集体商业企业(含部分独立核算单位)共11家,职工833人(在职485人,退休348人)。1999年9月,参照国有企业改制模式,新都县第二饮食服务公司内部组建新都县第二饮食服务有限责任公司,是第一家改制的集体企业。至2005年年底,集体企业完成改制4家,安置职工382人(在职248人,退休134人)。尚在制定方案,待改制的企业7家:商业综合经营公司、商业联合公司、康达公司、天星燃料厂、第二饮食服务公司新繁服务部、兴达物资公司、牛羊特牲店,共有职工451人(在职237人,退休214人)。

1999—2003年新都集体商业企业改制情况表

表11-2

序号	企业名称	改制方式	改制时间	一次性领取安置费时间	新企业或受让单位名称
1	新都县第二饮食服务公司	企业内转,组建股份公司	1999.10	1999.12	成都市新都区第二饮食服务有限责任公司
2	新都县繁江服装厂	产权转让、企业解体	1997.07	1999.08	新都县竹友乡富慧家具厂
3	新都县肉制品厂	变现资产、企业解体	1999.01	1999.06	新都县第一建筑公司等
4	新都县外贸畜牧产品加工厂	变现资产、协商还债后企业解体	2003.12	2004.10	成都天兆基业实业有限公司

经营机制改革

【落实企业经营自主权】 1987年,新都县商业局系统共有独立核算企业32家,其中国有企业28家,集体企业4家。国有、集体独立经营单位61个。根据国家关于企业所有权与经营权分离的精神,县商业局对所属61个经营单位实施承包经营34个,租赁经营27个。租赁单位中,合伙租赁4个,个人租赁23个。对承包、租赁企业完全放开经营,在国家政策许可范围内自主确定经营方式;放开价格,由经营者按照价值规律和市场供求自行定价;分配放开,由经营者自主选择适合企业的分配形式,主要有联销联利计酬、计件工资等;用工放开,企业实行劳动合同制、负责人聘任制以及台、站、组、柜员自行组合等多种灵活的用工制度。

对承包经营的国有企业,根据不同情况,由主管部门与承包经营者商定不同的承包方式。新都县燃料建材公司、糖酒公司、食品公司等经营稳定、效益较好的企业,实行"确定上缴基数,逐年递增,超额分成"的办法;新都县五金交电化工公司、信托贸易公司、医药公司、国营贸易商场等新组建、还贷多、负担重的企业,实行"确定上缴基数,逐年递增,超额全留"的办法;新都县百货公司等包袱重,经营难度大的企业,实行"上缴基数包干,超额全留"的办法;新都县蔬菜公司等微利企业,实行"免缴税利,利润全留";新都县中药材公司实行"包干上缴,三年不变,超额分成";新都县饮食服务公司等企业实行"承包利润基数三年不变,超额全留";商办工业企业实行"承包利润基数,逐年递增,超额全留"的办法。

【放宽民营企业市场准入】 20世纪80年代,个体工商业快速发展,经营范围主要为日用百货、糖果烟酒、农副土产品的零售服务及餐饮。在全县社会商品零售总额中,1986年民营经济占23.56%,1988年占 30.78%,1990 年上升到 37.18%。为进一步鼓励民营经济发展,1993 年 4 月,县委、县政府批转县工商局《关于进一步放宽和调整企业登记管理,促进经济发展的报告》,规定除国家明令禁止和不准民营企业生产、经营的产品和行业外,其余全部放开,取消生产经营许可证限制;开办各类公司不再经政府行业主管部门审批,企业可直接向工商行政管理机关申请核发企业法人营业执照,同时降低批发、零售注册资金标准。此后,民营资本进入商贸各个行业和批发领域。1993 年,全县注册私营商贸企业 14 家,1995 年 35 家。2000 年,在全县社会消费品零售总额中,民营经济占 80.82%,其中私营经济占 9.88%,个体经济占 49.67%,其他经济成分占 21.27%。2005 年全区社会消费品零售总额中,民营经济占 95.81%,其中私营个体经济占 90.19%,其他民营经济成分占 5.62%。

供销联社体制改革

【供销企业改革】 计划经济时期,供销社按国营商业企业模式管理,主要负责区域内农副产品的收购和对农村生产生活资料(商品)的供应。随着市场经济的建立和发展,农村商品供销渠道发生巨大变化。2000 年始,供销联社承担政府委托、授权对重要农业生产资料、烟花爆竹、再生资源回收、政策性商业的营销进行组织、协调和管理,组织全区供销社参与和推进农业产业化经营,培育产品市场,组织发展农村专业合作组织,加强农村市场信息服务体系的建设。

1992 年,新都供销联社在 14 个基层社和公司推行经营、价格、劳动人事、分配"四放开",实行门店定编定员,职工双向选择,自愿协商组合。企业对门店、门店对个人实行联销联利计酬。对优化组合后的富余人员,鼓励其停薪留职自谋职业;年满 50 岁(女 45 岁)身体不好的人员离岗休息;清退临时工、合同工。在全系统推行共保合同制,即把企业的生产经营目标和分配办法、劳动条件、提高职工文化技术素质、职工福利等内容用合同的形式具体化、契约化,使经营者和生产者风险共担,责任共负,利益共享,有章可循,共同遵守,互相监督。在共保合同的基础上实行全员劳动合同制,通过签订劳动合同,确立劳动关系,明确企业与职工双方的责任权利,打破长期形成的"大锅饭""铁饭碗"。

1993 年,新都供销联社在全系统实行个人经营承包。随着物资不断丰富,商业营销日渐社会化,供销社多年依托的计划分配物资逐渐减少直至断绝, 全县供销系统的销售额和利润逐年下降。到 1998 年,各企业处于停业和半停业状态,大部分职工无工作岗位,生活费无来源。1999 年,供销联社各企业开始对职工进行分流安置,至 2002 年上半年,共安置职工 1480 人,其中全民所有制职工 1280 人、合同工 200 人。

2000—2003 年,新都供销社系统进行重组的企业 10 个(清流供销社、利济供销社、斑竹园供销社、大丰供销社、军屯供销社、泰兴供销社、石板滩供销社、龙安供销社、新都贸易公司、新都农资公司),重组企业均为业者自愿投资入股,按照供销社章程组织规范企业,资金自筹,盈亏自负。其后组建了大宗物资公司和瓜子市场。2005 年,全区供销社基层社和 29 个公司,除 12 个是重组和新组建外,其余都承包租赁给个人经营。

【企业职工安置】 各基层供销社、公司均采用货币安置的办法(俗称买断工龄),安置费标准参照成都市上一年职工平均工资水平,并结合本企业资产情况确定。贸易公司、河屯供销社按 673 元/年,农资公司按 743.75 元/年,其余企业均按 555.58 元/年的标准安置。有现金支付能力的企业以现金支付,无现金支付能力的企业用商品和资产折价作抵偿。

1999—2002 年新都供销联社职工分流安置情况表

表 11-3　　单位:人

企业名称	分流安置人数		企业名称	分流安置人数	
	全民	合同工		全民	合同工
农资公司	45	17	石板滩供销社	90	6
贸易公司	58	17	泰兴供销社	38	23
回收公司	44	17	木兰供销社	25	8
土产公司	56	8	三河供销社	34	0
商业公司	97	6	斑竹园供销社	34	3
综贸公司	68	0	锦江供销社	26	9
木材公司	23	11	大丰供销社	41	9
日杂公司	25	0	龙桥供销社	27	2
新繁土产日杂公司	30	0	竹友供销社	15	0
新繁回收公司	34	2	龙安供销社	29	0
新繁农资公司	46	3	利济供销社	34	4
桂湖供销社	43	2	清流供销社	29	4
新民供销社	46	9	军屯供销社	12	10
河屯供销社	14	6	龙虎供销社	23	5
马家供销社	28	11	合　计	1114	192

【股金清退】 基层供销社及联社直属公司营运资金,主要为社员入股资金和金融机构贷款,1990 年,全县供销社系统股金总额 386.58 万元。1990 年始,供销社向社会扩股,6 年中净增股金 7511 万元。1996 年,全县供销社系统股金总额 7897 万元,仅土产公司就有 1232.8 万元。由于经营效益不佳,引起入股者恐慌,1996 年 5 月斑竹园供销社爆发股金风波,次年 4 月,土产公司、日杂公司、军屯供销社、三河供销社、桂湖供销社入股人持续集体上访,要求退股。2000 年 12 月 14 日,县财政拨付银行专项借款 900 万元,全县机关干部职工借款 130 万元,供销联社自筹 100 万元,开始分期分批退还股金,至 2001 年 1 月,社员股金清退工作基本结束。2005 年末,全区供销社系统股金余额 56.65 万元,主要为 1954 年建社时各基层供销社社员入股的老股金和分 5~8 年未兑付完毕的剩余股金。

粮油购销改革

【收购改革】 计划经济时期,粮食作为战略物资由国家统购统销。1985 年 4 月起,国家改粮食统购为合同定购,定购价按“倒三七”比例计价(三成按原统购价,七成按原超购价),征收农业税按粮食定购价的中等计算折征代金。虽然是合同定购,但仍是行政指令性的“合同统购”。1988 年国务院 67 号文件规定:“以县为单位,完成粮食合同定购任务后农民可进入集贸市场出售余粮”。县政府 1988 年 50 号文件规定:“落实到户的粮油定购任务,是农民应尽的义务,正常年景必须如数完成,在全县粮油任务未完成前,任何单位和个人不得插手收购。”同时实行粮食合同定购与化肥、柴油、发放预定金挂钩。

20世纪80年代末期,城镇居民口粮凭证供应制度逐步消失,居民粮食需求直接在粮店或集贸市场自由购买。为掌控粮源,1989年,粮食部门根据国务院要求敞开议价收购粮食,1993年农业税恢复征收粮食实物制度。1995年,鉴于化肥、柴油供应充足,"三挂钩"不再执行。为补偿粮食生产成本的上升,缩小定购粮价格与市场价格的差距,调动农户售粮的积极性,1996年国家大幅度提高定购粮收购价格,以中等为基准,杂交稻每市斤从0.5元提高到0.7元,小麦每市斤从0.51元提高到0.68元。1998年6月颁发的国务院《粮食购销条例》进一步明确:定购粮的收购价格,市场价高于国家保护价的,参照市场价确定;市场价低于保护价的,按照不低于保护价收购。2001年,国务院下发《关于进一步深化粮食流通体制改革的意见》,对粮食流通体制进行实质性改革。根据国务院文件精神,省政府规定从2002年起全面取销粮食定购制度,实行粮食购销市场化。国家粮食部门本着"购得进,销得出,不亏本"的原则,参与经营。新都区按照省、市规定取消粮食定购任务,农业税改征代金,结束50年的统购统销制度。2003年,新都区取消农业税。

1998年取消油菜籽定购任务,1999年以后,新都国有粮食企业退出油菜籽购销加工行列,食用油购销完全市场化、社会化。

1986—2001年新都部分年份粮食合同定购统计表

表11-4 单位:吨

年 度	成都市下达任务			入库实绩		
	合计	小麦	大米	合计	小麦	大米
1986	38500	17000	21500	39981	17175	22806
1988	36603	15600	21003	38016	16902	21114
1990	34183	12630	21553	33381	11824	21557
1992	29435	12630	16805	29438	11330	18108
1994	31389	12040	19349	31389	14970	16419
1996	32253	12040	20213	32253	12040	20213
1998	29082	10902	18180	29100	11878	17222
2000	27608	12010	15598	27608	12010	15598
2001	27947	12010	15937	27588	11711	15877

1986—2005年新都粮食部门部分年份纯购进粮食统计表

表11-5 单位:吨

年 度	合 计	小 麦	大 米	其中:稻谷	大 豆	玉 米	其他杂粮
1986	46039	17367	27605	10815	5	886	176
1988	41416	17801	21838	4995	494	338	945
1990	48300	17828	28310	10680	327	593	1242
1995	77584	31671	42954	46991	425	1211	1323
2000	35046	13859	20989	29118	0	198	0
2002	15161	5265	9896	14137	0	0	0
2005	23638	8876	14762	20188	0	0	0

说明:纯购进为新都粮食系统定购、超购和市场议购的合计数

1986—1999 年新都粮食部门部分年份油菜籽收购统计表

表 11-6 单位:吨、元/50 公斤

年 度	定购任务	油菜籽入库实绩			收购价格		
		合计	定购	议购	上等	中等	下等
1986	17500	23703	17500	6203	49.53	48.10	46.67
1988	11250	22353	6950	15403	53.30	51.70	50.10
1990	15900	13988	7695	5293	80.30	78.00	75.70
1992	11400	12929	6352	6577	80.30	78.00	75.70
1994	10000	5417	3414	2003	129.00	125.00	121.00
1996	10000	4280	4015	265	138.00	134.00	130.00
1998	—	4693	0	4693	132.50	130.00	127.50
1999	—	1589	0	1589	123.00	120.00	117.00

【供应改革】 1986 年至 1993 年,仍沿袭 1985 年时的粮油供应办法,由基层粮站对非农业人口建立登记册,供应卡每户 1 张;机关、团体、学校、工矿企业每个单位 1 本,分别将定量人口的姓名、工种、定量标准及儿童出生年月日登入卡片,如果人口变动按规定及时登记、调整或注销。迁入人口经公安部门批准入户后,粮食部门凭入户证明和市镇居民粮食供应转移证明办理供应衔接手续;迁出人口凭公安部门的户口迁移证办理粮食供应转移证明;"农转非"人口凭公安部门批准入户手续办理供应关系。城镇居民的食油按每月半斤配售,油随粮走。居民凭证(卡)到指定粮站购买平价粮油。1993 年,城镇居民口粮(油)改按市价销售,凭证供应体制随即终止。2001 年 5 月 1 日,国家粮食总局取消市镇居民粮食供应转移证明,城镇居民户口在全国范围内迁移以及农业人口转为非农业人口均不再办理市镇居民粮食供应转移证明。

1982 年始,粮食部门学习推广旅大市(现大连市)粮食供应管理的"两定、一包、三结合"经验。"两定"即:定用粮单位月销量、定补助粮比例;"一包"即包定量总指标,粮食部门按总指标每月拨付粮食;"三结合"是粮食部门、用粮单位、职工群众相合共同管理粮食。1982 年,全县包干单位 135 个,1986 年 124 个,1991 年 82 个。口粮包干供应办法对控制和稳定粮食销量曾起到一定的积极作用。

补助粮油供应范围主要有出差补助(每月定量 27 市斤的每人每天补助 1 市两)、夜班补助(加班 4 小时以上者,每人每晚补助 2 市两)、劳差补助、特殊作业人员保健补助、各种会议补助以及招待所、医院病床、回民、佛教、老红军、伤残军人等特殊补助。新都从 1975 年开始实行补助粮包干,1986 年包干单位 135 个,涉及 8400 人;1987 年包干单位 140 个,涉及 8410 人。包干标准:每人每月 0.43 市斤。1988 年补助粮包干工作停止。

境内军用粮油供应,1994 年以前,分别由新繁、月波桥、新都城关粮站负责供应。1994 年 5 月,按照国务院、中央军委《关于改革军粮供应体制的通知》要求,成立县粮食局军粮供应管理站,统一采购、供给部队所需粮油,并坚持为部队义务送粮。军粮供应统一执行中央有关部门和省市粮食部门规定的价格。2001 年 1 月起,军供价全国统一调整为:特等粳米每 500 克 0.52 元,特等中晚籼米每 500 克 0.40 元,特制一等小麦粉每 500 克 0.52 元。

农村粮油供应,根据国家粮食统购统销政策,对农村中的缺粮户、回乡人员、"两医"人员、菜农以及灾区和经济作物集中产区等实行粮油计划供应。新都农村粮食供应形式主要是统销、定销、借销三种。统销是按国家政策规定,对农村灾区、低产缺粮区、经济作物区的缺粮供应,统销指标一年一定。定销是核定农村粮食指标后,按统销价格供应口粮,一定几年不变。借销是用借贷的方式,解决农村中季节性的缺粮户，一般为春借秋还或次年归还。1993 年始，粮食全面开放，对农村中的缺粮户改由民政部门直接发放救济款。

农村的食油供应，继续执行 1985 年以前的政策，只购不销，农民食用油自留，仅对菜农、“两医”人员实行按计划定量供应。对参加水利、公路工程的民工按用工量给予定额补助供应，对农村“五保”户和回民给予照顾。随着平价口粮供应的取销，平价食油供应随即终止。

1986—1992 年新都农村灾区和低产缺粮区口粮供应统计表

表 11-7　　单位：吨

年　度	安排次数	数　量	供应类别			
			统　销	返　销	机动粮	贷　粮
1986	4	1778	910	868	0	0
1987	2	891	0	750	141	0
1988	2	497	0	497	0	0
1989	2	1700	0	200	0	1500
1990	2	360	0	0	360	0
1991	3	224	0	0	224	0
1992	1	224	0	0	224	0

1986—2005 年新都国有粮食系统部分年份纯销售统计表

表 11-8　　单位：吨

年　度	销售合计	小　麦	大　米	大　豆	玉　米	其他杂粮
1986	26275	12225	9573	284	1657	2536
1988	28446	9665	12942	602	3338	1899
1990	17787	6500	9776	409	221	881
1992	16160	6979	9190	-9	0	0
1994	40119	15933	20687	858	1420	1221
1996	50416	19519	29875	0	629	393
2000	55794	20234	34313	0	1220	27
2002	35857	11890	22184	202	1581	0
2005	37411	19110	17088	0	1213	0

【国有粮食企业改革】 新都国有粮食企业有 5 家工业生产性企业（月波桥粮油食品加工厂、城关粮站面粉厂、粮食局饲料厂、新繁面粉厂、毗河油厂），由于市场及自身经营管理原因，2005 年前先后全部关停。

商业企业有新都粮食局月波桥粮站、城关粮站、泰兴粮站、马家粮站、新繁粮站、崇光寺粮站、龙桥粮站、利济粮站。1993—1998 年，各粮站主要业务是对国家定购粮收购、销售、存储以及其他附营业务，同时负责专项储备粮储备的政策性业务。1998 年 10 月，根据国务院《关于进一步深化粮食流通体制改革的决定》精神，粮食收储企业改为粮食购销企业，8 家粮站均改为粮油经营站，成为经营性的粮食商业性企业。

粮食商业企业由于政策性原因，处于长期持续亏损状态，1997 年起，国家对超库存粮食实行经营补贴，2003 年起扭亏为盈。

1986—2005 年新都粮食经营企业部分年份效益统计表

表 11-9　单位:万元

年　度	金　额	年　度	金　额	年　度	金　额
1986	-202	1994	-258	2002	-2230
1988	-288	1996	-221	2003	48
1990	-455	1998	-2867	2004	96
1992	-1148	2000	-980	2005	22

商贸业

1986—1990 年,国营、集体经济在商贸业中占主导地位。1990 年,全县商贸业有企业管理机构和企业经营机构 1735 个,从业人员 7892 人。其中企业管理机构 103 个,从业人员 1306 人;企业经营机构 1632 个,从业人员 6586 人。企业经营机构中,国营商业 194 个、2309 人,供销社经营机构 345 个、1106 人,集体商业经营机构 1093 个、3171 人。个体有证商业 9103 户、10250 人。全县国营、集体商业零售网点 1441 个,其中粮油商店 53 个,副食品商店 354 个,其他食品商店 53 个,百货商店 120 个,纺织品商店 111 个,五金交电化工商店 60 个,医药商店 32 个,书店、邮局、报刊门市 42 个,煤炭商店 23 个,石油商店 1 个,日用杂品商店 62 个,农业生产资料商店 43 个,其他专卖商店 45 个,综合性商店 442 个。全年商品购进总额 65244 万元,销售总额 73992 万元,年末商品库存总额 17961 万元。全年社会消费品零售额 45467 万元,其中商贸业零售额 30689 万元。

1991—1995 年,商贸业持续发展。1995 年,全县商业批发零售单位 12459 个,从业人员20690 人。其中批发单位 1394 个,从业人员 5270 人;零售单位 11065 个,从业人员 15420 人。全年商品购进总额 139129 万元,销售总额 148157 万元,年末商品库存 47184 万元。在商品销售总额中,食品饮料烟酒类销售额 43565 万元,占 29.4%;纺织品类 258 万元,占 0.24%;服装鞋帽类 14144 万元,占8.2%;日用品类 6870 万元,占 4.64%;石油及制品类 4102 万元,占 2.77%;家用电器类 2528 万元,占1.71%;中西药品类 1823 万元,占 1.23%;煤炭及制品类 2606 万元,占 1.76%;化工材料及制品类 7890 万元,占 5.33%;金属材料类 25157 万元,占 16.98%;机电设备类 10976 万元,占 7.29%;其他类占20.45%。全年社会消费品零售总额 113705 万元,其中商贸业零售额 49707 万元。

1996—2000 年,商贸业呈稳定增长态势。2000 年,全县批发零售贸易业商品销售总额194286 万元,比 1995 年增长 31.13%。其中商品批发业销售额 93026 万元,比 1995 年下降 18%;零售业销售额 101261 万元,比 1995 年增长 191.76%。

2001—2005 年,境内国有、集体商业逐步萎缩,私营个体和其他经济成份的商贸组织蓬勃发展。2004 年年末,全区批发零售业有企业法人单位 212 个,产业活动单位 291 个;批发业个体经营户977 户,零售业个体经营户 12695 户。全部批发零售业从业人员 24872 人。全年商品销售额 191401 万元,其中批发业销售额 164875 万元,零售业销售额 26526 万元。批发零售企业法人单位资产合计104917 万元,负债 85999 万元,所有者权益 18378 万元。2005 年,全区批发零售贸易业销售总额 240258 万元,比 2004 年增长 25.53%。

商贸市场

【集贸市场】 1985年,全县有农副产品交易市场25个,集市成交额3887万元;2000年,全县集贸市场41个,成交额24亿元;2005年,全区集贸市场56个,成交额25.41亿元。

2005年新都区集贸市场一览表

表11-10 单位:平方米

序号	市场名称	地 址	用地面积	经营商品
01	新都生产资料市场	新都镇新广路120号	17126	木材、钢材
02	新都粮食市场	新都镇如意大道	40000	玉米、大豆、高粱、大米
03	新都新叶市场	新都镇运力大道	33411	农产品
04	新都通大贸易公司瓜子市场	新都镇如意大道	8000	瓜子
05	西北果品综合开发市场	新都镇如意大道	7239	果品
06	电子路市场	新都镇电子路64号	9920	百货、副食、蔬菜、水产
07	新都金都市场	新都镇金光路1号	6207	百货、副食、蔬菜、水产
08	新都正因综合市场	新都镇正因村	13330	综合
09	新都同仁农贸市场	新都镇同仁村	9060	百货、副食、蔬菜、水产
10	西北建材综合市场	新繁镇如意大道	5000	建辅装饰材料
11	龙门市场	新都镇施营村	3000	百货、鲜肉、蔬菜、干杂
12	城北市场	新都镇西北村	2000	百货、鲜肉、蔬菜、干杂
13	龙虎综合市场	新都镇龙虎社区	4000	百货、粮食、家禽、蔬菜
14	新都紫瑞市场	新都镇紫瑞街	2000	副食、干杂、蔬菜
15	新都南洋综合市场	新都镇上南街	1349	副食、干杂、蔬菜
16	新都南桥市场	新都镇	5260	木材
17	新都贸易市场	新都镇西街	10390	百货、干杂、副食、水产
18	新都新新商场	新都镇桂湖东路	7992	百货、干杂、副食、水产
19	新都二手汽车交易市场	新都镇	5212	二手汽车
20	新都红河农贸市场	新都镇	3000	农副产品
21	新都三桥建材交易市场	新繁镇三桥村	36666	建材、装饰、家具、钢材
22	新繁综合市场	新繁镇	27619	综合
23	龙安农贸市场	新繁镇龙安社区	3300	农贸
24	新繁北门市场	新繁镇	9460	粮食、菜秧、废钢材
25	新繁繁江市场	新繁镇	8125	百货、干杂、副食、水产
26	新繁东门市场	新繁镇	10000	木材、沙石、砖
27	新繁综合市场	新繁镇	26000	百货、干杂、副食、水产
28	新繁东湖综合市场	新繁镇	16556	蔬菜、水果、肉类、干杂、腌卤
29	新繁新街菜市场	新繁镇	9500	
30	卧龙桥农贸市场	新繁镇龙安社区	3000	农贸
31	大丰黄花市场	大丰街道	6600	百货、服装、干杂、副食
32	大丰南丰综合市场	大丰街道	5000	百货、服装、干杂、副食
33	大丰城北三元贸易市场	大丰街道	20000	农贸

续表 11-10

序号	市场名称	地 址	用地面积	经营商品
34	新都三河综合市场	三河街道互助村	8000	综合
35	三河便民综合市场	三河街道	3300	综合
36	双江综合贸易市场	三河街道	5000	综合
37	龙桥市场	龙桥镇	5600	农副产品
38	斑竹园镇红光农贸综合市场	斑竹园镇	10000	综合
39	新都柏水市场	斑竹园镇柏水社区	2660	百货、肉类、蔬菜、水果
40	斑竹园镇综合市场	斑竹园镇	8659	百货、肉类、蔬菜、水果
41	新都竹友市场	斑竹园镇福田寺	4600	副食、小百货、蔬菜
42	新民综合市场	新民镇	5330	百货、副食、水产
43	新民贸易市场	新民镇	5261	农副产品
44	新都高祖综合市场	新民镇高祖庙	2019	百货、干杂、副食
45	马家市场	马家镇	3000	百货、干杂、副食、水产
46	军屯综合市场	军屯镇	4000	百货、干杂、副食、水产
47	四川省再生资源市场	泰兴镇关东村	86580	再生资源利用
48	泰兴综合市场	泰兴镇	13330	副食、干杂、肉类、蔬菜
49	木兰综合市场	木兰镇	5200	百货、服装、干杂、副食
50	木兰老市场	木兰镇	3000	农副产品
51	石板滩蔬菜市场	石板滩镇	1500	蔬菜
52	石板滩新市场	石板滩镇	7725	副食、干杂、肉类、蔬菜
53	石板滩镇综合市场	石板滩镇	6260	粮食、禽蛋、木材
54	清流农贸市场	清流镇	3300	粮食、仔猪、禽蛋
55	新都清流市场	清流镇	8000	百货、副食、蔬菜、水产
56	利济市场	利济场	4660	农副产品、百货

1985—2005年新都区部分年份集贸市场成交额统计表

表 11-11　　单位:亿元

年 度	成交额	年 度	成交额	年 度	成交额	年 度	成交额
1985	0.39	1991	3.30	1996	22.14	2001	15.48
1986	0.46	1992	4.17	1997	24.60	2002	18.61
1988	0.81	1993	4.80	1998	24.87	2003	21.91
1989	0.97	1994	11.11	1999	22.02	2004	24.10
1990	0.98	1995	16.40	2000	24.00	2005	25.41

【粮食批发市场】 1986年以后,随着粮食逐渐富足,一些农户在城镇出售余粮。1988—1992年,新都镇通站路川陕路口至火车站自发成市,出售粮食的除本地农民外,还有外地的粮食经营者,由于交易者多,常常拥堵道路。1992年4月,根据县委、县政府安排,新都工商局在通站路饮马河桥头修建粮食市场,距新都火车站300米。市场占地60亩,建筑面积1.4万平方米,一次性可仓储粮食2.4万吨,总投资900万元,当时是全国最大的杂粮现货交易批发市场。当年11月建成,杨汝岱、吴希海等省市领导为开业剪彩。场内常驻粮食批发商100余家,除私营、个体经营者外,也有本地和外地国有粮食企业。交易品种有玉米、大米、小麦、高粱、大豆和其他杂粮,年成交量60万吨,成交金额1亿元。为规范市场交易秩序,组

建立由政府、粮食、工商、税务、公安、交通、金融、医疗、火车站等10多个单位组成的管理服务机构。

至2005年,新都粮食市场每天有400多台手扶拖拉机跑市场短运,两个装卸队600多人,带动本地农民1000人到市场就业服务。市场内从事餐饮、副食、住宿、编织业等第三产业从业人员1000多人。每年直接给当地农民增收350万元。

时任中央政治局委员、国家体改委主任李铁映,国家计委常务副主任郝建秀,国家工商总局常务副局长曹天占、副局长慧鲁生,中央委员、新华社社长郭超人,省委书记杨汝岱,省长张皓若、张中伟等中央、省市领导先后到市场视察考察。联合国粮农组、日本、南韩、美国等有关专家和考察团到新都市场考察调研,中央、省市新闻媒体曾进行多角度报道。

粮食市场被国家统计局授予"行业百强"称号(全国农副产品批发市场50强排名第7),被国家工商局和省市工商局评为"文明市场"。

【蔬菜批发市场】 新都镇蔬菜批发市场形成于1984年前后新都贸易市场3—7时的早市,随着交易量逐年扩大,交易地点由新都贸易市场逐步扩展至西街、状元街和建设路。由于早市影响居民休息,2003年,新都区政府委托新都交通运输管理所在新都运力大道建立蔬菜批发市场,即新都新叶市场。蔬菜批发市场占地3.34万平方米,年平均交易额2500万元左右。此外,新繁镇和石板滩镇各建有蔬菜批发市场1个。

【其他专业市场】 其他专业市场有生产资料市场、瓜子市场、再生资源市场、木材沙石市场、二手汽车交易市场等,其中规模较大的有:

新都生产资料市场 建于1989年,位于新都镇大马桥,占地17126平方米,主要交易钢材和木材。场内常驻钢材经营户24户,木材经营户38户,年成交额1124万元。

西北建材市场 是新都首家专门经营建辅材料的市场,位于新都镇西北村如意大道与运力大道交汇处。建于2002年,占地5000平方米,建筑面积4000平方米,市场集批发、零售、仓储、物流为一体,交易产品有各种细木工板、贴面板、多层板、集成材、钢材、PVC扣板、瓷砖、灯饰灯具、卫生洁具等上百个品牌上千个品种,常驻商家40余户,年平均交易额5000万元。

通大瓜子市场 2003年11月,新都通大贸易公司将位于如意大道的木材仓库改建为成都市新都区通大贸易有限公司瓜子市场,占地面积8000平方米,建筑面积1800平方米,年交易额8000万元。

【商业街】 1986年,新都西街是当时全城最繁华的商业地段,百货公司、五交化商店、邮政、银行、新华书店、电影院、小学、幼儿园、综合市场、饭馆、照相馆均集中在300米长的地段上。1990年始,旧城区改造中形成的特色街区有桑园巷、上升街服装一条街,东环路建筑装潢材料一条街,宝光大道机电产品一条街,新中路家电及通讯产品一条街,圣谕亭巷小食品、日化用品、酒类一条街。2000年后,随着桂湖广场的建设和桂湖西路的改造,聚集了摩尔百货、苏宁电器、桂湖置业以及重庆小天鹅、刘一手、孔亮火锅等知名商社和餐饮企业,形成了集购物、休闲、餐饮、娱乐为一体的桂湖广场商圈。

【连锁超市】 1998年8月,成都红旗商场批发直销部在新都商贸大厦开设新都第一家超市,营业面积1500平方米,职工120余人。由于品种齐全,明码标件,选购方便,深受顾客欢迎,加之企业信誉高,服务好,开业初期几年间生意十分兴隆,常常出现拥挤购物、排队交款的景象。2000年,新都红旗商场营业额2803万元。

2005年新都区部分商业网点基本情况表

表 11-12

企业或网点名称	小计(户)	网点营业面积(平方米)	经营方式			经营性质			企业或网点属性									营业额(万元)	人员(人)
			连锁	加盟	其他	综合	品牌专卖	专业经营	批发	零售	住宿	餐饮	食品	广告业	理发美容保健	洗浴服务	其他		
合计	1484	315159	174	182	1128	692	233	559	163	625	19	161	32	20	98	5	361	141881.3	7489
批发市场	8	74814	0	0	8	0	0	8	5	3	0	0	0	0	0	0	0	100000.0	2070
家具、家电	89	28622	12	9	68	34	35	20	5	75	0	0	0	0	0	0	9	15733.3	704
百货	125	4226	4	11	110	60	23	42	17	99	0	0	0	0	0	0	9	1259.4	267
机械	93	3900	5	2	86	53	6	34	2	7	0	0	0	0	0	0	84	655.1	283
医药	38	1817	20	6	12	9	15	14	0	30	0	0	0	0	0	0	8	460.9	105
餐饮业	190	16598	16	21	153	150	8	32	0	0	10	159	0	0	0	0	21	4702.5	775
住宿业	5	70998	0	0	5	0	0	5	0	0	5	0	0	0	0	0	0	—	440
食品	79	2523	10	6	63	57	8	14	0	0	0	2	32	0	0	0	45	823.8	188
车行	19	16985	7	3	9	3	9	7	0	18	0	0	0	0	0	0	1	1997.0	80
五金	27	656	2	3	22	17	0	10	0	24	0	0	0	0	0	0	3	257.8	81
广告业	20	527	0	0	20	20	0	0	0	0	0	0	0	20	0	0	0	123.0	55
服饰	219	9838	33	63	123	32	74	113	0	199	0	0	0	0	0	0	20	4751.4	589
便利店	17	1265	4	2	11	14	3	0	0	17	0	0	0	0	0	0	0	469.0	76
娱乐、休闲	23	5580	2	1	20	20	3	0	0	0	4	0	0	0	0	0	19	1357.7	184
IT 通讯	67	3888	21	1	45	14	13	40	0	0	0	0	0	0	0	0	67	2944.6	299
美发美容保健	103	4194	7	15	81	81	0	22	0	0	0	0	0	0	98	5	0	1585.7	313
建材	98	24107	5	5	88	50	9	39	0	51	0	0	0	0	0	0	47	1305.9	244
其他	264	44621	26	34	204	78	27	159	134	102	0	0	0	0	0	0	28	3454.2	736

2002年,互惠集团在新都设立连锁超市。次年,吉多多、城南批发、万家福、鲜香超市等有一定规模的超市相继开业。2004年,成都摩尔集团在桂湖商业中心开设摩尔超市,营业面积3万平方米,员工500余人。至2005年年末,全区有大中小超市66家,覆盖全区13个镇(街道),有日用消费品连锁店53家,农资连锁店150家,医药零售连锁店196家。

粮油储运

【粮油储藏】 至1993年,境内23个乡镇共建粮库35处,有粮食仓房154幢,容量10.19万吨。1999年,仓容10.48万吨,由于粮食流通体制改革,仓容实际占用率不到50%。2000年始,有的仓库被拆除、拍卖,至2003年,全区储粮点26处,仓容9.87万吨,分布在城关、马家、月波桥、新繁、利济、龙桥、崇光寺、泰兴8个粮站。

食用油储存附着在粮库内。1998年储油点27个,有钢板制油罐83个,总容量1.094万吨。至2005年,全区储油罐45个,储量6271吨,基本处于空置状态。

【专储粮油】 专储粮油是根据国家粮食储备制度建立的,分为部队战时用粮(506粮)、重大灾荒储备粮(甲字粮)和市场物价平抑粮(中央专储、省专储)。1992年,经省粮食局确定,新都的月波桥、饮马河、崇光寺仓库分别承担甲字粮油和中央专储粮油、省专储粮油的储存管理。2000年,三库专储粮食16514吨、食用油2000吨。2000年以后,中央直属库体系建立,月波桥、饮马河、崇光寺仓库均退出专储粮油库行列,原储存的粮食有的转为地方商品粮,就地安排销售,至2003年,全部专储粮油处理完毕。

【陈化粮处理】 粮食储藏一直奉行"推陈储新"的办法。20世纪90年代,粮食库存量逐年增大,销售外调困难。经省粮油质监检验站1999年11月和2000年3月两次鉴定,新都粮食系统共有超期储存的陈化粮12352吨(稻谷11372吨、小麦980吨)。经上级批准于2003年8月起,在四川省粮油批发中心竞价交易。2004年10月处理完毕。

1986—2005年新都粮食局系统部分年份粮食存储统计表

表11-13 单位:吨

年度	合计	小麦	大米	其中:稻谷	大豆	玉米	其他杂粮
1986	28611	7154	14739	6979	1664	4389	665
1988	24012	8956	11476	4656	526	1280	1774
1990	45462	21451	21978	14277	278	748	1007
1992	23121	9412	11723	15335	750	1056	180
1994	32912	17883	14339	24635	449	0	241
1996	35358	12281	17457	25112	27	0	5593
1998	45836	5989	32665	45060	43	2217	4922
2000	21917	1322	29910	27569	0	685	0
2003	8467	1762	6705	9578	0	0	0
2005	17195	6480	10715	15307	0	0	0

说明:不含甲字粮、中央和省专储粮

【粮油调运】 1990年以前,新都县主要承担成都市粮油供应的调拨,以外调为主。在完成定购粮油的外调任务后,也接收陕西、山西发来的玉米,并将小麦发往对方作兑换。1990年始,粮油供应发生变化,各地多自行组织货源,省市粮食部门安排的粮食调运计划难以有效执行。1997年,市粮食局下达给新都调出计划15870吨(小麦6030吨、大米9840吨),实际只调出375吨大米。1996年,油菜籽实行市场收购,菜油销售随行就市,敞开供应,调拨计划自然终止。

1986—1998年新都粮食局系统部分年份粮油调运情况统计表

表11-14　　单位:吨

年度	粮食(贸易粮)						食用油					
	调入			调出			调入			调出		
	合计	省外	省内	合计	省外	省内	合计	省外	省内	合计	省外	省内
1986	7641	761	6880	25506	2997	22509	5336	0	5336	10247	9698	549
1988	3201	0	3201	25594	0	25594	621	0	621	3403	2134	1269
1990	1271	0	1271	20283	0	20283	0	0	0	4959	3718	1241
1992	1322	0	1322	10753	0	10753	0	0	0	467	0	467
1994	0	0	0	5937	0	5937	0	0	0	50	0	50
1996	0	0	0	8664	0	8664	0	0	0	0	0	0
1998	0	0	0	600	0	600	0	0	0	0	0	0

专营商品经营

【烟草专卖】 新都烟草专卖局(营销部)兼有执法和经营双重职能,主要负责辖区内卷烟批发经营,对辖区内卷烟零售业实行监督管理,打击卷烟走私、贩私和制假售假,优化零售户布局。

1984年12月开始,新都烟草专卖局实行烟草专卖许可证,至1991年,共发放"烟草专卖准购证"1143个。2001年4月,专卖局与持有专卖许可证的零售经营户签订经营协议,发放卷烟零售点证、牌,建立户籍档案。根据零售经营户守法情况分为A、B、C三类,A类为文明经营户,B类为一般经营户,C类为重点经营户,当年全区入网卷烟零售经营户共1850户,其中A类250户,B类1508户,C类92户。2002年,卷烟零售许可证年检,全区共有卷烟零售经营户1772户。此后每年略有增减,总体变化不大。

1986—2005年新都烟草专卖局(营销部)部分年份烟草经营情况统计表

表11-15　　单位:箱、万元

年度	卷烟销售量	销售金额	实现利润	税金及附加
1986	9503	943	8.7	4.1
1990	13098	2272	30.9	6.5
1995	11715	4056	245	5.1
2000	13406	7597	256	5.4
2005	23212	25935	4204	128

1996—2005 年新都烟草专卖局部分年份执法情况统计表

表 11-16　　单位:件、条、万元

年　度	查处案件	结案率	没收卷烟	罚没金额
1986	75	100	520	0.37
1990	6	100	—	0.44
1995	26	100	115	3.01
2000	75	100	1352	9.99
2005	173	100	3195	24.39

【盐业专营】 四川省盐业总公司新都支公司负责新都区域内食用盐、工业用盐、农牧渔业用盐的调运和供应。1986—2005 年,新都盐业支公司共调入盐产品 123037 吨,销售 128733 吨。

1976 年,天元乡在新都盐业支公司的支持下,曾开办天元盐厂,利用硝盐加工生产原盐,产品由新都盐业支公司全部收购。天元盐厂有职工 12 人,厂房 300 平方米,制盐平锅 1 口,至 1986 年 1 月关闭,累计生产成品盐 2977 吨。

1986—2005 年新都盐业支公司部分年份调入和销售盐产品统计表

表 11-17　　单位:吨

年　度	调　入	销　售	年　度	调　入	销　售
1986	5055	5148	1996	4700	4660
1988	5618	7521	1998	4417	4260
1990	8337	5920	2000	4615	5209
1992	3528	5100	2002	10014	10066
1994	5000	5740	2005	14745	15273

1995—2005 年,新都盐政管理所查处各类违法案件 870 起,查获非碘盐 700 吨,假冒碘盐 300 吨,挡获私运非碘盐和假冒碘盐 38 车 430 吨,罚款 46075 元。

【酒类专卖】 1986 年,新都县恢复酒类专卖管理局,为商业局下辖的二级局,挂牌在新都县糖酒公司,由商业局委托糖酒公司对酒类产销实行监管。同年,开始对酒类生产、批发企业实行许可证制度,至 1995 年共发放许可证 186 个。2000 年 7 月,县贸易局从糖酒公司收回酒类专卖管理权,县贸易局挂酒类专卖管理局牌子,设酒类执法专职人员 2 人、兼职人员 5 人。2005 年,全区持有“酒类产销许可证”企业和商家 115 户,持有“国家名白酒零售许可证”经营者 1087 户;各类酒厂 48 家(其中作坊式白酒厂 43 家),从业人员 11150 人,生产各类酒 123280 吨,其中土法白酒 8100 吨,其他白酒 30 吨,啤酒 11.50 万吨,曲酒 90 吨,果露酒 60 吨,创工业增加值 1.04 亿元,产品销售收入 1.92 亿元,实现利润 4200 万元;销售各类酒 115770 吨,其中啤酒 11.48 万吨,曲酒 60 吨,土法白酒 825 吨,其他白酒 30 吨,果露酒 55 吨。

1986—2005 年,区技监局查获假冒名酒 403 件;新都工商行政管理局查获冒牌名酒 54184 瓶,冒牌饮料 52720 瓶;新都酒类专卖管理局查处仿冒名酒、假酒等违法案件 141 件,查获假冒国家名酒1920 瓶,假冒国家优质酒 2400 瓶,销毁劣质白酒 750 公斤,处理违法经销案件当事人 136 人,罚没金额 89297 元。

商品供应

【粮油供应】 1986—1993年,城镇居民仍沿袭此前的粮油计划供应体制,居民成年人每人每月粮食定量25市斤,机关事业单位人员每人每月27市斤,企业人员按工种定量,凭购粮证(卡)到指定粮站购买。食用油每人每月0.5市斤,油随粮供应。由于市场逐渐有议价粮油出售,居民可到粮站购买,也可到市场购买,市场价略高于国家供应价。1993年,城镇居民凭证供应的粮油一律改为按市场价销售,计划供应体制随即终止。

1986年,全县销售各种粮食46717吨,其中定量人口口粮18768吨;销售食用油1868吨,其中定量人口口油1185吨。1990年,销售粮食40456吨,其中定量人口口粮15425吨,销售食用油1785吨,其中定量人口口油767吨。

【副食品供应】 1986年,由于各种商品特别是农副产品的供应已经比较充足,20世纪六七十年代实行的猪肉、鸡蛋、食糖、烟酒、糕点、粮食制品、豆制品及燃煤、肥皂、自行车等凭证供应(分配)的制度全部取消。1986年,全县商业部门销售肥猪11.51万头,鸡蛋5.2吨,食糖2238吨,酒1188吨,卷烟10962箱。1990年,销售肥猪4.83万头,食糖936吨,酒892吨,卷烟12214箱。

【棉布供应】 1984年,国家取消棉布凭证供应制度。1986年,全县商业部门销售棉布449.71万米,棉花化纤混纺布228.98万米,化纤布131.7万米,呢绒24.31万米,其中县百货公司销售棉布224万米。1990年,全县商业部门销售棉布309.77万米,棉花化纤混纺布95.44万米,化纤布8.46万米,呢绒59.3万米,其中县百货公司销售棉布48.78万米。1990年后,棉布及其他纺织品批发、零售均已社会化,商业部门销售量逐年下降,加上非棉纺织品大量进入市场,1995年,县百货公司销售棉布仅9万米。

【针纺百货文化用品供应】 1985年,销售纺织品收入1005.3万元、针织类收入417万元、百货收入737.5万元、文化用品收入112万元,上缴税利28.9万元。1990年,纺织品收入743.3万元、针织类收入524万元、百货收入742.7万元、文化用品收入181.5万元,上缴税利63.18万元。1996年,销售纺织品收入39.9万元、针织类收入423.4万元、百货收入1032.9万元、文化用品215.8万元,上缴税利43.53万元。

【五金交电化工产品供应】 1986年,全县商业部门销售手表1.85万只,自行车52784辆,半导体收音机3054架,电视机4317台,台风扇6145台,缝纫机6156架,肥皂1.81万箱,洗衣粉416吨;1990年销售手表8500只,自行车12199辆,半导体收音机904台,电视机1861台,台风扇3196台,缝纫机2766架,肥皂1.05万箱,洗衣粉430吨。1985年,县商业部门销售五金收入419.9万元,交电收入2165.79万元,化工收入129.67万元,上缴税利64.1万元。1990年,销售五金收入212万元,交电收入2193万元,化工收入37万元,上缴税利35.79万元。1996年,销售五金收入386.68万元,交电收入2545.4万元,化工收入93.4万元,上缴税利32.16万元。

【其他商品供应】 计划经济时期,城镇蔬菜供应以国营蔬菜公司为主。改革开放后,农民进入市场自产自销,蔬菜公司仍继续发挥调节补淡、平抑物价的作用。1985年,新都蔬菜公司组织上市蔬菜195.7万公斤,调出蔬菜188.6万公斤;1990年组织上市蔬菜475.4万公斤,调出蔬菜265万公斤。随着市场的进一步开放和发展,1994年,新都蔬菜公司退出蔬菜经营领域。

1985年,县商业部门销售汽油3580吨,煤油506吨,柴油3807吨。1990年,销售汽油7427吨,煤油661吨,柴油4604吨。1995年销售油21352吨,1996年销售油10842吨。

1985年,县商业部门销售烟煤62839吨,无烟煤82377吨。1990年,销售无烟煤46580吨,烟煤81145吨。1996年,销售烟煤25674吨,无烟煤84932吨。

【批发与零售】 1990年以前,商品批发主要由国营、集体企业经营,批发商品多为日用百货、五金家电、糖果烟酒、燃料建辅,年批发额2.50亿元。1990年以后,私营和股份制企业、个体商业逐渐成为批发业的主体。1990年,全县有批发企业297家,从业人员3047人,批发业商品销售额4.86亿元;零售业10545户,从业人员15090人,商品零售额2.54亿元。1995年,全县批发业销售额11.35亿元,零售额3.47亿元。2000年全县批发和零售总额19.43亿元。2005年,全区有专业批发场站58处,从事批发和零售业人员26950人,批发和零售总额24.03亿元,其中临街从事日用消费品批发的个体经营者700余户,从业人员近3000人,年销售额2亿元左右。

供销合作商业

【经营业务】 供销社经营的大宗商品主要有百货、日杂、农副土产、化肥农资及废旧品回收。1986年,县供销联社购进商品4651万元,销售10613万元,利润217.75万元。1995年,销售40844万元,利润80.05万元。2005年,销售195679万元,利润10万元。

2005年,直属供销社建设和管理的市场只有高祖综合市场和新都瓜子市场,高祖综合市场年销售额为600万元,新都瓜子市场年销售额为8000万元。

【供销社工业企业】 1986—2000年,全县供销系统先后有工业企业40家,其中蜂窝煤厂15家,酿造厂7家,以腌腊制品为主的食品厂7家,面粉厂1家,茶叶加工厂2家,其他类型工业8家,规模都很小,均为集体所有制性质。基层供销社开办28家,挂靠在基层社的私营个体企业12家。至2000年,基层社开办的工业企业除石板滩酿造厂租赁给个人经营外,其余全部关停,挂靠企业全部脱钩。

县供销联社1986年、1988年、1990年、1992年、1994年、1996年、1998年、2000年工业产值分别为93.61万元、538.9万元、316.5万元、1116.1万元、830.2万元、992.1万元、412.6万元、3890.1万元。

【农村合作商业】 1986—1997年,全县农村合作商业以乡镇为区域组成28个场管会,由县联社合作商业管理科管理。1998—2000年,由县联社行政办公室管理。2000年,根据县政府73号文件精神,由各场管会公推公选,成立新都县农村集体商业管理委员会,仍由县联社代管。在经营管理方式上,农村合作商业实行柜店承包,独立核算,自负盈亏,工资福利上不封顶下不保底。

1979年以前,农村合作商业的利润70%作为公积金上交联社,30%留作企业补充流动资金;1979年后改为“交三留七”,20世纪80年代末停止收缴。历年共收取公积金147万元,主要用于改建经营设施及人员培训、会议开支、奖励先进等。

1986—2005 年新都农村合作商业部分年份统计表

表 11-18　　　　单位:人、万元

类　别	1986 年	1988 年	1990 年	1992 年	1995 年	1997 年	2000 年	2002 年	2004 年	2005 年
职工人数	1780	1452	1234	1059	744	684	408	271	352	332
销售总额	3854	4971	4387	5946	1088	873	570	383	302	262
利润总额	39	43	26	51	5	4.56	0.62	−0.95	0.84	−2.54

【废品回收】 县供销合作社下属企业回收公司及 20 家公司、基层社都参与废品回收。1986—1996 年,回收额连年位居全省同行之冠,占成都市供销系统 50%~70%,多次受到中商部和省供销社表彰。废品回收总额 70.32 亿元,年均 6.39 亿元。收购废钢铁 42 万吨,有色金属 5.35 万吨,三类产品 5.32 万吨。1995 年,收购废钢铁 55153 吨,销售 56228 吨;收购铜、铝、铅、锌等有色金属 6258 吨,销售 5062 吨;收购废纸 7730 吨,销售 8035 吨。废品购进总额16535 万元,占全系统商品购进总额的 44.3%,较 1985 年的 532 万元增长 30 倍,全社职工人平回收额11.5 万元。

【农资放心商店】 1991 年年初,新都县第一家庄稼医院在新繁农资分公司诞生。至年底,23 个基层社相继成立乡级庄稼医院,为农民提供农药供应、农技和病虫害防治咨询、农机具租赁和维修等服务,推广配方施肥、科学用膜、化学除草新技术,培训农民技术队伍,取得良好社会效益。1986—1996 年,供应农民化肥 54 万吨,其中尿素 8 万吨,碳铵 30 万吨,磷肥 8 万吨,复合肥 4 万吨;供应农用薄膜 2038 吨,农药 5107 吨,中小农机具 19.75 万架(台)。供应总值 2.23 亿元。

2005 年 9—12 月,按照区政府《村村建农资放心店实施方案》和《实施细则》要求,全区建成农资放心店 150 家,并通过成都市村村建农资放心店领导小组验收,全部合格。

物资供应

【物资市场】 1985 年以前,县物资局主要经营国家计划分配的重要生产资料,大宗商品有钢材、生铁、有色金属、水泥、硫酸、纯碱、烧碱、轮胎、平板玻璃和汽车。1985 年后,计划分配物资逐年减少直至 1990 年完全断绝,物资系统购销完全进入市场化。1990 年,物资局筹资 2000 万元与太钢、重钢、成钢、青城钢厂等企业进行集资补偿贸易,年获钢材货源 3 万~4 万吨。1994 年以后,随着市场经营秩序逐渐规范,“双轨制”价格消失,全系统 18 个公司(厂)大多停业或半停业。

1995 年,新都物资局系统有各种库房 25 个,仓储面积 7500 平方米,露天货场 4600 平方米;吊车 3 台,大货车 6 台。货物吞吐储运能力:钢材 1.5 万吨,水泥 3500 吨。

1986—2002 年,县物资局系统购进 13.64 亿元,销售 14.58 亿元,亏损 2164 万元,缴纳税金1025.3 万元。2002 年后购销业务完全停止,由市场调节。

1986—2002年新都物资局营销额统计表

表11-19　　单位:个、人、万元

年度	核算单位	职工人数	购进总额	销售总额	利润总额	缴纳税金
1986	9	128	2743	3255	116	80
1987	11	130	5507	5741	120	90
1988	11	154	9393	9854	260	119
1989	11	172	9320	9874	225	136
1990	11	175	9774	10060	206	113
1991	11	266	12461	14621	240	203
1992	13	277	18766	19411	300	161
1993	13	287	28286	30609	233	116
1994	18	288	12811	13953	41	7.3
1995	18	289	14730	14536	-305	0
1996	18	289	5937	7643	-2859	0
1997	18	289	361	362	-7	0
1998	18	289	576	594	-183	0
1999	17	267	1451	1444	-140	0
2000	15	256	1690	1713	-100	0
2001	2	46	1104	1104	-111	0
2002	2	21	1486	1208	-200	0

【企业改制】 县物资局下属商业性公司17个、水泥厂1个(新都物资局清流水泥厂)。水泥厂转让给民营企业,转让后更名为正达水泥制造有限公司。县金属材料公司、新繁物资供应公司、县物资局综合公司、县物资配送公司等4家公司,于1996年改制为民营股份合作制企业。县物资供应公司于1999年解体;2001年解体的12家:县化工建材公司、县生资服务公司、县物资局贸易中心、县物资局储运公司、县物资局调剂公司、县物资局经济开发公司、县新宇贸易公司、县物资局工贸公司、县物资铁合金公司、县港新铝合金材料有限公司、县机电设备公司;县农机公司于2002年解体。公司解体后,职工解除劳动合同并货币化安置。

2001—2004年新都物资局对下属企业职工进行货币化安置一览表

表11-20　　单位:元/月、人、万元

安置时间	标准	人数	金额	依据社平年工资
2001.04	744	140	174	2000年(8925元)
2002.12	836	25	53	2001年(10041元)
2004.10	917	22	54	2002年(11005元)
合计	—	187	281	—

餐饮住宿业

餐饮业

【餐饮业发展】 1986年,全县有餐饮业经营单位1475家,常年从业人员3994人。其中国营餐饮业23家,从业人员263人;集体所有制餐饮业328家,从业人员1815人;个体有证饮食业1124家,从业人员1916人;全年营业额2256万元。1990年,全县有餐饮业经营单位2722家,常年从业人员4995人,营业额5533万元。1995年,全县有餐饮业经营单位2540家,常年从业人员9406人,营业额22688万元。

1995年后,随着国有商贸业改革的推进,按照"抓大放小"的原则,新都县饮食服务公司所属国营餐饮业和新都县第二饮食服务公司所属的集体餐饮业通过改制陆续转让或关停,民营经济成为餐饮业主体。2000年,全县有餐饮企业1196家,常年从业人员1491人,营业额54526万元。

2000年以后,境内餐饮企业规模不断扩大。2004年,营业额过500万元的餐饮企业有10家。档次不断提高,各式新开业的川菜、海鲜、山珍、火锅不仅店堂装饰华丽,而且经营特色浓厚,形成了新都湖滨路、电子路、饮马河,新繁滨江路、白鹤街等特色餐饮商业街区;以"农家乐"形式出现的乡村餐饮业渐成规模,宝光寺周边、新军路沿线聚集了蜀华园、南馨苑、茗圣苑、壁辉园、绿风园、金博庄、岷风园、西北社区服务中心等数十家"农家乐",双休日和节假日生意十分火爆。2005年,全区餐饮业经营单位4436家,常年从业人员8000人,营业额76013万元。

【知名餐饮企业】 餐饮业由于竞争激烈,普遍周期不长,更新快速。1995年以前,全县知名的餐饮企业有新都饭店、近桂轩、怡乐餐、佳宾食堂、教学食堂。1995年后,知名餐饮企业有流花宾馆、川视宾馆、大洋酒楼、天缘酒楼、新四海饭店、天都大酒店、丽豪大酒店、宝光大酒店;火锅有新都火锅、乐宾火锅、香雪海、聚珍火锅。2000年以后,中餐相继出现雪柳渡风叶饭庄、温鸭子、菌林山珍、阳光酒店;火锅有重庆刘一手、麒麟胖哥火锅食府、邓龙鱼府、孔亮鳝鱼火锅、秦妈火锅、重庆小天鹅火锅、阿歪梭边鱼火锅、新都香城锦福火锅等。

【特色餐饮】 境内传统特色餐饮有宝光寺素餐等。20世纪90年代,火锅、冷啖杯、串串香逐渐形成特色。

宝光寺素餐 以川菜烹饪技术为基础,素菜荤做,素质荤形,吃起来似荤非荤,油而不腻,清爽可口。形似荤菜的鸡、鸭、鱼、肉均以豆制品、面粉、磨芋、菜油为主料,加上山珍野菜、时令蔬菜精制而成,这类不沾荤腥的素食,风味独特,营养丰富,高蛋白,低脂肪,含有多种维生素以及不饱和脂肪酸,可降血脂和胆固醇,防止动脉硬化。

火 锅 1992年至1993年,火锅在新都城区兴起,桂湖西路的香雪海酸菜鱼火锅(后迁至新加坡商业街)和东环路口的乐宾火锅一度火爆。1996年起,状元街小火锅形成热门夜市餐饮,夜幕降临,街道两侧街沿低桌矮凳星罗摆列,形成一道独特的夜市风景线。小火锅每客10元,菜肴自选自取,物美价廉,深受居民喜爱。2000年以后,状元街小火锅逐渐被冷啖杯、麻辣烫取代。

2004年后,"笑傲江湖火锅"在电子路众多的火锅店中独具特色。火锅店男女服务员均青布包头,衣服对襟箭袖，客人进店时服务员抱拳为礼，朗声高唱：某位英雄到，某号有请！餐具为竹筷土碗，火锅汤味辣得酣畅，麻得舒贴，充满江湖味，使顾客在就餐中享受古朴。

冷啖杯 1996年起，一些餐饮业主在新都百龙门广场、桂湖东路，新繁滨江路沿河走廊摆设夜市饮食摊，逐渐兴隆成市。夜市饮食以销售扎啤及冰镇啤酒为主，佐酒食品多为腌卤、花生、豆腐干之类。春夏秋季节，每到夜晚，许多人呼朋引伴、携家带口享受饮酒纳凉谈天的夜生活情趣，直到深夜一两点钟仍顾客满座，至今不衰。冷啖杯摊点均不经营热炒、煮、炖食物。

串串香 又称麻辣烫，兴起于1995年前后。串串香以40厘米左右长的竹签将食物串成算盘珠状，在火锅汤中烫熟后蘸上配好的干辣椒面、花椒面、盐巴、味精后食用。串烫的食品包罗万象，主要有火腿肠、鹌鹑蛋、猪腰片、鸡鹅鸭内脏、洋芋、花菜、藕、豆腐干等，食后摊(店)主凭竹签结账，每根竹签按荤素菜品计价不一。串串香现烫现吃，食用简便，味道喜人，价廉物美，很受青年男女特别是中小学生喜爱。

【风味食品】 境内风味食品有糕点、酒水、腌卤、名小吃四大类，多为承传产品。改革开放后，在保留传统特色的基础上不断革新工艺，扩大规模，质量、产量均有新的提高。

传统糕点 桂花糕、白米酥、姜糖、桃片是新都的传统糕点。1986—1998年，桂花糕、白米酥、姜糖由新都县食品厂生产，桃片由新繁糖果酿造厂生产。1998年，新都县食品厂、新繁糖果酿造厂改制后，上述食品由新都桂湖香城食品厂、新都宝光食品厂、军屯文昌糖果厂生产。

白　酒 20世纪80年代至90年代初期，新繁酒厂生产的高粱白酒、繁江头曲，新都酒厂生产的桂花酒，成都市蓉新酒厂生产的蓉新特曲为众多消费者喜爱。1992年10月，蓉新酒厂关停，蓉新特曲停止生产。1995年后，新繁酒厂、新都酒厂先后关停，高粱白酒、繁江头曲、桂花酒停止生产。

1997年，新都啤酒厂兼并成都啤酒厂后，将原成都啤酒厂生产的绿叶啤酒发扬光大，2004年获四川省名牌产品称号，成为成都市场著名的本地啤酒。绿叶啤酒原麦汁浓度10.0°P，有620毫升、580毫升、500毫升等3种瓶装规格。2005年啤酒销售量11.5万吨。

腌　卤 有五香精条牛肉干、广味香肠、桂花庄牌系列腌腊制品和清流板鸭。新都桂花庄食品有限公司生产的桂花庄牌腌腊制品，主要产品有腌腊猪肉、鸭、鸡、兔、牛肉等，其原料均采用农家饲养猪、土鸡、土鸭、家兔、高原牦牛等，产品不加色素和防腐剂，具有味道鲜美、皮香肉嫩、回味悠长、耐储存的特点。1996年获全国名优食品博览会金奖，1999年被中国商业联合会中华老字号工作委员会审核批准为“中华老字号”商品。清流板鸭已有近百年的历史，具有色泽红亮、皮脆肉嫩、肥而不腻、咸淡适宜的特点。

名小吃 境内传统名小吃有新繁泡菜、银丝面、叶儿粑、驼子凉粉、牛肉焦饼等。

宾馆建设与管理

【宾馆建设】 1986年，全县有旅馆39家，常年从业人员241人，其中全民所有制旅馆6家：县委招待所、桂湖宾馆、外事招待所、新都旅馆、新繁红旗旅馆、繁江旅馆。至2000年，地方国营旅馆全部关停，民营旅馆逐步发展为集餐饮、娱乐、休闲为一体的综合型服务企业。2005年，全区有流花宾馆、川视宾馆、全球通大酒店、石油缘宾馆、斑竹源酒店、桂湖宾馆等大中小旅馆120家。

流花宾馆 位于新都镇宝光大道东段109号，占地面积4662平方米。1993年建成开业，有床位139张，常年从业人员130人，是区内第一家集住宿、餐饮、娱乐为一体的三星级涉外宾馆。宾馆设有各类客房、酒楼、KTV歌城、桑拿中心、多功能会议室等设施。

川视宾馆 位于新都镇宝光大道中段126号,占地面积8799平方米,由四川电视台拍摄基地投资修建,1994年建成开业,常年从业人员150人。宾馆设施配套,环境优雅,与宝光寺一墙之隔,是一家集餐饮、住宿、娱乐为一体的生态型园林式二星级宾馆。拥有标准、豪华客房110套。设中餐、火锅,可同时接待近1000人。

全球通大酒店 位于宝光大道南段132号,新都县邮电局投资修建。1997年10月开业,有床位148张,是集餐饮、住宿、会议为一体的综合性酒店。开业时从业人员120人。2000年后将餐饮、茶楼对外出租,只保留住宿,2005年从业人员40人。

石油缘宾馆 由西南石油大学投资修建,2003年12月建成开业。有客房65套,常年从业人员50人。按三星级宾馆标准配置,开设有住宿、餐饮、康乐、商务、会议接待等服务。

斑竹源酒店 位于斑竹园镇毗河路,占地面积19068平方米,由中国建筑西南设计研究院投资修建。2003年12月开业,有床位65张,常年从业人员50人。酒店集商务、会议、美食、娱乐、住宿、休闲为一体,设有豪华套房、高档次标准间并配备中央空调。

桂湖宾馆 又名新都县政府招待所、第三招待所。1986年建成开业,1993年县外事招待所并入。宾馆有床位280张,常年从业人员120人。宾馆建筑以平房为主,中式园林风格,最高楼层4层,是20世纪80—90年代新都县重要会议、商务、大型社会活动及对外接待的主要宾馆。桂湖宾馆于1999年改制,整体转让给成都桂湖置业集团有限责任公司,受让单位于2002年在原址按星级宾馆标准,动工兴建桂湖国际大酒店。

此外,四川新兴集团修建的新兴宾馆、四川列维士家具有限公司投资修建的成龙宾馆、新都天然气公司投资修建的新天地宾馆均有较高档次。

【宾馆管理】 企业改制前,国营宾馆(旅馆)由归口部门按国有企业方式管理。县委招待所由县委办公室主管,桂湖宾馆、外事招待所由县政府办公室主管,三家宾馆(招待所)均属事业单位性质,负责人实行任命制,员工报酬实行月薪制,企业不自负盈亏。新都旅馆、红旗旅馆由县饮食服务公司主管,承包经营,市场化运作,企业自负盈亏。新都旅馆于1993年整体转让给个体投资人,在新都旅馆原址基础上,投资扩建成流花宾馆。红旗旅馆于2001年整体转让给成都新发建筑工程有限公司。红旗旅馆被拆除,原址被用于房地产建设。流花宾馆、新兴宾馆、成龙宾馆等民营宾馆由出资单位经营管理,员工实行社会招聘。

房地产业

住房制度改革

【改革概况】 计划经济时期,住房属于福利的重要组成部分。国家投资修建,单位维护管理,住户以极低廉的价格交纳住房租金。1988年,新都县按照省市部署在全民所有制单位中推行住房公积金制度,着手建立国家、单位、个人共同负担的住房分配机制，正式启动住房制度改革。1996年，成立新都县住房委员会办公室、资金管理中心，统一规划协调境内房改及房改资金的归集使用和管理，指导公有住房部分产权向职工转让。1998年，停止住房实物分配，鼓励职工个人集资建房。1999年，放开房地产二级市场。2000年，已购部分产权房屋的住户在交足其余售房款后全部转换为全产权住房，境内公有住房改革基本结束，住房社会化、商品化、市场化机制初步形成。

【住房货币化】 1996年，新都县对全民所有制单位住房实行产权改革，将原以福利形式分配给职工的住房出售给个人，价格实行成本价。标准成本价格由县政府根据房屋结构、建造时间、使用年限、新旧程度等因素统一制定颁发，房管部门进行面积测绘和计价评估。1998年以前部分产权出让，职工购买41.25%的产权。1998年起实行全产权转让，2000年结束。全县参加房屋产权改革单位292个，房改户数23789户，存量公有住房售房面积219.2万平方米。

【住房公积金管理】 住房公积金制度是一种住房保障制度，也是住房分配货币化的一种形式，将住房的实物福利分配通过住房公积金形式逐步转变为货币工资分配，推进住房资金的积累和周转，逐步形成国家、集体、个人三者共同负担解决住房问题的筹资机制。实行住房公积金制度为加快城市经济适用房建设建立稳定的筹资渠道，为政策性住房贷款提供可靠资金来源；通过向个人提供政策性住房贷款，有利于提高职工购建住房的能力。

住房公积金制度最先在党政机关、全民企事业单位推行，以后逐步在民营企业和私营企业施行。单位和个人按工资总额的一定比例交纳，在每月发工资时扣除并汇总上交。至2005年，全区累计归集住房公积金1.6亿元，发放住房公积金贷款4900万元。

住房公积金实行房委会决策、中心运作、银行专户、财政监督的管理原则。从1998年7月开始，除住房公积金贷款业务委托银行办理外，住房公积金的归集、支取、计息、转账、对账、查询等业务均由住房资金管理中心办理，分类别分科目设置住房公积金存款户、贷款户、结算户、增值收益户，配备专职财务人员，实行独立核算。2001年，由成都市住房资金管理中心推荐，新都住房资金管理中心代表四川省县级住房资金管理中心接受由财政部、建设部、中国人民银行联合组成的国务院检查团的检查，检查团对新都县住房资金管理中心在资金规模、运作管理、电算化程度、服务质量、人员素质和综合效益水平给予高度评价。

2004年10月，新都区住房资金管理中心划归成都市住房公积金管理中心直管。

【住房专项维修资金管理】 2004年4月1日，根据《成都市城市住房专项维修资金管理暂行办法》，新都区开始实施住房专项维修资金的归集与管理，2004年归集维修资金250.9万元，2005年归集维修资金1713.3万元。

【集资建房】 集资建房是经济适用房的组成部分，其建设标准、优惠政策、上市条件、供应对象的审核均按照经济适用房的有关规定执行。住房困难户较多的工矿区和困难企业，经政府批准，可以在符合土地利用总体规划、城市规划和单位发展计划的前提下，利用单位自用土地进行集资建房。参加集资建房的对象限定在本单位无房户和符合市、区政府规定的住房困难家庭。

1996—2005年，新都集资建房单位89个，参加集资建房职工4118户，集资建房面积44.8万平方米。

【经济适用房建设】 在停止住房实物分配后,各单位不得再新征土地自建住房。县政府着手建立以经济适用房为主的住房供应体系,按照统一规划、统一筹资、统一修建、统一售房、统一服务的原则,集中建设安居工程和经济适用房住宅小区, 向部分单位职工和城镇住房困难户提供成本价或微利价住房。首期规划建设的经济适用房新都花园,位于新都镇马超西路,占地100亩,建筑面积10万平方米(其中安居工程4万平方米),住户762户。小区内建有中心景观活动广场,地下车库位36个,地面停车位130个。1998年开工建设,2000年竣工。2005年,开工建设新都花园二区,建筑面积4.5万平方米,计划2009年竣工。

房屋开发

【房屋拆迁】 1999年前,旧城改造拆迁均由政府组织实施。1999年始,实行拆迁许可证制度。拆迁前由政府部门协助拆迁单位召开拆迁动员会,选定房屋评估机构,评估选点,公布评估结果,拆迁单位与被拆迁人签订拆迁安置协议。拆迁安置根据拆迁人的意愿,可选择房屋安置或货币安置。

1986—2005年,新都共拆迁各类房屋98万平方米,拆迁住户7268户,安置无房户705户。其中新都镇拆迁旧房屋50.81万平方米,拆迁住户5745户,安置住户3731户,安置住房总面积29.76万平方米。

1986—2005年新都镇城市建设房屋拆迁安置统计表

表11-21 单位:户、万平方米

年 度	拆迁情况		安置房屋情况			
	拆迁户数	拆迁面积	安置户数	其中安置无房户	安置住房面积	其中安置无房户面积
1986—1995	1780	7.70	1780	0	13.17	0
1996	403	2.25	362	20	2.71	0.15
1997	126	2.56	109	7	0.69	0.05
1998	356	1.40	330	64	2.47	0.48
1999	422	3.13	289	76	2.17	0.57
2000	416	7.35	93	46	0.69	0.35
2001	789	11.27	269	32	2.72	0.24
2002	552	6.19	345	102	3.78	0.77
2003	407	3.94	91	31	0.83	0.29
2004	112	0.71	43	23	0.35	0.21
2005	382	4.30	20	20	0.17	0.17
合计	5745	50.81	3731	421	29.76	3.28

【房地产开发】 1990年后,随着城市改造和扩展,日渐富裕的城乡居民在城镇购房置产的不断增多。美国、新加坡、中国台湾等境内外资本和民间资本陆续加入旧城改造,新都房地产逐步形成产业化趋势。1991年,台商张志和在新都成立和昌房地产开发有限公司,参与旧城改造,为新都房地产业第一家台资企业。2000年,全县有房地产开发企业30家,开发土地面积9.93万平方米(其中本年完成开发土地面积5.72万平方米,正在开发的土地面积4.21万平方米),购置待开发土地面积6.05万平方米,施工房屋面积15.78万平方米,其中住宅面积15.03万平方米;竣工房屋面积11.70万平方米,其中住宅10.96万

平方米，商品房销售面积8.24万平方米，销售金额6228万元。2005年，全区有房地产开发企业65家，当年开发土地面积28.68万平方米，购置待开发土地面积36.83万平方米，施工房屋面积122.64万平方米，其中住宅104.18万平方米；竣工房屋面积19.84万平方米，其中住宅16.58万平方米；商品房销售面积104.52万平方米，销售金额19.67亿元（含预售）。1986—2005年，新都房地产业累计投入15亿元。2000—2005年，新都房地产企业供给商品住房18514套，总面积224.04万平方米；销售15421套，面积180.28万平方米，销售金额25.22亿元。

2000—2005年新都商住房供销及房价统计表

表11-22　　单位：套、平方米、万元、元/平方米

年度	住房供给情况		住房销售情况			
	供给套数	供给面积	销售套数	销售面积	销售金额	销售均价
2000	1416	164068	273	32954	2295.39	696.60
2001	1719	206794	1186	146899	10368.91	705.90
2002	1358	165733	1132	135527	10301.02	760.10
2003	3154	396339	2204	274378	29931.75	1090.90
2004	5568	665674	4923	579978	77703.46	1339.80
2005	5299	641743	5073	633092	121637.18	1921.30
合计	18514	2240349	15421	1802828	252237.71	1399.10

【房地产市场】 1998年，全县房地产交易面积9万平方米，交易金额4894.7万元。1998—1999年，新都利用桂花节连续举办两届“金桂房地产交易会”，交易总金额超过2亿元。1999年，新都放开住房二级市场和公房转租市场，允许居民所购房改房和承租公房上市交易转让。2004年，新都区在新疆乌鲁木齐市和克拉玛依市分别举办房产展示交易会，将新都房地产推向省外。2000—2005年，新都房地产交易421.61万平方米，交易总金额51.65亿元。其中，期房销售204.79万平方米，销售金额32.43亿元；现房销售113.6万平方米，销售金额13.52亿元；二手房交易103.22万平方米，交易额5.69亿元。

2000—2005年新都房地产市场交易统计表

表11-23　　单位：万平方米、万元

年度	批准预售面积	期房销售		现房销售		二手房交易	
		面积	金额	面积	金额	面积	金额
2000	19.97	3.67	3428	1.07	1070	7.15	2483
2001	25.39	17.77	19324	15.12	15231	12.13	7223
2002	23.86	16.45	18658	12.43	12343	14.87	7492
2003	46.16	32.54	42930	20.31	22618	13.84	8633
2004	76.01	64.57	95103	29.94	32146	23.70	16142
2005	78.29	69.79	144892	34.73	51792	31.53	14907
合计	269.68	204.79	324336	113.60	135201	103.22	56879

【房屋交易咨询服务】 房屋交易中介业兴起于1996年。至2005年，区内13个镇（街道）有房屋中介机构160余家，从业人员180余人，主要从事二手房交易中介，代办房地产抵押贷款。部分房地产中介机

构兼营职业介绍和婚姻介绍。

2000年,县房管局在新都镇下南街开设房地产咨询服务中心,面积80平方米,职工3~4人。设电子投影屏幕,每周一至周五滚动播出期房、现房、二手房销售及价格信息,接待顾客,解答购房中的相关政策及证照办理、税费缴纳等事宜和程序。

房屋管理

【公房经营管理】 党政机关、行政事业单位、国有工商企业公房由国有资产管理部门管理或授权使用单位管理;社会公有住房,分散、零星的公有商业用房由房管部门管理。1985年,房管部门直接管理的公房14万平方米。2000—2003年,出售公房12561.1平方米。2005年年末,区房管部门直管公房22.71万平方米,比1985年增加87113平方米。直管公房按使用性质分,住房21.80万平方米,营业房0.91万平方米;按建筑结构分,砖混结构21.18万平方米,砖木结构房1.53万平方米。公房分布:紫瑞小区74387.2平方米,其中砖混结构74296.9平方米,砖木结构90.3平方米。东街26936.9平方米,均为砖混结构。南街34254.54平方米,均为砖混结构。新新小区67054.19平方米,其中砖混结构66291.98平方米,砖木结构762.21平方米。场镇14447.75平方米,均为砖木结构。

直管公房中,20世纪90年代修建的占88.4%,1980年前修建的占11.6%。场镇公房均为20世纪60—70年代修建。

直管公房由区房管局公房管理所管理和维修,租金由政府定价,低于市场价。1986—1988年,房租平均每平方米0.08元/月。1989年3月1日进行租金调整,根据不同房屋结构,住房租金价格为每平方米0.25~1.2元/月,营业房租金根据建造年代和商业地段为每平方米2~3元/月。1999年经县人民政府批准,住房租金平均每平方米1.33元/月,营业房租金平均每平方米30元/月。

2005年,公房承租户数3525户,其中住房3371户,营业房154户。公房租住者多为城市低收入家庭或孤寡老人、残疾人、下岗职工等。全区公房租金收入395万元。

【物业管理】 1994年以前,由于商住小区不多,管理方式实行“谁建谁管”,由住房建设单位负责商住小区门卫、绿化、收取水电气费等管理工作,管理费用由住户分摊,按月或按季收取。

1994年,新都第一家物业管理公司——新都新加坡商业街物业管理有限公司成立,从业人员5人,管理服务面积3万平方米。2000年,县内物业管理服务企业11家,从业人员80人。2001年30家,从业人员200余人,物业管理服务面积120万平方米。2003年,区房管局依据《成都市住宅小区与高层楼宇物业管理暂行规定》对区域内物业管理市场进行整顿规范,全区物业管理企业减至25家,管理服务面积160万平方米。至2005年年末,全区具有资质的物业管理服务企业42家,从业人员1620人,专业化物业管理项目187个,物业管理服务面积380万平方米,涵盖多层住宅、高层楼宇、办公室、商业房、酒店、市场、学校、仓库等。

区内物业管理由新都区物业管理所实行行业管理。审批物管公司,并进行资质审查、年检,负责管理项目招投标,进行业务指导监督,受理、调查和协调处理业主投诉等。新都物业管理所成立于1997年,2002年撤销后其职能并入区房管局物建管理科。

物业管理服务费2003年以前实行政府定价,具体收费标准结合《四川省城市物业管理服务收费分类分级指导标准》进行核定,价格每平方米0.1~1元/月。2003年实行市场指导价,具体收费标准由业主与物管企业根据规定的基准价和浮动幅度在物业服务合同中约定，价格每平方米0.1~3元/月。

【房屋安全管理】 1990年，根据建设部颁发的《城市危险房屋管理规定》，县城建局成立新都县房屋安全鉴定办公室，行使对区域内危险房屋的鉴定管理职责。1994年，对新繁拉丝厂厂房进行房屋安全鉴定，并出具鉴定文书，此为新都县第一件房屋安全鉴定案例。至2005年，全区房屋安全鉴定面积共5.7万平方米。

1996年，根据成都市《房屋室内装修结构安全管理规定》，在辖区内实施单位、个人房屋装修备案办法，防止装修中随意穿墙打洞，增加室内地面负荷等危及公共安全的行为，保证装修房屋原有的整体性、抗震性和结构安全。2005年办理“房屋安全装修批准书”378件。

新都气候温暖潮湿，白蚁对房屋安全危害极大。1996年，房管局组建白蚁防治所，负责境内房屋和装饰装修材料的白蚁防治。至2005年，白蚁危害预防800万平方米，灭治50万平方米。

【房屋权属管理】 1949年，全县城镇房屋面积31.4万平方米，城镇人均居住面积不到14平方米。1985年，全县城镇房屋面积136.9万平方米，其中住房面积58万平方米，城镇人均居住面积16平方米。2005年，全区城镇房屋面积1029万平方米，其中住房5.8万套，面积600多万平方米，人均居住面积29平方米。

1988年，新都县开始实施住房制度改革，住房产权从国家、单位向个人转移。1949年，全县私有住房面积6万平方米，1985年私有住房面积6.64万平方米，占当时全县城镇住房总面积约10%。2005年，全区城镇私有住房4.5万套，面积550万平方米，占全区城镇住房总面积76.7%。

1987年6月，成立新都县房屋产权产籍管理所，开展国有土地上的房屋权属登记工作，登记类型有初始登记、转移登记、抵押登记等。至2005年，全区共办理房屋产权证9万多个，涉及城镇居民、各类法人单位、经济活动单位7万余户，登记面积1020万平方米，其中2005年办理产权证16288个，面积395.53万平方米(初始登记3131户，面积123.49万平方米；转移登记7044户，面积96.67万平方米；抵押登记2254户，面积89.04万平方米；换证3024户，面积52.45万平方米；其他登记835户，面积34.88万平方米)。

交通运输业

交通管理改革

【管理体制改革】 1986年5月以前，境内交通运输管理由县工交局交通运输管理所负责。1986年5月20日，工交局分设为新都县工业局和新都县交通局，交通运输管理所归属交通局，为全民所有制事业单位，科级，编制18人，经费自收自支。工作职能从单纯的管理专业运输企业转变为公路运输行业管理，具体职责转变为五大运输市场管理，即公路客运、公路货运、搬运装卸、汽车维修、运输服务。

1996年，根据《四川省道路运输管理条例》，交管所监管范围由“公路运输”调整为“道路运输”。其职责调整为：道路旅客运输、道路货物运输以及相关的汽车维修、搬运装卸、驾驶员培训、运输服务等。

2004年7月1日起,实施《中华人民共和国道路运输条例》,进一步明确道路运输管理范围,即道路旅客运输、道路货物运输、道路运输相关业务,包括站(场)经营、机动车维修、机动车驾驶员培训等。

【路政管理改革】 1986年,新都交通局成立后,全县的路政管理由县养路段负责管理。1990年7月5日,新都成立交通局路政队,专门负责境内县道和主要乡镇道的路政管理,为交通局下属的全民所有制事业单位、科级,配备工作人员4人。2002年10月17日,县交通局路政队更名为区交通局路政管理所,为正科级单位,属县交通局直属全民所有制事业单位,编制12人。

2005年,路政管理所设“三队一室”,有工作人员20人,管理道路360余公里。路政所巡查一队负责新繁片区路政管理,巡查二队负责新都片区路政管理,执法中队负责全区路政违法事件的查处和车辆超限运输的治理,审批处理办公室负责路政案件的处理及路政所日常事务。同年,按照市交通局《关于寸步加强公路路政管理的通知》要求,路政管理所更名为路政管理大队。

路政管理的职责主要是控制公路两侧违章建筑;控制在公路上搭接道口;控制在公路上占道和埋设;加强路容路貌管理;治理车辆超限运输。

1990—2005年,路政队(所)每年查处案件均在1000件次以上,较好地保护了路产路权,保持道路畅通美观。2002—2005年,路政所检测各类货运车辆10648辆,其中超限车辆822辆,超限车辆自卸货物2284吨。

交通及车辆管理

【设施管理】 1988年12月,新都镇西门川陕路与新新路交汇处设第一个交通信号灯和岗亭。1998年,大件路新都城区钟楼路口设置交通信号控制系统,后陆续在车流量较大的十字路口设置交通信号控制系统。至2005年,全区共安装红绿灯交通信号控制系统14处。

1998年,在新都主城区设置交通护拦4078米,施画人行横道线27处,增设各类交通标志标牌16套、交通隔离墩450米(150个)。1999年,新都主城区设置交通护拦4938米、交通隔离墩500米(170个)。2000—2005年,新都主城区共设置交通护栏3600米,施画人行横道线163处,设置各类交通标志标牌637套,交通隔离墩850米(280个)。

【机动车及驾驶员管理】 1986年,全县有小轿车500余辆、大型客车40余辆、货车300余辆、摩托车3000余辆,有机动车驾驶员3000余人。2005年,全区有小轿车2万余辆、大型客车400余辆、货车4000余辆、摩托车8万余辆,有机动车驾驶员12万人。

1988年,举办交通违章、交通事故肇事驾驶员学习班4期,参加学习考试98人;查处各种交通违章7156次,罚款35780元。依法对造成重大事故的违章肇事者进行处理,其中判刑3人、逮捕1人、收审1人;年检车辆3518辆,审验机动车驾驶证5350个,办理新车入户927辆,新增驾驶员1580人。1989年,查处交通违章45630次,依法对严重违章者给予治安拘留1人,扣驾驶证32人,警告18人;年检车辆3287辆,审验机动车驾驶证4004个,办理新车入户560辆,新增机动车驾驶员1643人。同年11月开始换发全国统一的机动车驾驶证,11—12月换新版驾驶证1328个。2002年3月11日至5月15日,在全区范围内开展摩托车普查登记工作,登记摩托车33432辆。至2005年,不断加强对机动车及驾驶员的常规管理。

【出租汽车管理】 1994年4月,交通局成立新都县出租汽车管理办公室。主要负责审查开业、经营条件,发放经营许可证、营运证、标志,对出租车驾驶员进行上岗前培训,对经营者和驾驶员进行监督检查管理。

1994年5月,新都县联合运输公司购进轿车20辆,组建新都县旅游出租汽车公司,负责新都片区出租车客运经营;同年12月,新都第二运输公司"杰通出租车公司"在新繁镇投放出租车10辆,负责经营新繁片区出租车客运。1995年实行客运出租汽车有偿经营,按月收取350元使用费,经营期5年。新都县旅游出租汽车公司出租车140辆, 杰通出租车公司35辆。1996年5月, 新都县率先在成都郊区(市、县)实行客运出租汽车经营权招标竞买,共投招经营权10个,市交通局在新都举行竞拍现场会。该次经营权竞买,为成都市郊区(市、县)客运出租汽车经营权招标提供了经验和运作模式。1999年,新都第二汽车运输公司改制,更名为东方出租汽车公司。

2002年5月,经市政府批准,新都区新增客运出租汽车20辆。原185辆第一轮经营期满,县政府对205台第二轮客运出租汽车经营权实行定价出让。截至2005年,新都区共有客运出租汽车205辆。

【非机动车运营管理】 新都的人力客运三轮车始于20世纪80年代初期。1986年6月,县公安局下发《关于三轮车、板架车入户、转户的通告》,7月20日开始对县境内的非机动三轮车、板架车办理入户、转户的证照工作。全县人力三轮车2388辆,其中新都镇1328辆,其他乡镇1060辆。为避免造成交通拥堵,此后不再增加。县公安局、县交通局分别设立非机动车管理办公室,县公安局管理新都城区828辆,县交通局管理新都城郊500辆及其他乡镇的1060辆。2001年6月,县政府根据《四川省道路运输管理条例》,对新都镇人力客运三轮车1328辆及新增的172辆,共计1500辆实行营运权有偿出让,有偿使用费1.3万元/辆,使用年限20年,出让营运权收入用于县城基础设施建设。人力客运三轮车实行营运权有偿出让后,新都镇的人力三轮车由交通局交管所管理,公安局不再管理人力三轮车。原交通局管理的各乡镇的人力三轮车,移交给各乡镇人民政府管理。为保障经营者的合法权益,又不影响交通,新都镇的人力三轮车实行单双号营运。

1988年以前,自行车由公安局车辆管理所实行户籍管理,1988年取消。

公路运输

【公路货运】 1986—1990年,境内公路货运主要由新都联合运输公司、县汽车队和省运输公司汽车七队从事大宗运输。随着物资储运单位自行购买车辆增多,联运司、县车队和汽车七队的货运业务逐步萎缩。1990年后,地方经济进一步发展,货运量日渐增多,货物运输逐步发展为物流公司经营。1996年,新都成立第一家物流企业新都联运服务实业有限公司,注册资本金100万元。至2005年,全区有物流公司11家,注册资本金1820万元,从业人员629人。城乡一些居民自购车承揽货运业务。

2005年,全区经营公路货运的企业2847家,从业人员3693人,其中国有企业8家、50人,集体企业341家、475人,私营个体企业2434家、2737人,其他民营企业64家、431人;从事公路货运的拖拉机839辆,从业人员980人;货运仓储面积10.1万平方米,全年货运量914万吨,货运周转量44572万吨公里。

1986—2005 年新都公路货运量统计表

表 11–24　　　　单位:万吨、万吨公里

年 度	货运量	货运周转量	年 度	货运量	货运周转量	年 度	货运量	货运周转量
1986	59	2229	1993	1172.0	37521	2000	448.7	21767
1987	150	3100	1994	1252.0	40844	2001	505.1	23085
1988	170	3200	1995	1294.0	42340	2002	710.4	32869
1989	289	5260	1996	236.6	12478	2003	933.2	50996
1990	305	7708	1997	225.0	11234	2004	858.3	44360
1991	1077	30172	1998	314.2	14429	2005	914.0	44572
1992	945	26927	1999	406.5	15914	—	—	—

【公路客运】 1985 年,县内从事客运的企业有县车队、一运司、二运司,共拥有客车 44 辆,当年完成客运量 252.7 万人,客运周转量 4847.9 万人公里。2005 年,区内客运企业有桂湖公交有限公司(鹏程运业有限公司控股)和成都公交集团东方公司(东方公司控股)。共开行区内外公交线路 55 条,营运路程 1908 公里,营运客车 318 辆(大客车 229 辆,中客车 81 辆,小客车 8 辆),从业人员 1098 人,客运量 1247 万人次,客运周转量 13090 万人公里。

1986—2005 年新都公路客运统计表

表 11–25　　　　单位:万人次、万人公里

年 度	客运量	客运周转量	年 度	客运量	客运周转量	年 度	客运量	客运周转量
1986	319.3	5940	1993	916.0	24682	2000	726.9	17939
1987	320.0	6210	1994	684.0	19582	2001	800.9	18604
1988	331.7	6483	1995	468.0	14398	2002	901.4	16790
1989	520.0	1100	1996	216.0	4504	2003	1012.6	12020
1990	833.0	18801	1997	256.0	7320	2004	1134.1	12921
1991	978.0	23655	1998	545.4	15192	2005	1247.0	13909
1992	1016.0	22415	1999	689.1	18705	—	—	—

【停车场收费管理】 停车场收费分为非机动车和机动车停车场(点)收费,实行政府定价、政府指导价、市场调节价管理。

非机动车停车场(点)收费。1991 年 7 月,县物价局制定自行车寄放点收费标准,每辆每次 0.05 元。1996 年 9 月收费标准调整为:自行车每辆每次 0.30 元、赛车型自行车 0.50 元,两轮摩托车 2 元,人力客货三轮车 1 元、老年三轮车 0.50 元。2005 年 3 月,根据市物价局《关于加强非机动车停放服务收费管理的通知》精神,区物价局对新都镇非机动车停车场(点)收费进行清理、整顿、规范,统一调整收费标准,制发统一的公示牌和收费员证。收费标准为:自行车每辆每次 0.20 元、三轮车 0.30 元、电动自行车 0.40 元、电动三轮车 0.50 元、两轮摩托车 0.80 元,连续停放两轮摩托车以 4 小时为 1 次,其他车以 12 小时为 1 次。

机动车停车场收费。1994 年 10 月,县物价局制定夜间(18 时至次日 8 时)机动车停车场收费标准(每辆每次):普通小型汽车、拖拉机等 3 元,中型客货车 3.50 元,大型客货车 5 元,每次 4 小时,超出 4

小时按次计算;高级小轿车(20万元以上)2元,每次2小时,每超1小时加收1元。1998年6月、11月,县物价局先后制定旅游景点白鹤岛、泥巴沱风景区停车场收费标准(每辆每次):小型车5元、中型车7元、大型车10元,摩托车2元、自行车0.50元。1999年3月,市物价局《关于整顿全市机动车停车场收费标准的通知》规定:机动车停车场收费管理权限属市物价局,各区(市、县)物价局无权制定和调整,全市统一执行规定的标准,并实行"经营性收费许可证"制度。

旅游业

设施与管理

【基础设施】 1986—2005年,先后开发建设桂湖公园、泥巴沱、白鹤岛、五龙山、木兰山旅游景区(点),对原有的旅游景点宝光寺、桂湖、新繁东湖进行全面修缮,新建宝光广场、市政广场、桂湖森林广场和东湖森林广场,增强景区配套功能,提高接纳能力。2005年始,对连接宝光寺与桂湖的北街、新中路、桂湖中路走廊和宝光寺、桂湖景区周边环境进行风貌改造,对流经景区1.6公里饮马河段进行综合整治,在宝光寺、桂湖景区建设两个停车场,每个车场可容纳车辆100余辆。

1993—2005年新都新建的主要旅游设施情况表

表11-26 单位:万平方米

名称	地点	面积	建设时间	主要特点
宝光广场	宝光寺门前	2.34	2001—2002年	广场入口音乐喷泉体现变幻多彩动感,曼陀罗图式景观亭彰显古朴、庄重神秘感。黑色大理石镜墙系列反映巴蜀水景水体变化
市政广场	桂湖大门与区政府大门之间	0.57	2002年	中心区域设置喷泉、旗台,四周错落有致地布置照明灯组,设置木质休息坐凳。两株蔚然成荫的黄桷树配以银杏、红枫、杜鹃、桂花和草坪
桂湖森林广场	桂湖旁	12	2005年	在原桂湖公园景区内改造和新建钟灵、思源桥、田家英广场、王铭章墓、揽胜台、芙蓉岛、香樟岛、学门广场等景点,揾锦楼、古城墙光彩工程与假山、音乐喷泉相映生辉
白鹤岛	泰兴镇张庵村	6.6	1997—1998年	以毗河上的白鹤岛、小白鹤岛为主景,索桥、楼台亭阁交相配套,竹树繁茂,水波潺缓
泥巴沱	新都镇沱江村	18	1993年	水波开阔浩淼,竹林曲径通幽,景点有听流亭、待鸥亭、观钓亭、望江亭、伴沱楼,为生态休闲、垂钓、水上游乐的好去处
东湖森林广场	新繁东湖旁	3.5	2002年	中式古典风格、隐含太极图案;弧型墙、艺术柱、音乐喷泉,榕树、香樟、雪松等树木800余株

【行业管理】 1997 年 10 月,成立新都县旅游局,统一规划旅游产业布局,整合旅游资源,建立旅游管理体系,开展区域旅游合作。旅游局成立后对行业管理开展的工作主要有:取缔“黑导”“野导”及非法经营旅游业的代办处和其他违规行为,净化旅游市场环境;规范旅游景点公共信息图形标志;公布旅游投诉电话,及时协调解决各类旅游投诉,保护旅游者的合法权益;建立健全旅游管理制度,构建安全、和谐、规范、有序的旅游环境。在入城公路及城区主要街道设置 63 处景区交通标识,在桂湖、宝光寺建立 600 平方米的游客中心,配备电脑触摸屏、32 座影视厅,提供中、英、日、韩四语导游图,设置导游全景图、导览图、景物介绍牌等视觉引导系统 400 余处,提供普通话、闽南话、粤语、英语、日语导游服务。2005 年,区内有联运、天府、青年、新网等旅行社门市部 4 家;全区旅游业无重大旅游投诉,旅游投诉结案率 100%,结案后理赔率 100%,受到市旅游局两项表彰。

旅游规模

【旅游景点】 境内主要旅游景点有国家级文物保护单位宝光寺、杨升庵祠及桂湖和四川省文物保护单位新繁东湖公园,以及桂湖公园(桂湖森林广场)。1992 年建封神艺术宫、1993 年建西游宫(两宫于1998 年关闭拆除),1993 年后陆续开发泥巴沱、白鹤岛、木兰山、五龙山风景区,在桂湖增建博物馆和碑林,配套景区各种设施。2005 年,四星级农家乐 1 家(海龙山庄),三星级农家乐 7 家(新繁镇锦溪缘体育休闲会所、新繁镇北湖活水园休闲庄、新都镇金博庄休闲庄、军屯镇酒香园饭店、石板滩廖广东客家休闲庄、新都镇三元里俱乐部、三河桃花五龙休闲山庄)。

【旅游产品】 除传统的桂花糕、白米酥、姜糖、叶儿粑、新繁桃片、新繁泡菜、新繁棕编等地方土特产品外,2000 年后新开发宝光禅茶、银质说唱俑、水晶舍利塔、桂花酒。

【旅游收入】 1986—2005 年,新都共接待游客 4608.5 万人次,年均 230 万人次。其中 1986 年接待游客 248.5 万人次,旅游收入 400 万元;1995 年游客 360 万人次,旅游收入 1440 万元;2000 年游客 181 万人次,旅游收入 4500 万元;2005 年游客 220 万人次,旅游收入 3.02 亿元。

居民生活服务业

健康休闲

【美容美发】 1986 年,全县有理发店 232 家,从业人员 385 人;1990 年,全县有理发店 424 家,从业人员 510 人。20 世纪 90 年代初期,以女性消费者为主要对象的美容美发业兴起,新都下南街“标榜”美发店专为女性盘头和设计发型,生意一度十分红火。1994 年,县饮食服务公司派 6 名员工到成都大光明理发店学习美容美发技术,当年在新都大北街开设第一家国营美容美发店。2000 年,全县有美容美发店 241 家,从业人员 259 人。2000 年以后,随着人民群众生活水平不断提高,社会的需求促进美容美发业迅速发展。人们更注重生活质量,尤其是爱美的女性更注重头发和皮肤的保养,美容美发已成为其生活中的一部分。2005年,全区美容美发店973家,从业人员3545人,知名的美发店有新都西街的新川、雅川,南街的伊美、佳汇,新加坡商业街的佳能,西环路的新风格;知名的美容店有柔婷、飞亚、丽人、荷芙蔓、汇丽·羽西等。

【茶楼歌厅】 境内城乡居民自古有饮茶习惯,新都城区和各场镇均开设有商业性茶馆,乡村河边、道旁也随处可见茶亭茶座,收费随茶馆和茶叶的档次而定,一般每碗1~5元。1998年前后,随着麻将娱乐的兴盛流行,新都、新繁、大丰陆续出现装修高档、雅致的茶楼。茶楼经营面积一般在200平方米以上,设有大厅和雅间,配有空调,雅间设麻将。收费标准通常为4小时内(半天)每客10元;饮茶带打麻将的则按麻将桌计价,每桌每场(半天)30~40元,点用名贵茶叶另行计费。新都镇主要宾馆、饭店,如川视、流花、石油缘、全球通、阳光酒店、大洋酒楼、天都酒店等都设有专门茶楼,较大的专营茶楼有香城桂园、竹影园茶楼、廊桥茶楼、东方龙茶楼、香之榭茶楼、金叶茶楼、丽园茶楼、上善茶楼、金鼎茶坊等。

1992年,新都香园宾馆开办新都镇第一家商业性歌舞厅,经营面积400平方米,每晚7:30至9:30营业两小时,每人2元,乐队伴唱伴奏。此后县总工会、文化馆、商贸大厦相继开设歌舞厅。同年底,桂湖宾馆开设全县第一家商业性卡拉OK投影茶座,营业面积约80平方米,茶客点歌自唱每首5元。1993年桂湖宾馆开设新都第一家营业性夜总会,内容包括歌舞表演和客人点歌自唱。1994年后境内卡拉OK一度流行,1995年盛行时,新都镇有各种卡拉OK厅110多处,大件路(蓉都大道)、公园路、湖滨路是卡拉OK密集的街段。新繁镇有卡拉OK厅50多家。一些经营者为兜揽生意,不惜招徕年轻女性陪座、陪唱、陪饮,社会上对这部分人俗称“三陪小姐”。1997年后卡拉OK逐渐衰没,至2005年,新都镇营业性歌厅有流花歌厅、南桥歌城、桂花歌城、商贸大厦歌厅4处,营业性舞厅县总工会1处,新繁有练歌厅4处,规模都很小,仅1~2人经营管理,舞厅也取消了伴奏伴唱,改为放录音。

【摄影服务】 1986年,全县有照相馆和专业摄影户176户,从业人员243人;1990年,全县有照相馆和专业摄影户98户,从业人员144人。其中国营相馆2家(西街新蓉照相馆、桂湖照相馆),均为县饮食服务公司开办,共有职工30余人,主要开展室内外彩色和黑白证件照、生活照、艺术照,并分别在宝光寺、桂湖公园内设有摄影点,为游客提供摄影服务,1996年,两家国营相馆因生意不景气关闭。

2000年后,县内流行婚纱摄影,拍照前有专门的化妆师化妆,拍照有专门的灯光师、摄影师服务,客人可自由选择拍照场景,照片、镜框制作精美,深受新婚夫妇特别是年轻人喜欢,婚纱摄影生意十分兴隆。2005年,新都城区共有婚纱摄影相馆、影楼10余家,知名的有北街的“黄山照像”,南街的“VE”“金夫人”“丽佳”,西街的“大世界”,三倒拐的“庐庐”,状元街的“川港影楼”,桂湖中路的“东方新娘”等。

【保健按摩】 1986年,新都镇有注册登记的盲人按摩店4家,新繁镇1家,常年从事保健按摩的盲人共20余人,按摩1次收费8元。1994年后城镇按摩业逐步兴盛,1995年全县注册登记的保健按摩店12家,2000年16家,2005年17家。一些规模较大的洗浴中心及桑拿浴室均附设保健按摩业务,从业人员不再局限于盲人,此外还有一些未经申请登记的保健按摩店(新都镇有40多家)。保健按摩店规模一般3~20张床位,从业人员小店1~2人,大店10~20人,收费每人20~30元。2005年,新都城区开业时间较长,规模较大的保健按摩店有湖滨路人和盲人按摩诊所、经穴按摩诊所、经络按摩诊所、新泰路黄氏盲人按摩诊所、谕亭巷吴氏盲人按摩诊所。

维修租赁

【日用品及家电维修】 1986年,全县共有从事自行车、电视机、电冰箱、洗衣机、电风扇等日用品及家电维修的维修点1089个,从业人员1525人。1990年,全县日用品及家电维修点346个,从业人员444人。2000年,全县日用品及家电维修点386个,从业人员413人。

【机动车维护保养】 20世纪80年代初期,全县有机动车维修企业27家,主要是各乡镇的拖拉机站和县交通局、联运司、县车队及省运司七队附设的机动车修理厂(站)。1984年前后,私营汽车修理厂兴起,境内较大的私营汽车修理厂有1985年开办的新都县汽车修理厂,1987年开办的蜀新汽车修理厂,从业人员均在20人以上。1994年始,新都县实行行政、事业单位机动车定点维修,第一次定点蜀新汽车修理厂,1997年增加新都县汽车修理厂,1998年增加中日合资的京丹汽车修理厂。至2005年,全区有机动车维修企业177家,其中一类维修企业6家,二类维修企业54家,三类维修企业63家,摩托车维修企业54家。一、二类维修企业从业人员1399人,其中技工445人,普工886人,质检员68人。

2005年新都区机动车维护保养企业一览表

表11-27　　单位:家

所在区域	机动车维护保养企业类别及数量				合 计
	一类	二类	三类	摩托车	
新都镇	3	34	21	13	71
新繁镇	1	6	9	6	22
大丰街道	0	6	8	6	20
三河街道	1	3	7	5	16
石板滩镇	0	1	4	5	10
龙虎镇	1	0	0	2	3
新民镇	0	2	4	4	10
马家镇	0	0	2	2	4
利济镇	0	0	3	4	7
军屯镇	0	1	3	4	8
清流镇	0	1	2	3	6
合 计	6	54	63	54	177

【建筑器材租赁】 20世纪80年代末期,乡村建筑工程队伍蓬勃发展,由于资本微弱,许多建工队无力购置价值不菲的建筑设备器材,置有设备、器材的企业,由于承建工程难以衔接,建筑设备、器材时有闲置,余缺互补促进了建筑器材租赁行业应时而兴,90年代中期形成专业租赁市场。至2005年,全区有建筑器材租赁站20余家,出租的器材有塔吊、龙门吊、挖掘机、架管、扣件、模板等。建筑器材租

赁行业多由私营业主和个体户经营,规模较大的有鼎立建筑设备租赁站、新都一建司租赁站、迪生建工设备租赁站。

其他服务

【广告文印】 1986年,新都境内从事广告经营业务的单位仅有新都电视台等几家。企业、街道店铺所需广告,大多由印刷厂印制。1990年,新都文贸公司购买喷墨打印机和高挡复印机设备,在桂湖公园斜对面开设门市,从事对外打印服务,旧式打印机被激光打印机取代,十分吸引顾客,生意一度很好。由于市场需求,开展打印业务的店主逐渐增多,尤以新都镇、新繁镇较多,后发展到各镇(街道)。至2002年,全区复印打印门市发展到46家。

1993年起,随着城市改造和发展,新都城区街道和场镇各类广告标牌、商铺招牌、宣传用品需求倍增,促进印刷厂家的广告文印业务迅速发展。2004年,新都广告经营户26户。2005年,全区印刷、打印复印、包装装潢企业逾100家。经营方式从个体向个人独资、多家合作及有限公司多样性转变。

【家政服务】 1986年前,家政服务人员很少。随着改革开放和生活节奏加快,家政服务在城区逐渐兴起,尤其是物业管理、家庭装饰装修服务、保洁服务等发展较迅速。据新都区第一次全国经济普查统计,2004年全区物业管理业23家,管理业人员504人。

20世纪90年代起,从事新居装饰装修、家庭卫生保洁、保姆服务的人员不断增多,许多住户搬入新家前都要自购材料,雇请装修人员进行装修。或由装修队购材料,全包给装修队。有的家庭雇请保洁人员做家庭卫生,包年、包季度或包月(每月2~4次),以住宅面积、清洁项目计费。城里有的家庭的老人、病人、小孩,专门请保姆照顾护理。1993年,县劳动局成立职业介绍所(1998年10月更名为新都县职业介绍服务中心),为最具有专业性家政服务性质的职介机构,指导工会、妇联及镇(街道)劳动服务站安置下岗失业女职工从事家政服务,并向区外输送家政服务人员。2005年,除各镇(街道)的劳动服务站外,全区共有职业介绍机构19家,均有家政服务内容。

随人们生活水平提高,衣物洗染服务业悄然兴起。至2005年,新都城区的干洗店、洗染店有10余家。

· 金融业 ·

JINRONGYE

1986—2005年,新都逐步形成以中国人民银行新都县支行为主导、各商业银行支行为主体、多家金融机构并存、分工协作的金融体系。至2005年,区内有银行机构9家(人行、工行、农行、中行、建行、交行、农发行、成都商行、农村信用社)、证券机构1家。除农村信用社、邮政储蓄机构外,其他金融机构党组织均由属地管理转为系统内垂直领导。2005年全区金融机构各项存款余额107.7亿元,是1986年的45.2倍,其中储蓄余额为78.8亿元,是1986年的66.3倍。人民币贷款余额36.22亿元,是1986年的10.7倍。

2005年年末,境内保险机构18家。开设险种800多个,涵盖企业、家庭、机动车、货物运输、保证、责任风险、短期人生、疾病与健康等领域。

金融机构

中国人民银行新都县支行

【机构与职能】 中国人民银行新都县支行成立于1950年3月。1984年成立的中国工商银行新都县支行与人行新都县支行合署办公,实行“一个机构,两块牌子,资金分开,两套账目”的模式。1986年10月6日,人行新都县支行与工行新都县支行分设,行使央行职能。

1992年8月13日,批准成立国家外汇管理局新都支局,与支行合署办公,具体业务由综合业务科承办。2005年,人行新都县支行内设办公室(兼监察室职能)、综合业务科、货币金银科、国库会计科和保卫科,有正式职工43人。

1986—2005年,人行新都县支行认真贯彻执行国家货币信贷政策,大力支持辖区经济发展;切实加强金融监管,维护辖区金融秩序和稳定;积极开展调查研究和信息反馈,确保辖区现金供应;精心管理国家金库,提供会计核算、支付清算金融服务;加强辖区金融流通中账户管理、货币发行、现金管理及反洗钱、反假人民币和反假货币管理。

【金融机构监管】 1988年5月,人行新都县支行内设金管稽核科,负责辖区金融机构业务的稽核监督和管理。1997年11月,增设农村合作金融管理科,负责对农村信用社的业务监督和管理。2000年4月,金管稽核科、农合科合并更名为金融机构监管科。2003年12月,金融机构监管科脱离人行新都县支行,成立四川银监局新都监管办事处,负责新都区、青白江区19家行(社)所属金融机构的监管工作。

对金融机构及网点从市场准入到市场退出进行全方位监督管理。2004年年末,新都区、青白江区19家金融机构共有营业网点92个。每年对管辖的金融机构进行年检,规范金融机构的业务。

1998年起,对辖区所有正副行长、信用社正副主任等高级管理人员进行动态管理和跟踪,包括任前资格审查、约见谈话、业务考核、职工反映等。

对商业银行的信贷财务、非银行小金库、房地产贷款以及农发行的全面稽核、农行的全面检查、邮政储蓄专项检查、商业银行不良贷款检查。对漏缴存款准备金、违规贷款、违规提高利率等问题分别给予罚款和作出限期整改的处理决定。

1997年始,对农村信用社监管,采取“一社一策”办法制定风险防范“双降”(不良贷款绝对额、不良贷款比率)措施,切实整顿资不抵债、高风险农村信用社,完善信用社法人治理结构和内控制度,督促盘活不良贷款,提高盈利能力和资本充足率。到2003年年末,通过增资扩股、严格审贷分离、完善内控措施、横向兼并等办法,化解高风险社6家,辖区信用社基本解决不良贷款率高、资本充足率低、存在支付风险等问题,逐步走上良性发展的轨道。

其他金融机构

【中国工商银行股份有限公司成都新都支行】 1984年8月,成立中国工商银行新都县支行,与人行新都县支行合署办公。1986年10月6日,人行新都县支行与工行新都县支行分设。2002年1月更名为中国工商银行新都区支行。因总行改制,2005年12月8日更为现名。内设综合管理部、会计财务科、法人客户科和个人客户科,下设营业室、大丰分理处、新繁分理处、桂湖东路分理处、桂湖西路分理处、电子路分理处、西南石油学院分理处,在职员工136人。

【中国农业银行成都市新都支行】 1964年1月1日,中国农业银行新都县支行开业,次年底撤销,1979年10月恢复,2002年1月更为现名。曾代管新都农村信用社并兼理农业发展银行业务。2005年下属16个营业网点(分理处、储蓄所),在职员工227人。

【中国银行股份有限公司新都支行】 1991年12月8日设立, 是新都办理外汇业务最早的金融机构。2005年内设业务发展部、综合管理部、保卫部、营业部,下辖电子路分理处、工业区分理处、建设路分理处,在岗员工58人。

【中国建设银行股份有限公司新都支行】 1978年11月,设立中国建设银行新都县支行。1987年始办储蓄业务,开始向国有商业银行转化。2002年1月更为现名。2005年,内设综合部、财会部、公司部、个银部、储蓄专柜,下辖7个储蓄所,在职员工180人(其中合同工66人)。

【交通银行股份有限公司成都新都支行】 国有股份制银行下伸机构,1993年9月开业。2005年,内设综合管理部、业务发展部,下辖营业部、下南街分理处、东街分理处,在岗员工40人。

【中国农业发展银行成都市新都区支行】 1997年3月,从农行新都县支行分设,成立中国农业发展银行新都县支行。2002年1月更为现名。2005年,内设办公室、客户业务部、会计结算部,在职职工22人,是新都区唯一的政策性银行。主要办理政策性粮油等贷款和涉农企业经营性贷款业务。

【成都市商业银行新都支行】 原名成都市商业银行浆洗街支行,2002年1月迁入新都后更为现名,属地方股份制银行。2005年内设办公室、业务科和财务科,聘用员工11人。

【新都区农村信用合作社联合社】 1984年9月19日,成立新都县农村信用合作社联合社。1996年10月以前,全县各信用社及联社均归属县农行领导和管理。1996年10月31日,与农行新都县支行脱离隶属关系。2002年1月更为现名,定位于服务“三农”的地方农村合作金融组织。2005年,机关设9科2

室，辖信用社11个、营业部1个、营业网点46个，在岗员工369人。根据国务院文件精神，新都农村信用联社从2004年11月起以县为单位进行改革，先后开展了清产核资、增资扩股、申请央行专项票据、降低不良贷款等工作。2005年6月，获取中央银行专项票据16922万元。

【新都县城市信用社】 新都县城市信用社由新繁城市信用社、新都城市信用社合并成立。两家城市信用社分别由新繁镇、新都镇和工商银行新都县支行在1984年11月联合组建。2001年改制，更名为香城农村信用社，由新都县农村信用联社管辖。2005年7月并入军屯信用社。

【新都县信托投资公司】 1993年7月15日，经人民银行成都分行批准设立，一度发展势头良好，但其上级成都市公司经营不善，呆坏账过多，被迫破产。2001年11月6日，新都县信托投资公司撤销，由清算组接管，至2005年其债权债务仍在清算中。

【新都典当行】 1993年，新都县农业局开办的非银行金融机构，主要办理对个人和小企业的小额实物融资。1996年，人民银行对其业务范围和利率进行限定。2001年，根据人民银行总行有关文件精神，典当行移交新都县贸易局管理，不再作为金融机构。

【国金证券新都服务部】 1996年4月，设立国金证券人民南路营业部新都县服务部，地址新都镇西街30号。2005年，新都证券服务部有员工7人，证券交易客户6000户，交易额16亿元人民币。

金融业务

金融改革

【信贷资金管理体制改革】 1998年，取消对国有商业银行的贷款限额控制，实行资产负债比例管理和风险管理。取消贷款限额控制后，人民银行对国有商业银行贷款实行指导性计划管理，商业银行根据资产负债比例管理和风险管理的要求自主吸收存款和发放贷款，人民银行通过各种货币政策工具对整个社会信用总量进行间接调控。2005年，人行新都县支行按照“区别对待，有保有压”宏观调控方针，加强对商业银行的信贷政策引导，加大对“三农”、中小企业、助学贷款、公用基础设施、高新技术产品和更新改造等信贷投入，限制对高污染、高消耗和重复建设的信贷投入。

大力支持建行、中行、工行、交行等商业银行股份制改革，配合政府支持农村信用社改革。2005年5月，新都农村信用社作为四川首批人行票据资金支持的信用联社，使该社获专项票据16922万元，为地方金融机构创造良好的发展机遇。1996年，人民银行实行贷款证制度，新都是成都市全辖办理贷款证最多的行。2001年，银行信贷登记咨询系统开始运行。2002年年底，实现人行全国联网查询，2005年年底，实现主要商业银行联网试运行。

【货币政策工具改革】 1984年起，建立存款准备金制度，根据国家宏观调控需要，多次调整缴存比例和种类类别档次调整存贷款利率。采取以中央银行利率为基准调整商业银行存贷款利率,并允许金融机构在法定利率基础上浮动,促使商业银行更加灵活有效地运用资金。开办再贴现业务,并成为央行传统的三大货币政策工具之一。货币政策改革的成效突出表现在治理1985年、1988年、1993年三次通货膨胀和1998年应对亚洲金融危机以及抑制贷款过快增长。

【会计核算改革】 1986—2005年,人行新都县支行会计模式逐步由核算型向核算管理型转变:改革会计科目体系,改革会计记账方法,改革会计报表体系,改进会计操作手段,加强会计内部控制,改革人民银行账务管理制度。1995年起,实行以"收支两条线,利润上缴中央财政,亏损由中央财政弥补"的预算制财务制度。2003年4月起,支行实行财务报账制,推行支行会计核算集中到中支,由中支汇集系统与支付系统城市处理中心远程连接的中央银行会计核算系统。

【支付清算改革】 20世纪80年代,人行新都县支行开始支付清算的改革。在支付结算中,大力推行银行汇票、专业汇票、本票、支票和信用卡等支付工具,逐渐规范票据行为和支付结算行为;在联行清算中,1986年始将人民银行主办的"大联行"改为各专业银行自成联行系统,跨行的业务通过人行事前清算资金;在支付清算业务中推行同城票据交换业务,建立清分系统网络传输。

【金融业务电子化改革】 20世纪90年代起,人民银行对联行系统进行异地业务电子化的全面改革,实现汇划款项与资金清算同步,专业银行跨系统和系统内的大额汇划款全部通过人行转汇和清算。1991年4月,全国电子联行系统投入运行。1992年,新都县内各银行、信用社实现微机处理业务,1993年县内各金融机构实现电子联行运行,1994年10月,新都金融机构同城票据交换所成立,专业银行的汇票、本票、支票、信用卡等支付工具均实行与成都市同城票据交换;票据封包、交换均以磁带传递。1996年6月,人行四川省分行在经济发达的广汉、新都、峨眉等县(市)建立电子联行卫星小站(2003年4月撤销)。1995年下半年至1998年,实施电子联行"天地对接"。1998年2月,辖内金融机构参加成都市银协清算中心票据清算运行。2000年,各专业银行业务数据均进入全国系统内网络,县内各金融机构计算机处理业务面100%。2005年6月,大额支付系统在辖内金融机构推广运用。2005年11月,小额支付系统在辖内金融机构试点运行。

金融管理

【银行信贷登记咨询管理】 银行信贷登记咨询管理经历了贷款证管理向银行信贷登记咨询系统管理的过程。人行新都县支行是新都地区实施信贷登记咨询制度的主管机关。

1995年6月,新都承担成都市推行贷款证试点工作。次年,成都市作为全国首批全面推行贷款证制度,办证企业占应办企业的80%。随着现代化通讯和计算机网络技术的普及,联结各金融机构的全国联网的信贷信息管理系统逐步推行。1999年年末,新都有信贷业务的金融机构除农村信用社外全部加入银行信贷登记咨询系统,贷款卡取代了贷款证。2000年,农村信用社与全市信贷咨询系统联网,辖区各金融机构实现了在省域内的联网查询。2002年年末,实现全国联网,在全国范围内开通异地数据查询。2005年年末,共颁发贷款卡1676户。人行新都县支行每年4—6月对贷款卡进行年审。

【金融市场管理】 1992年9月,经市人行批准,成立新都县各专业银行以会员制形式参加的新都县金融市场。通过开展同业拆借,利用时间差、空间差,调剂资金余缺。当年共拆入资金7040万元,拆出资金3396万元。1993年,拆入资金3060万元,拆出资金5480万元。由于全国范围内金融秩序混乱,金融风险凸现,国家对金融秩序进行整顿。1993年7月,新都县所拆资金全部收回。1994年拆出、拆入资金4700万元,所拆资金全部用于弥补金融机构的不足。1994年年末,新都县金融市场撤销,经市人行批准,新都成立成都融资中心新都代办处,后撤销。

【稳定金融秩序】 1998年,人行新都县支行提请县政府关闭新都县乡镇企业发展基金会。1999年,配合县政府整顿农村合作基金会并促其关闭清盘。2001年5月,督促关闭县财政投资公司,同年11月配合县政府,对新都信托投资公司进行清算撤销,同时整顿城市信用社,并入农村信用联社。从1998年开始推行贷款五级分类法,以风险为基础,对银行贷款质量进行评价,使监管重心逐步从一般行政管理为主向依法监管转变,较好地稳定了辖区良好的金融秩序。

为完善社会信用体系,促进地方经济健康发展,2005年始,人行新都县支行开始在辖区推动金融生态环境建设,制定工作进度目标和措施。区政府出台《关于加强新都区金融生态环境建设的意见》,努力把新都区建成金融秩序稳定、社会信用良好、法制约束力强、金融业经营稳健、服务地方经济能力明显增强的金融生态示范区。

金融调控

【调控政策】 1990—2005年,中国人民银行逐步运用利率、存款准备金、中央银行贷款、再贴现等货币政策工具来调节信贷和货币供给,以达到“宏观管住、微观搞活、稳中求活”的效果。运用中央银行再贷款、再贴现等货币政策操作工具引导商业银行的信贷投向、投量。1990—1997年,人民银行对金融机构的信贷投放实行总量(规模)控制,按季下达贷款规模指标,强化信贷结构的调整和信贷资金管理。1994年,开始对金融机构实行资产负债比例管理,并严格控制信贷总量。1998年,中国人民银行取消对商业银行的信贷规模控制,改为在人民银行监督下的商业银行自我控制,贷款增长受存款增长制约的刚性增强。引导商业银行加大对支柱产业、重点企业、中小企业、农产品龙头企业发展的支持力度。

【再贴现】 1986年4月,人民银行开始办理再贴现业务。1997年,新都县农村信用社被上级行纳入第一批开办再贴现业务试点社。1996—2001年,新都县累计办理再贴现9058.7万元。再贴现资金优先满足农业及农资、电子信息、医药化工、机电设备、冶金建材等行业及重点企业的再贴现需求,人行新都县支行通过再贴现工具引导资金流向,逐步增强其在调整信贷结构中的导向作用,同时也通过票据融资渠道,缓解了部分中小企业的资金困难。2001年以后,辖区内金融机构基本采用向上级行票据中心转贴现的方式买卖票据,没有再办理新的再贴现业务,原再贴现资金2002年到期后已全部收回。

【短期贷款】 1988年,市人行分配给人行新都县支行200万元切块指标,不定期限,由支行周转使用,以便在专业银行资金不能及时到位的情况下,保证各地支付清算能够顺利进行,维护金融机构的正常经营。1992年,市人行下达新都支行调剂规模900万元,短期贷款2200万元。短期贷款缓解了金融机构的资金压力,特别是农副产品收购期间对收购资金的临时需求。1990—1995年,人行新都县支行累计向各金融机构发放短期贷款31840万元。1998年起,县级商业银行资金相对充裕,市人行根据省人行要求逐步收回限额指标。

【支农再贷款】 1999年,中国人民银行开始对农村信用社发放支农再贷款。对支农再贷款实行“限额控制,周转使用,规定用途,设立台账”的管理办法。使用范围初始限于种植、养殖业生产环节,随后扩大到加工、储运、销售、农牧渔产品、观光农业及生活需要。2001—2005年,人行新都县支行向新都信用联社累计发放支农再贷款1.396亿元,支持1.3万家农户。随着农村信用社资金逐步充裕,至2005年年末,支农再贷款已全部归还人民银行。

【政府专项借款】 政府专项借款使用期一般为5—8年,最短3年,利率均2.25%。主要用于解决清理撤销农村合作基金会、城市信用社、信托租赁公司、供销社股金、粮食风险基金和整顿区域金融“三乱”(乱集资、乱设金融机构、非金融机构违规办理金融业务)中个人债务兑付的资金缺口。1999—2003年,新都区政府专项借款7780万元,用于解决清理、撤销农村合作基金会、信托投资公司及退还供销社股金,借款余额分别为2460万元、4420万元、900万元。至2005年年末尚未偿还本金。

【利率调整】 1990—2005年,中国人民银行利率调整逐年频繁,利率调控方式更为灵活,调控机制日趋完善。利率作为中央银行调控宏观经济、优化资金配置的重要手段,随着市场发展,其作用和地位日益显著,社会公众对利率变化的反映也日趋敏感。从1990年到2005年,中国人民银行调整金融机构存贷款利率17次。人行新都县支行负责辖内各金融机构利率执行情况的监管。2003年银行业监督委员会成立,2004年始,人民银行职能调整,不再对利率进行监管,主要负责对利率的解释和咨询。

【存款准备金】 1984年,中国人民银行建立银行存款准备金制度。1998年3月1日起,中国人民银行改革存款准备金制度,将原各金融机构在人民银行的“准备金存款”和“备付金存款”两个账户合并为“准备金存款”账户,法定存款准备金率由13%下调到8%,各金融机构的法定存款准备金按统一法人考核。新都境内国有商业银行、政策性银行、股份制商业银行均不再缴存法定准备金,改由各总行统一缴存。新都区城市商业银行、农村信用社等金融机构的法定存款准备金继续缴存县人行。

受农村合作基金会关闭的负面影响,新都城市信用社、农村信用联社分别于1999年和2000年,申请动用法定存款准备金100万元和2000万元。

货币发行

【人民币发行】 “发行人民币、管理人民币流通”是国务院赋予各级人民银行的主要职责之一。人行新都县支行设立伊始即建有发行库支库,承担辖区内各金融机构现金存取业务。各金融机构在人行新都县支行开立专用存款账户,办理存取款业务,并编报月、季、年货币投放与回笼计划,人行据此监督取款并向上级申报调拨资金。2000年12月,上级行撤销人行金堂县支行发行支库,其业务并入新都县发行支库。2004年8月,上级行撤销人行彭州市支行发行支库,新都支库又承接了彭州市金融机构的现金存取业务。至此,新都县支库成为成都市保留的3家(双流、新都、崇州)支库之一,承办新都区、青白江区、彭州市、金堂县的金融机构的现金存取业务。2005年,新都县支库发行业务总量193亿元,发行基金收付95.8亿元，比1985年增长17倍。其中，投放56.5亿元，回笼39.3亿元，比1985年分别增长19.4倍和14.5倍；现金净投放17.2亿元，比1985年增长72.6倍。

1987—2000年，人行新都县支行发行支库承担了国家第四套、第五套人民币在辖区的宣传、发行工作。

【现金管理】 1988年8月，人行新都县支行按照国务院颁布的《现金管理暂行条例》进行现金大检查，当年共抽查企业95个，对单位超过核定现金库存的，督促其限期送存银行；现金支付实行逐笔审核，超过规定提取大额现金的一律不予支付；对超过国家规定滥发消费基金的坚决停止支付现金。至当年底，消费性现金支出开始减缓，社会集团现金支出的增长幅度逐步下降。1990年始，在全民所有制单位设立工资基金专户，由开户银行监督支付。1996年，按照人行成都市分行《大额现金支付登记备案规定实施办法》，在辖区内各金融机构建立大额现金支付登记制度和分级审批制度；对企事业单位账户大额现金支付和库存现金、居民个人储蓄账户大额现金支付管理、公款私存、银行卡套取现金管理、现金银行汇票和银行本票大额提取现金管理、非银行金融机构的大额现金支取管理、异常大额现金支取、发行库开户银行的库存现金管理等方面进行监控并按季检查。

1986—2005年新都现金投放与回笼统计表

表12-1 单位：亿元

年度	投放	回笼	年度	投放	回笼	年度	投放	回笼
1986	3.0	2.7	1993	20.5	19.2	2000	131.0	135.9
1987	3.87	3.84	1994	30.7	32.5	2001	161.2	163.7
1988	5.76	5.56	1995	40.9	43.7	2002	204.6	203.7
1989	5.8	6.1	1996	48.8	54.9	2003	230.0	226.2
1990	6.94	7.67	1997	60.6	69.8	2004	277.6	272.0
1991	8.64	9.61	1998	76.2	81.8	2005	332.1	317.5
1992	13.2	13.1	1999	95.0	98.6	—	—	—

【反假人民币】 1995年起，人行新都县支行采取多种形式开展反假人民币活动，每年组织金融机构开展爱护人民币、反假人民币的社会宣传；定期对金融机构临柜出纳人员进行业务培训和上岗资格考试；定期对《人民币管理条例》《假币收缴、鉴定管理办法》《残缺污损人民币兑换办法》执行情况进行检查；配合公安部门打击制假贩假犯罪行为。先后散发宣传资料12.5万份，培训金融机构、反假部门执法人员550人次。1995—2005年，收缴假人民币342.85万元。

1995—2005年新都收缴假人民币统计表

表12-2 单位：万元

年度	金额	年度	金额	年度	金额	年度	金额
1995	4.92	1998	17.20	2001	33.80	2004	58.81
1996	14.16	1999	28.24	2002	30.10	2005	53.60
1997	21.63	2000	49.32	2003	31.06	—	—

代理国库

【新都国库】 1986年10月,人行新都县支行按照"一级财政设立一级国库"的原则设立县级支库,县级支库以下经收处业务由各金融机构的基层机构代理。1994年,设立国库科,与会计科合署办公,配备专职国库工作人员。1999年4月,按人行成都分行营业管理部要求,"中华人民共和国国家金库新都县支库""中国人民银行新都支行国库科"同时挂牌,与会计科实行"两个牌子,一套人员",以便更好地履行其职责。从2003年9月起,正式对外统一更名为"中国人民银行新都县支行国库会计科"。

随着电子化、信息化的普及,新都支行国库业务处理方式由20世纪90年代前的手工汇兑向电算化发展,传统的国库财务处理流程被自动运行的计算机应用软件程序所代替。1986—2005年,国库作为预算资金的收纳和拨付机关,担负着反映国家预算收支执行情况的任务,发挥着促进和监督的作用。

【国库会计账务核算】 1986年10月,人民银行新都县支行恢复行使中央银行职能,作为负责办理国家预算收入和支出的专门机构,保障国家预算收入安全、及时、足额、准确地入库和国家预算支出得到正确执行。至2005年,随着国库制度的完善和业务的发展,新都国库在为国家财政预算守计划、严把口子的过程以及支持地方经济发展中发挥着越来越大的作用。

【配合财政税务改革】 人行新都县支行积极配合财政、税务部门搞好国库管理制度改革。1994年,财政体制实行分税制改革,分别设立国家税务局和地方税务局。国库部门密切配合,完成预算科目、税种的转换,保证国库工作顺利开展。2000年4月,配合省、县地方财政,做好税种分成报解工作。2003年,根据财政部、中国人民银行联合发文要求,国库部门按季对财政存款计付利息,做好财政存款计息工作。2004年、2005年,配合财政部门做好国库单一账户制度改革,与财政部门联合发文,制定《新都区行政单位财政国库管理制度改革资金银行支付清算办法》,推进全区行政事业单位集中支付工作,确保财政改革顺利进行。

1986—2005年新都国库业务发展情况统计表

表12-3　　单位:万元

年度	预算收入		预算支出	年度	预算收入		预算支出
	总收入	其中地方收入			总收入	其中地方收入	
1986	5442	5138	2560	1996	24990	13850	18274
1987	5167	4982	2665	1997	27152	15752	20552
1988	6298	6140	3160	1998	30558	16183	19956
1989	8032	7719	4426	1999	34667	19765	24756
1990	8375	8229	4779	2000	41866	26407	27629
1991	9205	8925	5218	2001	52292	35797	35444
1992	11213	10509	7314	2002	61155	39887	47684
1993	16319	15818	13396	2003	83118	55705	55554
1994	19774	10735	14440	2004	103867	73969	67406
1995	20987	11444	15305	2005	129436	97287	90519

【债券发行与兑付】 1994年前,发行债券是单一的无记名国库券。1994年后,改为记账式、凭证式国债。1987—2005年,人行新都县支行一方面督促各商业银行认真做好国债发行工作,确保每年国债发行顺利完成;另一方面强化国债兑付管理,坚持先缴券,后划款,加强对国债常年兑付网点的管理和检查,及时解决兑付中出现的各种问题,维护国债信誉。

1987—2005年新都金融机构兑付国债统计表

表12-4 单位:元

年 度	金 额	年 度	金 额	年 度	金 额
1987	479776	1994	543651	2001	203331
1988	636284	1995	2160649	2002	207636
1989	489979	1996	11175491	2003	46118
1990	3259527	1997	1209053	2004	62808
1991	2372950	1998	253747	2005	124673
1992	3167426	1999	1448036	—	—
1993	663823	2000	1709735	—	—

商业性银行业务

【人民币存款业务】 1986—2005年,根据“存款立行”的指导思想,通过加强结算服务、拓展银行卡业务、代理业务等途径扩大负债规模,通过资产业务拉动负债业务发展,存款规模逐步增长。2005年年末,全区金融机构各项存款余额107.7亿元,是1986年的45.2倍,其中储蓄余额78.8亿元,是1986年的66.3倍。

1986—2005年新都金融机构存款余额统计表

表12-5 单位:万元

年 度	存款余额	储蓄余额	年 度	存款余额	储蓄余额	年 度	存款余额	储蓄余额
1986	23842	11887	1993	131089	80928	2000	507230	375876
1987	32634	16385	1994	170729	110690	2001	553259	425311
1988	39012	19331	1995	222443	150078	2002	645187	485865
1989	46027	27399	1996	266009	188160	2003	771360	584143
1990	64206	39533	1997	298778	221025	2004	907763	727403
1991	83444	51306	1998	368296	264359	2005	1077418	787854
1992	116227	64065	1999	458028	341564	—	—	—

【人民币贷款业务】 1992年邓小平视察南方谈话后,域内贷款一度猛增,当年增幅41.8%,1996年贷款增长得到抑制。1998年后,金融机构调整信贷结构,个人住房贷款、基础设施贷款、高校贷款等中长期贷款增长迅速。2005年,全区中长期贷款余额11.4亿元,占贷款总额的31.5%。其中个人住房贷款2.85亿元,占中长期贷款余额的25%,高校贷款2.98亿元。2005年年末,全区各项贷款余额36.2亿元,是1986年的10.7倍。

1986—2005年新都金融机构贷款余额统计表

表12-6　　　　单位:万元

年 度	贷款余额	中长期贷款	年 度	贷款余额	中长期贷款	年 度	贷款余额	中长期贷款
1986	33799	7236	1993	130449	19218	2000	265388	39439
1987	48340	3778	1994	162460	23331	2001	269217	45722
1988	56344	5476	1995	201700	25062	2002	285042	61657
1989	59182	4965	1996	208131	26304	2003	319394	71534
1990	68506	5184	1997	221426	38160	2004	347617	77642
1991	81277	10701	1998	247020	40855	2005	362165	114123
1992	115254	14127	1999	271997	44455	-	-	-

【外币业务】 中行新都支行1991年起开办外汇业务。1992年后,新都工行、农行、建行相继开设外币存兑结算业务。2003年,全区金融单位外汇存款余额992.21万美元(其他外币按时价折计美元),2005年存款余额915.12万美元。

【中间业务】 2000年以后,中间业务发展势头迅速,主要包括票据承兑贴现、同业拆借、代付工资,代收水电费、通讯费、学费、税费、车辆养路费、道路通行费、保费以及拆迁赔偿款的代收代付等90多项,年收入逐年增加。

【企业专项贷款】 新都专项贷款主要有经济开发贷款、外商投资企业贷款和购买外汇额度人民币贷款。1991—1994年,人行新都县支行和各专业银行向新都钢圈厂、离合器厂、轧辊厂、新都油缸厂等9家企业发放经济开发贷款、外商投资企业贷款和购买外汇额度人民币贷款3162万元。

【清理"三角债"】 1990—1992年,由于市场持续疲软,经济滑坡,企业间相互拖欠货款的现象十分严重,成为困扰国民经济、影响企业改革和发展的突出问题。在人行新都县支行的安排协调下,各专业银行积极参与清理拖欠货款工作。3年共注入清欠贷款资金3908万元,为企业解开"三角债"怪圈。1993年,由于宏观经济好转,清理"三角债"告一段落。

【剥离不良资产】 2000—2005年,国有商业银行实施改革,为支持企业上市、兼并和破产重组,新都工行、农行、建行、中行、交行共剥离企业不良资产46986万元,使不良贷款率大幅下降。

政策性银行业务

【业务范围及职能】 中国农业发展银行成都市新都区支行主要职能是:办理粮食、油料收购、调销贷款;化肥、肉类、食糖、烟叶等国家专项储备款;办理中央财政对农产品补贴资金的拨付;办理农业科技、农业综合开发及农林牧副渔等涉农企业贷款;办理农业基础设施、道路等基本建设的中长期固定资产贷款和发行金融债券等。

【粮油购销贷款】 1998年4月,根据国务院粮食流通体制改革的要求,为有效控制国有粮食收购企业的历史包袱,抑制亏损,减轻国家巨额的财政负担,贯彻国务院《粮食收购条例》,对稻谷、小麦等粮食实行保护价收购,农发行的收购资金实现封闭运行、顺价销售。收一斤粮油,发放一斤粮油贷款;销售一斤粮油,收回一斤粮油的贷款和本息。其后,业务经营范围时有调整。2004 年始,总行制定改革发展纲要。至 2005 年,农发行基本形成政策性、准政策性、商业性业务经营。1997—2005 年,农发行新都支行共发放粮油收购贷款 57484 万元,拨付粮食风险基金 7146 万元,收购粮食 45000 万公斤,收购油菜籽 2435 万公斤。

1997—2005 年农发行新都区支行粮油购销及贷款统计表

表 12-7 单位:万公斤、万元

类 别	1997 年	1998 年	1999 年	2000 年	2001 年	2002 年	2003 年	2004 年	2005 年
收购粮食	7252	4239	5217	5319	6622	3544	3290	6182	3335
收购油菜籽	457	399	281	297	98	295	303	179	126
实现收购值	8468	5419	6748	6156	7024	4609	4132	7557	4556
销售粮食	4884	5139	5132	4821	5669	4781	5140	2682	5293
销售油菜籽	270	171	205	213	155	176	78	64	40
销售收入	6231	6539	6191	6957	6277	5871	5981	4226	7415
粮食风险基金	1042	810	751	751	751	751	751	751	788
发放收购贷款	8536	5315	6627	6105	6857	4425	3632	7736	8251
收回贷款	5347	5842	5149	6394	5339	5084	5491	3351	5715

【存贷款及其他经营】 1997—2002 年,新都农发行各项支出超过存贷款利息,2003—2005 年,略有结余。1997 年始,把企业的有效固定资产纳入代理保险,使贷款企业一旦遭遇损失,有固定的保险补偿。因收购资金封闭运行和粮食企业的经营状况,2000 年停止。2005 年恢复代理保险,当年代理保费 11.28 万元,代理保险手续费收入 1.88 万元,同时办理简易人身意外险 168 份。

1997—2005 年农发行新都区支行存贷款统计表

表 12-8 单位:万元

类 别	1997 年	1998 年	1999 年	2000 年	2001 年	2002 年	2003 年	2004 年	2005 年
各项存款余额	954	423	387	204	327	455	384	253	2086
存款利息	2	1	2	1	2	1	2	2	2
各项贷款余额	22854	16683	15531	14280	15963	14274	12320	16036	18550
贷款利息	1718	1347	1036	955	769	661	582	577	671
各项支出	2184	1538	1121	1014	830	705	528	485	502

农村信用社业务

【存款业务】 1990 年,县内农村信用社存款余额 17648 万元。2005 年,存款余额 244580 万元,比 1995 年增长 12.86 倍。

1990—2005 年新都农村信用社存款余额统计表

表 12-9　单位:万元

年 度	存款余额	年 度	存款余额	年 度	存款余额	年 度	存款余额
1990	17648	1994	49581	1998	101217	2002	147329
1991	23321	1995	52182	1999	130136	2003	175953
1992	24030	1996	72753	2000	124375	2004	208945
1993	41508	1997	81461	2001	136399	2005	244580

【贷款业务】 20 世纪 90 年代始,新都县信用联社充分发挥新形势下农村金融主力军的作用,根据农村实际和需求,推出多种灵活的贷款形式,积极促进农村经济社会发展。

小额农户信用贷款 2000 年始,实施小额农户信用贷款,额度在 5000 元以下的和期限在 1 年以内的贷款不需要抵押担保,手续简便,随用随贷。农户需要贷款时可向信用社的村社联系点申请,信贷员及时上门办理。2001—2005 年,新都农村信用社共发放小额农户信贷款 9240 万元,贷款户数 5.14 万户,建立农户经济档案 20.82 万户。

农户联保贷款 2001 年起,开展农户联保贷款业务,进一步满足农户在发展经济中的资金需求,为广大农户致富奔小康提供支持。至 2005 年,累计发放联保贷款 11966.2 万元,贷款农户 4265 户,年末全区联保贷款余额 4919 万元。

农村居民消费贷款 2002 年起,开展农村居民个人住房按揭贷款、汽车消费贷款、个人住房装修贷款等新业务。至 2005 年,累计发放住房按揭贷款 13328 万元,汽车消费贷款 166 万元,住房装修贷款 23 万元,年末各项贷款余额 6553 万元。

城镇居民小额信用消费贷款 2003 年起开展此项业务, 当年发放贷款 36 万元;2004 年 51 万元;2005 年 36 万元。

1990—2005 年新都信用联社各项贷款余额统计表

表 12-10　单位:万元

年 度	贷款余额	年 度	贷款余额	年 度	贷款余额	年 度	贷款余额
1990	9963	1994	36762	1998	62454	2002	101637
1991	11963	1995	44807	1999	82451	2003	125718
1992	20602	1996	43868	2000	82733	2004	148945
1993	31272	1997	50241	2001	89473	2005	168900

【中间业务】 2002 年始,先后与太平人寿、中国人保、永安、平安等保险机构合作,代理保险业务,当年保费 230 万元,2003 年保费 620 万元,2004 年保费 1160 万元。

2000 年始,办理票据承兑与贴现,当年办理贴现 45 笔,金额 646 万元,贴现利息收入 11.2 万元。至 2004 年,累计办理贴现 416 笔,金额 12483 万元,贴现利息收入 147.6 万元。

2004 年始,办理委托其他行代理签发银行承兑汇票,当年共办理该项业务 4 笔,金额 854 万元,手续费 0.21 万元。

【支持“三农”】 2000年始,新都农村信用联社进一步加大支持农业、农村、农民的力度,除不断扩大小额农户信用贷款、农户联保贷款、农村居民消费贷款等业务外,积极探索和开辟新的支农渠道。

支农再贷款 2001年新都信用联社向人民银行申请支农再贷款资金1500万元, 发放849.62万元;2002年申请支农再贷款资金4000万元,发放3653万元,用于补充支农资金。

扶持产业化龙头企业 2002年贷款600万元,支持四川瑞玉米业的“公司+农户+基地”建设;贷款190万元,支持新繁泡菜出口产品生产;贷款150万元,支持新民镇1500亩玫瑰园基地建设。对186家农业产业化企业及三河商品猪基地、龙安新都柚基地、竹友优质禽蛋基地、新民无公害优质蔬菜基地、龙安优质稻基地,共发放贷款3000万元。

保　　险

保险机构

【概　况】 1951年,人行新都县支行成立保险公司特约代理处,1957年停办。1981年3月恢复,成立保险公司经理处。1984年,成立中国人民保险公司新都支公司。1985年,中国人民保险公司四川省分公司在新都城关西门开办省保险干部学校,培训在职保险业干部。1988年,中国人民保险公司在新都桂湖东路兴办成都保险学校(中专),占地33亩,常年学生400余人,教职员工50多人。1996年4月,中国人民保险公司新都支公司分设为中国人民财产保险支公司和中国人寿保险支公司。1990年后,其他保险公司陆续在新都开设经营部或代理处。截至2005年,境内有保险机构18家,开设险种800多个,涵盖企业、家庭、机动车、货物运输、保证、责任风险、短期人生、疾病与健康等诸多领域。

【中国人民财产保险股份有限公司成都市新都支公司】 2003年更为现名,简称中国人保。是新都开办时间最早、从业时间最长的保险企业。2005年,公司设车险部、非车险部、营销部、新繁营销服务部、大丰营销服务部、石板滩营销服务部、业务部(综合部、营业室)等职能部门7个有员工17人、营销员44人。

【中国人寿保险股份有限公司成都市新都支公司】 简称中国寿保。1996年4月从原中国人民保险公司新都支公司分设,2003年更为现名。2005年,公司设经理室、综合部、客户服务部、个险销售部、团险销售部、中介代理部等职能部门6个。其中,个险销售部下属城区营销部7个、农村服务网点17个。有员工40人,营销员(代理人)424人。

保险业务

【财产保险业务】 1986年开设险种20个,以后有所调整。2005年开设车辆保险、财产保险、意外保险、责任保险、政策性保险、法定保险等6系列险种41个。

车辆保险类包括机动车损失险、第三者责任险、机动车交通事故责任强制保险、车上人员责任险、玻璃单独破碎险、盗抢险、车身划痕损失险、不计免赔、随车行李物品损失险、机动车停驶损失险、附加油污污染责任险、自燃损失险、新增加设备损失险。

财产保险类包括企业财产保基本险、企业财产保险综合险、汽车修理厂财产综合险、个人抵押贷款房屋险、国内货物运输预约险、金娃险、家庭财产保险、电动自行车综合险、家兴业旺、金牛险。

意外保险类包括人身意外伤害险、人身意外伤害综合险、团体人身意外伤害险、驾驶人员意外伤害险、建筑施工人员意外伤害险、产品质量保证保险与你同乐、百年好合险、学平险。

责任保险类包括雇主责任险、公众责任险、餐饮场所责任险、火灾公众责任险、医疗责任险、客运三轮车责任险。

政策性保险类包括水稻玉米种植险、能繁母猪养殖险、奶牛养殖险。

法定保险类包括机动车交通事故强制保险。

1986—2005年,累计保险收入3.32亿元,理赔1.73亿元,税金2083.4万元,利润4343.4万元。

1986—2005年人保成都市新都支公司部分年份营运统计表

表12-11　　单位:个、万元

年度	开设险种	保费收入	赔付	税金	利润	年度	开设险种	保费收入	赔付	税金	利润
1986	20	150	79	5.4	13.8	1996	28	2025	1164	127.3	85
1988	24	386	132	12.7	43	1998	28	2400	1300	202	230
1990	29	500	159	18.1	121	2000	31	2840	1284	245	852
1992	36	1470	540	40.9	171	2002	33	2200	1309	146	330
1994	51	2180	964	85.8	165	2005	41	2250	1316	146	285

【人寿保险业务】 公司主要经营以人的寿命和身体为标的的人寿保险、健康保险和人身意外伤害保险期限险。开设险种逐年有所调整,至2005年,开设险种55个:生命绿荫、团体生命绿荫、关爱女性A、关爱女性B、美好明天、英才少儿、康宁终身、康宁定期、福寿安康B、安居定期、九九鸿福、千禧理财、祥和定期、祥运定期、祥瑞终身、福瑞两全、福馨两全、少儿两全、鸿运少儿、鸿福相伴、鸿星少儿、鸿盛终身、鸿祥两全、鸿鑫两全、鸿宇两全、重大疾病终身、重大疾病定期、国泰个人养老年金、鸿丰两全、关爱一生、金鑫两全、美满人生、松鹤养老金、松柏养老金、金色夕阳、鸿寿年金、鸿喜年金、子教A、子教B、学平险、天府卡、全家福、国寿津贴、康裕保险、鸿裕两全、安通卡、意外医疗、住院医疗、新简易险、住院补偿医疗A、住院补偿医疗B、鸿泰险、抚育恩情、一生平安、鸿泰养老。

1996年,保费收入1045万元,税金2.60万元。2000年,保费收入2910万元,税金20.60万元。2005年,保费收入11923万元,税金67.21万元。

2005年新都境内保险机构名录一览表

表12-12

类别	序号	企业名称	地址
寿险	01	中国人寿保险股份有限公司公司成都市新都支公司	湖滨路382号
	02	中国平安人寿保险股份有限公司四川分公司新都营销服务部	东环路5巷33号
	03	新华人寿保险股份有限公司四川省分公司新都营销服务部	外南街62号
	04	中国太平洋人寿保险股份有限公司四川省分公司新都营销服务部	东环路5巷33号
	05	泰康人寿保险股份有限公司成都分公司新都营销服务部	西街23号
	06	太平人寿保险有限公司新都经营服务部	电子路498号
	07	民生人寿保险股份有限公司成都分公司新都营销服务部	桂湖中路60号4楼
	08	中英人寿保险股份有限公司四川分公司	谕亭巷319号三楼
财险	09	中国人民财产保险股份有限公司成都市新都支公司	桂湖东路210号
	10	中国平安财产保险股份有限公司四川分公司新都支公司	桂湖东路58号社区大厦一楼
	11	华安财产保险股份有限公司新都营销服务部	铭章路39号西城家园18-19号
	12	中国大地财产保险股份有限公司成都分公司新都营销服务部	电子路160号金色开普1号楼1层14-15号
	13	天安保险股份有限公司四川省分公司新都营销服务部	宝光大道南段一楼1号
	14	中华联合财产保险公司成都分公司新都营销服务部	宝光广场商业楼三楼16号
	15	中国太平洋财产保险股份有限公司四川省分公司新都营销服务部	东环路5巷33号
	16	华泰财产保险股份有限公司四川省分公司新都营销服务部	谕亭巷319号二楼
	17	永安财产保险股份有限公司四川分公司新都支公司	宝光大道南段检测线对面
	18	法国安盟保险公司	电子路252号

·城乡建设与环境保护·

CHENGXIANG JIANSHE YU HUANJING BAOHU

1986—2005年，新都坚持以城乡规划为龙头，通过构建"一带、两轴、三片、多区"的城区总体空间布局体系，统筹城乡规划建设，实施城镇(街道)改造及城乡基础设施建设，发展公用事业和交通运输。城乡居民住房由经济适用型逐步向功能配套、环保协调、景观别致的高品质园林式居住区发展。新都旧城区改造主要街道21条、拓宽街口9个、新建街巷103条。至2005年，建成规模较大的商品住宅有香城丽园、万家和花园、南河湾、桂湖河畔等12处，统建失地农民住宅小区5处，建成居民住宅小区新都花园、小城故事、新城花园等187个。城区新建市政广场、黄桷树广场、宝光广场、桂湖广场和桂湖公园。新城区建成主干道路14条，建成面积6平方公里。

新都坚持把城乡基础设施建设与环境保护同步实施，建立环境监测、防控、治理于一体的环保工作机制，落实自来水厂、燃气设施、邮政电信、园林绿化、垃圾焚烧场和污水处理厂规划和建设，打造生态观光农业经济带和绿色生态工程，1991年被林业部表彰为"全国平原绿化先进单位"。基本形成以城区为中心，以高速公路为依托，以108国道、105省道、县道为骨架，连接全区各镇(街道)、村，沟通相邻县(市、区)和成都市中心城区的公路交通网络和全省独特的"四双"供电网络。2005年，新都区被省政府确定为"水、电、气、路、通信示范区(县)"。

城区规划与建设

总体建设规划与管理

【城区总体规划】 1986年，新都县城区建成面积2.2平方公里，规划面积8平方公里。1987年，新都县城区建成面积4平方公里，规划面积15平方公里。1992年，编制的城区总体规划，控制面积由15平方公里扩大到43平方公里。1993年编制的城区总体规划方案，控制面积扩大到48.2平方公里。城区功能定位为全县的政治、文化、经济中心，成都市的科技、文化、旅游卫星城。1995年，新都城区建成面积8.5平方公里。1998年，新都县委托成都市规划设计院编制《新都县县城城镇体系规划》和《新都县县城总体规划》，经县人大审议通过并报成都市政府审批。

2002年，新都撤县设区，委托重庆大学编制《新都城区概念性规划方案》。2003年，新都区根据成都市总体规划进行城市概念规划编制，通过了成都市规划局评审。根据新一轮成都市总体规划，新都为成都市的城北副中心，与青白江区组成93平方公里、100万人口的成都市北部新城，成为成都市主城区的有机构成部分。城市规模近期为30.1平方公里，2020年43.6平方公里；人口规模近期为30万人，2020年45.6万人。城市功能以发展综合服务、新型工业、宜人居住、旅游文化观光为主。

2004年，新都区以构建北部新城核心区域为目标，以打造精品城市为主要内容，采取全国招标的形式完成了新都城区的分区规划、工业东区控制性规划、正因片区控制性规划，新都大道、蜀龙大道、毗河生态旅游带等城市主要节点和景观规划。毗河片区控制性规划方案通过论证和专家评审，筛选出同济大学和重庆大学的规划设计方案为优选方案。

【文物古迹保护规划】 新都城镇规划建设中，制定"一片、两带、三点"格局的区域保护框架。

区域保护框架中的“一片”为新都历史文化名城,涵盖新都古城保护区域;“两带”为毗河与清白江保护带;“三点”为马家镇、石板滩镇和省级历史文化名镇新繁镇。

古城保护框架中的“一片”,东起圣谕亭巷,西北至老川陕公路,南以湖滨路为界,面积1.2平方公里,保护区内南北向的菜市巷、上升街、三倒拐巷、新中路、猫市巷及东西向的桂湖路、桑园巷划定为特色街巷;“一带”为现存的古城墙带;“三点”为宝光寺、桂湖、王铭章墓。在古城保护区内,建筑物以2~3层的川西古建筑为主,建筑物高度不超过12米。

【建筑工程管理】 1987年,县政府制定《关于进一步加强集镇建设工作的意见》,1992年9月,加强自筹基建资金管理,1993年10月,加强建设项目和施工队伍管理,1995年11月,下发《关于继续加强基本建设项目工程预决算审查工作的通知》,2000年3月,成立新都县建设工程交易中心,2001年2月,对工程建设项目报建实行一站式服务,2003年12月,制发《关于加强政府投资项目招标管理的通知》,2004年3月,制发《关于维护建设秩序确保工程建设顺利进行的通知》,转发《成都市政府投资项目代理业主招标暂行办法》。境内所有建设项目都严格实行规划、设计、报建审批,建设工程公开招投标,建设过程坚持质监站检查验收,工程决算由审计部门审计。

【建设资金筹措与管理】 城市建设资金实行多渠道投入政策,基础设施、公益设施、行政事业办公用房建设资金由财政逐年投入;商业设施由业主单位自有资金、银行贷款建设,或通过土地出让、土地置换等形式招商建设;居民住宅通过引入资金及民间资本开发、集资建房、单位自筹资金等形式建设。政府投入的建设资金实行专款专用,财政监督,审计部门审查。1986—2005年,新都财政拨款的主要建设项目有:城市绿化苗圃基地、桂湖公园扩建,成彭公路、新石公路新都城区段改造,蜀龙大道一、二期工程,新都城区自来水管网工程、桂湖公园改水工程、新都宝光广场、新都大道(贷款贴息)、川陕路新都城区段改建工程、新都城区供水工程改造等,累计投入49213万元。

为加强城市建设资金的筹措和管理,经市政府批准,2004年,成立新都香城投资有限公司,专司城市基础设施项目的投融资及管理、项目招标等业务。2005年,香城公司为新都城市基础设施项目融资1.3亿元。

旧城区改造

【旧街道改扩建】 1985年,新都城区有街、巷30条。1986年改街道沥青路面为水泥路面,1996年完成第一次旧城全面改造。2002年,桂湖东路、桂湖中路、桂湖西路、新中路、东环路水泥路面改为沥青水泥路面。1986—2005年,改造主要街道21条:西街、东街、北街、南街、上升街、新中路、桂湖路、外南街、桑园巷、猫市巷、三倒拐、圣谕亭巷、状元街、紫瑞街、牛头镇、宝光大道、如意大道、新新路、建设路、铭章路、新泰路;拆除街道4条:棉花街、社稷街、上新村、下新村;拓宽十字街口和丁字街口9个;新建街巷103条。结合工业企业改制,关闭和拆除原在旧城区的农机厂、羽绒厂、锦缎厂、化工厂、新都塑料厂、施营纸厂等生产性企业18家。旧城区改造拆除房屋50.81万平方米,安置居民3731户。

1985年,新都以国家兴建成德大件公路(新都段更名“蓉都大道”)为契机,启动新建桂湖东路与成德大件公路连接,大件公路1988年10月建成通车。1987年,开始修建电子路与成德大件公路连接,1988年竣工。

改造后的街道输电线路(部分)、电话线、水管、天然气管进入地下,桂湖路、新中路、东街、西街、南街、北街、东环路、电子路等主要街道铺装路沿石、花岗石和人行道彩砖,安装景观灯,种植行道树。

2005 年,新都旧城区房屋面积 700 万平方米,其中住房 420 万平方米,办公用房 55 万平方米,商业用房 42 万平方米,工业及仓储用房 140 万平方米,其他行业用房 43 万平方米。

【商住房建设】 20 世纪 80 年代末至 90 年代,随着新都城区不断扩大,常住人口急剧增加,以民间资本为主的房地产业迅速发展,关闭工厂和拓展区域的土地主要作为商品房开发。90 年代初期,新都城区商品住宅每平方米售价 500~600 元,2000 年商品住宅销售均价每平方米 696.6 元,2004 年, 商品住宅平均售价每平方米 1339.8 元,2005 年,平均售价每平方米 1921.3 元。由于价位适宜,除区内居民购买居住外, 区外工商士农也纷纷到新都购房置产。2004 年, 销售商品住宅 4923 套、579978 平方米,2005 年销售商品住宅 5076 套、633092 万平方米。住房档次不断提升,由初期的经济适用型逐步向功能配套、环保协调、景观别致的高品质园林式居住区发展。2005 年,新都旧城区规模较大的商品住宅有香城丽园、万家和花园、南河湾、香洲半岛、鑫宜苑、聚贤雅丽园、博雅桂湖郡、香洲南亭、南宁小区、金南小区、桂湖河畔等。

【商业用房建设】 新都城区老街改造和新街建设均按传统结构布局,底楼商用房,二楼以上人居。1991 年,新都城建局修建商贸大厦,建筑面积 5000 平方米,为当时新都城区最大的购物中心,此后陆续建成的大中型商业设施有商业局的香城商业大厦、粮食局粮油大厦、天然气公司新天地商业楼、交通局客运中心家具城,以及银都商厦、摩尔超市、全球通大楼、桂湖商城等。2005 年,新都城区有商业网点3600 多个,商业用房 42 万平方米,仓储用房 12 万平方米。

桂湖商城位于新中路与桂湖路交汇处,占地 43.3 亩,建筑面积 28839 平方米。其中商铺面积 7403 平方米,住宅 19406 平方米,写字楼 1352 平方米,总投资 6374 万元。2002 年,一、二期工程竣工后,入住商城的手机、电视机、电冰箱、照相机等经营户 56 家,为新都城区最具人气和行业特色的家电商城。

【其他用房建设】 旧城改造中为安置拆迁居民,陆续兴建五四、金都、新新、紫瑞、湖滨、天元等住宅小区,建筑面积 140 万平方米。至 2005 年,新都城区有居民住宅小区(不含机关和企事业单位自建的住宅区)187 个,建筑面积 314 万平方米。

1986—2005 年,新建或改建办公场所的单位 36 家,其中行政机关 24 家,金融保险机关 5 家,电力、邮政机关 2 家,教育文化事业单位 5 家,建筑面积约 28 万平方米。

1986—2005 年,新建公共设施有体育场、图书馆、老干部活动中心和汽车客运中心(钟楼),总计建筑面积 2 万余平方米。

【广场公园建设】 1986—2005 年,新都城区新建市政广场、黄桷树广场、宝光广场、桂湖广场和桂湖公园。

市政广场 位于桂湖中路区政府办公楼与桂湖之间,占地 5674 平方米,其中硬化面积 3932 平方米,绿地面积 1742 平方米。广场以花岗石铺地,中心区域设置喷泉、旗台,四周错落布置照明灯组,设置休息坐凳。绿地保留区政府大门原址上两株黄桷树,配以桂花、银杏、红枫、金叶女贞、杜鹃和鲜花草坪。2002 年 8 月 10 日开工,同年 10 月 15 日竣工,总投资 243 万元。

黄桷树广场 位于新都旧城中心桂湖中路与新中路、南街交汇处,占地 4500 平方米。2003 年,区委、区政府决定拆除区委机关大院建设广场,为市民提供一个休闲集会娱乐场所。广场采用天然花岗石铺装,以原址一株枝繁叶茂的黄桷树为中心建设椭圆形舞台,舞台地面安装实木地板,四周配以造型灯光。绿化地带配植银杏、桂花。自投入使用后成为重要的政治、文化和社会活动中心。2003年11月25日开工,2004年1月15日竣工,总投资200万元。

宝光广场 西起成都医学院附属医院(原解放军47医院)围墙,东至川视宾馆,北止宝光寺大门,南接川陕公路,占地3.07万平方米。1999年9月,拆除宝光街及周围建筑物建设宝光广场。广场以溪流、乔木、镜面浮雕、曼陀罗亭及光带、喷泉为载体,营造与佛教文化相融合的休闲娱乐空间。2001年11月开工建设,2002年12月竣工,总投资5000万元。

桂湖广场 位于桂湖中路、桂湖西路与公园路交汇处。广场占地面积1.3万平方米,草坪面积占50%,植榕树、银杏、桂花树60多株,设置灯光、溪流、喷泉。2002年12月18日扩建动工,2003年1月1日竣工。

桂湖公园 位于新都旧城中心西南隅,与古典园林桂湖一墙之隔。1988年,成都市园林局批准新都县新建桂湖公园,整体搬迁桂湖镇状元村的两个生产队,征用其土地而建。1990年,建成第一建筑群;1991年,建成第一期工程,投资450万元。1992年,完成第一期扩建工程,投资1200万元。各机关单位、乡镇,包括驻县单位、驻军以及个人共捐资241万元。1993年,完成公园桥、路建设,总投资150万元;同时在公园内修建新都籍著名作家艾芜墓园。2000年,完成园内湖水改造工程。2003年,在园内建抗日名将王铭章石雕青铜塑像,并建王铭章纪念墓和纪念堂。2005年,将原在大丰的田家英青铜雕像迁入园内。

公园面积219亩,其中水面占40%。公园建设吸收国内园林建筑艺术的精华,彰显"桂"和"湖"的特色。湖岸线优美流畅,岛屿错落有致;道路曲折迂回,山石形态各异;楼阁亭榭屋面全施以绿色琉璃瓦,平桥、拱桥、曲桥多采用汉白玉或花岗石。园内建筑物面积5000平方米,主要景点有云外楼、天香园、沁春园、桂香阁、八角亭、四方亭、曲廊、南亭,园内有桂花树280多株,榕树、榆树、铁树、银杏等古树名木120多株,2004年在湖中植荷花20余亩。

桂湖公园由新都城建局建设和管理。1992年1月15日正式开放,实行门票制度,每票1元。1996年12月调为5元。2001年12月起,免费向社会开放。

新城区建设

【新城区规划】 1999年10月,新都县成立由建设局、交通局、国土局、房管局、市容局、公安局、水务局、新都镇等单位组成的新城区建设工程指挥部,由分管副县长任总指挥,正式启动新城区工程建设。

根据1999年新都县城总体规划,新城区范围在新都大道以南,南一路(更名为学院路)以北,大件路以东,育英路(主干二路)以西,规划面积3.5平方公里,与老城区形成"一城双中心,东西两片区"的城市格局。2005年分区规划调整以后,新都城区规划面积调整为43.6平方公里。

【蜀龙大道】 北起新都新城区西南石油学院(今西南石油大学)转盘处,南至成华区龙青环线,全长12.02公里。于1999年11月开工,2005年5月建成,总投资2.37亿元。工程分三期进行。

一、二期工程,于1999年11月开工,2003年10月竣工。工程北起新都大道西南石油学院转盘,南至三河二江村,水泥混凝土路面,路基宽60米,双向6车道(6×3.5米),路中间绿化带宽12米,全长7.22公里,总投资1.37亿元。三期工程,于2005年2月开工,2005年12月竣工。工程北起三河二江村,南至成华区青龙环线。水泥混凝土路面，路基宽50米，双向4车道(4×3.5米)，路中间绿化带宽8.5米，全长4.8公里，总投资1亿元。

蜀龙大道全程通车，打破了新都新城区连接成都中心城区的交通瓶颈，是新都城区通往成都中心城区唯一的一条快速、免费通道。

【新都大道】 起自新都城区钟楼(桂湖东路与大件路交汇处)，经城区桂林路(更名金光路)、西南石油大学、同仁村、红星村，止于成绵高速新都收费站，全长3.44公里。于2001年3月25日动工兴建，同年12月30日建成通车，总投资0.97亿元。

新都大道是城市一级通道，按照城市主干道设计建设，水、电、气、通信、广播电视网络、照明、IC卡电话等配套设施一步到位。其中成绵高速公路新都收费站出口至蜀龙大道路口长2.7公里，宽100米，行车道4×3.5+4×3.75米，非机动车道2×7米，机非分离绿化带2×4米，两侧绿化带(含人行道)2×24.5米；蜀龙大道口至大件路段0.7公里，宽40米，行车道4×3.5米，非机动车道2×4.5米，机非分离绿化带2×1.5米，人行道2×7米。

新都大道贯通成绵高速公路、成德大件公路和新都老城区主干道桂湖路，将新都的新老城区连成一片。

【主干道路建设】 在新城区除建设以蜀龙大道、新都大道为纵横主干道外，相继修建工业大道、马超路、龙虎大道、育英路等主干道。截至2005年年末，新城区建成主干道路15条，总长度35.27公里，总投资63080万元；在建道路8条，长度5535米，预计投资3483万元。新城区工业东区先后建成高东路、白云路、君跃路、普河路、黄鹤路、创业路等骨架道路6条。

2005年年末新城区已建成道路情况表

表13-1 单位：米、万元

道路名称	长 度	宽 度	投资额	开工时间	竣工时间
新都大道	3440	40~100	9700	2001.03	2001.12
蜀龙大道	12020	50~60	23700	1999.11	2005.12
龙虎大道	3750	40	12000	2005.02	2005.10
马超西路	1016	40	950	2001.03	2001.12
马超东路	818	40	890	2000.12	2002.09
马超东路(延伸)	1246	40	1246	2004.03	2005.02
育英路	2538	40	2666	2004.03	2005.07
工业大道	2800	35	7000	1992.05	1992.12
学院路	2600	25	2800	1992.05	1992.12
静安路	1721	25	792	2001.03	2002.12
新园路	523	25	280	2001.03	2002.12
清源路西段	354	25	170	2005.03	2005.09
天香西路	352	20	146	2004.07	2005.01
香樟路	458	20	280	2005.03	2005.09
香城路	1634	20	460	2003.10	2004.12

2005 年新城区在建道路情况表

表 13-2　单位:米、万元

道路名称	长度	宽度	投资额	道路名称	长度	宽度	投资额
兴乐路	1834	40	1996	新园路北段	282	25	200
清源路西段	891	25	333	同仁路	1092	20	365
桂水路	445	20	88	金鹏路	273	20	66
桂水路西段	508	20	350	香樟路金冠段	210	20	85

【政务服务及商业用房建设】 2004 年 6 月 1 日,新都区人民政府政务服务中心在马超东路建成并正式对外办公,建筑面积 3800 平方米,总投资 400 万元。

至 2005 年年末,新城区建成的主要商业设施有金荷大厦(宾馆及商场)、金树家居展销中心、澜洋家私城、阳光酒楼、新都区农村信用合作社联合社、新都区烟草经营部,建筑面积 4 万余平方米。

【教育用房建设】 至 2005 年年末,新城区建设的学校有西南石油大学、四川音乐学院新都校区、桂林小学、西街小学新城校区,占地共 2150 亩,建筑面积 57 万平方米。

2000 年 5 月,西南石油学院(今西南石油大学)在新都大道修建成都校区,一期工程占地 850 亩,二期工程占地 279 亩。2005 年,建成教学、科研、生活设施 40 余万平方米,入住学生 1.3 万人。

2002 年, 四川音乐学院在蜀龙大道规划建设新都校区,2003 年 4 月动工, 占地 1000 亩。至 2005 年,相继建成学生公寓 10 幢、青年公寓 1 幢、教学楼 4 幢、学生食堂、学生活动中心及超市等建筑物共 11 万平方米,行政办公楼 4700 平方米,集体宿舍 2000 平方米,图书馆 1.2 万平方米,美术大楼 3.2 万平方米(在建)。

【失地农民及居民住宅小区建设】 2005 年,共建成失地农民住宅统建小区 2 个:正因小区一、二期工程和马超小区,建筑面积 10.6 万平方米,安置农户 1010 户、2100 人。在建小区 3 个,建筑面积 16.8 万平方米,可安置农户 1650 户、3550 人。

至 2005 年,新城区建成住宅面积 74.5 万平方米,投资 9.45 亿元。主要住宅小区有新都花园、小城故事、新城花园、金冠华庭、英伦世家、维也纳花园、邻亲园、芙蓉名城、天府香城、状元府邸、橄榄郡等。

城镇园林绿化

【城市绿化】 1991 年前,新都城区绿化由城建局市政工程公司负责。1991 年,城建局设立绿化股,负责县城规划区内街道、人行道等公共绿化地带树木的种植和管理。1996 年,成立园林绿化管护队,配备职工 6 人。2002 年,新都区市容环境管理局成立后,城区绿化工作划归市容环境管理局,绿化队工作人员增至 9 人,2004 年增至 11 人。

2005 年年末,新都城区绿化面积 6859.5 亩,其中公园 849 亩,街旁游园 543 亩,道路绿化 399 亩,单位附属绿地 2037 亩,居住区绿化 682.5 亩,生产绿地 2331 亩,防护绿地 18 亩。墙体绿化 42004 平方米,屋顶绿化 10914 平方米。乔木 52 万株,灌木 21 万株。城市绿地率 28.4%,绿化覆盖率 32.7%。人均公共绿地 7.63 平方米，人均园林绿地 42.11 平方米。2003 年，城区园林、绿化投入财政资金 120.34 万元，2005 年投入资金 182.53 万元。

【绿化树种】 1995 年以前，新都老城区曾植法国梧桐绿化街道，由于树皮粗糙、树干扭曲、秋后落叶等缺陷，旧城改造中淘汰了法国梧桐。在充分利用常规园林植物的基础上，大量选用喜树（水冬瓜）、枫杨（麻柳）、皂角等树形优美、易于移栽的乡土树种。广场绿化以榕树（黄桷树）、红枫、香樟、桂花树为主，公园以榕树、银杏、香樟、桂花、杨柳、枫杨、喜树、杨槐居多，街道主要种植女贞、棕树、香樟、小叶榕、水杉等。

【绿化草坪】 2005 年年末，新都城区有草坪 787.5 亩，公共地域成片种植的有桂湖公园、桂湖广场、新都大道、蜀龙大道以及新城区单位附属绿地、居住区绿地。草坪以结楼草为主，2003 年以后，大量采用三叶草、马蹄金等适宜粗放管理的阔叶类草种，并改单一品种草坪为混合品种草坪。

【绿化花卉】 城市绿化花卉草木本兼植，以草本为主。木本花卉有桂花、芙蓉、玉兰、梅花、石榴、栀子、铁脚海棠，草本花卉有杜鹃、菊花、麻叶海棠、串串红、满天星、美人蕉等品种 60 多个。2000 年始，新都城区实施鲜花工程，年布放鲜花 50 万~60 万盆（盒）。2004 年，桂湖公园筑塘砌堰，种植红莲、青莲、睡莲等 13 个品种的荷花 20 余亩。

【桂　花】 新都人喜植桂花，民国 23 年（1934）将其选定为“县花”。20 世纪 80 年代，新都城区新中路、桂湖路等主要街道植桂花，金秋时节满城飘香，后因城市街道改造将树木迁移。1992 年 12 月 23 日，县人大常委会第 22 次常委会会议通过决议，确定桂花为县花，香樟为县树。此后，桂花种植遍及城乡，机关、学校、工厂、居民住宅小区、农家乐绿化地多植桂花。主要品种有金桂、银桂、四季桂（佛顶珠）、月月红金桂、中华龙桂、日香桂花等。桂湖公园、市政广场、宝光广场、黄桷树广场、桂湖、桂湖东路等均植桂花。

2005 年全区种植桂花超过 1 万亩。

市容管理

【街面清扫】 1986 年至 2002 年 6 月，新都城区街面卫生由城建局（建设局）所属的清洁管理所负责，以人工清扫为主，配有扫地车 1 辆、洒水车 3 辆，环卫职工常年 80~120 人。2002 年 6 月，新都区设市容环境管理局，清洁管理所划归市容环境管理局，更名为新都市容环境卫生管理所（简称环卫所），当年环卫所在岗人员 121 人，负责清扫的街巷 42 条，面积 57.5 万平方米。

2002 年，环卫所引进社会清扫保洁作业单位新蜀物业公司进行部分街道清洁承包管理。2004 年，又引进和佳物业、万洁、居安乐物业 3 家清洁公司。2005 年，环卫所负责的清扫面积增至 88 万平方米，其中由环卫所职工清扫管理区域 6.7 万平方米，4 家清洁公司承包管理区域 81.3 万平方米。

街道路段清扫保洁按照定人、定段、定量、定时的管理办法，每天 5 时至 21 时 30 分，普扫 2 次，全天保洁，要求路面达到“五无五净”：无垃圾杂物堆积、无积水积泥、无痰迹烟蒂、无果皮纸屑、无灰带（包括隔离栏、隔离墩、花盆底部）；路面干净、道路树池干净、边角侧面干净、窨井盖沟眼畅通干净、环卫设施完好干净。路面见本色，洒水降尘每日 2 次。

2002—2005年新都城区卫生清扫情况统计表

表13-3　单位:平方米、吨

年 度	清扫面积	清运垃圾	洒水降尘	年 度	清扫面积	清运垃圾	洒水降尘
2002	57.5	31680	9600	2004	79	39496	15600
2003	72.8	32520	14880	2005	88	40729	14024

【垃圾桶果屑箱设置】 1986年,新都城区设置垃圾集装桶211个,果屑箱100个。1987年,为统一集中和方便清运垃圾,在清洁管理所统一安排下,城区机关单位和人员较多的工商企业均修建垃圾中转房,其中由清洁管理所直接管理的公众性垃圾房有政府广场中转房、桑园巷中转房、北街一巷中转房、百龙门中转房。2002年,新都城区设置垃圾集装桶271只,果屑箱132只。2005年,设置垃圾集装桶412只,果屑箱175只。

2005年新都城区垃圾桶、果屑箱投放一览表

表13-4　单位:只

序号	街道名称	垃圾桶数	果屑箱数	序号	街道名称	垃圾桶数	果屑箱数
01	桂湖东路	0	38	20	新泰路	24	0
02	桂湖中路	16	11	21	东环路	25	0
03	桂湖西路	14	14	22	东环路一巷	7	0
04	上南街	0	7	23	东环路二巷	12	0
05	下南街	8	11	24	东环路四巷	4	0
06	外南街	11	0	25	龙虎路口	9	0
07	外南街(附)	9	0	26	宝光大道东段	1	0
08	铭章路	5	0	27	宝光大道西段	58	0
09	状元街	18	0	28	新新路旧道	20	0
10	西街	0	11	29	如意大道	25	0
11	东街	0	8	30	电子路	7	0
12	紫瑞街	0	2	31	金都路	7	0
13	紫瑞巷	24	0	32	马超西路	4	0
14	北街	19	6	33	金光路	0	13
15	新中路	0	9	34	新都大道	0	5
16	上升街	0	9	35	公园路	25	0
17	桑园街	0	10	36	湖滨路	15	13
18	桑园巷	16	0	37	新加坡商业街	10	8
19	谕亭巷	13	0	38	川视宾馆后门	6	0
小 计		153	136	小 计		259	39

【公厕管理】 1984年前,公厕粪便由城郊农户以每担0.05元收购。1985—1989年,清洁管理所购置1台真空吸污车,吸装粪便送至城郊果园或蔬菜队。1990年始,改旱厕为水冲式厕所,并对部分公厕收费

(0.03~0.05 元/人次)。1998 年,三类公厕 1 角/人次,二类公厕 2 角/人次。2005 年,城区 12 座公厕(总面积 892 平方米)免费开放,每座公厕安排 1 名专管人员。

2005 年新都城区公厕一览表

表 13-5　　单位:平方米

公厕名称	面 积	公厕名称	面 积	公厕名称	面 积
市政广场公厕	152	桂湖东路公厕	57	状元城公厕	24
宝光广场公厕	175	东环路公厕	29	公园路公厕	107
黄桷树广场公厕	59	东街公厕	79	桑园巷公厕	58
南门桥公厕	89	勤俭巷公厕	21	三倒拐公厕	42

【环卫车辆】 1986 年,新都清洁管理所配置汽车 7 辆,其中垃圾清运车 3 辆,自动洒水车 3 辆,粪便清运车 1 辆。2005 年,新都环卫所配置汽车 20 辆,其中公务用车 2 辆,洒水车 5 辆,垃圾清运车 8 辆,垃圾压缩车 1 辆,翻斗车 1 辆,扫地车 1 辆,垃圾袋装车 2 辆。

【市政设施管理】 1988 年 6 月,县城建局设置市政工程公司,负责新都城区市容市貌规划设计和市政设施的维护管理。2002 年 6 月,区市容环境管理局成立后,市政公司归属市容环境管理局市政管理科。2002 年 6 月至 2005 年年末,共维修街道路面 3438 平方米,更换路沿石、花岗石 6684 平方米,更换人行道彩砖 2.1 万平方米,清淘雨水沟 6.25 万米,改造街道电缆和光纤电缆 1.5 万米,安装楼体霓虹灯 4000 米,维修路灯 4968 盏(次),拆除违法广告及广告灯箱 373 条(个)。

1985 年,新都城区有街灯 122 盏,其中 100 瓦的白炽灯 38 盏,80 瓦高压水银灯 35 盏,120 瓦高压水银灯 49 盏,均为水泥灯杆。1988 年,新都城建局建立路灯管理所,配备工作人员 2 人,负责城区公用照明设施的维修养护。2002 年 6 月,路灯管理所归口区市容环境管理局。2005 年,路灯管理所有正式职工 19 人,城区有铁质灯杆 210 杆,路灯、景观灯 971 盏,路灯均采用 250 瓦纳光灯源。

2002 年 6 月至 2005 年年末,区财政投入市容管理和市政基础设施维护资金 6232.6 万元。2005 年,投入 2555.9 万元,比 2003 年增长 85.37%。

【市容监察执法】 1987 年 7 月 1 日,成立新都县城市综合管理监察队(简称城监队),隶属于县城建局,负责市容市貌的监察管理。2002 年 6 月归属区市容环境管理局,更名为市容管理执法大队,编制 62 人。2002 年 8 月,根据国务院关于在全国行政执法部门实行行政处罚相对集中行使行政处罚权的精神,新都区从区公安分局、新都工商局、区交通局等部门抽调 12 人与市容管理局组成城市管理联合执法大队,由区市容管理局具体指挥,对新都市容市貌实行统一监管、联合执法。

2002 年 6 月至 2005 年年末,共纠正各类违章 15.92 万起,发出整改决定书 5580 份,取缔占道经营 2.85 万起,强制拆除不规范户外灯箱、广告、空调外机、外置式防护栏、遮阳雨棚 4412 起,查处建渣污染道路 206 起,清除乱张贴 5.84 万处,责令整改和暂扣车容不洁、乱停乱放的机动车、三轮车 6428 辆,依法立案查处案件 4201 件,警告 311 起,罚款 37.01 万元。

镇(街道)改造

建制镇(街道)改造

【新繁镇（新繁街道)】 1993年10月，新繁镇被国家计委批准为全国100个小集镇经济开发试点镇。1994年3月,又被确定为四川省100个小集镇建设试点镇之一。城区规划面积8平方公里,1995年建成2.8平方公里,2005年建成5.67平方公里。

2002年,紧傍新繁东湖公园,修建融商业、人居、休闲、集会于一体的东湖森林广场(面积3.5万平方米)。南依新繁古城墙,北跨滨江路,东邻艾芜路,西接吴虞路,广场设计采用中式古典风格,突出地域特色和文化氛围。

1993—2005年新繁镇城区部分年份新建和改造的主要工程项目一览表

表13-6　　单位:万元

年　度	项目名称及主要内容	投资额
1993	建成占地18亩农贸市场	80
1994	建成1100米长滨江路并铺设柏油路面	300
	建成1500米×23米繁清路并铺设柏油路面	235
	建成400米×20米白鹤街并铺设柏油路面	1000
	建天然气配气站	250
1995	建成500米外东农民街并铺柏油路面	400
	铺设东西正街1100米水泥路面	60
2002	建“十路一桥”工程、硬化村道路面及农网改造和户表工程	600
	铺设煤气管网	15
	铺设1700米排污管道	3.4
	改造配气站	23.7
	新城区锦江路、吴虞路、高墙路、金地路铺设混凝土路面	53.8
	成彭公路新繁城区段绿化整治	26.5
	水景公园建设	24
	旧城拆迁3.61万平方米	5101.6
	建东湖森林广场	1200
2004	旧城改造	4400
	东湖公园保护	300
	道路翻新、广场路灯及绿化	20
2005	滨江路、繁清路、繁崇路改造,城区风貌整治等	5300

【大丰街道】 1985年以前,大丰场镇以成彭公路为街,主街长1000米,城区面积0.3平方公里。1993年,成彭公路大丰段改道以后,场镇建设快速发展。1995年,城区面积扩大到1.2平方公里。至2005年,城区面积3.6平方公里。

1995 年,大丰镇被列为成都市小城镇建设试点镇。

1991—2005 年大丰部分年份改造和新建的主要项目一览表

表 13-7 单位:万元

年　度	改造或新建主要工程项目	投资额
1991	建 180 米×18 米的农民街	180
1991—1995	铺设 2700 米排污管	55
1992—1994	建 159 米×20 米第二条农民街	375
	安装街灯 116 盏,新建、改建水冲式公厕 3 座	22
1993	建 35 千伏变电站 1 座	400
	建日供气 5 万立方米天然气站 1 座	192
	建有线电视站	13
	改造文化站	30
2002	改造 4.2 公里大(大丰)天(天回镇)公路	1200
	工业园道路建设	800
	架设 110 千伏供电线路 2 条	500
	6.5 万平方米商住房建设及场镇改造、2.5 公里路灯、2000 平方米广场	11000
2003	自来水厂净化设施及管线改造	27
	三元大道 470 米延伸线建设	240
	地埋供气管线 4000 米及配套设施	207
	工业区 3.3 公里道路硬化	300
	皇花街延伸段 1000 米道路及地下管网	500
	互惠大道 671 米路基	100
	改造旧城区 10 万平方米、建商住房 5.5 万平方米	6000
	建综合市场(占地 30 亩)	2000
2005	3.1 万平方米旧城拆迁、改造	1500
	街道地下管网建设及路面整治	300
	成彭路大丰段 3.95 公里风貌性整治	2500

【三河街道】 1994 年,三河镇被确定为四川省小城镇建设试点镇。2000 年,被国务院体制改革办公室列为全国小城镇综合改革试点镇。

三河场镇以老川陕路为街,长约 500 米。1986 年,在大件路东侧建成一条“农民街”,镇政治、文化、经济中心逐步转移到大件路东侧的新城区。1995 年,城区建成面积 0.86 平方公里。1986—2005 年,新建和改造的主要工程累计投入资金 2911 万元。

1992—2005年三河部分年份新建和改造的主要项目一览表

表13-8 单位:万元

年度	新建和改造主要工程项目	投资额
1992	建敬老院(建筑面积1100平方米)	22
	建电管站(建筑面积450平方米)	16
1993	建政府办公楼(建筑面积2680平方米)	450
1994	建天然气储配气站(建筑面积1200平方米)	150
	建11万伏变电站	400
2003	重点渠系改造和新建旱池	150
	繁阳至龙伏、五龙至长桥、龙门至泰兴村道改造	132.5
2004	搬迁点及城镇"四化工程"建设	600
	搬迁配套设施建设	490
2005	五龙山2.2公里村道两旁农房风貌改造、2.9公里村道硬化、搬迁点基础设施建设	500

【龙桥镇】 2000年,龙桥镇被列为四川省重点建设小城镇和新都推进城乡一体化试点镇。龙桥场镇有街道13条,绿化和环卫等基础设施配套完善,是成都市政府授予的"绿化之镇"和"卫生集镇"。

1992—2005年,龙桥镇新建和改造的主要工程项目有:建日供气1万立方米配气站、日供水能力1万立方米自来水厂、文化站、公厕、占地15亩的农贸市场、2000米×14米的农民街、中心小学校、卫生院、变电站、政府办公楼、农民新居道路、改造旧街道1500米等,累计投入资金1165万元。

【斑竹园镇】 1995年,斑竹园镇被列为成都市小城镇建设试点镇。2000年,被列为四川省小城镇建设试点镇。场镇面积1.03平方公里,城区建有专家公寓、川西民居及毗河生态商住小区。规划新建新型社区4个,新居工程点6个。

1990—2005年,斑竹园镇改造和新建的主要项目有:镇文化中心、政府办公楼、斑竹园中学、卫生院、邮电大楼、自来水厂、配气站、农贸市场以及斑大(丰)路、斑龙(桥)路和场镇街道改造等,累计投入资金1135万元。

【新民镇】 1996年,新民镇被列为四川省小城镇建设试点镇。新民镇城镇基础设施和综合配套设施较为完善,规划面积2.5平方公里,建成城区面积0.7平方公里。

1990—2005年,新民镇改造和新建的主要项目有:铺设街道水泥路面2000米,新建农民街2条,800米×24米新街1条,建自来水厂、电信大楼、35千伏变电站、农贸市场、天然气配气站,改造新河(屯)大道、安装街灯等,累计投入6000万元。

【马家镇】 1992年,马家镇被建设部确定为全国12个小集镇建设试点镇之一,1995年被列为省市小城镇建设试点镇。

1990—2005年,马家镇新建和改造的主要项目有:敬老院和镇中心小学改扩建、公园维修、新建中心校综合楼和操场扩建、新建初中校公寓、农贸市场及道路建设等,累计投入资金811.5万元。

【军屯镇】 是新都古县城所在地。2002年1月撤乡建镇后,以“三街两场一园”(文昌北街、升平街、深水河步行街,镇中心广场、综合市场和生态园)工程为重点,加快场镇改造,规划面积由1.2平方公里扩大到2平方公里。

1990—2005年,军屯镇新建和改造的主要项目有:修建场镇中心花园、生态广场、政府办公楼,电信移动差转站、小灵通基站,改造唐军路和食品大道,铺设街道水泥路面,建特色新街2条等,累计投入资金1000万元。

【泰兴镇】 2000年,泰兴镇被列为四川省小城镇建设试点镇,场镇面积0.35平方公里,2005年场镇面积扩至0.5平方公里。

1990—2005年,泰兴镇新建和改造的主要项目有:旧城改造、新建居民街2条、镇政府办公楼、天然气配气站、农机管理站办公楼、自来水厂、中心小学、场镇公厕,改造路面、农贸市场和乌龟沱桥等,累计投入资金1200万元。

【木兰镇】 木兰镇是客家人居住最为集中的镇(占98%)。2004年,木兰镇正式启动客家新村建设,新扩小城镇面积0.048平方公里。至2005年,木兰场镇面积扩大到0.538平方公里。

1990—2005年,木兰镇新建和改造的主要项目有:中小学校和乡政府办公楼改造、场镇街道整治、街道路灯安装、新建水泥路和小康路、实施客家新村工程建设等。

【石板滩镇】 1995年,石板滩镇被列为成都市小城镇建设试点镇,场镇面积0.8平方公里。2003年,被列为成都市重点镇,场镇建成面积1.5平方公里。

1990—2005年, 石板滩镇新建和改造的主要项目有: 建成石板滩大桥、1500平方米医院门诊楼、4500平方米的石板滩中学、解放村小学建设,改造低压线路、铺设水管、建自来水厂、改造场镇街道等,累计投入资金2665万元。

【清流镇】 是成都地区生态农业区域之一。通过科学规划和合理布局打造区重点小城镇,2005年,场镇面积3.1平方公里。

1990—2005年,清流镇新建和改造的主要项目有:建敬老院、中学教学楼、自来水厂、政府办公楼、400米×15米的农民街、商住休闲街,改造场镇、道路修建、安装路灯、市话扩容等,累计投入资金450万元。

小集镇改造

【龙虎场】 龙虎场原为龙虎镇政府驻地,1996年,龙虎镇被列为四川省小城镇建设试点镇。2004年11月,撤销龙虎镇建制,原所辖区域划归新都镇。2005年,龙虎场面积1.1平方公里,有街道10条。

1995—2004年,新建和改造的主要项目有:建自来水厂、配气站、电信发射塔、敬老院、农贸市场以及总长2.6公里的街道8条。

【竹友场】 竹友场又名福田寺,是原竹友镇政府驻地。2004年11月,撤销竹友镇建制,原所辖区域划归斑竹园镇。2005年,竹友场面积1.5平方公里。

1992—2005年,新建和改造的主要项目有:建农技电管综合楼、农民街、中心小学教学楼、自来水厂、农贸市场等,投入资金433万元。

【龙安场】 龙安场是原龙安镇政府驻地,1995年,龙安镇被列为成都市小城镇建设试点镇。2004年11月,撤销龙安镇建制,所辖区域划归新繁镇。

1995—2005年,新建和改造的主要项目有:建自来水厂、铺设街道沥青路面、修建居民住宅,场镇面积由2000年,0.31平方公里扩大到0.4平方公里。

【利济场】 利济场原为利济镇政府驻地,1995年,场镇面积0.27平方公里。2004年11月,撤销利济镇建制,所辖区域划归清流镇和新繁镇。

1990—2005年,新建和改造的主要项目有:建农贸市场、铺设街道柏油路面、改造场镇道路、排污管道、建自来水厂等。

沼气节煤灶

【沼气池建设】 县沼气办公室指导农村沼气池建设,相继建立乡沼气服务站。推广城镇生活粪便污水净化池(俗称化粪池)新技术,利用厌氧微生物的分解作用,使生活粪便污水得到无害化处理,水质达到国家二级排放标准。1986—1996年,辽宁、沈阳、宁波、云南、陕西、南京、海南等省市计240余人,德国、荷兰、孟加拉国、越南、日本、美国、坦桑尼亚等国的专家和学者,到新都县参观学习农村沼气和城镇生活粪便污水净化池技术。曾先后派人到国外的巴西,国内的海南、浙江、山东等省承建沼气工程。配合农业部成都沼气科研所举办国际沼气培训班4期,参培80多人,受到国际同行好评。截至1996年6月,全县修建农村沼气池9207口,修建城镇生活粪便污水净化池365处,容积2.08万立方米。

1999—2005年,全区修建农村沼气池1312口,修建城镇生活粪便污水净化池297处,容积2.38万立方米。其中,2005年建农村沼气池201口,城镇净化池39处、容积3500立方米。

【省柴节煤灶建设】 1984年,新都县被列入全国省柴节煤灶试点县,各镇(乡)逐步建立省柴节煤灶机构,培训技术人员,在全县推广省柴节煤灶。1993年,被农牧渔业部评为全国省柴节煤工作先进集体。

截至1996年6月,全县农村新建改建省柴节煤灶13109口。据有关部门测算,每年可节省烧柴3.2万吨、煤5.9吨。1998—2005年,全区建省柴节煤灶30213口。其中,2005年建省柴节煤灶1895口。

城乡基础设施建设

公路建设与管护

【境内公路】 1986年,境内有国道1条、省道1条、县道9条、专用线路3条、乡村道21条,共35条。全县公路通车242.54公里，其中国道12.83公里，省道27.2公里，县道88.3公里，乡村公路109.71公里，专用线4.5公里。黑色路面长120.23公里，占公路通车里程的49.57%。2005年，境内公路通车969.69公里，其中高速公路46.02公里，国道12.83公里，省道19.57公里，县道156.6公里，城市快速通道35.27公里，乡村公路699.4公里。路面铺装率93.85%，公路网密度1.94公里/平方公里，公路网等级水平3.84，介于三级与四级之间，基本形成以新都城区为中心，以高速公路为依托，以108国道、105省道、县道为骨架，连接全区各镇、村，沟通相邻县(市、区)和成都市中心城区的公路网络。

【县属公路】 1986年，新都有县道9条，长88.30公里，其中黑色路面8条，长74.3公里。2005年，全区有县道18条，长156.6公里，均为水泥路面或沥青路面。新洛路、新新路为中日合资形式改扩建的公路。2000年1月，经四川省交通厅公路质量监督站鉴定为优良工程，并评为1999年度全省地方重点公路工程前10名，成都市第2名。

2005年新都区区级道路现状一览表

表13-9 单位：公里、万元

序号	路线名称	起 止 点	路 程	投资额	改扩建时间
01	彭郫路	清江桥(彭州市界)至红星桥(郫县界)	2.716	200	1986.01—12
02	龙石路	成华区龙潭乡建设村界至西江桥（龙泉驿区界）	5.209	390	—
03	成环路	红星桥(郫县界)至立新桥(青白江区界)	26.960	3200	1988.05—1990.01
04	大石路	石板滩桥(青白江区界)至成渝铁路洞子三叉口	4.058	—	1993.01—12
05	云石路	合兴乡糍粑店至青白江区界	2.919	—	—
06	新洛路新都段(新石路)	新都镇钟楼至石板滩镇西江桥（龙泉驿区界）	17.912	18555	1995.01—1996.12
07	龙赵路	木兰十里村(成华区界)至大坟包(青白江区界)	13.746	1100	1996.05—12
08	利清路	利济收费站至清流水泥厂	6.935	1100	1996.01—12
09	青解路	人民桥(青白江区界)至张家庵大桥	6.859	495	1998.01—12
10	什新路	三邑桥(彭州市界)至新都镇建设路口	10.732	1056	1999.01—07
11	新新路	新都镇钟楼至新繁镇三益桥	20.032	11883	1999.01—12
12	荷丰路	五洞桥(金牛区界)至大丰一里桥	2.793	700	2000.01—12
13	天斑路(新都段0.936公里)	余家村(金牛区天回界)至鸦雀口	4.058	100	2001.03—07
14	新犀路	新都一中至新郫桥(郫县界)	23.346	4000	2001.01—12
15	三西路	三河场至督桥河(青白江区界)	12.438	1700	2003.01—12
16	桂红路	成绵高速路新都收费站至青白江面粉厂	5.457	682	—
17	民大路	新民镇至斑竹园收费站	15.344	1800	2004.01—12
18	成青路城区段	绕城高速崇义立交桥至(金牛区界)	4.113	1500	2005.01—12

说明：部分路段的路程重复计算

【乡村道路】 1985年,全县23个乡镇303个村都已通公路,但路况普遍较差,多数是便道或碎石简易公路。1986年,乡(镇)道路21条,长109.71公里。随着农村经济的高速发展,各乡镇多渠道筹集资金,大力修建和改建公路,改善辖区内交通状况。1991年年底,新都县在成都市区(县)中首批实现镇镇、村村通油路。2005年,全区乡村公路通车里程699.4公里,其中乡道368.8公里,村道330.6公里,全区13个镇(街道)均通客车。

【收费公路】 新都管辖的收费公路有成彭公路、新石公路、新新公路、新崇公路,均由四川新都京丹道路发展有限公司管理。

成彭公路是全省县级引进外资修建的第一条收费公路。历经暂行收费阶段(1993.10—1994.10)、试行收费阶段(1994.10—1996.09)、正式收费阶段(1996.09—2005.03),设利济收费站和大丰收费站。

1996—2005年成彭公路正式收费阶段收费标准一览表

表13-10

区间		小车(元/车次)	旅行车20座以下(元/车次)	大客车、货车、拖拉机(元/吨次)	摩托车(二轮、三轮)(元/车次)
成都至彭州40公里	全程	6.00	12.00	6.00	3.00
	半程	3.00	6.00	3.00	2.00

新石公路(新石段、新新段、新崇段)是新都新繁镇至石板滩镇的县道公路。

新都镇至石板滩段:设张家庵收费站、石板滩收费稽查点。1997年4月1日起试收费,2000年5月10日撤销。

新都镇至新繁段:设枣子林收费站,2000年5月试收费,2002年4月正式收费。

新都镇至崇光寺段:设斑竹园收费站,2001年3月试收费,2002年4月正式收费。

张家庵收费站、枣子林收费站、斑竹园收费站正式收费时按车型制定收费标准,一类车每车每次4元、二类车8元、三类车15元、四类车24元、五类车32元。

2005年年末,新都境内国属、省属收费公路收费站共有7座:国道成(都)德(阳)大件路三河收费站、成绵高速公路白鹤林、新都出口收费站;成都绕城高速公路三河、大丰收费站;成彭高速公路斑竹园、新繁出口收费站。

【公路养护】 1986—1988年,县养路段管养县道(沥青路面)88.3公里,养护形式采取一路一道班,每个道班7~8人。主要任务是整治路肩,疏通桥涵及排水沟、路面维修等。日常养护由小道班分线路固定养护,大、中修多雇请民工施工作业。

1989—1996年,管养县道163.2公里(油路109.7公里,水泥路53.5公里),其中新增省道县养公路8.6公里,乡(镇)道养66.3公里。养护形式由过去的小道班分线路固定养护改为大道班专业组作业养护,加大路面清扫保洁力度,保持道路整洁,排水、边沟畅通。

1997—2005年,公路养护主要是实施GBM(标美路)工程,公路好路率逐年上升。新都境内公路好路率:1986年23%,1988年27.2%,1990年59.4%,1995年79.7%,2000年78.2%,2005年89%。

过境公路与铁路

【成绵高速公路】 国家和四川省"九五"规划的重点建设项目,起自新都三河镇白鹤林,经青白江区、广汉、德阳至绵阳市磨家桥,全长92公里。属国道040线,按平原微丘高速公路技术标准设计,双向四车道,沥青混凝土路面,设计时速100公里,桥涵设计荷载汽-20,挂-100(指承重20吨、100吨)。

成绵高速公路于1996年8月开工,1998年12月建成通车。其新都境内长12.17公里,占地1340亩,途经新都、三河、泰兴、木兰、龙虎5乡镇的14个村63个社。

【成都绕城高速公路】 成都绕城高速公路是交通部规划的国道主干线"五纵七横"中的"一纵一横"在成都的交汇过境线,全长85.04公里,按平原微丘高速公路技术标准设计,路基宽34.5米,双向六车道,沥青混凝土路面,设计时速100公里,桥涵设计载荷汽-20、挂-100。

成都绕城高速公路于1998年2月开工,2002年12月竣工。其新都境内段东半环长11.2公里,占地1905亩,途经三河街道、木兰镇共12个村;西半环长1.35公里,占地304亩,途经大丰街道2村8社。境内设有互通式立交桥3座:白鹤林立交、三河立交和大丰立交。

【成南高速公路】 成南高速公路是G055A线万县至成都的一段(成都至南充)。起于成都绕城高速公路狮子立交桥,经新都、青白江、金堂、大英、蓬溪等市县至南充市,全长214公里,双向六车道,设计时速100公里。

成南高速公路于1999年1月开工,2002年12月28日建成通车。其新都境内长0.51公里,占地44亩,经石板滩镇2个村2个社。

【成彭高速公路】 成彭高速公路是四川省"十五"规划的重点建设工程项目。起自绕城高速崇义立交桥,经新都区大丰、龙桥、斑竹园、新繁、利济场至彭州市,全长20.94公里,双向四车道,沥青混凝土路面。总投资3.86亿元。

成彭高速公路于2003年1月开工,2006年4月建成通车。其新都境内长17.44公里,占地1746.86亩,涉及大丰街道、龙桥镇、斑竹园镇、龙安镇、新繁镇、利济镇。

【成都城北出口高速公路】 成都城北出口高速公路是成绵高速公路在成都市区的北门出口连接线,与成都绕城高速公路相连,是省、市"九五"期间的重点建设项目之一。起于成都市北门的青龙桥,止于新都白鹤林对接成绵高速公路,全长11.2公里。全线采用平原微丘高速公路技术标准设计,沥青混凝土路面,设计荷载汽-20、挂-100,路基宽34.5米,总投资4.00亿元。

城北出口高速公路于1997年4月开工,1998年11月30日竣工。其新都境内长3.35公里,占地438.84亩,途经新都三河镇回龙等4个村。2005年,城北出口高速公路与成绵高速公路合为一体。

【过境国道】 1985年,由省政府投资建设国道108线,即成(都)德(阳)大件公路。新都段长12.83公里,路基宽24.5米,断面型式为3.75米(人行道)+1.0米(绿化带)+3.75×4(机动车道)+1.0(绿化带)+3.75(人行道),路面为水泥混凝土路面或沥青混凝土路面。桥涵设计荷载汽车-20,挂-120。

新都段起自成都市金牛区天回镇与新都三河镇交界处互助村，途经三河桥、毗河桥、天缘桥、新都城区，止于新都镇督桥村与青白江区交界处。大件公路1985年开工，1988年10月5日建成通车。

【过境省道】 成(都)青(川)公路(S105)新都段起自大丰，经龙桥镇、新繁镇、利济场，止于彭州市界。境内全长19.57公里，水泥混凝土路面，技术等级为二级公路，路面宽18米，双向四车道。

成青公路原名成(都)白(水河)公路，本地人习惯称成彭公路。原路面宽7~8米，1971年由当时的碎石路改造为沥青表处理黑色路面。1992年，县政府与日商卢田丰治、中村幸雄合作投资进行改造。道路设计时速80公里，桥涵设计荷载汽车-20，挂-100。同年10月开工，1994年10月竣工通车。

成青公路是四川省第一条利用外资建设的地方干线公路，经四川省有关部门批准，1994年10月开始收费，2005年4月1日停止收费。

【过境铁路】 1985年，新都有宝成、成渝、成灌3条过境铁路，境内长21公里。2005年，过境铁路4条(新增成达铁路)，总长36公里。4条铁路在境内分别设新都站、石板滩站、清流站、泰兴站4个火车站。

1995年12月，成达铁路(成都至达县)开工，1998年竣工。该铁路新都境内长13公里，占地600.74亩，穿越泰兴镇、木兰镇10个村41个社，并在泰兴设有小型火车站。1998年11月，宝成复线成都西环、北环新都段工程开工，2000年竣工，全长19.569公里，占地524.104亩，穿越大丰镇、木兰镇、泰兴镇13个村40个社。2002年1月，宝成铁路复线青白江至成都段新增二线新都段开工，2004年7月竣工，全长16.48公里，占地100.51亩，穿越新都镇、马家镇、三河街道、大丰街道10个村27个社。2003年9月，成都铁路枢纽北编组站开工，计划工期3年，总投资18.7亿元，占地4725.36亩，涉及泰兴镇、木兰镇13个村67个社，拆迁面积19万平方米，搬迁农户1023户、5459人。

桥梁与渡口

【清白江大桥】 位于利济场，横跨清白江河。1990年以前为T型梁结构，浆砌块石墩台，长7孔162米，桥面宽7.5米。随着社会经济发展，车流量大幅度增加，该桥成为成彭公路的瓶颈。1992年，成彭公路加宽改造时，在原桥右侧加宽10.5米，新建桥梁按空心板梁设计，钢筋混凝土桩柱式基础。1994年，改造后的清白江大桥正式建成投入使用，桥面宽18米。

鉴于清白江大桥旧桥部分建成年代久远，钢筋混凝土桥面铺装开裂，T型梁表层混凝土剥落，钢筋锈蚀，砌筑墩台石料风化严重。2005年，清白江大桥的管理单位四川新都京丹道路发展有限公司将旧桥部分拆除重建，新建桥梁宽度与旧桥相同，空心板梁结构，设计跨度与孔数同原桥，桩柱式基础。鉴于原桥下游没有消力池，增建了消力池。改建新桥投资750万元。

【龙　桥】 原称“古龙桥”，位于龙桥场镇，横跨毗河。始建于清乾隆三年(1738)，共12洞，是成彭公路龙桥段较长的一座木桥。1933年毁于战火，1941年重建木面楼式新桥，桥楼连接为23间房的长度，两侧有供行人歇脚的懒板凳，人、车行道5米多宽。1958年夏，洪水泛滥，桥楼倒塌。1963年重建，改木桥桩为石砌桥墩，将原来的12洞改为5洞，每洞15米，桥身长87.4米，桥面宽10.5米。1992年扩建成彭公路时，将桥面扩宽到21米。

【张家庵大桥】 张家庵大桥又名解放大桥,位于新石公路 K5+549 处,横跨毗河。原桥面宽 6 米,共 6 孔,每孔 15.4 米,石砌筑墩台,木桁构梁结构,设计载荷为汽车-13,挂-60,为连接新都城区和丘陵片区的主要通道。

为满足日益增长的交通量需要,1996 年 1 月, 开始对张家庵大桥进行加宽改造。改造后的桥面宽 19 米,长 113.4 米,桩柱式基础,荷载等级为汽车-20,挂-100。总投资 286 万元,同年 9 月 20 日正式建成投入使用。

【毗河斑竹园桥】 位于斑竹园场镇,横跨毗河。这里原有一座五一大桥,系县道民大路(新民至大丰)的主要桥梁,但桥面较窄,荷载有限,无法适应社会经济发展的需要。2002 年 2 月,民大路斑竹园场镇路段改线,在五一大桥下游 300 米处新建毗河斑竹园桥。

毗河斑竹园桥长 107 米,桥面宽 18.5 米,明挖扩大基础,桩柱式墩,预应力空心板桥面结构。2002 年 2 月开工建设,同年 10 月 30 日建成通车,总投资 373.6 万元。原五一大桥经斑竹园镇政府整修后仅作为人行桥梁。

【新新路公铁立交桥】 新新路与宝成铁路原为平交道口。1997 年 6 月 4 日,新新路与宝成铁路相交处开始进行下穿立交改造施工。立交桥为分离式立交,下穿宝成铁路,路面宽 14 米,水泥混凝土路面。同年 9 月 30 日正式建成,资金投入主要由铁路部门负责(新都投资 95 万元)。1998 年,新新路拓宽改造期间,对立交桥进行了路面及防护设施的整治。

【新军路公铁立交桥】 新军路与宝成铁路原为平交道口, 道口属有铁路部门专人看守的平交道口。2003 年年底,宝成铁路复线建设时,经区交通局、区发展计划局铁建办会同铁路主管部门协商一致,将该道口改造为分离式立交,新军路下穿宝成铁路。改造后的道路路幅组成为 14 米(主车道)+2.5 米×2(人行道),2004 年建成通车。

【新犀路公铁立交桥】 新(都)犀(浦)路(原名新崇路)自新都一中至新都镇五桂村路段,经过新都水泥厂、桂湖水泥厂和新都火车站,道路狭窄拥堵且路况差,下穿宝成铁路立交洞口,雨季时常因被水淹没阻塞交通。2003 年,宝成铁路复线建设,经区政府与铁道部门协商,达成新犀路新都一中至五桂村路段改线及建设上跨铁路桥梁的一致意见,由铁道部门出资建设桥梁上跨铁路投影部分,新都区投资建设桥梁其余部分与联接线。

铁路主桥由铁道部第二勘测设计院勘测设计,桥面宽 25 米,桩柱式基础,桥长 450 米,总投资 2000 万元。2004 年 10 月开工,2005 年 7 月建成通车。

【渡　口】 新都境内有清白江、毗河两条主要河流,河面不宽,水流平缓,枯水或断流时间较长。1986—2005 年,无商业性水路运输。两条河上有渡口 6 处,渡船 6 艘。

根据交通部规定,1985 年,将新都航务管理站改为新都航务管理所。1999 年 12 月,改为新都县港务监督所和航务管理所。2002 年 10 月,更名为新都区地方海事处。

1986—2005 年新都境内渡口一览表

表 13-11

河 流	渡口名	所在镇	河面宽	河 流	渡口名	所在镇	河面宽
清白江	兴隆堰	清流镇	100 米	毗 河	莫笼堰(上)	斑竹园镇	50 米
清白江	高桥	新民镇	100 米	毗 河	莫笼堰(下)	斑竹园镇	50 米
毗 河	泥巴沱	新都镇	50 米	毗 河	荀家滩	泰兴镇	50 米

说明:每个渡口分别有 1 艘渡船;泥巴沱渡口 1996 年撤除

供水设施建设

【自来水厂建设】 1985 年,新都城区有自来水厂 1 座,使用自来水用户 1000 户、1.5 万人。1987 年建成二水厂,日供水能力增至 1 万立方米。1990 年,对二水厂进行扩建后,日供水能力增至 2 万立方米。随着经济发展,新都城区人口急剧增加,为满足生产生活用水需求,1991 年新都自来水公司在天元乡毗河村建第三自来水厂。

三水厂起水、集水地位于修建成德大件公路取沙留下的大深坑。1991—1998 年,新都自来水公司先后投入 2711 万元,砌保坎,建防洪堤,扩大储水库区,引入毗河水,安装 132 千瓦水泵机组 2 台,铺设南新段 Φ400 毫米输水管 1400 米和大件路至南街 1300 米供水主管道及配套管网, 对三水厂加氯瓶转运间单轨吊车进行改建,供水规模达到日供水量 5 万立方米,水质合格率达到国家标准。

2002 年 6 月动工建设成(都)新(都)输水工程,于 2005 年 12 月正式通水,并实现了管网微机动态化管理,使新都区日供水能力达 10 万立方米,城区自来水普及率 100%。

截至 2005 年年末,全区共有自来水厂 18 座,行业归口区水务局管理。区水务局直接管理的有利济、清流、龙安、龙桥、斑竹园、竹友、军屯、泰兴、木兰 9 座自来水厂;镇政府主管经营的有石板滩、马家水厂;属股份制企业的有新繁自来水厂,属私营的有大丰、新民、义和、合兴水厂。新都自来水公司管理的水厂 2 座(二水厂、三水厂),负责对新都城区和三河街道供水。

2005 年新都区自来水厂一览表

表 13-12　　单位:立方米、平方公里、公里

水厂名称	日供水量	供水范围	管网长度	水厂名称	日供水量	供水范围	管网长度
龙桥水厂	2500	10	18	大丰水厂	1310	7.2	40
利济水厂	250	7	4.5	龙安水厂	43	0.04	1.3
清流水厂	197	1	2.0	义和水厂	103	0.1	1.0
斑竹园水厂	1800	6	8.7	合兴水厂	120	0.15	1.0
竹友水厂	350	0.8	3.5	石板滩水厂	810	1.5	2.0
军屯水厂	289	4.6	4.0	新民水厂	82	0.12	1.0
泰兴水厂	460	8.1	4.6	马家水厂	176	0.07	3.0
木兰水厂	380	4.6	4.0	新都自来水公司(水厂 2 座)	50000	48	98
新繁水厂	5900	5.3	8.0				

【自来水源地保护】 1998年,自来水公司在新都第三水厂毗河取水点上游1000米、下游100米水域及两岸纵深各200米陆域设立饮用水源一级保护区,竖立界牌和界桩,与水源地毗河两岸的三河、新都镇政府签订水源保护责任书,在毗河取水口修建栏河坝和进水滤网。

2005年,饮用水源一级保护区相应移动,在上游1000米至3500米处增设水源二级保护区。通过实施水源地保护措施,新都自来水水质较长期相对稳定。

电力设施建设

【供电设施建设与维护】 1985年,全县303个村2625个村民小组全部通电,农村用电居民户114734户,占农村居民总数87.43%。1989年建桂湖110千伏变电站,1990年新都共有变电站7座和农村供电所16个。1994年投资7600万元新建石板滩、河屯、大丰35千伏变电站3座和三河、繁江110千伏变电站2座。至1996年,全县有110千伏变电站3座,35千伏变电站5座,配电变压器1219台,总容量307959千伏安。1998年开始农村电网改造,2001年建成投入使用的220千伏马家变电站,是成都市电力基础设施的重点建设工程。2002年投入资金3960万元完成全区农网改造,共改造35千伏线路9.13公里,10千伏线路99.80公里;新建10千伏线路37.01公里,新置10千伏变压器延伸工程326台35585千伏安,新建和改造低压线路464.31公里。

至2005年,全区共有变电站9座,变电容量共计71.3万千伏安。其中220千伏站1座,主变压器2台,容量27万千伏安;110千伏站5座,容量38.3万千伏安;35千伏站3座,容量6万千伏安。35~220千伏线路20条,10千伏配电线路63条。全区形成220千伏、110千伏、35千伏三级供电网环。各变电站均为双电源供电,每个变电站有两台主变压器,每个镇(街道)有两条以上10千伏配电线路,每村有2台以上公用变压器,形成全省独特"四个双"供电网络。

1990年以前,全县电力设施按管属权分别由新都供电局和新都县电力公司负责维护,1990年实现联营后,由新都供电局维护。

【小水电站建设】 新都地形以平原为主,地势由西向东南倾斜,境内河流基本呈垂直等高线走向,仅具2~3‰的自然落差,具有低水头、小容量水能开发的可能,理论可开发蕴藏量47240千瓦。随着都江堰灌面扩大,水资源日渐紧张,长流水不复存在,低水头发电已失去开发价值。

1985年,全县有小水电站12处,装机容量2401千瓦;有水轮泵站79处,水碾110座。80年代末,利用水力进行加工的水碾随着梅家碾的停运而绝迹,水轮泵站也因电力加工和机械加工业的兴起于90年代停业,仅存部分遗址。

2005年,区内小水电站8处,总装机容量2565千瓦。水电站中,自营(荣校)1处,村营1处,镇营4处,区营2处,均通过小水电网并入国家电网,只发不供。

2005年新都区小水电站情况一览表

表13-13 单位:米、立方米/秒、千瓦

电站名称	水头	流量	装机	电站名称	水头	流量	装机
杨柳堰	3.8	10	400	清白	4	10	250
清流	5.7	6	200	新水	4	10.8	320
利济	6	1.4	55	雷音	7.5	18	960
高宁	5.6	10	325	泰兴凉水	3	2.5	55

加油(气)站建设

【加油(气)站】 1986年,境内汽油、柴油、煤油由县商业局下属的新都县石油公司经销。1988年,县农机局在各乡镇修建农机加油站。到1994年,全县农机加油站25家,县石油公司加油站5家。1996年贯彻《国务院关于环境保护若干问题的决定》,对境内不符合规范的加油站(点)进行清理整顿,取缔"担担"油摊点10余家。对符合规范的加油站颁发"成品油零售经营批准证书",并实行年审制度,由县计委统一审批管理。1999年7月,按照国务院办公厅关于限期停止销售使用含铅汽油通知精神,境内开始统一使用无铅汽油。同年,加油站的审批权限统一收归省经委。在此期间,由于电力、天然气的广泛应用,煤油逐步淡出市场。2005年,国家对成品油管理进一步规范,从商务部、省经委到区(市)县计经局,实行纵向管理。四川省由省经委统一审批管理,并制定下发《四川省成品油市场管理暂行办法实施细则》,对成品油经营许可的申请与受理、审查程序与期限、证书颁发与变更、加油站设置距离与要求、监督管理、法律责任等都作出详细规定,进一步促进成品油市场有序发展。2005年年底,全区有加油站51座,其中中石油加油站15座,农机加油站14座,私营加油站22座。销售汽油90#、93#、97#和柴油0#。全年销售汽油、柴油总量约9万吨,其中0#柴油2万吨。

2000年,根据省市推广应用压缩天然气的要求,县境内建CNG车用加气站3座。

【供气设施建设与维护】 1987年4月,在四川石油管理局的支持下,新都县筹集资金328万元铺设从青白江至新都镇的第一条Φ273毫米天然气输气管道,长9.25公里。1989年12月29日正式通气,初期供气范围为新都城区企事业单位和居民生产生活用气。1993年先后铺设青白江到新都Φ159天然气管道、洛带至新都Φ273和Φ108天然气管道,另有过境天然气管道2条:绵竹至成都Φ108输气管道、德阳至成都Φ325输气管道,在新都境内均开有接口。2002年,境内有天然气公司5家,配气站20座,供气管道367公里,在全省率先实现镇镇通天然气,并与成都地区天然气管网实现了多方位连接,天然气输供气能力85万立方米/日。全区13个镇(街道)均通天然气(联接管道主要为Φ108和Φ218输气管线),新都城区居民户通气率98.5%。

2005年,全区共有配气站25座,供气管道400公里,固定资产总值1亿元,日供气能力120万立方米,其中日供气能力20万立方米的配气站5座。全区日均用气45.7万立方米,其中小化肥用气17.37万立方米,一般工业用气20万立方米,居民用气8.33万立方米,新都城区居民通气率98.6%。

区内天然气管道及其他供气设施按权属分别由区内5家天然气公司管理维护,自通气至2005年运行良好,未发生过自然和责任事故。

【天然气钻探与开采】 1993年,四川省石油管理局在桂林乡板桥村(现属新都镇)和三河镇钻井探气。1994年6月,第一口日产3000立方米的浅层天然气井开始产气。此后中石化西南分公司在新都三河镇、泰兴镇、木兰镇、新都镇等地广泛钻探,钻井50余口,其中22口井产气,日产天然气30万立方米。至2005年,已探明新都气田可开采天然气逾300亿立方米。

公用事业

城乡供水

【自来水供应】 自来水厂和自来水公司坚持每天对取水和供水的水质进行检测，坚持水质不合格不出厂，保证供水全部达到国家规定的饮用标准。

新都城区、三河街道居民生活用水由新都自来水公司供应，其他场镇由当地自来水厂（公司）供应。

1985 年，新都城区自来水用户 1000 户，日均供水 1700 立方米。2005 年，新都城区居民自来水用户 54754 户，全年供应生活用水 612 万立方米，日均供水 1.68 万立方米。

自来水入户实施“一户一表”。经过深入调查研究论证、召开座谈会征求意见，2004 年 9 月，区物价局制定安装工程收费每户 2600 元。

2001—2005 年新都自来水部分年份检测情况一览表

表 13-14

检测日期	色度（度）	浑浊度（NTU）	细菌总数 CFU/100ML	总大肠菌群 CFU/100ML	pH 值	出厂水余氯
2001.08.23	0	0.37	22	0	7.96	0.30
2002.09.24	0	0.36	0	0	8.21	0.69
2004.09.07	0	0.62	0	0	8.00	0.45
2005.12.13	0	0.34	0	0	7.74	0.73

说明：表中前五项数据来自国家城市供水水质监测网成都监测站定期抽查检测报告。出厂水余氯来自新都区疾控中心定期抽查检测报告

【水价管理】 1998 年，新都物价部门按照国家计委、建设部制定的《城市供水价格管理办法》对水价进行管理。从 1999 年开始，逐步把乡镇自来水价格纳入管理。

2000 年 10 月，国家计委制发《关于改革水价促进节约用水的指导意见》。2002 年 4 月，国家计委、财政部、建设部、水利部、国家环保总局制发《关于进一步推进城市供水价格改革工作的通知》。新都物价部门根据文件精神，结合新都自来水成本变化情况，适时适度对新都、新繁两镇的自来水销售价格进行调整。

1986—2005年新都镇、新繁镇自来水价格一览表

表13-15　　单位:元/立方米

时　间	居民生活	机关团体	工业	商业	基建、服务业特种行业	备注
1984年前	0.14	—	0.14	0.14	—	新繁1990年6月前执行
1989.04	0.20	—	0.25	0.25	—	新繁1990年6月执行
1990.12	0.25	—	0.35	0.35	—	价内含10%地方附加费
1993.11	0.36	0.36	0.51	0.61	—	价内含开发基金0.10元
1995.10	0.50	0.60	0.70	0.80	—	
1997.08	0.70	0.90	0.95	0.95	1.20	
1999.01	1.00	1.28	1.36	1.36	1.71	价内含价调基金0.10元
2001.09后	1.30	1.66	1.77	1.77	2.22	
1999.01新繁	0.95	1.23	1.31	1.31	1.66	
2002.01新繁	1.24	1.49	1.59	1.59	2.05	

说明:2004年3月价调基金并入水价

1993—2005年新都场镇自来水价格一览表

表13-16　　单位:元/立方米

时　间	名　　称	居民生活	机关团体	工业、商业	基建服务业特种行业
1994.09	大丰镇工业开发区	0.68	0.68	0.68	0.68
1993.03	新民镇	0.90	0.90	0.90	0.90
1999.08	大丰镇	0.95	1.25	1.30	1.65
1999.10	龙桥镇	0.90	0.90	1.30	1.65
2001.12	大丰镇	1.30	1.66	1.77	2.22
2003.02	龙安、龙桥、利济、清流、军屯、新民、竹友、斑竹园	1.15	1.35	1.35	1.35
2003.02	木兰、泰兴镇	1.30	1.50	1.50	1.50
2003.06	石板滩镇	1.45	1.60	1.60	1.60

【桶装水供应】　桶装水主要是纯净水、矿泉水,境内兴起于1997年前后。早期用户多为行政机关和企事业单位,由于经济、方便、卫生,很快普及到居民家庭。

2005年,区内有桶装水经营商家100余家,遍及区内各场镇。销售的品牌有20多个,规格多为18.9升装,每桶10元,商家送货上门。

城乡供电

【户表工程】　1998年,根据国务院"两改一同价"(改造农村电网、改革城乡用电同网不同价体制,实现同网同价)有关政策规定,新都从8月开始实施农村电网改造及户表工程。2000年5月基本完成第一期

工程,2000 年 10 月,新都县农网改造项目通过验收,成为四川省县级农网改造项目第一家通过验收的单位。第二期农网改造工程于 2002 年结束,两期共投资 20506 万元。实现“一户一表”,城乡电费同网同价。农村电价电费管理全部做到“四到户”(抄表到户、收费到户、服务到户、销售到户)。

【电力供应】 1986 年,全县居民生活用电 3201 万千瓦时,1990 年 7220 万千瓦时,1995 年 12507 万千瓦时,2000 年 16151 万千瓦时。2005 年全区居民生活用电 20769 万千瓦时,是 1986 年的 6.49 倍。

1986 年,全县用电 10685 万千瓦时,其中工业用电 7484 万千瓦时。1990 年 23068 万千瓦时,其中工业用 15848 万千瓦时。1995 年 45040 万千瓦时,其中工业用电 28533 万千瓦时。2000 年 67086 万千瓦时,其中工业用电 42935 万千瓦时。2005 年全区用电 114291 万千瓦时,是 1986 年的 10.70 倍;其中工业用电 81500 万千瓦时,是 1986 年的 10.89 倍。

【电价管理】 国家电网的电价由省以上制定管理,地方电网电价由所在地物价部门制定管理。20 世纪 60—90 年代中期,新都居民生活用电电价没有调整变动。从 1993 年 12 月开始,根据省物价局、省电力局、省水电厅《四川省农村电价管理办法》的规定,县物价局、新都供电分局经过调查和测算,统一制定综合分类电价。从 1999 年开始,综合分类电价由市物价局统一审定调整。2002 年 12 月 10 日,新都居民生活用电实现城乡同网同价,改变了过去农村电价比城区高的不合理现象。

1986—2005 年新都居民生活用电价格一览表

表 13-17 单位:元/千瓦时

时 间	城 区	时 间	城 区	时 间	农 村	时 间	农 村
1996.03.01 前	0.22	1998.08.01	0.436	1993.12 前	0.22	1999.11.01	0.66
1996.03.01	0.32	2000.05.20	0.4428	1993.12.01	0.36	2000.03.01	0.63
1997.05.01	0.39	2001.01.01	0.4327	1996.11.01	0.52	2000.05.20	0.66
1997.06.01	0.40	2002.12.10	0.4657	1997.05.01	0.60	2001.01.01	0.65
1998.07.01	0.4127	—	—	1997.06.01	0.61	2002.12.10	0.4657

说明:1996 年 3 月 1 日以前价格不含各种附加收费和基金

燃气供应

【天然气供应】 1974 年,县氮肥厂开始用天然气生产化肥。1988 年 12 月,县氮肥厂试供新都镇民用气。1989 年 9 月,改从新都二级配气站向新都镇居民供应天然气。1991 年 7 月,与四川省石油公司石油输气处联合成立新都县天然气公司。1995 年年底,供新都镇民用天然气 1.4 万户和 30 多户餐饮业用气,以及马家镇、斑竹园场镇用气。

1986—1990 年,全县年均用气 2500 万立方米。1991—1995 年,全县年均用气 5000 万立方米。2002 年,全区用气 11278.5 万立方米,其中小化肥用气 6533.5 万立方米,工业用气 3102.5 万立方米,民用气 1642.5 万立方米。2004 年,全区用气 12884.5 万立方米,其中小化肥用气 6643 万立方米,工业用气

3978.5万立方米,民用气2263万立方米。2005年,区内有天然气供气公司5家,日供气能力120万立方米,气源由中石化(占70%)和中石油(占30%)提供。全区用气16680.5万立方米,其中小化肥用气6340.05万立方米,工业用气7300万立方米,民用气3040.45万立方米。

2005年7月,区物价局深入调查研究,召开座谈会征求意见,制定天然气民用户安装工程收费标准:非高层每户3100元,高层每户3600元。改变了过去收费标准不统一、价格行为不规范的状况。

【罐装气供应】 20世纪80年代初期，新都开始销售罐装气，最早使用的是小型餐饮店及流动餐饮摊点。由于价格适宜,使用方便、卫生,80年代中期许多城镇居民家庭也使用罐装气。罐装气初始为煤气,继为液化天然气,价格根据罐内气体体积计价,每罐50~100元。罐装气供应由商家送货上门,用户首次交气罐押金100元,以后每使用一次(上次送气到下次送气)交气罐租金1元。

2005年,区内有气瓶充装站7个,气瓶(罐)31982只,罐装气经营商362家。

【气价管理】 1989年,新都县城开始供应居民生活用气,综合供应价格每立方米0.40元。1992年8月,县物价局根据供气成本制定天然气销售价格:居民生活用气每立方米0.60元,商业用气每立方米1.00元。1994年11月国家提高井口价,计划内外价格并轨。1997年3月,国家再次对天然气井口价作了较大调整,居民和其他用气每立方米调高0.10元,商业用气每立方米调高0.20元。2001年6月和2002年5月,分别调高净化费和井口价各0.03元。根据国家有关政策规定,县物价部门适时调整天然气销售价格。除新繁、大丰、三河外,实现了城乡一价。

1989—2005年新都天然气价格一览表

表13-18　单位:元/立方米

时　间	居民生活用气	公共集体用气	商业用气	工业用气
1992.08前	0.40	—	0.40	—
1992.08	0.60	0.60	1.00	—
1996.05	0.90	1.00	1.50	0.90
1997.09	1.03	1.13	1.63	1.03
2001.06	1.06	1.16	1.66	1.06
2002.12	1.15	1.25	1.75	1.15

1996—2005年新繁、大丰、三河天然气销售价格一览表

表13-19　单位:元/立方米

时　间	名 称	居民生活	公共集体	商 业	工 业
1996.12	新繁	0.85	1.00	1.30	0.82
	大丰	0.90	1.00	1.30	0.90
1997.05	新繁	1.00	1.15	1.50	0.95
1997.07	大丰	1.00	1.10	1.40	1.00
1999.10	新繁、大丰	1.09	1.35	1.70	1.00
2001.08	新繁、大丰、三河	1.12	1.38	1.73	1.01
2005.10		1.28	1.54	1.89	1.15

城乡公交

【跨区公交】 1983年以前,省运输公司七队在新都经营两条客运线路,一条是新都至成都,每日两班,汽车站设在新都镇圣谕亭巷街口;一条是新繁至成都,每日两班,车站设在新繁镇西街口。1983年,成都市公交公司10辆客车延伸至新都,新都联合运输公司购买黄河大客车6辆,县车队投放大客车6辆,新繁第二运输公司投放大客车4辆,开行新都至成都、新繁、石板滩,新繁至成都4条班车线路。至1986年,县内共有新都联合运输公司、新繁第二运输公司、新都县汽车队、成都长途运输公司,开行新都至郫县、祥福、龙泉驿、濛阳、峨眉山、乐山、安岳、南部、遂宁,石板滩至成都,木兰至成都11条。

2002年,新都汽车中心站收购新都县汽车队,组建新都鹏程运业有限公司。2004年,鹏程公司收购新都联合运输公司。由于新都境内部分线路有成都长途汽车运输公司和成都灰狗运业参营,经几家公司协商,地方政府协调,借客运线路公交化改造的机会,采取以线路联营的方式组建"成都市桂湖公交有限公司",性质为股份制,鹏程运业有限公司控股,下设两个分公司,桂湖一分公司由几家合股经营,共营线路实行统一管理;桂湖二分公司为鹏程公司独资公司,经营农村客运线路。新繁第二运输公司改制并入成都公交集团公司,更名为成都公交集团新繁站,经营新繁至成都的线路。

至2005年,区内共有客运企业两家,即鹏程公司控股的桂湖公交公司和东方公司控股的成都公交集团东方公司。开行跨区线路23条,总路程1451公里,客车183辆。

2005年新都区公路跨区客运开行线路一览表

表13-20 单位:公里、元、辆

序号	客运线路	公 路	路 程	区内路程	运 价	车辆数
01	新都中心站—成都北门车站	大件公路	22	12	4.00	72
02	新繁站—成都五块石	成彭公路	25	20	5.00	15
03	石板滩—五桂桥站	石龙路	23	12	4.00	17
04	龙桥—十陵	成彭路	35	10	3.00	15
05	石板滩站—荷化池	石龙路	24	10	4.00	4
06	太兴—成都五块石	太木路	32	10	5.00	5
07	清流—成都五块石	成彭路	36	31	7.00	3
08	大丰—火车北站	成彭路	12	5	2.00	15
09	大丰—金沙	成彭路	13	5	2.00	15
10	新民—成都五块石	大斑路	32	27	5.00	1
11	新都—都江堰	新新路、成彭路	80	25	11.50	1
12	新都—郫县	新新路、新犀路	40	24	6.50	1
13	新都—龙泉	新石路	52	22	7.50	1
14	新都—龙泉	太木路	50	22	7.50	1
15	新都—濛阳	新军路	15	12	3.00	4
16	新都—广汉	大件路	20	5	3.00	2
17	新都—南充	成南高速	230	8	51.00	2

续表 13-20

序号	客运线路	公 路	路 程	区内路程	运 价	车辆数
18	新都—绵阳	成绵高速	130	5	25.00	2
19	新都—乐山	成乐高速	185	11	36.00	1
20	新都—邛崃	成温邛高速	115	20	26.00	1
21	新都—遂宁	成南高速	210	18	50.00	1
22	新都—温江	成温邛高速	36	15	11.00	1
23	新都—彭州	新新路	34	25	7.50	1
合 计			1451	354		183

【农村公交】 1986年,县内有新都至木兰、大丰、清流、竹友、河屯、高宁6条线路。1991年,新都镇及各场镇均出现面包车、机动三轮车、摩托车等从事乡间客运,这些车辆大多占据在城郊结合部主要路口,无固定站台,无经营许可证,不缴任何规费,以路代站,争客拉客,严重影响城市交通秩序,存在安全隐患。为解决农村客运,1995年,新都交通运输管理所在新都至柏水、新都至祥福的线路上各投放长安面包车3辆,因车身涂黄漆,俗称"黄面的",因班次灵活,招手即停,上下方便,很受群众欢迎。至1999年年底,全县营运的"黄面的"增至106辆,开行的线路有新都至军屯、新民、泰兴,新都至唐家寺,新繁至龙安、清流、高宁、荣校,新民至大丰,三河至木兰、二台子等14条,线路实行有偿营运。

2000年,鉴于"黄面的"在乘员定额、车型、安全等方面已经不适应客运要求和发展需要,对农村客运车辆进行更新。至2004年年末,除三河至木兰尚有8辆营运的"黄面的"外,其余全部更换为中型客车。2005年,农村客运线路实行公交化改造,开行线路23条,线路长8~40公里,总长413公里,票价2~4元。营运车135辆,289个村(社区)通公交车,占全区村(社区)总数的95%。并开通新都镇—新民镇—新繁镇—竹友—斑竹园镇—柏水—新都镇环形公交车,打破了对发对开的传统模式。

【城区公交】 1998年8月,成立成都市公交总公司新都分公司,投放中型客车48辆,开行新都城区公共交通客车线路6条。至2005年,新都城区开行公交线路9条,投运客车70辆,总路程44公里。每条线路票价均为1元。

2005年年末新都城区公交客运线路一览表

表 13-21　　单位:辆、公里

线路名	线路起止地点及主要站点	客车辆数	路程
1路	钟楼—红旗商场—新新路口—宜尔爽(高架村)	7	4
2路	公交总站—区政府—钟楼—金荷大酒店	12	8.2
3路	公交总站—一中实验校—宝光寺—牛头镇	12	5
4路	钟楼—区政府—公交总站—泥巴沱	8	6
5路	钟楼—区政府—新都一中—治金仓库(桥炉村)	4	4
6路	钟楼—区政府—公交总站—三原外国语学校	6	4
7路	公交总站—中天百货—宝光寺—东环路—政务中心	9	4
8路	钟楼—宝光寺—邮电大楼—学院路	10	5
9路	毗河桥—邮电大楼—西环路—东环路—毗河桥	2	4
合计		70	44.2

【公交站建设】 1986年,新都最早建的汽车站位于新都城区新广路。1989年,新都筹建新都客运中心汽车站(占地10.23亩),建设规模为二级开放型汽车站。建站地址在成都至德阳大件路公路与新都入城棉花街东头(今桂湖东路)的交叉路口处(即钟楼),车站设售票厅、候车厅、上车月台、候车廊等,于1990年12月竣工。

1986—2005年,新都共改扩建公交汽车站16个,实现一镇一站的要求。随着客运市场旅客周转量、客车数量及线路的增加,新都运输管理部门和客运企业为乘客提供舒适安全的候车、乘车场所和站点。

【公交价格管理】 1986年1月20日,市交管局运管处规定成都火车北站至新都客车票价每人公里0.028元,单程0.60元。1989年4月,根据省交通部门文件精神,县物价局、交通局调整小型客车票价:成都至新都1.10元、成都至新繁1.40元。

1991年5月,县物价局、交通局制定县城3条公共汽车票价:大件路口至旭光厂共10个站,全程票价0.50元;大件路口至桂湖公园共9个站,全程票价0.50元;宝光寺至桂湖公园5个站,全程票价0.40元。

1998年11月,县物价局制定新都县城公交客运票价,每人每票1元,可全线坐通;月票每人每月30元。2003年12月,经市物价局批准,月票每人每月调为40元,学生票每人每月调为25元。2004年7月,区物价局批准3条区间客运票价,按每人每公里0.17元计算,新都至新民牛王村4元,新都至大丰3.50元,新都至包家大院2.50元。

2005年11月,经市物价局批准,新都至成都昭觉寺821路公交车票价为:全程票价3元,共设12个站点。

邮政电信

【邮政网点】 1986年,新都有邮电局(所)21处,其中城市2处,农村19处。县邮电局自办邮政网点12处:县邮电局营业部、城关邮电所、新繁支局、石板滩支局、泰兴支局、复兴支局、新民支局、三河邮电所、大丰邮电所、龙桥邮电所、马家邮电所、龙藏寺邮电所;代办所9处:清流、利济、高宁、龙安、竹友、军屯、河屯、木兰、龙虎。县城有报刊门市部1处、集邮点1处(设于桂湖中路城关邮电所),全县有邮票代售点5处,信筒信箱47个,农村信报站303个。有邮路5条、139公里。

1995年,在电子路修建县邮政大楼和通讯中心(高9层,建筑面积13895平方米)。同年竣工投入使用的有新繁邮电综合大楼(高5层,建筑面积2041平方米)、石板滩邮电支局(1450平方米)和大丰邮电支局(1620平方米)。全县有邮电局(所)24处,邮票代售点8处,信筒信箱52个,农村信报站303个。邮路单程长度137公里(其中农村115公里),农村投递线路364公里。

2005年,全区有邮政局(所)21处,其中自办12处:电子路邮政营业厅、西街邮政所、石油大学邮政所、三河邮政支局、石板滩邮政支局、泰兴邮政支局、新民邮政支局、斑竹园邮政支局、新繁邮政支局、新繁爱莲村邮政所、大丰邮政支局、龙桥邮政支局;代办所9处:龙虎邮政代办所、木兰邮政代办所、军屯邮政代办所、马家邮政代办所、竹友邮政代办所、清流邮政代办所、利济邮政代办所、龙安邮政代办所、龙藏寺邮政代办所。邮路单程长度175公里,城市投递线路10条、377公里,农村投递线路25条、594公里。信筒信箱62个。邮政服务范围涵盖境内13个镇(街道)236个村,85个社区,3027个村(居)民小组。

【邮政业务】 新都邮政业务主要有邮务、金融、速递物流三类。邮务类:函件、包裹、汇票、机要、报刊、集邮、电子商务。金融类:邮政储蓄、代理保险、信贷。速递物流:国际、国内EMS业务、物流传递。

1986年,出口函件125.19万件,包裹1.80万件,汇票5.25万张,报纸期发数8.09万份,杂志期发数4.31万份,邮电业务总量71.19万元,其中计费业务量67.88万元。

1995年,出口函件365.87万件,包裹8.93万件,汇票7.82万张,邮政快件0.46万件,报纸期发数3.50万份,杂志期发数2.29万份,邮电业务总量3188.43万元,其中计费业务量3170.46万元。

2005年,出口函件113.57万份,邮政业务总量1287.44万元。

邮政资费。1990年以前,平信一封邮资8分,其他邮资按1979年邮电部统一标准执行。1990年7月31日,国家调整邮政资费,平信一封邮资2角,其他邮资均作相应调整。

【集　邮】 1981年3月,为适应旅游业的发展,县邮电局在新中路城关邮电所设立集邮门市部,开办集邮业务。1990年业务量19.80万枚,1995年业务量66.94万枚,2000年业务量350万枚。2005年,集邮业务量50.3万枚。

【电　话】 1986年,全县长途电话有60路磁石交换机1部,3路载波机3部,12路载波机1部,会议电话汇接机1部。长途电话有线电路23路(县局17路,新繁6路)。其中载波电路18路,磁石长途交换机6部,容量60门。市话自动式交换机容量600门,农村电话交换点16处,电话交换机16部,容量860门。年末全县电话用户751户,其中市内电话用户440户,农村电话用户311户。业务收入87.74万元,其中城市通讯收入64.53万元,农村电话业务收入23.21万元。长途电话去话12.09万张。

1991年,新都开设国际电话业务,当年业务量440张。四川省和成都市将新都长途通信纳入成都—德阳光缆工程。同年12月,新都县市话扩容HJD04程控交换机5000门工程竣工,农话新繁HJD15程控机及新都至成都3次群光电端机1部480路投入使用,当年全县市话出局线对增至4000对。

1993年,区域内电话全部实现光缆传输(保留30门交换机1部,三路、十二路载话端机各1部)。1995年,全县有长途电话电路455路,交换机总容量14556门,其中市话1万门;市话用户6448户,其中住宅电话4176户,农村电话用户1567户。年末,全县电话机总数9041部,长途电话790.82万张,其中国际电话20467张。

2000年,全县电话交换机装机数1025万门,电话机总数7.34万部,其中城镇3.65万部、农村3.69万部,公用电话1600部,业务总量11241万元。同年起,新都分7期对小灵通基站及线路进行建设改造,基站数量发展到近1000个,区域内城镇、乡村、交通干道和重要风景区实现全复盖,ADSL容量近2万门。

2005年年末,全区固定电话用户118789户,其中城镇电话用户52557户(城镇住宅电话47720户),农村电话用户55002户(农村住宅电话53032户),公用电话2481户;小灵通用户36925户;互联网上网户数10156户,其中家庭上网户数9671户,全年电信业务总量9989万元。

【电　报】 1986年,电报去报7.33万张,1990年去报11.53万张,1995年去报6.27万张。2000年后,由于电话、手机、互联网、传真等现代通讯技术普遍使用,电报业务量逐年锐减。至2005年,新都电报业务量不足2万张。

【移动通信网络基站建设】 境内有新都移动通信、联通、铁通、网通4家单位经营移动通信业务。

2000年,中国移动通信集团新都分公司进行模拟网转数字网的模转数工程,结束了移动通信水平不高、保密性能差、平台承载能力弱的网号为“9”字头的模拟网络时代,建成多业务共享的、网号为“139”的GSM数字网络,实现了电脑控制的智能平台。

2004年,建成以光纤为传输手段的移动传输线路并延伸到区内所有镇(街道)和部分村。至2005年,全区共建设移动电话基站250座,其中中国移动新都分公司170座,中国联通新都营业部80座,主干传输线路450余公里皮长。FSM数字网络信息实现无缝覆盖,与170多个国家和地区的近200个营运商开通国际漫游业务。

【移动通信业务】 1994年10月,县邮电局相继建成摩托罗拉蜂窝式系统(A网)和爱立信蜂窝式系统(B网)基站各1个。A网建成时有18+2个信道,B网23+1个信道。1995年3月建成新繁镇、石板滩“大哥大”直放站。1995年10月第一期扩容工程时县局A网扩为28+2个信道,同时新繁建成“大哥大”A网基站18+2个信道1个。

1994年,全县移动电话用户226户,1995年1026户。1996年,县局移动电话A网扩容20个信道,新建新繁移动电话A网机站,县局建成移动电话G网基站并开通GSM数字移动电话系统,当年移动电话用户2400户。1997年,全县移动电话机4798部、业务量1356万元。1998年,全县移动电话机9650部、业务总量3213万元。

至2005年,新都移动通信在区内13个镇(街道)建立移动通信营业厅16个,开设“全球通”“新锐卡”“亲友卡”“畅通卡”“动感地带”“大众卡”等服务品牌,网号有139、138、137、136、135、134。除基本话音外,还提供传真、数据、IP电话、移动公话、IP商务座机等增值业务。以INTERNET(互联网)为载体,与各门户网站和SP商合作,开设移动梦网、手机上网、手机银行、手机证券、铃声下载、短信群发、QQ聊天等服务项目。组建了不同客户群体需求的集团客户专用网络,为党政机关、企业定做集团专网、集团彩铃、集团短信等。网内实现短号拨打、来电免费接听、短信群呼。

2005年年底,全区有移动通信用户40余万户,其中:中国移动新都分公司25.6万户、联通新都营业部10万余户、铁通2万户。移动通信全年营业收入逾2亿元,其中新都移动通信1.67亿元、新都联通4000万元。

【无线寻呼业务】 1993年5月,县邮电局开通协和126无线寻呼,当年发展用户368户。1994年更换为灵通设备。1995年扩建为全省联网寻呼系统,总容量2万户,当年实际用户3168户。1996年无线寻呼建成成都本地网高速寻呼机站、省网寻呼台直放站2个及省网129自动寻呼联网工程,全县无线寻呼用户4400户。1997年年末,全县有无线寻呼机7954部,1998年仅710部。此后由于移动通信的快速发展和普及,无线寻呼业务逐年衰减。

广播电视网络

【有线广播电视】 1999年12月,经县国有资产管理局批准,由县广播电视局出资51.33%,县广电局职工出资48.67%,组建新都速达广播电视信息网络有限责任公司,2000年3月正式挂牌。2002—2003年,公司先后收购了全区各镇(街道)有线电视网络资产,区内有线电视全部联网,实行统一运营、统一管理。

2004年7月,成都市兴网传媒有限责任公司成立,新都速达广播电视信息网络有限公司为该公司下属子公司,主要从事广播电视网络的投资和管理、广播电视节目信息传输、广播电视工程、网络建设及网络多功能开发和服务,批发和零售广播电视器材。

截至2005年年底,新都公司有线电视用户6万户,传送有线电视节目40多套,光纤网络实现“镇镇通”。有线广播电视网络实现全区覆盖,不仅能够传送40多套有线电视节目,还作为新都基础信息平台,为全区各界提供Internet接入、党政网等政府专网、企业专网、虚拟专网、线路租赁等数据业务。

【宽带综合信息网】 2001年12月,组建新都广电综合信息网。其主要功能是提供高速国际互联网访问、高速局域网互联、企业高速VPN专网;提供会议电视直播、股票信息、网上炒股票、远程教学、远程医疗、视频点播、网上游戏、电子商务等多种服务。到2003年年底,广电宽带网发展个人用户1477户,其中新都镇1275户、新繁镇120户、其他乡镇82户;发展网吧用户54个,其中新都镇40户、新繁镇8户、其他乡镇6户;发展集团用户21个,其中新都镇20户、新繁镇1户。涉及的乡镇有新都、新繁、大丰、竹友、龙桥、龙虎、利济、龙安、泰兴9个乡镇。为国税局组建了一个虚拟专用网(VPN),与信息港合作为某保险公司组建了专网。速达网络公司用户管理系统通过广电宽带网连到各办事处。2003—2005年,新都广电宽带网业务发展缓慢。

环境保护

环境管理与监测

【环保宣传教育】 新都坚持开展环境保护宣传教育工作,帮助境内公民树立正确的环保理念,积极参与环保建设。每年“4·22”世界地球日、“6·5”世界环境日,新都都要组织开展多种形式的宣传活动,向群众宣传环保知识,提高人们的环保意识。1996—2005年,新都以创建“全国环境保护模范城市”为契机,开展环境保护宣传教育活动。新都通过积极开展环境保护宣传教育和历年举办环保活动,创建了一批环保绿色学校。至2005年,全区有绿化学校12所,其中市级绿化学校7所、省级绿色学校1所。

【环境监督管理】 1986—2005年,新都根据环境保护法律、法规、规章和规范性文件,主要采取经济、行政和法律措施实施环境监督管理。

经济措施。根据国务院《征收排污费暂行办法》和《排污费征收管理条例》,由环保部门向境内企事业单位征收超标排污费和排污水费。征收户数从1986年10余户逐年上升到2005年的300余户,征收额从1986年12万元,上升到2005年的400万元。征收的排污费纳入预算内,作为环保补助资金,主要用于环境治理。

行政措施。对新建、扩建、改建项目实行环境影响报告书制度,严格执行“三同时”(污染治理设施与主体工程同时设计、同时施工、同时投入使用),从源头控制污染,防止新的污染源产生。对老污染源按照污染物排放量大小及排放污染物的特性划分为重点污染源和一般污染源。对重点污染源由环保部门每月进行一次检查,对一般污染源每季度进行一次检查,检查的内容包括是否正常使用污染防治设施,有无偷排、漏排或不使用污染防治设施的现象。根据各污染源的实际情况,结合治理技术成熟程度和资金保障情况,每年确定一批重点污染源限期治理项目。

法律措施。对不能按期完成污染源限期治理、故意不正常使用污染防治措施、不履行环境影响报告书制度和“三同时”制度等违反环境保护法行为,违法情节轻微的,予以警告并责令限期整改;违法情节较重的,由环保部门处以5000~10000元罚款,并责令其限期治理;违法情节特别严重的,按环保法律法规处以顶格罚款并责令其停止生产或者关闭。

【建设项目环境影响评价】 境内凡新建、扩建、改建工程项目,由有资质的环评单位进行环境影响评价,环保部门按照建设项目管理名录分级审批。

2000—2005年,环保部门按照环保要求审批工业建设项目和房地产开发项目786个,其中审批环境影响报告书20个、环境影响报告表272个、环境影响登记表494个;办理审批饮食、娱乐、服务业项目897个。至2005年年末,对786个工业和房地产项目验收242个。

【环境监测】 1986年建新都县环境监测站,1987年开展监测工作,负责境内大气、水体、噪声监测及土壤监测、放射性监测、振动监测等。监测对象主要分自然环境监测和污染源监督性监测两大类。

2005年,新都环境监测站有各类专业人员45人,出具环境监测报告529份。其中委托监测412份,仲裁监测22份,验收监测38份,监督性监测14份,环评现状监测18份,水质调查19份。

环境污染与防治

【垃圾焚烧场建设】 生活垃圾原来主要采取填埋处理,但造成掩埋地地下污染。1996年6月,县城建委投资730万元,在泰兴镇普河村建成占地33亩,月处理生活垃圾1500立方米,日均焚烧生活垃圾60立方米的垃圾焚烧场。

1997年,城建委投入30万元对焚烧场的烟囱进行技术改造,技改后排放的废气基本达到环保要求。

1999年,投入400万元对垃圾焚烧场进行二期工程扩建,新增垃圾焚烧炉1台,当年投入运行。扩建后日焚烧垃圾能力200立方米,对新都城区每天产生的生活垃圾能够全部焚烧处理。

【污水处理厂建设】 生活污水曾直接排入河中,造成河水污染。后修“化粪池”,使生活污水达标排放。1995年,由县政府投资,新都环境工程专业设备厂(环保厂)在新都镇蓉都大道500号建设城市污水处理示范工程,采用新都环保厂的一体化氧化沟技术脱污,工程当年底竣工,2000年投入试运行,日处理生活污水1万吨。

2002年12月,区政府通过BOT方式引资2780万元,在泥巴沱建占地35亩的金海污水处理厂。该厂设计日处理污水5万吨,2003年11月,第一期工程投入试运行,日处理污水2.5万吨。第二期工程于2005年11月动工,总投资4370万元,主要处理新都城区及三河、龙虎的部分生活污水。

截至2005年年末,新都共有污水处理厂2座,日处理生活污水3.5万吨,占新都城区日排放生活污水总量的65%。

【工业污染与防治】 新都境内工业污染源主要是化工、建材、造纸、食品、电镀、铸造等行业排放的废水、废渣、废气、粉尘等。1990年以前,由于受经济实力的制约,不能回收利用的固体工业废弃物大多采用填埋或积屯方式,液体多排入河渠。1990年始,新都加强对工业污染的治理,对新上工业项目严格执行"三同时"。结合城市改造,先后关闭了施营造纸厂、清白造纸厂、县水泥厂、桂湖水泥厂、天府水泥厂、江油粉磨厂以及一批电镀企业和蜂窝煤厂,区域内大气环境和地表水、地下水水质有较明显改善。

烟尘治理 1991—1995年,新都境内烟尘排放总量2.69万吨,控制量1.46万吨,去除量1.09万吨,实际排入大气烟尘1439.50吨。1996—2000年,烟尘排放总量9360吨,控制量6255吨,去除量2639吨,实际排入大气烟尘466吨。2001—2005年,烟尘排放总量8150吨,控制量4869吨,去除量2791.90吨,实际排入大气烟尘489吨。

废气治理 1991—1995年,新都境内废气排放总量24.90亿标立方米,治理19.97亿标立方米,治理达标率80.21%。废气中二氧化硫排放量9520吨,治理去除量8162吨,治理达标率85.74%;其他有害物质(一氧化碳、铅尘、氟化物等)排放量5630吨,治理去除5326吨,治理达标率94.60%。1996—2000年,废气排放总量39.64亿标立方米,治理35.96亿标立方米,治理达标率90.72%。废气中二氧化硫排放量1.01万吨,治理去除量9358吨,治理达标率93.06%;其他有害物质排放量5869吨,治理去除量5631吨,治理达标率95.94%。2001—2005年,废气排放总量66.83亿标立方米,治理64.78亿标立方米,治理达标率96.93%。废气中二氧化硫排放量1.08万吨,治理去除量1.04万吨,治理达标率96.09%;其他有害物质排放量1.84万吨,治理去除1.80万吨,治理达标率97.98%。

废水治理 1991—1995年,新都境内年均排放工业废水及生活废水8562.26万吨,治理5918万吨,治理达标率69.12%。1996—2000年,年均排放废水13378万吨,治理11675万吨,治理达标率87.27%。2001—2005年,年均排放废水25683万吨,治理25596万吨,治理达标率99.66%。

废渣治理 1991—1995年,新都境内排放各种固体物(废渣)594.18万吨,其中工业废渣467.38万吨。生活垃圾采用掩埋处理,电镀厂产生的58.07吨废物直接排放,其他工厂废物,如粉煤渣、边角余料等,尽量回收再生产利用,利用率98%,不能回收利用的通过焚烧或掩埋处理。1996—2000年,产生各种废渣617.71万吨,其中工业废渣341.88万吨。2001—2005年,完成了污水处理厂、垃圾处理场安装、调试及运行,工业废渣产生量与回收利用基本达到平衡。2005年,实施工业固体废物申报制度,全年产生的3.76万吨工业固体废物,排放达标率95%。

【噪声污染与防治】 1986年起,有关部门举办噪声污染防治宣传活动,对噪声污染较大的工厂进行整改和搬迁。在旧城改造、新城区建设中,确定居民生活区、商品娱乐区,有效控制噪声扰民现象。环保部门会同工商、文化、公安、城监等部门,对城区主要街道娱乐厅、餐饮、洗浴、茶楼、美容美发、建筑业等进行清理和夜间巡逻登记和整治,取缔噪声严重超标的经营场所,遏制噪声扰民现象。1996年,新都城区一类功能区(居住及文化、办公区域)昼间噪声55分贝,1998年后逐年降低,2000年基本稳定在51分贝。至2005年,新都城区环境噪声平均值53.6分贝。

环境质量

【河水质量】 根据1992—2005年常年监测结果,新都境内水体监测按GB3838-88、GHZB-1999、GB8978-88、GB3838-2002、GB8978-1996标准执行。流经新都境内的主要河流为毗河、清白江,区域地表水质基本稳定在GB3838-88的二级标准。2003年以前水质逐年下降,2003起呈逐年好转的趋势。

清白江流经新都段水质良好，基本达到《地表水环境质量标准》(GB3838-88)二级标准。该河段重金属类、三氧类、有毒类物质基本稳定在GB3838-88一级标准之内。对污染物的监测24项中，达标19项，超标5项，其中石油类超标率100%，总铅超标率18%。

毗河流经新都段水质基本良好，18项指标均在GB3838-88一级标准范围内，6项指标（pH、石油类、氨氮、总铅、氟化物、悬浮物）有不同程度超标，其中石油类超标91%。2002年前水质状况总体良好，2002年后水体中生化污染类有逐年增长的趋势，其中化学需氧量上升趋势明显，总大肠菌群也呈逐年增长，属近年禽畜养殖业发展带来农业环境污染负荷增加所致。

南四支渠是锦水河水系流经新都城区的主要河流。监测入口断面和出口断面分设在新都氮肥厂上游铁路桥和原桂林乡政府附近胜利桥。常年监测数据显示：入口水质19项达到GB3838-88二级标准，超标指标主要体现在石油类、氨氮、悬浮物等5项。出口处水质污染明显，10项指标超标，其中石油类超标率100%，悬浮物超标率73%，阴离子洗涤剂超标率46%，氨氮超标率37%，化学需氧量超标率26%。超过GB3838-88、GB3838-2002Ⅲ类标准，水质类别达到Ⅴ类或劣Ⅴ类，基本丧失纳污能力。出口水质下降与城区未完全清污分流，部分生产、生活污水未完全排入污水处理厂有直接关系。

【城区空气质量】 1989—2005年，新都城区环境空气质量状况良好，城区大气中二氧化硫(SO_2)、氮氧化物(NO_2)和总悬浮微粒(TSP)基本符合《环境空气质量标准》(GB3095-82、GB3095-1996)，其中TSP浓度基本稳定在国家二级标准。

2005年，大气环境中二氧化硫年平均值为0.047毫克/标立方米，低于0.06毫克/标立方米的标准；二氧化氮年平均值为0.043毫克/标立方米，低于0.08毫克/标立方米的标准。

【城区声学环境质量】 1996—2005年，新都城区声学环境质量良好。城区环境噪声测试值昼间不超过60分贝，夜间不超过50分贝，符合《城市区域环境噪声标准》(GB3096-82、GB3096-1993)二类标准；功能区噪声符合相应的功能区标准，但夜间噪声呈升高趋势，主要原因是城区居住人口密度偏高，商业活跃，汽车流量增大。

2005年，城区环境噪声平均值53.7分贝，交通干线噪声平均值68分贝，均低于规定标准限值。

·教育 科技·

JIAOYU KEJI

CHENGDUSHI XINDUQU ZHI

1986—2005 年，新都加大对教育、科技事业的投入，全区公共教育事业基础设施逐步改善，“科技兴区”步伐进一步加快，人民群众得到实惠。

深化教育改革，提高办学水平。新都坚持“科教兴区、科研兴校”发展战略，适时调整学校布局，抓好教育事业改革和师资队伍、教育基础设施建设，推行城乡教育均衡发展。1994 年，新都实现“普九”标准。至 2005 年，全区教育部门办有幼儿园 3 所、小学 23 所、九年一贯制学校 5 所、农村初中 15 所、普通高中学校 7 所、职业学校 1 所。

实施科技规划，普及科学技术。新都制定“科技兴区”发展规划和实施配套措施，科研机构及队伍发展迅速，科学技术得到普及。1986 年，与成都市科技情报所联合举办首届国家专利技术暨短平快科技成果交易会。1993 年，在龙虎镇开展“省级技术综合试点镇”工作。1995 年，被评为全国科技实力百强县、全国科技工作先进县。1986—2005 年，新都科研立项 1533 个。2005 年，全区有高新技术企业 23 家，民营科技企业 37 家，科研开发投入资金 2.03 亿元。

教育事业

教育事业改革

【公推直选校长】 1986 年 5 月起，高完中、职中的正副校长、教务主任由县任免；乡属初中、中心小学的正副校长、教导主任由县、乡两级协商提名，然后由县任免；基点校校长和村小主任教员经乡、村协商，由乡任免。领导班子每届 3 年，1993 年起改为每届 5 年。

2003 年，试行公推直选校长。12 月 24 日，区教育局制发公推直选校长实施办法，确定在清白、新民、马家、三河、龙桥、木兰、柏水 7 所中学和师范附小、西街小学、泰兴小学、竹友小学、天元小学 5 所小学公推直选校长，并规定报名条件。由区委组织部、区纪委、区教育局党委组成资格审查小组，对候选人资格审查后参选，选出的校长按干部管理权限批复任用，每届任期 3 年(含试岗期)。按照报名、资格审查、考察、公示、公推直选等程序，至 2004 年 1 月 10 日结束。10 所中小学公推直选出校长 10 名。木兰中学、柏水中学因校长候选人不足 3 人，未实行公推直选。

2004 年秋，对 2003 年任命的高完中校长、副校长、中层干部，在本校全体在编职工中进行民主测评，不称职票数超过到会人数三分之一者，不予聘任，另择校长人选实行公推直选办法。对其他学校校长、幼儿园园长同样进行民主测评。

2004 年 12 月 8 日，公推直选新都区中小学教研培训中心主任。

【教职员工全员聘任制】 1999 年，在新都教育系统推行教职工全员聘任，公平竞争上岗，校长择优聘任，教师优化组合制度。教职工实行双向选择，校长有权按规定聘任、解聘和不聘教职工，教职工有权受聘、拒聘和辞聘。聘任工作实行公开、公正、公平，做到科学规范，依法保障教职工合法权益。教职工每人可报 3 个岗位，学校凭个人申报，择优聘任。

至 2004 年，除原新都五中、龙桥成人技术学校和石板滩成人技术学校外，其余学校均实行教职员工全员聘任制。全区聘任上岗 4524 人，未聘分流 141 人。

2005年9月,进一步推行以岗定编,全区5205名教职工参与竞争上岗,4575人签订聘用合同,按政策分流630人(其中60人落聘、493人办理离岗待退和病退手续、辞退77名在编不在岗职工)。学校人事管理实现了由身份管理向岗位管理转变,由行政任用关系向平等协商的聘任(用)关系转变。

【教师资格认定】 1995年12月12日,国务院发布《教师资格条例》,12月28日国家教育委员会发布《教师资格认定的过渡办法》。新都县教育局于1996年3月开始实施"教师资格认定的过渡"工作。在认真组织全体教师学习《中华人民共和国教师法》《教师资格条例》和《教师资格认定的过渡办法》的基础上,学校对教师进行考核,由教师本人按其现任教师职务申请认定相应的教师资格,按《老师资格条例》规定报批。教师资格认定过渡工作历时6个月,共办理教师资格证4091人,其中幼儿教师139人、小学教师2059人、初中教师1231人、高中教师491人、中等职业学校教师170人、实习指导教师1人。

1997—2001年,共办理教师资格证1220人,其中幼儿园教师89人、小学教师435人、初中教师456人、高中教师164人、中等职业学校教师42人、实习指导教师34人。2002年以后,招聘教师必须具有教师资格证。

【职称评定】 1987年,根据省市职称改革机构有关政策,新都县分别组建了"中学教师一级专业技术职务任职条件评审委员会""小学教师高级专业技术职务任职条件评审委员会""中学、小学教师初级专业技术职务评审委员会"。至1988年年底,全县公办教师共评审专业技术职务人员2434人,其中中学高级教师65人(报成都市评审),中学一级教师428人,小学高级教师326人,初级教师1615人(其中中学694人、小学921人)。1989年始,对县辖民办教师实行职称评审,全县评为中级职务的民办教师287人,评为初级职务的民办教师363人。直至2005年,教师申报,按规定评审。

【民办教师转制】 20世纪50年代,新都始在县内小学聘用民办教师。60年代初,县文教科择优荐举部分民办教师就读原温江地区行政干校,毕业后大多分配学校任教,转为公办教师(简称"民转公")。1965年,社教工作团申请专项指标,从民办教师吸收200人转为公办教师。1979年,新都县以教师自然减员招收民办教师71人。1982年12月,省教育厅下达《关于我省普教系统招收录用小学教师的通知》,1985年2月,省教育厅下发《关于普教系统使用自然减员指标招收教师的通知》,新都县两次"民转公"92人。至1985年年底,全县在职民师1410人,其中代课教师132人。

1986年12月,新都县依照省经委、省人事局、省教育厅关于"民转公"专项指标通知,"民转公"223人。1990年,省教委、省招委印发《四川省一九九〇年中等师范学校招生规定》,新都县每年送16名至20名民师进中等师范校民师班就读,毕业后转为公办教师。1992—1996年,新都县根据市计委、市人事局、市教育局《关于从优秀民办教师中选拔公办教师的通知》(随文下达指标),5年共"民转公"653人。至1997年,市教委、市人事局下达《关于做好一九九七年"民转公"工作的通知》称,凡1955年1月1日前出生的民办教师,连续教龄10年以上,可转为公办教师。至此,县辖所有民办教师除已经退养、病养和自动离职外,均转为公办教师。尚存代课教师。

2002年,区教育局贯彻《四川省精简优化教职工队伍的意见》精神,对1987年后的临时代课教师,办理辞退手续。尚有115名代课教师作为学校聘用人员留用。

【招生办法改革】 小学校招生着力动员适龄儿童按时报名,准时入学。学生达到15人以上开班,不足15人就近入学或两校合办。凡新都籍城镇儿童到六岁半、农村儿童到七周岁准予入学,有条件的乡(镇)

可适当放宽招生年龄。无法返回户口所在地入学的外籍适龄儿童,经教育部门批准,可在新都境内的公办小学校就读。

初中招收具备正式学籍小学毕业生，凡符合报名条件的应届生和未满15周岁往届毕业生到本乡镇初中学校报名。新都一中招新生采取名额分配入校,依学生小学毕业考试成绩从高分至低分划线录取。三中、四中招生按照分校划片录取。港、澳、台籍子女、烈士子女、少数民族子女、教职工子女均加6分参加初中校录取。

1986—1996年,初中毕业升高中由县文教局教育科负责,新都县大中专招生委员会办公室(简称招办)负责初中升中专的招生考试。

1997—2004年,实行“三合一”招生考试(即毕业考试、初中升高中考试、初中升中专考试),全部由招办负责。教育局给学校下达招生计划(计划包括统招计划和调配招生计划),中考后,按考生的成绩划录取线,分三批录取,第一批是国家级、省级示范高中,第二批是市级重点高中,第三批是一般普通高中。

2005年,区教育局按照《成都市课改实验考试和招生制度改革方案》,改过去实行的以升学考试各科成绩之和作为高中招生唯一依据的做法,将初中学生的升学成绩加上按市招生委员会加分政策的加分之和作为升学总成绩,再根据初中综合素质表现评价等级作为高中招生的依据,在“根据志愿按批次录取”的原则下录取。第一批系国家级、省级示范性高中(新都一中、新都职业技术学校)录取;第二批系五年制高职、师范校录取;第三批系市级示范性高中(新都二中、新都四中)和一般普通高中(升庵中学、泰兴中学、大丰中学、金都中学)以及三年制普通中专、成人中专、技工学校录取。

【分离国有企业办学】 20世纪80年代末90年代初,国营七七九厂、八七九厂、四四〇三厂、八九三厂相继迁入新都城区。1997年,4家企业共同投资联合兴办“星光中学”。星光中学作为企业教育体制改革实验学校,实行董事会领导下的校长负责制。

2000年10月,根据成都市《关于分离企业厂办中小学试点工作的实施意见》精神,星光中学移交新都县教育局管理,学校更名为新都五中。2002年9月,新都三中与新都五中合并组建升庵中学,校址设在新都五中。

【社会力量办学】 新都县社会力量办学始于1982年。1986年年初,县政府成立社会力量办学考评指导小组,对13所合格的社会力量办学单位和个人,颁发社会力量办学许可证。1993年,新都县社会力量办学24所。2000年,全县社会力量办学10所,其中计算机应用技术培训学校7所。

1999年,全县开办实验学校3所:新都一中实验学校、新都四中金都实验学校和新都二中实验学校。2000年,三原(置业)集团有限公司在新都新建一所十二年制的“成都市三原外国语学校”。2002年秋,成都市三原外国语学校附属小学和新都谕亭小学正德实验学校招收全日制住读小学生共600余人。除以上两所学历教育学校外,还有新都蓝天电脑培训中心、宝光武术学校、四川新都画院美术学校、成都市新都美术学校、新都科路捷电脑培训班、集体建筑企业协会成都培训中心、四川外贸专修学校等。

【校办企业转制】 1986年始,新都教育系统部分学校陆续兴办企业。至1990年,全县校办企业41家,1991年实现总产值1073.86万元。1994年,国家对校办企业实行税收减免扶持政策,先缴后返。

2002年起,随着国家相关政策调整,校办企业陆续改制。通过关闭、停办、合并和重组,先后完成8家企业改制,挂靠学校办的企业全部脱钩,对资不抵债企业清算后撤销。至2005年,全区仅存11家校办企业:新都区益中工贸公司(新都一中)、新都恒东实业有限公司(新都四中)、新都冶金通用机械厂

(新都区职业技术学校)、新都区天元电工厂(师范附小)、新都天新金属门窗厂(天元小学)、新都区新农青石机械厂(新农学校)、成都市新繁生物化学厂(清白小学)、新都校办企业公司(局直属企业)、新都区文教建筑分公司(局直属企业)、新都区勤工俭学服务部(局直属企业)、新都区新繁南方板式家具厂(竹友小学)。

【财务管理改革】 1986—2005年,教育局依照国家和省市有关政策,遵循《中华人民共和国会计法》及《中小学校财务制度》规定,由区教育局计财科负责财务管理,力促财务工作规范化、制度化。高完中及同级单位的总务处设财务室,其他中小学和同级单位设财务室,各村小、基点校配专人负责经费领报工作。设置财务机构的单位配备专职会计、出纳,财会人员持"会计从业资格证"上岗。各校财务管理实行"七公开",即收费项目、收费标准、捐款数额公开,大型基建项目公开,建筑工程、维修工程、招投标、建设资金使用公开,大型采购公开,食堂承包公开,工作量补贴、活工资发放公开,干部电话补助费公开。

结合实际制定新都县中、小学学杂费收取标准,并报物价局审批后实施,对缴费有困难的学生适当给予减免。各中小学公示收费项目,严格执行收费标准,严禁自立收费项目和擅自提高收费标准。收费执行"一证、一册、一据"(即物价局核发的收费许可证、每生一本缴费登记册、财政局核发的统一缴费收据)制度。2004年秋起,新都区全面执行"一费制"收费规定。

【学校安全管理】 根据《四川省学校安全管理工作办法》《成都市学校安全工作规范化管理制度》,教育局、各中小学和幼儿园均成立安全工作领导小组,建立健全安全工作领导责任制,形成分级管理体系。校长是学校安全工作第一责任人,副校长分管抓,各处室、年级组、教职工层层签订安全目标责任书,"安全月"活动形成制度化。

教育局、各中小学和幼儿园对校园内区域、设施、食品存在的安全隐患,实行定岗、定员、定点排查的管理制度,每周对责任区检查后填写学校安全工作记录本。各校开展经常性安全法规教育及交通、消防、用电、用气、防疫、食品卫生、校内校外安全防范教育。每年9月、10月,教育系统邀请交通巡警大队开展"以案说法,以案说防"安全教育,以提高中小学生遵守交通规章和自我保护意识。学校组织校外活动,实行大活动申报、备案制度,制定应急预案,确保人身安全。

2003年4—5月,教育系统协同新都区防疫站、工商部门对学校18家豆奶房进行检查,对全区63所小学、幼儿园食品卫生进行专项检查,查出安全隐患144处并及时下达整改通知书。与卫生、工商、公安和属地政府一道,对全区116所中小学、幼儿园及学校周边85家食品铺卫生进行专项检查后,责令63家整改,取缔34家。11月,教育部门与区消防大队对区辖学校进行火灾隐患检查,增添消防栓56个、灭火器286组、应急灯26盏,改造疏散门18道,实验保管室增设防盗门和防护栏16处,改装电源线路41处,新增疏散楼梯4处。

2004年,区教育局拨付100余万元对各学校安全隐患进行整治,完善消防器具、报警装置、学校道路改建。筹资1700万元新建、改扩建部分中小学、幼儿园食堂。年底成都市评审专家组对新都区学校食堂等级验收,达到A级标准化食堂15个、B级标准食堂35个、C级标准食堂1个,无D级食堂。2005年,全区学校食堂达A级标准23个,B级标准35个,无C级、D级食堂,其中新都一中实验校食堂被评为"省级示范食堂"。

【教育督导】 1990年9月,设立新都县文教局教育督导室。1993年9月,更名为新都县人民政府教育督导室(设在文教局)。2002年1月,更名为成都市新都区人民政府教育督导室。

督导室是区政府行使教育督导职能的专门机构，对辖区各镇政府（街道办）教育工作、相关教育行政部门、学校教育教学予以指导、监督、检查、评估及教育目标管理，对各校法律法规教育、依法行政、依法治校执行情况予以督查，保证国家教育方针、政策的贯彻执行。

1992—2005 年，督导室开展专项督导检查 120 次。其间，每年编制教育工作目标，与属地乡镇政府（街道办）、学校签订目标责任书，对学校“三风”建设、常规教育、安全工作、收费项目、依法行政情况专项检查。其间 1998—2000 年，对辖区 57 所中小学和新都一职中素质教育予以评估，授予新都一中等 14 所中小学为“素质教育示范学校”，其余为素质教育合格校。

师资队伍建设

【教师培训机构】 1986 年，新都县教师进修学校仍与中小学教研室合署办公，实行“一套人员、两块牌子”体制。1988 年 4 月，教师进修学校、教研室分设，教师进修学校担负中师学历补偿教育。至 20 世纪 90 年代，主要负责幼儿园、小学、初中教师继续教育培训及教材培训，指导教师教育教学研究，组织各类教师、干部进行培训。

2005 年 3 月 7 日，将教师进修校、教研室整合，正式成立新都区中小学教研培训中心。教研培训中心内设办公室、师训室、教研一室、教研二室、技术装备室、教育发展研究室，共有在职教职工 67 人，其中高级职称教师 30 人。

【教师继续教育培训】 1987 年，文教局鉴于县辖教师学历不高的状况，制定了教师培训长远规划和短期培训计划。新都教师进修学校在基本完成对小学教师达到中师学历补偿教育后，依托成都市教育学院、四川师范大学，对教师进行大专学历及第二专科学历教育。鼓励教师报考广播电视大学，参加成人自学高考，提高学历。举办教学研究、公开课、示范课、观摩课、专家讲座等多种形式，对教师执教岗位、教材掌握、专项知识、教学技能等进行培训，不断提高教师执教水平。

1994 年起，全县小学实行省教委和省人事厅提出的“小学教师继续教育登记制度”，要求小学教师、新任教师每年完成 48~120 学时继续教育培训，并以此作教师年度考核内容。新都教师进修学校 1997 年被省教委评为“四川省小学继续教育工作先进集体”，2000 年被省教厅评为“四川省小学教师继续教育登记先进单位”。

1997 年起，按照省教委《关于印发〈四川省中学教师继续教育暂行规定（试行）〉、〈四川省中学教师继续教育登记制度实施办法（试行）〉的通知》，县教师进修校开始对当年度晋升职称的中学教师实施继续教育培训，每年利用暑期开展集中培训，并进行学时登记。

【干部继续教育培训】 1986—1999 年，举办中学教导主任，小学校长、副校长、教导主任，村完小校长、村小主任培训班，进行干部继续教育培训。侧重于干部素质要求、教育政策法规、现代教育理念、教育管理、教学科研、岗位职责培训，参加培训人员 707 人次。

2002 年起，将初中校长纳入干部继续教育培训范畴。至 2005 年，先后参加省级中小学校长培训 24 人。同时，区教育局培训校长 30 人，经考核，均合格。

【教师岗位培训】 1987—1994 年，新都分别举办小学高级、一级、二级、三级教师语文、数学、自然、美术培训班,参加培训 2613 人次。

1991—2005 年,相继举办初中、小学语文、数学、自然等学科骨干教师培训,重点学习专业理论、教学方法,共办班 15 个、培训 652 人次。2005 年,全区进市级农村中小学骨干教师培训 150 人次、学历提升培训 322 人次。

【新教师见习期培训】 1991—2005 年,新都录用大中专师范及非师范生,要求其见习期培训 60 学时。培训内容含新都教育事业状况、教育教学管理、学校规章制度、教育政策法规、教师评聘和考核制度、班主任及团队工作、职业道德、学科教学研究等。共培训 3000 人,其中小学 1700 人、中学 1300 人。

进修校科研课题《农村小学教师见习培训模式探索》,于 1995 年获市教委科研成果一等奖。省小学教师培训中心将这一经验推荐至"1995 年全国小学教师继续教育研讨会"交流。

【教师职业技能培训】 1995 年始,对小学教师实行职业技能训练、检测,涉及"三笔字"(毛笔字、钢笔字、粉笔字)、简笔画、普通话、教具使用及制作、组织教学活动、教学技能、现代教育技术、英语。开始实施前 5 项,后陆续实施教学技能、现代教育技术。1998 年起,中学启动"三笔字"、简笔画、普通话、组织教学活动、教学技能 5 项技能训练。按省教委规定,教师职业技能考核标准分为 5 等,一、二等由省教育厅组织检测,三等由市组织检测,四等、五等由区(县)组织检测。职业技能达标作为中小学教师聘任、评比和职称评定的必备条件。

1997 年始,对中小学教师实施计算机应用、计算机教学现代信息技术培训。教师进修校于 1997 年开办计算机应用能力培训班,至 2002 年经等级考试,获省教育学院"计算机科学教育专科证书"的教师 93 人,获省人事厅"计算机应用能力等级合格证书"的教师 1015 人。

2002 年春,省教育厅组织对全省小学教师前 5 项职业技能进行检测。谕亭小学、西街小学和繁江小学被授予四川省教师职业技能示范学校称号。

【新课程师资培训】 1999 年,新都被确定为基础教育课程改革省级实验区。遵循教育部"先培训后上岗,不培训不上岗"的规定,2002 年 5—8 月,先后对当年秋季进入新课程的初中教师、小学教师及教育行政管理干部进行上岗前的培训。要求培训对象明确课程改革目的,转变旧观念,掌握新课程,执教新课程。此后,每年对安排上新课程的教师都需先培训,再上岗。

根据新课程要求,小学一年级开设英语。区教师进修学校以《英语课程标准》为核心,加强对英语教师的培训。2002 年 5—8 月,培训教师 76 人。经笔试、口试,合格 75 人,合格率为 98.68%,位居全市郊县之首。

【在职教师考核考试】 1986 年,全县各校通过职工代表大会建立教师年度考核制度,考核政治思想、职业道德、业务水平、工作态度、执教成绩 5 项。教师考核公开、公正、准确、客观,考核结果作为教师受聘、晋升工资、实行奖惩的依据。

1998 年,教育局对县辖 28 所小学教师"教具使用及制作"逐一考核,受测 1901 人,达到四级水平 1698 人,占教师总数 87.9%;达到五级 231 人,占 12.1%(2002 年补测,均达四级)。2000 年,市教育局高教处对新都教师"组织教育活动"技能考核,经检测认定小学达标 1847 人,中学达标 512 人。2002 年,市教育局对新都教师"三笔字"验收,中小学参加考核 2589 人,达三等标准以上 2550 人,占 92.62%。同年,市教育局验收"简笔画",参考 2171 人,达标 2132 人,占 98.2%。

2005年，区教育局率先在全省建立教师业务考试制度，将考试结果纳入教师业务考核的重要内容，并作为评优、晋级、评聘教师职务的依据之一，连续两年考试成绩差的教师将停职待岗或转岗。8月26日，全区40岁以下中小学专任教师2216人，首次参加20门学科的分科考试，《中国青年报》等媒体对此举进行了专题报道。

【教师待遇】 1986—1987年，新都解决部分人员工资偏低及调整地区类别工资待遇。1988年5月，省工资制度改革领导小组下达《关于贯彻〈提高中小学教师工资标准实施办法〉的通知》，全县教师从1987年10月1日起，在原工资基础上提高10%。1988年10月，遵照省工资改革领导小组《关于1987年解决部分中年专业技术人员工资问题的实施办法》，74.83%的公办教师从1987年10月1日起增加一级工资，少数增加两级工资。

1986—1988年，根据省工改办《关于民办中小学教职工工资制度改革的意见》《关于解决部分民办中小学教职工工资问题的说明》《关于1987年解决部分中年民办教师工资问题的说明》文件，调整全县民办教师工资，民办教师待遇进一步提高。

1987—1990年，对全县公办教师和民办教师进行专业技术评定，多数教师增加了职务工资。1994年，第三次工资改革，至2001年10月，教师晋升、调整职务工资5次。公办教师工资（不含各种津贴）1986年人平月工资85.22元，2002年人平月工资587元。至2005年12月，中学高级教师月工资（含各种津贴）最高1349元、最低1260元；中学一级教师月工资（含各种津贴）最高1092元、最低859元；中学二级教师月工资（含各种津贴）832元；小学高级教师月工资（含各种津贴）最高1033元、最低438元，小学一级教师月工资（含各种津贴）832元。

1995年，县文教局制定教师"广厦工程"规划。至2005年，全区教师住房总面积333644平方米，教职工人均住房40.10平方米，是1984年的8倍。

1985年，新都县启动医疗改革，教职工实行公费医疗制度。在职人员每月每人按2.5元包干，超支部分按工龄10年以内报销60%，10年至19年报销70%，20年至29年报销80%，30年以上报销90%。离退休职工工龄30年以上报销90%。在职人员和离退休人员因特别困难和患重病、疑难疾病给予补贴。2002年，新都区教职工医疗制度实行社会基本医疗保险，即从教职工月工资中按比例扣除，国家又按比例给予补助加入社会医疗保险。对教师身体健康状况采取定期或不定期身体检查。

教师患病，经医生出具休假证明，享受病假待遇。行课期间病假在2个月以内照常发给工资，超过2个月即按比例发工资。教师享受寒暑假带薪休假待遇，多数学校利用暑假组织教师外出休闲旅游。教师与配偶或父母双方不能在寒暑假团聚的，按国家规定享受探亲假待遇。教师产假依照国务院关于《妇女职工劳动保护规定》执行。教龄满30年以上者，退休费按月工资（含教龄津贴）100%计发；不满30年者享受国家规定的退休待遇；享受政府特殊津贴者按100%发给；到异地安家教师其补助费、住房待遇、公费医疗补贴待遇以及离休教师用车、休养、参观待遇与国家职工一视同仁、同等对待。退休教师活动经费按每年每人192元划拨。

1985—2005年，每年教师节表彰各级劳动模范、优秀教师、优秀青年教师、优秀教育工作者、学科带头人（1996年以后，每两年评选一次）。

1990—2005年新都教师节表彰教育系统人员统计表

表14-1 单位:人

项目	荣誉称号									其他
	总数	劳动模范	优秀校长	优秀教师	优秀青年教师	优秀教育工作者	特级教师	学科带头人	教育专家	
合计	1523	8	81	342	375	206	9	79	2	421
全国教育系统	13	3	0	10	0	0	0	0	0	0
省级	42	0	1	12	0	5	9	0	0	15
市级	305	5	12	65	96	9	0	14	2	102
区级	1163	0	68	255	279	192	0	65	0	304

1986—2005年新都小学部分年份教职工统计表

表14-2 单位:人

年度	全区办学				其中 教育部门办学			
	合计	专任教师	行政	工勤厂场	小计	专任教师	行政	工勤厂场
1986	2351	2109	183	59	1014	946	16	52
1990	2324	2071	182	71	1392	1165	172	55
1995	2152	1878	177	97	1760	1499	172	89
2000	2185	1922	165	98	2151	1890	164	97
2005	2207	1867	152	188	2058	1792	142	124

1986—2005年新都普通中学部分年份教职工统计表

表14-3 单位:人

年度	全区办学						其中教育部门办学			
	总计	专任教师			行政	工勤厂场	小计	专任教师		行政工勤厂场
		合计	初中	高中				初中	高中	
1986	1414	1117	902	215	214	83	1251	791	213	247
1990	1732	1390	1120	270	249	93	1670	1083	270	317
1995	2113	1701	1366	335	257	155	1905	1261	261	383
2000	2400	1858	1432	426	283	259	2201	1378	387	436
2005	2607	2270	1503	767	166	171	2304	1992	312	—

1986—2005年新都职业高中部分年份教职工统计表

表14-4 单位:所、人

年度	学校	合计	专任教师				行政工勤
			小计	专科以上	专科	专科以下	
1986	3	104	68	21	25	22	36
1990	3	118	73	22	36	15	45
1995	3	148	105	32	54	19	43
2000	2	213	172	64	93	15	41
2005	1	173	146	—	—	—	27

教学基础设施

【校舍建设】 20 世纪 80 年代初，新都农村中小学校校舍比较破旧，特别是村小“土(土砖墙)、草(麦草房)、黑(不敞亮)、危(不安全)”教室较多。

1986 年，县文教局制定《关于“七五”期间进一步巩固、发展普及初等教育的成果和补充意见》，要求乡镇中小学五年内做到教学区、运动区、生活区“三分开”，基点校实现“两无五有”(即：无危房、无黑房，有教室、有围墙、有厕所、有标准课桌凳、有文娱和体育器材)。环境建设基本达到“两性四化”(即：教育性、科学性，绿化、美化、净化、香化)。1986—1990 年，全县新建、改建学校 50 所、教学用房 7605 平方米、宿舍 4490 平方米，维修校舍 2.96 万平方米。其中新民、三河、清白、龙虎、马家、石板滩的初中校，新农、龙桥、天元、龙安、利济、三河的中心校将校址迁至场镇，有符合标准的教室、办公室、会议室、实验室、图书阅览室、艺术室、音乐室、卫生室、电教室、语音室、微机室、储藏室等配套设施，光线充足，通风良好，安全可靠。绝大多数学校有标准的运动场地，个别学校有游泳池、体育馆和灯光球场；为教职工修建单元式住宿楼房。1990 年 4 月，新都县政府获四川省政府颁发的“基本消除中小学危房证书”。

1991—1995 年，对全县其余中小学、幼儿园调整学校布局，改变学校面貌，基本达到绿化、净化、美化、香化目标。改扩建学校有：新都一中、新都二中、新都职业技术学校，斑竹园、木兰、柏水、龙桥、新农、天元、军屯、马家的中学，新都第一幼儿园、新繁幼儿园。县政府依照规划先后创办新都四中、新新路小学、西航学校(与六二四研究所联办)、新都第二幼儿园，扩大新都镇办学规模。

1996—2005 年，新都按照教育部《关于大力办好普通高级中学的若干意见》精神，对照国家、省、市重点校办学标准，加大高中教育资金投入。1999 年一职中达到省级重点职业学校标准。2001 年，新都一中、新都二中分别达到国家示范高中标准及成都市重点中学标准。

1986—2005 年，新都共新建、改(扩)建中学 26 所，城镇小学、农村中心校 25 所、村完小和村小 53 所，排除危房 3.35 万平方米，修建中小学教学楼 16.84 万平方米、办公用房 1.62 万平方米、中小学教职工住宅 1385 套(9.75 万平方米)。学校占地由 1985 年的 126.8 万平方米增至 2005 年的 144.99 万平方米；学校建筑面积由 1985 年的 15.40 万平方米增至 2005 年的 70.20 万平方米。

1986—2005 年新都学校部分年份校舍建设统计表

表 14-5 单位：万平方米、平方米

年度	小学			中学			职业中学			合计	
	学校面积	建筑面积	生均面积	学校面积	建筑面积	生均面积	学校面积	建筑面积	生均面积	学校面积	建筑面积
1986	73.8	21.7	4.8	49.6	22.0	9.6	3.4	1.7	13.1	126.8	15.4
2000	75.4	27.0	6.1	48.9	26.5	8.9	6.0	4.1	43.8	130.3	57.6
2002	75.04	27.17	5.82	58.0	30.6	8.8	38.75	25.48	18.7	136.91	60.29
2005	63.20	25.53	5.46	77.6	41.7	11.97	41.55	29.85	6.81	144.99	70.20

【教学设备】 1986—1990年，主要进行学校校舍改扩建，基本消除中小学危房。同时，教学仪器、图书资料、文体器材等教学设备逐年增多。

1991—1995年，县委、县政府制定《贯彻〈中国教育改革和发展纲要〉的实施意见》，增加教学设备和教学技术设备的投入，确定近期和短期发展目标。全县教学仪器、电教设备投入500多万元。所有中、小学都分别按一类或二类标准配齐木质课桌凳和仪器设备，新建、改建标准实验室200间，添置教学仪器柜1000个、实验室桌凳3400套、学生课桌凳57164套、图书19万册(小学生均5.8册，初中生均7.4册)。中小学电教器材配齐率100%；音乐器材配齐率小学48.6%、初中47.9%；体育器材配齐率小学61.8%、初中58.3%；美术器材配齐率小学61.1%、初中48.6%。全县216所中、小学均达到“普九”规定的电教器材配备标准，经省、市检查验收，认定新都县为“普及实验教学”达标县。

1996—2005年，各乡镇(街道)按“巩固、充实、完善、提高”八字方针，依照“普九”教育工程目标找差距、添措施。1996—1998年，全县购置各种教学设备、图书投入1444.54万元。添置标准课桌凳2.18万套、计算机1293台、钢琴32台、图书22万册。83%的中学、城镇小学、乡镇中心校始设微机课，54%的学校配备钢琴，全县中小学图书总量62.50万册，其中初中生人均14.8册、小学生人均7.3册。设施配齐率：电教设备初中92.2%、小学77.0%；音乐器材初中74.1%、小学66.3%；体育器材初中64.1%、小学65.9%；美术器材初中58.2%、小学74%。部分学校教学器材数量超过国家规定标准。

1999—2001年，全县中小学新增标准实验室80间、计算机室54间、图书阅览室55间，改建村小实验室75间，购置实验课桌597张、仪器柜1250个、学生课桌凳1.98万套、计算机900台及配套桌凳1000套，新添图书62.52万本、配备图书架440个、阅览桌660张、期刊架165个、图书柜54个，添置价值200多万元的音、体、美、卫、劳教学设施。

至2002年，全区中小学仪器保管室115间、实验室114间、计算机2043台，13所中学设局域网，2所中学设校园网。器材装备率：中心校及以上学校电教100%，音乐70%，体育85%，美术62.50%。2005年，新都用于教学设备的购置费971.0万元。

教育经费

【教育投入】 预算内教育事业费，由财政部门和教育部门依据相关政策，按照发展计划、人员编制、工资类别、职工福利、教学保障、助学金、公务费等项需要编制预算，是教育事业经费主要来源。预算外教育事业费，包括教育费附加、农业税附加、学杂费、勤工俭学费、社会捐资等。

征收农村教育附加费是预算外教育经费筹措渠道之一。征收办法以乡镇为单位，按照不低于上年农民人均收入的1%按人征收。经费用于改善办学条件、民办教师工资、政策性规定范围内教职工部分福利待遇。教育附加费实行“乡征县管，乡征乡用”原则。1989年，农村教育附加费按照上年农民人均收入由1%提高到1.2%计征；1993年，提高到1.5%计征，其中1%由农民负担，0.5%由乡镇承担。1989年起，对新都境内机关、企事业单位职工、驻军干部收取教育附加费，按每人每月工资标准的1.2%征收。土地配套费按15%划拨教育部门，乡镇财政超收分成的40%用于教育，教职工自筹资金用于修建住宅。2002年起，随农村税费改革，对农业税附加、专控附加、投调税附加和教育费附加停止征收，教育附加费缺口则通过新都区财政转移支付拨付教育部门。

【教育支出】 1988年，教育经费预算内、预算外收入共计1183.92万元，当年支出1141.89万元；2002

年收入 14363.60 万元，当年支出 14364.30 万元。综合各年收入、支出，教育经费收支平衡。

1988—2005 年新都教育经费收支统计表

表 14-6　单位：万元

年度	收入			支出		
	合计	预算内	预算外	合计	预算内	预算外
1988	1183.92	870.30	313.62	1141.89	870.30	271.59
1989	1841.90	1055.00	786.90	1813.14	1055.00	758.14
1990	2113.60	1343.00	770.60	2060.90	1311.70	749.20
1991	2394.00	1464.90	929.10	2322.30	1379.40	942.90
1992	2745.50	1756.70	988.80	2667.80	1680.00	987.80
1993	3821.80	2366.50	1455.30	3825.40	2366.50	1458.90
1994	4713.88	3322.60	1391.28	4583.00	3180.00	1403.00
1995	5624.90	3573.20	2051.70	5282.00	3323.20	1958.80
1996	6462.10	3806.40	2655.70	6498.10	3806.40	2691.70
1997	6749.30	3812.20	2937.10	6747.60	3812.20	2935.40
1998	7350.30	4145.30	3205.00	7385.90	4120.30	3265.60
1999	8848.00	4803.90	4044.10	8763.30	4803.90	3959.40
2000	10066.60	6992.40	3074.20	10431.60	5351.90	5079.70
2001	13436.70	8648.00	4788.70	15173.20	6489.20	8684.00
2002	14380.10	9794.40	4585.70	14364.30	7734.10	6630.20
2003	16197.90	11065.90	5132.00	16195.60	8720.12	7475.48
2004	19744.20	13592.00	6152.20	19867.80	10304.91	9562.89
2005	26210.50	17162.60	9047.90	26143.60	13560.00	12583.60

1986—2005 年新都部分年份预算内教育事业费支出所占比例统计表

表 14-7　单位：万元

年度	预算内教育事业费支出	预算内财政支出	预算内教育事业费占%	国内生产总值（当年价）	预算内教育事业费支出占%
1986	744.6	4977.3	14.96	95972	0.78
1991	1379	9303	14.82	105046	1.31
1996	3545	25777	13.75	355205	1.00
2001	6489	32010	20.27	751344	0.86
2005	13560	66637	20.35	1288805	1.05

【学生学杂费】 1988年,县文教局遵循省政府《关于调整中小学杂费标准的通知》,经县物价局核准,县辖中小学收取学杂费标准:新都一中、二中、三中高中生每生每期20元,其余高中校每生每期15元,初中每生8元,小学每生5元。职业中学城关每生每期20元,其余学校按所在地初、高中收费标准收取。1993年,县政府下达《关于中小学杂费、高中学杂费和代管费标准的通知》,调整每生每期收费标准:城镇重点高中、一般高中、农村高中,学费分别为100元、60元、40元,杂费分别为30元、25元、20元。城镇和农村初中杂费13元,城镇和农村小学杂费9元。1996年,国家教委下达《整治中小学乱收费行为的实施意见》,新都县重定中小学收取成本补偿费和调剂生费最高限额标准,实行小学、初中就近入学办法,对跨区域就读学生除缴纳规定的杂费外,还须缴纳教育成本补偿费。其教育成本补偿费和调剂生费分别按小学、初中、高中、职中的全学段一次性收取,纳入学校行政事业性收费管理。1997年,市物价局下发《关于收取教育成本补偿费和调剂生费最高限额的通知》指出,要继续限制择校生的人数、钱数、分数、校数,加大扶助薄弱学校的力度,减少重点中学招生班数,并公布教育成本补偿费最高限价。

1999年,新都一中创办国家级示范高中,不再办初中。当年开办新都一中实验校、新都二中实验校、新都四中金都实验校。按照省、市有关文件要求,招收学生初中阶段一次性收费:新都一中实验校每生8400元,新都二中新繁实验校、新都四中金都实验校每生6000元。

2003年10月,区教育局等七部门联合制定《加强教育收费管理工作的暂行规定》,各校按照文件规定,对义务教育的学生免缴学费,只收杂费。每生每期杂费小学50元、初中60元。非义务教育阶段省级以上示范高中每生每期学费460元,市级示范校340元,县城普通高中每生每期学费280元,农村普通高中每生每期学费200元。义务教育阶段收取借读费,小学阶段的义务教育示范校每生每年1550元,经省市教育行政部门批准的改制学校、教育行政部门备案的窗口学校每生每年1150元,其他学校每生每年750元。初中阶段的省级示范校每生每年3550元,经省市教育行政部门批准改制的学校每生每年3950元,市级示范校2750元,一般中学1950元。非义务教育省级及以上示范高中每生每年收取调剂生费4950元,市级示范高中每生每年2950元,一般普通高中每生每年1950元。

2004年秋,新都区全面实行"一费制"收费办法,对义务教育阶段学校收取各项费用规定:杂费、信息技术费、社会实践活动费、体检费、防龋齿费、初中升学教育费、借读费、住宿费诸项收费,其资金用途依照相关文件执行。2005年10月,教育局制定教育系统中小学收费监管责任制,健全"收支两条线"制度。

2005年秋,对全区新都籍农村义务教育阶段学生免收课本费。

1997年新都县教育成本补偿费最高限价表

表14-8　　单位:元

学校性质	成本补偿费	学校性质	成本补偿费
省重点初中	2000	省重点高中	2500
实验性初中	2000	实验性高中	1500
一般初中	800	一般高中	800
窗口、实验小学	800	省重点职高	1000
一般小学	300	一般职高	500

【助学工程】 坚持对生活困难家庭的子女就学，给予减免学杂费，此类学生约占20%。21世纪始，扶助力度加大。

2002年5月，区教育局遵照省、市关于扶助贫困家庭子女就学的文件精神，下达《关于义务教育贫困学生助学金实施办法》。各校按照要求，对义务教育阶段新都籍的贫困生实行助学金制度。每生每期划为三个助学等级，一等200元、二等120元、三等60元。区教育局继而制定《帮困助学工作制度》，凡在公办学校就读义务教育阶段学校、高中（含中等职业教育）的贫困学生和贫困残疾学生，通过高考被录进大学及中专的贫困学生和贫困残疾学生，通过全国成人高考、自学高考而取得国民学历的特困家庭学生，均视困难程度给予补助，确保学生就读。对义务教育阶段就读的贫困家庭学生入学实行“两免一补”扶助办法，即免杂费、免课本费和作业本费及信息技术教育费，补助寄宿生活费。对申请“两免一补”的住读生，每生每年不少于500元补助。对普通高中贫困家庭学生实行“政府助学金”制度，对接受中等职业教育的贫困家庭学生实行中等职业助学金制度。

2004年，市财政补助36万元，区财政划拨30.716万元，共66.716万元资助全区贫困家庭学生1110人。区财政拨付31.80万元，资助考取大中专的贫困生106人。2003—2004年，通过区教育局向相关企业、社会团体介绍，录入大学且贫困的学生154人，得到社会资助7.7万元。

2005年秋季，对全区贫困家庭中小学生免除杂费、课本费、作业本费、信息技术教育费以及综合服务费2344人，同时给予住校生生活补助。全区没有一个适龄儿童因贫困失学、辍学。区财政局拨付65.88万元，扶助贫困大中专新生220人。

教育科学研究

【教育研究机构】 1997年10月，国家教委印发《关于当前积极推进中小学实施素质教育的若干意见的通知》，县文教局于1998年成立新都县教育科研规划领导小组，下设教育科研规划办公室，办公室设在县教研室，管理日常工作。

县辖有条件的中小学、幼儿园设教科室，负责本校课题管理。涉及全国、省、市级课题，由教育科研规划办公室和课题主管部门共同管理，涉及县级课题由教育科研规划办公室及课题所在学校教科室共同管理。对课题研究，教育科研规划办确定课题，参与协商，适时检查，终结检测，参加课题验收活动。

2001年起，相继制定《教育科研五年规划》《教育科研课题管理办法》《十五期间教育科研课题指南》，各校教育研究有规可循。新都一中、二中、四中、泰兴中学配备教科室主任、专（兼）职科研员，按照教研课题管理办法，指导检测、课题推广工作。

【教学研究机构】 1988年4月，成立新都县中小学教学研究室，隶属县文教局，共39人组成。其中中学组15人、小学组10人、教仪站4人、电教馆5人、学会1人、后勤4人，各教研组设组长1人。

教研室下设学科教研组。指导青年教师上好现代课堂课，撰写教研文章，参加区级示范课及教研论文评选活动。工作重点是：研究中小学现代课堂教学基本模式；探索启发式、讨论式课堂教学方法；研究培养学生处理信息、解决问题、语言表达、社会活动的能力；培育新一代具有科学创新思维学生，达到素质教育要求。

各中小学分年级、分学科成立教研组。中心小学设教研员，负责本校及下辖学校教学研究工作，定期开展教研活动。中学设教研组长，负责该年级该学科教学研究，定期开展教研活动。

【学校教学研究】 学校教学研究活动主要是在学校学科教研组进行。教研组制定学科教研计划,协助学校检查评估教师教学工作,指导教师制定学期教学计划、教学小结、授课评价,落实教研组、年级组、教师个人学期或学年研究课题,发动教师制作多媒体课件,探讨学科教学新方式。

1985年8月,县文教局、县教研室制发《新都县小学教学常规》。1986—1987年,全县中小学继续实施教学常规“六认真”(认真备课、上课、批改作业、辅导学生、开展课外活动、开展教研教改活动)。1988年,新都县就教学常规在全市教育工作会议上作经验交流。形成以教师为主导,学生为主体,训练为主线的基础教学。此后,教师继续坚持教学常规“六认真”,提倡“启发式”“讨论式”教学。

1997年10月,县教研究室制发学科《素质教育课堂教学评课标准》。1998年,县教育局在全县初中、小学学校开展“素质教育课堂教学大赛”。经过校、乡(镇)、县逐级赛课,以促进教师不断提高课堂教学质量。此后,新都全面实施素质教育工程,全县中小学教研组着力素质教育研究、实践,促其教师转变观念,推行思想道德、科学文化、身体素质、生活技能、课堂主渠道综合素质教育。

【新课程教学研究】 1999年,新都县被四川省确定为“区域性基础教育课程改革实验区”,是全省37个县(区)级实验单位之一,承担新课程由点到面过渡实验任务。

2001年秋,区教育局、教研室、教师进修校组织学校干部、教师,研究新课程理念及新教材。中小学各学科、各年级利用教研活动探索新课程特点,参与课堂教学新标准研讨,以驾驭新教材。

2002年,区教育局制定《关于教育课程改革师资培训的意见》,依照教育部“先培训后上岗,不培训不上岗”原则,选派教研员、骨干教师陆续参加国家、省、市级新标准、新教材培训。教育局在新都一中举行新都区课程改革实验中小学校长培训暨课堂教学观摩会,展示语文、数学、英语改革研究课,全区30所中小学校长、教导主任、教师代表参训。至2005年,区教研室组织教师分别在各中学提供七年级语文、数学、英语、政治、历史、地理、生物示范课,现场受训教师2000余人次。并组织校级学科赛课、片区学科赛课、区级课堂教学大赛等,探索出应对新教材的新理念、新教法及学生新学法,提炼出一批研究成果。

【教研成果】 1986—2005年,新都教师单独编写、或多人合作编写、或参加有关单位组织编写,并在省级及以上出版社出版的著作72部;在省级及以上刊物发表的作品545篇。

1986—2000年,全县规划教研课题16项,其中市教科所主管9项,中央教科所主管1项。已结题并获市成果奖7项。2001—2005年,新都独立申报中国教育学会英语专委会课题1项,成都市规划课题2项,成都市电教馆课题1项。各中小学承担省级教研课题5项,市级教研课题9项,区级教研课题25项。承担市级教研课题获成都市一、二等奖4项,阶段研究成果分别获得省、市阶段性教研成果一、二、三等奖80多项。

【内部刊物】 新都教育系统内部办刊,系教学研究、文学、资讯刊物。

《蕾蕾》,校园文学月刊,1983年创刊,新都二中语文教研组主办。1993年停刊,2000年9月复刊。每期刊印450份。

《幼苗报》,校园文学报,1984年10月创刊,泰兴中学主办。1985年8月,该刊在全国文学社团评比活动中获“春笋奖”。后该刊改由泰兴中学、新都一中、二中、三中、马家中学联办,油印版改铅印版,每期印发1万份。艾芜、流沙河、杜鹏程、王汶石、周克芹、柯云路、梁衡、韩少功、谭兴国曾为《幼苗》题词。至1987年停刊,共办40期。

《新都教育》,县际教学研究内部交流季刊,创办于1986年,由县教研室、县教育学会合办。2002年改为双月刊，成都市各县(市、区)教研室交流。

《新都教工》，不定期刊。1988年5月创办，县文教局工会工作委员会主办，刊名《文教工讯》。1991年6月改名为《教工工讯》，1997年更名为《新都教工》，供新都教育系统基层交流。

《桂湖新荷》，校园文学刊，新都一中文学社团"新风文学社"主办。1992年3月以《菁菁》创刊，1996年10月更名为《桂湖新荷》，印发境内各中小学校。

《新风》，校园文学刊，1993年创刊，新都一中文学社团"新风文学社"主办。至1994年10月停刊，共编辑24期。

《新都教育》报，创办于1999年1月，教育系统内部印发，每月编印2期。至2005年，共印发168期。

学前教育

【公办幼儿园】 1986年，新都县有公办幼儿园有3所：第一幼儿园、机关幼儿园和新繁幼儿园。1990年，县文教局在新都镇东环路新建新都县第二幼儿园，2003年停办。

截至2005年年底，全区有公办幼儿园3所，各镇(街道)中心幼儿园22所。幼儿入园率92.10%。

2005年新都区中心幼儿园一览表

表14-9

序号	名称	创建年度	创建单位	评级时间	级别
01	大丰中心幼儿园	1991	大丰小学中心校	—	—
02	河屯中心幼儿园	1991	河屯小学中心校	2000年12月	3
03	泰兴中心幼儿园	1992	泰兴小学中心校	2000年12月	3
04	斑竹园中心幼儿园	1992	斑竹园小学中心校	2000年12月	3
05	新民中心幼儿园	1993	新民小学中心校	2000年12月	—
06	马家中心幼儿园	1993	马家小学中心校	—	—
07	龙虎中心幼儿园	1994	龙虎小学中心校	2002年12月	3
08	利济中心幼儿园	1994	利济小学中心校	2001年12月	3
09	清流中心幼儿园	1995	清流小学中心校	2001年12月	2
10	天元中心幼儿园	1996	天元小学中心校	—	—
11	柏水中心幼儿园	1997	柏水小学中心校	1999年12月	3
12	龙桥中心幼儿园	1998	龙桥小学中心校	2001年12月	3
13	新农中心幼儿园	1999	新农小学中心校	2001年12月	2
14	木兰中心幼儿园	2000	木兰小学中心校	—	—
15	清白中心幼儿园	2000	清白小学中心校	2001年12月	3
16	高宁中心幼儿园	2000	高宁小学中心校	—	—
17	桂湖中心幼儿园	2001	桂湖小学中心校	2002年12月	3
18	军屯中心幼儿园	2001	军屯小学中心校	2002年12月	3
19	竹友中心幼儿园	2002	竹友小学中心校	—	—
20	龙安中心幼儿园	2002	龙安小学中心校	—	—
21	三河中心幼儿园	2003	三河小学中心校	2004年12月	—
22	石板滩中心幼儿园	2003	石板滩小学中心校	2004年12月	—

【民办幼儿园】 新都的民办幼儿园始办于20世纪80年代初,因收费相对较低,城镇、农村幼儿入托难问题基本得以解决。截至2005年,全区民办幼儿园127所,入园幼儿近1万人。最大民办园有幼儿160人,最小民办园有幼儿10余人。

【幼教科目与活动】 1986—2005年,幼儿园根据要求,按照保育和教育相结合,体、智、美全面发展的原则设立教育科目,开展教育活动,促进幼儿身心健康发展。

幼儿教育科目旨在启蒙,从不同角度培养幼儿情感、态度、能力、知识、技能,教育科目分健康、语言、社会、科学、艺术五方面。

教育活动注重幼儿个性差异,以教育活动增强幼儿素质,提高办园质量,通过开展多种多样的幼儿教育活动,促进幼儿全面发展。组织全区性幼儿园教育活动主要有:幼儿园半日活动观摩,幼儿园亲子活动,幼儿环境创设研究讨论,幼儿教师语言、音乐、舞蹈、游戏、美术、保健、卫生、教育学、生理学培训,经验交流会,整合课程观摩研讨活动,优秀论文评选活动,农村幼儿园献课活动,阶段成果展示活动,幼教教研活动等。

【幼儿园安全工作】 各幼儿园均成立安全工作领导小组,并确定一名副院长负责安全工作。教育局每年与各幼儿园签订安全目标责任书,幼儿园与各班主任签订目标责任书。教育局每年对幼儿园进行综合目标考核。

对幼儿园设备、设施、幼儿活动、饮食卫生纳入监管,追究责任,各司其职,形成制度。实行幼儿接送卡制、饭菜专人品尝制、食品专人定点采购制。无接送卡幼儿严禁离园,幼儿入园至离园,教师、保育员、相关人员随时陪护,每餐饭菜留样24小时后处理,从源头杜绝安全隐患。

1986—2005年新都幼儿园部分年份教职工统计表

表14-10　　单位:所、人

年度	全区办园				其中　教育部门办园			
	幼儿园	教职工			幼儿园	教职工		
		合计	行政工勤	教师		小计	行政工勤	教师
1986	69	319	49	270	4	108	23	85
1990	209	558	100	458	4	116	31	85
1995	79	537	68	469	3	318	14	304
2000	86	654	66	588	3	392	110	282
2005	132	801	367	434	19	203	62	141

【新都区第一幼儿园】 民国21年(1932),新都县模范小学改办为新都县立幼稚园。1952年改为新都县城关幼儿园(坐落在新都镇西街),1986年改称新都县第一幼儿园,2002年更名为成都市新都区第一幼儿园。

1985年,园存砖瓦平房10余间,入园幼儿300多人,教职工40余人。1993年,投资600多万元将园舍扩建至9322.34平方米,完善活动场地6处(部分场地铺设塑胶面)、配套活动室3个。设置多功能教室、资料室、电教室、医务室、事务室、隔离室、办公室,添置多种类型玩具、空调、电脑、摄像机、音响等设施设备。1994年,被评为四川省示范幼儿园、成都市幼儿教育先进集体;1998年,获成都市“九五”托幼工作先进单位。

1993—1999 年,多次代表新都县参加成都市幼教、幼儿活动竞赛及论文竞赛,屡次获奖。

2000 年,被评为成都市一级幼儿园;2002 年,评为成都市一级一等幼儿园,被成都市命名为贯彻《幼儿教育指导纲要》试点园。

2005 年,有在职教职工 64 人,其中教师 54 人(大专以上学历 45 人、幼师 7 人、中师 1 人、高中 1 人)。全园托幼班 17 个,入园幼儿 751 人。

【新都区机关幼儿园】 1956 年,新都县城关开办机关托儿所 1 个班,分全托和日托,其中全托幼儿 16 人。1985 年,更名为新都县机关幼儿园(坐落在新都镇上升街),由县人事局、县政府办公室领导。2001 年 11 月,划归县教育部门管理。2002 年,更名为成都市新都区机关幼儿园。

2000 年始,幼儿园经改建,占地 7200 平方米,其中户外活动场地 2300 平方米、绿化面积 2000 平方米、塑胶场地 1200 平方米。园内设多媒体教室、多功能活动室、美工活动室、科技活动室、阅览室、午睡室,各类玩具齐全。有大型攀爬墙、玩水玩沙、游戏、盥洗、消毒设施。2002 年 11 月,被评为成都市一级二类园。2003 年获成都市巾帼文明示范岗。

教师注重研究教育内容,开展以促进幼儿想象力、智力均衡发展等内容的科教研究,带领幼儿与环境和材料互动,引导幼儿大胆想象、探索。2002—2005 年,机关幼儿园 3 篇科研论文获国家级一、二等奖,幼儿美术绘画作品多次获全国少儿书画赛金、银、铜奖,幼儿园获全国少儿书画大赛优秀集体奖。

2005 年,开设 16 个班,入园幼儿 600 多人,实行全日托与寄宿托。有在职教职工 60 多人,其中 38%的教师获本科文凭,50%获大专文凭。被成都市列为一级一等园。

九年义务教育

【"普九"达标】 1986 年 5 月,县政府制定《新都县基础教育分级管理的试行意见》,明确县、乡(镇)、村义务教育职责,细化教育事业发展计划管理、校长负责制管理、教师管理等办法,以推动普及九年义务教育(简称"普九")。1987 年 9 月,县文教局制定《关于"七五"(1986—1990 年)期间进一步巩固和发展普及初等教育成果的补充意见》,对学校管理、办学条件、教学改革、师资队伍等提出要求。1988 年 1 月,《新都县人民政府修改实施九年制义务教育规划方案》确定:新都县分 4 批,至 1995 年全面实现"普九"目标。("普九"指普及小学、初中共 9 年的基础教育,即 1~9 年级。习惯上仍称"小学"1~6 年级,"初中"7~9 年级。)

1994—2004 年新都中小学部分年份"普九"情况统计表

表 14-11　　单位:%

年度	入学率		辍学率		毕业率		教育完成率		残疾儿童入学率
	小学	初中	小学	初中	小学	初中	小学	初中	
1994	99.96	97.28	0.08	2.30	98.80	99.19	99.80	90.17	80.57
1998	99.99	98.79	0.05	1.50	99.70	99.85	99.92	99.20	96.30
2002	99.99	99.70	0.013	1.7	99.29	99.39	99.90	96.50	96.60
2004	100	99.70	0.008	1.22	99.30	99.90	99.90	97.30	98.50

1993—1994 年,县政府两次对“普九”作出部署,对原实施“普九”规划作适当修改,以保证“普九”质量。

1993 年,新都 8 个乡(镇)实现“普九”。至 1994 年 11 月,其余 10 个乡(镇)达到“普九”标准。同年底,经省市“普九”检查验收团验收合格,授予新都县“基本普及九年制义务教育”称号。

【小学初中学校布局】 1985 年,县教育部门办小学 234 所(中心校 23 所、城镇小学 3 所、村小 208 所)。后因村小生源不足,逐步撤并村小、村完小。至 2002 年,全区公办小学 115 所(中心校 24 所、城镇小学 3 所、村完小 61 所、村小 27 所)。2005 年,全区有公办小学 23 所。

1994 年,县教育部门办初中校 19 所。至 2002 年,全区教育部门办初级中学 22 所,其中区镇 14 所,农村 3 所,九年一贯制学校 5 所。2005 年,全区九年一贯制学校 5 所,农村初中 15 所。

1994 年、2002 年新都公办小学情况表

表 14-12 单位:所

镇 别	学 校	1994 年(秋)				2002 年(秋)			
		合计	中心校	村完小	村小	合计	中心校	村完小	村小
		172	27	87	58	115	27	61	27
新都镇	西街小学	1	1	0	0	1	1	0	0
	谕亭小学	1	1	0	0	1	1	0	0
	师范附小	1	1	0	0	1	1	0	0
	桂湖小学	7	1	2	4	3	1	2	0
	桂林小学	7	1	6	0	6	1	4	1
	天元小学	6	1	5	0	6	1	5	0
新繁镇	繁江小学	1	1	0	0	1	1	0	0
	清白小学	5	1	2	2	4	1	2	1
	新农小学	7	1	3	3	5	1	3	1
石板滩镇	石板滩小学	14	1	5	8	8	1	4	3
木兰镇	木兰小学	13	1	12	0	9	1	7	1
泰兴镇	泰兴小学	13	1	7	5	8	1	3	4
三河镇	三河小学	11	1	5	5	7	1	3	3
龙虎镇	龙虎小学	8	1	2	5	4	1	2	1
军屯镇	军屯小学	9	1	3	5	6	1	2	3
马家镇	马家小学	8	1	4	3	5	1	3	1
新民镇	新民小学	6	1	3	2	5	1	3	1
	河屯小学	4	1	3	0	3	1	2	0
斑竹园镇	斑竹园小学	4	1	3	0	3	1	1	1
	柏水小学	6	1	2	3	4	1	2	1
竹友镇	竹友小学	5	1	3	1	4	1	1	2
大丰镇	大丰小学	5	1	2	2	4	1	3	0
龙桥镇	龙桥小学	7	1	5	1	5	1	4	0
龙安镇	龙安小学	7	1	3	3	3	1	1	1
利济镇	利济小学	5	1	1	3	3	1	1	1
	高宁小学	4	1	1	2	2	1	1	0
清流镇	清流小学	7	1	5	1	4	1	2	1

2005年新都区初中校情况表

表14-13　单位:个、人

镇别	学校	班数	在校生	镇别	学校	班数	在校生
新都镇	新都一中	20	1212	泰兴镇	泰兴中学	16	868
	新都四中	29	1478	三河街道	三河初中校	21	1163
	升庵中学	15	782	军屯镇	军屯初中校	12	740
	金都中学	27	468	马家镇	马家初中校	16	810
新都镇	龙虎初中校	14	837	新民镇	新民初中校	14	753
	桂湖初中校	8	396		河屯学校	9	423
	桂林初中校	14	702	斑竹园镇	斑竹园初中校	10	513
	天元初中校	17	770		柏水学校	15	862
	西航学校	2	81		竹友初中校	13	594
新繁镇	新都二中	30	1660	大丰街道	大丰中学	21	1176
	清白初中校	24	1460	龙桥镇	龙桥初中校	15	786
	龙安初中校	10	502	木兰镇	木兰初中校	22	1260
	高宁学校	2	170	清流镇	清流学校	11	596
	新农学校	3	176		利济学校	11	565
石板滩镇	石板滩初中校	26	1422				

说明:本表含高完中、九年制学校设置的初中部

2005年新都区小学一至六年级学生数统计表

表14-14　单位:个、人

序号	学校	一年级		二年级		三年级		四年级		五年级		六年级		合计	
		班数	学生数	班数	学生数	班数	学生数	班数	学生数	班数	学生数	班数	学生数	班数	学生数
全区合计		144	6721	144	7093	141	7500	161	8466	160	8919	159	8657	910	47373
01	西街小学	10	531	9	535	10	462	10	541	9	569	8	418	56	3056
02	谕亭小学	7	487	7	445	6	383	7	425	6	413	6	328	39	2481
03	师范附小	4	201	3	188	3	203	4	239	4	249	4	222	22	1273
04	繁江小学	4	107	4	216	4	208	4	195	4	238	4	209	24	1273
05	桂林小学	6	269	6	232	6	283	6	272	6	285	6	292	36	1633
06	桂湖小学	4	186	5	221	5	254	5	264	5	254	5	272	29	1451
07	天元小学	7	312	7	326	7	363	7	333	7	391	7	404	42	2129
08	龙虎小学	5	246	5	273	4	239	5	289	5	273	5	276	29	1596
09	木兰小学	7	318	5	273	4	239	5	289	5	273	5	276	29	1596
10	石板滩小学	8	359	7	362	9	430	10	464	11	517	11	491	56	2623
11	泰兴小学	6	243	6	235	6	292	7	364	6	365	7	420	38	1919
12	三河小学	7	325	7	375	7	386	8	456	9	467	8	508	46	2517
13	马家小学	4	200	5	216	5	245	6	304	6	318	6	344	32	1627
14	河屯小学	2	103	2	95	2	98	3	153	3	140	3	145	15	734
15	军屯小学	2	140	3	193	4	224	4	254	4	267	4	233	21	1311
16	新民小学	5	217	6	228	5	257	6	268	6	334	6	317	34	1621
17	新农小学	4	169	4	197	4	213	4	246	4	264	4	250	24	1357
18	柏水小学	3	145	4	176	3	164	4	222	4	227	4	225	22	1158

续表 14-14

序号	学 校	一年级		二年级		三年级		四年级		五年级		六年级		合计	
		班数	学生数	班数	学生数	班数	学生数	班数	学生数	班数	学生数	班数	学生数	班数	学生数
19	斑竹园小学	3	178	3	171	3	183	4	213	4	250	3	201	20	1196
20	竹友小学	2	126	3	157	3	172	4	205	4	206	4	192	20	1058
21	大丰小学	8	530	8	495	9	550	10	588	9	579	9	555	53	3297
22	龙桥小学	5	227	5	242	5	267	5	316	5	281	5	312	30	1645
23	龙安小学	5	163	4	186	4	191	4	228	5	290	4	281	25	1339
24	清白小学	4	182	4	204	4	225	4	231	5	254	5	286	26	1382
25	清流学校	4	144	3	152	3	185	4	208	4	218	4	208	20	115
26	高宁学校	2	96	2	89	2	101	3	114	3	131	3	121	15	651
27	利济学校	2	143	3	155	3	144	3	152	3	176	4	196	18	966
28	西航学校	1	51	1	11	1	40	1	39	1	53	1	47	6	274
29	升庵中学	—	—	—	—	—	—	1	46	1	67	1	62	3	175
30	金都中学	—	—	2	87	2	144	2	131	2	121	2	127	10	580
31	合兴小学	3	96	5	112	4	132	4	163	3	169	3	154	22	826
32	正德小学	4	150	4	167	4	165	4	174	4	185	4	160	24	1001
33	三原小学	3	77	2	79	2	58	3	80	3	95	4	125	18	524

2005—2008 届新都区中学学生数统计表

表 14-15　　单位:个、人

序号	学 校	2008 届		2007 届		2006 届		2005 届	
		班 数	学生数	班 数	学生数	班 数	学生数	班 数	学生数
合 计		167	8925	152	8051	138	7286	457	24262
01	新都一中	2	106	5	322	13	784	20	1212
02	新都二中	13	629	10	618	7	413	30	1660
03	升庵中学	6	336	5	260	4	186	15	782
04	新都四中	11	579	11	498	7	399	29	1476
05	泰兴中学	6	322	5	283	5	263	16	868
06	大丰中学	7	400	7	391	7	382	21	1173
07	金都中学	3	168	3	148	3	151	9	467
08	桂湖中学	3	147	3	141	2	106	8	394
09	桂林中学	5	270	5	232	5	200	15	702
10	天元中学	6	252	6	283	5	235	17	770
11	龙虎中学	6	313	6	295	5	224	17	832
12	石板滩中学	10	561	8	433	8	428	26	1422
13	木兰中学	7	433	8	441	7	386	22	1260
14	三河中学	7	399	7	393	7	371	21	1163
15	柏水中学	5	304	5	285	5	267	15	856

续表 14-15

序号	学　校	2008 届		2007 届		2006 届		2005 届	
		班　数	学生数	班　数	学生数	班　数	学生数	班　数	学生数
16	斑竹园中学	4	183	3	171	3	132	10	486
17	竹友中学	5	231	4	178	4	185	13	594
18	龙桥中学	5	288	5	248	5	250	15	786
19	马家中学	6	292	5	252	5	266	16	810
20	军屯中学	4	270	4	233	4	237	12	740
21	河屯中学	3	157	3	135	3	130	9	422
22	新民中学	5	279	4	225	5	249	14	753
23	新农中学	—	—	1	58	2	118	3	176
24	清白中学	9	560	6	393	6	330	21	1283
25	龙安中学	4	186	3	147	3	169	10	502
26	高宁学校	—	—	1	51	1	56	2	107
27	利济学校	4	233	4	191	3	141	11	565
28	清流学校	4	185	4	227	3	184	11	596
29	西航学校	—	—	1	37	1	44	2	81
30	一中实验校	17	842	10	482	—	—	27	1324

【小学初中德育教育】 1986 年，县文教局设立思想政治教育办公室，1998 年改为政治教育科，2000 年更名为德育科。2000 年前，新都县小学、初中校以政治家管仲“一年之计，莫如树谷；十年之计，莫如树木；终身之计，莫如树人；争天下者，必先争人”训诲上墙，受其教化。各中小学以培养学生道德认识、道德情感为己任，依据《中学德育大纲》《小学德育纲要》及《品德与生活》《思想政治》教材，抓住“明理、激情、导行”三个环节，结合学生思想、知识、心理特点培养学生品性，立足学生政治觉悟，道德品质的提高。2000 年起，各校相继成立德育工作领导小组，由党支部书记、校长、教务主任、政教主任、班主任、科任教师、少先队辅导员、团支部、学生会组成德育工作网络。各中小学德育工作经常化、规范化、制度化，纳入年度考核。

1986—1997 年，县文教局先后接受省教委德育科研任务，针对《中学生思想品德系列教育》《中小学德育工作一条龙改革》《近代史、现代史、国情教育》《中小学中华传统美德教育》等专题进行实验、探索。各中小学实施文教局制定的《关于贯彻〈中学德育大纲〉、〈小学德育纲要〉实施细则》，县文教局抓好“县、镇、学校三级教育基地”“德育环境、校风、校园阵地”“岗位责任、管理制度、考核评估三规范”系列德育建设。

1998—2005 年，各中小学落实教育局制定的“十个一”德育系统工程，即“一个目标”：通过爱集体、爱家乡、爱祖国教育，使学生成为社会主义事业接班人；“一个系列教育”：进行爱父母、老师、同学、学校、家乡、祖国教育；“一套教材”：《天府明珠新都》《新都县十个德育基地十位名人简介》《中学生时事政治》《中学生日常行为教育》；“一片基地”：形成校内外德育基地网络；“一套方案”：将爱国主义教育方案渗透到相关学科；“一系列活动”：班、团、队、会、课外、文体活动；“一套制度”：升国旗、唱国歌、入学教育、“五个一”教育制度；“一套规范”：各种行为标准；“一支队伍”：教书、管理工作、育人队伍；“一批典型”：规定各学段必知爱国人物故事。“十个一”德育系统工程的实施，全区涌现出一批区市省级三好学生、优秀干部、先进班级。

1988—2005年新都中小学学生、班级获奖统计表

表14-16 单位:人

年度	区级						市级			省级		
	三好生			优秀干部			三好生	优秀干部	班级	三好生	优秀干部	班级
	合计	中学	小学	合计	中学	小学						
1988	220	90	130	88	47	41	22	11	2	0	0	0
1989	226	101	125	82	44	38	23	11	2	0	0	0
1990	243	113	130	88	44	44	30	14	3	0	0	0
1991	235	108	127	91	47	44	23	11	4	0	0	0
1992	242	111	131	96	53	43	22	12	3	0	0	0
1993	248	116	132	100	58	42	23	11	3	0	1	1
1994	250	111	139	99	49	50	23	11	0	0	0	0
1995	244	110	134	99	52	47	23	12	9	0	0	0
1996	386	249	137	101	57	44	36	12	9	3	1	0
1997	262	119	143	100	56	44	36	12	9	2	1	1
1998	492	348	144	123	78	45	36	12	9	3	1	1
1999	311	160	151	127	83	44	36	12	9	4	4	1
2000	287	141	146	142	94	48	31	15	9	4	4	1
2001	392	258	134	138	95	43	31	15	9	4	3	1
2002	295	159	136	238	91	147	31	15	9	4	4	1
2003	244	105	139	124	79	45	30	16	9	4	4	1
2004	253	111	142	125	74	51	37	22	9	4	4	1
2005	309	184	125	176	100	76	44	23	9	6	3	1

【小学初中素质教育】 1996年年初,市教委下达《成都市建设一流学校工程实施方案(试行)》,县文教局随即印发《新都县争创一流学校工程实施方案》。10月,新都县被省教委列为四川省素质教育区域实验县。

1997年,县文教局举办骨干教师专题讲座,分批培训中小学素质教育管理人员。1998年年初,县政府印发《新都县关于全面推行中小学素质教育的若干意见》《新都县全面实施素质教育工作方案》。文件明确:以党和国家教育方针、教育法规为指导,以巩固"普九"成果提高教育质量和督导评估、质量监控为导向,提高校长、教师队伍素质,优化教育过程,逐步建立素质教育机制,实现新都一流教育目标。

县教育局陆续制定《课堂教学中小学评课标准》《学生个人素质评估方案》,先在西街、谕亭、新新路、繁江、马家、柏水、龙虎7所小学试点,随后在全县实施。同时,县政府教育督导室制定《新都县中小学素质教育评估方案》,全县举办"素质教育课堂教学大赛"。1999年,县教育局组织素质教育评估组对全县中小学督导评估,评出素质教育示范校20所。

1999—2005年,新都各中小学相继开展第二课堂活动,主要有:学生写作组、演讲与口才组、电器制作组、思维训练组、理化生物组、书画组、音乐组、小记者、体育竞赛队等,学生实践兴趣渐浓,特长生增多。

【小学初中教学】 1986年起,全县各小学、初中按照县教研室1985年8月制发的《教学常规》进行教学,对教师规范化备课、上课、作业布置与批改、辅导学生、教研教改提出具体要求,对学生预习、上课、

完成作业、课外学习环节提出相应要求。在推行素质教育、实施新课程过程中,注入新的内容,不断完善教学常规。各校均安排1名副校长分管教学工作,校教研组每周开展1次教研活动,指导学科教学。每年坚持举办特级教师优质课、老教师示范课、学科带头人高质量课、青年教师献课,带动其他教师更新教学理念,改进教学技能,提高教学质量。

1997年10月始,根据县教研室《课堂教学评课标准》,制定教学评估方案,实行公开课和听课制度,常年开展献课、赛课活动。

1996年始,期末考试由教研室统一命题、统一评分标准、统一阅卷。2000年起,教研室于期末组织调研考试,做到统一命题、制卷、考试、评卷、读卡、发放学生成绩册、学校考核分析册。

2002年起,规定教育局机关干部、教研室教研员每年赴校听课分别不少于24学时、120学时。

实行六天工作制、五天工作制(1995年5月始)、新课程(2002年秋起)的课程设置及周课时,均有相应调整。2002年秋起,实行课程改革,试用北师大版新教材。

六天工作制(1986年至1995年4月)小学课程设置及每周教学课时表

表14-17　单位:节

年级	思想品德	语文	数学	自然	历史	地理	美术	音乐	体育	班队会	课外活动	地方课程
一年级	1	11	7	0	0	0	2	2	2	1	5	3
二年级	1	11	7	0	0	0	2	2	2	1	5	3
三年级	1	11	7	2	0	0	2	2	2	1	5	2
四年级	1	11	7	2	0	0	2	2	2	1	5	2
五年级	1	10	6	2	0	2	2	2	2	1	5	3
六年级	1	10	6	2	2	0	2	2	2	1	5	3

五天工作制(1995年5月至2002年7月)小学课程设置及每周教学课时表

表14-18　单位:节

年级	思想品德	语文	数学	自然	历史	地理	美术	音乐	体育	班队会	课外活动	地方课程
一年级	1	8	6	1	0	2	2	2	1	3	0	2
二年级	1	8	6	1	0	2	2	2	1	3	0	2
三年级	1	8	6	2	0	2	2	2	1	3	2	1
四年级	1	7	5	2	2	2	2	2	1	3	2	1
五年级	1	7	5	2	2	2	2	2	1	3	2	1
六年级	1	7	5	2	2	2	2	2	1	3	2	1

国家基础教育课改四川实验区小学课程设置及每周教学课时表

表14-19　单位:节

年级	思想品德	语文	数学	科学	体育	音乐	美术	劳技	信息技术	社会实践	地方课程
一年级	2	8	4	0	3	2	2	0	0	0	5
二年级	2	8	4	0	3	2	2	0	0	0	5
三年级	2	8	5	2	3	2	2	1	1	1	3
四年级	2	8	5	2	3	2	2	1	1	1	3
五年级	2	7	5	2	3	2	2	1	1	1	4
六年级	2	6	5	2	3	2	2	1	5	0	2

说明:本课程设置自2002年秋执行

1986—2005 年新都学龄儿童入学率、巩固率、毕业率统计表

表 14-20　　单位：人、%

年度	7~11岁儿童数	在校学生数	入学率	学年初学生数	学年末学生数	巩固率	毕业学生数	考试合格数	毕业率
1986	36320	36198	99.66	54567	53599	98.23	7102	6720	94.62
1987	30918	30679	99.23	52098	51248	98.37	10119	9852	97.36
1988	27847	27715	99.53	46808	46010	98.29	10056	10034	99.78
1989	29033	28917	99.60	43539	42935	98.61	9851	9695	98.42
1990	29311	29149	99.45	39595	39493	99.74	7958	7731	97.15
1991	34804	33544	96.38	36588	36939	100.96	5652	5366	94.94
1992	35227	35133	99.73	36413	36565	100.42	5740	5616	97.84
1993	38767	38425	99.12	37193	37331	100.37	5983	5974	99.83
1994	43150	43114	99.92	40034	40172	100.34	7377	7366	99.85
1995	43030	42948	99.81	42765	42863	100.26	6774	6767	99.90
1996	44255	44211	99.90	43554	43747	100.44	5272	5260	99.77
1997	46145	46099	99.90	45459	45511	100.11	5054	5034	99.60
1998	46946	46899	99.90	47353	47482	100.27	6616	6614	99.97
1999	45618	45587	99.93	48058	48005	99.89	8955	8890	99.27
2000	43143	43098	99.90	46843	46839	99.99	9973	9689	97.15
2001	41547	41543	99.99	45449	45540	100.20	7732	7637	98.77
2002	45658	45654	99.99	46536	46530	99.99	7292	7234	99.20
2003	46253	46252	99.90	48010	48004	99.99	7917	7910	99.91
2004	47942	47942	100	47973	47968	99.99	7969	7962	99.91
2005	47721	47721	100	47739	47739	100.00	8942	8925	99.81

六天工作制初中课程设置及每周教学课时表

表 14-21　　单位：节

年级	政治	语文	数学	物理	化学	历史	地理	生物	英语	体育	美术	劳技	音乐
一年级	2	6	6	0	0	2	2	2	4	2	1	1	1
二年级	2	6	6	3	0	2	2	2	4	2	1	1	1
三年级	2	6	6	4	4	2	0	0	4	2	1	1	1

五天工作制初中课程设置及每周教学课时表

表 14-22　　单位：节

年级	政治	语文	数学	物理	化学	历史	地理	生物	英语	体育	美术	劳技	音乐
一年级	2	5	5	0	0	2	2	2	4	2	1	1	1
二年级	2	5	5	3	0	2	2	2	4	2	1	1	1
三年级	2	5	5	3	3	2	0	0	4	2	1	1	1

国家基础教育课改四川实验区初中课程设置及每周教学课时表

表 14-23　　单位：节

年　级	政治	语文	数学	英语	历史	地理	生物	物理	化学	体育	音乐	美术	劳技	信息技术	综合实践
一年级	2	5	5	4	2	2	2	0	0	2	1	1	2	1	1
二年级	2	5	5	4	2	2	2	2	0	2	1	1	2	1	1
三年级	2	5	5	4	2	0	0	3	3	2	1	1	2	1	1

1986—2005 年新都初中招生、毕业、升学、流失情况统计表

表 14-24　　单位：人、%

年　度	招生人数	毕业人数	升　学　状　况					流　失　状　况		
			合　计	高中人数	职业技术学校人数	中专(技校)人数	升学率	学年初人数	流失人数	流失率
1986	5835	4544	1488	1066	354	68	32.75	17181	1632	9.50
1987	6881	4583	1628	1198	358	72	35.52	16887	1921	11.38
1988	6995	4597	1749	1062	613	74	38.05	17264	1880	10.89
1989	7152	3378	1557	1173	254	130	46.09	17717	2115	11.94
1990	6366	4215	1670	1244	315	111	39.62	18803	1218	6.48
1991	5203	4705	2072	1386	408	278	44.04	18967	1006	5.30
1992	5144	5122	2082	1308	407	367	40.64	17728	985	5.56
1993	5808	5025	2288	1139	387	762	45.53	15715	730	4.65
1994	7311	4283	2288	1026	654	608	53.42	15254	317	2.08
1995	6994	4517	2699	1247	533	919	59.75	17716	495	2.79
1996	5559	5023	3019	1716	586	717	60.10	19546	358	1.83
1997	5361	6443	3422	1772	456	1194	53.11	19186	422	2.20
1998	6628	6126	3407	2025	405	977	55.62	17056	336	1.97
1999	8936	4758	3510	2029	427	1054	73.77	16734	267	1.60
2000	10279	4674	3810	2173	358	1279	81.51	20089	293	1.46
2001	8564	5850	3805	2938	369	498	65.04	24904	330	1.33
2002	8005	7783	5361	3602	871	888	68.88	25761	364	1.41
2003	8827	7489	7241	4493	1222	1531	96.76	26136	313	2.00
2004	7972	7256	6198	3829	1315	1054	92.72	22508	272	1.21
2005	8924	7149	6536	3768	1554	1214	92.58	21974	221	1.01

【小学初中体育卫生工作】 教育局设立体育中心组，由 1 名副局长分管学校体育卫生工作，组织体育教学献课、赛课、片区体育教学、论文交流活动。各中小学设立体育教研组，中心校体育教研组指导下辖村小、基点校体育教师教学。各中小学按照《中华人民共和国体育法》《学校体育工作条例》《学校卫生工作条例》《成都市中小学体育标准》开展体育教学，每年春季举办一次体育赛事。1986—2005 年，教育局组织各中小学分别开展田径、武术、排球、篮球、足球、游泳、航模、乒乓球、羽毛球、健美操比赛，组织学生参加省市举办的中小学体育竞赛。

各中小学贯彻国务院《学校卫生工作条例》，落实县教育局制定的《学校健康教育工作安排意见》，执行学校环境卫生、教室卫生、食堂卫生检查制度。学校每年对学生一次体检，建立学生健康档案。

1998—2002年新都小学施行《国家体育锻炼标准》状况统计表

表14-25 单位:所、%、人

年度	学校	施行面(%)	学生	适龄学生	病残学生	应参加锻炼	达标	达标率(%)	及格	良好	优秀
1998	169	100	45295	32349	122	32227	31610	98.09	12559	12022	7029
1999	173	100	51479	37087	108	36979	36237	97.99	14816	13291	8130
2000	194	100	47434	31581	135	31444	30949	98.42	11217	11912	7820
2001	193	100	43370	28125	144	37981	37540	98.84	9622	10693	7225
2002	193	100	44388	28358	165	28193	27827	98.70	9974	10738	7115

说明:从2003年起,按要求不再开展达标活动,改为学生体能测试

1998—2002年新都初、高中施行《国家体育锻炼标准》状况统计表

表14-26 单位:所、%、人

年度	学校	施行面(%)	学生	适龄学生	病残学生	应参加锻炼	达标	达标率(%)	及格	良好	优秀
1998	29	100	20344	20344	114	20230	19651	97.14	8629	6757	4265
1999	29	100	20712	20712	147	20565	19894	96.74	8550	7194	4150
2000	31	100	24986	24986	165	24821	24222	97.59	10925	8163	5134
2001	30	100	30455	30455	188	30267	29543	97.61	12265	10323	6955
2002	29	100	30622	30622	241	30421	29976	98.54	11156	10842	7978

说明:从2003年起,按要求初中、高中不再开展达标活动,改为学生体能测试

【参加全国小学初中学科竞赛】 20世纪80年代中期至90年代中期,组织小学高年级学生和初中学生参加全国数学奥林匹克竞赛。1993年,谕亭小学2名学生、新新路小学1名学生组成四川一队,代表四川省赴山西太原参加全国小学数学奥林匹克决赛,取得计算竞赛第二名、应用题竞赛第五名、总分第五名成绩。1994年,谕亭小学4名学生代表四川队参加全国小学数学奥林匹克决赛,获接力赛全国冠军。

1987年起,小学组织高年级学生先后参加全国第一、二、三、四、八届"华罗庚金杯少年数学邀请赛",获铜牌4人,获一等奖18人,获二等奖41人,获三等奖66人。

新都初中生参加省级、全国学科竞赛获奖统计表

表14-27 单位:人

学科	竞赛名称	省级			全国		
		一等奖	二等奖	三等奖	一等奖	二等奖	三等奖
数学	省联赛、全国联赛	4	13	20	5	13	6
物理	全国竞赛、全国迎奥竞赛、全国运用知识赛	15	48	39	15	28	29
化学	省竞赛、全国初三竞赛、全国素质和能力竞赛	5	8	8	5	6	9
英语	全国初三竞赛、全国单列市初三竞赛、ABC赛	3	0	3	2	1	0
地理	全国、四川省地理知识竞赛	3	7	15	0	0	0
生物	全国、四川省生物知识竞赛	3	6	8	1	2	3

【小学初中寄宿制班】 20世纪90年代，因经济迅速发展，城镇学生家长忙碌于各行各业，农村外出经商、打工家长陡增，无暇兼顾读书子女，部分学校开办寄宿班，安排"留守儿童"、自愿生住读，以解决家长后顾之忧。

1997年，大丰小学开办4个住读班，有住读学生170人。至2000年，县辖大部分初中校办有住读班。至2004年，大部分学校修学生公寓、食堂，各校住读生由每个年级2个班发展到每个年级3至4个班。

住读班费用不高，住读学生每学期按物价部门审批的价交纳住宿费，其它费用与非住读班一样。住读学生每周一至周五和周日下午均在学校生活，住读班每天安排早自习、晚自习，且有任课教师辅导，实行"封闭管理"。住校生饮食起居和生活卫生有老师照顾和专人打扫，住校生多的学校还配备食堂营养师。

【新都西街小学】 民国22年(1933)，由贵州会馆捐资开办新都县立锦云镇初级小学校。后更名为锦云国民学校(1940年)、中城镇第三小学(1950年)、中城镇西街小学(1966年)、人民西路小学(1969年)、城关镇西街小学(1980年)、新都镇西街小学校(1982年)，2002年，改名为成都市新都区西街小学校。1978年，西街小学被四川省定为首批办好的24所重点小学之一。至2005年，西街小学拥有本部、住读部、实验校区3个，教职工170余人，教学班65个，学生3600余人。

学校先后获得由国家少工委授予的"全国雏鹰红旗大队"，省教育厅授予的"四川省素质教育社会实践首批试点学校"，是四川省教师职业技能示范学校、四川省现代教育技术示范学校、成都市校风示范学校、成都市红领巾示范学校、成都市艺术教育特色学校、成都市家长示范学校、成都市体育传统项目学校、成都市绿色学校、成都市心理健康实验学校、全国文明礼仪示范教育基地。

1986—2005年，学校拥有全国先进教师1人，省特级教师1人，省、市、区级优秀教师、骨干教师、学科带头人等80余人。培养出省、市"十佳"少先队员，市优秀少先队员等10余人。

【新都谕亭小学】 清乾隆十八年(1753)，在新都县城东街二公馆建龙门书院。清乾隆五十四年(1789)，移建文昌宫后。清光绪三十年(1904)，龙门书院改办为新都县立高等小学堂。民国19年(1930)，改校名为新都县立第一高小。后几经更名，至民国36年(1947)改名为新都县立简易师范附属小学。1951年，更名为四川省新都师范学校附属小学。1962年，改建为谕亭巷小学。1969年9月，更名为胜利路小学。1977年东街民办小学并入，1983年11月，学校定名为新都县新都镇谕亭小学校。2002年，更名为成都市新都区谕亭小学校。

2005年，学校占地10560平方米，拥有塑胶运动场、多功能阶梯教室、微机室、多媒体教室等。有教学班40个，学生2500余人，教职工162人，其中特级教师2人，市学科带头人2人，市级及以上优秀教师15人，区学科带头人、区优秀教师、优秀班主任8人。

抗日名将王铭章，革命前辈黄霖、曾涌泉，体坛冠军陈龙灿、刘兴玉，经济学家胡代光曾就读该校。

学校先后被评为四川省德育工作先进集体、四川省教师职业技能示范学校、成都市文明单位、成都市校风示范校、成都市绿色学校，成都市民主管理先进学校、成都市体育传统项目学校，少先队大队部被评为四川省红旗大队。

1986—2005年，在全国及国际比赛中获奖的学生近300人，获省市级奖86人。学校2次代表成都市参加全国华罗庚金杯数学赛，获铜牌奖；学校参加全国小学数学奥林匹克竞赛中，连续4年获四川赛区第一名,并代表四川省参加全国小学数学奥林匹克总决赛,获得接力赛冠军。在参加全国语文知识能力竞赛中,获满分奖学生 184 人。

【新都龙虎中学】 1970 年,在新都县龙虎公社庆元村 6 队建成龙虎人民公社中学,是一所农村单设初级中学。1980 年,更名为龙虎乡初级中学。1990 年,学校迁至龙虎场西侧(今新都龙虎大道与桂红路交汇处)。1993 年,更名为龙虎镇初级中学。2004 年 10 月,龙虎镇划归新都镇,学校更名为成都市新都区新都镇龙虎初级中学。

2005 年,学校各类配备达到成都市九年义务教育必备办学条件一类标准,同年秋完成远程教育模式建设,成为西部农村远程教育项目学校。学校有教学班 15 个、学生 800 余人,教职员工 49 人、工勤人员 15 人,其中中高级职称教师 20 人,本科学历 19 人。学校入学率和毕业率 100%,升学率 95%以上。

龙虎中学是新都区素质教育示范学校、新都区教学工作先进单位、新都区艺术特色学校。1990 年,学校被评为成都市德育先进集体。1991 年,被市教委评为普及实验教学合格学校。1992 年,在全区率先接受省市"普九"检查合格。1998 年,接受成都市"两基"复查验收合格。2003 年,被评为成都市体育达标先进集体。

2005 年,合格率、优生率居全区初级中学前列,初三学生中考连续 7 年综合成绩名列全区同类学校第一名。

【新都柏水学校】 成都市新都区斑竹园镇柏水学校是一所农村九年一贯制学校, 于 2004 年 6 月由柏水小学和柏水中学合并建成。

学校辖初中部、小学部,完小 2 所,幼儿园 2 所。有正式在编在岗教职工 103 人、教学班 40 个、在校学生 2000 余人;有幼儿教师 12 人,工勤人员 23 人。教师学历达标率 100%、学生入学率 100%、毕业率 100%。

柏水学校小学部前身是公立旃檀寺初等小学,于清光绪三十二年(1906)由踏水村秀才周由章在旃檀寺创建,是全县早期建立的新学堂之一。民国 18 年(1929),改为私立旃檀寺小学,后更名为县立第五小学校。民国 27 年(1938),更名为柏水乡二保校。民国 28 年(1939)春,中共川康新都地下特别支部在旃檀成立,为推进抗日救亡运动做出了积极贡献。民国 29 年(1940),学校改名为踏水乡中心保国民学校。中华人民共和国成立后,学校更名为踏水乡中心完小。

柏水小学曾于 1965 年招收初中班(农业中学)2 个,学制 2 年,1968 年停办。1969 年,柏水乡将旃檀小学教室拆除,在白云村修建初级中学,校名"锦江公社中学"。1978 年,恢复和建立中心小学,学校迁移至柏水场镇。至 1984 年,柏水中心小学校辖完小 2 所、村小 7 所。1986 年,柏水中心小学校迁建踏水村小。1989 年,再次扩建中心校。1993 年,兴建旃檀完小,第四次扩建中心校。1992 年,完成合格村完小验收,因撤乡建镇,学校隶属于斑竹园镇,更名为新都县斑竹园镇柏水中心小学校。1994 年,全面完成普及九年制义务教育工作目标。2002 年,学校更名为成都市新都区斑竹园镇柏水中心小学校。

柏水学校中学部发展与小学部基本同步,校名也随镇区辖区名同步更名。1984 年,柏水中学有 3 个年级 12 个班、学生 600 余人。1988 年新建教学楼 1 幢,1991 年新建教师宿舍 1 幢,2002 年新建综合楼,2003 年新建学生公寓及学生食堂。

2004 年 6 月,为整合资源,优化结构,柏水小学和柏水中学合并组建成都市新都区斑竹园镇柏水学校。柏水学校是四川省远程教育项目学校,是成都市体育传统项目学校、成都市绿色学校、成都市优秀家长学校、成都市交通安全学校。

普通高中教育

【普通高中学校布局】 1986年，新都县设新都一中、新都二中、新都三中、马家中学、泰兴中学、大丰中学、龙安中学7所普通高完中。为解决新都镇初中毕业生升入高中学习机会，1987年县政协同教育局协商，新办联中1所，每年招收新都城关初中毕业考高中的落榜生2~3个班。1988年，龙安中学高中停办，教师充实新都二中。1991年、1993年、1995年，入驻新都企业分别开办子弟校5所。1997年，其中4校合并，定名为星光中学子弟校。1994年，新建新都四中。1996年，撤销新都联中，教师充实新都四中。1998年，马家中学改为新都一职高分校。2000年10月，星光中学子弟校划归新都教育局管理，更名为新都五中。同年，成都市三原集团有限公司在三河镇兴办成都市三原外国语学校。2002年，新都三中并入新都五中，命名升庵中学。2004年，金都子弟校划归新都教育局管理，更名为金都中学。

至2005年，新都区有普通高中学校8所，均设初中部。其中教育部门办7所(新都一中，新都二中、新都四中、升庵中学、泰兴中学、大丰中学、金都中学)，民办学校1所(成都市三原外国语学校)。

【学生德育教育】 20世纪90年代后期，普通高中德育教育贯彻《中学德育大纲》，以求真知、树美德、务实效为目标，通过“三线一面”[三线：思想品德课，思想政治课，学生会、班(团)队集体教育和社会实践活动；一面：在相关学科教育教学活动中渗透德育教育]教育方式，对学生予以思想、政治、道德品质教育，提高学生心理素质。以学校、家庭、社会教育形成“三位一体”，培养学生思想素质。

德育教育过程中，组织学生作专题调查、讨论、辩论，以此处理好观点与教材、书本与实践的关系。在思想政治课教学实践中，要求各校德育教育做到“主导与主体、动态与静态、灌输与疏导、课内与课外、知与行”五结合。学校以课堂教材为基础，地方教材为补充，通过社会实践端正学习动机，有计划、有目的地对学生进行马列主义基本观点、爱国主义、社会风尚教育，让学生在德、智、体、美、劳五方面受教益。

【普及高中阶段教育】 1995年8月，市教委推出《成都市普及高中阶段教育工程实施方案》，要求2000年县城所在镇初中升入高级中等学校入学率达到50%。至2000年，新都镇初中升学率远超50%目标。同年，市教育局统一部署，要求新都到2005年，达到普及高中阶段教育目标。

2000—2005年，全区高中招生分别为2173人、2983人、3602人、4490人、4259人、3768人。2005年，全区初中生升入高中、职业技术学校、中专(技校)共6536人，初中升学率92.58%。

【课程设置】 普通高中课程设置和教学计划由市教育局统一设置，各校根据实际可作微调。以2004—2005学年度为例，全年教学41周，复习考试3周，社会实践和劳动技术教育2周；高三年级上课22周，复习考试12周，社会实践和劳动技术教育2周。每周按5天安排教学，周活动总量34课时，每课时45分钟。

2004—2005年新都区普通高中课程设置及课时表

表 14-28　　单位:节

课程			高一	高二	高三	周课时累计	授课时数	总授课时数
	思想政治	必修	2	2	2	6	184	184
	语　文	必修	4	4	4	12	368	368
	外　语	必修	4	4	4	12	368	368
	数　学	必修	4	4	0	8	280	324~368
		必修	0	0	2~4	2~4	44~88	
	信息技术	必修	2	0	0	2	70	70~140
		选修	0	2	0	2	70	
	物　理	必修	2或3	2	0	4或5	158	158~254
		选修	0	2	3	5	136	
	化　学	必修	2	2	0	4	140	140~259
		选修	0	1或2	3	4或5	119	
	生　物	必修	0	2	0	2	66	105~171
		选修	0	0	3	3	105	
	历　史	必修	3	0	0	3	105	105~230
		选修	0	2	2或3	4或5	125	
	地　理	必修	3	0	0	3	105	105~195
		选修	0	1	2或3	3或4	90	
	体育保健	必修	2	2	2	6	184	184
	音乐、美术	必修	1	1	1	3	92	92
综合实践活动	研究性学习	必修	3	3	3	9	276	276
	劳动技术教育		每学年1周(可集中安排,可分散安排)					
	社区服务		一般应利用校外时间安排					
	社会实践		每学年1周(可集中安排,可分散安排)					
地方和学校选修课								259~527

说明:普通高中课程的设置和教学计划安排按市教育局统一规定

【高三教学】 高三教学一直是家长、社会关注的焦点。高考上线率,成为教育局、学校提高教学质量的奋斗目标。区教育局根据各校高一入学情况制定高考目标下达各高中校。各校根据本校实际,将近期、远期教学目标落到处室,由各处室分解至教研组、年级组、班,期末考核、评比,兑现奖惩。学校行政分工管理各年级,高三教学实行行政干部包班、跟班办法,并参加教研活动。研究教材、大纲、考纲、试题,学法、教法,抓好备课、上课、作业布置与批改,辅导,质量检测,情感投入;推动"以能力训练为中心、学生训练为主线抓课堂教学,注重课堂教学实效性,课堂教学信息反馈,解题思路训练,各学科协调发展,知识系统归纳"。

建立教师与困难学生、单亲家庭学生、后进生联系表,做到心灵相通、需求相助、个性相知、人格相等、情理相融。

落实教学周志,教师听课、评课、献课制度,学生代表会议制度,半期、期末考试质量监控分析制度和备课检查制度。组织教师"走出去",到省内外相关学校学习;"请进来",由专家传递新信息。对高三教师思想、政治、工作、生活给予关心。

2004年,高考本科一次上线966人,重点本科上线率等主要指标名列郊区(县)前茅,区教育局和7所高完中受到市教育局表彰。

1986—2005 年新都高考录取情况统计表

表 14-29 单位:人、%

年度	参考人数	一次上线人数	录取情况					升学率
			合计	本科		专科	中专	
				重点	一般			
1986	744	261	377	64	77	173	63	50.67
1987	926	172	269	56	67	101	45	29.05
1988	942	174	262	54	64	98	46	27.81
1989	1020	159	310	55	66	99	90	30.39
1990	1388	188	395	68	81	130	116	28.46
1991	1883	137	308	64	75	76	93	16.36
1992	1324	197	440	56	54	202	128	33.23
1993	1069	198	552	87	87	262	116	51.64
1994	973	182	548	97	86	219	146	56.32
1995	1072	238	540	72	79	300	89	50.37
1996	1021	268	544	86	84	296	78	53.28
1997	1007	374	546	92	86	305	63	54.22
1998	1254	419	670	112	132	385	41	53.43
1999	1656	745	1169	258	379	488	44	70.59
2000	1744	858	1119	327	382	384	26	64.16
2001	1949	1016	1393	244	484	654	11	71.47
2002	2386	2205	1878	254	596	1015	13	78.71
2003	2188	925	1779	241	551	987(含预科生)		81.31
2004	2783	966	2018	256	539	1223(含预科生)		72.51
2005	4087	1288	2730	229	754	1747(含预科生)		66.80

说明:2004 年、2005 年含保送生

【高中学生参加学科竞赛】 根据学生特长,组织学生参加学科竞赛,新都一中的参赛学生获奖较多。新都一中一名学生参加第 34 届国际奥林匹克国家集训队,获化学全国奥林匹克一等奖、物理全国奥林匹克竞赛一等奖,2002 年被清华大学录取。一名学生参加化学全国奥林匹克竞赛获一等奖,被清华大学录取。一名学生参加物理、化学全国奥林匹克竞赛获一等奖,2002 年被清华大学录取。2003 年,新都一中学生参加全国化学、数学奥林匹克竞赛,获化学一等奖 5 人,数学一等奖 2 人。2005 年,新都一中一名学生参加全国中学生化学竞赛获金牌,入选国家集训队并被北京大学录取。

1986—2005 年新都高中生参加四川、全国学科竞赛获奖情况统计表

表 14-30 单位:人

学科	竞赛名称	四川			全国		
		一等奖	二等奖	三等奖	一等奖	二等奖	三等奖
数学	四川省高中数学联赛、四川省“缙云杯”高中数学邀请赛,全国高中数学联赛	3	8	20	8	20	19
物理	四川省中学生力学竞赛,全国中学生物理竞赛高中组、迎奥赛物理竞赛高中组	8	19	38	15	23	23
化学	四川省中学生化学竞赛,全国高中化学竞赛	18	48	49	18	63	34
英语	全国高中英语竞赛,中学生英语 ABC 奖学金评定竞赛	0	1	1	0	0	0
地理	高中毕业生(文科)地理知识竞赛	1	1	1	0	0	0
生物	四川省生物知识竞赛,全国首届生物知识竞赛	3	4	5	1	2	2

【高中体育卫生工作】 高中体育课施行《国家体育标准》,体育教学肩负双重任务,一是完成教学计划,达到国家体育锻炼标准,二是为高等学校培养体育人才。

各高中校贯彻《学校卫生工作条例》,开设健康教育课(开课率100%),做到学校有计划、有课时,教师有教案,学生人手一册健康教学课本(市教委编写的《中学保健教育资料》)。健康教育课时为每学期5课时,全年10课时。任课教师由校医、保健、生物、体育教师及班主任担任。

1986年,新都一中被四川省命名"培养全国田径运动员试点学校",1987年被四川省定为"四川省田径项目传统学校",1996年被成都市定为"成都市田径、乒乓球传统项目学校",1999年被定为四川省"短跑训练基地"、成都市"游泳传统项目学校",2001年经国家体育总局批准成立"青少年体育俱乐部";1990年新都二中被成都市教委、市体委授牌为"体育传统项目学校";1999年新都四中被四川省排球协会确定为"四川省排球训练布点校"。

1983年、1989年,新都一中被国家体育总局、教育部评为"第六届全运会群众体育先进集体"和"体育传统项目先进集体"。1999年,新都四中获四川省"三勒浆杯"排球赛第三名;2001年代表四川参加全国中学生排球赛,获得第四名;2002年获得"四川省中学生排球赛冠军"。2004年,升庵中学夺得四川省中学生射击比赛、排球比赛冠军;新都一中获四川省田径运动会团体总分第一名和四川省中学生乒乓球赛高中组男子、女子团体冠军。

在四川省第九届中学生运动会上,国家一级运动员龙书敏获金牌4枚,国家一级运动员胡宇航获2金1铜;钟琴获金牌2枚、银牌2枚,并达到国家一级运动员标准。

【新都一中】 1941年9月,在新都县城西门外(今新都镇如意大道)建成新都县私立铭章中学(遵照抗日爱国名将王铭章烈士遗嘱创建,招收初中、高中学生)。1950年12月,铭章中学与县立初级职业学校合并,命名为四川省新都中学校。1970年新都城关中学迁入,1971年更名为新都县城关镇中学。1978年,改名为四川省新都县第一中学。2001年被批准为首批国家级示范性普通高中。2002年,改名为四川省成都市新都一中。

1980年,被四川省命名为首批办好的重点中学,并被确定为全国10所人口理论教育试点学校之一。1981年,被省体委批准为体育传统项目学校。1985年,与日本山梨县甲府市城南中学结为友好学校。

1983年,新都一中被省委、省政府评为文明单位。先后被教育部评为体育传统项目先进集体、现代教育技术实验学校。是四川省教育科学研究所"三优"教育实验学校、四川省精神文明示范窗口单位、四川省校风示范学校、四川省绿色学校。

至2005年,学校先后修建含办公、物理、化学、生物实验室、电子计算机室、图书阅览、演讲厅为一体的综合楼教学楼(面积7000平方米)和学生食堂、教师食堂,拥有50米×8泳道标准游泳馆,400米×8环形跑道标准运动场及容纳3000人的看台及体育馆,学生宿舍7幢,教职工住房280多套。

1989年2月起,聘请外籍英语教师,担任口语教学。至2005年,先后聘请澳大利亚、新西兰、美国、荷兰、加拿大、英国、尼日利亚、丹麦教师38人,一般任期1年或1学期,个别任期3年。

2005年,学校设办公室、政教处、教务处、总务处、外事处和教学科研室,有特级教师3人,市、区学科带头人18人,高级教师138人,一级教师82人。学校开设教学班67个,在校学生近4000人。外籍教师5人。

新都一中确立特色教师的类型:学科型——管理型教师(专业学科教学严谨,教学质量高,教育教学管理有方,教育质量高)、双语型——双脑型教师(擅长汉语英语教学,教学效果好,擅长电脑辅助教学,教学效益高)、竞赛型——综合型教师(学科功底深,竞赛获奖多,多种学科渗透,综合能力强)、科研型——实验型教师(课题研究水平高,理性思考深,实验操作技能强,实验效果好)。

1993年秋起，新都一中开办“三优”实验班（招收小学五年级优秀学生），通过优化教育资源、优化课程结构、优化教育技术的“三优”实验，使学生的智力品质、个性品质和创造力品质实现整体优化，构建适应不同类别学生发展的开放式、多元化教学模式。2004年，创办新都一中实验学校，初中三年制。

2005年，新都一中高考本科一次上线人数突破800人，上重点大学分数线290人，在成都市县（区）国家级示范高中拥有三个第一：高考本科上线率第一、重点大学上线数第一、重点大学上线率第一。

【新都二中】 清乾隆二十九年（1764），新繁县令在县城东学宫后建成繁江书院。民国19年（1930），在繁江书院地址建成新繁县立初级中学。1950年，改名为新繁县初级中学。1957年秋，学校增设高中班。1960年5月，学校更名为四川省新繁中学校。1978年，学校更名为四川省新都县第二中学。2002年，更名为四川省成都市新都区第二中学。

1986年7月起，先后新建教学楼、综合楼、办公大楼、学生公寓、食堂等。至2002年，学校占地6.9万平方米，办公和生活建筑面积2.98万平方米，绿化面积1.16万平方米，运动场面积2.4万平方米。2000年9月，创办新都二中新繁实验学校（只招收初中学生）。学校有教职工247人，其中高级教师24人，一级教师85人。开设初中班24个，高中班23个，在校学生总数2574人。

新都二中是四川省和成都市校风示范学校，是成都市示范性普通高中、市实验教学示范学校、市现代技术教育示范学校、市心理健康教育示范学校、市体育传统项目学校。2001年，新都二中被评为成都市重点高完中。

学校承扬“繁江书院”精神，历史悠久，文化底蕴深厚。中国现当代文豪艾芜、著名作家哈华、神话学者袁珂、清华大学教授刘弄潮、革命烈士周从化，中国工程院机械与运载工程学院、工程管理学部院士刘人怀等曾就读于此。1939年，当代著名学者、思想家、教育家吴虞为新繁县立初级中学写校歌（现为新都二中校歌）。

职业教育

【职业学校布局】 1986年，新都有新都县城关职业高级中学校、新民职业高中学校、利济职业高中学校，共有在校学生928人，教职员工104人，其中专任教师68人（其中大学本科21人）。

1992年，县文教局结合县内有约75%的初中毕业生不能升学状况，采取“2+1”或“2.5+0.5”形式（技术教育课时占1年或半年），将文化课与技术教育一道安排，全县初中纷纷开办职业教育班。1995年，桂湖初中校和金都技校联办职业高中教学点，教学点设在桂湖中学内，当年招收1个班、53人。1998年，城关职业高级中学校更名为新都县第一职业高级学校（2002年改为新都区职业技术学校），马家中学改为一职高分校；新民、利济职业高中学校合并为新都县第二职业高级学校（于2001年停办）。至2000年，社会转向高级人才需求，且初中师资紧张，全县历时9届初职班停办（含职业教学点）。2004年，二六八厂办金都技工学校划归新都区教育局管理。

截至2005年，新都区职业学校有：新都区职业技术学校、新都卫校和金都技工学校。驻新都区中专职校有：四川舞蹈学校、四川音乐学院附属中等艺术学校、成都保险学校、成都金沙职业技术学校、成都铁路运输学校、核工业成都机电学校。

【专业设置】 职业教育专业设置按照社会需求而定,职业学校系三年全日制学校。

1986—2000年,设置专业:建筑施工、财会、农技、幼儿教育、电子电器、汽车修理、国防预备役、文秘。

2001—2005年,职业教育设置除保留部分专业外,增设专业有:涉外文秘、计算机应用、旅游、房地产经营、电脑文秘、五年一贯制机电工程。

【教学与实习】 新都把"贴近产业办专业,适应市场育人才"作为职业教育办学目标。教学实行封闭式管理,培养学生综合素质,学生修业期满,经考试合格由学校颁发毕业证书,经实际操作考核合格者,可领取国家职业技能鉴定所颁发的"职业技能等级证书"。

职中教学分为文化基础课、专业课。基础课采用课堂教学,专业课除采用课堂教学外,注重实验教学、模拟教学、实习教学。两类教学均按教学大纲行课。

职业学校设实验室、模拟操作室,有的学校有工厂和实习车间,无实习车间的由学校联系固定工厂供学生定期实习。学校每学期安排两周时间社会实践,学生实习由师傅"一对一",指导掌握操作技能。

【体育卫生】 职业教育学校贯彻《学校体育工作条例》《成都市体育条例》《学生体质健康标准》,保证学生每天1小时体育锻炼时间。学校设立体育教研组,由1名副校长分管,纳入教学目标考核。

职业学校设有标准环形跑道、篮球场、足球场、排球场、乒乓球场。学校组建田径、排球、篮球、乒乓球训练队,每年举办一次运动会,不定期举行班级体育比赛,校与校之间开展体育友谊赛。

职业学校配有校医,设置卫生专栏。学校定期举办健康知识讲座、演讲。

【经费与设备】 1990年,新都职业高中有教学、实验大楼各1幢,面积2400平方米,有教室16个、实验室3个、办公室8个。有学生公寓楼1483平方米和教职工住宅楼3138平方米。

2000年,新都职业高中校舍面积4.16万平方米,建筑面积2.95万平方米,其中教室42个,占地2400平方米,实验室2242平方米,图书馆725平方米,运动场1.27万平方米,250米×6环形跑道2个,足球场2个、篮球场、排球场3个。图书馆藏书2.20万册,计算机172台,设各种专业实验室。

至2005年,校园扩至7.00万平方米,建筑面积3.16万平方米,藏书8.75万册,计算机405台,实验操作室35个。同时增设监控、办公、交通等专用设施。

1990—2005年新都职业中学生均预算内教育事业支出统计表

表14-31 单位:万元

年度	金额	年度	金额	年度	金额	年度	金额
1990	753.67	1994	1067.62	1998	1708.67	2002	1793.37
1991	736.06	1995	870.48	1999	1863.42	2003	1619.88
1992	710.05	1996	1046.97	2000	2247.48	2004	1508.22
1993	779.40	1997	1503.18	2001	2904.56	2005	937.17

【新都职业技术学校】 1984年7月,新都县城关中学(创建于1974年)改制为新都县城关职业中学。1987年,迁至东环路。1989年,更名为四川省新都县第一职业高级中学校。1992年,创办生产实习基地——新都冶金通用机械厂。1998年7月,马家中学并入一职高,设为分校。2002年,新都撤县建区,学校更名为成都市新都职业技术学校。2005年,金都中学并入该校,新都职业技术学校形成"一校三区一

基地”(新都校区、马家校区、金都校区、实训基地)的办学新格局。

学校占地106亩,建筑面积5.3万平方米,建有多功能校园网,有微机室7个,教学用计算机405台,实验室35间,办公、监控、交通等专用教学设施设备齐全。学校有专任教师208人,其中研修生17人,本科学历146人,中学高级教师46人,占专任教师的22%,“双师型”教师56人,占专业课教师的48%。省市中心联组主任、联组成员9人,市级职业技能考核测试员12人。

开设专业有机电技术应用、光电技术应用、旅游服务与管理、计算机及应用、会计、电子技术应用、幼儿教育、物流管理、家具设计等。其中机电技术应用专业是四川省重点专业,光电技术应用专业是学校特色专业,旅游服务与管理专业、计算机及应用专业力争建成省、市重点专业。2002—2005年培训学生19116人。2005年在校学历教育学生4850人。

学校先后获得国家级重点中等职业学校、四川省校风示范学校、四川省职业教育改革创新先进单位、成都市德育工作先进集体、成都市职业教育先进单位等称号。

驻区高等教育学校

【西南石油大学】 1958年在南充成立四川石油学院,1970年更名为西南石油学院,2000年5月在新都始建成都校区,2002年9月迁入,2005年10月更名为西南石油大学。该大学是一所以石油、天然气及其配套学科为特色的融教学、科研为一体的省属多科性大学,是全国较早拥有博士、硕士、学士三级学科授予权的高校之一。

2005年,学校有教职工2138人,其中专任教师1066人,正、副教授614人;设置14院2系1部,43个本科专业;有博士后科研流动站2个、博士学位授权点13个、硕士学位授权点49个;有国家级学科2个、国家重点实验室1个,省部级重点学科5个、重点实验室20个;有各种教学科研仪器设备3.26万台(套),总价值2.24亿元;图书文献180万册。

2001—2005年,学校共承担各类科研项目2643项,其中纵向项目879项,横向协作项目1764项;实到科研经费45880万元。获奖45项,其中获国家科技进步二等奖2项,获省部级奖43项。出版著作66部,发表论文3424篇,被国际三大文献检索系统收录论文756篇。申请专利179项,授权专利131项。

1996—2005年,教改立项259项,其中国家级8项、省部级77项。获国家级教学成果奖6项,其中一等奖2项,二等奖4项;获省部级教学成果奖47项,其中特等奖2项、一等奖12项、二等奖16项、三等奖17项。学校与美国、日本、俄罗斯、法国、德国、印度、加拿大等十几个国家和地区的高校或科研单位保持合作关系,有40多位国内外著名专家兼任学校名誉教授或客座教授。

2002—2004年,在全国高校学科评估中,学校石油与天然气工程学科在全国排名第一,地质资源与地质工程学科全国排名第九。2005年,学校“油气藏地质及开发工程”国家重点实验室通过国家科技部评估,石油与天然气工程博士后科研流动站被评为“全国优秀博士后科研流动站”。

学校面向全国招生,年招生能力为全日制本科生5000人、研究生600人(其中博士生100人、硕士生500人)以上。截至2005年年底,有各类在校生2.40万人。

【四川音乐学院新都校区】 1939年,成立四川省立戏剧音乐实验学校,后几经调整、更名,1959年改为四川音乐学院。设院本部(成都市新南门外)、绵阳校区和新都校区(新都城区蜀龙大道)。新都校区于2002年动工建设,2004年秋招生。

学院拥有一批经验丰富、技艺精湛、蜚声乐坛的教授、专家、学者,其中享受国务院政府特殊津贴4人,四川省学术(技术)带头人5人,副高级专业技术职称及以上教师400余人。学院设作曲、钢琴、管弦、现代器乐、声乐、民乐、音乐学、音乐教育、舞蹈、戏剧、传播艺术、戏剧影视文学、歌剧与艺术管理、数子艺术系和成人教育中心、附中、成都美术学院、国际演艺学院、通俗音乐学院、绵阳艺术学院等专业教学部门。学院开设本科17个,专业方向110个;拥有国务院学位委员会批准的音乐学和美术学各专业的硕士学位授予权,首批获得国务院学位委员会批准的艺术硕士(MFA)授予权;作曲与作曲技术理论、键盘乐器演奏被确定为省级重点学科,作曲与作曲技术理论和音乐表演被列为四川省品牌专业,作曲主科、钢琴主科、高师声乐和弦乐艺术等被确定为省级重点课程。

学院有钢琴100余台,演奏平台琴20余台,建有交响乐团、爱乐乐团、管乐团、民族管弦乐团、大学生合唱团、附中合唱团,设置计算机网络、多媒体教室、电脑教室。学院图书馆藏书71万册,备有4.6万件音像资料,是西南地区音乐文献、资料收藏最多的高校图书馆。

2000年始,四川音乐学院先后与国外音乐艺术院校、艺术团建立友好交流关系30多个,邀请外国专家到校演出、教学400多人次,派出师生到国外访问、演出和交流300多人次。2001年,正式创建中国第一所流行音乐学院——四川音乐学院通俗音乐学院。

至2005年,学院为国家培养各类艺术人才1万多名,先后获得国际国内音乐艺术赛事奖项2300多人次,其中获国际奖190多项。党和国家领导人江泽民、李鹏、李岚清、曾培炎等曾先后到四川音乐学院视察,观看师生表演。

【成都市教育学院新都校区】 1999年4月,四川省新都师范学校从新繁镇迁至新都镇新军路,是市县共管,以市管为主的单位。2001年7月9日,四川省人民政府“同意将成都师范、新都师范并入成都市教育学院,同时撤销成都师范学校、新都师范学校建制”。鉴于成都师范学校和新都师范学校原管理体制与经费投入渠道的调整以及学校学生学籍管理的过渡需要一定时间,同年11月2日,成都市政府“同意成都师范学校、新都师范学校保留建制三年”。至此,新都师范学校完全脱离新都管理,纳入成都市教委和成都教育学院统一管理。2002年3月,正式挂牌“成都市教育学院新都校区”。

新都校区占地99.6亩,建筑面积3.45万平方米。建有教学楼、艺体楼、图书馆、宿舍楼等建筑群以及综合运动场所,有标准教室29个,实验室10个,琴房96间。配有586彩显电脑60台、数码钢琴61台、钢琴6台和风琴40余台等设施设备。

2000年,新都师范学校挂靠成都大学,首次面向全省招收五年一贯制专科学生。与成都教育学院合并后,2002年起以成都教育学院名义招生,当年共招收新生973人。学校有教学班42个,在校学生1963人。有教职工119人,专职教师69人,其中高级讲师16人,讲师26人。

【成都电子机械高等专科学校大丰校区】 成都电子机械高等专科学校(原成都无线电机械学校)创办于1913年,是一所以电子、机械、管理相结合的综合性普通高等工程专科学校,系陈毅元帅母校。学校由教育部批准,为四川省唯一全国示范性高等工程专科重点建设学校,教育部于西南地区设立唯一国家级机械电子工程及数控技术实训基地,是西南电子信息人才教育基地重点依托高校之一。

学校设成都市市中心校区和新都校区,新都校区位于新都区大丰街道,教学、体育设施齐备,教授、副教授150余人。所设专业中的模具设计与创造、应用电子技术、数据库应用与信息管理、数控技术及应用、会计电算化被教育部列为教改试点专业。模具设计与创造专业经5年教改试点,2001年被教育部授予全国高等工程专科示范专业称号。

【四川师范大学新加坡英华美成都学院】 学院位于新都区三河街道。1997年，经省教育厅批准，由四川师范大学与新加坡教育组织联办，并由新加坡郭福棠先生投资兴建，系公办民助中外合作办学机构。

学院教学借鉴新加坡教育模式，聘有多位曾留学美国的学者对课程设置进行研究。第一年强化英语学习，使大多学生达到大学英语三级水平，部分学生通过大学英语四、六级考试。第二、三年由学生自愿选择专业，如：国际商务、计算机应用、应用英语、旅游管理、旅游英语、计算机多媒体技术、文秘专业。部分专业采用英文教材，部分科目使用中文教材。学校为每门课程编写《学习指南》，供教师、学生使用，用英文作业、口试、考试。教学工作由学院组织，考试则由英华美教育集团总部出题。每门课程教学完毕由教师呈报学生平时成绩，再由总部出题。学生考试后，则将试卷寄回新加坡总部，由总部专家阅卷。

学院办学旨在引进国外优等教育资源，培养本科生、留学生、研究生国际型人才，由四川师范大学统一招生，统一学籍，统一颁发毕业证书。

成人教育

【成都广播电视大学新都分校】 成都广播电视大学新都分校是新都区唯一一所经市教育局批准的成人高校，位于新都镇新新街63号。占地2744平方米，建筑面积4246平方米。

1978年10月，成立四川广播电视大学新都县文教局电大教学班。1984年12月，更名为四川广播电视大学新都管理站。1986年8月，建立成都广播电视大学新都分校，由县政府管理，教学由成都广播电视大学指导。1998年8月，经成都市教育局批准，学校划归新都县教育局管理。学校以“教育必须为社会主义建设服务，社会主义建设必须依靠教育”为宗旨，建立按需办学运行机制，执行中央广播电视大学“教学计划、教学大纲、教材、考试命题、评分标准”五统一。

20世纪90年代中期，新都分校拓宽办学路子，以大专学历教育为主体，本科教育为重点，利用远程教育优势，加大学校硬件设施投入，建立阅览室、多媒体教室、语音实验室、多功能室、网上阅览室，设置计算机120台，建有100兆域网(10兆到桌面)，初步形成教学支持服务体系。2005年，学校在校生487人。

1986—2005年，学校开设财务会计、法律、市场营销、汉语言文学、计算机应用、小学教育管理、英语、工商管理、广告艺术设计、行政管理等20多个专业，共招收学生5400多人。

【高等教育自学考试】 1984年，新都县始设高等教育自考办公室，顺应国家开放型教育时势，组织成人自学考试。2002年取得自考毕业证72人，2003年取得自考毕业证106人，2004年取得自考毕业证84人，2005年取得自考毕业证109人。区自考办配合成都市自考办，举办非学历证大学英语四、六级考试和中职类英语等级考试。

2004年，041次高教自考长线考生801人，1504科；短线考生116人，165科，共设考室66个。042次高教自考长线考生797人，1454科；短线考生91人，138科，共设考室57个。043次高教自考长线考生452人，688科；短线考生157人，254科，共设考室36个。044次高教自考长线考生498人，754科，短线考生93人，151科，共设考室36个。

2005年，051次高教自考长线考生899人，1574科；短线考生162人，301科，共设考室65个。052次高教自考长线考生788人，1426科；短线考生103人，189科，共设考室60个。053次高教自考长线考生484人，724科；短线考生230人，340科，共设考室40个。054次高教自考长线考生204人，295科；

短线考生 112 人,172 科,共设考室 20 个。

【新都区成人教育中心】 1984 年,县文教局成教办筹建成人教育中心(简称“成教中心”)。1993 年,新都县成人教育中心正式挂牌成立,校址设在马家镇白螺村。2002 年,更名为成都市新都区成人教育中心。

成教中心系成都市人口理论教育中心校、新都食用菌生产技术推广站、新都农村成人教育师资培训和教学研究指导综合性教育机构。占地 2400 平方米,建筑面积 1100 平方米。配备管理干部 2 人,专任教师 4 人,技术人员 1 人。

成教中心加强农业科技成果的推广与普及应用工作，为发展一乡一品，一村一品提供技术保证。1993 年,举办人口理论教育、食用菌新技术培训 3 期,培训农村成人教育干部、教师 120 人,开展扫盲活动 5 次。对食用菌新技术培训,繁育食用菌、木耳、平菇、猴头菇 2 万袋(瓶),向全县推广 3 项食用菌新技术。1996 年,成教中心推动“星火计划”“丰收计划”,当年向全县推广农业技术 28 项。

至 2005 年,全区初步形成以区成人教育中心为龙头,乡镇(街道)农校为骨干,村农校为基础的区、镇(街道)、村三级办学网络。

【农村成人教育学校】 1986 年,县政府制发《关于进一步加强农民教育工作的意见》,要求进一步抓好乡镇成人文化技术学校基地建设。

1988 年,经县农校检查组认定,清流、木兰、泰兴、利济、斑竹园 5 所农校合格。1992 年,县政府印发《关于大力发展农民文化技术学校的意见》,并将此项工作纳入乡镇目标考核。年底,全县 303 个村建村办村管农校 127 所,占 42%。1989 年,全县建成乡镇农校 17 所,303 个村全部建有农校。

1996 年,市教委依照省教委要求,指定新都于 2000 年前建成省、市成人示范学校各 1 所。同年,石板滩镇将原中学校改建成新都县石板滩成人技术学校，并投资 10 万元添置教学设施,1997 年，被省、市、教委授予四川省成人技术示范校、成都市成人技术示范校。2000 年,龙桥镇成人教育校被省教委授予四川省成人技术示范校。

【社区教育】 2003 年,新都区启动社区教育,成立新都区社区教育委员会,各镇设立社区教育协调小组,全区 56 所中小学、幼儿园同时与所在社区签订《学校教育资源面向社会开放协议书》。区教育局制订《新都区社区教育发展三年规划》,培训社区干部。

按照规划,教育局依托新都职业技术学校建立新都区社区教育学院,各镇建立社区教育学校,各社区均建立社区教育教学点,形成社区教育三级网络,做到机构、人员、经费“三落实”。教育资源相继向社区开放。

【经费及设备】 镇(街道)成人教育学校实行分级办学管理,教育经费由区、镇(街道)分担,在编专职教职工工资由区财政负担,教学所需设备由教育局配备,学校修建由镇(街道)承担 75%,区教育局拨给 25%。

石板滩成人校占地 1.32 万平方米,建筑面积 3704 平方米,标准教室 15 个,办公室 8 间,教师宿舍 24 套。教学电脑等设备和体育器材齐备。

龙桥成人校占地 6667 平方米,建筑面积 1078 平方米,标准教室 10 间,有办公室、多功能教室、实验室以及各种教学和办公设备。

至 2005 年,镇(街道)成人学校共有教室 98 间、4976 平方米,课桌椅 4000 多套,办公室 31 间、479 平方米,生产用房 20 间、668 平方米,实验实习基地 129.6 亩。

特殊教育

【特殊教育学校(班)】 1989年,木兰中心校、马家中心校、新都西街小学始办“特殊教育培智班”,填补了新都县教育史上的“特教”空白。

1991年,新都西街小学,龙桥镇、斑竹园镇中心校各办“特殊教育培智班”1个。

1995年,县文教局投资170万元,在新都镇马超村新建“新都特殊教育学校”。学校设置教学室、功能室、活动场、食堂、办公室、学生教师宿舍。1996年,特殊教育学校开学,当年招收新都、彭州、金牛聋哑儿童36人。学校配教师6人、校长1人。2002年,学校划归西街小学管理。至2005年,全区盲、聋、哑、弱智儿童、少年入学212人,入学率98.5%。累计毕业学生210人。

1995年,新都县特殊教育工作受到国家教委、民政部、中国残联表彰。1996年,新都获“全国特殊教育先进县”称号。

特殊教育教师谢其芳,1993年,被评为全国教育系统劳动模范,获人事部、教育部授予人民教师奖章,2004年,获全国优秀教师称号。1993年,多名学生在成都市残疾儿童运动会、残疾儿童文娱演出中获奖,在全国残疾儿童“双龙杯”书画赛中获奖2人。

【培训目标及学制】 培训目标是让残疾儿童、少年受到适合自己需要的教育和技能训练,使之成为有健康的体魄,健康的心理,乐观向上,身残志坚,成为有用的人才。

学校学制9年:初等义务教育6年,中等义务教育3年。

【教育与教学】 特殊教育学校教育因人制宜制定教育计划,做到有爱心,有责任心。教师悉心准备教案,耐心辅导学生。尊重学生个性差异,发挥各自长处,调动残疾生学习积极性,让残疾儿童、少年学有所得,受其教益。

教学课程按照国家教学计划设置,使用教材采取聋校、普校兼用方式。一年级使用聋校教材,奠定拼音基本功,后5年在使用聋校教材基础上,适当选用普校部分内容。

教学中,开设劳技实践课,以强化学生集体意识、竞争意识、自立能力。

科学技术事业

科技事业管理

【实施科技政策】 1986年,新都县贯彻实施《中华人民共和国专利法》《中华人民共和国专利法实施细则》,县科学技术委员会组织相关科技人员、企业参与科技交流及技术市场交易活动。同年,与市科技情报所联合举办首届国家专利技术暨短平快科技成果交易会。组织县内纺织印染废水净化设备等3项产品,赴郑州参加“全国适用技术和科技产品展销会”。1988年,首批发展新都县光电技术研究所等3家民营科技企业。

1993 年,新都县贯彻《中华人民共和国科学技术进步法》《中共中央、国务院关于加速科学技术进步的决定》,实施中共十四大提出的科教兴国发展战略,在龙虎镇开展“省级技术综合试点镇”建设,在新都镇进行“市级社会科技发展综合实验区”建设,争创成都市科技工作先进县活动。1994 年,新都县被国家科委、农业部、国家统计局、国家乡镇企业局联合授予“首届全国科技实力强县”称号。1995 年,新都县被市政府评为科技工作先进县。1996 年,被国家科委评为全国科技实力百强县、全国科技工作先进县。2004 年 1 月,通过国家科技进步考核(2001—2002 年度)。2005 年 12 月,被科技部评为全国科技进步先进区(2003—2004 年度)。

1996 年起,新都每年三月举办科普宣传月——“科技之春”大型科普宣传活动。1997 年,贯彻《中华人民共和国促进科技成果转化法》,对县镇两级相关行业人员和农村劳动力进行技术培训,促进劳动力由体力型向技能型转化。同年,全县开展文化、科技、卫生“三下乡”活动,此后形成制度。1998 年,开通“香城新都网”,传递交流科技信息。2000 年,举办“新都电脑节”,加速推进电子政务办公。2001 年,开展科技活动周。2003 年,参与成都市科技项目招投标,新都区推荐的投标项目中标 2 个。2004 年,新都区向成都市申报立项“城乡协调发展示范区”获准,于 2005 年实施。

【科技规划】 1988—1900 年,编制《新都县科技发展“八五”计划》。1993—1995 年,编制《新都县科技发展“九五”计划》。1993 年 5—10 月,编制《新都县依靠科技发展高产优质高效农业(二高一优)规划》。1998 年 5—10 月,编制《成都市平原经济圈总体规划新都县科技发展规划》。1999 年 3 月至 2000 年 6 月,编制《新都县科技发展“十五”计划》《新都县“十五”高新技术产业发展计划纲要》。2003 年 3 月至 2004 年 9 月,编制《成都市新都区中长期科技发展规划(2005—2020 年)》。2004 年 8 月至 2005 年 12 月,编制《成都市新都区科技发展“十一五”规划》。以上规划均在全区先后实施。

【科技项目与经费】 新都“科技三项费”(科学研究经费、推广应用经费和切块经费)主要用于境内重大科技项目开发补充,企业新产品、新技术研制和重点产业、农业产业化培育引导经费补充。1986—2005 年,新都辖区农业、工业、社会科技事业科研项目立项 1533 项,其中申报列入国家、省、市科技项目 85 项,列入区级重点科技项目 1448 项(工业 450 项、农业 804 项、社会科技 194 项)。实施科技项目对技术创新,发展高新技术产业,培育支柱产业,促进经济持续、快速发展提供技术支撑,注入活力。

新都科技经费由财政拨付。1986 年,“科技三项费”支出 28.80 万元,占财政总支出的 1.07%。2005 年,“科技三项费”支出 826 万元,占财政总支出的 0.92%,拨付额比 1986 年增长 27.68 倍。

【科技成果评奖】 1984 年 11 月,县政府颁发《新都县科学技术进步奖励试行条例》,科学技术进步奖设一、二、三等奖,奖励现金依次为 1000 元、500 元、200 元,特等奖高于一等奖。1993 年、1994 年、1998 年相继提高奖金额度。2003 年,区政府对区内科技进步奖奖金作第四次调整,并增设科技杰出贡献奖。一、二、三等奖奖金分别为 1.2 万元、0.8 万元、0.5 万元,特等奖奖金 5 万元。对杰出贡献科技人员设奖:工业类年实现新增税金 800 万元、500 万元、300 万元以上者,分别奖励 40 万元、20 万元、10 万元;农业类年实现新增产值 3000 万元、2000 万元以上者,分别奖励 20 万元、10 万元。资金由区财政列支。

1984—2005 年,新都科学技术进步奖共颁发工业、农业、社会科学技术事业一、二、三、四等奖和特等奖共 320 项,其中一等奖 61 项、特等奖 7 项。2003 年、2004 年,四川科伦药业股份有限公司董事长兼总经理刘革新、成都三利亚中瓷有限责任公司总经理张小林,分别获得 20 万元杰出贡献奖。

1986—2005年，获国家、省、市、区各级科技成果奖437项。其中：工业203项、农业122项、社会事业112项；获市级及以上科技进步奖117项（国家级奖3项、部省级奖61项、市厅级奖53项）。未统计驻区军工院所、企业获奖项目。

1986—2005年新都获省级以上科技成果奖

表14-32

序号	项目名称	研制单位	授奖单位	获奖名称	颁奖年度
01	JH-YR-B纺织印染废水净化设备	新都环境工程专业设备厂	省政府	科技进步二等奖	1986
02	YSQ微机数控驱动装置	西南交大、新都家用电器厂	省政府	科技进步二等奖	1986
03	JH-YR-B纺织印染废水净化设备	新都环境工程专业设备厂	环境保护部	科技进步三等奖	1986
04	氯化氨科学施用技术	西南农学院、新都农技中心	省政府	科技进步三等奖	1986
05	羽绒加工成套设备	新都羽绒机械厂	机械电子部	科技进步二等奖	1988
06	MJKR-344型数控对焊带锯机	省都江木机厂、新都精密仪器厂	省政府	科技进步二等奖	1988
07	9YLQ型羽毛冷却机	新都羽绒机械厂	外经部	重大科技成果三等奖	1988
08	玉米杂交种中单二号亲本优质高产繁殖技术研究及应用	省种子公司、新都、资中、内江	省政府	科技进步二等奖	1988
09	纺织印染废水净化设备	新都环境工程专业设备厂	省政府	星火科技一等奖	1989
10	机立窑生产道路水泥	新都县水泥厂	省政府	星火科技三等奖	1989
11	溶解乙炔硫酸净化工艺	新都乙炔厂	农牧渔业部	科技进步三等奖	1990
12	川-87空腹腹拉钢门窗	新都县钢窗厂	农牧渔业部	科技进步三等奖	1990
13	年产四万吨联碱工程	化八院、县氮肥厂	化工部	科技进步二等奖	1990
14	羽绒加工成套设备	新都县羽绒机械厂	省政府	星火二等奖	1990
15	32CM全拆式板式家具技术开发	新都板式家具厂	省政府	星火三等奖	1991
16	美制机用丝维UN系列	成量量具刃具板牙分厂	省政府	星火四等奖	1991
17	羽绒加工成套设备	新都县羽绒机械厂	国家科委	科技进步三等奖	1991
18	25B型空腹密闭钢门窗	新都县钢窗厂	省政府	科技进步二等奖	1992
19	神农牌保健用品开发	成都神龙集团公司	省政府	星火一等奖	1992
20	新繁泡菜系列产品及包装技术开发	新都新繁泡菜厂	省政府	星火三等奖	1993
21	神农牌保健用品开发	成都神龙集团公司	国家科委	星火三等奖	1993
22	液相水合法制取低盐份重质纯碱技术	新都县化肥厂	省政府	科技进步三等奖	1994
23	BZF型汽油机自吸泵系列	新都特种冶炼铸造厂	省政府	科技进步三等奖	1994
24	玉米杂交种"成单12"	四川农科院作物所、天元乡五桂村	省政府	科技进步三等奖	1994
25	中小城市高效经济污水处理技术	华健环保工程有限公司	省政府	科技进步二等奖	2002

续表 14-32

序号	项目名称	研制单位	授奖单位	获奖名称	颁奖年度
26	低渗透气藏渗流机理及开发技术研究	西南石油学院	省政府	科技进步一等奖	2002
27	凝析气藏油气体系的产状、渗流特征和临界流动饱和度研究	西南石油学院	省政府	科技进步三等奖	2002
28	四川盆地东部石炭系和西部上叠统—侏罗系气藏地球化学研究	西南石油学院	省政府	科技进步三等奖	2002
29	跨世纪世界天然气形势与我国的对策	西南石油学院	省政府	第十届哲学社会科学优秀成果三等奖	2002
30	中国石油安全与石油安全战略	西南石油学院	省政府	第十届哲学社会科学优秀成果三等奖	2002
31	大学生行为研究与指导	西南石油学院	省政府	第十届哲学社会科学优秀成果三等奖	2002
32	带水气藏渗流机理及开发技术研究	西南石油学院	教育部	教育部提名国家奖、科技进步一等奖	2002
33	油田开发规划决策系统	西南石油学院	省政府	科技进步三等奖	2003
34	钻井动力学仿真及应用研究	西南石油学院	省政府	科技进步三等奖	2003
35	油基钻井液处理剂研制、高温高压条件下完井液对储层损害的评 价试验研究	西南石油学院	省政府	科技进步三等奖	2003
36	宇宙极早期演化及大质量恒星演化的相关问题研究	西南石油学院	省政府	科技进步三等奖	2003
37	电子化气田智能SCADA(数据采集与监视控制)系统	西南石油学院	省政府	科技进步三等奖	2003
38	气田及凝析气田开发新理论	西南石油学院	省政府	科技进步一等奖	2004
39	基于钻柱、岩石互作用下牙轮钻头系统动力学特性研究	西南石油学院	省政府	科技进步二等奖	2004
40	水敏性泥页岩地层井壁稳定的现场评价方法研究	西南石油学院	省政府	科技进步二等奖	2004
41	高速火车车轮数控加工专用系列刀具的开发研制	成都工具研究所	省政府	科技进步三等奖	2004
42	含硫气田高温高压深井测试技术研究	西南石油学院	省政府	科技进步三等奖	2004
43	现代油藏经营管理模式及应用系统信息集成计算机研究	西南石油学院	省政府	科技进步三等奖	2004
44	川西坳陷侏罗系气藏难动用储量开采关键技术研究	西南石油学院	省政府	科技进步三等奖	2004
45	气田安全信息实时无线监控系统	西南石油学院	省政府	科技进步三等奖	2004
46	高温高压气井油套柱密封性及安全性研究	西南石油大学	陕西省政府	科技进步二等奖	2005

续表 14-32

序号	项目名称	研制单位	授奖单位	获奖名称	颁奖年度
47	石油钻头并行工程应用示范工程	西南石油大学	省政府	科技进步二等奖	2005
48	GW-1 振动筛研制	西南石油大学	省政府	科技进步二等奖	2005
49	大巴山、米仓山南缘有利区带评价及勘探优选	西南石油大学	省政府	科技进步三等奖	2005
50	钻柱动力学研究与现场应用	西南石油大学	省政府	科技进步三等奖	2005
51	四川省盆地西部低渗透气藏勘探开发关键技术研究	西南石油大学	省政府	科技进步二等奖	2005
52	阳图热敏型 CTP 版	四川炬光印刷器材有限公司	省政府	科技进步三等奖	2005
53	DB8001 型真空管	成都旭光电子股份有限公司	省政府	科技进步三等奖	2005

1986—2005 年新都科技成果特等奖

表 14-33

项目名称	承担单位	评奖等级	评奖时间
降低啤酒总酒损综合技术应用	新都啤酒厂	县特等奖	1993 年
大功率分米波电视发射管 PC307FS	成都旭光电子股份有限公司	县特等奖	1998 年
新都县砼 U 形渠道防渗技术推广应用	新都县水利电力局	县特等奖	1999 年
TD-12/630-20W(J.H)型真空灭弧室	成都旭光电子股份有限公司	县特等奖	2000 年
年产 400 万瓶盐酸左氧氟沙星注射液	四川科伦大药厂	县特等奖	2001 年
阿奇霉素氯化钠注射液	四川科伦大药厂有限责任公司	区特等奖	2002 年
加替沙星葡萄糖注射液	四川科伦药业股份有限公司	区特等奖	2004 年

科学技术普及

【科普宣传】 1986 年，县科委、县科协和县经济协作办公室联合，编印《科技与信息》月刊报，每期向全县发送 4000 份，截至 1988 年共办 21 期。1987 年，县科委与农技部门合编《新都科技》单行本 9 万份发至各乡镇。1986—1993 年，县科委和县农技部门为帮助农民掌握大小春水稻、小麦优质高产技术，共编印《新都县大(小)春主要农作物栽培技术》小册子 3 万份发给农民。1994 年，科普资料改版为《新都县大(小)春主要农作物栽培要点》四开单页型送至各乡镇村社，对新都农业生产起到指导作用。

1996 年，中华人民共和国科学技术协会、中共中央宣传部、中华人民共和国科学技术部联合发文，规定从 1996 年起，确定每年三月开展全国科技知识宣传月活动。新都由县科学技术协会牵头，组织全县各单位、专业技术学会、协会的科技人员于每年三月举办科普宣传月——科技之春大型科普宣传活动。主要内容有：健康义诊、现场技术咨询、专题科技知识讲座，科普挂图、科技图书出售，科教电影宣传、科技培训、现场赠送适用技术资料等。截至 2005 年共举办 10 届。

1997年伊始,中宣部、科技部等10部委联合发出《关于开展文化、科技、卫生“三下乡”活动的通知》,新都县遵循通知精神,由县委宣传部、县科委等10单位联合印发《关于在全县广泛开展“三下乡”活动的安排意见》,并在新都桂湖公园广场举行“三下乡”活动启动仪式。演职人员、科技人员奔赴各镇科技赶场,放映科教电影、演出文艺节目、散发实用技术资料、科普挂图宣传、现场农技咨询、科技图书出售、专题知识宣讲、防病治病宣传及义诊。1998年9月,县科委通过天府热线网络,始建“香城新都网”,设置《科技新闻》《科技动态》《科技之窗》等栏目进行科普宣传。2000年6月,由县科委、县委办公室承办的新都电脑技术展示会,会期历时40余天,先后开展万人电脑知识大赛、千人网上行、电脑打字竞赛、电脑产品展示等9种系列活动,吸引40余家国内著名软件公司、电脑商家参展,参赛、参观群众达11万人次。

按照2001年《国务院关于同意设立科技活动周的批复》,新都自2002年起,每年五月第三周由区科技局组织各有关单位,在新都镇公共广场开展科技活动周科技知识普及宣传活动,播放实用技术录像,实物展示展销;科技人员开展现场咨询、专题演讲,向群众赠送身边科学资料及健康咨询、义务诊病等;区科技局与新都电视台联合举办《星火科技30分》栏目(共52期)。至2005年,全县共开展科技下乡46次。

【青少年科技活动】 1981年起,成都市设青少年电子作品比赛,比赛项目有电子作品设计、制作等,每年举办一次,新都每年推荐学生参加。2005年,新都区举荐新都职业高中2002级计算机4班一名学生参加成都市第二十五届青少年电子作品比赛,以软件《聊天程序》获一等奖。

1985年始,成都市设青少年科技创新大赛,每年举办一届,竞赛项目有科技创造发明、科学论文、科技制作、科幻画图。新都每年选派青少年代表参加。2005年,新都区组织中小学生140余人,参加成都市第二十一届青少年科技创新大赛,获一等奖3人、获二等奖7人、获三等奖12人。

1998年始,成都市设青少年科普知识竞赛,每年举办一届,比赛设科普知识、科技制作、科技设计等项目,新都县每年都要组织学生参加。2004年,新都区组织谕亭小学、四中、职业高中学生800人,参加成都市第七届青少年科普知识竞赛,获一等奖16人、获二等奖39人、获三等奖62人。

【科技培训】 1986年,由县科委、县乡镇企业局、县城建委组成新都县乡镇企业“星火”培训工作领导小组,统一领导、协调全县“星火”培训、实用技术培训。1995年,县科委与县乡镇企业局建立乡镇企业职工技术培训中心,强化科技培训工作。1986—1997年,新都相继组织2000名科技人员观看新技术革命科教电影和录像,举办中级科技干部英语培训班,选派副镇(乡)长20人参加成都市举办的科技管理培训班,聘请省市专家举办《中华人民共和国合同法》《中华人民共和国专利法》、科技管理基础知识、成果鉴定申报、技术经济分析基础等专业培训,选派20人参加省、市科技干部管理和新技术推广培训。2001—2005年,区科技局协调组织区政府相关部门、各镇副镇长和辖区成长型重点企业、高新技术企业负责人先后重点培训:走新型工业化道路推动区域经济、“国际质量管理体系ISO 9000族2000版”、国际经济贸易质量管理、高新技术企业发展与风险投资的“星火”等内容。

1986—2005年,新都坚持开展实用技术培训,根据不同时期需要,协同城建委、农业局、畜牧局、档案局、企业局等相关部门,组织新都科技人员,或邀请成都市科技服务中心科技人员,先后举办了建筑施工、小麦丰收计划、植保综合防治、杂交稻高产制种、蔬菜种植、养殖技术、会计、档案管理、火工技术、厨师技术等实用技术专业培训。

1986—2005年新都科技培训统计表

表14-34　单位：人

<table>
<tr><th>年　度</th><th>“星火”培训</th><th>实用技术培训</th><th>年　度</th><th>“星火”培训</th><th>实用技术培训</th><th>年　度</th><th>“星火”培训</th><th>实用技术培训</th></tr>
<tr><td>1986</td><td>942</td><td>23780</td><td>1993</td><td colspan="2">2620</td><td>2000</td><td colspan="2">51500</td></tr>
<tr><td>1987</td><td>1319</td><td>9509</td><td>1994</td><td>915</td><td>2500</td><td>2001</td><td colspan="2">46000</td></tr>
<tr><td>1988</td><td>3530</td><td>6203</td><td>1995</td><td>2950</td><td>3294</td><td>2002</td><td colspan="2">48000</td></tr>
<tr><td>1989</td><td colspan="2">8629</td><td>1996</td><td>4135</td><td>87542</td><td>2003</td><td colspan="2">33772</td></tr>
<tr><td>1990</td><td colspan="2">8083</td><td>1997</td><td>811</td><td>94983</td><td>2004</td><td>1930</td><td>65000</td></tr>
<tr><td>1991</td><td>950</td><td>5651</td><td>1998</td><td>4545</td><td>159700</td><td>2005</td><td>2220</td><td>68000</td></tr>
<tr><td>1992</td><td>1109</td><td>3109</td><td>1999</td><td>800</td><td>47412</td><td>—</td><td>—</td><td>—</td></tr>
</table>

科技研究与应用

【工业科技】 1986—2005年，新都累计列入区级重点工业科技计划项目450项，其中重大工业科技项目6项。

1984年，新都县标准件厂投入80万元研制开发成功F型分毛机、PM型拼毛型、ZQ型冷却机，推动羽绒加工工业生产，当年获得四川省重大科技成果奖。1989年，研制成功GYHG-LR型内热式羽毛绒烘干机，完成羽绒加工成套设备开发，两个项目列入1990年国家级新产品，1991年获国家科技进步三等奖。

1985年，新都启动联碱生产工程技术研究，1987年投产。年产纯碱、氯化铵各4万吨的生产工程技术代表全国联碱生产先进水平，其10项新技术、2项新材料和微机控制生产程序设备投入运行，项目获国家科技进步二等奖。

1985年，新都县钢窗厂（后更名为四川龙虎门窗集团公司）詹庆富等研制成功川-87型钢门窗、25B型空腹密闭钢门窗产品，攻克钢门窗材轧制工艺技术难题。1990年，被国家科委列入全国重点推广计划项目，获四川省科技进步二等奖、农牧渔业部科技进步奖。1994年4月，25B型空腹密闭钢门窗系列产品在日内瓦第二十二届国际发明博览会上获金奖。

1996年，成都旭光电子股份有限公司为打破电视发射管技术市场垄断，组织科技人员攻关研制大功率分米波电视发射管。1998年，相继攻克“石墨栅极加工、清洗、烧结、排气”技术难题，成功研制出FC307FS大功率分米波发射管，产品性能优良，使用可靠，其价格较国外同类产品低廉，除满足国内用户需求外，还出口欧美等国家。此项目获新都县1998年度科技进步特等奖。

1998年，成都旭光电子股份有限公司针对城乡电网改造及建设需要，组织科技人员对户外柱上真空开关管进行研究。TD-12/630-20W（J·H）型真空灭弧室产品性能具备开断电流、绝缘、防雨、凝露、动热稳定。此项目获新都县2000年科技进步特等奖、成都市科技进步二等奖。

【农业科技】 1986—2005年，新都累计实施农业科技发展项目804项，其中重大农业科技项目4项，推动优质水果、蔬菜、水稻、牛奶高效农业大宗生产。通过现代科学技术推广应用，传统种养业结构得以调整，促进农业资源合理配置，区域农业逐步走向现代化、都市化轨道。

1984年，新都县农业科技人员立足发展农村果林经济，提高农民收入，对部分农户种植在房前屋后

"漳州柚"调查,进行品种选育和提纯复壮,建良种母本园繁育开发。1989年,培育良种母本园48亩,良种壮苗100万株,以"新都柚"命名鼓励农户种植。至1995年,全县共植新都柚基地1万亩(63万株),年产99万公斤,产值225万元。1997年,"新都柚"通过四川省农作物品种认定委员会认定,"新都柚"项目获新都县科技进步一等奖。1998年,获成都市科技进步二等奖。1989—1999年,"新都柚"获农业部金牌1枚,银牌1枚,金杯奖5个。1989年、1992年、1995年,获四川省优质果证书,1999年,获国家国际农业博览会四川名牌产品称号。

1989年,县商业局第二饮食服务公司国营新繁泡菜厂组织科技人员,将传统名优食品"新繁泡菜"手工制作工艺转化为工业化生产的一系列技术开发研究(包括泡菜乳酸发酵技术、脱水保鲜技术、包装技术),并经申报列入国家星火计划项目予以实施。至1993年,完成新繁泡菜生产技术、工艺技术等工业化生产技术,形成年产2000吨生产规模,新研制70余个系列产品,新繁泡菜系列产品销往国内各地和国际15个国家和地区。此项目1993年获省政府星火三等奖。

1998年,县农业科技人员着力引进优质稻及种植新技术予以试验、开发及产业化经营推广。至2002年,全区先后引进优质杂交稻、常规稻新组合、新品种107个,经试验示范确定主推水稻品种,根据土壤分析结果建立优质稻生产片区,依托四川瑞玉米业有限责任公司在12个乡镇实行订单种植,优质优价收购,消除种植户后顾之忧,增加农民收入。此项目获新都区2002年度科技进步一等奖,2003年获成都市科技进步三等奖。

2001年,县畜牧科技人员着手优质高产奶源基地建设,从奶牛品种选择、牧草品种栽培、奶牛饲养防疫、养殖污染处理、发情期鉴定技术等进行系列研究,建立奶牛系谱档案,形成一整套适合农户小型集中养殖,快速见效,宜于推广的配套技术。至2004年,全区奶牛存栏由2001年1252头增至5107头,年产奶量2.3万吨,胎间距由450天缩短到400天,新增产值2782万元,新增效益1152万元。此项目获新都区2004年度科技进步一等奖。

【医药科技】 1986年始,坐落在利济乡(今清流镇)柳泉村的民营企业新都县保健用品厂(后更名为成都神农集团有限公司)组织科技人员利用中医经络学穴位原理,通过药物刺激穴位达到祛病、免疫保健功效。先后研制出"神农牌"颈椎药磁保健枕、舒胆健袋、药磁保健护胃袋、精气神元气袋、状元健脑神梳等护背、护腰、护肚、护肩、护膝保健系列产品及人参多维胶囊等抗衰老、免疫调节保健用品9种。1991年6月3日,中共中央总书记江泽民为神农集团公司题词"弘扬民族优秀文化,振兴中医中药事业"。1996年9月17日,中共中央政治局常委、书记处书记胡锦涛视察神农集团公司时勉励公司:希望你们多开发一些安全有效的医疗保健新产品,要为人民的健康事业作更大贡献。并当场用毛笔题书"胡锦涛,一九九六年九月十七日"。"神农牌"保健药枕研究,1987年获市政府科技进步二等奖。神农牌保健用品开发项目,1992年获省政府星火科技一等奖、1993年获国家星火科技三等奖。

1998年,四川科伦大药厂有限责任公司研制"盐酸左氧氟沙星注射液",2000年研制成功。产品具有渗透力强、抗菌力强、起效快、作用时间长、副作用低的特点,适宜临床危重、急性感染患者以及不能口服给药患者,实现年产400万瓶,年销售收入3000万元、利润1600万元。此项目获新都县2001年度科技进步特等奖、成都市2002年度科技进步二等奖。同年,四川科伦大药厂有限责任公司自选课题技术攻关,通过对"阿奇霉素氯化钠注射液"研究,解决了阿奇霉素水溶解性差、热压灭菌易分解的难题,由生物利用从口服的37%提高到100%,把普遍认为不适合做成大输液的阿奇霉素做成了大输液,是国内制液技术一大突破。1999年销售400万瓶,实现销售5000万元、利税2000万元。此项目获新都区2003年度科技进步特等奖、成都市科技进步三等奖、四川省2003年度科技进步二等奖。

【环保科技】 纺织印染废水是国内外较难处理的工业废水，尤脱色更困难。1985 年，新都环境专业设备厂研发的 TH-YR-B 型系列纺织印染废水净化设备，应用电解凝聚气浮化原理，浅层重力分离澄清及重力式过滤技术设备，综合设计完成“一元化”纺织印染废水处理及设备开发，将高浓度、高色度印染废水直接处理达到和优于国家规定排放标准，设备适合中小企业丝、毛、棉、麻、化纤纺织印染废水处理及其它有色印染废水处理。此项目 1985 年通过省级技术鉴定，1986 年获省科技进步二等奖、中国环境保护三等奖，1987 年被列入国家星火计划项目。同年，净化设备获中国发明展览会金奖、比利时第 36 届布鲁塞尔尤里卡世界发明银奖、加拿大蒙特利尔国际发明银奖。1989 年获国家星火科技二等奖。

【科技交流交易】 1984 年，县委、县政府制定《新都县科技人员合理流动的意见》《进一步落实知识分子政策，充分调动科技人员积极性的意见》。1985 年 4 月 1 日起实施《中华人民共和国专利法》。新都相关部门和科技人员依照法规，遵从专利法，实施科技交流、交易。

1986 年起，国家三线建设十厂一所陆续落户新都，企业内部富余科技人员可弥补新都经济发展人才的不足。县科委通过对县内企业调查，结合企业所需人才与迁入县内厂家联系，开展科技人员交流工作，为成都成龙公司所属新都激光全息公司推荐 1 名科技人员进行技术指导，为四川龙虎门窗集团公司推荐 7 名科技人员从事企业管理和产品开发。

1985 年 10 月，县科委应邀参加首次四川省技术成果交易会，组织全县乡镇企业、二轻企业、工业企业部分人员参加，开展科技成果交易。1986 年 1 月，县科委与成都市科技情报所于新都联合承办全国专利技术成果交易会，展示专利技术成果 3000 余项，吸引各地企业交流信息，洽谈项目。

1986—2005 年，县科委每年组织相关企业参加国家、省、市举办的各类技术交易会、高新技术博览会等，推动新都招商引资、企业技改、成果转让、技术供需。截至 2005 年，全区累计专利授权 1041 项(含已过期不受保护专利)，其中发明专利 155 项，实用新型专利 365 项，外观设计专利 521 项。

科研机构及队伍

【科技研发机构】 新都的科研机构主要是驻区单位的科研机构和经国家主管行政部门批准相继建立的技术工程中心、重点实验室、博士工作站。

驻新都的中国燃气涡轮研究院(624 研究所)，系中国航空工业第一集团公司所属大型综合研究机构，1991 年从四川江油迁入新都。

油气藏地质及开发工程实验室于 1988 年由西南石油学院(2005 年改名为西南石油大学)和成都理工大学协同申请联合立项建设，经国家计划委员会和国家教委批准，1995 年通过验收正式向国内外开放。工程实验室系国家重点实验室，是全国石油天然气工业上游各学科唯一的国家重点实验室，也是国内本技术领域学科方向设置最为完整配套的研究实体。研究领域跨工学和理学两门学科，覆盖地质资源与地质工程、石油与天然气工程、地质学一级学科 3 个、二级学科 9 个、博士点 9 个及博士后科研流动站 3 个。研究项目：石油、天然气勘探、开发技术基础研究以及对技术难题攻关。实验室主任由中国工程院院士罗平亚教授担任，学术委员会主任由中国科学院院士刘宝珺教授担任，实验室固定研究人员 66 人，其中院士 1 人、教授 54 人(含博士生导师 44 人)。西南石油大学共设科研开发机构 22 个。

成都旭光电子股份有限公司于 1989 年 6 月至 1990 年 5 月迁入新都，该公司技术工程中心 1997

年由四川省经济贸易委员会批准成立,从事电子真空器件开发研制,电子新技术、新材料、新工艺产品应用开发。开展重大技术引进,重大技术改造等。1997—2005年,工程中心相继开发IEC标准真空开关管180多种,掌握多项具有自主知识产权专有技术。工程中心有工程技术人员483人,其中获高级职称48人。

国家精密工具工程技术研究中心于2001年12月迁入新都。1998年8月依托工业部成都工具研究所而成立,该研究中心与相关高校、研究所人才和企业装备有机结合,广联用户,对工程化技术研究和开发,包括新型刀具材料、涂层装备、CAD/CAM技术、大型量仪和工位量仪技术、光电、激光传感器应用等,着力研究→开发→生产→推向市场。至2005年年底,研究中心有技术人员505人,其中高级技术人员107人。

成都市科伦大输液工程技术中心于2002年6月1日经成都市科技局批准成立。中心面向国内外市场需求,以国际先进水平研制开发市场急需的高效低毒治疗药“大输液”。中心遵循“项目研究→批量生产→市场开发”一体化运作模式,研制、开发中开展国际国内技术合作,接受国家、地方行业及科研机构委托研究、试验项目。至2005年,先后开发出果糖氯化钠注射液、阿昔洛韦注射液、阿奇霉素注射液、盐酸左氧氟沙星等新药。

四川科伦实业集团有限公司博士后科研工作站经人事部批准,于2003年12月26日成立。工作站吸收博士后研究人员从事信息收集、文献查阅,确定新药研究、开发项目和药物化学研究、结构改选、药物制剂研究、缓控释制剂研究工作。2005年吸收1名博士后进站。

【科技人员】 1985年,国家开始专业技术人员职称改革工作。至1989年年底,全县参加职称改革的企事业单位1361个,专业技术人员12065人。其中全民事业单位116个,全民企业108个,专业技术人员6858人;乡镇企业单位1002个,专业技术人员3035人;二轻、农机、文教、卫生、工业、交通、城建等系统135个,专业技术人员2172人。专业技术人员获得相应的专业技术职务资格10142人,被单位聘任相应专业技术岗位9724人,享受相应的专业技术职务工资。至2005年,区内各专业技术人员的评审条件、规定、材料、要求更加规范,全区评聘专业技术人员7158人。当年全区推荐高、中级职务材料600余人(其中副高160余人),审查批准120人。

2005年统计,驻区的624所、西南石油大学以及企业中博士生导师、博士、研究员、高级工程师等高级人才146人;中国工程院院士2人,享受国务院津贴77人,享受市政府津贴6人。

科技企业

【高新技术企业】 1995年7月26日,市第十二届人大常务委员会第十二次会议通过《成都市科学技术进步条例》,规定“成都市人民政府大力支持发展高新技术产业,创办高新技术企业”“市科学技术行政部门负责高新技术企业的证件发放工作”。凡属成都市高新技术开发区外从事高新技术研究和高新技术产品生产的企业,经企业申请,市科技主管部门审核认定,均属高新技术企业,享受国家、省、市规定的有关优惠政策。新都境内企业经申报,市科学技术行政主管部门审核认定,至2005年,共批准高新技术企业22家。

2005年新都区高新技术企业一览表

表14–35

序号	企业名称	行　业	认定时间	企业地址
01	成都神农集团有限公司	医疗器械	1999	清流镇柳泉村
02	四川明天精细化工有限责任公司	化工	2000	三河街道明天路1号
03	四川科伦药业股份有限责任公司	生物医药	2000.08	新都工业开发区
04	成都三利亚中瓷有限公司	新材料	2001.11	泰兴镇普河工业区
05	四川炬光印刷器材有限公司	新材料	2001.12	新都工业开发区
06	成都顺达利聚合物有限公司	新材料	2002.02	军屯镇工业集中区
07	成都工研科技股份有限公司	机械制造	2002	新都工业开发区
08	成都旭光电子股份有限公司	电子信息	2002	新都工业开发区
09	成都精密电机厂	机电一体化	2002	新都区9号信箱
10	四川永星电子有限公司	电子信息	2003.05	新都镇电子路98号
11	成都欣宇生物有限公司	生物医学	2003.05	竹友场镇工业集中区
12	成都正恒动力配件有限公司	汽车配件	2003.07	大丰街道南丰工业城
13	成都紫江包装有限公司	新材料	2003.07	新都工业开发区
14	成都锦尚科技有限公司	新材料	2003.10	新都镇入缘路南段
15	新都新力设备制造有限责任公司	矿山机械	2004.03	新繁镇外西街160号
16	成都银河动力科技股份有限公司	汽车配件	2004.03	龙桥镇
17	成都森科制药有限公司	生物医药	2004.05	新繁镇外东街145号
18	四川乘风阀门有限责任公司	石油机械	2001.12	大丰街道
19	四川世创达电子科技有限公司	电子信息	2005.05	新都工业东区
20	成都成保发展股份有限公司	机械电子	2005.07	大丰街道南丰工业城
21	成都亚浦耳实业有限公司	光电子	2005.11	新都镇电子路98号
22	成都多林电器有限责任公司	机械电子	2005.11	新都工业开发区

【民营科技企业】 根据中共中央、国务院《关于加速科学技术进步的决定》精神，1987年5月20日，省科委、省工商局颁发《四川省技术经营机构审批登记暂行办法》。新都按照文件精神，发展“新都县光电技术研究所”等民营科技机构3家。

1995年5月15日，市科委与市国税局、市地税局联合下发《关于〈成都市认定科技企业核发证书的暂行办法〉的通知》，县科委与县国税局、县地税局于1995年6月29日起，开展全县科技企业认定工作。截至2005年年底，经企业自愿申请，区科技行政部门审核，市科技行政部门认定，全区共认定民营科技企业37家。

2005年新都区民营科技企业一览表

表14-36

序号	企业名称	行 业	认定时间	地 址
1	成都市新都化学工业有限公司	无机化工	2001.02	新都工业开发区
2	成都新繁食品有限公司	蔬菜加工	2001.02	新繁镇繁清路144号
3	成都运城制版有限公司	印刷制版	2001.12	新都工业开发区
4	成都新炬化工有限公司	化 工	2002.06	龙虎镇人民桥
5	四川丹琪电信科技有限公司	电子通信	2001.12	新都工业开发区
6	成都福昌汽车配件有限公司	汽车配件	2002.06	军屯镇屯军街
7	成都旭光电子设备厂	电子器件	2002.06	新都镇电子路172号
8	四川新加印刷器材有限公司	印刷器材	2001.08	新都工业开发区
9	四川京光特型印刷器材有限公司	印刷器材	2001.08	新都工业开发区
10	成都新沁丰印务有限公司	印 刷	2001.12	新都镇入园路三段
11	四川列维士家具有限公司	家 具	2002.02	新繁镇繁清路144号
12	成都科方电源技术有限公司	电 子	2001.08	新都区新力路1号
13	成都天田医疗电器科技有限公司	医疗器械	2001.08	军屯镇工业集中区
14	成都建新科技产业有限责任公司	机 电	2001.08	新都镇新泰东街126号
15	成都市新都凯兴科技有限公司	化工机械	2001.02	新都区入缘路99号
16	成都市亿旺农业科技开发有限公司	复合肥	2001.12	新都镇如意大道中段
17	成都瑞谷光电有限公司	光通讯	2002.06	新军路西北村
18	成都壹加科技发展有限公司	生 物	2002.06	斑竹园镇
19	成都豪力科技有限责任公司	纺 织	2001.02	石板滩镇建设村
20	成都金曼生物工程有限责任公司	生物工程	2001.02	新都镇外南街485号
21	四川太特实业有限公司	机 电	2001.02	新都工业开发区
22	成都千方中药饮片有限公司	中药加工	2004.07	新都工业开发区
23	成都好风科技有限公司	轻工制品	2004.07	蓉都大道北一段55号
24	成都俊马密封制品有限公司	轻化工	2004.07	石板滩镇光明村
25	成都市新虎焊接材料厂	制造业	2004.07	龙虎镇朱王村
26	成都市新都灵芝应用研究所	生 物	1995.12	新繁镇白壁村
27	四川新都机电研究所	机电研究	1991.10	新都镇金光路88号
28	成都玖源化工有限公司	无机化工	2002.11	新都镇新新街108号
29	成都百草中医药应用开发有限责任公司	中药加工	1993.10	新都镇山王村
30	科希自动化设备有限公司	机 电	备 案	新都镇宝光大道南段57号
31	四川瑞泽科技有限公司	农用化工	备 案	成都市一环路西三段18号
32	成都市新都科鑫科技有限责任公司	科鑫科技	备 案	新都工业开发区
33	一汽解放青岛汽车厂成都分厂	汽车	备 案	三河街道三河大道
34	四川大西洋焊接材料股份有限公司	焊接	备 案	新都工业开发区
35	成都康宇实业有限公司	康宇实业	备 案	新都镇宝光大道南段728号
36	台资先驱家私	家 具	备 案	大丰先驱大道98号
37	成都博阿食品有限公司	肉食加工	备 案	新都工业开发区

·文化 广电·

WENHUA GUANGDIAN

新都把文化和广播电视纳入社会事业建设总体规划。1986—2005年,在发展经济的同时,不断推进文化和广播电视事业的发展。

依托文化资源,繁荣文化事业。新都拥有全国重点文物保护单位宝光寺、杨升庵祠及桂湖,历史文化深厚。新都先后新建、扩建图书馆、艾芜陈列馆、博物馆等文化活动设施。传承保护和合理开发新繁棕编、新繁传统药浴等非物质文化遗产。芙蓉花川剧团的代表剧目《芙蓉花仙》演出2500场,创中国舞台戏曲同一剧目演出场次最高纪录,被中央新闻电影制片厂、中央电视台先后拍摄成彩色舞台艺术片和电视戏曲艺术片。1999年,新都被文化部授予"全国文化工作先进县"称号。

发展广播电视,办好精品节目。1989年,新都人民广播电台、新都电视台正式开播,成为继江津、万县之后在四川省设立的第三座县级电视台和成都地区第一座县级电视台。电台、电视台围绕新闻性、教育性、科技性、文艺性、服务性五大类型开办节目,常年亮牌栏目均保持在7个以上,年收稿量5000件以上,向中央、省、市台报送稿100多件。新都"村村建广播室"为全省首创。1986—2005年,新都广播电视获奖节目全国8件(7类)、省级21件、市级135件,有11个乡镇27个广播节目被选送省市评为优秀奖。

文物保护单位

全国重点文物保护单位宝光寺

【历史沿革】 宝光寺,又名宝光禅院,坐落在新都镇宝光大道,占地10万平方米,建筑面积2万余平方米,系中国惟一保存早期"寺塔一体,塔踞中心"典型布局的佛教禅宗寺院。寺院清幽,塔藏舍利,禅堂恢弘,与成都文殊院、昭觉寺、草堂寺并列为成都"四大精蓝";与成都文殊院、镇江金山寺、扬州高旻寺并列为长江流域禅宗"四大丛林"。寺内始建于清咸丰元年(1851)的罗汉堂,塑各式佛、菩萨、罗汉、祖师、尊者共计577尊,是全国寺庙中历史悠久、规模最大的泥塑贴金罗汉堂。

相传,宝光寺建于东汉,隋代名大石寺。据1996年5月寺内出土的唐代施衣功德碑记,唐开元二十九年(741)已有宝光寺,至今1260余年历史。两个唐代柱础,现存于七佛殿前廊柱下。据传,唐中和元年(881),黄巢起义攻破长安,唐僖宗李儇南避入蜀。中和元年5月,唐僖宗路经新都,曾驻跸宝光寺,且于庙后修建行宫。僖宗平生崇佛,乃遣郭尊泰下旨,命隐居彭州九陇山高僧知玄(悟达国师)驾前随行。唐中和三年(883)3月,一日僖宗见宝光寺"宝光塔"遗址光芒异样,掘之,见塔宫石函藏佛舍利13粒,僖宗遂命悟达国师扩建佛寺,重修宝塔,取名为"无垢净光宝塔"。

北宋大观三年(1109),中国佛教禅宗临济宗第十一代祖师佛果克勤(宋高宗赐号圆悟国师)住持宝光寺,拓展寺院规模,宋徽宗赐名宝光寺称"大觉寺"。元代,寺庙一度残破。明初,石子美等人募集捐款培修,复名"宝光寺"。永乐十一年(1413),心空和尚于寺内建造《尊胜陀罗尼咒》石经幢,后寺庙毁于大火。明正德年间(1506—1521),宝光寺经杨廷和、杨慎父子捐修,殿宇宏丽。明末清初的战乱中宝光寺遭受毁损。清康熙九年(1670),四川梁山县(今梁平县)双桂堂破山和尚嘱弟子笑宗印密禅师至宝光寺,在新都知县毕成英及地方缙绅、邑众鼎力支持下,重兴道场。乾隆十四年至光绪十三年(1749—1887),屡次修葺殿堂，扩建寺庙，始成当今规模。

1956年，宝光寺被批准为四川省文物保护单位。1983年，国务院公布宝光寺为全国汉族地区重点开放寺院。2001年6月25日，国务院公布宝光寺为全国重点文物保护单位。

【古典建筑】 宝光寺坐北向南，殿堂布局宏伟。中轴线上，从山门外福字照壁起，山门殿、天王殿、舍利塔、七佛殿、大雄殿、藏经楼、紫霞山依次耸立。两旁有钟鼓楼、二牌坊、左右廊庑，东西方丈室。罗汉堂坐东，客堂、斋堂、戒堂、祖堂、法堂、千佛堂等院落谨严雅致。建筑为木石结构，全寺共施石柱400余条，主要由一塔、二坊、三楼、四殿、十二堂、十六庭院组成。

照　壁　位于山门殿前，一通青灰色的砖石照壁，壁脊中饰宝珠，两侧螭尾走兽。前壁正中嵌“南无阿弥陀佛”六个蓝地金字，照壁两旁书四字对联“福田广种 寿域同登”。壁背正中嵌有一个四尺见方“福”字。

山门殿　两侧龛内各塑一尊金刚力士天神，手持宝杵护卫寺院。殿内塑杨廷和、杨慎父子像。杨廷和右手执毛笔，左手持化缘簿；杨慎左手放膝，右手托元宝，纪念父子捐资培寺的功德。

天王殿　始建于清同治二年(1863)，殿堂正中挂“一代禅宗”匾额。天王殿塑南方增长、东方持国、西方广目、北方多闻等四大天王，系全寺坐像之最，高1丈2尺。

宝光塔　又名无垢塔，置天王殿后，始建于唐中和三年(883)。塔高30米，密檐四方形砖塔，塔刹冠鎏金铜质宝顶。塔设13层，层层嵌佛像，四角挂铜质风铎，坐基龛塑释迦牟尼鎏金坐像，塔基系须弥座，底层塔周，八角形砖石勾栏，栏板镌记释迦牟尼佛应化故事图。宝塔西斜，誉为“东方斜塔”。

钟鼓楼　对峙于宝光寺东西两旁，二楼均系卷棚屋顶，青色筒瓦，飞檐翘角。钟楼窗户呈钟形，楼上挂洪钟1口。匾额书“钟敲鹤起”，楼联云：“惊醒世间名利客，唤回苦海梦迷人。”鼓楼窗户呈鼓形，楼架巨鼓1面。匾额书“鼓击龙飞”，楼联曰：“妙音能除三世苦，威震远彻九霄云。”钟鼓乃僧众起居更号，亦作禅宗仪礼法器。

伽蓝堂和客堂　伽蓝堂又称云水堂，与鼓楼毗连，为云游僧来寺挂单之处，故匾曰“从哪里来”，堂内供伽蓝菩萨3尊。客堂与钟楼毗连，为寺院日常工作管理中心。

七佛殿　坐宝光塔后，始建于清咸丰十一年(1861)，单檐歇山式。前廊柱下置两浮雕蟠龙柱础。“七佛”指过去庄严劫千佛中的最后3位佛和现在贤劫千佛中的前4位佛，其名号依次为：毗婆尸佛、尸弃佛、毗舍婆佛、拘留孙佛、拘那含牟尼佛、迦叶佛、释迦牟尼佛。七佛均为贴金站像，每尊高1丈6尺，乃依佛经“丈六金身”塑造。殿背中龛塑韦驮菩萨站像，正对大雄宝殿释迦牟尼佛，护持佛法。

斋堂、戒堂和禅堂　出七佛殿，东侧为斋堂，也称五观堂，是寺僧吃饭的地方。戒堂在斋堂对面，为四合院，分前厅、正厅和两厢。戒堂北侧的四合院为禅堂，又名大彻堂。

大雄宝殿　坐七佛殿后，系寺院主殿，始建于清咸丰九年(1859)，单檐歇山顶，台基高愈1米，5楹5进，占地700余平方米。佛殿共支36条石柱，殿中塑释迦牟尼的诞生像、成道像和说法像及其“十大弟子”中的摩诃迦叶、阿难陀像，殿后塑阿弥陀佛站像。殿堂系寺僧晨暮礼佛恭做法会之圣地。

千佛堂和影堂　出大雄宝殿，东侧为千佛堂，因珍贵佛教文物千佛碑在此，故名千佛堂。影堂在千佛堂西面，堂中塑禅宗初祖菩提达摩像。

藏经楼　坐大雄殿后，始建于清道光二十八年(1848)，重檐歇山顶式建筑，面阔9楹，进深5间，面积1080平方米，楼高27米，系寺院最大一重楼阁。楼上有脱纱千手观音塑像、彩绘十八诸天壁画。珍藏着清雍正、乾隆年间印制佛典《大藏经》，分经、律、论三藏，共366函、6361卷，以千字文编号分储书柜。楼下系“说法堂”，乃寺庙历代方丈升座、说法之殿堂。

西方丈、东方丈和祖堂 位于藏经楼东西两侧，各有双扇拱门，经“狮窟”拱门通东方丈，为现任方丈和尚的居室、客堂和花园。进入四合院天井中有两棵盘扎精巧的古银杏树。经“龙潭”拱门通西方丈，为退院方丈和尚的居室、客堂和花园。民国25年(1936)，祖道和尚任住持时，黄埔军校在此培养抗日将领，设立团部，一期3年，每期10个中队，分属3个大队。陈设古雅的东方丈是寺中之重地，建有方丈室、小客堂、大客堂，大客堂又叫问本堂。穿过问本堂可见一座四合院，宝光寺祖堂即在庭院正北。

紫霞山 藏经楼后建有一座砖石照壁，壁前碑碣一通，碑铭“紫霞山”。壁后筑高12米、见方100米土丘。据传，此处乃唐僖宗避难蜀中，驻跸新都的行宫遗址。寺僧乃以唐僖宗见本寺紫霞显现，舍利放光而定名为“紫霞山”，千余年紫霞山遂成宝光寺别称。紫霞山周围树丛森森，古楠密集，苍劲挺拔，枝叶互不相扰。

净土院 净土院是寺内所建的一座自成体系的净土宗寺庙，位于大雄宝殿的东廊，称为“寺中之寺”。在建筑中轴线上，依次为照壁、寿佛殿、极乐堂、念佛堂。极乐堂中，有一尊来自缅甸玉石精雕细琢的释迦摩尼佛成道像。

【罗汉堂】 穿过舍利塔旁“天台胜境”牌坊，沿幽深红墙的“曲径”即到罗汉堂。罗汉堂始建清咸丰元年(1851)，面积1600平方米，是中国现存四大罗汉堂(另三处在北京碧云寺、苏州西园寺、武汉归元寺)中历史最久、规模最大的泥塑罗汉堂。罗汉堂建筑形制奇特，塑像纵横交错，气势宏深，宛若迷宫。大堂系抬梁式石木构架正方形建筑，九进九楹，分布四个天井，平面呈“田”形，内外四层，中以“十”字形相连，所有通道曲折回环，变幻莫测，置身悚然。

罗汉堂塑3佛、6菩萨、18罗汉、50祖师、500尊者(相传佛的500名弟子)，共有塑像577尊，每尊高约2米(佛、菩萨超过2米)，全身彩绘贴金，造像千姿百态，妙趣横生。塑像除一些面部形象夸张外，头部、躯干、四肢(长臂罗汉除外)都符合人体比例，其衣纹、肌肉、骨骼惟妙惟肖。罗汉堂中央，矗立一尊高约6米，塑28个头、65只手、196只眼的观音塑像。罗汉中有两尊塑像不着僧装，不拿法器，乃清康熙、乾隆皇帝塑像。

【佛教艺术】 宝光寺有藏品18986件。其中，珍贵文物250套、7733件；一般文物758套、1453件，文物资料2303套、9800件。较珍贵的有：

梁代千佛碑 梁代浮雕千佛碑镌于南北朝梁武帝大同六年(540)，距今1460多年。碑碣通高175厘米、宽65厘米、厚14厘米，坐以六边形莲花盘螭。碑身四面佛像足有一千之数，碑额中心饰接引佛，佛下镌二力士，左右双龙蟠缀，龙形矫健。碑身中下饰窟龛，龛中正坐释迦牟尼佛，两侧侍立文殊、普贤菩萨。碑面浮雕千佛，每尊高5厘米，佛像双手合十，趺坐莲台，纵横有序，身后衬以火焰形灵光。碑楞下端为东、西、南、北四大天王，手执法器，勇武威严。通碑雕技精细，造型奇巧，佛像、动物、图案布局得当，形态自然优美。

唐代施衣功德碑 坐落在千佛碑右侧，碑刻唐开元二十九年(741)，高210厘米、宽80厘米、厚16厘米。碑正面上部镌刻“华严三圣”，中坐毗卢遮那佛，身披袈裟，头顶肉髻，左手护膝，右手结说法印，趺坐须弥座上。左侧文殊菩萨、右侧普贤菩萨。毗卢遮那佛两侧饰双手合十供养人各一，佛座前两端各有3尊修行者。碑帽中饰团花卷叶宝盖，两侧飞天神身拽广袖长带绕宝盖飘然而下，碑碣雕刻形似神似。碑面下部中间镌《施衣社铭》，两侧刻如上座李解，社人王繁、吴果等70人，均头着巾，或合十，或抄袖，向内侧而坐，仪态姿势大体相同。碑背面上部刻“华严三圣”，下部刻《施衣社功德颂》。碑碣两侧刻浮雕坐佛10尊。

唐代柱础　两柱础置七佛殿前廊柱下。传为唐僖宗南避入蜀到宝光寺修建行宫所用，后行宫废弃，柱础故存。其刻工精细，两条龙神气活现。遗础周长5尺4寸、高1尺2寸，柱础浮雕云龙纹饰。因年深岁久，遗础风化剥蚀，至清咸丰十一年(1861)，自信和尚趁修七佛殿时，改凿石础，涂以丹砂安放殿前。

尊胜陀罗尼咒石幢　耸立在天王殿弥勒佛龛后，建于明永乐十一年(1413)，明末清初战乱，石幢埋土。清同治二年(1863)，寺院住持真印和尚趁建天王殿掘幢重塑，补刻幢身，习称"永乐石幢"。尊胜幢高6米，幢顶3层。上层：幢帽；中层：8面幢身，每面各有一龛，镌"天龙八部"护法神；下层：扁球形，镌"二十四诸天"护法神。幢基4层，分刻飞龙、荷池、莲台、祥云。幢身楷书镌刻《佛顶尊胜陀罗尼咒》。整座石幢形制稳重，文字娟秀，图案精美，外形夺目，乃佛家艺术珍品。

石凿舍利塔　矗立在念佛堂正中，清光绪三十二年(1906)开刻，宣统元年(1909)竣工。通高5.2米，塔身直径1.5米。主体由3块大青石镂空透雕而成，系六边形亭阁式佛塔。塔刹为攒尖顶，塔身2层，飞檐翘角，底层由12柱支撑，外6柱滚龙抱柱，内6柱阴刻对联，中置双层木龛，上供释迦牟尼佛，下奉阿弥陀佛。塔周勾栏环护，镌刻白鹤衔花、鼠偷葡萄灵物等，一二层遍刻释迦牟尼故事。浮图贴以金粉，施以朱砂、石青、石绿重彩，佛塔金碧辉煌，蔚为壮观。宝塔珍藏释迦牟尼佛遗骨1颗、珠状舍利子3粒，塔柱上刻："是如来真种子，放无量大光明"等6副对联。

石凿舍利塔

【镇寺三宝】　宝光寺所藏文物中，舍利子、优昙花和贝叶经因其珍稀，被誉为"镇寺三宝"。

舍利子　清光绪三十年(1904)，宝光寺自信长老之弟子真修和尚到印度朝拜释迦牟尼圣迹，经谒见锡兰国王，从锡兰国(今斯里兰卡)楞伽山得到舍利子15粒。真修回国后，分宝光寺白色和黑色2粒，后寺僧安放在透明的水晶球中，外面罩以铜质镀金小塔。该塔制作精美，塔基为莲花座，塔身镌刻龙柱、花卉，额书"释迦如来真身舍利"。

优昙花　又作优昙钵花，极其稀有，佛教将其作为圣花。宝光寺的优昙花原藏于清朝宫廷，据说是印度使臣给大清皇帝的赠品，为铜锡合金铸造，高155厘米，叶互生，为箭镞形，脉络清楚。花共6组，每组聚生数朵小花，隐于壶状凹陷的花托中，造型别致罕见，用硬物敲击叶片，能发出"优昙钵罗"之音。

优昙花

贝叶经　在佛教发源地印度及东南亚一些地方，人们把经文用针刻在贝叶上，故称贝叶经。宝光寺的贝叶经是清福老和尚游历印度及东南亚诸佛教国家时，从暹罗（今泰国)带回中国。清光绪三十二年(1906)，清福将贝叶经带至宝光寺。该部贝叶经为梵文《法华经》,长48.5厘米、宽6厘米、厚6厘米、131页,四周边缘涂以黄金,中有两孔,以丝绦穿结,装在一制作精美的檀香木匣里。匣底写着:“贝多罗真经,乃清福上人游印度拜得者,历2000余年之久,稀世法宝也!”等语。

【诗文题咏】 古往今来,宝光禅院名士高僧往来者众,多有题咏,择三首存志。

新都访碑

清·王懿荣

宝光寺内离筵晚,稚子碑前客意闲。
今日忆君在何处,斜风细雨鹿头关。

王懿荣(1845—1900),字正儒,号廉生,山东福山人,精通文史、书画、金石、考古,与翁同和、潘祖荫并称大博学。清光绪八年(1882)八月廿八日,作者从成都返北京,友人含澈、邓质为他饯行于宝光寺。作者九月初二行至罗江县时,写此诗托人转含澈(雪公长老)。因此件与宝光寺相关联,1977年由四川省文化厅交宝光寺收藏。

重游宝光寺

颜　楷

九载重经礼上方,随缘来去莫思量。
行行前辈升庵里,了了中田罗汉堂。
舍利塔光容我住,曼陀花雨自天香。
晨钟一饭须参透,定见空王是法王。

颜楷(1877—1927),字雍耆,华阳人,书法家,清光绪三十年(1904)举进士,曾游学日本,授翰林院编修,加侍讲。颜楷于辛亥革命前曾游宝光寺,1920年初冬重游宝光寺时,应无穷方丈邀请书作此诗。

宝光寺楠木林志异

贯　一

天文有分野,地舆有分形;
人亦分种族,黄白不同伦。
宝光古刹内,楠木何森森;
条枝不相掩,枝叶各殊荣。
天光透树杪,蜿蜒如虫文;
宛然划疆界,毋乃鬼神村。
鸟巢复曼绝,淫戒及飞禽;
岂果丛林中,不容长子孙。
吾闻极乐园,宝树行列分;
鹦鹉说妙法,迦陵演仙音。
本无三恶道,弥陀大愿成;
佛力无思议,视此祇陀林。

贯一(1878—1954),字圆性,宝光寺方丈。1941年夏,贯一作此诗,隶书并加行书跋语,弟子妙轮刻成匾,挂东方丈室。

【宝光楹联】 宝光寺有石刻楹联60副、木刻楹联20副,多涉佛法教义。

大雄宝殿联　“世外人法无定法，然后知非法法也；天下事了犹未了，何妨以不了了之”。清代何元普撰书。

山门殿联　“龙藏远承恩，经传觉院；鸡园常说法，派衍宗门”。清代钱履和撰书。

宝光塔联　“寺镇牟尼青色宝；山飞舍利紫霞光”。太虚大师(1889—1947)撰。此联运用对联艺术的“凤尾格”，概括了宝光塔的建造原委和历史掌故。

七佛殿联　“三四尊真佛静观世变；十二位法躯闲看人忙”。

藏经楼联　“竟能与羲卦麟经，并垂宇宙；应不让元亭石室，高峙岷峨”。清代刘景伯撰书。

罗汉堂联　“即此是天台，像显阿罗五百；俨然真佛国，堂开法界三千”。

客堂联　“挑起一担，通身白汗阿谁识？放下两头，遍体清凉只自知”。清代张怀泗撰书。

斋堂联　“试问世间人，有几个知道饭是米煮？请看座上佛，亦不过认得田自心来”。清末张凤篪撰书。

祖堂联　“笑祖法云、明，东土西天，相传得鼻；国师封悟、觉，南能北秀，奉祀馨香”。贯一禅师撰书。以简洁的语言，叙述了宝光寺的佛教宗派和传承世系。

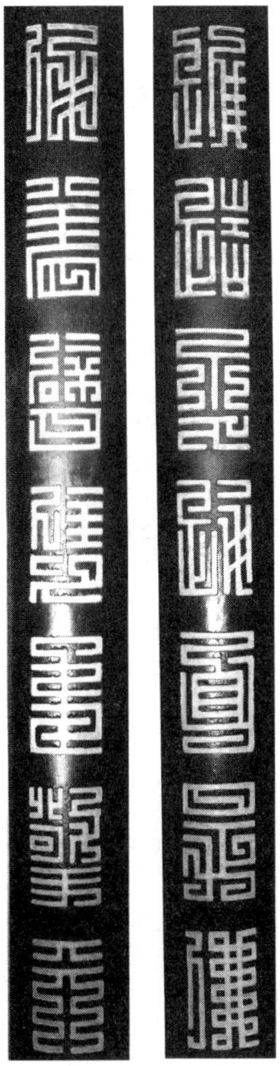

天王殿联　“进这步通身是佛；伸着臂只手擎天”。此联以九叠书闻名，上联的“步”字与下联的“手”字误刻颠倒。

【宝光匾额】　宝光寺建筑多嵌悬匾额，使用楠木、柏木等优质木材或石材制作，雕刻精美，漆底金字或金底漆字为主，也有朱底漆字者，匾框及匾面刻饰花纹。宝光寺匾额的书法以清代和近现代名人名家手笔居多，具有很高的文化价值。全寺匾额共计198块，其中石刻14块，木刻184块，无论数量和质量，在全国寺院中均首屈一指。1992年出版的《中华名匾》中精选了全国庙宇、寺观匾额157块，其中宝光寺9块。

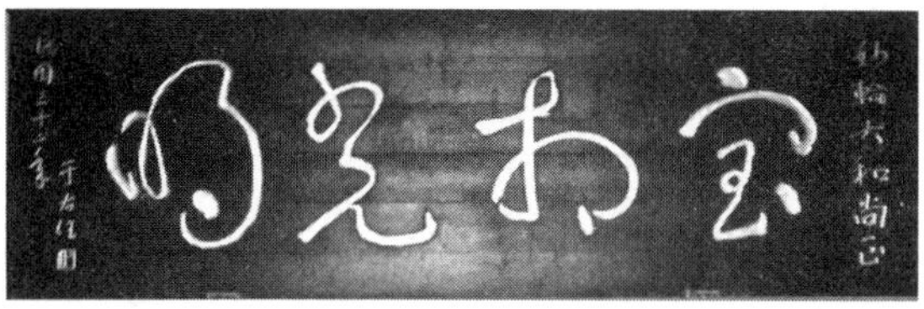

宝相光明　悬挂于宝光寺山门殿内当心间横梁上，长480厘米，高140厘米。木质，漆底金字，凹刻。上款为“妙轮大和尚正”，下款为“于右任，民国三十二年”。

宝光禅院　嵌于宝光寺山门殿横额，长260厘米，宽160厘米。金字黑底，楷书字体，凹刻，边无

杂饰。上款为“道光岁次乙未年仲春月”,下款为“新都县知事昆明钱履和书”,以阴刻印鉴压尾。

七佛宝殿　悬挂于七佛殿正中,长540厘米,宽150厘米。黑底金字,楷书字体。上款为“钦命提督四川全省军务节制各镇控制苗夷提调汉士官饶勇巴图鲁蒋玉龙题”,下款为“大清同治元年岁次壬戌孟夏月佛欢喜日谷旦”。

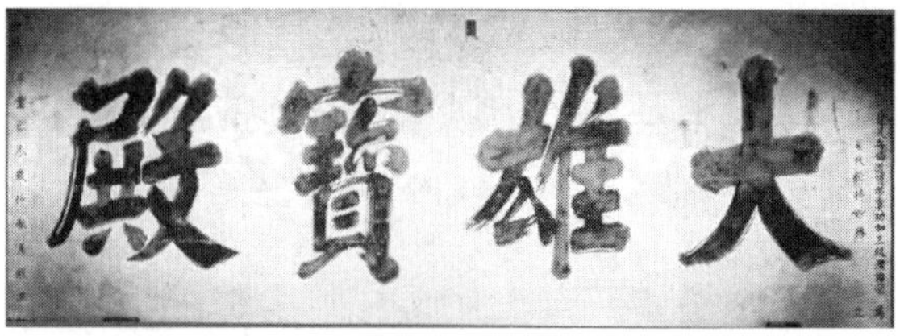

大雄宝殿　悬挂于大雄宝殿前,长533厘米,宽187厘米,是全寺最大的匾额。楷书,凹刻。上款为“钦命四川分巡成绵龙茂兵备道随带军功加三级濮诒孙为当代住持妙胜立”,下款为“大清咸丰己未岁仲秋月谷旦”。匾由楠木制成,金底遍布凸出的龙凤和行云纹饰。

此匾系成绵龙茂道台、军功赫赫的濮诒孙于清咸丰九年(1859)八月送给当时住持妙胜禅师的。妙胜和尚曾经创建宝光寺罗汉堂、重修大雄宝殿并赴北京请回《大藏经》。

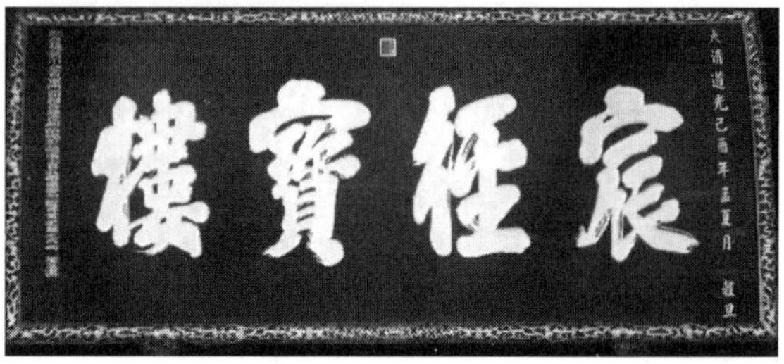

宸经宝楼　悬挂于藏经楼,长480厘米,宽160厘米。上款为“大清道光己酉孟夏月谷旦”,下款为“钦命提督四川全省军门节制各镇控制苗夷提督汉土官兵带随带加一级寻常纪录三次向荣敬书”。金字黑底,行楷字体。

方　丈　悬挂于住持方丈室前,长410厘米,高190厘米。上款为“道光丙午蒲月之吉为妙胜大和尚立”,下款为“芝轩潘世恩书”。金字,凹刻。下款末刻二枚篆文印,一是“潘世恩印”,二是“芝轩”。

行愿往生　悬挂于念佛堂左次间老檐额枋上,长320厘米,宽127厘米。黑漆底金字,匾中“行愿往生”四字为隶字,凹刻,题款为楷书。上款为“民国乙卯年仲春月谷旦”,中款为“上无下穷太老和尚重建念佛堂纪念,同堂现住海众,皈依三宝弟子,发友(下分别署姓名)”。下款为“法嗣源性敬隶”,末有篆书朱文印记“圆性”“贯一”。

【佛门素筵】　寺僧奉行不杀生、不茹荤的戒条,坚持素食。寺院逢法师讲经、沙弥受戒、居士礼佛等佛事活动,常由法师、沙弥、居士付款,设斋供众,且依出钱多少,分为千僧斋、上堂斋、平堂斋、吉祥斋、如意斋等。时有达官贵人赴宝光寺尝鲜,禅寺恪守清规,言行不悖,遂做似荤非荤菜品。

至20世纪30年代,随社会需求逐步形成“素质荤形”菜品,由宝光素菜发展到宝光素筵。宝光素筵以川菜烹饪技法为基础,素菜荤做,油而不腻,清爽可口。宝光佛门素筵主厨,以驼子达聪和尚、跛子青山和尚技艺最精,与成都大慈寺矮子惟明和尚大厨并称川西“三大僧厨”。时成都省府要员、军政头目、外地商贾、社会名流不时赶赴寺院，品尝素筵，以调胃口。

宝光佛门素筵保存佛家色彩，如罗汉果、戒香条、般若等菜名。菜品有椒麻鸡块、宫保肉丁、糖醋鲤鱼、清蒸全鸭等四川名菜，还有蛋黄鸡糕、金鱼闹莲、香菇烧鸡等特色菜，桃羹、橘羹、莲米羹、葡萄羹、银耳羹、黄耳羹随季上桌。鲜花鱼翅、脆皮红排、家常鲍鱼、菊花陶泥、白汁鲜笋等烹制鸡鸭鱼肉之色香味形，乍看乱真，似荤实素，食之悦口。菜品以黄豆、面粉、豆筋、豆皮、面筋为主料，辅以山野干鲜、芝麻、木耳、竹笋、蘑菇、香菌及四季瓜果、田园蔬菜，或炒、或蒸、或炸、或焖，烹调五味。

随着旅游事业发展，佛教界友好往来，宝光寺于1980年对外开办佛家餐厅，设仿荤素菜百余道，深受中外游客喜爱。2004年10月，中央电视台“天府之旅——美食成都”摄制组慕名入寺，摄制宝光佛门素筵，誉为中国烹饪百花园中的一朵奇葩。

【历代方丈】 宝光寺历经兵燹火患，寺僧离散，谱牒毁佚，宋、元、明时期住持已无可稽考。明末1609年起，笑宗印密禅师住持宝光寺，故笑宗为第一代方丈。

第一代　笑宗禅师　　第二代　尔生禅师　　第三代　丛芝禅师　　第四代　恢彰禅师
第五代　玉参禅师　　第六代　月容禅师　　第七代　行深禅师　　第八代　映梅禅师
第九代　月耀禅师　　第十代　妙胜禅师　　第十一代　自信禅师
第十二代　圆光禅师　道帆禅师　　第十三代　普愿禅师　　第十四代　天然禅师
第十五代　德相禅师　　第十六代　时昌禅师　　第十七代　静照禅师
第十八代　无穷禅师　　第十九代　贯一禅师　　第二十代　果澈禅师　静权禅师
第二十一代　常乐禅师　一如禅师　　第二十二代　祖道禅师
第二十三代　妙轮禅师　　第二十四代　云晏禅师　明高禅师　遍能禅师　贞意禅师
第二十五代　意寂禅师

【宝光寺保护】 在“文化大革命”中，宝光寺因部队进驻而未受破坏，其建筑、佛像及珍藏文物一直保护较好。1990—2005年，宝光寺自筹资金1624万元，对寺院进行多次维修。保护与维修的主要部位：

罗汉堂　1990年，经国家、省市有关部门批准，宝光寺自筹资金120万元，购买黄金金箔3.5公斤，对罗汉堂全部塑像进行维修。采用古代传统工艺，主要对佛像粘贴黄金金箔，并修补部分损坏塑像彩绘。历时3年完工，经验收为优良文物维修工程。

宝光舍利塔　1993年，宝光寺自筹资金10万元，对宝光舍利塔进行塔身保护、塔基加固、塔上佛像等修复工作。2001—2005年，宝光寺自筹资金10万元，聘请专业监测部门对宝光舍利塔进行监测，监测记录的数据，供维修使用。

素餐厅　1997年，宝光寺自筹资金150万元，恢复素餐厅(餐厅大楼、廊房雅间和厨房后院)，对外开放。

宝光精舍　2003年，宝光寺自筹资金323万元，修建年轻僧人居住的普通精舍。2004年，宝光寺自筹资金187万元，修建老年僧人居住的老年精舍。

宝光园林　宝光园林有古楠木、松柏、银杏等，以及大量珍贵花草。2003—2004年，宝光寺自筹资金50万元，购买大型银杏树30株；投资150万元进行风貌整治。

精品馆　2004年，宝光寺自筹资金404万元，新建精品馆，于2005年9月建成开放。该馆为仿清代四合院布局。

道路地面　2000—2005年，宝光寺自筹资金150万元，对寺内道路、殿前地面、庭院地面等全部铺设青石板。

木工房综合楼　2005年,宝光寺自筹资金70万元,新建木工房综合楼,为后勤服务和常年维修提供基础用房。

其他维护　定期对珍藏古代佛教经书《大藏经》进行防虫、防潮、消毒处理。常年对收藏佛教书画文物等进行修复和装裱。

全国重点文物保护单位杨升庵祠及桂湖

【历史沿革】　桂湖位于新都镇桂湖中路,相传始建于隋代,距今1390余年。占地70余亩,景观以夏莲秋桂见长,楼台、亭阁、桥榭、假山、廊庑分布其间。誉为"西蜀名园",是全国著名的十大赏荷胜地和五大桂花观赏地之一。

明正德年间,杨慎沿湖植桂,作《桂湖曲送胡孝思》,桂湖因此得名。清嘉庆年间,县令杨道南撰《桂湖碑记》:"邑有桂湖,在县署之阳,周围有30余亩宽,桂湖始名卫湖。蜀汉章武中卫君常凿湖筑堰,修水利以溉民田。后人德之常,名卫湖,不忘本也。"

清乾隆十四年(1749),县令杨绵祚以桂湖之湖为水田,收租税以充"解费"。清嘉庆十七年(1812),县令杨道南废田复湖,修筑垣墙、大门及台阁,兼植花柳。道光十二年(1832),县令汪澍捐资培修桂湖,建观音堂(升庵祠主体部分)、仓颉殿、枕碧亭。道光十九年(1839),县令张奉书扩充湖东隙地,为观音堂加修两侧偏殿,改其为升庵祠,并建香世界。民国16年(1927),改桂湖为"桂湖公园"。民国23年(1934),选定桂花为新都县花,在桂湖种植桂树240余株。民国30年(1941),桂湖"中山纪念堂"落成,增植桂树150株,人称"岳军林"。1952年,县政府拨款修葺桂湖,200人历时月余,扶倾培路,植荷种桂,时全园占地29333.48平方米。1955年,县政府继又增扩园林15333.41平方米,新辟桂花林,增建亭台。1984年,县政府批准桂湖添景征地1933.34平方米。至此,桂湖总面积为46600.23平方米。

1961年7月,四川省人民委员会公布"杨升庵纪念馆与桂湖"为省级文物保护单位;1996年11月20日,国务院公布"杨升庵祠及桂湖"为全国重点文物保护单位。

【古典建筑】　桂湖园林建筑,以升庵祠为主体,另有楼台亭阁、桥榭廊庑等20余座。古朴典雅,玲珑剔透,造型精美,充分体现古代园林建筑的艺术技巧。

古城墙及城楼　隋代至明初,新都县城城墙为土筑。明正德六年(1511),新都杨慎殿试一甲状元,明蜀王拨银修筑城墙示庆。时新都县令张宽下令烧制墙砖,修筑城墙、护城河。修成城墙高6米,周长5.58公里,四方设城门。清乾隆三十年(1765),新都知县曹焜重治城垣,修整城楼,且兴修水利,城外千余亩旱地变良田。嘉庆十六年(1811),知县宫鉴桂重修城楼,挂匾额。道光十九年(1839),知县张奉书大规模重修桂湖,维修城墙。桂湖城墙城垣高度、宽度因地制宜,形制不一。现存城墙800多米,墙垣高6.8米,宽5~7米。城垛用长100厘米、宽40厘米、高20厘米的红砂石条双层砌成。高起的城垛留有高30厘米、宽25厘米长方形孔,城垛间隔60厘米。墙砖全系新都窑场烧制青砖,青砖一般长38厘米、宽20厘米、高8厘米,重2.4公斤,每批青砖烧制模压刻写姓氏、地名。

城墙上建四楼,并挂楼匾,下有四门。东名瞻云门,上挂"锦城保障";南名向明门,上挂"瑞霭龙门";西名挹锦门,上挂"文献名都";北名辉光门,上挂"祥凝宝藏"。城墙历世事沧桑,20世纪50年代拆除大部分。城墙中段现为"桂湖门",上建"问津楼",台榭通高3米,木质结构,单檐歇山,飞檐翘角。城墙上东段建“坠月楼”，系正方形单檐方亭，飞檐似蜗牛伸头，俗称“蜗角”。城墙上西段建“观稼台”，榭系正方形攒阁顶，造型简朴，风格典雅。2001 年，复建“挹锦门”及门楼。

翠屏假山　建于清道光十九年(1839)，是中国唯一的一座清代川派鹅卵石假山，系土石相间而成。桂湖翠屏山占地 370 平方米，高 3.85 米。其造型按成都平原边缘的深丘陵波浪式地貌为蓝本，参照中国山水画的构图方式，由低到高，形成 3 至 4 个不同的纵深层次，给人一种群山峻岭的感觉。其独特的屏障，将相邻的三座建筑巧妙分割，使其各为主体，各具特色。

升庵祠　建于清道光十九年（1839)，坐落在桂湖东岸，是桂湖的主体建筑。升庵祠前有开阔的水天，后有小桥长廊，左邻假山花木，右连湖边水阁，殿宇恢弘，景物虚实相称，具有川西平原文化名人祠堂建筑的独特风格。祠外左侧，立“桂湖”碑。祠内设升庵殿、会宗堂、澄心阁、藏舟山馆等，祀升庵及祖、父、叔像。

桂湖内的升庵祠

黄峨馆　建于清道光十九年（1839)，原名沉霞榭。清咸丰四年(1854)，清朝廷为天津知府、新都人谢子澄设专祠于此，更名“谢公祠”，中华人民共和国成立后复名“沉霞榭”。现为黄峨著作陈列馆，内塑黄峨像，与升庵祠的杨慎像隔水相望。

仓颉殿　建于清道光十二年(1832)，塑仓颉神像。曾作升庵书屋，现作乔德光先生捐赠文物陈列室。

香世界　建于清道光十九年(1839)，为单檐歇山顶轩堂建筑。因附近桂树繁茂，每到中秋，桂花怒放，馨香馥郁，故名“香世界”。

杭　秋　建于清道光十九年(1839)，是一座小青瓦卷棚式的木构廊桥，形似浮沉水上的游舫。连接湖岸、岛屿，凭栏绿荷在眼。

湖心楼　始建于清咸丰十年(1860)，1984 年改建，呈一楼二亭仿古楼亭。亭楼耸立湖心。

杨柳楼　初建于清咸丰十年(1860)，重建于 1981 年。因古人有折杨柳送别的习俗，故寄托升庵、黄峨几经离别之意而名杨柳楼。此楼为卷棚屋顶，飞檐翘角，雕刻精美，垂柳倚楼。

交加亭　清宣统元年(1909)，撤除原筑的高台建亭，俗称水心亭，是一座毗连的八角双亭，因两亭吻接，二柱共用，故名交加亭。此亭倚岸跨水，一亭高，一亭低，错落有致，浑然一体，是全国唯一的一座非对称双亭。

坠月楼　建于民国元年(1912)，为歇山顶四方形小楼，耸立城头，独树高标，与问津楼相呼应，每当月夜，登楼纵目，可见皓月东升西坠，故名坠月楼。

观稼台　建于民国 16 年(1927)，为攒尖顶正方形亭台，造型简朴，不加雕饰，伫立城墙上，农村田园风光尽收眼底，后城市建设加快，风光不在。

枕碧亭　始建于清道光十二年(1832)，为四方形重檐攒尖顶凉亭，似人倚枕翠荷碧波，故名枕碧亭。此亭重檐复宇，隐现于四时花木之间，誉为“花界玲珑”。

亭　亭　始建于道光年间，为一高耸方亭。民国 2 年(1913)，改建为重檐草亭。“亭亭”由来，匾上的跋语道明：“莲叶亭亭出淤独立，当今国士，其必如是耶！”亭亭为下圆八角、上方四角的重檐式草亭，在全国独一无二。

绿漪亭　1934 年，建于桂湖最东边水心，只有狭窄的石桥相通。因附近竹树屏立，幽雅僻静，莲叶满湖,翠盖亭亭,微风吹拂,绿波荡漾而名。

中山纪念堂　始建于民国30年(1941),1991年拆除,改建桂湖碑林。

桂花亭　始建时间无考,相传是杨慎时代桂丛中一亭,五百年几度兴废,桂树林及花亭不存。19世纪50年代,在桂湖西北角新辟桂花林,并在中央重建桂花亭。

怀乡亭　19世纪80年代,将新都文庙(建于清道光年间)的木构架迁入桂湖,亭顶添盖金色琉璃瓦,台基铺汉代花边砖。初名古香亭,后因感念乔德光为家乡捐赠文物,更名怀乡亭。

聆香阁　建于清代末期。阁名聆香,此处静谧清爽,花木芬芳,香气随风,可闻可听。

问津楼　建于民国28年(1939)。"问津"一语出自《论语·微子》:"使子路问津焉",本义是询问渡口,此取探求路径,寻幽访胜之意。此楼建于古城墙上,下有桂湖门通往郊外,登楼,可俯览湖光,辨识游踪。

【园林艺术】　桂湖"一园三景",疏密得宜。湖面约占一半,一池湖水,疏朗开阔。升庵祠西,湖水中以两条柳堤屏蔽视线,再以交加亭点缀,使其掩映有致,略显深远。而祠东两岸曲折,南有千年古城墙护卫,北有桂湖碑林相呼应,柳树环绕,呈小桥流水、庭院深深的画面。

桂湖楼台亭阁,立意高远,烟柳石桥,假山点缀,畅游其间,无觉倦意。小岛避其空荡,道路曲中求直,假山尽显自然。

桂湖以古城墙护园,古朴宏伟,平台矗立楼阁,遍植花木,一改拔剑弩张之势,宛若岳山游廊,凸现景观层次。园中岛台垒有一处国内唯一的鹅卵石假山,名"翠屏山",此山模拟自然山脉而成园林骨架,升庵祠殿侧立,柳竹依依,池水漪澜,层次写意。桂湖园林植被主栽桂树、荷花。至春,杨柳垂岸。桂湖正门,两株紫藤长绿,藤干苍老挺拔,藤曼盘错。至夏,荷盈池绿,莲叶摇曳,莲花婀娜,辉映成趣。至秋,桂树花开怒放,花蕊万点,清风散香,弥漫十里,逾月不绝,具有西蜀园林风范。至冬,水冷天寒,草木萧瑟,更显桂湖古朴无华,沧桑厚重。

【桂湖碑林】　桂湖碑林以新繁龙藏寺碑为主体,其余为桂湖古碑及新都境内各祠、堂、桥等散碑。龙藏寺碑林为蜀中著名诗僧含澈(号雪堂,1824—1899)创建于清咸丰年间。1991年,县文管所投入20万元,在桂湖修建仿清代四合院桂湖碑林。共存碑刻100余通。碑林坐北向南,面阔9间38.4米,进深11间35.4米,占地面积1400平方米。碑林荟萃了宋代苏轼、黄庭坚,明代杨慎、文征明、董其昌,清代刘墉、何绍基等人的书法精品,仅选介几通。

明杨慎《新都县八阵图记》碑　碑文:赐进士及第翰林院、国史修撰、承务郎杨慎撰书篆。

诸葛武侯八阵图在蜀者二,一在夔州之永安宫,一在新都之弥牟镇。在夔者盖侯从先主伐吴,防守江路,行营布伍之遗制。新都为成都近郊,则其恒所讲武之场也。武侯之人品事业,前哲论之极详,不复剿同其说,独其八阵,有可重概者。

史谓:"侯推演兵法,作为八阵,咸得其要。自今行师,更不覆败。深识兵机者,所不能洞了。"盖胜之于多算,而出之于万全，非借一于背城，而侥幸于深入也。惜乎其方锐意以向中原，而溪蛮洞獠，左跳右跋，以裂其势。外寇方殷，内境自惫。使夫八阵之妙，不得加于二曹三马之枭敌，而乃止试于七纵七擒之孟获；天威神算，不骋于中原王者之区宇，而仅以服于南中巴僰之偏方。事机既已迟，精力又已亏，勇贯其余，师用其分。以为大举，譬之逐盗救火之家，挺刃决水，犹恐不及，而内有雠贼，胠箧助燎，自相乘机。则虽有倍人之知力，亦且无如划何，侯之不幸，势正类此。天之所坏，谁能支之，祚去炎汉，不待陨星而后知矣。嗟乎，国之兴亡天也，而千载之下，君子独遗恨于蜀汉之事者，非以武侯故耶。至其故垒遗墟，独为之爱惜不已，乃其忠义之激人，不独其法制阵伍之妙也。不然则窦宪尝勒八阵以击匈奴，晋马隆用八阵以复凉州，是在侯前已有之，而后亦未尝亡也，功既有成，而后世犹罕所称也，况能传其遗迹至今乎。

慎尝放舟过夔门，吊永安之宫，寻阵图之迹。维时春初，水势正杀，自山上俯视下百余丈，皆聚细石为之，凡八行六十四蕝。土人言：夏水盛时，没在深渊，水落依然如故。在吾新都者，其地象城门四起，中列土垒，约高三丈，耕者或刬平之，经旬余复突出。此乃其精诚之贯，天之所支而不可坏者，盖非独人爱惜之而已耳。

庆阳韩君大之，以进士出宰吾邑。始至，拜侯之荒祠，次观遗垒，重有感焉。间谓慎曰："之罘篆锲，燕然铭石，艺焉尔，人不足称也。爱其艺者，不泯其迹，矧侯之地，而可忽诸。今阵图在夔者，有和叔、独孤之记，少陵、东坡之诗，四方灼知，而此顾泯焉，无所表识，使往来不轼，樵牧者不禁，非缺欤。祠宇行当新之，阵图所在欲伐石树道左，大书曰诸葛武侯八阵图，碑阴之辞，子宜为之。"夫崇贤存古，以示向往焉，循良事也，推表山川，考记往昔者，则史氏职也。遂书之，使刻焉。

正德十一年丙子冬十一月至日

赐同进士出身、新都县知县、庆阳韩奕立

此碑为明正德十一年(1516)杨慎撰书。原在新都县弥牟镇(今属青白江区)武侯祠内，1963年移入升庵祠内，1981年移入桂湖碑林。碑高185厘米、宽115厘米，红砂石质，碑帽早失，篆额不存，只存碑身。阴刻楷书22行，每行37字。

宋黄庭坚《唐人五律三章》碑　碑文：石窗何处见，万仞倚晴虚。积霭迷青琐，残霞动绮疏。山应列圆峤、宫便接方诸。只有三奔客，时来教隐书。

相访一程云，云深路仅分。啸台随日辨，樵斧带风闻。晓著衣全湿，寒冲酒不醺。几回归思静，仿佛见苏君。

谁截小秋滩，闲窥四绪宽。绕为千嶂远，深置一潭寒。坐久云应出，诗成墨未干。不知新博物，何处拟重刊。

元符三年春录唐人五律三章　庭坚书

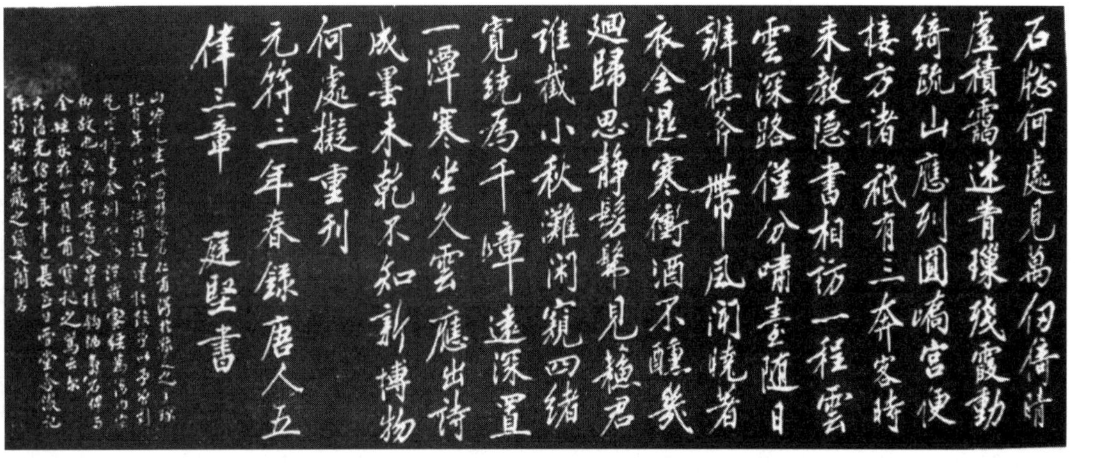

黄庭坚(1045—1105),字鲁直,号谷、涪翁,宋代分宁(今江西修水)人。此诗系晚年所书,荒塞清放,风骨崚峥,不可多见。由僧含澈根据张仁甫所藏墨迹勾勒刻石。楷体。碑高214厘米、宽98厘米。

明董其昌《范仲淹岳阳楼记》碑　碑文:……感极而悲者矣。至若春和景明,波澜不惊,上下天光,一碧万顷;沙鸥翔集,锦鳞游泳;岸芷汀兰,郁郁青青。而或长烟一空,皓月千里,浮光跃金,静影沉璧,渔歌互答,此乐何极!登斯楼也,则有心旷神怡,宠辱偕忘,把酒临风,其喜洋洋者矣。嗟夫!余尝求古仁人之心,或异二者之为,何哉?不以物喜,不以己悲;居庙堂之高则忧其民;处江湖之远则忧其君。是进亦忧,退亦忧。然则何时而乐耶?其必曰:"先天下之忧而忧,后天下之乐而乐"乎?噫!微斯人,吾谁与归?

董其昌(1553—1636),字玄宰,号思白、香光,明代华亭(今上海松江)人。书法学颜真卿,直追晋魏,而超越诸家,独操神妙。僧含澈根据王树桐所藏墨迹刻石。草体。碑高224厘米、宽64厘米。

明破山明《五言律诗》碑　碑文:地冻雪留砌,天寒日照迟。游人愁出户,野鸟怯临枝。远岫云封壁,平溪水结弥。此时开霁色,扶杖过长堤。

破山明

破山(1597—1666),字海明,又字懒愚,明末高僧,四川大竹人。其诗文新颖,书法尤工,所留墨迹被寺庙视为珍宝。此书潇洒奔放,别具一格。僧含澈根据龙藏寺旧藏墨迹刻石。草体。碑高234厘米、宽64厘米。

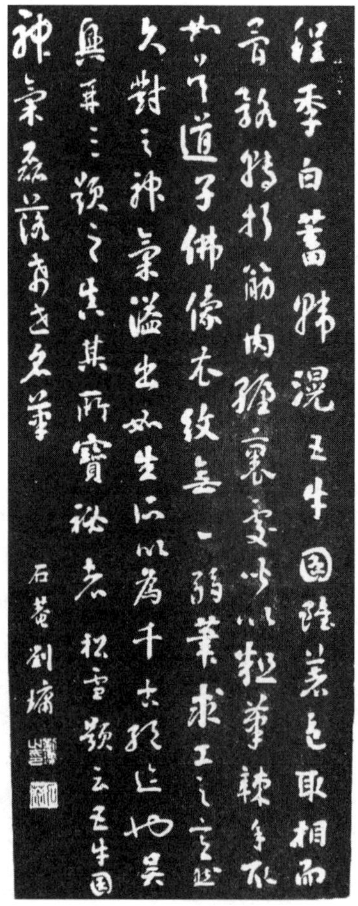

清刘墉《题五牛图》碑　碑文:程季白蓄韩滉《五牛图》,虽著色取相,而骨骼转折,筋肉缠裹处,皆以粗笔辣手,取如吴道子佛像衣纹,无一弱笔求工之意。然久对之,神气溢出如生,所以为千古绝迹也。吴兴再三题之,真其所宝秘者。松雪题云《五牛图》,神气磊落,稀世名笔。

石庵刘墉

刘墉(1719—1804),字崇如,号石庵,山东诸城人。为清代书法家之冠,政绩、文章皆被书名所掩,此书是刘墉的得意之笔。清同治六年(1867),僧含澈在成都叶介福处得其拓本,摩勒上石。草体。碑高270厘米、宽94厘米。

清张鹏翮《黄州苏文忠公祠》碑　碑文:宋室用人术更疏,贤臣往往滞幽居。横江孤鹤偏多赏,载酒挥毫只自如。仿佛东山依旧在,徘徊夜月已非初。唯留气节文章美,高并云峰万仞余。

太子太傅文华殿大学士兼吏部尚书遂宁张鹏翮

雍正二年岁次甲辰四月上浣之吉

张鹏翮(1649—1725),字运清,号宇宽,清代四川遂宁人。善诗工书,笔法苍古。此碑为清雍正二年(1724)四月书。清同治五年(1866)

由僧含澈勾勒刻石。行体。碑高 232 厘米、宽 56 厘米。

清杨周冕书《送远曲》碑　碑文：戏马台前山簇簇，山边饮酒歌别曲。行人醉后起登车，席上回尊动僮仆。青天漫漫复长路，远游无家安得住。愿君到处自题名，他日知君从此去。

古华冕

杨周冕(1700—1785)，字古华，号铁崖、铁臂翁，云南赵州(今大理风仪)人。善诗工书，书法学王庭筠(黄华老人)，其龙蛇格字颇富盛名。此诗为杨周冕在蜀任职时书，清光绪十二年(1886)由僧含澈据墨本勾勒上石。行体。碑高 234 厘米、宽 78 厘米。

清顾复初《赠雪堂序》碑　碑文：清霜凋木，朔雁南翔，徂年易迈，来轸靡皇。瀹灵渗性，犹恐怠荒，念我三益，庶几允藏。惟兹雪公，实隐君子，外泯畛畦，内有条理。邈然行云，淡兮止水，勇猛精进，慈悲欢喜。清琴在御，托契天风，虽近犹远，处异还同。罗罗海印，濯濯峨峰，螺文一掌，莲净双瞳。寒梅欲华，初篁挺节，仙露浮尊，幽香在室。日居月诸，勉是令德，蒲牢声中，江流不息。

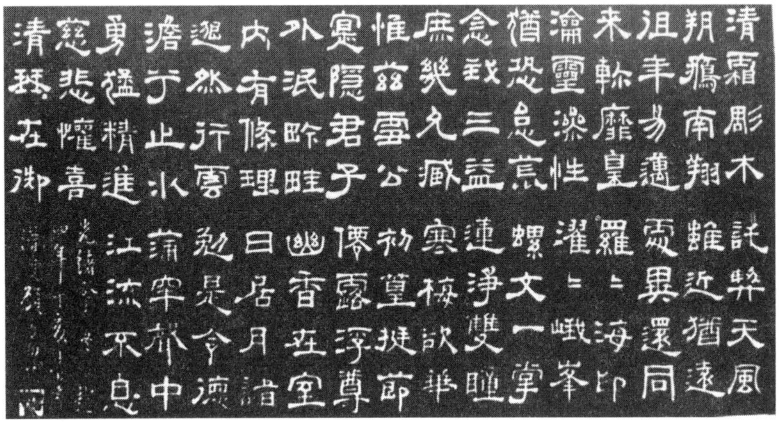

光绪癸未冬撰越四年丁亥春书　潜叟顾复初

顾复初(1812—1894)，字子远，号幼耕，晚号潜叟，江苏吴县人。其隶书苍劲高古，楷书取法晋唐，行草书纵横跌宕，圆润有力。晚年更精于汉隶。此书为其代表作，时年 75 岁。僧含澈刻于龙藏寺。隶书。碑高 162 厘米、宽 76 厘米。

清黄云鹄《建南冬暇出游》碑　碑文：边城冬暇出游嬉，无数儿童马后随。舆盖不从民识貌，风烟如旧我寻诗。羌濆水落滩声壮，蒙蔡山高塔势卑。廿载刁劳成底事，酬恩默数鬓边丝。

黄云鹄(1819—1898)，字翔云，号芸谷，湖北蕲春人。好诗文书法，书近黄庭坚，有不少墨迹传世。此书于清同治十二年(1873)用鸡毫笔作于雅安武侯祠，枯墨驰骋，跃然碑石，为其书法代表作。清光绪末年，僧含澈勾勒上石。行体。碑高 184 厘米、宽 92 厘米。

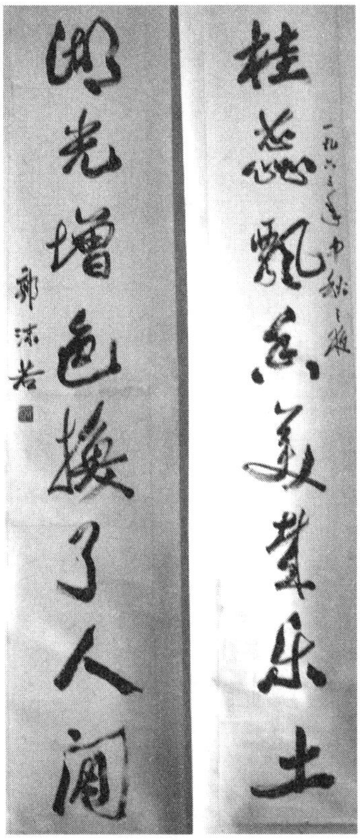

【桂湖楹联】　桂湖有石刻楹联 2 副、木刻楹联 66 副，选撷 16 副。

桂湖大门联　“桂蕊飘香，美哉乐土；湖光增色，换了人间。”郭沫若于 1963 年中秋撰书。

“风月无边，北望秦川八百里；江山如画，古称天府第一湖。”赖福连撰，沈鹏书。

大门屏风联　“胜地毓英贤，一代文章千秋功业；平湖擅风月，半城桂树百亩荷花。”清代新都知县余源煜撰，廖凤軒书。

桂湖碑林大门联　“汉阙梁碑，自古香城留翰墨；南宗北派，于今天府焕文章。”新都人万自律书。

交加亭联　“夫唯大雅名千古;所谓伊人水一方。”清李海帆撰,新都人闵虚谷补书。

小锦江联　“明湖邀碧月;秋水醉红莲。”李半黎于 1981 年撰书。

杨柳楼台联　“秋水荷花,伊人宛在;春风杨柳,樽酒重开。”冯建吴于 1981 年春撰书。

沉霞榭联　“六月荷花八月桂;杨公故宅谢公祠。”清梁曦初撰。

湖心楼联　“东城极目春千里;南浦怀人水一方。”此联系集升庵句。

枕碧亭联　“玉镜明湖春水绿;荷花簇锦照人红。”此联系集升庵句。

桂花亭联　“桂棹荷衣齐入赋;湖光山色好为诗。”成都人李金彝于 1979 年撰书。

香世界联　“升庵造湖垂千古;桂荷吐香飘八方。”四川达县人魏传统撰书。

观稼台联　“百亩湖光留桂影;一墙秋色伴禾香。”佚名。

升庵祠联　“老桂离披,六诏荒烟怆往事;平湖潋滟,一泓秋水想伊人。”清毛文渊撰,黄纪云书,1958 年刘孟伉补书。

挹锦门联　“一水抱城西,烟霭有无,拄杖僧归苍莽外;群峰朝阁下,雨晴浓淡,倚栏人在画图中。”明杨慎撰,2001 年倪宗新补书。

桂湖联　“五千里秦树蜀山我原过客;一万顷荷花秋水中有诗人。”清曾国藩撰书。

杨升庵博物馆联　“五百年文献犹存,声教被南荒,洱海苍山传韵事;四十顷澄湖在望,风光冠西蜀,新荷老桂毓清芬。”1988 年万自律撰。

【桂湖匾额】　至 2005 年,桂湖悬挂有匾额 30 块,选撷 8 块。

杨升庵纪念馆　1962 年 5 月,全国人大常委会委员长朱德书题。匾额长 4 米、宽 0.94 米。

升庵祠　1959 年 4 月,四川省文史馆馆长刘孟伉书题。匾额长 3 米、宽 0.85 米。

桂湖碑林　赵蕴玉书题。匾额长 2.4 米,宽 0.84 米。

一半勾留　清道光新都知县张奉书题。匾额长 2.65 米、宽 0.8 米。

襟风抱月之轩　吴作人书题。匾额长 3.5 米、宽 0.8 米。

蕞桂留人　取自清·何绍基《游桂湖诗》。该匾额长 1.7 米、宽 0.6 米。

亭　亭　匾额长 0.98 米、宽 0.38 米。匾上跋语:“莲叶亭亭出淤独立,当今国士,其必如是耶!因名此亭以自勉,勉人。民国二年癸丑仲夏,高培后并识。”

【诗文题咏】 桂湖自唐代起,留下了许多诗文题咏,今选撷7首。

新都南亭送别郭元振、卢崇道

唐·张　说

竹径女萝蹊,莲洲文石堤。
静深人俗断,寻玩往还迷。
碧潭秀初月,素林惊夕栖。
褰幌纳蟾影,理琴听猿啼。
佳辰改宿昔,胜寄坐睽携。
长怀赏心爱,如玉复如珪。

暑行憩新都驿

宋·陆　游

细细黄花落古槐,江皋不雨转轻雷。
长空鸟破苍烟去,落日人从绿野来。
散策急行寻水石,脱巾高卧避氛埃。
羁游未羡端居乐,看月房湖又一回。

桂湖曲送胡孝思

明·杨　慎

君来桂湖上,湖水生清风。
清风如君怀,洒然秋期同。
君去桂湖上,湖水映明月。
明月如怀君,怅然何时辍。
湖风向客清,湖月照人明。
别离俱有忆,风月重含情。
含情重含情,攀留桂枝树。
珍重一枝才,流连千里句。
明年桂花开,君在雨花台。
陇禽传语去,江鲤寄书来。

临江仙

明·杨　慎

滚滚长江东逝水,浪花淘尽英雄。是非成败转头空。青山依旧在,几度夕阳红。
白发渔樵江渚上,惯看秋月春风。一壶浊酒喜相逢。古今多少事,都付笑谈中。

游桂湖诗

清·何绍基

升庵故里有遗祠,六七冷交来赋诗。

拜杖怜君投异国,谪官幸我际昌期。
闻云出岫知何日,丛桂留人此一时。
寒水半湖秋渐老,残荷疏柳遍离思。

桂湖公园怀文宪杨升庵先生

吴 虞

德业当从学问新,朱明第一有词臣。
簪花髻在狂名远,大礼疏传戆谏真。
考古每依唐卷本,著书多启胜朝人。
蜀中妙曲谁堪和,丛桂娟娟拟卜邻。

桂 湖

罗章龙

1936年秋,访新都桂湖杨慎故里,沿湖有丹桂数百株。同访者石瑞予、杨兰溪、龙琼英等。

天外飘香访桂湖,升庵夫妇世间殊。
夜郎谪贬三千里,犹有陶情十卷书。
瘴海穷愁岁月侵,秀眉乐府有遗音。
千山万水诗人梦,半夜三更羁妇心。

【文化活动】 1993年9月,廖静文先生重游桂湖,题写“先贤胜迹”留念。

1993年11月,于桂湖湖心楼为著名画家武海成举办《武海成油画版画展》。

1997年6月,在桂湖设立版画工作室,载入《20世纪中国版画大事记年表》。文中记载:“四川神州版画博物馆为给版画家创作提供方便条件,在新都桂湖内创建版画工作室。”

1997年9至10月,在湖心楼举办“桂湖国际版画邀请展”,有英国、美国、俄国、波兰、日本、新加坡等国家及中国香港、台湾地区的50余作品参展;举办中国版画精品展,彦涵、力群、黄永玉、王琦、李少言、黄丕漠、李焕民、吴凡等全国著名画家的50余幅作品参加。

1997年12月,举办《张文源油画展》。

1998年9至10月,为著名画家彦涵、彦冰父子举办《彦涵、彦冰版画展》,全国美协副主席李少言、全国版协副主席李焕民参加开幕式。

1999年1月,举办“清代名僧竹禅书画展”。9月,与四川省版画家协会举办“四川版画精品展”,展出李少言、李焕民、徐匡、阿鸽、武海成等名家作品近百幅。

2000年2月,以戴光郁、刘成英等为首的八位全国著名观念艺术家在桂湖举办以环保为主题的《“居安?思危!”艺术展》,展出装置艺术和行为艺术40余件,全国30余家新闻媒体予以报道。

2001年9月11日,著名收藏家乔德光捐献首批文物,有五代吴越王雷峰塔刻经等9件。

2001年9月30日,启功先生游览桂湖。

2002年4月13日,中国书协主席沈鹏游览桂湖并题词。

【杨升庵祠及桂湖保护】 1990—2005年,共投入资金2000多万元,对桂湖进行保护。其中国家文物局拨款30万元,省文物局、市文化局拨款6万元,社会捐赠5万元,其余为新都财政拨款和新都文物管理部门自筹资金(主要为桂湖公园门票和其它收入)。

升庵祠 1996 年,县文物管理所筹资 19 万元,维修升庵祠屋顶,更换部分梁柱、门窗,并恢复藏舟山馆。1999 年,县文管所投入 4 万元,省文物局拨款 4 万元,对升庵祠梁架进行加固,翻修屋顶,解决房屋长期漏雨潮湿问题,并对所有木质构件进行油漆和防虫防潮处理。重塑杨升庵状元青铜坐像,增添杨升庵祖父杨春、父亲杨廷和、叔父杨廷仪等工笔画像,共计投资 27 万元。

古城墙 1994 年,国家文物局拨文物维修专项资金 30 万元。1995 年,第一次进行大规模维修,投入 7 万元,重点对城墙墙体断裂部分进行加固,更换部分墙砖。1999 年,第二次进行重点维修,根据历史文献和古代状元县风俗,投入 15 万元,采用红砂石,恢复原来明代墙垛双层条石景观,疏通排水系统。2001 年,第三次进行重点维修,共投资 17.5 万元(其中社会捐资 5 万元,县文管理所筹集 4.5 万元)。根据有关历史资料,恢复了古代城墙西门城楼的“挹锦门”,单檐歇山式穿斗木结构,仿清代木雕门窗。城楼高 7.2 米,城墙高度 6.8 米,通高 14 米,城门宽 4 米,面阔 3 间 11.4 米,进深 1 间 8.5 米,建筑面积96.9 平方米。

升庵书屋 1995 年,县文管所投资5.5 万元,进行落架维修,更换部分木柱门窗等。

榴 阁 为杨升庵与夫人黄峨种植石榴之处。1991 年,县文管所投资 18.8 万元,根据历史资料恢复重建为仿清代风格四合院布局。现为文物陈列展览和休闲场所。

四川省文物保护单位新繁东湖

【历史沿革】 新繁东湖位于新繁镇西街,是中国现存唐代园林格局最完整的园林,距今已有 1100 多年历史。新繁东湖占地 1.86 万平方米,水域 0.7 万平方米。园中有楼、台、亭、阁、廊、轩等 20 余处,湖山秀美,古木参天,建筑精巧,玲珑别致,布局巧妙,山水绝佳,历代均为川西名人学士雅集之处,并给后世留下大量匾联、碑刻、佳作等,自古誉为“川西碧玉”。

清乾隆四十四年(1779),立东湖“黄华老人诗碑”,知县高上桂撰书碑碣序跋有载:“繁署东湖,唐相李德裕为邑令时开。”唐武宗宰相李德裕(787—850)卒后晋封卫国公,故东湖亦称“卫公东湖”。北宋天圣年间,王安石之父王益任新繁知县,欣喜东湖并蒂莲开,即兴作《东湖瑞莲歌》一首。后新繁人龙图阁学士梅挚继作《和邑令王损之〈东湖瑞莲歌〉》唱和。南宋初年,樊汝霖作《新繁三贤堂记》称,沈居中为新繁县令,在县署东建三贤堂,祀李德裕、王益、梅挚,绘三贤像。清乾隆初,知县郑方城修东湖重建三贤堂,安放三贤牌位。同朝知县高上桂重加疏浚,引水建亭,莳花种竹,乃拓金代时期黄华老人书法镌刻立碑,今存。清同治癸亥(1863)孟春,知县程祥栋继对东湖规模修葺,告成次年仲夏,园林蔚为壮观,西川文人雅集酬唱。民国时期,东湖兴建四费祠,辟为公园。1929—1930 年,东湖拓地至城根,建光霁堂、吟红榭、冰玉轩、望雪楼、观稼亭等,征集花木分植其间。

1985 年 7 月 22 日,新繁东湖公布为成都市文物保护单位;1996 年 9 月 16 日,新繁东湖公布为四川省文物保护单位。

【古典建筑】 东湖沿湖建楼台亭榭,水阁长廊,有纪念李德裕的“怀李堂”“古柏亭”、唐宋有功绩于新繁的李德裕、王益、梅挚的“三贤堂”,纪念王益的“瑞莲阁”、费氏家族的“四费祠”、梅挚的“伴梅亭”,以及“珍珠舫”“清白江楼”“晚香斋”“见山亭”“城霞阁”“月波廊”等古典建筑。

怀李堂 始建年代不详,北宋政和八年(1118)迁于东湖内,清光绪六年(1880)重建。该建筑为砖木结构,一层建筑,面积114.2平方米,面阔7间,进深1间,歇山顶小青瓦屋面。

三贤堂　始建于宋正和八年(1118)。清乾隆三年(1738)重修三贤堂,并在堂前建爱亭。清嘉庆元年(1796)、嘉庆十四年(1809)、清同治二年(1863)先后进行培修和重建。

四费祠　建于清道光八年(1828),原名"费公祠"。1922年移建东湖,易名"四费祠"。为砖石结构,一层建筑,面积59.5平方米。"四费祠"祀明清乡贤费嘉诰、费经世、费经虞、费密、费锡琮、费锡璜四代六人。

古柏亭　始建于清同治三年(1864)。1963年重建,为砖木结构,一层建筑,面积13.7平方米,六角攒尖顶,木构小青瓦屋面。

瑞莲阁　始建年代不祥,重修于清同治三年(1864)。建筑面积20平方米,歇山式小青瓦屋面,木结构方形水榭。

清白江楼　始建于清同治三年(1864),为纪念宋代治蜀有功的成都知府赵抃而建的城楼式古建筑。2005年重建。为砖木结构,二层阁楼式建筑,面积44.9平方米,面阔3间,进深1间,歇山顶,小青瓦屋面。

见山亭　建于清同治三年(1864),平面六角,圆形攒尖顶木柱草亭。

晚香斋　始建于民国18年(1929),1963年重建。为砖木结构,一层建筑,面积43.8平方米,面阔3间,进深1间,木构歇山顶,小青瓦屋面。

城霞阁　清同治三年(1864)修建,重建于1963年。为砖木结构,一层建筑,面积36.6平方米,面阔3间,进深1间,砖柱木构架悬山式,小青瓦屋面。

月波廊　民国时期修建,重建于1963年。为砖木结构,一层建筑,面积6.3平方米,全长100多米。

冰玉轩　建于民国18年(1929),在月波廊由西向南转角处。

【园林艺术】　东湖,一弯瑞莲池,一段老城垣,一壁诗画墙,亭阁分布,植被秀丽,布局幽雅,精巧玲珑,意境迷人。

山乃凿湖垒成,状若蝙蝠,故名蝠岩。水由湔水注入,阔处如湖泊,狭处如溪谷。楼、台、亭、阁、廊、轩、桥、榭、堂庑、舫居点缀,无明显轴线,似散漫实严谨。百年乔木耸翠,杂以古藤幽篁,绿林宜避署。配植荷花、桂树,四季香馨游人。其相地、立基、理水、叠山、借景、框景着意古典园林。诗碑嵌挂壁间,寄情山水,缅怀前贤,具有四川古典园林风格,基本保留唐代园林格局。

【东湖楹联】　东湖历史悠久,佳联甚多,计有34副,选撷22副。

东湖大门联　"大启文明,藉资观感;拓张胜迹,景仰前贤。"新繁县知事陈洪赞撰书。

清白江楼联　"便得游林樾;先求历斗牛。"清代李应观集自唐李德裕《会昌一品集·别集十卷》中的诗句,后由新都人周虚白补书。

"数亩湖山谁作主;一园花木我常来。"民国初年地方绅士何信候捐刻,撰书者亦为新繁人。

"此地有湖山之美;其人皆贤哲者流。"新繁人蔡廷泽撰,由新都人刘叔谅补书。

古柏亭联　"柯如青铜根如石;花为四壁船为家。"清代顾复初集杜甫诗句并书。

城霞阁联　"曳杖闲行,树影空随明月去;正襟危坐,荷香时有好风来。"蔡廷泽书,作者姓名不详。

见山亭联　"眼界不妨高,遍视瀛寰,常把胸中罗五岳;家山何处是,云横秦岭,难从目下望长安。"作者为陕西人,清末曾在新繁做官,其姓名不详。

瑞莲阁联　"阁拥平湖莲呈瑞;桥横曲水竹通幽。"甘焘撰书,张幼矩补书。

"莲蒂拥双花,槛外惯开多士瑞;湖光涵万象,阁中长觉好风清。"清同治八年任新繁知县张文珍撰书。

珍珠船联　“荷净纳凉时，雪藕调冰人几个；林深留客处，呼朋结伴我常来。”作者不详，由蔡廷泽书。

晚香斋联　“有这样湖山比邻官舍，五花判毕，作此间半日主人，试看他丛竹团烟，残荷战雨；最可怜身世隐抱杞忧，百感中来，忍不住一腔积愤，只落得倚栏长啸，对酒当歌。”清新繁县知事吴良桐撰书，四川大学图书馆馆长许肇鼎补书。

耸翠亭联　“疏筱见人影；曲篱闻鸟声。”清新繁县知事吴良桐撰书。

观稼亭联　“饱览湖山之胜概；应知稼穑之维艰。”周鹏嵩（1929—1931年任新繁县知事）撰书。

伴梅亭联　“锦绣万花谷；乾坤一草亭。”新繁人（候补县丞）洪绍庆集句并书。

怀李堂联　“千古乡风繁县好；万花湖水相公游。”清江西道御使赵熙撰书，1984年年初由国务院原副总理方毅补书。

“万里萍踪，采西蜀文风之盛；一官匏系，载东湖明月而归。”胡彝尊（1935—1936年任新繁县县长）撰书，1983年11月由赫谦补书。

“功业感筹边，更思文苑儒林，有叔本、公仪，同留胜迹；穷愁何足志，只合登仙成佛，继桃椎、法进，共写灵襟。”新繁人吴虞撰书。

三贤堂联　“落叶掩长陌；平畴交远风。”郑方城（清乾隆二年任新繁知县）集句。

“何物荐馨香，西蜀繁田，东湖清水；前贤有遗爱，唐封翠柏，宋咏红莲。”程祥栋（清咸丰十年新繁知县）撰书。

四费祠联　“三间祠屋齐工部；一代风骚拜阮亭。”潘光藻（新繁人，清嘉庆、道光年间武举）撰书。

“半亩空留悬磬室；一生中有苦心诗。”程祖润（清道光二十四年进士，曾任新繁知县）撰书。

“问十字千秋，父子孙曾几诗客；羡一门四世，文章忠孝六乡贤。”新繁人陈宝璋（1855—1928）撰书。

【东湖碑刻】　东湖有古碑刻25通，大多为双面镌刻，保存尚好。选撷10通碑刻作简介。

《东湖四景诗》碑　共两块，均集自黄华老人书法，草书，字径约20厘米。高上桂刻于清乾隆四十四年（1779），原立于古柏亭，现迁入东湖碑林。

碑一：高240厘米、宽90厘米。正面上方刻高上桂序文，下方刻《东湖春景》诗；背面上方刻黄华老人原诗，下方刻《东湖夏景》诗。

碑二：高180厘米、宽90厘米。正面刻《东湖秋景》诗，背面刻《东湖冬景》诗。

《唐李卫公东湖》碑　高46厘米、宽228厘米，自右至左刻“唐李卫公东湖”。楷书，字径35厘米。上款刻“同治癸亥仲春”，下款刻“程祥栋题”。为新繁知县程祥栋1863年重修东湖时题书刻石，原嵌于东湖东面门墙，现嵌于东湖二门西侧。

《东湖鸟瞰图》碑　高54厘米、宽110厘米。图为张信候（新繁人，擅长诗文书画）所绘新繁东湖全景，刻于清同治三年（1864）仲秋。原嵌于平远台下圆拱门东壁，现迁入东湖碑林。

《东湖因树园记》碑　原碑高54厘米、宽110厘米，小楷。文为程祥栋撰书，刻于清同治三年（1864年）仲秋，原嵌于平远台下圆拱门西侧。岁久剥蚀。清光绪七年（1881），知县周兆庆据拓片翻刻。嵌于篁溪小榭西廊壁，碑高52厘米，长124厘米。

《东湖园池记》碑　高52厘米、宽124厘米，即为《东湖因树园记》石刻的背面。清光绪六年（1880年）仲冬，顾复初撰文并书，行草小字，后有跋语。

《唐李卫公遗像》碑之一　高170厘米、宽78厘米，碑正面刻李德裕像。像高126厘米，其衣纹为阴刻，由孙清士（清同治十年任四川达县知县，工诗善书，精于绘画）摹绘，像上方有孙清士题诗。碑阴为雪堂和尚撰书，记载了李德裕像的来历、刻像原委及经过。此碑原立于新繁龙藏寺妙音阁楼上，1980年迁往东湖碑林。

顾复初《题费此度先生先陇图》碑 高154厘米、宽75厘米,共6行,每行26字,字径4厘米。后为光绪十五年(1889)邓质(清新繁举人,后任冕宁县教谕)所书跋语,小楷11行,每行40字。

《乡贤费氏四世祠记》碑之一 高175厘米、宽80厘米,楷书,字径近3厘米,共23行,正文21行,每行50字,末行10字。1922年9月21日,向步瀛记,邑人郭映南书,石工杨吉顺刻字。

《费中文先生遗像》碑 高177厘米、宽95厘米,碑上方横排篆书"费中文先生遗像",后有行书款"民国癸未之旦日,邑后学马绍祺敬题"。马绍祺为新繁书法家。中为费密老年胸像,衣纹为阴刻,面部为阳刻。下为新繁县县长俊德撰书的《中文费此度先生像赞》,楷书17行,正文10行,每行15字,字径近4厘米。碑阴为乡贤周虚白先生书《费舍人别传》。小楷,字径2厘米,共24行,正文22行,每行49字,末行36字。

《新繁东湖公园记》碑 高178厘米、宽94厘米,楷书。碑文共16行,首行刻"新繁东湖公园记,知县事灌县陈洪赞记,华阳颜楷书";正文14行,每行31字,第14行16字;末行刻"岁次柔兆摄提格中秋勒石,詹玉亭凿字"。字径4厘米,楷书。此碑刻于1926年,原立于望雪楼。

【诗文题咏】 历史上新繁文风昌盛,诗文风行,选撷4首。

和邑令王损之《东湖瑞莲歌》

北宋·梅挚

东湖七月湖水平,鳞波暗织箫籁声。
中有植莲一万本,红漪相照摛繁英。
地灵气粹不我测,双花倏如同一茎。
黄姑织女渡银汉,蜺旗凤葆罗空青。
又认英皇立湘渚,翠华不返凝怨慕。
五十哀弦顿晓声,骈首低昂泣珠露。
是时主人集宴喜,湖光浸筵霞脚腻。
朋簪峨峨尽才子,椽笔交辉云藻丽。
酒酣倚阑惜红辉,炳素徘徊云不飞。
魏官甄后昼方寝,仿佛有人挂玉衣。
此邑古来无异政,室家疮痏何有庆。
三年鼠窃例皆然,以薪救火烟弥盛。
自古柅车政克和,载途鼓腹腾讴歌。
歌公用心日皎皎,不独于今古应少。
因感珍芳两两开,玉贯珠联当具诏。
况我与公高适道,芝歌肯迹商山皓。
嘉谋嘉猷思入陈,愿将此美归华勋。

东湖四景诗

清·高上桂

东湖春景

堂东开玉镜,名自古先传。

高客留欢地，青阳遣兴天。
谷风来宇下，山日嵌窗前。
住此云林好，游人满百千。

东湖夏景

不可日无竹，青青满玉龙。
千条台上下，百尺道西东。
地护高人宇，林开避暑宫。
兴来好招客，拄杖住天风。

东湖秋景

瑟瑟西风上，深林一片黄。
天高云集叶，客满玉名堂。
古栋无留暑，东台挂夕阳。
先年开此地，人道自前唐。

东湖冬景

日寒山欲雪，飞雪满堂前。
竹舞千林玉，窗开一镜天。
古人留废地，此夕更兴年。
不道来游好，高风直可传。

耸翠亭

清·汤建业

翠柏老千古，新亭敞复幽。
水深鱼暗度，风静鹊还啁。
星汉当窗列，芙蕖隔槛浮。
此中有真趣，何必羡瀛洲。

汤建业，字莳芥，清代武进人。累官石柱厅同知，著有《红杏山房集》。耸翠亭即今蜷翠亭，地处怀李堂西侧月波廊前，亭之四周古木成林，参天耸翠。

和汤莳芥《耸翠亭》韵

清·李调元

卫公遗迹处，亭阁发其幽。
大雅一龙啸，巴歌尽鸟啁。
荷翻鱼暗戏，萍动鸭初浮。
窈窕人何处，关雎第一洲。

李调元(1734—1803)，字羹堂、赞庵、鹤洲，号雨村、童山、蠢翁等，四川罗江(今德阳市)人，清代诗人、学者、戏剧理论家。此诗根据汤建业《耸翠亭》诗的原韵写成，两首诗具有异曲同工之妙。

【新繁东湖保护】　1990—2005年，共投入资金1000多万元对新繁东湖进行保护，重点保护与维修项目有：

瑞莲阁 1999年8月,新繁镇投入3.6万元,对瑞莲阁进行落架大修。

清白江楼 2005年10月,新繁镇17.8万元,对清白江楼进行落架大修。

光霁堂 1991年4月,新繁镇投入8.2万元,对光霁堂进行落架大修。

古城墙 1991年3月,新繁镇投入2.7万元,修补墙体,加固墙基。

李德裕雕像 1995年元旦,新繁镇政府在镇西成彭公路侧塑李德裕石雕像。后因成彭路改造,迁至东湖怀李堂前。

草 亭 新繁镇分别于1990年、1994年、1999年、2003年共计投入24.5万元,对4座草亭进行翻盖。

石 桥 新繁镇于2005年9月投入2.7万元,对5座石桥进行维修。

重点维修 1998年8月,市文化局投入10万元,对东湖全园古建筑损坏的木结构、梁柱、门窗等进行更换,油漆维修,屋顶更换小青瓦。

路面改造 2004年3月至2005年12月,新繁镇政府投入3.9万元,对东湖公园内路面进行改造,铺设石板和圆石等。

新建公厕 2005年,新繁镇政府投入9万元,在东湖内新建公厕1座,建筑面积75平方米。

兴建东湖森林广场 东湖森林广场是新繁镇政府为完善城市基础设施,保护和展示东湖历史文化而建设的重点项目,占地100亩,总投资1000万元,于2002年10月竣工。

成都市文物保护单位龙藏寺

【历史沿革】 龙藏寺是中国汉传佛教古寺,位于新繁镇外西街180号,占地3万平方米,属“一半子孙庙,一半丛林”。

龙藏寺始建于唐贞观三年(629),初名慈惠庵。宋代祥符元年(1008)扩大为寺,更名龙藏寺。元末寺院毁于兵火,仅存大雄宝殿。明洪武四年(1371)重建,明末复毁,成化年间所建大殿至今幸存。清康熙六年(1667),破山法嗣大郎和尚重建寺庙,乾隆年间增建藏经楼。嘉庆至光绪初,方丈崇远与徒含澈主持60年,继对寺院通力扩建,奠定寺庙规模。时花木掩映,修竹千竿,清溪湍流,环境深幽,善男信女,朝拜礼佛。

禅寺历代高僧辈出,寺僧禅修之余,兴办佛校,以诗、书、画、琴闻名一方,倡导诗文与琴棋书画。海内外学士、墨客慕名寻踪,酬唱流连,留下书法碑林、明代壁画、浩繁卷帙及大量名人字画,享有人文艺术胜地的美誉。

1951年,龙藏寺辟为川西革命荣誉军人学校;1953年更名为四川省革命残废军人教养院;1991年更名为四川省革命伤残军人休养院(医院)。

1985年,龙藏寺公布为成都市文物保护单位。

【古典建筑】 寺院建筑中轴线上,有重檐攒尖顶的薝蔔亭、双石狮雄镇的山门;有弥勒殿、大雄殿、重檐歇山顶的毗卢殿;中轴线东侧,有整齐的厢房、白云精舍;中轴线西侧,有整齐的厢房、禅堂。乐静庵、法云院、西方丈院、妙音阁、三生桥、独立亭、潜西精舍尚未修复。惜藏经楼、韦驮殿、香积厨、绿天兰若、自清精舍、芥舟、不二亭等7座四合院和7座祖坟祖塔已拆毁。大雄宝殿为寺内最古老而具代表性的建筑,殿内前梁题“大明成化元年岁次乙酉十月二十九日重修”字样,木结构,殿呈单檐歇山式,原铺绿色琉璃瓦，后改为小青瓦，仅存琉璃瓦脊。檐下施斗拱8架，面阔5间，宽16.35米，进深4间，长12.55米，面积206平方米。通高9.1米，台基高0.3米。殿内尚存明彩绘壁画。

【人文艺术】 龙藏寺文化遗存甚多，主要有：

石　狮 龙藏寺山门左右石狮对峙，通高3.5米，清道光九年(1829)雕凿，系川西现存最大最完好的狮雕精品之一。石狮口衔宝珠，脚踩绣球，奋鬣怒目，双双蹲于须弥座，座饰麒麟、蝙蝠、瓶鼎琴剑、楼阁浮雕。石狮由诗僧含澈之师父、龙藏寺住持云坞长老化募雕凿。从采运石料至琢磨竣工，花铜钱五十一万三千文，若将这笔巨额铜钱熔化，可铸成与石狮大小等同的一对铜狮。

壁　画 明代壁画绘于大雄宝殿，殿内壁画9铺，总面积114.3平方米，分布左右壁、横壁，左右壁各3铺，前后铺各高2.8米、宽2米，中铺高2.8米、宽7.6米。横壁上3铺，各高4.7米、宽3.5米。横壁中铺下部因佛龛遮挡，壁画保存完好；右壁下部因土蜂打洞，画面破坏严重。壁画绘“天龙八部”“二十四诸天护卫三世佛”“华严世界”“佛传故事”“善财童子五十三参”等。壁画采用工笔重彩，人物形象生动，表情自然，衣饰华丽，线条流畅，立体感强。画壁制作考究，骨架以白夹竹为经，木板条为纬编制而成，用稻草稀泥、棕丝、麻筋泥混合涂抹，再用白垩土加棉花、明矾水涂抹，共五道工序，以防潮、防裂、防脱落。壁画均采用线描与沥粉贴金相结合的技法。颜料以石青、石绿、朱砂、生漆、珍珠粉为主，其色泽经久不变，现损毁较重。

龙藏寺壁画

古　琴 清同治七年(1868)，龙藏寺妙音阁建成，遂成蜀派古琴活动中心。寺内方丈雪堂虽不会弹琴，但喜欢听琴，鼓励和培养徒弟星槎、徒孙月泉、徒玄孙汉阶学琴，三人皆成古琴大家。同治十三年(1878)，师徒们与贵州提督等鼓琴数操，一时盛事。雪堂咏诗曰：“雅韵传方外，山高水更流”。由于雪堂和尚大力提倡琴艺，各地琴友常聚抚琴，切磋技艺，留下几多诸如“愿效子期听一曲，偷闲也到佛门来”等诗篇佳句。新都杨升庵博物馆内，尚珍藏着龙藏寺留下的古琴。

碑　林 龙藏寺碑林是全国众多佛教寺院中历史悠久，规模较大，艺术价值很高的书法碑林，在海内外有着广泛的影响。碑刻尚分布于大郎碑亭、弥勒殿、大雄殿、三生桥、独立桥、潜西精舍等近200通，其中以妙音阁嵌立历代名家书法碑刻为主体，有书法碑100余通。碑林荟萃宋代苏轼、黄庭坚，明代董其昌、文徵明，清代刘墉、梁同书、王文治、何绍基等70余位历代书法家的篆、隶、楷、行、草各种书法作品100余件。此外，清代张鹏翮、刘沅、王懿荣、黄云鹄、顾复初及雪堂和尚撰书碑碣也具很高史料价值。

龙藏寺碑刻艺术精湛，慕名欣赏、求拓者甚多。“文化大革命”中，有的碑石遭致损坏，唐代张旭、怀素，明代祝枝山、费密，清代担当、丈雪、郑板桥、张船山、解大绅、许乃剑、龚晴皋、邓石如等名家书法碑已不复存在。1975年，移至宝光寺碑石12通。1980年，转移桂湖碑石66通。至2005年，龙藏寺存碑石19通。

朝鲜使者碑 龙藏寺妙音阁旁，清光绪二十七年(1901)朝鲜驻中国使者崔性麟访龙藏寺留下的墨迹碑(草书)。碑文记事翔实，文笔流畅，为研究中朝两国文化交流和友好往来提供了珍贵资料。全文抄

录如下:

余莅中土十余年矣。己亥冬,自□□□□□溯流而上,迄辛丑春初,始至蜀都。有龙藏寺月泉禅师□□,相见颇洽,约游其地。见茂林修竹,清溪湍流,满壁琳琅,皆名人题咏,清奇新雅,美不胜收,方讶其间必有出尘之士也。乃度三生桥,至潜西精舍,见一新茔垒起,询为雪堂老和尚藏蜕脱化□□二载矣。平生工诗善书法,性慷慨,敦孝义,故士林重之。其徒星槎□□下至月泉等,皆以琴书擅胜,是衣钵之传有自来欤!但其人之实,得见诸墓志,毋须索人赘论。吁!如雪公者,非即古所谓为隐君子耶?时有景海屏观察、楚儒吴相生,恭处数日,共谈时事,亦中国之有心利济人也。不尽万里风尘,空谷幽林,得此邂逅,喜而志之。

大清光绪二十七年二月下浣,朝鲜使者海岩崔性麟书。

崔性麟,朝鲜海岩人,19世纪末到中国。清光绪二十五年(1899)冬,崔性麟从长江下游溯流而上,于1901年初春抵达成都。应月泉禅师邀请,游龙藏寺触景生情,即兴而作,寺僧刻成书法碑存寺。

龙藏寺碑林现存碑刻目录

表15-1

碑刻名称	书体	书碑者	原位置	现存处
张鹏翮《卧龙桥记》	楷书	孙 治	妙音阁	妙音阁
修卧龙桥记	楷书	程祥栋	妙音阁	妙音阁
重修卧龙桥记	隶书	沈寿榕	妙音阁	妙音阁
卧龙桥碑阴题名记	楷书	含 澈	妙音阁	妙音阁
丁宝桢为大朗请封折	楷书	王懿荣	大郎碑亭	大郎碑亭
敕封静惠禅师碑阴记	楷书	黄云鹄	大郎碑亭	大郎碑亭
四川总督部堂批文	楷书		大郎碑亭	大郎碑亭
四川布政使司批文	楷书	邓 质	大郎碑亭	大郎碑亭
礼部为大郎请封奏折	楷书	黄云鹄	大郎碑亭	大郎碑亭
敕封静惠禅师祠堂记	楷书	顾复初	大郎碑亭	大郎碑亭
刘沅《大朗堰记》	楷书	邓光瑜	大郎碑亭	大郎碑亭
大朗禅师塔铭	行书	程祖润	大郎碑亭	大郎碑亭
樊景麟《龙藏禅寺碑记》	楷书	强望泰	弥勒殿	弥勒殿
般若波罗密多心经	隶书	张汝珏	弥勒殿	弥勒殿
古龙藏寺全图	图画	张汝珏	弥勒殿	弥勒殿
宿雾中山天土寺旧作	行书	李 惺	弥勒殿	弥勒殿
赠雪堂上人七律二首	行书	程祖润	弥勒殿	弥勒殿
硬黄纸及其妙用	行书	曹德华	弥勒殿	弥勒殿
云坞禅师继住碑序	楷书	含 澈	毗卢殿后	毗卢殿后
题三生桥诗	各体	共十三人	三生桥上	三生桥上
金刚般若波罗密经	楷书	黄庭坚	不详	宝光寺
颜真卿《登平望桥》	草书	梁同书	不详	宝光寺
西安作七律诗	行书	果亲王	不详	宝光寺
苏轼《黄州快哉亭》	草书	何绍基	不详	宝光寺
观世音菩萨像	画像	竹 禅	不详	宝光寺
心丹诀	禅字	竹 禅	不详	宝光寺

续表 15-1

碑刻名称	书体	书碑者	原位置	现存处
杨益豫《妙音阁记》	楷书	周锡云	妙音阁	桂湖碑林
题韩滉《五牛图》	行书	刘　墉	妙音阁	桂湖碑林
云坞长老书法	草书	云　坞	妙音阁	桂湖碑林
范仲淹《岳阳楼记》	草书	董其昌	妙音阁	桂湖碑林
受禅铭	隶书	谭　铭	妙音阁	桂湖碑林
建南冬暇出游	行书	黄云鹄	妙音阁	桂湖碑林
祭神文	楷书	黄云鹄	妙音阁	桂湖碑林
七绝诗三章	行书	黄云鹄	妙音阁	桂湖碑林
纱笼诗集序	行书	黄云鹄	妙音阁	桂湖碑林
雪堂上人吟几录	行书	黄云鹄	妙音阁	桂湖碑林
赓缦堂遗稿序	楷书	李德仪	妙音阁	桂湖碑林
格言碑	楷书	彭　洵	妙音阁	桂湖碑林
梅挚《五瘴说》	隶书	石　俛	妙音阁	桂湖碑林
游青城山诗	行书	黄云鹄	妙音阁	桂湖碑林
丁宝桢等游都江堰诗	楷书	邓　质	妙音阁	桂湖碑林
龙藏寺寿山福海歌	楷书	顾复初	妙音阁	桂湖碑林
黄州苏文忠公祠诗	行书	张鹏翮	妙音阁	桂湖碑林
程子四箴	楷书	何绍基	妙音阁	桂湖碑林
七言律诗	楷书	黄庭坚	妙音阁	桂湖碑林
潜西精舍落成诗	草书	顾复初	妙音阁	桂湖碑林
潜西精舍落成辞	楷书	黄云鹄	妙音阁	桂湖碑林
七言律诗	行书	文徵明	妙音阁	桂湖碑林
李白《听蜀僧濬弹琴》	行书	如　山	妙音阁墙	桂湖碑林
苏轼赠道通诗	行书	周兆庆	妙音阁墙	桂湖碑林
送渊师归径山诗	行书	苏　轼	妙音阁墙	桂湖碑林
临黄庭坚书法	楷书	张得天	妙音阁墙	桂湖碑林
石涛等五人书法	各体	石涛等	妙音阁墙	桂湖碑林
临黄庭坚阴长生诗	楷体	王德铭	妙音阁墙	桂湖碑林
护法祠碑记	楷书	龚晋珊	妙音阁墙	桂湖碑林
纪游唱和诗	行书	含　澈	妙音阁墙	桂湖碑林
彭游记、彭游旋记	行书	黄云鹄	妙音阁墙	桂湖碑林
赠雪堂序	隶书	顾复初	妙音阁墙	桂湖碑林
琴壁	楷书	朱有章	大雄宝殿	桂湖碑林
王文成公墨迹	草书	王守仁	大雄宝殿	桂湖碑林
五言律诗	草书	破山明	潜西精舍	桂湖碑林
七言律诗	行书	杨周冕	潜西精舍	桂湖碑林
寄雪堂和尚诗	隶书	周达武	潜西精舍	桂湖碑林
雪堂独立吟诗图	画像	孙清士	独立亭	桂湖碑林
题《独立吟诗图》	行书	何增春	独立亭	桂湖碑林
题《独立吟诗图》	草书	李寿萱	独立亭	桂湖碑林

续表 15-1

碑刻名称	书体	书碑者	原位置	现存处
云坞老人书法	草书	云坞	独立亭	桂湖碑林
游龙藏寺留题	隶书	马维祺	寺后围墙	桂湖碑林
赠雪堂老人诗	行书	伍肇龄	寺后围墙	桂湖碑林
和伍肇龄赠诗	行书	含澈	寺后围墙	桂湖碑林
答雪堂送新种莲籽	行书	黄云鹄	寺后围墙	桂湖碑林
论书画	行书	何绍基	不详	桂湖碑林
唐人五律三章	行书	黄庭坚	不详	桂湖碑林
朱柏庐先生家训	楷书	黄庭坚	不详	桂湖碑林
风度论	行书	顾复初	不详	桂湖碑林
赠雪堂书法	草书	黄湘	不详	桂湖碑林
司马温公解禅偈	楷书	黄云鹄	不详	桂湖碑林
七佛偈	楷书	黄庭坚	不详	桂湖碑林
李炳灵赠雪堂诗	隶书	冯诗	不详	桂湖碑林
楚颂	行书	苏轼	不详	桂湖碑林
屐砚歌	隶书	何增春	不详	桂湖碑林
拙溪游记	楷书	黄云鹄	不详	桂湖碑林
录旧作二章	行书	顾复初	不详	桂湖碑林
游龙藏寺题赠雪堂	行书	周振琼	不详	桂湖碑林
雪堂和周振琼诗	行书	含澈	不详	桂湖碑林
朝鲜使者碑	草书	崔性麟	不详	桂湖碑林
唐李卫公遗像	画像	孙清士	妙音阁	东湖碑林
唐李卫公遗像碑阴记	行书	含澈	妙音阁	东湖碑林
雪堂上人招游东湖诗	楷收	王懿荣	不详	东湖碑林
游东湖宿怀李堂诗	楷书	王祖源	不详	东湖碑林
黄彭年游东湖诗	楷书	黄彭年	不详	东湖碑林
顾复初东湖观荷诗	楷书	顾复初	不详	东湖碑林
题费此度先生先陇图	楷书	顾复初	不详	东湖碑林
游访东湖诗	行书	周达武	不详	东湖碑林
破山和尚书法	草书	破山	护法祠	民间
担当和尚书法	草书	担当	护法祠	民间

文献字画 龙藏寺刻印的书籍，具有很高的文物和文献价值。龙藏寺原有书籍 272 种、1330 册，1985 年 8 月书版清理中，登记造册的书版共有 114 种。其中佛书 23 种，儒书 7 种，善书 15 种，医书 6 种，技艺书 4 种，含澈撰著书籍 15 种、编次书籍 10 种、印师友著述 24 种，其他文献 10 种。另有文告 8 种，共有版片 3008 块。

龙藏寺收藏名人字画颇多，尤清道光后，寺院方丈云坞、雪堂、星槎、星寿及寺僧星文、月泉、月应、界熙、界悟等擅长书画，并收藏历代书画珍品，使龙藏寺书画富甲川西。据新都档案馆藏 1951 年《川西新繁县龙藏寺文物移交清册》载，龙藏寺移交文物，字画 761 件，金石碑刻 203 件，匾额对联 133 件，佛教经书 1415 册，县志、州志、府志 307 本。

【龙藏楹联】 龙藏寺楹联众多，选撷12副。

宝峰山牌坊联 “古殿明成化；高僧晋道林。”宝峰山为龙藏寺的山名，刻于牌坊柱前。

“溪涧双流水；山门九里松。”王懿荣撰书，刻于牌坊柱后。

山门联 “立不二法门，只履西来，传衣南去；住大千香界，岷山北峙，沱水东流。”顾复初撰，萧浚兰书。

“福利溥双江，祖德至今留水利；恩光承九陛，王言亘古镇山门。”黄云鹄撰书。

弥勒殿联 “笑而不言，十分欢喜；坐即是佛，一味安闲。”李惺撰书。

“菜蔬尚不敢忘，况仁人慧心扶持三宝；功德必当有报，竭衲子愚意俎豆千秋。”含澈撰，周振琼书。

韦驮殿联 “现将军身，向世界内摧邪辅正；行菩萨道，于丛林中护法安僧。”云坞撰书。

佛殿联 “真解脱一丝不挂；大庄严万法皆空。”黄云鹄撰书。

藏经楼联 “不二法门，秘通华藏；大千世界，高逼诸天。”含澈撰书。

毗卢殿联 “尘宇苦茫茫，须菩提于意云何？仗宝筏渡迷，金绳开觉；天风吹浩浩，善男子我闻如是，喜慧镜无垢，慈灯照微。”李雍撰书。

方丈门联 “法说鸡园，蒲团柱杖，千秋并著；经谈龙藏，衣钵琴声，万古长存。”涂中辙撰书。

白云精舍联 “花霏罗什翻经席；香散生公说法堂。”潘伯寅撰书。

独立亭联 “从天庭海峤归来，依然逐句挥毫，七十精神犹壮岁；与怀素浪仙比美，更有山门玉带，三千世界只斯人。”吴文澈撰书。

【诗文题咏】 选撷龙藏寺名碑集萃4首。

送渊师归径山

宋·苏轼

我昔尝为径山客，至今诗笔余山色。
师住此山三十年，妙语应须得山骨。
溪城六月水云蒸，飞蚊猛捷如花鹰。
羡师方丈冰雪冷，兰膏不动长明灯。
山中故人知我至，争来问讯今何似。
为言百事不如人，两眼犹能书细字。

苏轼(1037—1101)，字子瞻，号东坡，宋代眉山人，官至翰林学士、礼部尚书，诗文书画俱成大家。书法博采诸家，自成一派，与黄庭坚、米芾、蔡襄并称“宋四家”。僧含澈根据周少传所藏墨迹刻石。

七言律诗

宋·黄庭坚

暖景融融寒景清，越台风送晓钟声。
四郊远火烧烟月，一道惊波撼郡城。
夜雪未知东岸绿，春风犹放半江晴。
谢公吟处依稀在，千古无人继盛名。

此碑系宋代黄庭坚书于元祐五年(1090)。清光绪十四年(1888)，僧含澈根据黄云鹄所藏墨本刻石。

七言律诗

明·文征明

春星烂烂烛薇垣,独拥青绫向夜阑。

宫漏刻花银箭永,莲灯垂烬玉堂寒。

坐聆宵柝霜围屋,想见郊禋月满坛。

铃索无风尘不到,始知仙署逼金銮。

文征明,字徵仲,号衡山居士,长洲(今江苏苏州)人,官翰林待诏,诗文书画皆工。清光绪十二年(1886),僧含澈根据智生所藏墨迹刻石。

题雪堂长老吟诗图

清·何增春

山为城郭洞为门,莲社新开又一村。

独立苦吟如入定,清风明月静无言。

光绪廿年甲午冬月,《雪堂长老吟诗图》刻成,建独立亭于三生桥山石后树之,敬赋小句奉赠,补勒碑阴。

何增春寿仙　题

何增春,字寿仙,清代晚期四川新繁人,与雪堂长老相友善。他能诗工书,书法学汉魏诸碑,得力于清中叶著名书画家郑板桥。

【龙藏寺保护】 1990—2005年,新都文管所共投入36.8万元,对龙藏寺文物进行保护与维修。1981年,为保护龙藏寺碑林,新都文管所将宋代苏东坡、黄庭坚,元代王庭筠,明代文徵明、董其昌,清代郑板桥、石涛、刘石庵、梁同书、王文治、何绍基等书法碑刻66通,迁到桂湖,建立“龙藏寺碑宫”进行保护。1991年,在桂湖修建桂湖碑林。

新都区文物保护单位(点)

【文物保护单位】 1985年12月6日,县政府公布县级文物保护单位2个。

王铭章墓园 位于新都镇城西。墓园始建于民国27年(1938),民国31年(1942)落成,占地1万平方米,建筑面积221平方米。时墓道碑,于右任书“王上将之钟墓道”于碑额。墓园坐南向北,大门系砖石结构牌楼,施绿色琉璃瓦,楼额上书“壮节殊勋”,牌楼内柱楹联由国民政府军事委员会委员长蒋中正题:“执干戈以卫邦家,壮士不还,拼取忠忱垂宇宙;闻鼙鼓而思将帅,国殇同哭,忍标遗像肃清高。”牌楼外柱系国民政府主席林森题:“云暗鲁天,魂归蜀道;忠昭党国,绩著旗常”。正对牌楼墓冢台基高1.2米、封土高3米、直径8米,围以石柱,前立墓碑,左右各置六角攒尖顶亭1座,盖以琉璃瓦,亭中各立1碑。墓右建享堂,堂呈单檐歇山顶,顶盖琉璃瓦,面阔5间,进深4间,尽间前端各突出1间,呈倒“凹”字形。墓后植柏树,园内植果树,周围植楠木,花墙环护。

1984年9月1日,省政府追认王铭章为革命烈士,同月14日,民政部颁发烈士证书。1985年8月25日,县政府于王铭章墓园享堂左侧重建铭章墓,重立墓碑。墓呈正方形,边长7米,墓台高0.5米,护以水泥栏杆。碑文题刻:“抗日阵亡将领第一二二师师长陆军上将王铭章烈士之墓”。下款:“新都县人民政府重建,一九八五年八月二十五日”。

2003年1月,迁建于新都区德育园(泰兴镇普河村)。

华林寺大殿　位于新繁镇东湖城墙外高墙村七社。2002年,为配合新繁镇兴建东湖森林广场,经区政府批准同意拆除华林寺大殿,迁建至新繁镇北湖活水园休闲庄内。

【文物保护点】　1985年12月6日,县政府公布的县级文物保护点12个,并竖保护点标记。至2005年,文物保护点保存一般的4处;保存较差和差的3处;消失的4处;重建的1处。

状元坟　位于新都镇西北村宝光大道体育中心内。1988年,为纪念杨升庵诞辰500周年,重修状元坟,三墓合为一封土(保存一般)。

战国墓　位于马家镇普东村。1980年,省博物馆与新都文管所联合发掘后回填保护(保存一般)。

丽元山　位于马家镇丽阳村3社,相传系古蜀国王妃墓葬地。《太平寰宇记》载:“丽元山,在县北八里,平地特起,四绝高三丈,有双石镜,广五丈,尝掘其下至水,而未臻其极。”第二次文物普查时所立的保护标志碑风化严重,碑文消失殆尽,现仅存一长方形台地,墓地上种植农作物(保存较差)。

白螺泉　位于马家镇白螺泉村。白螺泉庙始建于清嘉庆十九年(1814),清道光二十一年(1841)重修。原白螺泉庙已毁,仅存白螺泉泉水坑及《灵泉碑记》石碑一通,碑文字迹不清(保存较差)。

水观音遗址　位于新繁镇水利社区2社。南北长约300米,东西宽100米。遗址有古墓葬8座,墓葬时代为殷商时代。至1958年,省博物馆发掘后回填保护。1994年成彭公路改道,公路直接通过水观音遗址区(保存差)。

大墓山　位于新繁镇大墓山村。2003年修建成彭高速公路时全部占用。

王稚子坟　位于新都镇督桥河村。1966年秋,桂湖公社5大队组织民兵开挖王稚子坟,所取砖石全部用于修渠筑埝,现仅存一直径7.5米的封土堆,高出地表0.5米(保存一般)。

马超墓　位于新都镇马超村1社。2000年修筑电子路东延线,马超墓被填平。

木兰寺　位于木兰镇木兰村。“文化大革命”期间被全部拆光。1999年,将新都镇正因寺古建筑迁建于此。

榴　阁　位于新都镇上升街,1996年修建桑园巷时拆除。

都堂府　位于新都镇,1996年修建桑园巷时拆除。

状元府　位于新都镇西街社区西街31号附8号。为杨慎故居,始建于明代,清道光十二年(1832)重修。建筑坐南向北,为双重四合院布局,至2005年保存东西两个四合院(保存一般)。

文化遗存

考古发掘

【墓　葬】 1986年以前,新都考古发掘的古墓主要有,明代墓:1951年6月在新都县城外西金井坝发掘干尸墓1座;1955年6月清理蛾蛾坟软体尸墓1座。画像砖墓:1955年4月,在新繁镇新益村发掘东汉画像砖墓1座;同年,在新繁镇新益村清理画像砖时发现魏晋砖墓1座。东汉崖墓:1957年在三河乡互助村天回山巫家坡发掘东汉崖墓3座;1979年在三河乡二江村马家山发掘东汉崖墓16座。战国木椁墓:1980年3月至5月,在马家乡普东村发掘。宋墓:1950—1985年,桂湖、天元、马家、桂林、龙虎、新农、龙安等乡在兴修水利和修建工厂中,先后发掘南宋墓葬10余座。

汉代七星墩墓群 位于新民镇梓潼村,1987年发掘清理。七座圆形土丘汉墓呈北斗七星状,每座土丘高约3米,直径约50米。经测量,七座墓与北斗七星排列形状、位置惊人相似,有"魁"有"勺",墓群保存完好。其中一座称天玑汉墓,发现一长2米、宽1.3米墓室砖壁,嵌有轺车、斧车、双阙、养老、西王母画像砖,画像砖均长45厘米、宽26厘米、厚6厘米,镌篆体"永元元年三月三日造此"字样,为东汉和帝刘肇年号。出土有红陶兽、青铜器、漆器残片。

东汉崖墓群 位于三河镇互助村廖家坡半山腰,2002年2月发掘清理。共清理4座,每墓均由墓道、墓门、甬道、主室及数量不等的侧室组成。葬具为瓦棺和石棺,出土器物以陶器为主,器型有罐、釜、钵、瓮、仓,水塘、楼房模型及各类动物俑、人俑,另出少量的摇钱树,"五铢""货泉"铜钱及铁剑。其中一座规格较高,墓室分前、中、后三室及一侧室。墓口用双扇石门封堵,右门背面阴刻隶书《石门关》74字,载明墓主为段仲孟,于东汉永建三年造此生圹,永和三年过世后葬入墓中。该墓侧室中置有一具画像石棺,石棺四外壁分别浅浮雕天门、西王母仙境、武库和灵芝图。

段仲孟墓口右石门背面阴刻隶书《石门关》

土坑墓 位于原龙安乡清镇村,2002年9月发掘清理。系长方体竖穴土坑墓,南北长3.8米,东西宽1.8米,墓口距地表0.55米。人骨已严重腐朽,从部分残存的人骨痕迹推断应为直肢葬,未发现葬具,墓向24°。墓葬未经扰乱和盗掘,随葬器物大多放置在墓坑的四角,共清理出陶器、铜器、铁器等器物40余件,钱币60余枚。其中陶器共34件,器型有圈足豆、短柄豆、圜底釜、平底罐、大口瓮等。铜器共9件,分为炊器和兵器两类,器型有釜、釜甑、钺、镈、剑、戈、胄顶、带钩。另出有铁锸1件及"半两"铜钱66枚。从随葬器物组合和所占比例看,该墓体现出浓厚的巴蜀地方特色,依据墓葬形制,结合随葬器物判断,墓葬时代为战国晚期至秦。

【遗 址】 新繁水观音遗址、马家镇丽阳村丽元山大石遗迹是新都区文物保护点，均保护差。

龙桥大丰蚕市 "蚕丛"系古蜀国之国君，蚕丛氏活动中心在今茂汶一带，且新都留下蚕丛遗迹。宋代赵抃于《成都古今记》载有："三月三，远近祈福于龙桥，名蚕市。"大丰三家店附近至龙桥之间10余里范围为古代蚕丛镇，规模为成都附近12市之最。每年春三月，省城和附近州县人纷至沓来，祈福赶集。至今这一带尚有蚕丛市、蚕丛堂、蚕丛桥、涤丝池等遗迹。

夏家桥遗址 位于大丰南隅约1公里的土丘上。1957年，修建东山灌溉渠时发掘。遗址长7.9米，南北宽2.1米，表土厚1米，堆积层厚0.6~1米。中部有灰层，长2米，厚2.6米。与灰层相对东面有红烧土"灶"残迹，纵剖面呈"U"形，横剖面呈圆形。"灶"口径30厘米，深35厘米，壁厚2厘米。遗址以北有砖石修砌阴沟一段，沟底砌石板，两壁及顶部用砖砌成，与沟距3米处有用砖平铺建筑遗迹。遗址出土遗物271件，有陶、瓷、铜、铁类器物。器皿多为宋墓常见之物。

桂林乡商代遗址 1992年7月，新都电缆厂扩建发现一处商代遗址，遗址位于新都镇五四社区(原桂林乡五四村4组)。北临新泰公路，南依饮马河，西靠成德大件路，东邻成都锦江油嘴油泵厂，其东西长300米、南北宽250米，总面积7.5万平方米。遗址第四层和第五层为商代文化层。第四层为褐色粘土，出土陶片以夹砂褐陶居多，另有少量的泥质灰陶，可辨器型有小平底罐、高柄豆、圈足豆、敛口罐等。陶片多为素面，少量施绳纹、弦纹、方格纹、刻划纹等。第五层为灰褐色沙土，陶片数量减少，其中泥质陶所占比例较第四层高。发现的遗迹主要是灰坑，共清理27个，另发现砾石堆积2处。出土遗物以陶器为主，器型有小平底罐、花边口沿罐、喇叭口高领罐、圈足豆、高柄豆、纺轮、器盖等。有少量的磨制石器，均为小型手工具，器型有斧、锛、刀等。遗址出土陶器形制与三星堆遗址二、三期的同类器物相似，故该遗址应为商代中期的一个小型聚落址。该遗址出土文物藏于成都文物考古研究所，《文物》1997年第3期有记载。

正因村商周遗址 2001年10月，西南石油学院在新都镇正因村新建校区工程中，发现一处古遗址，成都文物考古研究所会同新都区文管所对该遗址进行抢救性清理发掘。遗址分布面积5000平方米，发掘面积875平方米。遗址文化层根据土质、土色及包含物的不同划分为6层，其中第五、六层为商周时期地层。第五层为褐色土，出土陶片数量多，器型有小平底罐、尖底杯、簋形器、高柄豆、纺轮、器盖等。第六层为黄褐色土，出土陶片较零碎，器型仍以小平底罐、高柄豆为主，另有少量的盉、壶等。正因村遗址发现的遗迹主要为灰坑，共发掘74个，另发现灰沟2条。出土遗物以陶器为主，器物组合以小平底罐、敛口罐、高柄豆、高领罐和簋形器为代表，另有少量的尖底杯、陶盉等。石器多为斧、锛、凿等小型手工具。遗址第六层及之下灰坑出土的领小平底罐、高柄豆等器物，与广汉三星堆遗址三、四期的同类器物形制一致，而第五层和之下灰坑所出无领小平底罐、带"8"字形盖纽的器盖、尖底杯等器物则与十二桥遗址的同类遗物颇为相似，故该遗址当为一处三星堆文化向十二桥文化过渡的类型，其年代应在三星堆文化的晚期至十二桥文化的早期，即商代晚期至西周早期。遗址出土器物藏于成都文物考古研究所，《成都考古发现(2001)》有记载。

【窖 藏】 1982年11月，在新民乡黄田村东林寺附近发掘一处古钱币窖藏，窖穴离地表60厘米，呈长方形。古钱币均为铜质，圆形方孔，币面锈蚀，多粘结成块，盛器亦朽。1989年，在新繁镇繁江商场工地发掘一处古钱币窖藏。2002年，区文管所会同成都博物馆对这两处窖藏的古钱币进行全面清理，重约750公斤。新民窖藏清理出钱币163878枚，新繁窖藏清理出钱币62622枚，钱币种类共23种。有：秦朝"半两"，汉文帝"半两"，新莽"大泉五十""布泉""货泉"，东汉灵帝"四出五铢"，西汉"剪边五铢"。三国蜀汉"直百五铢"，晋惠帝"太平百钱"，隋"五铢"，直白"五铢"，北魏孝庄帝"永安五铢"。唐"开元通宝""乾元重宝”“天成元宝”“南唐开元”。前蜀“通正元宝”“天汉元宝”“光天元宝”等。五代十国钱币中出土最多的前蜀钱币,新民窖藏1122枚,新繁窖藏85枚。孤品钱币有:唐代会昌开元背“永”,五代天成元宝,唐代会昌开元,唐代咸通玄宝。

馆藏文物

【字　画】 新都杨升庵博物馆藏有张大千、潘天寿、陆俨少、王雪涛、陈子庄、关良、沈尹默、马公愚、溥雪斋、陈云浩、于右任、刘孟伉、范曾、何应辉、朱德、陈毅、郭沫若、张爱萍等书画家及国家领导人墨迹。宝光寺存有宋、元、明、清珍贵字画,且保存完好。新繁东湖藏方毅、费孝通、魏传统、李一氓等国家领导人及名人手书真迹。

【金银青铜器】 1978年马家镇修河时,出土一长30厘米柳叶状铜质“战国巴式蛇纹剑”,剑之双面铸浅浮蛇纹各1条,纹饰精细。

1980年,马家镇战国木椁墓出土大批铜器,椁装97件,腰坑188件,计285件。椁内计有:铜印2件、带钩4件、铜镞64件、残弩机1件、雕刀5件、锥刀7件、残锯片1件、纺轮形器1件、盖弓幅6件、管形器1件、锥形管器2件、三连环1件。腰坑计有:敦2件、豆2件、盘2件、鉴2件、甑2件、豆形器5件、釜5件、鍪5件、匕5件、编钟5件、剑10件、刀5件、戈5件、钺10件、矛5件、斧5件、斤5件、曲头斤5件、手锯5件、铜削15件、铜凿20件、雕刀5件,以上文物藏四川省博物院。

1982年7月25日,修建县医院门诊大楼时,于工地离地面1.5米深发现一陶罐,内装金杯2只、银杯1只、银锭2个。据器皿形制系唐代物品。金杯各重192克,通高9.4厘米,杯深6.8厘米,平口,口径9.1厘米。圈足高2.6厘米,足径5.6厘米。出土的金杯图饰细巧,依然闪烁。金杯凸出部分刻牡丹花、四瓣花、孔雀翎纹饰,杯足花纹雕刻、镂空。

1984年,于新都镇上升街出土银锭30锭,共重10.5千克。锭重12两、10两、5两不等,为元宝状,其中8锭錾有明正德年间铭文。1985年,于新繁外北汽车修配厂对面林园出土银铤4枚,分别重1050克、1000克、800克。以上文物存于新都文管所。

杨升庵博物馆馆藏先秦、汉代铜镜共100余件,大部分由著名文物鉴赏家、收藏家乔德光先生捐赠。铜镜有:汉车马神仙画像铜镜、汉规矩纹镜、连弧文铭文镜、汉草叶纹镜、四孔禽兽纹镜等类别。

宝光寺藏“优昙花”,系铜质合金铸造,高155厘米,箭镞形,叶脉清。花开6组,每组聚铸数朵小花,隐于壶状花托。轻击叶片,乃出“优昙钵罗”声响。

【画像砖】 新都境内出土画像砖发掘于东汉砖室墓,砖系模制,浅浮雕居多,深浮雕占少。画像内容反映农业、副业、手工业生产、习俗、生活、神话故事等。画像砖图像有:农事、棕树竹林、采桑、拾芋、捕鱼、放筏、舂米、沽酒、车马过桥、出行、骑从、谒车、车马、斧车、辎车、棚车、双阙、养老、庖厨、六博、驼舞、击彭、追击、戏鹿、习经、舞乐、杂技、鼎人、炼丹、羽人(日)、羽人(月)、龙车、西王母。新都杨升庵博物馆馆藏的汉代画像砖总计100件。

【陶　器】 新都境内出土东汉时期陶器,有坐式说唱俑、立式说唱俑、提鞋执镜女俑、跪谒俑、执厨俑、舞俑、陶狗、雌雄鸡、摇钱树座。陶塑拙朴渐消,巧美渐增,代表中国汉代陶塑艺术水平。

【乔德光捐赠文物】 乔德光,原名立裕,男,生于1917年,新都华严乡(今属青白江)人,是四川著名古玩收藏和文物鉴定大家。2001年11月和2004年7月,乔德光两次向新都杨升庵博物馆共捐赠文物152件。其中:战国、汉唐时期铜镜103件,战国、汉代铜带钩12件,汉代陶俑、石刻3件,明清字画、拓片28件,明清瓷器6件。捐赠的文物中,有的是乔德光花重金几经辗转购得的重器,包括清代莲鹤方壶(拓片)、清代蜀丞相诸葛武侯祠堂碑记拓片、现代启功书法和错金银带钩、汉代四乳神镜等。

新都杨升庵博物馆收藏国家一级文物一览表

表15-2

序号	名　称	序号	名　称
01	东汉车马过桥画像	19	东汉驼舞画像砖
02	东汉舞乐画像砖	20	东汉养老画像砖
03	东汉桑间野合画像砖	21	战国蛇纹铜剑
04	东汉桑乐画像砖	22	战国铭文铜戈
05	东汉舂米画像砖	23	东汉陶雌雄鸡
06	东汉谒车画像砖	24	东汉陶说唱俑
07	东汉羽人(日)画像砖	25	东汉陶提鞋执镜俑
08	东汉羽人(月)画像砖	26	东汉陶执镜俑
09	东汉羽人(日)画像砖	27	东汉陶执厨俑
10	东汉养老画像砖	28	东汉陶狗
11	东汉轺车画像砖	29	东汉陶井
12	东汉楚子问鼎画像砖	30	东汉提鸡捧物俑
13	东汉双阙画像砖	31	唐高足金杯(2件)
14	东汉庖厨画像砖	32	一九二九年五月六日《川西各县代表会议决议案》
15	东汉观伎画像砖	33	一九二九年五月《C.Y.川西扩大会议政治任务决议案》
16	东汉出行画像砖	34	一九二七年十月二十五日《四川通讯》第一期
17	东汉仙鹿灵芝画像砖	35	一九二九年六月二十八日《告全体四川同志书》
18	东汉棚车画像砖	36	一九二九年六月《四川政治形势和党的任务决议案》

说明:砖瓦20件、陶器8件、青铜器2件、金器2件、文献5件,共37件

新都杨升庵博物馆收藏国家二级文物一览表

表15-3

序 号	名称	序号	名称
01	东汉拾芋画像砖	08	东汉野合画像砖
02	东汉捕鱼画像砖	09	东汉楚子问鼎画像砖
03	东汉出行画像砖	10	东汉市集画像砖
04	东汉伍伯画像砖	11	东汉农事画像砖
05	东汉舞乐画像砖	12	东汉捞鼎画像砖
06	东汉龙车画像砖	13	战国柳叶形巴蜀铜剑
07	东汉戏鹿画像砖	14	战国柳叶形巴蜀铜剑

续表 15-3

序号	名称	序号	名称
15	明正德款绿龙盘	26	一九二八年《中央通告》第五集
16	一九二八年《军事工作》	27	一九二七年《中国现状与党的任务决议案》
17	一九二八年《暴动问题》	28	一九二八年十一月十一日《中共中央告全体同志书》
18	明杨慎书法	29	明《太史升庵文集》八十一卷
19	现代陈子庄花卉图屏	30	明《太史升庵文集》八十一卷
20	现代陈子庄墨荷图轴	31	明《太史升庵文集》八十一卷
21	现代陈子庄荷花图卷	32	明杨升庵批点《文心雕龙》十卷
22	明太史升庵文集	33	明弘治杨母叶氏墓志铭
23	一九二八年《川西校刊》第二期	34	明弘治杨母叶氏墓志铭盖
24	一九二八年《川西校刊》第三期	35	现代沈尹默升庵七律行书轴
25	一九二九年《中央通告》第四集	-	-

说明:砖瓦 12 件、青铜器 2 件、瓷器 1 件、石器 2 件、文献 13 件、绘画 3 件、法书 2 件,共 35 件

书院名居

【龙门书院】 龙门书院(今谕亭小学)位于新都镇,清乾隆十八年(1753),新都知县王垂绮在县城东街二公馆建龙门书院,乾隆五十四年(1789),知县任绮以近市烦嚣移建文昌宫后(今圣谕亭巷)。清嘉庆十七年(1812),知县杨道南改建,易东为南向。书院为四合院布局,坐北朝南,前厅为木结构单檐歇山式屋顶,穿逗式梁架,五穿七柱。面阔 5 间 19 米,进深 3 间 6 米。檐高 3.2 米,通高 6.3 米。素面台基高 0.21 米,柱径 0.2 米。正厅为木结构单檐歇山式屋顶,穿逗式梁架,五穿七柱。面阔 3 间 14 米,进深 5 间 8 米。前檐高 3.3 米,后檐高 2.7 米,通高 6.5 米。素面台基高 0.3 米,檐柱径 0.23 米。厢房面阔 10 间 44 米,进深 3 间 5.4 米。

清道光二十三年(1843),知县张奉书增修房舍,书院置有田 120 亩。清光绪二十九年(1903)废科举,清政府通令各地办学堂,次年,知县李锦江遂将龙门书院改为公立高等小学。

【繁江书院】 繁江书院(今新都二中)位于新繁镇。清乾隆二十九年(1764)新繁知县李茂创建。清嘉庆十年(1805)新繁知县张师范改建。坐西向东,四合院布局,占地面积 600 平方米,建筑面积 317 平方米。分为书楼、门厅、厢房。书楼为木结构单檐歇山式屋顶,抬梁式梁架,六架椽屋前后乳栿搭牵用四柱。面阔5 间 23.3 米,进深 4 间 7.1 米。上檐高 7.3 米,下檐高 10 米。素面台基高 0.2 米,檐柱径 0.25 米;门厅面阔 5 间 20.35 米,进深 3 间 5.5 米;厢房面阔 3 间 10.5 米,进深 2 间 3.9 米。

清光绪三十一年(1905)倡导新学,繁江书院改建为新繁县立高等小学堂。民国 19 年(1930),在繁江书院地址建成新繁县立初级中学(后更名为新都二中)。

【海源堂】 海源堂位于原龙安镇海源村。清代晚期何姓药商修建。中院座东北向西南,三重四合院布局,木结构建筑。依次为龙门、头厅、二厅、正厅,建筑面积 2412 平方米,为全区规模最大的清代民居。龙门面阔 9 间 38.5 米,进深 2 间 4.65 米;头厅面阔 3 间 13.5 米,进深 2 间 5 米;二厅面阔 3 间 13.5 米,进深 2 间 7.2 米;正厅面阔 3 间 14 米,进深 2 间 8.4 米。现为海源村 5、6、7 组的大部分农民居住。

名人墓园及塑像

【东汉章明、侯刚墓】 位于新繁大墓山村，系汉代忠烈章明、侯刚墓葬，又名"双忠墓"。章明，字公儒，新繁人，西汉末年大臣，官至大中大夫。时王莽篡位，愤然自杀。侯刚，字直孟，新繁人，官至尚书郎，时王莽篡位后，侯刚哭汉遭杀。光武帝刘秀建立东汉后，将两臣归葬于新繁西北4公里处，墓垒如山，故名大墓山。"文化大革命"中墓被毁。

【东汉王涣墓】 位于新都镇督桥河村。《后汉书》载："王涣，字稚子，广汉郪人(今四川省三台县西南)也。"王涣系东汉循吏，曾作温县和雒阳县的县令。举茂才，以方略除暴安良。迁兖州刺史，后拜侍御史。王稚子为人平正居身，京城官民皆叹服治绩。东汉元兴元年(105)卒于任所，百姓扶柩将其遗骸送归原籍安葬于新都，温县和雒阳县乡人在墓前各立一阙，故有"双石阙"之称。清道光十七年(1837)清丈墓基："周围及墓前余地作葫芦形，计三亩五分五厘。于墓前修瓦房2间，招佃看守。并大书神道碑一通于道右。"1954年，四川省文管会调查组记载："田畴间一大土堆，周围约百米，突出田面高约20米，茅草丛生，小柏树20余根。坟前立石碑：道光十八年岁次戊戌仲冬　东汉循吏兖州刺史稚子王公讳涣神道　新都知县张奉书谨立。""文化大革命"中王涣墓被毁。

【东汉马超墓】 位于新都镇马超村一社。马超(176—222)，字孟起，右扶风茂陵(今陕西兴平县)人，出身凉州豪门。东汉末年随父马腾起兵，建安十九年(214)投奔刘备，封征西将军、迁骠骑将军，领凉州牧，追谥威侯。

马超墓规模宏大，清道光《新都县志》云，清雍正十一年(1733)，立石于墓之四隅，定距墓18步为墓域。道光十七年清丈，前后墓地3亩多，竖以墙垣。有碑二，一立墓前。碑文为："汉故征西将军马公讳超字孟起之墓"。道光十七年(1837)，知县张奉书重丈墓地，墓周植柏树，砌筑围墙，招佃看守，春秋祭扫，道旁重立"汉故征西将军马公讳超字孟起之墓"以壮观瞻。宣统元年(1909)，四川提督马维祺拜谒马超墓，于墓前重立碑石，新修献殿3间，镌刻"汉骠骑将军领凉州牧乡侯马公墓志"，书"英风常振"匾额，马超墓再具规模。

马超墓坐北向南，封土高约6米，直径约20米，墓后有环状土丘，古柏森森，墓葬早年被盗。墓室宽约3米，深约10米，内有石门、石案、石棺台等，石具雕刻精美。1963年，马超墓被开凿挖平，修小学办公室。1985年，县政府公布马超墓为县级文物保护点。1987年，全县文物普查时，将墓地两通碑石移至桂湖，立于桂湖碑林保存。2000年，新都修建电子路东延线，马超墓后的环状土丘被削平，马超墓从此湮没。

【明代杨慎家族墓地】 位于新都城西体育中心侧。明代状元杨慎、杨慎之祖父杨春、杨慎之父亲杨廷和祖孙三代家族茔地，初为明武宗正德皇帝敕建。

杨春，字元之，号留耕，明成化进士，任湖广按察佥事、行人司司正，明正德十年(1515)卒。朝廷敕封资德大夫、户部尚书兼文渊阁大学士、光禄大夫、柱国少保。明正德十一年，武宗朱厚照令礼部外郎赴新都敕建墓园，时墓地宏大，神道碑立在今状元街灵祖庙前，至墓地500米，墓道两旁竖石人、石狮、石马，有庐墓，墓前设祭坛。

杨廷和(1458—1529)，字介夫，号石斋，19岁中进士，历任武宗正德、世宗嘉靖两朝首辅内阁大学士,明著名政治家。杨廷和于明嘉靖三年(1524)辞官,嘉靖七年削职为民,翌年卒于新都,以庶民礼葬于杨春墓左侧。墓冢高3米、直径4米,设祭坛、神道、石狮等。墓碑早年已毁。时隆庆宰辅赵贞吉撰书“太子太师吏部尚书华盖殿大学士赠太保杨文忠公神道碑”。

杨慎墓在杨廷和墓右。明嘉靖三十八年(1559)卒于云南戍所,运柩回新都故里安葬。后杨春与妻叶夫人合墓,杨廷和与妻黄夫人合墓,杨慎与继室黄峨合墓。

墓园古柏森森,河流环绕。20世纪60年代,状元坟出土一通《封孺人杨母叶氏墓志铭》碑,碑文系明代重臣、文坛泰斗李东阳楷书撰写,现存桂湖升庵祠。1975年修凿新都南四支渠,时人掘坟,兹因墓椁以糯米浆拌瓷灰浇铸,刀斧不入,遂用炸药将上半部炸毁,现下部尚留河底。

1988年,值杨慎诞辰五百周年,新都筹资培修坟茔,墓前立明代石狮一对,重立墓碑,碑文曰:“明翰林院修撰杨慎升庵,诰封宜人黄峨秀眉之墓。”下款:“公元一九八八年岁在戊辰中秋立,邑人万自律敬书。”1997年,台湾“全球董杨童宗亲总会”大陆祭祖考察团专程赶赴升庵故里祭祖寻根,会长杨清钦先生捐助人民币20万元培修墓园。

【王铭章塑像】 2003年,为表达人民群众对英烈王铭章的缅怀之情,县政府在桂湖公园(后更名桂湖森林广场)建王铭章烈士纪念碑及塑像,以及王铭章烈士纪念墓和纪念堂。

王铭章烈士纪念碑碑顶塑王铭章跃马出征抗日铜像,塑像高2.6米,通高6.1米。碑身正面浮雕抗日川军出征图饰,右下方刻“王铭章将军　成都市新都区人民政府立　二零零三年三月十七日”;碑身背面镌刻王铭章出川雕塑碑文。

王铭章出川雕塑碑文 王铭章,字之钟(1893年农历5月11日至1938年3月17日),成都市新都区泰兴镇人,国民政府陆军122师中将师长、代理军长、追赠上将,中华人民共和国民政部批准为革命烈士。

在国难当头,民族存亡之际,王铭章誓师率部抗日,于1937年9月5日出川奔赴华北抗日战场。1938年3月17日在著名台儿庄战役中壮烈殉国。时国共党政军领导和各界人士在武汉举行“公祭”,毛泽东主席题挽联:“奋战守孤城视死如归是革命军人本色;决心歼强敌以身殉国为中华民族争光。”

英雄已逝,英灵长存。为纪念民族英雄——王铭章,弘扬爱国主义精神,成都市新都区人民政府决定,政府出资和社会募捐雕塑王铭章骑马出征铜像,以激励后人,不忘国耻,振兴中华。

追赠王铭章陆军上将碑 1995年6月,获悉成都蜀锦厂有一通追赠王铭章陆军上将的碑(碑碣原立成都青羊宫笔砚山王铭章衣冠冢,后移蜀锦厂)。碑高1.5米、宽0.8米、厚0.18米,竖排镌刻,魏碑。此碑嵌于桂湖碑林。碑文:

2005年9月2日,王铭章将军遗孀叶亚华(左二)及家人在王铭章塑像前留影

国民政府令

陆军第一百二十二师师长王铭章,赋性刚毅,志行忠贞。此次于滕县之役,苦守要区逾三昼夜,卒待援军到达,阵线得以巩固。不幸殊勋甫建,以率部奋力巷战,竟尔殉职。缅怀壮烈,悼惜殊深,应予特令褒扬,追赠陆军上将,交军事委员会从优议恤,并将生平事

迹存备宣付史馆，用彰忠勋，以资矜式。此令。

主　　席　　林　森
行政院长　　孔祥熙
中华民国二十七年四月六日

公葬王铭章碑　1982年，在新都农机厂发现一通记述王铭章事宜碑石。此碑高80厘米、宽180厘米，上、左、右三边刻有宽12厘米卷草纹，竖排镌刻，楷体。嵌于桂湖碑林。碑文：

国民政府令

陆军第一百二十二师师长王铭章于滕县之役捐躯殉职，业经明令褒恤，追赠陆军上将在案。兹念该故师长忠勇卫国，死事壮烈，特予公葬，以慰英灵而资矜式。著行政院转饬四川省政府遵照办理。此令。

主　　席　　林　森
行政院长　　孔祥熙
中华民国二十七年六月十七日

【吴虞故居及墓园】　吴虞，新都龙桥古窑村人，近代著名思想家、教育家、诗人。早年留学日本，归国后曾任北京大学、四川大学教授，誉为中国思想界清道夫。所著《吴虞日记》称为中国近代史一部珍贵史料，原稿藏中国革命历史博物馆。吴虞著《吴虞集》《秋水集》等。

吴虞故居位于新都新繁镇北街131~134号，占地180平方米，四合院布局，由前厅、后堂、左右厢房构成，穿榫结构房共12间，背依东湖。1938—1941年，吴虞避其日军飞机轰炸，从成都文庙后街举家迁至新繁，命住所"爱智庐"，书于木牌，上挂大门。院内两株垂丝海棠叶茂根深，传为吴虞种植。

20世纪90年代，从吴虞故居出土一通"香祖吴曾兰碑"，碑高135厘米、宽72厘米。碑镌篆书，笔力刚劲，古风犹存，碑撰"易经典故"。经考，碑系吴虞原配夫人曾兰手书。曾兰，字仲殊，号香祖，出身成都官宦之家，擅书法诗文，1936年不幸因疾早亡。吴虞葬妻于新繁龚家碾，乃撰《曾香祖夫人小传》《定生慧宝遗稿》两卷。民国38年(1949)4月27日，吴虞病逝于成都栅子街50号住宅，终年77岁。后嗣遵其遗嘱，将其合葬于龚家碾(现倡仪村3组)券拱砖室墓，随葬生前用印章几十方。墓冢封土圆形，竹林环绕。

【艾芜陈列馆及墓园】　艾芜(原名汤道耕)，新都清流镇人，生于1904年6月，1992年12月逝世，享年88岁。从事文学创作近70年，在中国现当代文学史上具有重要地位。

艾芜陈列馆　又名"艾芜故里园"，建于1999年。位于新都区清流镇中巷街，占地2000平方米，建筑面积600平方米，坐南朝北，四合院布局。陈列馆陈列艾芜专著、创作手稿、书信、生平事迹的图片文字，各种版本著作及工作证、获奖证、会议代表证等，复原了艾芜书房、客厅、寝室，展出艾芜生前用书桌、书柜、木床、竹椅、木箱、台灯等生活用具。

艾芜墓碑及塑像

艾芜墓园及塑像　1993年12月，在桂湖公园建艾芜墓园。墓园长4.7米。宽4.1米。墓冢坐北向南，黄浆石墓碑高1.5米、宽1米、厚0.8米。碑顶塑艾芜半身青铜像(高1.1米)，碑身正面阴刻著名作家巴金题词“艾芜之墓”,碑身背面竖排阴刻《艾芜墓记》。碑前是黑色花岗石贴面的墓基(13.6平方米),中央60厘米见方的墓穴内安放艾芜骨灰,棺盖为长1.32米、宽1.15米、厚0.4米的石板。棺盖上面繁体行书阴刻艾芜座右铭手迹;并嵌一束铜制山茶花,象征艾芜早年漂泊云南的传奇生涯。

艾芜座右铭　人应该像河一样,流着、流着,不住地向前流着;像河一样,歌着、唱着、笑着、欢乐着。勇敢地走在这条坎坷不平充满荆棘的路上。

艾芜墓记　中国共产党的优秀党员,左翼作家联盟的优秀战士,中国作家协会顾问,四川省文联、四川省作协名誉主席,著名作家。艾芜(原名汤道耕),新都县清流镇人,生于公元一九零四年六月,卒于公元一九九二年十二月,终年八十八岁。

艾芜从事文学创作近七十年,著有《南行记》《故乡》《百炼成钢》等五百余万字作品,在中国现当代文学史上占有重要位置。他的作品被译成日、俄、英、德、朝、匈、波等多种文字,为弘扬中华文化,促进国际文化交流,作出了突出贡献。

为激励新都人民学习艾芜同志对党无限忠诚,对祖国无限热爱,对事业执著追求,艰苦奋斗,无私奉献的优秀品德,建设繁荣、富强、文明的新都,特修建艾芜之墓。

中国共产党新都县委员会
新都县人民政府
公元一九九三年十二月

【李德裕塑像】　李德裕(787—850),字文饶,历任翰林学士、浙西观察使、西川节度使、兵部尚书、左仆射、并在唐代文宗大和七年(838)和武宗开成五年(840)两度为相。主政期间,重视边防,力主削弱藩镇,巩固中央集权,使晚唐内忧外患的局面得到暂时的安定。李德裕任西川节度使时,功勋卓越。相传,李德裕开凿东湖并在湖岸亲手种植楠木树和柏树。后人在新繁东湖公园建文饶堂并塑李德裕像。

李德裕塑像

【杨慎塑像】　杨慎(1488—1559),字用修,号升庵。明代正德六年(1511)状元及第,授翰林院修撰,任经筵讲官。嘉靖三年(1524),因“议大礼”忤嘉靖皇帝,遭廷杖后充军云南永昌卫,被终身流放。嘉靖三十八年(1559),杨升庵卒于永昌卫戍所。著有《升庵集》《全蜀艺文志》《陶情乐府》等四百多种,《明史·杨慎传》称“明代记诵之博,著述之富,推慎为第一”。

清代新都知县张奉书在桂湖修建升庵祠并塑杨慎官服铜像,后重塑。

杨慎塑像

【田家英塑像】　田家英(1922—1966),原名曾正昌,四川双流人。曾担任毛泽东秘书,中华人民共和国成立后,历任中央办公厅秘书室主任、中央政治局主席秘书、中华人民共和国主席办公厅副主任、中央办公厅副主任等职。参加《毛泽东选集》及毛泽东其他著作的编辑、注释和出版工作。1959年4—9月,田家英受中共中央委派,到新繁崇义公社了解农村情况。在离开前,建议将崇义镇改成“大丰”。后毛泽东

田家英塑像

根据田家英在大丰调研反映的情况下发《党内通讯》，提倡“包产落实、合理密植、节约粮食、要讲真话”等6条精神。

1993年9月28日，在大丰镇举行田家英塑像落成典礼。2005年移至桂湖公园，并建田家英广场。

非物质文化遗产

【新繁棕编】 新繁棕编最初出现在清嘉庆末年。清代光绪年初，新繁外西妇女“析嫩棕叶为丝”织成凉鞋，自此逐渐发展，品类增多，主要有棕帽、棕垫、棕鞋、棕盒、棕篮五大类，尤其以鞋帽最有名。农闲时节，心灵手巧的新繁妇女用棕丝编织物品出卖，以补贴家用。至清道光三十年(1850)，逐步形成专门行业。清白、高宁、利济、龙安、新农等乡妇女多从事棕编，采用灌县、彭县、大邑、邛崃等县山区嫩棕叶为原料。产品造型均使用模型(模型用木制、泥塑)，编织方法有胡椒眼、密编、人字编3种。

棕编选材较精，生产季节性强，以棕丝白嫩柔软，精美适用，色彩明快，能负重，不吸潮为上。人们多在春秋季编制提包、桌围、椅垫、果盒及玩具等，夏季编制凉鞋、拖鞋、枕巾、凉席、凉扇等。4月初，艺人们开始采集嫩棕叶，用排针将叶划割成细棕丝，搓成棕绳，经硫磺熏蒸、晾晒、浸泡等工序，制成洁白、柔软的材料备用，或将部分棕丝染色备用。棕编的编制方法因物而异。提包多用胡椒眼技法；鞋、扇类产品采用密编法；帽、席等多用人字纹。用白净的素色棕丝编制的器物像绸绢般华美，有的用彩色棕丝以挑花、提花、织花等技法织成彩色装饰图案。据有关史料记载，清朝的同治、光绪、宣统等皇帝曾戴过新繁棕丝帽。清代末年，一些有识之士将新繁的棕编产品贩卖到东南亚国家。20世纪30年代，新繁地区出现了女子不会棕编，出嫁十分困难的情形。中华人民共和国成立后，国家外贸部门在新繁设外贸站收购棕编制品，棕编销售成为有组织经营。

20世纪60—70年代，新繁许多农户靠棕编维持生活，一度有数千人从事棕编业。在清白、高宁、利济、龙安、新农等地几乎家家户户从事棕编生产，一些学校还将棕编作为学生的课外活动，新繁由此成为全国棕编基地之一。

新繁的棕编尤以鞋、帽最为著名。新繁棕编拖鞋，细密如绸缎，轻巧耐用，鞋面上装饰有金鱼、花卉、鸟雀等图案，造型逼真。新繁棕编凉帽，洁白纯净，饰以花卉图案，可与金丝草帽媲美，极受欢迎。民国时期，在新繁西门外观音阁专门开辟了棕编市场，每年农历二月开市，八月罢市，一年约售凉鞋帮3.6~3.7万双。除县境内销售5000~6000双外，余销成都、彭县、简阳、广汉、金堂及云南等地。1951年，新繁百货公司开始收购棕丝制品，后由土产公司接办。1952年5月，收购的棕丝品种达10余种，一年收购金额达4万余元。新繁棕编产品调交成都土产二级站。1953年开始出口日本、欧、美及东南亚。1954年，县供销社办棕叶加工厂，固定专职采购人员，采购棕叶回厂加工成丝，供应生产，收购成品，

棕叶编制的龙(长2.4米)

从而使国家收购棕编的比例,由总产的50%增加到90%,年收购金额增至10多万元。

1958年后,棕编产品直接交省外贸出口公司。县联社建立棕编厂,从农村抽调工艺水平较高的社员50多人到棕编厂生产,并请省外贸局美术公司派人指导。

1958年3月,新繁棕编厂为毛泽东主席编织棕丝枕巾。1962年,为纪念毛泽东《在延安文艺座谈会上的讲话》发表20周年,北京美术馆举办全国美术工艺品展览,新繁选送棕编制品60多件。1963年,国家主席刘少奇出访印度尼西亚,以新繁棕编的凉鞋、凉帽、枕巾、坐垫等10多件作为礼品馈赠国外友人。1964年15周年国庆,北京举办工艺美术展览,新繁棕编制品23种124件赴叙利亚、阿尔及利亚、埃塞俄比亚等11个亚非国家展出。1974年,国家征集美术品赴美国展出,送去棕编制品300多件,经评审,选出8类共165件参展。1975年,外贸站建立棕丝厂,年产棕丝1万余公斤,采购棕叶7万公斤。1976年,收购棕丝产品金额4.04万元,其后逐年增加,1981年收购金额155.26万元,1985年收购金额120.82万元。

新繁棕编老艺人景玉怀曾三上北京参加群英会,五下重庆展示棕编绝技。她曾为毛泽东主席编过帽子,并受到毛泽东、刘少奇等党和国家领导人的接见。1965年,景玉怀的女儿又受托给毛泽东主席编织了一双拖鞋,并收到主席办公室汇与的70元工钱。

新繁许多家庭在棕编技术上各具特色,世代传承,通过市场交易、工艺美术展览等活动相互学习交流。新繁民间除用棕叶编制帽、鞋、扇、包等外,还用棕丝编制飞禽走兽、小昆虫,特别讨人喜爱。至2005年,新繁民间手工技艺棕编,主要在新繁镇下辖公毅、锦水、曲水、通联、石云村传承。

【竹　编】 新都农村一般人家的房前屋后或四周都有慈竹、白夹竹或斑竹林,既可遮阴避暑、修房造屋、划篾缠物、防洪编笼等,又是竹编制品的原材料。

新都农村竹制生产用具有箩篼、粗筛、细筛、晒席、围席、抬筛、鸳篼、连盖等。竹制生活用具有簸箕、提篼、大小背篼、菜篮、筲箕、蒸笼、竹扇、虾笆、刷把、篾席、竹筐、竹椅、竹凳和装粮食用的囤子等。

新都农村几乎家家户户都会竹编简单用具。有的农民竹编技艺较高,逢集日把成品拿到市场出售;或被农户请到家中编制。竹编出名的有龙桥的支箩篼、王箩篼、刘椅子,尤其以瑞云村黄辉郎编方篼、圆篼、提篼工艺精湛,远近闻名,曾被重庆生产厂家聘去编竹丝于瓷器花瓶、茶壶等用具上面;斑竹园竹编艺人所制花提篼、书架、花架、衣架、鸟笼、竹椅久负盛名,各式提篼精巧玲珑,书架、花架轻便古雅;大丰任万平编织竹丝帘缀以中国画素雅美观,1984年被评为成都市"星火带头人";大丰竹编艺人曾伟才所编竹器工艺品行销香港等地,1984年应聘赴瑞士修建游乐园竹楼;马家、新民和原龙安、竹友竹编艺人编织门帘、窗帘、安全帽等生活用品质量有口皆碑。1975年,龙安乡成立竹编工艺组,其竹器工艺品销往京、津、沪、浙、冀、鲁、晋、陕、粤、皖地区。80年代以后,境内慈竹被污染变质,有的塑料制品代替了竹编,本地竹编制品逐渐减少,至90年代,新都市场出售的竹编用具大多从外地购进。

【新都泡菜】 泡菜是将蔬菜用盐水浸渍而成,是对蔬菜的一种储藏方法,可以调节菜季淡旺,达到"以旺养淡,储存保鲜"常年有菜吃的目的。由于泡菜具有制作简便、经济实惠、取食方便、不拘时令等优点,因而传承至今。新都几乎家家户户都有泡菜坛,泡青菜、豇豆、萝卜、黄瓜、莲花白、蒜苔、海椒、生姜等。炒菜、烧菜多离不开泡海椒、泡生姜等。在川菜烹调以及筵席配置上,也用泡菜调味、岔色、解腻。

新都民间广为传唱的民谣《一根黄瓜泡满坛》:"眼看那蜞蚂儿身穿兰啊,背上背了个泡菜坛哟。豇豆茄子泡不满舍,一根黄瓜就泡满坛哟。"新都泡菜以新繁泡菜最具特色。1965年,调到新都县饮食服务公司桃春饭店作厨师的何子涛(1931—1982年),10多岁时就拜师学艺,长期研究泡菜制作技术,掌握了各种菜品的泡制技巧，成功地泡制出具有新都特色的四季泡菜。何子涛在泡菜制作上选料认真，配料考究，做工精细，其泡菜制品“不变色，不变形，不进水，不走籽，不喝风，不过咸，不过酸”，色、香、味、形俱佳而引人入胜。

1977年，新繁建立泡菜车间，1987年4月正式建立新都县新繁泡菜厂，专门生产何子涛研制的泡菜，品种100余个。

1977年，新繁泡菜经四川省、温江地区饮食服务公司检验鉴定为外销产品，1984年获继承传统奖，1987年被评为成都市优质产品，1988年被评为四川省优质产品，并获首届中国食品博览会银奖。1990年被选为十一届亚运会专用食品。泡萝卜、泡海椒、泡青豆等品种被商业部评为优质产品，泡鱼海椒被选为商业部陈列品。新繁牌泡菜远销美国、日本、南斯拉夫、泰国等国家和中国香港地区。

为给新繁泡菜提供优质鲜菜原料，1994年开始在锦水河两岸建设无公害蔬菜生产基地。1995年种植蔬菜1.57万亩，分布在8个乡镇，涉及6000多农户，有盐渍加工厂15个，初加工鲜菜13270吨，生产新繁牌泡菜5308吨，销售到全国24个省，85个城市。1995年4月命名为“中国泡菜之乡”。

1999年，新繁泡菜厂转制，成立成都新繁食品有限公司。公司是集蔬菜种植、加工、销售、科研为一体的现代大型泡菜加工企业，是国家级农业产业化重点龙头企业，与韩国企业合作，引进科学的泡菜生产线，拥有5大系列近200个规格品种。2004年，公司具有独立知识产权的发明专利“绿色功能菌(群)发酵制泡菜”，获成都市科技进步二等奖，被国家授予发明专利。至2005年，公司拥有新繁周边50公里范围内的农业产业化蔬菜基地6.5万亩，盐渍初加工工厂40多家。新繁泡菜系列产品在国内24个省、4个直辖市以及香港、澳门地区设有销售网点，同时远销亚洲、欧洲、北美洲、大洋洲17个国家。2006年，“新繁”泡菜被评为“四川老字号”。

【新繁传统药浴】 300多年前，新繁大墓山就有用中草药洗婴儿的习俗，传承至今。民间传统风俗，小儿出生后的第三天，要找些草药煎熬成水，再包上熟鸡蛋的蛋白和纯银，在小儿全身洗浴，俗称“小儿洗三”。用药水洗去小儿污垢，然后用特制的灸条灸遍小儿全身，使其经络通畅。现已经从“洗小孩”发展到“洗成人”。

何氏洗灸堂为清初新繁人何绍章秉承三代中医世家，用中草药洗灸疗法而开设的中草药物洗灸堂。20世纪60年代，其后人设“大墓山小儿洗灸站”。何氏洗灸堂根据不同人群，采用不同的中草药配方，经过选择、粉碎、烘干、杀菌、检验、熬制、滤渣等，通过熏、洗、灸等办法，在自行研制的木器(小儿为柏木盆、成人为木浴桶)内进行熏蒸洗浴。

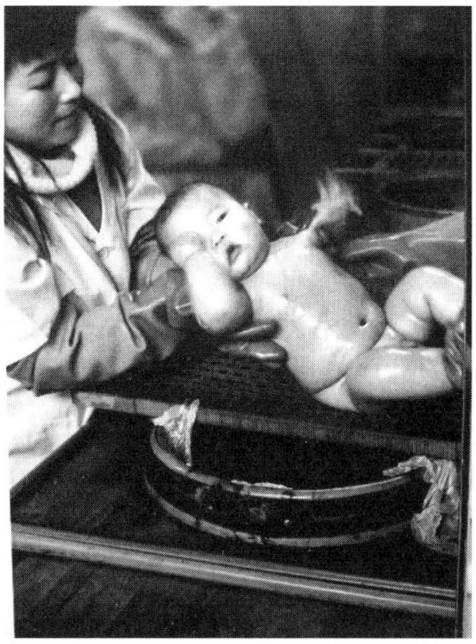

中草药熬水洗小孩

【木兰庙会】 木兰山，原称赤岸山，位于新都木兰、泰兴、三河交界处。因“山赭色，岸边若有火光”而得名。元朝韩娥(1345年生)仿效花木兰，女扮男妆从军12年，战功卓著。明朝中叶其后人和乡民怀念韩娥功德，于山顶建“木兰寺”祭祀韩娥，赤岸山随之更名木兰山。木兰寺历经战火毁损、维修，至20世纪40年代，寺内正殿上韩娥戎装站像尚存，记叙韩娥生平事迹的两通大石碑及寺庙在“文化大革命”中被毁。1999年，将新都镇正因寺搬迁到此重建，于2005年竣工。

清嘉庆二十四年(1819)春，由迁居当地的客家人发起举办木兰庙会，并由严开泰、杨为龙等20人主动捐资。初为文昌会,纪念文昌帝君诞辰(农历二月初二)及韩娥,会期为农历二月初一至初三。庙会期间庙内灯火不熄,香火旺盛,祭祀礼仪相当隆重,扯拉天花彩帐,红毡铺祭祀厅,设“八所碑”(浣洗所、迎神所、送神所、酒樽所、羹馐所、招待所、鼓乐所、香帛所),礼生高唱赞歌。庙内外瓜菜种子、农用工具、竹编草编、农家干鲜、时令花卉、当地果品、传统小吃、蒸炸食品、百货、树苗、铁器、木器、棕编、酒肆、茶棚尽在其中,杂要、游艺助兴庙会。最为“神奇”的是山坡小道边空坝内摆满了胡豆、豌豆、玉米、地瓜、豇豆、冬瓜、南瓜以及各种蔬菜种子,据说凡是种子在此摆上半天,借山庙灵气,可望丰收。乡民称为种子“寄窝”,木兰庙会又称种子交流会。

中华人民共和国成立后,木兰寺被改作小学校,但每逢会期,人流如织。“文化大革命”期间“农业学大寨”,木兰山改造为梯田,视木兰庙会为封建集会,不许群众赶会。但每到会期,乡民便到山下的黄牛店、曾家幺店子赶会,从未间断。改革开放后,县、乡、村十分重视民情风俗的传承,会期仍定在农历二月初一至初三,除保留传统的佛礼活动、种子“寄窝”、物资交流外,新增科技、文化、卫生“三下乡”活动及文艺演出。至2005年,木兰庙会每年举办。

【马家普利寺庙会】 旧称“娘娘会”,源于明末。据传,明代状元杨升庵第四代孙遇锦之母不慎遗失金戒指一枚,怀疑丫头所为,丫头苦打成招,躲进普利寺大钟,听人言金戒指被鹅吞食,经禀杀鹅,惊见戒指。遇锦与丫头结婚,杨家子孙繁衍。乡民以为神灵庇佑杨氏不断香火,遂将“三月三”俗成“娘娘会”。“湖广填四川”到四川的人,多不服水土,瘟疫流行,人口出生少。为了人丁兴旺,人们把繁衍子孙后代的希望寄托于普利寺庙中的送子娘娘。每至三月三,各地俗信聚会普利寺焚香祈子,相沿成俗。

普利寺庙会从农历三月初一到初五,三月初三是正日子。用檀木雕刻木童,头童1尺,二童8寸,三童3寸。三月初二晚上,将童子在送子娘娘神像前用雄鸡血滴祭,用红绸包好供奉在娘娘座下,享受香火。三月初三这天,会场里除聚集抢童子的各队队员外,还有众多观看热闹的群众。依次抛出木童,抢童热闹非凡,趣事连连。抢到童子者挑一名聪明伶俐、长相漂亮的健壮儿童,怀抱童子坐在椅轿上,在队员的护送下,一路吹吹打打吼着民歌把童子送到约定的无男孩的有钱人家。如果来年受童子家生了孩子,这家人还要将送童子的原班人马请回喝喜酒,酬谢一番;择日带上香蜡钱纸到普利寺娘娘殿拜祭娘娘菩萨,谢送子恩德。庙会期间,新都及邻县生意人赶会做生意,卖珠宝玉器、百货布匹、各种农具,有西洋镜和各种杂要,热闹非凡。庙会会场都设在普利寺前的田内,占地10余亩。

1954年起,“娘娘会”民俗活动中断。1987年起,马家乡政府恢复“三月三”庙会,并将民俗文化活动办成以文为媒,文经结合物资交流会。其间曾保留传统的“抢童子”,3个木童改为3个布娃娃,由未安排生育指标的10至15对新婚夫妇争抢,“抢”到布娃娃的新婚夫妇,计划生育办公室安排其生育。

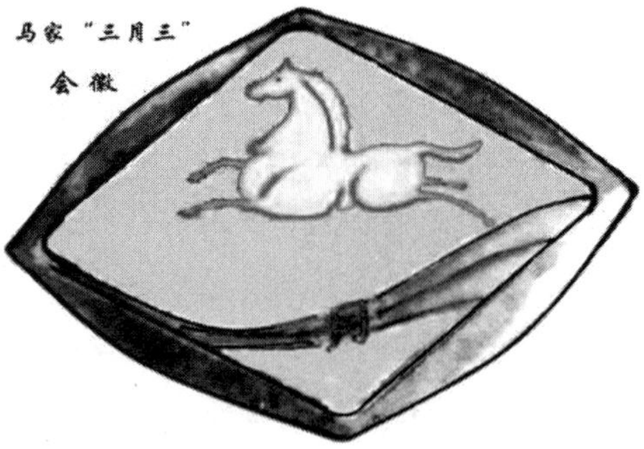

1996年,马家镇人民政府组织绘制“三月三”会徽,录制“三月三”会歌。至2005年,马家已连续举办“三月三文化物资交流会”18届。

【清流木厂会】 清流“木厂会”始于清同治四年(1865),由传统庙会(清流武曲宫“谷王会”)演变而成,至今已140年。清同治四年,清流武曲宫重建落成,设神农、伏羲、轩辕三皇神座。古传,神农是为人间传播五谷先圣,农历正月二十五日诞生。农民为感激神农氏,寿诞期纷纷前往烧香朝拜,祈神佑其五谷丰登，衣食丰足，形成一年一度的自发性庙会，遂成“谷王会”。

庙会期间，正值春耕生产备耕时节，有的香客趁赶庙会之际，顺带各种竹木农具或种子，以物易物，进行交易。庙会首寺人等，因势利导，遂将武曲宫的大坝及5亩大田、火神庙前后殿及两廊与场上沿街铺面安排为物资交易市场。

每年的庙会期间，竹木农具、木制家具、珠宝玉器、五金器件、金银首饰、皮毛棉布、丝绸蜀锦、日用杂货、花木树苗如期展销。江湖游艺、民间龙灯、高跷、连萧、彩船等至庙助兴。因清流“谷王会”商品交易以木制品居多，后人遂名“木厂会”。

清流“木厂会”从农历正月二十一日至正月二十七日，会期一周。正月二十三日为正日子，这天格外热闹。1954年停办，2000年恢复。

2000年至2004年为每年一届，2004年以后为双年举办。恢复后的木厂会主要开展科技、文化、卫生“三下乡”活动和花卉苗木、种子肥料、农用生产资料、日用百货、名小食等交易活动以及文艺演出。

地名传说

【娃娃堰】 新都宝光寺西北隅有座石砌大堰，堰水平稳，不深不浅。每至炎夏，不少娃娃到此洗澡，这里便是远近知晓的“娃娃堰”。

相传，杨升庵小时常下堰洗澡。一天，他正同10余个娃娃洗澡，恰遇县衙一行人经过此地，一路鸣锣吼道，差役手举“肃静”“回避”牌示，好不威风。孩子们连忙上岸，抱着衣裤，跑往远处，只有杨升庵不惊不诧留在河中。县令见罢，想来此孩与众不同，停轿对杨升庵道：“娃娃，人人见官回避，你为何不？”升庵回应：“大老爷走大路，小百姓躲河中，难道还回避？”县令无奈，即命衙役将放在堰坝上的衣裤高挂树梢。县令又道：“你见官不避，如此胆大，想必有才，本官出副对子，对上还衣。”随即说道：“千年古树为衣架。”升庵脱口对答：“万里长江做澡盆。”县官听罢惊叹不已，连说口气大，对得好，来日必成大器！忙叫差役取衣放还堰上。后人们为纪念杨升庵儿时胆略、才智，遂将大堰起名“娃娃堰”。此地名保持至今。

【上升街】 相传，明正德皇帝不理国事，淫乐无度，故年轻殒命。时无继位太子，武宗之弟世宗即位，年号嘉靖。嘉靖皇帝更为昏愦，不顾皇家尊严、人伦道德，公开调戏、侮辱皇嫂们，丑闻传遍皇宫，但朝堂上下敢怒不敢言。时杨升庵充任经筵讲官，他不避权势，敢于直谏，利用给嘉靖讲书机会多次劝阻，嘉靖不以为然，仍我行我素。杨升庵遂面文武百官揭露嘉靖丑事。

当轮杨升庵金銮殿值日，文武百官、皇帝上朝时，杨升庵却抱一特制大扫帚扫金銮殿。嘉靖皇见状问：“爱卿，扫帚这么大怎样扫地？”

“陛下，这很简单，抱扫(嫂)嘛！”文武百官彼此会意，敬佩杨升庵胆识，一语双关讥讽皇帝，更为他捏一把汗。嘉靖见杨升庵当众揭底，龙颜大怒道：“好！抱嫂又怎样？”“王子犯法，与民同罪！”“该判何罪？”“发配充军！”“自古以来，哪有皇帝充军？”“皇帝不去，找人代替！”“哈哈，寡人就命你替我充军好了！”杨升庵深知嘉靖专横跋扈，朝廷昏暗，值皇帝金口玉言，倒不如回四川老家著书立说。于是灵机一动道：“充军我哪儿都去，就是不去始康(新都旧称)县，始康县有条猪市街，街上猪屎遍地，臭气熏天，一只蚊子有四两，一个跳蚤有半斤。”嘉靖心想：你不去，我偏叫你去，非让那儿的蚊子跳蚤咬死你不可。但嘉靖仍粗中有细，遂遣人去始康县看个究竟，倘若杨升庵说谎，再判他欺君之罪，一杀了之。

嘉靖随派心腹太监飞马疾行，月余，太监来到始康县境，盖旅途劳累，顺便向一农夫打听杨升庵所讲猪市街状况。农夫想,杨升庵是当今状元,学识渊博,明白事理,怎会说“蚊子有四两,跳蚤有半斤”的谎话?想必定有缘由。再看这京城来人,阴阳怪气,料想他对杨状元不怀好意。恰好,农夫见竹篱边几只吊脚蜂飞来飞去,趁机答道:“莫说猪市街蚊子有四两,我们这里的蚊子也比京城大好多倍哩!你看,那儿不就是吗?”不料,太监又见一只癞蛤蟆从沟边跳过来,猛然意识到这不就是半斤重的跳蚤吗!太监赶忙翻身上马,返京回禀。

杨升庵替世宗充军由陕西步入四川广元地界,因长途跋涉,身染风寒,病倒一家旅店。店主同情这位落魄文人,不但不要他付店钱,乃请医疗疾,伺候汤药,杨升庵转恙为安。

时值年关,店主盼来年顾客盈门,生意兴隆,除夕前日请杨升庵写副吉祥春联,杨升庵脸挂沧桑,秉笔联想嘉靖昏庸,今生徒怀报国弘愿,且替主背过,乃仰天而嘘,愤然挥毫戏言:“人家有年我无年,替主充军杨状元。”言句贴上大门,周边父老方知杨状元言不当罪却代皇受过,替主发配。大家心鸣不平,同表乡谊,纷纷前来看望,问寒问暖,有的相送食品、衣物、银两,杨升庵推辞不下,只好领情。节后,杨升庵病体痊愈,将银两大都留给店主,不久回到始康县猪市街,与夫人黄峨等亲人团聚。之后,始康县城名士觉得杨状元居住之猪市街名称不雅,从此更名“上升街”。

【杨公桥】 杨升庵青年时每逢炎夏,便到娃娃堰游泳。一天,他游泳后顺堰行有里把路时,河面变宽,水深不见底。河上以桤木树搭座独木桥,桥面用慈竹绑一摇晃扶手。只见一老翁左手牵孩童,右手攀扶手,腿直打颤,踉跄拢岸。

面临滚滚河水,杨升庵对老翁道:“老伯,这里为何不造一座石桥?”老人无奈道:“小哥,为造石桥已不知募过多少银两,银子都落进官家、豪绅腰包”。为此有民谣:“独木桥,奈何桥,年年修桥捐税高,滚滚白银像流水,全都卡在太爷腰。”杨升庵听后道:“老伯,你就承个头建座石桥岂不方便乡亲?”“承头倒容易,银子艰难啊。”杨升庵又道:“我去募捐,五天后你到县城西街找我,门前有两棵桂花树院子就是我家。”老人见杨升庵诚恳,点头应承。

五天后,老人如期进入新都城,找到门前栽有两棵桂花树院子时,见朱红大门站一家丁,方知此乃杨相爷府第,那天相见必是杨公子杨升庵。此时恰巧杨升庵送客出来,一见老人,连忙拉着老伯手说:“老人家,你真守信,走,到我书房歇息。”

老人进入书房,杨升庵为他沏茶。谈话间,杨升庵将准备好的银子端来说:“老伯,这就是修桥的银子,你看够不?”老人但见白花花银子,两腿一弯跪地说:“杨公子,你募捐这么多银子,修桥有望了!”原来,这些银子是杨升庵平时节省的笔墨钱、家里给的零花钱。

石桥落成,选定通桥日子,老人一大早即到县城请杨升庵开桥、命名。不料,杨升庵一早已启程赴京。乡亲念杨升庵造福梓里,给桥定名“报恩桥”。当杨升庵中状元喜报传来,家乡父老于桥立碑,将“报恩桥”更名为“杨公桥”。

【圣谕亭巷】 旧时,新都城东有一占地3亩余大坟园,系东汉兖州刺史雒阳令王稚子之墓,自汉至清中期都在培园。王氏后裔则将坟园视为龙脉宝地,禁止闲杂人等放牛牧羊、割草攀枝。谁若铲土扯草,轻则加倍赔偿,重则送官惩处。由于保护得当,坟园四周柏树苍劲,枝丫交叉,遮盖官道。

清光绪元年(1875),新任新都知县谢春和从京城启程,一路晓行夜宿,饥餐渴饮,直奔新都。进入县城边,随从一声禀报:“老爷,已到新都城外。”谢知县头伸轿外,见此地一马平川,土地肥沃,秧苗盈盈,深感不愧天府之地,窃喜在此为官三生有幸。当他远望田野,憧憬仕途,突觉官轿颠簸异常,待落轿后出轿正欲发怒,轿夫连忙跪禀:“老爷,不是小的不是,只怪低垂树枝把轿顶子撞了。”谢知县抬眼,果见密麻树枝将官道遮得阴森严实，联想尚未接官印，轿子却被撞，乃不祥之兆，不由怒从心起，立命随从将撞轿树枝砍了。

王稚子后人得知气坏了，王家的族长怒写状纸快马送省城、京城控告谢知县。此事传至谢知县，吓得他心惊胆战，惜十载寒窗欲被一树枝断送！师爷见他坐立不安，劝道："大人，听说新都有个史甘廷很有才干，你还说接印后要去拜访他，何不找他想想办法。"几句话提醒梦中人。

次日，谢知县备办丰盛礼品，领师爷、随从来到永兴乡史家坝史甘廷家门。师爷先进屋内送上礼品，说明来意。不料，史甘廷沉思片刻道："你谢知县砍你的树，修你的圣谕亭。他王家告他的御状，你写你的奏章。跑来找我，有我何干？"说完送客。

县官等候史甘廷出门相迎，却见师爷一人出来，着实不快。待师爷将史甘廷的话重复一遍，谢知县茅寨顿开道："此人了不起，有才学！有才学！他已经为我出了主意，以后定当重谢。走！回去！"

谢知县返回县衙，立刻带领兵丁衙役，赶至王稚子坟地将官道旁大柏树全部砍倒抬回县城。继又征调工匠、夫役，于东街官道旁大兴土木，昼夜不停赶修"圣谕亭"。同时，拟奏折一道，备言建亭要旨，飞马进京呈奏。

王家的后人见谢知县不但不陪理认错，反而大砍柏树，一个个气得翻白眼，又无法阻拦，只好把谢知县所作所为，写成折子，再一次告到京城。

不日，一座雕龙画凤、金碧辉煌的"圣谕亭"竣工，谢知县择其黄道吉日，亲率官员、举人、绅士、富商聚集"圣谕亭"，三呼九叩地朝拜亭内祀奉的从清太祖起至光绪的历代皇帝的牌位。另一座双龙抱柱、精巧玲珑阁亭供奉圣旨。谢知县继发告示规定："文武官员、军民人等到此下轿下马，不得喧哗，违者重处。"

王家眼巴巴盼望的圣旨终于下来了。不仅新都的大小官吏、士绅商贾齐集东街，还有四川总督等军政要员和成都府属文官武将，都纷纷乘马坐轿赶来接旨。王家后代也奉命参与。吉时一到，鼓乐齐鸣，捧旨官站"圣谕亭"宣："圣旨下！奉天承运，皇帝诏曰：朗朗乾坤，明明日月，山河社稷，固我皇室，新都知县谢春和首建圣谕亭，供奉我朝历代先祖皇帝，忠心可嘉。敬奉当今圣谕，尤见一片赤诚，着记大功，赏戴花翎，官升三级，赐金百两。钦此！"

捧旨官宣旨完毕，将圣旨供在亭上，在一片向谢知县的祝贺声中，王氏族人一个个只好悻悻地退了下去。

时京城到成都各县官道，唯新都有圣谕亭。圣谕亭旧址早被历史湮没，惟"圣谕亭巷"的街道名称承袭至今。

【白螺泉】　马家镇白螺村有一白螺泉，泉塘50多平方米，泉眼终年涌水不绝。至今，泉边仍立两通高165厘米、宽80厘米碑碣，一为清嘉庆新都县令杨道南撰《白螺泉创修庙宇碑记》，一为清道光新都县令张奉书撰《重修白螺泉记》，两碑文均系楷书。1985年，白螺泉被公布为新都县文物保护点。

清嘉庆《四川通志·舆地》称："白螺泉在新都县北五里。相传有白螺在此为泉，居民春作设祭，泉即涌出。"清嘉庆新都县令杨道南《白螺泉创修井庙宇碑记》曰："甲戌春，天干大旱，久未降雨，土地龟裂，庄稼枯槁。新都县城乡绅士民众敲锣打鼓，集体来到白螺泉边，用三头羊、一头猪祭祀白螺仙姑，果然泉水涌出，是夜大雨倾盆，田地庄稼得救。此泉灌溉农田两千余亩，后来百姓在泉边修建白螺泉庙，正殿为灵泉阁，大门为灵泉门。"

相传，早年马家场住一单身汉，因排行居二，人称王老二。其父母早亡，孤身一人，凭一身气力与人搭伙抬轿度日。一天，王老二抬轿至青城山，路遇几个孩童争抢一只白螺，螺长约2尺，斗碗粗细，白如冬雪。孩童欲砸烂吃螺食肉。王老二见白螺异样可爱，赶忙以钱换螺。王老二回至家中，将白螺放进草房后的吃水凼养了起来。不料，水凼渐渐变深变宽，水清透明，滔滔汹涌。

原来，此螺乃千年得道“白螺仙姑”，被真武祖师收为侍水使者，她奉命到青城山给张天师当值日神，由于贪恋青城山青水秀，现其原形下山泉逗留，不幸被玩童抓上岸来，险些丧命。白螺仙姑非常感谢王老二，便就地修水下宫殿，以报救命之恩。

日后，每当王老二抬轿回家，锅里总有香喷喷的饭菜。一年春天，舆地大旱，田地龟裂，庄稼枯黄，可王老二的白螺泉仍水流不断，附近百姓都来取水。白螺仙姑梦托王老二扎水龙祀雨方法，经试，果降大雨一场，后人们于泉塘边喜建白螺泉庙。白螺仙飘然而去，而白螺泉庙、塘、碑便世代流传下来。“白螺村”也由此得名。

清代诗人傅荐元《白螺泉诗》云：

沧海濡缨歌孺子，兰亭载酒契羲之。
如何此地螺泉水，胜似城南普国池。
春湛琼膏培粳稻，秋邀明月灌涟漪。
凝他作物留遗爱，传与当年邑宰知。

【饮马河】 新都西门外有条无名河，是菜农洗菜之地。清乾隆年间，新都西街建武庙一座，正殿祀奉关公、执刀之周仓、佩剑之关平，殿下建一亭阁，内塑关羽坐骑——赤兔马。相传，此马灵气十足，每至寅时，能隐约听见西门外跑马蹄声。一天，一菜农起了倒夜，寅时便挑菜到河清洗，忽见一马正在河边饮水，他放下担子，马便伸过头来吃菜，且连吃 2 捆，菜农抓起扁担便打，此马一声长嘶，跑回城里。一天，菜农卖完菜后走至武庙前，见不少人围赤兔议论，菜农挤上去，然见马背有条扁担印，又将扁担取下比之合形，再看自己扁担粘有马毛。即向大家述说究里，看者异口同声“神马，神马！”有人道，既然神马在那儿饮水，就将那条河起名“饮马河”吧。

饮马河名另有一说，据传早年新都西街有一茶铺，每日收堂后，堂倌便到西门河挑水，将水缸装满。但店主连续三日早晨均见缸水少了许多，顿生疑窦。即日夜，店主彻夜不宿，留心观察。寅时，忽见建于清康熙四十一年关帝庙内塑的赤兔马过街来此饮水，饮后返回寺庙。天明，店主至庙之马位视之，但见赤兔马嘴尚湿，甚惊。当日收堂后，店主有意叫堂倌不挑水。深夜复窥，见赤兔马又来饮水，马见缸内无水，则由西门城上跃身而下，店主尾随，见赤兔马跑至河边饮水。翌日，店主与茶客谈为奇闻。自此，“饮马河”故事传开。时有秀才留就上联：“饮马河边马饮水”。月余，联界有人对道：“白螺泉内螺食金”。

【五龙山】 相传秦朝时期，三河五龙村域系平阳大坝。自李冰任蜀郡太守，蜀郡得以治理，年年风调雨顺，五谷丰登，蜀民安居乐业。一天，灌口突传急报，岷江水妖作乱，祸害一方，请太守擒拿。李冰接报，速带二郎赶往灌口对仗水妖，于宝瓶口剑拔弩张，二郎本领高超，十余回合水妖败阵，急呼虾兵蟹将潜回岷江深处。李冰父子叫阵两天不见水妖踪影。第三天清晨，一快马从成都急驰向李冰报称，水妖潜至毗河发难，欲涌水泛滥成都，请李冰定夺。原来，灌口水妖不敌李冰父子，便命修炼道行 300 年之黑蛟赶至成都骚扰李太守后方，逼李冰父子离开灌口。李冰听报问二郎：“水妖乱我后方，如何处置？”二郎答曰：“无妨，儿自有除妖之法。”说罢，解下腰间宝剑交与来人道：“速返成都三河场，将宝剑挂河边大树，必灭水妖。”来人接过宝剑策马飞奔赶至三河场，将宝剑高挂大树。

此时，黑蛟游浮毗河二江沱集结小妖作法三河场，忽然空中金光一道，炸雷霹雳，挂树宝剑，出鞘飞去，射空翻圈，化作苍龙。只见青龙腾东，赤龙腾南，白龙腾西，黑龙腾北，黄龙腾中，齐向水妖扑去。水妖见 5 条龙来势凶凶，转头便逃，水势顿减。黑蛟无奈，独领众妖迎战此 5 条龙。双方激战多时，黑蛟晕头转向，无可奈何，终因离水难施法力，五体分离，毙命龙爪。且五龙因战多时神力渐退，随轰隆声降落于地化作山岗，众水妖被压山底。五龙平息作乱蛟妖，从此，毗河不再闹水患。当地百姓感谢五龙镇妖，遂将域地呼“五龙山”，并修五龙庙一座，祀奉五龙。

【大　丰】 新都大丰原名崇义乡，因境内崇义桥而得名。改名为“大丰”缘于20世纪50年代。

1959年春，田家英受中共中央委派，到新繁县(今新都区)崇义乡作农村调查。田家英走村串户访问，认为土壤肥力不足，导致水稻、小麦产量不高。50年代还没有使用化肥，农业生产全靠农家肥。鉴于庄稼要好，全靠肥保。田家英同公社、大队干部研究，决定从几方面解决肥料来源：一是到成都公厕拉粪，但无关系拉不到，由田家英联系。二是组织青壮年，到成都垃圾场筛渣滓肥。三是组织老年人、青少年割草沤肥。四是鼓励社员多养几头猪，多养鸡鸭鹅产厩肥，由生产队出钱收购肥料。

田家英考虑进城拉肥难，决定由自己和高部长进城联系拉粪事宜。田家英每早五点出门拉粪，下午同社员下地劳动，晚上又与大队、公社干部研究工作。是年，农民勤耕耘，大田肥力足。至秋，谷穗沉甸，稻香弥漫，满眼金黄谷浪，遍及崇义乡田野，丰收的喜悦挂在每个人脸上。

时崇义乡社员因地制宜科学种田，选种优良，合理密植，精耕细作，适时施肥，加之风调雨顺，当年粮食增产六成以上，获得大丰收。田家英到省城用电话直接向毛泽东主席报告这个喜讯，毛主席听后高兴地道：田家英你干得好啊，农业取得了大丰收！喔，要我给崇义公社换个名字，我看就叫“大丰”。后经社员大会讨论通过，将“崇义”改为“大丰”。

文化艺术业

文艺服务机构

【文化馆】 新都区文化馆地处新都镇东街，设办公室、文学组、摄影组、美术组、书法组、音乐组、舞蹈组，辖新繁文化站。

1986—1988年，新都县对文化馆进行维修改造。文化馆占地3918平方米，房屋建筑面积3600平方米，其中业务活动用房2318平方米。

20世纪90年代，文化馆开始兴办文化产业，“以文补文”，开办歌舞厅、文化茶园、电子游戏厅、镭射录像，馆内增设群文组、武术组、棋牌组。1990—1992年，连年被市文化局评为先进文化馆。

1996年3月，文化馆成立少儿业余文艺培训学校，开设琴、棋、书、画、音乐、舞蹈、武术、语数等八大门类的60多个培训项目。

1997年3月，文化馆被省文化厅再次评为省一级文化馆。

2000年，文化馆实行干部聘任制和非技术人员分流制，将原设立的美术、书法、音乐、舞蹈、文学、摄影、武术、棋牌八个组和办公室，改为业务部、培训部和办公室。

2004年，文化馆修建340平方米艺术墙，内装文化活动图片、馆内学员作品、美术摄影作品。馆内配备电脑、复印机、打印机、传真机、音响等现代化办公设备和教学设备。

2005年，文化馆有活动室12个。同年6月，经文化部验收，评定为“国家二级文化馆”。

【文管所】 新都文物管理所成立于 1979 年 4 月。1984 年,成立新都杨升庵博物馆。

1986—2005 年,按照文物管理有关规章,新都文物管理部门对新都境内国家级、省级、市级文物保护单位和文物保护点予以监督保护和管理,对地下文物实地勘查、清理以及对新都文物的研究、交流,对寺院、纪念馆园林规划和维护,发掘整理境内民间文物。常年对宝光寺、桂湖、新繁东湖、龙藏寺文物予以管理。1987 年,新都文管所对境内县级文物保护单位(点)进行普查,登记上册。至 2005 年,新都文管所文物藏品 2000 余件,其中一级 37 件、二级 74 件、三级 488 件。

文物研究 1986—2005 年,撰写出版的作品:《杨升庵的传说》《宝光寺览胜》《唐代园林新繁东湖》《杨升庵诞辰五百周年学术论文集》《晨钟暮鼓——佛教法会礼仪》。

文化交流 1986 年,新都出土东汉说唱俑、画像砖(舂米、龙车、驼舞)赴日本展出。

1988 年,举办纪念杨升庵诞辰五百周年活动。

1987—1988 年,新都出土的东汉说唱俑、画像砖(舂米、龙车、驼舞)赴美国展出。

1990 年,新都出土的清代墓葬古尸及其随葬品,赴双流、都江堰、新津、眉山、龙泉等地展出。

1995 年,新都出土的说唱俑、提鞋执镜女俑、桑间野合画像砖赴法国、瑞士、美国、丹麦展出。

【博物馆】 新都博物馆坐落在新都镇桂湖中路。2002 年,区政府在桂湖临街面重建奎星楼,作为新都馆藏文物展厅。2005 年展厅建成,定名为新都博物馆。工程总投资 400 万元,建筑面积 3545 平方米。区政府拨款 950 万元用于文物保护,按规定对新都博物馆安装电子监控器。

博物馆主体建筑共分三层,展览面积约 1200 平方米。第一层:游人接待中心、多媒体放映中心、监控室;第二层:《典藏新都》基本陈列;第三层:《书画专题》陈列和《名人新都》专题陈列。

新都博物馆展厅的安全设施、监控设施、媒体触摸屏等设备均采用现代化技术手段,为成都市区县博物馆最大规模陈列展览馆。共分四个部分:

古蜀名都 展出新都出土的古蜀国开明王墓葬青铜兵器、工具和印章等文物。

汉风唐韵 展出新都出土的代表汉代最高雕塑水平的东汉说唱俑、画像砖,唐代金杯、珍稀钱币文物等。

人文明清 展出明代状元杨升庵家族文物和清代新繁"四费"的学术著述等文物。

翰墨丹青 展出历代名人书画、题词,其中有明代状元杨升庵书法墨迹、陈子庄荷花作品中最大的《荷花图卷》。

展览内容包括:陶器、瓷器、金银器、青铜器、画像砖、书画等精品文物,共计 2000 余件。

【图书馆】 1986—2005 年,新都各级图书馆相继建立和完善。

新都区图书馆 1986 年,新都正式建立图书馆,馆址设文化馆内。1992 年 7 月,新都县图书馆与文化馆分设,图书馆迁至新都镇公园路 6 号。图书馆舍建筑面积 1850.56 平方米,馆藏图书 16.42 万册,其中古籍文献 2.2 万册,年征订报刊 200 余种。馆内开设图书外借、期刊借阅、报纸阅览、少儿阅览、特藏文献查询等服务窗口。

1992 年,新都县图书馆被省文化厅命名为省级二级图书馆。

1993 年,图书馆成立"你我读书会",定期或不定期举办座谈、书评、讲座、联谊等活动。

1994 年,图书馆开展图书报刊电子刊物的采编与储藏、图书资料借阅、电子信息服务、图书馆学研究等工作。开设的服务窗口有:综合阅览室、报纸阅览室、图书外借、期刊外借,电子阅览室、地方文献查阅室、特藏书室、工具书室、参考咨询室等,有阅览座位 360 个。到 1996 年,办理图书借阅证 4108 个,外借书刊27万册次。

1994年,新都区图书馆被评为国家文明图书馆和国家二级图书馆;1997年,被评为四川省一级图书馆;1999年,被文化部评为国家一级图书馆;2004年,经全国第三次公共图书馆评估定级检查验收,再次被评为国家一级图书馆。

20世纪90年代后期起,新都图书馆开展电子信息服务,开设电子阅览室,加入全国文化信息资源共享工程,建成全国文化信息资源共享工程基层服务站,开通成都市图书馆的APABI电子阅览点,实现了成都地区各公共图书馆之间的文献资源共享。2005年,新都区图书馆采用图书馆自动化集成管理系统ILAS,建立馆内局域网,全馆的采访、编目、流通、检索等工作实现了自动化管理。

大专院校图书馆　主要有西南石油大学图书馆和成都市教育学院新都校区图书馆。

西南石油大学图书馆于1958年建馆,2002年10月迁到新都,馆舍面积10206平方米,拥有阅览座位1000个。馆藏图书146万册(电子文献每件100万余册),每周开馆98小时,读者办证3.5万人。

成都市教育学院新都校区(原新都师范学校)于1999年4月新建图书馆馆舍面积1000平方米,拥有阅览座位180个。馆藏图书4万余册,每周开馆56小时;读者办证2000余人。

中小学图书室　新都区各中、小学校均设图书馆(室),至2005年,共藏书92万册,图书流通率52%。全区中小学校图书室管理员68名。

乡镇图书室　2001年,全县17个镇中有14个镇建有文化服务中心,每个中心建有图书室1个。14个图书室使用面积738平方米,图书总藏量1.95万册。

2001年新都各乡镇文化服务中心图书室统计表

表15-4　　单位:平方米、册

乡　镇	使用面积	总藏量	乡　镇	使用面积	总藏量	乡　镇	使用面积	总藏量
新繁镇	20	1500	龙桥镇	20	2000	利济镇	16	200
马家镇	20	2100	三河镇	15	300	龙虎镇	20	1200
新民镇	40	2000	大丰镇	20	3500	竹友镇	25	800
斑竹园镇	40	2500	石板滩镇	20	500	龙安镇	22	400
清流镇	60	500	泰兴镇	400	2000	—	—	—

村级图书阅览室　至2005年,全区13个镇(街道)绝大多数村(社区)都建有图书阅览室。有的村有阅览室但没有藏书。全区村级图书阅览室共184个,总面积7091平方米,总藏书量3.91万册。

2005年新都区村(社区)阅览室统计表

表15-5　　单位:个、平方米、册

镇(街道)	阅览室	面　积	藏书量	镇(街道)	阅览室	面　积	藏书量
新都镇	49	1035	8280	马家镇	1	10	2500
新繁镇	56	2495	9177	军屯镇	11	690	2201
大丰街道	13	875	1840	泰兴镇	4	180	3520
三河街道	5	694	600	木兰镇	2	120	3500
龙桥镇	4	94	1700	石板滩镇	3	120	1080
斑竹园镇	9	396	3755	清流镇	3	162	440
新民镇	7	220	510	—	—	—	—

【新华书店】 新都新华书店辖新都镇、新繁镇两个门市。1986年,新都镇书店门市新建库房1座(面积260平方米)。1995年,拆除新繁门市职工住宅及工作用房,新建库房及两楼一底的综合楼(面积2000平方米),其中营业门面6间。

1988年,书刊发行改革,实行以“新华书店为主渠道,多条流通渠道,多种所有制,多种购销形式,少流转环节”的模式。新华书店实行定岗位、定人员、定销售、包进货、包销售的经营管理方式。到1996年,书刊发行政治读物4.64万册,农技读物7000多册,文学艺术、少儿读物每年都在4000种以上,教学及课本155500万册。销售收入530万元,利润35万元,同改革前的1987年相比,销售额增长460万元,利润增长29万元。

1990年,新都县新华书店被评为全国“三热爱图书发行先进单位”,1994年获全国青少年“爱我中华、爱我家乡”宣传发行和全国青少年“祖国万岁”读书教育活动先进单位。

2003年,新华书店实行体制改革,全员转换国有身份,并入四川新华发行集团,属股份制企业。下辖属文轩连锁公司、时代新华连锁有限公司、教材分公司、多种经营公司等子公司。

【影剧院】 新都影剧院位于新都镇新中路中段,1980年年初始建,同年竣工,县政府交付县川剧团使用,建筑面积2957.8平方米,兼备电影放映功能。

在其23年间,影剧院是新都的各种重大文艺演出活动和党代会、人代会、政协会等重要会议场址。1996—1999年,连年承办“新都县电视直播迎春晚会”。

影剧院除日常戏剧演出外,还是社区文艺团体的演出场地,免费为学生演出经典剧目。影剧院曾接待全国各地的文艺演出团体,相声大师侯宝林,著名演员赵本山、潘长江等曾登台献艺。

2003年11月,因旧城改造,新都影剧院拆除。

【电影公司】 1980年10月,新都电影管理站改设电影发行放映公司,新都电影院、新繁电影院直属公司管理。公司同时负责全县农村放映员培训,放映技术指导,影片发行。

1986年,全县建成16毫米电影队23个、个体电影队7个。1988年,全县35毫米电影院8个。1989年,经省广播电视厅批准,设立新都县电影公司录像带发行、租赁站。1990年,电影票价改固定价为浮动价。1992年,因撤并乡镇,农村电影放映队保留17个。1995年全面开放票价,由定点计划供片改为多渠道进片,35毫米放映步入市场化,放映单位自行选择国家发行的影片售票放映。

1986—1997年,新都电影公司累计投资92.8万元,改造放映设施。其中投资46.3万元,先后添制东风座机1套、300英寸日本索尼100型投影机3台、日本索尼72英寸投影机2台、录像机11台、影碟机3台、20千瓦柴油发电机2台、长安牌微型面包车1辆。

1999年年底,新都启动农村电影放映“2131”工程。2000年实施,全县17个乡镇均组建1支农村电影放映队。至2003年,全区年放映场次3652场,实现全区300个村“一村一月一场电影”的“2131工程”目标计划。是年起,每至春节、“五一”劳动节、“十一”国庆节,电影公司届时开展广场电影周放映活动。2004年,再次撤乡并镇,全区农村电影放映队合并为13支。2005年,由4人以民营股份制形式投资500万元,在新都镇建成湖光电影城,影城设放映厅6个、观众席480座。

2005年12月,电影公司在新都桂湖广场首映数字电影,自此在全区各镇(街道)、学校、村、社区等开展公益性流动巡回放映数字电影活动。

【新都电影院】 位于在新都镇西街,1965年建成投入使用,占地面积2800平方米。1987年,县财政拨款10万元,向省电影公司贷款10万元,电影公司自筹资金5万元,新建一楼一底营业房和放映场所320平方米。底楼作为商场,二楼为(银镭)影视厅。1994年,电影观众厅改建成百花、金鸡两个豪华电影小厅(各设软座180个),并拆除电影院售票房,新建一楼一底营业房。1995年,新建营业房11间。到1996年,电影院内设电影厅2个、影视厅4个、卡拉OK厅1个、舞厅1个、电子游戏厅1个。建成集商场、图书租赁店、茶水棋牌厅、小卖部、小食店等餐、饮、商品、娱乐为一体的多功能电影放映厅。1999年年底,因旧城改造,新都电影院拆除。

【新繁电影院】 位于在新繁镇西街,1982年建成投入使用, 建筑面积1400平方米, 观众席1000个。1992年新建录像茶园1座。1994年改造电影院门厅为卡拉OK厅。1995年电影院设录像放映厅2个和电影放映厅1个,新建电子娱乐室3间。1996年,改造电影院临街宣传、售票房,新建门市5间、售票房1间。1997年,新建茶房、棋牌室3间。2002年4月,因旧城改造,新繁电影院拆除。

【文化站】 1989年,新都县23个乡镇有13个镇(乡)建立文化中心,均以本乡镇政府投资建成100平方米以上文化活动室,并配备文化活动设施。至1990年,境内建成文化中心20个,有文学创作、书法、摄影、舞蹈骨干1282人。1991年文化站总面积1.77万平方米,2003年增至2.95万平方米。2004年,全区共建社区文化活动室39个,活动室总面积7.87万平方米。2005年,文化中心建设队伍骨干3542人。

芙蓉花川剧团

【体制改革】 1953年,新都县政府接管"新都县农民新生剧团",并改建为新都县川剧团。剧团阵容整齐,艺术尖子多,各行当基本功扎实,为川剧门类实力较强的文艺团体。

1988年,剧团代表成都市赴香港参加"中国地方戏曲展"后,依照时任成都市委副书记王荣轩建议,剧团增挂"成都芙蓉花川剧团"牌子。

2003—2004年, 芙蓉花川剧团进行体制和人事制度改革, 正式退休职工移交社会保障局管理21人;30年工龄以上职工实行离岗待退11人,经费由区财政补贴;演职人员实行自主择业、自谋职业36人;竞骋上岗13人。对未聘人员分流安置,纳入基本养老保险。

【演职人员】 1986年至2004年8月, 新都芙蓉花川剧团演职员编制62人, 实有演职人员90多人。2004年人事制度改革后,剧团人员编制为41人,实有人员45人。其中聘用上岗13人;退休23人(实行社会管理的退休人员19人);离岗待退8人;流动调配人员1人。

新都县川剧团自建立后,先后培养并涌现了一批著名演员。

彭代秀,女,生于1939年8月1日,原芙蓉花川剧团团长,国家一级演员。演出代表作有《逼宫出征》《柯山红日》《芙蓉花仙》等。

吴福志,男,生于1940年4月1日,国家二级演员、导演。演出代表作有《访友》《珍珠塔》《芙蓉花仙》等。

张宁佳,女,生于1963年,国家一级演员,演出代表作有《芙蓉花仙》《御河桥》《三姐下凡》等。

陈智林,男,生于1964年8月,国家一级演员,荣获中国戏剧梅花奖。演出代表作有《白蛇传》《芙蓉花仙》等。

肖德美,男,生于1962年12月9日,国家一级演员,荣获中国戏剧梅花奖。演出代表作有《青蛇传》

《芙蓉花仙》等。

喻海燕，女，生于1963年，国家一级演员，荣获中国戏剧梅花奖。演出代表作有《白蛇传》《芙蓉花仙》。

【主要剧目】 1953—2005年，剧团共上演优秀传统戏、新编历史剧、现代戏300余出。1980—2004年，川剧代表作《芙蓉花仙》演出2500余场，创全国舞台戏曲同一剧目演出场次最高记录。

1984年，《芙蓉花仙》由中央新闻电影制片厂拍摄成彩色舞台艺术片。1996年，该剧由中央电视台、四川电视台、新都县委宣传部联合摄制成戏曲电视剧在全国播放。同年，芙蓉花川剧团大型代表剧目《白蛇传》《焚香记》《鸳鸯谱》《聂小倩》等由中央电视台拍摄并纳入"中国戏剧精品库"向全国播放。

除上述剧目外，剧团常演主要剧目尚有《宝莲灯》《五鼠闹东京》《三姐下凡》《青蛇传》《御河桥》《珍珠塔》《借亲配》《锦镧袈娑》《金山寺》《乱牵红线》《三岔口》《盘丝洞》《皮金滚灯》《裁衣》《拜新年》《六月雪》《斩经堂》《打饼》《打神》《拦马》《灵牌谜》《拷红》《杀狗警妻》《劝夫》《做文章》《射雕》《武松杀嫂》《放裴》《石怀玉惊梦》《秋江》《逼侄赴科》《双拜月》《柜中缘》《赵一曼》《赶隍会》《幺妹嫁给谁》《巴蜀神韵》等。

【交流演出】 1986—2005年，剧团先后赴成都、广汉、绵阳、潼南、巴中、广安、简阳、资阳、内江、宜宾、重庆、大邑、崇州、雅安、乐山、泸州、三台、德阳四川多处乡镇及北京、广州巡回演出。共演出8352场，观众900多万人次，票房收入800多万元。

1982年6月，芙蓉花川剧团赴北京拍片，邓小平夫人卓琳受邓小平委托，会见剧团演职员。1984年6月，芙蓉花川剧团登人民大会堂演出，国务委员兼国防部部长张爱萍接见演职员。1999年1月，剧团应中央电视台邀请，参加"99新春中国戏曲晚会"演出，党和国家领导人李瑞环、谷牧、万国权，文化部部长孙家正，京剧表演艺术家袁世海、杜近芳等观看演出，并和全体演员合影留念。1999年9月，省委书记谢世杰、市委书记王荣轩接见芙蓉花川剧团演职人员。

1988—2005年，芙蓉花川剧团先后应邀赴日本、朝鲜、蒙古、荷兰、瑞典、丹麦、新加坡、西班牙、韩国、德国、法国、比利时、意大利、马来西亚等国家以及中国香港、台湾地区演出，共50多次(其中赴日本演出16次)。1992年4月，国家主席杨尚昆率芙蓉花川剧团，赴朝鲜平壤参加"四月之春国际艺术节"，先后受到朝鲜民主主义人民共和国主席、朝鲜劳动党中央委员会总书记金日成，柬埔寨王国诺罗敦·西哈努克亲王等领导人的亲切接见，被誉为"神奇的东方艺术"。1988—2000年，剧团先后赴15个国家演出，其间，演职员受党和国家领导人江泽民、李鹏、乔石、李瑞环、李铁映接见。

1994年3月，芙蓉花川剧团赴中国台湾地区演出，台北市古田县同乡会赠剧团"文化交流纪念"屏。1995年8月，芙蓉花川剧团赴新加坡演出，新加坡忠邦公民咨询委员会赠送纪念碟。

【荣获奖项】 1986年，获四川省川剧青少年比赛表演、导演、创作等奖项6个。

1987年，获"中国第一届艺术节四川、贵州分会场演出二等奖"。同年，获成都市第二届艺术节表演一等奖。

1988年11月，芙蓉花川剧团受到四川省文化厅表彰。

1990年，芙蓉花川剧团出演的川剧折子戏《滚灯》，获日本东京"亚洲丑角汇谱汇演"金小丑奖。

1992年4月，芙蓉花川剧团参加第十届平壤"四月之春"国际友谊艺术节，获单项金奖及团体金奖5个，受到文化部表彰。同年10月，芙蓉花川剧团《青蛇传》获四川省第六届振兴川剧汇演优秀演出奖、优秀剧目奖、优秀演员奖、音乐奖、舞美奖、剧目创作奖。四川省振兴川剧领导小组、四川省文化厅授予芙蓉花川剧团“优秀演出奖”。

1996年，芙蓉花川剧团获四川省川剧旦角比赛表演一、二等奖、优秀指导教师奖。

1997年，获成都市“五个一工程”入选奖；全国第十七届电视剧“飞天奖”中国电视剧戏曲展播一等奖。

1998年，芙蓉花川剧团获四川省中青年丑角比赛表演二等奖。4月，《芙蓉花仙》获中央电视台第十七届全国电视剧“飞天奖”。

2000年9月，芙蓉花川剧团获首届中国戏曲绝活展演活动“优秀表演奖”。

文艺社团

【文学艺术界联合会】 简称新都文联。1985年12月14日成立，至1996年，辖分会9个，共有会员502人。1997—2005年，协会开展活动较少。

【杨升庵研究会】 1983年7月8日成立，会员18人，由新都杨升庵研究者自愿参加的学术性群众团体，从事杨升庵文化研究与推广工作。

【桂湖文学社】 1983年7月8日成立，会员43人，其中四川省作家协会会员5人。与文化馆联合主办《桂湖》文学报。

【音乐舞蹈协会】 1983年7月8日成立。开展对民间音乐舞蹈普查、收集和整理工作，组织开展文艺演出与培训。1996—2005年，协会开展活动较少。

【美术书法协会】 1983年7月8日成立。组织开展新都美术书法培训、创作与展览活动。1996—2005年，协会开展活动较少。

【摄影协会】 1983年7月8日成立。组织开展新都摄影创作、展览与交流活动。

【棋牌协会】 1984年5月成立。协会在文化馆内建立成都棋院新都棋校，培养二级裁判20余人，并参加全国、省、市的裁判工作。至2005年，协会承办了四川省和成都市多项棋类赛事，多次获得全国、省、市棋类优秀组织奖和最佳赛区奖。

【川剧玩友协会】 1989年7月13日成立，会员108人。协会下设座唱队、演唱队，演唱队由文化馆提供“箱底”，不定期在文化馆文化茶园小舞台和乡镇巡回化妆演出。规定“哨期”，除每月两次在文化馆文化茶园座唱外，还常与外地玩友相互交流，切磋技艺。至2004年，会员遍布新都各镇（街道），并形成以新都地区颇具影响的川剧玩友和川剧名流为主的核心成员。2005年，文化馆文化茶园撤除，座唱队停唱。

【京剧爱好者协会】 1984年成立，会员40余人，多为离退休职工。1996—2005年，协会开展活动较少。

【民间文化工作者协会】 1983年7月8日成立，开展新都民间文化遗产的发掘、研究、整理工作。协会曾与县文教局、文化馆、民间文化工作者协会马家分会举办新都境内濒临失传的大型“龙灯破阵表演”。历时四年进行境内民间故事、民谣、诗歌、谚语、歌谣、音乐、舞蹈的搜集、整理,于1988年12月编印集成《中国民间文学集成四川卷成都市新都县卷》。1991年,依照民政部清理整顿社团相关规定,新都民间文化工作者协会撤销。

【曲艺协会】 1985年12月14日成立,会员多属民间曲艺艺人(包括杂技)。1991年,根据民政部门清理整顿社团的规定,新都曲艺协会予以撤销。

【群众文化学会】 1991年11月27日成立,会员23人,开展群众文化进行理论研究工作。

【新都书画研究会】 1986年4月成立新都书画协会,1990年4月改为新都诗书画研究会,1993年更名为新都书画研究会。2005年,会员由1986年的43人增加到130人,其中有全国美协会员1人、省美协会员9人、省书协会员10人、市美协会员3人。

【新都画院】 1993年9月28日成立,系当时全国首家股份制画院,中央电视台《新闻联播》进行了报道。有画师24人,其中国家、省、市美协、书协会员9人。

【管弦乐队】 1996年2月5日成立,队员38人,队员多为工厂、企业、文化单位的音乐爱好者。

【戏剧协会】 1985年成立,由新都芙蓉花川剧团演职员组成。主要从事川剧节目创作,川剧研究,川剧演出,培养新人。会员多次到全国各地演出,并代表国家、四川省、成都市赴亚洲、欧洲、东南亚各国和中国香港、台湾地区演出。1996—2005年,协会开展活动较少。

文化活动

【杨升庵诞辰纪念活动】 1988年,杨升庵诞辰500周年。编辑出版《杨升庵诞辰五百周年纪念册》,举办杨升庵学术研讨会,全国各地60余名学者参加研讨会,在桂湖湖心楼举办杨升庵诞辰五百周年书画展。

【纪念艾芜诞辰100周年】 2004年,艾芜诞辰100周年。7月4日,市委宣传部在桂湖公园艾芜墓前举行志愿者“重走南行路”启程仪式。省政协主席秦玉琴作书面讲话,省委常委、宣传部部长王少雄在雨中为南行志愿者授旗。新都区有关领导、文学作者参加启程仪式。

“重走南行路”是“2004成都文化年”的重要活动。参加南行的人员有作家、摄影家、记者、大学生及艾芜的孙女汤宽容。此行以艾芜第一次南行的路线为主。当天下午举行建“艾芜文学碑”活动,老舍之子、著名作家舒乙到场发言,建碑活动完毕后向云南出发,整个活动时间13天。区文联副主席田联海在此前撰写《故乡的怀念,永恒的怀念》纪念文章,被收入省作协主编的《沙汀艾芜纪念文集》。

【抗日战争胜利纪念活动】 1995年和2005年,新都各界分别举行纪念“世界反法西斯战争暨中国人民抗日战争胜利”50周年和60周年活动。两次纪念活动中,新都举办文艺会演和纪念性书画展,开展征文活动，组织相关人士座谈，回顾历史，实录新都人民抗日英雄事迹，宣传新都抗日历程等纪念活动。

【"七一"庆祝活动】 1986—2005年，每逢中国共产党成立纪念日，新都各机关部门、各乡镇及工厂、学校等均开展纪念"七一"暨表彰活动。先后举办纪念"七一"书画展、百首爱国歌曲卡拉OK赛、征文活动、老年文艺专场、团体舞蹈、广场大演唱、演讲赛及出版书画集、诗集。其中，1990年，举办庆祝"七一"革命传统歌曲比赛，32个单位的2600名党员、团员和建党积极分子参加演唱比赛。2001年，举办由2000多人参加演出的庆祝中国共产党成立80周年大型广场文艺晚会"共产党最亲"系列展演。2002年，举办庆祝党的"十六大"胜利召开大型文艺晚会"永远跟党走"系列演出活动，参加演出2万余人。

【"十一"庆祝活动】 1986—2005年，每逢中华人民共和国成立纪念日，新都以多种形式开展"十一"庆祝活动。

全域性庆祝活动　在庆祝中华人民共和国成立40、50、60周年活动中，新都先后举办国庆40周年征文活动，并结集成书《香城浪》；国庆美术雕刻摄影展；国庆文艺会演；"祖国颂"文艺晚会；优秀企业家事迹巡回展；"颂祖国、迎回归、跨世纪"广场歌咏会；百首优秀歌曲演唱会等庆祝活动。

乡镇庆祝活动　主要有繁江音乐会；龙灯狮灯街头表演；国庆歌咏会、演讲会、舞会；知识竞赛；围棋象棋赛、篮球赛；卡拉OK赛；国庆游园活动等。

【春节晚会】 1986年1月25日，由县文教局、文化馆、音乐舞蹈协会、工交局、二轻局、商业局等在新都影剧院联合举办新都县虎年迎春晚会。县领导观看演出并向1985年度新都县先进人物颁奖。整个剧场座无虚席，巷道挤满观众，其盛况是自"文化大革命"后新都少有的群众演出活动。

1996年2月15日，由县委宣传部、县文教局、县广播电视局在新都影剧院联合主办新都县第一届电视直播迎春晚会，由新都电视台首次向全县现场直播。

1999年2月11日，由县委、县政府在新都影剧院主办新都县第四届电视直播迎春晚会。

【"桂湖之声"音乐会】 1999年12月28日，县委、县政府在桂湖公园主办"桂湖之声"大型广场音乐会，庆祝中华人民共和国成立和新都县解放50周年。音乐会汇集全县手风琴100台、电子琴100台、小提琴60把、钢琴30台，80多个单位的专业文艺工作者、业余音乐演奏爱好者、教师、工人和学生参加演出。

【"万人放歌新世纪"演唱会】 2000年12月24日，县委、县政府在新都一中操场主办"万人放歌新世纪"大型广场演唱会，参加演唱会的人数近万人。

【广场演唱会】 新都广场演唱会主要有桂湖广场演唱会和黄桷树广场演唱会。

桂湖广场演唱会　1999年2月，举办"戏曲歌曲大家唱"。同年10月，举办"颂祖国，迎回归，跨世纪"歌咏会。2000年10月，举办老年运动会文艺演唱开幕式；2002年2月，举办"桂湖春来早"文艺演唱会；同年11月，举办"永远跟党走——迎接党的十六大文艺晚会"；2003年6月，举办第十届荷花艺术节文艺演唱会。

黄桷树广场演唱会　2004年3月，举办"三八"文艺演唱会；同年9月，举办国庆55周年"祖国您好"广场歌咏赛；2005年9月23日至28日，举办庆祝中华人民共和国成立56周年文化活动周。活动内容有"纪念抗战60周年暨迎国庆"歌咏赛、"路之歌"文艺表演、"阳光下的呼唤""大道·清廉"专题文艺会演、“状元府邸杯”首届“新都十杰青年”文艺颁奖晚会等。

【街头表演】 1986 年 3 月 6 日，新都举行“新都之春”街头表演，有龙灯、歌舞、腰鼓、秧歌等 10 多支表演队，活动由县文化馆组织。1999 年 2 月 19 日(正月初四)，新都举行“龙啸虎跃闹新春”民俗文化街头展演，组建闹年锣鼓、舞彩龙、彩莲船、连箫花环、秧歌、腰鼓、民乐等方队参加。活动由县委宣传部、县文体局主办，县文化馆承办，县川剧团、老体协、老年大学、各乡镇组队参加。2000 年 2 月，举行“千禧金龙闹新春，万众一心奔龙年”街头表演，组建有彩龙、狮舞、彩莲船、腰鼓、彩旗、秧歌、彩绸、扇舞、灯笼、民族服饰、长杆汽球等方队。

【“歌声与微笑”走进新都】 2003 年 4 月 19 日，成都电视台“歌声与微笑”专题节目在新都桂湖广场演出。四川省歌舞团、四川金雕离合器有限公司、驻区部队、新都二中、区教育局、区文化馆奥龙武校、大丰镇、新都川剧团、新都吉龙木业、繁江小学、区老龄委、新都职业技术学校共 1200 人参加演出。

【“同一首歌”走进新都】 2004 年 4 月 8 日晚，中央电视台 “同一首歌——健康光明行”专题节目在新都桂湖广场演出。以桂湖挹锦门为背景，由新都区小学生伴舞开场，李湘、顾海滨主持，歌星苏芮、蔡依林、李丹阳、阿雅等参加演出。此次演会由创维集团赞助，现场观众 4 万人。

【名家名城文化论坛】 2005 年 11 月 6 日，“成都、新都 2005 中国著名作家艾芜故乡行——名家名城文化论坛”在桂湖举行。论坛由中国现代文学馆、新都区委主办，中国作家协会副主席、中国现代文学馆馆长、著名作家陈建功主持论坛。中国当代著名作家王蒙、舒婷、叶兆言及成都本土名人、学者魏明伦、钱来忠、林文询、袁庭栋、戴善奎等，新都区有关领导、学者及西南石油大学、四川音乐学院部分师生、新都部分中小学生、业余文学爱好者近 200 人参加论坛。名家们用具体事例畅谈了对艾芜前辈的缅怀之情，对桂湖的向往怀念和感受。现场的文学爱好者与名家们展开了问答式互动活动，新都学者冯修齐为论坛撰联：“滇戍留风香城广论三都赋，南行遗韵桂苑长吟四老诗”，并由新都书法家李希绪书写献给论坛。著名文学家、文化部原部长、全国政协常委王蒙为桂湖题词“清雅新都地，宜人桂湖园”。

【社区文化活动】 新都各社区文化活动丰富多彩，至 2005 年，新都的社区文化活动队伍由 1992 年的 92 支增加到 346 支。各社区根据自身条件和各类文体人才的分布，开展川剧坐唱、台球、围棋、交谊舞、书画、摄影、声训、舞蹈训练、乐队演奏、文学创作等文化活动。其中新都区老体协艺术团、区老年大学桂湖合唱团、区退教文艺队、施营社区春之声艺术团、湖滨路社区艺海艺术团经常代表新都区参加四川省、成都市的比赛并频频获奖。

马家、龙桥、大丰、斑竹园镇的“诗、书、画、艺”文化活动队伍在四川省、成都市比赛中多次获奖，1996 年被市文化局授予“成都市特色文化之乡”称号。马家镇被誉为“民俗特色文化之乡”，龙桥镇被誉为“文体特色之乡”，大丰镇被誉为“楹联之乡”，斑竹园镇被四川省农民诗书画艺协会吸收为团体会员。

【川剧玩友】 川剧玩友亦称围鼓坐唱。新都境内以一个乡镇或三两个乡镇围鼓组队，延续百年。玩友队有川剧专业者，多数为当地中老年川剧业余爱好者。演唱时锣鼓家什乐器必备，不用化妆，玩友围锣鼓相向而坐，自娱自乐。围鼓坐唱定期(行内称“哨期”)或不定期在县文化馆、各乡镇茶馆以“折子戏”形式演唱，自得其乐。玩友不时赴会村落，应红白喜事主家邀请大唱围鼓，以示当地“喜庆”“闹丧”之俗。

20世纪90年代末,受现代文化娱乐冲击,加之娱乐资金来源缺少,“川剧玩友”的“哨期”难以如期聚会。至2005年,川剧围鼓坐唱在境内丘陵区较常见。

1987年9月4日,新繁片区川剧玩友冯光松等15人,在新都文化馆精心排练新编历史剧《杨升庵·杖击》折子戏,参加“成都市第二届艺术节(川剧坐唱)”,获得一等奖。

1988年元旦,新繁川剧玩友周兴全等9人自筹资金,邀彭州、郫县、新都、成都川剧玩友共31人组成戏班,在新繁文化站搭台演出2天4场,演唱剧目《营门斩子》《杀狗警妻》《评雪辨踪》《母女观》《金殿审刺》《卖画拍门》《归舟》《别洞观景》《金水桥》《三跑山》《吊翠下书》《北邙山》《假投降》《踏伞》《庭归》等。

2001年,新都川剧玩友演出的川剧《杀狗警妻》参加四川省“川通杯川剧票友赛”,获优秀奖。

2004年,《杀狗警妻》剧目入选“2004年四川敬老暨快乐健康行活动”演唱。

【新都桂花会和桂花艺术节】 新都桂花会始自1980年,每年9月中旬至10月中旬举办。届时,各地商家、特色小吃、餐饮、文艺团体汇集新都,在观赏桂花的同时,参加物资交流会。1980—1985年,新都桂花会开办6届。

1995年,新都在桂湖举办第一届“桂花艺术节”,至2005年,新都共举办桂花艺术节11届。桂花艺术节期间,商贾云集,并先后举办了古瓷器展、名人字画、金秋书展、盆景艺术、书画拍卖、古钱币展、画像砖展、旧时照片展、邮票收藏展、摄影艺术展、版画精品展、灯谜大奖赛、馆藏书画精品展、气功演示专场、巴蜀绝技表演、杂技表演专场、歌舞戏剧专场、南京雨花石展、世界名蝴蝶展以及开展丰富多彩的游园活动。

【新都荷花节】 桂湖以红莲闻名,至2002年,桂湖相继引种古莲、玉碗、云蕾、碧莲、月华、黄鹂、大洒锦、小舞妃、睡美人、霸王袍、小醉仙、案头青、寿星桃、红台莲、千瓣莲、东湖春晓、碧血丹心等荷花,有红、黄、白、粉色近百种上千株。至夏,荷叶盈盈,荷花斗艳。

1994—2005年,新都共举办荷花节11届,其间,2004年第十届荷花节展出盆栽荷花500余盆,中央、省市媒体进行了采访报道。

【新都柚子节】 2005年10月15日,首届新都柚子节在斑竹园镇举行,为期3天。柚子节期间,开展精品名柚展销、柚王评选、柚园观光、柚乡农家游乐、文艺演出等活动。

新都柚曾连获全国柚类“金杯奖”、农业博鉴会银奖、中国国际农业博鉴会“四川名牌产品奖”。斑竹园镇种植的新都柚,具有肉嫩汁多、味浓醇甘、香生嘴角的特点及祛痰、润肺、益胃、利便功效。2005年通过中国绿色食品发展中心审核,认定“绿色食品A级产品”,许可使用“绿色食品标志”。

【军屯食品节】 2002年9月16日,新都举办第一届军屯食品节。至2005年,军屯镇党委、政府主办“八月八中秋食品文化节”共4届。军屯食品节以会汇商,以会促商。每届云集数百商家,吸引周边区县数万群众前来赶会。

【新繁啤酒节】 2003年7月,首届“啤酒艺术节”在新繁东湖森林广场举行,至2005年共举办3届。“新繁啤酒节”由新繁镇人民政府、区贸易局、区旅游局、区文体局主办。其中第二、三届在新繁啤酒广场举办。啤酒节期间同时举办游园活动、文艺演出活动和电影放映活动。

【五龙桃花节】 2004年,三河镇投入100余万元打造五龙旅游休闲观光农业,种植桃树、梨树10万余株,面积1700余亩,南连金牛区天回镇,东靠新都区木兰镇、成华区青龙场,距成都市9公里。在三河五龙桃花山风景区,三河镇举办首届五龙桃花节,吸引各地观光游客万余人。

【繁江音乐会】 1983年5月,新繁镇政府主办繁江音乐会,辖区内的企事业单位、各村(居)文化活动队伍和群众演员参加了演出。

至2004年,已举办14届,成为新繁镇特色的文化活动之一。

【《红楼梦》《南行记》在新都拍摄】 1985年,电视剧《红楼梦》剧组到新都拍摄该剧部分镜头。其中在宝光寺东花园拍摄"林黛玉初进荣国府",在桂湖升庵祠前拍摄"中秋吟诗"、黛玉和湘云在"大观园凹凸馆"嬉戏答诗等场面。拍摄工作持续一个多月,每晚有演职人员到文化馆放映厅观摩与交流镜头录像效果。

1991年,电视剧《南行记》剧组到新都游乐园影视基地拍摄部分镜头,县文化馆联系组织群众演员200余人参加拍摄。剧组代表中央电视台、四川电视台向文化馆赠送锦旗:"深情厚意,助我南行。"落款为:"中央电视台　四川电视台"。

文艺创作

【文学创研】 1983年,新都县内文学爱好者建议县文化馆出面组织开展文学创作活动,在县委宣传部、文教局的支持下,当年7月成立新都县桂湖文学社,并创办《桂湖》文学报,每期发行量1000份。1986年5月,著名作家艾芜为改版后的《桂湖》文学报题词:"努力读书,勤于创作。热爱生活,善于思索。持之以恒,必有收获。"1995年,因国家整顿社团、期刊,《桂湖》文学报停刊,其间共出刊40期。至2005年,新都文化馆组建有业余文学创作组,指导境内文学爱好者开展创作工作。新都文学创作者在小说、诗歌、散文、报告文学等方面创作了大批作品,有23件作品获市以上奖项。其中,曾元孝创作的长篇小说《女生宿舍》,2001年获成都市"第五届金芙蓉"文学奖;青春系列小说《对面女孩看过来》,2003年获第四届四川省文学奖。

1986—2005年,在文学创作与研究方面有一定影响的有中国当代著名作家艾芜,当代军旅作家哈华、于英,神话学者袁珂以及杨子文、刘川、周虚白。在本土有影响的有从事地方人才研究的李义让,诗词楹联与佛教文化研究的省文史馆员冯修齐,杨升庵文化研究的张祖涌,民俗研究与小说创作的李泽民,戏剧创作的吴福志,散文与小说创作的庄增述、邓忠运、柯斧,同时,还有一批中青年作家和文学爱好者致力于文学创作。2012年,由倪宗新、冯修齐、曾顺达、李义让、李泽民、张渝新、王文才、廉正祥、李春等编撰的《新都历史文化丛书》荣获成都市第六次哲学社会科学优秀科研成果一等奖。

【音乐创作】 1986—2005年,新都音乐创作获市级比赛一等奖以上23件。其中,余新蓉作曲的歌曲《海上荷花飘过来》,获1999年四川省"群星奖"、文化部"群星奖"优秀作品奖,四川省第七届精神文明建设"五个一工程"奖;歌曲《蓉城恋》,2003年获歌唱成都"十大金曲"奖;李嵘作词的歌曲《爷爷、爸爸和我》,1991年获四川省第七届精神文明建设"五个一工程"奖;骆恒作词、余新蓉作曲的歌曲《那一天》,2001年获四川省第八届精神文明建设"五个一工程"奖、四川省"巴蜀文艺"奖。

作曲家汤重稀1949年参加中国人民解放军,1951年参加抗美援朝,1952年在朝鲜负伤,致右手切除、一目失明,评为三级伤残,于四川省革命伤残军人休养院疗养。从事音乐创作50多年,共创作歌曲、舞曲1000多首,发表400余首,获国家、省、市级奖50多首。其中,歌曲《奔向未来》,1997年获文化部"中华人民共和国第五届艺术节"创作优秀奖。1980年起任四川省音乐家协会第二、第三、第四届理事,1987年加入中国音乐家协会。1984年至2004年任成都市音乐家协会常务理事兼理论创作委员会副主任。2004年出版了《不见英雄花不开》歌曲集。

【舞蹈创作】 1986—2005年,新都舞蹈创作获市以上奖项的作品23件。其中,童维娜、银敦御、冯锡云编导的《哈达献明珠》,1995年获全国"迎香港回归少儿舞蹈赛"金奖;童维娜编导、曾珍表演的舞蹈《吐鲁番的姑娘》,2005年获四川省舞蹈大赛特等奖;张丽编导的舞蹈《织》2002年获全国群文系统群星奖优秀舞蹈奖、舞蹈《玩友》2004年获四川省第十三届群星奖创作银奖和表演铜奖,并于2005年获中央文明办、文化部、中央电视台举办的"四进社区"文艺展演银奖。

2004年2月,共青团中央、全国少工委在北京举办"中国首届少年儿童艺术节"舞蹈大赛,新都选手尼玛泽仁和黄子旋分别获得少年组银奖和儿童组铜奖。

【美术、书法、摄影创研】 比较有影响的书法家有万自律、遍能、刘叔谅、李希绪、周邦彦、薛惠生,篆刻家魏无隐,画家张修竹、谢每予、朱白云、曾鲁望、张先模、刘燕微、曾和平,摄影家兰新民,一批中青年美术、书法、摄影作者斩露头角。有18件作品获市以上奖项。其中,朱白云创作的版画《家园》入选第十四届全国版画展。

张修竹1950年6月生于四川新繁县(现属成都市新都区),曾在新都县文化馆工作。中国美术家协会会员、中国雕塑学会会员、国家一级美术师。先后在中国画研究院学习中国画人物、山水,师从文楼先生学习现代雕塑。作品参加第六届、第七届、第八届、第十届全国美展,第六届、第八届全国美展优秀作品展;第一届、第二届"自然与人"中国山水画·油画风景展;第一届、第二届成都双年展;中国西南当代雕塑邀请展;灵感高原·中国当代美术作品展;新加坡文物馆个人画展;新加坡亚洲文化中心个人画展。参与策划并任副主编编辑出版大型系列画册《中国当代美术家画传》15卷。有作品发表于《美术》《江苏画刊》《中国画研究》《中国书画》《荣宝斋》等刊物,并由中国美术馆、浙江美术馆、中国台湾山艺术文教基金会、中国画研究院收藏。

文化市场

【歌舞娱乐市场】 1986年,县文化馆、二轻局、县委招待所等相继开办娱乐性的舞场。1989年,石板滩镇开办新都第一家卡拉OK厅。至20世纪80年代末期,新都以娱乐为主的文化市场有了一定规模,经营者405户、17个种类,形成了国有、集体、个体、合资并存的发展格局。

90年代中期,境内歌舞娱乐业特别是卡拉OK一度繁荣。至1998年,全县有卡拉OK厅168家。境内经营歌舞厅、夜总会,卡拉OK厅、音乐酒吧、音乐茶(餐)厅等发展到400多家。经营场地3万平方米,从业人员1300余人。此后,歌舞娱乐市场逐步萎缩,至2005年,全区登记的卡拉OK厅经营户113家,实际营业的有一二十家。投资150万元以上的歌舞娱乐场所2个。

【电子游戏市场】 1998年,县内有电子游戏场所78家,次年增至115家。2000年年底,全县电子游戏场所87家。2004年,压缩至32家。至2005年,全区电子游戏场地总面积3085.35平方米,游戏机645台,从业人员112人。

【互联网吧市场】 20世纪90年代,新都境内网吧逐步发展。2002年年底,全区网吧181家。2005年8月,境内网吧161家。其中,连锁加盟店8家;装机量30~60台的134家;装机量61~100台的24家;装机量101~150台的2家;装机量在150台以上的1家。场地总面积15153平方米,投资总额2901万元,从业人员698人。

【音像制品市场】 20世纪80年代,音像制品开始在新都市场经营。1991年,新都县文化市场管理委员会成立,下发《新都县录音发行租赁放映管理规定》。1999年,全县有音像制品经营单位(业主)110家,2000年124家,2001年138家。

2005年8月,全区音像制品经营业主164家。其中租赁经营业主96家,零售业主68家。场所面积20~40平方米的151家,41~80平方米的12家,100平方米以上的1家。场地总面积4142平方米,投资总额1985万元,从业人员528人。

【出版物市场】 1985年,新都区域出版物经营单位18家,1990年23家,1995年31家,2000年38家。2005年,新都区出版物零售、租赁业主63家,其中零售业主20家,租赁业主43家。主要印刷企业有四川印刷制版中心、成都市新都华新印务有限公司等。

【封神艺术宫】 位于新都桂湖公园大门北侧,1991年建造,占地4亩,总投资400万元。1998年关闭,后拆除建桂湖广场。

【西游历险乐园】 位于新都镇电子路,1992年建造,占地39亩,总投资1500万元。1999年关闭。后由万家和房地产公司开发为居民住宅,即万家和花园。

【古堡奇楼】 位于新都镇金都路,1993年建造,占地13亩,总投资350万元。1998年后作为四川省舞蹈学校(北区)校址。

【文化市场管理】 1995年5月,新都县文化市场稽查队成立。1998年3月,新都县文化体育局成立,设文化市场管理科。文化管理部门依法办理文化经营许可证,依照法律、行政法规对文化经营单位的经营活动予以指导、监督和管理,保护合法经营单位,表彰合法经营者,制止和查处文化经营的违法行为。

歌舞娱乐市场管理 1986—2005年,新都文化管理部门按照《娱乐场所管理条例》《四川省娱乐场所管理办法》等规定对歌舞娱乐市场实施监督、检查和整顿,把好接纳、审核关。对歌舞娱乐演出团体实行全天候管理,规范演出节目内容和形式。

电子游戏市场管理 2000年,依照《国务院办公厅关于转发文化部等部门电子游戏经营场所专项治理的意见》精神,新都停止审批新的电子游戏经营场所,并取缔无证电子游戏经营。同年,按照《成都市电子游戏暨歌舞娱乐场所经营场专项治理行动方案》,新都县对县城内少于100平方米、乡镇少于40

平方米的电子游戏场所予以规范，并把中小学周边200米以内的电子游戏、台球、歌舞娱乐场所作为治理重点。

互联网吧管理　2002年11月，依照国务院《互联网上网服务场所管理条例》，区文体局对互联网上网服务营业场进行规范管理，规定一家网吧最少达到80台电脑，按照规定取缔了中、小学校周边200米以内设立的网吧经营场所。

音像制品市场管理　1988年4月，成立县音像管理小组。2001年，根据《音像制品管理条例》规定，音像制品零售、出租纳入文化行政部门主管。区文化市场执法大队按照《音像制品管理条例》对全区音像制品市场进行管理。

出版物市场管理　区文体局按照国家新闻出版总署颁布的《出版物市场管理规定》，对全区出版物市场进行管理。坚持年度审验制度，对不具备开办出版物条件、违规经营单位实行处罚或吊销营业许可证，并开展"保护知识产权，打击侵权盗版""创建文明城市文化市场集中整治"等专项行动，查处出版经营业主出售出租非法出版物等行为。

2005年，新都区参与"成都市销毁违法出版物大行动"。对收缴的违法出版物21.8万盘(册)(其中音像制品12万盘，电子出版物8000盘，图书、报刊9万册)进行集中销毁。

广播电视事业

广　　播

【广播无线发射】　1987年3月15日，四川省广播电视厅颁发的《四川省广播电视频率执照》规定：新都广播电台设台单位为新都县广播电视局，设台地址在新都镇东街84号，海拔451.8米，节目传输台天线高度25米，调频广播台天线高度60米，节目传输台发射频率159.5兆赫，调频广播发射台频率89.5兆赫，节目传输台发射功率10瓦，调频广播台发射功率50瓦。

1989年9月27日，电台正式开播，呼号"新都县人民广播电台"。电台拥有50瓦和10瓦调频广播发射设备各一套，既能向全县各乡镇传输广播信号，又能直接覆盖全县工厂、学校和单位。

1998年10月5日，国家无线电管理委员会向新都电台颁发《中华人民共和国无线电台执照》。2002年7月19日，由中华人民共和国信息产业部颁发的执照规定：设台单位为新都县广播电视局，台站名称为新都广播电台，台站地址在新都镇东街84号，台站类别BC。设备数量：节目传输台1、广播调频台2；发射频率：节目传输台159.5兆赫、调频广播台90.5兆赫；发射功率：节目传输台10瓦、调频广播台50瓦；设备型号和出厂号：节目传输台MGF-1、调频广播台FM-1、MGF-1。

坐落在新民镇石庵村的四川广播电视集团五二〇台，原系四川省广播电视厅五二〇台，占地90余亩，是四川省广播发射中心台(省直属台)。始建于1956年8月，1959年10月建成。担负着中央人民广播电台第一套节目和四川人民广播电台第一套节目、第二套节目的发射任务。直至2005年，为四川省最大的无线电中、短波广播强功率发射台。

【乡镇有线广播网】 1984—2003年,新都农村广播员各乡镇编制共46人,工资总额432万元,乡镇广播员财政补贴1104万元;乡镇机房装修投入51万元,购买设备85万元;村广播室装修费用90万元,村广播室购买设备300万元;购买低音喇叭8万余只、高音喇叭3000余只,费用360万元。总计投入3122万元,其中农民提留款1600万元,县、乡镇财政拨付1522万元。投入乡镇有线广播网建设:架设电杆2.82万根,购铁线250万元,购电杆450万元,线缆2385.6千米。

1986年,县至各乡镇的广播专线取消,23个乡镇全部安装小调频接收机。全县形成有线和无线相结合,大调频和小调频混合覆盖为特色的农村广播网。同年9月,四川人民广播电台在新都县马家乡建立农民听众收听点,为四川省第一个农村乡镇收听点。马家乡农民听众收听点挂牌仪式和农民收听广播的活动情况,被中央人民广播电台和省市多家新闻媒体报道。

1989年6月,市广播电视局在新都县召开广播工作会议,向全市各区县推广新都"五统一"(资金、材料、技术、施工、验收)标准的整网建网经验。至1989年年底,全县建村广播室206个,占村总数的68.2%,全县2000多杆公里的广播主、支线中,采用铝绞合线作架空线的占95%以上。

1987—1995年,新都按照广播电视技术规范要求,对清流、新民、新繁、新都镇、石板滩、龙安、利济、军屯、龙桥等广播站机房和播音控制室进行装修和设备更新。设备为TKB-3-C型播音控制台、JYK(500瓦)扩大机和输出配电柜。1990年,全县298个村建立村广播室,主要配备设备是102扩大机、录音机、电源调压器(其中甲级广播室12个,配备TKB播音控制台、JYK扩大器)。朝鲜最高人民委员会大议员、广播电视委员会委员长郑和哲率团到新都参观团结村有线广播时,盛赞"新都农村广播事业太伟大了"。1991年,全省农村广播电视工作现场会在新都县召开,并授予新都县农村广播电视工作先进单位。新都发展村广播室的思路和规模全省首创。

2004年6月,新都在清流镇实施镇至村广播信号通过有线电视光纤网共缆传输,较好地解决了因经费困难,广播网路架线难、维护难、传输效果差的问题。

2005年,因全区各镇机构合并,人员变化,加之农村有线广播杆线损坏严重,13个镇(街道)中心广播站均不能正常开通使用。

【广播宣传】 1986—2005年,新都广播电视局、广播台(站)按照"团结、稳定、鼓劲"和正面宣传的方针,服务于新都中心工作的要求,在坚持转播好中央和省市重要广播节目的同时,围绕新闻性、教育性、科技性、文艺性、服务性五大类型自办节目。常年有广播报道组20多个,通讯员200多人,先后开办通讯员、机线员培训班40多期,培训乡广播站机务员和宣传骨干通讯员300多人次。电台每天播出时间5小时,常年亮牌栏目均保持6个以上;每年收稿量均在5000件以上,用稿量70%;电台《新都新闻》由周3组增加到周6组,每组时间15分钟,用稿20件。

【栏目设置】 1985年9月,新都人民广播站对广播自办节目进行改革,广播栏目由11个栏目浓缩为7个品牌栏目:《新都新闻》《农家顾问》《新都快讯》《漫话新都》《香城文艺》《广告信息》《天气预报》。

1987年4月实行"站"改"台"。至2005年,电台自办节目18个,栏目设置四大类:

新闻类 《新都新闻》《新都快讯》《香城之夜》《上海经济区新闻联播》《川西经济区新闻联播》。

教育类 《农家顾问》《小星星》《香城史话》《学习节目》《卫生与健康》。

文艺类 《香城文艺》《金宵一刻》《每周一歌》《听众点播》。

服务类 《听众信箱》《为您服务》《生活之友》《天气预报》。

【舆论监督】 新都人民广播电台开办《听众信箱》《县长和你拉家常》《生活之友》等栏目，让人民群众通过广播新闻媒体对党和政府的工作及其人员进行舆论监督。《听众信箱》栏目每年收到来信200件以上，电台对此栏目采取主持人形式，做到来信有登记，件件有回音，及时将群众对市场秩序，生产资料、物价管理、治安环境等意见经走访有关部门，履行新闻舆论监督职责。通过栏目以电话书信、广播杂谈、“编后话”等节目形式，对听众反映的问题给予解答、点评。

【队伍建设】 1986—2005年，新都人民广播电台采取请上级电台编辑、记者、工程技术人员到台指导编采、技术业务，并分期分批选送电台编采播人员和机务人员参加学习和进修。先后有187人次参加了北京广播学院、四川、云南人民广播电台、成都人民广播电台等新闻单位举办的广播编辑记者进修班、播音员培训班和机务人员培训班，其中有77人获得了合格证书。

每年五月“双抢”大忙前，电台将各乡镇广播站人员集中进行业务培训，学习《安全用电常识》《电工基础》《扩大机使用和故障排除》等业务知识，学习广播新闻编采录播、节目制作等知识，进行现场排故障和专业技能大赛。2003年，全区58名乡镇广播站从业人员在技术岗位考核和年终目标考核中，均达到优良以上。1986—2005年，有11个乡镇27个广播节目被选送省市评为优秀奖。

至2005年，电台获得高、中、初级职称的编、采、播人员27人。

【节目创优】 新都电台和乡镇广播站坚持每年进行优秀广播节目评比。

新都电台 1986年，新都广播电视局(台、站)将广播节目创优工作纳入议事日程，将各乡镇优秀广播节目评比活动纳入年度工作目标。电台在全国获得广播奖的种类由1983年的广播评论继而扩展到组合节目、对农节目、少儿节目。1986—2005年，新都人民广播电台共获得中国广播奖项4项：《和农民朋友谈谈做庄稼 “不要自己给自己增加负担”》(对农节目)；《玲玲的小燕子》(少儿节目)；《香城之夜》(组合节目)；《话说农家储粮》(对农节目)。获得省级优秀作品21件，获得市级以上好新闻节目127件，居成都市区县级广播台(站)首位。

乡镇广播站 1988年起，四川省实行一年一度的全省区(市县)、乡镇优秀广播节目评选活动，新都乡镇站优秀广播节目的获奖等级和数量在全省县级广播电台中名列前茅。其中获四川省乡镇广播节目一等奖2件(柏水乡广播电视站《柏水乡情》、马家乡广播电视站《马家乡音》)；获四川省乡镇广播节目评比二等奖3件(泰兴乡广播电视站：《庄稼话》——和乡亲们谈栽免耕水稻的事，马家镇广播电视站：《马家乡音》——摆摆社长的“龙门阵”、《马家乡音》——话说乡下文化人)；获四川省乡镇广播节目评比三等奖3件(新民乡广播电视站：《新民之声》——抗洪救灾专题节目，新民乡广播电视站：《新民之声》，新繁镇广播电视站：《繁江之声》——赞村农技站长严十爸)；获四川省乡镇广播节目评比优秀奖5件。

电　视

【电视无线发射】 1986年12月2日，由广播电影电视部颁发的《中华人民共和国广播电视频率执照》规定：电视台名称为新都电视台，设台单位为新都县广播电视局，发射台地址在新都镇东街84号，使用频道DS-40，发射机功率0.3千瓦，天线有效高度30米(新都电视台的发射塔建在高29米的广播电视大楼顶层，铁塔自身高31米)。

1987年4月28日，广电部批准建立电视台，呼号为“新都电视台”(使用频道DS-40，发射功率为

300瓦),是继江津、万县之后在四川省设立的第三座县级电视台,也是成都地区第一座覆盖全县并自办新闻、专题、广告等节目的县级电视台。1989年,新都正式建成电视卫星接收站,可收到新疆、贵州、西安、上海等地电视节目。1993年,新都电视台在成都市率先具备现场直播能力。

1998年2月28日,广电部颁发的《广播电视台许可证》规定:台名为新都县广播电视台,节目套数2套。节目设置范围:广播节目、电视节目。传输方式:无线和有线。

1999年,新都电视台发射塔重建于桂湖东路建设银行大厦楼顶,发射塔高103.8米,发射机功率1000瓦,无线覆盖半径30公里,域区覆盖率100%。

2004年7月1日,由国家广播电影电视总局颁发的《广播电视播出机构许可证》规定:成都市新都区广播电视台节目设置和传输方式:电视节目。在电视公共频道的预留时段内插播当地新闻和经济类、科技类、法制类、农业类、重大活动类专题、有地方特色的文艺节目以及广告等。

【有线电视传输网】 1992年7月,新都电视台筹建新都城区有线电视网络,前端系统选用绵阳九洲公司前端设备,VHF频段采用邻频传输技术,UHF频段采用隔频传输技术,网络传输带宽550兆赫,网络设计覆盖新都县城,传输电视节目20套。同年10月,新繁有线电视网络开始筹建。1995年成立新都有线电视服务公司,对有线电视前端进行升级,设备选用成都华视550兆赫全邻频前端,传输节目24套,有线电视用户数突破3万户。1998年3月,对新都城区主干网络进行首期光网络改造,新建紫瑞小区、小花园、桂林路、锦缎厂、金都街、西门菜市、娃娃堰、湖滨路、原野庄园、南二路(更名工业大道)、饮料厂11个光接点,选用光波长1310纳米。

2000年3月,成都市新都速达广播电视信息网络有限公司成立。同年9月,所有乡镇实现1310纳米光纤联网,全县统一了有线电视信号源。全网带宽600兆赫,传输节目34套。2001年8月,龙虎、清流、利济、竹友4个镇实现村村通光纤电视。至2003年,全区有线电视联网,实行统一运营、统一管理。

2004年1月,新都进行网络升级换代改造,近2万户有线电视用户免费安装可寻址电脑管理系统。同年8月,开通大丰、三河、新繁3个片区有线电视网络的电脑管理系统,实现用户收费、用户资料管理自动化,年底全区有线电视用户7.35万户。

2005年,全区有127个村开通有线电视信号。

【电视宣传】 新都电视台结合本地社会经济实际和广大群众的需要,做好电视宣传。开办有新闻专题类、社教服务类、科技教育类、文艺体育类、经济广告类、综合信息类共六大类节目。其中《新都新闻》从每周1组增加到每周7组,收稿量从开办初期每年1000多件增至2005年的4000多件。每年向中央、省、市台报送宣传新都的稿件100多件,采用率80%以上。电视台能独立拍摄、制作各类节目,并具备现场直播能力。2005年6月,新都在四川省区(市)县级电视台中率先实现新闻直播。

【栏目设置】 新都电视台开播后,亮牌栏目20多个。主要栏目有:

新闻性类型 《新都新闻》《40广角》《香城风景线》《城建之窗》《经济大看台》。

教育性类型 《学习园地》《党建之窗》《教育之窗》《全民健康》。

科技性类型 《农家顾问》《卫生与健康》《通讯天地》。

文艺性类型 《香城文艺》《影视大看台》《难忘今宵》《文艺七色光》《周末剧场》。

服务性类型 《经济888》《如意心曲》《祝您晚安》《广告时段》《天气预报》。

【舆论监督】 新都电视台设新闻评论部，主要报道重大事件、突发事件，报道群众关心的热点、难点和焦点问题，由《40广角》节目组进行现场跟踪报道和深度系列报道。

《40广角》栏目开办初期每周1组，1999年增加到每周3组。该栏目先后收到观众来信来电3000多件次、感谢信和锦旗20多件(面)。

【队伍建设】 1986—2005年，电视台先后从区外引进电视专业科技人才7名，公开面向社会招收电视播音员、节目主持人11人，录用大中专毕业生16人，调入专业技术人员5人，先后选派职工参加国家、省、市广播电视部门举办的各类专业技术培训班学习累计85人。

1998年，局台推行“双向选择、竞争上岗”的管理机制，进一步完善《局台部门岗位职责》《岗位定编工作目标任务和日常管理月考核奖惩办法》。电视台先后获得省、市、区表彰奖励156次。

【节目创优】 新都电视台把节目创优纳入年度主要工作目标进行考核。局台设立节目评审领导小组，定期对播出节目进行观摩评定，打造精品。节目评审标准坚持立意高、角度新、题材小、语言活、小中见大。

1989—2005年，新都电视台获全国和省、市奖的作品31件，获奖种类有电视新闻、电视新闻评论、电视新闻专题、电视社教专题、电视系列报道、电视短片、电视气象7大类，其中获中国电视新闻二等奖2件，获中国新闻三等奖1件，获四川电视新闻一等奖4件、二等奖1件、三等奖1件，获奖的档次居四川省县级电视台之首。其中，电视专题《无悔的青春》、电视新闻专题片《小草情》分别获中国电视新闻二等奖；电视新闻《警嫂的情怀》获中国新闻三等奖，《新都天气预告》获第二届华风杯全国电视气象节目观摩评比优秀奖。

广播电视管理

【宣传管理】 新都广播电视局(台)成立编辑委员会，负责对新都人民广播电台、新都电视台(简称“两台”)的宣传内容、报道计划、栏目设置、节目运行、稿件评审的管理工作；对局(台)编辑、记者、播音员、值机员制定岗位责任制，分别制定“两台”宣传考核内容、评分标准(共8项)及节目播出审查监管制度；对各乡镇广播电视站自办节目的设置原则、稿件采编、专业技能、节目创优等进行指导评定。

【技术管理】 新都广播电视局(台)成立事业科，负责拟定新都广播电视技术发展规划和实施细则；组织实施国家广播电视技术标准；组织拟定新都广播电视网络(包括有线和无线)的发展规划，指导广播电视网络的建设和开发工作；负责有线广播电视网络(站)技术方案的审查和验收工作；负责新都广播电视发射台、差转台、有线电视网络的技术方案和频率、功率等技术参数审核、申报工作；负责新都广播电视科技情报资料搜集和技术档案管理。

【安全管理】 按照分级负责的原则，建立广播电视安全播出应急管理体系。新都广播电视安全播出应急处理指挥机构分为局(台)、网两级。广播电视局牵头成立广播电视安全播出领导小组，对新都境内因自然灾害、突发事件和技术责任等造成的重大安全播出事件及时向上级报告。广播电视安全播出领导小组下设广播电视安全播出指挥部，负责对境内的安全播出突发事件进行指挥、调度、协调、监督、检查,并及时向安全播出领导小组报告突发事件的进展和处置情况。

【社会管理】 新都广播电视局制定并组织实施新都广播电视事业和产业发展规划,负责广播电视系统的法律法规宣传和普及教育;负责广播电视事业报表、统计和广播电视从业人员的业务培训工作;负责广播电视节目、卫星电视节目的接收和通过信息网络向公众传播的视听节目的管理工作;负责审批发放有线电视系统设计施工许可证及有线电视网络(含共用天线、闭路电视系统)工作申报受理、审核及工程验收工作;负责卫星地面接收设施的申报、初审、安装、办证工作;负责宾馆、饭店、企(事)业单位及个人闭路电视系统、有线电视节目的管理。

【法规管理】 执行广播电视工作重大决策事前法律咨询论证制度,决策中票决制、公示制和决策后的责任追究制度,发现违法、违规现象,依法查处。凡受理发生在广播电视、卫星地面接收设施中的案件,一般违法行为15天内结案,重大和特大的案件1个月内结案,个别疑难问题结案时间不超过2个月,并在规定的时间内将处理结果告知当事人。

【经营管理】 1986年,县委宣传部牵头,成立由广播电视局、公安局、工商局组成的新都县录音录像制品领导小组,由县广播电视局负责全县的录像制品管理、发行工作。经营录音录像制品的单位和个人,向县录音录像制品领导小组申请,经审查批准后,由县广播电视局发给经营许可证,县工商局发给营业证,方可对外经营。对违反规定,擅自翻录、出售录音录像制品的单位和个人,给以批评教育、通报、罚款、吊销营业执照,直至追究刑事责任。

【广告管理】 1988年7月,根据国务院《广告管理条例》的有关规定,经成都市工商行政管理局审查批准,新都广播电视局准予经营广告业务。承办国内广播、电视广告业务,代理国内电视广告,核算形式为非独立核算,固定资金80万元。新都广播电视局在成都市292家广告经营单位公告中的第四位,位于成都人民广播电台、成都电视台、成都电视广告制片部之后。

1993年成都市广告协会成立,新都广播电视局为第一批会员。1994年,加入四川省广告协会。1998—2005年,新都广播电视局为成都市广告协会广播电视工作委员会副主任委员。

·卫生 体育·

WEISHENG TIYU

卫生事业

公共卫生机构

【区级卫生机构】 2005年,新都区级卫生机构有区人民医院、区第二人民医院、区中医医院、区妇幼保健院、区疾病预防控制中心、区血吸虫病防治站。

新都区人民医院 国家二级甲等综合医院,位于新都镇上南街,占地24998平方米,建筑面积36090平方米,其中业务用房21769平方米、辅助医疗用房1679平方米。1986年,医院有职工228人。2005年,医院有职工495人,开设科室28个,其中临床科室18个、医技科室10个;有病床274张,门诊25.24万人次,收治住院1.19万人次。

新都区第二人民医院 国家二级甲等综合医院,位于新繁镇繁江北路,占地28398平方米,建筑面积24150平方米,其中业务用房方9651平方米。1986年,医院有职工179人。2005年,医院有职工341人,开设业务科室18个;有病床260张,全年门诊15.75万人次,收治住院0.70万人次。

新都区中医医院 国家二级甲等中医医院,在新都镇新中路、桂湖东路、东环路各设1个医疗区,总占地25584平方米,建筑面积22211平方米,其中业务用房17593平方米。1986年,医院有职工128人。2005年,医院有职工373人,设置科室48个;有病床150张,年门诊32万人次,收治住院4000人次。

【公立卫生院】 1986年,新都每个乡镇至少有1所公办的卫生院。1987年7月,桂湖医院改制为民营医院。2004年起,竹友、柏水、利济、高宁、泰兴等卫生院改制为民营医院。至2005年年末,区内有公立卫生院18所:新都镇医院、桂林卫生院、龙虎卫生院、天元卫生院、马家卫生院、新民卫生院、河屯卫生院、军屯卫生院、大丰卫生院、龙桥卫生院、斑竹园卫生院、清白卫生院、清流卫生院、龙安卫生院、新农卫生院、石板滩卫生院、木兰卫生院、三河卫生院。

【卫生站】 20世纪70年代初期,"赤脚医生"兴起,一些大队(村)开始设置医疗站(点),以方便农民治病。1990年1月,新都农村医疗站(点)统一更名为卫生站。

1986年,全县有医疗站(点)255个,后随乡镇拆并而变化,每个村(社区)至少有1个卫生站。1993年1月,新都镇西北村卫生站王义生(女),新繁镇青石村卫生站师显著、清凉村卫生站黄仁清(女),龙虎镇龙虎村卫生站唐朝福被卫生部授予"全国优秀乡村医生"称号。

至2005年,全区有卫生站282个:新都镇59个,新繁镇48个,大丰街道12个,三河街道13个,龙桥镇15个,斑竹园镇26个,新民镇18个,马家镇15个,军屯镇11个,泰兴镇14个,木兰镇10个,石板滩镇24个,清流镇17个。

2003年,区卫生局对农村卫生站实行标准化设置,推行"六有三统一"管理,即卫生站有药柜、药架、洗手池、诊疗桌凳、休息椅和服饰,统一色彩、格调、站牌。要求卫生站医疗人员持证上岗,做到看病有登记,用药有处方,收费有发票,转诊有记录,实现小病就医不出村。

【个体诊所和民营医院】　根据有关规定，新都卫生行政部门陆续批办个体私人诊所。至 2005 年，新都先后有个体私人诊所 46 个。

至 2005 年年末，境内有民营医院 10 所：成都市新都区桂湖医院、成都北新医院（柏水卫生院改制）、成都新都竹友医院（竹友卫生院改制）、成都宝康医院、成都新都利济医院（利济卫生院改制）、成都泰兴医院（泰兴卫生院改制）、成都欣元医院、成都新都高霖医院（高宁卫生院改制）、成都市新都合兴医院（合兴卫生院改制）、成都新都西桥医院。

【驻区医疗机构】　2005 年，新都驻区医疗机构有：成都医学院第一附属医院、四川省革命伤残军人医院、成都市中草药研究所以及驻区工厂、学校等企事业单位对外服务的医务所(室)共 19 个。

成都医学院第一附属医院　地处新都镇宝光大道中段，占地 160 余亩，编制床位 800 张，设有专业科室 32 个。成都医学院第一附属医院前身为中国人民解放军第三军医大学成都军医学院第 47 医院，1948 年 5 月在山东省益都县组建。1969 年 9 月与第 38 陆军医院驻地调换至新都县城关镇。2004 年 8 月军队编制体制调整，随成都军医学院整体移交四川省教育厅管理，更名为成都医学院第一附属医院。是一所集医疗、教学、科研、预防、保健为一体的三级甲等综合医院。

四川省革命伤残军人医院　地处新繁龙藏寺，占地 342 亩。20 世纪 50 年代初，四川省革命残废军人教养院和四川省革命残废军人学校医院先后迁到此，主要收治抗美援朝部队的伤病员。后院名几经改变，1991 年分别更名为四川省革命伤残军人休养院和四川省革命伤残军人医院。休养院和医院接收的休养对象，有参加过长征、抗日战争、解放战争、抗美援朝等历次战争的伤员，也有在国防建设中因公致残的官兵。1990 年，医院设立对外门诊部，为社会病人就医服务。2000 年 12 月 20 日，医院被评为国家二级乙等综合医院。2005 年年底，医院有病床 300 张，设置医疗科室 39 个，有医务人员 183 人，门诊 8.8 万人次，住院 5116 人次，手术 936 台。

公共卫生人力资源

【卫生人力资源构成】　1986 年，县属卫生系统人员 1361 人，其中全民所有制 557 人、集体所有制 390 人、乡村医生 414 人。2005 年，区属卫生系统人员 2465 人，其中全民所有制 1624 人、集体所有制 442 人、乡村医生 399 人。

1986 年，县属卫生系统有中级职称人员 34 人。1988 年始有副高职称人员。1996 年，县属卫生系统有副高职称人员 65 人、中级职称人员 456 人(其中乡镇卫生院 82 人)。2005 年，区属卫生系统有副高职称以上的 92 人、中级职称 481 人、初级职称 1184 人。

1986—2005 年新都直管卫生机构卫生人员构成统计表

表 16-1　　单位：人

年　度	总　数	全民制	集体制	乡村医生	年　度	总　数	全民制	集体制	乡村医生
1986	1361	557	390	414	1990	1578	873	356	349
1987	1359	583	379	397	1991	1623	856	393	374
1988	1330	595	344	391	1992	1679	898	386	395
1989	1621	856	362	403	1993	1711	947	384	380

续表 16-1

年 度	总 数	全民制	集体制	乡村医生	年 度	总 数	全民制	集体制	乡村医生
1994	1814	1017	416	381	2000	2042	1225	419	398
1995	1872	1050	429	393	2001	2109	1298	409	402
1996	1970	1199	399	372	2002	2191	1358	421	412
1997	1902	1135	389	378	2003	2265	1458	425	382
1998	2007	1199	421	387	2004	2434	1598	439	397
1999	1948	1145	428	375	2005	2465	1624	442	399

1996 年、2005 年新都直管卫生机构高级中级技术人员分布统计表

表 16-2 单位:人

机构名称	1996 年		2005 年	
	副高职以上人数	中职人数	副高职以上人数	中职人数
区人民医院	24	101	40	112
区第二人民医院	10	81	16	86
区中医院	8	71	18	81
区第二中医院	1	22	1	24
区卫生防疫站	8	28	6	20
区血吸虫病防治站	3	21	2	14
区妇幼保健院	3	17	5	34
区药品检验所	2	3	(与卫生局分离)	0
区卫生进修学校	3	11	1	10
区血站	0	10	(与中医医院合并)	0
乡镇卫生院	0	82	3	91
卫生局机关	3	9	0	9
合 计	65	456	92	481

【医学教育与医技培训】 新都县卫生进修学校,地处新都镇外东文家巷,占地 13.5 亩,建筑面积 12018 平方米,主要培训在职卫生人员。1993 年,学校被市教委、市卫生局确定为中等卫生职业学校,后同时挂“新都卫校”和“新都卫生进修学校”牌子。1994 年 2 月,新都卫校被省卫生厅评为合格县级卫校。学校有教职工 29 人,其中副高职 1 人、中级职称 10 人、初级职称 5 人。至 2005 年,有教学班 12 个,其中医士专业 3 个班、护理专业 9 个班。

四川省革命伤残军人医院利用本院的人力物力资源, 于 1985 年 8 月至 1986 年 9 月举办护训班 1 期,结业 50 人;1986 年 6 月至 1991 年 3 月举办盲人按摩培训班 3 期,结业 118 人;1989 年 2 月协同中国残疾人联合会在本院举办云、贵、川、藏、湘、桂和海南 7 省(区)聋儿语训师资培训班,结业 100 人;1994—1999 年,与成都八一学校、成都中医学校联合开办医士班,招生 6 届 287 人,毕业 250 人。

【学术研究】 1986—2005 年,新都境内卫生、医疗机构持续开展“科技兴医”活动,综合医院均建立科研小组,开设科技讲座,确定科研项目及带头人,定期举行院内科技交流,积极参加省内外医学学术活动。新都直属卫生系统获区(县)以上科技进步奖 31 项,区(县)级 29 项。

1994—2005 年,区人民医院在各种刊物上发表科技论文 352 篇,在国家级学术交流会上交流科研成果 66 篇，省级交流 124 篇。

1986 年，四川省革命伤残军人医院撰写论文 16 篇并出版该院医学研究论文集，对截瘫并发症的研究经省民政厅立项。1995—2005 年，参加全国和省的各种医疗学术活动 77 次、护理学术活动 212 次、人员 3319 人次，在全国 28 种杂志上发表学术论文 58 篇。

至 2005 年，成都医学院第一附属医院共发表论文 500 余篇，获得国家自然科学基金以及国家、省、市科研项目 17 项，出版专著 6 部，其中《全科医生手册》被卫生部推荐为国家全科医生培训教材。医院投入 200 多万元建设实验中心，为院内专家搭建科学研究平台。

【名中医】 直属卫生机构中，经省、市、区（县）卫生管理机关授予的新都名中医 45 人。1998 年 7 月，授予叶腾辉四川省名中医称号（新都区中医医院主任中医师）。区内有成都市名中医 9 人，新都名中医 35 人。

2005 年新都区的成都市名中医名录

表 16-3

姓　名	性　别	年　龄	技术职称	供职单位	授 予 年 月
陈万松	男	77	主治医师	县二医院	1986.08
秦子文	男	86	主治医师	县二医院	
阳伯昭	男	88	中医医师	大丰卫生院	
黄象琛	男	83	中医医师	县人民医院	
叶腾辉	男	51	副主任医师	县中医医院	1998.12
兰宗焕	男	42	副主任医师	县中医医院	
刘兆治	男	55	副主任医师	区中医医院	2003.08
陈治亚	男	67	副主任医师	区中医医院	
薛堂语	男	49	副主任医师	区人民医院	

说明：职称、年龄均为授予“名中医”时的技术职称和年龄

公共卫生基础设施

【医疗用房建设】 1986—2005 年，区属 24 家医疗机构新建、改建、扩建医务用房 57356 平方米，总计投入资金 3443.5 万元。其中新建门诊用房 35275 平方米，住院部 2625 平方米；改建门诊用房 9994 平方米，住院部 8857 平方米；扩建医务用房 604 平方米。

新建医务用房的单位有区人民医院、区中医医院、龙桥镇卫生院、新都镇城东社区卫生服务中心、泰兴卫生院、竹友卫生院、石板滩镇卫生院、清流镇卫生院、合兴卫生院、新都中心卫生院、新民镇卫生院、大丰街道卫生院、斑竹园镇卫生院、三河街道卫生院、柏水卫生院、马家镇卫生院、军屯镇卫生院。改建医务用房的单位有区妇幼保健院、血吸虫病防治站、石板滩镇卫生院、合兴卫生院、高宁卫生院、利济卫生院、木兰镇卫生院、区人民医院、区中医医院。

【大中型医疗设备】 1986—2005 年，区属医疗机构新增大中型医疗设备 600 台（件），其中单台 5000 元

至1万元的设备199台,主要有X光牙片机、心电图机、多功能电子治疗机、200MAX光机、肺功能测试仪、B超机等;单台1万元至10万元的设备373台,主要有多参数临护仪、乳腺机、腰椎牵引床、呼吸机、静脉调试器等;单台10万元至100万元的设备15台,主要有全自动生化仪、500MAX光机、血细胞分析仪、体外震波碎石机等;单台100万元以上的设备13台,主要有磁共振、彩色脉冲多普勒超声诊断仪、CT等。

2005年,区内共有甲、乙类大型医疗设备7台,其中区人民医院、区第二人民医院各有CT机1台,成都医学院第一附属医院有CT、MRI(核磁共振)、伽玛刀各1台,四川省革命伤残军人医院有CT机1台,区中医医院有MRI机1台。区人民医院有大型医疗仪器66台(件),价值1671.3万元。其中单台价值5万元至10万元的有32台、单台10万元至100万元的有31台(件)、100万元以上的有德国1秒螺旋CT,麦迪逊SA—800型三维彩超,美国产AU3彩超,总价值696万元。

四川省革命伤残军人医院有单台1万元以上的设备59台,价值890.57万元。其中单台价值10万元以上的设备14台,价值338.62万元。2005年新置彩超1台(137万元),CT机1台(375万元)。

成都医学院第一附属医院有伽玛刀、核磁共振、全身螺旋CT、钴60远距离放疗机、显微外科手术显微镜等设备,总价值1亿元。

【病床数量】 2005年,区内卫生机构有病床2713张,其中区属医疗单位病床1227张,成都医学院第一附属医院病床800张,四川省革命伤残军人医院300张,区内其他医疗机构386张。

1986—2005年新都区属卫生机构病床数统计表

表16-4 单位:张

年度	区级医院	卫生院	区医院	区二医院	年度	区级医院	卫生院	区医院	区二医院
1986	361	142	151	100	1996	587	396	210	183
1987	391	161	151	130	1997	589	401	210	160
1988	391	242	151	130	1998	591	419	210	160
1989	391	298	151	130	1999	592	425	254	160
1990	421	288	151	160	2000	598	439	254	160
1991	433	290	151	160	2001	601	458	274	160
1992	466	308	151	160	2002	601	467	274	160
1993	461	334	205	160	2003	605	479	274	160
1994	475	351	210	160	2004	634	496	274	160
1995	514	424	210	160	2005	676	551	274	260

医疗服务

【门诊和住院服务】 全区医疗机构按区、镇、村三级布局设置,形成较合理的医疗卫生服务网络。1986—2005年,全区门诊总量2724.14万人次,住院总量51.34万人次。

2005年新都区主要卫生机构医疗服务统计表

表16-5　单位：张、人、万元

医疗单位	病床数	卫生人员数量				诊疗人次		收入
		合计	医生	护士	其他	门诊	住院	
合计	1613	2540	711	576	1253	1911143	44480	17739.2
综合医院	676	911	267	258	386	568392	20929	7640.7
中医医院	143	290	83	57	150	343433	4001	3244.7
农村卫生院	551	609	209	100	300	855942	10625	4531.9
卫生防疫站	0	88	34	4	50	—	0	313.0
妇幼保健院	43	124	18	38	68	37359	1125	814.9
血吸虫病防治站	30	47	16	4	27	17150	2700	219.3
血站	0	84	6	35	43	—	0	56.4

说明：未包括驻区医疗机构和民营医院

1986—2005年新都区人民医院医疗服务统计表

表16-6　单位：人、%

年度	门诊人数	入院人数	出院人数	出院人员中					门诊与住院诊断符合率
				治愈	好转	未愈	死亡	治愈率	
1986	288244	4012	4003	1981	843	24	84	67.6	98.7
1987	297109	4611	4591	1996	1187	19	89	60.1	99.0
1988	288533	4357	4364	1857	1277	25	101	57.0	99.1
1989	275485	4373	4377	1993	1263	25	80	59.3	99.2
1990	277753	4395	4373	1821	1328	44	51	56.1	97.0
1991	292137	4011	4043	1803	1070	45	52	60.7	97.6
1992	292188	4007	3936	1806	1065	33	47	61.2	98.1
1993	292188	4007	3610	2164	1352	25	69	59.9	98.2
1994	277564	4236	4243	2233	1360	27	66	60.6	94.4
1995	268778	4606	4574	2525	1378	28	62	63.2	96.0
1996	212123	6684	6654	3818	2188	41	54	62.6	95.4
1997	225749	2900	7898	4010	3226	32	95	54.5	95.5
1998	207689	10239	10206	3867	5686	18	91	40.0	97.8
1999	204032	11881	11787	3987	7146	27	89	35.4	99.4
2000	218471	11431	11529	4092	6822	40	106	37.0	99.4
2001	219564	10350	10250	3399	6452	57	96	34.0	99.2
2002	224563	9948	9928	3301	6157	143	110	34.0	99.5
2003	223378	10734	10783	3021	7088	241	193	28.7	99.3
2004	228459	11250	11243	2658	7811	272	156	24.4	99.2
2005	252343	11908	11958	2875	823	318	196	24.7	99.5

说明："治愈率"是"治愈"人数与"出院人数"的比

1986—2005 年新都区第二人民医院医疗服务统计表

表 16–7　　单位:人次

年　度	门诊人次	住院人次	年　度	门诊人次	住院人次
1986	2150106	3457	1996	188482	5013
1987	223820	3956	1997	164525	4444
1988	210051	3812	1998	153906	5356
1989	174313	3410	1999	149456	6060
1990	175004	3428	2000	157002	6140
1991	172797	3379	2001	151456	6857
1992	173262	3218	2002	154183	6606
1993	173262	3218	2003	153789	6674
1994	163513	3706	2004	152122	6731
1995	171476	4680	2005	157450	6999

【“120”急救系统】 按照市卫生局安排,1994 年底,新都县人民医院、47 医院(后为成都医学院第一附属医院)建立“120”急救中心,为成都市“120”急救系统成员单位。2003 年,区二医院、区中医医院相继设“120”急救中心。至 2005 年,区内“120”急救系统共配有救护车 7 辆,驾驶员 10 人,主任医师 1 人,主治医师 7 人,医师 9 人,护师 11 人,护士 17 人。

“120”联网系统包括乡镇卫生院、“122”交通事故报告台、“110”防暴台、城市居民初级卫生保健急救、“119”火警。1994—2005 年,新都“120”急救系统累计救治急重病患者、工伤、车祸 40422 人次,救治无主病人 100 多人次。

【农村居民基本医疗保障】 1969 年,新都县开始推行农村合作医疗,由于当时的社会经济条件,一直没有形成健全的农村医疗保障系统。2004 年,全区农村居民 27.97 万人自愿参加新型农村合作医疗(简称新农合),参合率 64.3%。当年筹集新农合资金 951.7 万元,参加新农合农民享受门诊、住院、计划内生育住院医药费报销11.85 万人次,报销费用 281.11 万元。

2005 年 5 月 1 日,全区正式实施新型农村合作医疗制度。参加新农合的农村居民 47.82 万人(参合率 99.12%),筹集新农合资金 1428.46 万元,其中市政府、区政府通过财政转移支付方式为参合农民代缴门诊账户基金 472.82 万元,大病统筹基金 945.64 万元。当年报销费用 743.0 万元,其中门诊报销 25.6 万人次,报销金额 361.5 万元;住院报销 1.9 万人次,报销金额 381.5 万元(包括重大疾病补助 40.8 万元,血吸虫免疫检测阳性化疗补助 2.3 万元)。

农民每人每年交 10 元设立个人门诊账户,区、镇两级政府匹配 20 元/人,用于大病统筹基金。全区确定 277 个医疗单位为新农合定点医疗机构,农民就诊后费用当场结清,其应报销部分的医药费一律由定点医疗单位垫付。参加新农合的农村居民,血吸虫免疫检测阳性化疗者,每人定额补助 40 元;重大疾病住院产生的大额医疗费用,在享受正常报账后,个人承担的医疗费超过 5000 元的,可按标准享受 800~4000 元的医疗定额补助;癌症、尿毒症、精神分裂症三种重大疾病患者的门诊治疗费在 1000 元以上者,按 10%的比例进行补助。

【中医医疗】 综合医院均设中医内科、中医骨伤科、针灸理疗科,专科中医医院有新都区第二中医院和成都市中草药研究所。

新都区中医医院是区内最大的中医综合医院，设有临床医技科室48个，其中专病专科11个，重点中医专科2个。该院骨伤科是省中医药管理局确定的省级中医重点建设专科，其传统手法复位中医疗法治疗骨伤骨病享誉社会。中医儿科、中医妇科、中医外科、中医眼科独具特色，对骨髓探查术、椎板减压术、骨肿瘤摘除术、麻痹后遗症的各种矫形术、关节置换手术以及中西医结合治疗胰腺炎、通窍活血法治疗硬膜外血肿、针灸头窗预防脑外伤后遗症，针灸理疗治疗各种中风后遗症、面瘫、偏瘫等有独到的治疗经验。

【血液管理】 2002年以前，县内供血管理由县卫生局下属的新都单采血浆站负责。2002年12月，经成都市卫生局批准，供血职能移交新都区人民医院，区人民医院组建输血科，行使对辖区内医疗机构临床供血的职能。

输血科设置有储血室、配血室、发血室、化验室、洗涤室、库房，各类专用设备19台(件)，配备专业人员11人，业务用房78平方米。除供血外，对用血机构进行技术指导和日常监管。2004年，输血科获四川省卫生厅“储血管理一等奖”。

卫生监督

【卫生执法监督机构】 区内卫生执法监督分别由药监局及卫生局药检所、卫生防疫站、疾病预防控制中心等相关部门和科室负责。2004年4月28日，成立新都区卫生执法监督所，实施区内卫生执法监督。执法监督所下设综合办公室(许可审查科)、监督一科、监督二科、监督三科、监督四科5个科室，配备工作人员41人。

卫生执法监督所主要负责对区内传染病、地方病和职业病防治监管；依法监督医疗卫生机构和采供血机构及其专业人员的执法行为；整顿和规范医疗服务市场；依法监管食品、化妆品和环境、放射、学校、职业卫生等。

【食品从业人员卫生监督】 1986—2005年，新都卫生防疫站每年对食品从业人员进行健康检查，检查合格取得健康证后方可从事食品行业工作。对查出患有消化道传染病、肺结核及有皮肤病者及时调离岗位。共对食品行业人员健康检查60余万人次，查出传染病患者3000余人，均及时调离工作岗位。

卫生防疫部门除配合工商、技监、畜牧等部门进行日常例行监督外，还不定期对食品从业人员的卫生情况进行监督检查。1995年，对210家食品生产经营企业2068人进行体检和培训，实物抽样检测245份，合格212份，合格率86.5%；对931家餐饮业2400人进行体检和培训，实物抽样检测63份，合格56份，合格率88.89%。

2000年，对食品业163家1683人进行体检，抽样检测819份，合格率88.03%；对餐饮业522家1970人体检，抽样检测248份，合格率81.85%；处罚11件、1.49万元。

2005年，对食品企业318家5317人体检，抽样检测52份，合格率92.31%，处罚37件、7.59万元；对餐饮业2905家9266人体检，抽样检测263份，合格率99.62%，处罚41件、3.69万元。

【公共场所卫生监督】 1995年起，卫生防疫部门以新都镇创建四川省卫生县城和国家卫生县城为契机,同工商、文化、公安等部门配合,加大对公共场所的卫生监督和综合整治力度。各单位、行业按照要求,不断完善和提高卫生软硬件设施建设,使公共场所卫生面貌得到改变,从业人员卫生知识知晓率进一步提高,并顺利通过省级和国家级卫生城的检查验收。

1995 年对主要公共场所卫生监督检查统计表

表 16-8　单位:家、人、份

行业名称	检查家数	从业人员体检	卫生知识培训	抽样检测
旅店业	41	182	182	374
文化娱乐业	235	481	481	1840
公共浴室	2	4	4	22
理发美容店	252	298	298	517
游泳馆	4	8	8	36
体育馆	5	64	64	45
商　场	4	247	247	36
公共交通候车室	3	36	36	92.59

2000 年对主要公共场所卫生监督检查统计表

表 16-9　单位:家、人、份、%

行业名称	检查家数	从业人员体检	卫生知识培训	抽样检测	抽样检测合格率
旅店业	58	130	130	1576	90.89
文化娱乐业	461	643	643	1153	85.86
公共浴室	21	42	42	80	90.00
理发美容店	546	685	685	899	84.88
游泳馆	5	10	10	60	95
商　场	3	13	13	32	87.5
公交候车室	2	5	5	66	90.9

2005 年对主要公共场所卫生监督检查统计表

表 16-10　单位:家、人、份、%

行业名称	检查家数	从业人员体检	卫生知识培训	抽样检测	抽样检测合格率
旅店业	45	175	175	50	90
文化娱乐业	240	380	380	10	90
公共浴室	16	45	45	5	80
理发美容店	570	855	855	20	80
游泳馆	7	29	29	35	77
体育馆	1	4	4	(未抽样检测)	
商　场	3	38	38		
医院候诊室	24	72	72		
公共交通候车室	1	6	6		

【学校卫生监督】 坚持每年对中小学学生进行体检，上健康教育课，打预防针等。加强对中小学、幼儿园食堂管理，坚持定点采购主副食品，对食堂的厨房、餐厅、炊具、餐具均制定具体的卫生管理标准。1986—2005年，对食堂从业人员进行体检并培训累计7081人次。1988—1991年，全县中学生体检4.63万人，小学生体检4.52万人。中学生视力减退占22.27%，小学生龋齿占12.33%。

2004年，全区学校累计投入1700万元改造学生食堂，15所学校学生食堂达到A级标准，35所学校达到B级标准。2004年起，对中小学和幼儿园卫生环境进行检测，至2005年，合格率100%。

【饮用水卫生监督】 新都卫生防疫站对城区自来水定期采样镜检。1989—2005年，新都城区自来水入厂水质平均合格率92.4%，出厂水质平均合格率96.6%，管网水质平均合格率97.4%；乡镇自来水厂入厂平均合格率90.80%，供水水质平均合格率90.30%。

【职业卫生监督】 1990年，县内有害作业的厂矿企业533家。其中有尘作业306家，有毒作业128家，物理因素危害99家。接触有尘有毒作业工人4725人，监测185个尘毒点，合格率38.38%。

1993年，监测尘毒作业单位473个，合格率63.64%。对接触尘毒的作业工人进行职业健康体检2412人，查出职业中毒2人。

1995年，县内有害作业厂矿企业113家，监督检查91家，参与预防性卫生设计审查1家，参与竣工验收1家，接触有毒有害作业工人4982人，进行职业健康体检872人。

2000年，县内有毒作业厂矿65家，监督检查65家，参与竣工验收1家，接触有毒有害作业工人2964人，进行职业健康体检588人。

2005年，区内有毒作业厂矿企业157家，监督检查157家，接触有毒有害作业工人6086人，进行职业健康体检857人。

1995年、2000年、2005年职业健康体检均未发现职业病危害事故。

疾病预防与控制

【传染病防治】 1986—2005年，全区疾病防控体系由区、镇（街道）、村（社区）三级组成，以新都疾病预防中心（卫生防疫站）为主，镇（街道）设卫生防疫科，村（社区）由卫生站兼理防疫职能。新都境内未发生鼠疫、骨髓炎、非典型肺炎、人禽流感、痰疽、登革热、白喉、布鲁氏病菌8种传染病。

20世纪80年代起，县内各级医疗机构都建立门诊病人登记制度，一旦发现传染病例，按规定时间报卫生防疫站并由防疫站汇总上报。对可能流行的传染性疾病，卫生防疫部门及时采取措施将其控制或消灭在流行之前。

1990年，全县发生法定传染病10种3616例，其中痢疾1976例、传染性肝炎1236例、肺结核265例、性病58例、猩红热50例。1996年10月23日至11月6日，木兰、泰兴、三河相继发生2号疾病（霍乱）46例及带菌者37人，县委、县政府迅速调集力量，组成工作组到疫区消毒防疫治疗，10多天即控制了疫情，患者和带菌者迅速转为阴性治愈出院，未发生一例死亡。

2003年4月，区委、区政府成立防治非典型肺炎工作领导小组，并制发关于预防和控制非典型肺炎的文件3份，设立非典型肺炎疑似病人留验站1个，隔离治疗医院1个。当年，投入防治非典型肺炎经费450万元，排查外来人员、返乡人员进行医学观察3438人。疾病控制中心累计处理疑似疫情75起，对784个单位(含家庭)进行消毒,面积564.32万平方米。举办防治非典型肺炎电视讲座125期,广播宣传1.55万次,报刊、专栏1.17万期,宣讲防治非典型肺炎知识58场,发放宣传资料100万份。防治非典型肺炎工作取得阶段性成果,全区无一例非典型肺炎病人和疑似病人。

2005年,全区发生法定传染病16种2335例,其中肺结核319例、性病327例。对疑似结核病人登记检查1853例,全部进行胸透,拍片863张,对319例肺结核病人给予免费治疗。

【地方病防治】 1987年7月,经省、市考核验收,新都达到国家传播控制(基本消灭)血吸虫病标准。1988年,县委制发《关于将县委地方病防治领导小组改为政府地方病防治领导小组的通知》,由地方病防治领导小组负责境内地方病防治的规划、统筹和协调。同年10月,新都达到基本消灭疟疾病标准。1998年6月,新都达到基本消除碘缺乏病标准。

1986—2005年,新都实现境内无一例血吸虫病病人的目标。在血吸虫病防治工作中,刘孟春、刘吉林、胡伯述先后被卫生部、农业部、水利部评为全国血吸虫病防治先进工作者。

【慢性非传染病防治】 根据1994年专项调查,县内医疗机构1986年至1993年,共收治心脏病、脑血管病、高血压病住院病人3343人。其中心脏病1927人、脑血管病765人、高血压651人,平均治愈率8.88%、好转率79.89%、死亡率8.13%。收治肿瘤病人1474人,其中恶性肿瘤840人、良性肿瘤634人,平均治愈率38.77%、好转率46.65%、死亡率9.26%(恶性肿瘤死亡率25.21%)。

1986—2005年,卫生部门和境内主要医疗机构定期开办知识讲座,加强对慢性病的防治。在新中路等地开办民众卫生专栏,宣传、普及慢性病的防治康复知识,区老体协等社会团体坚持开展多种形式的体育活动,增强民众抗御疾病的能力。

【计划免疫】 从20世纪80年代起,新都卫生部门根据传染病疫情检测和人群免疫水平,对7周岁以下儿童接种白喉、百日咳、破伤风联合制剂及瘟苗、卡介苗、脊髓灰白质炎疫苗和麻疹疫苗实行计划免疫。至1998年,儿童计划免疫率平均94.57%。成人主要针对钩端螺旋体预防接种,针对性检查血吸虫,每年5月至8月对不明原因发热病人血检疟原虫。

80年代中期,中国与联合国儿童基金会合作开展计划免疫,新都县被四川省确定为"冷链"试点县,要求在1988年实现以县为单位"四苗"接种率达到第一个85%。1989年3月,联合国儿童基金会派员对新都第一个85%的工作进行评审,结果为:建册率100%,卡介苗接种率100%,卡痕率67.6%,脊灰糖丸98.1%,"百、白、破"三联疫苗98.1%,麻疹疫苗99.05%,"四苗"全程接种率96.7%。联合国考核评审确认新都县已完成第一个85%的目标。1991年4月、1996年4月,市卫生局先后派出工作组对新都进行考核检查,确认新都县完成了第二个85%和第三个85%儿童免疫任务。

2003年,乙肝疫苗纳入国家免疫规划儿童接种疫苗。至2005年,"五苗"接种率除2003年乙肝疫苗为91.34%外,接种率均在95%以上。

食品药品监管

【食品药品生产经营企业】 2005年,新都有食品生产经营企业6102家,从业人员9693人。其中饮食业844家、2216人,副食3702家、3747人,腌卤28家、458人,屠宰、鲜肉摊773家、778人,蒸馏酒厂48

家、156人，酿造23家、163人，肉制品厂19家、201人，豆制品厂8家、40人，茶叶厂18家、80人，盐渍厂11家、29人，食堂87家、184人，其他58家、242人。

有医药生产经营企业318家，从业人员3883人。其中西药生产企业4家，中药饮片生产企业6家，药品包装生产企业3家，医疗器械生产企业4家，药品批发企业9家，医疗器械批发企业4家，药品零售288家(含连锁门店286家、个体零售药店2家)。

【食品监管】 1986—2004年，新都卫生局负责监管境内食品生产企业。2005年，对食品生产企业监管的职能划归新都质监分局。从1986年起，在继续对酒、冷饮食品、香肠、糕点等食品监测的基础上，增加对酱油、食醋、菜油、热肉制品及餐具的监测管理。1986—2005年，行政处罚782户次，给予警告限期整改277户次，勒令停业整顿726户次，处以罚款424户次，没收销毁变质食品200户次、11552公斤。

“坝坝宴”是新都农村“红白事”酬宾的主要形式，也是群体性急性肠道病、食物中毒的一大源头。新都卫生防疫部门强化对农村家宴特别是“坝坝宴”的申请和监管，凡一次10桌以上的农村宴席，防疫部门均派人进行卫生监督和指导，为申办户免费提供消毒药品。2003年7月，全国人大常委会副委员长路甬祥到新都视察卫生工作时，对此给予充分肯定，认为“堪称开全国之先河”。

【药品监管】 2002年以前，新都境内药品监管由县卫生局药政科和药检所负责，设药品监督员6名，各乡(镇)配备1名兼职药品检查员。2002年起，由新都药监分局负责，监管单位760个，其中药品生产经营单位318个，区镇医疗机构32个，村卫生站281个，个体诊所75个，社团医疗机构40个，计划生育指导站14个。

加强常规监管，推行日常监管“户籍”制度，建立760户管理相对人和35户特殊药品监管档案，一户一档。日常监督检查填写监督检查记录卡，一份交被检查单位，一份存入监管档案。2000年、2004年两次进行“药品经营许可证”换证，其中2004年换证198户。

2005年，开展对医疗机构配制制剂批准文号的换发工作。区人民医院、区中医医院、四川省革命伤残军人医院申报换证，对区人民医院、区中医医院进行配制制剂专项检查。

对麻醉药品、一类精神药品、二类精神药品制剂实行审批管理，32家医疗机构、4家社团医疗机构取得使用麻醉药品、一类精神药品资质；四川科伦医药贸易有限公司、四川地森医药有限责任公司、成都森科制药有限公司药品经营分公司和四川中泽医药有限责任公司等具有二类精神药品经营范围的企业取得GSP认证。

2002—2004年，建立医疗器械专营企业、医疗器械兼营企业和家用医疗器械备案工作档案。2003年，对区内327户经营单位和医疗机构进行执法检查，查处案件3起，涉案金额19.7万元，没收一次性无菌医疗器械19195支。

【药品配送】 2004年，配合实施“新农合”，区内农村医疗机构实行药品集中统一配送制度。由区农村用药配送中心将药品分送至各镇(街道)药品配送站，配送站对药品不加价，再分发配送至卫生院和卫生站。集中配送的有常用的中药、西药、一次性无菌医疗器具。

实施药品统一配送，不仅规范了农村医疗药品购销渠道，也降低了农村居民的就医费用，镇、村医疗机构药品购进均价比统一配送前下降17.53%，零售均价下降24.98%。

妇幼保健

【创建爱婴医院】 新都响应世界卫生组织、联合国儿童基金会“促进母乳喂养,创建爱婴医院”倡议,以实现《(20世纪)90年代中国儿童发展规划纲要》为目标,1992年起在全县开展创建爱婴医院活动,至1995年5月,4所县级医院、20所乡(镇)医院建成爱婴医院,全县婴儿纯母乳喂养率由1992年的32%上升到74.02%。

1999年,卫生部检查验收后命名新都为“国家级爱婴县”。

【儿童保健】 1986年,新都制定《新生儿管理常规和高危新生儿管理方法》,对新生儿实行阿氏评分,开展新生儿缺陷监测。4所区级医院和24个乡(镇)卫生院共设有儿童门诊保健诊疗室28个,配备儿童保健医生31人。

对散居儿童实行系统管理。婴儿出生30天做全面体检,3岁以内检查检测11次(1个月、2个月、4个月、6个月、9个月、12个月、15个月、1岁半、2岁、2岁半、3岁),同时对婴幼儿的生长发育进行评价指导。对出生后低体重、早产、活动性佝偻病、中度以上贫血、II°以上营养不良的儿童进行建档和专案管理。

对幼儿园及小学的儿童坚持体检,至2005年,年平均体检率96.9%。卫生部门不定期对幼儿保健进行检查指导。

1986—2005年新都0~7岁儿童体检情况统计表

表16-11 单位:人、%

年度	0~7岁儿童数	检查人数	检查率	查出疾病人数	患病率	治疗率	查出缺陷人数	发生率	矫治率
1986	42145	22507	53.40	1856	8.25	93.12	4584	20.37	93.95
1987	45687	27570	60.35	2085	7.54	92.41	3276	11.88	87.61
1988	48577	24914	51.29	2035	8.17	91.84	4254	17.07	91.84
1989	47362	30117	63.59	2188	7.26	92.13	4487	14.90	93.95
1990	47167	30924	65.56	2123	6.87	99.81	5163	16.70	92.12
1991	48352	33137	68.53	1580	4.77	73.00	5249	15.84	70.00
1993	47741	41828	87.61	2628	6.28	80.00	6139	14.68	72.00
1994	44992	40482	89.98	1766	4.36	85.00	3932	9.71	78.00
1995	44670	39978	89.50	2810	7.03	90.00	5463	13.67	80.00
1996	44241	39044	88.25	2884	7.39	95.15	4771	12.22	99.66
1997	43150	38563	89.37	—	—	—	—	—	—
1998	41372	38469	92.98	—	—	—	—	—	—
1999	39071	36742	94.04	—	—	—	—	—	—
2000	37272	34819	93.42	—	—	—	—	—	—
2001	33464	31374	93.75	—	—	—	—	—	—
2002	30634	28004	91.41	—	—	—	—	—	—
2003	28068	24526	87.38	—	—	—	—	—	—
2004	27532	26128	94.90	—	—	—	—	—	—
2005	24537	21353	87.02	—	—	—	—	—	—

【妇女病防治】 1986年起，新都将查治妇女病作为妇幼保健机构每年必须开展的一项主要工作，坚持在全县进行妇女病检查，对查出患病者给予及时治疗。1986—2005年，新都共检查出各种妇女病患者20.07万人次，治疗19.96万人次，治疗率99.44%。

1986—2005年新都妇女病查治情况统计表

表16-12　单位：人、%

年 度	病人数	治疗人数	治疗率	年 度	病人数	治疗人数	治疗率
1986	2869	2605	90.80	1996	8964	8964	100
1987	2876	2782	96.73	1997	10227	10227	100
1988	4847	4459	92.00	1998	13107	13107	100
1989	5683	5518	97.10	1999	13633	13633	100
1990	7746	7715	99.37	2000	17791	17791	100
1991	9212	9212	100	2001	11449	11449	100
1992	11107	11107	100	2002	11666	11666	100
1993	13638	13638	100	2003	13209	13029	100
1994	12995	12995	100	2004	10125	10125	100
1995	12023	12023	100	2005	7544	7544	100

【婚前教育与体检】 1988年，县政府制发《批转县计生委、县卫生局、县民政局关于在全县开展婚前教育和健康体检的请示的通知》。

县妇幼保健院、县人民医院、县第二人民医院为指定的婚检医疗机构。妇幼保健院配备电视、录像机等，于婚检时向婚检对象宣传婚姻保健知识。1988年婚前检查1099人，1989年婚前检查2705人，1990年婚前检查4130人。1991年至2005年，新都形成凡适龄青年结婚必须接受婚前健康检查的制度。

爱国卫生运动

【健康教育】 1990年，为实现卫生部关于中国农村“2000年人人享有初级卫生保健”的奋斗目标，新都县正式启动农村健康教育工作。成立新都县健康教育所，统筹安排指导健康教育工作的规划和实施，将居民健康教育纳入重要工作议程，对单位和部门实行目标管理和考核。

2001年，新都县被确定为“全国亿万农民健康促进行动”（简称“行动”）单位，县委、县政府根据《全国亿万农民健康教育行动规划（2006—2010年）》要求，成立“亿万农民健康促进行动”领导小组，结合县情制定新都县健康教育工作年度实施方案，确定新都县项目的行动主题为“安全与健康”。领导小组每年召开2次会议，对全民健康教育工作进行专项督查2次，健康教育经费不低于财政总支出的0.5%。

2002年起，全区“行动”工作以社区、学校、单位为健康教育阵地，聘请退休医生、教师，开办健教培训班，广播电视、报纸开辟健康教育专栏，主要街道和人群集中地设置宣传橱窗，针对不同人群开展不同卫生内容的健康教育活动或讲座，不定期组织机关干部、企事业单位职工、社区居民参加健康知识问答考试。根据调查，区内城镇居民健康教育知晓率85%以上，城郊居民80%以上，中小学健康教育课开课率100%,学生健康教育知晓率100%。结合健康教育,在全区各行业开展无吸烟单位评选活动,涌现一批无烟书店、无烟商店、无烟工厂。被省、市评选为无烟单位8个,新都区获四川省"无户外烟草广告先进区"称号。

【创建国家级(省级)卫生城】 新都创建卫生城工作始于20世纪90年代初期,1990—2000年,新都先后投入5亿多元改造城区道路交通、能源及通信设施、市场、排污管网、公厕和绿化。旧房改造95%以上,街巷及人行道铺装率90%,城区水冲式公厕普及率100%,粪便无害化处理率100%。

1992年,市委、市政府命名新都为成都市卫生城镇;1996年2月,四川省授予新都"四川省卫生县城"称号;1998年,创国家级卫生县城通过四川省爱卫会初检;1999年3月23日,通过国家创建卫生县城专家组全面检查验收。

【卫生集镇(村、单位)建设】 20世纪80年代初期,各乡镇均设置卫生所,负责场镇街道保洁和垃圾清运。随着场镇的改造和拓展,卫生所逐步发展为场镇市容市貌综合管理的主要机构。各乡镇结合"亿万农民健康促进行动"和创建国家级卫生县城活动,不断完善场镇管理方式,开展创建卫生镇、卫生村、卫生单位的活动。

1993—2005年,新都有省政府认定的卫生单位16个、卫生镇5个、卫生社区1个;省爱卫会认定的卫生单位4个;市政府认定的卫生单位389个、卫生镇5个、卫生村52个。

【农村改水改厕】 20世纪80年代起,境内倡导钢管井,农村多数地区饮用水质显著改善。1985年以后,各乡镇普遍建立自来水厂,各场镇及其周边居民使用自来水,离场镇较远的村社居民使用井水或深井电力抽水,境内居民用水全部达到安全饮用标准。

20世纪90年代,新都农村推广"园、小、浅"沼气厕所。1986—2005年,全区改建厕所113853户,改建率76%。

【无偿献血】 1998年10月1日,正式施行《中华人民共和国献血法》。2000—2005年,参加无偿献血29214人次,献血量584.28万毫升。贯彻献血法以后,境内医疗机构用血,由过去的有偿献血提供过渡到完全由无偿献血提供。

民间疗法

【洗小孩】 民间历来有洗小孩的传统,农村尤其盛行。新生婴儿满三天,要请富有经验的中老年妇女为婴儿洗药水澡,俗称"洗三"。端午日百草皆药,人们争相采摘(或购买)陈艾、菖蒲、夏枯草、散血草、桑枝、野菊花、柚壳、九节风等草药熬汤给小儿洗浴,祛除疾病。随着人民群众生活水平不断提高,洗小孩逐渐职业化,其中以新繁片区声誉最高。

【拔火罐】 民间流传很久的一种独特的治病方法,俗称"拔罐子""吸筒"。在《本草纲目拾遗》中称"火罐气",《外科正宗》中又叫"拔筒法"。拔火罐是一种充血疗法,利用热力排出罐内空气,形成负压,使罐紧吸在施治部位,造成充血现象,从而产生治疗作用,又称郁血疗法。拔罐最早使用竹筒,后被陶罐、玻璃罐代替。20世纪80年代后,医院普遍使用机械抽气的玻璃罐,但民间仍用竹筒或玻璃罐。拔罐治疗范围包括外科痈肿、风湿病、腰背肌肉劳损、头痛、哮喘、腹痛、外科淤血、一般风热感冒及一切酸痛诸症。由于这种方法简便易行,效果明显,所以在民间历代沿袭,至今不衰。

【刮　痧】 是传统的疗法之一。许多家庭都会简单的刮痧,城镇有专门从事刮痧的个体小诊所。刮痧是用器具(牛角片、玉石片等)在皮肤相关部位刮拭,直到刮出皮下出血凝结成像米粒样的红点为止。通过刮痧,使经络穴位处充血,改善局部微循环,祛除邪气、疏通经络、舒筋理气、祛风散寒、清热除湿、活血化瘀、消肿止痛,增强肌体自身潜在的抗病能力和免疫机能,从而达到扶正祛邪、防病治病的作用。刮痧对感冒、发烧、中暑、头痛、肠胃病、落枕、肩周炎、腰肌劳损、肌肉痉挛、风湿性关节炎等病症尤为有效。

【民间保健】 新都民间习惯称医生为老师、先生,也称大夫、郎中、悬壶。开铺行医的医生有的还开药铺,如新繁三代祖传儿科老中医秦子文的祖父秦继美,兼营"福兴堂"药铺。中华人民共和国成立前,人们得了病,一般到药铺看病或请医生到家看,也有的找药摊上的游医。如果是常见的小毛病,往往按民间流传的验方,自己找些中草药熬制后服用。如淋雨后预防感冒,熬红糖姜开水喝;感冒头痛,用柑子叶等熬水熏头、发汗;小孩有"饮食"(消化不良),将"鸡珺肝(胗)壳"烤焦后研细开水冲服,或者擦背、擦腹;小孩有蛔虫吃"史君子"或者熬红糖、陈艾水喝;"拉肚子"(腹泻)吃生蒜;跌打损伤用自己泡的药酒擦,或"喝童尿"等。

清乾隆三十年(1765),新都知县曹焜在泰兴场建药王庙,每年农历四月二十八举办泰兴药王会,很多名医、药商、名士聚集庙中为乡民义诊施医、施药,特别是拨火罐、针灸、秘制膏药等可立解患者痛苦,至20世纪50年代初药王会停办,但许多民间医疗保健验方沿用至今。

卫生事业管理

【卫生行政管理】 新都卫生局按照机构设置、部门职责、卫生政策法规,指导境内医疗机构机制改革,施行卫生行政管理。统筹、协调卫生资源配置;管理初级卫生保健、妇幼卫生、农村卫生、社区卫生;拟定境内疾病防治规划,对传染病、职业病、地方病、多发病防治实施管理;组织、协调处置重大疫情突发事件,控制疫情蔓延;实施医疗科研计划,组织医务人员对医药卫生应用进行研究;负责辖区各医疗机构领导班子建设、精神文明建设、党员团员队伍的组织建设及卫生队伍的思想政治工作。

1998年2月,卫生部、国家计委、农业部、国家环保总局、全国爱卫会授予新都县"2000年人人享有卫生保健规划普及阶段"先进县称号。2002年10月,被评为"实施1990—2000年人人享有卫生保健规划目标"先进县。

1999年,新都县建成国家级卫生县城、国家级爱婴县、全国农村中医工作先进县(四川省仅2家)。

【卫生监督管理】 新都卫生局设立卫生监督执法所,负责辖区食品卫生、职业卫生、环境卫生、放射卫生、学校卫生、公共场所卫生、饮用水卫生的监督管理。监督实施卫生行政许可的行为,负责对食品卫生质量管理认证,对医疗机构、从业人员、医疗技术应用、大型医疗设备等医疗设施要素准入及建筑工地消毒监督管理。同时对医疗机构、医疗质量、医疗卫生、职业卫生、服务质量和公共卫生突发事件处置予以监督管理。

【公共卫生服务】 贯彻爱国卫生运动相关政策,实行公共卫生服务分口管理办法。新都爱国卫生运动委员会办公室负责境内健康教育、除害防病工作,制定农村改水、改厕规划和进行技术指导,协调相关部门组织实施。

新都健康教育所重点负责境内健康教育计划,编发健康教育知识材料,协调指导健康教育工作,适时开展学术交流活动。

新都地方病防治办公室负责每年制定血吸虫病和地方病防治计划,拟定实施血吸虫病、地方病防治经费及药品、器械分配方案,并组织实施、检查,开展地方病防治科研工作和业务技术指导。

【公共医疗卫生机构】 1986年,新都有医疗卫生机构69个,农村医疗站255个,病床1094张,从业人员1278人(其中医生198人、护士184人、其他人员896人)。2005年,区内有医疗卫生机构43个,农村卫生站282个,病床2713张,从业人员3023人(其中医生846人、护士687人、其他人员1490人)。

按照以区为龙头,镇(街道)为枢纽,村(社区)为网底的三级公共医疗卫生机构管理方式,对新都公共医疗卫生机构予以管理。卫生局负责下辖医疗卫生机构领导班子建设、医疗队伍建设、专业技术职务资格评审等事项的管理,负责审批个体股份制医院、诊所执业登记,核发医师、护士执业合格证以及其他相关事项审批和管理。各卫生院负责镇(街道)范围内公共医疗卫生管理。

【公共卫生事业投入】 新都公共卫生机构经费一部分为经营利润收入,另一部分由地方财政投入。根据财政收入和公共卫生事业发展需求逐年增加,财政投入的比例逐年加大。1986—2005年,新都财政对公共卫生事业累计投入20681.5万元,年均递增16.91%。

1986—2005年新都财政对公共卫生事业投入统计表

表16-13　　　单位:万元

年　度	投入资金	占财政支出%	年　度	投入资金	占财政支出%
1986	178.00	5.97	1996	863.80	4.85
1987	163.00	6.11	1997	844.44	4.45
1988	198.00	6.26	1998	955.00	4.79
1989	261.00	6.91	1999	1173.34	5.87
1990	299.00	6.26	2000	1459.43	5.26
1991	312.00	6.16	2001	1454.97	5.19
1992	319.96	4.47	2002	2098.77	4.96
1993	627.49	4.92	2003	2612.09	4.97
1994	856.70	6.05	2004	2794.05	4.18
1995	786.00	4.85	2005	2424.51	2.79

体育事业

体育事业管理

【管理机构】 1998年前，设新都县体育运动委员会(简称县体委)。1998年，撤销县体委，设新都县文化体育局(简称县文体局)。2002年1月，县文体局更名为成都市新都区文化体育局。区文体育局下设体育科，辖新都体育中心(新都体育场)和业余体育学校。负责对全区的体育工作实施规划、组织、协调、指导、检查，依法对全区的体育工作进行管理。

1995年，成立新都县体育总会；2001年，新都一中成立由国家体育总局命名的青少年体育俱乐部；2002年，成立新都区体育舞蹈专业委员会；2003年，区体育中心成立国家青少年体育俱乐部；2005年，成立新都区机动车骑游大队。

【体育经费】 新都体育事业经费由省、市、区财政投入和新都体育中心的收益投入。1986—2002年，财政年投入体育经费30万元~90万元。2003年起，新都每年投入体育经费100万元以上。1986—2005年，省、市、区财政投入1110.49万元，区体育中心投入334.96万元，合计1445.45万元。

1986—2005年新都体育经费投入统计表

表16-14　单位：元

年 度	财政投入	中心投入	合 计	年 度	财政投入	中心投入	合 计
1986	224853	40088	264941	1996	291230	153372	444602
1987	342111	42113	384224	1997	321175	159899	481074
1988	400020	53127	453147	1998	414253	165555	579808
1989	423016	64441	487457	1999	542120	185970	728090
1990	346700	225320	572020	2000	872797	191390	1064187
1991	343659	808920	1152579	2001	805289	158930	964219
1992	368890	80512	449402	2002	973866	153147	1127013
1993	361122	82131	443253	2003	1031604	157294	1188898
1994	373341	102177	475518	2004	1048585	159451	1208036
1995	387755	147158	534913	2005	1232500	218559	1451059

【创建全国体育先进县】 1991年，新都成立争创全国体育先进县领导小组，进一步健全体育组织机构，增加经费投入，扩建体育活动场地，改善体育设施。自1991年起，全县各类体育赛事不断。特别是重大节假日，除单位组织体育活动外，民间自发组织或参与棋类、篮球、乒乓球、登山、骑游等体育活动十分普遍。

1992 年,经国家体委检查验收,新都群众体育、竞技体育、学校体育以及硬件设施全部达标。同年 12 月,新都县被国家体委评为全国体育先进县。1998 年通过复查验收。

【体育市场管理】 20 世纪 80 年代末,随着人民生活质量逐渐提高,群众的健身意识逐步增强,全民健身活动普遍开展,辖区对体育产业需求日渐旺盛,促进了体育市场的形成和发展。体育行政管理部门规范体育器材市场,办理体育器材经营许可证,不定期检查全区体育器材经营场所,并对体育市场法人代表和从业人员进行培训,保证体育市场健康有序发展。

【体育彩票】 1994 年 7 月 18 日起, 国家体育总局发行体育彩票。新都于 1995 年开始发行体育彩票。1999 年和 2002 年,分别在新都镇、新繁镇举行即开型体育彩票销售活动,其中规模销售 3 次,累计销售 400 余万元,获公益金 100 余万元。

至 2005 年,全区有体育彩票销售点 15 个,平均年销售额 1000 万元以上。全区共筹体育彩票公益金 300 余万元,用于新都体育设施建设、全民健身活动。

体育基础设施

【新都区体育场馆】 1983 年,四川拟承办 1993 年 9 月举行的第七届全国运动会,并决定在新都设一赛点。同年 6 月,县政府划拨土地 128 亩,兴建新都体育运动场。1985 年投入使用的红砖粉跑道田径场,为四川省标准的高规格设计。同时修建建筑面积 600 平方米的运动员餐厅。1986 年 11 月,在体育场动工修建了可容纳 200 多人的运动员宿舍,并于 1987 年投入使用。新都体育场从划拨土地到体育场建成共投入资金 300 余万元,为当时四川省各区县面积最大的体育运动场。1993 年,由新都县和重庆南岸区代表四川省参加了全国体育产业工作座谈会。

1991 年,投入资金 350 余万元在体育场筹建新都体育馆,1994 年建成使用。新都体育馆建筑面积 2565 平方米,拥有观众席 1500 个,是集比赛、训练于一体的综合体育馆。1994 年 5 月,为庆贺新都体育馆开馆,墨西哥、美国、加拿大武术表演团在新都体育馆表演两场, 38 人住 3 天。

至 2005 年,新都体育场拥有标准田径场(400 米 9 跑道)1 个、乒乓球训练房(25 米×10.5 米)1 间、乒乓球馆(占地 700 平米)1 个、塑胶地面网球场 4 片(每片 18.5 米×18.5 米)、门球场 4 片、游泳池 3 个(每个 50 米×25 米)、儿童游泳池(20 米×15 米)1 个、篮球场 1 个、篮球训练馆(36 米×32 米)1 个、草皮足球场(105 米×65 米)1 个、全民健身路径 1 片等体育设施,部分场馆常年免费对市民开放。

1988—2005 年,新都体育场连续 18 年被评为市以上最佳赛区。

【中小学校体育场馆】 至 2005 年,区内各中小学校基本都有篮球场、排球场、乒乓球训练场地、田径场等体育设施。全区有 400 米跑道的田径场 3 个、200 米跑道的田径场 37 个、足球场(105 米×65 米)3 个、体育馆(680 平方米)1 座、游泳池(50 米×25 米)1 个。

【驻区院校体育场馆】 西南石油大学体育场馆建筑面积 64236 平方米,总投入 4000 万元。包括多功能体育馆 1 座(建筑面积 7109 平方米)、循环过滤水处理系统标准比赛游泳池和训练池(面积 9000 平方米)各 1 个、塑胶地面球类运动场 1 个(面积 14928 平方米),乒乓球场 1410 平方米,设玻璃钢球台

30 张。

四川音乐学院新都校区有田径场、足球场、循环过滤水系统标准游泳池各 1 个，塑胶地面篮球场 6 个，网球场 2 个。

成都市教育学院新都校区建有 8 跑道的田径运动场、人工植草坪足球场（105 米×65 米）、形体与舞蹈练功房各 1 个，篮球场（28 米×15 米）5 个、排球场 4 个，配套式健身路径 1 片。

【公共健身场地】 1986 年，新都的公共健身场地主要有新都体育场、桂湖、桂湖公园、东湖公园、川视宝光游乐园等几处。随着创建全国体育先进县和全民健身活动的开展，新都逐步加大对公共健身场地的建设。至 2005 年，新增黄桷树广场、市政广场、桂湖广场、宝光广场、新繁东湖森林广场等公共健身场地，分布于全区的公共健身体育场地（不含中、小学）12 万平方米，各镇（街道）的社区公共健身活动场地 300 多个，全民健身路径 40 条。

群众体育活动

【全民健身活动】 1991 年起，县政府倡导开展形式多样全民健身活动。1998 年，成立新都县全民健身指导委员会，进一步引导开展全民健身活动。全县有经市体育局培训合格的社会体育辅导员 72 人，2005 年增至 721 人。2005 年，全区参加全民健身活动 21.1 万人，占户籍总人数的 33%。

新都从 2001 年开始，将每年 6 月 1 日至 10 日定为全民健身活动周。2005 年，新都黄桷树广场被国家体育总局评为“全国优秀全民健身站（点）”，每日早晚参加健身活动的市民最多时逾千人。

至 2005 年，新都黄桷树广场、市政广场、桂湖广场、宝光广场、新繁东湖森林广场、桂湖，川视宝光游乐园、桂湖公园及场镇较大社区，晨练、晚练的人数以万计。同年，新都开展《全民健身计划纲要》颁布 10 周年系列活动暨新都区万人健身走活动。

【大型群众体育活动】 1983 年元旦，举办新都县首届越野赛。至 2005 年，连续举办 23 届。1994—2005 年，斑竹园镇每年举行千人越野赛。

1990 年 8 月 26 日，“亚运之光”火炬接力传递至新都，新都举行火炬接力传递活动，参加者上万人。

【农民体育活动】 1990 年，新都成立农民体育协会，相继开设中国象棋、围棋、游泳、短跑、棋牌等体育项目。根据农村实际开展一些特色项目，如趣味挑担赛、拔河赛。同年，组织新都农民参加全国亿万农民健身活动。

1995 年 9 月，新都组队参加成都市首届农民运动会，获团体第七名及组织奖。1986 年至 1997 年，龙桥镇的体育队伍先后获成都市农民篮球运动会女子第三名、男子第六名，成都市首届华牌比赛团体第四名、双人第一名，成都市首届农民运动会女子象棋第九名、台球第八名、华牌金牌。

新都各乡镇推进体育社会化。石板滩镇于 1996 年 4 月、2004 年 4 月举办镇第一届、第二届农民运动会。龙桥镇于 2005 年 6 月举办镇第三届农民运动会。

【职工体育活动】 1986—2005 年，新都坚持每年举办职工体育赛事。新都职工体育协会会同体育部门、总工会，组织建设、工商、水务、教育、邮电、卫生、政法、金融等系统，常年不定期在内部和系统与系统之间开展田径、乒乓球、棋类、游泳项目比赛。

【青少年体育活动】 1986—2005年,新都青少年除在学校参加体育活动外,利用课余时间参与社会各种体育活动。每年仅到区体育中心踢足球、打篮球的青少年超过3万人次。

2005年,新都区青少年组队参加“毛家湾参与体育年”和“成都市乒乓球名人挑战赛”活动。

【老年人体育活动】 新都老年人体育项目有门球、围棋、中国象棋、健身操,常组队参赛,并获奖项。1998年,新都门球队代表成都参加在河南举办的全国百城市门球大赛,在全国96支门球队参赛中,新都队取得第33名。2001年6月,新都队参加“成都市首届‘门协杯’赛”,获冠军。2003年9月至11月,新都参加市级门球比赛,连续3次夺冠。2005年5月,新都队参加成都市第九届运动会门球赛项目,两项夺冠。

【残疾人体育活动】 新都将残疾人体育纳入全民健身活动的组成部分,动员残疾人在其所在地积极参加适合残疾人自身特点的体育锻炼。2005年5月,新都组队参加成都市第五届残疾人运动会,获金牌5枚、铜牌3枚。

【休闲体育活动】 20世纪80年代,休闲体育活动在新都兴起。每逢节假日,人们携家带口、邀约亲朋好友到农家乐休闲娱乐,并开展休闲体育活动。90年代起,新都市政广场、宝光广场、黄桷树广场、新繁东湖森林广场、桂湖广场及较大社区,都是新都市民进行休闲活动的场所,每天早晚数以万计。

【乒乓球运动】 新都是四川省的“乒乓球之乡”,先后向省以上专业队培养输送奥运冠军陈龙灿等运动员15名。各学校均设有乒乓球活动场地,有的机关单位、企业、工厂至少设置有乒乓球桌。

1975年,新都成立乒乓球协会,是成都市乒乓球协会的团体会员。2005年,新都乒乓球协会新繁分会成立。新都乒乓球协会下属的开元乒乓球俱乐部,被命名为“成都市全国重点乒乓球学校新都培训中心”。

学校体育活动

【学生体育测试】 2002年前,新都学生体育锻炼标准施行面100%、达标率99%,新都获成都市学校体育达标一等奖,四川省学校体育达标先进单位。

2003年,学生体育达标测试停止,执行新的学生体质健康标准,从文化、出勤、身体锻炼三项指标进行测试。2005年,新都区有中、小学生9万多人,专、兼职体育老师436人,市体育局批准新都区12所学校为“市体育传统项目学校”。学校保证学生每天锻炼时间1小时以上,体育教师年级任课班级数控制在4~6个班以内,以保证体育教学质量,按《学生体质健康标准》测试结果评定成绩。

【课外体育活动】 全区中小学校有较为完善的体育活动设施,基本满足学校开展课外体育活动的需要。各中小学校成立了篮球队、排球队、乒乓球队、射箭队、田径队、游泳队、武术队、棋类队等。许多学校还开展“乒乓球活动月”“排球活动月”“田径赛”“百日游”等活动。全区每年举办一次中、小学运动会,各校每年举办一次学校运动会。

【学校体育组织】 区内各大专院校、中小学均设有专门体育机构，组织开展各项体育活动。

各中小学设有体育教研室，负责学生的各项体育活动，组织学生参加各类比赛。一般都成立有乒乓球、篮球、游泳、田径、棋类兴趣小组等。

区内大专院校设有体育科、体育教研处等体育组织。各院校成立了田径队、游泳队、乒乓球队、篮球队、排球队、网球队、足球队、羽毛球队、体育舞蹈队、武术队、跆拳道队、定向越野队、健美操队、射击队等组织，常年开展训练活动。西南石油大学还成立了校教职工网球队。

体育竞赛活动

【全区体育运动会】 1989 年 9 月，新都县在新都体育场举办新都县首届运动会，全县各系统、各部门 1300 人参加，历时 4 个月。运动会比赛项目设田径、篮球、游泳、乒乓球、棋类。

1999 年 11 月 6 日，举办新都县第二届运动会，运动会设置比赛项目同第一届运动会。开幕式上，1200 人表演了大型团体操。该届运动会有 13 人打破县田径纪录。

2001 年 10 月，举办新都县首届秋季运动会，比赛项目有乒乓球、网球、棋类、拔河等。

【中小学田径运动会】 2001 年 5 月，新都一中组队参加四川省高水平试点校田径赛，获团体第三名(2 人破 3 项省纪录)。2004 年 4 月，新都组队参加四川省中学生田径运动会，获团体第一名；同月，参加成都市传统项目学校田径赛，获女子组第一名、男子组第二名；同年 7 月，参加成都市第十届田径运动会，获金牌 8 枚、银牌 5 枚、铜牌 4 枚。11 月，举办新都区中小学生田径运动会。2005 年 4 月，组队参加四川省中学生田径运动会，获团体第一名，夺金牌 21 枚，破省纪录 8 项，获国家一级运动员称号 4 人。

【区级单项体育竞赛】 1986—2005 年，新都每年举行的区级单项体育竞赛有“桂湖杯”“桂蕊杯”乒乓球公开赛、“桂花杯”乒乓球邀请赛、广播体操赛、家庭运动会及职工游泳赛、职工篮球赛、职工棋类赛等。

2002 年 9 月，举办的“新都区第七届桂花杯”门球赛、“天年杯”门球邀请赛参赛人数 400 余人，为历届门球赛最多。

2004 年，新都主办“兰花杯”网球公开赛。2005 年举办第二届，参赛选手来自本区及周边区县。

【单项运动会】 新都老年体育协会成立于 1985 年 12 月，2005 年获成都市老年体育工作先进集体称号。开展项目有门球、棋类、健身操、乒乓球、拳术、剑术、体育舞蹈、骑游等。至 2005 年，共举办老年人运动会 12 届。

新都门球协会成立于 1995 年，曾组队参加“恩威杯”全国门球赛，获第六名。2002 年 10 月，新都代表四川省门球协会参加在西安举行的全国老年门球赛。

新都信鸽协会成立于 1981 年 6 月。2003 年，参加全国信鸽联赛。其中 700 公里项目(陕西)的竞赛，当日归巢 6 羽，获优秀赛鸽称号，为新都历史最好水平。

新都乒乓球协会成立于 1973 年，至 2005 年共组织举办 24 届职工乒乓球比赛，7 届“桂湖杯”“桂蕊杯”乒乓球赛。

新都区武术协会成立于2001年3月,多次组队参加省、市武术表演赛。2004年4月,承办四川省首届“公交杯”民间传统武术展示赛。

【承办市级体育赛事】 1989—2005年,新都体育中心承办的市级体育赛事主要有:

1989年,成都市首届青少年运动会(田径、乒乓球)。

1990年,成都市第二届伤残人运动会。

1992年,成都市第七届运动会乒乓球比赛;成都市第六届中学生运动会。

1993年,成都市第二届青少年运动会。

1995年,成都市儿童田径运动会。

1996年,成都市第八届运动会田径比赛。

1998年,成都市伤残人运动会。

2001年,成都市第四届残疾人运动会(田径、游泳、乒乓球、羽毛球、举重、射击)。

2002年,成都市“体彩杯”第三届体统项目学校比赛(乒乓球)。

2003年,成都市地税系统第三届网球比赛。

2004年,成都市十运会老年人乒乓球比赛,成都市区(市、县)网球团体赛。

2005年,成都市乒乓球公开赛,成都市第十六届门球锦标赛,成都市“锦绣花园杯”第二届老年人运动会(乒乓球、围棋、象棋、网球)。

【承办省级体育赛事】 1987—2005年,新都体育中心承办的省级体育赛事主要有:

1987年,四川省青少年射箭比赛。

1989年,四川省业余体校女子垒球比赛。

1991年,四川省第二届“经卫杯”乒乓球比赛,四川省邮电系统田径选拔赛。

1992年,四川省少年儿童乒乓球比赛。

1994年,四川省第三届青少年运动会技巧比赛。

1995年,四川省第三届老年人运动会乒乓球比赛、武术比赛、羽毛球比赛。

2002年,四川省第九届运动会跆拳道、武术(青少年组)比赛,四川省首届体育舞蹈公开赛。

2004年,四川省网球比赛。

2005年,四川省“景丽杯”排球传统校、试点校、布点校比赛,四川省太极拳交流大会,四川省第五届“峨眉杯”武术公开赛,四川省“金武童”武术套路赛。

【承办国家级体育赛事】 1987—2005年,新都体育中心承办的国家级体育赛事主要有:

1987年,“卧龙杯”五省乒乓球联赛。

1989年,全国棒球联赛。

1991年,全国女子垒球联赛。

1994年,中日少年足球对抗赛。

1996年,全国少年击剑比赛。

1998年,全国跆拳道比赛,全国羽毛球比赛,全国少年羽毛球比赛,全国国际象棋锦标赛。

1999年,全国青少年(A组)棒球锦标赛。

2001年,全国青少年(A组、AA组、AAA组)棒球锦标赛。

2002 年,“鲁能杯”中国乒乓球俱乐部超级联赛。

2005 年,“新都杯”第七届中国老教授协会高校网球俱乐部邀请赛。

1996—2000 年,全国“三棋”(围棋、国际象棋、象棋)比赛均在新都举办,成为四川省唯一举办三项赛事的基层区县。

1998—2005 年,新都体育中心每年接待省外专业冬训运动队(辽宁、新疆等田径队),并成为甘肃棒垒球训练基地。

【体育交流】 1994 年 5 月,美国、加拿大、墨西哥武术表演团一行 38 人至新都作武术交流表演。

1996 年,新都一中学生组队,代表四川少年乒乓球队赴美国访问。

2002 年 5 月,在新都举办的“鲁能杯”中国乒乓球俱乐部超级联赛,由电视直播卫星发送到 36 个国家和地区。

2002 年 8 月,伊朗武术代表队、马来西亚砂拉越州武术协会一行 20 人,至新都观摩学习,进行武术交流。

2005 年 6 月,四川省太极拳交流大会在新都举行。

【部分获奖名录】 1985—2005 年,新都有 16 人获市级第一名以上体育项目奖项。其中获省以上奖项的有:

陈建美(女),1986 年获四川省青少年田径赛 4×100 米第一名; 1988 年获九省区协作比赛 200 米第一名;获全国业余体校比赛短跑组第一名;

刘　波(男),1987 年获四川省业余体校乒乓球选拔赛第一名。

陈　燕(女),1988 年获九省区协作比赛跨栏第一名。

刘　辛(男),1988 年获九省区协作比赛 200 米第一名;获全国业余体校比赛短跑组第一名。

高　寒(女),1992 年获全国田径锦标赛女子 100 米冠军;在第六届田径世界锦标赛上,与队友获女子 4×100 米接力赛金牌。

汤　科(男),1992 年获全国业余乒校乒乓球比赛男单亚军,四川省业余乒校乒乓球比赛男单冠军。

体育人才队伍

【队伍管理】 新都建立全区裁判员、运动员、教练员档案,对裁判员、教练员进行定期培训。区体育行政部门负责全区三级裁判员、三级运动员的审核、审批工作;负责全区二级和二级以上裁判员,运动员的初审和上报审批工作。建立全区裁判员、运动员、教练员档案,定期开展裁判员、教练员的培训工作。

【人才队伍】 至 2005 年,新都拥有乒乓球高级教练、排球高级教练各 1 人,乒乓球教练员 2 人。

篮球一级裁判员、排球一级裁判员、网球一级裁判员、武术一级裁判员各 1 人,乒乓球一级裁判员 2 人。

足球二级裁判员 1 人,田径二级裁判员 8 人,排球二级裁判员 4 人,网球二级裁判员 5 人,羽毛球二级裁判员 8 人。

乒乓球国际健将、乒乓球一级运动员,田径国际运动健将、田经二级运动员各 1 人。

【黄德儒】 男,1945年11月生,四川新都人,乒乓球高级教练。奥运冠军陈龙灿的启蒙教练、四川省乒乓球协会教练委员会副主任,成都市乒乓球协会教练科研委员会主任。从事乒乓球训练工作40余年,先后向省以上运动队输送15名运动员。1983年,黄德儒被四川省乒协授予“乒坛健儿启蒙人”称号。1985年,获新都县劳动模范称号,连续18年被省、市评为优秀教练员。1992年,被授予“世界冠军启蒙训练奖”称号。2000年、2001年,连续两年被国家体育总局授予“全国县(市、区)体育先进个人”荣誉称号。2002年,获国家体育总局及中国乒乓球协会颁发的“中国乒乓球运动贡献奖”。

【陈龙灿】 男,1965年3月生,四川新都人,乒乓球奥运冠军。1973年3月,陈龙灿入新都业余体校受教于黄德儒教练。1976年4月进入四川省乒乓球集训队,1978年入选四川省乒乓球队,1983年入选国家队,1991年退役。1992年,陈龙灿赴日本雅马哈强化训练俱乐部担任队员兼教练,后转会到日本横滨日产汽车俱乐部担任队员兼教练,2002年回国,2002—2005年,担任四川乒乓球女队领队、四川川威女子乒乓球俱乐部总经理。

1980年,15岁的陈龙灿获全国乒乓球锦标赛男子单打第五名,达到运动健将标准。1981年赴日本参加第二十届松崎杯乒乓球比赛获冠军。1983年,代表中国第一次访问欧洲便横扫欧洲乒坛;同年,代表四川参加第五届全运会获乒乓球团体和男双银牌。1984年,荣获四川省劳动模范,当选省人大代表及全国青联委员。1987年,获第三十九届世乒赛男双冠军,荣获全国五一劳动奖章,当选全国首届乒乓球十佳运动员,并获世界最佳乒乓球运动员一等奖,代表四川参加第六届全运会获乒乓球男双金牌。1988年,获第二十四届汉城奥运会乒乓球男双冠军并当选全国十佳运动员和奥运十佳运动员。1989年,获巴蜀十佳青年精英奖。1990年,在北京第十一届亚运会上代表运动员宣誓。1993年,代表四川参加第七届全运会获乒乓球团体铜牌。1997年,代表四川参加第八届全运会获乒乓球男双铜牌。陈龙灿曾5次当选四川十佳运动员,4次荣获体育运动荣誉奖章。先后在奥运会、世界锦标赛、世界杯赛上夺得5次世界冠军,并获世界亚军4次、季军3次,亚洲比赛金牌6枚、银牌7枚、铜牌5枚。2002年,陈龙灿获得国家体育总局和中国乒协颁发的“中国乒乓球杰出贡献奖”。

·社会生活·

SHEHUI SHENGHUO

CHENGDUSHI XINDUQU ZHI

1986—2005年,随着改革开放不断深化,经济发展水平进一步提高,新都居民的家庭收支、吃穿住行、消费结构、生活质量、生活方式、休闲娱乐、投资理财、文明习俗等方面均发生了巨大变化。

20世纪80年代,新都居民已不再为温饱发愁,手表、自行车、电视机普遍进入家庭。90年代,居民生活实现由温饱向小康跨越,新"三转一响+卡嚓"(电风扇、摩托车、洗衣机、电视机+照相机)替代了七八十年代的"三转一响"(手表、自行车、缝纫机、收音机)。1997年,新都实现"本世纪内提前3年基本建成小康县"的目标。

进入21世纪,新都居民生活环境和住房条件明显改善,一些居民住进环境优美的小区别墅。居民衣着消费更加突出个性和追求档次;食品消费由追求数量向追求质量转变;休闲娱乐和保健享受消费支出提高;出行交通由过去以自行车、公交车为主到以电瓶车、公交车和私家小轿车多种形式为主;许多家庭拥有手机、电脑、电冰箱、数码相机、汽车等消费品。

在传承婚姻人生、商贸农耕、节日活动等传统习俗的同时,养宠物、健身美容、外出旅游、网上购物、过外国节等新民俗成新潮时尚,新都居民的衣食住行和消费水平日趋高档化、多样化。

家庭生活

家庭收支

【家庭规模】 20世纪50年代,新都一般家庭规模为4~5人,也有7~8人的,少数有10人以上的家庭。随着计划生育基本国策的颁布实施,70年代后,城市家庭基本控制了人口增长。80年代,农村计划生育措施得力,提倡一对夫妇只生一个孩子,超生、多生的现象逐步减少。至2005年,城乡多数家庭为3口之家,少数家庭有生2个孩子的4口之家。根据抽样调查,城镇家庭平均2.83人(调查50户),农村家庭平均3.59人(调查140户)。有少数特殊家庭,如单身家庭、单亲家庭、空巢家庭、丁克家庭等。单身家庭中,60岁以上的鳏寡孤独者,或进敬老院,或分散居住,均由政府供养。由父或母和未婚子女共同生活的单亲家庭,随离婚率增高而增多。2004年,全区协议离婚和法院判决离婚1069对夫妇(全区总户数为22.11万户),平均每万户新增90个单亲家庭。中共十一届三中全会后,农村实行联产承包责任制,富余劳动力纷纷外出打工,空巢家庭随之增多。至2005年,新都的空巢家庭农村约占34%,城镇占9%。

【农村家庭收支】 1986年,新都对80户农村家庭调查,人均纯收入549元,人均现金收入682元,人均总收入802元,人均总支出707元。2005年,对140户农村家庭调查,人均纯收入4605元,人均现金收入5432元,人均总收入5790元,人均总支出4897元,分别是1986年的8.39倍、7.96倍、7.22倍和6.93倍。

1986—2005年新都农村居民人均年收入统计表

表17-1 单位：元

年度	纯收入	总收入	年度	纯收入	总收入	年度	纯收入	总收入
1986	549	802	1993	1167	2393	2000	2943	4183
1987	625	882	1994	1498	2583	2001	3144	4306
1988	737	1151	1995	1769	3110	2002	3350	4586
1989	815	1213	1996	2202	3450	2003	3661	4937
1990	926	1328	1997	2419	3795	2004	4141	5638
1991	987	1457	1998	2623	3863	2005	4605	5790
1992	1067	1596	1999	2793	3822	—	—	—

从农村居民对主要食品的消费情况看，人均年消费粮食从1986年的294.50公斤减少到2005年的161.80公斤，是1986年的54.94%；而人均年消费猪肉从1986年的22.78公斤增加到2005年的41.90公斤，是1986年的1.84倍。其他人均年消费蔬菜、动物油、糖类都逐渐减少，人均年消费蛋类、家禽、鱼虾、酒有较大增加。农村居民的膳食更注重健康。从恩格尔系数看，1986年60%，2005年37%，比1986年减少23个百分点。

1986—2005年新都部分年份农村居民人均主要食物消费量统计表

表17-2 单位：公斤

类别	1986年	1990年	1995年	2000年	2005年
调查户数	80	100	100	140	140
粮食	294.50	275.50	306.90	243.30	161.80
蔬菜	221.50	232.16	138.10	85.20	69.30
植物油	3.44	5.92	3.30	10.70	5.80
动物油	1.46	0.95	（未统计）	1.40	0.70
猪肉	22.78	22.12	28.60	30.10	41.90
蛋类	2.78	2.83	6.40	6.50	3.40
家禽	1.36	2.77	5.10	5.30	7.70
鱼虾	0.12	0.29	1.60	1.60	2.80
糖类	2.45	1.70	2.00	1.50	0.90
酒	4.21	6.78	8.30	8.00	7.90

抽样调查农村居民家庭耐用消费品拥有量，1986—1999年调查项目基本相同，主要统计自行车、缝纫机、钟表、收音(录)机、电视机、洗衣机、大型家具(沙发、大衣柜、写字台)等。2000—2003年，缝纫机、钟表、收音机、大型家具基本普及，不再统计，增加统计电话、录像机等。2004年起，改为统计生产性固定资产，包括汽车、拖拉机、机动脱粒机等。2005年，每百户农村居民固定资产(牲畜、大中型铁木农具、农林牧渔业机械)原值合计36429元，汽车1.4辆，小型及手扶拖拉机0.7台，机动脱粒机0.7台，役畜0.7头，产品畜25头。

1986—2003年新都部分年份每百户农村居民家庭耐用消费品年末拥有量统计表

表17-3

类　别	1986年	1990年	1995年	2000年	2003年
自行车(辆)	138	217	219	188	187
缝纫机(架)	30	56	71	—	—
钟(只)	18	20	57	—	—
手　表(只)	192	213	255	—	—
收音机(台)	45	14	27	—	—
收录机(台)	7	27	41	27	9
电视机(台)	36	65	110	139	160
其中:彩电(台)	—	3	25	69	101
洗衣机(台)	5	9	42	58	71
电风扇(台)	21	49	150	214	259
大型家具(件)	394	539	947	—	—
电冰箱(台)	0	0	4	17	32
摩托车(辆)	—	3	15	44	65
照相机(部)	0	0	1	2	5
录像机(台)	—	—	—	6	9
吸尘器(台)	—	—	—	1	1
电话机(部)	—	—	—	34	59
移动电话(部)	—	—	—	6	66
寻呼机(台)	—	—	—	21	—
影碟机(台)	—	—	—	23	54
组合音箱(台)	—	—	—	21	34
热水器(台)	—	—	—	—	13
空　调(台)	—	—	—	—	2

1986—2005年新都部分年份农村居民家庭居住情况统计表

表17-4

类　别	单　位	1986年	1990年	1995年	2000年	2005年
调查户数	户	80	100	100	140	140
总人口	人	379	407	387	506	503
房屋总面积	平方米	8562	12516	8573	15315	25653
房屋总价值	万元	17.41	47.23	74.42	280.20	787.50
人均面积	平方米	22.59	30.75	22.15	30.27	51

说明:2005年,人均居住面积属砖木结构的10.02平方米、属钢筋混凝土结构的39.79平方米

1986—2005 年新都农村居民恩格尔系数统计表

表 17-5

年　度	系数(%)	年　度	系数(%)	年　度	系数(%)	年　度	系数(%)
1986	60	1991	54	1996	67	2001	52
1987	60	1992	59	1997	63	2002	43
1988	57	1993	61	1998	57	2003	40
1989	56	1994	63	1999	54	2004	39
1990	62	1995	67	2000	47	2005	37

【城镇家庭收支】 根据 1985—2005 年抽样调查,新都城镇家庭每户平均人口保持在 2.8 人左右,每户平均就业人口 1.6 人,每一就业者负担人口 1.77 人,平均每户就业面 57.02%。20 年中,新都城镇家庭平均每户就业面从 1986 年的 67.74%下降到 2005 年的 49.12%,每一就业者负担人数从 1986 年的 1.50 人上升到 2005 年的 2.03 人。

1985—2005 年,新都城市居民家庭人均实际收入由 764 元增长到 12321 元,增长 15.13 倍;家庭可支配收入由 1995 年的 5241 元增长到 2005 年的 11529 元,增长 1.20 倍;实际支出从 1985 年的 797 元增长到 2005 年的 10937 元,增长 12.72 倍;储蓄借贷支出由 1985 年 172 元增长到 2005 的 7447 元,增长 42.30 倍;家庭可支配收入与家庭实际支出的比例基本维持在 1∶1。

1985—2005 年新都部分年份城镇居民家庭人均现金收支统计表

表 17-6　单位:元

年　度	调查户数	期初手存现金	实际收入	可支配收入	实际支出	消费性支出	储蓄借贷支　出	期末手存现　金
1985	29	43	764	(未统计)	797	743	172	23
1990	30	61	1539	(未统计)	1449	1411	363	55
1995	30	214	5341	5341	4599	3852	1454	192
1996	30	198	6228	6228	5633	4886	1786	283
1997	30	301	6752	6752	6681	5181	1559	421
1998	30	421	6989	6988	6355	4995	1667	358
1999	30	304	7366	7338	5902	5245	1963	492
2000	30	439	7757	7539	6980	5721	1956	525
2001	30	434	8252	8202	7843	7077	2008	484
2002	30	465	8737	8682	7462	6473	2525	455
2003	30	480	9897	9575	9545	6970	2346	588
2004	30	592	11002	10567	9454	7793	2669	603
2005	50	565	12321	11529	10937	8909	7447	544

根据抽样调查,在城镇居民家庭人均消费性支出中,食品消费所占比例最大,但呈逐年下降趋势。1995 年食品消费占消费支出的 53.67%,2005 年占 38.09%。在其他消费性支出中,衣着呈下降趋势,娱乐、文教、服务、居住呈上升趋势。

1995—2005 年新都部分年份城镇居民家庭人均消费性支出统计表

表 17-7　　单位:元

类　别	1995 年	2000 年	2002 年	2003 年	2004 年	2005 年
消费性支出合计	3852	5721	6474	6970	7793	8909
1.食品	2068	2362	2710	2939	3294	3393
粮食	225	212	231	236	274	219
油脂类	89	87	90	113	123	98
食用植物油	76	79	84	108	117	94
肉禽及制品	662	715	714	792	860	844
蛋类	85	71	59	71	79	60
水产品类	44	49	59	66	83	90
蔬菜类	259	247	246	328	355	325
鲜菜	253	226	231	311	337	306
糖类	63	29	50	41	42	46
烟草类	68	100	110	163	193	178
酒和饮料	54	151	161	125	162	169
干鲜瓜果类	134	129	151	202	206	204
奶及奶制品	29	100	133	160	190	220
2.衣着	709	610	692	624	897	1077
服装	472	480	484	435	632	771
衣着材料	53	18	17	12	14	15
鞋袜帽及其他	173	133	181	170	244	281
3.家庭设备用品及服务	240	702	706	670	454	340
洗衣机	—	9	48	3	23	17
电冰箱	—	58	50	74	16	0
空调	—	181	95	184	41	53
4.医疗保健	79	291	413	440	333	500
5.交通和通信	120	348	572	713	903	1323
交通	112	150	176	233	493	739
通信	8	198	396	480	410	584
6.娱乐文教服务	261	569	660	750	782	1021
耐用消费品	72	157	148	100	122	239
教育	100	225	320	322	243	440
文化娱乐	89	186	192	329	417	342
7.居住	207	484	391	605	798	669
8.杂项商品和服务	168	355	330	229	332	586
金银珠宝饰品	15	6	26	1	26	52
理发、美容用品	21	36	46	24	29	28

1995—2005 年新都部分年份城镇居民家庭平均每百户年末耐用消费品拥有量统计表

表 17-8

类 别	单位	1995 年	1997 年	1999 年	2000 年	2001 年	2002 年	2003 年	2004 年	2005 年
自行车	辆	227	197	167	177	177	167	161	131	128
洗衣机	台	97	97	103	100	103	107	100	108	108
电冰箱	台	83	90	103	107	103	103	104	106	102
彩 电	台	100	127	133	143	160	147	142	165	166
电风扇	台	223	217	253	247	250	277	213	212	220
摩托车	辆	7	3	7	20	23	17	17	16	20
照相机	架	37	47	50	50	50	50	62	59	60
电 话	部	19	22	44	66	64	64	106	102	102
电 脑	台	—	—	13	27	33	27	35	49	40
汽 车	辆	—	—	—	—	—	—	3	6	9
录放机	台	30	40	33	33	33	37	32	20	20
组合音响	套	17	30	37	37	27	30	32	53	52
空调器	台	—	7	13	13	33	37	51	88	63
电炊具	台	90	107	150	153	153	137	150	169	164
热水器	台	83	83	87	87	100	87	87	96	104
油烟机	台	40	50	57	67	67	67	56	78	82
健身器材	件	—	—	1	—	—	1	3	2	6
移动电话	部	—	—	2	9	17	25	91	153	180

【职工劳动工资】 1986 年,中央属全民所有制职工年均工资 1503.45 元,省属全民所有制职工年均工资 1170.17 元,市属全民所有制职工年均工资 1378.00 元,县属全民所有制职工年均工资 1218.03 元,城镇集体所有制职工年均工资 923.62 元。1991 年开始按照国有经济单位、城镇集体单位和其他各种经济类型单位职工工资分别进行统计。至 2002 年,国有经济单位职工年人均工资较高,其次是其他各种经济类型单位职工工资。其后,城镇集体单位职工人均工资高于其他各种经济类型单位职工工资。2005 年,国有经济单位职工年人均工资 21099 元,城镇集体单位职工年人均工资 12834 元,其他各种经济类型单位职工年人均工资 12220 元。

1986—2005 年新都在岗职工年人均工资统计表

表 17-9 单位:元、%

年 度	年工资	增 长	年 度	年工资	增 长	年 度	年工资	增 长	年 度	年工资	增 长
1986	1113	14.62	1991	2368	18.94	1996	5322	5.03	2001	9011	-2.20
1987	1193	7.19	1992	2642	11.57	1997	5627	5.73	2002	9900	9.87
1988	1490	24.90	1993	3299	24.87	1998	6085	8.14	2003	12215	23.38
1989	1782	19.60	1994	4344	31.68	1999	7028	15.50	2004	13677	11.99
1990	1991	11.73	1995	5067	16.64	2000	9214	17.38	2005	15614	14.16

说明:2000 年将 1999 年的“7028”调为“7850”

家庭理财

【储　蓄】 银行储蓄是人们家庭理财的主要方式。20世纪70年代,城镇居民家庭收入以工资为主,个别家庭利用自己的街面开店或赶场摆摊设点做小生意为生,有点积蓄便存入银行,用于急用和集中支配。有的单位成立互助储金会,帮助家庭理财。80年代初,国家开始发行国债券,利息高于银行储蓄,备受人们关注和欢迎,纷纷购买国债券。

【置　产】 20世纪80年代中期,新都推行公有住房制度改革,全县公房开始出售给个人。1992年,新都取消福利分房制度,一些居民开始投资房产,购买商品住房。家庭条件好的投资购买临街商铺,除满足自己居住、经商外,还用于出租,收取房租。20世纪90年代中期,银行对商住房推行分期付款和按揭贷款政策,新都房产投资日趋火热。2000年后,新房、二手房买卖投资成为热点,有的市民除购买本地房产外,还到新都以外经济更发达地区或成都周边旅游景点买房置产,外地居民也大量到新都购置住房和商铺。房产收益成了家庭理财的重要渠道之一。

【借　贷】 20世纪90年代,个体工商业和乡镇企业迅速发展,企业发展和个人创业急需大量资金,私人借贷成了家庭理财的一种手段。新都民间传统的借贷方式比较普遍,多采用借据或书面约定形式,利息共定,双方签字后生效,通过借贷收取高额利息。一些企业为解决自身发展过程中的资金不足,以高于银行利息向个人或单位筹集资金,由于很具诱惑力,不少居民积极参与集资。但企业集资风险较大,有的是合法集资,也有的为非法集资,甚至个别企业集资款到期不能及时兑付,造成一定社会问题。新都境内曾发生过非法集资行为,受到依法制裁。

【炒　股】 20世纪90年代初期,新都出现"炒股"现象,通过证券(股票)或证券衍生物(期权等)的交易来获取差额利润,实质为"低买高卖",是颇有诱惑力的高风险投资。另有一种投资叫"炒汇",是各家银行推出的外汇理财业务。80年代,中国人民银行新都支行开设外汇业务,新都少数居民投资炒外汇。90年代一度火热,后受多种因素影响,炒汇人数逐渐减少。至2005年,新都有股民8000余人。

【炒基金】 20世纪90年代后期,新都一些市民开始通过"炒基金"帮助打理资金而获得投资收益。投资者出一部分钱给基金公司,由公司操盘利用该笔钱去投资,以获取较高利润。但直至2000年以后,基金投资才被新都市民看好。

【抠　奖】 20世纪90年代初期,新都境内出现现场抠奖活动,有的市民开始投资"奖票"理财。奖票多为1元或2元一张,特等奖可中汽车、摩托车等或获取上万元的高额奖金,具有很大吸引力。新都每次销售奖票都要选择大的广场和开阔市面,购买奖票的人一度非常踊跃。2000年起,新都街头出现各类商品展销会,许多商家为吸引顾客和推销商品也发放奖票给购物者,奖品多为日常生活用品。2001年起,以抽奖活动进行促销的商贸场所在新都兴起,如新都商贸大厦、桂湖商城等常年举办抽奖活动。

【买彩票】 20世纪80年代末,国家为支持社会公益事业发行彩票。新都市场的彩票以福利彩票和体育彩票为主,因投资小、具有公益性质又可能获得大奖或特等奖,未中奖也可为国家做贡献,许多市民纷纷参与。新都于1988年7月开始发行销售福利彩票,1995年开始发行体育彩票。1988—1990年发行福利奖券160万元;1991—2000年共销售福利奖券1652万元(2000年以后社会福利彩票改为省、市定点电脑数字组合直销,区县大奖组销售停止);1999—2000年,在新都镇、新繁镇举办即开型体育彩票销售3次,累计销售400万元,获公益金100余万元。2005年,新都有体育彩票销售点15个。

【收　藏】 20世纪70年代前,新都居民个别家庭收藏珠宝玉器,80年代开始出现古玩、字画、珠宝等收藏业。80年代后期,金银首饰和珠宝、字画成为主要收藏品。1983年8月,新都成立集邮协会,当时邮票收藏者300多人,至2005年有会员920人,不定期进行集邮研究和收藏交流。2000年起,新都镇公园路、桂湖中路、花鸟市场、宝光街等已形成古玩市场,主要收售古玩、字画、古钱币、木雕、珠宝玉器、文房四宝等。至2005年,新都市民收藏的品种已扩展到明清家具、陶瓷器物、报纸、图书、像章、老照片、火花、奇石、印章等。

家庭婚姻

【择偶标准与途径】 男女双方择偶,选择志向和追求一致,性格和气质相投,兴趣、习惯、爱好相近,文化素养、家庭环境相似的占多数。新都在不同时代,择偶标准也不相同。民间曾流传“五十年代爱英雄,六十年代爱贫农,七十年代爱军人,八十年代爱工人,九十年代爱富人”。20世纪80年代,择偶侧重于对方的文化程度、社会地位和经济条件,以及身高、外表、工作单位、住房条件等。女方一般要求男方应基本具备“三转一响带卡嚓”(“三转”指自行车、缝纫机和手表,“一响”即收音机,“卡嚓”即照相机)。90年代,男择女以外貌为主,女择男以经济条件为主,有日渐上升趋势,要求男方有“四大件”(电视机、电风扇、收录机、电冰箱),“三十六条腿(组合家具)”,富翁配少妇的老夫少妻现象在城乡出现。

在封建包办买卖婚姻时期,凭父母之命,媒妁之言是择偶的主要途径。20世纪50年代始,倡导自由恋爱,青年选择配偶(民间称“耍朋友”),主要靠自己恋爱或亲戚朋友介绍。80年代开始出现登婚姻广告、征婚启事和婚姻介绍所。2005年,新都区域内有婚姻介绍所12个。互联网出现后,有的青年男女通过互联网征婚,但上当受骗的也不少。子女选择配偶虽然早已摒弃“父母之命,媒妁之言”,但是父母的意见还是比较重要的。

【婚龄与结婚】 1980年9月10日修改后的《中华人民共和国婚姻法》规定:结婚年龄男不得早于22周岁,女不得早于20周岁,晚婚晚育应予鼓励。符合结婚条件的男女到婚姻登记机关办理结婚登记手续。20世纪90年代始,婚前同居现象逐渐增多。有的年轻人容易感情冲动,见面后就“一见钟情、情投意合、难舍难分”,过着形如夫妻的同居生活;有的中老年男女一方或双方都经历过离婚的阵痛,不愿再办理结婚手续,宁愿过不需法律承认的同居生活,以减少离婚时的阵痛;还有违反社会道德的“包二奶”,已婚男人与情妇同居。

新都旧时结婚礼仪主要有:合婚、定亲、择报婚期、过礼与送行架、哭嫁与贺郎、迎亲与拜堂、回门、“耍十”等。20世纪50—70年代提倡婚事新办,结婚仪式大都比较简约。80年代始,随着社会经济的发展,人们生活逐步富裕,传统结婚礼仪也随时代变化而改革翻新。

【订　婚】 20世纪50—60年代,新都农村订婚风气仍较流行,男女双方一般是在父母的陪同下见面。媒人征求双方无意见后,即确定恋爱关系,有的家庭还要招待亲朋好友,以示庆贺。改革开放后,订婚仪式逐渐淡出,男女青年觉得双方志向相投、情趣相合,便确定恋爱关系。

【合八字】 旧时风俗,希望婚姻幸福美满,新都多数人结婚前都要合“八字”、择期。男女婚配须相生相合,不宜相冲相克,否则不利。一般由“算命先生”测算,或看黄历确定结婚日。中华人民共和国成立后,城市青年结婚日一般选在节假日,农村多数人家则要参看黄历,选择吉日。男女双方确定结婚后,照结婚照,办结婚证。

【过财礼】 财礼,亦称彩礼、聘礼、礼金等。旧时结婚的财礼按女方提出的要求办理,若达不到要求,新娘则不上轿,有意逼迫男方将财礼如数送上。新都农村过财礼为一种约定俗成的规矩,女家认为将女儿含辛茹苦养大成人将成为别家的人,收财礼是合乎情理之事。婚礼日前一天,由男方组成的财礼队伍(20世纪50—60年代多为挑子,70—80年代多为自行车)将财礼送到女方家,财礼主要是三牲祭礼、点心、布料、衣服、床上用品等。回程装上女方的陪奁(嫁妆),财礼队伍一般4~8人。为彰显财礼、陪奁的丰厚,财礼队伍都要招摇过市,这种现象一直延续到80年代末。20世纪90年代起,农村过财礼的习俗和形式有较大改变,多数以现金“干折”。城镇则不同,男女结婚多不举行“过财礼”仪式,而是由男方购买住房、装修房舍、购置家具、家电等设施设备,以筹备新家的形式替代“过财礼”的传统习俗。

【婚　礼】 20世纪50—80年代,新都居民婚礼一般请亲戚朋友到家吃上一顿,举行传统的过门、杀鸡避邪、象征五谷丰登的过筛、回门等仪式。随着城乡居民生活的改善,农村举办婚礼,不少家庭请厨师带上全套炊具、桌凳在家摆宴席;城镇举办婚礼,大多选择酒店、餐厅,有的请婚庆公司主办。婚礼仪式有中式、西式、中西式结合,婚礼档次呈现攀高趋势,也有的采取旅行结婚,从简办婚礼。

20世纪90年代初,传统的婚礼习俗注入新的形式内容。结婚日的前一天晚上,男方办宴席招待亲属,俗称“吃花夜酒”。结婚日当天一早,新郎及哥弟或至亲小伙带彩车到女家接新娘及其亲属,新郎、新娘乘坐的彩车选择较高档的轿车。新郎需准备若干大小“红包”,新郎到新娘家从叫开门到卧室接新娘,新娘的姐妹们给新郎出很多“难题”,索要“红包”,姐妹们满意后,才能接走新娘。在农村,新娘到新郎家时,请一位德高望重的女长辈牵新娘下车,并要杀只雄鸡围绕新娘滴一圈血。结婚日当晚,青年男女准备一些“节目”闹“洞房”,以图热闹。

旧时要请子多福大的妇女铺新床,铺垫所用谷草要成捆,不能打散(三天后拆开)。据说“几捆草即生几个儿子,打散则散(无)子”。床笆要两扇合在一起,以喻成双成对。新枕中放竹筷一双,以期“快生子”。至20世纪80年代,有的人家仍请福大的妇女铺新床,撒些枣子、花生,在被盖、枕下放“红包”,请小男孩到床上翻找。婚后“耍十”之习,改为新郎新娘回娘家住几日或看望一下就走。90年代,这些习俗多已不存。

至2005年,传统的“拜堂”:一拜天地、二拜高堂(父母)、夫妻交拜,改为给双老敬茶、新郎新娘喝“交杯酒”、接吻;给新郎“挂红”改为双老给新郎新娘发“红包”。

【招赘婚】 有女无子的家庭,招一男子上门做女婿,亦婿亦子,俗称“招赘”或“招郎上门”。这种男到女家,旧时备受歧视,认为“没有出息”“不像男子汉”。20世纪80年代起,由于独生子女政策的推行,男到女家成婚并落户于女家的在新都不断增多。

【婚姻禁忌】 忌钟姓、古姓、罗姓开亲。俗信以为,钟姓、古姓、罗姓谐音为打击乐器之“钟、鼓、锣”,由于钟、鼓的性质一碰即响,若开亲,恐日后口角无休止。忌杨姓与林姓开亲,“杨”同“羊”谐音,羊即吃树林之树叶,若开亲,无宁日。

【结婚纪念日】 改革开放前,由于受经济条件的制约,新都多数人的婚礼都十分简单,结婚纪念就是办结婚证时拍张双人照就行了。20世纪90年代起,随着生活日渐富裕,不少夫妻邀约家人、朋友聚餐,以各种方式以示纪念。特别是一些老年夫妻为缅怀共同走过的风风雨雨,补拍婚纱照,纪念结婚日。

结婚纪念日有:纸婚(结婚1~13周年)、象牙婚(结婚14周年)、水晶婚(结婚15周年)、瓷婚(结婚20周年)、银婚(结婚25周年)、珍珠婚(结婚30周年)、翡翠婚(结婚35周年)、红宝石婚(结婚40周年)、蓝宝石婚(结婚45周年)、金婚(结婚50周年)、绿宝石婚(结婚55周年)、钻石婚(结婚60周年)、白金婚(结婚70周年)。

衣食住行

服饰习俗

【服饰变化】 20世纪初期,新都一般市民穿的是边扣长衫外加马褂。普通百姓男的平时上身穿对门襟短衫,下身穿大裆长腰裤,冬天加对襟棉袄,少数家境殷实的穿皮袄。衣服材质大多是用“家机布”(自产棉花纺线织)做成。当时能穿上阴丹、海昌蓝等色的洋布(机器织的布)衣服就很体面了。学生穿无翻领三包(上左一、下二)学生装,初中学生穿童子军服,高中男生穿麻制服,女生穿蓝色旗袍。20世纪40年代,女子穿衣多为显示曲线美的腿衩高、短坎肩旗袍。男子穿中山装与西服较多。

20世纪40年代服饰

50年代后,新都男女衣着去长就短。男子穿长衫的越来越少,大多穿对襟马褂。中山服在干部中流行,乡下农民将“四个包包”(中山服)视为干部的标志,后来普遍穿中山装。女教师、女干部则以列宁服为时髦。男女衣着颜色以灰、蓝两色为主,农村妇女仍有穿大襟短衣者。大裆长腰裤逐渐淘汰,男女扎皮带束腰。50年代中期,提倡用苏联花布,新都一时穿花衣服盛行,男青年也穿花衬衣。“文化大革命”中,年轻人以穿军服为时髦,时兴戴军帽。工厂发的工作服也进入千家万户。

人们冬天喜欢穿双排扣毛领大衣,以后又流行穿军大衣。衣料以的确良、灯芯绒为佳,颜色普遍为青、灰、蓝、绿。

80年代,新都市民中流行色彩绚丽的宇航服、击剑服。衣质以中长纤维和仿毛为上。90年代,男服在西装、夹克、T恤、休闲的结构上,长、短、宽、紧式样变化繁多;女装则以体

20 世纪 60 年代服饰

现性感美为目标,追求花色、款式、新奇、入时。2000 年后,各种休闲服、中高档西服、茄克、防寒服、呢料大衣等更加流行,服装式样不断翻新,特别是女式变换不迭,基本上一年一变。选择纯棉衣料的人增多。

【鞋　袜】 旧时,新都农村一般穿草鞋或打赤脚,深秋、冬天及初春才穿布鞋。20 世纪 30 年代后,妇女不再缠脚,改穿布料或缎面绣花圆口薄底鞋、提兜鞋。男子多穿大小圆口朝元鞋、单梁鞋。40 年代,样式有半统球鞋、胶底操鞋、朝元式、绊绊式、雨鞋等。幼儿鞋样式较多,如虎头鞋、猪儿鞋等等。青年人开始买针织线袜子穿,筒长至膝,用箍袜带固定。60 年代起,布袜不复存在,都穿线袜,后出现“尼绒袜”等化纤制成的袜子。80 年代,男女多穿尖头皮鞋,90 年代女士流行高跟鞋。2000 年后,穿高档皮鞋、运动鞋、休闲鞋、旅游鞋随处可见。到 2005 年,纯棉线袜成了人们钟爱之物。

【帽　子】 旧时,新都城镇男子不分老少,普遍戴平顶帽或尖顶瓜皮帽,部分中老年戴毡窝帽,中老年妇女戴勒子。一般下气力的男人,春、夏、秋都光头,冬天头包白布帕。老年女性冬天戴的多为黑平绒或毛线织的无沿帽。童帽样式多,最常见是狗头帽、猪头帽、亮顶帽(天热戴)、宽边盘盘帽、圈圈帽、和尚帽等。童帽多由家庭妇女自做,且喜帽上做花,有的帽额镶嵌金、银、玉等饰物,如“十二生肖”图形、“长命富贵”等。

20 世纪 50 年代中期,老年男性戴瓜皮帽的逐渐消失,流行蓝色解放帽。“文化大革命”期间,新都流行草绿色军帽,老年女性戴帽沿袭旧习,青年女性开始出现风雪帽等各种式样的帽子。80 年代后,新都多数男性戴帽,戴的帽样式繁多,有鸭舌帽、贝雷帽、解放帽、遮阳帽、博士帽等,不少老年人冬天戴帽保暖。沿习千年的包白帕子习俗逐渐消失。

【头　饰】 20 世纪 40 年代,新都男性除少数老人保持清代留长辫外,一般民众都剃光头,只有少数青年学生和公职人员留中山头(孙中山的发型)。农村老年妇女,后脑勺挽髻别簪子、插发针;城镇青年妇女剪短发,发根齐后脑勺,再用发夹由两鬓拢上,少数青年妇女烫发成卷曲型,或波浪型;未成年少女都蓄长发,梳辫,额上留妹妹头。50 年代后,男性一般理中山头或平头,女的短发齐肩,或齐后脑勺。80 年代,青年男女一般都是运动员头式。随物质文化生活不断丰富,女性的发式多样,披长发的、烫发的、剪短发的,还有做成爆炸式的。90 年代始,新都时兴染彩发,很多青年女性将黑发染成黄色、棕色、橙黄色、红色、褐色等,一些男性青年也加入染发行列,或全染、或染一绺。

【佩　饰】 20 世纪 40 年代,只有官宦或富裕人家讲究佩饰,妇女戴戒指、耳环、手镯,腰挂手绢,披挂围巾、披肩、戴胸花、挎坤包,一些时髦女郎最风光的是戴条形小手表。男人腰戴“裹肚儿”(钱袋)、手戴戒指、或持“斯文扇”、或拄文明棍、或镶金牙,或以佩金怀表、戴手表、打领带、穿西裤背带为荣耀。戒指、手镯、耳环多为金、玉或珍珠、玛瑙等镶嵌。一般女姓也有戴戒指、耳环、手镯的,多为银、铜质。70 年代后,女士戴戒指、耳环、手镯在新都开始流行,男士则以戴手表、打领带为时髦。2000 年后,男士戴手表、打领带,女士佩戴耳环、戒指等逐渐减少。

【服装制作】 旧时,新都大多家庭妇女都会纺纱织布、缝衣做鞋。有的还编织麻布,做衣做蚊帐。到冬腊月,要为一家大小赶制过年新衣服。人口多的家庭,有的将布料送到缝纫店制作,也有将裁缝请到家中缝制。裁缝大多手艺巧,手脚快,且式样美,缝制结实,手艺好的裁缝一年有做不完的活。

20世纪50年代后,手工缝制衣服逐渐减少,有的用缝纫机自己做,或到缝纫店量身制作。70年代起,各式衣服工业化生产,批量制作,人们大多到商店购买。2000年后,由于人们追求个性化,一些人自制或者请人缝制衣服,城里出现少数缝纫店。

【弹棉絮】 中华人民共和国成立前及初期,新都城乡居民家用棉絮皆是请匠人到家手工制作,民间弹棉絮工匠带上弹弓、卷木熨斗、挑杆等工具走村串户招揽活路,仅少数在城镇开店。20世纪50年代大办农业,走村串户弹棉絮工匠减少,人们到商店购买棉絮或到弹棉絮的店铺定做。80年代,"棉絮"品种逐渐增多,开始出现轻便的太空被、鸭绒被、蚕丝被等,多数家庭还是喜欢用纯棉棉絮。90年代后,用弹弓弹棉絮逐渐减少,代以半机械化操作,民间棉絮加工工艺改进,所弹的棉絮更耐用。至2005年,不少人仍喜欢到棉絮加工店翻弹旧棉絮或定做棉絮。

弹棉絮的工具

饮食习俗

【饮食变化】 域内居民一日三餐,农村居民自种自食。以大米为主食,不同季节兼食小麦、玉米、红苕等杂粮。丘陵地区多以小麦、玉米、红苕等杂粮为主食居多。20世纪60年代,粮食不充足,早晚吃稀饭的居多,"闲时吃稀,忙时吃干",平时多数人家早晚也吃稀饭。至于"打牙祭"(吃肉),逢年过节才宰鸡杀鸭、买肉,做多种美味佳肴庆贺,平时每月吃一、二次肉。制作饭菜的燃料城市以柴为主,农村以柴、禾为主。家家户户的柴灶门上方悬挂一个土陶吊壶,饭菜熟时,壶内水也烧热,正好用来洗脸、洗物。冬季腌腊肉时在灶门上方吊一根横杆,将腊肉挂在杆上,经过烟熏后腊肉味道更鲜。其后渐以烧煤。1959年,新都农村开始修沼气池,除照明外兼煮饭。1971年城镇计划供应蜂窝煤,以后渐渐进入农村。80年代用柴、禾煮饭为燃料的越来越少,用天然气、液化气、电煮饭的越来越多,农村仍有部分农户用蜂窝煤,少数农家兼用沼气。

80年代后,人们生活不断改善,居民饮食日渐多样化,一日三餐有米饭外,还讲究玉米、红苕等粗粮搭配。肥肉渐渐不受欢迎,鸡、鸭、鹅、兔、鱼及牛、羊肉则成为所好,饮食制作方法更加考究。食品消费从追求数量满足填饱肚子变为追求质量营养和饮食享受,注重精细合理搭配,更加讲究饮食结构。城镇居民早餐稀饭、馒头,豆浆、油条、鸡蛋,或牛奶、面包、糕点。有的因上班、上学,早餐在小食店、中午在单位食堂或餐馆就餐,晚上一家人团聚时做较丰盛饭菜。有的年青双职工,喜欢到小饭馆用餐。

90年代后，家庭宴请、朋友聚会多在餐馆举办的逐渐增多，农村则喜办“坝坝宴”。到2005年，居民外出就餐已经普遍。

据抽样调查，1986—2005年，新都居民人均粮食消费量呈逐年下降的趋势，人均猪肉消费量、家禽消费量呈逐年上升趋势，蛋类、鲜奶、水产品、瓜果等人均消费量呈逐年大幅增长趋势。

【佐餐品】 新都民间自古佐餐品丰富繁多，几乎家家户户都会做。用时令蔬菜做泡菜(用小鲫鱼和海椒一起泡的鱼海椒，入口脆而鲜)；用黄豆做豆豉、豆腐乳(红豆腐)、豆花；用鸭蛋做灰包蛋、松花皮蛋、盐蛋；用胡豆、海椒做豆瓣(细海椒豆瓣、粗海椒豆瓣)；做干盐菜、干海椒、干苕菜、红白萝卜干等。冬至节后腌腊肉，腌鸡、鸭、鹅、兔，做酱肉、装香肠，虽然市场有品种繁多的腌腊制品，不少人家还是喜欢自己做，只不过改变了做法。如装香肠，过去自己剁肉、刮肠衣、配佐料、装肠，20世纪90年代，市场有专门装香肠的，只需去装好，自己晾干即可；过去腌腊肉，一般都要用柏树枝、花生壳等烧燃的烟熏烤，据说会致癌，就不再熏烤而晾干。过去为过年，炒沙胡豆、炒红苕片、炒花生、炒玉米花、做米花糖；自制酱油、家醋(白醋)、甜(咸)酱，后来也不自己做了。用酒米(糯米)叉糍粑、蒸醪糟、做汤圆、包粽子，虽然市场有卖，有的人家仍自己做。春分前后，用糯米粉、艾蒿或棉花草做艾馍馍，炎热夏季搓冰粉儿，新春时节扯春卷，腊月初八煮“腊八稀饭”，都是新都人喜欢的。

【饮食仪礼】 新都民间自古流传“客来主不顾，应恐是痴人”，客人到家不分贵贱贫富，主人均以礼相待。客人一进龙门，主人一见便连声喊“稀客！稀客！”若是在干活，也得马上放下，快速迎上去，接过客人手中礼品，热情地将客人引至客厅，敬烟、奉茶、上点心，陪客人聊天。进餐时，客人辈份高的或情谊深厚的友人，男客由主家男丁相陪，女客由主家女眷服侍；客人辈份与主家长者相同，便请至上“八坐”的上方就坐，下辈坐两旁，不能与客人对坐，孙辈可对坐。斟酒时第一杯先与客人斟满，再斟自己的，然后双手举杯说“请，先干为敬”，便先干杯中酒。在拈菜时要请客人先布菜于碗、碟中请其品尝。上饭时不能给客人舀“冒尖儿”(垒尖尖)，只能舀一平碗，客人吃完后要立即给客人添饭。饭毕后，立即给客人端上漱口水，倒上洗脸水，年老者还要送上牙签。请客人就坐后另换新茶，抽烟休息。客人告辞时要回馈礼品，如祝寿就回两把挂面，生孩子就回一支鸡腿、几个红鸡蛋，拜年就回糕点或馍馍。主人送客人上路，送到一定路程，客人请主家留步时，便施礼告辞。20世纪70年代后，有的主家回馈礼品开始用红包相送。

【饮食信仰与禁忌】 新都自古形成的饮食信仰和禁忌，有的一直流传至今。

以脏补脏 若胃不适，多吃猪肚子以疗胃；肾上有问题，多食猪腰(即猪肾)以壮肾；患痔疮者食猪大肠头子以疗之；骨折病人多以骨头炖汤喝，以促进骨折处早日接上；小孩尿床，煮猪尿胞吃。这些以脏补脏的疗病法是否有效，极难断定，但它已传了千百年。

换　童 少儿进入青春期，男孩子有“换童”变嗓音的过程。据传，孩子“换不过童”便会生病甚至死亡。家长为了孩子能顺利地换童，每逢杀雄鸡时，将雄鸡的睾丸摘下来煮熟，给尚未换童或正在换童的孩子吃，以使他们能顺利换童变嗓音。

寿宴喜宴忌豆腐 豆腐是丧宴之菜，俗称“吃丧宴”是喝豆腐汤，故祝寿婚嫁的喜宴上不能有豆腐。

满月酒忌笋子 因笋子与“损子”谐音。

忌蜂蜜与葱同食 两者混合食用时会相克，使人中毒。

食苕菜后忌酒 食苕菜后饮酒，会发生“激酒”现象，感到呼吸困难，憋得面红耳赤。

孕妇产妇禁忌 孕妇忌吃黄鳝、兔肉、狗肉，忌摘瓜果。产妇生下小孩后因流血过多而造成气血两虚，民间要进行补血补气。常用的补血补气的食物是老母鸡炖当归、黄芪，炒韭菜。无论炖、炒忌放食盐，只能食白味，据传是产妇到老时不会得气管炎症和其它产后病。坐月忌“踩生”，指外人无意步入产房。一说怕踩生者带走产妇奶水，一说怕勾走新生儿灵魂。

忌　油 感冒发热，忌食猪油、猪肉，避免病情加重或得哮喘、气管炎等后遗症。

忌豌豆下酒 请工匠师傅盖房、做家具，在工程结束的最后一顿饭时忌豌豆下酒，这样会得罪师傅。据传，用豌豆做菜，俗称“盘海（四川方言，指螃蟹）夹豌豆连爬带滚”，其意义就是叫师傅滚。

用餐禁忌 全家进餐，凡有人未食完时，不能把空碗重叠在一起。据说把碗重叠在一起是犯“重丧”，家中要连续死人。忌用筷子敲碗，因“叫花子”（乞丐）才用筷子敲空碗，视为不利。忌日常聚餐将杯碗扣桌，视为咒人生病。赴宴忌食主家鸡头，食之是对主人不尊敬。八仙桌（8人座方桌）用餐座次，忌上下方各一人，左右方各两人形成“龟”形。和长辈、领导同桌进餐，忌坐面向门之上方。

200年前的水井至今仍用

【饮用水】 新都水资源丰富。过去城乡生活用水，大多用河水或地下水，居民多数家中都有水井。随着河水被污染、地下水位下降，人们便向地层深处取水，于是便出现了用钢管汲水方法，民间俗称“钢管井”。

20世纪60—70年代，新都无论农村、城市、机关、学校，几乎都有抽水的钢管井。家庭钢管井是用一根无缝钢管制作而成的，钢管的长度根据居住地方地形高低、地下水位的深浅而定，一般为七八米长，最长有十余米的，钢管直径约40~50毫米。开初用钢管抽水全由人力上下按动把手。80年代后，新都用电普及，农村普遍修建了楼房，很多农户在楼上修起了水塔，在钢管井旁安上马达，用电力抽水储于水塔内，随用随放，被称为“土自来水”。除极少数农户用古井外，大多数农户使用钢管井。

手压钢管井

80年代中期，新都开始生产自来水，供应城关居民。至2005年，城镇居民和一些场镇基本使用自来水。90年代，市场开始供应桶装纯净水、矿泉水，不少机关单位、家庭开始使用桶装水。

茶碗三件头

【饮茶习俗】 新都人喜饮茶，大多数家庭都备有茶叶，以色、香、味、形俱全的茉莉花茶居多。人们在家喝茶，出门也喝茶，许多人上班后第一件事是泡茶，不少老年人喜欢喝“早茶”。家庭接待客人，泡茶是必不可少的。

旧时,新都的大街小巷随处可见茶馆、茶铺,大多数人喜欢到茶馆喝茶,三朋四友围坐一张茶桌,摆“龙门阵”、谈生意、听评书,很是惬意。茶馆的茶具,一般都是“三件头”:茶盖、茶碗、茶船子(茶托),用其泡的“盖碗茶”,特别能够表现茉莉花茶的清香。茶堂倌一手提滚烫的长嘴茶壶,一手拿七八套盖碗茶茶碗,码到手腕,肩上搭抹桌帕(俗称“随手”),茶客刚进门,便热情招呼,边报茶名边冲茶,既热情又麻利。先到的茶客看到朋友走进茶铺时,就向茶堂倌喊“茶钱给了”(俗称“喊茶钱”)。喊的人越多,这个顾客的面子就越大,表明朋友多,交游广。20世纪80年代后,逐渐出现一些较高档的茶楼,用“三件头”的少了,多用茶盅、玻璃杯,除茶艺表演外,很少用长嘴茶壶冲茶。茶馆讲评书的也很少了,但有川剧坐唱、打围鼓、看电视、看录像。90年代后,边喝茶边玩扑克、打麻将的茶客多了。

居住习俗

【居住变化】 旧时,新都县城被城墙环绕。城内正北街、西街、上南街临街铺面为一楼一底木结构房屋,楼上住人,楼下开店,商店临街面都用木铺板。居民住房大量是小青瓦平房,少量草房。至2005年,新都城内仅剩极少数木结构的小青瓦平房。

新都平坝区农民的住宅,一般采用正3间、侧1间,或者正5间、左右各1间的格局,前面均有一个长方形院坝。房屋结构多为木穿榫、竹编壁,或土砖墙壁。无论土砖墙或竹编墙,表面均糊(抹)草筋泥,再以纸筋拌石灰糊面。房顶多以竹木扎架,上盖麦草或者谷草。

20世纪70年代新都桂湖镇南街

新都丘陵区民房大都为土墙草屋。土墙用泥坯砌成或干打垒,以草筋泥糊(抹)墙。房屋布局有“硬八间”和“假六间”两种。“硬八间”是进大门(龙门)后一个敞间,右边灶房,左边猪圈房;再进去中间是天井,左右厢房各一间,上方正中是堂屋,左右各一个卧室。堂屋一般敞开,上供祖宗神位,是一家人吃饭、祭祀祖宗的地方。“假六间”是进龙门后有一敞开的半间,进去就是天井,右边厨房,左边猪圈房,上方正中是堂屋,左右各一个卧室。“硬八间”和“假六间”,布局的优点是一道门关闭完,利于安全。

农村“竹篱茅舍”的“人”字架屋比较普遍。屋顶为“人”字架,穿斗木结构,用竹篾编墙壁,再糊泥和石灰,或土砖筑墙,屋顶用木檩、竹椽,再横铺竹篾,面上盖草;或用平板装墙壁,屋顶为木檩、竹椽,面上盖瓦。草房需要年年翻修,民间流传“草房三间,一辈子冤牵”。

“人”字架屋

新都农村民居以院落为主,院落格局都为“四合头”(四合院),被竹、树“林盘”环绕,院子至少有一个龙门。院子中间的院坝,是晒谷打场或从事家庭活动的地方。有的院子在靠林盘处修一排房屋,作为猪圈房、牛圈房,或用于堆杂物、农具之用。有的院子修有碉堡,以防匪、防盗。一般一个院子聚居一个家族,异姓极少,以姓称,如曾家大院、张家大院、黄家大院等。

20 世纪 80 年代后,新都城市和农村的住房逐年改善。城区临街改建成商住楼房,新修房屋都修建成砖混结构楼房。农村开始出现砖木结构和钢筋混凝土结构的平房和楼房。到 2005 年,新都绝大部分民房都变成了楼房,旧时的土墙、"硬八间""假六间"和"人"字架屋,基本不存在了。

【房屋建造仪式】 新都农村建房,自古流传看风水、择地基、动土、上梁、圆工等仪式。

看风水 人们多请"风水"先生(又称"阴阳")看风水(察看地形地貌),选择地基,确定是"阳宅"方能作建房基地。屋基讲究山形、水势、植被等环境,房屋讲究坐向,避"三煞"。

动 土 风水先生测定某月某日某时动土,即使是深更半夜,匠人都要在基地用锄头挖土一块,表示已动工修建。有的在动土前用香烛敬神,祈求保佑大吉大利。

下基脚 准备一些香、蜡、钱纸和一只公鸡。木匠把香、蜡、钱纸点燃插在屋基中央,敬地脉龙神和鲁班先师后,杀鸡捉其头将血围绕宅基淋洒,随后开挖基脚。

上 梁 屋体修好后,要择吉日上梁。准备好鞭炮和"吉星高照""上梁大吉"等红纸梁标。首先把梁放在房屋中央,用公鸡血依次祭(淋)梁头、梁中、梁尾。再将红纸梁标贴于梁中部,上梁后燃放鞭炮,主家抛撒"红钱"、封红包谢匠人,以酒宴款待工匠和客人。20 世纪 80 年代后,修房造屋多为预制板砖混结构,已经无梁可上,许多人家在第一层楼面安装第一块预制板时,以公鸡血祭预制板,代替"祭梁"的习俗。

圆工(竣工)办酒席 在新都农村,盖房从来都是家庭头等大事。房屋圆工(完工)是大喜事,自然要举办酒席,庆贺一番,亲朋好友都要送贺礼,新都人称为"糊壁头"。

20 世纪 90 年代,随着经济发展和社会进步,农村修房造屋的传统习俗逐渐消失。2000 年后,房屋圆工时举办酒席已逐渐减少,但大型建筑工程破土动工举行的奠基仪式和竣工剪彩仪式,便是建造房屋风俗的演变。

【居家禁忌】 忌把床安放在与梁垂直方向(俗称"骑梁床"),当把床与梁同方向摆放;忌外家夫妻在自家屋里同房;忌丧家报丧、出家人化缘入家门;家人因故客死他乡,忌抬进家门;忌外人脚踩门槛,尤其双脚踏踩门槛;忌住宅正大门对庙门;忌外人进家哭述落泪。

出行及其他习俗

【出行习俗】 民国以前,新都有两条过境的驿道。一条是县城南外过毗河(1.5 公里)许,从成都北外将军碑起,经过蔡家坡进入三河二台子,穿过木兰乡黄牛店,沿新店子(今泰兴镇)进入小川北各县。另一条是从成都经三河场过毗河,再进新都西门,穿东街出门,直到弥牟镇(今属青白江区)出县境进入大川北而出省。民国时期成广路建成通车后,到成都不再出西门沿古驿道而行,而是出北门即可。交通工具相继出现东洋车(黄包车)、汽车,和英国制造的"三枪牌""菲利浦牌"的自行车(洋马)。乡村道路都是狭窄弯曲的泥路,一遇雨天路滑难行。人们出行主要靠步行,有钱人可以坐轿、坐滑竿。"鸡公车"既可载人也可载货,时场镇均有以推鸡公车为业的。毗河流经新都境内的龙桥、斑竹园、三河、木兰,新都出产的各类土特产品和所需的生活用品,主要依赖于毗河直通赵镇(金堂),进入沱江,人们可坐船出行。

20 世纪50 年代,新建的宝成铁路穿越新都,新都居民乘火车可出川。60 年代,自行车逐渐代替鸡公车。70年代,少数居民开始骑摩托车出行。改革开放后,新都经济发展,铁路、公路纵横交错,城乡道路状况改善,长途客车和公交车增多,人们出行方式多种,或骑自行车、摩托车、电动车,或“打的”(坐出租车)、“打摩的”(坐出租摩托车)、坐人力三轮车,或坐公交车、长途客车、火车、飞机,有的老年人自驾老年车出行。90年代,各种档次的私家轿车进入家庭,并逐年增多。每逢节假日,许多家庭便自己驾车出行旅游。

【通信习俗】 20世纪30年代,民间书信往来多托人捎带。民国16年(1927),新都县城至弥牟镇、泰兴场、桂林、马家场、河吞场等处设乡村电话,新都居民开始使用电话通信。40年代末,新都居民开始使用邮件运递(信函、明信片、印刷品、商务传单)等进行通信往来。1951年5月,新都邮电局正式开办电报业务,新都居民通信开始通过电报业务传送。80年代,新都长途电话、市内电话和县内农村电话网已经形成,通信业务从70年代信件、包裹、电话、电报业务,逐渐发展为包括各类邮件、有线电话、无线寻呼、无线电话、移动电话、对讲电话、互联网、局域网、数据图像传输交换等现代通讯网络业务。固定电话、移动电话基本普及, 不少家庭拥有电脑。“全球通”“新锐卡”“亲友卡”“畅通卡”“动感地带”“大众卡”“爱心卡”“晚晴卡”“爱贝通”等服务品牌,手机上网、手机银行、手机证券、铃声下载、短信群发、QQ聊天等业务受到人们,特别是年轻人的追捧和青睐。

【休闲习俗】 20世纪50—70年代,新都人除过节、赶场、走人户、赶庙会外,休闲活动很少,尤其是旅游活动更少。改革开放前,文化休闲也仅为民间游乐活动,如曲艺、围鼓,龙灯、狮子灯等。休闲方式主要是坐茶馆、听评书、看川剧、玩扑克牌、下棋等。改革开放后,随着人们生活水平不断提高,文化休闲旅游活动开始渗透到普通百姓家庭。年青人开始进舞厅、迪吧、酒吧,中老年人看电视、打牌、健身等。90年代,新都一些村民利用自家的院落,以简单的农家特色饭菜办起了“农家乐”,依托地处成都城郊和新都风景区的区位优势,发展度假村、农家乐休闲旅游。新都农家乐“一鸡三吃”“一兔三吃”、猫猫鱼、烧鸡公、土黄膳、炖土鸡、“点杀”鸡、鹅、兔等清淡素雅、风味独特的乡村小食,尤其是毗河沿岸的猫猫鱼、兴隆堰一带的河鲜等,已成为新都农家乐的品牌。不少居民邀约到农家乐品茶、打麻将,在体验“住农家院、吃农家饭、干农家活、学农家艺、享农家乐”的过程中放松身心。养宠物、种花草的家庭也越来越多。

2000年后,年轻人光顾酒吧、茶楼、网吧、咖啡厅、歌城、电子游戏场所的逐渐增多。随着居民收入逐年提高和闲暇时间的增加,不少居民将旅游作为生活休闲时尚。年轻人利用大假,中老年人躲过旅游高峰期,有的跟随旅行社、有的自驾游,或远到国外、省外游玩,近到川内胜地景点观光旅游。2001年起,新都的宝光广场、桂湖广场、公园等处成为新都居民打太极拳、跳舞唱歌、休闲娱乐的好去处。2002年始,老年人骑游健身成了休闲旅游的亮点。至2005年,新都居民的休闲活动已呈现出家庭化、大众化、多元化、郊区化和高品位化发展态势。

【入厕习俗】 新都人进厕所,习惯说“方便一下”,或习惯将进厕所称为“解手”。20世纪60年代,新都农村厕所一般是挖地为坑,上盖茅草,俗称“茅房”,家家必备。城市家庭则将土陶粪缸埋在地下成为小“茅房”,晚上为了老人、妇女、小孩方便,许多人家都将木料制作的“马桶子”、陶质“夜壶”,放置寝室内使用。20世纪80年代,随着住房条件的改善,一些居民开始使用冲水马桶,“马桶子”便越来越少,家中厕所也由“旱厕”换成了“水厕”。新建楼房都有化粪池及排污沟,“解手”的地方叫茅房已经不适当了,渐渐习惯叫“厕所”。80年代后,新都市民厕所大量使用抽水马桶,但农村厕所仍以“旱厕”居多。90年代,由于农村和城市建房都考虑有排污系统,城乡家庭普遍安装了燃气和电热水器,厕所和洗澡间合二为一,大家渐渐习惯将厕所叫“卫生间”了。后相继出现自动抽水马桶，甚至还有电脑控制的全自动马桶，入厕后洗手也有暖风烘干，许多人也将入厕的称呼改为上“洗手间”。

生葬习俗

生育庆贺

【生育习俗】 添丁增口，是每个家庭的大事。新都至今沿习报喜、洗三、满月、百日、周岁等生育庆贺习俗。

安　胎　妇女怀孕，俗称“有喜”。妇女怀孕期间，静养休息，不参加体力劳动，并改善饮食，俗称“安胎”。

生　产　妇女生产，俗称“临盆”。旧时，生小孩由接生婆到家接生，中华人民共和国成立后，新都的医院设有妇产科，接生员是经过卫生部门培训的专业人员，妇女往往到医院待产。

坐月子　产后30天内叫“坐月”，故产妇又叫“月母子”。大多躺、坐在床上，一般要满40天才能够出门。“坐月”忌串门、忌男人(丈夫除外)进产房，忌寡妇和孕妇进产房。产妇不能梳头，即使夏天也要戴帽子或者包头巾(俗称“包帕子”)、穿袜子，据说月母子吹了风，以后会留下头疼病根。

报　喜　婴儿降生后，人们便迅速向亲戚朋友传达这一喜讯，降生的第二天，要用雄鸡刀头敬送子娘娘菩萨、祭祖先。婴儿父亲要提上红鸡蛋(染成红色的鸡蛋)到岳父母家中报喜，岳父母则送仔母鸡等营养补品以及醪糟、包裙、尿片、衣服等表示祝贺。

洗　三　婴儿诞生后的第三日称为“洗三”。这天要用青蒿、陈艾、柑子叶等中草药熬成的药水给婴儿洗澡。亲朋好友都要前来祝贺，送鸡蛋、挂面。20世纪80年代后，改送“红包”(现金)，婴儿家要准备酒席招待亲友，俗称吃“洗三酒”。

满　月　孩子生下来一个月，要给孩子理发，称“剃胎毛”。婴儿满月，家人要举行庆祝仪式，亲朋好友送礼庆贺，孩子家长设酒宴招待，称为“满月酒”。

百　日　婴儿出生100天，要行百日礼。过去要给孩子穿百家衣，戴长命锁。80年代起，时兴给婴儿拍摄“百日照”作纪念。

周　岁　婴儿满周岁，一般都要举行一个仪式，叫“抓周”。在桌上摆各种象征意义的物品，如笔、书、算盘(现在一般都改为计算器)、玩具、工具、钱币等等，男孩子还要摆上玩具枪，女孩子则加上女红针钱，将小孩抱到桌前，任其抓取，以测其将来的志趣、爱好。如孩子抓了书、笔之类，就说这个孩子志趣远大，能读书；如小孩抓到算盘(计算器)，就说这个孩子将来会做生意，赚大钱；如小孩抓到的是工具，则说小孩长大后能学技术、能干活。不少家庭都要宴请宾客。

【取　名】 过去新都农村孩子生下来后，都要起一个乳名，或称“小名”。给孩子正式取名一般是按照族谱里记载的辈份依次往下排，并以三个字的居多。有的是从表达长辈的希望和祝愿中选取，有的从古代儒家典籍中选取，也有的是根据孩子的出生地或出生年月日时的天干地支取名。年轻父母在孩子出生时，总要搜肠刮肚，绞尽脑汁，甚至翻开厚厚的辞海、辞源，为自己的宝贝起个好名字。

中华人民共和国成立后，有的家长便选择有鲜明时代特色的时髦用语给孩子取名。如中华人民共和国建立初期有“李解放”“周建国”“朱援朝”；“文化大革命”时期“赵文革”“张四新”“陈卫东”；改革开放时期“姚改革”“王小康”等。20世纪90年代后,给孩子取名出现崇洋倾向。

【亲属称谓】 新都境内土著人很少,大部分是清代康熙、乾隆年间从湖北、湖南、广东移民的后裔(“湖广填四川”的移民),在亲属的称谓上基本保留了原来的习俗。当今独生子女家庭越来越多,亲属间一些称呼,会逐渐消失。

民间对祖辈的称呼与自称(不含书面语言)一览表

表17-10

祖辈名称	称　呼	自　称
祖父母	爷爷、婆婆、奶奶	孙儿(女)
伯(叔)祖父母	在爷爷、婆婆前面加上对方的排行,如二爷爷、四婆婆。 祖父母	侄　孙
祖之姊(妹)夫	祖之姊妹称姑婆;祖之姊妹夫称某(姓氏)姑老爷。	内侄孙
祖之表兄弟	表爷爷	表侄孙
祖之表姊(妹)夫	某表姑老爷(亦有简化"表"字,直称某姑老爷的)	同　上
祖母之兄弟	舅爷、舅公	甥　孙
祖母之姊(妹)夫	姨　公	襟侄孙
祖母之表兄弟	表舅爷、表舅公	表外侄孙
母之父母	外公、外婆;家公、家婆;	外　孙
母之姨夫	姨　公	襟侄孙
母之叔伯	在外公、外婆前面加上对方的排行,如二外公、三外婆。	外侄孙

说明:一些人在自称时加上“愚”字(如“愚外孙”),以示自谦

对父(母)辈的称呼和自称　父亲的兄(嫂)、弟(媳):称父亲的兄为伯伯,有的在称呼前面加上对方的排行,如三伯伯、二伯伯;称父亲的嫂为伯娘或娘,多在称呼前面加上对方丈夫的排行,如大娘、四娘;称父亲的弟为叔、叔父,或在爸的前面加上对方丈夫的排行,如二叔、二爸;称父亲的弟媳为婶,在前面加上对方丈夫的排行,如二婶、四婶。自称均为胞侄、侄儿(女)。

父亲的堂兄(嫂)、弟(媳):口头称呼与父亲的兄(嫂)、弟(媳)相同。自称:堂侄。

父亲的同族兄(嫂)、弟(媳):口头称呼与父亲的兄(嫂)、弟(媳)相同。自称:族侄。

父亲的姐妹(夫):称父亲的姐妹为姑母;称父亲的姐妹夫为姑父、姑丈。自称:内侄。

母亲的兄(嫂)、弟(媳):称舅舅、舅父、舅母、舅妈。自称:外侄。

母亲的姐妹(夫):称姨、姨母、姨妈;姨父、姨丈。自称:姨侄。

父母的干亲家:称干爹、干妈。自称:义子(女)、干儿(女)。

母亲的表兄弟:称表母舅或表叔。自称:表侄。

母亲的堂兄弟:称母舅。自称:外甥。

岳父的兄弟:称岳伯(叔)。自称:侄婿。

同辈的称呼　称父亲兄弟的子女为堂兄(姊)、堂弟(妹);称父亲姐妹的子女为表兄(姊)、弟(妹);称母亲兄(姊)、弟(妹)的子女为姨表兄(姊)、弟(妹)。

夫妻间直呼其名。20世纪80年代始，一些新潮词语融入本地称谓，如夫称妻为老婆、老娘儿，妻称夫为老公、老头儿等；或夫妻间互称老伴儿。

区内湖广人和客家人称谓大同小异，如客家人称祖父母为阿公、阿婆；称父母亲为阿爸、阿娘(或阿眯)；把舅舅叫“舅爷”(读秋呀)、把舅母叫“秋娘”等。

称谓禁忌 忌下辈人、外人直呼自己祖父、父亲名讳。

【做　生】 新都居民对“做生”十分讲究，凡年龄为整十岁称为大生，反之为小生。做大生多做虚岁，即逢九这年做。民间有“五十做上，六十做满”的说法。做小生者多在至亲范畴内庆贺，年青人做小生多邀约战友、同学、或朋友摆一二桌以示祝贺。对“小生”的寿礼都较薄。40岁以上做大生，特别是60、70岁的花甲与古稀大生寿诞，送厚礼者较多。20世纪50—70年代，新都民间“做生”都十分简单。80年代后，随着社会经济的发展，人们收入和生活水平的提高，“做生”在新都农村和城镇都比较普遍，农村请厨师到家中烹任，宴客一般十来桌，多则四五十桌，乃至上百桌，每桌价200~300元。城镇居民则到餐厅包席宴请的亲朋好友，少则十来桌，多则五六十桌，每桌价300~500元不等。

90年代起，新都居民“做生”习俗渐渐发生变化，生日宴席设在餐厅、饭馆或“农家乐”，多数农户则请厨师在家中办生日宴。客人按照传统方式送实物礼品的极少，大都改送红包，礼金120~1000元。做生，除送现金外，有的送鲜花，有的用手机发送祝福短信，有的还在电视台点歌祝福生日快乐。独生子女做生，档次更高，非常隆重，甚至有的每桌价上千元不等。寿宴活动也变得更加讲究、隆重，有的人家请专业主持人、摄像师，有的还请人表演舞蹈节目。厨师要煮一碗“长寿面”呈给寿星，席桌必有“寿桃”以示祝寿。餐后比较传统的人家向客人赠送一个寿碗，以作纪念。传统的祝贺词语用得也比较少，流行方式是大家合唱《生日快乐》歌。餐后的麻将成为必不可少的娱乐活动。

新都居民做生有一些禁忌习俗：大生忌做满；不做空寿；忌用豆腐上席；拜寿不“扯单”；祝寿忌送钟等。

【迎　送】 公职人员到新单位就职、履新，居民远出归来，同事、朋友或亲属多要设宴相迎，俗称“接风”“洗尘”。参军、升学(中专、大学)、调离单位、退休等，亲属或朋友同事备筵席以示送别，习惯称“饯行”。“饯行”除宴请外，一般要互赠纪念品或合影留念。

【贺　喜】 新都民间历来有贺喜的习俗。随着社会经济的发展，贺喜的内容亦有所变化，乔迁、开业、结婚、生孩子、参军、升学、升职，甚至获得重要荣誉、涨工资等，朋友圈子都要互相祝贺一番，其中尤以乔迁和开业，贺喜的仪式绝不可少。

祝　宅 新屋落成或乔迁，主家于大门贴“阁上金龙腾紫气；堂前彩凤映丹霞”之类喜联，择其吉日做“圆屋酒”。是日，亲邻送贺礼，主家杀雄鸡、放爆竹，设宴祝宅。

开　业 旧时商铺开张，尚兴鞭炮剪彩，请戏班唱戏等。20世纪50—70年代，开张喜事庆贺在新都城乡较少。时至改革开放，政通人和，域乡人民步入富裕型小康生活，商场或商店重拾旧时开张礼仪，出现了“衣食足、礼仪兴、乐开怀”的喜人景况。新都的商铺开张、企业开业、新建新房、乔迁新居等恭贺之事也随之多起来了。

2000年起，商家开业，用气袋、彩绳、彩灯美化门面，请迎宾小姐接待，挂楹联、铺红地毯、摆花篮、悬彩球、放鞭炮，请礼仪队执牌或鸣鼓等方式庆祝。还有的在报纸、电视上打广告，邀相关单位、亲戚朋友前往剪彩，设宴祝庆。至2005年，一些大的企业和商铺开张时还聘请礼仪公司专门主持，场面盛大，宾客盈门。贺喜的无论礼物、礼金和人数多胜过以往,宴席排场也更加讲究,贺喜的酒店、餐厅包席者城乡皆常见。

赡老丧葬

【养　老】 赡养老人是中国人民的传统美德。由于经济条件和生活方式的差异,新都农村、城市居民养老方式不尽相同。

20 世纪 80 年代前,新都农村多子女家庭占多数,子女成家分立后,父母随其中一个儿子生活,或儿子轮流供养。轮流供养俗称"吃转转饭""吃零供"。老夫妻单独生活的,由儿子平均分摊生活、医药费。有儿子的家庭,女儿一般不承担赡养父母的责任。80 年代始,农村独生子女家庭逐年增多,一家三代或三代共同生活,老人失去劳动能力后,由儿孙赡养照顾。孤寡老人则入敬老院,由政府养老送终。城镇居民主要靠退休金养老,多数家庭父母与已婚子女分户居住,周末团聚。

改革开放后,随着思想观念和经济条件的不断变化,赡养老人的方式方法亦发生变化。一些中小学生、部队官兵、共青团员、机关单位、企事业单位等,经常为老人排忧解难,如挑水、打柴、扫地、购物、义诊、节日慰问等,成为民间"学雷锋、树新风"的一项重要内容。很多子女为老人购买了养老保险、医疗保险,无子女的老人都纳入了"五保"供养和最低生活保障的范围。老年人生活方式也呈多样化,流行的有健身、钓鱼、旅游、唱歌跳舞、上老年大学、种花、养鸟、打麻将、养宠物等。2000 年以后,社会托老结构兴起,一些老人(特别是病、残老人)自费入托老院颐养天年。

但在现实生活中不养老、敬老的现象还是有的,如:在住房、经济方面"刮家""啃老",占用家中好房间,吃父母不付生活费,把家视为旅馆、餐厅,想回就回,想走就走,饭来张口,挑肥拣瘦,不做任何家务事,耗尽父母终生积蓄。

【备　丧】 家中有衰病的老人,子孙要提前筹办好寿衣棺木,选择葬地(墓地),俗称"备丧""备后事"。

20 世纪 70 年代,新都旧时"备丧"之俗不复存在,但一般仍要置备普通棺材和衣物。择葬地、造"生基"和旧时的封建迷信禁忌习俗,一般是农村重于城镇。80 年代殡葬改革后,"备丧"习俗逐渐湮灭,一般是为老人积存一些死后丧葬需用的资金,提前为老人选择好墓地,老人自备者也多。

【丧　仪】 新都居民奉行"厚祭薄葬",丧仪沿袭古俗,但有变化。

送终与小殓 老人病危,儿女、孙辈要在其身边守侍,直到咽气,俗称"送终"。老人咽气,一是烧倒头纸,放鞭炮,称"放升天炮";二是将房顶开一个小天窗,称"出死煞"(又叫"出死星");三是给死者热水净身,换上寿衣,并将死者生前所用的衣被、床单、蚊帐等扔到房上,称为"晒衣"。上述活动称为"小殓"或"初殓"。同时告知相关的亲戚、朋友,俗称"报丧"。在新都农村沿袭较多,城镇机关单位日趋简化。20 世纪 80 年代至今,烧"倒头纸""放升天炮""晒衣"等旧俗在新都还普遍存在。

设置灵堂 灵柩前用柏树枝、竹、白纸、纸花等物扎制一个形似牌坊的门框,框中用白布作帷幔,上书斗大"奠"或"悼"字,"奠"字下挂死者遗像。帷幔前摆放一张小方桌,铺白布单,上放死者灵位牌。20 世纪 80 年代实行火葬后,在家中或院子里设置灵堂,请阴阳择日、开路、插招魂幡、点长明灯等习俗,在新都居民家中仍然比较普遍。

守　灵 初殓后,将逝者放到木板上,安置于堂屋中央。家族、亲族按尊卑、长幼,穿丧服,在灵前轮流守护。孝男孝女守灵时,执丧杖,俗称"哭丧棒"。吊丧期间,家人仅食用米粥、淡饭,不食荤菜水果,以示悲哀。丧期为3~5天。20世纪60年代起,穿丧服守灵、执丧杖、不食荤菜等守灵的习俗已淡化从简。

祭　奠　吊丧期间,亲戚、朋友、邻居、同事携香烛钱纸前往丧家祭奠,俗称"烧纸"。若逝者为长辈,祭奠者要拈香、化纸、磕头;若逝者为平辈,祭奠者则鞠躬志哀。祭奠时,主人在旁陪祭。有的家庭还要举行家祭。

烧　七　从死者咽气之日起,每7天烧一次钱纸,连烧7次。

回　殃　亦叫"出殃""回煞"。日期由阴阳先生推定。民间认为,死者的魂魄要由阴曹地府的无常小鬼送回家中探视。是日,家中要按死者生前的模样摆设,窗户旁放置粘有纸钱的竹竿(称为"阴梯"),摆上酒席后家人全部外出回避。

烧百期　死后百日,家人要备香烛纸钱到坟前祭奠。儿子、孙子剪一撮头发,连同纸钱焚化,取义"身体发肤,受之父母"。

除　灵　葬礼过后,有的家庭仍要在家供奉逝者灵牌,晨昏祭奠,烧"七七"时,才将灵牌连同焚化,有的则在周年祭奠时除灵。除灵,要举行简单的仪式,丧仪即告结束。除灵前,家中不举办男婚女嫁等喜庆活动。

【葬　礼】　葬礼时间(包括日期和时刻)由阴阳先生根据死者生卒时间和主孝子的生辰八字推定,不得提前缩后。出殡时,家中女眷一起哭送,俗称"哭丧"。灵柩由8人抬(实行火化后,民间有的将死者骨灰盒放在方桌上,以丧罩装饰,仍以8人抬),一人提灯笼引路,依次是旗伞队、鼓乐队、花圈祭幛队、灵柩、送葬队伍,一路抛散纸钱,俗称"丢买路钱"。到达墓地后,按阴阳先生指点的位置(俗称"点穴")挖好墓穴(俗称"开金井"),将棺木(今骨灰盒)移至穴中,用罗盘校正方向,然后掩土、垒坟、立碑(在公墓安葬的,点穴、开金井等仅是象征性表示)。安葬完毕后回家不走原路,到家进门时有"设酒、焚柏"除秽等仪程。办丧事过程中,孝家每天要以酒席款待客人,在最后一次宴席酬客时,要行一种孝家统一向客人道谢的仪式,叫做"出白式"。

20世纪60—70年代,新都民间丧事都十分简朴。改革开放后,随着社会经济的发展,人们生活逐渐富裕,新都丧葬的礼俗日渐恢复。80年代后,随着殡葬改革的推行,社会倡导文明新风,传统的丧葬习俗逐渐改变,人死后,尸体直接送殡仪馆存放,灵堂挂逝者遗像、摆放骨灰盒;披麻戴孝多改为佩戴黑纱或白纸花;亲朋好友奠祭多改为送花圈或礼金;"出死煞""晒衣""点路灯""回殃""烧七""烧百期""除灵""哭丧"等简略或消失。抬(抱)骨灰盒出殡,送丧队伍一般在50人以上,多者100人以上。职工去世后,多由生前所在单位发讣告,举行遗体告别仪式、开追悼会表达对逝者的哀思。

90年代起,新都城乡出现承办丧葬的组织,包揽了设灵堂、办酒席等在内的全部丧葬事宜,颇受民间欢迎。送丧火化灵车也均采用汽车出行,送灵车的车辆少者三五辆,多者十多辆甚至几十辆车,沿路鸣放鞭炮,丢撒钱纸,鼓乐声声,送丧队伍多的达几百人,遗体告别仪式也更加讲究。

【客家人二次捡金葬】　新都客家人去世,将骸骨叠放于口小腹大的陶器内,此陶器俗称"金坛"。安葬若干年后(通常满8年),其子孙挖开墓穴,请"捡金师"挖出骨骸,按照先捡脚部最后捡头颅的顺序,再按人体结构屈肢装入特制的陶瓮内,谓"捡金",重新安葬,认为才是永久、真正的坟墓。实行火化后,此俗不存。

宗教习俗

佛　教

【概　况】 佛教,大约于东汉明帝永平十年(67)传入中国内地,传入新都确切年代无考。据珍藏于新都宝光寺的千佛碑,碑碣镌“大同六年建立”题记,是梁武帝大同六年(540)阴刻,故佛教传入新都不晚于南北朝时期的梁代。

佛教在新都的影响最大,佛教信众人数最多。至2005年,境内有信教群众约七八万人。居士每年逢佛界承传观音大士阴历二月十九诞辰日、六月十九成道日、九月十九涅槃日,或赴宝光寺,或上成都大寺庙,或就近寺庙进香,祈祷菩萨,欲清心脱俗。

【佛教习俗】 新都的佛教信众有着自己的修身信仰和禁忌。

修身习俗 佛教注重修身,认为行善是人生无量的功德。主张“五戒、十善”。“五戒”:杀生戒,偷盗戒,邪淫戒,妄语戒,饮酒戒。“十善”包括身体行为的善(禁忌):不杀生,不偷盗,不邪淫;语言方面的善(禁忌):不妄语,不两舌,不恶口,不绮语;意识方面的善(禁忌):不贪欲,不嗔恚,不邪见。饮食禁忌是不吃“荤”和“腥”。生活禁忌要求不结婚,不蓄私财,不自歌舞,不观看和听歌舞,不坐卧高级豪华床位,不接受金银财宝,不作买卖,不看相算命等。

丧葬习俗 佛教信徒(居士)去世,有的在宝光寺火化,举行佛教火化仪式,僧人围绕焚化塔诵经,其他丧仪与非信教者相同。

伊斯兰教

【概　况】 伊斯兰教旧称“回教”“清真教”。清初,陕西蓝、李、马、康、沙、撒、东、虎等姓回民(穆斯林)落业新都,集资修建清真寺2所。民国23年(1934),清真寺扩至7所(即罗家寺、虎家寺、马家寺、湖南寺、唐家寺、诚一寺、清净寺)。

至2005年,新都共有回民800余人,主要分布在新都城区、泰兴镇、原龙虎镇。活动场所在新都镇紫瑞街清真寺,每年在此举行“开斋节”“古尔邦节”“圣纪节”。

【伊斯兰教习俗】 穆斯林信仰真主,循其教规。

生活习俗 结婚,请阿訇念“依扎布”(证婚词),意为美好祝愿,视教规的合法性;婴儿出世,多请阿訇起教名,以求吉祥;老人逝世,请阿訇殡礼,以悼教内亡人。与其他民族的禁忌主要区别是在饮食方面,禁食猪肉、不食自死物、不食动物血、不食猛禽猛兽,禁饮酒、赌博、求签等。语言禁忌如:忌说“人死”而说“归真”,忌说“上坟”而说“走坟”等。动作禁忌如:忌反手舀水、倒水,而应顺手舀水、倒水;忌“作揖”“叩头”,而用右手摸胸,左手自然下垂,或做“都阿”的形式。

丧葬习俗 穆斯林去世后,由阿訇代洗尸身,用白布将死者周身缠扎,边扎边念经。然后将死者放于白色兜尸布上,三人挈兜尸布将死者放入从清真寺抬回的共用棺木内,加盖后出殡。回民坟墓用石椁或木椁,贴地一方不砌,尸身紧贴地面(棺木回收),俗为"人死归土"。阿訇念经后将死者放在椁内,头北脚南,脸微向西方,加盖掩土,坟堆垒成长方形。葬毕,家属返家宰牲(羊或鹅)、炸油香(油饼)分送邻友,以示感谢。回民死后不化帛,不设酒席,但子孙要着孝服。

天主教

【概　况】 新都天主教于清光绪七年(1881),外籍人司铎汪若瑟到新都,于上升街开设医馆,在三倒拐巷置街房一院创建天主堂。清光绪十二年(1886),教堂更名"广信堂"。光绪二十三年(1897),于新都外西瓦店子、三河乡泥巴沱置田建天主教堂。民国38年(1949),新都县有天主教堂3所。1949年,新都天主教堂神职人员全部离境,教务活动停止。天主教于1987年在新都恢复教务活动,至2005年,新都有信众数百人,主要分布于毗河沿岸的村社,桂林村最多,教务活动地在泥巴沱天主教堂。

【天主教习俗】 天主教有独身禁忌:天主教的主教、神父、修女是不结婚的。神职从商禁忌:禁止领受神品者经商,赞同给社会的贫困群体带来福利的正当经商行为。离婚禁忌:禁止婚姻离异是天主教会维系家庭和谐的伦理方法。此外,在堕胎、主日、斋期和教堂内均有一些禁忌。

新都天主教信众丧葬礼仪受新都传统葬礼影响,相互交融,仍采用火葬。

基督教

【概　况】 基督教在清光绪十二年(1886)传入新都,教堂名"广信堂"。光绪十五年(1889),英籍牧师高隆信至新都西门置铺面1间,后房一院建"福音堂",光绪十七年(1891),改建为"礼拜堂"。民国时期,高隆信派员分赴各乡镇传播基督教义直至1949年,新都有基督教堂1所。

基督教又称新教。1993年,新都城区基督教信众开始与成都、广汉教会取得联系,以家庭聚会方式研读《圣经》。2005年6月,经区民宗局批准,设立新都区基督教城区临时聚会点,城区有基督教信众300多人。至2005年,新都有基督教信众600余人。

【基督教习俗】 基督教信仰上帝是宇宙独一的主宰。主张一夫一妻,不主张离婚。信众不吃动物血,禁食勒死的牲畜,禁止看相、算命、占卜和占星术(星象学)等,持"基督复临安息日会"教派背景的信众安息日停止劳动,并在这一天举行聚会礼拜。安息日不食猪肉和某些水产品等。

基督教信众去世,不请阴阳,不烧香蜡纸钱。出殡和下葬时,信众聚唱圣歌,死者墓碑上刻十字架。其他祭仪与非信教者相同。

新都客家

迁徙分布

【迁徙路线】 新都与整个四川一样,其祖先大都是两次"湖广填四川"的移民。北宋靖康二年(1127)后,金兵南下,陕西、河南、甘肃等地难民入四川避难。从新都现存的族谱中,查有胥姓一支的后裔迁徙入新都繁衍。元末明初,红巾军起义后,湖北、湖南、广东、广西等人口较多地区的人迁徙入四川,这是第一次"湖广填川"。清初,是第二次"湖广填川",据新都现存的族谱记载,有52个姓氏、135个支系的后裔生活在新都。新都客家的入川路线,主要通过两条路径。一是大部分从移出地出发,经湖广沿长江从川东入川;二是少部分从广东、湖南边境取道贵州入川。客家人进入四川停留多年后继续迁徙,其中从川东入川的由川东北到广安、仪陇、巴中,西进到泸县、富川、隆昌、威远等川南地区,有的就留在川南,而有的继续西进到成都平原。从贵州入川的由川南到沱江中下游居多。从迁徙路线看,新都客家人籍贯涉及广东、福建、江西、湖南、湖北、陕西等省,广东籍为最多,其次福建籍,三为江西籍。

【客家分布】 全区大部分属客家人,其中,木兰镇、石板滩镇与泰兴镇、三河街道的部分村(社区)属成都东山。客家人遵守祖训"宁卖祖宗田,不丢祖宗言",至今仍保留讲客家话。

成都东山,含新都丘陵区的泰兴、木兰、三河、石板滩,其客家人主要来自广东的梅州、惠州诸县,其次是来自福建、江西。据客家族谱记载,新都客家人最早入川的是从丰顺县东油麻窟迁居富顺县玉镇乡大罗村的刘应奇,其子刘全于清顺治十七年(1660)庚子九月初九日酉时生于富顺县玉镇乡大罗村,康熙三十二年(1693)癸酉六月初三日酉时卒于新都县吴村三甲镇静庵(今新都镇静安村)。其余多数于清乾隆年间迁入。

木兰镇、石板滩镇客家人分布在场镇和各村。泰兴客家人分布场镇以南,与石板滩毗邻丘陵之观东、观西、梨园、杨河、九官、窖坝、议团村,部分居镇北平坝。三河客家人分布在繁阳、五龙、龙伏、山秀、三都、回龙、苏北、飞堰、互相、长桥、二江村,少数居平坝。

2005年,木兰镇客家人占本镇总人口的97%,石板滩镇占95%,泰兴镇占65%,三河街道占51%。

客家语言

【方言述略】 "客民本中原汉族",口音属中原音系。客家先民自北至南徙至闽、粤、赣三省交界处落业,受当地文化影响,形成汉语的一个支派。在汀州形成客家话的基础,在梅州形成客家话为标准的代表。罗香林《客家源流考》认为"就种族遗传说,客家民系是一种经过选择淘汰而保留下来的强化血统",这就说明了"客家人是中华民族是最有力的一派"(《梅县乡土历史读本》)。客家方言不是一种独立的语言,而是汉语的一个支派。

【方言现状】 新都境内客家人之间相互交流使用客家话,对说四川官话(即“湖广话”)的人则说湖广话,既能说客家话、又能讲湖广话。客家人的小孩未入幼儿园前,在家主要教客家话,入学后逐渐学会普通话和“湖广话”。至今尚有少数50岁以上的客家人只会用母语,不会说湖广话;还有相当一部分客家人讲“湖广话”十分别扭,如把“写字”说成客家话“霞湿”读音,把“去年”说成“旧年”,“睡觉”说成“睡目”,“桂花”说成“鬼发”,“蛇”说成“煞”。

【方言特点】 客家方言保留不少古音、古词、古义,语音、词汇语法大多既不同于普通话,也不同于四川官话(以成都话为准)。方言中无“儿”化音。汉语普通话语音后缀“儿”字不成音节,须和前面的音节合在一起,使前一音节的韵母成为卷舌韵母。如“花儿”的发音是hua er,此儿化音客家方言不曾涉及。再则,客家话语多送气音,即古全浊声,如将“白”念成“趴”字音。

声调特点 新都境内客家话有6个声调,分别为“阴平、阳平、上声、去声、阴入、阳入”。平声、入声分阴阳,上声、去声不分阴阳。其声母有21个,韵母有54个。

声母特点 古全浊声不论平仄多读送气音。例如:“鼻”阳平音字,客家话读pi(去声),并念“皮公”。“蹄”是古定母平声字,客家话读tai(阳平),并念“猪太子”。“定”是古定母去声字,客家话读ting(去声),并念“梃”。“罪”是古从母去声字,“坠”是古澄母去声字,客家话都读chui(去声),把“罪”“坠”均念成“垂”。“谢”是古邪母去声字,客家话读qia(去声),念成“洽”。“跪”是古群母上声字,客家话读kui(上声),念成“葵”。

古次浊上声与全浊上声字部分读阴平。例如:“马”是古明母上声字,客家话读ma(阴平),跟“妈”同音。“买”是古明母上声字,客家话读man(阴平),跟“埋”同音。“拿”是古泥母平声字,客家话读la(阴平),跟“拉”同音。“领”“岭”是古来母上声字,客家话读liang(阴平),跟“粮”同音。“惹”是古日母上声字,客家话读nia(阴平)。“有”是古云母上声字,客家话读you(阴平),跟“优”同音。“也”是古以母上声字,客家话读ya(阴平),跟树丫的“丫”同音。“淡”是古定母上声字,客家话读tan(阴),跟“摊”同音。“坐”是古从母上声字,客家话读cuo(阴平),跟“搓”同音。“柱”是古澄母上声字,客家话读cu(阴平),跟“粗”同音。“舅”是古群母上声字,客家话读qiu(阴平),跟“秋”同音。

古非组声母一部分保留重唇音。古非组字的声母今读b、p、m,便保留了上古重唇音的读法。“斧”是古非母字,客家话读fu(阴平),跟“福”同音。“沸”是古非母字,客家话读bei(去声),跟“焙”同音。“妇”是古奉母字,客家人在白读中不读f声母,而读b声母,如将“妇女”读成“布娘子”。“粪”是古非母字,客家人读ben(去声),跟“笨”同音。再如:“尾”“问”“网”是古微母字,客家人读成mei(阳平)、men(去声)、miang(上声),则将“尾”读成“没”音,将“问”读成“闷”重唇音。

韵母特点 客家话在语音韵母上,其韵尾和鼻化韵较重,而普通话却没有鼻化韵母。

客家沿用古汉语单词示例一览表

表17-11

普通话词汇	客家话读音	普通话词汇	客家话读音	普通话词汇	客家话读音
红苕	番薯	糍粑	麻粿	眼睛	暗珠
南瓜	番瓜	馍馍	米果	睡觉	睡目
丝瓜	西瓜	香皂	胰子	洗澡	泻身

续表 17–11

普通话词汇	客家话读音	普通话词汇	客家话读音	普通话词汇	客家话读音
辣椒	该椒	瓜瓢	葫麻	穿衣	着衫
菠菜	菪菜	烘笼	火囱	吃早饭	食朝
花生	花仙	抽屉	拖箱	吃午饭	食昼
玉米	包粟	铁锅	喔头	吃晚饭	食鸭
母鸡	该骂	侄女	侄唔	下雨	落水
鸡蛋	该谈	媳妇	新秋	吵架	斗高
公鸭	鸭公	女婿	婿郎	没有	冇得
青蛙	锵该	大人	台吝	杀鸡	刺该
月亮	逆光	小孩	写杰志	上坟	铲地
太阳	霓头	大腿	太髀	死人	死佬
锄头	脚锉	耳朵	睨朵	老鹰	鹞婆

客家宗法

【敬祖观念】 客家人心目中,祖先即神灵,生活中有先祖庇佑而长运不衰。以是否会说客家话、神榜写法、家族来源三方面作为客家人认同标准。

客家人远祖为中原汉族,不少家族辗转南迁闽粤赣后,欲使家族世系绵延,慎终追远,乃承传敬祖睦宗观念。客家《许氏族谱》称:

水有源头树有根,人无祖宗向何生?
为人常要思根本,先有祖宗后有孙。
父母不亲谁才亲?双亲不敬敬何人?
若是孝敬双亲老,后代儿孙报你恩。

【神位书写】 神位的写法,境内客家人和四川湖广人写法相异。

湖广人供奉神榜,神榜的正中直书“天地君亲师位”,其神联书写有的为:“迹发北楚家声远;支分西蜀世泽长”,横额有的书“祖德留芳”。湖广人对天地、君王、祖先、师尊多元信奉,恪守成规:“天字不出头,地字不平土,君字不开口,亲字不闭目,师字不平肩”。不循此则,不过黄道。

新都客家人恪遵儒家之道,对敬奉祖先神位直书“某氏堂上历代先祖考妣神位”或书“某氏堂上始高曾祖考妣神位”。

客家人神位的字数很讲究规矩,即要过大黄道、小黄道。一般神位多书 11 个字或 13 个字,其中“考妣”两字并列书写只占一个空格,算一个字,这 11 个字的牌位过大黄道的“还”和小黄道的“生”字。神位是“左昭、右穆”。昭穆是宗法制度对宗庙或墓地辈分排列的规则和次序。二世、四世、六世,位于始祖之左,称“昭”;三世、五世、七世,位于始祖之右,称“穆”。以此区分宗族内部的长幼次序、亲疏远近。

湖广人、客家人书写神位、祖联,必用汉字繁体字。

【神联特征】 撰写神联,必须遵守"清源正本"的原则。或表现家族历史,或源于本族先祖名人的字号或官职,或是家训、警句。神位壁上左右配以祖联,合称神榜。祖联内容反映宗族源流,祖上功德和善行业绩,其中反映郡头、起源居多。

如,刘氏祖联"系自唐尧开一本,宗传汉世茂千枝。"横联"禄阁藏辉";"书藏禄阁风微远,迹发彭城世系长。"横联"正字家风"。石板滩镇马家村赖氏堂屋祖联:"迹发颖川绵百代,支分蜀郡焕千秋。"

【祭祖祷祝】 新都客家人奉行祖宗崇拜。过去,对历代祖宗,特别是始祖,大都建有祖祠,以作纪念,春祀秋祭,年年不断。各姓氏建有自己的宗祠。祭祖,分为祠祭、墓祭和家祭。现建有宗祠的很少,多采取墓祭和家祭。

客家人朝夕与神榜相伴,时值传统佳节,主家备以食馔,烧香燃烛,面对神榜叩祭宗祖、神明,轻声虔诚祷祝:某氏堂上历代先祖、已故亲人一律普见香坛,今备雄鸡、刀头、薄酒,敬献纸钱,恳请下界受用。祈愿先祖、神明庇佑全家祛灾纳福。敬祀次序则按辈分、长幼依次磕头作揖。

【信仰崇拜】 客家人自古以来重礼仪、讲礼貌。人与人之间相互信赖,保持着良好的人际关系。父母与子女之间,亲属之间,邻居之间,长辈与晚辈之间都有一定的礼节。由于客家人所经历的磨难史和定居山区后,时常受到天灾人祸、疾病、野兽的威胁,因此,相信"举头三尺有神明",至于那是什么神,并不考究。不管哪路仙客,何方神祇,也无论是儒佛道,还是鬼神巫术,只要能祈福免灾、百事呈祥,保佑老少安康、子孙兴旺便供奉。既崇佛道,又重儒术,更信鬼神。有一些庙宇往往是将观音、许真君、龙王爷、米谷神、福神及其它民间土神之像供奉一室,彼此间并无信仰抵触,各信各的,信者有,不信者无,见庙就烧香,见神就磕头。

客家教育

【家族教育】 新都境内客家人素以耕读为本,崇尚文化,重视家庭教育。客家男子大都外出谋生,持家教子的重担几乎都落到妇女身上。客家妇女"家头教尾"(养育子女)、"田头地尾"(耕田种地)、"灶头锅尾"(家务劳动)、"针头线尾"(缝补衣裳)等四项妇功的养成和履行,年复一年,一辈子付出艰辛和劳苦。

【宗族教育】 各宗族十分重视兴学育才,把教育好本族子弟视为兴旺发达的大业。过去,宗族的祠堂大都用来办学堂、学校。各宗族的"公田"收取的租金,很大一部分用于培育本族子弟,包括办学校,聘请教师,奖励学业优秀的子弟和资助家境清贫的子弟等。有的宗族在《族谱》上就明文规定了考取"秀才""举人""状元"等之后的不同奖励金额。旧时出了秀才、举人等和现代出了大学生,不管出在哪家,都视为全村、全乡的荣耀,并采取各种办法给予资助和奖励。

【家规家约】 家规家约同先祖遗训一致,家有约法,其家循规蹈矩,日渐文明。以新都黄氏家规为例:重读书,终于子史经集,非儒门书籍,概不可观;务本业,日勤耕种,夜苦披吟,或事工商正业;尚伦理,五伦八德,务求日新,不致废弛;黜异端,邪教门头,晓语家人,勿致习染;修内政,妇女幼时读书,非伦常事,概不准行;严闺阃,族亲亦当有别,处地各分,戒夜行独宿;息争斗,父子笃,夫妇和,善处善待为要;择婚姻,不可图富苟结,有损宗脉,贻误将来;奉祖先,培墓、修谱,常悬心目;遵祖训,祖训家规,祖堂讲诵,后辈施行。

【族谱族规】 客家承袭敬祖睦族观念,各氏虔诚信奉先祖遗训,有的载族谱,有的书于祠堂。先祖遗训即族规,以儒家伦理道德孝悌、忠信、礼仪、谦耻规范后世。如新都客家《廖氏族谱》祖祠常规八则记有:祀典、家政、锡贵、育才、赏老、课士、族葬、祠规,此八条常规,详记先祖遗训。

【社会劝教】 客家人重教的民间流传口头说唱很多,以《东山民间说唱词》内容之一为例:要读书,把名报,父母送儿上学校。买书本,买笔墨,借钱挪账都舍得。好饮食,娘不吃,让儿吃饭上学堂。怕儿饿,娘担心,又揣鸡蛋和花生。又教儿,莫逃学,发奋读书莫耽搁。催儿学,要专心,说是书中有黄金。早上去,下午回,父母灯下把儿陪。教子女,努力学,小学毕业上中学。成材后,做贡献,要为爹娘争脸面。

客家建筑

【会　馆】 南华宫,亦称广东馆,徙川广东籍人集资修建。主祀佛教禅宗六世祖慧能,遵例奉祀战国时期思想家庄周,时庄周不受楚王重金之聘,主张“达生”“忘我”,认为“道”之无限,超越时空不可知。其著作《庄子》五十二卷被唐人奉为南华真经,庄周被尊为“南华真人”。因广东地处华南,籍人崇敬庄子,其会馆顺理称“南华宫”。

新都城关、三河、石板滩曾有南华宫,其会馆功能供神祇、祀先祖、聚嘉会、笃乡情及议事、寓居。宫呈殿宇式,飞檐斗拱,气势宏伟。均以驼峰形青砖筑封火墙相围。

【宗　祠】 宗祠俗称祠堂、家庙,是客家宗法制度产物。客家徙至新都,其宗族观念甚浓,亟待祧庙合祭本氏历代先祖牌位,修建宗祠由此产生。故宗祠成为移民落业、供奉祖上灵位、祭典之圣地,亦为同宗议事、执行族规、祭祀设宴之所在。至今,新都境内尚存一些宗祠。如三河有严家祠、李家祠、周家祠、何家祠、叶家祠、张家祠、廖家祠。

【民居建房】 沿袭土木建造,或用土砖墙,或用夯土墙。土砖即用生土经浸湿做成近20公斤重一块的砖坯,阴凉月余待用。夯土墙,即舂墙,以夹板、舂榧为工具,多在生土加入配料予以夯筑。以竹条作筋,以增墙体韧性,加瓦砾、石块,使其更加坚固。待舂墙风干、抹墙子泥加谷草节、头发,保持墙面不走性、不脱落。

盖匠用经过梳理,柔滑、硬朗、易造型麦草盖房顶。盖房以圆木作檩,以杆作椽,篾条捆扎成人字棚顶架,麦草铺成16厘米厚屋顶。盖出房屋光洁平整,隔音性强,冬暖夏凉。房顶饰脊鸱吻,翘角扬美。祖屋通堂盖小青瓦,墙体用土砖。殷实人家建房离地1米高度以石条做墙基,石条之上砌土砖。对祖屋建造尤重民居文化,常于堂屋脊檩饰以太极图,图之两侧墨书房屋建造时间及“万载兴隆”“蕃衍万代”“紫气东来”等吉语祝福子孙。

【民居形制】 清代,相继徙至新都的客家人承传民居建造风格,沿袭一堂屋、二堂屋、三堂屋单四合院式民居风貌。祖屋、富庶人家宅第均盖小青瓦房,其他几乎清一色草房。

一堂屋 只有上堂无下堂,进围墙大门便是天井,上方为上堂,上堂分3间,当中一间为中厅,称堂屋,堂屋两则为卧室,天井两侧厢房各1间,计5间。“五”不成双,若加天井,客家人称“假六间”,以趋吉利。建一堂屋多拮据人家。

二堂屋 主体由上下堂构成,房屋结构进门间为人字棚下堂,由3间组合,上堂左中右3间,上下堂之间摆天井,天井两侧厢房各1间,无内墙间隔,计8间,客家称“硬八间”。二堂屋中轴线对称,采光靠天井,屋四周无窗,呈封闭状。房屋融宗法、居住为一体,居住人家尊卑关系分明。以面朝大门为例,上堂中厅为祖堂,奉祀先祖神位,待客议事,长辈休闲。祖堂左侧次间系长者卧室,右侧次间系下辈卧室,概不越位。二堂屋多因家族繁衍,随分支子孙增多,祖房不够住即分家发展而用。

三堂屋 多为祖屋,其合院式建筑不失富贵之气。以石板滩镇东风村廖氏大院为例:全院坐北朝南,中轴对称,形神兼备,分前、中、后堂,中堂前后设长方形大天井,自前堂至后堂分设东西厢房,厢房后套天井摆耳房。整套宅院为小青瓦,土砖墙,封闭式,占地数百平方米。前、中、后堂高大,宽敞,明亮,系整座建筑主体及家族公产所在,祖堂左右两重厢房、耳房分阶段属长辈、房系人居住。三堂屋民居布局昭示客家人宗法、辈分的制约性。

【民居碉楼】 防御性建筑是客家民居较显著物特点,沿袭客家反复迁徙特征及当初政治环境。除客家封闭式一、二、三堂屋,“碉楼”则是客家民居最具防御功能的体现。

碉楼建筑有装饰之美,依风水学说乃镇宅。境内碉楼始于清末至民国初期,当时社会动乱,匪患日增,客家人中富裕者建碉楼以增安全感。石板滩所建碉楼,场镇5座,农村7座。7座中,分别为廖家寨子4座,土城四社房主黄君祥1座,五一村一社刘宝山1座、廖玉廷1座。农村碉楼较之场镇碉楼偏矮小,平均高约12米,墙壁四周边长6米、土夯墙厚0.8米,碉楼二楼四周均凿内大外小瞭望口、枪眼。碉楼有御敌、贮粮食、存柴草功用,外形含“火药”味,客家人于二楼碉檐及顶檐饰以塔阁之貌,隐去“狰狞”。小青瓦盖塔阁式碉楼,彰显宅第亲和力。20世纪60—70年代,石板滩民居碉楼相继毁损。

廖氏家族“廖家寨子”占地100余亩,主体建筑分上厅、下厅、南厅、北厅。四周双重夹墙城堡式护围,寨子南临西江河,河道为天然护障。围墙墙体离地1米高度以条石砌成,四角皆设防御碉楼,内外夹墙之间深沟环绕,寨内遍植林木。抗日战争时期,成都“天府中学”迁至廖家寨子以避日机轰炸。1950年,解放军在此驻扎剿匪。20世纪50年代,寨子改作粮食仓库,此后逐渐毁损。至2005年,廖家寨子仅存宽2米、高0.5米的护围寨子墙基遗迹。

【古围龙屋】 围龙屋普见于闽、粤客家,石板滩“廖氏围龙屋”为四川客家移民仅有。五一村廖氏客家后裔廖前芳、廖胜芳系本家族第十世孙,廖氏围龙屋坐落连绵起伏山丘,始建清雍正年间,迄今260余年。

围龙屋以小青瓦作盖,前厅门楣飞禽走兽图剥蚀,门之两侧坐以石凳。前、中厅之间天井宽大,天井两侧余存厢房各3间。中厅厅堂高约6米,5间布局,厅堂柱底坐以石础,圆木房柱直径50厘米。中厅后设花圃,客家人呼“花头园”,花圃后半月形围屋,今残存6间,围屋呈弧形状。当时,围屋后广植竹木,以挡“风煞”。围屋前半月形池塘蓄水作防火、养鱼、植荷之用,寓意规避坳煞。围屋半月弧状与池塘半月内弧状构成一轮满月形象,象征天圆,蕴意“子孙团圆”“万事合和”,香火不断,福泽绵长。廖氏人称,建造围龙屋很讲究风水,选址斜坡,坐北朝南。外来人赞曰,未见客家人,先见围龙屋。俯瞰围龙屋似龙实屋,形制壮观。惜其历经沧桑,后人失修,呈露破败。

《廖氏族谱》载:“廖氏新河堰侧体用(廖氏入川始祖)祖祠屋一院,房屋宽敞,仅亚于王室。屋为三重,分上厅、中厅、后厅一横五间,加上南北厅十二间为正屋作祭祀用。堂屋后有小花园,围着花园,即有围龙房三十间,作主办祭祀人员住宿和存放祭祀杂物等用。其前厅有大门两扇,后侧面大门两扇,每扇大门前,各有一约五分地晒坝、水井一口,供门内住户饮用水。各厅有瓦房数十间,为四房子孙轮住。全院共有水井四口,旱碾四座,石砌猪圈二十多座,牛圈四个,马厩四个,天井十个。整个院子共有二百多间。正面且有大晒坝一个,约二三亩。晒坝外有半月形养鱼池数亩,全院有林园竹木数十亩。若含房基、走道、晒坝、鱼池、花园、菜圃、草坪共一百多亩。其树木不可胜数。有祠产二千多亩,每年收租谷二千四百余石。”

改革开放后,随着社会环境的改变,客家人逐年把草房改建成原结构式砖木瓦房,大多数改建成钢筋混凝土楼房。至2005年,仅存少数老祠堂、老祖屋和未改建的“二堂屋”,单四合院式客家民居逐渐消亡。

传统节日习俗

春 节

【倒 牙】 农历腊月十六称为倒牙(衙)。“倒牙”有两说:一说是到这天,衙门便将大印封存,不再办理公务,无论大事小事均需等到正月十五过完大年后,州、府、县才开印办公,各级官吏便上衙理事;二说是无论商家、作坊、茶房、酒店和农村雇佣的长年和月伙,按规定是每个月初二、十六吃肉,也称打两次牙祭。到腊月十六这天打过牙祭后,这年再也没有吃肉打牙祭的日子了,谓之“倒牙”。“倒牙”后农村无农活可做,大人们忙着办年货,作过年准备。对于城镇乡村的儿童们则是最快乐的时光,一般都放了假,是儿童们玩耍的日子。

【祭 灶】 腊月二十三、二十四是祭灶神的日子。腊月二十三是填四川的湖广人祭灶的日子,腊月二十四是填四川的广东人祭灶的日子。祭灶这天也是人们清洁卫生大扫除的日子,又叫做“打阳尘”。过去无论城镇、农村居家做饭均以草木为燃料,草木燃烧后的烟尘日积月累沉淀在屋梁、柱头、墙壁上。为了干干净净过新年,每逢这两天到来,家家户户都要打阳尘、抹墙壁、清洗桌椅板凳,家里所有的东西以及旮旯角落都得打扫干净以迎新年的到来。不少农村人家把扫除后的阳尘送到油菜田里并焚香祷告,祈求来年丰收。

过去,不少家里的灶头墙壁上都贴有一张灶神的画像,画像两边贴着“上天奏善事,下地降吉祥”或“上天言好事,下界保平安”的对联。祭灶的祭品有:黄表纸3张,香5根,蜡1对,称为灶蜡;糖豆1盘,称为灶糖;锅魁2个,叫灶火烧;雄鸡1只,名曰灶马;草节1盘,粮食5种,清水1盆(碗),谓之马草,用以饲灶马用。取下旧灶神的画像,将新买的灶神像张贴于灶前,并贴上对联。主祭人一般为一家之主妇,祭灶完毕后,家人一起吃晚饭,叫“过小年”。有的人家只是摆上些供品,随便说一些保佑全家平安、财运兴旺之类话,就算祭灶了。

【团 年】 旧时,从腊月二十四日起,开始吃“团年饭”。宴席必有鸡、鱼,取吉(鸡)利有余(鱼)之义。团年日要祭祖先,烧袱纸(封好的纸钱)、贴春联。有的人家将"福"字或财神倒贴大门上,寓意福到了,财到了。除夕夜全家围坐在一起,喝酒、吃年糕、吃"团年饭"。酒谐意"久",寓意天长地久,久久发财;年糕谐音"年高",都是吉祥如意的好兆头;长辈要给小辈发红包,俗称"压岁钱";人们往往通宵不眠,叫"守岁";除夕夜灯火也通宵不灭,俗称"光年"。半夜子、亥交替时刻(零点左右),家家放鞭炮,辞别旧岁,迎接新年。随着时代变化,家人吃"团年饭"方式也有所不同,如祭祖供物、烧香祭拜等仪式已不再讲究。改革开放后,新都除单位举行团年聚宴外,一些家庭的团年盛宴开始在餐馆饭店举行。除夕之夜,大部分人家团年晚上便收看中央电视台春节联欢晚会辞旧迎新。新都大的场镇都要举办大型年货展销会,专门提供各地各类名优产品,方便人们备置年货。多数家庭都不再自制香肠、腊肉、年糕、炒花生等节日食品,而是到市场上购买。

【拜　年】 正月初一,要早起开门迎接财神到来。人们整天不能吃荤腥之食,一般是早上吃面条,中午吃汤圆,寓意"金线钓元宝"。出门要走西北方向,民间认为:喜神在西北,三煞在东南。场镇、县城的生意人,大部分店铺不开门营业,各家各户按习俗均不宴客,忌取水、忌扫地、忌用刀剪针线、忌洗衣、忌说不吉利的话。人们多逛街、游园或上庙祈福。到附近的亲戚、家门家里去拜年,无论到哪家的均不用携带拜年的礼品,人们称之为拜"溜溜年"。行人见面均以抱拳施礼互相道"恭喜发财!""拜年!拜年!"从正月初二起,女婿就得给老丈人、老丈母拜年,侄辈就得给叔父、伯父、姨妈、姑妈、表叔、表婶拜年。

新都居民春节拜年习俗一直延续至今,但拜年时的礼品随时代变化而不同。如20世纪70年代,新都居民拜年时提腊肉、公鸡、布料等为拜年礼品。80年代拜年礼品多为鞭炮、糖果、烟酒。90年代后拜年礼品则多是美酒加红包。至2005年,拜年的方式更加多样,除登门拜访外,还时兴寄贺年片、电话拜年、发手机短信、电子贺岁等。

【龙　灯】 新都的龙灯种类很多,舞龙的技巧、形式也多样,流传的有彩龙、金龙、火龙、水龙、板凳龙、旱龙。从正月初二起,新都便开始舞龙灯拜新年。

从清代至民国时期直到中华人民共和国成立初,每年旧历正月初九(俗称"上九会",当日是玉皇大帝生日),都有龙灯上场表演。正月十三是开场日,各场镇每年都要举行宏大的开场庆贺仪式。主要方式就是舞龙灯,不仅有本乡的龙灯队,还有邻乡的10多支龙灯队来庆贺,场上人山人海,满街满巷,锣鼓喧天,盛况空前。彩色金龙连龙头只有4节,由2人舞。巨龙由7~9人舞。每支舞龙队都有一组乐队,乐器很简单,只有锣、鼓、钹、马喨子等,舞龙队到了家门口,由"灯头儿"先进去送贺帖,主人接受贺帖后便送以红封。灯头儿便引龙进院,举龙头者面向这家神龛上供奉的祖先灵位,将龙头点三下以示拜年,然后在堂屋转一圈走到院坝里舞起龙来。舞龙,一直要玩到正月十五过完大年才停止。

20世纪90年代,耍龙灯

新都民间的龙灯表演持续到1953年,以后逐渐消失。1979年,三河凡阳村的龙灯队在文化站的组织下,曾到三河场菜市坝表演过两人对舞的"金龙"。20

世纪80年代后,龙灯拜年在新都城乡逐年减少。但1986年3月的“新都之春”龙灯街头表演、1999年正月举行的“龙腾虎跃闹新春”舞彩龙活动、2000年正月举行的千禧金龙闹新春的彩龙表演,规模较大。至2005年,新都的龙灯队伍仅有几支,但外地龙灯到新都城乡拜年的也较多,舞龙道具也十分简单。

【狮子灯】 新都曾有狮子灯拜年的习俗。旧时舞狮不只是在地上舞,而是要翻“五台”在空中舞。“五台”,就是重叠五张方桌,上面一张方桌的四脚重叠在下面方桌的桌面上,依次重叠,但最上面一张方桌四脚朝天地放在下一层方桌上。这时舞狮者便要从第一张方桌起往上攀登,攀登时孙猴子和笑和尚在每一层方桌上都要做一些令人发笑的滑稽动作。攀登虽险象环生,舞狮者却如履平地,很快便登上了最高一层,然后,便举着狮头朝拜四方。“孙猴子”更要不停地逗弄“笑和尚”,“笑和尚”也不停地用手中的“蚊刷”戏弄“孙猴子”。空中舞完后,又要惊险地一层一层地翻下来。落地后,扮演孙猴子本事高者,还得向观众表演“钻晒席筒”特技。功夫能过套的除轻而易举摘取红包外,还要坐在晒席顶上做点过脚(动作表演)以娱观众。

20世纪70年代后,舞狮、狮子灯拜年在新都城乡逐年减少。1986—2005年,新都曾举办过舞狮表演活动,但狮子灯拜年的习俗渐淡出新都,仅偶尔可见外地舞狮者到新都城乡拜年。

20世纪40年代,耍狮子

【闹元宵】 正月是农历的元月,古人称“夜”为“宵”,所以称正月十五为元宵节。因是春节的最后一天,民间俗称过大年。

新都民间有元宵吃汤圆、烧龙灯和观灯的习俗。许多家庭要团聚庆祝,县城张灯结彩,彻夜通明闹春。传统的各式宫灯、花灯、彩灯、属相灯、走马灯等争奇斗艳,各种妙联比比皆是,各类灯谜千奇百怪。20世纪70年代起,随着科技的进步,人们运用电、光、声、色等技巧,让灯节大放异彩。2000年春节期间,在新都桂湖公园、新繁东湖公园内举行的灯会,更是让人目不暇接,流连忘返。

过去,新都元宵之夜,街上狮灯、牛灯、马灯川流不息,彩莲船、连萧满街跑,锣鼓、鞭炮震天撼地。最后是火龙,火龙长的有20多节,舞火龙的人光着膀子,穿着短裤,赤着脚,舞着龙灯,任烟花烧。烧龙灯一直要闹到下半夜,龙灯烧完了,年也就过完了。

其他节日

【雨水节】 雨水是农历二十四个节气中的第二个。到雨水节气温便慢慢开始回升,万物逐渐复苏,象征着春回大地。农家多在这天插杨柳,点种瓜豆,嫁接果苗。

在新都传统中,雨水节到了,儿女要向老父老母表达敬孝之情。已婚男子要将用砂罐煨好的猪蹄子,在罐口密封处贴上红纸,给岳父母送节,同时送上一块红布给岳父母接衣袖,俗称“接寿”。儿女们买两棵松树、柏树在老人居住的房前屋后栽种,这叫做松柏长青,寓意老人健康幸福。有的年轻父母要带上婴幼儿到集镇(或县城)给孩子找“保保”,俗称“拉干爹”。要举行这种仪式,家庭经济一般都比较殷实,小户人家最多煨个罐罐肉送给老人享用。

【清明节】 清明时节大地春回,草木初绿,到处生机盎然。清明是农历二十四个节气中的第五个,也是传统的扫墓祭祖的日子。旧时,又将清明叫探春、寻春。

每到清明节,各家各户均要为逝去的家人扫墓,俗称“上坟”。新都民间上坟多在清明节前,春分过后就有人家陆续上坟。要祭献刀头、果品,烧纸放炮,坟地上要插纸做的坟标和伞盖。2000年以后,上坟祭献物品有的为鲜花水果。民间歌謡有“正月之春栽树子,二月惊蛰抱蚕子,三月清明坟标子”之句。旧时,一些家族要汇聚宗堂,共同祭祖,增进感情,称为“吃春酒”“吃清明酒”。清明节这天各姓的祠堂都要大开中门,迎接祖先回宗堂享用佳肴美酒,也迎接从各地回乡进祠堂祭祖先的族人。本族的各支各脉有的也在自己的曾祖、祖、父坟前扫墓祭拜。各种礼仪完成后便按辈份依席而坐,然后开宴,也就是俗称“吃祖先人”。

清明节前后,农村多数家庭主妇要采摘艾蒿、棉花草,和着酒米(糯米)粉做馍馍,俗称“清明馍馍”,是深受民间喜爱的大众化食品,新都名小吃“天全斋叶儿粑”最为有名。城镇居民喜在清明节前后到风景区或农村游览,称为“踏青”。

20世纪70年代始,机关、单位、学校和共青团等,在清明节组织干部、职工、师生到烈士陵园扫墓,缅怀先烈,启迪后人。

【端午节】 农历五月初五是端午节。古历五月是毒月,五日是毒日,五日的中午又是毒时,居三毒之端,故称“端午”。

端午节又叫“端阳”“蒲节”“天中节”“大长节”“沐兰节”“小儿节”“女儿节”等。端午节常见的习俗有:门前挂菖蒲、陈艾,佩香囊,吃粽子、盐蛋,饮雄黄酒等。相传这天是纪念战国时期楚国爱国大夫屈原投汨罗江殉国的日子。屈原投江后,人们为了其遗体不被鱼鳖虾蟹所食,用蒸熟糯米做成团子和鸡鸭鹅蛋抛入江中喂鱼外,还驾船沿江打捞屈原的遗体。另一说是明末张献忠率兵入川军纪不严,沿途烧杀抢掠,川民怨声沸腾。张献忠在一次与明军战斗中,多亏乡民相救,保住了性命。乡民便向张献忠陈述灾难,张献忠指了指沟边上生长的菖蒲和陈艾说:“你们把这东西挂在门前,我会命令军队,他们就不敢进门抢掠了。”乡民回家后便一传十,十传百地传开了,于是,家家都挂起了菖蒲、陈艾,果然再无杀人越货发生。

过端午节这天,家家户户门口都要悬挂一束菖蒲和艾叶。这两种植物均是常见中药,味苦寒,可止血凉血。用菖蒲、艾叶熬水,洗身或当茶饮,外可治蚊虫叮咬处,内可清热降暑,还可以用艾叶塞鼻止血。据说,这一天百草皆药,多数家庭要在这天采摘中草药熬汤给小儿或大人洗浴。这天除上午挂菖蒲、艾叶外,还要煮糯米粽子、盐蛋。午饭,除备荤腥菜肴外,桌上必备粽子、盐蛋、苋菜。所饮的白酒中放雄黄,据称喝雄黄酒解内脏毒。

端午节农民卖菖蒲、艾叶(2005年摄)

端午节这天,人们的钮扣上都要挂一个香包,以避暑防病痛。香包内装棉花和香料(小回香、桂皮、藿香等碾成细末),香包的形状各式各样,有红白相间心形、辣椒形,有用各色丝绒缠绕的菱角、黄瓜、冬瓜、茄子等形状。旧时新都的水资源非常丰富,毗河、清白江均是河水齐岸,支流也是绿波荡漾,各处都可划龙船、看热闹。这天在新繁东湖公园内还有“拉干爹”“吼山歌”等习俗。

端午节,吃粽子、盐蛋,门口悬挂菖蒲和艾叶的习俗传承至今,但“拉干爹”“吼山歌”,钮扣上挂香包等习俗已不复存在。

【中元节】 每年农历的七月十五日为中元节,也称“盂兰盆节”“鬼节”,又叫“赏孤节”“亡人节”,民间俗称“七月半”。

中元是用以赦免亡魂的罪。佛教的“盂兰盆会”则来自目连救母的故事。相传目连在盂兰盆会节做法事普渡饿鬼,从而济渡其母,与其母一同功德圆满,后来便流传在这天修供其福报可百倍。因此,佛陀教民众在七月十五日做“盂兰盆会”,以所得福报来解亡世父母在阴间倒悬之苦,以报答父母养育之恩。民间相传,去世的祖先七月初被阎王释放半月,故有七月初接祖,七月十五送祖习俗。

新都民间中元节从七月十二日至七月十五日,主要形式有酒席祭献、烧“袱纸”。晚上在沟渠路边插香烛、烧纸钱,以酒饭菜祭祀“孤魂野鬼”称为“赏孤”。旧时新繁的城隍庙要做“盂兰盆会”,以超度所谓的“孤野之魂”,仪式有斋僧拜忏、放焰口等,届时俗信入寺点千灯,许愿,祈福。2000年后,这一风俗犹存,“盂兰盆会”放河灯还时有举行。

【中秋节】 又称团圆节、八月节、仲秋节、拜月节、女儿节、追月节、玩月节。因农历八月十五日,恰值秋季正中,故名中秋。是以家人团聚赏月为主的节日。

远在商周时期,每逢中秋夜都要举行迎寒和拜月,其中月饼和西瓜是绝对不能少的,西瓜还要切成莲花状。在月下,全家人依次拜祭月亮,然后由当家主妇切开团圆月饼。切的人预先算好全家共有多少人,在家的,在外地的,都要算在一起,块数不能切多,也不能切少,大小要一样。明清时期,中秋节点塔灯、放天灯、走月亮、舞火龙等风俗,现已不多见。

新都居民中秋节都要全家团聚,晚上围坐在一起赏月亮、吃月饼,预示着今后更加团圆美满。年轻人多要提上月饼,给长辈送节。20世纪70年代,新都崇义桥生产的麻饼很受市民喜爱,每到中秋供不应求,直到2005年也畅销不衰。

【重阳节】 农历九月初九日为民间传统的重阳节。古老的《易经》中把“六”定为阴数,把“九”定为阳数,九月九日,日月并阳,两九相重,故叫重阳,亦叫重九。

居民习俗有:出游赏景、观赏菊花、饮菊花酒、插茱萸(熏赶虫子的香草,寓避邪难之意)、家人团聚。民间喜在重阳节酿米酒,俗称“蒸醪糟”。境内居民也有登高习俗。

1989年,国家把九月九日定为老人节,新都各机关、企事业单位及乡镇,都要开展多种形式的重阳敬老、爱老、助老活动。

其他习俗

商贸习俗

【赶　场】 新都民间把到集市买卖物品称为“赶场”。居民历来有赶场习俗,除买卖物品外,许多中老年男性喜欢赶场坐茶馆,喝茶聊天,了解社会信息,俗称“赶耍场”,故民间有“三天不赶场,买卖不归行”之说。各个集镇都有规定的场期,逢双、逢单或三天一场(即逢“一四七”“二五八”或“三六九”)。“文化大革命”割资本主义尾巴,曾一度禁止赶场。改革开放后,各个集镇恢复了场期,并由农历改为公历。改革开放以后,随着商品经济的发展,市场交易日益活跃,20 世纪 90 年代末期,境内大多数集镇都改为“百日场”(每天赶场)。

【开　张】 旧时,新都商铺开张都要选择吉日。开张之前,店铺装饰一新,张灯结彩,店铺大门张贴“生意兴隆通四海,财源茂盛达三江”之类的红联,招牌上扎红绸,墙上常贴吉利祝词,欢迎顾客光临。开张之日,要烧香敬神、杀大红鸡公并将鸡血洒到写有“开张鸿发”的大红纸上,并粘上鸡毛贴于墙上。亲朋好友则携带红烛、贺联、鞭炮前往贺喜。开张第一天,商家要打折优惠,以广集人气。中华人民共和国成立后,商店开张依然保持旧习,如选择吉利日子,张贴开张启事,燃放鞭炮等仪式。1956 年私营工商业改造后,商铺为国家或集体所有,开业不再举行传统仪式。1980 年以后,国家鼓励发展私营经济,一些商铺恢复了传统的开张习俗。20 世纪 90 年代起,商铺开张之日除张灯结彩外,多要在门前悬挂大型广告、彩气球,放鞭炮,摆满祝贺花篮,打出试营业招牌,发放优惠卷、打折券等,请来宾讲话、剪彩,以示庆贺。

【典　当】 中华人民共和国成立前,新都县城和场镇都开设有大大小小的当铺。新繁小南街 200 米长的小街有铺面 100 间,当铺占了一半以上,被称为“当铺街”。当铺门口通常悬挂一个大大的“当”字,既是招牌,也招揽生意。当铺的老板称为“朝奉”或“掌柜”,店伙计称为“先生”。当铺的门坊上通常贴一幅“日进千乡宝,时招万里财”的对联。进铺门两三尺处便是一排半人多高的柜台(比一般商店柜台高得多),柜台上面立着牛肋骨形状的防盗窗条,一般在正中位置开一上圆下方的带门窗口,作为货物进出的关口。

当铺的交易与市场、商铺交易不同。市场、店铺交易是一手交钱,一手交货。而当铺交易是“死当”和“活当”。“死当”是把货物卖给当铺,永远不赎取;“活当”是按双方约定的当期(一般三个月或半年),到时赎取的,典当者向当铺交付赎金,到期未赎取的则转为“死当”,由当铺拍卖。无论是“死当”还是“活当”,当铺都会将货物价格压得相当低,当货人因急于用钱,明知吃亏也硬着头皮接受。

中华人民共和国成立后,当铺被人民政府取消。1992 年,新都农经站经中国人民银行新都县支行批准,成立新都典当行,作为企业短期融资平台,质押物品主要是汽车、木材、钢材等生产资料,利率由人民银行规定。

【叫　卖】 境内小商贩有沿街叫卖习俗。补锅匠挑担走村串户,招揽生意习惯用响器,即将四五节小铁片错落相串,有节奏地甩动,发出碰撞声音,人们听到这种声音就知道补锅匠来了。卖叮叮糖(麻糖)的

磨刀师傅叫卖

小贩边走边用小钉锤敲打铁片,发出“叮when,叮当,叮叮当”有节奏的清脆声,引人购买。磨菜刀的边走边喊“磨剪子呢,起菜刀!”打锅魁的常用擀面棒敲打桌面而发出有节奏的响声吸引顾客。掏耳人则用手捻动特制的镊子发出声音招揽顾客。新都农村小商贩挑卖者每到农户院落,即息担叫道:“送吃的,用的下乡来啰!请来买!”卖酱油、醋的则拖声唱到:“打酱油!醋!”

20世纪80年代,收废旧品的行业兴起,时有商贩到街村、院落收废品,高声呼喊:“收废书废报、破铜烂铁!”“有没得废书废纸、烂铜烂铁卖?”卖醪糟、汤圆粉的多在早晚走街串巷,条声夭夭地叫唤:“醪糟、汤圆粉!”90年代初,擦鞋业兴起,擦鞋匠边走边用鞋刷敲打木箱(工具箱),发出“笃、笃、笃”的声音,以招揽生意。

90年代以后,“收旧麻将、旧冰箱、旧电视机、旧电脑……”成为新的叫卖声。一些新的叫卖习俗开始出现,如一些个体摊点、商家为招揽顾客,站在高台,用麦克风等音响设备大声叫卖。商贩也开始用录音机录上声音,通过小喇叭传出叫卖声叫卖,如卖水果、卖小吃、卖耗子药的商贩在三轮车或自行车上加载简单的扩音设备,走街穿巷,吆喝叫卖。

农耕习俗

【育种选种】 “下坝”“寄窝”“塘秧”是新都农民选种、育种的传统习俗。20世纪70年代后,新都县种子公司承担粮食种子改良繁育任务,农民不再自己选育粮食种子。

下　坝　平坝区农民多数喜欢从丘陵区掉换水稻、小麦种子,俗称种子“下坝”,认为山上的种子拿到平坝种植,抗病力强、产量高。

寄　窝　许多农民自选、自留种子。其方法是:水稻、小麦、油菜、玉米等待其成熟时,选择无病、籽粒饱满的,单独收获后留作下年用种。然后在农历二月初一至初三新都木兰寺举行庙会时,将种子拿去赶庙会,但绝大多数并不出售,仅仅在会场放一会儿,又提回家中。这种习俗一直传承至今,认为到山上庙会去过的种子会使产量大增,民间称为种子“寄窝”。

塘　秧　清咸丰年间(1851—1861),龙桥、竹友有农民开办“塘秧”,专育海椒、茄子、番茄、叶烟等苗子,种植产量甚佳。每年春分至清明期间,购买“塘秧”的人络绎不绝。凡育“塘秧”的农户,在宅旁高高的树上扎一根高杆,挑一巨大烘笼作为标识。20世纪60—70年代,新都塘秧育苗主要分布在龙桥、竹友、清白、新农、新民等乡镇,其中龙桥塘秧声名最著。80年代,由于塑料地膜育秧逐渐推广,新都塘秧衰落不存。

【精耕细作】 新都农民十分注重对水稻、小麦、油菜等主要农作物的精耕细作。

水　稻　水稻是新都种植面积最大的粮食作物,全县各乡镇均种植,每年约占大春作物面积的88%。

水稻先育秧后移栽。春分至清明,引水入田,平整秧田(亦称秧脚田),撒谷入土,盖灰,待其发芽。播种后为防雀鸟危害,农民习惯用草人或用雀皮毛悬挂田中。播种后30~40天,于小满前后移栽大田。栽后20日左右薅秧,45天内一般薅秧2~3次。处暑前将稻田水放干后,水稻拨行分厢,白露前将苕子撒播田中。水稻收割后,留苕子于田任其生长。水稻收获时用拌桶脱粒,稻草捆成束,竖立田内晾干,用于盖房或作牛饲料。

水稻薅秧是一项古老的农业生产技术。1977年新都新农乡出土的西汉画像砖上,便有薅秧的图形。那时薅秧是人立水田中,手拄竹竿,起稳定身体的作用,以脚薅秧。后来,铁器的产生,发展为以铁制的钉耙,"逗"(连接)上长长的竹竿作为薅秧工具,这一方法已沿习沿袭了千年。薅秧的作用主要是除草、松土,使秧苗健壮生长。一般薅2次或3次。水稻栽下田10多天,杂草生长迅速,但还是幼苗易于薅除,结合追肥,这次薅秧非常重要。第二次薅秧是栽后一月,此时田中杂草已长成,秧苗长势已健旺。结合追肥,重薅一次。做到"草薅死,泥薅活"。薅秧要求的质量是,钉耙来回2次,"编笆子",不能漏格子,不能薅通竿。除行距外,间距也要薅到家才算合格,二道秧薅后,薅秧便可结束。杂草不是特别严重的田块一般不薅3道。

20世纪80年代,新都推广水稻密植不再薅秧,而采用化学除草剂。水稻栽后一周,田中保持浅水,三种除草剂(除草醚、敌草隆、扑草净)按比例配合,混以湿润细土,结合追肥、除虫一并下田。施后一周保持水层只灌不排,以后杂草尽除、田土疏松水稻长势良好。到收割时田中也很少杂草,传承了数千年的水稻薅秧习俗自此成为历史。

20世纪60年代,本地栽种的水稻多为高秆水稻,株高可达2米。端阳前后,薅二道秧时,株高已过人。人在田中薅秧,只见秧动不见人。到收割时全部倒伏。收割时留稻桩尺余,可作燃料。稻草柔韧,色泽好,是制作草鞋的上好材料。亩产稻谷约300公斤。米质好、煮饭香。高杆水稻抗病虫,几乎不施农药。常见的品种有"宽叶子""麻谷儿"。因产量低,20世纪70年代停种,被矮秆水稻品种"珍珠矮""胜利矮""矮子粘"取代。

小　麦　水稻收后,杪田炕土,磙耙整田。小麦种子与细渣肥拌匀,催其幼芽方露时,于霜降前播种。丘陵区农民习惯撬窝点播,平坝区则挖窝或犁沟点播。播后用石磙压平,以后加强苗期肥水管理,在大寒至立春灌水淹田。20世纪50年代,新都有淹冬至水的习惯,主要防止底肥(绿肥)发酵烧根。遇天旱少雨要提前灌水。50年代前,小麦收割后担回家中脱粒,以后用拌桶在田间脱粒,麦草留作盖房或出售给纸厂造纸,80年代多为田间焚烧。90年代后开始还田作肥料。

70年代前,一些乡村种小麦有用石磙镇压的习惯。小麦在三四叶时即开始分蘖,为控制上部茎叶的生长,促进分蘖、促进地下部分根系的生长,这时就须对小麦实施镇压。镇压即牛拉石磙,将麦苗碾压一遍。麦苗被镇压后,几天即可恢复直立,看起来比以前更加健壮。到20世纪80年代,小麦种植已很少使用这一技术。90年代后,此项技术被淘汰。

油　菜　20世纪60年代,平坝栽种的油菜多以黄油菜为主,比较出名的品种如"新繁长角"。黄油菜属白菜型强春性品种,生育短,10月下旬至12月上旬移栽或直播,到来年4月中旬即收,亩产约(75公斤)左右,出油率可达40%。到60年代后期,逐渐被产量高的苷兰型"胜利油菜"取代。种植油菜分移植与直播。

油菜移植是于寒露整理苗床,以小犁开沟、施肥,种子与干粪混合播于行沟中,用石磙压平,待发芽施肥管理。小雪移栽大田,栽后即浇定根水。种苕子的田,须引水淹田,以减退苕子发酵生热,避免油菜根部受害。油菜生长时,丘陵多以中耕除草,平坝则不中耕。20世纪70年代为除草灭菌,丘陵、平坝普遍施行中耕。油菜移植7日后至开花时施肥3次,采用前轻后重,施肥采用少吃多餐,重施蕾苔肥,巧施花期肥。立春前淹水一次,抽苔后壅土防倒。50年代油菜密度增加,已未见壅土。早熟品种春性强,早栽多早花,农民采用摘尖促第二次分枝,所摘菜苔大都上市出售。油菜成熟后,人工收割,人工脱粒,菜秆作生活燃料。

油菜直播在民国时期较普遍。20 世纪 50 年代,新都约有三分之一油菜采取直播。60 年代逐步减少,以后基本不采用。

【“开秧门”与秧酒】 农历三月十四或十五,“谷雨节”开始移栽秧苗,俗称“开秧门”。开秧门前,主家至秧田焚香祭神,于草丛挂红布条祈福,此俗于 20 世纪 50 年代末渐绝。

农户在栽秧期间,常常要请人帮工,或与亲朋好友、左邻右舍换工,不付工钱,仅供酒饭。临近栽秧时节,主人家便开始准备酒肉、盐蛋、花生等。民谚说:“打谷子的饭,栽秧子的酒”,酒是必备的。栽秧这天清早,栽秧人先下秧母田扯秧苗,早饭后把秧苗挑到田中甩开,技术高明者先栽第一蔚,称“开线”,又叫“开秧门”。紧接其右下田栽秧称“帮线”,然后依次接排栽插,每蔚 5 行,行距 1 尺,俗称“五大行”。在栽秧过程中,人们有时唱“栽秧歌”以解除疲劳。一人领唱,众人和唱,边编边唱,如:“太阳出来照山岩,大田栽秧排对排,要问我们忙啥子,为了粮食收成好哟来……”。小晌午时分,主人准备好“幺台”送到田边。栽秧酒从晨至晚共 5 餐,三餐之外就是“幺台”。如果帮工者对“幺台”不满意,就会故意留点田不栽,让主人自己去补栽,以示惩罚。集体经济时期吃秧酒、送“幺台”之俗不存,栽秧师“开线”改为用标杆牵线,用秧苗随线插标记,俗称“打秧桩”,男女下田各栽各的行列。

20 世纪 80 年代初,田地划归农民自主经营,吃栽秧酒习俗复兴,但不再吃“幺台”。80 年代后,推行薄膜育秧、浅水栽秧、抛苗栽秧等农业改良技术,“开秧门”的习俗渐渐消失。

【吼山歌】 农民薅秧时往往喜欢吼山歌。薅秧时人们列成横排往前薅,大家说说笑笑,说到兴起时,总会有人拉开嗓子便吼,一人带头,众人附和。内容是见啥吼啥,大多轻松、戏谑浪漫。如“幺妹长得乖哟,穿双红花鞋;幺妹那里住哟,该在息马台;幺妹听哥说哟,薅秧跟我来。”音色婉转,音韵古苍。这边一拨(群)人吼了,那边相邻一拨人赓即应和,此起彼落。薅秧吼山歌,是新都农村的一大习俗,体现了劳动的欢乐。20 世纪 80 年代后不用薅秧,新都能吼山歌者多已作古,吼山歌后继无人。

【抬拌桶的行话】 新都农村打谷子时用的拌桶,一般是两个人用“千担”(竹竿或小树杆做的,约 3 米长)穿在拌桶两边公板的耳绳上抬着走,也有力气大的一个人顶着拌桶下田的。如果是两个人抬着拌桶走,抬后面的人因为看不见路,必须要抬前面的人一边走一边报路况,两人抬拌桶下田时和打谷子时一样要互相配合好,才不会发生事故。报路况与抬轿子、抬滑竿的行话大同小异。

抬拌桶时,两人用右肩或左肩,齐声喊“起”,拌桶离地抬上肩,前面的人喊“起步”,后面的人回答“跟上”。如果路上有人,前面喊“天上有朵云”,后答“地上有个人”。如果路上有好几个人,前面喊“天上好多云”,后面回答“地上闹沉沉”。如果路上两边有树或路边有人,前面喊“两边有”,后面回答“中间走”。如果两张拌桶相遇,为了避免互相碰撞,前面告诉后面的人往右边让,前面喊“右踩开”,后答“两不挨”。对方抬拌桶的马上回答“左手靠得紧”,对方后回答“右手亮得开”。如遇地上有水洼、坑凼,前面喊“天上明晃晃”,后答“地上水凼凼”。或者前喊“天上一道杠(虹)”,后答“地上明晃晃”。如果路上有粪便,前喊“远看一枝花”,后答“莫要去踩它”。如果因雨路滑,前面喊“滑得很”,后答“要站稳”或前面喊“路溜太滑”,后答“踩稳再跨”。在小路左拐时,前喊“前转左”,后答“后转右”。如转右拐,前喊“前转右”,后答“后转左”。遇上坡路时,前喊“前头有个坡”,后答“踩稳用劲梭”。如遇路上有石包包,前面喊“照高”,后答“踩矮”。如遇石板窄桥,前喊“两石夹一缝”,后答“踩桥莫踩洞”。如遇独木桥,前喊“单桥”,后答“缝中”;或前喊“单桥一线”,后答“跑马射箭”。提醒后面的人不要催得太快,前喊“缓走”,后答“慢来”。如遇转弯，前喊“幺二拐”，后答“两头甩”。抬至打谷子的田坝时，前喊“落地”，后喊“放平”，拌桶同时落地。

【变工 雇工 换工】 旧时，农作物的种和收有使用变工、雇工和换工的习俗。变工多属农村匠人与农户或农户与农户之间劳动交换，雇工大多数由地主、富农雇用劳动力或少数佃农雇工，换工是农村较为普遍的习俗。中华人民共和国成立后，取消常年雇工，但逢农作物种、收短期雇请劳动力仍存在。人民公社成立后，因体制和劳动制度变化，几种方式消失。20 世纪 80 年代，农村实行家庭联产承包责任制，短期雇请劳动力耕种、收割，使用变工和换工开始流行。每逢小麦、油菜和水稻成熟或栽秧时，中江、三台、射洪、简阳等地农民到新都招揽农活。收割小麦、水稻每亩 20~30 元，栽秧每亩 20~25 元。90 年代中期，收割小麦、水稻，每亩 30~35 元，栽秧每亩 30 元。90 年代末，收割小麦、水稻每亩已超过 50 元，栽秧每亩 45 元。2000 年，收割小麦、水稻，每亩 60~65 元，栽秧 55~60 元，以后逐年提高。

有的农户劳动力外出打工，把土地给他人种，或收一点粮食，或不要任何报酬，由种地者负担农业税费。

【农具制作与使用】 新都农村使用的犁、耙、锄、镰刀、钉耙、拌桶等古老的生产工具，绝大多数由铁质和木质材料制作。这些农具简单、耐用、易维修，均由个体匠人制作、出售和修理。

20 世纪 50—60 年代，新都各乡镇都开设有铁匠铺，一般城镇都有一二家，县城内也有多家。除制作钉、刀、铲、剪刀等生活用品外，主要制作锄头、镰刀、钉耙、铁撬等农具，个别铁匠铺还可制造犁头等较大型的农具。20 世纪 70 年代以后，新都境内耕田、整地和收割逐步使用动力机械设备，铁匠铺已少见。

铁器农具

新都农村使用的传统农具主要有犁、耙、石磙、镰刀、锄、钉耙、撬、拌桶、粪桶、箩筐、晒席、风簸机(风车)、龙骨车(水车)、扁担等，几乎每家农户必备。其中，犁、耙、石磙、龙骨车(水车)现已没有踪影了。

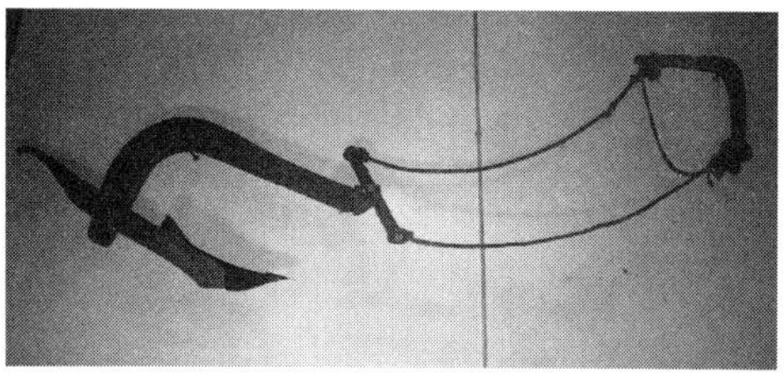

弯弯犁

犁(犁头) 耕田的主要农具。用犁耕作时需用耕牛牵引，犁由木质犁弯配一木质犁脖再套上铁质犁铧头组成。犁铧头呈三角形，犁地时便于深入土层。犁弯形似弓，其用途为接受牛的拉力，并且将力传递给犁头，新都农村习惯称作“弯弯犁”。20 世纪 50 年代中期，新都境内开始推广新式双轮双铧犁，但终因成本高、资金缺乏，再加机型不配套和技术等原因未能普遍推广。70 年代，小型拖拉机增多，机耕发展加快，旧时的木制“弯弯犁”后改为铁制，今铁制的“弯弯犁”也被淘汰。

耙

耙 是犁田的配套农具，犁把土翻开，耙将土整细耙平，也可用作掩种。因耙形似长方形，新都农村习惯称“耙方”。耙由木质耙方和铁质耙钉组成。耙方长 6 尺、宽 3 尺；

耙钉长5寸、宽寸半,耙钉20枚,固定安装在耙方前后两方,接触地面部分呈箭头状,便于深入土层将土块划破。耙与犁都需要耕牛牵引,水田、旱田均能使用。

磙　以石制作,呈圆柱型。磙的两端固定有木制或铁制轴心,使用时将带有圆孔木制夹耳,套在轴上。农民手握牛绳,由耕牛牵引使石磙转动前进。小麦播种后经耙掩种后,再用磙镇压一遍使田面平整,缩小土壤空间以减少水分散失,促使小麦发芽;苗期用磙镇压一遍,则促进麦苗多发。20世纪80年代耕作技术改进,磙已很少再用。

钉　耙　由铁质材料制作,用竹竿为把,主要用于水稻薅秧,农村习惯叫"薅秧耙儿"。20世纪80年代后推广化学除草,水稻不再薅秧,农村中用来勾杂草等物。除铁质钉耙外还有木质的钉耙,称作"谷耙",用于晒谷、麦、油菜子时,把谷、麦、油菜子耙匀,至今还在使用。

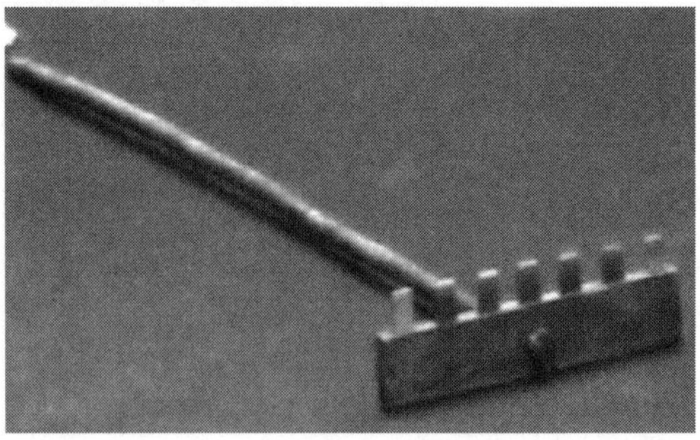
谷耙

锄(锄头)　锄有多种,主要是片锄和山锄。锄面宽而薄者为片锄(又称刨锄),作挖窝、松土、锄草、沟箱之用;窄而厚者为山锄(又称挖锄),挖土时用;其他还有锹锄(称十字镐)、尖尖锄等。锄由铁质锄头和木(竹)质锄把组成,为农村家庭必备工具。在农业机械化程度较高的今天,仍有不少的作物需用锄来完成。

撬　新都绝大多数农户都有撬,由铁质材料制成,上下相通,上大下小,接触地面部分呈圆筒形,薄而锋利,上部厚而结实,边缘设有把孔,将丫型木把固定在孔内使用。主要用于小麦、胡豆、豌豆、黄豆等撬窝播种,丘陵区更为广泛使用。每逢小麦、豆类作物播种,农民手撑撬,按行撬窝,在窝内撒上肥料和种子。经撬窝点播的农作物,具有肥料集中,发芽率高、不断垄的特点。

撬

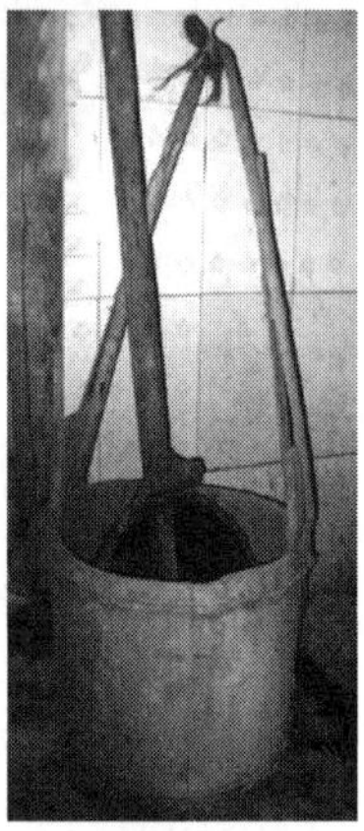
木制粪桶

拌　桶　20世纪80年代前,是新都农村粮食脱粒的主要农具。"拌",四川话的意思是抛打,桶即盛粮食的木器,故名。拌桶呈正方、棱台形,上大下小,采用木质材料制成,四方有耳,便于田间合力拉动。脱粒时上面三方围以篾囤,防止粮食外射。拌桶主要用于水稻、小麦田间脱粒。一般由二人操作,将已割谷物或麦把在拌桶上反复打击,直至脱净。90年代推广机械收割,使用拌桶脱粒逐年减少。

拌桶

粪　桶　20世纪70年代前为木制,后来渐用塑料代替,用来装水、装人畜粪。桶上安装有竹夹耳,便于用扁担挑运。与粪捅配套的是"当当"(木制舀水工具),用于农作物浇水、浇肥。

镰　新都习惯叫"镰刀",由铁质制作,一般加木把使用,农作物收割或割青草的工具。农村常用有片镰,形如半月,刀刃锋利无齿;锯镰,形如弯月,刀刃有齿,也叫"锯锯镰"。20世纪90年代前新都农村普遍使用,随着机械化收割的普及和推广,使用镰刀人工收割水稻、小麦逐年减少。

扁　担　最简单的农具。一般用柏木制造,是挑、抬东西必不可少的工具。

箩　筐　农具之一,竹条编制。20世纪70年代前农户多自编自用,也有专业编制在市场销售。主要

晒席

风簸机

龙骨车

用来装黄谷、大米、玉米等农产品。箩筐上安装有麻绳,便于用扁担挑运。

晒　席　竹片编制而成,一般长一丈二尺,宽八尺(合长3米,宽2.66米),主要用来晒粮食。

风簸机　木制大型农具,通过人力转动风叶鼓风,将粮食中的秕粒和杂质分离开来。

龙骨车　木制大型农具,通过人力转动提水龙骨将低处的水输送到高处,一辆龙骨车一般可以把水送高1米左右,特殊情况下可以几辆车串联使用,将水送到更高的地方。使用抽水机后,龙骨车被淘汰。

水碾房

水碾房　境内沟渠纵横,20世纪60年代前,水碾房到处可见,乡民碾米磨面十分方便。河水丰盈的地方安装碾槽、水磨、水打罗,反之则只安装碾槽。碾房中主要设施是水碾槽,碾房的上前方设有拦水板,水漕用石板砌成,上宽下窄,以便集中水力冲动碾盘旋转,若碾房内安有水磨、水打罗则需建3个水漕。碾房内配有风簸机、掀盘、撮箕、吊筛、扫帚等工具。

一般碾槽,一次可碾二三百斤黄谷,米碾熟后放下水闸门挡水,碾砣便停止转动。然后将槽中的米、糠用掀盘(木制工具)撮出碾槽外,碾槽内剩下少许的米、糠要用扫帚打整干净,然后将碾熟的米用风簸机分离米、糠。若还要将米精选就要过吊筛,将未碾成米的谷子筛于筛面叫"谷头子",捧出后另放一边。

水磨也是碾房中利用水力的一项设备,推动水盘旋转理同水碾。水磨分上下两扇,磨身用巨形的青石錾成圆形,上扇用4股绳子吊起,在水盘的转动下将食物磨细后从两扇间洒出。磨出粉后经过罗筛,第一次筛出的粉叫头面,一直要磨3次,经水打罗筛3次,最终剩下的称为麸子。

水打罗是筛粉用的一种工具,利用水力带动罗筛碰撞而筛粉。

【农历节气习俗】　农历(阴历)一年有24个节气:立春、雨水、惊蛰、春分、清明、谷雨、立夏、小满、芒种、夏至、小暑、大暑、立秋、处暑、白露、秋分、寒露、霜降、立冬、小雪、大雪、冬至、小寒、大寒。民间流传《二十四节气歌》:"春雨惊春清谷天,夏满芒至暑相连。秋处露秋寒霜降,冬雪雪冬小大寒。"在千百年的农耕生活中,新都居民随着节气的变化,形成了许多固有的传统和习俗,有的传承至今。

立春是每年的第一个节气。旧时,境内有打春牛、剪春胜、买春牛、送春牛的习俗,中华人民共和国成立后此俗不存。立春日忌扫地,民间认为立春日扫地当年跳蚤多。雨水节当天要嫁接果树,成活率高。二月二龙抬头忌做针线活。惊蛰日养蚕户要下种,俗称二月惊蛰抱(孵)蚕子。"三月三,插竹颠(尖)",是栽竹子的最好时日。清明节祭祖、踏青。芒种要栽红苕苗,民间有"芒种栽苕斤达斤(每根红苕1斤重),

夏季栽苕光根根”之说。“六月六,晒衣服”,当天晒了衣服不生虫。七月新谷成熟碾成米后要举行“尝新”仪式,并先舀一碗新米饭喂狗。玉米、瓜果、蔬菜熟了,送赠亲友或请长辈先吃,也叫尝新。十月初一“牛王会”,要叉糍粑给牛贺生。寒露要栽萬笋,过了寒露日栽要“窝半年”(半年才成熟)。冬至日多数农家要采桑叶,俗称“冬桑叶”,是清热解暑最佳的饮料和药材;树上留有柚子的当天要摘,俗名冬至柑子,具有润肺化痰的功能。民间认为冬至是滋补的最佳节气,多数人家要炖羊肉汤进补。一些家庭冬至日要杀年猪、腌腊肉、装香肠。腊月初八是佛祖释迦牟尼成道日,多数人家要熬“腊八粥”。

【农耕禁忌】 旧时,农耕禁忌多在皇历上注明。主要禁忌有:正月初一忌动土,每月初一、十五忌挑粪。逢落黄沙忌栽秧。农历正月十六为忌鼠日;十七为忌亮火虫(萤火虫)日;十八日忌打屁虫;十九日忌蚜虫,在瓜苗上撒草灰、石灰等。正月二十日为风神日,为了一年不遭风灾,农民清晨便将一把稻草分成两束摆在田埂上,架成“十”字,压上土块表示祭祀。二月初二忌鸟,将糯米团放在树枝上,任鸟吃,俗以为糯米可以粘住鸟嘴,预防鸟害。四月初八嫁毛虫,农家以红纸黑字写上咒语“佛生四月八,毛虫今日嫁,嫁至深山中,永世不回家”。立夏以后,为祈求丰收,农家要办“秧苗会”;农历七八月还要办“虫皇会”,请道士念经驱虫,将沾有鸡血的小纸旗插在秧田中,据说可以驱虫。中华人民共和国成立后,上述习俗大多不存。

【农耕谚语】 新都民间口头流传许多幽默、风趣、通俗、易懂的农耕谚语,记述了历代宝贵的生产经验。

天气谚语

不冷不热,五谷不结。
清明要明,谷雨要淋。
立夏不下,犁耙高挂。
小满不满,干断田坎。
月亮生毛,有雨明朝。
一黑一亮,石头泡胀。
太阳反照,大水淹灶。
雷打天顶,有雨不狠。
雷打天边,有雨连天。

伏包秋,凉悠悠;秋包伏,热得哭。
云跑东,一场空;云跑南,雨绵绵。
云跑西,披蓑衣;云跑北,雨没得。
春雾雨,夏雾热,秋雾凉风冬雾雪。
东虹晴,西虹雨,南虹北虹涨大水。

有雨天边亮,无雨顶上光。
雷公先唱歌,有雨也不多。
雨打二十五,后月无干土。
烟子不出门,今天总不晴。
惊蛰不动风,冷到五月中。

雀鸟高飞天放晴，鸡不入笼雨来临。
燕子低飞蛇过道，大雨马上就来到。
黑云白云对着跑，这场冰雹少不了。
乌云接日半夜雨，春寒有雨夏寒晴。

白雾天气好，灰雾要转阴。
燕子不出门，今天不会晴。
天上起鱼斑，晒谷不用翻。
久晴大雾阴，久阴大雾晴。
三日东南风，不必问天公（指无雨）。
乌云拦东，不下雨也要吹风。
燕雀低飞雨来到，燕雀高飞晴天告。
蚂蚁上搬雨绵绵，蚂蚁下搬日炎炎。
早晨浓雾满大地，当日定是好天气。

栽种谚语

庄稼汉，要记清，精耕细作出黄金。
过了惊蛰节，耕田忙不歇。
寒露胡豆霜降麦，立冬油菜绵不得。
惊蛰早，清明迟，春分插秧正适时。
雨水早，春分迟，惊蛰殡茗正当时。
春分早，立夏迟，清明种棉正当时。
寒露早，立冬迟，霜降种麦正当时。
小麦不吃立夏水，谷雨胡豆烂根根。
合理密植多收稻，过分密植多收草。

肥料谚语

庄稼一枝花，全靠肥当家。
不养鸡猪鸭，肥料无处发。
喂猪不赚钱，肥了一坝田。
猪是肥料厂，又是聚宝盆。
扫把响，粪堆涨。
流不尽的水，积不完的肥。
粪里有黄金，积粪如积金。
有收无收在于水，多收少收在于肥。
霉天莫在家里困，割回青草就是粪。
冷粪果木热粪菜，生粪上地连根坏。

养殖谚语

种田不喂猪，好比秀才不读书。
牛怕清霜，马怕夜雨。

牛儿使得勤,草料要喂匀。
多养六畜多积肥,人勤畜旺地有劲。
包谷杆沤青饲料,牲口肯吃又上膘。
养猪无巧,窝干食饱。
猪吃百样草,煮熟喂更好。
两春夹一冬,十个牛圈九个空。
穷不丢猪,富不丢书。

劝耕谚语

努力干,勤冬耕,锄头底下出黄金。
过了惊蛰节,耕田忙不歇。
只要人手勤,黄土变成金。
土地是个宝,越耕越是好。
人误地一时,地误人一年。
斩草要除根,杀虫要杀尽。
保秧如保命,惜水如惜金。
种子年年选,产量节节高。
三年不翻粪成土,土翻三年土成粪。
人哄地皮,地哄肚皮。
种子消毒净,庄稼不闹病。
杂草铲尽,除虫灭病。
种蔬菜,不用问,勤浇水,多上粪。
东奔西跑,不如捡粪弄草。
田边地角不要丢,种上蔬菜也有收。
拌桶下田牛下田,明年收成赛今年。
小满栽秧天赶天,芒种栽秧时赶时。
芒种栽苕斤打斤,夏至栽苕光筋筋。
春雨如油夏雨金,管好秋水一冬春。
秋雨季节错过了,春来只有鼓眼睛。

【农耕歌谣】 新都民间流传的农耕歌谣很多,有的已失传。

催栽秧

树上有个桂桂阳,声声催称快栽秧。
栽的秧子像蛇样,回家哪个见婆娘。
树上有个桂桂阳,分明黄狗叫汪汪。
叫个蛤蟆象你爹,带回家去见你娘。
冬水田头冒浆浆,栽的秧子一行行。
幺台送到田坎上,瓜娃子,你还弓起背背晒太阳。

熬成香茶送下田

青青桑叶采一篮，竹心芦根配齐全。
还有大娘一片心，熬成香茶送下田。

大田栽秧水又深

大田栽秧水又深，裤儿扎到勾子墩。
大田栽秧水又深，七岁当家到如今。

大田栽秧行对行

大田栽秧行对行，一对鸡儿跑得忙。
问它鸡儿跑啥子，后头有个打枪郎。

太阳出来红彤彤

太阳出来红彤彤，幺妹儿打伞在手中。
打伞不如云遮日，幺妹儿哩，哎，阿哈……

扇扇不如自来风

太阳挂在天当中，正好使劲肚又空，
多多拜上厨倌嫂，多放油来少放葱。
太阳斜挂照胸怀，主家幺姑儿送茶来，
又送茶来又送酒，这些主人哪里有。
太阳落坡往西梭，幺妹淘米用手搓，
心想留郎吃夜饭，筛子抵门眼眼多。
一把菜刀两面磨，腊肉香肠切得多，
一天三顿磨遭你，吼个山歌谢主婆。

祝英台

正月好唱祝英台，鸟为食米人为财，
蝴蝶上马贪花死，赵巧上马送灯台。
二月好唱祝英台，蚕子沫沫纸上来，
家家有个蚕三姐，手执鹅毛扫下来。
三月好唱祝英台，一对阳雀催工来，
一来催工忙下种，二来催工上花台。
四月好唱祝英台，田中秧老要人栽，
多买胭脂少买粉，打扮幺姑儿下田来。
五月好唱祝英台，一双龙船顺水来，
船上哥哥个赛个，坎上妹子笑开怀。
六月好唱祝英台，满池荷花出水来，
哥去摘朵拿上坎，幺妹抱来捧在怀。
太阳落坡月儿圆，这块就是收工田，
和尚打了烧香鼓，阵阵鼓声催长年。

要唱山歌请过来

田埂高,田埂低,不吼山歌一窝鸡。
母鸡不引鸡儿子,不吼山歌是龟儿子。
一把菜籽撒过坡,老子的山歌几箩篼。
一把菜籽撒过河,老子的山歌用牛驮。
柑子好吃要剥皮,弟兄好耍要分离。
山歌好唱要开口,吼不来的各人走。
小小鸡儿冠冠长,陪你唱到大天亮。
小小鸡儿冠冠红,不要随便绷英雄。
丝茅草,开白花,你我都是弟兄家。
好的山歌唱几首,不好的山歌丢了他。
披起蓑衣拖起鞋,陪你骂街打对台。
一个黄桶三道箍,那个舅子骂姐夫。
山歌挂在大门外,要唱山歌请进来。

一根扁担闪悠悠(放牛山歌)

一根扁担啥,闪悠悠嘛哟呵哟。
担起白米啥,下呀下啥呀泸州。
哟哟黄菊花儿啥。
幺妹儿想我啥,白米吃嘛哟呵哟。
我想幺妹儿啥,人呀啊啥啊风流。
哟哟黄菊花儿啥。
斑竹片嘛啥,慈竹片嘛哟嗬哟。
我唱山歌啥,妹儿呀啊啥来拣。
哟哟黄菊花儿啥。
幺妹爱我啥,人勤快嘛哟啊哟,
我爱幺妹啥,桃呀啊哈啊花艳。
哟哟黄菊花儿啥。
大河涨水啥,小河流嘛哟啊哟,
我在山中啥,放呀哈啊牯牛。
哟哟黄菊花儿啥。
一对斑鸠啥,咕咕叫嘛哟呵哟,
放牛娃儿嘛,苦呀啊啥啊中苦。
哟哟黄菊花儿啥。

推车谣

脚刹车,手加油。
弓起背背向前走,汗水跟着屁股流。

抬工谣

不管天寒暑热，天天披星戴月。
吃穿全靠双肩，那怕摆肺摇肝。
雨天一身泥，晴天一身汗，
晴天挣来雨天吃，雨天更怕病来缠。

新潮时尚

【学驾驶】 20世纪70年代，新都的汽车还不多，仅限于汽车运输公司和一些大的企业、单位，农村中会开拖拉机的青年人中，不少想学开汽车找个职业。80年代初期，摩托车日渐增多，学习摩托车驾驶技术成为时尚。90年代初期，汽车开始进入百姓家庭，不少人虽然还没有打算买车，也先去学会开车。自费进驾校学习汽车驾驶技术的人一段时间很火爆，成为新的时尚。

1992年，新都除交通局驾校外，相继成立公安驾校和康赢驾校，驾驶小车成为人们的追求，每期每人费用1000~2000元(包括理论、桩考、路考)。新都交通局驾校自成立至1995年，开办45期，每期培训驾驶员50~60人。

2000年起，拥有私家汽车的家庭比较普遍，驾驶汽车已成为社会新潮。一些在校大中学生也抓紧学习汽车驾驶，不少男女无论自家有无汽车，均以会开汽车为荣。1992—2005年，新都公安驾校每年学习汽车驾驶的学员500~600人。至2005年，在新都开办的各类驾校10多家。

【用手机】 移动电话，通常称为手机。20世纪80年代末，手机开始进入新都个别家庭，当时的手机体块较大(时称“大哥大”)，价格昂贵(每部三五万元)，但使用方便，传呼机一响，不用寻找座机电话，从提包里掏出就能回话，十分神气，更是身份的象征，手机一时成为新潮时尚。90年代，手机越来越小，功能变化增多，价格降至三四千元，人们纷纷舍弃传呼机购买手机。至90年代末，境内上班族、打工族及退休职工，多数都有一部品牌不同、价格各异的手机。

进入21世纪，网络速度越来越快，通信服务更加完善，手机日益智能化，已从最初的满足人们日常通信的工具，转变为兼顾多种功能于一身的“超级终端”新潮，如照相手机、音乐手机、游戏手机、智能手机等。新都境内几乎所有层面的人，包括学校学生都使用手机。人们用手机打电话、发短信、聊天、听歌、玩游戏、上网、照相等等，用手机已经成为生活的一部分，尤其是重大节日，用手机发短信向家人和朋友相互问候更成为一种时尚。

【美容美发】 改革开放以后，随着生活和经济条件的改善，人们逐渐注重衣着打扮，特别是中、青年女性，更钟情于形象的艺术再造。20世纪80年代中期，新都女性盘头、烫发风靡一时。90年代起，多数女性喜欢将头发染成栗色、咖啡色或棕红色，开始纹眉、眼线和唇线等。一些中老年的妇女将黑发或花白发染成黄发或棕红发，有的学生也开始染彩发，染彩发在新都风靡一时，新都的理发店也多改为发廊或美容美发店，几乎都要张贴焗油、染发、美容、护肤的招牌。美容美发成为人们追求美的新时尚。

进入21世纪，到美容美发店纹眉、纹眼线、唇线的越来越多，各类品牌洗面奶，口红、防晒霜等化妆用品成为女性的常备品，美体、健身成为时尚。尤其是女性更加注重润肤美容、防衰保健功能，许多女性使用增白防晒霜，随身携带化妆盒，随时补妆。至2005年，全区有各种美容美发店上百家。

【过洋节】 新都流行的“洋节日”主要是圣诞节和情人节。20 世纪 90 年代初期,圣诞节在新都县城兴起,后陆续传及一些场镇。每年 12 月 20 日起,一些大的商场、酒店便开始摆放圣诞树,装扮圣诞老人,发放圣诞卡片和圣诞小礼品。12 月 24 日平安夜,许多青年人彻夜狂欢。12 月 25 日(圣诞日),一些人在酒吧茶楼相聚庆祝。

情人节兴起于 80 年代末期,最初仅在年轻人中流行,90 年代中后期扩大到中老年人群。每年 2 月 14 日情人节,热恋和已婚的男士便向情侣(妻子)赠送玫瑰、巧克力或其他小礼品,有的还要聚餐庆贺。1998—2005 年,新都城区花店的红玫瑰,情人节当天每支卖 8~12 元,蓝色妖姬(一种玫瑰花)每支卖到 80~120 元,不少年份还出现玫瑰脱销。

进入 21 世纪,圣诞节、情人节、愚人节、感恩节等众多的“洋节日”在新都年轻人中时兴,但这些西方节日原有的意义已被一些年轻人曲解,变成了“疯狂聚会”“狂欢的盛宴”。“母亲节”“父亲节”等一些外来节日也在新都流行,每逢母亲节、护士节和一些国际性纪念节日,如 3 月 15 日“国际消费日”、4 月 7 日“世界红十字日”、6 月 5 日“世界环境日”等,相关单位或系统都要开展宣传活动。

【养宠物】 新都农村从古至今普遍都养猫、养狗,养猫是为逮耗子(老鼠),养狗是为守门防盗。把猫、养作为宠物的家庭很少。20 世纪 90 年代中期,新都城镇居民流行养宠物狗,女性和中老年人居多,2000 年以后成为时尚。宠物狗的品种有狮子狗、吉娃娃、贵宾犬、小鹿犬、博美犬、北京犬、沙皮犬、可卡犬、牧羊犬、雪纳瑞、哈士奇等。不少家庭把养猫养狗作为情感的寄托和心理需求,甚至有的年轻小夫妻不生孩子先养只宠物狗当儿女,被称作“丁宠”家庭。有的独生子女家庭父母工作繁忙,无法经常陪伴孩子,于是饲养宠物来陪伴孩子。

部分中老年人爱养自己喜欢的宠物鸟。有的善养习性好斗,叫声清脆的“画眉”;有的调养嘴金黄,颈垂浅黄,富有灵气,跟人学舌的“鹩哥”。早晨,养鸟者提上鸟笼,不约而同到公园,把鸟笼挂在树枝上,听着鸟叫,边交流养鸟经验,边晨练。

2000 年始,新都的宠物专卖店、宠物美容店、宠物医院、宠物饲料、宠物饰品等商店应运而生,宠物价格不断攀升,宠物喜爱者日益增多。2005 年,新都信鸽协会有会员 1050 人,信鸽上万只。

【种花草】 20 世纪 70 年代后期,新都居民栽花种草渐成风气。到 80 年代,许多农村庭院种植花木,城镇居民利用阳台、屋顶种植花草,养花种草成为时尚。90 年代,农家小院以种木本、草本花卉为主,四季见青,鲜花点缀,怡情养性。许多居民一搬进新家,均要去花卉市场或到乡下选购一些花草,布置家里的阳台屋顶,美化居住环境,陶冶情趣,充实休闲时光。花草种植以盆栽为主,品种以兰草、君子兰、米兰、茉莉、桂花、仙客来、满天星、银杏、仙人掌居多。

1998 年始,兰草价格持续走高,寻常兰草卖到几百上千元一苗,名贵兰草每株价格过万元。一些花木专业户改种兰草,主要集中在新繁、利济、高宁、新民、马家等乡镇,兰草种植规模在成都仅次于温江、崇州、彭州、都江堰等区市县。由于市场兰草价格曾一度“炒”得奇高,有的把种兰草作为一种新的投资理财,时兴几年后,价格回落,也不“炒”得那么火爆了。大多养兰草,主要还是持平常心,修身养性。

进入 21 世纪,新都农村别墅式房屋不断增多,花木种植养护、园林绿化、庭院绿化、草坪绿化、屋顶花园、假山花架、露天花园等各种景观工程出现,有的还安装吊灯、地灯、草坪灯、壁灯等与各种花卉、草木相配,错落有致,在自己家里就可以领略到春夏花草植物的迷人魅力。

【卡拉 OK】 新都卡拉 OK 兴起于 20 世纪 80 年代末,90 年代全境流行。

1990 年,新都有卡拉 OK 厅 50 多家,1994—1998 年,全县卡拉 OK 厅陡增,发展到 168 家。1999

年,新都的商业性卡拉 OK 厅加上各单位,各系统对内开放的歌舞厅达到 200 多家。朋友聚会、接待客人、酒后茶余、洽谈生意多以卡拉 OK 助兴。一些居民家中也购置了卡拉 OK 设备,不时自娱自乐。据统计部门资料,1998 年城市居民家庭每百户拥有影碟录放机 47 台。

随着居民文化娱乐生活的多样化,1999 年以后卡拉 OK 娱乐市场日渐衰落, 至 2004 年, 全区 103 家,卡拉 OK 也不再成为人们消遣的时尚追求。

【新潮语】 改革开放后,随着人们观念的更新和社会的发展变化,一些新潮词语逐渐融入本地居民的日常生活。20 世纪 80 年代流行的有:机制、跳槽、公关、呵护、情结、关爱、靓丽等;90 年代流行的有:下岗、就业、打工、包装、刷卡、按揭、物业、股民、三陪、二奶、情妇、大款等。习惯将一些原本音节较长的词句缩简成双音节词,如环保(环境保护)、彩电(彩色电视)、公益(公共利益)、节育(节制生育)等。随着新事物、新观念、新信息的不断涌现,人们在沟通交际时追求更加时尚的新潮语言。如表演称“走秀”“做秀”,不说“再见”而说“拜拜”,聚会称“派对”等。到 2005 年,人们更是“与时俱进”,将词语改头换面,尽说“新潮”话。如“港台味”流行语:“哇塞”(表示惊喜);网络用语:“886”(表示再见啰);歌迷用语:“血友”(张学有的追捧者)。

进入 21 世纪,常用的新潮语如奔奔族、草根网民、车奴、房奴、抱抱团、富二代、搞笑、合吃族、交强险、海选、博客、裸替、秒杀、明星枪手、群租等开始出现。

【新称谓】 中华人民共和国成立至 1980 年,社会称谓比较单纯,不相识的人互称“同志”“老乡”,企事业单位中下级对上级称职务,上级对下级直呼姓名。1980 年以后,随着社会结构和人际关系的调整,人们的称谓逐渐发生变化,不少新的称谓在新都人口中出现。如过去“同志”一词被“先生”替代为最流行的用语。新的称谓主要有:一是中华人民共和国成立前就存在,中华人民共和国成立后弃用,改革开放后恢复的称谓,如先生、太太、小姐、保姆、老板、董事长等。二是区外传入并逐渐流行的称谓,如老爸、老公、老婆、老妈、空姐、大腕等。三是随时代发展新产生并流行的称谓,如笑星、帅哥、歌星、快女、球星、老外、款爷、富婆、小蜜、美女、婚托、枪手、国脚、情妇、网虫、网友、网民、国足等。

【吉祥数】 20 世纪 80 年代起,新都居民中开始流行吉祥数。多数人喜欢偶数,认为“好事成双”。但“4”与“死”谐音,在祝寿、婚宴、添丁祝贺时忌用,车牌、手机也不想出现尾数 4,而认为“5、6、8、9”是吉祥数。“6”寓意“顺利”,最大的个位数“9”代表着“长久”,数字“8”与广东话中的“发”是谐音,意味着繁荣、财富和地位,是最为吉祥的数字,备受一些人的推崇,尤其是商界中人更把它奉为神明。工程动工、店面开业、外出办事、婚丧嫁娶,由年月日至时分秒都得想方设法赶“5”凑“6”,居民中也有“若要发,不离八”的说法。

90 年代人们购汽车选牌照,往往要选带 6、8、9 的号牌。买手机和安装电话选号码,办喜事、选日子等,曾一窝蜂似的追赶“8”,以至于带有吉祥数的机动车牌照和通讯工具的号码也能卖个大价钱。三个 8、四个 8 的号更是要花重金才能买到。此外,一些组合数字如 168(谐音“一路发”)、158(谐音“要我发”)666、888、898、999 等更是人们追求的目标,办婚嫁、开业庆典也要选“918”(谐音“就要发”)、“66”“818”等。在喜庆婚寿场合,人们送红包只送双数,如八百八、一千二、三千六等。

·人　物·

RENWU

CHENGDUSHI XINDUQU ZHI

新都人杰地灵，素有“文献名都”之誉，历代以来，英才辈出，涌现出许多知名人物。

在众多著名的当代人物中，有早年为革命牺牲的何秉彝、黄琪、巫文质；有著名作家哈华、艾芜，党政领导曾涌泉、曹云生、马成仁、杨继干、廖治安、罗颖、袁旭霞、项柏仁，农村互助合作运动带头人罗世发；有民国时期县长康冻、陈开泗；有当代高僧贯一、遍能、宽霖；有生物学家周太玄，经济专家吴园宏，名医巫松廷、张羲易、何体乾、张慧中、胡上庸、黄文、何光篪、陈万松；有著名学者袁珂、饶炎、周虚白、王应常、彭朝贵、刘冠群，书画家万自律、周邦彦、黄远林，著名川剧演员仰瑞生；有民间艺人陈祖洪、邓裕树、戴炳南。这些著名人士遍及祖国大江南北，在政治、经济、社会、文学、艺术等领域都有所建树，对社会发展做出过重大贡献。

人物传

【何秉彝(1902—1925)】 男，汉族，字念兹，笔名冰夷，1902年生于新繁县清流乡黄竹园(今新都区清流镇广泉村)，1914年举家迁居彭县(今彭州市)城内联升巷。中共党员。1921年春，何秉彝中学毕业，考入四川公立工业专门学校应用化学科。在学习课程的同时，阅读进步书刊《新青年》《星期日》《四川学生潮》等，接受新思潮的影响，特别是从王右木的《人声》报，接触马克思主义。积极参加成都地区学生反帝爱国抵制日货、反对军阀摧残教育、要求教育经费独立的斗争。

1923年5月，何秉彝偕友赴渝，搭轮船到上海。1924年年初，入上海大同大学数理专修科学习，筹建彭县旅沪学会。同年8月，转入上海大学社会学系，与川籍同学刘华、郭伯和等组建四川同学会、反川战大同盟，对四川军阀连年混战，横征暴敛的罪恶进行揭露和抨击。何秉彝在家信中写道：“目前我国外遭帝国主义之侵略，内受万恶军阀之蹂躏，吾人陷此水深火热之境地，欲求救国救民，舍行国民革命外，其道无由。致力于自然科学，虽有相当价值，然非此时所需也。”在邓中夏、瞿秋白、恽代英等共产党人的指引下，何秉彝刻苦学习马列主义，积极参加沪西工人俱乐部和平民夜校工作，组织工人团结起来，为自身的生存而斗争。

1924年10月10日，上海各界在河南路天后宫举行辛亥革命13周年纪念大会，何秉彝与同学黄仁、郭伯和等前往参加。国民党右派破坏会场，雇打手殴打群众，黄仁被推下七八尺高的讲台，脑颅破裂，当场昏迷，次日死亡。何秉彝在《国民日报》副刊《觉悟》上，发表《哭黄仁烈士》的诗。12月9日，英帝国主义为扑灭反帝怒火，借口上海大学出售《向导》《中国青年》等刊物，查抄上海大学图书馆进步书刊，激起学生公愤，何秉彝勇敢地出面与暴徒进行说理斗争，高呼“帝国主义滚出中国去!”两周后，何秉彝在《向导》第96期上发表《帝国主义蹂躏上海大学的追记》，揭露帝国主义的野蛮暴行。其后，何秉彝被选为上海大学学生会执行委员会书记、上海市学联秘书、共青团上海地方委员会组织主任，致力于反帝爱国革命活动。

1925年2月，因上海沪西日商纱厂工头打骂女工和无故开除40名男工，4万多工人举行大罢工，何秉彝等在邓中夏率领下前往援助，支持工人斗争。为纪念“二七”大罢工和列宁逝世一周年，何秉彝在《民国日报》副刊《觉悟》上发表《被压迫的劳动者，起来啊！》，分析无产阶级被压迫的根源，指出民族解放的出路在联合全世界被压迫人民起来革命。2月17日，以笔名“何冰夷”在《觉悟》上发表《官厅与工人罢工》,揭露日本纱厂罢工真相,声讨反动政府勾结帝国主义镇压工人的罪行。一系列的斗争和锻炼,促进何秉彝政治上日趋成熟,加入了中国共产党。入党后的何秉彝,革命激情倍增,整日为募捐活动、筹备孙中山追悼大会和为《国民日报》撰稿等工作而奔忙。3月28日,上海大学举行孙中山先生追悼大会,会上何秉彝宣读自己写的悼词,沉痛宣告:"我们追悼孙中山先生,不但以泪,更要以血;不但在目前,必须坚持永久。要振作精神,加倍努力,向一切反动势力进攻,使革命早日成功。"

1925年5月15日,上海日本纱厂的资本家枪杀了工人领袖、共产党员顾正红,并杀伤工人10余人。上海各界群众非常愤怒,反帝怒潮汹涌澎湃。何秉彝大声疾呼:"帝国主义蛮横凶残如此,非各界人民群起反抗,不能惩其凶焰。"多次化妆进入日商纱厂,向工人群众讲述帝国主义侵略中国,残酷剥削压迫中国工人的事实,启发工人群众起来斗争。21日,上海大学及文治大学等校学生开展募捐,救济死伤工人家属,被公共租界巡捕抓去数人。22日,上海各界群众召开顾正红追悼大会,赴会学生在途中又被捕数人。帝国主义者定于5月30日以"扰乱治安"的"罪名",在会审公堂审讯被捕学生。28日,中共中央在上海召开紧急会议,决定5月30日组织全市反帝示威大游行。29日,各校学生组成2000多人的讲演团,准备30日到租界进行反帝宣传。

5月30日下午,各校讲演团的学生一路高呼反帝口号,散发革命传单,浩浩荡荡涌向租界。总指挥部联络员何秉彝,站在南京路上新世界至抛球场这段队伍的前头,发表慷慨激昂的演说,激起广大群众阵阵高呼:"帝国主义滚出中国去! 滚出上海去!"

在群众怒潮面前,英国巡捕仅在南京路老闸捕房一处,就拘禁100余人。群情更加激愤,南京路、浙江路口等处人山人海,传单如雪片纷飞,要求释放被捕者。英国巡捕挥鞭毒打驱赶群众。人们群起抗议,"不准打人"之声四起。何秉彝不顾个人安危,匆匆到各处通知演讲队,马上汇集南京路,营救被捕同学。到四马路,通知演讲队:"巡捕房已全面出动,在南京路上见演讲队员就抓。总队部通知所有演讲队员,都到南京路集中,决不后退!"为了不让手无寸铁的群众再遭鞭打,何秉彝与二区二分部演讲队负责人沈资田商量后宣布:"新衙门还关着许多被捕的人,大家到新衙门去营救他们。"队伍继续前进。午后3点半钟左右,一个洋捕头,率领一排持枪的印度巡捕,站在老闸捕房西边,正持枪对准前进的人群。首先是洋捕头开了一枪,紧接着印度巡捕们一齐向人群开枪扫射。死11人,伤多人。何秉彝中弹,当即被送进上海仁济医院抢救,终因伤势太重,流血过多,救治无效,次日午后2时逝世。

6月15日上午,四川省学生联合会联络一批革命团体在成都川北会馆召开筹备会议,对成都声援"五卅"运动的工作进行研究,将成都的声援团体定名为"英日惨杀华人案成都国民外交后援会"。参加筹备会的1000多人听到何秉彝牺牲的消息都非常悲愤,决定召开追悼会。

6月18日,成都国民外交后援会在川北会馆正式成立。新都、温江、双流、崇庆、灌县、彭县、华阳等县相继成立国民外交后援会。

新都爱国知识分子和青年学生、工人、市民、商人在新都国民外交后援会的组织下,于桂湖门前广场集会,声讨帝国主义野蛮残杀同胞的罪行,学生们演出活报剧《反对枪杀工人顾正红》。随后,手执小旗,上街游行,并沿途讲演。

何秉彝牺牲的消息传到何家,何秉彝胞弟何庸康受父母之命,偕堂兄何绍文赴上海治丧。扶灵返川途中,各地举行了何秉彝追悼会。1925年冬,何秉彝的灵柩运至重庆时,重庆市举行追悼仪式。1926年5月28日,何秉彝的灵柩运抵成都牛市口,成千上万的群众肃立街道两旁,迎接何秉彝灵柩。灵柩停放在成都高师致公堂,全市学生代表轮流守灵。5月29日和30日,成都国民外交后援会在成都皇城内的高师附中连续两天召开追悼会。何秉彝遗体安葬在成都北门外金绳寺。

【黄 琪(1925—1947)】 女,汉族,原名黄辉容,祖籍新繁县(今属成都市新都区),1925年5月11日生于北平。兄弟姐妹8人,黄琪排行第四,父亲是电机工程师,全家生活来源,全靠在铁路局的工资。抗战后物价飞涨,家境日益困难。大哥二哥到昆明西南联大读书,黄琪和三姐、五弟、六弟上中学。六弟因患肋膜炎,无钱医治死去。面对家中的困境,看到、听到沦陷区人民所受的折磨,黄琪对个人的前途、民族的困难,感到深深的忧虑。内心苦闷,愤恨怅惘,渴望寻求光明。

1943年,黄琪与三姐黄辉家等走出北平,途经山东、江苏、安徽、河南、陕西等省,艰苦跋涉数千里,历时一个多月到达成都。沿途亲眼看见人民群众遭受水、旱、蝗灾祸,饥民流离失所,以树皮草根为食,鬻儿卖女,饿死在沟渠。一幅幅悲惨的流民图,激发了黄琪对人民群众的同情和对祖国命运的担忧,对国统区的幻想开始破灭。到成都后,经过一年的自学,1944年夏黄琪考入燕京大学外文系。

1944年秋,国统区的爱国民主运动日趋高涨。成都的学生运动,在中共地下组织的领导下,逐渐聚集力量,发展成为以全市大学生为主的秘密组织——成都民主青年协会(共产党的外围组织)。当时在燕京大学的一批具有先进思想的青年,在校内成立各种社团,办墙报,研究学术,座谈时事,演出进步戏剧,举办读书会、展览会、辩论会、大家唱等活动,进行宣传鼓动,发展进步力量。利用宗教“团契”,联络友谊,团结群众。黄琪参加校内的文学研究会,经常在“燕京生活”等墙报上发表诗作。还参加“海燕剧社”,在1944年年底排演的《岁寒图》剧中饰演黎教授的女儿。

由于国民党政权腐败无能,引起了广大人民群众和爱国学生的强烈不满。1944年11月初的“市立中学事件”便成了一场轰轰烈烈的民主运动的导火线。全市大中学生在各界民主人士的支持下,纷纷起来反对警察局武装镇压市立中学学生的残暴罪行。11月11日,成都民主青年协会发动和组织了全市大中学生1万人的游行示威,逼迫省主席张群不得不答应学生的要求,撤销了市长余中英和警察局局长方超的职务。在这次运动中,黄琪连夜书写标语并动员同学参加游行。不久,被吸收为民主青年协会成员。以后在扩大进步力量的工作中,黄琪参加“启明团契”,在其中起团结中间群众的作用。

1945年5月4日,成都各大学在华西坝为纪念青年节联合举行营火晚会,进行诗歌朗诵、时事讲演、戏剧演出和火炬游行等活动。黄琪在《放下你的鞭子》剧中饰演街头卖艺的小姑娘。

为了揭露国民党破坏学生运动、为反共积蓄力量的阴谋,黄琪积极参加全校的辩论会,慰问被国民党军队抓的壮丁等活动。

一连串如火如荼的青年运动,不断遭到国民党当局的镇压和三青团特务的破坏,黄琪与之进行坚决斗争。有一次,黄琪发现宿舍的抽屉被人翻动过,就在上面写上一张纸条“欢迎参观”。当有人拿着进步书刊做幌子,要和黄琪交朋友时,黄琪干脆拒绝。黄琪心里明白,那个人是偷偷到三青团团部领津贴的,是在搞“红旗政策”。

1945年6月初,成都民主青年协会响应中共地下组织的号召,在各大学发动学生到鄂豫边区(后改为中原解放区),黄琪很快就下定了决心。黄琪告诉三姐,要和几个同学一道,去自贡市教书。三姐很惊诧,怪黄琪不留在学校继续学习,不考虑家中的困难。黄琪虽然非常难过,但还是坚定地说“我一定要走!”并要三姐多多照顾家里,还说:“我到自贡以后,会按时写信,安慰父母亲的。”过了几天,姐妹俩回家看望生病的母亲。看见瘦骨嶙峋、因劳累奔波而病魔缠身的母亲,黄琪哭了,临走时依依不舍。此后,每隔一月左右,便有一封平安家信,从自贡寄给母亲,但去信都无回音,其时黄琪早已踏上去解放区的征程。

进入解放区后,虽然条件艰苦,有时粮食短缺,不得不挖野菜充饥。经常行军作战,有时一天行军100多里,晚上得不到休息。黄琪靠着坚强的革命意志和吃苦耐劳的精神,克服了种种想象不到的困难,那瘦小的身影经常活跃在行进的队列中,鼓励同志们坚定信心,勇往直前。

1947年1月19日晚,敌人分路合击,扫荡中原第一军分区及第三军分区(黄琪在三军分区)驻地。部队分兵突围,与敌人在大山中周旋。到21日晚,部队冲出敌人的封锁线,翻山越岭到达房县分水岭两道河。这时,部队已是一天多没有吃饭了。22日上午7时许,部队吃完饭,黄琪利用休息时间赶写歌词。此时敌人分三路包围上来,部队紧急集合,黄琪和一部分同志突围上山,敌人紧追不舍。在激烈战斗中,黄琪被炮弹击中,身负重伤,仍与敌人搏斗,被敌人俘虏。上午11时,残暴的敌人竟割下了黄琪不屈的头颅。黄琪牺牲时不满22岁,把短暂的一生奉献给了毕生为之奋斗的革命事业。

【巫文质(1916—1947)】 男,汉族,新繁人,中共党员。1928年赴成都市日新印刷工业社当学徒,1932年转为正式工人。1937年抗日战争爆发后,参加成都救国会和“民先队”,投身抗日救亡运动。1938年2月加入中国共产党,组建成都市工人抗敌宣传团,任组织部部长。1939年4月,工人抗敌宣传团设分团22个,日新印刷社为第一分团,巫文质任分团团长。1939年年初,国民党颁布限制异党活动方案,掀起反共高潮,形势紧张。1939年5月,巫文质被中共四川省工委选送至延安工人学校学习。1940年1月,转入中央党校学习,1942年毕业后分配到陕甘宁边区政府财政厅所属制鞋工厂,任厂长。因工作实绩突出,评为边区模范工作者。1943年10月,到行政学院参加整风学习。1944年10月,整风结束,调至边区政府财政厅农累税研究室,任研究员。抗日战争胜利后,响应中共中央号召,志愿到东北开辟革命根据地,获得边区政府批准。1946年1月,持中央组织部介绍信离开延安,2月抵达张家口市,在禁烟局协助工作3个月后继续北上,同年6月2日抵达齐齐哈尔市,由中共西满分局分配到嫩江县任中共前官区(今前进、长福、临江乡)工委书记、区各界联合会政委。到职后,全身心地投入到艰苦的工作上,很快就把人民群众发动起来,把中国共产党的优良传统和作风带到新解放区,深深地植根于人民群众之中,使建立农会、土地改革、生产自救和清匪反霸等工作顺利开展。巫文质经常教育区、村干部:“共产党就是为人民服务的,人民好比水,我们好比鱼,离开水,鱼不能活。国民党所以会失败,就是因为他脱离人民。”巫文质身体力行,说到做到,同群众打成一片,深受群众爱戴。许多群众都说:“从来没见过这样的官,一点架子也没有,真是咱老百姓的贴心人!”

1947年9月18日,前官区绥化台屯(今前进乡新华村)地主刘禄和杨秉泉与“光复军”匪首杨化泉相勾结,策动18名武装民兵叛变,投向杨化泉残匪。这支土匪武装四处烧杀抢掠,对刚刚翻身的贫苦农民进行报复。10月,杨化泉股匪又窜到前官区骚扰,巫文质闻讯后即从县城土地改革工作队训练班驻地返回前官区,组织区中队和民兵追剿杨匪。10月12日,在双龙泉(今跃进农场场部驻地)与土匪展开激战。巫文质冲锋在前,不幸胸部中弹,巫文质为保护人民、消灭敌人而献出了生命,年仅31岁。追悼大会上群众泣不成声,在护送其遗体到县城途中数千群众排成长队送行。一些老人和妇女扶着灵柩失声呼唤:“巫政委啊,你不能就这样去了,咱老百姓需要你呀!”

嫩江县政府批准巫文质为烈士,安葬在县城内的烈士陵园。1948年年末,将区政府驻地北的新荒地屯命名为“文质村”,以作永久纪念。

【贯一(1878—1954)】 字圆性,俗姓田,男,德阳人。9岁到新都二郎庙清慧上人处出家,清光绪二十六年(1900)在新都宝光寺德相和尚处受具足戒。1915年起,相继请职书记、知客、堂主。1921年荣膺宝光寺第19代方丈。1927年病重退院。1929年筹办宝光佛学院,1930年宝光佛学院正式开办,任院长。1934年,贯一在其戒弟子能海法师陪同下朝五台、礼九华、拜普陀,赴苏州印光法师处参叩净土法要,同年冬返寺。中华人民共和国成立后,宝光寺方丈妙轮离寺,贯一带领僧众农禅并重,革新丛林,保护文物。

贯一从沙弥到清众,从执事到方丈,全部身心奉献宝光寺。1919年秋,宝光寺东廊焚毁,贯一奉无穷和尚函召,受命于危难之际,回寺担任堂主,并捐银1000元修复东廊。1921年春,贯一继无穷担任方丈,重修西廊,使宝光寺两廊对称。1927年退院后,捐出平生积蓄4000元,外募法币约6万元,为500罗汉常年穿金,新修祖堂、培修舍利塔等。1950年妙轮离寺,贯一以72岁高龄又担当宝光方丈。贯一退院后,历经6位方丈,又再主宝光寺,在四川佛教史上绝无仅有。

贯一紧随佛教改革家太虚法师,从僧团内部力挽颓风,振兴佛教,创办佛学。1910年,贯一从四川蚕桑师范讲习所毕业后回到省佛教会办学。1914年,在简阳白塔寺创办简、新两寺佛校。1919年,在成都文殊院协助德风大和尚创办空林佛学院。1929年在宝光佛学院任院长时,撰写《四川新都宝光佛学院宣言》。

贯一任方丈期间,坚持每年春季在宝光寺传授三坛大戒,宣讲经论,造就了一大批佛教人才。最著名者有为和平解放西藏做出贡献、后任中国佛教协会副会长的能海法师。贯一曾赴彭县龙兴寺、绵竹祥符寺、德阳崇果寺、广汉开元寺等处佐理传戒和讲授经论。1942年,广汉龙兴寺管理乏人,殿堂倾颓,贯一应当地士绅邀请,接管寺院,竭尽还债、培修之责,保护寺中的明代大殿及其壁画。

贯一忠忱爱国。1931年9月8日,日本军队侵占中国东三省,贯一作七律诗4首,抒发“匹夫例有兴亡责”的爱国之情。沈阳沦陷,又作七律诗5首,抒发“陆沉一夕慨神州”的忧愤之情。1937年卢沟桥事变,贯一连续写下《抗战》《抗战时事》《赞抗日将士》等诗。同年11月,川军将领饶国华在抗日前线殉国,贯一挽诗悼念。1938年台儿庄大捷,贯一喜而赋诗,抒发爱国僧人的喜怒哀乐。在国难当头之际,贯一在宝光寺举办僧伽救护训练班,参加者60余人,受训70余日。贯一还留下抗战题材的诗18首,文1篇。

贯一熟悉佛门仪轨和典籍,为弘扬佛法,有选择性地在宝光寺雕板刻印经书,寺内藏板之多,流通各处,为川西丛林之冠。贯一娴于诗文,擅长书法,除已纳入《贯一和尚诗联文集》者外,宝光寺和外地寺院尚珍藏其书写的匾额、楹联和字幅墨迹数十件。其中《行愿往生》匾,选入《中华名匾》一书。1927年,贯一为重修《新都县志》撰写《新都宝光寺塔创建原委略记》等文。1953年6月,贯一被省政府聘为四川省文史研究馆馆员。

1954年冬,贯一圆寂,享年76岁。

【周太玄(1895—1968)】 原名周焯,号朗宣,后改名周无,号太玄。男,汉族,1895年正月二十日出生于新都县(今新都区)。

1909年,周太玄考入成都高等学堂分设中学堂(今石室中学)。1911年中学毕业后赴上海、北京求学,于1913年考入中国公学。1916年毕业后,在上海《民信报》任翻译、编辑等职。后到北京担任《京华日报》《中华新报》编辑和中华通讯社通讯员。其间,结识了正在北京大学任教并主编《晨钟报》副刊的李大钊。彼此志趣相投,共同决定成立“少年中国学会”。1918年,“少年中国学会”发起人会议在北京召开,周

太玄为七位发起人之一。1919 年 7 月 1 日,“少年中国学会”正式成立,成为“五四”时期影响最大的社团之一,其成员遍布世界各国。

1919 年正月初一,周太玄搭乘邮轮赴法国,并与李璜创办“巴黎通讯社”,将巴黎和会事实真相传回中国。1920 年,周太玄的女友王耀群从成都赴法勤工俭学,与周太玄进入法国南部的蒙彼利埃大学,周太玄攻读博物学,王耀群学药学。

1921 年 8 月 27 日,“巴黎分社”成立,周太玄当选为书记。1924 年,周太玄大学毕业,获得教育硕士学位,进入巴黎大学研究院。周太玄分别在法国科学院、法国动物学会、生物学会的刊物上发表研究报告 9 篇,植物学报告、地质学报告及 50 多幅详图、100 多页的博士论文。周太玄以其在腔肠动物,特别是在水母研究方面的成就和解决细胞器染色问题上取得重要突破,于 1930 年被授予法国国家理学博士学位。

1930 年 11 月,周太玄应成都大学校长张澜之聘回国,以中华教育文化基金委员会动物学讲座的名义在成都大学和成都师范大学任职。1931 年 11 月,三所大学校合并为国立四川大学。1932 年,周太玄被聘为四川大学理学院院长兼生物系主任。

1935 年,妻王耀群病逝后,周太玄肩负起养育一个女儿五个儿子的责任。1936 年,周太玄重游欧洲考察,研究马列主义著作和学习俄语。1937 年,抗日战争爆发,周太玄于 8 月从欧洲回到上海,将节衣缩食在法国为学校买的生物学实验用品和书籍运到上海时,被“八一三”的炮火全部毁掉,8 月 15 日只身随难民逃离上海。

1939 年,周太玄因反对国民党程天放出任四川大学校长和实行“以党治校”而愤然罢教离职,参加了中华全国文艺界抗敌协会成都分会。1940 年,周太玄任西康经济研究所所长,继续钻研马克思主义经典著作,与叶圣陶共同创办了具有进步倾向的“新世纪学会”。1943 年,周太玄再回四川大学任教,经常在一些学会和大、中学校作学术报告和形势报告,被称为“红色教授”,因深孚众望被选为教授会主席。

1946 年,毛泽东和周恩来在重庆宴请民主人士,周太玄三次被邀请。1948 年,周太玄担任香港《大公报》顾问,次年主持该报工作,是《大公报》迈向新生的主要推动者。1949 年,苏联出版《下等动物胚胎学》一书,引用了周太玄曾在腔肠动物,特别是在水母研究方面的图和叙述。

1950 年,周太玄担任西南军政委员会委员和文教委员会委员,作为特邀代表出席了全国政协第一届第二次会议,此后继任全国政协第二届、第三届、第四届委员会委员直至去世。1951 年 9 月,周太玄出任四川大学校务委员会主任委员。1953 年调北京,先后任中国科学院常务委员会委员、学术委员会委员、中国科学院编译局副局长、局长,中国科学出版社首任社长兼总编辑。

1953 年,周太玄加入中国农工民主党,曾任农工民主党北京市委员会委员和中央委员会委员。1955 年起,兼任中国科学院动物研究所一级研究员。

周太玄填补了国内水母研究的空白,被称为中国研究腔肠动物的鼻祖。周太玄与学生共同撰写的《烟台水螅水母类的研究》一文,提出的水螅水母类 25 种,是中国第一次记载,有 4 种是太平洋地区第一次记载。周太玄曾主编《中国动物图谱》,主持编辑出版了《世界科学译丛》《动物志》和《建国十年科学成就丛书》等科技书籍,留下的生物学著作有《Chrysaora 生活史之研究》《动物心理学》等。周太玄译著共有 11 部,重要的有《古动物学》《达尔文以后生物学上诸大问题》《人的研究》《人的科学》《物种》等。

周太玄一生勤于写诗填词,1964—1968 年的 5 本日记中,共有诗 1300 余首,词 420 余首。留下许多有关教育、妇女、哲学等方面的论述,被誉为学贯中西、博古通今的一代通才。

1968 年 7 月 23 日，周太玄在北京病逝，享年 73 岁。1978 年 12 月 22 日，党中央在八宝山革命公墓为周太玄举行了骨灰安放仪式。

【康　冻(1906—1969)】 康冻原名天禄，男，汉族，1906 年 7 月 13 日出生于西充县青狮乡。童年在乡贤卞芝仙先生私馆读经史、习诗文，后就读西充师范学校，因家贫不能入大学深造，深以为憾，便改名冻，号素寒。

康冻师范毕业后仅从教半年，考入黄埔军校第五期。学习期间受共产党人恽代英的影响，因抨击时政在毕业时未被录用。约同学远走新疆，途经兰州时，被当局作为共产党嫌疑拘捕。康冻在狱中剪发作笔，用水代墨，以壁当纸，练字绘画，过了三年铁窗生活，当地军阀以查无实据将其释放。康冻回到家乡，一度就职于四川军阀王缵绪的儿子王泽濬部，任中校参谋。因不满王泽濬的作风及为人，不久便自动离职，赴苏州艺术学校学画。喜画寒梅、幽兰、翠竹。

1938 年 12 月，康冻出任四川省新繁县县长。任职 1 年多，政绩斐然，佳话广传，人称“黄埔奇人——草鞋县长康冻”。

康冻到任这天，正值 1939 年元旦前一天，新繁县机关首脑及各代表按惯例，一起到县城南郊的南桥迎接。但从下午 1 点到 3 点直到太阳偏西，新县长渺无踪影。县衙里跑来一个差役，说是新县长已到县衙视事，请诸位速回。原来新县长就是人们下午曾在南桥见过的两个并肩走路，后面跟着一辆架架车的康冻和夫人。

康冻到新繁县后，走街串乡，察访民情。得知县府属员胡继升的两个儿子在抗日前线牺牲的消息后，康冻亲自前往主持丧事。为被地方恶势力枪杀于县城南门外崇光寺的同盟会员、县人叶松石树立纪念碑，改城南门为松石门，亲书“松石门”刻在南门城楼上。

1939 年，康冻在清匪的同时开展禁烟戒赌，在东城小学召开座谈会。几十名小学生见县长亲自招待，个个高高兴兴举报，于是一举抓获烟灰(吸毒者)100 多人。6 月 3 日，在东湖召开全县禁烟会，将穿衣戴帽、用稻草扎的 100 多名“烟灰”进行公审，康冻亲自拔枪发弹，“烟灰”应声倒地，接着焚毁烟具烟土，民众欢声动天。

康冻了解到新繁没有幼稚园，亲自选择位于县城中心的陕西会馆为幼稚园地址。此处当时被防区驻军旅长李树华占作私宅，康冻径直去找李树华交涉，迫使李树华让出大殿，办成幼稚园。国民党县党部书记长陈化初要求由自己妻子作园长，因陈妻没有文化和才能，被康冻拒绝，另从东城小学女教师中选人担任，民众为此感到高兴，唯独李树华与陈化初恨恨不已。

县里原有一所中学已停办多年，康冻积极筹备恢复，自任筹委会主任，由县文化馆馆长冯量如任副主任。1939 年秋即重新招生，当冯量如求任校长时，康察其德才不符而未予同意。康的顶头上司温江行署专员王思忠亦推荐成都刘某任校长，康也拒绝。康冻根据教育界意见，向上推举四川大学毕业、执教多年，有一定声望的新繁人叶兆祥任校长，由此得罪了王思忠和冯量如，导致后来王、冯、李、陈联合“倒康事件”。

中学开学前，康专程登门拜访当时已经退隐在县城北街的北京大学教授吴虞老先生，请为中学作校歌歌词。吴虞晚年依旧一身傲骨，不屑与军政人员打交道，军长黄隐曾以 3000 元大洋请吴虞为其老父作墓志铭，被吴虞拒绝，但吴虞对康冻却甚尊敬，欣然承诺，精心创作了校歌。

1940 年，康冻要在全县第一大乡万安乡创办一所高级小学，为解决校舍问题，正月十六在放生院召开乡民大会,亲自恭请菩萨“让地办学”。乡民有顾虑,怕得罪菩萨引来灾祸,康冻便提出将拆毁的菩萨建坟埋葬,春秋祭祀,乡民转忧为喜。万安乡放生院前殿出现了琅琅读书声,后殿是供奉菩萨的神堂,还有一座别具一格的“菩萨坟”。康冻亲自撰书一对联镌刻在校门左右,联文是:“父兄劳苦,送子弟读书,若不用心是无血性;生徒贤愚,看师长教法,倘或贻误安有天良。”一时城乡传诵,成为家庭、学校、社会互教互勉的箴言。

每逢赶场日,常有人送鸡蛋、水果及其它礼物,托守门人庄老汉代为送进,康严拒不收,但仍有人连续送去,往往把礼物放在大门口就走了。康冻便吩咐庄老汉先保管起来,等早操时摆在大堂前,全分给属吏、卫兵,自己不沾分毫。

新繁县城东郊两河口一带因多年水患,当地农民见新县长勤政爱民,便联名上书请求改变河道。康冻接到报告后即带 3 名技术员到两河口调查,最终解决了河道通过胡姓地主大片良田的矛盾,不满一月,新河开成。百姓在两河口大道旁专门立了一块“康县长素寒德政”碑,以资纪念。

中华人民共和国成立后,康冻长期在四川西充中学执教。

1969 年 6 月 20 日,康冻因病逝世,享年 63 岁。

【巫松廷(1886—1976)】 男,汉族,字家炳,新都县冯家碾人,自幼从父巫春山(清咸丰年间在新都县城开设“春山堂”医馆)专攻中医外科。

1908 年(清光绪三十四年)刻苦好学的巫松廷,在其父巫春山的传授下,已掌握了医治中医外科疑难病症的高超医术,17 岁便成为新都县著名的中医外科医师。

1925 年重阳节后,一支小武装部队半夜途经新都县冯家碾巫松廷的家,在巫家借灶煮饭,巫松廷主动支助粮菜,并为受伤人员包扎伤口。第二天一早,地主保长到县衙告密,说巫松廷私通土匪,半夜三更大摆宴席,并为受伤的土匪治伤,土匪临走时送了大量金银珠宝。县长信以为真,认为如此重大通匪案,非捉拿严惩不贷。一面上呈专员公署,一面派一排士兵加上团防百余人,奔赴冯家碾包围巫家,拆墙挖地,翻箱倒柜,搜寻金银珠宝,结果一无所获。县长恼羞成怒,第二天拂晓将巫松廷送进县衙牢房,经呈报专署批核,拟于秋后处决。

新都县颇有名气的青红帮头目苟银山等人,经过了解知巫案有冤,函请成都袍哥首领陈静珊出面营救,陈出具字样,由苟银山与县长谈判,最后达成了妥协,采取掩耳盗铃的手法蒙骗上司,按规定日期处决,布告照贴,但宰把手(砍头的人)由苟派心腹担任,保证人不杀死,虚晃一刀,马上用红毡裹好抬走。陈静珊怕其中有变,暗中调集 10 余县的袍哥、青红帮 5000 余人,携带武器齐集新都县城,如果生变,立劫杀场。

处决名中医巫松廷的消息传出后,新都城乡和邻县群众不下 5 万人,涌进新都县城,把大街小巷挤得水泄不通。县长闻知后吓得心惊胆颤,因此不得不履行诺言,保全了巫松廷的性命。巫受此一场惊骇,卧床日久。1926 年,陈静珊为巫松廷安全,将其接到成都,安置在锣锅巷开馆行医。巫松廷为感谢救命之恩,精心为陈静珊治牙漏,经过一个多月便将陈的牙漏完全根治,巫松廷的中医外科很快名噪蓉城。

由于巫松廷对中医外科有独到之处,1927 年,成都市名中医余律生、廖明阶邀请巫松廷在提督街亲仁里共同创办成都市第一家中医院——成都市民族中医院,由巫主持工作。同年下半年,巫松廷同前中医学院院长、中医师李斯炽、王伯岳、祝良成、杜自明等中医名流 20 余人,创立“成都市华西医科学术研究会”，巫松廷被选为董事。

1938年，成都民族中医院迁至鼓楼洞街39号。时值抗战时期，川军将领邓国璋北上抗日，因喉部患病，命在旦夕。在重庆经美国医生诊治无效，呼吸越发困难，茶水不进，只得把邓送回成都，并为其准备后事。刘文辉、邓锡侯知道此事后，推荐巫松廷治疗。巫知责任重大，顾虑重重，后经协商，只要治疗细心，生死后果自负。于是，巫松廷带其子到邓府施治。其时邓国璋躺在床上两眼翻白，口吐白沫带脓血。巫松廷诊视后，进行高难度的中医外科手术，一刀使邓国璋醒转，不到一小时呼吸趋于正常，然后用家传秘方“八宝如意吹喉散”吹进喉头。下午便开始进少量的水，第二天即能吃少量稀饭，一周后能吃少量干饭，一月后基本痊愈。邓国璋为感谢救治之恩，坚持要赠送良田上十亩作为脉礼，巫松廷坚决不要。邓国璋离开成都时派人为巫松廷送去大洋5000元和衣物等用品，并在鼓楼洞街搭棚唱大戏3天，以答谢和表彰巫松廷起死回生的高超医术。时鼓楼洞街热闹非凡，民族中医院从此更加扬名。

1941年，巫松廷将民族中医院交其子巫范九主持。1956年7月16日，巫松廷加入中华医学会，国家卫生部门拟调巫松廷和王伯岳到北京任医职，巫松廷因年事已高，未能成行。

1976年，巫松廷在成都鼓楼洞街民族中医院逝世，享年90岁。

【曹云生(1909—1987)】 又名曹芸生，男，汉族，中共党员。1909年1月出生于山西省洪洞县北柏村。1943年，任洪洞县抗日二社高教员。1945年，任洪洞县文教科员。1946年，任洪洞县区长。

1949年，曹云生随军南下。率领20余名老区干部及3个连，从成都出发，进驻新繁县，接管国民党地方政权，改编起义部队。

1950年1月，曹云生任新繁县县长兼征粮工作组组长。在征粮剿匪斗争中，依靠党的政策，依靠广大群众，平息土匪叛乱。努力征集粮草，保证军需民用。同年11月，在开展减租、退押，清匪、反霸和镇压反革命运动中，曹云生兼任新繁县清匪委员会主任。

1951年6月，曹云生带领新繁县农民开展土地改革运动，于1952年4月结束。同年10月，曹云生任新繁县县委书记。新繁县成为川西坝子最早实现“互助组化”的县。在禾登乡新民村罗世发互助组和清白乡李园村冯泽应互助组试办合作社，成为四川省最早成立的两个农业合作社。

1953年1月30日，新繁县成立贯彻婚姻法运动委员会，县委书记曹云生任主任委员。同年2月20日至3月20日，曹云生领导开展贯彻婚姻法运动月，公开审判一批虐待妇女儿童的案件。

1956年5月26日至31日，召开中共新繁县第一次代表大会。大会批准曹云生代表新繁县委所作的《为提前和超额完成第一个五年计划与实现〈1956年到1967年全国农业发展纲要(草案)〉而奋斗》的报告。曹云生被选举为中共四川省第一次代表大会候补代表。

1959年，50岁的曹云生在温江地区县以上领导干部中年龄最大，待人谦和，工作踏实，关心群众疾苦。同年3月，曹云生面对严峻的粮食形势，大胆地采取果断措施，将田边地角的零星土地和生产队“不便耕作”的部分土地无偿地划分给社员种植，并为社员提供种子和肥料，安排专门的时间让社员种植瓜果、蔬菜和粮食、饲料作物，允许社员在房前屋后、沟边河沿、荒滩田埂种植，谁种谁收。同年7月初，新繁县人民委员会以布告形式，公布了人民公社下放到生产队的几项权力，扩大生产队的自主经营和管理权限，允许社员饲养生猪和鸡鸭鹅兔等家畜家禽，并给每一个公共食堂划拨人平0.05亩的蔬菜地，由各公共食堂负责经营，除食堂自用外，多余的部分还可以出卖。由于收获的农作物不计入生产队的产量,不缴纳农业税和不计入统购,社员种多少收多少,完全由社员个人支配,社员的积极性很快被调动起来。当年的红苕、玉米、芋头、南瓜、豆类等都获得较好收成,老百姓亲切地称曹云生是"曹青天"。

曹云生坚持实事求是。1959年4月至9月,毛泽东的秘书田家英到新繁县进行农村调查,找到曹云生讨论四川大面积推广双季稻的看法,提出不能生搬硬套,要因地制宜。在田家英蹲点的崇义公社结合实际,没有完全按照省委硬性规定的面积种植双季稻。曹云生在安排大春生产时,有意强调在城镇周边和公路两旁显眼处搞好"密植"和"双季稻",而在其他大面积田里,基本上没有搞过分密植或"双季稻"。因此,1959年新繁县的粮食获得较好收成,水稻平均亩产七八百斤,比周边邻县一般只有四五百斤的实际产量要高。

在"放卫星""大丰收"时期,曹云生敢于讲实话真话。1960年,省上统计各县缺粮数,但没有一个县敢上报,怕挨批。后只好按人头、猪头平摊分配下拨指标,有的县仍然不敢要。而曹云生却动作最快地落实下拨指标,将仓库粮食分配下去,受到社员拥戴。

1963年11月至1965年10月,曹云生任四川省彭县县委书记。1965年10月至1966年,曹云生任中共温江地委党校校长。1966年至1977年,曹云生先后任温江地委农工部部长、农业局副局长。1977年1月,曹云生离休。

1987年8月,曹云生因病逝世,享年78岁。

【杨继干(1911—1991)】 男,汉族,原名杨明昌,又名杨绍轩,中共党员。1911年10月5日出生于新繁县东区(今新都区新民镇)熊家院子。

1928年10月,杨明昌在南充加入中国共产党,改名杨绍轩。同年12月,中共四川省委调杨绍轩到成都工作,担任与上海中共中央联系的交通员。后作为省委巡视员巡视新繁县、新都县、彭县。巡视途中,被省委调回成都,与省军委书记联系。后被调到印刷厂,负责印制传单。1929年,杨绍轩被派往邝继勋部宣传队工作。同年7月,邝继勋第七混成旅3000多人在遂宁和蓬溪交界的大石桥起义,成立四川红军第一路,先后转战梁平、开江和达县,沿线遭到围追堵击,在西充西北至九龙山的突围作战中,杨绍轩负伤,被党组织营救至南充,以做生意为掩护隐蔽下来。不久,省委调杨绍轩回成都工作。

1930年,广汉起义失败后,党组织派杨绍轩到新都联系党员。找到以开栈房为掩护的新都地下党负责人刘启新,传达省委意见。这期间,杨绍轩主要在新繁从事党的活动。

1928年至1934年,杨绍轩曾参加过当时由周恩来领导、陈赓专门负责的锄奸组织(红色保卫团)的具体活动。

1934年8月,杨绍轩被捕,与新都县的地下党员黄仁关押在刘湘的督办公署禁闭室。4个月后,转入华阳监狱关押。杨绍轩被判刑10年,黄仁被判刑15年。1936年秋,转入重庆反省院。

1937年,七七事变后,第二次国共合作,国民党开始释放政治犯。同年年底,杨绍轩被释放出狱。与周恩来见面时,周恩来说:"现在你出来了,就继续干革命吧。"故改名杨继干。经过三个多月的调查核实,邹凤平代表中共川康特委恢复了杨继干的党籍。

1938年4月,杨继干被党组织派往成都筹建《新华日报》推销组,地址设在成都祠堂街88号。推销组由川康特委书记、第十八集团军驻成都代表罗世文领导。当时,整个成都只在武汉总馆订了4份《新华日报》。4月中旬,推销组开始营业,发行量增加到40多份。4月下旬,推销组成立党支部,杨继干任支部书记,负责行政、事务工作。1938 年 8 月,推销组扩为推销处,并负责川西北各县的发行业务。支部书记由洪希宗担任。1939 年 4 月,推销处改为成都分馆(川西北总经销处),杨继干负责人事、行政及翻印工作。

推销组从成立起,除发行《新华日报》外,还出售延安的各种报刊和进步书店、出版社的读物,同时是省工委对外联络机构和中央南方局(重庆八路军办事处)与党中央联系的一个中转站。杨继干的工作,一是负责成都报馆相关具体事务,如翻排、印务等,受罗世文直接领导,对外身份只是报馆的务工;二是四川地下党组织的保卫、联络负责人,受周凤平直接领导;三是四川地下党与中共南方局的联络人,及时将《新华日报》、四川地下党的情况向周恩来、董必武等人汇报,并向罗世文、周凤平传达中共南方局领导指示。川康特委组织的一些党的骨干和部分爱国青年赴延安大多是经过杨继干联系和安排的。1940 年年初,成功地将朱德总司令留养在成都的一个女儿护送到延安。

根据《新华日报》在成都地区迅速增长的趋势和订户的要求,《新华日报》总馆改用欧亚航空公司的航空班机运输。因运输量越来越大,民航班机认为负担太重,拒绝运输。为解决问题,杨继干请《新华日报》的订户邓锡侯帮助,解决了一些实际困难。为从根本上解决按需发行的问题,杨继干赴重庆向周恩来、董必武汇报《新华日报》发行中遇到的困难。周恩来、董必武听取汇报后研究决定,由总馆排纸版,次日晨用航空飞机送往成都。周恩来同成都《华西日报》总编辑杨伯恺联系,安排在《华西日报》翻印《新华日报》。杨继干负责每天到民航局取航空纸版,然后送到《华西日报》翻印,迅速发行。当年在新繁、新都、彭县、邛崃、西昌、雅安、嘉定(乐山)、新津、灌县和成都附近的苏码头等地,建立了《新华日报》推销站,发行量从最初的 4000 份增加到 1.2 万份。

1940 年 3 月 14 日,国民党军统局的特务在成都制造抢米事件,罗世文被捕,成都分馆被封,杨继干在党组织的帮助下回到新繁老家。同年 7 月,被调到中共南方局工作。对外身份为周公馆馆长,周恩来的副官,负责周公馆的安全保卫事务及周恩来、董必武的安全保卫。1946 年,对内担任八路军办事处财务科长,专为延安中央筹集资金。同时负责南方局地下交通联络运行工作,建立从印尼、越南到延安的地下交通线。当时缅甸、越南共产党领导人德钦巴欣、胡志明等,以及爱国青年、爱国志士都通过这条交通线赴延安。

解放战争开始后,杨继干向党组织汇报,计划把在新繁发展的杨云山、杨振山兄弟,打进新繁何载之(人称何天王)的土匪部队中,逐步加以改造为我所用。杨继干比较了解何载之的为人,曾经送给《新华日报》《群众周刊》,并说:你不要乱杀人,把枪支子弹保管好,以后交给解放军,协助地方清匪反霸。新繁县解放初,何载之到新繁县公安局自首。

杨继干曾任四川干部队大队长。1949 年,川干队到武汉后撤销,组建西南服务团时,奉命到二野司令部报到,随军从湖南常德开赴重庆。1950 年,任命为西南军政委员会交际处处长。1954 年至 1967 年,任第一机械工业部西南办事处主任。1978 年,任重庆市机械局顾问。

1991 年 3 月 3 日,杨继干逝世,享年 80 岁。

【哈　华(1918—1991)】 原名钟开明,男,汉族,中共党员,1918 年 8 月 18 日出生于郫县。父亲为清代秀才,哈华幼年随父迁居新繁,就读于新繁小学。

哈华青年时受“五四”新文化的影响,阅读了《世界文库》中近千万字的作品,逐渐喜爱文学。为了求索人生的道路,常常把从成都带回的文学期刊、书籍拿到新繁东湖旁,静静地坐在那里专心致志地阅读。“有时带两个烧饼,能一天读完 20 万字的小说”,由此奠定了日后走上文学创作道路的基础。

1938 年,哈华离家奔赴延安,入抗日军政大学学习,同年秋到西安八路军办事处工作,任干事,开始在《秦风日报》发表小说,在《新华日报》撰写战斗通讯和报告文学。写下一部描写八路军挺进华北敌后

抗战的小说,在大后方报纸连载,自此开始文学生涯。

1942年,哈华加入中国共产党,任八路军一二九师军事学校教员。1943年,哈华回延安鲁艺研究室从事专业创作和理论研究。1946年起,哈华历任新四军华中司令部参谋、记者,《大众日报》《新民主报》《渤海日报》编辑。1948年,哈华在济南《新民主报》发表长篇报告文学《新安旅行团》,讲述一个由小学生组成的旅行团宣传抗日,参加革命的事迹,对当时的青少年产生一定影响。1949年,长篇小说《浅野三郎》出版,小说写侵华日军士兵的觉醒,产生较大影响。

中华人民共和国成立后,哈华历任《解放日报》副刊编辑,文艺组组长。1956年主编青年文学期刊《萌芽》杂志,后任《电视·电影·文学》荣誉社长,中国作家协会上海分会书记处书记、副主席及上海文联理事。

1987年秋,哈华从上海回川参加文学活动,应蜀中青年作家和文学爱好者的邀请,在四川省荣军休养院举办讲座,培养文学新人。哈华顺路回到故乡新繁古镇寻访旧踪,在曾就读的新繁考棚小学(后改办成四川省新都师范学校),受到师生们的热情欢迎,应邀撰写的《重睹秀色访东湖》一文,1990年入载四川人民出版社出版的《唐代园林新繁东湖》。哈华还应邀为《新都教育》创刊号题词。

哈华对专访的新都文化人说:“作为艾芜的故乡,要认识到艾芜在中外文学史上的地位,他是流浪文豪,是边境文学的拓荒者,他的作品特别是《南行记》将在世界上产生重要影响。你们要趁他健在,多多搜集他的资料,原始资料最有价值。”新都采纳了哈华的建议,由新都档案馆、新都电视台、新都政协文史委、新繁镇、清流镇多方配合,调查访问艾芜,征集其族谱和书籍手稿,为建立艾芜陈列室奠定基础。

哈华以写军事题材见长,先后出版文学作品10多部。著有长篇小说《东海轻骑》《夜莺部队》《浅野三郎》(日译版本改名为《日本兵》);长篇儿童小说《孤儿苦女》《回到金日成伯伯那里去》《三个杂技小演员的遭遇》;长篇儿童文学《鬼班长和她伙伴》《新安旅行团》;散文特写集《生命的历程》《她志在凌云》《友情》《祖国的眼睛》等。其中《东海轻骑》被改编成电影在全国放映,《浅野三郎》被译成日文等多种文字。长篇小说《夜莺部队》以一些记者、诗人、学生在河北平原参加抗日战斗的故事为主线,用超越时空观的手法,对二三十年代中国知识分子的命运作了全景式的描写。

哈华除写军事题材作品外,还在文学刊物上发表了40万字的论文。其军旅创作生涯被载入中学生文库《一百名人谈读书》,并被录入《中国现代文学家传》。

1991年,哈华因病逝世,享年73岁。

【艾　芜(1904—1992)】 原名汤道耕,男,汉族,中共党员,中国现代著名作家,1904年6月20日出生于新繁县(现成都市新都区清流镇翠云村)一个乡村小学教师家庭。

艾芜幼年时,先随教私塾的祖父读四书五经,后随从事乡村小学教育的父亲上小学,先后在多所乡村小学就读。1919年春,15岁的艾芜以名列第五的成绩考入新繁县立高等小学。当时由积极拥护新文化运动的吴六庄担任校长,学校大量订阅《新青年》《新潮》《星期评论》《星期日》等进步刊物供师生阅读,积极提倡用白话作文写诗,艾芜如痴如迷地细读这些刊物上的文章,作了大量的读书笔记,实践用白话写诗。1921年春,高小还差一年毕业的艾芜投考成都联中，以第三名的优等成绩被录取。但因家贫无钱交学费不能入学，转而考入成都省立第一师范学校，与安县人杨朝熙(沙汀)同班。艾芜坚持写诗作文，读了许多翻译作品，在刘作宾带头发起的“新繁县留省同学会”创办的《繁星》周刊上，发表了以“汤耘”署名的诗歌和散文。

1925年夏，21岁的艾芜因不满学校的旧式教育和反抗封建婚姻枷锁而出走，漂泊于中国云南及国外缅甸、新加坡、马来西亚，当过小学教师、杂役和报纸编辑。1928年，艾芜参加缅甸共产主义小组活动，积极从事革命宣传工作。1930年冬天，艾芜因支持缅甸人民反对英国殖民主义统治的活动被捕。1931年春，艾芜被统治缅甸的英国当局驱逐出境而押送回国，途经香港、厦门，同年5月到上海。后巧遇成都一师同窗好友杨朝熙(沙汀)，结识了任白戈，不久又与姨表弟刘作宾相会。1932年夏天，艾芜经丁玲口头批准加入中国共产党，后因离沪脱离组织生活。

在友人的鼓励下，艾芜于1932年年底参加了中国左翼作家联盟，终身从事文学创作活动，开始发表小说。艾芜的《人生哲学的一课》在周扬主编的《小说月报》以艾芜的笔名发表后，接连发表以南行为题材的作品，形成了创作上的第一个高潮，本名汤道耕从此被“艾芜”取代。艾芜被视为“一九三三年文坛上的新人”，鲁迅称艾芜为最优秀的左翼作家之一。

艾芜在上海期间，出版有短篇小说集《南行记》《南国之夜》《山中牧歌》《夜景》和中篇小说《春天》《芭蕉谷》以及散文集《漂泊杂记》等。作品大都反映西南边疆和缅甸等地下层人民的苦难生活及其自发的反抗斗争，开拓了新文学创作的题材领域。所描写的传奇性故事，具有特异性格的人物和边地迷人的绮丽风光，使作品充溢着抒情气息和浪漫情调。尤其是艾芜的第一部短篇小说《南行记》，1935年12月在上海问世后，被认为开拓了中国新文学创作的题材领域。

1934年春，而立之年的艾芜经文友杜谈介绍，与左联女诗人王蕾嘉相识并在上海结为连理。抗日战争爆发后，艾芜积极投入抗日救亡运动，于1939年带领全家奔赴战时的文化重镇桂林。此时夏衍等在这里主办《救亡日报》，艾芜定居观音山脚下，积极参加“文协”桂林分会的筹备工作，并担任中华全国文艺界抗敌协会桂林分会理事、常务理事和《抗战文艺》(桂林版)编委等职务，一些文学青年向艾芜请教，艾芜总是有求必应。这时艾芜已是一女一子的4口之家，经济拮据，就开荒种菜，以补生活之不足。艾芜写作非常勤奋，在桂林居住4年，写作出版了短篇小说集《荒地》《黄昏》，文学理论集《文学手册》以及极为重要的两部长篇小说《山野》和《故乡》，形成艾芜文学生涯中的第二个创作高潮。

1944年夏天，艾芜和王蕾嘉拖着4个孩子离开桂林，途经贵州，经历3个月颠沛流离的逃亡生活，于10月到了“陪都”重庆，担任抗敌协会重庆分会会刊《半月文艺》编辑。艾芜积极投入共产党领导的重庆文化界争取自由民主、反对独裁专制的运动。在参加郭沫若53岁寿辰时，周恩来笑着和艾芜握手，并说在报上看到艾芜要来重庆的消息，使艾芜感到非常温暖。1945年8月15日，山城重庆一片欢腾，迎接抗日战争的胜利，艾芜沉浸在狂欢之中。但不久父亲逝世，心里无限悲痛，即以勤奋写作的实际行动，把怀念家乡和父亲的深情凝结于笔端，写作出版了自传性质的短篇小说集《童年的故事》以及长篇小说《丰饶的原野》，形成了艾芜文学创作的第三个高潮。

1946年，艾芜到陶行知创办的社会大学义务任教。1947年夏，因国民党在重庆搜捕进步人士，艾芜转移到了上海。1948年，艾芜应聘到重庆大学中文系任教。

1949年重庆解放，45岁的艾芜被选为人民政府委员，西南军政委员会文教委员，并担任重庆市第一届文化局局长兼重庆市文联副主席，仍在重庆大学任中文系教授及主任。1951年春，艾芜去重庆郊区歌乐山参加轰轰烈烈的土地改革运动。1952年春，艾芜根据全国文联的统一安排，与妻子王蕾嘉带着小儿子继湘到中国最大的钢铁基地鞍山炼钢厂。艾芜担任鞍山炼钢厂总工会文教部副部长，跑遍了鞍山大小工厂和矿山，结识了许多工人、干部和家属。1953年9月，艾芜出席在北京召开的全国第二次文代会，被选为全国文联委员和中国作家协会理事,留京从事专业创作,集中精力创作长篇小说《百炼成钢》。

1954年秋,艾芜被选为全国第一届人民代表。后随中国作家代表团赴匈牙利、捷克、波兰和苏联进行友好访问,回国后,到河北、北京、浙江等地视察工作,广开创作视野。1956年4月,艾芜重新入党的申请得到中国作协支部和总支部的"开会同意"。1959年中华人民共和国成立十周年之际,艾芜奉献给祖国4部新作:长篇小说《百炼成钢》、短篇集《夜归》、特写散文集《初春时节》和游记《欧行记》,成为中华人民共和国成立后艾芜的第一个创作高潮,其中《百炼成钢》被誉为中国写工业题材最成功的一部长篇小说。

1960年7月21日,艾芜与郭沫若、曹禺三人被新华社电讯公布为"已成为光荣的共产党员""在炎热的生活和斗争中,锻炼改造成为无产阶级的文艺战士"。

1961年秋,艾芜与沙汀、林斤澜、刘真等共赴云南边疆访问,实现了第二次南行的夙愿。半年后艾芜回到北京,集中精力创作长篇小说《南行记续篇》,形成中华人民共和国成立后艾芜的第二个创作高潮。

1978年9月,年届74岁高龄的艾芜担任中国作家协会访问团团长,率领25省市的50多位文艺工作者赴大庆和鞍钢参观访问,并与阔别20余年的老友重逢,心潮澎湃,写下情文并茂的散文《鞍钢啊,我回来了》。1980年4月1日,艾芜参加以巴金为团长,由冰心、草明等12人组成的中国作家代表团出访日本,受到日本首相大平正芳的接见。

1981年2月,年近八旬的艾芜欣然接受云南人民出版社的邀请,开始了第三次南行,重访故地觅新篇。这次南行历时50天,行程万余里,接触了8个少数民族,拜访了前两次南行的旧友,结识了公安、海关、侨务方面的新友。1983年5月,艾芜的《南行记新篇》由云南人民出版社出版,与《南行记》《南行记续篇》构成南行系列小说。1985年10月,应香港中华文化促进中心邀请,由艾芜任团长的15人组成的作家代表团到香港访问,艾芜重游了54年前到过的故地,百感交集。就在这一年,艾芜经20年苦心创作的长篇小说《春天的雾》问世,引起文坛的极大关注,中篇小说《风波》也随即出版。以《南行记》改编的电影《漂泊奇遇》公映获得极好反响,以《南行记》改编的同名电影《南行记》在国内外获奖。

1990年,历时10年的《艾芜文集》十卷本在成都出版齐全。同年3月5日,四川省委宣传部、四川省新闻出版局、四川省作家协会联合召开"《艾芜文集》出版暨艾老创作六十六周年纪念会",巴金、冰心、沙汀等老友均发来贺信贺电。同年,四川电视台将艾芜的作品《南行记》改编拍摄为六集电视连续剧。中国18家电视台联合摄制电视专题片《当代中华文化名人录》,艾芜被录入其中。

1991年,艾芜在病榻上完成了历时10余年的长篇小说《小河村速写》初稿。根据《南行记》改编的电视剧《边寨人家的历史》,获中国电视"飞天奖"金奖和"'93中国四川国际电视节"金熊猫奖。艾芜荣获"飞天奖"、演出荣誉奖。

20世纪80年代起,艾芜一直为四川省文联和四川省作家协会名誉主席。

1992年12月5日,艾芜因病在成都逝世,享年88岁。

1993年12月,中共新都县委、新都县人民政府在新都桂湖公园修建了艾芜墓园。

2005年11月13日,艾芜家属、新都区人民政府、日本大阪帝冢山学院共同将艾芜手稿藏书捐赠给中国现代文学馆。其中有艾芜藏书4000余册,著作手稿与书信日记700余件,作家照片900多张,书房实物15件。

艾芜一生辛勤耕耘68载,留下了上千万字的文学作品。其小说被译成英、俄、匈牙利、日本、朝鲜、德、法等多种文字。巴金赞誉说:"艾芜是中国最杰出的作家之一,也是家乡人民的骄傲!"

【万自律(1913—1994)】 名代长,字子乐,号秋壑,男,汉族,1913年出生于新都县(今成都市新都区)一书香门第。30岁时将"万子乐"改为"万自律",取严以律己诫勉之义,意在修身报国。

父亲万世祥，前清秀才，历任成都华美女校、华英小学教员和万寿宫学校校长、董事长，1919年还家设私塾从教。万自律幼年从父读书，10岁时父亲逝世，遂师事舅父赵如渊学习诗文书法。15岁时因家境拮据辍学谋生，奉养孀居老母。

1929年，万自律以书法见长，在县内肇新石印社写字，凭微薄工资添补家用。18岁时经邑人黄月辉介绍到成都蜀丰银号当见习生，次年因银号倒闭而回家谋生，21岁娶妻戴氏。

1934年秋，万自律与同学张桐辉在新都创办“秋桐补习学校”，校址设于上升街“可序”院内，次年迁至庄家祠。万自律自编《服务道德》向学生讲授，撰写《日本果能吞并中国吗？》向学生宣传抗战必胜。至1942年8年，共培养学生600人。1946年，经刘天倪介绍，万自律为军校预备班主任徐幼袁撰写寿序，并为其授国文。次年，正式就任军校一阶国文教官。万自律精心研习名家碑帖，楷隶行草悉有造诣，尤以行草见长。诗词、楹联、书法等作品颇丰，20岁便在新都崭露头角。1947年，用欧体楷书为宝光寺写下“新津主堂记”碑。

1949年，万自律因感仕途险恶，遂弃职还家，筹资经营“糊涂苏裱店”。1958年，“糊涂苏裱店”加入手工业联社铭牌厂。时万自律上有老母，下有5个儿女，唯一经济来源是手里那支紫竹羊毫。此时，万自律应邀整理县图书馆屡遭盗窃而幸存下来的图书，花了半年时间分门别类登记造册，使上万册珍贵图书得以妥善保存。期间除文教科每月发给5元茶水费外，从未索取过任何报酬。几十年间，万自律为单位、部门及群众书写的楹联匾额不计其数，却从未提过任何要求，几盏清茶，乐在其中。宝光寺舍利塔石雕横额“光明藏”和贴金对联“寺镇牟尼青色宝，山飞舍利紫霞光”那苍劲洒脱的行书，便是万自律20世纪50年代所书。

1984年，新都县政协提倡在全县中小学校中加强传统书法教学，万自律积极响应，撰写《书法入门概要》，由县政协印发各小学校；1986年，万自律鼎力支持新都县政协倡导，筹建书法绘画研究会；1987年，其书法作品参加成都、西安两地联展，受到很高评价；1988年，万自律为新都重修状元坟书写墓碑，为《新都文史》题写书刊名；1990年，万自律应《蓉城周报》邀请，欣然为该报报头题字；1991年，万自律以77岁高龄为桂湖碑林门厅撰写《七律二章》刻石碑文，创作《岳飞满江红》正楷横幅，入载新都书画摄影集《香城宝地》。

在四川省楹联学会面向全国举办的“纪念杨升庵五百周年诞辰征联”活动中，年近8旬的万自律以苍劲飘逸、风格奇特的作品“五百年文献犹存，声教被南荒，洱海苍山传韵事；四十倾澄湖在望，风光冠西蜀，新荷老桂毓清芬”获得一等奖。

万自律从16岁起即挥笔写诗，终身坚持不懈，据《秋壑诗存》统计，共有遗作154首。其中五言绝句10首，七言绝句74首，五方律诗31首，七言律诗24首，古风7首，排律1首，歌行2首，六句格1首，杂体1首，楹联3副。

20世纪80年代起，万自律以无党派爱国人士的身份，先后当选为成都市第十届、新都县第九届人民代表，新都县政协第一、二届委员，三、四届常委，新都县文联委员，新都杨升庵研究会会员，成都市书法家协会会员。

万自律是新都书画研究会创始人之一，历任新都书画研究会一、二、三届副理事长，新都诗书画研究会顾问，新都画院顾问。

1994年，万自律因病逝世，享年81岁。

【曾涌泉(1902—1996)】 原名吴大猷，又名吴大成、吴梓材，男，汉族，中共党员，1902年5月15日出生于新都县桂林乡(今成都市新都区新都镇)。涌泉之名命于1924年接受马列主义思想后，取“心如泉涌”，志在为共产主义奋斗之义。

曾涌泉7岁入新都县立高等小学堂(今谕亭小学)，在爱国青年教师王镜容影响下，立定“雪国耻，救祖国”的志向。1918年考入成都华阳中学后，受《新青年》发表的鲁迅《狂人日记》和吴虞关于“打倒孔家店”等文章影响，蒙发了“科学救国”“实业救国”思想。五四运动中，曾涌泉代表华阳中学参加成都学生联合会工作，积极参加成都学联抵制日货的罢课、示威游行、贫民夜校和募捐筹办基金等活动。

1922年，曾涌泉考入唐山交通大学，甩去“封建名字”吴大成，更名为吴梓材。梓为乔木，意为做一个质坚而广用的人。是年10月，唐山4万工人大罢工。唐山交大300余名学生走上大街小巷，进行募捐宣传，支援罢工运动，曾涌泉成为这次运动的积极参加者，共产党负责人蔡和森在党刊《向导》上，以鲜明的标题《唐山学生援助罢工之模范》予以赞扬。通过参加唐山工人大罢工，曾涌泉认识到不打倒帝国主义和军阀是无法救国的，认识到有进一步研究马克思主义的必要，于是参加了党团外围组织社会学科研究会(实际上是研究马克思主义的)。

1923年，党中央决定从唐山交大选派5人到苏联学习，曾涌泉是其中之一。1924年春，曾涌泉加入中国社会主义青年团。同年秋，与唐山交大同学武怀让等，进入了斯大林东方劳动者共产主义大学(简称“东大”)。当时在东大学习的除从国内去的叶挺，唐山5人、湖南3人外，其余都是1923年从法国去的，有陈乔年、王若飞、李富春、蔡畅、聂荣臻、熊雄、刘伯坚等。1925年11月，曾涌泉转为中国共产党党员。

曾涌泉进入东大至1927年秋，在大学学习兼作翻译。1927年秋至1929年10月，入列宁城军政学院学习兼工作。在旅莫支部主办的《前进报》任编辑、记者，并奉派做赴苏学习的冯玉祥、李德全夫妇及部下年轻军人的思想政治工作。其间，受共产国际委托，在列宁城航空学校中国班作思想政治工作。

1929年10月，因“中东路事件”，曾涌泉被派去远东支援前线(为列宁军政学院领队)，在远东特别红旗军司令部工作，后做华工、华侨工作。曾涌泉历任伯力手工业联合会华工指导员，苏联远东国家出版部中文部主任、党支部书记，远东共产主义大学中国班教员，远东中国矿工政治训练班教员，伯力印刷厂党总支委员，远东边疆第四次党代会代表，全苏少数民族出版代表大会代表。

1931年8月，曾涌泉被共产国际东方部派回中国，化名罗勃夫，在绥远地区做党的地下工作。1932年春至12月，任西北特别委员会委员。同年，任中共绥远地方工作委员会负责人。1933年春，被共产国际召回汇报工作，同年秋在共产国际特别军事训练班任翻译。

1934年秋，曾涌泉被王明诬陷有政治问题。当时王明掌握党的领导大权，对有意见和反对自己的人进行残酷斗争，无情打击，曾涌泉被撤销翻译工作，流放到加里宁城机械厂做学徒工达3年之久。后因共产国际召开第七次国际大会，参加这次大会的中共代表陈云、陈潭秋、滕代远、蔡和森、曾三、孔原等组成了一个秘密学习班，需要找一个政治上绝对可靠的翻译，才把曾涌泉从加里宁城机械厂调到秘密学习班工作，后经共产国际查证，曾涌泉被王明诬陷的政治问题得到澄清。

曾涌泉在秘密班所在的列宁学校，又受到校长克尔山诺娃的迫害。克尔山诺娃曾经包庇两名中国托派分子，此事被陈潭秋知道后，向主管列宁学校的列宁山区委写信控告，信由曾涌泉译成俄文。后来曾涌泉又在教职员党员会议上揭发了校长的包庇行为，由此克尔山诺娃校长对曾涌泉怀恨在心，利用1937年肃反扩大化的机会，开除了曾涌泉的工作。事后曾涌泉向共产国际监察委员会控告校长的打击报复行为，并请求审查自己的全部工作经历。经过认真调查，共产国际监委会确认曾涌泉无任何问题，批准其回国工作的要求，曾涌泉回到了延安。

1937 年 10 月，曾涌泉任中共中央军委编译局局长。1938 年夏至 1939 年年初，在新疆新兵营任文化教育主任、俄文教员兼直属队党支部书记。

1939 年后，曾涌泉历任中央军委编译处处长、中央军委作战部四局副局长、中央军委编译局局长兼党总支书、延安俄文学校校长等职。

1945 年 8 月起，曾涌泉历任晋察冀军区副参谋长，晋察翼军区石门市警备司令部司令员、石门市委委员，中共晋察翼军区补训兵团司令员、政治委员、党委书记，华北军政大学副校长、党委书记。

1949 年 10 月起，曾涌泉历任中国驻苏联公使衔参赞，驻波兰、德意志民主共和国、罗马尼亚大使，中国外交部副部长、外交部顾问等职。1978 年 12 月，在中共十一届三中全会上，曾涌泉当选为中共中央纪律检查委员会常务委员。曾涌泉曾是中共七大、八大代表，第五、六届全国政协常务委员。

1996 年 11 月 2 日，曾涌泉在北京逝世，享年 95 岁。江泽民、李瑞环、胡锦涛、钱其琛、尉健行、杨尚昆、薄一波、宋任穷，以及杨成武、王平、肖克、耿飚、王鹤寿、韩光等以不同方式对曾涌泉的逝世表示哀悼，对其亲属表示慰问，《人民日报》发表文章和遗像表示悼念。

【遍　能(1906—1997)】 字宏善，俗名许旨光，男，1906 年生于冠英场(今乐山市五通桥区冠英镇)。2 岁丧父，随母黄氏迁居乐山城内河泊所(今湖泊所)。5 岁入私塾，12 岁进火柴厂当童工，14 岁在乐山乌尤寺出家，正式剃度，取法名宏善，法号遍能。

遍能 1923 年受戒于成都文殊院，1924 年入四川佛学院读书，后顺江而下，云游参学。1928 年任川东佛学院监学，1930 年到北平，以优异的成绩考入北平柏林佛学院插班学习。1932 年毕业后回川，追随太虚大师兴办佛学院校，同年任重庆世界佛学苑汉藏教理院佛学讲师、教务主任。1935 年任重庆华岩佛学院教务主任。1938 年回乐山任乌尤寺方丈。后历任乐山市佛教协会会长，四川省文史研究馆馆员，中国佛教协会常务理事、咨议委员会副主席，四川省佛教协会副会长兼秘书长，四川尼众佛学院教务长，峨眉山佛教协会名誉会长，被选为四川省人大代表。

1988 年 10 月 30 日，时年 82 岁的遍能在新都宝光寺升座，荣膺宝光寺明末起第 24 代方丈。1989 年国庆前夕，遍能满怀激情赋诗："四十年来万事齐，欣逢国庆赋新诗。坤旋斗转千秋业，璧合珠联万世基。鼎鼐权衡宜建本，黎元向往太平时。豪情老去犹添壮，律已严明冀有司。"

遍能致力培养佛教人才。1990 年 1 月 15 日，主持宝光寺僧伽学校开学典礼。1992 年 5 月 25 日，四川省宗教局批准创办四川省佛学院，遍能任院长。

遍能在佛学方面，是研究和讲授《俱舍》的名家，著有《俱舍论讲义》。1995 年 4 月 8 日至 5 月 8 日，遍能在新都宝光寺主持"四川省佛教协会第七次传戒法会"。全国 13 个省、市的新戒共 511 人，其中沙弥 334 人、沙弥尼 177 人。

遍能擅长文史书法和诗联，自幼喜好文史书法，早年师从清代蜀中名士、翰林院编修、国史馆纂修、江西道监察御史赵熙(1867—1948)。1963 年与隆莲法师、王恩洋居士在成都编写《四川省佛教志》。1984 年 5 月，被聘为省政府文史研究馆馆员，著有《传度老和尚行述》《马一浮先生与复性书院》等，出版有文史著作《凌云乌尤史略》《乌尤寺楹联集释》。其书法功底深厚，字体秀逸挺拔，出入于王羲之、颜真卿、苏东坡之间，而参以秦篆汉隶及唐人行楷，其弟子编有《遍能法师书法集》。遍能一生爱好在佛寺撰书悬挂楹联,曾为峨眉山在“文化大革命”中被毁的楹联补撰补书30余副。1991年,被聘为省楹联学会顾问,并为《联艺》题写刊名。

遍能热心社会公益事业。曾捐资百万元改建江上大桥,捐资10万元兴办幼儿园。会同宽霖法师等创立四川佛教慈善功德会,募化专款,帮助贫困失学儿童,资助灾区和贫困山区。除自己直接寄钱给学校,资助贫困学生外,还在宝光寺设募捐点,为“希望工程”募捐,并派专人将募捐款送往重庆,分发到贫困山区。

1997年2月4日,遍能法师在乐山乌尤寺圆寂,享年91岁。

【陈开泗(1906—1998)】 男,汉族,1906年6月13日出生于巴中县恩阳镇。6岁入堂叔荣寿公所设的私塾就读,9岁考入恩阳镇高等小学,14岁考入巴中县立旧制中学,18岁以全班成绩之冠毕业后,特推聘为县立小学英文教员兼监学(3年)。曾跟从巴中老乡晏阳初,致力于中华平民教育促进会(简称“平教会”)。

1927年,陈开泗进入军官教导队后,考入中央党务学校。1932年毕业后被安排到浙江省政府民政厅工作。1933年,应浙江省兰溪县长胡次威之邀,任该县县府土地科科长。因在“整理田赋”方面颇有政绩,1935年,被浙江省政府主席黄绍竑破格任用为金华实验县县长。

1935年夏,湖北省主席杨永泰借用陈开泗到湖北主政黄岗实验县。1936年,杨永泰遇刺身亡,黄岗实验夭折。同年冬天,经晏阳初推荐,陈开泗为新都实验县县长。

1937年1月,陈开泗偕同国立政治大学毕业生8人入川,由省主席刘湘任命陈开泗为新都实验县县长。陈开泗上任后从社会调查入手,全县文盲80%以上,文化落后,民智蔽塞,游民众多,饿盗时有,人民生活贫困。按省府“苏民困”“救国难”“建基础”之原则,“修明内政,复兴农村”制定实验县施政方针。

陈开泗首先进行机构改革。裁局设科,将县政府原有18个局(委员会)合并为4个科,改组后县署只有工作人员28人。乡镇在联保的基础上建立乡镇公所,设正、副乡(镇)长各1人,下设民政、警卫两股,办事员共计6人。正、副乡(镇)长由县政府在各乡镇合格人士中遴选派任,为县自治的基层执行机关。建立一个“由分而合,由散而整,由上而下,务使其节节灵通,处处呼应,不能拆开,不能截断”的高效廉洁、民主自治的“宝塔式”行政组织。并大刀阔斧地开展实验工作:清查地籍,整理田赋;编组保甲,训练民兵;普设卫生院所;改良农田品质;实行警卫合一;严禁贩卖及吸食烟土;修建县区公路;普及国民教育,扫除文盲;增设家畜保育所等。

1938年10月,行政院任命陈开泗为四川第一行政区督察专员兼区保安司令,下辖包括新都、新繁在内的川北12县。由于直接隶属省的领导,打乱了原来县隶属专区领导监督的体系,且清丈田土逗硬,触犯了豪绅巨富。严禁贩烟吸毒,得罪了帮会豪强,引起12县地方士绅和旧县府人员大恐慌。这些人十分痛恨新政,遇事煽风点火,造谣中伤,与陈暗抗。11月初,陈开泗患盲肠炎呈准省府到成都四圣祠医院就医,县长职务由秘书李才贵代行。陈开泗离开新都不到一周,11月10日,新都及附近的金堂、广汉、新繁、简阳等8县的袍哥和团丁1000多人武装包围新都县城,发生了“川西各县哥老团丁”数千人围城请愿,要求扣留陈县长、取消实验县的“新都围城事件”。经省府查处,新都实验县终止。

1939年7月,陈开泗调南充任第十一区地区行政督察专员兼区保安司令。1944年被国民政府授予五等景星勋章。1946年1月,调任四川省第三区行政区督察专员兼区保安司令。同年5月,升任四川省政府委员兼民政厅厅长。1948年5月,陈开泗任行政院参事,后任中国农村复兴委员会重庆办事处主任。

1949年,陈开泗去香港,1951年到台湾,1953年起,历任国民政府立法院副秘书长、秘书长、台湾省合作金库常务理事。在台卸职后,于1975年偕夫人到美国定居。

1984年,陈开泗回国探亲访友,曾到新都寻访旧踪,亲笔撰写《谈新都围城事件》一文,刊载于《新都文史》第一辑。

1986年,陈开泗自述《回首八十年》在美国新泽西州出版,后将其书赠送给新都县地方志编纂委员会办公室保存。

1998年,陈开泗在美国新泽西州逝世,享年92岁。

【宽　霖(1905—1999)】 俗名王天顺,又名王广泽,男,1905年出生于新都县军屯(今成都市新都区军屯镇屯军街)。宽霖自幼家贫,1917年在新都县福建馆出家,法名宽霖,号广泽。

1921年,宽霖在成都文殊院受戒。1923年始,先后担任文殊院衣钵、监修、知客等职。1930年外出云游参学,先后在宁波观宗寺、七塔寺、杭州焚天寺、圣水寺和苏州报国寺学习天台宗和净土宗教理。1934年担任宁波观宗寺学监、堂主。1935年任九江黄龙寺方丈。1936年起,先后在重庆华岩寺、成都尧光寺、昭觉寺、新都宝光寺、绵竹祥符寺和峨眉毗卢殿等寺院讲授经论。1944年回成都文殊院任藏主、堂主及知客。

20世纪50年代起,宽霖先后担任成都文殊院代理方丈、方丈,被推举为市佛教协会副会长兼秘书长、名誉会长;省佛教协会常务理事、副会长、会长;中国佛教协会理事、常务理事。曾当选为市人大代表、市政协第一届至八届委员、市政协第六届至八届常委;省政协第五届委员、省政协第六届至八届常委。

宽霖精研天台、净土教义,精谙丛林规则,对佛教教理有很高造诣。1931年,赴武汉宝通寺向度厄法师学习佛教经典《楞严经》。经度厄法师介绍,到宁波观宗寺向谛闲大师和宝静法师学习天台教义。1934年,宽霖随摩尘老法师到杭州圣水寺向静修法师学习天台教义,后由静修法师引荐,去苏州报国寺拜谒印光大师并蒙其开示。1935年,宽霖随宝静法师赴九江协助弘法,在能仁寺宣讲《基本三学》。1936年,宽霖在重庆华岩寺及三学精舍弘法,宣讲《沙弥二十四门仪则》《地藏经》《弥陀经》《盂兰盆经》等,并在三学精舍举办盂兰法会。1937年,接新都诸山函告,师爷常参老和尚圆寂,遂回奔丧。1939年,宽霖住昭觉寺,宣讲《金刚经》。1940年宝静法师圆寂,宽霖为其诵《地藏经》以报教导之恩,并受邀赴宝光寺讲经。1941年,受峨眉山佛教会之邀,赴毗卢殿、锡瓦殿讲经。1942年,赴双流应天寺修法华三昧,放千台焰口,追荐阵亡将士。1944年,宽霖在应天寺修法时,蒙冤入狱,后由成都各大丛林联名保释。1945年,宽霖在文殊院先后接待印度大使、美国援华空军飞虎队创始人陈纳德将军、太虚大师等。1948年,宽霖在文殊院掩关1年,潜心藏经楼阅读。

1949年12月成都解放,圆照和尚离寺,法光和尚付法宽霖和尚,号正念。1950年,宽霖负责文殊院退押事宜时遭受冲击受伤而终身未愈。20世纪50年代,邓小平参观文殊院,宽霖同法光老和尚参加接待。1953年7月,49岁的宽霖荣膺文殊院方丈,关闭了3年的文殊院同时对外开放。同年,宽霖在文殊院接待朱德、康克清,朱德将数盆兰草赠送给文殊院。1955年2月,宽霖为市政协第一届委员会委员。同年,宽霖在文殊院接待郭沫若和陈毅元帅、罗瑞卿大将,郭沫若题赠"四十后始来游,西天文物萃斯楼;只今人民翻身日,亦见宗门庆自由"诗句,至今尚存。1956年,宽霖发起成立市佛教协会,成立筹备组。

1957年元月,市佛教协会在文殊院成立,宽霖任副会长兼秘书长。同年6月,宽霖发起成立省佛教协会。1966年后,宽霖在“文化大革命”中虽遭遇打击,但信念不改,全心弘法,妥善保护院内文物,特别是对玄奘大师顶骨的保护,使这一珍贵文物幸免遗失。

1978年,中共十一届三中全会后,宽霖满怀报国热情,积极协助党和政府落实宗教政策,积极举办社会公益事业,带领僧众积极参与赈灾扶贫,捐款捐物,资助“希望工程”,受到全国政协副主席赵朴初的称赞。

宽霖在文殊院多次接待泰国、日本、美国、新加坡、斯里兰卡、澳大利亚、中国香港地区等佛教界知名人士、代表团以及到文殊院视察工作的领导人。1984年9月,宽霖主持中华人民共和国成立后第一次集体皈依仪式。1986年,宽霖受命兼任云南鸡足山祝圣寺方丈。同年6月,为响应国际和平年号召,宽霖在文殊院主持祈祷世界和平法会。1987年2月,宽霖赴京出席中国佛教协会第五届代表大会,当选为常务理事。1992年4月,宽霖同省内高僧大德共同倡议成立四川省佛学院。1994年4月,90高龄的宽霖倡议成立四川省佛教协会慈善公德会。1997年6月,宽霖在文殊院主持省市佛协庆祝香港回归祈福法会。

1999年4月,宽霖抱病住宝光寺。6月8日,宽霖在成都文殊院圆寂,享年95岁。遵佛制于宝光寺荼毗,礼请云门寺佛源老和尚举火,荼毗后得舍利若干。

2000年5月,宽霖灵骨塔在天国山圆通禅林落成。2005年6月,纪念宽霖诞辰100周年法会在文殊院举行。

【张羲易(1916—2001)】 男,汉族,中共党员。主任医师,耳鼻喉科专家,四川省人民医院荣誉专家。1916年12月出生于四川省新都县(今成都市新都区)城关横南街。初中毕业于新都县中学,高中毕业于省立成都中学,1937年考入华西协和大学医学院。1944年6月华西协合大学医学院本科毕业,以《四川省白喉的研究》论文获华西协和大学和美国纽约大学医学博士学位,留校任教,先后任华西协合大学牙医学院助教、讲师、高级讲师。1950年任川西医院耳鼻喉科主治医师,1952年起先后任四川省人民医院耳鼻喉科主治医师、耳鼻喉科副主任、主任医师。

张羲易从事耳鼻喉科医学的研究、教学和医疗工作50多年,造诣颇深。1954年,张羲易创造了居世界领先地位的“上颌窦鼻腔吻合术”,并于1958年获卫生部技术革新奖状及奖章。1959年,张羲易应邀为北京医学院、上海市耳鼻喉专科医院作“上颌窦鼻腔吻合术”示教交流。1963年,张羲易创造发明了“歌唱者的声带训练法”,并在天津召开的全国耳鼻喉科学会上交流。

张羲易医风严谨,医德高尚,多次帮助成都市第二、第三人民医院,成都陆军总医院等解决疑难手术。先后为省人民医院培养主任医师1人、副主任医师5人、主治医生5人,为华西大学、川医及区县、厂矿、驻军、铁路医院培训医务人员1600人。张羲易创造的“上颌窦鼻腔吻合术”于1978年被人民出版社出版的《耳鼻喉科学》引用,1983年被上海科学技术出版社出版的《中国医学百科全书》引用。同年完成了美尼尔氏病疗效分析和歌唱演员1000例职业病分析。1985年完成了154例演员在变声期声带的变化分析。1986年,完成使用环磷酰胺治疗复发性鼻息肉,植物激素治疗声带息肉和中药治疗慢性喉痹、针麻用血肉氨基酸改变的研究等。

张羲易主要著述有:《上颌窦鼻腔吻合术》《歌唱者的发音训练法》《300例上颌窦鼻腔吻合术的疗效观察》《美尼尔氏综合症》《耳源性脑脓肿的诊断治疗》《耳鼻喉疾病与治疗》《中西医结合治疗慢性咽喉

病287例分析》《耳鼻喉部肉瘤》《50例美尼尔病的疗效分析》《鼓室成形术316例疗效观察》《咽喉部化学烧伤及金属水烫伤》《喉外伤135例临床分析》《与甲状腺手术有关声嘶》等。在《中华耳鼻喉科杂志》等学术刊物发表的论文《介绍上颌窦鼻腔吻合术》获卫生部奖状、奖章。

1959年,张羲易出席四川省社会主义建设先进工作者代表大会。1960年出席全国群英会。1963年随国家代表团出国参观社会主义国家,同年出席全国盲聋哑协会第二届代表及表彰先进工作者大会。1980年出席全国盲聋哑协会第三届代表及表彰先进工作者大会。1986年应国际第20届嗓音学会邀请赴日本东京参加年会,在来自36个国家590名代表会上,宣读嗓音学论文《神经控制声带发声法》,并应代表要求当场示教。

张羲易曾任中华医学会耳鼻喉科学会常务理事、中国中西医结合耳鼻喉科分会委员、中国中西医结合学会耳鼻喉科专业委员会顾问、中华全国嗓音学会副主任委员、中华医学会四川省分会常务理事、省耳鼻喉科学会主任委员、省嗓音协会副会长、省特种教育委员会常务理事、省盲聋哑协会常务理事、省卫生科普协会主任委员、省医学科学技术评审委员会委员、省卫生技术人员高级职务评审委员会委员、四川省科技顾问团顾问、《四川医学》编委、省卫生科普报副主任兼总编。

2001年,张羲易因病逝世,享年84岁。

【袁　珂(1916—2001)】 本名袁圣时,男,汉族,中国著名神话学大师、著名作家,1916年7月28日生于新繁县县城(新都区新繁镇)黄豆市的一小职员家庭。兄妹8人,袁珂居长。袁珂先入私塾发蒙识字后入小学,13岁时在新繁县高等小学以全县小学观摩会考第一名成绩考入华阳县立初中。读初中时就喜爱文学,曾创作2000余言长诗《苦租谣》,获语文老师点赞"具此才华,可期一日千里"。1937年在成都私立协进中学高中毕业后,考入四川大学中文系,其间写了大量诗歌、散文、童话、小说及文艺评论。1940年,转入成都华西大学中文系,在著名学者许寿裳教授的指导下,完成毕业论文《中国小说名著四种研究》,即《水浒》《儒林外史》《红楼梦》《金瓶梅》等评论文章,被《东方杂志》连载。1941年,袁珂大学毕业后,先后在宜宾高农、资中师范、遂宁中学、重庆等地中专和中学任教。

抗日战争期间,袁珂积极参加学校的爱国抗日活动,创作并发表抗日题材的小说《热血英雄》《纷乱》《芳子姑娘》《吹箫卢三》等以及抗日爱国诗歌、散文、童话、文艺评论。参加中共地下组织领导的进步文艺团体"川大文艺研究会",并担任壁报主编。积极支持弟、妹到延安参加抗日。

1946年,许寿裳任台湾省编译馆馆长,函召袁珂赴台任编译馆编审。袁珂在其指导下博览群书,又深受茅盾神话研究著作的启发,焚膏继晷,兀兀穷年,手不释卷,爬梳剔抉,旁搜远绍,埋头研究中国神话,编著成初具系统的《中国古代神话》简本,撰写并发表《山海经里的诸神》长篇论文,从此迈入中国神话学研究的殿堂。1948年2月,许寿裳在台北被暗杀,袁珂愤然于次年5月离台返回成都,任《川西日报》副刊编辑。1953年,袁珂先后调到中国作家协会重庆分会、四川省文联从事文学创作。

1950年,上海商务印书馆出版简本《中国古代神话》,在中国台湾、香港、澳门地区和新加坡有翻印本。1957年出版《中国神话故事》、1960年出版《中国神话》(中华书局)、1963年出版《神话故事新编》(中国青年出版社)。这四部神话普及读物相继问世后,深受广大读者的欢迎,很快引起国际学坛广泛关注。1960年后,先后被译成日文、俄文、韩文、法文、英文、德文、西班牙文、捷克文、波兰文、意大利文、西班牙文、保加利亚文、丹麦文出版。

1978年,四川省社会科学院成立,袁珂调入该院文学研究所,正式步入神话研究的道路。1980年,袁珂被评定为该院有史以来的第一位研究员。1984年,袁珂被选为中国神话学会主席,任职至2001年离世。

1963年至1985年,袁珂先后当选为省第三届、第六届人大代表。1991年起享受国务院政府特殊津贴。1984年,《山海经注》获四川省首届哲学社会科学优秀研究成果一等奖。2000年,《中国神话大词典》获四川省哲学社会科学优秀研究成果一等奖。

袁珂对神话研究的贡献集中在四个方面:一是古籍注、释、译。包括《山海经校注》《山海经译注》《古代神话选释》《神话选译百题》等作品,特别是《山海经全译》,1990年被贵州人民出版社列为"中国历代名著译丛书"出版。二是故事新编。包括《中国古代神话》《中国神话》《中国神话故事》《中国传说故事》等著作,这些作品的特点是将零散的古代神话故事连缀成篇,勾画出中国神话的轮廓及系统,为国内外读者了解中国神话提供了极大的方便。三是理论研究。包括《中国神话通论》《神话论文集》等作品。提出的不仅仅有"狭义神话"更有"广义神话"学说的新理论,进一步地拓展了人们的思想视野,对传统的神话定义、概念、范围等提出了崭新的看法,推动了国际国内神话理论研究的大步发展。四是编纂神话词典,填补了中国历史上的空白。1972年,袁珂开始编纂《中国神话传说词典》,费时10载,完成80万字的初稿,1985年由上海辞书出版社浓缩为60万字出版。为了弥补《中国神话传说词典》较少收录各少数民族神话的缺憾,袁珂编纂了《中国民族神话词典》,于1989年3月由四川省社会科学院出版社出版。袁珂不顾年老体弱,最后完成120万字的《中国神话大词典》(原稿160万字,根据体例、体裁由四川辞书出版社精简)。全书将56个民族的神话搜罗无遗,所有条目皆有书为证,博大精深。袁珂成为继鲁迅、茅盾、闻一多之后,在神话学方面著述颇丰的学术大师。

袁珂还为《简明不列颠百科全书》《中国大百科全书·中国文学》《世界神话辞典》等重要著作撰写多篇神话释文,其大多数著作在香港、台湾、新加坡翻印,在国外有俄、日、英、法、西班牙、朝鲜、世界语等多种译本。

中国、日本、美国、新加坡等国,均有袁珂的作品选入学校课本,这得到联合国教科文组织的公认。如人民教育出版社在全国统编教材小学三年级语文课本中入选《嫦娥奔月》与《精卫填海》作品,在初中一年级语文课本中入选《盘古开天辟地》与《女娲补天》作品作为学生必读课文。

1996年,袁珂80寿辰,四川哲学社会科学界及全国的专家、学者、友人共计150余人欢聚于四川省社会科学院,祝贺袁珂从事神话研究50周年。四川省委、政府、人大、政协领导分别祝贺,《人民日报》《光明日报》、中央人民广播电台等10多家新闻单位作专题报道,《中华文化论坛》《社会科学研究》等学术刊物开辟专栏,宣传袁珂的生平事迹及学术成就。袁珂抱着"学术为天下之公器"的目的,将珍藏数十年,具有很高学术价值的4000余册图书以及数万张神话资料卡片,全部无私捐献给国家,省社科院设立"袁珂神话研究室",为有志从事神话研究者提供方便。2001年,中央电视台1套、2套、4套、10套等频道以滚动播放的方式,在《东方之子》栏目中向世界宣传蜚声海内外的袁珂在中国神话研究中的杰出贡献及典型事迹。

2001年7月14日,袁珂因病在成都西郊逝世,享年85岁。

人物录

【陈祖洪(1876—1960)】 男,汉族,号大斋,民间艺人,人称"红鸡公",世居新都县永兴场督桥河边(今新都镇天官村一组)。清光绪末年,从新石桥到虎家寺沿河两岸10余里遍种晒烟,督桥河柳烟成了东乡烟的代表。陈祖洪家中所种青毛立耳芭茅柳叶烟质量好,产量高,每年能收上庄烟10多担。陈祖洪改变吹烟使用白酒的沿袭调制方法,采用价格较高的陈酒,发酵只用红米加红白茶而不按惯例使用烟米,使其烟与众不同。手握烟叶略有弹性,油气重湿度低,不易受潮变质,在长江中下游地区很畅销,价格比其他叶烟高10%~20%。陈祖洪生产的"金堂红鸡公柳烟"很有名气,并在重庆设有"红鸡公"招牌的商号。1960年,陈祖洪逝世,享年84岁。

【饶　炎(1880—1961)】 男,汉族,字伯康,法学教授,1880年4月16日出生于新都石板滩。20岁赴日留学,先在东京早稻田大学学习法律,后于日本帝国大学毕业,30岁回国。1925年至1927年,任中山大学法律系教授兼法科主任。1927年,饶炎任国民政府考试院首席参事,同时任南京地方检察长、立法委员。1945年至1948年,任川康考铨处处长。1950年,西南军政委员会副主席、西南军区司令员贺龙,曾三次到饶炎住地(成都宁夏街树德里一号),动员其为人民工作。后经中南军政委员会副主席张难先推荐,饶炎于1951年年底,到省政府参事室(省文史馆)任职。1961年1月,饶炎逝世,享年81岁。

【邓裕树(1916—1981)】 男,汉族,民间艺人,世居新都县泰兴镇。其祖上即以制曲为生,族孙承传获取绝招,到邓裕树一代最为有名,人称"邓红曲"。邓氏生产红曲的选料和制作工艺十分讲究,所用"曲药"来源于福建古田,所用粳米全由本地生产。邓裕树将红曲生产过程总结为:一箩、二铺、三头水、四兑水、五潜水、六索水、七拖水、八钉铺、九翻动、十晒场。民国时期,生产的红曲除供应省内需要外,还远销甘肃兰州、陕西渭南等地。20世纪80年代起,新都叶烟种植逐年萎缩,调制叶烟所需的红曲在新都失去市场,邓氏红曲主要满足外地需要和改作调料与药用,生产规模大大缩小。1981年,邓裕树逝世,享年65岁。

【何体乾(1900—1986)】 男,汉族,新都县人。青年时代随父习医,后师从著名痔漏专家黄济川。1956年,调四川省人民医院,先后任中医师、主治医师、副主任医师。在治疗痈、疽、疔、疖、痔漏和其他外科后遗症方面有独到之处,研制"水晶丹""绿水丹""五行散""一元散""乌生散""桑香散"等外治验方,具有疗效明显、价格低廉、简便易行的特点;在治疗外科术后形成的窦道,中医外科疾病附骨疽,复杂性的高位肛漏有较深的造诣。何体乾曾任四川省中医外科专业委员会委员,编著《烈火清泉集》,主要论文有《中西医结合治疗唇疔30例》《五倍子创面止血临床疗效观察》《挂线疗法治疗高位肛漏》《红叶丹药理疗效观察》等。1986年,何体乾逝世,享年86岁。

【张慧中(1917—1986)】 女,汉族,中共党员,新都县人。1943年,华西协合大学毕业,先后在新都县医院、四川省妇婴保健院从医。1949年起,先后任重庆市人民医院住院部总医师、重庆市妇产科医院主治医师、科主任。1957年,调四川省人民医院,历任妇产科主治医师、主任医师、科主任等职,曾任中华医学会四川分会妇产科专委会委员。1983年,主持建立妇产科遗传室,为四川省妇产科界培养技术骨干。主要论文有《恶性滋养细胞肿瘤的防治》《盆腔脓肿66例临床分析》《妊娠期缺铁性贫血防治》《羊水细胞SCE检查的研究》《双"Z"成形术治疗阴道口狭窄》等。1986年,张慧中逝世,享年69岁。

【戴炳南(1894—1989)】 男,汉族,民间艺人,人称“戴烟盒子”,新都县外东乡(今新都区新都镇)人。戴炳南继承父业,以做烟盒子为生,其叶烟盒主要有抽盒子、盖盒子、圆盒子,均采用生牛皮、木料、纸板等为原材料,并要上漆。主要工序由戴妻韩国芳和长子戴延林承担,戴炳南负责髹漆和销售。高级烟盒,请人画上花草或题字。“戴烟盒子”用上几十年仍然严丝合缝,不变形、不走气,每个烟盒子约卖5升大米。民国时期,产品主要销往陕西地区,由客商到家中批量购买,一批可生产几十上百个。20世纪50年代,牛皮不易购买,“戴烟盒子”生产衰落。1960年起,改做竹制水烟袋和火柴匣。1989年,戴炳南逝世,享年95岁。

【马成仁(1919—1989)】 男,汉族,中共党员,1919年5月出生于山西省襄陵县(今临汾市)第二区南村。1943年,在家乡担任村自卫队民兵教导员。1947年3月起,先后任襄陵县第二区副教导员、县武装部干事。1950年1月,马成仁到四川灌县,先后任县武装部部长、县联社副主任。1953年2月至1956年7月,任新都县委宣传部部长。1956年10月起,先后任新都县县委书记、县长,新繁县县委书记、县长。1962年12月至1965年6月,任新都县县长。1969年,到县五七干校。1971年,调县土产公司工作。1972年7月起,先后任县商业局饮食服务公司经理、党支部书记。1977年11月病休,1980年10月离休。1989年5月16日,马成仁逝世,享年70岁。

【吴园宏(1920—1991)】 又名吴永和、袁宏,男,汉族,中共党员,1920年出生于新都县天缘乡(今新都区新都镇)慈板村。1940年1月,吴园宏到延安中央党校学习。1945年12月,随中央情报部干部队开赴东北,后任长春特别市百货公司经理。1949年起,先后任西南贸易部上海办事处主任、中国粮食公司西南大区公司经理、西南粮食部部长办公室主任、处长等职。1953年,调任中央粮食部司长。1975年,恢复工作后任商业部糖业烟酒蔬菜局局长。1977年,调任四川省商业厅厅长。1983年,离休后,先后担任四川省经济研究中心经济体制改革委员会顾问、重庆市委市政府经济顾问等。曾任中共四川省委第三届候补委员、省人大代表。1991年,吴园宏逝世,享年71岁。

【仰瑞生(1910—1992)】 原名仰天麒,男,汉族,1910年出生。10岁随川剧艺人徐湘庭学艺,主攻川剧文小生,20岁时便在成都三益公挂牌演出。仰瑞生表演风格取法自然,以刻画人物见长,不温不火、恰到好处、潇洒自如、豪放洒脱,其代表作有《凤仪亭》《传琴斩考》等。1953年,任新都县川剧团第一任团长,排演的《十五贯》等一批重点剧目和传统经典名剧《白蛇传》红遍巴山蜀水。把剧团节约下来的资金全部用于剧场改建。仰瑞生曾任新都县第一届人大代表。1961年至1963年,调到温江地区艺术学校任教,川剧名家肖方圆、郭存筠等受其熏陶。退休后经常为学员作示范演出和专场表演,并为剧团代表作《芙蓉花仙》悉心指导。1992年,仰瑞生逝世,享年82岁。

【廖治安　(1938—1992)】　男,汉族,中共党员,1938年4月出生于新繁县万安乡(今属新繁镇)。1956年,考入四川大学物理系,1958年因病休学。1959年,被聘为新繁中学代课教师,后转正。1965年,任新繁中学教导主任。1968年10月,任新繁中学革命委员会副主任。1969年,任利济公社中学革委会主任(校长)。1974年,任大丰中学校长、党支部书记。1978年7月起,先后任新都县教育局副局长、局长,县委副书记、代理县长、县长。1986年10月,任成都广播电视大学校长。1990年10月至1992年6月,任成都市成华区第一届政协主席。1992年6月23日,廖治安病逝,终年54岁。

【罗　颖(1917—1993)】　原名罗永明,汉族,中共党员,1917年4月5日出生于新都县桂湖乡督桥河。罗颖在新都县立中学毕业后到重庆市小学教书。1937年年底,到延安考入抗日军政大学。1938年10月,调中央党校学习。1939年2月,调马列学院学习。1940年11月起,历任晋察冀太行抗大总校二团政治处组织干事、太行抗大总校政治指导员、华北三纵队随校政治处组织干事、华北炮兵司令部协理员等职。1949年起,先后担任六十八军政治部组织科副科长,二机部一局保密处副处长,地质部机关党委组织部部长、水文所办公室主任,地质科学院大地构造室副主任,矿床地质所副所长、党委书记等职,1983年离休。1993年3月,罗颖逝世,享年76岁。

【袁旭霞(1920—1993)】　女,汉族,中共党员,1920年生于新繁县县城(今新都区新繁镇)。1937年秋,考入四川省立成都女子师范学校。1941年起,先后在新繁县繁江镇中心小学、省立成都师范附小、成都实验小学等校任教。1944年,考入南京国立中央大学历史系。1948年8月19日,因从事党的地下活动被国民党逮捕并被宣判死刑。同年11月获释出狱,12月派往苏北解放区华中党校学习。1949年4月,被编入华东野战军第二军金陵支队七大队。解放南京城后,先后担任白下区委少年部部长、南京市第十八中学校校长等职。1976年,回南京任白下区教师进修校副校长。1983年离休,参加南京党史办党史资料编写工作。1993年7月,袁旭霞病逝,享年73岁。

【胡上庸(1911—1995)】　男,汉族,中共党员,四川省人民医院荣誉专家,1911年8月14日出生于新繁县龙桥乡(今新都区龙桥镇)。1935年秋,考入华西协和大学。1942年,毕业后先后在简阳县卫生院、温江医院、四川省立医院从医。1950年起,历任川西医院、四川省人民医院儿科主治医师、副主任、主任医师、科主任,曾任全国中西医结合学会理事,省、市儿科专委会副主任。胡上庸主要从事儿科专业,在《中华儿科杂志》等学术刊物发表医学论著10余篇,主要有《流行性乙型脑炎220例的临床分析》《小儿葡萄球菌肺炎》《病毒感染》《原发性免疫缺陷病》。1995年,胡上庸逝世,享年84岁。

【项柏仁(1916—1996)】 原名向正康,男,汉族,中共党员,1916年4月出生于新都县桂湖乡(今属新都镇)山王村。1933年,担任共青团新都县委北支书记。1937年。考入三台县潼属联立高中。1938年,到延安抗大学习。学习期满后,先后担任晋察冀边区青救会青训班教员和五专区、北岳区青救会、二专区抗联会宣传部部长。1945年,历任晋察冀边区政府社教科科长、河北省教育厅社教处处长。1949年起,历任河北省人民出版社副社长、副总编辑,河北省文化局文化处处长,河北文化学院教务处主任。“文化大革命”中,受到不公正待遇。1979年,恢复党籍和局级工资待遇。1996年,项柏仁逝世,享年80岁。

【周虚白(1907—1997)】 原名周振纲,字室阕,男,汉族,民进会员,1907年9月19日出生于新繁县龙桥(今新都区龙桥镇)。1936年,毕业于四川大学中文系。曾在成都济川中学、协进中学等12所学校任教,后在成华大学任副教授。1952年,调入南充四川师范学院,历任副教授、教授,中语科和中文系主任、院学术委员会副主任等职。1975年,被教育部和国家出版局任命为《汉语大字典》编辑委员兼第五编写组组长。1991年,完成杨升庵《谭苑醍醐》点校十卷稿。1992年,任巴蜀文化研究所名誉所长。主编京剧《绿海红潮》,合编《古代诗歌选》,著有《晚清蜀中十家诗钞》等专著。1997年8月6日,周虚白逝世,享年91岁。

【黄　文(1914—1997)】 男,汉族,四川省人民医院荣誉专家,享受国务院政府特殊津贴,1914年1月9日出生于新繁县高宁乡(今新都区新繁镇)。1942年,于上海同济大学医学院毕业后,在乐山五区中心卫生院执医。1946年起,历任四川省立医院主治医师,四川省人民医院外科副主任、主任医师。曾任中华医学会四川分会、成都市分会心血管外科专委会副主任委员、四川省第五届政协委员等。黄文擅长心血管外科,在国内较早施行斑氏手术处理十二指肠残端。1962年,在西南地区率先开展胸主动脉瘤切除及人工血管移植术取得成功。1979年始,开展体外循环下心内直视手术100多例。主要论著有《心脏外科手术学》《胸部损伤》等。1997年,黄文逝世,享年83岁。

【罗世发(1928—1997)】 男,汉族,中共党员,1928年7月出生于新繁县禾登乡(今新都区新民镇)。1950年,参加征粮工作并担任村农民协会主席。1952年3月,串连8户农民办起农业生产互助组,成为川西平原上爱国增产运动和互助合作运动中的一面旗帜。1952年,当选初级农业生产合作社社长。1956年,当选全省第一个高级农业生产合作社社长。1954年,被评为四川省农业劳动模范。1955年,获全国农业劳动模范称号。

1956年,被评为全国先进生产者,受到毛泽东、周恩来、朱德等党和国家领导人接见。曾任新都县委副书记、县革委会副主任、县政协副主席,省委第二届委员,当选中共八大和全国人大第一届、二届代表。1997年8月,罗世发逝世,享年69岁。

【周邦彦(1906—1998)】　原名周亚池,男,汉族,号称"东湖老人",1906年2月出生于新繁县竹友乡(今新都区斑竹园镇)回澜村。1925年,考入四川省美术学校,毕业后先后到自贡、内江、简阳、江油、长寿、涪陵等地师范校或中学,担任美术手工等教学,教学之余苦攻书法、绘画、篆刻。1962年,从涪陵二中被精简回家乡当农民。"文化大革命"中,被定为搞"封、资、修"而遭揪斗,半生作品及收藏的100余幅名家字画被抄家烧毁。后在街边摆摊为群众书写春联。20世纪80年代,历任北京中国当代农民书画研究会理事、湖南长沙潇湘书画院、成都晚晴书画社顾问,一生留下墨迹8000余件。1998年8月16日,周邦彦逝世,享年92岁。

【王应常(1924—1998)】　笔名雁心,男,汉族,中共党员,1924年12月7日出生于新繁县(今属新都区)。1946年,先后进入燕大、清华大学学习。1949年3月,参加解放军四野南下工作团,被分派到广西工作队。1952年11月,调至广西省委工作。1958年起,先后在广西省行政干部学校、梧州地区八步师范等校担任学校领导和教学工作。1981年9月,调至广西民族学院。1986年被评为副教授,1987年离休后追评为教授。王应常在《孔子研究》《广西社会科学》等学术刊物发表论著25万余字,发表诗词150余首。其作品《草鞋县长康冻》在《文史杂志》和《龙门阵》上发表。1993年,被吸收为国际中国哲学学会会员。1998年2月17日,王应常逝世,享年74岁。

【何光篪(1913—1999)】　又名何仲音,男,汉族,中共党员,1913年9月29日出生于新繁县万安乡(今新都区新繁镇)。1932年秋,考入华西协合大学。1939年,获华西协合大学和美国纽约州立大学医学博士学位,留校任解剖学助教。1940年,到中央大学医学院进修人体解剖学。1947年,赴加拿大多伦多大学,获学士学位。1949年,任华西协合大学医学院人体解剖学副教授。1952年,任中国人民解放军第三军医大学解剖学教授兼教研室主任。历任解放军第三军医大学训练部副部长、省政协第五届委员、四川省解剖学会理事长、中华全国解剖学会常务理事等职。1999年4月16日,何光篪逝世,享年86岁。

【陈万松(1918—2002)】　男,汉族,中共党员,市、县名中医,主治医师,1918年农历六月二十三日出生于新繁县新繁镇(今新都区新繁镇)。16岁在中药店当学徒,后独立行医。1951年,任崇义桥联合诊所所长。1956年,调至新繁县人民医院任中医科科长。1959年,任县办中医班教师、班主任。1970年起,在成都市第二药研所等地从事中医教学工作。对四季时感病的防治(温病)有独到专长,撰写《我对时感病证治运用汗清下三法的体会》等论文16篇,其子陈兴权编撰的《陈万松时病医案集粹》中有详细记载。陈万松曾当选县人大代表,历任温江地区中医学会理事、中华全国中医学会成都分会第一届理事和第二届理事顾问。2002年1月29日,陈万松逝世,享年 84 岁。

【彭朝贵(1937—2002)】 男,汉族,中共党员,1937 年 1 月出生于新都县(今新都区)。1956 年,考入西南师范学院历史系。1960 年毕业后,先后在四川省志编辑委员会、通川日报社、四川省社会科学院出版社和历史研究所等单位从事研究和编辑工作,为四川省社科院研究员。撰写科研书籍八种并分别由出版社出版,主要著作有《价值规律浅说》《四川通史》近代卷等。发表文章 100 余篇,其中《简论价值规律对社会主义消费的调节作用》,获四川省政治经济学研究会 1996 年优秀科研成果一等奖和 1999 年国际优秀论文奖,被《中国经济文库》等八种科研文集收录。2002 年 1 月 18 日,彭朝贵逝世,享年 65 岁。

【刘冠群(1923—2003)】 男,汉族,高级讲师,民进会员,1923 年 9 月出生于云南大理。抗战爆发后参加抗日远征军。1950 年,入西南革大成都分校学习。毕业后到新都县委宣传部工作,任一区秘书和工作组组长。1951 年春,“三反”“五反”运动中蒙冤。1952 年秋,调入新都师范学校任教。1957 年,被定为“极右”至成都动力厂劳动改造。1978 年,回到新都师范学校。历任新都县第九届、十届人大代表,县政协第二届、三届、四届副主席,分管《新都文史》编纂工作。曾担任《新都县志》(1994 年版)前期编委会主编,撰写《大丰人民怀念田家英》,主编电影剧本《芙蓉花仙》,整理《我所认识的贺龙将军》。2003 年 11 月 10 日,刘冠群逝世,享年 80 岁。

【黄远林(1940—2005)】 男,汉族,中共党员,中国美术家协会会员,1940 年 4 月 13 日出生于新都县城关(今新都镇)南门外社稷街。1960 年,考入中央美术学院美术史系。1965 年,毕业后被分配到中国美术研究所工作。1974 年,转入中国艺术研究院工作,1994 年晋升为研究员。历任《美术史论》副主编、《美术》《中国漫画》杂志编委等职。曾编写中国画家丛书《石恪》,撰写漫画学术论文和评论文章数十篇,发表漫画作品 200 余幅,与著名漫画家毕克官编著中国大陆第一部《中国漫画史》。2000 年,编撰出版《百年漫画》,展示了 1898 年至 1999 年整整一个世纪中国漫画在各个历史阶段的作品。2005 年,黄远林逝世,享年 65 岁。

人物表

1986—2004年新都革命烈士名录

表18-1

姓　名	性　别	出生年月	籍　贯	牺牲时任何职	牺牲时间、地点、原因	批准机关及时间
叶全根	男	1940.12	四川新都	中国人民解放军云南省玉溪军分区政治部主任	1986年3月31日，在玉溪刺桐关大箐山扑灭森林大火中牺牲	云南省军区政治部 1986年4月11日
刘维富	男	1966.11	四川新都	空军十二飞行学院四团飞行一大队中尉正连职教员	1991年8月10日在山西永济机场飞行训练时牺牲	中国人民解放军总政治部 1991年8月19日
李文松	男	1964.07	四川新都	成都军区电子对抗营三连副连职中尉站长	1991年6月22日因公出差途中，为保卫国家财产牺牲	成都军区司令部直属政治部 1992年3月13日
杜仕荣	男	1954.02	四川达县	成都军区测绘大队中校副大队长	1994年7月16日在藏区执行任务中牺牲	成都军区直属政治部 1994年7月26日
吕新民	男	1954.01	山西山阴县	新都县公安局刑警大队探长、一级警司	1996年2月10日，在成都市金牛区追捕持枪抢劫嫌疑犯中被歹徒杀害	省政府 1996年2月12日
曾　庆	男	1981.10	四川新都	新都区公安分局交巡警大队三级警司	2004年4月15日在新都执行巡逻任务中牺牲	省政府 2004年4月19日

1978—2003年新都去世红军干部、劳模、先进人物名录

表18-2

姓　名	性　别	籍　贯	所在单位及任职	生卒年月	称　号
柴继贤	男	安徽阜阳	新都县商业局副局长	1900.11—1978.01	红军干部
肖梓谦	男	湖北汉川	温江地区民政局副局长	1901.05—1980.12	红军干部
王秉璋	男	湖北监利	温江地区木材公司经理	1910.01—1990.12	红军干部
谢金山	男	江西兴国	温江地区粮食局副局长	1914.01—1991.05	红军干部
匡益山	男	江西吉安	温江地区财税局副局长	1903.09—1991.09	红军干部
郝　瑞	男	山西浑源	温江地区农校副校长	1920.06—1992.08	红军干部
王成凯	男	四川通江	新繁县高宁征粮工作组副组长	1916.10—1992.09	红军干部
李桂常	男	山西离石	新都县食品公司经理	1918.03—2000.08	红军干部
邱光云	男	江西乐安	新都县检察院检察长	1912.09—2002.01	红军干部
罗世发	男	四川新都	新都县政协副主席	1928.07—1997.08	全国农业劳动模范、全国先进生产者、省农业劳动模范
吴天贵	男	四川新都	新都县委政策研究室主任	1930.01—2003.08	省教育文化新闻先进工作者
黄英富	男	四川新都	新都区司法局局长	1934.01—2003.08	省司法先进工作者

·附　录·

FULU

CHENGDUSHI XINDUQU ZHI

国务院关于同意四川省撤销新都县设立成都市新都区的批复

国函〔2001〕149 号

四川省人民政府：

你省《关于撤销新都县设置新都区的请示》(川府〔2001〕13 号)收悉。同意撤销新都县，设立成都市新都区，以原新都县的行政区域为新都区的行政区域。区人民政府驻新都镇。

新都区的各类机构要按照“精简、效能”的原则设置，所需人员编制和经费由你省自行解决。

中华人民共和国国务院

二〇〇一年十一月十五日

新都县人民政府关于撤销新都县设立成都市新都区的请示

新都府发〔2000〕88 号

成都市人民政府：

新都县为古蜀国三大名都之一，自公元前 492 年，开明氏政权在新都军屯乡境营建都邑，名为“新都”，距今已有 2500 年历史。新都物华人杰，芳名远播，饮誉中外，是明代宰相杨廷和、状元杨升庵、清代思想家费密、“五四”文化名人吴虞、现代著名作家艾芜、爱国将领王铭章的故乡，新都因其历史悠久，更有桂湖、宝光寺等胜迹而久负盛名。周恩来、朱德、陈毅、邓小平、江泽民、李鹏、万里、胡锦涛等党和国家领导人先后视察过新都，万里委员长更称誉新都为“香城宝地”。

改革开放以来，新都县充分发挥自身优势，经济、社会项事业都取得了突飞猛进的发展。新都县产业结构基本合理，一、二、三产业协调发展，其中：二、三产业已成为全县经济的主导产业。新都县城市基础设施日益完善，城市化进程明显加快，城市化水平大大提高。为了进一步加快新都地区经济社会的发展和城市化进程，推进成都市乃至全省的开放、开发，经县委、县人大、县政府、县政协共同研究决定，拟撤销新都县行政建制，设立成都市新都区。现将撤县设区的有关情况报告如下：

一、撤县设区的重要性和必要性

撤县设区能进一步加快生产力的发展,提高成都市城市化水平,是实施西部大开发策略的重要举措,也是新都地区经济、社会发展的迫切需要和客观要求。

(一)有利于国家及四川省经济发展战略的实施

四川省地处西部的东南部,具有地理区位优势。成都是西部重要的中心城市之一,是四川省省会、全省政治、经济、文化中心,西南地区的科技、金融、商贸中心和交通、通信枢纽,也是国家、省、市重点骨干工程的主要分布区和实施区。因此,新都撤县设区,能扩大成都的发展空间和发展潜力,增强成都向周边地区和西部地区辐射的能力,有利于促进国家"西部大开发"战略目标的实施,也符合省委、省政府关于将成都建成为一流城市和成德绵高新技术产业带,带动和促进全省经济发展的要求。

(二)有利于成都经济发展战略和城市总体规划的实施

新都县地理位置优越,撤县设区更能够增强成都的地位、实力与辐射作用。成都市规划的三环绕城高速公路已延伸至新都境内,全市经济和市政基础设施正在迅速向新都扩展。而目前新都县的行政建制设置和区划格局,阻碍了成都向这一地区的发展。撤县设区后,体制和政策方面的束缚所形成的阻力将得到消除,使成都的发展潜力和整体实力也将大大增强。

(三)有利于新都经济社会事业的快速发展

目前,由于实行的是"市管县",县的管理体制与区不一致,给城市总体规划的实施、市政建设、新都境内一、二、三产业项目的招商引资与建设带来许多不便,阻碍了生产力的发展。撤县设区改变现行管理体制,对新都经济持续、快速、健康发展也将起到有效的促进作用。

1.可以加快开放开发步伐,促进二、三产业的快速发展。撤县设区后,由于外部形象的提高,政策差距缩小,新都地区的环境优势将得到充分发挥,对成都市的居民和单位、外地人员和企事业单位的吸引力增强,可以加快人才、资金、技术、产业向新都地区的流动和转移。撤县设区后,全县干部群众的城市意识和建设热情也会有大幅提高,从而可以加快新都地区的发展建设和城市化进程,进一步发挥新都地区的区位优势和资源优势,促进产业优化升级和结构调整。

2.可以进一步改善投资环境,提升新都的知名度。撤县设区后,由于成为成都的一个市辖区,缩短了国内外客商对新都地区与成都市在认识上的差距,可以充分利用成都在国内外知名度高、形象好的优势,给新都带来更多和外界交往与合作的机会,增强对资金、人才、技术、市场等方面的吸引力,促进新都经济和成都区域经济的加速发展。

3.可以进一步促进旅游业及相关产业的发展。我县旅游资源十分丰富。县内有"西蜀第一湖"之称的桂湖,有享誉中外的宝光寺、铭章墓、龙藏寺碑林等。近年来,新建的桂湖公园、白鹤岛、泥巴沱已成为成都近郊有名的风景旅游胜地,撤县设区后有利于加快这些旅游景点和线路的开发建设,吸引更多的海内外游客前来观光、旅游,使更多的人流、信息流、物流、资金流来新都,促进新都和全市旅游业及相关产业的发展。

二、撤县设区的有利条件

作为成都的近郊,新都县目前的城市化水平已较高,有优越的区位优势,较为雄厚的经济实力,日益完善的基础设施,初具规模的建成区,蓬勃发展的社会事业,在城市景观上与市区已没有太大的差别,在地域上与成都市区已连成一片,并且已成为成都市的一个有机整体,我们认为,撤销新都县,设立成都市新都区的条件已经具备，时机也已成熟。

(一)优越的区位优势

新都县位于川西平原腹心、成都市的北大门，地处东经103°54′02"~104°16′54"，北纬30°40′40"~30°57′58"之间。全县平均海拔510米。东、南与成都市青白江区、龙泉驿区、成华区、金牛区接壤，西连郫县，北邻彭州市、广汉市。县人民政府所在地——新都镇，距成都市中心16公里。全县面积480平方公里。辖13个镇、4个乡，300个村，42个居委会。1999年总人口为58.93万人，其中城镇人口14.33万人。国务院国函〔1999〕63号关于成都市总体规划的批复中，将新都县定位为成都市都市区，其中：三河镇、大丰镇、木兰乡为都市中心区。优越的区位优势，得天独厚的自然环境，使新都县城成为接受成都经济发展辐射能力较强的科技、文化、旅游卫星城。是省、市规划的成都平原经济圈、成德绵高新技术产业带的重要组成部分。

(二)较为雄厚的经济实力

新都县是四川省委、省政府最早确立的全省综合体制改革试点县之一。20年来，在新都县委、县政府的领导下，经济发展以改革开放为动力，宏观经济为导向，一方面进行深化体制改革，探索发展社会主义市场经济的路子，另一方面在抓农业的同时，加快发展二、三产业的步伐，取得了显著成绩。1978—1999年，全县累计完成固定资产投资75.16亿元，年均增长37.76%，比改革开放前的16年间年均增长18%，提高19.53%， 1978—1994年的17年间，国内生产总值以年均20.02%的速度增长。支撑全县经济发展的主要有农业、工业、建筑业、交通运输业、邮电通讯、金融保险、商贸和房地产等行业。尤其是工业经济的发展从根本上改变了新都经济发展的产业结构，电子信息、食品饮料、医药、机械、家具、建材等六大优势产业已具规模，环保等新兴产业和高新技术产业已起步进入发展轨道。光纤电缆、电子发射管、电阻器、电位器、彩色显示器、荧光灯、“可口可乐”饮料、“华丰”方便面、“豪特”热水器、“德道”集成材、“炬光”PS版、“绿叶”啤酒等30多个优势品牌产品已达到或接近国内外同行业先进水平，涌现出了一批高新技术企业和项目，促进了一、三产业的发展，使经济呈现持续、快速、健康的发展势头，在四川省经济大盘上一直处于重要位置，国内生产总值、财政收入、农民人均纯收入、城镇居民人均收入等10多项主要经济指标总量或人均量均居全省前列。1999年，国内生产总值达到51.7亿元，一、二、三产业增加值占国内生产总值比例为17.2:48.5:34.3，工业总产值达到77.8亿元，财政收入达到3.29亿元，农民人均纯收入达到2792元，城镇居民可支配收入达到7338元。经济发展、社会进步，使新都综合实力大为增强，先后享有“全国乡镇企业百强县”“全国科技实力强县”“全国平原绿化先进县”“全国特殊教育先进县”“全国体育先进县”“全国初保工作先进县”“全国文化先进县”“全国医药工作先进县”等诸多殊荣。1994年以来，连续6年被评为四川省综合实力“十强县”。1997年，新都农村小康建设通过省市验收，成为全省第二个基本达小康县。

(三)日益完善的基础设施

1.交通便利。有成渝、宝成、成灌、成达等4条铁路穿越县境，相近9个客货车站的货物吞吐量每日上万吨。县境内正规划建设铁路货运二级编组站和货站。成德高等级大件路、成绵高速公路、成北出口高速公路、成都外环高速公路、成南高速公路、国道108线和省道成彭公路通过县境。公路密度为全省之最。全国4大航空港之一的成都双流国际机场，距新都仅24公里。成都市规划建设的地铁经过县境，并在新都设有站台。

2.能源充足。县内有1座220KV、3座110KV、5座35KV变电站，主变电容量达22.3万KVA。形成了全国独有的“四双”供电格局(即电站双主变、乡镇双线路、电站双电源、村村双公变),1993年建成四川省首批农村电气化县。高峰用电容量9.5万kW,仅为变电容量的53%。县内天然气供应充足,有配气站13座,日供气量为75万立方米/日,实际用气量仅为供气能力的32%,率先在全国实现了乡乡镇镇通天然气,全县城区天然气气化率达95%,被省政府授予“农村天然气初级气化示范县”。

3.通讯发达。现已开通国际、国内长途直拨电话线1960路,数字程控电话10万门。8座移动电话和BP机基站均可全国漫游。基本实现了有线与无线、模拟与数字、话音与数据通讯相结合,覆盖本地联通世界的现代化通信网络。率先在全省实现村村通电话。

4.供水稳定。新都属都江堰自流灌区,河流纵横,水资源丰富。县内有自来水厂21座,日供水能力30万立方米以上,新增的10万立方米/日引水工程正在实施中。

(四)初具规模的县城建成区

改革开放以来,新都城镇建设速度迅猛发展,基础设施日益配套完善,市容环境卫生发生很大改观。县城建成区面积由过去的0.52平方公里发展到现在的12平方公里,居住人口由1万人增至目前的10万人,现有人均建设用地95.2平方米。目前,县城居住用地为276.3万平方米,工业用地为267万平方米,分别占建成区总用地的29%和28%,公共设施用地为105万平方米,绿地为60.9万平方米,分别占总用地的11%和6.5%。

城内有各类公厕18座,均达到“七无七净”标准。县城有日焚烧能力达300立方米的垃圾自然式焚烧场1座,可使县城所有生活垃圾得到无害化处理。规划建设的5万吨/日城市污水处理厂一期工程1万吨/日城市污水处理示范工程已竣工投运,可处理老城区2/3的生活污水。近年来,随着我县市容环卫管理力度的加大,我县城镇面貌发生很大变化,1996年被为“四川省省级卫生县城”,1999年在全省率先获得“国家级卫生县城”的光荣称号。同时,新都镇也是四川省县级城市中唯一同时具有垃圾和污水处理的县城。

(五)已具规模的省级开发区

成都市新都卫星城工业开发区是四川省5个重点开发区之一,规划面积18平方公里。区内已投入基础设施建设资金3亿多元,水、电、气、路、通信等配套齐全。先后引进各类项目315个,投资总额38.05亿元。国内外著名的香港嘉里饮料公司、澳大利亚南方国际投资私营有限公司、台湾统一企业集团公司、珠海中富工业集团公司、上海紫江企业集团股份有限公司等企业,以及七七九、八九三、四四〇三、红光七分厂、八分厂、二六八、八二一、六二四所等三线调迁企业(含军工企业)纷纷到工业区投资建厂,已成为省、市重要的电子信息元器件、食品饮料及包装、环保设备制造等产品生产的基地。自1994年被列为省级重点开发区以来,连年被评为省、市优秀开发区,计划在2003年建成国家级工业开发区。

(六)蓬勃发展的科教文卫等社会事业

新都县科技力量雄厚,1999年,拥有各类专业技术人员1.2万人,其中:高级技术人员占5.86%;中级技术人员占31.585。1993—1999年的7年间实施科技项目654项,荣获科技成果奖297项,取得国家专利131项,应用性科技成果转化率达到65%,科技进步对经济增长的贡献达到46%。

新都县于1994年在全市率先实现普及九年制义务教育。现有幼儿园87所,普通中小学203所,职业中学2所,中等专业学校6所,高等院校(含成人高校)3所。其中,新都一中是四川省重点中学,教育教学质量在省内外享有盛名,是最早参与国际交流与合作的学校,成功地向加拿大、美国、日本、澳大利亚、法国和中国香港地区派遣了200多名留学生。

新都县城内有影剧院8座，广播电台、电视台各1座；新都芙蓉花艺术团，曾先后赴日本、法国、意大利、台湾等13个国家和地区演出，在国内外均享有盛誉。参加朝鲜国际艺术节，荣获5项金奖；川剧电视剧《芙蓉花仙》荣获全国电视“飞天奖”、全国戏曲电视展播一等奖；县图书馆，馆藏书达13.5万册，获“全国文明图书馆”和“国家一级图书馆”殊荣；县文化馆是全省著名的一级文化馆；县体育场占地8.5万平方米，按国际标准建设，设施配套日趋完善；县内有县级以上医院7家，卫生院及妇幼保健机构35个，病床1762张，医护人员2260人。

新都自然环境优美，旅游资源丰富。县内有国家、省、市、县级文物保护单位和文物点110处，人文景观极其丰富。著名的有全国重点开放寺庙千年古刹——宝光寺，全国重点文物保护单位杨升庵祠，西蜀“川西第一湖”桂湖，享誉中外的千佛碑、战国墓、马超坟、唐代园林新繁东湖公园、龙藏寺碑林等名胜古迹，以及毗河新都段上的三颗明珠泥巴沱、白鹤岛、龙桥野生动物养殖场等自然景观。每年接待中外游客300多万人次。

三、撤县设区的方案及经济社会发展目标

（一）撤销新都县，整建制改设成都市新都区

新都建置历史悠久。新都古为蜀国地，为开明王朝的第一个王都名城，是“蜀之三都”之一。秦置新都县。西晋武帝泰始二年（266年）设置新都郡，咸宁三年（277年），改置新都国，太康六年（285年）罢国复为新都郡。隋开皇十八年（598年）置兴乐县。唐武德二年（619年）复置新都县至今，其间隶属不常，但名称除30余年外，均名新都。新都在国内外具有较高的知名度，因此，设区的名称应为新都区。区人民政府仍驻新都镇桂湖中路61号，全区辖13个建制镇、4个建制乡，行政区域面积480平方公里，总人口58.93万。

（二）只改变行政建制，不增加人员编制

现行财政体制暂不变，今后从有利于促进生产力发展的要求出发逐步进行适当调整。机构设置根据“精简、效能”的原则，结合机构改革再逐步进行调整。

（三）经济社会发展思路和目标

1.发展思路。撤县设区后，我们将及时调整建设和发展规划，经济社会发展的基本思路是：以邓小平理论和党的基本路线为指导，遵循江泽民同志“三个代表”的要求，抓住西部大开发的历史机遇，围绕县委十届六次全委会提出的“实现区域经济工业化，产业发展都市化，构建西部一流强县，基本实现现代化”的宏伟目标，坚持解放思想，求实创新，以效益为中心，实现“两个根本性转变”；进一步优化投资环境，加大对外开放力度；大力发展高新技术产业，用高新技术改造传统产业，调整、优化产业结构；完善基础设施，加快城市化进程；大力发展科教文卫等社会事业，推进民主法制和精神文明建设，促进经济、社会、环境协调发展，开创工作新局面，实现新都经济社会新跨越。

2.发展目标。发展的主要目标是：到2005年，全区国内生产总值达到130亿元，年均增长18%，人均国内生产总值达到2500美元，一、二、三产业增加值占国内生产总值的比例调整为9:49.5:41.5；财政收入达到8.28亿元，年均增长18.1%；农民人均纯收入年均实际增长6%以上，城镇居民人均可支配收入年均实际增长6.5%以上；城区建成区面积扩大到20平方公里，人口增加到20万人；人均公共绿地达到5.13平方米，城市化水平提高到35%。将新都建成成都的“设施配套、布局合理、功能完善、环境优美、经济繁荣、人民富裕”的现代化新城区。

以上请示如无不妥,请转省人民政府审批。

附:1.新都县行政区划图(略)

2.新都县区位图(略)

3.新都镇城区图(略)

4.新都县公路交通现状图(略)

5.新都县县城总体规划图(略)

6.新都县撤县设区有关指标统计表(略)

二〇〇〇年十一月三十日

四川省人民政府关于同意调整新都区青白江区龙泉驿区部分行政区域的批复

川府民政〔2005〕18号

成都市人民政府:

你市《关于调整新都区青白江区龙泉驿区部分行政区域的请示》(成府〔2005〕58号)悉。经省人民政府研究,同意新都区、青白江区、龙泉驿区调整部分行政区域。具体批复如下:

将青白江区龙王镇的新谊、双柏、黄果、园林、石桩、长林6个村和龙泉驿区黄土镇的回龙村、金三角社区所属的行政区域划归新都区石板滩镇管辖。石板滩镇人民政府驻石板滩场镇东风西街66号。

请认真做好区划调整后的稳定工作,促进区域经济、社会协调发展。

四川省人民政府

二〇〇五年五月十日

中共新都县委 新都县人民政府关于进一步发展横向经济联合的若干规定(试行)

新党发(1986)12号

(一)

近两年来,随着改革的深入和对内搞活经济、对外开放方针的贯彻执行,我县出现了多层次、多形式的横向经济联合。这种联合,突破了地区分割、行业分割、条块分割旧体制的束缚,突破了所有制界限,有利于把各自的优势集中起来,形成新的、更为强大的商品生产能力;有利于城乡互助,共同繁荣,建立新型的城乡关系。实践证明:发展横向联合是振兴新都经济,在本世纪内实现农村工业化、现代化的重要途径。

我县发展横向联合有许多优越条件:一是政策优势。我县是省委农村体改最早的三个试点县之一,在立项、贷款、占地、基建、税收等方面,省上明确赋予地、州级的权力。几年来,实行了一套鼓励横向联合,对企业放权、让利的有效措施。二是地理、交通优势。县境同成都市区相连,县城距成都十七公里,宝成、成渝、青灌铁路和川陕、成彭公路横穿县境,乡乡村村通公路。三是经济优势。几年来,改革了封闭式经济体制,实行全方位开放,工农业生产有了很大发展。去年县属工业产值已占工农业总产值的百分之六十五,乡镇企业产值达到四亿多元。在建工建材、食品加工、丝绸纺织、轻化、机械加工、家用电器、日用家具、服装等方面已形成了一定的基础。

(二)

为了进一步加速经济发展,尽快把我县建成成都市的科技、文化、旅游卫星城,必须认真继续实行"引进来,打出去"的方针,走好城乡结合的路子,充分利用我县的优势,本着平等自愿、互利互惠的原则,同国内外工商界和科技界全面开展多种形式的横向联合协作。

在横向联合中,应当坚决执行国务院在今年三月二十三日发布的《关于进一步推动横向经济联合若干问题的规定》。县委在1984年曾发过26号和31号文件,两个文件的主要精神是符合《规定》的,应当坚持和继续贯彻执行。现对横向联合中一些具体问题予以重申和补充规定如下:

一、欢迎外地任何单位同我县国营、集体城乡工交企业联营联办,我县给予优待:

1.对新办企业立项、工商登记、银行开户手续从简,并尽可能提供方便。

2.需要占用土地者,地址可在符合城建规划的前提下,由企业选择,手续从简从快。同乡、村企业联合的可变通处理。并按具体情况,从廉议商土地补偿费和城建配套费用。

3.同本县联办的集体工业企业,除国家明文规定不能减免税收的产品外,正式投产后,免征工商税一年,免征所得税一至三年,免交管理费三年。对发展新都经济有特殊贡献的企业,县上还可以根据情况,利用减免税收的权力,择优扶持。

4.同本县联办的集体企业,其产值、利润、所得税可以全在我县统计上报、解缴,也可以按分成比例分别在原单位和我县统计、上解。

5.联办企业利润分配,在保证企业扩大再生产的前提下,可按各方投入资金、设备、原材料等的数量,双方具体商定,盈亏共负,风险共担。原则上给外来一方以优惠。

6.联办企业的领导班子由双方派员组成。原则上由股份多的一方任正职。企业所需技术、管理、流通人员和一般职工,双方协商调派或招选。

7.以上精神,适用于县内工交企业之间的横向联合。

二、鼓励集资兴办企业和对企业投资

1.欢迎县外企事业单位、群众团体或个人来我县集资办企业,或对城乡集体企业投资。保证投资入股自愿,退股自由。但退股一般应在年终决算后进行。

2.县外不论单位或个人的投资、入股,在企业有盈利时,除按银行贷款利率付息外,按股金总额占企业固定资产和流动资金总数的比例在企业利润中分红。如企业发生亏损,也由企业保证按银行利率付息。如投资、入股者需要抽退资金时,也应由企业设法退还。

三、欢迎外地科技人员为新都经济建设服务

1.凡经过考试考核或试用,调入我县工作的助理工程师一级(含自然科学和社会科学的相当职称,下同)以上的科技人员,工资高于六类地区的按六类地区对待,低于六类地区的按实际。其它经济待遇按新都同等科技人员对待。

2.对调入我县科技人员的家属、子女“农转非”,就业和住房等具体问题,比照本县同等科技人员标准,给予优先解决。

3.调入本县工作的科技人员及其家属,原户口在大城市的是否迁来本县入户,尊重本人意愿。

4.全民所有制单位的科技人员到乡镇企业工作的,工资向上浮动一级。

5.对调入我县的科技人员在政治上进行热情关怀,工程师一级科技人员,可以阅读发到县团级的文件和参加县团级干部的有关会议;助理工程师一级科技人员,可以阅读发至区科级文件和参加同级干部参加的有关会议。优先吸收符合共产党员条件的科技人员入党。对符合“四化”条件,又具有担任各级领导干部能力的科技人员,优先安排进入各级领导班子。

四、对帮助我县引进企业、项目、技术、资金、资源、设备、人才,解决购销困难和输出劳力的有功人员,本着有偿服务的精神,给予优厚的服务费;或按贡献大小,给以奖励。

1.对县外建筑安装工程的引荐人,承建单位按全工程预算总额的千分之一至五付给服务费。

2.对引荐联办成功工交企业、工业项目或工业新技术者,按该企业、项目投产后第一年新增利润的百分之一至五,一次性付给服务费。

3.凡为我县工商企业解决原材料供应和产品销售的困难者,酌情给予报酬或奖励。

4.凡为我县提供科学技术信息,经采用后,按该项技术实现的经济效益大小,从优给予奖励。

五、县、乡(镇)经济主管部门和工商企业都需要建立一支相对稳定的科学技术和法律咨询顾问队伍,为本单位的经济发展出谋划策,并视顾问工作辛苦程度和经济效果,从优给予咨询服务费或奖金,可以按不同情况,分别按月、按季、按年或按项目付给。

(三)

全县各级党政要加强对横向经济联合的领导。主要领导干部要亲自过问,要有专门的机构和配备专职人员具体抓。县乡两级各部门都要通过自己的业务,大力促进横向联合的开展,并把这一工作作为考核的内容。

在横向经济联合中,要注意加强思想政治工作。要把发展经济,开展横向联合提到建设社会主义的高度来认识,作为党员、干部坚持理想、宗旨的一个重要内容来对待。要教育干部、群众克服传统观念和小农经济习惯势力的束缚,从有利于调整农村产业结构和转移农业剩余劳动力出发;从有利于培养、提高基层干部的技术、管理水平出发;既要注重经济效益,更要注重社会效益和生态效益;既要立脚干发展新都经济,又要有全局观念,为对方提供方便和优惠条件。要教育干部和群众牢固树立法制观念,在经济活动中依法办事,严格履行合同、协议。

在思想政治工作中,当前要划清几个界线:一、要把改革中的某些不成功甚至失误,同以权谋私区别开来,保护大胆改革、探索前进的积极性;二、把联合过程中对现行政策的某些变通,同“下有对策”、违法乱纪区别开来;三、把经济活动中必要的接待,同大吃大喝区别开来。四、把经济活动中赠送一些产品以作宣传,同送礼行贿区别开来;五、把实行有偿服务,同行贿受贿区别开来;六、把发展经济中对有功人员的奖励,同滥发钱物的不正之风区别开来;七、把科技人员利用业余时间给企业服务所取得的合理报酬,同党政干部的兼职兼薪区别开来;八、把企业之间相互的物资调剂,同投机倒把区别开来;九、把搞活企业,开展一业为主,多种经营,同党政机关经商、办企业区别开来。

一九八六年四月二十四日

中共新都县委 新都县人民政府
关于深化改革振兴农业的意见

新都委发(1989)第04号

我县从1987年开始的农业经济改革取得了巨大的成绩，特别是1984年以来，大胆探索具有城郊特色的经济发展路子，大大加快了农村经济体制的转换，使全县经济取得了突破性进展。但是，随着社会经济形势的发展变化，农业经济又面临着新的情况和新的矛盾。一是农业形势严峻与少数领导认识不足的矛盾；二是小农经济思想与大力发展城郊高效农业的矛盾；三是单家独户的分散经营、土地零星小块承包与农业现代化的矛盾；四是农业亟需投入与资金不足的矛盾；五是农业比较利益低，挫伤了农民种田特别是种粮的经济性，造成粮食生产徘徊的矛盾。这些矛盾表明，我县农业经济在十年改革取得成功的基础上，面临需要进行深层次改革的形势。

根据十年改革的经验教训和当前的新情况，我县农业经济体制进一步改革的任务，就是要彻底摆脱自然经济和产品经济的影响，向有计划的商品经济迈进，形成一种具有内在活力和自我发展能力的城郊经济运行新机制。要形成这种格局的关键是：既要教育农民顾全大局，多做贡献，更应尽力体现价值法则，自觉地按价值规律办事，采取综合措施，逐步解决农业同其它产业之间存在的“比较利益”差距，达到振兴农业，促进工农业协调发展，推进农村工业化、现代化、商品化的目的。为此，特提出以下意见：

一、正确认识农业的基础地位，增强进一步发展农业的自觉性

中央领导同志最近指出：“农业问题不是一般经济工作问题，而是一个事关全局的重大经济战略问题，也是一个政治问题。”这是对我国经济发展正反两方面经验的正确总结。各级领导都要深刻认识：我国正处在社会主义初级阶段，生产力水平不高，吃饭需要农业，工业的发展和出口创汇也离不开农业，因此，我们必须下决心，花力气，大力发展农业，这既是目前保证人民生活安定的需要，也是保证我国经济长期稳定发展的一项战略任务。我县近40年的实践证明，只有农业搞好了，特别是粮食丰收了，工业和其它非农产业的发展才有保证。各级在制订经济发展计划中，要自觉把农业作为总体部署来统筹考虑和安排，采取有效措施，加强农业的基础地位，不断增强农业的发展后劲，使我县农业再上一个新的台阶，开创新的局面。

二、制订改革规划，认真解决当前影响农业发展的关键问题

各乡村都要从本地实际出发，制订深化农业改革的可行规划。要把长远同当前结合起来，把重点同一般结合起来，把任务同方法结合起来，扎扎实实地尽快抓出成效。要力争在三个方面实现突破：一是有条件的地方，要积极探索规模经营，在提高农业规模效益上有新的突破；二是在农业科学技术、特别是在研究和推广农作物新品种，在提高农作物单产上有新的突破；三是积极发展农业社，特别是在发展村级经济、增强服务的经济实力上有新的突破。

当前，要重点抓好五个方面的工作：

第一,抓好低产田和低产户,促进大面积平衡增产增收。目前,全县低产田约占总耕地的20%,低产户约占全县总农户的10%。切实抓好“两低”是近期内提高我县粮食产量的有效途径。各乡要统一规划,分级治理,三年完成。对低产田的治理,10亩以下由农业社负责,100亩以下由村负责,1000亩以下由乡负责,1000亩以上县乡共同负责。为了保证在三年内完成治理任务,各乡村都要制订落实“定任务、定时间、定标准、定负责人”的四定责任制。对低产户要区别情况,采取不同措施,力争在较短的时间内达到中产户以上的水平,其中对缺资金、技术、劳力的“三缺低产户”,要发动党员、干部,采取“帮、扶、包”的办法解决;对因懒惰而造成的低产户采取“扶、教、转”的办法解决;对因从事二、三产业、种应付田而造成的“高收入低产户”,采取教育、罚款、收田的办法尽快改变低产状况。

第二,制订有效措施,稳定发展生猪生产。各级要迅速把省、市、县鼓励发展生猪的各项政策宣传到千家万户;要迅速制订落实本地稳定发展生猪生产的政策性措施;要向农民传信息、算细帐、分析趋势,提高农民发展生猪的积极性;要制订发展养猪专业户的规划,干部要在养猪专业户中起好带头作用;要抓好良种、饲料、防疫的同步配套,进一步完善生猪生产服务体系。

第三,多层次多渠道增加农业投入。除省、市、县用政策规定增加的投入外,各乡村也要根据自己的经济实力作出规划,用制度保证“以工补农,以工建农”,增加对农业的投入。各乡镇的合作基金会要抓紧建立和完善,今年要争取筹集700万元;县农业发展基金今年要力争筹集180万元;县、乡、村三级通过多种渠道筹集的资金今年要达到1300万元,力争在增加投入上有新的突破。

第四,大力发展多种经营。大春抓鱼稻,小春搞间套,庭院搞开发。各乡村要抓紧作好“三田”(双千田、吨粮田和稻鱼田)建设、增间套种和庭院经济的规划,并建立相应的责任制,切实做到指挥到户,落实到人,夺取今年农业丰收。

第五,加强领导,完善服务体系,发挥政治优势。各级都要充实农业工作的力量,稳定队伍,转变工作作风,认真解决工作中存在的断线脱节问题。县农村工作领导小组要加强农业日常工作的检查监督、调查研究等工作。县委常委要分工包片,把农业工作摆到重要的地位,真正抓出成效来。各乡镇党委书记、乡长要用较多的精力抓农业;分管农业的副乡长要有责有权具体抓农业;对从事农业工作的“八大员”,各乡镇要认真解决好他们的待遇,提高积极性。各村党支部书记、农业社社长主要精力应抓好农业,特别是对农业社社长,要建立明确的责任制。

要进一步巩固和完善各种服务体系,建立健全农村干部的任期目标责任制,在考核内容上要提高对农业考核的比重。针对目前农村开会难的情况,各村都要建立和办好广播室,提高喇叭入户率,把党在农村的各项方针政策、先进的农业技术以及农村工作的各项任务宣传到户。要加强农村党支部的建设,充分发挥党员在发展农村商品经济中的作用,完成各项任务的带头作用和建设精神文明的模范作用,从政治领导上保证农村工作特别是农业工作的连续性和稳定性。

三、搞好综合配套改革,全面加速发展农村经济

解决农业问题,必须充分调动广大农民的生产积极性,不断增强农业本身的活力。要做到这一点,就要依靠各级共同努力,采取综合措施,搞好配套改革。

(一)继续大力发展高效益农业,确立城郊型农业新格局

各乡、村要把稳定发展粮食生产同获取高效益有机地统一起来,进一步处理好工农关系、城乡关系、计划与市场的关系、粮食生产与经济作物和养殖业的关系,围绕“稳粮增效”这个目标,大力发展高效益的农业生产项目,开辟农业生产新领域和集约化经营,以经支粮,以副养农,不断增强农业的“造血”功能。

(二)坚持完善以家庭经营为基础的联产承包责任制

要在以家庭经营联产承包责任制的基础上,因地制宜地采取多种形式来发挥规模效益。当前,在多数地方不具备土地相对集中经营的条件下,可以推行区域化种植,搞好服务,解决农民一家一户办不了、办不好的事 ,提高农业经济效益。在土地过于零碎分散的地方,如果群众要求调整的,经过有领导地组织协商,可以适当作些调整。

(三)大力开展以治水改土为中心的农田基本建设

各乡、村要以巩固和提高现有水利工程效益为中心,组织农民整修水毁工程,疏浚灌排渠道,维修机电提灌设施,加固堤防,提高灌溉、防洪、排涝的综合能力。要抓好积造有机肥,采取有力措施,鼓励农民增加有机肥的投入。

(四)深化科技体制改革,加快农业科技成果和实用技术的应用推广新步伐

现代农业科学技术是新的社会生产力中最活跃的和起决定作用的因素。各级都要把加快推广科学技术摆在首要的位置。要鼓励科技人员到第一线,大力推广科技成果和科技服务,为农民提供技术咨询、技术承包。要进一步加强农业科研工作,围绕生产上的关键问题组织科技攻关,对本地的多种经营资源组织科技开发,并进一步研究探索发展高效农业、生态农业、庭院经济的新路子。建立农业技术推广奖励基金,对研究、教学和推广新技术有发明创造的、有成就的、有贡献的单位和个人进行表彰和奖励。要采取“官办”与“民办”相结合的办法,紧密结合生产实际,举办多层次、多渠道、多形式的社会化培训,提高基层干部、农民的经营管理和技术素质。

(五)注意扶持发展多成份、多形式的农村经济组织,积极探索提高农民组织化程度的新形式

各级都应因势利导地鼓励、扶持发展。要通过合同制、合作制、股份制等方式,把农业生产、加工、销售、储运等环节联合起来,发挥上联国家下联广大农户的作用。通过这些联合、合作,弥合农民与市场之间存在的断裂和脱节,把农业从传统生产方式向现代化的生产方式大大地推进一步。国营企业、外贸、供销、各类农副产品加工企业要和农民建立多成份、多形式的联合与协作,利用企业的资金、技术、设施等优势,来支持广大农户发展专业化、商品化的规模生产。合作与联合关系的确立,必须坚持从生产需要出发,在自愿、互利原则下,妥善处理好合作与联合各方面的经济利益。

(六)改造、发展农业“三化”,把社会化服务工作提高到一个新水平

我县的以分工专业化、服务社会化、管理企业化为特征的农村社会化服务体系的建设,虽已初具规模,但发展不平衡。当前健全完善农村服务体系的重点,应强化县和乡镇级经济技术部门开展综合服务,鼓励支持农村专业户、专业协会、研究会开展专业服务,引导扶持农民进行自我服务,力争在社会化服务工作上有新的发展和提高。在组织形式上,要由各级、各部门的分散服务发展为多层次、多渠道的统一协调服务。在服务内容上,要适应发展高效农业的需要,由传统的大田粮油生产的单一服务发展为农林牧副渔种养加的生产、技术、流通、信息等领域的全面服务,要采取多种措施,有效地稳定服务队伍,提高服务质量,真正把农村社会化服务工作提高到一个新的水平。

一九八九年一月十四日

中共新都县委 新都县人民政府
关于农村“达高标准小康,奔富裕型生活”的实施意见

新都委发〔1998〕24号

在县委、县政府领导下,经全县干部和群众的共同努力,我县农村奔小康工作取得显著成效。经省、市农村小康考评验收小组考评,我县于1996年底基本实现小康县,从而提前实现了1992年1月4日县委八届八次全委会提出的“加速城乡一体化,在本世纪内提前三年,力争‘八五’末建成小康县”的目标,这是我县农村工作的重大成果,标志着我县农村奔小康工作取得了重大突破。但是,基本实现小康并不意味着小康工作已经结束,各级党委、政府要正确认识当前小康建设成果,明确基本达小康后农村工作的中心任务是按照县委提出的“达高标准小康,奔富裕型生活,建城郊型强县”的奋斗目标,努力做好各方面的工作。

一、正确认识当前农村小康

(一)基本实现小康是农村工作的重大成果

基本实现小康,是我县政治经济生活中的一件大事,是农村工作取得的重大成果,从小康目标的提出到基本实现,历时5年,在这期间,全县各级干部把奔小康作为农村工作的中心,认真落实党在农村的各项方针政策,切实加强农村基层组织建设,不断加强基础设施建设,大办实事,农村两个文明建设取得了显著成效,农民收入大幅度增加,生活水平和生活质量不断提高和改善,农民素质不断提高。在议小康、奔小康的过程中,积累了许多经验。

(二)基本小康只是小康的初级标准

基本实现小康只是小康的初级标准。中共新都县第十次代表大会已提出“达高标准小康,奔富裕型生活,建城郊型强县”的奋斗目标,作为率先基本达小康的乡、镇、村要定好规划、落实措施,把基本小康作为一个新的起点,向更高的目标迈进。

(三)基本小康尚需巩固、发展、提高

1996年,全县及17个乡镇、276个村、10万户农户基本实现小康。但存在的问题、差距不容忽视,主要表现在:①部分小康量化指标尚未达到小康标准,如小康县中恩格尔系数、部分小康乡(镇)的住房、刑事案件、小康村比重、小康村的小康户比例等指标未达到相应小康标准;②基本小康后,仍存在一些经济发展较缓慢的村和生活比较贫困的农户;③小康量化指标之外的一些软环境,如精神文明建设、民风、村貌、社会治安等与小康还不相适应。以上这些都需要各级党政部门相互配合,采取切实措施,抓好巩固、发展和提高。

二、今后农村小康工作的目标任务

今后农村小康工作的目标任务是:高举邓小平理论伟大旗帜,贯彻党的十五大精神,以“达高标准

小康,奔富裕型生活,建城郊型强县”统揽农村工作全局,不断加强农村两个文明建设,围绕经济发展、农民增收、环境改善、农民素质提高,逐步实现农村工业化、农业现代化、农村城市化和农民生活现代化,建设富裕、文明的社会主义新农村。

(一)抓好基本小康后的巩固、发展与提高

各乡镇、村要针对存在的差距和问题,因地制宜地采取措施,使小康工作再上一个台阶。

1.未达小康的村和农户,要分批达标。至1998年底,未达小康的村要全部达标,小康户的比例要达到95%以上。

2.未达小康标准的量化指标,要实行重点突破。至1998年底各项指标要全面达到现行小康标准。

3.已达小康的乡镇、村,要进一步发展上台阶。一是农民人均纯收、住房、人均国内生产总值等主要指标要再上台阶,再上档次,其中农民人均纯收入达到2600元以上,人均国内生产总值达到8000元/人(90价),楼房、砖混平房、砖木小青瓦房三种住房比例达到85%以上,草房比重低于10%;二是道路、渠道、通讯等基础设施要加快建设速度,提高等级;三是治安状况、民风村貌等环境进一步得到改善;四是集体经济实力进一步增强,村级集体可支配资金达到8万元以上。

各乡镇要按照以上要求,结合实际,制订出相应的发展规划。

(二)逐步实现高标准小康

按照县第十次党代表大会提出的到2002年,全县社会生产力、综合经济实力、人民生活水平和社会文明程度要再上一个新台阶,逐步实现达高标准小康,奔富裕型生活,建城郊型强县的目标,各级各部门要进一步加大小康建设力度,力争在2002年实现高标准小康的目标。县小康办要与有关部门一起,结合实际,制订出县、乡(镇)、村高标准小康的标准,县、乡(镇)、村要制订相应的发展规划、措施及办法。

(三)建设富裕文明的社会主义新农村

建设富裕文明的社会主义新农村是我们长期奋斗的目标。我县计划用20~25年的时间,基本实现农业现代化、农村工业化、农村城市化、农民生活现代化,在2021年,把我县农村建设成为富裕文明的社会主义新农村。

三、工作重点和实现途径

基本小康后,农村小康工作的中心任务仍然是以经济建设为中心,大力发展农村社会生产力。要认真总结,积极探索,开拓新路子。

(一)以农业产业化为重点,推进农业现代化

1.大力推进农业产业化。

要以市场为导向,以农户为基础,以效益为中心,以科技为先导,以龙头企业为纽带,按照产、供、销,贸、工、农,农、科、教一体化要求,实行专业化生产、区域化布局、一体化经营、社会化服务、企业化管理,不断提高农村经济的组织化程度。发展农业产业化,重点要抓好以下几个环节:

(1)抓规划。要按照生产区域化和专业化要求,因地制宜,全面规划,合理布局。立足当地资源和经济条件,制定产业化发展的重点和方向。

(2)抓龙头。扶持、培育更多的龙头企业,增强市场竞争能力、对外辐射能力和对内扩散能力,大力发展公司+农户、工厂+农户的经营组织,实现乡镇企业发展与农业产业化的有机结合。

(3)抓市场。要重视市场建设,逐步建立起以批发市场为中心、农贸市场与零售商业相结合的市场网络和商品大流通格局。逐步建立起一支庞大的具有市场经济头脑和牢固为农服务意识的营销队伍,以市场导向确立主导产品,使生产适应市场的需求变化,把农民引入市场。

(4)抓基地。加强商品基地建设实现布局区域化,逐步形成一乡一业、一乡一品的多种经营生产格局,建立起集约化、规模化的农产品基地。

(5)抓人才。要积极引进、培养一批政治素质好,有经济头脑,善于搏击市场的优秀人才,使他们成为产业化组织的中坚力量。

(6)抓管理。要加强制度建设,完善产业化的运行机制,实现产业化组织的规范运作和科学管理。

(7)抓示范。各乡镇要因地制宜,大胆探索,抓示范,促发展,逐步建立一批规范的、经济效益好的产业化组织。

2.加强基础设施建设,逐步实现农业机械化。

要加强农田水利建设,加快标准化渠系的建立,加快农田的升级改造,按照现代农业对土地提出的标准和要求,对现有农田、渠系、路、电、库等进行统一规划和全面建设,逐步建设有利于规模化、标准化生产的现代基础设施。不断改善生产条件,提高农业综合生产能力,为实现作业机械化,最终实现农业现代化打下基础。

3.实施科教兴农,加快农业科学技术现代化。

要逐步解决农业科学技术滞后的问题,努力使农业科研、农业教育、农技推广部门密切合作,发展优质、高产、高效和省工、省本、省力为目的的轻型农作技术。要把提高农民素质放在突出位置,大力发展农村职业技术教育、成人教育、技术培训,通过“绿色证书”工程,以及建立各种群众性专业技术协会等多种途径,造就一大批能操作、懂经营、会管理的新型农民。

4.建立完善农业综合服务体系。

要在现有农业综合服务体系的基础上,稳定队伍,改善条件,增加投入,动员全社会力量,在资金、物资、信息、科技、保险以及产供销等方面,逐步建立起全程服务的社会化服务体系。

(二)以乡镇企业“二次创业”为重点,推进农村工业化

要以市场为导向,深化改革、完善机制、优化结构、外向拓展,依靠科技,使企业上规模、产品上档次、管理上水平,不断提高整体素质和经济效益。

1.完善机制。要坚定不移地深化改革,按照产权明晰、责权明确、政企分开、科学管理的原则,因企制宜地采取股份制、股份合作制、企业集团、租赁、拍卖、兼并等形式,搞活集体资产经营,建立与市场经济相适应的运行机制。

2.优化结构。围绕两个转变,促进产品和产业结构调整,大力发展高技术、高附加值产品,结合资源开发、环境保护,优化结构,提高乡镇企业的整体素质,实现乡镇企业的可持续发展。

3.盘活存量。对现有乡镇企业要围绕搞活经营,增加效益,采取各种形式,使企业上规模,产品上档次,管理上水平,盘活现有存量资产。

4.合理布局。抓好支柱产业、专业市场和小城镇建设的有机结合,促进资源和生产要素向城镇集聚,优化乡镇企业的布局。

5.扶强扶优。注重上规模,上档次,上水平,选择一批重点乡镇、重点村、重点企业和重点产品,加大扶强扶优力度,培育一批骨干企业,创造一批名牌产品,发挥重点骨干企业的带动和支撑作用。

6.多轮驱动。积极扶持和推进个体私营企业,形成多轮驱动、多轨运行、多业并举、多种经济成份共同发展的局面。

(三)以小城镇建设为重点,推进农村城市化

农村小城镇建设与发展,是实现农村城市化的必由之路,是发展农村二、三产业的重要载体,是连接城市和农村的重点桥梁和纽带。

小城镇和中心村建设要以邓小平理论为指导,以加快实现农村现代化、城镇一体化为目标,走以城带镇、以镇带村、以经济带建设、以建设促经济、滚动发展的路子,建立以集体和个人为主的、多渠道的投资体制,以小城镇为骨干,以中心村为基础,把小城镇建设成为农村的工业小区,第三产业配套发展的集中点,农副产品的聚散市场,农村剩余劳动力稳定转移阵地和对经济发展起辐射作用的经济、政治、文化中心。

加快小城镇和中心村建设要坚持以下原则:坚持小城镇建设与经济发展相结合,突出发展二、三产业;坚持发挥优势与形成特色相结合,立足当地资源,选准优势项目,建立支柱产业,形成城镇特色;坚持全面推进和突出重点相结合,地理位置较好,经济发展较快的乡镇、村要加快建设步伐;坚持经济、社会、生态效益相结合,保护环境,节约用地;坚持产销结合,大力培育和发展市场主体,促进市场环境的形成;坚持物质文明和精神文明相结合,实现经济、社会的全面发展与进步。

四、以提高劳动者素质为重点,推进农村精神文明建设

要采取切实有效的措施,引导广大农村干部群众学习马列主义、毛泽东思想和邓小平理论,组织群众学习党的政策、法律、法规和市场经济知识,培养一代有理想、有道德、有文化、有纪律的社会主义新农民。

要加强对广大农村干部、群众的社会主义、爱国主义、集体主义教育,把道德教育提高到一个新水平。要加快发展农村文化服务管理体系,繁荣农村文化事业。要大力抓好社会治安的综合治理,为农村经济发展营造一个良好的社会环境。

中共新都县委　新都县人民政府
1998 年 3 月 12 日

中共新都县委　新都县人民政府
关于加快县域经济发展的若干规定

新都委发〔1998〕38 号

为加快我县经济发展,努力实现县第十次党代会提出的"达高标准小康,奔富裕型生活,建城郊型强县"的奋斗目标,根据中发〔1998〕36 号文件和国家有关法律法规的规定及省、市有关深化改革,扩大开放,加速发展的要求,结合我县实际,特作如下规定。

一、企业改革政策

1.企业清产核资中清查出的潜亏,或因重大客观原因造成的固定资产和专项资产损失,经主管部门或县财政、国资部门审核批准,可冲减企业的公积金或资本金。企业固定资产和流动资产的报损,如需在当期所得税前冲减利润的,应逐级报送县财税部门审批。

2.在清产核资、资产评估过程中,对查实的呆帐、死帐,以及有帐无物的,经企业产权主管部门批准,可以进行核销。

3.企业结余的工资基金、奖励基金、福利基金和分红基金等,可根据企业改制时的财产组织形式,作为企业职工的股权或债权。

4.企业在改制前,已集资用于本企业发展,且职工未收回本金的,在职工自愿的前提下,可将集资款作为企业职工当年投入的资本金或股本金。

5.原城乡集体企业按照法律、法规和有关政策规定享受的优惠,包括税前还贷和各种减免税所形成的资产及其增值资产,除事前(指享受政策优惠前)国家明确规定应记为国有资产的外,其产权归企业所有。

6.原乡镇企业乡(镇)村无资产投入的,依据乡(镇)村在企业发展壮大过程中作出的贡献,可从经有资格中介机构评估后的企业净资产中划出适当比例,界定为乡(镇)村股。

7.对城乡集体企业历年发展积累的净资产,可根据实际,提取30%以上作为职工分配股,根据工龄长短、大小、职务高低等综合因素量化到个人。量化股份职工享有分红受益权。职工因辞退、除名或其它不正当原因离开企业的,不再享有分红权。

8.城乡集体企业在产权改革中,可从企业净资产中划出5%~10%作为特殊贡献股,奖励给对企业发展作出重大贡献的主要负责人。

9.对实行国家所有租赁经营的国有小企业,经营中新增的资产,在改制时,扣除其间国家的资本投入和应属国家的资产后,归企业租赁者所有。

10.凡享受职工分配股的职工,均应按一定的比例配售现金股。现金股可以继承、转让、抵押和馈赠。职工配售现金股,一时交纳现金有困难的,可在两年内分期缴纳,但时间最长不得超过两年。

11.乡镇企业内部职工集体购买企业全部产权,一次性付清全部价款的,可给予25%的优惠,兼并方和企业外部购买者一次性付清产权转让全部价款的,可给予20%的优惠。

12.国有企业评估确认后的净资产,根据企业实际,在划出一定数额作为职工安置费、社会保障费和抚恤金等费用后,余下部分可以出售给企业内部职工。

13.实行企业兼并,可以整体兼并,也可以部分兼并。如实行部分兼并,被兼并企业的债权债务经与银行协商,可按一定资产比例分摊。

14.优势企业兼并国有小企业,自兼并之日起的两年内,经同级财政部门核准,由同级财政将被兼并企业上交本级财政所得税额的55%,拨给企业用于补充生产经营资金。

15.优势企业兼并困难企业,被兼并企业原享受的各项政策由兼并企业继续享受。

16.被兼并企业转入第三产业的,上交地方财政的所得税可享受一年先征后返的政策。

17.企业进行股份制改组,原企业有效经营性净资产进行评估界定后,可以全部折股,也可以部分折股,不折股的部分可以作为借入资金,可分期偿还或交纳使用费。对非生产经营性的资产可以不作价入股,经清理造册并报有关部门批准,由改组后的企业负责专项管理,有条件的可单独组建为生活服务性实体。

18.土地使用权可以折价入股;也可有偿使用,不作价折股。高新技术成果可以折价入股,最高不超过注册资本的 30 %。

19.允许国有和城镇集体企业以划拨出的安置费、社会保障费用以及其它资产设置企业集体股，集体股由企业职工代表大会行使管理权和处置权。

20.改制前企业发生的亏损，可按 1994 年实行的新税制规定，由改制后企业实现的利润延续弥补，延续弥补不超过 5 年。

21.改制企业在改制的上个年度及其以前所欠国家的税款，在报主管税务机关按体制批准后，可实行减免或挂帐。

22.企业 1995 年以前欠缴的“两金”、所得税，在企业改革试点时确实难以偿还的，由企业申请，主管部门审查，报经税务部门批准可以缓交。

23.企业改制后在及时足额上缴税收的前提下，财政部门可视企业经营状况优先借给一定资金，用于发展生产。

24.国有股股权的分红收益，可低于银行同期利率借予企业有偿使用，补充企业的发展资金。

25.在保证效益逐步提高的前提下，支持小企业加速折旧，加速折旧部分经主管税务机关批准可在所得税前列支，并专项用于本企业技术改造或减轻债务。

26. 企业资产连同债务全部转移给改制后企业的，应由改制后的企业无条件承担原企业的银行债务，银行债权由改制后的企业同银行重新签订贷款合同。

27.国有、城镇集体企业改制、改组时，根据工龄长短，可按不超过上一年全市职工平均工资的 3 倍左右计算，向职工派发安置费、社会保障费、抚恤金等，企业产权转让交付安置费不足的部分可从土地资产处置收入中补足。

28.企业改制、改组后，原企业职工距法定退休年龄不足 5 年的，经本人申请，企业批准，可以退养。退养期间，企业和职工继续按规定缴纳养老保险费。待本人达到法定退休年龄时，按规定办理退休手续。

29.距法定退休年龄不足 5 年的职工，一次性向社会保险机构缴足到法定退休年龄的养老保险费以后，劳动部门可为提前退休职工办理退休手续。

30.在企业改制、改组中，对领取一次性安置费后不再保留国有企业职工身份的人员，可将一次性安置费的全部或部分作为养老保险费，一次性缴予社会保险机构，以解决以后的养老问题。社会保险机构按照一次性缴费的多少计算缴费年限。

31.离开企业自谋职业的职工，本人可直接到社会保险机构缴纳养老保险费。

32.一次性买断工龄的职工，其档案可由县劳动部门保管，以后再就业、转入新单位时，其工龄可以连续计算，若自费投保，其保险年限连算。

33.企业改制、改组前欠缴的社会保险费(含利息)，在改制、改组时，可从国有资产收入中划出欠缴金额(含利息)相等的部分补齐。被兼并企业历年欠缴的社会保险费用，由兼并方负责缴纳；一次性付清确有困难的，报社会保险部门批准，可以分期补缴。欠缴社会保险费的滞纳金予以一次性豁免。

34. 离退休人员的医疗保险费可从企业产权转让收入或其他资金中一次性划拨部分金额给社会保险机构。

35.企业改制、改组前，企业死亡职工生前列入“劳动保险卡”的供养直系亲属按规定每月领取的生活补助费(或抚恤费)，接收或继续经营者不直接向上述享受人员支付的，可将所需费用按享受人员今后的平均享受年限和标准计算，一次性划拨给社会保险机构，由社会保险机构按规定向享受人员支付，直至失去供养资格。

36.改制、改组企业不改变原土地使用性质和用途,可暂时保留划拨土地使用方式不变,接收原企业职工的,原企业土地使用权可变更给购买方或兼并方,并给予改制、改组企业免3年场地使用费的优惠。如改制、改组企业改变原土地使用性质和用途的,要办理出让手续,按有关规定低线入轨,缴纳土地出让金。

37.改制、改组企业可通过出让方式取得土地使用权,出让期为3~10年。出让到期后,可续签出让合同。以出让方式取得土地使用权的,原则上应一次性缴清出让金;确有困难的,也可以分年度缴纳。

38.企业改制、改组中,办理土地使用权手续时,按最低标准减半收取费用。

39.企业改制、改组后需要重新登记注册的,若注册资本未增加,工商部门只收取工本费;对有自然人投入的,减半收取自然人部分注册登记费;若注册资本增大,只对新增部分收取注册登记费。

40.经县工商局批准,困难企业重新登记注册的相关费用可以减收或免收。

41.对转机中需办理前置审批手续的,只要不涉及人身安全的项目,实行先办证,后补前置审批手续;对手续齐备的企业,3日之内办好营业执照。

42.企业改制原是公司的可仍保留公司名称。

43.原国有企业、城乡集体企业改组为公司制或股份合作制企业的,工商部门在年检中一律不收取管理费;原管理费上交途径不变。

44.凡转机企业的城镇下岗职工,只要单位出具证明都允许办理个体营业执照和私营企业执照,并对管理费给予半年至一年的减、免、缓。

45.在房地产转让中发生的费用,包括转移登记费、交易手续费及折迁管理费、房地产评估费等均按现行最低标准减半收取。

46.企业改制、改组中,办理房屋产权手续视为变更登记,按产权变更登记的最低标准减半收取费用。

47.企业改革中涉及评估、验资、出具法律意见书、公证书的,中介服务机构应按最低标准减半收取费用。

二、税收优惠和财政奖励政策

(一)对"三资"企业的税收优惠和财政奖励政策

48.对生产性外商投资企业,经营期在10年以上的,从开始获利的年度起,第一年至第二年免征企业所得税,第三年至第五年减半征收企业所得税。免征、减征企业所得税期满后被省市科委等有权机关确认为先进技术企业的,可以延长3年减半征收企业所得税。

49.在我县兴办"三资"企业,经营期在五年以上的,从实现销售之日起,财政部门根据投资规模和增值税、营业税入库税额予以奖励。固定资产投资在5000万元以上的企业,第一年至第二年奖励其增值税、营业税地方所得的80%,第三年至第六年奖励地方所得的50%。固定资产投入在5000万元以下的企业,第一年至第二年奖励增值税和营业税地方所得的50%,第三年至第六年奖励地方所得的30%。

在本县投资房地产的企业,奖励政策参照本规定另行制订。

50.外商投资的生产性企业从事生产、经营所得和其它所得,按24%的税率征收企业所得税。

51.从事技术密集、知识密集型的项目,或外商投资额在3000万美元以上、回收投资时间长的项目,或能源、交通等项目的外商投资企业,经税务机关批准,可按15%的税率征收企业所得税。

52.为科学研究、开发能源、发展交通事业、农林牧业生产以及开发重要技术提供专有技术取得的特许权使用费,经税务主管机关批准,可以减按10%的税率征收企业所得税,其中技术先进的可以免征企业所得税。

53.外商投资产品出口企业,在依照税法规定免征、减征企业所得税期满后,凡当年出口产品产值达到当年产品产值70%以上的,可按照税法规定的税率减半征收企业所得税;其他已按15%的税率缴纳企业所得税的产品出口企业,符合上述条件的,按10%的税率征收企业所得税。

54.外商投资企业分得的利润,再投资于本企业或举办新的企业,经营期不少于5年的,经申请批准,退还其再投资部分已缴纳企业所得税款的40%。如果再投资扩建出口企业或兴办先进技术企业,经营期不少于5年的,经申请审查批准,全部退还再投资部分已缴纳的企业所得税。

55.外商投资出口企业和经有权机关确认的先进技术企业,经营期限在10年以上的,经税务机关批准,从开始获利第一年至第四年,免征地方所得税;第五年至第八年,减半征收地方所得税。凡从事能源开发和基础设施建设的外商投资企业,经营期在10年以上的,免征地方所得税。

56.从事教育、科技、文化、卫生、体育等社会公益事业的外商投资企业,可享受更优惠的减免所得税的待遇。

57.外商投资企业如当年发生亏损的,可用下年所得弥补。下年所得不足弥补的,可逐年延续弥补,但最长不超过5年。

58.非生产性外商投资企业3年免征房地产税和车船使用税,生产性外商投资企业10年免征房地产税和车船使用税。外商投资企业缴纳车船使用税确有困难、需要定期减征免征的,可报经有权机关审批。

(二)对其他企业的税收优惠和财政奖励政策

59.凡属高新技术企业,在经县科委审核并报省、市科委确认为高新技术企业的前提下,按15%的税率征收企业所得税。

60.凡在我县新办工业项目(合国有、集体、股份制、“三资”、个体私营),经县计委和县财政局审查确认,从实现销售收入之月起,对地方所得的营业税、增值税和所得税收入实行以下奖励办法:固定资产投入在1000万元以上的企业,第一年至第二年奖励80%,第三年至第六年奖励50%;固定资产投入在1000万元以下的企业,第一年至第二年奖励50%,第三年至第六年奖励30%。

61.在我县新办第三产业项目(不包括房地产),固定资产投资在150万元以上的,经县计委和县财政局审查确认,从实现销售(或营业额)收入之月起,两年内地方所得的增值税、营业税和所得税收入由财政按80%奖励给企业。

62.县内老企业新投产的新上项目和技改项目,经财税部门审查确定,在两年内,企业的增值税、营业税和所得税以上年上缴地方财政所得额外递增10%为基数,超过部分由财政全部奖励。

63.为鼓励技术引进和推广,科研单位在我县进行技术转让取得的收入,经税务机关审核批准可免征营业税。

64.企业、事业单位进行技术转让,以及在技术转让过程中发生的与技术转让有关的技术咨询、技术服务、技术培训所得,年净收入在30万元以下,免征所得税。

65.为农业产前、产中、产后服务的行业,即乡(镇)村的农技站、植保站、水管站、气象站、畜牧兽医站、水产站、种籽站、农机站、林业站以及农民专业技术协会、专业合作社,对其提供的技术服务或劳务所得的收入免征所得税。

66.对科研单位和大专院校服务于各业的技术转让、技术培训、技术咨询、技术服务、技术承包所取得的技术性服务收入免征所得税。

67.对新办的从事咨询业(包括科技、法律、会计、审计、税务等咨询业)、信息业、技术服务业的独立核算企业或经营单位,自开业、投产之日起,免征两年所得税。

68.对新办的从事交通运输业、邮电通讯业的独立核算企业或经营单位,自开业之日起,第一年免征所得税,第二年减半征收所得税。

69.对新办的从事公用事业、商业、物资业、对外贸易业、旅游业、仓储业、居民服务业、饮食业、教育文化事业、卫生事业的独立核算企业或经营单位,自开业之日起,经县税务机关批准,可减征或免征所得税1年。

70.为支持建立现代企业制度试点,对新办的劳动就业服务企业,当年安置城镇待业人员(包括富余人员)达到或超过企业从业人员总数的60%的,经主管税务机关审核批准,可免征所得税3年;达到30%的,经主管税务机关审核批准,可减半征收所得税3年;免税期满后,当年新安置待业人员占企业原从业人员总数的30%以上的,经主管税务机关审核批准,可再享受减半征收所得税2年。

三、重点企业政策

71.凡在我县上年入库的增值税、营业税、所得税之和超过200万元,且符合下列条件之一的县域工商企业,可享受重点企业优惠政策:

(1)年销售收入超过5000万元;

(2)年实现利润超过100万元;

(3)企业资产规模超过5000万元。

72.重点企业可享受确定基数和增长比例,超额部分按比例奖励地方所得收入的政策。

73.重点企业围绕支柱产业、拳头产品进行技术改造,由县计委特事特办办理投资许可手续。涉及的城市建设配套费、防洪改造基金、人防工程建设费、自来水增容费、墙改基金、土地开发费、规划管理费等属于地方掌握的收费,实行减免缓和收费明白卡制度。

74.重点企业征用土地如一次性付清土地款有困难的,经批准,可先将农民应得款项和县应上解缴款付清,其余款项可缓交。

75.重点企业厂长、经理转干,子女入学、就业等,有关部门应予优先解决。

76.重点企业负责人可以列席县委、县政府有关经济工作会议。县委、县政府以及综合职能部门的相关文件、材料可以发放到重点企业。

77.重点企业实行县委、县政府领导联系制度。县政府每年组织有关职能部门到重点企业现场办公,解决企业改革和发展中的实际问题。

78.对重点企业优先满足水、电、气等供应。县能源供电部门应根据企业生产用电量和生产能力,单列下达用电计划。

79.县电视台、县广播电台、《新都报》等新闻媒体要加强对重点企业的宣传报道。

四、国有土地政策

80.外商投资企业可以通过出让、转让、租赁方式有偿取得土地使用权。以出让方式获得的土地使用权,在缴纳土地款30%以上,按有关规定在有效期内可依法出租和转让。

81.华侨、港、澳、台胞投资企业用地,以及能源、交通、通讯等基础设施项目用地,土地价格可适当降低。

82.土地统征后的劳动力，按照“谁用地、谁安置”的原则办理，如投资者确有困难，可采取多种形式进行安置。

83.规模大、效益好、技术含量高的生产性项目，可享受土地使用权有偿使用基准价格下浮的优惠。

84.高新技术项目在建设初期，资金确有困难的，可采用“分期付款、承担利息”的办法取得土地使用权。

85.外商投资企业依法以出让方式取得土地使用权的最高年限：居住用地为70年；商业旅游、娱乐用地为40年；工业用地、综合用地为50年。期满后需继续使用的，可续签合同。

86.“三资”企业从开业、投产之日起，免缴三年场地使用费。

87.到我县投资改造旧城（不新征土地），免收城市公用设施配套费、人防工程建设费、墙改基金、中小学危房改造基金，减半收取水电集资费、规划管理费，继续执行固定资产投资方向调节税零税率，并免征销售不动产营业税。

五、奖励激励政策

88.引进县外有息借贷资金（不含银行，下同），年利率等于或低于8%的，每使用一年可按引资总额的2%给奖；引进县外有息借贷资金，年利率等于或低于11%的，每使用一年可按引资总额的1%给予奖励。

89.从县外引进一年以上的政策性专项资金，可按引资总额的0.5%~1%一次性给予奖励。从县外引进计划外无偿资金的、可按资金总额的5%~10%一次性给予奖励。

90.引进国内外投资者来我县兴办“三资”企业和内资项目，在项目动工后，由受益单位按到位资金的3%以下对引进人予以奖励。

91.引进外商来我县从事“三来一补”项目的，按税后利润的5%~10%一次性给予奖励。

92.在本县从事县及县以上新技术、新产品等科技项目开发，在规定的设计年限内税后利润额（不合减免税因素）达到下列标准的分别一次性给奖。凡科技项目投产后，年利润达到300万元以上（含300万元），奖励50万元；年利润达到200万元~300万元的，奖励30万元；年利润达到100万元~200万元的，奖励20万元；年利润达到50万元~100万元的，奖励10万元。对难于计算的科技项目的奖励，酌情给奖。项目主持人的奖励不低于获奖金额的80%。

93.引进先进技术、先进设备等作为投资的引进者，从获利年度起，除按引进投资的相应条款给奖外，可按三年内最高新增利润10%一次性给奖。

94.凡获得国家级成果一、二、三等奖的生产性项目分别奖励10万元、8万元和6万元；获得部、省级成果一、二、三等奖的分别奖励8万元、6万元和4万元；获得省厅和市级成果一、二、三等奖的分别奖励1.5万元、1万元和0.5万元。

95.为我县引进具有真才实学的管理、科技、销售人才，使企业效益明显增加，在一年后对牵线搭桥的单位或个人给予1万元以内的一次性奖励。

96.提供市场信息、技术服务和咨询服务，经有关部门采用并取得明显经济效益，按每项（或当年）新增税后利润的5%~10%给予一次性奖励。

97.引荐成功的县外建筑安装工程，由承建单位按全工程预算造价总额的3%以下一次性对中介方给奖。

98.税收纳入县财政收入的国有、集体、股份制、私营、个体、“三资”企业，入库税金上年在100万元（含100万元）以下的企业，当年增长20%；上年纳税在101万元~300万元的企业，当年增长16%；上年纳税在 301 万元~500 万元的企业,当年增长 14%;上年纳税在 501 万元~1000 万元的企业,当年增长 12%;上年纳税在 1001 万元~3000 万元的企业,当年增长 8%;上年纳税在 3000 万元以上的企业,当年增长 5%,均接纳税额的多少按下列标准给予奖励。

(1)国有、集体、股份制、"三资"工业企业年入库税收达到 50 万元~100 万元的奖 8000 元;达到 101 万元~200 万元的奖 16000 元;达到 201 万元~300 万元的奖 26000 元;达到 301 万元~400 万元的奖 36000 元;达到 401 万元~500 万元的奖 46000 元;达到 501 万元~1000 万元的奖 60000 元;超过 1000 万元的每超收 100 万元奖励 1%,以此类推。

(2)国有、集体、股份制、"三资"商贸企业年入库税收达到 30 万元~50 万元的奖 8000 元;达到 51 万元~100 万元的奖 16000 元;达到 101 万元~200 万元的奖 26000 元;达到 201 万元~300 万元的奖 36000 元;达到 301 万元~400 万元的奖 46000 元;达到 401 万元以上的奖 60000 元。

以上两项,法人代表所得比例可按 50%以下分配。

(3)个体、私营企业年入库税收达到 20 万元~50 万元的奖 8000 元;达到 51 万元~100 万元的奖 16000 元;达到 101 万元~200 万元的奖 26000 元;达到 201 万元~300 万元的奖 36000 元;达到 301 万元以上的奖 46000 元。

99.乡镇组织财政收入(县财政局确定的收入种类)完成县下达年度计划的,并且比上年实际入库数增收 15 万元以上的,按实际增收额分段计奖,奖励乡镇党政主要领导。凡增收在 5 0 万元以内的按 2%计奖,凡增收在 51 万元~100 万元内的部分按 1%计奖,凡增收在 101 万元以上的部分按 0.8%计奖。

100.奖金来源。88~97 条的奖金来源:属引进资金的奖金,由受益单位提供;引进项目的奖金,由中方提供,可在土地收益中支付;科技项目的奖金,引进先进技术或设备、科技和管理人才,提供信息、帮助联系业务等方面的奖金,由受益单位支付;对获得国家、省、市科技成果奖的奖金,经县政府有权部门审查后,由受益单位支付。98 条的奖金来源:中央、省、市驻县企业,县属国有、城镇集体企业的奖金,由县财政列支;乡镇集体企业和个体私营企业的奖金,按县、乡镇财政的分成比例列支,列为县重点企业的奖金由企业解决。99 条的奖金来源由乡镇自行解决。

本规定奖励政策不重复享受。

1997 年 12 月 31 日前经计委立项并动工的企业和项目仍按新都委发〔1994〕34 号文件有关财政税收优惠政策执行;凡 1998 年 1 月 1 日以后立项并动工的企业和项目按本规定执行。

本规定由县委政策研究室和县体制改革委员会负责解释。

本规定在实施过程中若遇国家重大政策性调整,另行制订实施细则。

中共新都县委　新都县人民政府

1998 年 4 月 26 日

中共成都市新都区委
关于镇党委书记公推直选的实施办法(试行)

新都委发〔2004〕6号

第一章　总　则

第一条　为认真实践"三个代表"重要思想,进一步扩大党内民主,加强基层党组织建设,建设一支立党为公、执政为民的镇党委书记队伍,根据《中国共产党章程》、《党政领导干部选拔任用工作条例》、《中国共产党基层组织选举工作暂行条例》和有关法律法规,结合我区镇领导班子和领导干部队伍建设实际,特制定本办法。

第二条　公推直选镇党委书记必须坚持以下原则:

(一)党管干部原则;

(二)民主原则;

(三)公开、公正、公平原则;

(四)依法办事原则。

第三条　条件成熟的镇,可对党委书记进行公推直选。

第二章　条件、资格、报名

第四条　参加镇党委书记公推直选的人员,必须符合《党政领导干部选拔任用工作条例》第六条规定的基本条件和第七条规定的资格。

第五条　参加镇党委书记公推直选的人员,应符合具有3年以上党龄,5年以上工龄,年龄45周岁以下的要求。

第六条　特别优秀的党员干部和企事业单位的党员科技人才、管理人才等,经区委常委会讨论并报上级组织部门同意后,可破格参加公推直选。

第七条　公推直选镇党委书记须在全区范围内通过电视、报纸、网络等媒体发布公告,公布职位、基本条件、推荐方式、报名时间和地点等。

第八条　区公推直选工作领导小组负责对报名者进行资格审查。通过资格审查的人员为候选人初步人选。

第三章　考察、公示、调研

第九条　由区委组织部、区纪委组成考察组,按照《党政领导干部选拔任用工作条例》的规定,对候选人初步人选进行考察。

第十条　候选人初步人选在区内电视、报纸、网络等媒体上进行不少于7天的公示。

第十一条　组织候选人初步人选用5~10天时间到公推直选的镇进行实地调研。

第四章 公开推荐

第十二条 参加推荐会的为本镇下列人员：

(一)机关全体干部；

(二)村(社区)党支部书记、主任和村民小组组长、村(居)民代表；

(三)驻镇单位负责人；

(四)企业负责人代表；

(五)各级党代表；

(六)各级人大代表；

(七)各级政协委员；

(八)民主党派、无党派人士代表。

第十三条 候选人初步人选按抽签确定的顺序进行现场演讲。

第十四条 演讲结束后，参加推荐会的人员采取无记名投票公开推荐方式产生镇党委书记候选人预备人选。

第十五条 当场投票。当场统计推荐票。当场公布推荐结果。

第十六条 根据推荐结果，以得赞成票多少为序取前两名为镇党委书记候选人预备人选。

第五章 直接选举

第十七条 区公推直选工作领导小组主持召开党员大会。

第十八条 党员大会实到会有选举权的党员人数必须超过应到会有选举权的党员人数的五分之四，方可进行选举。

第十九条 镇党委书记实行无记名投票直接差额选举的方式产生。

第二十条 镇党委书记候选人在党员大会上经半数以上有选举权的党员同意后通过。

第二十一条 党员因下列情况不能参加选举的，报上级党组织同意，并经党员大会通过，可不计算为应到会人数：

(一)患有精神病或者其他疾病导致不能表达本人意志的；

(二)自费出国半年以上的；

(三)虽未受到留党察看以上党纪处分，但正在服刑的；

(四)年老体弱卧床不起的和长期生病生活不能自理的；

(五)外出学习或工作半年以上，按规定应转走正式组织关系而没有转走的。

第二十二条 选举时，被选举人得赞成票超过实到会有选举权党员人数的一半，始得当选。

第二十三条 党员大会选举结果报区委批准。

第二十四条 直选镇党委书记选举办法根据本意见另行制定。

第六章 管 理

第二十五条 当选的镇党委书记任期按照党章的规定执行，任期内一般不调动。

第二十六条 镇党政领导班子组成人员由当选的镇党委书记向区委提出建议人选，经区委组织部、区纪委考察后报区委按组织程序任免。

第二十七条 镇中层干部由镇党委按照有关规定任免,报区委组织部备案。

第二十八条 当选的镇党委书记每半年向党员代表大会或党员大会述职一次。

第二十九条 当选的镇党委书记每半年向上级党委报告一次本级党委及本人的工作。

第三十条 当选的镇党委书记在任期内,完成区委下达的各项工作目标任务的,给予奖励。

第三十一条 当选的镇党委书记任职期满,工作称职、符合条件的,可以连选连任。

第三十二条 当选的镇党委书记任职期满,因工作需要,可以调任其他工作。

第三十三条 工作成绩优秀,因年龄原因不再担任镇党委书记的,由区委在区内同级工作岗位安排。

第三十四条 实行镇党委书记重大问题和决策质询制度。当选的镇党委书记有义务接受党员和群众的质询,并做出解释。

第三十五条 对当选的镇党委书记每年进行一次民主评议，民主评议中不称职票超过三分之一的,经过组织考察,在广泛征求党员意见的基础上,认定为不称职的,按照有关规定进行免职。

第三十六条 当选的镇党委书记违反党的纪律,但不够纪律处分条件的,由区委进行诫免。构成违纪违法的,由纪检、司法机关做出处理。

第三十七条 本镇10名以上有选举权的党员提议,20%以上有选举权的党员附议,可以向区委书面提出罢免镇党委书记的要求。提出罢免要求应当具有充足的罢免理由,并提供有关资料;罢免理由由区委组织部、区纪委成立联合调查组进行核实。罢免理由成立,方能召开党员大会进行罢免。罢免镇党委书记须经有选举权的党员半数以上同意后通过。被罢免的镇党委书记原则上回原单位工作。

第七章 组织领导与纪律

第三十八条 公推直选镇党委书记由区委成立领导小组。公推直选镇党委书记工作领导小组在区委领导下开展工作,针对各镇实际,制定具体的工作方案。

第三十九条 区纪委对公推直选工作进行全过程监督。

第四十条 公推直选中有违反下列纪律的,按党纪处理。

(一)违反党的纪律的;

(二)违反公开、公平原则的;

(三)搞贿选或对他人的投票进行暗示、威胁的;

(四)工作人员隐瞒、歪曲事实真相的;

(五)其他违反组织纪律的。

第八章 附 则

第四十一条 事业单位可参照本办法执行。

第四十二条 本办法由区委组织部负责解释。

第四十三条 本办法从发文之日起施行。

中共成都市新都区委

2004年3月3日

成都市新都区第一次全国经济普查主要数据公报

成都市新都区人民政府经济普查领导小组办公室

国务院决定,2004年开展第一次全国经济普查。普查目的是全面查清我国第二产业、第三产业的发展规模、结构和效益等情况,为研究制定国民经济和社会发展规划,提高决策和管理水平奠定基础。普查标准时点为2004年12月31日,时期指标为2004年1月1日至12月31日。普查对象为辖区内从事第二产业、第三产业活动的全部法人单位、产业活动单位和个体经营户。普查内容为各类单位的基本情况和财务状况以及生产状况等。我区的经济普查工作,严格按照《全国经济普查条例》、《国务院关于开展第一次全国经济普查的通知》文件精神和国务院经济普查办公室的统一部署,坚持实事求是,严格依法普查,高质量、高效率地完成了经济普查主要工作任务,普查数据顺利通过上级普查机构的审核检验。现将我区第一次全国经济普查主要数据发布如下:

一、基本单位总体状况

(一)基本单位总量

2004年末,全区共有二、三产业各类法人单位、产业活动单位3107个,个体经营户34101户。其中:从事第二产业的单位数1443个,占全部单位数的46.4%;个体经营户5107户,占全部个体经营户的15%。从事第三产业的单位数1664个,占全部单位数的53.6%,个体经营户28994户,占全部个体经营户的85%。

在全部单位数中,有各类法人单位2502个,其中:企业法人1825个,占72.9%;事业法人192个,占7.7%;机关法人83个,占3.3%;社团法人39个,占1.6%;其他法人363个,占14.5%。

在全部单位数中,从事制造业的1365个,占43.9%;公共管理和社会组织636个,占20.5%;卫生、社会保障和社会福利业322个,占10.4%;批发和零售业308个,占9.9%;教育85个,占2.7%;房地产业66个,占2.1%;建筑业58个,占1.9%;住宿和餐饮业52个,占1.7%。

在全部个体经营户中,从事零售业的个体经营户数最多,达12695户,占37.2%;其次是运输业7916户,占23.2%;第三是工业4719户,占13.8%;第四是餐饮业3492户,占10.2%;第五是居民服务业1880户,占5.5%。

(二)从业人员状况

2004年末,全区第二产业、第三产业的全部法人单位、产业活动单位吸纳从业人员166618人,个体经营户从业人员93564人,共计260182人。其中,第二产业从业人员176670人,占67.9%;第三产业从业人员83512人,占32.1%。

在全部法人单位、产业活动单位从业人员中:男性120130人,占72.1%;女性46488人,占27.9%。按文化程度分,具有研究生及以上学历594人,占0.4%;具有大专及大学本科学历25779人,占15.5%;具有中专、高中学历54603人,占32.8%;初中及以下85642人,占51.4%。按专业技术职称分,具有高级技术职称2546人,占1.5%;具有中级职称8928人,占5.4%;具有初级技术职称14363人,占

8.6%;无技术职称 140781 人,占 84.5%。按技术等级分,具有技师及以上技术等级 1774 人,占 1.1%;具有高级工技术等级 4467 人,占 2.7%;具有中级工技术等级 7652 人,占 4.6%。

(三)企业法人单位及其从业人员状况

(1)企业法人单位从业人员规模。全区平均每个企业法人单位从业人员 77.94 人。其中,从业人员在 50 人以下的企业为 1330 个,占 72.9%;50 至 99 人的企业为 255 个,占 14.0%; 100 至 999 人的企业为 214 个,占 11.7%;1000 人及以上的企业为 26 个,占 1.4% 。

(2)企业法人单位营业收入和资产规模。全区平均每个企业年营业收入 1109 万元。其中,年营业收入在 100 万元以下的企业为 587 个, 占企业总数的 32.2%; 100 万元至 1000 万元的企业为 940 个, 占 51.5%;1000 万元及以上的企业 298 个,占 16.3%。

全区平均每个企业资产合计 1102.69 万元。其中,资产在 100 万元以下的企业为 743 个,占企业总数的 40.7%;100 万元至 1000 万元的企业为 823 个,占 45.1%;1000 万元以上的企业 259 个,占 14.2%。

(3)企业法人注册登记结构。全区共有企业法人 1825 个,其中,内资企业共有 1781 个,占 97.6%;港、澳、台商投资企业 19 个,占 1.0%;外商投资企业 25 个,占 1.4%。在内资企业中:国有企业法人 63 个, 占 3.4%;集体企业为 284 个,占 15.6%;股份合作企业为 145 个,占 7.9%;联营企业为 18 个,占 1.0%;私营企业为 759 个, 占 41.6%, 其他企业 512 个,占 28.1%。

(四)个体经营户经营状况

2004 年末, 全区个体经营户经营收入达 672824 万元, 平均每户 19.7 万元,人均 7.19 万元。经营收入最高的行业是工业,达 326658 万元,第二是零售业 164644 万元, 第三是餐饮业 37977 万元, 第四是批发业 35212 万元,第五是建筑业 26180 万元。

二、工业

(一)企业单位数和从业人员

2004 年末,全区共有法人工业企业 1285 个,从业人员 8.14 万人,其中,规模以上工业企业 272 个,从业人员 4.80 万人,分别占 21.1%和 58.9%。

在 32 个工业行业大类中,企业个数居前三位的依次为家具制造业 183 个,占 14.2%;非金属矿物制品业 158 个,占 12.3%;通用设备制造业 116 个,占 9.0%。从业人员居前三位依次为非金属矿物制品业 12463 人,占 15.3%;家具制造业 9843 人,占 12.1%;交通运输设备制造业 6427 人,占 7.9%。

(二)主要工业产品产量

2004 年,全区法人工业企业主要工业产品产量详见表 1。

2004 年新都区法人工业企业主要产品产量一览表

表 1

产品名称	计量单位	产　量	产品名称	计量单位	产　量
啤酒	万千升	10.14	磷肥	吨	6000
机制纸及纸板	吨	49923	水泥	万吨	123.76
纯碱(碳酸钠)	吨	79418	粗钢	吨	24321
合成氨	吨	78671	钢材	吨	112406
氮肥	吨	52727	汽车	辆	4290

(三)能源消费量

2004年,全区法人工业企业主要能源消费量详见表2。

2004年新都区法人工业企业主要能源消费量一览表

表2

名　称	计量单位	消费量	名　称	计量单位	消费量
原煤	吨	440641	汽油	吨	3320
洗精煤	吨	24620	煤油	吨	155
其他洗煤	吨	6371	柴油	吨	2825
型煤	吨	103	原油	吨	743
焦炭	吨	5343	其他石油制品	吨	485
天然气	万立方米	12693	电　力	万千瓦时	87769

(四)资产负债和所有者权益

2004年末,全区法人工业企业共有资产125.46亿元,负债70.40亿元,所有者权益55.06亿元,资产负债率为56.1%。其中规模以上工业资产总计106.28亿元,占全部工业84.7%,负债59.70亿元,占84.8%,所有者权益46.58亿元,占84.6%,资产负债率为56.2%。

资产总计在全区居前三位的行业是:交通运输设备制造业15.61亿元,占12.4%,化学原料及化学制品制造业12.29亿元,占9.8%,通信设备、计算机及其他电子设备制造业10.38亿元,占8.3%。

负债总计在全区居前三位的行业是:交通运输设备制造业7.51亿元,占10.7%,化学原料及化学制品制造业6.77亿元,占9.6%,通用设备制造业6.64亿元,占9.4%。

所有者权益合计在全区居前三位的行业是:有色金属冶炼及压延加工业6.29亿元,占11.4%,化学原料及化学制品制造业5.53亿元,占10.0%,非金属矿物制品业3.92亿元,占7.1%。

(五)主营业务收入和利润总额

2004年,全区法人工业企业主营业务收入141.99亿元,工业个体经营户营业收入为32.67亿元。其中规模以上工业企业主营业务收入116.14亿元,占全部工业营业收入的66.5%。在32个行业大类中,法人工业企业实现主营业务收入居三位的行业是:化学原料及化学制品制造业为15.78亿元,占11.1%;交通运输设备制造业为13.45亿元,占9.5%;电气机械及器材制造业12.28亿元,占8.6%。

2004年,全区法人工业企业实现利润总额5.54亿元,其中规模以上工业企业实现利润总额4.93亿元,占89.0%。在32个行业大类中,实现利润总额居前三位的是:交通运输设备制造业1.12亿元,占20.2%;化学原料制品制造业1.11亿元,占20.0%;通信设备、计算机及其他电子设备制造业0.68亿元,占12.3%。

三、建筑业

(一)企业单位数和从业人员

2004年末,全区共有建筑业法人企业单位58个,从业人员50990人,其中资质内企业53个,从业人员50301人;建筑业个体经营户234户,从业人员11118人。

建筑业企业法人单位中,房屋和土木工程建筑业 41 个,占 70.7%,建筑安装业 4 个,占 6.9%,建筑装饰业 13 个,占 22.4%。

建筑业企业法人单位从业人员中,房屋和土木工程建筑业 50304 人,占 98.7%,建筑安装业 376 人,占 0.7%,建筑装饰业 310 人,占 0.6%。

建筑业企业法人单位中,全部为内资企业,其中国有企业 3 个,占 5.2%,集体企业 8 个,占 13.8%,股份合作企业 5 个,占 8.6%,有限责任公司 29 个,占 50%,私营企业 10 个,占 17.2%。

(二)建筑业总产值

2004 年,全区建筑业企业法人单位完成建筑业总产值 316855 万元。其中,资质内企业 314821 万元,资质外企业 2034 万元。建筑业个体经营户经营收入 26180 万元。

(三)房屋建筑面积及竣工价值

2004 年,全区资质内建筑企业房屋建筑施工面积 487.68 万平方米,房屋建筑竣工面积 319.43 万平方米,竣工价值 190728 万元。其中住宅竣工面积 269.49 万平方米,占房屋竣工面积的 84.4%;住宅竣工房屋价值 157973 万元,占总竣工房屋价值的 82.8%。

(四)资产负债和所有者权益

2004 年末,全区建筑业企业资产合计 109282 万元,负债合计 38569 万元,所有者权益合计 70713 万元,资产负债率为 35.3%。

四、第三产业

(一)第三产业单位总体情况

2004 年末,全区第三产业法人单位 1038 个,从业人员 31376 人,资产总计 626832 万元。从行业大类观察,单位个数居前五位的行业是:公共管理和社会组织 513 个;批发和零售业 212 个,教育 80 个,卫生、社会保障和社会福利业 45 个,科学研究、技术服务和地质勘查业 41 个。从业人员居前五位的行业是:公共管理和社会组织 9087 人;教育 8061 人;批发和零售业 3211 人;科学研究、技术服务和地质勘查业 3128 人;卫生、社会保障和社会福利业 3031 人。资产总计居前五位的行业是:房地产业 110771 万元;批发和零售业 104378 万元;科学研究、技术服务和地质勘查业 98587 万元;教育 97323 万元;公共管理和社会组织 79386 万元。

(二)第三产业企业法人基本情况

2004 年末,全区第三产业企业法人单位 375 个,从业人员 7565 人,资产总计 309062 万元,全年营业收入 292039 万元。从行业大类观察,单位个数居前三位的行业是:批发和零售业 212 个,房地产业 34 个,科学研究、技术服务和地质勘查业 31 个。从业人员居前三位的行业是:批发和零售业 3211 人;住宿和餐饮业 1113 人;交通运输、仓储业 816 人。资产总计居前三位的行业是:房地产业 110771 万元;批发和零售业 104378 万元;交通运输、仓储业 47827 万元。全年营业收入居前三位的行业是:批发和零售业 194662 万元;房地产业 78450 万元;交通运输、仓储业 7822 万元。

(三)第三产业个体经营户主要情况

2004 年末,全区从事第三产业个体经营户 28994 户,从业人员 52136 人,固定资产原值 181832 万元,全年营业收入319986万元。从户均资料看,个体经营户户均从业人员1.8人,固定资产原值10.2万元,年营业收入17.9万元,营业支出14.7万元。

(四)交通运输、仓储业

2004年末,全区交通运输、仓储业法人单位16个,从业人员816人;个体交通运输经营户7916户,从业人员11118人。

2004年末,交通运输、仓储业法人单位资产合计47827万元,负债合计21515万元,资产负债率45%,所有者权益合计26312万元,所有者权益占资产比重为55%。

2004年,交通运输、仓储业法人单位主营业务收入7822万元,交通运输个体经营户营业收入53975万元。

(五)房地产业

2004年末,全区共有房地产业企业法人单位66个,其中,房地产开发业37个,物业管理业23个,中介服务业5个,其他房地产业1个;房地产业个体经营户31户。全区房地产业企业从业人员合计1310人,其中,房地产开发业736人,物业管理业504人,中介服务业62人,其他房地产业8人;房地产业个体经营户从业人员59人。

2004年末,全区房地产业企业法人单位资产总额为113008万元,负债合计79307万元,所有者权益合计33701万元,所有者权益占资产的比重为29.8%,资产负债率为70.2%。

2004年,全区房地产业企业法人单位实收资本35143万元,主营业务收入79017万元,利润总额887万元。

2004年,全区房地产业个体经营户营业收入191万元。

2004年,房地产开发业完成投资61169万元,商品房建设施工面积85.93万平方米,竣工房屋面积43.47万平方米,商品房销售面积32.74万平方米,商品房销售额59631万元。在商品房销售中,住宅销售面积31.14万平方米,销售额为53480万元。物业管理业在管房屋建筑面积123.79万平方米。中介服务业房屋代理销售成交合同面积1.89万平方米,房屋代理销售成交合同金额2079万元。

(六)批发零售业

2004年末,全区共有批发零售业企业法人单位212个,从业人员3211人,其中批发业110个,从业人员1964人;零售业102个,从业人员1247人。批发零售业全年商品销售额合计224806万元,其中批发业销售额191401万元,零售业销售额33405万元。

全区批发业个体经营户977户,从业人员2160人;零售业个体经营户12695户,从业人员20748人。

2004年末,全部批发零售业企业法人单位资产合计104917万元,负债合计85999万元,所有者权益合计18378万元,实收资本22189万元,主营业务收入194563万元,利润总额1036万元。批发业个体经营户营业收入35212万元,零售业个体经营户营业收入164644万元。

(七)住宿和餐饮业

2004年末,全区住宿和餐饮业企业法人单位30个,从业人员1024人,全年营业额4152万元。住宿业个体经营户26户,从业人员85人;餐饮业个体经营户3492户,从业人员9931人。

2004年末,全部住宿和餐饮业企业法人单位资产合计为11580万元,负债合计为6558万元,实收资本5717万元,主营业务收入4152万元,利润总额为亏268万元。个体住宿业营业收入268万元;个体餐饮业营业收入37977万元。

(八)行政事业和其他非企业单位

2004年末,全区共有行政事业和其他非企业单位673个,从业人员24328人。单位数和从业人员的行业分布详见表3。

2004年新都区行政事业和其他非企业单位数和从业人员一览表

表3

	法人单位数(个)	从业人员(人)
合　　计	673	24328
租赁和商务服务业	8	571
科学研究、技术服务和地质勘查业	10	2759
水利、环境和公共设施管理业	10	596
教育	77	7989
卫生、社会保障和社会福利业	45	3031
文化、体育和娱乐业	10	295
公共管理和社会组织	513	9087

2004年,行政事业和其他非企业法人单位全年收入151429万元,支出149355万元,年末资产总计317207万元(详见表4)。

2004年新都区行政事业和其他非企业法人单位资产、收入和支出统计表

表4　　　　单位:万元

项　　目	年末资产	全年收入	全年支出
合　　计	317207	151429	149355
租赁和商务服务业	4101	2917	2856
科学研究、技术服务和地质勘查业	95648	23552	22478
水利、环境和公共设施管理业	2195	2618	1578
教育	92703	40280	41702
卫生、社会保障和社会福利业	41554	25997	27204
文化、体育和娱乐业	1620	1397	1329
公共管理和社会组织	79386	54668	52208

杨慎状元卷

策　问

制曰：创业以武，守成以文，昔人有是说也。然兵农一致，文武同方，其用果有异乎？文武之分始于何时？兵民之判起于何代？尝质诸古矣，《书》称尧曰乃武乃文，于舜称文明，禹称文命而不及武，于汤称圣武而不及文，周列四民而兵不与焉，何也？汉唐之英君令主，或创业而兼乎文，或守成而兼乎武，或有未备亦足以善治。论者又谓天下安，注意相。又谓天下虽安，忘战则危。是治兵之道，果与治民者同邪，异邪？

我太祖高皇帝以圣神文武统一天下，建官分籍，各有定制。列圣相承，率循是道，百五十年治定功成，实由于此。然承平既久，玩愒乘之。学校之法具存，而士或失业；蠲贷之诏屡下，而人多告饥。流徙之余化为盗贼，以遗朕宵旰之忧。今赋税馈运民力竭矣，而军食尚未给；调发战御兵之力亦劳矣，而民患尚未除。或者官非其人乎？而铨举之制，黜涉之典，赏罚之令，亦未始不加之意也。兹欲尽修攘之实，谨恬嬉之戒，文治举而武功成，天下兵民相卫相养于无事之天，以保我国家久安长治之业。宜何如而可？子大夫志于用世，方策试之日，不暇以微辞隐义为问。姑举其切于时者，其为朕陈之。

对　策

臣对：臣闻帝王之御天下也，有出治之全德，有保治之全功。文武并用，出治之全德也。兵农相资，保治之全功也。于并用而见其同方，则天下之政出于一，而德为全德。如日月之在天，凡所以照临者，胥天之德也。于相资而见其一致，则天下之治出于一，而功为全功。如手足之在人，凡所以持行者。皆人之功也。由是联属天下以成其身，纲维其道，以适于治，体统相承而无偏坠不举之患，本末具备而无罅隙可议之疵，放之四海而皆准，传之万世而无弊。帝王为治之要，孰有加于此哉？臣自少读帝王之书，讲帝王之道，窃有志于当世之事。然学焉而不敢言，言焉而不得达，今幸近咫尺之威，立方寸之地。制策所及者，皆是道与是事也。臣敢不罄一得之愚，以为万分之助乎！

伏覩圣问，首曰：创业以武，守成以文。而又曰：文武同方，兵农一致。果有异乎人臣惟三代而上，同一道也，勘乱则曰武，守成则曰文。同一民也，无事则为农，有事则为兵。初未乱始异也。在《易》明两作离，文明之象也，上九王用出征，有嘉。释之者曰：刚明及远，威振而刑不规斯不亦可见文武之同方乎，地中有水师。师旅之象也。而释之者曰：伏至险于大顺，藏不测于至静，盖寓兵于农之意。斯不亦可见兵农之一致乎？是故一张一弛，号为善道，刚克柔克，协于皇极。周公冢宰，实兼东征。毕公为公，亦总司马。武夫堪腹心之寄、吉甫有文武之称。以天保治内而未尝无武，以采薇治外而未尝无文。文武固未分也。自秦不师古，专以武勇立国，语诗书者有刑，斩首级者进爵。民勇于战，皆忘生好利之人。士贱以拘，废干戈羽龠之习。至汉袭秦制，立丞相将军，而将相之职异。唐宋以来，置中书、元帅、枢密，而军国之权偏。此文武之分出于三代之后也。成周之制，以田赋出兵。一井之田，出戎马四百匹，兵车百乘。一封之田，出戎马四千匹,兵车千乘。畿方千里,提封方井,出戎马四万匹,兵车万乘。自五人为伍,积而为两为卒。自五卒为旅,积而为师、为军。天子之六卿六军,诸侯之大国三军,次国二军,小国一军,而降杀有等焉。一方有事,则命将出师,迨功成献俘,将归于朝即守职之吏。兵散于野,即缘亩之农。兵农固未判了也。至管仲相齐,欲速图霸业,乃坏周兵于内政,分国中以四乡。使国中之民为兵,鄙野之民为农。兵不服耒耜之勤,民不识干戈之具。以至勾吴之水犀,秦昭之锐士,成周之制。变易尽矣。此兵农之判出于三代之衰也。载质之诗书所称。古之帝王,未有不兼文武之德,均兵农之功者称帝。尧者曰:乃武乃文。四表之被,即所谓文。丹水之战,则所谓武也。舜之诛四凶,禹之格有苗,固可以武功名,而亦文明、文命之余事也。布昭圣武,见于伊训。然圣漠嘉言。谓非文武之全欤。文漠武烈,称于君陈,然整旅伐崇,下车访道,二者正未始偏废也。三代迭尚,曰忠,曰质,曰文,而不及武者,盖言忠、质、文则武固在其中必以武言,则是秦之所尚,而非三代之治。周列四民曰士、农、工、商,而兵不与者,即臣前所陈寓兵于农之说。专以兵言,是为后世之制而非成周之旧矣。

汉唐宋之君,如光武之投戈讲艺,太宗之身兼将相,庶几创业而兼乎文。其未备者,如汉高之不事诗书,规模宏范盖其宽仁大度,暗合乎道。况能善陆贾文武并用之言乎?孝武之封狼居胥,宪宗之平淮西西蜀,庶几守成而兼乎武其未备者,如仁宗之时,西夏猖獗而致四十二年之太平,盖其深仁厚泽培植国本、况能用韩范儒者之将乎?陆贾之言曰:天下安,注意相。则在承平时,不可不修文德。故曰:人君以论相为职。又曰:将特大有司耳,非相比也。司马法曰:天下虽安,忘战必危。则在承平时,不可不饰武备,故曰:君子以除戎器,戒不虞。又曰:圣人贵未然之防。是知兵以卫民,民以给兵,治兵乃所以销兵,讲武即所以偃武。治兵之与治民,亦异而同也。汉之军制以南北分,南军主环卫王宫,北军主巡绰京城。有骑士,有材官,与夫南北之车骑,东南之楼船,临淄之弩手,荆楚之剑客,皆仰给于县官,而不编于齐民。识者惜其去古未远,而不能复。此汉之治民与治兵异也。唐府兵之立,其制最善。兵散于府,将归于朝,所以弛祸乱之原。二十为兵,六十而免,而民无久役之劳。三时耕稼,一时讲武,而兵无常聚之患。器甲出于民,衣粮出于民,而国无养兵之费。治民与治兵同。而论者许其为近古,良有以也。宋之制有三衙、四厢,诸司总管钤辖诸将。然终宋之世,国威不振者,殆兵权失之轻,而兵民分之过矣。由是言之,文武者,其名也。兵农者,其实也。三代而上,兵出于农,而文武不得不合。三代而下,兵判于农。而文武不得不分。夫苟知文武之所以同,则所以治民与治兵者,不容以异参矣。

恭惟我太祖高皇帝独禀全智,首出庶民,扫开所未有之污,复帝王所自立之地。武功之盛无以加矣。整人伦于夏变夷之余,兴文教于拨乱反正之始。文德之隆,又何如哉!当时之建官也,科目则有文举武举,官职有文班武班,部属则有文选武选。当时之定籍也,常产则有屯田民田,户籍则有军籍民籍,官署则有州县卫所。乾纲独断无威柄下移之失,犬牙相制无尾大不掉之患。有事则共与机密之谋,无事则各掌兵民之寄。在京有司马以提督军营,在外有宪臣以总制边务,臬司有兵备之权,县吏专巡捕之职。名若分而实则相属,职若判而任则相维,保治之法盖与三代而符也。至若太宗表章经史,而外清朔漠之尘。宣宗崇重儒臣,而出平汉断之变。烈圣相继,益懋益敦,百五十年来固皆以文致治而庙算不遗,神武不杀,伟列宏功照耀简册、寿国脉于箕翼,安国势于磐石,斯世斯民,盖有由之而不知者。恭惟皇帝陛下,保富有之业,思日新之图,阅历熟而见理明,涵养深而持志定。垂衣拱手而天下向风,动颜变色而海内震恐,疆场之虞扑之于方炽,萧墙之梗消之于未形,君子洗心以承休德,小人延颈以望太平,而皇心谦冲。谓承平既久,玩愒随之。臣伏读至此。有以知陛下出德之全德,保治之全功,可因此一念而举矣。

臣窃以为陛下求治之心甚至,而奉行者,或有所未至焉。夫学校者,风俗之首也。程颢谓:治天下以正风俗得贤才为本。使主学校者皆得其人,教之之法,悉如阳城之在国学,胡暖之在湖学,一道德以明礼义,尊经术以定习尚,不荒于嬉而毁于随,则淳厚之风可臻,而士之失业者,非所忧矣。民者国本所系,邵雍谓:宽一分则民受一分之赐。所以宽之者在朝廷。而近民者莫切于守令。使为守令者皆得其人,养之之法,悉如黄霸之在颍川,张咏之在益州,遵奉诏条宣布德意,不以茧丝先保障,不以抚字后催科,则殷阜之俗可期而民之告饥者,非所忧矣。流徒之余,聚为盗贼,亦由教之无法养之无素故也。以人情言之,盗贼亦人耳。人莫不爱其筋力肌肤也,莫不爱其父母妻子也,划莫不爱其田庐资产也。在上者,不以无益之工役苦其筋力,不以不中之刑罚残其肌肤,不以流离病其父母妻子,不以株求损其田庐资产,则彼之所爱者,皆为所有矣。不幸而死,犹不捨其爱,况捨所爱以蹈必死之地哉?今潢池弄兵绿林称号者,在在有之。赋税之过,春支秋粮。馈运之弊,十室九空。农事在所当重也。迩者出内帑银二十万两,以济西蜀之军储,爱民可谓深矣。臣愚以为,本土之蓄积宜自足用。昔人有言:兵务精,不务多。今为将者,兵每务多,而财馈每患其寡。兵既多,则财馈不得不多,财馈既多,则民力不容以不屈。是民以养兵,而亦不可反为兵困也。调发之伍,动以千百,战御之功,十无二三,兵政尤所当急也。迩者发京营兵三千骑以平山东之反侧,御患可谓切矣。臣愚以为,本土之壮士,宜自可用。昔汉击匈奴,用六郡良家子,盖其熟知险易,力卫桑梓,比方他方,所调发一可当百。况京兵一出,既有行积,居馆之劳、亦有居重驭轻之戒,因可权其宜于一时,而非可继于旬月。是兵以卫民,而亦不可以为殴也。

圣问又谓,或者官非其人。臣愚以为一代之才,自足以周一代之用,特患用之不得其道耳。用之诚得其道,则贪可使也,诈可使也,况蕴德行而志功名者乎?选举之制公矣,宁无腐儒而当事局,历济而投散地者乎?黜涉之典当矣,宁无冗食备员之辈,隐贤遗才之叹乎?赏罚之令明矣,宁无滥竽而受赏戴盆而免罚者乎?诚使官各尽其人,才各尽其用。人人有忘私之公事,事有爱国之诚,彻桑土于未阴之时,徙积薪于未火之日。一郡有警则旁郡切震邻之忧,一时有警则先时思噬脐之悔,敌至不慎,敌去不侮,不因人成事而劳吾之师,不旷日持久而匮吾之财,内修外振之实,必尽于条教之外,文恬武嬉之弊,必作起于玩习之余。则文德之敷,云行而施;武功之建,雷厉风行。远可以复帝王之善治,上可以光祖宗之漠烈,国家亿万年之历,可以配天地于无穷矣。臣愿陛下益崇此德,益保此功,存无怠无荒之心,为可久可大之道。惟万几之暇少加意焉,则凡所以策臣者,可次第而举矣,何暇天盛于多言为哉!臣干冒天威,不胜战栗之至。臣谨对。

新都曾咏家族

——三进士六大家一英烈

曾咏一家

曾咏(1813—1862),谱名曾璋恒,字永吉,号仲撰,自号吟村,榜名泳,华阳县仁和乡石马村(今新都区木兰镇石马村一组)兰家堰人,生于清嘉庆十八年(1813)九月初三日戌时。清道光二十四年(1844)甲辰科进士(三甲23名),官任户部主事,历员外郎、郎中。清咸丰八年(1858),京察一等,记名以道府用。咸丰十一年(1861),临危受命任江西省吉安府知府。

当时,太平军攻陷吉安府撤离后,城池一片狼藉,曾咏安抚百姓,修复城池。不久太平军再次攻城,曾咏急报巡抚，巡抚派前来救援的李金阳、陆得胜二将却与太平军私通，引其人城。曾咏听闻，拔刀自刎，左右夺其刀，不得死。复投水，被左右救下，是夜，曾咏忍死强起，选练勇500人，用计策焚火药局，出奇不意击溃太平军，收复城池。李、陆二将胜书报捷，而曾咏被议撤职。官兵不服，状告巡府，查明案情，二将被斩，但曾咏未恢复官职。时曾文正公（曾国藩）方督两江，夙知曾咏能力，调往安庆襄理军务，并期待官复原职。

清同治元年(1862)闰八月初二日巳时，曾咏因积劳成疾殁于太平军次。终年50岁。朝廷照军营病故例，优赠太仆寺卿，阴一子知县用。曾光煦选授山西定襄县知县。曾咏著述及手抄书凡数止箧，并毁于吉安府之乱。

曾咏原聘钟氏，未娶卒；继娶张氏、淡氏，均无出，抚四弟惚恒次子光禧为长。继室左锡嘉，生三子六女：光煦（字旭初）、光岷（字蜀章）、光文（字季章）。长女季昭，与新都刘必帅结婚，早寡；二女懿，字伯渊，又名朗秋，与宛平袁学昌结婚；三女仲仪，与南充林尚长结婚；四女叔俊，与铜梁吴钟瀛结婚；五女彦，字季硕，与汉州张祥龄结婚；六女鸾芷，与新都魏光瀛结婚。

三进士六大家一英烈

三进士　曾咏，道光二十四年(1844)甲辰科进士（三甲23名）；次子曾光岷，光绪十五年(1889)己丑科进士（二甲124名）；外孙袁励准（曾懿二子），光绪二十四年(1898)戊戌科进士。

六大家（画家、教育家、中医学家、诗词学家、地质学家、数学家）　曾咏继室左锡嘉，清代女画家、诗人；曾咏与左锡嘉之次女曾懿，教育家、中医学家；曾咏与左锡嘉之五女曾彦，诗词学家；其孙曾仪进，教育家、汉语学家；孙曾科进，医学家；曾孙曾鼎乾，地质学家；曾孙曾鼎禾，数学家。

一英烈　陈君起（孙曾科进夫人），南翔女杰，是中共早期妇女运动领导人之一。曾任中共南京地委妇女委员兼国民党南京市党部妇女部部长，1927年4月14日在南京壮烈牺牲，终年42岁。

家族主要人物

左锡嘉(1830—1894)　字韵卿，一字小云，又字浣芬，嫠居后易字冰如，排行居六，系大理寺右寺丞左昂之女，吉安知府赠太仆寺卿曾咏继室。清道光十年(1830)十二月二十五日，生于常州阳湖（今江苏常州市武进区一带）。清咸丰元年(1851)，曾咏纳为继室，工诗善绘，学恽寿平没骨法。清同治元年(1862)，左锡嘉33岁时，其夫曾咏因病卒于江西鄱阳任所，乃携曾懿等由江西鄱阳扶柩带子女西上，历尽艰辛，返回华阳，尝作《孤舟回蜀图》，为时所称。在四川老家，为子女的教育，左锡嘉把家搬到成都浣花溪附近，与唐代大诗人杜甫故居近在咫尺。以曾咏官诰封淑人，又以子曾光煦官，加级晋封夫人。左锡嘉与其姐左锡蕙、左锡璇并称“左家三才女”，性至孝，有左家孝女之称。左锡嘉工绣谱，喜诗书，亦善画花卉，为清代女画家、诗人，著有《冷吟仙馆诗稿》。清光绪二十年(1894)十一月二十五日，卒于山西乡宁（今临汾市乡宁县），享年65岁。诸子扶柩归蜀，葬于仁寿县煎茶溪（今成都市双流区煎茶镇）蒋家沟。清光绪二十二年(1896)十月三日，诸子迁曾咏之灵，与左锡嘉合葬。

曾光禧　号明，系曾咏嗣子，监生，清光绪十六年(1890)，翎同知衔，福建邵武府经，在任候补知县，曾任长汀县、古田县、崇安县等知县。著有《古田县乡土志》(清光绪三十二年铅印出版)。

曾光煦　字旭初，系曾咏与左锡嘉之长子，生于清咸丰二年(1852)。荫生，以父荫选授山西定襄县知县。清光绪十三年(1887)春，自猗氏县知县移任绛县知县，光绪十九年(1893)任宁乡县知县，光绪二十四年(1898)任安徽蒙城县知县，光绪二十七年(1901)九月二十二日任安徽宿松县知县，清诰封朝议大夫。光绪二十九年(1903)二月，曾光煦在宿松官廨为其二妹曾懿《古欢室诗词集》作序。娶谢述、杨氏，《宿松县志》有载。

曾光岷　字蜀章，系曾咏与左锡嘉之次子，清光绪十四年(1888)中举，光绪十五年(1889)己丑科进士(二甲124名)，员外郎，衔刑部主事。

曾光文　字季章，系曾咏与左锡嘉之三子，清光绪二十六年(1900)任山西沁源县知县，光绪二十七年(1901)任襄陵县知县，光绪三十年(1904)九月病故。

曾懿(1853—1927)　字伯渊，又名朗秋，曾咏与左锡嘉之二女，教育家、中医学家。清咸丰三年(1853)九月初一，出生在华阳县仁和乡石马村(今新都区木兰镇石马村一组)兰家堰。10岁时，因父曾咏卒于江西鄱阳任所，随母返回四川老家，把家搬到成都城附近的浣花溪。20岁时与江南才士袁学昌(号幼安)结婚。曾懿自幼研读经史，擅长丹青、文辞，废寝忘食苦读家藏医药典籍，清光绪三十二年(1906)著成《医学篇》并于次年在湖南长沙刻板问世。光绪三十三年(1907)，曾懿随夫入京，晚年仍为人诊病，暇则以诗、画自娱。其次子袁励准取曾懿之书斋名将《医学篇》《女学篇》《中馈录》这三部著作合辑为《古欢室全集》刊印于世。曾懿在医人医国的思想指导下，深究医理，著书立说，对中国医药事业作出了贡献。民国16年(1927)冬，卒于北京次子袁励准家中，享年75岁。曾懿共生七子：长子袁励桢、次子袁励准、三子袁励杰、四子袁励衡、五子(早夭)、六子袁励贤、七子袁励宸。

曾懿长子袁励桢，是台湾著名作家琼瑶(原名陈喆)的外祖父，琼瑶母亲袁行恕是袁励桢三女。袁励桢三子袁行云，是中国社会科学院历史研究所研究员、文史专家。曾懿三子袁励杰之子袁行霈，北京大学中文系教授、博士生导师、人文学部主任、国学研究院院长、中国传统文化研究中心主任，著名古典文学专家，主要社会兼职有全国政协常委、民盟中央副主席、国务院学位委员会委员、国家古籍整理出版规划小组成员暨学术委员会副主任、教育部面向21世纪教学改革顾问组顾问、全国高等院校古籍整理委员会委员、中央文史研究馆馆长。曾懿四子袁励衡，是交通银行创办人之一；袁励衡之女袁晓园，全国政协六届、七届委员，曾任民革中央监委、北京国际汉字研究会会长、北京国际书画研究会会长、美国新泽西州西东大学教授，是中国第一位女外交官和著名书画家、文字学家、社会活动家。

曾彦(1857—1890)　字季硕，生于清咸丰七年(1857)十月初一子时，曾咏与左锡嘉之五女，诗词学家，清光绪十六年(1890)庚寅十月初卒于苏州。著有《桐凤集》《虔恭室词稿》各1卷，《妇典》30卷。《桐凤集》王闿运为之作序，诗名为时所重，其作多拟古。

袁励桢　法名智植，号植丞居士，曾懿长子。中国银行奉天分行经理兼摄东三省官银钱号、广信公司督办。生二子二女：长子袁行允，1949年起任上海财经大学俄语教授。次子袁行和，在天津，据说在抗日战场上牺牲；长女袁行恕，随夫去台湾，曾担任建国中学国文教员；次女袁行正，中华人民共和国成立后，在上海电影制片厂任演员剧团专业演员。

袁励准(1876—1935)　字珏生，号中州，别署恐高寒斋主，曾懿二子，河北宛平人。清末民初著名诗人、书画家、收藏家和文物鉴赏家。清光绪二十四年(1898)戊戌科进士(与夏同和、康有为、俞碧云同年)，授翰林院编修，会试同考官。1902年任京师大学堂监督，1904年任统考官，民国初年任中华民国清史馆编纂，1905年创办实业学堂(北平大学工学院前身)，民国21年(1932)任清华大学美术系教授。袁励准曾任光绪帝和宣统帝的老师，与陈宝琛同事20余年，1935年在北京病逝。

袁励准的诗文节奏感强，顿挫分明；书法行、楷、篆俱工，字体劲力奔放、潇洒自如，北京"新华门"匾额由袁励准书；画以马远为师，尤长仿宋、元山水，堪称诗书画三绝，至今故宫、颐和园内尚有其墨迹。袁励准喜收藏，藏有米芾用过的端砚（此砚背面刻有乾隆帝题字），宣统帝赐给的玉器及清朝书法家何绍基、梁同书的真迹等，人们常拿些字面、古玩、瓷器等请袁励准鉴定。民国3年(1914)春，袁世凯当总统后，因袁励准在京师享有盛名，故屡次派其幕僚请袁励准题写新华门。袁励准对袁世凯的倒行逆施极为不满，几次推辞不就，但最后终因抵不住袁世凯的官势，不得不硬着头皮题写。事后，袁世凯差人送来银圆500块作为润资。袁励准指着银圆对家人说："此银圆存入银号，不得动用分文"，以此语儆戒后人，不花这不义之钱。

张祥龄(1853—1903) 字子芯，号芝馥，清咸丰三年(1853)四月十六日，出生于今广汉新平镇土城村。清光绪元年(1875)入成都尊经书院读书，并与华阳才女曾彦（曾咏五女）结婚。光绪十一年(1885)，张祥龄被选为拔贡。光绪十四年(1888)，张祥龄应乡试中举人。光绪十六年(1890)，其妻曾彦病逝苏州。光绪十八年(1892)，中三甲进士，授翰林庶吉士。光绪二十一年(1895)出任陕西怀远县知县，后任长安县、褒城县、大荔县知县。光绪二十九年(1903)病逝。著作有《经支》《黄金篇》《六箴》《受经堂文集》《子宓诗钞》《鬼林漫录》《前后蜀杂事诗》等，称其为"近代蜀四家词"之一。

曾鸾芷 字华卿，号仙洲，曾咏与左锡嘉之六女，与新都魏光瀛结婚。夫妻生活情感甚笃，相处亦欢，因分娩难产而卒。留有《曾鸾芷遗诗稿》。

曾仪进 又名彝进，字叔度，曾光岷之子，教育家、汉语学家。约生于1877年。清光绪十九年(1893)癸巳中恩科副榜。光绪二十九年(1903)，管学大臣张百熙从京师大学堂速成科学生中选曾仪进、余吕等31人赴日留学，毕业于日本京都帝国大学法政科。历任工部主事、大理院六品推事、邮传部主事，日本宪政大臣二等书记官，资政院秘书官。中华民国成立后，历任袁世凯大总统府秘书、政事堂参议、约法会议议员，授上大夫，三等嘉禾章。1919年任国语统一筹备会委员。

曾科进 曾光岷之子，医学家。其夫人陈君起，原名墨云，又名陈振。

陈君起(1885—1927) 南翔女杰，中共早期妇女运动领导人之一，清末翰林陈巽倩之女。清光绪十一年(1885)四月，生于上海嘉定南翔镇。光绪三十年(1904)，因反抗封建婚姻，脱离家庭，得亲戚资助，进上海务本女塾求学。光绪三十三年(1907)毕业后，到南京任小学教师。翌年与曾科进结婚。民国8年(1919)，五四运动后参加革命活动。1923年，任南京妇女问题研究会负责人，从事妇女解放运动。1924年春，加入改组后的国民党，同年底加人中国共产党，其居家成为共产党活动场所和通讯联络站。1924年1月9日，出席南京学生联合会、青年学会、社会科学研究会等13个团体召开的联席会议；6月3日，出席南京市声援"五卅"运动大会；6月4日，参加南京各界3万余人的联合大游行。1925年秋，选为共青团南京地委妇女委员兼第三支部（鼓楼）书记。1926年，兼任国民党南京市党部妇女部部长，并继续担任共青团南京地委妇女委员、妇委书记；10月4日，遭军阀孙传芳逮捕。1927年1月，被营救出狱；4月，任中共南京地委妇女委员兼国民党南京市党部妇女部部长，组织妇女与南京人民庆祝南京光复，抗议英、美帝国主义的军舰炮轰南京；4月9日，率领妇女群众同南京人民一道赴蒋介石总司令部请愿，要求严惩捣毁国民党江苏省党部和南京市党部、市总工会的凶手；10日，召开肃清反革命派大会，到会群众10万人并举行示威游行；11日凌晨2时，陈君起在大沙帽巷10号王家同中共南京地委书记等10人开会时被捕，14日夜被秘密处死，年仅42岁。遗体被装入麻袋用汽车运送至通济门外九龙桥（今东水关公园内），抛入河心。

曾鼎乾(1912—2000)　地质学家。1912年12月15日生于南京,祖籍四川华阳(今新都区木兰镇石马村一组)。父亲曾科进,母亲陈君起。1933年至1935年,在实业部地质调查所沁园研究室任练习生。1935年至1936年,在唐山工学院学习。1936年至1937年,在北京大学学习。1937年,在昆明西南联合大学学习。1940年北京大学毕业获学士学位,曾任中央地质调查所技正。新中国成立后,从事二叠系地层研究,对生物礁的形成条件与油气藏的研究取得重要成果。曾鼎乾历任四川省石油勘探局、北京石油科学研究院、中国南海西部石油公司总地质师、高级工程师,2000年逝世。撰有《南海北部大陆架第三系生物礁的特征》等论文,著有《中国各地质历史时期生物礁》等著作。

曾鼎禾(1910—1971)　又名曾禾生,数学家。1910年11月23日出生于北京,四川省华阳县人。曾光岷之孙,其父曾彝进。1932年,曾鼎禾于清华大学数学系毕业获学士学位。1938年,法国巴黎大学毕业,获数理哲学博士学位;同年6月回国,先后在四川大学、中央大学(南京大学前身)、北洋大学任教。1952年,任南开大学数学系主任、教授。历任中国民主同盟天津市委南开大学支委会主任、全国高等院校教材编委、天津市数学学会副理事长。1971年11月13日逝世。

四川省革命伤残军人休养院(医院)简介

四川省革命伤残军人休养院(医院)位于新都区新繁镇龙藏寺,占地342亩,建筑面积2.8万平方米。其前身为川西人民行政公署民政厅革命荣誉军人学校(简称川西荣校)和四川荣校医院。川西荣校始建于1950年11月,坐落在成都市观音桥(温江、绵阳各设一分校)。1951年9月迁至新繁龙藏寺。1951年11月7日,组成新川西荣校。同年12月14日,成立新的川西人民行政公署民政厅革命荣誉军人学校。1952年9月,更名为四川省第一革命残疾军人速成中学(简称荣一中)。

1953年2月,四川省民政厅在重庆市北碚区设立四川省革命残废军人教养院。1954年4月1日,省民政厅在合川沙溪镇建立四川省第二革命残疾军人教养院。1956年8月20日,四川省第二革命残疾军人教养院与北碚教养院合并后迁至新繁龙藏寺,命名为四川省革命残疾军人教养院,1963年10月更名为四川省革命残疾军人休养院。1991年,四川省革命残废军人休养院更名为四川省革命伤残军人休养院(简称荣院)。

1951年3月15日,中国人民解放军川北军区附属休养所在四川省蓬安县成立。1952年8月1日,休养所转移到南充专区。1952年8月28日,川北行署批准以蓬安休养所为主体,与达县、遂宁军分区的陆军医院合并,成立南充专区慢性病疗养院。1953年12月1日,南充专区慢性病疗养院交四川省卫生厅领导,更名为四川省卫生厅第五康复医院,主要收治抗美援朝的部队伤病员。1954年4月,该院交四川省民政厅管理。

为解决全川荣军院校中荣军的医疗问题,经四川省政府批准,以卫生厅第五康复医院为主体,从第一、二、四、六康复医院抽调部分人员,组建四川省革命残废军人学校医院,1955年4月1日交民政厅荣军总校,后奉命迁往新繁龙藏寺。同年8月1日,成立四川省革命残废军人学校医院,9月,荣一中卫生所并入该医院。1959年4月1日,四川省革命残废军人学校医院更名为四川省革命残废军人医院。1962年8月21日,革命残废军人医院与革命残疾军人休养院合并,对外仍挂两块牌子。四川省革命残废军人医院几经更名,1991 年更名为四川省革命伤残军人医院,与四川省革命伤残军人休养院实行“一套人员、两块牌子”的管理体制,隶属四川省民政厅。

1990 年前,医院主要为休养院的伤残军人服务。1990 年医院设立对外门诊部,为社会病人就医。2000 年 12 月 20 日,医院被评为国家二级乙等综合医院。2005 年年底,有床位 300 张,设置医疗科室 39 个,医疗管理科室 4 个,业务管委会 8 个;有医务人员 183 人,其中高级职称 12 人,中级职称 60 人。当年门诊病人 8.89 万人次,住院病人 5116 人次,手术 936 台次,居全国优抚医院前列。2005 年 3 月,荣军医院以第 9 名跻身于成都市首届 20 家“诚信示范医院”。

先后在荣院休养的伤残军人中,有翻雪山过草地的老红军、在延安抗日军政大学的老八路、保卫延安的战斗英雄,有参加辽沈、平津、淮海战役的解放军、跟随刘邓大军渡江作战的战士、抗美援朝的志愿军,有参加边境自卫反击战的官兵,以及建设国防的解放军指战员累计 3000 多人。1972 年,在院休养员 372 人。其中,特等 93 人,二等 9 人,一等 270 人。1958 年,共接受休养员 1587 人,除分散安置回家、复员、参加工作者外,同年底实有休养员 623 人。1986 年,在院休养员 324 人,2005 年,在院休养员 294 人,是全国荣院中休养员人数最多的。

荣院的革命伤残军人,是“战场上的英雄,生活中的强者”。“双眼失明照样读书看报,失去双手一样写字弹琴,下肢瘫痪能用双手劳动,失去双脚也能疾走飞奔”。组建了多种劳动服务小组,为经济建设添砖加瓦,为人民群众尽力服务;克服重重困难,刻苦学习,艰辛创作,在全国各地报刊杂志上发表了小说、散文、诗歌、曲艺、连环画等大量作品。一等伤残军人汤重稀,50 余年如一日,笔耕不辍,创作歌(舞)曲 1000 余首,发表 400 余首,其中 50 余首荣获亚洲、全国、省市创作奖。特等伤残军人刘渝生的诗作《我们的心永远忠于党》,由荣校课余演出队在北京和全国各地巡回演出中朗诵,受到党和国家领导人高度赞扬,周总理亲笔抄录以馈赠演出队作纪念。黄谋远、张太明、张德厚、徐厚贤、黄异等人的作品也刊载于全国多家刊物上。特等伤残军人但启胜坚持自学世界语,在国内外专刊上发表学术论文,受到世界语学家高度评价,1991 年但启胜被录入《中国名人辞典》。

1958 年,荣院组织的课余演出队奉命到北京汇报演出,周恩来、朱德、彭德怀等党政军领导及首都各界代表、社会名流观看演出。周总理称赞演员们是“人民的战士,人民的艺术家”,观众称赞是“最坚强的人”。在全国巡回演出 320 余场,观众 110 多万人,都受到各级领导和各界群众的热烈欢迎和高度赞扬。

荣院是爱国主义教育基地。1962 年荣院建立陈列室,后扩建成荣誉馆。以宝贵的实物、珍贵的照片、翔实的资料,展示了荣军的革命精神,教育青少年。荣院的一级伤残军人涂伯毅等人坚持对青少年进行爱国主义和革命传统教育,讲革命战争的激烈场面,讲自己经历的惊险遭遇,讲与伤痛斗争、顽强拼搏的事迹。1958—2005 年,受教育的听众 284.14 万人次。

1993 年,中共成都市委、成都市人民政府确定荣院为青少年教育基地。

1995 年,中共新都县委和县政府、中共成都市委和市政府、中共四川省委和省政府,先后将荣院确定为爱国主义教育基地。

编后记

2004年8月,区地志办开始《新都区志》编纂前期准备工作。聘请修志人员2人,新增办公用房1间,添置电脑、打印机、数码相机、扫描仪等办公用品。组织修志人员外出学习,参加市志办举办的培训班,并着手拟制编写篇目。2004年12月9日,区政府第25次常务会议同意区地志办《关于全面启动第二届地方志编纂工作的请示》。2005年1月7日,区委十一届第25次全委会会议同意区财政划拨编纂《新都区志》专项经费,分年足额拨付。

2005年1月,成立《新都区志》审查验收委员会、《新都区志》编辑部,调整区地方志编纂委员会组成人员。区委办公室、区政府办公室印发《关于开展第二届地方志编纂工作的通知》,区地志办发出通知,要求各承修单位将地方志编纂工作列入本单位一级目标管理,成立修志领导小组,落实撰稿人员。召开新修区志动员大会,正式启动《新都区志(1986—2005)》(下称《新都区志》)编纂工作。6月、7月,分别召开新都区第二届修志工作牵头单位、承修单位以及镇(街道)志主笔人员培训会,印发《方志基础知识》《资料收集和整理》《修志谋篇》等资料。

2005年3月,区地志办制发《〈新都区志〉基本篇目及任务分工》(征求意见稿)及《〈新都区志〉资料收集要求》《入志图照要求》《入志人物标准》,要求各承修单位明确本单位的承修任务,并根据本单位20年的实际情况对区志基本篇目进行调整、完善。区志编辑部人员穷搜广查资料,走访承修单位,召开座谈会,根据各承修单位反馈的意见,反复修改《〈新都区志〉编写篇目》。2006年6月2日,《新都区志》审查验收委员会主任罗时武主持召开《新都区志》编修大纲审查会。根据审查意见修改后,邀请市志办专家到新都指导,进一步调整修改。2008年10月,形成《〈新都区志〉编写篇目》第六稿,正式报送市志办审查验收。同年11月,《〈新都区志〉编写篇目》通过市志办审验组审查验收。

在反复修改《新都区志》篇目的过程中,承修单位陆续报送资料长编。编辑部人员在审查报送的资料长编时,一方面要求承修单位进一步补充完善资料,另一方面根据单位提供的资料,修改篇目,同时试撰写初稿。编辑人员严格按照国家《地方志书质量规定》《四川省第二轮市区级志书编纂规范》《四川省第二轮市区级志书编纂工作规定》等要求,认真把好政治、史实、著述、体例、详略、文字、图照等关口,采取增、删、并、调、改等方法撰写初稿,力争志稿具有时代特征,突出新都特色;努力做到"横不缺要项,纵不断主线";文字力求做到严谨、朴实、简洁、流畅。撰写过程中,根据史实,对篇目进行了适当调整。2009年底,基本完成《新都区志》初稿。

初稿形成后,编辑部人员认真讨论、修改。2010年4月,将初稿分发给103个承修单位初审。编辑部根据各承修单位的意见对志稿进行修改后形成二审稿。2011年2月,《新都区志》二审稿分别送《新都区志》审查验收委员会成员审查和市志办相关人员征求意见。市志办马开钦、杨劲松到新都,对《新都区志》提出修改意见。同年9月,《新都区志》审查验收委员会主任罗时武主持召开《新都区志》二审工作会，会上审查验收委员会成员提出修改意见。编辑部人员根据二审意见和市志办的修改意见进行修改，2012年3月，形成《新都区志》终审稿初稿，并报送市志办编审处初审。

2012年4月25日，市志办编审处处长熊元秀到新都，对《新都区志》提出修改意见，要求对篇目作结构性调整。至7月底，在熊元秀多次指导下，对篇目进行反复调整。确定篇目后，编辑部人员按新的篇目修改志稿。2013年7月，再次完成《新都区志》送审稿初稿，分别送市志办编审处和《新都区志》审查验收委员会审查。编辑部人员根据反馈意见进行修改完善。至10月底，形成《新都区志》终审送审稿，设置17个部类、74个类目、310个分类目、1658个条目、301个表，卷首照片187张。2014年1月，将《新都区志》(送审稿)送市志办编审处初审。同年4月，收到市志办编审处的修改意见3份、200条。根据修改意见再次进行全面修改，同年8月，将《新都区志》终审稿正式报送成都市地方志终审验收委员会终审。

2014年11月5日，在新都召开《新都区志》终审验收会议，专家组提出修改意见近200条。编辑部人员根据专家组意见，反复讨论，补充资料，全面调整修改。对卷首照片进一步精选、调整为132张，对文字部分改写、补写3.6万字。2015年5月，形成《新都区志》出版初稿，并送市志办编审处审查。再次修改后，同年7月，形成《新都区志》出版稿。2016年8月，再次校核，至2017年4月定稿。后送方志出版社审核，按其意见再次修改，终成出版稿付印。

编纂《新都区志》，历时13年，现在付梓出版。离不开全区各承修单位的鼎力支持，通力合作；凝聚了各承修单位撰稿人员、区志编辑部人员的心血。编纂《新都区志》过程中，区地方志编纂委员会先后进行5次调整。前任的主编有屈建宏、王翼刚、钟建宏、刘怒海，前任的常务副主编(志办主任担任)有陈进谊、余翔、徐寿阶、余勇、汪健。在拟制编写篇目、撰写初稿及修改成稿的过程中，除区地志办人员外，先后聘请张仲辉(2004年9月至本志出版)、邓永贞(2004年9月至2006年10月)、黄英竹(2006年2月至2008年6月)、李志敏(2007年3月至2012年2月)、胡文伟(2007年6月至2010年3月)、李义让(2007年6月至2008年5月)、彭宁光(2008年5月至12月)、黄道善(2008年6月至2009年8月)、朱文成(2008年6月至2009年8月)、丁启满(2008年11月至2009年12月)、邱晋南(2009年4月至本志出版)。感谢区广播电视台、区文物保护所、刘祥松等相关单位和个人为本志提供照片。

编纂《新都区志》是一项记述新都历史与现状、服务当代、有益后世的文化系统工程，是历史赋予的时代使命，工作艰巨，历经坎坷。参与修志的人员虽不是专业人员，但坚持学习修志专业知识，参加省、市志办举办的培训班，请教编纂《新都县志》的志办老干部，拜访熟悉新都历史的老领导，向其他区(市、县)志办学习。在编纂志稿过程中，编辑部人员力求做到思想性、科学性和资料性的统一；坚持改革开放这条主线，力求充分反映改革开放中的新体制、新事物、新举措、新成就，使志书体现鲜明的时代特征。但因有的资料缺失，致使个别事项未能记述。编辑部人员虽尽心尽力，仍失误难免，恳请读者批评指正，下轮续修补遗。

编　者

2018年7月